SCHWIERIG, DIESES SPEKTAKEL ZU IGNORIEREN.

www.peugeot.ch

Swiss Pack
3 Jahre oder 100 000 km

Mit dem Peugeot 307 SW sehen Sie mehr von der Welt: Sein Panorama-Glasdach macht jeden Ausflug zum Erlebnis. Dank bis zu 7 flexibel positionierbaren Sitzplätzen sitzt jeder in der ersten Reihe. Ein faszinierendes Automobilkonzept ab 27 800 Franken, das Sie sich näher anschauen sollten.
PEUGEOT. MIT SICHERHEIT MEHR VERGNÜGEN.

PEUGEOT

Das **Wohlbefinden** der ganzen **Familie** kommt bei **Mazda** zuerst

Mazda liegt das Wohlbefinden Ihrer Familie am Herzen. Wie wird ein Kindersitz ausgewählt, und wie wird er richtig montiert? Was tut man gegen die Reisekrankheit? Wie unterhält man die kleinen Mitfahrer, wie schützt man sie vor grosser Hitze? Das und noch viel mehr erfahren Sie im praktischen Führer «Kinder, bitte einsteigen!» Sie finden wertvolle Ratschläge für die sichere Fahrt mit der ganzen Familie. Diese wurden in Zusammenarbeit mit anerkannten Fachleuten für Verkehrssicherheit und mit Kinderärzten entwickelt.

Bestellen Sie Ihre Broschüre jetzt gratis unter www.mazda.ch

Mit Mazda werden Sie die Strasse neu entdecke

# KIDS

Kinderland Schweiz

1001 AUSFLÜGE FÜR ELTERN UND KINDER

NEU mit KIDS Club für unzählige Vergünstigungen in der ganzen Schweiz

Editions Plus

Impressum

Koordination und Gesamtredaktion
Béatrice Aklin, Robert Schnieper

Autoren
Béatrice Aklin, Katja Alves, Franz Auf der Maur, Heinz Eckert, Annette Fuhrer-Strebel, Duosch Grass, Alexandra Hänggi, Ursula Kohler, Ruth Michel Richter, Karl Johannes Rechsteiner, Niklaus Regli, Robert Schnieper, Erika Schumacher, Peter Wittwer.

Einige Tipps für die Westschweiz und das Oberwallis wurden aus «KIDS La Suisse romande des enfants» übernommen und bearbeitet.

Illustrationen/Titelblatt
Martin Guhl, Duillier VD, www.cartoonexpress.ch

Gestaltung und DTP
Martin Bazzell, BLOCKSATZ Grafik & Layout, Embrach

Karten
Hallwag Kümmerly + Frey AG, Schönbühl-Bern/BLOCKSATZ
Reproduziert mit Bewilligung von swisstopo
(Eidgenössische Vermessungsdirektion) (VA042091)

Druck
AZ Grafische Betriebe AG, Aarau

Redaktion und Verlag
Editions Plus SA, Kurhausstrasse 11, 8032 Zürich
Tel. 044 260 40 45, Fax 044 260 40 49, info@kids-schweiz.ch
Internet: www.kids-schweiz.ch

Bestelladresse
KIDS Bestellservice, Postfach 75, 8840 Einsiedeln
Tel. 055 418 89 79, Fax 055 418 89 58, info@kids-schweiz.ch

Copyright
6. Ausgabe April 2004
© 2004 by Editions Plus SA, Zürich
Alle Rechte vorbehalten, einschliesslich derjenigen des auszugsweisen Abdrucks und der elektronischen Wiedergabe.

ISBN 3-909676-09-X

Editorial

«KIDS – Kinderland Schweiz»
Der attraktive Führer für Familienausflüge in der Schweiz und im nahen Ausland

Sie halten die komplett überarbeitete 6. Ausgabe des beliebten und bewährten Reiseführers «KIDS – Kinderland Schweiz» in Ihren Händen. Erneut haben sich Journalistinnen und Journalisten auf den Weg gemacht, um in der ganzen Schweiz und im angrenzenden Ausland Neues zu entdecken und Bekanntes zu überprüfen. Neu hinzugekommen ist das Elsass. Auf über 600 Seiten finden Sie 1001 Tipps für spannende, abenteuerliche und lehrreiche Erlebnisse mit Kindern jeden Alters, zusammengetragen von völlig unabhängig arbeitenden Autoren und Autorinnen.

«KIDS – Kinderland Schweiz» ist im Laufe der Jahre fast zu einer Institution für unternehmungslustige Eltern geworden. Deshalb hat sich jetzt die Gründung des KIDS Clubs aufgedrängt. Diese Ausgabe enthält die erste Membercard, die Ihnen und Ihrer Familie Zugang zu verlockenden Angeboten und Vergünstigungen gewährt. Mehr darüber erfahren Sie auf der nächsten Seite.

Am Konzept dieses Führers haben wir nichts verändert. Er ist nach wie vor ein praktisches Handbuch: dank dem Inhaltsverzeichnis, in dem alle Ausflugsregionen aufgeführt sind, aber auch dank dem nach Interessengebieten geordneten Index, der die gezielte Suche erleichtert, und natürlich dank den detaillierten Beschreibungen innerhalb der Regionen. In der Rubrik «Dauerbrenner» finden Sie Musts und interessante Tipps früherer Ausgaben, und «Kids willkommen» enthält Adressen besonders familienfreundlicher Hotels und Restaurants.

Sämtliche Angaben wurden sorgfältig kontrolliert. Verschiebungen und Preisanpassungen sind jedoch immer möglich, weshalb sich ein Kontrollanruf vor der Abreise empfiehlt. Ausserdem finden Sie auf unserer Homepage www.kids-schweiz.ch die laufend aktualisierte Liste mit Korrigenda.

Es versteht sich von selbst, dass ein Ausflugsführer nie lückenlos sein kann. Bestimmt gibt es noch unzählige Möglichkeiten für spannende Erlebnisse mit Kindern und eine Vielzahl von Restaurants und Hotels, die kleine Gäste besonders willkommen heissen. Deshalb sind wir für Anregungen, aber auch Kritik dankbar und bitten all jene um Verständnis, die aus Platzmangel nicht berücksichtigt werden konnten.

Auf geht's. Wir wünschen Ihnen und Ihrer Familie angenehme Lektüre und unvergessliche Erlebnisse auf Ihren Entdeckungstouren mit «KIDS – Kinderland Schweiz!»

Editions Plus SA

KIDS Club –
Ihr Pass für unzählige Vergünstigungen und verlockende Angebote

Automatisch mit dem Erwerb des neuen «KIDS – Kinderland Schweiz» sind Sie und Ihre Familie Mitglied im KIDS Club geworden. Herzlich willkommen!

Diese Mitgliedschaft ist für Sie gratis und mit keinerlei Verpflichtungen verbunden, Sie können nur profitieren.

Trennen Sie nur die Membercard aus der nächsten Seite und schon sind Sie dabei!

Mit dieser Membercard erhalten Sie und Ihre ganze Familie in der ganzen Schweiz Zugang zu vielen verlockenden Angeboten und Vergünstigungen.

Ob nun ein Gratisfrühstück für die ganze Familie auf dem Bauernhof, ein vergünstigter Eintritt oder eine Extraportion Glace für die Kinder: Mit der KIDS Club Membercard sind Sie berechtigt, von all diesen Aktionen zu profitieren.

Welche Vergünstigungen oder Attraktionen Ihnen und Ihrer Familie geboten werden, können Sie auf unserer Homepage www.kids-schweiz.ch nachschauen. Hier finden Sie auch neue Angebote, die Ihnen die KIDS Club Membercard eröffnet.

Sie sehen also: «KIDS – Kinderland Schweiz» bietet Ihnen Vorteile auf der ganzen Linie. Sei es mit tollen Ausflugs- und Freizeitideen oder mit attraktiven Angeboten. Bewahren Sie Ihre KIDS Club Membercard sorgfältig auf und vergessen Sie nicht, sie auf all Ihre Ausflüge mitzunehmen – Es lohnt sich!

 Achten Sie nur auf dieses Signet neben den einzelnen Tipps im «KIDS – Kinderland Schweiz». Das Signet verspricht Ihnen eine attraktive Vergünstigung, eine spezielle Aktion oder ein kleines Geschenk am entsprechenden Ausflugsziel.

Ihre persönliche KIDS Club Membercard.

Heraustrennen und gut aufbewahren!

Achten Sie bei Ihren Familien-
ausflügen auf diesen Kleber:
Das Zeichen für
attraktive Vergünstigungen
und spezielle Aktionen.

Als Besitzer des «KIDS – Kinderland Schweiz» profitieren Sie zusätzlich von zwei ganz besonderen Aktionen.
Der untenstehende **Railbon der SBB** berechtigt beim Kauf einer Kinder-Tageskarte zum Gratisbezug einer zweiten Kinder-Tageskarte der gleichen Klasse.
Und unter «Luzern Stadt» finden Sie Gutscheine für einen vergünstigten Eintritt ins **Verkehrshaus der Schweiz** in Luzern.
«KIDS – Kinderland Schweiz» lohnt sich, so oder so!

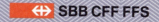

Die zweite Kinder-Tageskarte gratis

Sie kaufen eine Kinder-Tageskarte und gegen Abgabe des Rail Bons am Bahnhof erhalten Sie die zweite Kinder-Tageskarte gleicher Klasse gratis dazu.

Mit der Kinder-Tageskarte reisen Kinder zwischen 6 und 16 Jahren in Begleitung eines Erwachsenen einen ganzen Tag lang mit Bahn, Bus und Schiff für nur CHF 15.– (2. Klasse) bzw. CHF 30.– (1. Klasse). Dabei muss die erwachsene Begleitperson ein GA oder Halbtax mit gültigem Fahrausweis besitzen.

Der Rail Bon ist gültig bis 1. März 2007.

Kinder-Tageskarte 2. Klasse: Pay-Serie 0204 0000 0269
Kinder-Tageskarte 1. Klasse: Pay-Serie 0204 0000 0277

Importeur für CH/FL: AMAG Automobil- und Motoren AG, 5116 Schinznach-Bad

Der neue SEAT Altea.
Das etwas andere Familienauto.

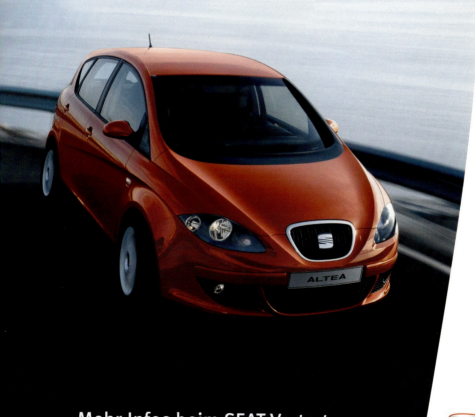

Mehr Infos beim SEAT Vertreter oder unter www.seat.ch

auto emoción

seat.ch

FAMILY PLUS. Das konkurrenzlose, günstige Familienpaket.

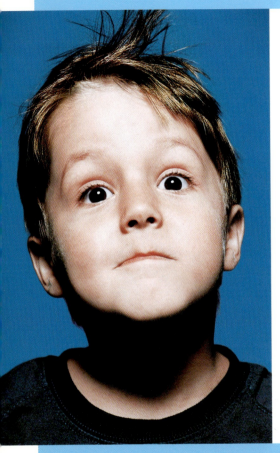

Wer clever rechnet, versichert sich einmalig günstig und lückenlos und profitiert von vielen Vorteilen für Kinder und Eltern:

- Leistungen bei Mutterschaft, an Brillen oder Zahnbehandlungen
- Alternativmedizin
- Familien-Gesundheitskonto mit vielen Präventionsleistungen
- Übernachtungskosten für Begleitperson bei Spitalaufenthalt des Kindes
- Einzigartiger Familienrabatt von bis zu 100%

Sparen Sie jetzt aktiv Geld und lassen Sie sich unverbindlich beraten: Bei einer der 250 CSS Agenturen in der ganzen Schweiz, bei der CSS-Serviceline 0848 277 277 oder online via info.css@css.ch

www.familyplus.ch

Inhaltsverzeichnis

Aargau
- 6 Der Osten
- 20 Der Westen

Appenzell
- 34 Land unter dem Säntis

Basel
- 48 Basel-Stadt: Grossbasel
- 62 Basel-Stadt: Kleinbasel
- 72 Baselland: Rund um die Stadt
- 86 Baselland: Zwischen Jura und Rhein

Bern/Freiburg
- 100 Die Bundesstadt
- 112 Region Bern
- 124 Emmental und Oberaargau
- 136 Berner Oberland Ost
- 148 Berner Oberland West
- 160 Seeland und Freiburg

Glarus
- 174 Im Tal der Linth

Graubünden
- 188 Der Norden und Osten
- 200 Oberland und Mittelbünden
- 212 Engadin und Südtäler

Luzern
- 224 Die Stadt
- 236 Der Kanton

St. Gallen
- 250 Von der Stadt ins Rheintal
- 264 Der Süden

Schaffhausen
- 278 Ennet dem Rhein

Schwyz
- 294 Die Berge in der Mitte

Solothurn
- 306 Von der Aare in den Jura

Tessin
- 320 Der Norden
- 334 Der Süden

Thurgau
- 348 Bodensee, Untersee, Rhein
- 362 Hinter- und Oberthurgau

Unterwalden
- 374 Ob- und Nidwalden

Uri
- 388 Vom Gotthard bis zum Rütli

Wallis
- 400 Unterwegs im Oberwallis
- 416 Das Unterwallis

Westschweiz à la carte
- 432 Waadtland Nord und Ost
- 448 Genf, Waadtland West, Frankreich
- 464 Neuenburg und Jura

Zug
- 480 Klein, aber fein

Zürich
- 494 Unterwegs in der Stadt
- 506 Kultur für Gross und Klein
- 520 Unterwegs in der Region
- 532 Winterthur und Umgebung

Grenzgang I
- 544 Liechtenstein und Vorarlberg

Grenzgang II
- 558 Südschwarzwald

Grenzgang III
- 572 Das Elsass

Index
- 585 Thematische Listen der Tipps

Aargau: Der Osten

1. Spielen erwünscht
   Schweizer Kindermuseum, Baden
2. Zeitreise
   Historisches Museum, Baden
3. Maus-Geschichten
   Mäusemuseum, Baden
4. Teuflisch spannend
   Teufelskeller, Baden
5. Am Zaubersee
   Egelsee, Heitersberg
6. Gratwanderung
   Lägerngrat-Tour
7. Auf Römerspuren
   Vindonissamuseum, Windisch
8. Ritterträume
   Ruine Schenkenberg, Thalheim
9. Abheben
   Flugplatz Birrfeld
10. Überblick
    Schloss Habsburg
11. Fürstliche Gefühle
    Schloss Wildegg
12. Thermenplausch
    Aquarena, Schinznach Bad
13. Strohkunst
    Freiämter Strohmuseum, Wohlen
14. Ein Tag auf dem Lande
    Murimoos
15. Zu den Erdmannli
    Erdmannlistein, Wohlen
16. Auf zur Flugalp
    Flugplatz Buttwil
17. Bäume fürs Leben
    Lebensbaumpark, Muri
18. Freiämter Kinderweg
    Erlebnis Freiamt
19. Wasserspiele an der Reuss
    Bremgarten–Mellingen
20. Vogel- und Trotti-Paradies
    Klingnauer Stausee
21. Saurier entdecken
    Sauriermuseum, Frick

Bahn · Hotel · Kunsth. · Museum · Natur · Restaur. · Schiff · Sehensw. · Shopping · Spielen · Sport · Theater · Tiere · Wandern

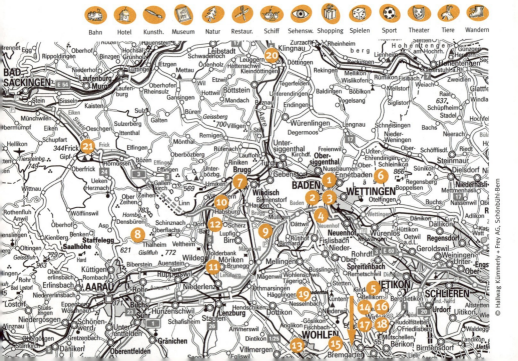

Mitten drin und ganz aktiv

Seit dem Bau der dritten Röhre am Baregg, dem Nadelöhr vor den Toren Zürichs, könnte man den Ostaargau noch schneller durchfahren. Aber was man dabei alles verpasst! Denn jenseits von Agglos, Autobahnen und Ansammlungen hässlicher Grosswarenlager gedeiht üppige Natur, plätschern Brunnen auf kopfsteingepflasterten Altstadtgassen, wecken Museen Interesse, Spiellust und Neugier. Hier haben Saurier, Gletscher, Römer, Habsburger und andere fürstliche Familien ihre Spuren hinterlassen, die zu verfolgen sich lohnt. Ob die lauschige Bauernwirtschaft auf einer Jurahochebene, der geheimnisvolle Erdmannlistein im uralten Gletscherwald, der verzauberte Teufelskeller, der betriebsame Sportflugplatz oder Ritterträume auf Burgruinen – Kinder und Eltern finden hier in der östlichen Hälfte des Aargaus für jede Gelegenheit und jedes Wetter ein passendes Ausflugsziel.

Ruth Michel Richter

Aargau: Der Osten

1 Spielen erwünscht

Schweizer Kindermuseum,
Ländliweg 7, 5401 Baden,
056 222 14 44, www.kindermuseum.ch

Spielen, spielen, spielen – das ist eindeutig das Hauptthema im Kindermuseum Baden, das seit seinem Umzug in ein grösseres Haus viel mehr Platz bietet. Gebrauchsspielzeug, Spielgeräte und Spiele aller Art aus zwei Jahrhunderten sind in Vitrinen zu bestaunen. Auf vielen Spielstationen verlocken Geschicklichkeitsspiele Kinder und Eltern, miteinander oder im Wettbewerb ihre Reaktionsgeschwindigkeit zu testen. Erziehung, Pädagogik, Entwicklung des Schulwesens sind weitere spannende Themen. Wechselausstellungen ergänzen das Programm. Für Kinder besonders attraktiv ist das «Hosensackmuseum»: Hier stellen die jüngsten Sammler ihre Schätze aus, von Radiergummis bis zu Kronkorkensammlungen. Und in der Kindergalerie zeigen Kinder stolz ihre selbstgestalteten Kunstobjekte. Ein Museum nicht nur zum Anschauen, sondern zum Mitmachen.

Wie? Vom Bahnhof Baden ca. 10 Minuten Fussweg. Quer durch die Stadt bis Schulhausplatz und durch die Unterführung zum Ländliweg.
Wann? Mi–Sa 14–17, So 10–17 Uhr. Führungen täglich nach Vereinbarung.
Wieviel? Erwachsene Fr. 10.–, Studenten und Lehrlinge 7.–, Kinder 3.–.
Alter? Ab 6 Jahren.

2 Zeitreise

Historisches Museum Baden,
Landvogteischloss, 5400 Baden,
056 222 75 74,
www.museum.baden.ch

Der alte Landvogteiturm aus dem 15. Jahrhundert und der moderne Beton-«Schnitz» des 1992 eröffneten Erweiterungsbaus bilden die Einheit Historisches Museum. Im alten Schloss wird auf vier Stockwerken Wohnkultur vom 17. bis 20. Jahrhundert gezeigt, im Anbau der Bogen von der römischen Bäderstadt bis zur Industriestadt Baden geschlossen. Wechselnde Sonderausstellungen und spezielle Veranstaltungen des museumspädagogischen Diensts ergänzen die Dauerausstellung. «Geschichte zum Anfassen» ist hier Programm, ein Museumsbesuch für die ganze Familie ein Erlebnis. Und falls die Kleinen sich doch langweilen – im Foyer wartet die Kinderecke mit bequemen Kissen und Büchertisch auf sie.

Wie? Ab Bahnhof SBB, via Stadtzentrum zu Fuss zur Limmat und zur Holzbrücke, ab hier signalisiert.
Wann? Di–Fr 13–17, Sa/So 10–17 Uhr, Mo geschlossen. Thematische Führungen für Klassen und Gruppen nach Vereinbarung. Thematische Veranstaltungen für Kinder und Erwachsene, ausserdem können Kinder hier zur Geburtstagsfeier einladen.
Wieviel? Erwachsene Fr. 5.–, Familien 10.–, Jugendliche 3.–, Kinder bis 12 gratis. Schulklassen bis 16 gratis.
Alter? Ab 6 Jahren.

3 Maus-Geschichten

Mäusemuseum Baden und Musée bizarre, Oederlin-Areal, Landstrasse 2, 5415 Rieden, 056 282 46 04, www.musee-bizarre.ch

Max die Maus ist ein sehr neugieriger und unternehmungslustiger Mäuserich, der aufbricht, die grosse Welt zu entdecken. Auf seiner Reise durch 25 kunstvoll gestaltete Guckkästen begegnet Max Riesen, seltsamen Tieren, Ungeheuern und Gnomen, er fliegt mit der Hexe Hortula durch das Tal der 1000 Finger und erlebt die verrücktesten Abenteuer. Während die jüngeren Kinder sich von diesen skurrilen, phantasievollen, witzigen Miniaturszenen faszinieren lassen, werden grössere Kinder und Erwachsene ihren Spass haben beim Besuch des Musée bizarre und sich über die «sonderbaren Badekuren von Prof. Pilzbarth» wundern, eine Art Guckkasten-Ausstellung in Grossformat.

Wie? Vom Bahnhof Baden Postauto Richtung Untersiggenthal bis Halt Oederlin oder zu Fuss vom Bahnhof über die schiefe Brücke Richtung Ennetbaden/Untersiggenthal; die ehemalige Oederlin-Fabrik liegt an der Limmat gegenüber dem Bäderquartier. Parkplätze sind vorhanden. Das Mäusemuseum ist Teil des Musée bizarre.
Wann? Sa/So 11–17, Mi 14–18 Uhr.
Wieviel? Erwachsene Fr. 8.–, Kinder 5.–, Familien (1–2 Erwachsene, 1–3 Kinder) 20.–.
Alter? Mäusemuseum ab 4, Musée bizarre ab 6 Jahren.

4 Teuflisch spannend
Teufelskeller, 5400 Baden

Düster ist der Wald hier. Bizarre, bis 30 Meter hohe Felstrümmer, Höhlen, Schleichwege, zerklüftete Abgründe, uralte, riesige Bäume, Astgewirr, weiches Moos – das ist eine Umgebung für Abenteuer und Räuberspiele. Fast glaubt man sich im Verbotenen Wald von Hogwarts. Und mit etwas Phantasie sieht man Einhörner hinter Felsbrocken verschwinden. Oder war es ein Eichhörnchen? Der Teufelskeller, ein prähistorisches Rutschgebiet am Chrüzliberg über Baden, bildet mit seinen Nagelfluhfelsen und bis zu 200 Jahre alten Bäumen eine kleine Oase der Wildnis in Fussgängerdistanz zur Stadt. Hier blühen neben der Phantasie seltene Farne und Türkenbund, klettern Siebenschläfer durchs Gestrüpp und finden Kinder wie Erwachsene selbst im heissesten Sommer kühlen Schatten. Schöner Picknickplatz auf dem Chrüzliberg.

Wie? Vom Bahnhof Baden Oberstadt via Passerelle über die Bahngeleise zum Waldrand, Wegweiser Richtung Chrüzliberg/Rüsler folgen und über leicht ansteigenden Waldweg zum Teufelskeller wandern.
Dauer? 30 Minuten.
Wann? Zu jeder Jahreszeit.
Alter? Ab 5 Jahren.

Aargau: Der Osten

Der zornige Schmied

Zwischen Endingen und Lengnau im Surbtal soll einst eine Schmiede gestanden haben, und noch heute spukt es dort. Immer wieder schlagen Flammen aus dem Feld, man hört das Rauschen von Blasebälgen und sieht einen Mann, der ein Eisen in der Glut erhitzt und es in den Boden rammt – genau an der Stelle, wo ein Schmied einst aus Eifersucht den Dorfpfarrer mit einer glühenden Eisenstange ermordet hatte.

Aargau: Der Osten

5 Am Zaubersee
Egelsee, Bergdietikon

Es gibt Kindheitseindrücke, die für immer haften bleiben: ein dunkler Waldsee, rundum hohe Bäume, Schilf, ein kleiner Steg, eine Feuerstelle, weiches, warmes Wasser, das einen fast von selbst zu den leuchtenden Seerosenfeldern zu tragen scheint, Vogelgezwitscher und ab und zu von ferne Hundegebell. Das Verrückte an dieser Erinnerung: Nichts hat sich hier verändert. Der Egelsee liegt immer noch dunkel und still in seinem Waldtrog, es blühen immer noch Seerosen, und es dürfen immer noch keine Autos ranfahren (aber Velos). Wer während der Woche den Fussweg von Kindhausen oder Bellikon her unter die Füsse nimmt, geniesst diese Waldidylle fast exklusiv, am Wochenende herrscht jeweils mehr Betrieb. Der Egelsee steht unter Naturschutz: Man darf baden, aber keine Blumen pflücken.

Wie? Mit Bus bis Kindhausen, Wanderweg bis zum Egelsee, oder mit dem Auto von Bellikon bis zum Wanderparkplatz am Waldrand oberhalb von Hausen, dann zu Fuss weiter.
Dauer? Ca. 20 Minuten.
Wann? Je nach Wassertemperatur Mai bis Oktober, in der übrigen Zeit schöner Spaziergang.
Alter? Alle Altersstufen. Badeplatz aber nicht bewacht.

6 Gratwanderung
Baden–Regensberg über den Lägerngrat.

Bergabenteuer können direkt vor der Haustür beginnen. Die Wanderung über den Lägerngrat von Baden aus vermittelt streckenweise wirklich Gebirgsgefühl, denn der Gratweg ist schmal und exponiert, links und rechts geht es ungebremst in die Tiefe und der Blick schweift frei vom Schwarzwald bis zu den Alpen. Also nichts für Leute mit Höhenangst, auch wenn sie sich nur zwischen 810 und 860 m ü. M. bewegen. Die Querung der Lägern via Burghorn und Hochwacht (Bergwirtschaft) ist eine der spannendsten Mittellandtouren, aber anspruchsvoll und erfordert richtige Berg- oder Trekkingschuhe. Das signalisieren auch die weiss-rot-weissen Bergwegmarkierungen. Also ein Tipp für Profis! Dafür fühlt man sich weit abgehoben vom brummenden und summenden Limmattal zu Füssen.

Wie? Vom Bahnhof Baden zur Altstadt und zur alten Holzbrücke, beim Landvogteischloss über Treppenweg (Wegweiser) zum Restaurant Schartenfels aufsteigen, dann dem signalisierten Gratweg folgen. Von Regensberg her Bus nach Dielsdorf.
Dauer? 5 Stunden.
Verpflegung? Unterwegs Restaurant Hochwacht, Mo geschlossen.
Wann? Jede Jahreszeit, aber nur bei trockenem Wetter.
Alter? Ab 10 Jahren, Trittsicherheit, die nötige Disziplin, auf dem Weg zu bleiben, und gute Schuhe vorausgesetzt.

7 Auf Römerspuren
Vindonissa-Museum,
Museumsstrasse 1, 5200 Brugg,
056 441 21 84, www.ag.ch/vindonissa

Annähernd 6000 römische Legionäre wohnten zeitweise über dem Aareknie bei Brugg/Windisch. Die Militärstation Vindonissa verfügte dementsprechend über alles, was eines Legionärs Herz erfreuen konnte: Bäder, Tavernen, Geschäfte, Werkstätten, ein grosses Amphitheater. Die schönsten Fundgegenstände sind im Vindonissa-Museum in Brugg ausgestellt, ein Modell des Legionslagers (immer eine Attraktion für Kinder) zeigt plastisch, wie es hier vor 2000 Jahren ausgesehen haben muss. Für Kinder gibt es in diesem sympathischen Museum Spiel- und Maltische und viele Vitrinen, die zum Entdecken und Stöbern einladen. Regelmässig werden spannende Workshops zu den unterschiedlichsten Römerthemen für Kinder, Jugendliche und Familien durchgeführt. Vom Museum ist es übrigens nur ein kurzer Spaziergang bis zum Amphitheater: 10 000 Zuschauern bot das Oval von 98 Metern Breite einst Platz.

Wo? Zwischen Bahnhof und Altstadt, vis-à-vis Hauptpost.
Wann? Di–So 10–12 und 14–17 Uhr, Mo geschlossen, ausser Ostermontag und Pfingstmontag. Veranstaltungskalender übers Internet abrufbar.
Wieviel? Erw. Fr. 5.–, Kinder 1.–.
Alter? Ab 8 Jahren.

8 Ritterträume
Burgruine Schenkenberg,
5112 Thalheim

Ausflüge zur Ruine Schenkenberg gehörten fest in unser Familienausflugs-Jahresprogramm. Jedesmal war ich fasziniert von den nur noch in Andeutungen vorhandenen Türmen, Sälen, Wehrgängen. Stundenlang konnte ich auf irgendwelchen Mauern sitzen und mich in vergangene Ritterzeiten zurückträumen. 1460 eroberten und brandschatzten die Berner die mächtige Habsburgerfeste. Sie wurde zwar wieder aufgebaut und bis 1720 von Berner Landvögten bewohnt, doch dann suchten sich die vornehmen Herren eine gemütlichere Unterkunft, das Schloss zerfiel. Heute stehen die konservierten Mauerreste unter Heimatschutz.

Wie? Mit Auto oder Postauto ab Brugg bis Thalheim, nördlich des Dorfes Fussweg am Thalheimer Rebberg vorbei bis zur Ruine. Picknickplatz mit Feuerstelle.
Alter? Ab 6 Jahren.

Aargau: Der Osten

9 Abheben
Flugplatz Birrfeld, 5242 Lupfig, Restaurant Flugplatz, 5242 Lupfig, 056 444 82 20, www.birrfeld.ch

Mama hebt ab zu einer Schnupperlektion, der Junior schaukelt, bis ihm fast Hören und Sehen vergeht, und Papa geniesst in Ruhe sein Bier: Auf dem Sportflugplatz Birrfeld ist immer etwas los. Flugzeuge landen und starten, Segelflugzeuge werden in die Luft geschleppt, hier dreht sich ein Propeller: Flugerlebnis zum Greifen nah. So nah, dass es einen lockt, in die fliegenden Kistchen einzusteigen. Wäre ein kurzer Rundflug nicht eine tolle Geburtstagsüberraschung? Für diejenigen, die Bodenhaftung vorziehen, gibt es einen grossen Spielplatz und ein angenehmes Restaurant.

Wann? Das Restaurant Flugplatz ist täglich geöffnet. Wickeltisch in der Damentoilette, am Buffet sind Pampers erhältlich.
Wieviel? Rundflüge ab Fr. 45.– pro Person (Lufttaufe, 8 Minuten); Kinder unter 12 Jahren fliegen in Begleitung eines Erwachsenen zum halben Preis.
Alter? Alle Altersstufen.

Aargau: Der Osten

10 Überblick
Schloss Habsburg, 5245 Habsburg, Restaurant 056 441 16 73

Das Schloss war 1020 als Doppelburg auf dem Wülpelsberg errichtet worden. Bald schon wurde die Burg den Habsburgern zu klein; mit ihrem Aufstieg zu einer Grossmacht verlegten sie ihre Residenz in präsentablere Gefilde und gaben die Habsburg als Lehen an Bern, später an Königsfelden ab. 1804 übernahm der Kanton Aargau die Burg, deren östlicher Teil zerfallen und deren westlicher Teil verwahrlost war. Die Anlage wurde sorgfältig restauriert, heute befindet sich im untersten Geschoss ein Restaurant mit Gartenwirtschaft. Bergfried, Palas und ein spätgotischer Turm können besichtigt werden. Es gibt rundherum Möglichkeiten für Picknicks und wenige Schritte unterhalb der Burg im Wald eine Feuerstelle mit Aussicht.

Gefährliche Wissbegier
Der geheimnisvolle Egelsee mit seinem fast schwarzen Wasser gab in früheren Zeiten viel Anlass zu Spekulationen. Man vermutete dunkle Machenschaften bei seiner Entstehung und hielt es für möglich, weil er so tief war, dass sich hier ein Eingang zu Hölle befinde. Zwei Männer wollten es wissen. Sie fuhren mit einem Boot auf den See und liessen ein Senkblei an einer fast hundert Meter langen Schnur ins Wasser. Doch die Schnur reichte nicht, das Boot wurde plötzlich halb in die Tiefe gezogen, und eine Stimme befahl ihnen, den See nicht zu stören. Am Ufer angekommen, waren sie froh, noch am Leben zu sein, und interessierten sich überhaupt nicht mehr für die Tiefe.

Wie? Parkplatz unterhalb der Burg. Mit der Bahn bis Station Schinznach Bad, markierter Wanderweg (ca. 45 Min.).
Wann? Restaurant im Sommer Mo, im Winter Mo/Di geschlossen. Burg ausser Januar ganzjährig geöffnet.
Alter? Alle Altersstufen.

11 Fürstliche Gefühle
Museum Schloss Wildegg,
5103 Wildegg, 062 893 10 33,
www.musee-suisse.ch/wildegg

Seit dem Bau durch die Habsburger um 1200 wurde Schloss Wildegg bis ins 20. Jahrhundert durchgehend bewohnt, und jede Generation baute noch grösser und prächtiger. Komfort und Repräsentation waren vom 17. Jahrhundert an mehr gefragt als Schutz und Trutz. Wehrbauten verschwanden, dafür kamen elegante Wohngebäude und Gartenanlagen dazu. Heute ist das Schloss ein Wohnmuseum, das Einblick gewährt in den Lebensstil einer adligen Familie im Laufe von vier Jahrhunderten. Kinder sind fasziniert von Puppenküche, Kinderwiege und Kinderbildnissen. Spass macht auch die Voliere im Garten. Ganz neu wurde mitten im Schlossrebberg der alte Lust- und Nutzgarten wiederbelebt und mit alten Gemüse-, Kräuter-, Beeren- und Ackerpflanzensorten neu bepflanzt. In Schlossnähe Spielplatz mit Grillstelle. Sehr schöne Wanderwege vom und zum Schloss.

Wie? Vom Bahnhof Wildegg markierter Fussweg bis zum Schloss. Mit dem Auto: Ausfahrt Lenzburg (A1), über Niederlenz und Möriken zum Parkplatz beim Schlossgut unterhalb des Schlosses.
Wann? Geöffnet Mitte März–31. Oktober, Di–Sa 10–12, 14–17, So 10–17 Uhr. Garten durchgehend geöffnet.

Wieviel? Erwachsene Fr. 7.–, Kinder 7–16 Jahre 2.–, AHV/IV, Studenten 5.–, Familien 15.–.
Was? Jedes Jahr wechselnde Sonderausstellungen. Bauernhof Schlossgut: Biobetrieb mit vielen Tieren.
Alter? Ab 6 Jahren.

12 Thermenplausch
Aquarena, 5116 Schinznach Bad,
056 463 75 05,
www.bad-schinznach.ch

Warmwasser in Hülle und Fülle gibt es in Schinznach: Mit 45° fliesst das schwefelhaltigste Thermalwasser der Schweiz aus dem Boden, und die Wassertemperatur im Aquarena beträgt durchgehend 35°. Die grosszügige, moderne Badeanlage verfügt über ein Innenbad von 161 m^3 mit Sprudelbecken, Wasserfall und Hot-Whirlpool, ein Aussenbad von 278 m^3 und ein Flussbad von 50 m Länge, wo man sich von der Strömung mitziehen lassen kann – ein Spass für die ganze Familie. Das Aussenbad ist vor allem im Winter ein Hit, wenn die Whirlpools wie sprudelnde Kochtöpfe wirken und die Köpfe im Dampf verschwinden. Zum Aquarena gehören ein Selbstbedienungsrestaurant, Solarien, Inhalatorium (wer mag's noch schwefliger?) und ein Saunadorf.

Wann? Mo–So 8–22 Uhr.
Wieviel? Erwachsene für 1½ Std. Aufenthalt: Fr. 17.–,
Kinder 4–16 Jahre 12.–.
Alter? Ab 4 Jahren (Schwimmflügeli nicht vergessen).

13 Strohkunst
Freiämter Strohmuseum
Bankweg 2, 5610 Wohlen,
056 622 60 26, www.wohlen.ch/de/tourismus/strohmuseum

«Klein Paris» hiess Wohlen einst, denn von hier aus wurden kunstvolle Strohhüte, Strohspitzen und Bordüren in die ganze Welt geliefert. Mitte des letzten Jahrhunderts arbeiteten in 55 Fabriken fast 5000 Arbeiterinnen und Arbeiter; 25 000 Frauen, Kinder und Männer stellten Strohprodukte in Heimarbeit her. Mitte des 20. Jahrhunderts ging es mit der Strohindustrie bergab. Heute gibt es noch einen kleinen Betrieb, überlebt hat die Kunst im Strohmuseum. Unglaublich, was aus Strohhalmen hergestellt wurde – fast durchsichtige Spitzen, winzige Knöpfe, Blumen, Stickereien auf Stoff. Werkzeuge, Maschinen, Werkstätten, Arbeitsstuben, eine Tonbildschau und ein Videofilm erlauben Einblicke in den Alltag der Strohflechterinnen und vermitteln ein lebendiges Bild einer vergangenen Kultur. Ein besonderes Erlebnis ist die Ergänzung einer Führung durch die Live-Präsentation der Arbeit einer Heimarbeiterin.

Wann? Jan.–Mitte Juli, Mitte Aug.–Dez.
Mi 14–18, Fr 15–20, Sa 10–12,
So 14–16 Uhr. Allgemeine Feiertage sowie zwischen Weihnachten und Neujahr geschlossen.
Wieviel? Kinder gratis, Erwachsene 6.–, Gruppen ab 10 Personen 5.–;
Führungen 50.– (max. 25 Personen).
Alter? Ab 6 Jahren, spezielle Führungen für Schulklassen nach Vereinbarung.

Aargau: Der Osten

Aargau: Der Osten

14 Ein Tag auf dem Lande
Werk- und Wohnheim Murimoos,
5630 Muri, 056 664 11 94,
www.murimoos.ch

Auf diesem 95-ha-Landwirtschaftsbetrieb kann man leicht einen ganzen Tag verbringen. Was gibt es nicht alles zu sehen: ein Kleintiergehege mit Schafen, Eseln, Kaninchen und Pfauen, glückliche Schweine und Hühner, eine beeindruckende Herde von Angus-Kühen und -kälbchen, Schottische Hochlandrinder, Freiberger Stuten, Enten im und am Weiher sowie Störche auf dem Dach. Tafeln informieren über artgerechte Tierhaltung und Bio-Gemüsebau, in den beiden Läden kann man Knospen-Produkte und Biofleisch kaufen und im «Moospintli» gemütlich sitzen, während die Kinder den toll eingerichteten Spielplatz erobern. Das Werk- und Wohnheim ist Zuhause und Arbeitgeber für betreuungsbedürftige Männer aller Altersstufen. Während des Spaziergangs auf den kinderwagengerechten Wegen, beim Besuch der Ställe oder bei der Kaffeepause im «Moospintli» ergeben sich immer wieder Kontakte, die für Besucher wie Heimbewohner bereichernd sind.

Wo? Nördlich von Muri, Abzweigung an der Hauptstrasse Muri–Wohlen signalisiert. Vom Bahnhof Muri ca. 40 Min. zu Fuss. Am Bahnhof Muri können Velos gemietet werden, schöner Radweg.
Wann? Der Betrieb «Murimoos» ist immer offen. «Moospintli»: Mai–September: Mo–Fr 13.30–17.30 und 18.30–22, Sa 8–12 und 13–22, So 9–18 Uhr. Oktober–April: Mo–Fr 13.30–17.30 und 18.30–21, Sa 8–12 und 13–21, So 9–18 Uhr. Murimoos-Bio-Brunch So 9–11.30 Uhr. Öffnungszeiten Biomarkt und Metzgerei: siehe Internet.

Was noch? Weiher-Biotop mit Blockhütte und Feuerstelle; Rundfahrten mit Pferd und Wagen, Frühling bis Herbst jeweils Sonntagnachmittag ab Dorfplatz.

15 Zu den Erdmannli
Erdmannlistein, 5610 Wohlen,
www.erdmannlistein.ch

Vor Urururzeiten beschlossen Riesenkinder, aus kantigen Kieseln eine Burg zu bauen. Sie hatten gerade mit dem grossen Torbogen begonnen, als die Mutter zum Essen rief. Und wie Kinder so sind, vergassen sie ihr angefangenes Bauwerk. Die Steine liegen heute noch da, drei mächtige Findlinge mitten in einem Zauberwald, umrankt von Märchen und Legenden. Wissenschaftlich gesehen sind es erratische Blöcke in einer typischen Gletscherrand-Landschaft. In dem stillen Waldstück zwischen Wohlen und Bremgarten trifft man weiter auf einen verträumten Moorsee, Hoch- und Flachmoore und einen über hundertjährigen Buchenwald. Dass sich hier Erdmannli verstecken, ist sehr wahrscheinlich, denn abends, wenn die letzte Bahn abgefahren ist, wird es ganz dunkel und still. Dann beginnt das Leben der Erdmannli zwischen Moosteppichen und Asthütten. Aber weil es so dunkel ist, bekommt man sie nie zu Gesicht.

Wie? Von Bremgarten oder Wohlen her mit der Bremgarten–Dietikon-Bahn bis Halt «Erdmannlistein» oder zu Fuss schöne Wanderung von Wohlen oder Bremgarten her (ca. 40 Minuten). Es führt keine Autostrasse in die Nähe!
Was noch? Bei der Station «Erdmannlistein» gibt es eine chemische Toilette.
Alter? Alle Altersstufen.

Aargau: Der Osten

16 Auf zur Flug-Alp

Restaurant «Flug-Alp», Flugplatz Buttwil, 5632 Buttwil, 056 664 81 01, www.flug-alp.ch

Flugplätze erwartet man gewöhnlich im Tal, nicht auf einem Berg. Aber das ist nicht das einzig Ungewöhnliche am Flugplatz Buttwil, der auf einer Hochebene 750 m ü. M. mit Blick über das Bünztal bis zur Albiskette liegt. Aussergewöhnlich ist auch das Restaurant «Flug-Alp», von wo aus man nicht nur startenden und landenden Segelfliegern, Kleinflugzeugen, Helikoptern und Fallschirmspringern zuschauen kann, sondern wo auch regelmässig Westernreiter ihre Pferde an der Koppel anbinden und ein paar Lamas vorbeikommen. Speziell ist auch das Innere, besonders die Dekoration der Decke und die Speisekarte, die übrigens sehr viel Gluschtiges enthält, von selbstgemachten Antipasti bis zu feinem Fondue, von hausgebackenen Wähen bis zu knackigem Wurstsalat. Sehr beliebt: der Sonntagsbrunch auf der «Flug-Alp».

Wie? In Wohlen der Strasse Richtung Geltwil/Hitzkirch folgen bis zur Abzweigung «Buttwil» (signalisiert). Von hier aus ist der Flugplatz ausgeschildert.
Wann? Das Restaurant ist ganzjährig geöffnet, Mo Ruhetag. Betrieb vor allem am Wochenende; im Winter schöner Schlittelweg.
Wieviel? Sonntagsbrunch Erwachsene Fr. 24.–, Kinder bis 12 Jahre Fr. 1.– pro Lebensjahr. Von den Gerichten auf der Menükarte können für Kinder kleine Portionen bestellt werden.
Wieviel Flüge? Rundflüge ab Fr. 60.–, Kinder bis 12 zahlen die Hälfte.
Alter? Ab 4 Jahren.

17 Bäume fürs Leben

Lebensbaumpark. Iris und Lukas Frey, Klosterhof, 5630 Muri, 056 664 29 03, www.lebensbaum-park.ch

Wurzeln schlagen im Leben – wer wünschte nicht, seinem Kind gelänge dies? Um das Symbolische dieser Idee zu betonen, pflanzen viele Eltern bei der Geburt eines Kindes einen Baum: Die Tanne soll Wind und Wetter trotzen, Birkenblätter anmutig im Wind tanzen, ein Apfelbaum reiche Ernte geben. Andere Eltern haben aber mangels eines eigenen Gartens keine Möglichkeit dazu. Hier springen nun Iris und Lukas Frey mit ihrem Lebensbaumpark bei Buttwil im Freiamt ein. Auf einer grossen Wiese am Lindenberg pflanzen und pflegen sie im Auftrag der Eltern die Kinderbäume. Familien können jederzeit ihren Baum besuchen und die Kinder so eine enge Beziehung zu ihrem Baum und zur Natur aufbauen. Ist dies nicht ein wunderschönes Geschenk zur Geburt?

Wieviel? Preis nach Vereinbarung.

18 Der Freiämter Kinderweg

«Erlebnis Freiamt», LBBZ, 5630 Muri, 056 675 76 80, www.freiamt.ch

Die Magie des Augenblicks erleben. Am Bach spielen, mit Steinen, Sand und Holz bauen. Im luftigen Weidenhäuschen sitzen. Auf dem Waldsofa sitzen und den Vogelstimmen lauschen. Durchs Spinnennetz krabbeln, ohne die Fäden zu berühren. All das und noch viel mehr Natur können Kinder auf dem kurzweiligen Kinderweg bei Benzenschwil im Freiamt erleben. Der «Walderlebnissinnespfad» lädt Kinder zum Sehen, Fühlen, Hören, Riechen und Tasten in der Natur ein, lässt sie entdeckend und spielend die Zeit vergessen.

Wie? Mit der Bahn bis Benzenschwil, vom Bahnhof Richtung Norden die Hauptstrasse überqueren und dem Mühleweg in den Wald folgen. Der «Kinderweg» ist ausgeschildert.
Dauer? Je nach Spiellust der Kinder 1 Std. oder länger.
Alter? Ab 3 Jahren.

19 Wasserspiele an der Reuss

Wanderung Bremgarten–Mellingen

Im Aargauer Reusstal nach Bremgarten fliesst die Reuss – obwohl wie am oberen Lauf von Emmenbrücke an durch Dämme gesichert – in beeindruckenden Mäandern durchs breite Tal, das der Reussgletscher ausgehobelt hatte. Hier schuf der Fluss vor der Eindämmung vielseitige Lebensräume mit Auen, Kiesbänken, Sümpfen und Mooren, die heute zum Teil renaturiert wurden. Diese vielseitige Landschaft verspricht abwechslungsreiches Familienwandern, immer wieder locken Sandbuchten, Kiesbänke, Feuerstellen, Fallholz. Die Wanderung von Bremgarten aus kann bei Sulz durch das Übersetzen mit der Fähre noch spannender gestaltet werden. Beim Kloster Gnadental lädt der von grossen Bäumen beschattete Wirtshausgarten zu einer Glacepause… und in Mellingen wartet das Postauto. Achtung: Die Reuss ist kein sanfter Bach; die starke Strömung ist nicht zu unterschätzen. Kinder müssen beim Spielen am Ufer immer beaufsichtigt werden!

Wo? Anreise nach Bremgarten mit der Bahn oder dem Postauto. Die Wanderung kann am rechten oder am linken Ufer erfolgen (oder in umgekehrter Richtung).
Wie lange? Bremgarten–Mellingen 3½ Std.
Was noch? Einkehrmöglichkeiten in Bremgarten, Sulz (schöner Spielplatz), Gnadental, Mellingen.

20 Vogel- und Trotti-Paradies Klingnauer Stausee

5312 Döttingen-Klingnau

Winterspaziergänge sind im Mittelland, wo selten Schnee liegt, nicht sehr attraktiv. Anders am Klingnauer Stausee: Hier ist in der kalten Jahreszeit einiges los, denn in dem international bedeutenden Vogelschutzgebiet überwintern viele seltene Gäste aus dem Norden. Mit Vorteil nimmt man Fernglas und Vogelbestimmungsbuch mit. Der Spaziergang rund um den Stausee hat noch einen grossen Vorteil: Der Weg ist gut ausgebaut und kinderwagen-, dreirad- sowie velogängig. Und sogar

Jugendliche lassen sich begeistern, denn sie umflitzen auf Inline-Skates den See, während die Eltern Vögel beobachten. Geeignet ist das Strässchen auch für Miniscooter und Kickboard, die eleganten Varianten des guten alten Trottinetts.

Wie? Ausgangspunkt bei der Aarebrücke Döttingen–Kleindöttingen, beim EW Klingnau zur anderen Seeseite wechseln, Wanderweg zurück nach Döttingen.
Dauer? Rundwanderung 2–2½ Std.
Alter? Alle Altersstufen.

21 Saurier zu entdecken
Sauriermuseum Frick,
Schulhaus «1912», Schulstrasse,
5070 Frick, 062 865 28 06,
www.sauriermuseum-frick.ch

Was vor 30 Jahren in der Erde bei Frick als bläuliche Brocken gefunden wurde, entpuppte sich nach eingehenden Untersuchungen als sensationeller Fund: 220 Millionen Jahre alte versteinerte Knochen von Plateosauriern. Heute ist im Sauriermuseum in Frick das einzige vollständige Dino-Skelett in der Schweiz zu sehen, neben anderen fossilen Funden aus der Erdgeschichte, Videos und spektakulären Einzelstücke aus der Tongrube bei Frick.

Wie? Ca. 700 m vom Bahnhof Frick entfernt.
Wann? 1. und 3. So im Monat, 14–17 Uhr; Führungen nach Vereinbarung.
Wieviel? Erwachsene Fr. 3.–, Kinder 1.–.
Alter? Ab 6 Jahren.

▬ Kids willkommen! ▬

Wo essen?
Restaurant Achenberg, 5330 Zurzach, 056 249 24 30. Bauernwirtschaft auf einem Hochplateau des Tafeljuras über dem Rheintal. Spielplatz, wenig Verkehr, grosse Gartenwirtschaft und viele einfache Spazierwege, auch mit Kinderwagen. Spezialität: Rösti und selbstgemachte Würste, hausgeräucherter Speck und Rohschinken, Käseplättli. Ab 14 Uhr geöffnet, Di Ruhetag, letze Woche Juli/1. Woche August jeweils Betriebsferien.
Restaurant Fahr, 5444 Sulz-Künten, 056 496 11 66. Mo/Di Ruhetag, Juni und August auch Di geöffnet, Speisekarte für die kleinen Gäste. Gartenwirtschaft unter den Bäumen, grosser Spielplatz, direkt an der Fähre über die Reuss, die an den Wochenenden von Ostern bis Mitte Oktober in Betrieb ist (unter der Woche auf Vorbestellung).

Aargau: Der Osten

Himmlischer Gesang
Im Freiamt bei Jonen steht eine über fünfhundertjährige Kapelle. Nach der Legende hatte ein Geisshirte an dieser Stelle immer ein Licht gesehen und eines Abends gar Gesang gehört. Er kroch ins Gebüsch, um die Quelle dieses wunderbaren Gesangs ausfindig zu machen. Während er lauschte, schlief er ein. Die Leute im Dorf wunderten sich, als ihr Hirte mit seinen Tieren nicht zurückkam, und gingen ihn am nächsten Morgen suchen. Als sie laut nach ihm riefen, wachte er auf und befahl ihnen, ganz still zu sein und den Engelsstimmen zu lauschen. Aber niemand sonst konnte den Gesang hören. Trotzdem bauten sie an dieser Stelle ein Kapelle. Man konnte ja nie wissen.

Aargau: Der Osten

Restaurant Baldegg, 5400 Baden, 056 222 57 35. Oktober–März Ruhetage Mo/Di, April–September Ruhetag Di. Spezielle Kinderspeisekarte. Schöner Aussichtspunkt oberhalb Badens, grosser Spielplatz mit hölzernem «Ruedirössli», Gartenwirtschaft, Liegewiese. Wandergebiet mit kinderwagengerechten Wegen.

Restaurant Maiengrün, 5607 Hägglingen, 056 624 11 20, www.restaurant-maiengruen.ch. Waldwirtschaft mit grossem Garten, Spielplatz und 36 Meter hohem Aussichtsturm, Kinder haben viel Auslauf – und der Zugang zum Aussichtsturm ist durch ein Drehkreuz mit Münzautomat gesichert. Juni–Aug. Di geschlossen, sonst Di/Mi geschlossen. Betriebsferien im Januar.

Restaurant Horben, 5637 Beinwil i. Freiamt, 056 668 11 98. Bergwirtschaft auf dem Lindenberg. Spielplatz, grosse Sonnenterrasse. Täglich geöffnet, Di ab 17 Uhr geschlossen.

Wo schlafen?

Jugendherberge Brugg, Schlössli Altenburg, 056 441 10 20, Im Hof 11, 5200 Brugg, www.youthhostel.ch/brugg. Geschlossen Anfang November bis Ende Februar. Die Jugendherberge ist im romantischen Schlössli Altenburg untergebracht. Sie liegt direkt an der Aare, 15 Gehminuten vom Stadtzentrum entfernt, neben Frei- und Hallenbad. 52 Betten; Zimmer teilweise mit Lavabo ausgerüstet. Spezielles: Aussensitzplatz, Spielwiese, Tischtennis, Selbstkocherküche. Idealer Etappenhalt auf dem Aare- oder Mittelland-Radweg von «Veloland Schweiz».

Jugendherberge Baden, Kanalstrasse 7, 5400 Baden, 056 221 67 36, www.youthhostel.ch/baden. Die Jugendherberge liegt direkt neben Sportplatz und Schwimmbad an der Limmat und nicht weit vom Stadtzentrum. 83 Betten; die Zimmer sind mit Lavabo ausgestattet. Spezielles: Aussenschach, Tischtennis, Tischfussball, Schulungsräume.

«Schlaf im Stroh», Familie Keusch-Ehrensperger, Flurstrasse 12, 5623 Boswil, 056 666 14 79. Der Bio-Hof der Familie Keusch liegt etwas ausserhalb von Boswil in der Nähe des Naturschutzgebiets Murimoos. In der grossen Scheune gibt es viel Platz für Schlafsäcke auf dem Stroh, Duschen und WC sind vorhanden. Nach der Nacht im Stroh schmeckt das nahrhafte Bauernfrühstück mit Rösti und Spiegelei, und die anderen Mahlzeiten, die man auf Wunsch mit der Familie Keusch geniessen kann, sind sicher ebenfalls hervorragend! Auf dem Hof leben Kühe, Hühner, Pferde, Katzen und ein Hofhund – ein Paradies für Kinder. Reservation erforderlich.

«Schlaf im Stroh», Familie Mahrer-Hilpert, Erlenhof, 4313 Möhlin, 061 831 37 27. Im grossen Bauernhof der Familie Mahrer fühlen sich Gäste sehr wohl. Der Hof liegt direkt an der Rhein-Veloroute und ist idealer letzter Etappenhalt vor Basel – bis zur Stadt hat der Fahrtwind auch die letzten Strohhalme aus dem Haar verscheucht. Frau Mahrer serviert ein gutes Frühstück, für Gruppen auch Mahlzeiten.

Dauerbrenner

Bezirksmuseum Höfli, Zurzach, Kurgästehaus, Quellenstrasse 1, 5330 Zurzach, 056 249 24 00. Mo–So 13.30–17 Uhr. Für Kinder ausgesprochen interessant, z. B. Modell eines römischen Legionslagers, Szenen aus dem Mittelalter.

Elektromuseum Kraftwerk Kappelerhof, Im Roggenboden 19, 5401 Baden, 056 200 22 00, Mi 14–17, Sa 11–15 Uhr geöffnet, Gruppen nach Vereinbarung, museum@regionalwerke.ch.

Aargau: Der Osten

Terrassenschwimmbad, 5400 Baden, 056 221 73 86 (Freibad), 056 221 62 05 (Hallenbad). Wunderschön gelegenes grosses Gartenbad mit vielen Spiel- und Liegeflächen, Kinderbecken, Wellenbecken, 50-m-Becken, 10-m-Sprungturm; Hallenbad, 100 m lange Riesenrutschbahn, 3 Beachvolleyball-Felder, Tischtennis-Plätze.
Industriekulturpfad Limmat-Wasserschloss, Wanderung von Baden nach Brugg auf den Spuren der industriellen Entwicklung.
Buchhandlung Librium, grosse Kinderbuchabteilung und Kinderleseecke, Hirschlistrasse 3, 5400 Baden, 056 222 46 66.
Festungsmuseum, 5324 Full-Reuenthal, 062 772 36 06. Eine alte Festung aus dem Zweiten Weltkrieg, zum anschaulichen Museum ausgebaut. www.festungsmuseum.ch.
Tierpark, Bruggerstrasse 632, 5330 Zurzach, 056 249 34 34. Damhirsche, Rehe, Enten, Kraniche, Fasane, Pfauen, Spielplatz. Park ganzjährig geöffnet, Café im Tierpark im Sommer 9–21 Uhr geöffnet, Ruhetage Do/Fr.
Kunsteisbahn Wohlen, Mattenhof, 5610 Wohlen, 056 622 44 40.
Geoweg Aargau, geschichtlich-geografisch-naturhistorische Wanderung rund um die Habsburg, Ausgangspunkt Bahnhof Schinznach Bad.
Informationszentrum Kernkraftwerk Leibstadt, 5325 Leibstadt, 056 267 72 50. Attraktive Ausstellung zur atomaren Stromproduktion mit verschiedenen Computersimulatoren, Experimentiermöglichkeiten, Modellen und Videofilmen. Geöffnet Mo–Sa 9–12 und 13–17 Uhr, So 13–17 Uhr.
Sport- und Erholungszentrum Tägerhard, 5430 Wettingen, 056 426 36 75. (Kunsteisbahn, Hallenbad/Sauna, grosses Freibad, Minigolf).
Schinznacher Baumschulbahn, 5107 Schinznach Dorf, Baumschule Zulauf, 056 463 62 82, zulauf@baumschule.ch. Fahrten mit Kleinspur-Dampf- und Dieselbahnen durch die Baumgartenanlagen Mai–Mitte Oktober jeweils Sa/So 13.30–17 Uhr im Halbstundentakt. Fahrpreise: Erwachsene Fr. 5.–, Kinder 2.50.
Kart-Bahn Wohlen, 5622 Waltenswil, 056 622 36 47. Geöffnet März–Okt. täglich 9–22, So 10–22 Uhr. Für Kinder ab 1,30 m Körperlänge. Bei ganz schönem Wetter separate Mini-Kart-Bahn offen für Knirpse.

Aargau: Der Westen

1. Burgfrauen und Rittersleut
   Museum Schloss Lenzburg
2. Erlebnis Urgeschichte
   Museum Burghalde, Lenzburg
3. Überblick gewinnen
   Zum Esterliturm, Lenzburg
4. Das Wasserschloss
   Museum Schloss Hallwyl
5. Seevergnügen
   Strandbad Tennwil
6. Rund um den Hallwilersee
   Seewanderung
7. Fernsicht-Wanderung
   Lenzburg–Eichberg–Seengen
8. Naturerlebnis Museum
   naturama aargau, Aarau
9. Schlössli Aarau
   Stadtmuseum
10. Kunst entdecken
    Aargauer Kunsthaus, Aarau
11. Zu Besuch bei Käpten Jo
    Restaurant Aarfähre, Biberstein
12. Passwanderung mit Tiefblick
    Benkerjoch–Staffelegg
13. Roll on!
    Skatebahn Aarau
14. Natur- und Spieloase
    Wildpark Roggenhausen
15. An der schönen blauen Aare
    Aarewanderung
16. Für Schleckmäulchen
    Chocolat Frey, Buchs AG
17. Purzelbaum
    Bücher und Spielwaren, Zofingen
18. Bienchen summ herum
    Bienenlehrpfad Schafisheim
19. Rite rite Rössli
    Ponyhof, Gontenschwil
20. Mit Tieren spielen
    Wirtshaus Rütihof, Gränichen

Bahn · Hotel · Kunstn. · Museum · Natur · Restaur. · Schiff · Sehensw. · Shopping · Spielen · Sport · Theater · Tiere · Wandern

Seen, dunkle Hügel, alte Städte

Seit dem Kantonsjubiläum von 2003, als der Aargau seinen 200. Geburtstag feierte, haben viel mehr «Restschweizer» den Aargau als Ausflugsziel wahrgenommen. Es lohnt ja auch, bei Lenzburg oder bei Aarau die Autobahn zu verlassen und sich in unbekanntes Gebiet aufzumachen. Wobei... so unbekannt ist es gar nicht. Die beiden Museumsschlösser Lenzburg und Hallwyl sind in der ganzen Schweiz zu Recht bekannt und beliebt. Das neu eingerichtete «naturama» in Aarau gehört zu den spannendsten Naturmuseen der Schweiz, der Hallwilersee oder die Aare zu den schönsten Natur- und Erholungslandschaften im Mittelland. Überhaupt finden Familien links und rechts der Aare ein vielseitiges Freizeitland mit Flüssen, Weihern, Jurawiesen, schönen Picknickplätzen, Erlebnispfaden, Tierparks und Bauernhöfen, auf denen man übernachten kann.

Ruth Michel Richter

1 Burgfrauen und Rittersleut

Historisches Museum Aargau,
Schloss Lenzburg, 5600 Lenzburg,
062 888 48 40,
www.schloss-lenzburg.ch

Stolz und mächtig erhebt sich die Schlossanlage über dem Städtchen Lenzburg. Im 11. und 12. Jahrhundert war sie Sitz der Grafen von Lenzburg, dann wechselte sie mehrmals den Besitzer. Dazu gehörten kurz der legendäre Kaiser Barbarossa, dann lange die Habsburger und die Berner Landvögte, später die Familie des Dichters Frank Wedekind und der amerikanische Forscher Lincoln Ellsworth, der hier mit Amundsen Pläne für Nordpolexpeditionen schmiedete. 1956 erwarben der Kanton Aargau und die Stadt Lenzburg die gesamte Anlage, rund 30 Jahre später eröffnete das Historische Museum Aargau in den alten Mauern eine moderne, lebendige Schau. Für Kids besonders spannend sind das Wohnmuseum in der Landvogtei und die animierte Waffenschau im Bergfried. Für Stimmung sorgen «Fauchi», der rauchende Jungdrache, lebensecht wirkende Söldner, das unheimliche Gefängnis und die immer noch funktionierenden Küchen. Die Krönung des musealen Spasses liegt jedoch unter dem Dach im Kindermuseum: Hier kann man basteln, sich als Burgfrau oder Rittersmann verkleiden und im Minischloss Mittelalter spielen. Zu guter Letzt kriecht man durch die Drachenhöhle und macht mit einem veritablen Schlossgespenst Bekanntschaft.

Wann? April–Oktober: Di–So 10–17 Uhr, Mo geschlossen; Museumspädagogik, 062 888 48 56.
Wieviel? Erwachsene Fr. 7.–, Kinder 3.50, Gruppen ab mindestens 15 Personen: Erwachsene 6.–, Kinder 3.–.
Alter? Alle Altersstufen.

2 Erlebnis Urgeschichte

Museum Burghalde, 5600 Lenzburg,
Schlossgasse 23, 062 891 66 70

Wer sich für Geschichte interessiert, ist im Burghalde-Museum an der richtigen Adresse. Dank der lebendigen Gestaltung ist die Ausstellung auch für jüngere Kids spannend. Im Erdgeschoss des spätgotischen Altbaus sind ur- und frühgeschichtliche Funde sowie römische Objekte von Lenzburger Ausgrabungsstätten ausgestellt: die berühmten Lenzburger Steinkistengräber aus der Jungsteinzeit, Rekonstruktionen von Hütten aus der Stein- bis zur Bronzezeit, eine römische Taverne, Modelle des römischen Dorfes Lenzburg und anderes mehr. Auf zwei weiteren Stockwerken und im Gewölbekeller sind Töpfereien, Schmuck, Möbel, Werkzeuge, Uhren und Kinderspielzeug bis ins frühindustrielle Zeitalter zu bestaunen. Ein Kuriosum und Wahrzeichen Lenzburgs ist die 1886 abgefüllte Erbsenbüchse – wahrscheinlich die älteste erhaltene Konservendose der Welt! Ein besonderer Hit ist die Urgeschichts-

> **Unheimliches Grab**
> Übertriebene Hundeliebe gab es schon immer. In Seon lebte ein Adliger, der seinen Hund so sehr liebte, dass er ihn nach dessen Tod in einem Sarg in seinem Garten beerdigen liess. Zur Beerdigung trug er einen Trauermantel, wie man ihn beim Tod von nahen Verwandten trug. Nach dem Tod des Edelmannes sah man ihn immer wieder im Trauermantel durch den Garten spuken. Und vor einigen Jahren hat man im Garten der Alten Mühle gegraben – und ein gut erhaltenes Menschenskelett gefunden.

werkstätte, wo sich Schulklassen in Techniken wie Knochenbearbeitung, Töpfern, Feuerschlagen usw. einweihen lassen.

Wann? Di–Sa 14–17, So 10–12 und 14–17 Uhr; Führungen nach Voranmeldung: 062 891 66 70. Für Lehrer gibt es spezielle Themenblätter. Anfrage für Urgeschichtswerkstätte: M. Zurbuchen, Seengen, 062 777 26 36.
Wieviel? Erwachsene Fr. 5.–, Kinder 2.–, Familie 10.– (zwei Erwachsene, Kinder).
Alter? Ab 8 Jahren.

3 Überblick gewinnen
Wanderung Lenzburg–Feufweiher–Esterliturm–Aabach

Naherholungsziele in direkter Spazierdistanz zur Innenstadt sind immer besonders attraktiv. So auch der Feufweiher im Wald am Berg, der ganz einfach nur «Berg» heisst, direkt südlich von Lenzburg. Das schattige Plätzchen ist vor allem im Sommer ein idealer Aufenthaltsort. Doch man sollte nicht zu lange hier bleiben, denn das i-Tüpfelchen dieses Ausflugs erwartet mutige Höhenflieger noch. Nach kurzem Aufstieg durch den Wald gelangt man zum 48 Meter hohen Esterliturm. Zur Aussichtsplattform auf 45 Metern Höhe führen 253 Stufen. Doch die Mühe des Aufstiegs wird durch das Panorama reich belohnt: Im Norden der Schwarzwald, im Süden die Innerschweiz und die imposante Alpenkette und dazwischen fast der ganze Kanton Aargau. Direkt beim Turm befinden sich gut eingerichtete Grillplätze.

Wie? Von Bahnhof Lenzburg am Aabach entlang bis zur Strafanstalt Lenzburg, dann nach links, Wanderweg über das Bergfeld in Richtung Feufweier folgen. Vom Feufweier zuerst Wanderweg Richtung Süden, bis er in ein Waldsträsschen mündet, das nach rechts den Berg hinaufführt. Wegweiser beachten.
Dauer? Reine Wanderzeit Rundtour Lenzburg Bhf. und zurück ca. 3 Stunden.
Alter? Ab 5 Jahren.

4 Das Wasserschloss
Schloss Hallwyl, 5707 Seengen, 062 767 60 10, www.schlosshallwyl.ch

Ein Schloss wie aus dem Bilderbuch: Aus dem wassergefüllten Burggraben steigen hoch und grau die Mauern auf, der einzige Zugang ist eine schmale Brücke. Über sie betritt man den ersten Schlosshof mit Wohnhaus, Stall und Kornhaus. Eine Zugbrücke führt zur hinteren Insel der Doppelburg mit den ältesten, jetzt fertig renovierten Bauten aus dem 12. Jahrhundert. Sehenswert sind die neue Ausstellung zur Familiengeschichte der Von Hallwyl sowie die neue Abteilung «Brauchtum und Gewerbe im Seetal». Zu jedem Ausstellungsthema gibt es spezielle Attraktionen für Kinder. 2005 sollen die umfassenden Umbauarbeiten abgeschlossen sein, grosse Teile der Anlage sind aber während der ganzen Zeit zugänglich. Im Hof schönes neues Schlosscafé, in der Umgebung vielfältige Spazier- und Picknickmöglichkeiten.

Wie? Mit der Bahn bis Boniswil-Seengen, 20 Min. Fussweg, Bus ab Lenzburg.
Wann? April–Oktober Di–So 10–17 Uhr.
Wieviel? Voraussichtliche Eintrittspreise ab Sommer 2004: Erwachsene Fr. 8.–, AHV 6.–, Kinder Fr. 4.–.
Alter? Ab 4 Jahren.

5 Seevergnügen
Strandbad Tennwil, Strandbadweg 306, 5617 Tennwil, 056 667 14 34

Nirgends ist Baden so schön wie in Seen und Flüssen. Das ehemalige Arbeiterschwimmbad Tennwil bietet nicht nur einen erstklassigen, flachen Strand mit Sprungturm, eine grosse, von alten Bäumen beschattete Liegewiese, Kinderspielplatz, Grillplätze und ein Kiosk-Restaurant, sondern hat auch sehr viel vom Charme von anno dazumal bewahrt, obwohl alle Anlagen auf den modernsten Stand gebracht wurden. An Wochenenden herrscht natürlich viel Betrieb, aber wer die Gelegenheit hat, unter der Woche einen Badenachmittag am Hallwilersee zu verbringen, wird die friedliche Atmosphäre geniessen. Und wer als Kind dieses Strandbad kennenlernte, wird immer wieder hierher zurückkommen.

Wie? An der Strasse Seengen–Meisterschwanden Abzweigung ausgeschildert. Postauto von Seengen nach Tennwil, Fussweg zum See.
Wieviel? Erwachsene Fr. 4.–, Kinder 2.–.
Alter? Alle Altersstufen.

6 Rund um den Hallwilersee
Wanderung Schloss Hallwyl–Seengen–Mosen–Beinwil–Schloss Hallwyl
Schifffahrtsgesellschaft Hallwilersee, Delphinstrasse 28, 5616 Meisterschwanden, 056 667 00 00, www.seetaltourismus.ch

Der Hallwilersee ist wie so viele Seen ein Erbe der Eiszeit: Der Reussgletscher liess bei seinem Rückzug eine riesige Eisscholle in der Mulde am Fuss des Hombergs liegen, die verhinderte, dass sich die Vertiefung mit Geröll füllte. Rund um den 10,3 Quadratkilometer grossen See laden Natursträsschen und Pfade durchs Moor am Seekopf zur Wanderung am Ufer ein; Abkühlung findet man bei den Strandbädern und auf den Sonnenterrassen der Seerestaurants, und zwischen Schloss Hallwyl und Seengen gibt's erst noch ein Pfahlbauerhaus zu bestaunen. Mit jüngeren Kindern ist die Wanderung rund um den See (5–6 Stunden) vielleicht zu lang. Sie lässt sich aber zumindest im Sommer jederzeit abkürzen, mit einer schönen Belohnung fürs tapfere Wandern: mit dem Schiff ans andere Ufer oder zurück zum Ausgangspunkt!

Wie? Mit der Seetalbahn bis Boniswil-Seengen, 20 Minuten Fussweg, oder mit dem Postauto ab Lenzburg bis Schloss Hallwyl, von hier aus ist der Wanderweg ausgeschildert.
Alter? Ab 6 Jahren.

7 Fernsicht-Wanderung
Lenzburg–Seengen, Kurhaus Restaurant Eichberg, 5707 Seengen, 062 777 33 33, www.eichberg.com

Eine leichte Wanderung auf gut markierten Wegen, auf der es viel zu sehen und zu staunen gibt. Von Lenzburg Stadt geht's zur Strafanstalt, dann über das Bergfeld in den gleichnamigen Wald zum Feufweiher. Es ist ein romantischer Rastplatz mit einem alten hölzernen Glockenturm, Feuerstelle, Waldlehrpfad, Enten und einem zweiten Weiher mit dazugehörigem Bächlein. Nach der Rast wandern wir auf Waldsträsschen, den Wegweisern folgend, hinauf zum Esterliturm. Nächste Station – durch Feld und Wald – ist der Eichberg. Der ehemalige Jagdsitz der Herren von Hallwyl ist heute ein Restaurant mit Aussichtsterrasse, grossem, gesichertem Spielplatz, der keine Kinderwünsche offen lässt, und einem Kleintierpark mit Kaninchen, Enten, Gänsen, Ziegen, Hühnern. Und nicht zuletzt kann der Blick von hier über das Seetal in die Alpen atemberaubend sein. Nach der Stärkung ist es nicht mehr weit bis Seengen, wo das Postauto für die Rückfahrt wartet.

Wie? Mit der Bahn nach Lenzburg, von Seengen zurück nach Lenzburg mit dem Postauto.
Wann? Restaurant Fr–Mi bis 22 Uhr geöffnet, Do nur 14.30–17 Uhr.
Dauer? Wanderzeit 2½–3 Std.
Alter? Je nach Wanderlust ab 4 Jahren.

8   Naturerlebnis Museum
naturama aargau, Bahnhofplatz, 5001 Aarau, 062 832 72 00, www.naturama.ch

Gemächlich schreitet Mammutmama Lora mit ihrem Jungen durch das Untergeschoss des Naturmuseums. Von ferne hört man das Poltern von Sprengungen im Eisenbergwerk Herznach. Wild wuseln niedliche Zwergmäuse durch ihr Terrarium im Erdgeschoss, und geheimnisvoll huschen Schatten über die Kristallkugel des Orakels im Obergeschoss. Im neuen «naturama» werden auf drei Zeit- und Gebäudeebenen Naturgeschichte und die natürlichen Lebensräume des Aargaus auf höchst lebendige und anregende Weise vorgestellt. Kinder finden überall Einladungen zu eigenen Aktivitäten, sowohl die kindliche Neugier als auch der kindliche Spieltrieb werden angesprochen.

Wie? Direkt beim Bahnhof Aarau.
Wann? Täglich ausser Mo 10–17 Uhr.
Wieviel? Erwachsene Fr. 7.–, Kinder (6–16) 3.–.
Alter? Ab 4 Jahren.

9   Schlössli Aarau
Stadtmuseum Aarau, Schlossplatz 23, 5000 Aarau, 062 836 05 17, www.schloessliaarau.ch

Einst war das «Schlössli» ein mächtiger Rittersitz über der Aare. Der aus Findlingen und grossen Aarekieseln gemauerte Bergfried stammt aus dem 11. Jahrhundert und ist älter als die Stadt. Später wurde die Burg als vornehmer Wohnsitz, eine Weile gar als Schülerpensionat genutzt. 1930 schenkten die letzten Eigentümer das «Schlössli» der Stadt Aarau. Heute befindet sich hier das Stadtmuseum mit wechselnden Sonderausstellungen sowie einem Wohnmuseum mit Küchen, eleganten Salons, Kinderzimmern, Schlafräumen und Alltagsgegenständen. Kinder faszinieren vor allem alte Spielzeuge und Zinnfiguren, die sich nicht nur auf Soldaten beschränken: Da gibt's eine Parkanlage mit eleganten Damen und Herren im Biedermeierlook, einen Zirkus, Turner – alles in Zwergenformat und theatralisch arrangiert. Videofilme zu den Themen Mühlen und Mahlen, Zeit und Uhren und ein Stadtbummel vor 100 Jahren sind auch für kleinere Kinder unterhaltsam. Im Untergeschoss können Werkstätten und Kutschen besichtigt werden, und zum Museum gehört eine alte Getreidemühle.

Wann? Mi, Sa, So 14–17 Uhr. Mühle: öffentlicher Mahltag im August jeweils auf Anfrage.
Wieviel? Kostenlos (Führungen Fr. 100.–).
Alter? Ab 5 Jahren.

Aargau: Der Westen

10 Kunst entdecken
Aargauer Kunsthaus, Aargauerplatz,
5001 Aarau, 062 835 23 30,
www.aargauerkunsthaus.ch

Nach längerer Umbau- und Ausbauzeit wurde das Aargauer Kunsthaus im Jahr 2003 wieder eröffnet. Erwachsene können den markanten Neubau von Architekt Jean Nouvel kennenlernen und Kinder spielerisch mit Kunst Bekanntschaft machen. Dafür werden im Kunsthaus regelmässig Veranstaltungen für Familien und Kinder durchgeführt. Für die kleinen Besucherinnen und Besucher liegt ein Skizzenheft bereit, das die Kunsthausvisite zur individuellen Entdeckungsreise werden lässt. Es lohnt auch, in der Handbibliothek zu stöbern, denn hier finden Kinder in altersgerechten Kunstbüchern viele Anregungen. Wer weiss, vielleicht empfängt hier ja eine neue Pipilotti Rist, ein neuer Giacometti erste Inspirationen?

Wie? Nur wenige Minuten Fussweg vom Bahnhof Aarau entfernt.
Wann? Geöffnet Di–So 10–17, Do bis 20 Uhr. Informationen zu einzelnen Veranstaltungen im Internet abfragen.
Alter? Ab 5 Jahren.

11 Zu Besuch bei Käpten Jo
Käpten Jo's Aarfähre, Mühlenrain 2,
5023 Biberstein, 062 827 28 28,
www.kaeptenjo.ch

Ein Ozeanriese steht am Aareufer auf Trockendock und beherbergt eines der verrücktesten Restaurants weit und breit. Es gibt ein Schiffsmuseum voller Skurrilitäten und auf dem Oberdeck die Tauchglocke «Nautiskop», die zur Abenteuerfahrt in die Meerestiefen am Aareufer einlädt. Auf 2000 Quadratmetern breitet sich ein Kinderparadies aus mit unzähligen Spielgeräten und Bahnen. Und natürlich kann man hier auch essen und trinken, alles unter dem Motto «nautisches Abenteuer».

Wie? Von Aarau über die Aarebrücke Richtung Rombach, dann Wegweiser Richtung Biberstein.
Wann? April–Oktober Mo/Di 12–18, Mi–So 10–24 Uhr, November–März Mo/Di Ruhetag.
Alter? Ab 4 Jahren.

12 Passwanderung mit Tiefblick
Benkerjoch–Herzberg–Staffelegg

Auch wenn das Teilstück Benkerjoch bis Staffelegg nur eine kurze Wanderung ist, bekommt man doch Ferngefühle, denn übers Benkerjoch führt nicht nur der europäische Fernwanderweg E4 von den Pyrenäen her quer durch Europa bis an den Plattensee in

WIE KANN EIN AUTO SONNE TANKEN?
verkehrshaus.ch
Bleib' Rätseln auf der Spur. Im Verkehrshaus der Schweiz.

Ungarn, sondern auch der Jurahöhenweg Regensberg–Delémont und der Dreiländerweg. Aber so weit geht es nicht. Vom Benkerjoch aus steigen wir durch ein Wäldchen hinunter zu einer ehemaligen Gipsgrube, wo Kinder mit Begeisterung in der Erde wühlen und nach Versteinerungen suchen können (Kleidung entsprechend wählen!). Dann geht es vorbei an üppigen Jurawiesen zum Herzberg, wo ein Restaurant mit kühlen Getränken sowie ein Natur- und Bauernlehrpfad locken. Vom Herzberg aus ist es nur noch ein Katzensprung (1,5 km) bis zur Staffelegg, wo ein Postauto hält. Wer noch nicht «ausgewandert hat», kann bis zur berühmten 600jährigen Linde von Linn (1 Std. 50 Min.) weiterwandern.

Wie? Mit dem Postauto von Aarau zum Benkerjoch, Rückfahrt von der Staffelegg mit Postauto nach Aarau oder von Linn nach Brugg.
Dauer? Benkerjoch–Staffelegg ca. 1 Std.
Alter? Ab 5 Jahren.

13 Roll on!
Inlineskate-Bahn «rolling rock», Industriestrasse 44, 5001 Aarau, 062 823 30 23, www.rolling.rock.ch

Überall stehen Fabrikhallen leer und warten auf neue Nutzungen. Und überall suchen Skater nach Übungsflächen, Rampen, Halfpipes und so weiter. Im Aarauer Industriegebiet haben sie sich gefunden: In der bunt besprayten hellen Halle einer ehemaligen Maschinenfabrik wartet ein mit allen von Skatern gewünschten und erträumten Schikanen ausgestatteter Skatepark auf schnelle Flitzer und coole Sprinter. Aus der Schule geplaudert heisst das: Miniramp, Wallride, Halfpipe, Lowrails, Curbs, Funbox, Steilkurven und so weiter. Und sollte jemand vor Begeisterung gleich an die Decke springen oder vor Ärger die Wände hochgehen – auch das ist möglich, denn ausser der Skatebahn steht noch ein Kletterpark zur Verfügung.

Wann? Di–Fr 13–22, Sa 10–22, So 10–22 Uhr.
Wieviel? Erwachsene Fr. 11.–, Kinder 5.–.
Alter? Je nach Können!

14 Natur- und Spieloase
Wildpark Roggenhausen, 5000 Aarau, www.roggenhausen.ch, Restaurant Roggenhausen, 062 822 53 56

Schön ins idyllische Roggenhausentälchen eingebettet, ist der Tierpark mit seinen 15 ha Wald, Gehegen und Wiesen ein ideales Naherholungsziel für Familien. Neben den grossen Tieren wie Damhirschen, Mufflons, Steinböcken, Wildschweinen und Ponys leben im Tierpark auch Murmeli, Kaninchen und Marder. Tiere dürfen überall gefüttert werden – mit Futter aus den Tierpark-Automaten. Schattige Picknickplätze, Aussichtsplattformen, ein Naturlehrpfad und vor allem der super eingerichtete Spielplatz neben dem Selbstbedienungsrestaurant mit Sitzplätzen und Kastaninenbäumen machen den Wildpark Roggenhausen bei kleinen und grossen Gästen ausserordentlich beliebt. Die Wege sind kinderwagengängig.

Wie? Ab Bahnhof Aarau Bus Linie 3 bis Halt Roggenhausen, mit Auto Hauptstrasse Richtung Olten, direkt am westlichen Stadtrand Wegweiser zum Parkplatz. Vom Parkplatz 15 Min. Fussweg.
Wann? Täglich das ganze Jahr geöffnet. Restaurant Mo–Sa täglich ab 9 Uhr, So 9–18 Uhr.
Alter? Alle Altersstufen.

15 An der schönen blauen Aare
5000 Aarau

Glücklich, wer in der aargauischen Kantonshauptstadt lebt – direkt vor der Haustür liegt eine idyllische Flusslandschaft. Durch die Altstadt bummelt man zur Kettenbrücke, dann geht's dem Fluss entlang auf ebenen Strässchen. Der Weg schlängelt sich durch schattige Auenwälder oder führt schnurgerade über Schutzdämme. Kurz nach Aarau, auf der Höhe der Monstersiedlung Telli, sorgt der «Kleintierzoo Telli» für Abwechslung. Unterwegs finden sich Sitzbänke, Rastplätze und etliche Feuerstellen. Bei der Brücke Rupperswil lohnt sich an heissen Sommertagen ein Abstecher auf die linke Flussseite zum wunderschön gelegenen Schwimmbad. Je nach Lust, Laune und Ausdauer lässt sich die Wanderung fortsetzen bis nach Brugg, vorbei an Kraftwerken, Dämmen, Stauseen, aber auch an recht ursprünglichen Flusspartien der alten Aare.

Wie? Von der Aarauer Altstadt aus zu Fuss. Unterwegs Ausstiegs- bzw. Einstiegsmöglichkeiten bei den SBB-Bahnhöfen Rupperswil, Wildegg, Schinznach Bad, Villnachern; Postauto nach Brugg SBB.
Wann? In jeder Jahreszeit.
Dauer? Je nach Alter bis Rupperswil (7 km, Bahnhof), Wildegg (10 km, Bahnhof), Schinznach (14 km, Bahnhof).
Alter? Alle Altersstufen, nach Lust und Leistungsfähigkeit.

16 Für Schleckmäulchen
Chocolat Frey AG, Bresteneggstrasse, 5033 Buchs AG, 062 836 25 16, www.chocolatfrey.ch

Sieht so nicht das Paradies aus: In unzähligen Riesentöpfen schmilzt Schokolade, über unzählige Bänder tanzt Schokolade, und die Luft ist erfüllt vom süssen Duft von Schokolade. Die Familienführungen in der Chocolat-Frey-Fabrik bringen so etwas wie einen Vorgeschmack auf dieses Paradies. Kinder erhalten Einblick in die Schokoladeproduktion, dürfen degustieren (aber klar doch!) und sogar selbst etwas mit Schokolade kreieren. Ein Film entführt sie in die Zauberwelt der Schokolade, und zum Abschluss gibt's noch einen kleinen Zvieri. Wenn das nicht ein megasuper Nachmittag wird!

Der goldene Ring
Fast hätte die Familie Von Hallwyl schon im 13. Jh. ihren Stammsitz verloren. Der einzige Erbe der Adelsfamilie schloss sich nämlich einem Kreuzzug an. Sein alter Vater gab ihm die Hälfte eines Goldringes mit, die andere Hälfte behielt er. Die beiden Hälften zusammengefügt sollten den Anspruch des Erben bestätigen. Der junge Ritter blieb 20 Jahre weg. Inzwischen war der Vater gestorben, ein böser Cousin hatte sich das Schloss unter den Nagel gerissen und es in ein Kloster verwandelt. Als der rechtmässige Besitzer mit seiner Ringhälfte vor dem Tor stand, präsentierte ihm der gemeine Abt bereits einen vollständig zusammengefügten Ring. Der Streit wurde im Ritterduell entschieden, der erbschleichende Mönch musste sein Kloster verlassen, und der Ritter von Hallwyl zog wieder in sein Elternschloss.

Wie? Chocolat Frey schickt nach Anmeldung eine Bestätigung.
Wann? Nur nach Voranmeldung jeweils Mittwochnachmittag, 14–16.50 Uhr. Daten und Anmeldeformular können unter www.chocolatfrey.ch (Kontakte/Feedback) angefordert werden. Pro Anmeldung max. 6 Personen (keine Gruppen, Kindergärten oder Schulen).
Alter? Ab 4 Jahren (in Begleitung von Erwachsenen).

17 Purzelbaum
Bücher und Spielwaren,
Rathausgasse 8, 4800 Zofingen,
062 751 89 86,
purzelbaum@bluewin.ch

Ein Laden so richtig für Kinder, spielfreudige Jugendliche und junggebliebene Erwachsene. Neben einem breiten Angebot an Bilder-, Kinder- und Jugendbüchern sowie Pädagogik und Belletristik werden auch Holzspielsachen und Spiele für alle Altersstufen angeboten. Wer Wert legt auf gute, sinnvolle und solide Spielsachen, wird hier fündig. Die Spielzeugauswahl ist sehr bewusst getroffen: Wer einen Bogen um Barbie, Pony und Plastikmonster machen will, ist hier im richtigen Geschäft.

Wie? Im Zentrum.
Wann? Di–Fr 9–12, 13.30–18.30, Sa 9–16 Uhr; Mo geschlossen.
Alter? Alle Altersstufen.

18 Bienchen summ herum
Bienenlehrpfad, 5503 Schafisheim

Aargau: Der Westen

Der Bienenpfad lässt vergnüglich den Weg von der Biene bis zum süssen Honig nachvollziehen. Auf dem kurzweiligen, interessanten und informativen Bienenpfad erfahren grosse und kleine Honigliebhaber an 12 Stationen alles über das Leben der Bienen, die Struktur eines Bienenstaats, die Produktion von Honig, die Bedeutung der Imkerei und den ökologischen Nutzen der Bienenhaltung. Am Ende des Bienenpfads steht ein Apiarium, das nach Voranmeldung besichtigt werden kann. In der Umgebung des Lehrpfads gibt es schöne Picknickplätze und Spazierwege. Ein Spazierweg führt an einem grossen Bauernhof mit tiergerechten offenen Laufställen vorbei. Auch hier sind Führungen möglich.

Wie? Von der A1-Ausfahrt Aarau Ost Richtung Luzern bis Gemeindezentrum Schafisheim, Parkplätze. Bus 90 ab Bahnhof Lenzburg bis Haltestelle Schafisheim Gemeindezentrum. Wegweisern folgen.
Wann? Mitte April–Ende Oktober. Führungen im Bienenhaus (nur Gruppen, Fr. 200.–, Schulen ermässigt) und auf dem Bauernhof auf Anfrage: Gerhard Fasolin, Junkerngasse 9, 5502 Hunzenschwil, fasi@yetnet.ch.
Dauer? Etwa 1 Stunde.
Alter? Ab 4 Jahren.

19 Riite riite Rössli
Ponyhof Schwarzenberg, Doris Unseld, Heilpädagogin, 5728 Gontenschwil, 062 773 10 15, www.ponyhof.ch

Eingebettet in die weichen Hügel des Wynentals liegt der mächtige Schwarzenbergerhof. Er beherbergt rund 20 eigene Connemara- und Welsh Ponys, etliche Gastponys, zwei freche Esel, Ziegen, Schafe, Katzen, einen Hund… und die Menschen, die sich um Tiere und Besucher kümmern. Hier können Kinder mit erfahrener Begleitung «erste Schritte» auf einem Pony unternehmen, sich in Reitkursen, Wochenendaufenthalten oder längeren Reitferien weiterbilden und ganz intensiv Tier und Natur erleben. Doris Unseld und ihr Mitarbeiterteam haben sich zudem auf heilpädagogisches Reiten, Hippotherapie und Behindertensport spezialisiert. Kinder, die vom Reiten träumen, können hier unter besten Bedingungen ihren Traum verwirklichen.

Wie? Gontenschwil liegt ca. 20 km südlich von Aarau, Autobahnausfahrt Aarau West oder Ost. Taxidienst zu den Bahnhöfen Gontenschwil, Beinwil und Schöftland.
Wann? Nur nach telefonischer Voranmeldung.
Was? Verschiedene Kurse (bis Reiterbrevet 2), Reitlager während der Schulferien.
Alter? Ab Kindergartenalter. Für wartende Eltern gibt es eine Kaffeestube und für kleine Geschwister ein Spielzimmer.

20 Mit Tieren spielen
Wirtshaus Rütihof, 5722 Gränichen, 062 842 32 02

Auf fast 600 Metern ü. M., auf einem Hochplateau zwischen Muhen und Gränichen, liegt der kleine Weiler Rütihof. Hier – wirklich im Grünen, wo sich Fuchs und Hase gute Nacht sagen – befindet sich das Wirtshaus der Familie Fetscher-Wildi, ein wahres Kinderparadies: ein Haustierpark mit Ziegen, Gänsen, Enten, Schweinen, Pferden, Ponys zum Reiten, Kutschen für Ausfahrten und grossem Spielplatz. Von April bis Mitte Oktober werden jeden Mittwoch- und Sonntagnachmittag Kutschenfahrten angeboten, jeden Mittwochnachmittag zudem Ponyreiten und gratis Karussellfahren für Kinder. Und wenn das noch nicht reicht: Rund um das Wirtshaus gibt es jede Menge Wiesen, Weiden und Wald zum Austoben. Das Restaurant hat eine grosse Gartenwirtschaft, ist rollstuhlgängig und empfiehlt sich für Familienfeste.

Wie? Auf gemütlichen Wanderwegen von Muhen, Suhr oder Gränichen oder via Fahrsträsschen von Gränichen oder Muhen.
Wann? Januar–März: Mo–Do geschlossen, März–Dezember: Mo und Di geschlossen.
Dauer? Zu Fuss von Muhen 45 Min., von Gränichen 1 Std.
Alter? Alle Altersstufen.

Kids willkommen!

Wo essen?
Spaghetti Factory, Metzgergasse 8, 5000 Aarau, 062 822 23 12. Hier können die Kinder sich frei bewegen, die Atmosphäre ist sehr kinderfreundlich, und wenn die kleinen Gäste ihre Spaghetti aufgegessen haben, gibt's zur Belohnung gratis eine Glace. Im Saal nebenan können Kindergeburtstage mit einer Spaghettata gefeiert werden. Geöffnet täglich 10–24, warme Küche ab 11 Uhr.

Aargau: Der Westen

Restaurant Riviera, Schachen 20, 5000 Aarau, 062 822 10 09. Kinder sind hier gern gesehene Gäste, man ist flexibel mit Portionen, hat gute Nerven und ist sehr freundlich. Es gibt alles von der italienischen Karte, was Kinder lieben. Grosse Gartenwirtschaft und in der Nähe Spielplatz und Wiese, auf denen die Kids herumtollen können. Täglich geöffnet 10.30–24 Uhr.

Pizzeria Trattoria Oberstadt, Brättligäu 5, 5600 Lenzburg, 062 892 00 20. Mitten in der Altstadt von Lenzburg, am verkehrsfreien Metzgplatz, werden Kinder mit ihrer Lieblingsküche verwöhnt: Pizza, Spaghetti, Lasagne. So/Mo Ruhetag.

Seehotel Delphin, Familie Fischer, Delphinstrasse 18, 5616 Meisterschwanden, 056 676 66 80. Mai–Sept. durchgehend geöffnet, Okt.–April Mo/Di geschlossen. Grosse Terrasse direkt über See und Schiffsanlegestelle, schönes Selbstbedienungsrestaurant mit familienfreundlichen Preisen.

Seehotel Hallwil, Seestrasse 79, 5712 Beinwil am See, 062 765 80 30. Im Selbstbedienungsrestaurant, falls geöffnet, gibt's preisgünstige Kinderpizzas; daneben lockt eine Rutsche.

Ristorante La Deliziosa, Seetalstrasse 17, 5706 Boniswil, 062 777 12 17. Angenehmes Restaurant mit geduldigem Personal, freundlicher Atmosphäre, Kinderspielecke und guten Pizzas. Mi Ruhetag, geöffnet 11.30–14 und 18–22.30 Uhr, Sa ab 18 Uhr.

Restaurant Seeblick, 5706 Boniswil, am Hallwilersee, Kinderspielplatz und Kleintierpark, 062 777 27 67. Mo/Di Ruhetag.

Restaurant Zur Fennern, H. P. Künzi, Fennern 399, 4805 Brittnau AG, 062 751 61 47. Mi/Do geschlossen. Das direkt am Waldrand gelegene Ausflugsrestaurant mit grossem Garten, Terrasse und Kinderspielplatz ist ideal für Familien. Auf Menüwünsche von Kindern wird flexibel reagiert.

Wirtschaft Loohof, Familie D. und S. Stich, Loogasse 7, 4665 Oftringen, 062 797 12 18. Di–Sa 11.30–24, So 11.30–22 Uhr, Mo Ruhetag. Jeden letzten Sonntag im Monat «Loohof-Zmorgebuffet» von 10–13 Uhr. Biologische Küche. Bauernhaus aus dem 18. Jahrhundert, diverse Räume, grosse Gartenterrasse, Spielplatz. Sehr kinderfreundlich.

Wo schlafen?

Hotel Pizzeria Oberstadt, Familie A. Peterhans-Steger, Brättligäu 5, 5600 Lenzburg, 062 892 00 20. Unkompliziertes Hotel mit 14 modernen Zimmern, DZ Fr. 150.–, Kleinkinder gratis, Zustellbetten vorhanden. Lage: mitten in der Altstadt, aber verkehrsberuhigt. Hotel 7 Tage offen, ab 18 Uhr Restaurant mit italienischer Küche.

Camping und Massenlager Tennwil, 5617 Tennwil, 056 667 14 34. Grosser Campingplatz direkt am Hallwilersee und neben der Badi. Im Massenlager vier 8-Bett-Zimmer und ein Leiterzimmer, Aufenthaltsraum, Küche (nach Absprache mit dem Betriebsleiter sind auch fertige Mahlzeiten erhältlich). Rollstuhlgängig. In den Ferien viel Platz für Familien.

«Ferien auf dem Bauernhof», Familie Edith und Josef Huber, Tannenhof, 5618 Bettwil. Grosser Hof mit vielen grossen und kleinen Tieren, viel Platz, viele Aktivitäten möglich (abseits vom Verkehr), schöne 3½-Z.-Wohnung, sehr gut geeignet für Familien mit mehreren Kindern. Spezielles: Erlebniswoche für Kinder, Infos: 056 667 35 83. Buchung für Ferienwohnung: 031 329 66 33, Reka.

Aargau: Der Westen

Jugendherberge SJH Zofingen, General-Guisan-Strasse 10, 4800 Zofingen, 062 752 23 03, www.youthostel.ch/zofingen. Geschlossen Mitte Dezember bis Ende Februar. Herrschaftliche Villa in grossem Park am Stadtrand von Zofingen. Über 60 Betten, Zimmer teilweise mit Lavabo oder Dusche/WC ausgestattet. Spezielles: Grillplatz, Spielwiese, Spielplatz, Tischtennis, TV, Video, diverse Gesellschaftsspiele, Schulungsräume.

Jugendherberge SJH Beinwil, Seestrasse 71, 5712 Beinwil am See, 062 771 18 83, www.youthostel.ch/beinwil. Geschlossen von Mitte Dezember bis Ende Februar. Idyllisch am Ufer des Hallwilersees gelegen. Jugi-Gäste haben freien Eintritt im direkt anschliessenden Strandbad. 98 Betten, Zimmer teilweise mit Lavabos ausgerüstet. Spezielles: Fussballplatz unmittelbar hinter der Jugendherberge, schöner Innenhof, Freizeitraum mit Tischtennis und Tischfussball, Grillplatz, Schulungsräume.

Dauerbrenner

Strohdachhaus Muhen, Hardstrasse, 5037 Muhen. Geöffnet April–Oktober 1. und 3. So im Monat 14–17 Uhr oder nach Vereinbarung, H. P. Moser, 062 723 13 30.

Schwimmbad Zofingen, Besenmattweg, 4800 Zofingen, 062 751 18 66. 50-m-Becken, Sprungbretter 3 m und 1 m, Rutschbahn, Planschbecken, Kleinkinderanlage, Restaurant, Liegewiese, Spielplatz und Beachvolleyball-Feld.

Zofinger Altstadtführung, Verkehrsbüro, Marktgasse 10, 4800 Zofingen, 062 745 00 05. Altstadtführung ca. 1 Stunde. Bei der Reservation (Verkehrsbüro) Anzahl und Alter der Kinder angeben, damit sich die Führung darauf einstellen kann.

Museum Zofingen, General-Guisan-Strasse 18, 4800 Zofingen, 062 751 67 63. Geöffnet Mi 14–17, So 10–12 Uhr. Für Kinder interessant: naturhistorische Abteilung mit Darstellung von Tieren in ihrem Lebensraum.

Römische Mosaikböden der «Villa rustica» beim Restaurant Römerbad, 4800 Zofingen.

Infopfad Liebegg, Landwirt. Bildungs- und Beratungszentrum Liebegg, 5722 Gränichen, 062 855 86 55, lbbz.liebegg@ag.ch, liebevoll gestalteter Infopfad zu Geschichte und Landwirtschaft. Rundgang ca. 1½ Std.

Schifffahrtsgesellschaft Hallwilersee, Delphinstrasse 28, 5616 Meisterschwanden, 056 667 00 00, www.schifffahrt-hallwilersee.ch 1. April–Ende Oktober.
Dauer? Die grosse Rundfahrt bis zum luzernischen Mosen dauert ca. 2 Std., die kleine ab Meisterschwanden Delphin 55 Min., die halbe Seerundfahrt an Schloss Hallwyl vorbei 1 Std. 15 Min. Verpflegungsmöglichkeiten auf allen Schiffen.

Wanderung Reinach–Hochwacht–Homberg, Gasthof Homberg, 5734 Reinach, 062 771 10 53. Vom Bahnhof Reinach 3,5 km lange Wanderung. Der Gasthof mit dem grossen Kinderspielplatz und der schönen Aussicht hat jeweils am Mittwoch und am 1. Dienstag im Monat Ruhetag.

Notizen

Aargau:
Der Westen

Appenzell: Land unter dem Säntis

1. Mutschli frisch von der Alp
   Schau-Alpkäserei Schwägalp
2. Pferdeschlittenfahrten
   auf der Schwägalp
3. Schussfahrt bergab
   Schwägalp–Urnäsch
4. Der geologische Wanderweg
   auf dem Hohen Kasten
5. Der Natur auf der Spur
   Wanderung durchs Chlustobel
6. Sommer- und Winterrodeln
   Rodelbahn am Kronberg
7. Barfuss zum Fussbad
   Gonten–Gontenbad
8. So macht man Käse
   Schaukäserei Stein
9. Auf zum «Waggeln»
   Erlebniswanderung in Wald
10. Puppen global
    Puppenmuseum Waldfee, Wald
11. Bei den Wetterfröschen
    Meteo-Wanderweg, Trogen
12. Gegen Krieg und Not
    Henry-Dunant-Museum, Heiden
13. Heitere Gesichter
    Witzwanderweg ab Heiden
14. Rundtour mit Aussicht
    Bike-Route ab Heiden
15. Bliibet gsond
    Gesundheitsweg ab Heiden
16. Rosa macht Dampf
    Dampfzug ab Rorschach
17. Wintersport à discrétion
    Ski, Langlauf, Schlitteln
18. Die Schönste im Land
    Vieh- und Ziegenschauen

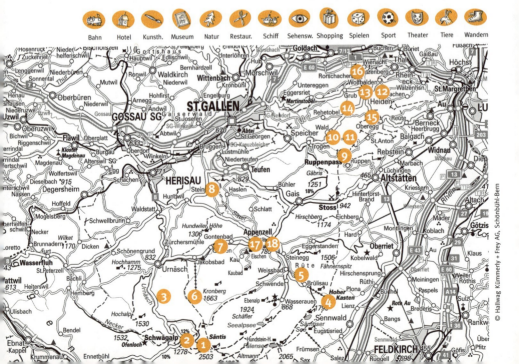

Appenzell: Land unter dem Säntis

Klein, aber oho

Wer Rambazamba sucht, hat das Appenzellerland unbedingt zu meiden. Superlative wie die höchsten Gipfel, ältesten Städte, grössten Seen und kulturellen Hochburgen der Schweiz sucht man hier ebenfalls vergebens. Doch halt: Immerhin liegt dem Appenzellerland der Bodensee zu Füssen. Und vom Säntis aus geht der Blick auf nicht weniger als sechs Länder, zu den einheimischen Viertausendern und bis zu den höchsten Bergen Europas. Dazwischen erstreckt sich ein sanft hügeliges Hochplateau mit viel Wiesen, Wald und Wanderwegen, schmucken Dörfern und Bauernhöfen, gesunden Wassern und viel Ruhe. Belebt von Menschen, die gerne traditionelle Feste feiern, ihren Alltag mit träfem Witz zu würzen wissen und sich auf die kleinen und grossen Gäste freuen: «Sönd willkomm im Appezöll!»

Erika Schumacher

1 Mutschli frisch von der Alp

Schau-Alpkäserei Schwägalp,
071 365 65 40 (Alpkäserei) oder
071 365 65 65 (Säntisbahn)

Wann? Täglich Mai bis Oktober 9–17 Uhr.
Wieviel? Eintritt gratis. Führungen gegen Bezahlung auf Anmeldung möglich. Gruppe Fr. 65.–, Anmeldung bei der Säntisbahn: 071 365 65 65.
Alter? Alle Altersstufen.

«Was die Käser unten im Tal können, können wir auch oben auf der Alp», sagten sich Appenzeller und Toggenburger Sennen und errichteten auf der Schwägalp eine Schau-Alpkäserei. Sie versprechen einen unverfälschten Einblick in eine urtümliche Kultur von traditioneller Alpmilchwirtschaft in Verbindung mit Musik und Kunsthandwerk. Während 16 Wochen im Sommer werden dort täglich zweimal Käse hergestellt und dabei 400 000 bis 700 000 Liter Milch verarbeitet. Die Laibe wiegen vier bis fünf Kilogramm. Aber auch an uns Touristen wurde gedacht: Die Schwägalp-Mutschli sind mit einem Kilo wesentlich leichter und können sogleich beim Picknick verzehrt werden.

Wie? Mit der Appenzellerbahn ab Gossau oder Herisau bis Urnäsch. Mit dem Auto oder Postauto von Urnäsch (oder Nesslau) aus auf die Schwägalp. Parkplätze unterhalb der Säntisbahn-Talstation. Die Schau-Alpkäserei befindet sich unmittelbar gegenüber der Talstation.

2 Ross, Räder und Kufen

Pferdeschlitten auf der Schwägalp,
Hansueli Tschumper, 079 207 72 83
oder 071 365 65 65 (Talstation Säntis-Schwebebahn),
www.saentisbahn.ch

Ihr «Metier» haben Werner Wittenwiler und Hansueli Tschumper im mondänen Davos gelernt. Heute bieten die beiden Pferdekutscher ihre Touren daheim auf der Schwägalp an – mit Erfolg. Ihre Wagen mit den Zweispännern sind an schönen Tagen häufig ausgebucht, so dass sie ihr Angebot um Fonduefahrten erweiterten, die ebenfalls regen Anklang finden. Die Standardroute auf der Schwägalp wird bei schönem Wetter und günstiger Schneelage täglich befahren. Zunächst führt sie entlang der Strasse, dann hinaus auf die Alp, zuerst auf Rädli, dann auf Kufen. Die zwölfplätzigen Wagen lassen sich während der Fahrt hydraulisch verstellen, so dass der Wechsel in der Fortbewegungsart keinen

---

PubliCar im Appenzellerland

Wie anderswo in ländlichen Regionen sind auch in den beiden Appenzeller Halbkantonen manche Gebiete dünn besiedelt. Hier verkehren öffentliche Verkehrsmittel nur wenige Male pro Tag oder fehlen ganz. Abhilfe schafft der PubliCar: Der Kleinbus der Postauto-Betriebe verkehrt auf Voranmeldung und nach Bedarf – auch auf schmalen Strassen und Feldwegen –, ohne Fahrplan und feste Haltestellen. Bestellt wird der Rufbus mit Tel. 0800 553 060, die Preise entsprechen den Postauto-Tarifen für gleich lange Linienstrecken, dazu kommt ein Zuschlag von ca. Fr. 3.– für jeden Reisenden. Der PubliCar ist unterwegs zu folgenden Zeiten: Mo–Do 6–19, Fr–Sa 6–23.30, So und Feiertage 7–19 Uhr.

Halt erfordert. Damit kommen auf der Pferdeschlittentour sowohl romantisch Veranlagte wie technisch Interessierte auf ihre Rechnung.

Wie? Mit Auto oder öffentlichen Verkehrsmitteln auf die Schwägalp. Die Pferdeschlittenfahrten beginnen bei der Schau-Alpkäserei neben der Talstation Säntisbahn. Voranmeldung empfehlenswert.
Wann? In der Regel Weihnachten bis März. Täglich bei schönem Wetter und günstiger Schneelage.
Wieviel? Grundtaxe für 4 Personen Fr. 75.–. Für jede weitere Person 15.–. Ab 8 Personen Fr. 23.– pro Person. Ermässigungen für Kinder.
Dauer? Rundfahrt auf der Schwägalp ¾ Std.
Alter? Ab 4 Jahren.

3   Schussfahrt bergab
Veloanhänger auf die Schwägalp, Postauto St. Gallen–Appenzell, 071 228 44 44, www.postauto.ch

Dass Berg- und Passfahrten per Velo viel Kondition verlangen, stimmt meistens, aber glücklicherweise nicht immer: Für den Aufstieg zur Schwägalp überlassen sich Fahrer und Velo mit Vorliebe dem Postauto bzw. dessen Anhänger. Los geht's in Urnäsch, in 22 bequemen Minuten ist die Schwägalp erreicht. Die Schussfahrt bergab nach Urnäsch zurück dauert weitere 20 Minuten – wenn man die Hände nicht allzu fest an die Bremsen klammert. Die Schussfahrt lässt sich mit weiteren Touren durch das Appenzellerland verbinden. Wir empfehlen allerdings, am Sonntag die Schwägalp wegen des starken Verkehrs zu meiden. Eine weniger befahrene Route besteht von der Schwägalp über den Alpweg Richtung Kronberg hinunter zum Rossfall.

Wie? Mit der Appenzellerbahn ab Gossau oder Herisau bis Urnäsch. Von dort mit dem Postauto auf die Schwägalp.
Wann? Das Postauto mit Veloanhänger verkehrt von Ende Mai bis Ende Oktober: um 7.50 Uhr, ab 9.10 Uhr viermal im Stundentakt, nachmittags stündlich zwischen 13.55 und 16.55 Uhr.
Wieviel? Transport pro Velo Fr. 6.–, Voranmeldung für Gruppen erforderlich.
Alter? Ab 12 Jahren.

> Appenzell: Land unter dem Säntis

4   Geologie «im Kasten»
Geologischer Wanderweg auf dem Hohen Kasten, Luftseilbahn Brülisau–Hoher Kasten, 9058 Brülisau, 071 799 13 22, oder Berghotel 071 799 11 17, www.hoherkasten.ch

Wem das Wandern allein um des Wanderns willen zu beschaulich oder zu altmodisch ist, der folgt heute einem der themenbezogenen Wanderwege aller Art, die im ganzen Land immer zahlreicher werden. Zum Beispiel auf dem geologischen Wanderweg im Gebiet des Hohen Kastens. Das Kalk- und Nagelfluhgestein im Appenzellerland scheint geradezu für den Anschauungsunterricht

gemacht. Vierzehn Schautafeln erzählen Interessantes über die Entstehung von Falten, Versteinerungen, unterirdisch entwässerten Seen und andere wissenswerte Besonderheiten in Stein, Fels und Untergrund. Dort befindet sich auch der bekannte Sax-Schwende-Bruch, bei dem ein Gebirgsteil im Laufe der Zeit um einige hundert Meter verschoben worden ist.

Höhenmeter hinauf nach Brülisau. Wir wandern nahezu immer im Wald, nah am Brüelbach entlang und an einer lauschigen Feuerstelle vorbei. Fünf Tafeln informieren über die Besonderheiten der Natur im Chlustobel, kurze Anleitungen laden zu spannenden Naturbeobachtungen und kurzweiligen Spielen ein. Es lohnt sich daher, für die Entdeckung des Chlustobels zwei bis drei Stunden Zeit einzuplanen.

Wie? Mit der Appenzellerbahn nach Weissbad und weiter mit dem Postauto nach Brülisau. Oder mit dem Auto über Appenzell und Steinegg oder Weissbad nach Brülisau zur Talstation der Kasten-Schwebebahn.
Wann? Frühsommer bis Herbst.
Wieviel? Bergfahrt Erwachsene Fr. 20.–, Kinder 10.–, Halbtax-Abo gültig, Familienermässigung.
Dauer? Wanderzeit 5½ Std., vom Hohen Kasten über Stauberenchanzlen, Saxerlücke, Bollenwees und Sämtisersee nach Brülisau.
Alter? Ab 10 Jahren.

Wie? Mit Appenzellerbahn oder Auto nach Weissbad. Von Brülisau mit dem Postauto oder PubliCar nach Weissbad zurück.
Wann? Bei schönem Wetter von Frühling bis Herbst
Dauer? Wanderzeit ca. 1 Std.
Alter? Ab 5 Jahren.

5 Der Natur auf der Spur
Wanderung durch das Chlustobel, Appenzellerland Tourismus, Schäfligasse 12, 9050 Appenzell, 071 788 08 10, www.appenzell.ch

Waldboden, Wegesrand und Bachufer im Chlustobel sind die Heimat vieler Käfer, Insekten und anderer Kleintierchen aller Art. Wer in die Welt der auf den ersten Blick unscheinbaren Vertreter unserer Tierwelt eintauchen will, tut dies am besten auf dem Naturerlebnis-Pfad. Dieser beginnt beim Hotel Belvédère in Weissbad und führt rund 100

6 Sommer- und Winterrodeln
Rodelbahn am Kronberg, Luftseilbahn Jakobsbad–Kronberg AG, 9108 Gonten, 071 794 12 89, www.kronberg.ch

Schlitteln über grüne Alpweiden liegt im Trend. Am Kronberg ist das Sommerrodeln auf der 800 m langen Rodelbahn dank eines neuartigen Betriebssystems auch im Winter möglich. Ungefähr 50 «Bobs» stehen zur Verfügung. Die Höhendifferenz beträgt 100 Meter. Sind die Gefährte nach oben gezogen, kann das Spiel mit der Erdanziehungskraft beginnen: Mit der Handbremse können wir selber das Tempo bestimmen; automatisch wirkende Trommelbremsen verunmöglichen allerdings Geschwindigkeiten über 40 km/h.

An der Talstation lockt ein Kinderspielplatz mit einem riesigen Trampolin. Ausserdem ist der Kronberg auch ein idealer Familien-Wanderberg: Die kürzeste der verschiedenen Routen am Berg oder vom Berg weg dauert 1½ Std. Einige Stunden benötigt man für die Wanderungen hinunter nach Gonten oder Weissbad oder «hinüber» zur Schwägalp.

Wie? Mit der Appenzellerbahn oder mit dem Auto von Appenzell oder von Gossau über Herisau nach Jakobsbad. Bergfahrt mit der Kronberg-Luftseilbahn.
Wann? Mai bis Juni 9–17, Juli bis Oktober 9–18 Uhr. Oktober bis Mai gemäss telefonischer Auskunft: 071 794 14 14.
Wieviel? Pro Schlitten: Fr. 6.– für 1 oder 2 Kinder bis 16 Jahre; Fr. 9.– für 1 oder 2 Erwachsene oder ein Kind und 1 Erw.
Dauer? Bergfahrt 8, Talfahrt ca. 4 Min.
Alter? Ab 6 Jahren (in diesem Alter noch in Begleitung eines Erwachsenen).

7 Barfuss zum Fussbad
Barfuss-Wanderweg Gonten–Gontenbad, Appenzellerland Tourismus, Schäfligasse 12, 9050 Appenzell, 071 788 08 10, www.appenzell.ch

«Weder Schtrümpf no Schueh» braucht's nicht nur von Luzern nach Weggis, sondern auch von Gonten nach Gontenbad. Dieses erreichen wir allerdings nicht per Schiff, sondern barfuss. Ähnlich wie der Witz- oder Wetterwanderweg scheint auch dieser Pfad der legendären Appenzeller Originalität entsprungen zu sein. Barfuss geht es über Wiesen, Bäche und asphaltierte Strassen, aber auch über kurze steinige Abschnitte, auf denen wir die Fusssohlen einem Belastungstest aussetzen – oder dann doch für einige Meter verstohlen beschuht gehen. Am Ziel in Gontenbad angelangt, belohnen wir unsere Flossen im Naturmoor-Wasser mit einem erfrischenden Fussbad, bevor wir an der Feuerstelle die mitgebrachte Wurst braten oder uns an anderen Grillköstlichkeiten gütlich tun.

Wie? Mit Auto oder Appenzellerbahn von Herisau oder Appenzell bis Bahnhof Gonten.
Wann? Sommer und Frühherbst.
Dauer? Die Route führt vom Bahnhof Gonten bis Gontenbad und zurück nach Gonten. Wanderzeit ca. 1½ Std.
Alter? Alle Altersstufen (Kleinkind auch im Huckepack transportierbar, eigene Fitness vorausgesetzt).

8 So macht man Käse
Schaukäserei, 9063 Stein, 071 368 50 70, www.showcheese.ch

500 Tonnen Appenzeller im Jahr – das soll den Käsern in der Schaukäserei in Stein mal einer nachmachen! Sieben Leute stellen den würzigen Käse her, der nach rund viermonatiger Reifezeit in den Handel und damit auf den Tisch kommt. Jedes Jahr sind es rund 73 000 Laibe und damit mehr als in jeder anderen Appenzeller-Käserei. Und mehr als fünf Millionen Gäste haben die Schaukäserei in den ersten 20 Jahren ihres Bestehens besucht. Die Tonbildschau, der Souvenirshop und der Käseladen gehören ebenfalls zum festen Bestand der «Schaukäsi». Im Restaurant mit Gartenterrasse und originellem Kinderspielplatz erfährt

> Appenzell: Land unter dem Säntis

der Gaumen, was mit Käse sonst noch alles gemacht werden kann. Kinder sind ohnehin willkommen: Für sie liegen Malbüchlein bereit.

Wie? Ab St. Gallen oder Herisau mit dem Postauto. Oder ab Autobahnausfahrt Gossau in 15 Minuten zu erreichen (Richtung Herisau, Hundwil; Wegweiser nach Stein).
Wann? Mai bis Oktober täglich 9–19, November bis April täglich 9–18 Uhr geöffnet. Käseherstellung 9–15.30 Uhr.
Wieviel? Eintritt frei. Führung Fr. 50.– pauschal.
Dauer? ¾ Std.
Alter? Alle Altersstufen. Restaurant mit Kinderstühlen.

9   Auf zum «Waggeln»
Erlebniswanderung in Wald, Verkehrsbüro, 9044 Wald, 071 877 13 72, oder Herr Künzler, 071 877 37 16

Durch Wiesen und Wälder wandern, dabei Menschen bei ungewöhnlicher Arbeit besuchen und so alte Künste und rares Handwerk kennenlernen: Das bietet der «Waggel», eine 10 km lange Rundwanderung über Strässchen und Wanderwege, die neun Kleinbetriebe und Kunstwerkstätten miteinander verbindet. Wir erfahren, wie aus natürlichen Materialien Zwerge und Hüte entstehen, gucken einem Maler und Bildhauer über die Schulter, schauen rein ins Keramikatelier, lassen uns uralte Rezepturen für Kosmetik erklären, besuchen einen Bio-Landwirtschaftsbetrieb, entdecken verschiedene Drucktechniken… Gerastet wird bei einer Blockhütte mit Feuerstelle, Tischen und Bänken mitten im Wald. Grillieren, spielen und ausruhen kann man auch auf dem «Begegnungsplatz» auf dem letzten Teilstück der Rundwanderroute.

Wie? Von St. Gallen nach Trogen mit der Bahn, weiter mit Postauto nach Wald. Dito mit dem Auto. Oder: Rorschach–Heiden mit der Bahn und weiter mit Postauto nach Wald. Übersichtskarte mit genauer Beschreibung des «Waggels» am Ausgangspunkt im Dorfzentrum.
Wann? Auch im Winter, sofern der Schnee nicht zu hoch liegt. Für den Besuch einiger Stationen ist eine Voranmeldung empfehlenswert; ein Faltblatt mit Telefonnummern (und Wanderkärtchen) gibt's beim Verkehrsbüro.
Dauer? Reine Wanderzeit: 3–3½ Std.
Alter? Wanderung: Ab 7 Jahren. Betriebsbesuche: nach Interesse der Kids.

10 Puppen global
Puppenmuseum Waldfee, Gabi Müller Gloor, 9044 Wald, 071 877 26 94

Appenzell: Land unter dem Säntis

«Waldfee» heisst die mit vielen Fundstücken aus der Natur geschmückte Marionette, die dem Museum den Namen gegeben hat. Zusammen mit Königin Elisabeth I. von England, prächtig eingekleideten Stabpuppen aus Indonesien und Schweizer Trachtenbäbis gehört sie zu den mehreren tausend Puppen, Marionetten und Spielsachen, welche Gabi Müller als ehemalige Air-Hostess aus der ganzen Welt zusammengetragen hat. Ausgestellt sind die wertvollen antiken wie einfachen gebrauchten Stoff- und Holzpuppen in vielen Vitrinen auf drei Etagen einer ausgebauten Scheune. Die Requisiten der Marionetten – von denen Frau Müller viele selber hergestellt hat – sind möglichst original- und massstabgetreu und werden für jede Figur extra angefertigt.

Wie? Mit öffentlichen Verkehrsmitteln oder dem Auto nach Wald. Die «Waldfee» befindet sich neben dem Schulhaus an der Strasse nach St. Anton.
Wann? Jeden 1. Sonntag und 1. Donnerstag im Monat, 14–17 Uhr, Gruppen nach Absprache.
Wieviel? Freier Eintritt, die Spenden fürs Kässeli beim Eingang kommen einem sozialen Werk zugute.
Alter? Ab 7 Jahren.

11 Bei den Wetterfröschen
Meteo-Wanderweg, Verkehrsverein Trogen, Dorf 33, 9043 Trogen, 071 344 13 16

Wo professionelle «Wetterfrösche» detaillierte Prognosen erarbeiten, erhalten die Laien Einblick in die Grundlagen der Meteorologie: Es sind die Wissenschafter der Meteomedia AG – die unter anderem das deutsche Fernsehen, schweizerische Printmedien und Online-Wetterdienste mit ihren Wettervorhersagen beliefert –, die den Meteo-Wanderweg von Gais über den Gäbris (1251 m ü. M.) nach Trogen (915 m ü. M.) initiiert haben. Hier erfahren wir, wie Sonnenschein, Regen und Wind entstehen und weshalb sich ein Wettermann auch irren kann. Elf Stationen informieren mit Schautafeln über Wolkentypen, Föhneffekte, typische Wetterlagen, Wind, Stabilität der Atmosphäre und etliche weitere Wetterphänomene. Die gemütliche Wanderung führt vorbei am Gäbrisseeli – wo richtige Frösche quaken –, an Gasthäusern, am Pestalozzi-Kinderdorf und an Feuerstellen.

Wie? Mit der Appenzellerbahn von St. Gallen nach Gais, von dort zu Fuss auf den Schwäbrig. Von Trogen zurück mit der Bahn (Halbstundentakt) nach St. Gallen.
Wann? Frühling bis Herbst.
Dauer? Wanderzeit 3–3½ Std.
Alter? Ab 4 Jahren.

Baby an Bord
Wanderrouten für die Allerkleinsten gibt es im Appenzellerland viele, denn das Kinderwagenschieben verlangt hier keine grosse Kraftanstrengung. Auf asphaltierten Strassen abseits von lästigem Verkehr werden über 30 kinderwagengängige Wanderwege angeboten. Sie beginnen in Appenzell, Heiden, Herisau, Trogen und etlichen anderen Dörfern und sind in 20 Minuten bis 3 Stunden zurückzulegen. Einige von ihnen führen an Rast- und Spielplätzen vorbei. Info und Übersicht: Appenzellerland Tourismus, 071 788 08 10, www.appenzell.ch

12 Gegen Krieg und Not

Henry-Dunant-Museum,
Asylstrasse 2, 9410 Heiden,
071 891 44 04,
www.dunant-museum.ch

Ob die Welt je einmal von Krieg und sozialem Elend befreit sein wird? Henry Dunant jedenfalls, der Gründer des Rotes Kreuzes, hatte die Hoffnung nie aufgegeben und wesentlich zur Linderung der Not beigetragen. Sein Lebenswerk ist im Henry-Dunant-Museum in Heiden nachgestellt: dem ehemaligen Bezirkskrankenhaus, wo Dunant von 1892 bis 1910 seine letzte Zuflucht fand. Originaldokumente, persönliche Habseligkeiten des Nobelpreisträgers, eine Diashow und ein Film stellen dar, wie sich Dunant und seine Helfer nach der grausamen Schlacht von Solferino der Verwundeten annahmen, wie er als treibende Kraft die erste Genfer Konvention in die Wege leitete, wie er im Spital Heiden lebte und wie Freunde seine Rehabilitierung ermöglichten.

Wie? Mit der Bahn von Rorschach nach Heiden. Oder mit dem Auto auf A1 bis Ausfahrt Rorschach; anschliessend Wegweiser beachten.
Wann? April bis Oktober: Di–Sa 13.30–16.30, So 10–12 und 13.30–16.30 Uhr (Juli/August ab 13 Uhr). November bis März: Mi und Sa 13.30–16.30, So 10–12 und 13.30–16.30 Uhr. Gratisführungen: April bis Oktober jeden So um 10.30 Uhr (November–März jeden 1. So im Monat).
Dauer? Besichtigung rund 1 Std., mit Film 1½ Std.
Wieviel? Erwachsene Fr. 7.–, Lehrlinge, Studenten, Feriengäste 6.–, Kinder 6–16 Jahre 3.50, Führung Fr. 40.– (klassisch) oder 70.– (interaktiv). Dorfführung mit Museumsbesuch Fr. 70.–. Museumspass nicht gültig.
Alter? Ab 10 Jahren.

13 Heitere Gesichter

Witzwanderweg ab Heiden,
Appenzellerland Tourismus AR,
9410 Heiden, 071 898 33 00,
www.appenzell.ch

Listig sei der Appenzeller und träf seine Ausdrucksweise, heisst es in der ganzen Schweiz. Dies, durchaus als Kompliment gemeint, zeigt sich am schönsten im Appenzeller Witz. Besonders häufig erkennen lässt sich dies auf dem Witzwanderweg zwischen Heiden und Wolfhalden. Die Route umfasst rund 70 «Witzstationen», allesamt mit Appenzeller Witzen. Dass dieser nicht ausschliesslich der Unterhaltung dient, sondern auch Akademiker zu interessieren vermag, bewies ein gewisser Dr. Alfred Tobler (1845–1923), der sich wissenschaftlich mit dem Appenzeller Witz auseinandersetzte – und ausschliesslich um diesen geht es hier. Auf dem Witzwanderweg laden etliche Beizen zur Rast, darunter die «Harmonie» mit Kinderspielplatz.

Wie? Mit der Rorschach–Heiden-Bergbahn RHB (Stundentakt) von Rorschach nach Heiden, oder von Rheineck nach Walzenhausen. Der Weg kann in beiden Richtungen begangen werden. Rückfahrt an den Ausgangspunkt mit Postauto. Der Ausflug ist auch mit einer Rundreise von Rorschach über Heiden nach Walzenhausen und Rheineck zu verbinden.
Wann? Ausser bei extremen Schneehöhen das ganze Jahr begehbar.
Wieviel? Postautofahrt Walzenhausen–Heiden Erwachsene einfach Fr. 5.20, Kinder ab 6 Jahren 2.60, Halbtax-Abo und Juniorkarte gültig.
Dauer? Wanderzeit ohne Rast- und Lachpausen 2¾ Stunden.
Alter? Ab 6 Jahren.

14 Rundtour mit Aussicht

Bike-Route ab und nach Heiden
Appenzellerland Tourismus,
Bahnhofstrasse 2, 9410 Heiden,
071 898 33 00, www.appenzell.ch

Die 28 km lange Velo-Rundtour hoch über dem Bodensee beginnt in Heiden, 802 m ü. M. Stets den roten Velo-Wegweisern folgend, radeln wir durch die liebliche Appenzeller Hügellandschaft auf den Aussichtspunkt Kaien und hinunter nach Trogen. Hier lohnt sich die Rast im Dorfzentrum, an dem mit prächtigen Häusern bestandenen alten Landsgemeindeplatz. Die Strecke führt weiter über Wiesen und Wald auf den Ruppen und schliesslich auf den St. Anton. Mit 1040 m ü. M. bildet dieser Aussichtsberg den höchsten Punkt unserer Tour. Ein Restaurant bietet feines Essen und eine grossartige Aussicht ins Rheintal und hinüber ins österreichische Vorarlberg. Auf einem Radweg geht es nun bergab nach Oberegg, und schliesslich treffen wir wiederum in Heiden ein.

Wie? Mit der RHB (Stundentakt) oder dem Auto nach Heiden. Die RHB führt während der Velosaison einen speziellen Velowagen; Auskunft zu Fahrplan und Einsatz: 071 891 10 60. Kartenmaterial: Bike-Karte Appenzellerland (1:80 000).
Wann? Während der ganzen Velosaison.
Dauer? Die Bike-Rundtour dauert ca. 3 Std.
Wieviel? RHB-Transport pro Velo und Strecke: Fr. 5.–. Halbtax-Abo und Juniorkarte gültig.
Alter? Je nach Kondition.

15 Bliibet gsond

Gesundheitsweg im Appenzellerland,
Appenzellerland Tourismus,
Bahnhofstrasse 2, 9410 Heiden,
071 898 33 00, www.appenzell.ch

Appenzell: Land unter dem Säntis

Im Appenzellerland rücken die «Naturtökter» den Beschwerden ihrer Patienten seit je ohne Chemie zu Leibe. Kein Wunder also, dass gerade hier ein «Gesundheitsweg» entstanden ist, der im übrigen nicht nur fortgeschrittene Jahrgänge anspricht. Zu den Stationen gehören ein Heilkräutergarten, ein Molkenautomat, eine Wassertrete und rund 70 Informationstafeln, die Heilpflanzen und Naturheilverfahren vorstellen. Der Gesundheitsweg ist viergeteilt: «Der romantische Kurweg» führt von Heiden auf den Kaien (1 Std). «Zwischendurch mal barfuss» wandern wir vom Kaien nach Oberegg (1½ Std.) Die «Gesundheit mit Fernblick» geniessen wir zwischen Oberegg und dem St. Anton (1 Std.) und den «Appenzeller Hügelblick» von St. Anton bis zurück nach Heiden (2–3 Std.).

Wie? Mit der RHB (Stundentakt) oder dem Auto nach Heiden. Rückfahrt von den Zielpunkten der Teilstrecken mit Postauto oder PubliCar. Einen Prospekt zum Gesundheitsweg mit detailliertem Routenbeschrieb und Karte gibt's bei Appenzellerland Tourismus.
Wann? Während der Wandersaison.
Dauer? Ganzer Weg ca. 5–6 Stunden, Dauer der Teilstrecken siehe oben.
Alter? Gemäss Teilstrecke und Kondition.

Appenzell: Land unter dem Säntis

16 Rosa macht Dampf
Im Dampfzug von Rorschach nach Heiden, Rorschach–Heiden-Bergbahn, 9410 Heiden, 071 891 18 52, www.ar-bergbahnen.ch

Spannend ist die Fahrt in der Bergbahn von Rorschach nach Heiden auch bei «Normalbetrieb»: Die einzige Zahnradbahn in der Region Bodensee verkehrt im Sommer mit offenen Wagen. Dann aber kommt «Rosa» und stiehlt allen die Show. So heisst der nostalgische Dampfzug oder besser gesagt seine Dampflok – woher wohl der liebliche Name? –, der uns an einigen Sonntagen im Jahr auf die Sonnenterrasse des Appenzeller Vorderlandes bringt. «Rosa» ist offensichtlich nicht mehr die Jüngste, keucht und prustet sie doch mit sichtlicher Mühe den steilen Hang empor, bei gerade mal acht Stundenkilometern! In Heiden locken ein Dorfbummel und ein Museumsbesuch (siehe Tipp 12) oder Spazierwege im Grünen, bis uns «Rosa» wenige Stunden später wieder ins Tal hinunter führt.

Wie? Mit der RHB von Rorschach nach Heiden.
Wann? Von Mai bis Oktober am ersten Sonntag im Monat.
Dauer? Bergfahrt: 55 Min., Talfahrt: 40 Min. Der Dampfzug verkehrt zweimal täglich. Fahrplanauskünfte: 071 891 18 52.
Wieviel? Erwachsene: einfach Fr. 9.–, Hin- und Rückfahrt 15.–, Kinder (6–16): einfach Fr. 4.50, Hin- und Rückfahrt 7.50 (Preise 2003). Fahrkarten im Dampfzug lösen.
Alter? Alle Altersstufen.

17 Wintersport à discrétion
Skifahren, Langlaufen und Schlitteln im Appenzellischen, Appenzellerland Tourismus AI, Schäfligasse 12, 9050 Appenzell, 071 788 08 10; Appenzellerland Tourismus AR, Bahnhofstrasse 2, 9410 Heiden, 071 898 33 00, www.appenzell.ch

Die Hügel sind klein, die Berge schroff, das Appenzellerland kein klassisches Skigebiet. In den Hochtälern und sanften Hügelzügen kommen vor allem Skilangläufer auf ihre Rechnung. Hier eine Auswahl der präparierten Loipen: Appenzell (16 km gespurt), Brülisau (12 km), Gais/Starkenmühle (32 km, teilweise beleuchtet), Gonten (42 km), Heiden (20 km),

Ferien auf dem Bauernhof
Unterkunft im Bett oder auf dem Stroh? Für eine Nacht, ein Wochenende oder eine ganze Woche? Auf den Appenzeller Bauernhöfen sind die verschiedensten Varianten möglich. «Schlaf im Stroh» wird z. B. angeboten von Bauernfamilien in Gais, Rehetobel, Schwellbrunn oder Stein. Detaillierte Infos und Kontaktadressen: www.abenteuer-stroh.ch. Die Anbieter von Bauernhofferien – mit oder ohne Nachtlager im Bett oder im Stroh – sind zu finden auf www.bauernhofferien.ch. Infos über Ferien und Übernachtungen auf dem Bauernhof gibt's ebenfalls bei Appenzellerland Tourismus, 071 788 08 10, www.appenzell.ch

Schönengrund/Schwellbrunn (25 km, teilweise beleuchtet), Schwägalp (26 km), Urnäsch (38 km). Immerhin finden Alpinskifahrer und Snowboard-Freaks anspruchsvolle Abfahrten am Kronberg oder auf der Ebenalp. Für kleine Kinder eignen sich die eher kurzen Hänge in Oberegg, Heiden, Speicher/Vögelinsegg, Bömmeli (Kunstschnee und beleuchtete Piste), Schwägalp, Gonten, Schönengrund, Schwellbrunn, Brülisau, Rehetobel, Grub und Appenzell. Prächtige Schlittelstrecken gibt's bei Brülisau, Teufen, Rehetobel und Unteregg.

Wie? Alle Ski- und Schlittelgebiete sind mit Bahn oder Postauto erreichbar. Detaillierte Infos (auch über Mietausrüstungen) gibt's bei Appenzellerland Tourismus.
Wann? Wenn genügend Schnee liegt.
Alter? Ab Schlittelalter.

18 Die Schönste im Land
Viehschau und Ziegenschau, Appenzellerland Tourismus, Schäfligasse 12, 9050 Appenzell, 071 788 08 10

«Miss Vorderland», «Miss Heiden» und wie die Schönen alle heissen, sind weder blond noch schwarz, sondern in der Regel braun und ganz sicher gehörnt: Jedes Jahr nach der Alpzeit finden vielerorts im Appenzellerland die traditionellen Viehschauen mit Sennen, Kühen, Rindern, aber auch Geissen statt. Die Landwirte bereiten ihre Tiere mit viel Liebe und Fachwissen auf den grossen Tag vor und bringen sie auf den sogenannten Schauplatz. Hier werden sie von einer fachkundigen Jury begutachtet und prämiert. Nach der Rangverkündigung kehren die Tiere, manche mit Schellen und Glocken geschmückt, in den heimischen Stall zurück. Das Publikum bleibt noch ein bisschen, die Kinder zum Beispiel beim Geissen- oder Ponyrennen, beim Meersäuli-Lotto oder im Streichelzoo.

Wo? Zum Beispiel in Appenzell, Grub, Heiden, Herisau, Schwellbrunn, Trogen, Urnäsch, Walzenhausen...
Wann? Ca. 20. September bis 10. Oktober. Genaue Daten: 071 788 08 10 (Appenzellerland Tourismus).
Wie? Mit dem öffentlichen Verkehr oder dem Privatauto.
Wieviel? Gratis.
Alter? Ab Babyalter.

Appenzell: Land unter dem Säntis

▬ Kids willkommen! ▬

Wo essen?
Rest. Appenzeller Schaukäserei, 9063 Stein, 071 368 50 70, www.showcheese.ch. Zwei Kindermenüs, Spielplatz mit Drehteller, Schaukel, Käsehaus und Rutschbahn.
Restaurant Waldegg/Schnuggebock, Waldeggstrasse 977, 9053 Teufen, 071 333 12 30, www.waldegg-teufen.ch. Zwei Restaurants, eine Wirtsfamilie. Rund 3 km ausserhalb Teufen in Richtung Speicher im Grünen. Einheimische Saisonküche, Kindermenüs, Kindersitzli, schöner Spielplatz, Gartenwirtschaft mit Aussicht, Tierlistall mit Schweinen, Zwergziegen, Schafen usw.
Restaurant Schönau, Schönau 679, 9107 Urnäsch, 071 364 12 46, www.schoenau-urnaesch.ch. Di/Mi geschlossen. Spielplatz mit Schaukel, Rutschbahn, Tischtennis. Gartenrestaurant. Herrliche Aussicht auf Säntiskette. Auf Wunsch für die Kinder halbe Portionen. Kindersitzli. Ca. 45 Minuten zu Fuss ab Bahnhof Urnäsch.
Restaurant Hotel Kaubad, 9050 Appenzell, 071 787 48 44, www.kaubad.ch. Umgeben von Wiesen und Wäldern, ca. 4 km südwestlich von Appenzell. Kinderkarte, grosser schöner Kinderspielplatz im Grünen.

Landgasthof am Seeli, Säge 211, 9044 Wald, 071 877 13 55. Mi ab 17 Uhr und Do geschlossen. Ca. 20 Min. zu Fuss ab St. Anton. Grosser Spielplatz mit Autoscooter, Schaukel, Sesseli-Karussell usw.
Restaurant Sternen, Fam. Zwyssig, Schachen, 9056 Gais, 071 793 11 24, www.sternengais.ch. Gartenrestaurant (Spielplatz, Rutschbahn, Hüsli, Sandkasten usw.), Kinderkarte, Essstühli. Mi geschlossen. Ca. 20 Min. ab Bahnhof.
Hotel Rössli, St. Anton, Fam. Breu-Schmid, 9413 Oberegg, 071 891 24 42, www.roessli.ch. Kindermenükarte, Kinderspielecke im Restaurant, Spielplatz mit Schaukelpferd, Rutschbahn usw. Mo/Di geschlossen.
Restaurant Sedel, 9100 Herisau, 071 351 16 74. Gehört zum Freizeitpark Sedel hoch über Herisau (ca. 3 km östlich Zentrum). Unter anderem gibt es Würste und Steaks zu kaufen, die man im Gartenrestaurant selber grillieren kann. Daneben riesiger Spielplatz mit Kletterbäumen, Karussell, Rutschbahn, Schaukeln usw. Mo geschlossen.

Wo schlafen?

Gasthaus Rössli, Dorf 2, 9058 Brülisau, 071 799 11 04, Fax 071 799 17 96, www.roessli-ai.ch. Ruhig gelegen, preiswerte Küche (gutbürgerlich). Gartenwirtschaft, Liegewiese, schöner Kinderspielplatz, Vermietung von Mountainbikes. Schlafmöglichkeit auch im Massenlager.
Gasthaus Hof, Engelgasse 4, 9050 Appenzell, 071 787 22 10, Fax 071 787 58 83, www.gasthaus-hof.ch. Ruhig gelegenes Familienhotel 5 Min. vom Bahnhof. Frischprodukte vom Bauernhof, Familienzimmer mit 4 bis 5 Betten, gutes Preis-Leistungs-Verhältnis.

Hotel Krone, Hauptstrasse 43, 9105 Schönengrund, 071 361 11 66, Fax 071 361 11 61, www.gasthauskrone.ch.tf. Kindergerechte Küche (Spaghetteria mit allen Sorten Spaghetti), Spielplatz mit Rundlauf, Sandkasten usw. Streichelzoo, Spielzimmer, Kinderstühle. Mo und jeden zweiten So Ruhetag (nur Restaurant).
Hotel/Restaurant Sternen, Hauptstrasse 180, 9055 Bühler, 071 793 17 58, Fax 071 793 36 65, www.sternen-appenzellerland.ch. Ca. 3 Minuten zu Fuss ab Bahnhof. Kindergerechte Küche, Kinderstühli. Gartenrestaurant mit Spielplatz. Kinder übernachten im Zimmer der Eltern gratis. Vierbettzimmer. Restaurant Mo/Di Ruhetag.

Dauerbrenner

Erlebnis Säntisgipfel. Säntis Schwebebahn AG, 9107 Schwägalp, 071 365 65 65, www.saentisbahn.ch. Majestätisch thront der Säntis im Alpsteinmassiv, bis in die Westschweiz ist er zu erkennen. Das Panorama reicht vom Bodensee bis zu den Berner Alpen. In Führungen können Sende- und Bahnanlagen besichtigt werden. Mit dem Auto oder Postauto zur Talstation auf der Schwägalp. Schwebebahn zwischen Fr. 12.– (Kinder, einfach) und Fr. 34.– (Erwachsene, retour). Kombi-Billette für Fahrt inkl. Frühstück, Mittagessen oder Imbiss.
Museum für Appenzeller Brauchtum: Dorfplatz, 9107 Urnäsch, 071 364 23 22, www.museum-urnaesch.ch. Das Museum zeigt, wie die Appenzeller vor 100 Jahren gewohnt und gelebt haben. Dazu: Kostüme der berühmten Silvesterkläuse. Öffnungszeiten 1. April–1. November 13.30–17 Uhr. 071 364 14 87. Erwachsene Fr. 5.–, Kinder bis 16 Jahre und Schüler 3.–. Museumspass gültig. Im Winter bei Öffnung auf Anfrage pauschal Fr. 20.–.

Museum Appenzell: Schäfligasse 12, 9050 Appenzell, 071 788 08 10, www.ai.ch. Geschichte von Tourismus, Handwerk, Brauchtum, Stickerei und Trachten, Staat und Recht. Juni bis Ende September zudem jeden Donnerstagnachmittag Vorführung eines traditionellen Handwerks. April–Oktober täglich 10–12 und 14–17 Uhr; November–März Di–So 14–17 Uhr. Erwachsene Fr. 5.–, Lehrlinge/Studenten 3.–, Schüler 2.–. Museumspass gültig.

Appenzeller Volkskundemuseum: 9063 Stein, 071 368 50 56, www.appenzeller-museum-stein.ch. Als Höhepunkt des Museums gilt die schweizweit bedeutendste Sammlung von Bauernmalereien. Vorführung alter Handwerke. Jeden Mittwoch- und Sonntagnachmittag Käseherstellung in der Alphütte; Gruppen können auf Voranmeldung ihren eigenen Käse herstellen. Ein Laib von 5–6 kg kostet Fr. 230.–, der Käse wird nach der Reifezeit zugeschickt. Eintritt Erwachsene Fr. 7.–, Kinder 3.50, Familienpauschale 17.50. Museumspass gültig. Öffnungszeiten: Mo 13.30–17, Di–Sa 10–12 und 13.30–17, So 10–17 Uhr durchgehend.

Baden im Seealpsee. Berggasthaus Seealpsee, 071 799 11 40 oder 071 799 14 40. Mit der Appenzellerbahn oder mit dem Auto nach Wasserauen. Von dort 50minütige markierte Wanderung zum Seealpsee.

Wanderung auf den Schäfler. Luftseilbahn Wasserauen–Ebenalp, 9057 Weissbad, 071 799 12 12. Wanderzeit Ebenalp–Schäfler (über Chlus) ca. 1 Std. Gut begehbarer Kiesweg. Ab 6 Jahren.

Wanderung auf den Hirschberg. Verkehrsbüro Gais, Station Appenzeller Bahnen, 9056 Gais, 071 793 16 44. Mit der Appenzeller Bahn bis Sammelplatz. Von dort ca. 1¼ Std. Ganzes Jahr begehbar. Rest. Hoher Hirschberg (071 787 14 67) Di geschlossen (Wetterbericht 071 787 14 37).

Eggen-Wanderung. Verkehrsverein Teufen, Ebni 1, 9053 Teufen, 071 333 38 73. Vögelinsegg, Waldegg, Schäflisegg, Fröhlichsegg – das sind die Stationen dieser Wanderroute. Idealer Ausgangspunkt: St. Gallen. Mit der Trogener Bahn nach Vögelinsegg oder mit der Appenzeller Bahn bis Lustmühle oder Teufen, in Verbindung mit einer Rundreise. Das ganze Jahr begehbar. Wanderzeit Vögelinsegg–Schäflisegg ca. 2 Std., bis Fröhlichsegg und Lustmühle ca. 3 Std. Unterwegs Restaurants mit Spielplatz oder Feuerstelle.

Ferien in Schönengrund/Wald. Verkehrsbüro, Hotel Krone, 9105 Schönengrund, 071 361 11 11. Der Hochhamm (1211 m ü. M.) lässt sich auf ein- bis dreistündigen Routen erwandern. Oben belohnt ein Panoramarestaurant mit wunderbarer Aussicht. Im Kugelmoos gibt es einen Kinderspielplatz und beim Hotel Krone einen Streichelzoo. Vielfältig und preiswert sind auch die Unterkunftsmöglichkeiten für Familien: Gaststätten, Ferienwohnungen, Campingplatz, Massenlager. Geeignet für Ferien und Tagesausflüge von Mai bis Oktober.

Kapellen-Rundwanderwege. Appenzellerland Tourismus, Schäfligasse 12, 9050 Appenzell, 071 788 08 10. Ausgangspunkt Appenzell. Nördlicher Rundweg 3½–4 Std. (12 km, 200 m Höhendifferenz); südlicher Rundweg 5 Std. (21,5 km, 220 m Höhendifferenz). Mehrere Restaurants entlang beider Wege.

Wildkirchli-Höhlen. Luftseilbahn Wasserauen–Ebenalp, 9057 Weissbad, 071 799 12 12. Die Wildkirchli-Höhlen führen auf die Spuren von Bären, die dort gehaust haben. Mit der Luftseilbahn ab Wasserauen auf die Ebenalp. Von dort 15 Min. zu Fuss. Gutes Schuhwerk ist im Alpstein unbedingt erforderlich.

> Appenzell: Land unter dem Säntis

Basel-Stadt: Grossbasel

1	Ein Paradies für Tierfreunde	Gamgoas im Basler Zolli
2	Theater für Kinder	Theater Spielkischte
3	Rassers Märchenbühne	Theater Fauteuil
4	Papierschöpfen und Drucken	Basler Papiermühle
5	Stars an tanzenden Fäden	Marionettentheater Basel
6	Nostalgische Entdeckungsreise	Stadtrundfahrt im Oldtimer-Tram
7	Plausch mit der «Dante Schuggi»	Extrafahrt im Oldtimer-Tram
8	Ferne Länder und Kulturen	Museum der Kulturen
9	Ein Museum für Sport und Spiel	Schweizer Sportmuseum
10	Geheimnisvolle Dinos	Naturhistorisches Museum
11	Wie man früher wohnte	Haus zum Kirschgarten
12	Skaten durch die Stadt	Ein besonderer Stadtplan
13	Wasserspiele	Tinguelys Fasnachtsbrunnen
14	Tropische Welt im Victoria-Haus	Botanischer Garten
15	Morgestraich und Schnitzelbängg	Basler Fasnacht
16	Basel zu Fuss	Altstadtbummel
17	Einmalig und üppig	Puppenhaus-Museum
18	Musikinstrumente statt Häftlinge	Musikmuseum im Lohnhof
19	Anschauliche Kunstgeschichte	Kunstmuseum Basel
20	Das schönste Stadttor	In der Spalenvorstadt
21	Nur für starke Nerven	Anatomisches Museum
22	Die Welt der Alchimisten	Pharmazie-Historisches Museum
23	Welt des spitzen Zeichenstifts	Karikaturen- & Cartoon-Sammlung
24	Basel von oben	Münsterturm/Elisabethenkirche

Bahn · Hotel · Kunsth. · Museum · Natur · Restaur. · Schiff · Sehensw. · Shopping · Spielen · Sport · Theater · Tiere · Wandern

© Hallwag Kümmerly + Frey AG, Schönbühl-Bern

Grossbasel mit der Familie

Der Rhein teilt die Stadt Basel in zwei Hälften: Grossbasel und Kleinbasel. Während das multikulturelle Kleinbasel die alternative Szene beherbergt, sind in Grossbasel nicht nur die berühmten Basler «Daigg»-Geschlechter Merian, Sarasin, Burckhardt und Vischer zu Hause, sondern auch die meisten der zahlreichen Sammlungen, die Basel den Ruf einer Museumsstadt eingetragen haben. In der Tat weist keine Stadt der Welt im Verhältnis zur Einwohnerzahl mehr Museen auf als Basel. Die Auswahl reicht dabei vom Puppenstubenmuseum über das neue Instrumentenbis zum Kunstmuseum mit Weltgeltung. Basel hat aber auch eine attraktive, lebendige Altstadt, die herrlich zum Flanieren durch die malerischen Gassen einlädt. Sämtliche Sehenswürdigkeiten können unbehelligt vom Verkehr bequem zu Fuss erreicht werden. In Grossbasel befindet sich zudem der «Zolli», der zu den modernsten und tiergerechtesten zoologischen Gärten Europas gehört.

Heinz Eckert

Basel-Stadt: Grossbasel

1 Gamgoas im Basler Zolli
Ein Paradies für Tierfreunde
Zolli Basel, Binningerstrasse 40,
4054 Basel, 061 295 35 35,
Restaurant 061 281 00 80,
www.zoobasel.ch

2 Theater für Kinder
Theater Spilkischte, c/o Vorstadt-Theater, St.-Alban-Vorstadt 12,
4052 Basel, 061 272 23 43,
www.theater.ch/spilkischte.html

Die in der Etoschapfanne lebenden Buschmenschen bezeichnen mit Gamgoas den Ort, wo die Löwen sind. Er liegt in der Nähe von Halali, einem der drei Rastlager für Touristen im Etoscha-Nationalpark. Der Ort wird durch zwei Dolomitkuppen beherrscht. Dort befindet sich eine Höhle, in der nach der Überlieferung der Buschmenschen die Löwenweibchen ihre Jungen zur Welt bringen. Deshalb lautet der Name des zweiten Tierhauses in der neuen Etoscha-Themenanlage im Zoologischen Garten Basel ebenfalls Gamgoas. In diesem neuen Haus spielen die Löwen zwar eine Hauptrolle, aber zu sehen sind auch Nilkrokodile sowie zwei Termitenvölker. Das Gamgoas-Haus gewährt nicht nur Einblicke in die Geschichte der Tiere, sondern erzählt auch die Geschichten, die sie mit den Menschen verbindet. Verschiedene Informationsschwerpunkte veranschaulichen exemplarisch Stationen dieses gemeinsamen Weges.

Wie? Die Haltestelle Heuwaage ist mit verschiedenen Trams zu erreichen.
Wann? Sommer 8–18.30 Uhr, Winter 8–17.30 Uhr.
Wieviel? Kinder bis 6 Jahre gratis, 6–16 Jahre 5.–, Erwachsene 12.–, ermässigte Eintrittspreise am Montag (ausser Feiertage): Kinder Fr. 3.50, Erwachsene 8.–. Familienpauschale 20.–.
Alter? Alle Altersstufen.

Als das Theater Spilkischte 1974 gegründet wurde, besass Basel die erste professionelle Bühne der Schweiz, die auch ein reichhaltiges Angebot für Kinder und Jugendliche im Repertoire hatte. Da die Stadttheater die traditionellen Weihnachtsmärchen zur gleichen Zeit und zum grossen Bedauern der Kinder aus den Spielplänen zu streichen begannen, füllte das Theater Spilkischte eine wichtige Lücke im kulturellen Angebot für Kinder und Jugendliche. Seither hat es sich in der Sparte Kinder- und Jugendtheater über die Landesgrenzen hinaus einen hervorragenden Ruf erworben. Geleitet von den beiden theaterbesessenen Gründungsmitgliedern Gerd Imbsweiler und Ruth Oswald, befindet sich das Theater Spilkischte heute ebensooft auf Tournee, wie es im Stammhaus im schönen alten St.-Alban-Quartier spielt. Pro Jahr erarbeitet das Theater eine bis zwei neue Produktionen, die von Kindern und Erwachsenen gleichermassen begeistert aufgenommen werden.

Wie? Tram 2, Haltestelle Kunstmuseum.
Wann? Mi–So; für genaue Aufführungszeiten siehe Tagespresse.
Wieviel? Kinder Fr. 10.–, Erwachsene 25.–, AHV 18.–.
Alter? Ab 6 Jahren oder älter, je nach Aufführung (s. Presse).

3 Rassers Märchenbühne
Theater Fauteuil, Spalenberg,
4051 Basel, 061 261 26 10,
www.fauteuil.ch

Ein Besuch des Weihnachtsmärchens im stimmungsvollen Theater Fauteuil der Familie Rasser am Spalenberg gehört seit Generationen für viele Familien zum festen Programm. Gespielt werden die populären Märchen von Mitte Oktober bis Ende März seit Jahren von beliebten Volksschauspielerinnen und -schauspielern in Mundart. Eintrittskarten unbedingt reservieren!

Wie? Theater Fauteuil, Spalenberg, 061 261 26 10 und 261 33 19.
Wann? Märchen immer Mi, Sa und So um 15 Uhr, im Dezember Mi, Sa und So um 14 und 16.15 Uhr.
Wieviel? Fr. 13.–, 19.–, 22.– für Kinder, Erwachsene zahlen je Fr. 3.– zusätzlich. Kasse und Vorverkauf täglich ab 15 Uhr.
Alter? Je nach Aufführung.

4 Papierschöpfen und Drucken
Basler Papiermühle,
St.-Alban-Tal 35/37, 4052 Basel,
061 272 96 52, www.papermuseum.ch

In der Basler Papiermühle werden die verschiedensten, heute zum Teil vergessenen oder durch die Elektronik verdrängten Arbeitstechniken im Drucken, Buchbinden, Papierschöpfen, Schriftgiessen und Setzen vorgeführt. Die Basler Papiermühle strahlt die Atmosphäre eines mittelalterlichen Gewerbegebäudes aus. Im Rahmen der musealen Ausstellungen zu den Bereichen Papier, Schrift und Druck werden zahlreiche praktische Arbeiten gezeigt, welche den Jugendlichen Gelegenheit geben, alte Handwerkstechniken kennenzulernen und zu begreifen. Sie haben auch die Möglichkeit, sich selber in der Kunst des Papierschöpfens und des Druckens zu üben. Die Konzeption des Papiermuseums ist von Experten des «European Museum of the Year Award» mit einem Preis ausgezeichnet worden.

Wie? Am Rhein unterhalb des St.-Alban-Tors, Tram 3, Haltestelle St.-Alban-Tor.
Wann? Di–So 14–17 Uhr.
Wieviel? Eintritt Fr. 9.–, Familien 22.–, Kinder im nichtschulpflichtigen Alter gratis. Schulpflichtige Kinder Fr. 6.–.
Alter? Ab 6 Jahren.

Basel-Stadt: Grossbasel

5 Stars an tanzenden Fäden
Marionetten-Theater Basel,
Zehntenkeller, Münsterplatz 8,
4051 Basel, Sekretariat
061 261 06 12, Vorverkauf 061 261 90 25

Welches Kind lässt sich nicht vom faszinierenden Marionettenspiel begeistern und in Bann schlagen. Die Gründung des Marionettentheaters Basel geht auf Richard und Käthi Koelner zurück, die zu Beginn der fünfziger Jahre mit improvisierten Puppenbühnen zu spielen begannen. Für Kinder spielt das Marionettentheater hauptsächlich am Mittwoch- und Samstagnachmittag. Übrigens: Wer Lust hat, selbst einmal die Puppen tanzen zu lassen, kann im Frühjahr den Spielkurs besuchen.

Wie? Tram 2, Haltestelle Kunstmuseum und dann zu Fuss zum Münster.
Wann? Oktober–Mai; jeweils Mi und evtl. Sa, Auskunft: Sekretariat Mo–Fr 9–12 Uhr.
Wieviel? Kinder/Erwachsene Fr. 15.–; Vorverkauf Musikhaus Wyler, 061 261 90 25.
Alter? Ab 5 Jahren.

Basel-Stadt: Grossbasel

6 Entdeckungsreise im Oldtimer-Tram

Basel Tourismus, im Stadtkasino am Barfüsserplatz, 4002 Basel, 061 268 68 68, www.basel.ch

Für eine Entdeckungsreise durch Basel gibt es wohl kein schöneres Fahrzeug als eines der Oldtimer-Trams. Die Fahrt startet beim Bahnhof SBB, führt über das Viadukt zum Spalentor, durch die mittelalterliche Stadt zum Barfüsserplatz, am Tinguely-Brunnen vorbei über die Wettsteinbrücke, durchs multikulturelle Kleinbasel zum Messeplatz, über die Mittlere Rheinbrücke zum Rathaus und entlang dem Aeschengraben wieder zurück zum Bahnhof SBB.

Wann? Wo? Wieviel? und Alter? siehe Tipp 7.

7 Eine Extrafahrt mit der «Dante Schuggi»

Basler Verkehrsbetriebe, Claragraben 55, 4005 Basel, 061 685 13 13, www.bvb-basel.ch

Zu einem ganz besonderen Erlebnis für alle, die eine nostalgische Ader haben, laden die Basler Verkehrsbetriebe ein: einer Extrafahrt in einem der Oldtimer-Trams – der «Dante Schuggi» – durch die Stadt Basel. Soll die Mutter ihren runden Geburtstag einmal anders feiern? Hat sich der Vater ein besonderes Geschenk verdient? Oder die Kinder eine Belohnung, von der die ganze Familie etwas haben soll? Wer mit der alten Tante auf Extrafahrt gehen will, kann die Dauer der Fahrt und die Strecke selber bestimmen. Als «fahrendes Restaurant» bietet der Oldtimer ein Angebot, das vom einfachen Apero bis zum Dreigangmenü reicht. Darf es eine kurze Aperofahrt oder gar eine dreistündige Schlemmerfahrt kreuz und quer durch Basel werden? Der Phantasie sind praktisch keine Grenzen gesetzt.

Wann? Jeden Sonntag 10.30–11.30 und 11.30–12.30, auf Reservation.
Wo? 10.30 Uhr bei der Tramstation Bahnhof SBB.
Wieviel? Erwachsene Fr. 20.–, Kinder 10.–. Ticket-Info: Basel Tourismus. Miete ganzer Oldtimer-Trams für Extrafahrten: Basler Verkehrsbetriebe, Claragraben 55, 4005 Basel, 061 685 14 14, www.bvb-basel.ch.
Alter? Alle Altersstufen.

8 Reise in ferne Länder und Kulturen

Museum der Kulturen, Augustinergasse 2, 4001 Basel, 061 266 55 00, www.museenbasel.ch

Welches Kind interessiert sich nicht für fremde Kulturen, farbige Bräuche und exotisches Leben, für die Geheimnisse Afrikas und Asiens? Ein Besuch im Basler Museum der Kulturen – so heis-

---

Basels legendäre Herbstmesse

In Basel findet jeden Herbst die mit über 500 Jahren älteste Herbstmesse Europas statt. Während 14 Tagen verwandelt sich dann die Stadt in beiden Stadtteilen in die Hauptstadt des Jahrmarkts mit einem grossen und originellen Angebot an Waren und Vergnügungen. Besonders attraktiv ist der Budenbetrieb auf dem Münsterplatz, in dessen Zentrum ein riesiges Riesenrad steht. Eine Fahrt vermittelt einen spektakulären Überblick über die ganze Stadt.

sen das Museum für Völkerkunde und das Schweizerische Museum für Volkskunde (Eingang Münstergasse) heute – fasziniert jedes Kind. Wer beispielsweise vor dem Kulthaus der Abelan aus Papua-Neuguinea steht, wird bestimmt vom Fernweh gepackt und die Lust verspüren, einmal im Leben dahin zu reisen. Bräuche und Rituale, Landschaften und Leute werden hier auf einmalige Art und Weise dargestellt und nähergebracht – ein Erlebnis für Gross und Klein, zu jeder Jahreszeit und bei jedem Wetter. Das Völkerkundemuseum, das die grösste ethnographische Sammlung der Schweiz beherbergt, gehört bei Kindern zu den beliebtesten Museen. Für viele ist es sogar das beliebteste und abwechslungsreichste unter den vielen Museen in der Stadt am Rheinknie.

Wie? Tram 1/6/8/11/14/16 bis Schiffländeoder Tram 2/15 bis Kunstmuseum.
Wann? Täglich Di–So 10–17 Uhr.
Wieviel? Eintritt Erwachsene Fr. 6.– (inkl. Naturhistorisches Museum), Kinder bis 17 Jahre gratis. Jeden 1. Sonntag Eintritt frei.
Alter? Ab 6 Jahren.

9 Ein Museum für Sport und Spiel

Schweizer Sportmuseum,
Missionsstrasse 28,
4055 Basel, 061 261 12 21,
www.museenbasel.ch

Das Schweizer Sportmuseum zeigt einen ebenso amüsanten wie interessanten Querschnitt durch Sport und Spiel aus drei Jahrtausenden in Bildern und erlesenen Objekten. Schwerpunkte bilden Radsport, Wintersport, National- und Volksspiele der Schweiz, die Geschichte der Ballspiele, Tischtennis und Spiele im Garten.

Wie? Tram 3 bis Pilgergasse.
Wann? Mo-Fr 10–12, 14–17, Sa 14–17, So 11–17 Uhr.
Wieviel? Erwachsene Fr. 5.–, AHV/Lehrlinge 3.–, Schüler 2.–.
Alter? Ab 12 Jahren.

Basel-Stadt: Grossbasel

10 Geheimnisvolle Dinos und andere Wunder der Natur

Naturhistorisches Museum,
Augustinergasse 2, 4001 Basel,
061 266 55 00, www.museenbasel.ch

Im gleichen Gebäude wie das Museum der Kulturen befindet sich Basels Naturhistorisches Museum, das grosse und kleine Besucher auf eine phantastische Reise in die hintersten Winkel der Erde mitnimmt, wo die schönsten Mineralien entstanden und entstehen, oder in die Urzeit, als die geheimnisvollen Dinosaurier noch lebten. Die Ausstellungen decken fast alle Bereiche ab: von der Erdgeschichte bis zu den einheimischen Mineralien, von den ausgestorbenen bis zu den heutigen Säugetieren – die entweder hervorragend nachgebildet oder ausgestopft sind – und vom Mammut bis zu den Insekten, die übrigens mit über einer Million verschiedener Arten die grösste Tierklasse überhaupt darstellen. Die Ausstellungen sind didaktisch so aufgebaut, dass sich grössere Kinder auch ohne Anleitung von Eltern oder Gotte und Götti abwechslungsreich und spannend informieren können.

Wie? Tram 1/6/8/11/14/16 bis Schiffländeoder Tram 2/15 bis Kunstmuseum.
Wann? Täglich Di–So 10–17 Uhr.
Wieviel? Eintritt Erwachsene Fr. 6.– (inkl. Museum der Kulturen), Kinder bis 17 Jahre gratis. Jeden 1. Sonntag Eintritt frei.
Alter? Ab 6 Jahren.

Basel-Stadt: Grossbasel

11 Wie man früher wohnte
Haus zum Kirschgarten,
Elisabethenstrasse 27/29,
4051 Basel, 061 205 86 00,
www.historischesmuseumbasel.ch

Das Haus zum Kirschgarten ist ein wunderschönes altes Stadtpalais mit grossem Rosengarten und gehört zum Historischen Museum Basel. Der märchenhafte Ort mitten in der Basler City zählt zu den bedeutendsten Schweizer Wohnmuseen. In den historischen Räumen ist zu sehen, wie (wohlhabende) Bürger im 18. und 19. Jahrhundert lebten. Neben der Wohnkultur beherbergt das Haus zum Kirschgarten eine bedeutende Uhrensammlung, alte Kostüme aus verschiedenen Epochen, Porzellan, kostbare Fayencen und sämtliche Toilettenartikel aus dem 18. Jahrhundert. Vom Bidet bis zur Puderdose, vom Küchengerät bis zum Spielzeug ist dort alles zu sehen.

Wann? Di, Do, Fr, So 10–17,
Mi 10–20, Sa 13–17 Uhr.
Wie? Tram 2 bis Kirschgarten.
Wieviel? Dauerausstellung Fr. 7.–, reduziert Fr. 5.–, Schüler unter 13 Jahren frei, Gruppen ab 10 Personen Fr. 5.–, erster Sonntag im Monat frei.
Alter? Ab 12 Jahren.

12 Skaten durch die Stadt
Ein besonderer Basler Stadtplan

Inlineskating hat sich in der letzten Jahren bei Jung und Alt durchgesetzt und gehört zur Freizeit- und Fitnesskultur, zu Spiel und Spass. Inlineskating verursacht weder Lärm noch giftige Abgase und ist eigentlich wie geschaffen für den innerstädtischen Verkehr. Allerdings wird das Inlineskaten durch den motorisierten Verkehr und das geltende Recht, das «Rollschuhe» nur als Spielgeräte anerkennt, stark eingeschränkt. Trotzdem kann Inlineskaten auch in der Stadt grossen Spass machen. Ein besonderer Stadtplan will zum Skaten in Basel anregen und Orientierungshilfen anbieten für Spritzfahrten und Fitnesstouren oder um sicher von A nach B zu gelangen. Er schlägt verschiedene Stadt- und Überlandrouten vor und macht auf Besonderheiten aufmerksam.

Wie? Der Stadtplan «Basel auf Inlineskates» ist erhältlich bei Pro Juventute, 4001 Basel (frankiertes Antwortkuvert beilegen), bei Basel Tourismus oder bei den Kantonalbank-Filialen.

13 Tinguelys Wasserspiele
Tinguely-Brunnen und Restaurant Kunsthalle, Steinenberg 7,
4051 Basel, 061 272 42 33

Zwischen dem Theater Basel und der Kunsthalle befinden sich das Restaurant Kunsthalle und der berühmte Fasnachtsbrunnen von Jean Tinguely auf dem Theaterplatz, wo sich Kinder ungefährdet aufhalten können. Der Brunnen gehört zu den grossen Attraktionen Basels. Tinguelys skurrile wasserspeiende, -schöpfende und -sprühende Figuren mit ihren ebenso irritierenden wie anmutig schönen Bewegungen faszinieren immer wieder neu. Und wenn die Kinder dann genug vom Wasser haben, lockt ein Eis im Restaurant Kunsthalle. Es bietet die schönste Gartenwirtschaft Basels und ist von Frühling bis Herbst bei schönem Wetter auch mit Kindern ideal für eine Rast, zum Beispiel nach dem Altstadtbummel von Tipp 16.

Wie? Haltestellen Theater und Barfüsserplatz.
Alter? Alle Altersstufen.

14 Tropische Welt im Victoria-Haus

Botanischer Garten der Universität Basel, Schönbeinstr. 6, 4056 Basel, 061 267 35 19

Gleich neben dem mittelalterlichen Spalentor, einem der wenigen Reststücke der früheren Stadtmauer, liegt der botanische Garten der Universität mit seinem Tropenhaus und dem «Victoria-Haus». Bereits im kaiserlichen Rom wurden Blumen, Obst und Gemüse in Gewächshäusern gezogen, die man mit Warmwasserröhren beheizte; im 19. Jahrhundert gehörten sie in England praktisch in jeden Garten. Die grosse Anziehungskraft von Gewächshäusern liegt wohl darin, dass es so gelingt, tropische Vegetation auch in klimatisch ungünstigen Gegenden zum Erblühen zu bringen. Aus diesem Grund entstand auch das prächtige Basler Victoria-regia-Gewächshaus, das seit 1996 in neuem Glanz erstrahlt. Dort ist die prachtvolle Königin der Seerosen zu bewundern, die *Victoria amazonica*, benannt zu Ehren der berühmten britischen Monarchin. Das Tropenhaus des botanischen Gartens entführt die Besucher in einen veritablen Urwald mit äquatorialer Temperatur, hoher Luftfeuchtigkeit, unzähligen tierischen Lauten und einem Gewirr üppigster Pflanzen. Wer den richtigen Zeitpunkt erwischt, kann die «Königin der Nacht» sogar blühen sehen (anrufen).

Wie? Beim Spalentor, Tram 3.
Wann? Botanischer Garten geöffnet April–Oktober 8–18, November–März 8–17, Victoria-Haus und Tropenhaus ganzes Jahr nur 9–17 Uhr.
Wieviel? Kostenlos.
Alter? Ab 6 Jahren.

Basel-Stadt: Grossbasel

15 Morgestraich und Schnitzelbängg
Basler Fasnacht

Im Februar oder März, je nach Kalender, begeht Basel die «drei schönsten Tage», zumindest nach Ansicht der Tausenden von aktiven Fasnächtlern. In der Woche nach der katholischen Fasnacht, die mit dem Aschermittwoch ihr Ende findet, steht Basel an drei Tagen kopf. Das farbenfrohe Spektakel beginnt jeweils am Montagmorgen um vier Uhr mit dem Morgestraich – dem Umzug der pfeifenden und trommelnden Cliquen mit den strahlenden, künstlerisch gestalteten Laternen – und dauert bis in die frühen Morgenstunden des Donnerstags. Am Montag und Mittwoch zieht nachmittags der «Cortège» (Umzug) durch die Strassen von Gross- und Kleinbasel, der Dienstag ist für die Kinderfasnacht und die Guggemusigen reserviert. In vielen öffentlichen Lokalen treten abends die Schnitzelbankgruppen auf.

Wann? Ab Montag nach Aschermittwoch bis Mittwoch.
Alter? Sobald Kinder mehr Freude als Angst vor der Fasnacht haben.

Basel-Stadt: Grossbasel

16 Basel zu Fuss
Altstadtbummel

Basel ist zu Recht stolz auf seine Altstadt, die im Gegensatz zu anderen alten Stadtkernen noch dicht bewohnt und nicht vollständig der Citybildung zum Opfer gefallen ist, obwohl der Verlauf der alten Stadtbefestigungen nur noch an den Strassennamen mit «-graben» zu erkennen ist. Auf fünf Rundgängen, die alle auf dem Marktplatz beginnen, lernt der Stadtwanderer die städtebaulichen Sehenswürdigkeiten kennen. Jeder Rundgang ist mit einem farbigen Porträt einer historischen Basler Persönlichkeit gekennzeichnet. Sie tragen die Namen von Erasmus von Rotterdam, Jacob Burckhardt, Thomas Platter, Hans Holbein und Paracelsus, dem alten Basler Stadtarzt. Das gotische Rathaus beim Marktplatz, das romanisch-gotische Münster, die alte Universität und das Grab des Erasmus von Rotterdam eignen sich hervorragend für einen Exkurs in die Geschichte Europas. Jugendliche werden sich bestimmt auch für Gebäude wie den «Rosshof» interessieren, ein gelungenes Beispiel für die Kombination alter Bausubstanz und moderner Architektur.

Wie? Wenige Gehminuten vom Bahnhof SBB aus nach Nordwesten, leicht bergab dem Rhein zu.
Alter? Alle Altersstufen.

17 Einmalig, faszinierend und üppig
Puppenhaus-Museum, Steinenvorstadt 1/Barfüsserplatz, 4051 Basel, 061 225 95 95, www.museenbasel.ch

Das im März 1998 im Basler Stadtzentrum eingeweihte grösste Puppenhaus-Museum Europas ist seither zur Attraktion für Jung und Alt geworden. Zu sehen sind nicht nur Puppenhäuser, sondern auch Miniaturen, Puppen, Kaufmannsläden und Teddybären, insgesamt 6000 Ausstellungsstücke – vornehmlich aus den Jahren 1870–1920 – auf 1000 Quadratmetern wunderbar hergerichteter Ausstellungsfläche. Herzstück des Museums ist die 2000 Exemplare umfassende Teddybärensammlung. Sie ist deshalb einzigartig, weil sie die bedeutendsten Spielzeugbären, jene aus dem Hause Steiff (ja, die mit dem Knopf im Ohr) von 1904 bis in die fünfziger Jahre lückenlos dokumentiert. Im Erdgeschoss des Museums sind ein Cafeteria und ein Museumsshop mit attraktivem Angebot eingerichtet.

Wie? Mit verschiedenen Trams oder zu Fuss bis zum Barfüsserplatz.
Wann? Täglich ausser an Feiertagen geöffnet 11–17, Do bis 20 Uhr. Das Café ist täglich bis 18 und Do bis 21 Uhr offen.
Wieviel? Eintritt Fr. 7.–, für Kinder bis 16 Jahre ist der Eintritt in Begleitung Erwachsener gratis, AHV und Studenten Fr. 5.–.

18 Musikinstrumente statt Häftlinge

Das Musikmuseum, Im Lohnhof 9, 4051 Basel, Kontaktadresse: Historisches Museum Basel, Steinenberg 4, 4051 Basel, 061 205 86 00, www.museenbasel.ch

Wo? Im Lohnhof 9.
Wann? Di, Mi, Fr 14–19, Do 14–20, So 11–16 Uhr.
Wie? Tram 3 bis Musikakademie.
Wieviel? Fr. 7.–, reduziert 5.–, Schüler bis 16 Jahren frei. 1. Sonntag im Monat freier Eintritt.
Alter? Ab 7 Jahren.

Basel-Stadt: Grossbasel

Seit November 2000 ist im ehemaligen Basler Gefängnis Lohnhof ein attraktives Musikmuseum zu bewundern. Es umfasst drei Ausstellungsgeschosse mit je einem thematischen Schwerpunkt. Die Abteilung «Musik in Basel» im Erdgeschoss zeigt Musikinstrumente aus fünf Jahrhunderten in ihrem musikalischen oder sozialen Zusammenhang. Die Abteilung «Konzert, Choral und Tanz» im ersten Obergeschoss schliesslich erklärt die Instrumente nach der musikalischen Gattung, und die dritte Abteilung im zweiten Stock ist unter dem Titel «Parade, Feier, Signale» den verschiedenen Anlässen und ihren spezifischen Instrumenten vorbehalten. Das Publikum kann die Welt der Instrumente aber auch klingend erfahren. Zu jedem Thema sind Musikbeispiele sowie vertiefende Informationen in drei Sprachen ab Bildschirm abrufbar. Das denkmalgeschützte Gebäude ist in seiner Struktur nicht verändert worden: Die Ausstellungen sind in den alten Gefängnisräumen eingerichtet worden, was den Besuch noch attraktiver macht.

19 Anschauliche Kunstgeschichte

Kunstmuseum Basel,
St.-Alban-Graben 16, 4010 Basel,
061 206 62 62,
www. kunstmuseumbasel.ch

Die Schwerpunkte der Öffentlichen Kunstsammlung Basel sind Malerei und Zeichnungen des Oberrheins und der Niederlande von 1400 bis 1600 sowie die Kunst des 19. und 20. Jahrhunderts. Das Museum besitzt die grösste Sammlung der Welt von Arbeiten der Holbein-Familie. Die Renaissance ist ausserdem mit Werken von Witz, Schongauer, Cranach d. Ä., Grünewald und anderen vertreten. Einen Glanzpunkt im 19. Jahrhundert stellen die Gemälde des Baslers Arnold Böcklin dar. Bei der Kunst des 20. Jahrhunderts liegt das Hauptgewicht auf Kubismus (Picasso, Braque, Léger), deutschem Expressionismus, abstraktem Expressionismus und Pop Art. Wo

---

Stadtrundfahrten

Stadtrundfahrten werden vom Verkehrsverein Basel Tourismus organisiert. Die Route: Fahrt durch die Basler Altstadt zum Münster und der Pfalz mit Aufenthalt am Münster; Weiterfahrt zum Dreiländereck am Rhein mit Aufenthalt und Rückfahrt. Vom 1. Mai bis 31. Oktober täglich, vom 1. November bis 30. April jeweils Sa/So. Abfahrt 10 Uhr beim Bahnhof SBB/Hotel Euler. Dauer: 1¾ Stunden. Tickets sind im Hotel Euler und im Bus erhältlich. Erwachsene bezahlen Fr. 20.–, Kinder die Hälfte. Weitere Auskünfte erteilt Basel Tourismus, im Stadtkasino am Barfüsserplatz, 4002 Basel, 061 268 68 68.

lässt sich ältere und neue Kunstgeschichte anschaulicher erklären als hier in Basel?

Wie? Tram 2/15 bis Kunstmuseum.
Wann? Di–So 10–17 Uhr.
Wieviel? Erwachsene Fr. 10.–, Kinder bis 15 Jahre gratis, Lehrlinge, Schüler Fr. 8.– (inkl. Museum für Gegenwartskunst), 1. Sonntag im Monat freier Eintritt.
Alter? Ab 12 Jahren.

20 Das schönste Stadttor
In der Spalenvorstadt

Das «Spalentor» zählt zu den schönsten Stadttoren der Schweiz und wurde im späten 14. Jahrhundert mit der Ummauerung der Spalenvorstadt errichtet. Seit dem Abbruch der alten Befestigung im 19. Jahrhundert steht es frei. Auf der Stadtseite ist links ein alter Briefkasten mit dem Basler Täubchen zu finden, entworfen von Melchior Berri (1801–1854). Das Tor besitzt in der Durchfahrt noch zwei hölzerne Sperren und ein aus schweren Eichenbalken gezimmertes Fallgatter. Das Vortor verfügte einst über eine Fallbrücke, die bei Gefahr hochgezogen werden konnte.

Wo? In der Spalenvorstadt, unweit des Spalenbergs.
Wie? Mit Tram 3 bis zum Spalentor.

21 Nur für starke Nerven
Das Anatomische Museum, Pestalozzistrasse 20, 4056 Basel, 061 267 39 39, www.unibas.ch/anatomie/museum

Nur für starke Nerven geeignet: Im Anatomischen Museum der Universität werden vor allem Originalpräparate von menschlichen Körperteilen, Organen und Geweben präsentiert, die systematisch und topographisch geordnet sind und den Aufbau des Körpers darstellen. Ferner wird auch die vorgeburtliche Entwicklung des Menschen gezeigt. Von besonderer Bedeutung sind ein 1543 in Basel präpariertes Skelett (das älteste anatomische Präparat der Welt) sowie ein Skelett von 1573. Aus der Zeit um 1850 sind wertvolle Wachsmodelle zu sehen, und aus dem Jahr 1900 sind erste Schnittpräparate enthalten. Wer das Museum verlässt, weiss (fast) alles über den menschlichen Körper.

Wie? Mit Tram 11 bis St.-Johanns-Tor.
Wann? Mo–Fr 17–17, Do 14–19, So 10–16 Uhr.
Alter? Ab 12 Jahren.

22 Die Welt der Alchimisten
Das Pharmazie-Historische Museum, Totengässlein 3, 4051 Basel, 061 264 91 11, www.pharmaziemuseum.ch

Mitten in der Basler Altstadt, am Aufstieg vom Marktplatz zur Peterskirche, steht das Haus «Zum Vorderen Sessel», Sitz des Pharmazie-Historischen Museums. Dort werden die grossen und kleinen Besucher in die Welt der Alchimisten entführt, der Vorläufer der Apotheker. Zu sehen sind eine Alchimistenküche mit Utensilien aus dem 16.

und 17. Jahrhundert und ein Apotheker-Laboratorium aus dem 18. Jahrhundert mit unzähligen Utensilien aus früheren Zeiten: Destillationseinrichtungen, Pflanzenschneider, Gewürzmühlen, Pillenbretter und Pillenvergolder, Mörser, Waagen, Flaschen und Gefässe sowie kostbare Beispiele pharmazeutischer Keramik. Zu bestaunen gibt es aber auch Heilmittel wie Schlangenkot, der als Mittel gegen Warzen eingesetzt wurde. Im stilvollen Mobiliar der alten Barfüsserapotheke betreibt das Museum einen Kräuterladen, der den Besucher mit dem verführerischen Duft verschiedenster Kräuter empfängt und zu den schönsten Museumsshops gehört.

Wie? Mit Tram 1, 6, 8, 11, 14, 16 bis Marktplatz und von dort zu Fuss Richtung Peterskirche.
Wann? Di–Fr 10–18, Sa 10–17 Uhr.
Wieviel? Fr. 5.– und 3.– (ermässigt).
Alter? Ab 12 Jahren.

23 Die Welt des spitzen Zeichenstifts

Sammlung Karikaturen & Cartoons, St.-Alban-Vorstadt 28, 4052 Basel, 061 271 13 36, www.museenbasel.ch

Dieses kleine, von den Basler Stararchitekten Herzog und De Meuron gestaltete Museum macht mit seinem Querschnitt durch das Schaffen der weltbesten Karikaturistinnen und Karikaturisten Kindern und Erwachsenen gleichermassen Freude. 2300 originale Karikaturen und Cartoons von über 560 Zeichnerinnen und Zeichnern aus 35 Ländern umfasst die für die Schweiz einzigartige Sammlung. Vom Sammlungsbestand werden pro Halbjahr jeweils 180 Werke ausgestellt.

Wie? Tram 2, Haltestelle Kunstmuseum.
Wann? Mi–Sa 14–17, So 10–17 Uhr.
Wieviel? Eintritt Fr. 6.–, Kinder bis 16 Jahre in Begleitung gratis.
Alter? Ab 10 Jahren.

Basel-Stadt: Grossbasel

24 Basel von oben

Münsterturm, 061 272 91 57, Elisabethenkirche (beim Theater Basel), 061 272 03 43

Es lohnt sich wirklich, die 224 Stufen des Münsterturms unter die Füsse zu nehmen. Die Aussicht auf Basel, den Rhein, die französische und deutsche Nachbarschaft, den Jura, die Vogesen und den Schwarzwald ist umwerfend. Gleiches gilt für den Turm der Elisabethenkirche, der ebenfalls begehbar ist. Obwohl hier nur 217 Stufen zu erklimmen sind, tut dies der atemberaubenden Sicht auf Basel keinen Abbruch. Beeindruckend ist zudem das alte Glockenspiel der Offenen Kirche Elisabethen, die heute ein christliches Begegnungszentrum mit verschiedensten Aktivitäten und einer kindertauglichen Cafeteria ist.

Münsterturm:
Wann? 1. März–1. November: täglich 11–15.30, So 14–15.30 Uhr, ab Ostern: Mo–Fr 10–16.30, Sa 10–15.30, So 13–16.30 Uhr.
Wieviel? Einzelbillett Fr. 3.– (jedoch nur zu zweit oder mit mehreren Personen gleichzeitig begehbar), Kinder bis 13 Jahre gratis, auswärtige Schulklassen 15.–.
Elisabethenkirche (Turm):
Wann? Di–Sa 10–17, So 13–17 Uhr.
Alter? Beide Türme ab 6 Jahren.

Kids willkommen!

Wo essen?

Essen im Zoo. Die Zoo-Restaurants haben für jeden Geschmack etwas zu bieten. Während im Safari-Restaurant mit einmaliger Aussicht auf den Zoo die grossen und kleinen Gäste nach allen Regeln der Kunst verwöhnt werden, eignet sich die Cafeteria ideal für kleine Köstlichkeiten und Snacks. Das grosse Selbstbedienungsrestaurant hat einen Grillstand, ein grosses Salatbuffet und täglich drei verschiedene Menüs zu relativ günstigen Preisen. Vor dem Restaurant besteht zudem die Möglichkeit, das mitgebrachte Picknick unter überdachten Sitzgelegenheiten einzunehmen. Am Sonntag ist die ganze Familie zum Brunch eingeladen, der ab 11 Uhr serviert wird. Reservation: 061 281 00 80.

Essen im Puppenhaus-Museum. Warme Köstlichkeiten, kleine Snacks, Fisch, Salate, Sandwiches, Kuchen, Patisserie, ein besonderes Tagesmenü und vieles mehr bietet das gepflegte Café im Erdgeschoss des Puppenhaus-Museums am Barfüsserplatz. Besonderer Wert wird auf aufmerksame Bedienung und mediterrane Küche gelegt. Öffnungszeiten: täglich 10–18, Do bis 21 Uhr. Reservation: 061 225 95 95.

Papa Joe's Restaurant. Der Treffpunkt der Jungen mit Spezialitäten aus der Karibik und den USA, Barfüsserplatz, Stadtcasino, 4001 Basel. Reservation: 061 225 93 94.

Wo schlafen?

Basels Hotellerie ist weniger für Familien oder Ferienreisende eingerichtet als für Messebesucher und Geschäftsleute; günstige Familienunterkünfte sind deshalb eher rar. Wer in Basel übernachten will, tut gut daran, die Messedaten zu berücksichtigen. Während der grossen Messen sind die Hotels ständig ausgebucht.

Basel Back Pack. Basels erste Backpacker-Herberge, die aber nicht nur für Rucksacktouristen da ist. Gemütliche Atmosphäre und guter Service, nur 7 Minuten zu Fuss vom Hauptbahnhof. Dornacherstrasse 192, 4053 Basel, 061 333 00 37. Die Zimmerpreise variieren zwischen 30 und 80 Franken.

Hotel Au Violon. Aus den ehemaligen Zellen sind Zimmer geworden, aus dem alten Gefängnis ein schmuckes Stadthotel in historischem Gemäuer. Das Hotel ist sehr zentral gelegen und meist gut belegt. Rechtzeitige Buchung empfiehlt sich. Im Lohnhof 4, 4051 Basel, 061 269 87 11. Doppelzimmer 140–180 Franken.

Familienhotel Hotel Garni Steinenschanze, Steinengraben 69, 4051 Basel, 061 272 53 53. Das Hotel ist im Besitz des Vereins Freundinnen junger Mädchen FjM Basel-Stadt. Zimmer mit dem üblichen Komfort und dank hoteleigenem, idyllischem Garten – der von den Kindern genutzt werden kann – erstaunlich ruhig ungeachtet der zentralen Lage des Hotels zwischen den Haltestellen Heuwaage und Barfüsserplatz, sieben Gehminuten vom Hauptbahnhof SBB und 10 Minuten vom Zolli entfernt (Spaziergang entlang der Birsig). Doppelzimmer zwischen Fr. 170.– und 200.–, Zimmer mit 2 französischen Betten 2 Personen Fr. 210.–, 3 Personen 260.–, 4 Personen 280.– (Preise ausserhalb der Messezeiten).

Hotel Rochat, Petersgraben 23, 4051 Basel, 061 261 81 40. Ein günstiges und trotzdem angenehmes und im Herzen der Altstadt gelegenes Hotel ist das «Rochat», ein altes, schönes Gebäude gleich neben Peterskirche und Petersplatz. Es offeriert beispielsweise Vierbettzimmer zum Preis von Fr. 220.– pro Nacht inklusive Dusche, WC und Frühstück. Das Hotelrestaurant bietet Gewähr für gute Menüs zu vorteilhaften Preisen. Da das Hotel dem Blauen Kreuz gehört, wird der Betrieb alkoholfrei geführt.
Jugendherberge, St.-Alban-Kirchrain 10, 4052 Basel, 061 272 05 72. Die Basler Jugendherberge liegt unweit des Grossbasler Rheinufers in der Nähe des Museums für Gegenwartskunst und ist vom Bahnhof aus bequem in 20 Minuten zu Fuss erreichbar. Die günstigste Schlafgelegenheit der Stadt verfügt über 197 Betten in Zimmern bis maximal acht Betten. Die Übernachtung kostet Fr. 30.– inklusive Frühstücksbuffet. Für die neun Doppelzimmer wird pro Nacht Fr. 50.– verrechnet. Die acht Einzelzimmer kosten pro Nacht Fr. 80.–; Kinder von 2–6 Jahren bezahlen etwa die Hälfte. Günstige und gute Küche. Die Basler Jugendherberge kennt keine Altersgrenze.
Für Wochenend-Besucher: Fast alle grossen Hotels offerieren über das Wochenende günstige Spezialpreise. Das Hotel Hilton beim Bahnhof (061 275 66 00) beispielsweise verrechnet Fr. 220.– für das Doppelzimmer und offeriert kostenlos ein Extrabett für Kinder. Anfragen lohnt sich.

Dauerbrenner

Der Basler Museumspass (www.museumspass.com) gewährt freien Zutritt zu allen Museen der Stadt. Er ist in den Museen, bei Basel Tourismus an der Schifflände sowie bei der City-Information am Bahnhof SBB erhältlich. Der Pass kostet für eine Person Fr. 72.–, für Paare 121.–. Fünf Kinder bis zu 16 Jahren sind automatisch im ausgesprochen familienfreundlichen Museumspass eingeschlossen.
Bücher für Kinder, Kinder- und Jugendbuech-Laade, Spalenberg 39, 4051 Basel, 061 261 81 83.
Spiele für die Kleinen, Spilegge, Rümelinsplatz 7, 4051 Basel, 061 261 44 88.
Museumsführungen für Kinder, Museumspädagogik Basel, Augustinergasse 4, 4051 Basel, 061 262 10 14.
Schwimmen in der Halle, Hallenbad Rialto, Birsigstrasse 45, 4054 Basel, 061 281 91 42. 300 Quadratmeter grosses Schwimmbecken und Lernschwimmbecken von 60 Quadratmetern. Sauna, Sprudelbecken, Solarium, Tischtennistische und (gebührenpflichtige) Fitnessgeräte. Tram 6, Haltestelle Heuwaage. Di–Fr 9–21, Sa/So 10–17.30 Uhr.
Baden im Fluss, Birschöpfli, an der Birsmündung. Gepflegte Wiesen zum Sonnenbaden, Planschbecken, Schwimmen in den beiden Flüssen. Tram 3, St.-Alban-Vorstadt. Kostenlos.

Basel-Stadt: Grossbasel

Basel-Stadt: Kleinbasel

1. Spielzeug von gestern und heute
   Spielzeugmuseum Riehen
2. Bunte, bewegliche, lärmige Welt
   Tinguely-Museum, Solitude-Park
3. Zwölf verschiedene Hirscharten
   Tierpark Lange Erlen
4. Badespass in künstlichen Wellen
   Badeland Laguna, Weil a. Rhein
5. Dreiländereck und
   Verkehrsdrehscheibe Schweiz
6. Stühle, Stühle, Stühle
   Vitra Design Museum, Weil a. Rh.
7. Museum im Nonnenkloster
   Kleines Klingental
8. Verzell du das em Fährimaa
   Basels Rheinfähren
9. Spass ohne Grenzen
   Europapark in Rust
10. Für Kids ab 14
    Junges Theater Basel
11. Das höchste Haus
    Messeturm am Messeplatz
12. Der höchste Turm
    Sendeturm auf Chrischona
13. Die grösste Sportarena
    Fussballstadion St.-Jakob-Park
14. Kunst im Grünen
    Fondation Beyeler in Riehen
15. Architektour durch Kleinbasel
    Bauten von Meisterarchitekten
16. Mit dem Velo
    Velostadtplan und Gratisvelos

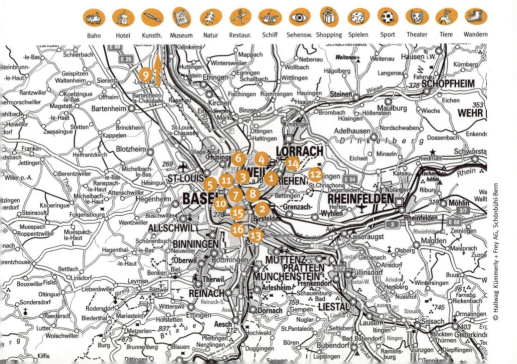

Kleinbasel – Vielfalt und Farbe im «minderen Basel»

Im Vergleich zu Grossbasel, dem Stadtteil auf dem gegenüberliegenden Ufer des Rheins, gilt das rechtsufrige Kleinbasel als Lebensraum der kleinen Leute und der Ausländer, obwohl auch Kleinbasel teure Adressen und entsprechende Bewohner aufweist. Da in gewissen Quartieren Kleinbasels aber tatsächlich bis zu 50 Prozent Ausländer wohnen, ist das Leben bunter und multikultureller als in Grossbasel. Türkische Läden wechseln mit spanischen Geschäften und italienischen Restaurants, und schliesslich ist im Kleinbasel auch das Nachtleben zu Hause. Aber nicht nur das: Im Mittelpunkt des «minderen» Stadtteils befinden sich auch die riesigen Hallen der Messe Basel und die attraktive Rheinpromenade, die zum Tinguely-Museum mit der bei Kindern wohl beliebtesten Kunstsammlung der Schweiz führt.

Besonders stolz sind die Kleinbasler auf ihr ureigenes Brauchtum, den «Vogel Gryff», der von den Zünften an unterschiedlichen Daten im Januar am Rheinufer gefeiert wird – ein Anlass, der besonders auch den Kindern gefällt.

Heinz Eckert

Basel-Stadt: Kleinbasel

1 Spielzeug von gestern und heute

Spielzeugmuseum, Dorf- und Rebbaumuseum Riehen, Wettsteinhaus, Baselstrasse 34, 4125 Riehen, 061 641 28 29, www.museenbasel.ch

Im Riehener Wettsteinhaus werden rund 2000 Gegenstände zu Spiel und Spielzeug gezeigt. Dank Quantität und Qualität seiner Exponate geniesst das Museum internationalen Ruf und gehört neben den Museen in Nürnberg und Salzburg zu den bedeutendsten Spielzeugsammlungen in ganz Europa. Im Dorf- und Rebbaumuseum wird der Riehener Alltag um die Jahrhundertwende dargestellt, und im tiefen Keller würdigt man ausserdem die Bedeutung des Weinbaus in Riehen und Umgebung.

Wie? Tram 6 bis Riehen Dorf.
Wann? Mi–Sa 14–17, So 10–17 Uhr.
Wieviel? Erwachsene Fr. 5.–/3.–, Kinder bis 16 Jahre gratis.
Alter? Ab 6 Jahren.

2 Bunte, bewegliche, lärmige Welt

Museum Jean Tinguely, Solitude-Park, Grenzacherstrasse 210, 4058 Basel, 061 681 93 20, www.museenbasel.ch

Das Tinguely-Museum eignet sich ganz besonders für Kinder. Der Bau des Tessiner Stararchitekten Mario Botta, wunderschön im Solitude-Park am Rhein gelegen, hat seit der Eröffnung im Oktober 1996 bereits Tausende von Kindern und Erwachsenen aus nah und fern begeistert. Ausgestellt sind gegen hundert von Tinguelys Maschinen, die verzaubern, erheitern, zum Nachdenken anregen und Kinder jedenfalls immer in ihren Bann ziehen. Denn Kinder verstehen Tinguelys Kunst. Dieses Kleinod im reichhaltigen Museumsangebot Basels ist übrigens dem Chemiekonzern Roche zu verdanken. Das Unternehmen feierte 1996 seinen 100. Geburtstag und vermachte aus diesem Grund der Stadt das Museum zum Geschenk von bleibendem Wert. Die Idee stammt vom 1999 verstorbenen Mäzen Paul Sacher, Mehrheitsaktionär und langjähriger Verwaltungsrat der ehemaligen Hoffmann-La Roche, Ehemann der ebenfalls verstorbenen Kunstmäzenin und -sammlerin Maja Sacher, die mit Jean Tinguely eng befreundet war und den Künstler bereits als unbekannten jungen Mann gefördert hatte. Der wohl schönste Weg zum Tinguely-Museum führt mit der Fähre vom linken Rheinufer über den Rhein und dann zu Fuss dem attraktiven rechten Ufer entlang flussaufwärts bis zum Solitude-Park mit dem Tinguely-Museum. Zur Auswahl stehen dabei die St.-Alban-Fähre am St.-Alban-Rheinufer und die Münsterfähre, die gleich unterhalb des Münsters ab- und am Kleinbasler Ufer anlegt.

Wie? Vom Bahnhof SBB mit dem Tram 2, am Wettsteinplatz umsteigen auf Bus 31 Richtung Habermatten/Hörnli bis Solitude. Vom Badischen Bahnhof mit Bus 36 Richtung Schiffländein. Motorisierte Besucher benutzen das Parkhaus am Badischen Bahnhof (Autobahnausfahrt Bad. Bahnhof).
Wann? Geöffnet Mi–So 11–19 Uhr. Das Museum bleibt am 1. Januar, Karfreitag, 25. und 26. Dezember geschlossen.
Wieviel? Eintritt Fr. 7.–, Schüler, Studenten, Lehrlinge, AHV/IV Fr. 5.–, Kinder bis 16 Jahre und begleitete Schulklassen gratis.
Alter? Alle Altersstufen.

3 Zwölf verschiedene Hirscharten

Tierpark Lange Erlen, 4058 Basel, 061 681 43 03; Parkrestaurant, 061 681 40 22

Basel-Stadt: Kleinbasel

Vor 125 Jahren kamen einige wohlhabende Basler Bürger auf die Idee, den neu erschlossenen Stadtwald längs des Flusses Wiese «mit Tieren zu beleben». So wurden im Teich zunächst Wasservögel ausgesetzt. Heute beherbergen die Langen Erlen einen stattlichen Tierpark mit einem in der Schweiz einmaligen Hirschbestand. Kaum eine andere Stadt in der Grössenordnung Basels kann gleich zwei bedeutende Tierparks ihr eigen nennen. Beide, der Zoologische Garten mit den «Exoten» und der Tierpark Lange Erlen, wo der Hirsch König ist, sind um die selbe Zeit entstanden. Heute umfasst der Tierbestand der Langen Erlen eine Vielzahl von Wildtierarten und Haustier-, insbesondere Geflügelrassen. Bei den Säugern dominieren die Geweihträger: Der Erlenpark hält nicht weniger als zwölf verschiedene Hirscharten. Weiter sind Ziegen, Esel, Wild- und Hängebauchschweine, Kapuzineraffen, Eulen, Störche, Pfauen und Fasanen zu sehen. Das Gebiet der Langen Erlen, das sich vom Stadtrand bis nach Riehen erstreckt, ist das grösste und schönste Naherholungsgebiet des Stadtkantons und ein Paradies für Spaziergänger, Jogger, Inlineskater und Velofahrer. Es bietet vor allem auch den Kindern zahlreiche Vergnügungsmöglichkeiten, etwa einen Spielplatz mit Rutschbahn, Kletterhäuschen und Sandkästen. Das Ufer der Wiese eignet sich bestens zum Picknicken. Das Parkrestaurant verfügt über eine grosse Gartenwirtschaft.

Wie? Bus 36, Haltestelle Lange Erlen, oder Tram 6, Haltestelle Niederholz, dann durch den Breitenmattweg in die Langen Erlen. Ein weiterer Zugang führt vom Eglisee (Tram 6) durch den Finkenweg ins Lange-Erlen-Gelände.
Wann? Durchgehend geöffnet. Sommer Mo–So 7–19, Winter Mo–So 8–17 Uhr.
Wieviel? Kostenlos.
Alter? Alle Altersstufen.

4 Badespass in künstlichen Wellen

Badeland Laguna, Sportplatz 1, D-79 576 Weil am Rhein, 0049/7621 95 67 40, www.laguna-badeland.de

Gleich ennet der Landesgrenze, einen Steinwurf von Kleinbasel entfernt, befindet sich auf 7000 Quadratmetern die grosszügig konzipierte, gedeckte und ungedeckte Laguna-Badeanlage mit Riesenrutschbahn, Wasserfontänen, Gegenstromkanal, Kletterseilen, Wassergrotten und künstlich erzeugten Brandungswel-

---

Mit dem Auto

Basel ist keine Autostadt. Der Kluge stellt sein Auto so rasch wie möglich in einer der zahlreichen Tiefgaragen ab und benützt die hervorragenden öffentlichen Verkehrsmittel. Basel hat sehr viel Einbahnstrassen und Fahrverbote, zudem ist die ganze Innenstadt ab 13 Uhr den Fussgängern, Fahrrädern und Taxis vorbehalten. Die wenigen Parkplätze sind entweder mit einer Parkuhr ausgerüstet und meist nur eine halbe Stunde belegbar oder befinden sich in der blauen Zone. Die Parkhäuser sind ausgeschildert und mit einem Parkleitsystem einfach zu finden.

len. Hier werden auch Strandpartys, Kindergeburtstage, Grillpartys und Sommerfeste gefeiert. Das Laguna bietet bei jedem Wetter viel Spass für die ganze Familie.

Wie? Von Basel mit dem Auto über den Zoll Otterbach nach Weil.
Wann? Mo 14–22, Di–Do 10–22, Fr 10–23, Sa 9–22, So 9–18.30 Uhr, Feiertage 9–21 Uhr. Freibad ab 10, in den grossen Ferien ab 9 Uhr. Schliessungszeiten je nach Wetterlage.
Wieviel? Tageskarten für Erwachsene Mo € 5.–, Di–Fr € 6.50, Sa/So € 7.–, Schüler, Lehrlinge und Studenten Mo € 5.–, Di–Fr € 6.50, Sa/So € 7.–, Kinder bis zu 5 Jahren € 1.–, Familienkarten Mo und Do € 20.50.
Alter? Alle Altersstufen.

5 Dreiländereck und Verkehrsdrehscheibe Schweiz

Westquaistrasse 2, 4057 Basel, 061 631 42 65 (Kasse 61)

Mitten im Basler Rheinhafen, in dem die grossen Lastkähne aus allernächster Nähe zu bestaunen sind, liegt das Dreiländereck, wo die Grenzen von Deutschland, Frankreich und der Schweiz an einem Punkt zusammenlaufen. Ein modernes Restaurant mit grosszügiger Terrasse und schönem Ausblick auf die Rheinufer Frankreichs und Deutschlands lädt Touristen und Einheimische zum Verweilen ein. Unweit des Dreiländerecks, bei der Einmündung der Wiese in den Rhein, befindet sich die «Verkehrsdrehscheibe Schweiz». Die Ausstellung dokumentiert die Bedeutung der Rheinschifffahrt für die Schweiz. In unmittelbarer Nähe erhebt sich der begehbare Siloturm; diese architektonische Rarität bietet eine phantastische Aussicht über den Rheinhafen.

Wie? Tram Nr 8, Haltestelle Kleinhüningen.
Wann? März–November Di–So 10–17 Uhr, Dezember–Februar Di, Sa, So 10–17 Uhr.
Wieviel? Eintritt Erwachsene Fr. 6.–, Kinder 4.–.
Alter? Ab 6 Jahren.

6 Stühle, Stühle, Stühle

Vitra Design Museum, Charles-Eames-Strasse 1, D-79 576 Weil am Rhein, 0049/7621 70 37 20 (Infoline), 0049/7621 702 32 00, www.design-museum.de

Das Vitra Design Museum wurde durch seine Architektur – einen Entwurf des Amerikaners Frank O. Gehry – weltweit bekannt. Kinder gehen sehr gern in dieses bemerkenswerte Haus, sind doch dort Stühle aller möglichen Stilrichtungen zu sehen. Auf der Basis einer der bedeutendsten Sammlungen des Möbeldesigns sind im Vitra-Museum neben der ständigen Stuhlsammlung laufend Wechselausstellungen über historische und aktuelle Designthemen zu sehen. Es gibt nicht wenige Kinder, die durch den Museumsbesuch in Weil zu einer Stuhlausstellung in den eigenen vier Wänden animiert werden.

Wie? Bus 5 ab Badischer Bahnhof, fährt ungefähr alle Stunden Richtung Kandern und hält direkt vor dem Museum.
Wann? Di–So und Feiertage 11–18 Uhr; 24.–26., 31.12. und 1.1. geschlossen.
Wieviel? Erwachsene € 5.50, Kinder, Schüler, Studenten sowie Gruppen ab 10 Personen € 4.– pro Person, Kleinkinder gratis.
Alter? Ab 6 Jahren, je nach Ausstellungsthema. Wenn der Kunstsinn langsam erwacht.

7 Museum im Nonnenkloster Kleines Klingental

Unterer Rheinweg 26, 4051 Basel,
061 267 66 25/26,
www.museenbasel.ch

Im alten Nonnenkloster am Kleinbasler Rheinufer, das sich unweit der Mittleren Brücke und der nachdenklich rheinabwärts blickenden Helvetia befindet, ist ein eindrucksvolles Stadtmodell zu besichtigen. Neu werden in den schönen Räumen auch die mittelalterlichen Skulpturen des Basler Münsters präsentiert. Hinzu kommen wechselnde Sonderausstellungen.

Wie? Tram 6/8/14 bis Rheingasse.
Wann? Mi und Sa 14–17, So 10–17 Uhr.
Wieviel? Eintritt frei.
Alter? Ab 12 Jahren.

8 Verzell du das em Fährimaa
Basels Rheinfähren

Zu den ganz grossen Attraktionen Basels gehören Fahrten mit einer der vier Rheinfähren, die Kleinbasel mit Grossbasel verbinden. Zur Auswahl stehen die Klingentalfähre «Vogel Gryff», die St.-Johannes-Fähre «Üli», die Münsterfähre «Leu» und die St.-Alban-Fähre «Wild Maa». Bedient werden die Schiffe von sympathischen, hilfsbereiten Fährimännern. Die Rheinfähren sind das älteste Basler Verkehrsmittel und haben einen Charme, dem man sich nicht entziehen kann.

Wann? Die Fähren sind vom Frühling bis Winteranfang in Betrieb.
Wieviel? Kinder bezahlen für eine Fahrt 60 Rappen, Erwachsene Fr. 1.20.

9 Spass ohne Grenzen
Europapark in Rust bei Freiburg i. Br.,
0901 01 01 25 (Infoline),
www.europapark.de

Basel-Stadt: Kleinbasel

Eine Reise vom Nordkap nach Andalusien in einem Tag: Das ist eine der Attraktionen im Europapark im badischen Rust. Der beliebte Freizeitpark gehört zu den schönsten seiner Art. Er befindet sich zwar ausserhalb Kleinbasels, jedoch nur eine Stunde Autobahnfahrt von der nördlichen Stadtgrenze Basels entfernt an der Autobahn zwischen Freiburg im Br. und Karlsruhe. In 20 Jahren ist in Rust eine Erlebniswelt für Jung und Alt entstanden, die weit und breit einzigartig ist. Die Anlage ist in einen Schlosspark eingebettet, in dessen Mitte seit über 550 Jahren Schloss Balthasar steht. Darum herum sorgen über 60 Fahrattraktionen und Shows für Spass ohne Grenzen. Um alle Attraktionen und die vielen Sonderveranstaltungen geniessen zu können, ist sogar ein zweitägiger Aufenthalt zu empfehlen. Für eine stilvolle Übernachtung stehen im parkeigenen Erlebnishotel «El Andaluz» 200 Zimmer zur Verfügung.

Wie? Autobahn A5 Basel–Karlsruhe, Ausfahrt 58 Herbolzheim und 57 Ettisheim.
Wann? Täglich geöffnet April bis November 9–18 Uhr (längere Öffnungszeiten in der Hauptsaison); Dezember bis Januar 11–19 Uhr.
Wieviel? Tageskarte im Sommer: Erwachsene € 25.–, Kinder 4–11 Jahre 22.50, im Winter € 18.– bzw. 15.50.
Alter? Ab 4 Jahren.

Basel-Stadt:
Kleinbasel

10 Für Kids ab 14
Junges Theater Basel, «Baggestooss»-
Raum auf dem Kasernenareal
und Villa an der Wettsteinallee 40,
4058 Basel

Das Junge Theater Basel ist ein fester Bestandteil des kulturellen Angebots am Rheinknie und geniesst in der ganzen Schweiz einen ausgezeichneten Ruf. Es schafft ein Nonprofit-Kulturangebot für Jugendliche, das aus deren Mitte kommt und für sie Stellung bezieht. Ergänzt wird das Angebot durch Theaterkurse für Jugendliche. Die Ausgaben des Theaters werden zu 60 Prozent aus Subventionen der beiden Basler Halbkantone gedeckt. Die restlichen Gelder müssen selbständig erwirtschaftet werden. Neben drei parallel laufenden Theaterkursen werden pro Jahr zwei, drei neue Produktionen einstudiert. So führen jugendliche Darsteller Themen aus ihrem eigenen Erfahrungsbereich auf. Deshalb erneuert sich das Ensemble allein schon aus Altersgründen von Jahr zu Jahr.

Wie? Tram 8 zum Kasernenareal oder 2 zum Wettsteinplatz.
Wann? Auskunft über den Spielplan gibt 061 681 27 80.
Alter? Jugendliche ab 14 Jahren.

11 Das höchste bewohnte Haus der Schweiz
Messeturm, Messeplatz, 4058 Basel,
www.messeturmbasel.ch

Mitten in Kleinbasel, gleich bei der Messe Schweiz, steht das höchste bewohnte Gebäude der Schweiz, ein kleiner Wolkenkratzer von 105 Metern Höhe und 31 Stockwerken über sowie drei unter dem Boden und rund 9000 Quadratmetern Bürofläche. Das elegante Gebäude hatte 167 Millionen Franken gekostet und konnte im März 2003 bezogen werden. Neben einem Hotel und Restaurant sowie Büros bietet der Messeturm im obersten Stock eine elegante Bar mit der wohl schönsten Aussicht der Stadt. Ein Besuch lohnt sich... mit oder ohne Kids.

Wo? Am Messeplatz.
Wie? Mit den Trams 6, 2 und 14.
Alter? Alle Altersstufen.

12 Das höchste Gebäude des Landes überhaupt

Der Kanton Basel-Stadt hat mit dem neuen Messeturm nicht nur das höchste bewohnte Gebäude der Schweiz, sondern mit dem Sendeturm Chrischona auf dem Boden der Gemeinde Bettingen auch das höchste Gebäude des ganzen Landes überhaupt. Mit 250 Metern Höhe überragt der Sende- den Messeturm gar um satte 145 Meter. Leider ist er für Besucher geschlossen. Ein Besuch auf Chrischona

Basler Spezialitäten
Das wohl berühmteste Basler Erzeugnis sind die Basler Läckerli, ein Gebäck aus Mehl, Honig, Mandeln, Haselnüssen, Orangen- und Zitronenkonzentrat, speziellen Gewürzen und Kirschwasser. Die Basler Läckerli werden hier seit dem 14. Jahrhundert hergestellt. Läckerli findet der Basel-Besucher nicht nur im Läckerlihaus an der Gerbergasse, sondern auch in den meisten Bäckereien und Konditoreien. Ein ideales Mitbringsel ist auch die Läckerlitorte aus der alten Konditorei Kämpf am Spalenberg 35.

lohnt sich aber auch wegen der wunderbaren Aussicht auf die Alpen und die Jurahöhen vom Kirchhof aus, der auf 525 Metern Höhe liegt und mit der dazugehörigen Kirche aus dem 18. Jahrhundert stammt.

Wie? Mit dem Tram 6 nach Riehen, dann Busse 32 und 39.
Alter? Alle Altersstufen.

13 Die grösste Sportarena der Schweiz
www.baselunited.ch

Mit dem neuen St.-Jakob-Park hat Basel das grösste (und schönste?) Fussballstadion der Schweiz, das über 30 000 Zuschauern Platz bietet und bei fast allen Heimspielen des FC Basel praktisch ausverkauft ist. Das von den Basler Architekten Herzog und De Meuron entworfene Stadion ist jedoch mehr als nur eine Sportstätte. Der St.-Jakob-Park verfügt auch noch über eine Altersresidenz und ein attraktives Shoppingcenter. Wer keine Möglichkeit oder Lust hat, ein Fussballspiel des FCB zu besuchen, kann das Stadion auch auf einer Führung besichtigen. Die Tour dauert von 14 bis 15.15 Uhr und findet in der Regel einmal im Monat statt.

Wo? St.-Jakob-Park.
Wie? Tram 14.
Wann? Auskunft über die Daten für die öffentlichen Führungen: 061 375 12 22 oder via Internet
Wieviel? Erwachsene und Jugendliche Fr. 12.–, Kinder bis 10 Jahre 10.–.

14 Kunst im Grünen und (auch) für Kinder
Fondation Beyeler, Baselstrasse 77, 4125 Riehen, 061 645 97 00, www.museenbasel.ch, www.beyeler.com

Fachleute in aller Welt sind sich einig: Mit der Fondation Beyeler hat Basels Landgemeinde Riehen eines der schönsten Kunstmuseen der Welt. Der italienische Meisterarchitekt Renzo Piano hat im Berowerpark den Basler Galeristen und Kunstsammlern Ernst und Hildy Beyeler ein architektonisches Juwel für eine der bemerkenswertesten privaten Kunstsammlungen überhaupt verwirklicht. Die Fondation Beyeler gehört denn auch zu den bestbesuchten Museen der Schweiz. Die rund 150 Bilder und Skulpturen der klassischen Moderne, die das Ehepaar Beyeler während Jahrzehnten gesammelt und auf über 3000 Quadratmetern Ausstellungsfläche der Bevölkerung zum Geschenk gemacht hat, sind nicht nur Zeugnis einer aussergewöhnlichen Galeristentätigkeit, sondern auch Beispiele für ein Mäzenatentum, das seinesgleichen sucht. Neben Meisterwerken der Kunst des 20. Jahrhunderts sind auch einzig-

Basel-Stadt: Kleinbasel

artige Werke der afrikanischen und der ozeanischen Kunst zu bewundern, die die grossen europäischen Künstler des letzten Jahrhunderts stark beeinflusst hatten. Eine ideale Gelegenheit, die Kinder mit der klassischen Moderne in der bildenden Kunst bekanntzumachen. Das Museum führt laufend Familienführungen und besondere Führungen für Kinder durch. Weiter stehen immer wieder Workshops für Kinder auf dem Programm, die sich grosser Beliebtheit erfreuen. Anfragen lohnt sich.

Wie? Mit Tram 6 bis Riehen Dorf. Vom Bahnhof SBB fahren während grosser Ausstellungen zudem im Halbstundentakt Extratrams – sie sind unübersehbar beschriftet.
Wann? Täglich 10–18 Uhr, am Mittwoch bis 20 Uhr.
Wieviel? Eintritt Erwachsene Fr. 16.–, Kinder/Jugendliche 10 bis 16 Jahre 5.–, Kinder bis 10 Jahre in Begleitung Erwachsener gratis.
Alter? Ab 7 Jahren.

15 Architektour durch Kleinbasel

Das Stadtbild Basels wird von zahlreichen Bauten bekannter internationaler und schweizerischer Architekten geprägt – auch in Kleinbasel. Auf einem Spaziergang vom neu erbauten Messeturm zum Tingueley-Museum von Mario Botta kann man einige dieser Gebäude besichtigen. Die meisten sind auf den Fabrikanlagen der Weltkonzerne Novartis und Roche zu sehen und bilden zusammen ein höchst interessantes Kapitel der Geschichte schweizerischer Industriearchitektur.

Die «Architektour» gehört zu den verschiedenen öffentlichen Führungen, die vom Basel-Tourismus-Team mit mehr als 40 kompetenten Stadtführerinnen und Stadtführern angeboten werden. Mit einem Stadtplan und einem Basler Architekturführer in Buchform kann der Spaziergang aber auch problemlos auf eigene Faust unternommen werden.

Wie? Über das Wann, Wie und Wieviel gibt Basel Tourismus Auskunft unter 061 268 68 68. Weitere Informationen findet man auch unter www.baseltourismus.ch oder kann sie per E-Mail anfordern bei guidedtours@baseltourismus.ch.

16 Mit dem Velo

Die Stadt Basel lässt sich bestens zu Fuss – zumindest im Zentrum – oder mit dem Velo erkunden. Auch in der Altstadt sind viele Gassen mit dem Velo befahrbar. Und selbst Einbahnstrassen dürfen von Velofahrern benutzt werden. Bei Basel Tourismus ist ein spezieller Velo-Stadtplan erhältlich. Während der warmen Jahreszeit können vor dem Theater Basel kostenlos Velos bezogen werden. Der Veloverkehr wird von einer besonderen Velopolizei kontrolliert. Kids aufgepasst: Diese Polizisten sind kaum von den vielen Velokurieren zu unterscheiden!

Wie? Velo-Stadtplan bei Basel Tourismus, im Stadtkasino am Barfüsserplatz, 4002 Basel, 061 268 68 68, www.basel.ch.

Kids willkommen!

Wo essen?

Parkrestaurant Lange Erlen, Erlenweg 55, 4058 Basel, 061 681 40 22 (Bus 36). Basels schönstgelegenes Parkrestaurant hat nicht nur einen wunderbaren Baumbestand, sondern ist auch sehr familienfreundlich und preisgünstig.

Hotel-Restaurant Waldrain, 4126 Bettingen, 061 646 42 20. Mitten im Grünen gelegen und mit einer Terrasse, von der aus bei schönem Wetter Eiger, Mönch und Jungfrau zu sehen sind, ist das «Waldrain» das Familienrestaurant schlechthin. Das Selbstbedienungsangebot lässt keine Wünsche offen. Am Waldrand befindet sich ein attraktiver Kinderspielplatz mit einem der grössten Schaukelpferde des Landes. Warme Küche gibt es den ganzen Tag. Montag geschlossen.

McDonald's-Restaurants befinden sich im Kleinbasel an der Greifengasse 15 bei der Rheinbrücke, 061 681 22 62, und an der Rosentalstrasse 71 beim Badischen Bahnhof, 061 692 48 38. Beide Restaurants sind grosszügig konzipiert und sehr familienfreundlich. Das McDonald's beim Badischen Bahnhof hat zudem eine Terrasse und einen Kinderspielplatz.

Landgasthof Brohus, 4126 Bettingen, Brohegasse 44, 061 601 72 12. Ein schönes Lokal am Waldrand mit einem Kinderspielplatz und gutbürgerlicher Küche zu annehmbaren Preisen. Eine Kostprobe lässt sich beispielsweise mit einem Besuch des Wenkenparks oder des Chrischonahügels verbinden.

Wo schlafen?

Hotel Alexander, Riehenring 83/85, 4021 Basel, 061 685 70 00. Ein Doppelzimmer kostet an messelosen Wochenenden Fr. 150.–. Ein Kinderbett wird ohne Aufpreis zur Verfügung gestellt.

Hotel Dorint, Dreisternhotel in unmittelbarer Nähe der Messe Schweiz, Schönaustrasse 10, 4058 Basel, 061 695 70 00. Doppelzimmer ab 220 Franken.

Hotel Hecht am Rhein Garni, Rheingasse 8, 4058 Basel, 061 691 22 20. Zimmer von 70 bis 200 Franken.

Hotel Krafft am Rhein, Rheingasse 12, 4058 Basel, 061 690 91 31. Traditionsreiches Hotel mit langer Geschichte. Zimmer von 115 bis 410 Franken.

> Basel-Stadt: Kleinbasel

Dauerbrenner

Gartenbad und Kunsteisbahn Eglisee, Egliseestrasse 85, Öffnungszeiten Mo–Sa 9–20 (Gartenbad) oder 21.30 Uhr (Kunsteisbahn). Tram 6 bis Eglisee.

Broadway am Rheinknie. Shows der Spitzenklasse sind im Basler Musical Theater mit seinen 1600 Plätzen zu sehen. Messeplatz 1, auf dem Gelände der Messe Basel, 4058 Basel. Auskunft zum Programm gibt 061 699 88 99. Ticket-Hotline 0900 55 22 25.

Ecomusée, traditionelles Leben im Elsass, 68190 Ungersheim (F), 0033/389 74 44 54, siehe Circuit Elsass, Tipp 10.

Baselland: Rund um die Stadt

1. Hinauf zum Burgentrio
   Spaziergang auf den Wartenberg
2. Nimm mich mit, Kapitän...
   Schleuse Birsfelden
3. Sich einfach treiben lassen
   Rheinschwimmen, Schweizerhalle
4. Ein Betonbau, der lebt
   Goetheanum, Dornach
5. Stauen und picknicken
   Spielplatz Mühlebach, Allschwil
6. Verkehrsgarten unter Kirschblüten
   Restaurant Schönmatt, Arlesheim
7. Paradies für Wasserratten
   Gartenbad Bottmingen
8. Per Tram nach Frankreich
   Der Zehner nach Rodersdorf
9. Wunderwelt des Stroms
   Museum Münchenstein
10. Nichts als Frösche
    Froschmuseum Münchenstein
11. Tummelplatz für Stadtmüde
    Park im Grünen, Münchenstein
12. Planschen an der Furt
    Reinacher Heide, Reinach
13. Paradies für Höhlenforscher
    Eremitage, Arlesheim
14. Badeplausch in Binningen
    Sonnenbad St. Margarethen
15. Marktweiber & Selbstgebranntes
    Bauernmarkt, Lörrach
16. Abenteuerspielplatz Kieswerk
    Grün 99, Weil am Rhein
17. Mit dem Rucksack aus der Stadt
    Wanderung nach Biel-Benken

Baselland: Rund um die Stadt

Vorstädte, die Dörfer geblieben sind

Die ländliche Idylle, wie sie im Baselbieter Lied «Vo Schönebuch bis Ammel» besungen wird, ist heutzutage in den Vorortsgemeinden kaum mehr anzutreffen. Die Unterbaselbieter Gemeinden sind im Laufe der Jahre nämlich fast alle selbst zu kleinen Städten mit attraktiven Freizeiteinrichtungen wie Schwimmbädern, Sporthallen und Spielplätzen herangewachsen. Obwohl in den einstigen Bauerndörfern die Landwirtschaft immer mehr an den Rand gedrängt wird, fühlen sich die Unterbaselbieter aber keineswegs als Städter. Das liegt zum einen sicher an den im Baselbieter Lied besungenen Schönheiten der Landschaft «vom Bölche (Belchen) bis zum Rhy». Aber auch sonst hat zwischen Hochhäusern und Villen noch viel Ländliches wie etwa die Tradition des Eierlesens oder der Bauernfasnacht überlebt. Wer etwas genauer hinschaut, kann so auch unmittelbar vor den Toren der Stadt noch etwas von den bäuerlichen Wurzeln und vom sprichwörtlichen Eigensinn der Baselbieter entdecken.

Peter Wittwer

Baselland: Rund um die Stadt

1 Hinauf zum Burgentrio
Spaziergang auf den Wartenberg, Burgruinen, 4132 Muttenz

Der Wartenberg ob Muttenz ermunterte wegen seiner Lage während Jahrtausenden durchwandernde Völker zum Bau befestigter Siedlungen. Über den Berg verstreut finden sich Spuren von Wohnhäusern aus der Bronze- und Römerzeit bis hinein ins Mittelalter. Dass der Wartenberg zu einem beliebten Ausflugsziel wurde, verdankt das Muttenzer Wahrzeichen vor allem den drei Burgen, die allesamt im grossen Erdbeben von 1356 zerstört wurden. Sie erinnern daran, dass Muttenz einst Untertanengebiet des Domstifts von Strassburg war. Der Domstift setzte die Froburger als Lehnsherren ein, die etappenweise die drei Burgen auf dem Wartenberg bauen liessen. Die älteste Festung ist dabei die vorderste, die man über einen gut halbstündigen Aufstieg vom Dorf her zuerst erreicht, während die hinterste, auf der kurze Zeit die Eptinger residierten, nur wenige Jahrzehnte vor dem grossen Erdbeben entstanden war. Obwohl der Zahn der Zeit der einstigen Ritterpracht arg zugesetzt hat, sind alle drei Anlagen einen Besuch wert. Von den rekonstruierten Türmen aus geniesst man einen herrlichen Ausblick auf das Rheintal, und rund um das mittelalterliche Gemäuer laden Spiel- und Feuerplätze zum Verweilen ein.

Wie? Von der Muttenzer Dorfkirche (Tram 14) ca. 35 Minuten zu Fuss zur vordersten Burg auf dem Wartenberg. Von dort führen verschieden lange Wanderwege zu den andern beiden Burgruinen und zurück ins Dorf.
Wann? Ganzjährig.
Dauer? Mindestens einen halben Tag einplanen.
Alter? Ab 6 Jahren.

2 Nimm mich mit, Kapitän...
Schleuse Birsfelden, 061 317 77 11

Das «Tor der Schweiz zur Welt», so werden die Rheinhäfen rund um Basel auch genannt. Neben den Basler Hafenanlagen in Kleinhüningen gibt es auch weiter rheinaufwärts in Birsfelden und Muttenz (Auhafen) Anlegestellen und beeindruckende Tanklager, wo die Rheinschiffe ihre Waren umschlagen. Auf dem Weg dahin müssen sie nach der Birsmündung die Schleusenanlage beim Wasserkraftwerk Birsfelden passieren. Die Schleuse hat sich vor allem an warmen Sommertagen zu einem beliebten Treffpunkt für Möchtegern-Kapitäne jeden Alters entwickelt, die den kleineren und grösseren Schiffen fachmännisch beim Manövrieren zuschauen. Neben den grossen Transportkähnen sind immer wieder mehr oder weniger chice Jachten und Motorboote zu bestaunen. Rund um die Schleuse tummeln sich vor allem an Wochenenden ganze Familien, denn ausser den Schiffen bietet die Kraftwerkinsel im Rhein auch eine weitläufige Spielwiese, Freizeitanlagen für Wassersportler und hinter Glas die riesigen Turbinenanlagen im Kraftwerk.

Wie? Von Basel aus mit Tramlinie 3 bis zur Haltestelle «Bären» Birsfelden. Von dort zu Fuss etwa 15 Minuten der Birs entlang durch einen Park zum Rheinkraftwerk.
Wann? Schleuse täglich in Betrieb (ausser bei Hochwasser).
Wieviel? Kraftwerkinsel samt Schleuse frei zugänglich.
Alter? Ab 4 Jahren.

3   Sich einfach treiben lassen

Gasthof Solbad, Rheinfelder Strasse 2, 4133 Pratteln, 061 821 52 40

Auf der relativ kurzen Strecke, die der Rhein durchs Baselbiet fliesst, prägen weitgehend Hafenanlagen das Rheinufer. In der Gegend von Schweizerhalle und dann auch kurz vor der Grenze zur Stadt oberhalb der Birsmündung gibt es aber noch frei zugängliche Stellen, die sich während der warmen Jahreszeit gut für einen Ausflug ans Wasser eignen. Gut versteckt im Industriegebiet bei der Saline Schweizerhalle führt beim Gasthof Solbad, der im Sommer seine Gäste in einem gediegenen Zelt direkt am Rhein bewirtet, ein Weg hinunter zu einer Liegewiese, von der aus erfahrene Schwimmer den Einstieg in den Rhein wagen und sich einige hundert Meter hinuntertreiben lassen können. Gleiches gilt auch für den sogenannten Birskopf, der durch die schrittweise Renaturierung des Unterlaufs der Birs viel an Attraktivität gewonnen hat. Die grosszügige Parkanlage auf der Birsfelder Seite bietet viel Raum für sportliche Aktivitäten aller Art. Für kleinere Kinder ist an der Birsfelder Rheinpromenade auch ein weitläufiger Spielplatz eingerichtet. Von der Birsmündung aufwärts gibt es dank der neuen Schwellen und Steinverbauungen bis zum Stadion St. Jakob immer wieder Stellen, wo man baden und planschen kann.

Wie? Schweizerhalle von Basel mit der Buslinie 70 bis Schweizerhalle. Birskopf mit der Tramlinie 3 bis Haltestelle «Breite», von dort zu Fuss in wenigen Minuten hinunter zum Rhein.
Wann? Parkanlagen ganzjährig offen, vor allem im Sommer stark frequentiert.
Wieviel? Gratis, am Birskopf preigünstiges Fastfood im Café auf der Basler Seite, in Schweizerhalle im Gasthof Solbad breites Angebot: von Glacestengeln bis zu mehrgängigen Menüs in gediegener Atmosphäre.

Baselland: Rund um die Stadt

Im Land der Kirschblüten

Was für Basel die Mehlsuppe oder die Läckerli, sind für das Baselbiet die Kirschen, die seit Generationen auf den Jurahügeln angebaut werden. Die Hochstamm-Kirschbäume prägen das Landschaftsbild denn auch wesentlich mit, obwohl der Anbau von Kirschen vor allem in den stadtnahen Gemeinden zunehmend an Bedeutung verliert. Dass das Baselbiet für seine Kirschen in der ganzen Schweiz bekannt ist, ist nicht zuletzt den Verbilligungsaktionen zu verdanken, mit denen die Obstbauern ihre Früchte bis in die hintersten Berggemeinden der Schweiz vermarkten. Trotz des grossen Aufwands und der Unfallgefahr beim Pflücken ist diese Art der Vermarktung immer noch einiges lukrativer als das «Herunterschlagen» und die Verwertung als Brennkirschen: Hier reichen die an den wöchentlichen Börsen erzielten Preise kaum je zur Deckung der Selbstkosten.

Baselland: Rund um die Stadt

4 Ein Betonbau, der lebt
Goetheanum, Rüttiweg 45,
4143 Dornach, 061 706 42 69

Man sieht ihn schon von weitem, den mächtigen Betonklotz, der seit 1928 hoch über dem Birseck thront und den Hauptsitz der Anthroposophie-Bewegung beherbergt. Mehr als 70 Jahre, nachdem Rudolf Steiner beschlossen hatte, einen ersten hölzernen Goetheanum-Bau, der einem Brandstifter zum Opfer gefallen war, durch eine solide Stahlbetonkonstruktion zu ersetzen, besticht das eigenartige Gebäude noch immer durch seine kühne Architektur. Alljährlich pilgern Tausende zum Goetheanum und lassen sich im Mekka der Anthroposophiebewegung in die Waldorf-Pädagogik, die Eurhythmie oder die biologisch-dynamische Landwirtschaft einweihen. Der verwinkelte Betonbau, dem ein ausgeklügeltes Konzept von Formen und Farben zu Grunde liegt, ist für architekturgeschichtlich Interessierte ein Anziehungspunkt erster Güte.

Und selbst wer sonst mit Beton nichts am Hut hat, wird sich der Faszination, die nicht nur vom Hauptbau, sondern auch von den nach den gleichen organischen Prinzipien gebauten Wohn- und Wirtschaftsbauten in der Umgebung ausgeht, nur schwer entziehen können. Empfehlenswert für Familien mit grösseren Kindern sind die öffentlichen Führungen, bei denen einem die prächtigen Säle und Kunstwerke gezeigt und erläutert werden. Das ganze Jahr finden am Goetheanum auch kulturelle Veranstaltungen statt. Zu einem stilechten Goetheanum-Besuch gehört schliesslich auch die stärkende Visite im ebenfalls nach Steinerschen Grundsätzen geführten Kaffee- und Speisehaus am Fuss des Goetheanum-Hügels.

Wie? Von Basel am besten mit Tramlinie 10. Von der Endstation Dornach Dorf führt ein etwa 15minütiger Spaziergang hinauf zum Goetheanum.
Wann? Führungen täglich 14 Uhr.
Wieviel? Zutritt zu Bibliothek und Cafeteria gratis, Führungen Erwachsene Fr. 12.–, Jugendliche/Studenten Fr. 9.–, Kinder bis 14 Jahre gratis.
Alter? Bei den Führungen 14 Jahre.

5 Stauen und picknicken
Spielplatz am Mühlebach,
4123 Allschwil

Spielplätze gibt es in den Vorortsgemeinden der Stadt Basel viele, doch kaum einer dürfte so viele Möglichkeiten zum Austoben bieten wie die grosszügige Anlage, welche die Gemeinde Allschwil beim Schiessplatz Mühlerain angelegt hat. Die grosse Spielwiese mit hohen Holztürmen, Schaukeln, Sandkästen und sonst noch vielem, was das Kinderherz begehrt, verleitet an warmen Tagen manch eine Familie dazu, mit Sack und Pack zum Picknick auszurücken. Für entdeckungsfreudige Kinder jeden Alters hat nicht nur der Platz selbst, sondern auch dessen unmittelbare Umgebung einiges zu bieten. Direkt neben dem Spielplatz liegt ein Biotop, in dem es mit etwas Geduld Tiere zu entdecken gibt, die man nicht alle Tage sieht. Am hinteren Ende des Platzes fliesst zudem der Mühlebach vorbei, an dem sich schon Generationen von Kindern ganze Nachmittage hindurch mit dem Bau von kleinen Staudämmen und sonstigen Wasserspielen vergnügten.

Wie? Der Spielplatz am Mühlebachweg ist zu Fuss in etwa zehn Minuten vom Dorfplatz Allschwil (Endstation Tramlinie 6) via Mühlebachweg zu erreichen.
Wann? Das ganze Jahr offen.
Alter? Spielangebote für jedes Alter.

6 Verkehrsgarten unter Kirschblüten

Restaurant Schönmatt, Schönmatt 1, 4144 Arlesheim, 061 701 53 88

Das Prädikat «familienfreundlich» darf das Ausflugsrestaurant zwischen Arlesheim und Gempen bestimmt für sich in Anspruch nehmen, obwohl das Angebot in der heimeligen Gaststube und Gartenwirtschaft nicht speziell auf Kinder zugeschnitten ist. Beliebt bei den Kindern ist die «Schönmatt» ohnehin weniger wegen seiner kulinarischen Genüsse, die auf Wunsch in kindsgerechten Portionen serviert werden, als wegen dem, was sich rund um das Restaurant abspielt. Hinter dem Wirtshaus wartet nämlich ein Bauernhof mit putzigen Schweinchen und prächtigen Kirschbäumen auf neugierigen Besuch. Der Hit bei den Kleinen ist aber ein kleiner Kinderverkehrsgarten mit fränklerschluckenden Elektromobilen. Das Ausflugsrestaurant eignet sich auch ausgezeichnet als Rasthalt für eine Wanderung vom Rheintal oder Birseck hinüber nach Liestal oder aufs Gempenplateau.

Wie? Von Muttenz, Arlesheim oder Dornach/ Gempen mit dem Auto (Sonntagsfahrverbot) oder zu Fuss (nächste Postautostation Gempen, 30 Min.).
Wann? Ausser im Januar Mi–So geöffnet (einfache, preiswerte Menükarte).
Dauer? Gut kombinierbar mit einer Tageswanderung, z. B. von Arlesheim nach Liestal, oder im Winter mit einem Schlittelausflug auf den Gempen.
Alter? Jedes Alter (geteertes Wegnetz in alle Richtungen).

7 Paradies für Wasserratten

Gartenbad Bottmingen, Burggartenstrasse 15, 4103 Bottmingen, 061 421 33 00

Mit den ganz grossen Fun-Bädern kann es das Gartenbad Bottmingen zwar nicht aufnehmen, doch was die schöngelegene Anlage im Basler Nobelvorort Bottmingen für vergleichsweise bescheidenen Eintritt zu bieten hat, braucht in der Umgebung von Basel keinen Vergleich zu scheuen. Da gibt es eine rasante Rutschbahn, einen Strömungskanal und vor allem ein originell in den Hang gebautes Kleinkinderbecken mit Handpumpen, Fontänen und einem Kanalsystem, über das man Schiffchen und anderes Schwimmbares gefahrlos in immer neue Richtung auf die Reise schicken kann. Ins Bild eines Bades, das mehr als Durchschnitt sein will, passt auch das Angebot im eigenen Restaurant.

Wie? Mit Tramlinie 10 bis Haltestelle Bottmingen, von dort zu Fuss 5 Min. Richtung Schloss; grosser Parkplatz.
Wann? Anfang Mai bis Mitte September täglich 9–19 Uhr, im Hochsommer am Wochenende bis 21.30 Uhr.
Wieviel? Einzeleintritt Erwachsene Fr. 4.50, Jugendliche bis 16 Jahren 2.–.
Preiswertes Restaurant im Bad.
Alter? Auch für Kleinkinder geeignet.

Baselland: Rund um die Stadt

8 Per Tram aufs Land

Tramlinie 10 von Dornach nach Rodersdorf, Auskunft BLT Oberwil, 061 406 11 66

Baselland: Rund um die Stadt

Als durch das Zusammenlegen verschiedener Bahnlinien die Linie 10 entstand, prägte die Baselland-Transport AG (BLT) den eingängigen Slogan von der «längsten Tramlinie Europas». Ob dies tatsächlich stimmt, darf zwar bezweifelt werden, doch ist eine Fahrt mit den Niederflur-Tramwagen für eine Familie allemal der bequemste und billigste Weg, sich einen ersten Eindruck von der Agglomeration um Basel zu verschaffen.

Am besten beginnt man die gut zweistündige Rundreise, die einen auch kurz nach Frankreich entführt, in Basel beim Verkehrsknotenpunkt Aeschenplatz. Von hier führen ein längerer und ein kürzerer Ast ins Birseck/Dorneck beziehungsweise ins Leimental. Die beiden Endstationen Dornach und Rodersdorf liegen beide bereits im Kanton Solothurn, doch ein Grossteil der Strecke führt durch die Baselbieter Vororte der Stadt. Da mindestens alle 15 Minuten ein neues Tram kommt, kann man problemlos Zwischenhalte einlegen, etwa für die Besichtigung des Bottminger Weiherschlosses oder des Arlesheimer Doms.

Wie? Ab Basel am besten an den Haltestellen Aeschenplatz oder Heuwaage (beide Nähe SBB-Bahnhof).
Wann? Das ganze Jahr im Viertelstundentakt (in den Stosszeiten und in Stadtnähe noch dichter).
Wieviel? Erwachsene Fr. 4.80 für einen Weg (3 Zonen ab Automat), Kinder Fr. 2.80 (mit Juniorkarte gratis), Halbtax-Abo gültig.
Dauer? Ganze Rundreise (ca. 50 Kilometer) gut 2 Std. reine Fahrzeit.
Alter? Alle Altersstufen.

9 Wunderwelt des Stroms

Elektrizitätsmuseum Münchenstein, EBM Weidenstrasse 27, 4142 Münchenstein, 061 415 43 52

Eine der jüngsten Blüten der mehr als reichen Museumslandschaft in der Region Basel ist das Elektrizitätsmuseum, das die Elektra Birseck Münchenstein zum 100-Jahr-Jubiläum an ihrem Sitz in Münchenstein eröffnet hat. Der Stromanbieter, im Volksmund allgemein unter dem Kürzel EBM bekannt, präsentiert auf 1000 m² Ausstellungsfläche im wahrsten Sinn des Wortes eine hochspannende Einführung in die Wunderwelt des Stroms. Anhand von historischen Raritäten und Bildern aus der Geschichte der Elektrifizierung erhält man bei freiem Eintritt Einblick in ein Gebiet, das unser Leben auf Schritt und Tritt prägt. Eine besondere Attraktion nicht nur für jüngere Besucher ist das zum Museum gehörende Technolabor, in dem man auf Anmeldung mit Strom experimentieren kann.

Wie? Mit Tramlinie 10 bis Haltestelle «Elektra Birseck».
Wann? Jeden Mittwoch und Donnerstag 13–17 und zusätzlich am letzten Sonntag jedes Monats 10–16 Uhr.
Wieviel? Gratis, für Gruppen ab 10 Personen werden gegen Voranmeldung kostenlos Führungen organisiert.
Alter? Für Kleinkinder ungeeignet.

10 Nichts als Frösche

Froschmuseum in der «Handwerkerstadt», Grabenackerstrasse 8, 4142 Münchenstein, 061 411 77 41, www.froschmuseum.ch

Baselland: Rund um die Stadt

Sie lieben das Nass und sitzen dennoch im Trockenen – die mittlerweile über 10 000 Frösche, die im Münchensteiner Froschmuseum ausgestellt sind. Der Unterschied zu den lebenden Quakern liegt in der Konsistenz der Tierchen: Nicht aus Fleisch und Blut sind sie, sondern aus Glas, Plüsch oder auch mal aus Marzipan. Und dergestalt sind sie ausgesprochene Muntermacher: Wenn es regnet und die Stimmung zu sinken droht, kann ein Besuch im Froschmuseum Wunder wirken. Hier herrscht ausgelassene Fröhlichkeit – das zumeist breite Grinsen der Frösche, von denen es nur so wimmelt, wirkt ansteckend. Dabei sind die Hüpfer in so ziemlich jeder Form anzutreffen, die man sich vorstellen kann: als Kerze ebenso wie als Fingerhut, als Lampenschirm oder als Seifenschale, aus Plastik, Stein oder Plüsch. Elfi Hiss und ihr Mann Rolf Rindlisbacher stellen seit einigen Jahren alles aus, was mit Fröschen zu tun hat. Alles – das heisst sowohl künstlerisch ansprechende Ausführungen der Spezies als auch Kitsch in Reinkultur.

Wie? Zum Froschmuseum in der «Handwerkerstadt» Münchenstein entweder mit Tram 11 (Haltestelle Gartenstadt) oder Bus 63 (Grabenacker).
Wann? Jeden ersten Sonntag im Monat 14–17 Uhr oder auf Anfrage. (Extraöffnungen auf Wunsch möglich).
Wieviel? Eintritt frei, für einen Unkostenbeitrag sind die Sammler dankbar.
Alter? Ab 4 Jahren.

11 Tummelplatz für Stadtmüde

Park im Grünen «Grün 80», Neue Welt, 4142 Münchenstein

Seit der Gartenbauausstellung «Grün 80» ist der gleichnamige Park, den der Migros-Genossenschaftsbund der Bevölkerung schenkte, das wohl am meisten frequentierte Naherholungsziel in der Region Basel. Die Weite der Anlage, zu der auch ein Karussell, ein grosser Kinderspielplatz und eine Minigolfanlage gehören, lädt zu Freizeitaktivitäten aller Art ein. Neben einer monumentalen Luginbühl-Rutschbahn und einem Beton-Brontosaurus in Originalgrösse ist auch der Bio-Bauernhof ein Anziehungspunkt auf den Rundgängen durch die weitläufige Anlage direkt neben den Sportanlagen St. Jakob, wo man mit

---

Die Münchensteiner Fernsehpioniere

Nicht in Zürich oder Genf, nein, in einer kleinen Baselbieter Gemeinde wurde in der Schweiz der Startschuss ins Fernsehzeitalter gegeben. Gut ein Jahr, bevor der Leutschenbacher Staatssender seine Signale aussandte, lancierte die Radiogenossenschaft Basel von den Frobenius-Tonfilm-Ateliers aus einen Televisions-Versuchsbetrieb. Bei der Pilotsendung am 18. Mai 1952 war in Münchenstein bereits ein Journalist auf dem Bildschirm zu sehen, der später als «unsere Stimme aus Amerika» bei der SRG Karriere machen sollte: Heiner Gautschy. Zum Programm des Versuchssenders, der vom Gempen aus in die damals noch wenigen «Fernsehstuben» in der Region Basel ausstrahlte, gehörten bereits eine Aktualitätenschau, ein Wetterbericht und… eine selbstkritische Gesprächsrunde pro und kontra Fernsehen.

etwas Glück die Stars des FC Basel beim Trainieren beobachten kann. Weitere Attraktionen sind der grosse Entenweiher mit seinem Springbrunnen und den ferngesteuerten Motorbooten sowie der zur Anlage gehörende botanische Garten der Stadt Basel.

Wie? Zur «Grün 80» führen die Tramlinien 14 (Stadion St. Jakob) und 10 (Neue Welt, Münchenstein).
Wann? Park und Restaurant das ganze Jahr Mo–So bis 20 Uhr offen,
Wieviel? Freier Eintritt zum Park, diverse Verpflegungsmöglichkeiten vom Migros-Markt für Picknickproviant über Self-Service-Theken bis zum gepflegten Seegartenrestaurant.
Alter? Alle Altersstufen (Spazierwege kinderwagengängig).

12 Planschen an der Furt

Naturschutzgebiet Reinacher Heide, Auskünfte: Gemeindeverwaltung Reinach, 061 716 44 44, www.reinach-bl.ch

Trotz des empfindlichen Einschnitts, den der Bau der Autobahn in den 1980er Jahren mitten durch das Naturschutzgebiet verursachte, zählt die Reinacher Heide noch immer zu den interessantesten Naturlandschaften im Baselbiet. In den letzten Jahren wurden grosse Anstrengungen unternommen, die Trockenlandschaft der einstigen Birsaue nicht nur als Rückzugsgebiet für seltene Tier- und Pflanzenarten, sondern auch wieder als Naherholungsgebiet zu nutzen. Zwar ist es verboten, Hunde in der Heide frei laufen zu lassen, doch wurde dafür das Birsufer so umgestaltet, dass man hier bei normalem Wasserstand relativ gefahrlos baden kann. Besonders attraktiv zum Baden ist die mit grossen Steinen ausgelegte Furt beim Birsbrückchen, das hinüber nach Arlesheim führt. Dort, wo früher die Pferde getränkt wurden, versammelt sich nun bei schönem Wetter Jung und Alt, um im seichten Wasser zu planschen oder auf den Steinen ein Sonnenbad zu nehmen. Wem das Ganze zu wenig komfortabel ist, kann zum Badevergnügen ins ebenfalls am Rand der Heide gelegene Reinacher Schwimmbad mit seinen Garderoben, Restaurants und Schwimmbecken ausweichen.

Wie? Die Birsbrücke in der Reinacher Heide ist von der Haltestelle Surbaum der Tramlinie 11 via Heideweg in zehn Minuten zu Fuss erreichbar.
Wann? Die Spazierwege durch die Heide sind ganzjährig begehbar.
Wieviel? Gratis.
Alter? Kleinere Kinder nur unter Aufsicht der Eltern; nicht bei Hochwasser in der Furt baden lassen.

13 Paradies für kleine Höhlenforscher

Eremitage und Burg Reichenstein, Arlesheim, Gemeindeverwaltung, 4144 Arlesheim, 061 706 95 55

Ein besonders vielseitiges Ausflugsziel für Familien ist die Eremitage in Arlesheim. Den Namen hat das Tälchen, das sich hinter dem Domplatz von Arlesheim auftut, von einer Einsiedelei, die sich allerdings bei genauerer Betrachtung als blosse Imitation aus dem 18. Jahrhundert entpuppt. Der Märchenpark, der rund um die eigentliche Eremitage angelegt wurde, ist um 1785 auf Initiative einer phantasievollen Vogtsgattin entstanden, die im waldigen Tälchen Grotten, verschlungene Spazierwege, Ruheplätze und den grossen Talweiher mit seiner artenreichen Flora und Fauna anlegen liess. Bei der oberhalb der Eremitage liegenden Burg Reichenstein, die für Anlässe aller Art gemietet werden kann, befindet sich ein Picknickplatz, der sich bei Kindern vor allem wegen seines Brunnens spezieller Beliebtheit erfreut. Mit einer Handpumpe kann dort nämlich Trinkwasser hinauf ans Tageslicht befördert werden. Im Hang, der zur Eremitage hinunterführt, befinden sich zudem einige abenteuerliche Höhlen, die zu Entdeckungstouren einladen.

Wie? Mit Tram 10 bis Arlesheim Dorf, 10 Min. zu Fuss via Dom zum Taleingang. Die Burg Reichenstein ist zu Fuss via Schlossgasse Richtung Schönmatt in etwa 30 Minuten zu erreichen (Parkplatz bei der Abzweigung Schlossgasse, ab dort Fahrverbot ausser für Zubringer).
Wann? Ganzjährig frei zugänglich. Führungen und Vermietung der Burg auf Anfrage: 061 701 11 63.
Wieviel? Zugang zur Eremitage gratis, diverse Picknick- und Feuerplätze.
Alter? Ab 4 Jahren, nur bedingt kinderwagengängig. Gelände um die Burg relativ steil, Höhlen wenig gesichert.

14 Badeplausch mit Kleinkindern

Sonnenbad St. Margarethen, Friedhofstrasse 9, 4102 Binningen, 061 271 99 80

Gartenbäder gibt es in und um Basel viele. Das Sonnenbad auf dem Margarethenhügel unmittelbar am Stadtrand ist aber vor allem unter Familien mit Kleinkindern so etwas wie ein Geheimtipp. Wer den grossen Rummel mit Olympiabecken und verschlungenen Rutschbahnen sucht, ist bei dem wegen seiner ruhigen Atmosphäre geschätzten Bad fehl am Platz. Ältere Kinder finden grössere Schwimmbecken, wie etwa im benachbarten Bottmingen, sicher spannender. Mütter mit kleinen Kindern können aber in der friedlichen Umgebung der Familienabteilung neue (Sonnen-)Energie tanken. Noch mehr Entspannung versprechen die nach Geschlechtern getrennten Séparés, in denen man auch textillos sonnen kann. Wem mehr nach innerer Erfrischung zumute ist: Neben dem eher kleinen Bassin und dem Planschbecken gehört auch ein kinderfreundliches Restaurant zum Angebot.

Wie? Tram 8 oder Bus 36 und 33 bis Zoo Dorenbach oder Margarethen, von dort zu Fuss ca. 10 Min. hinauf zum Eingang hinter dem Margarethenkirchlein.
Wann? In der Sommersaison 9–18, 19 oder 20 Uhr (je nach Sonnenstand und Wetter).
Wieviel? Familienbad Fr. 3.50, Séparé 4.50, Ermässigung im Abo und für Kinder.
Alter? Vor allem für jüngere Kinder geeignet.

Baselland: Rund um die Stadt

15 Marktweiber & Selbstgebranntes

Bauernmarkt Lörrach, Am Markt, D-9539 Lörrach, Auskunft: Tourist-Information im Burghof, 0049/7621 940 89 13

Wie wenig ein paar Schritte über die Grenze ausmachen können! Das wird einem bewusst, wenn man statt des chic herausgeputzten Angebots auf dem Basler Marktplatz einmal einen Bummel über den Bauernmarkt mitten in Lörrach macht. Da findet man noch selbstgebundene Sträusse mit Gartenblumen und selbstgebrannte Obstschnäpse in rezyklierten Flaschen mit handbeschriebenen Etiketten. Auch dem Gemüse, das von den Marktfrauen jahraus, jahrein dreimal wöchentlich feilgeboten wird, sieht man oft an, dass es tags zuvor auf der eigenen Scholle geerntet und nicht von weit her angekarrt wurde. Im Schatten der EU-Überschussproduktion haben sich die Badenser Bauern in dem übrigens auch sonst sehenswerten Städtchen Lörrach eine Stück ursprünglicher Selbstvermarktung bewahren können, dem nichts Sektiererisches oder Alternatives anhaftet. Ein Marktbummel in Lörrach ist auch mit Kindern ein Erlebnis für alle Sinne, gibt es doch einiges an Grünzeug zu bestaunen und zu degustieren, das man auf Märkten in der Schweiz nicht so leicht findet. In der Umgebung des Marktplatzes unmittelbar neben den grossen Einkaufszentren im Städtchen findet sich auch die eine oder andere gemütliche Gaststätte, in der man den Kaffee zum selbstgebackenen Kuchen schlürfen kann, den einige der Marktfrauen stückweise verkaufen.

Wie? Von Basel aus am besten mit dem Lokalzug Richtung Freiburg (ab Badischer Bahnhof) oder per Tram 6/Bus via Riehen-Grenze. Der Markt befindet sich mitten in der verkehrsfreien Innenstadt.
Wann? Das ganze Jahr jeweils Di, Do und Sa 8–13 Uhr.
Wieviel? Preise deutlich unter Schweizer Niveau.
Dauer? Obwohl relativ klein, ist der Markt einen halbtägigen Ausflug mit Kindern jeden Alters wert.

16 Abenteuerspielplatz Kieswerk

Grün 99, Weil am Rhein

Gleich dreimal, nämlich 1980, 1983 und 1999, war die Region Basel Schauplatz von Gartenausstellungen. Noch am frischesten sind die Spuren, die die jüngste Ausstellung, Grün 99, in Form eines Parks von 30 Hektaren mit grossen Rasenflächen, Kunstwerken und einer weitläufigen Spielzone mit einer Drachenrutschbahn, einer Planschlandschaft und vor allem einem alten Kieswerk hinterlassen hat. In dessen stillgelegten Fördertürmen und Gruben kann man sich so richtig austoben, ohne grossen Schaden anzurichten. Der Park liegt zwar bereits jenseits der Grenze im deutschen Weil am Rhein, ist aber über die grüne Grenze leicht zu Fuss durch das Naherholungsgebiet Lange Erlen zu erreichen. Von der Landesgartenschau übrig geblieben ist auch ein mit 30 Betonblöcken markierter Regioweg, auf dem als Zeichen der Verbundenheit der Region alemannische Dialektbegriffe eingegossen sind, die man beidseits der Grenze versteht.

Wie? Vom Zoll Otterbach in Basel (Buslinie 36) in ca. 45 Min. zu Fuss durch die Langen Erlen dem Flüsschen Wiese entlang und dann über das freie Feld zum Eingang des Parks oder mit dem Auto über die Grenze bis zum Parkplatz am Vordereingang der Grün 99.

Wann? Ganzjährig frei zugänglich, diverse Restaurants bei den Parkeingängen.
Wieviel? Gratis, günstige Verpflegungsmöglichkeiten.
Alter? Jedes Alter, kinderwagengängige Wege.

17 Mit dem Rucksack aus der Stadt
Wanderung von Binningen nach Biel-Benken

Ein Schulreisen-Klassiker führt vom Kronenplatz Binningen über den Höhenweg nach Biel-Benken, wo einige gemütliche Dorfbeizen zur Rast einladen, bevor uns der Bus zurück in die Stadt bringt. Auf der rund zehn Kilometer langen Strecke, die auch mit jüngeren Kindern leicht in zweieinhalb bis drei Stunden zu bewältigen ist, wird einem trotz Stadtnähe bereits einiges an ursprünglicher Juralandschaft geboten. Einen Halt auf der gut ausgeschilderten Strecke wert ist neben der sehenswerten Oberwiler Friedhofskapelle vor allem der kinderfreundliche Rastplatz beim Oser-Denkmal, bei dem schon Generationen von Kindern einen spannenden Nachmittag in der freien Natur verbracht haben.

Wie? Mit Tramlinie 8 bis Endstation Kronenplatz Binningen, zurück in die Stadt mit Bussen der Linien 63 und 37, die mehrmals stündlich im Takt verkehren.
Wann? Leichte Wanderung, auch im Winter.
Dauer? 2–3 Std. exklusive Abstecher zu den Sehenswürdigkeiten.
Alter? Ab 5 Jahren.

Baselland: Rund um die Stadt

Kids willkommen!

Wo essen?
Ikea-Restaurant, Grüssenweg 21, 4133 Pratteln, 084 880 11 00, www.ikea.ch. Sicher eine der günstigsten Gelegenheiten, mit Kindern auch abends auswärts zu essen (Öffnungszeiten wie Laden werktags bis 20, Sa bis 18 Uhr). Im Selbstbedienungsrestaurant Kindermenüs für Fr. 4.50, jede Menge Kindersitze und sogar ein betreutes Spielparadies für Kinder. Gratis-Shuttlebus ab Bahnhof Pratteln.

«Gugger» und «99er»
Im Laufe der Jahrhunderte haben die Bewohner der Baselbieter Dörfer sich gegenseitig Übernamen verpasst, deren Ursprünge heute nicht einmal mehr die alten Leute richtig kennen. Wer weiss schon noch, weshalb die Ettinger «Gugger» oder die Oberwiler «Schnägge» (Schnecken) genannt werden? Besonders rätselhaft ist aber der Übername «99er» für die Therwiler. Erklärungsversuche gibt es viele: Die einen meinen, 99 sei schlicht «nicht ganz hundert». Die originellste Erklärung liefert aber die Sage, wonach die Therwiler einmal nachts heimlich die Grenzsteine auf der Wasserscheide zu Reinach mit hundert Eseln verschieben wollten. Ein Esel kam dabei ums Leben, da waren's noch 99, und die Therwiler hatten ihren Übernamen. Bei derselben Gelegenheit sollen zudem die typischen Therwiler Geschlechtsnamen entstanden sein. Als sie nämlich von den Reinachern erwischt wurden, soll ein Therwiler Nachtbube gerufen haben: «Um dr Gutts Wille (Gutzwiller), laufed gschwind (Gschwind) zum Tor (Zumthor), si hei-n-is (Heinis)!»

Restaurant Seegarten, Rainstrasse 6, 4142 Münchenstein, 061 411 14 48. Für Familien ideales Selbstbedienungsrestaurant inmitten des von der Migros gestifteten «Parks im Grünen» (vgl. Tipp 11), das auch abends geöffnet ist. Spielecke, Kindersitze und viel Raum für Kinder, die nicht ruhig sitzen können. Im Sommer prächtige Dachterrasse mit Blick auf Weiher mit Springbrunnen.

Restaurant Waldhaus, In der Hard, 4127 Birsfelden, 061 313 00 11, So-Abend und Mo geschlossen. Klassisches Ausflugsrestaurant für gehobene Ansprüche unmittelbar vor den Toren der Stadt. Für Familien vor allem im Sommer geeignet, wenn auf der schön gelegenen Gartenterrasse mit Kinderspielplatz gegessen werden kann.

Restaurant Heyer, Mühlegasse 4, 4105 Biel-Benken, 061 721 34 98. Di/Mi geschlossen. Bekannte Ausflugsbeiz mit Baumgarten, berühmt für rustikale Spezialitäten und Salatteller (auch in kindgerechten Portionen). Interessante Umgebung mit Bauernhöfen und einem Bach unmittelbar neben der Gartenwirtschaft.

Zic Zac Rockgarden, Baslerstrasse 355, 4123 Allschwil, 061 302 12 20. An sich ein Ausgehlokal für Teenies, Twens und andere Partygänger mit American Fast-food der gehobenen Art. Der grosse Garten ist am früheren Abend und bei entsprechenden Wetter auch für Familien geeignet, die sich relativ günstig einmal so richtig den Bauch füllen möchten.

Wo schlafen?

Hotel Hofmatt, Baselstrasse 88, 4122 Münchenstein, 061 416 08 48, www.hotelhofmatt.ch. Gediegenes Kleinhotel mit Restaurant in unmittelbarer Nähe zum Basler Naherholungsgebiet St. Jakob. Dreistern-Minisuiten mit vier Betten für 260 Franken.

Hotel Baslertor, St.-Jakob-Strasse 1, 4122 Muttenz, 061 465 55 55, www.baslertor.balehotels.ch. Topmodernes Dreisternhotel in der engeren Agglomeration Basel mit Fitnessraum und grosszügig eingerichteten Zimmern mit allem Komfort. Unter der Woche vor allem von Geschäftsleuten genutzt, aber dennoch familienfreundlich. Am Wochenende und während der Sommerferien übernachten Kinder bis 16 Jahren im Elternzimmer gratis, Preise je nach Saison um die 100 Franken für Erwachsene.

Etap Hotel, Grüssliholzweg 11, 4133 Pratteln, 061 823 73 00, www.etaphotel.com. Seit seiner Eröffnung Ende 2002 die wohl mit Abstand günstigste Gelegenheit für eine Hotelübernachtung in Basel und Umgebung. Für einen Einheitspreis von 75 Franken können in diesem nahe der Autobahnausfahrt Pratteln gelegenen Ableger der Etap-Hotelkette bis zu drei Personen in einem der 94 mit Dusche und TV ausgerüsteten Zimmer übernachten. Für das Frühstücksbuffet muss allerdings ein (relativ bescheidener) Aufpreis pro Person bezahlt werden.

Campingplatz Waldhort, Heideweg 16, 4153 Reinach, 061 711 64 29, Drei-Sterne-Campingplatz mit 80 Standplätzen für Touristen. Schön eingebettet ins Naherholungsgebiet Reinacher Heide (ca. 6 km bis in die Basler Innenstadt). Zwischen März und Oktober der Ort in der Agglomeration Basel, an dem man günstigsten übernachten kann.

Bed and Breakfast Casa Romantica, Rüttiweg 1, 4144 Arlesheim, 061 701 20 53. Villa mit mehreren Zimmern und Garten in ruhigem Wohngebiet einer der wohlhabendsten Gemeinden im Agglomerationsgürtel um Basel. Je nach Zimmergrösse ist mit ca. 60–65 Franken pro Person für eine Übernachtung mit Frühstück zu rechnen.

Bed and Breakfast Basel, Zimmervermittlung Dorette Provoost, Sonnenweg 3, 4144 Arlesheim, 079 356 39 78, www.bbbasel.ch. Vermittlung von etwa 60 Privatzimmern in der ganzen Agglomeration. Auf Anfrage auch Doppelzimmer mit Kinderbetten und zum Teil sogar Kinderbetreuung. Richtpreis pro Doppelzimmer und Nacht rund 100 Franken plus einmalige Reservationsgebühr von 20 Franken (Buchung mindestens 14 Tage vorher zu empfehlen).

Dauerbrenner

Kutschen- und Schlittenmuseum im Botanischen Garten Brüglingen, 4142 Münchenstein, Auskunft über die Ausstellung von Kutschen und Schlitten, die das historische Museum von alten Basler Familien erhalten hat, über 061 205 86 00.

Schlitteln am Egglisgraben, 4132 Muttenz. Sehr beliebter Schlittelhang unmittelbar vor den Toren der Stadt Basel. Mit Tramlinie 14 und ca. 20 Minuten Fussmarsch gut auch ohne Auto erreichbar. Mehrere relativ steile Hänge, aber (weil leider selten genügend Schnee liegt) kein Zuglift.

Feuchtbiotop Bammertsgraben, 4103 Bottmingen, Auskunft 061 421 00 70. Künstlich angelegtes System von Weihern und Bächlein mit einem Biotop, das sich mit seinen Weglein ausgezeichnet dazu eignet, Kindern seltene Pflanzen, Enten, Sumpfhühner, Frösche oder zahlreiche Insektenarten näherzubringen. Gut kombinierbar mit einem Spaziergang über die weite Hochebene des Bruderholzes zum Ausflugsrestaurant Predigerhof.

Heimatmuseum Reinach, Kirchgasse 9, 4153 Reinach, 061 711 47 57. Eine Perle unter den vielen Ortsmuseen im Umkreis von Basel. Ausser regelmässigen Demonstrationen alten Handwerks und einer grossen Sammlung alter Alltagsgegenstände ist vor allem der mittelalterliche Garten mit seinem Grubenhaus eine Attraktion. Offen jeden Sonntag ausserhalb der Schulferien.

Baselland: Rund um die Stadt

Baselland: Zwischen Jura und Rhein

1. Tempel und Wildschweine
   Augusta Raurica
2. Rund um den Stausee
   Rheinfähre Kaiseraugst
3. Holztierli und Räuchermännchen
   Spielzeugmuseum Liestal
4. Rutsch durchs Dunkle
   Schwimmbad Gitterli, Liestal
5. Spielen in rätselhaften Mauern
   Bergwirtschaft Sissacherfluh
6. Vom Burgverlies zum Wasserfall
   Schloss Wildenstein, Bubendorf
7. Trottinetts und Hochlandrinder
   Luftseilbahn Wasserfallen
8. Speedtest mit Solarbobs
   Sommerrodelbahn, Langenbruck
9. Klingende Wunder – Musikautomaten-Museum, Seewen
10. Die Mineralwasserschlucht
    Kaltbrunnental
11. Grasende Bisons und Ritter
    Farnsburg, Ormalingen
12. Eine Nacht auf der Burg
    Jugi Rotberg, Mariastein
13. Durch die Schlucht zur Spielwiese
    Hofstetter Bergmatte
14. Vorsicht Glatteis
    Eissporthalle, Laufen
15. Ohne Schweiss keine Aussicht
    Gempenturm, Gempen
16. Das Wunder im Fels
    Kloster Mariastein
17. Ein Männlein steht im Walde
    Pilzsuche im Rheinfelder Forst
18. Mit dem Strom schwimmen
    Strandbad, Rheinfelden

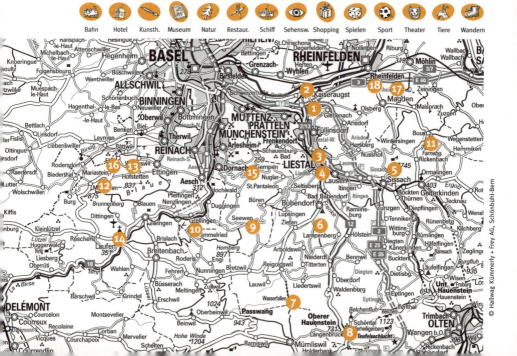

Bahn | Hotel | Kunsth. | Museum | Natur | Restaur. | Schiff | Sehensw. | Shopping | Spielen | Sport | Theater | Tiere | Wandern

© Hallwag Kümmerly + Frey AG, Schönbühl-Bern

Baselland: Zwischen Jura und Rhein

Zwischen Jura und Rhein

Jenseits des Juras und doch nicht Basel: Nicht nur die Baselbieter, auch die Fricktaler und Solothurner Schwarzbuben laufen immer wieder Gefahr, bei ihren Miteidgenossen zwischen Stuhl und Bank zu fallen. Die Gegend zwischen Rheinfelden, Hauenstein und Laufental ist seit je ein klassisches Durchgangsland und hat mit ihrem Gewirr von Tälern, burgengekrönten Jurahöhen und lauschigen Kleinstädtchen auch in touristischer Hinsicht einiges zu bieten. Gerade für Familien, die nicht unbedingt die spektakuläre (und dementsprechend teure) Topattraktion suchen, ist das Schweizer «Hinterland» von Basel durchaus so etwas wie ein Geheimtipp. Mit Überresten eines Römerwegs, einer halbüberwachsenen Burgruine, einem lauschigen Weiler mit Riegelhäusern oder zumindest einem rätselhaften Grenzstein darf in der geschichtsträchtigen Nordwestecke der Schweiz allemal gerechnet werden.

Peter Wittwer

Baselland:
Zwischen Jura
und Rhein

1 Tempel und Wildschweine
Römerstadt Augusta Raurica,
4302 Augst, 061 816 22 22,
www.augusta-raurica.ch

Dass jedes Jahr über 100 000 Besucher, davon mehr als die Hälfte Kinder und Jugendliche, die ehemalige Römerstadt Augusta Raurica besuchen, kommt nicht von ungefähr. Das weitläufige Freilichtmuseum, glücklicherweise nicht vermarktet wie Disneyland, ist ein ideales Ziel für einen ganztägigen Familienausflug, der viel bietet und wenig kostet. Ein Grossteil der römischen Ruinen, die von den Archäologen in den letzten Jahrzehnten freigelegt und konserviert wurden, sind nämlich frei zugänglich. Das Römermuseum hat einen Prospekt zusammengestellt, auf dem kürzere und längere Rundgänge für jeden Geschmack beschrieben sind. Dass die römische Kultur weit mehr war als das, was sich aus Ruinen und verzierten Scherben rekonstruieren lässt, zeigt auf leicht nachvollziehbare Weise der Zoo mit römischen Haustieren. Er wurde 1992 auf Initiative eines Museumsmitarbeiters beim ehemaligen Osttor der Stadt eingerichtet. In einer Parkanlage, die sich auch ausgezeichnet für ein Picknick eignet, kreuchen und fleuchen Haustierarten, wie sie die Römer vor fast zweitausend Jahren in Augst gehalten haben dürften. Mit unseren hochgezüchteten «Milchmaschinen» und Batteriehühnern haben die kleinen «Italiener»-Hühner, der kraftstrotzende Tavertscher Widder oder die Schar wollhaariger Weideschweine aus Ungarn im Zoo wenig gemein.

Wie? Die Ausgrabungsstätten erstrecken sich über grosse Teile der Gemeinden Augst und Kaiseraugst. Als Ausgangspunkt eignet sich das Römermuseum neben der (wegen Renovation bis 2005 gesperrten) Theateranlage. Vom Bahnhof Kaiseraugst zu Fuss ca.10 Minuten. Der Haustierpark ist beim Osttor von Augusta Raurica zu finden.
Wann? Ganzjährig. Öffnungszeiten Museum: Winter 10–12/13.30–17 Uhr, Sommer (März–Oktober) 10–17 Uhr, Montagmorgen geschlossen.
Wieviel? Gratis – ausser Museum in der Römervilla: Erwachsene Fr. 5.–, Kinder 3.–.
Dauer? Mindestens einen halben Tag einplanen.
Alter? Ab 6 Jahren.

2 Rund um den Stausee
Rheinfähre und Schwimmbad Kaiseraugst, Campingplatz Kaiseraugst, 061 811 10 66

Wie sehr der Rhein die Region Basel prägt, lässt sich sehr schön auf einer unterhaltsamen Rundwanderung oberhalb des Kraftwerks Augst beobachten. Als Ausgangspunkt bietet sich die (unmittelbar neben Überresten einer frühchristlichen Kirche gelegene) Schiffstation von Kaiseraugst an, wo man sich mit einer Fähre über den zurückgestauten Rhein führen lassen kann. Am deutschen Ufer gelangt man dann über eine naturnah belassene Uferlandschaft des alten Rheins zum Stauwehr des Kraftwerks Augst-Wyhlen, das als Brücke zurück in die Schweiz dient. An der idyllischen Ergolzmündung vorbei führt der Weg dann dem Ufer entlang zurück zum Campingplatz, der nicht nur ein ideales Gelände für erste Freischwimm-Versuche im Rhein bietet, sondern auch über ein riesiges Schwimmbecken verfügt, das im Som-

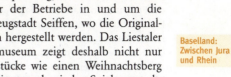

Baselland:
Zwischen Jura
und Rhein

mer nicht nur Gästen des Campingplatzes gegen bescheidenen Eintritt zur Verfügung steht.

Wie? Vom Bahnhof Kaiseraugst ist die Schiffstation in 5 Min. erreichbar. Empfehlenswert ist auch eine Anreise mit dem Linienschiff Basel–Rheinfelden.
Wann? Fähre: 1. April bis 1. November Di–Sa 14–17, So 10.30–12 und 13–18 Uhr.
Wieviel? Fähre: Erwachsene Fr. 3.50, Kinder 0.50, Schwimmbad: Fr. 3.50 (Ermässigungen für Kinder je nach Alter).
Dauer? Rundwanderung ca. 90 Min., gut als Tagesausflug mit Schwimmbadbesuch ausbaubar.
Alter? Jedes Alter (kinderwagentaugliche Wege).

3 Holztierli und Räuchermännchen

Spielzeugmuseum Zum bunten S, Seltisbergerstrasse 18, 4410 Liestal, 061 922 23 24, grauwiller@grauwiller-straub

Wer kennt sie nicht, die buntbemalten Spielzeugfigürchen, die vom sächsischen Erzgebirge aus nicht nur die Kinderzimmer erobert haben? Einer, dem es die Spielzeugwelten schon seit Jahren besonders angetan haben, ist der Liestaler Christoph Grauwiller. Der ehemalige Schulinspektor ist nicht nur ein eifriger Sammler von Holzfigürchen, Räuchermännchen und sonstigem Erzgebirge-Spielzeug, sondern auch intimer Kenner der Betriebe in und um die Spielzeugstadt Seiffen, wo die Originalfiguren hergestellt werden. Das Liestaler Privatmuseum zeigt deshalb nicht nur Prunkstücke wie einen Weihnachtsberg oder eine mechanische Spielzeugstadt, sondern liefert auch Hintergrundinformationen über die Erfolgsstory der Spielzeugindustrie im Erzgebirge. Um die Weihnachtszeit kommen zudem regelmässig Handwerker aus Seiffen – mit dessen Spielzeugmuseum Grauwiller eine Partnerschaft eingegangen ist – für Demonstrationen ins kleine, aber feine Museum nach Liestal.

Wie? Die Seltisbergerstrasse liegt in einem Wohnquartier von Liestal und ist mit den Bussen 70 und 72 (Haltestelle Eglisacker) erreichbar.
Wann? Ausser für vorher vereinbarte Führungen und um die Weihnachtszeit ist das Museum nur an ausgewählten Wochenenden offen (Telefontonband 061 922 23 24).
Wieviel? Preis je nach Grösse der Gruppe.
Alter? Ab 8 Jahren.

4 Rasender Rutsch durchs Dunkle

Sport- und Freizeitpark Gitterli, Militärstrasse 14, 4410 Liestal, 061 921 33 23, www.gitterlibad.ch

Schwimmbäder gibt es in der Region Basel viele, doch keines hat in den letzten Jahren derart in die Attraktivitätssteigerung investiert wie der «Sport- und Freizeitpark Gitterli», den der Kantonshauptort Liestal zusammen mit einigen Nachbargemeinden betreibt. Ausser einer grosszügigen Aussenanlage mit mehreren Becken für jedes Alter und Sport- und Spielplätzen

89

beeindruckt vor allem das Indoor-Badeland mit seinen Rutschbahnen, von denen eine in rasanter Fahrt durchs Dunkle in ein ganzjährig wohltemperiertes Auffangbecken führt. Für den kleinen oder grossen Hunger zwischendurch verfügt der Freizeitpark über ein Restaurant, bei dem das Preis-Leistungs-Verhältnis für Familien ebenso stimmt wie bei den Eintrittspreisen.

Wie? Das «Gitterli» liegt leicht ausserhalb von Liestal Richtung Lausen an der Ergolz (ca. 15 Min. zu Fuss vom Bahnhof).
Wann? Hallenbad ganzjährig täglich geöffnet 8–20 Uhr, Aussenanlage in der Sommersaison.
Wieviel? Erwachsene Fr. 3.–, Kinder bis 16 Jahre 3.–, unter 4 Jahre gratis.
Alter? Jedes Alter (Rutschbahnen ab 6 Jahren).

«Hesch Chuder in de Ohre?»

In den Orts- und Flurnamen des Baselbiets haben sich viele Begriffe erhalten, die heute ausgestorben sind oder zumindest nicht mehr in ihrer ursprünglichen Bedeutung verstanden werden. Wer weiss denn noch, dass ein Chaibacher einmal ein Feld war, auf dem Tierkadaver verscharrt wurden, oder dass ein Hargarten ein eingezäunter Flachsacker war? Dass der Flachs oder Chuder im Baselbiet früher eine grosse Rolle spielte, beweisen auch zahlreiche Redensarten, in denen das – übrigens alles andere als kauderwelsche – Wort vorkommt. Wenn heute jemand fragt: «Hesch Chuder in de Ohre?», so kann er allerdings kaum mehr damit rechnen, dass sein Gegenüber dies als Beleidigung (spinnst du?) oder als Aufforderung versteht, besser zuzuhören.

5 Spielen in rätselhaften Mauern
Bergwirtschaft Sissacherfluh, 4450 Sissach, 061 971 13 71

An Aussichtspunkten mangelt es im hügeligen Baselbiet wahrlich nicht. Kaum ein zweiter Ort hat aber an klaren Tagen ausser einem prächtigen Ausblick so viel an Unterhaltung zu bieten wie die Fluh oberhalb von Sissach. Bei schönem Wetter tummeln sich denn auch entsprechend viele Ausflügler auf der Spielwiese rund um die Bergwirtschaft Sissacherfluh. Besonders interessant ist die Fluh wegen ihrer rätselhaften Geschichte. Bereits in prähistorischer Zeit muss es unsere Vorfahren an diesen exponierten Punkt gezogen haben. Rund um die Hochebene sind nämlich Überreste eines Festungswalls vorhanden, von dem niemand genau weiss, wann, von wem und zu welchem Zweck er gebaut wurde. Zusammen mit mittelalterlichem Gemäuer wurde diese uralte Festung im Rahmen eines Arbeitsbeschaffungsprogramms im Zweiten Weltkrieg von Arbeitslosen ausgegraben und lockt seither zu abenteuerlichen Erkundungsreisen in die Vergangenheit.

Wie? Diverse beschilderte Wanderwege vom SBB-Bahnhof Sissach auf die Fluh. Wer es bequemer haben will, nimmt das Postauto in Richtung Rheinfelden und geht nur die letzten paar Meter zu Fuss.
Wann? Bergwirtschaft ganzjährig ausser Do offen.
Wieviel? Währschaftes vom Wurstsalat bis zum Schnitzelteller zu relativ günstigen Preisen.
Dauer? Steiler Fussmarsch von Sissach, 1–2 Std. je nach Variante.
Alter? Jedes Alter (bei der Postautovariante).

6 Vom Burgverlies zum Wasserfall

Schloss Wildenstein, 4416 Bubendorf, 061 931 10 90, Fax 061 931 10 83

Auf der Hochebene zwischen Bubendorf und Hölstein scheint die Zeit stehengeblieben zu sein. Da finden sich noch Haine mit über fünfhundertjährigen Eichen, und mitten in dieser verwunschenen Landschaft thront das Schloss Wildenstein, die einzige der vielen mittelalterlichen Höhenburgen im Jura, die bis heute allen Stürmen der Zeit getrotzt hat. Seit der Kanton Baselland 1994 das Schloss von der Basler Familie Vischer erworben hat, sind die bis zu siebenhundert Jahre alten Gemäuer wieder öffentlich zugänglich. In der warmen Jahreszeit werden jeden Sonntag Rundgänge durch den ältesten Teil der Anlage angeboten, den von den Eptingern gebauten Wohnturm. Obwohl im Zuge der Burgenromantik vieles verfälscht wurde, lässt ein Besuch in der Rüstkammer oder im dunklen Burgverlies, in dem eine Puppe auf ihre Befreiung aus den Ketten wartet, noch immer manches Kinderherz erschauernd klopfen. Am Fuss des Burghügels befindet sich zudem ein lauschiger Wasserfall über einer Höhle, in der sich steinzeitmässig picknicken lässt.

Wie? Schloss Wildenstein ist von Bubendorf (Autobahnausfahrt Liestal oder Diegten) her über eine Strasse und einen Wanderweg erreichbar (Achtung: am Sonntag Fahrverbot). Nach Bubendorf fährt die Buslinie 70 ab Basel/Liestal, ab Haltestelle Steingasse 30 Minuten Fussmarsch.

Wann? Das Schloss kann ganzjährig für Anlässe gemietet werden (Auskünfte via Amt für Liegenschaftsverkehr Baselland, 061 925 64 50, Fax 061 925 69 27). Zwischen Pfingsten und Bettag zudem individuelle Führungen und ein kleines Ausflugslokal, das jeweils an den Wochenenden offen hat.

Dauer? Rundgänge ca. 45 Minuten, attraktives Wandergebiet für Ganztagesausflüge.

> Baselland: Zwischen Jura und Rhein

7 Trottinetts und Hochlandrinder

Luftseilbahn Reigoldswil–Wasserfallen, Verkehrsbüro IG Wasserfallen, 061 941 18 81, www.wasserfallenbahn.ch

Gleich mehrere Fliegen mit einer Klappe schlagen lassen sich mit einem Familienausflug auf die Wasserfallen. Die Hügellandschaft rund um den höchsten Punkt des Baselbiets, die 1169 Meter hohe «Hinteri Egg», ist an den rar gewordenen Schneetagen ein beliebtes Spazier-, Ski- und Schlittelgebiet. Im Sommer erfreut sich die Wasserfallen vor allem deshalb grosser Beliebtheit, weil sie nicht nur wie die anderen Jurahügel mit dem Auto, sondern mit der einzigen Gondelbahn im Baselbiet zu erreichen ist. Die bunt bemalten Vierergondeln sind ein liebenswertes Relikt aus der Zeit, da eine Ferienreise noch nicht unbedingt ins Hochgebirge oder in die Karibik führen musste. Für kleinere Kindern hält das gut erschlossene Naherholungsgebiet einen kleinen Haustierzoo und zottige Schottische

Baselland: Zwischen Jura und Rhein

Hochlandrinder bereit, die einer der Wasserfallen-Bauern auf seinen extensiv bewirtschafteten Weiden grasen lässt. Sommer-Fun für Teenager garantiert die nicht ganz ungefährliche Fahrt mit überdimensionierten Trottinetts auf dem Schlittelweg hinunter ins Tal.

Wie? Von Basel/Liestal Buslinie 70 direkt zur Talstation in Reigoldswil. Ausser im Winter, wenn der Schlittelweg in Betrieb ist, führt auch eine Autostrasse auf den Berg.
Wann? Gondelbetrieb und Restaurants ganzjährig, Skilifte nur wenn genug Schnee liegt.
Wieviel? Erwachsene retour Fr. 15.60, Kinder 9.60 (keine Halbtax-Tarife), mit Trottinettmiete (inkl. eine Bergfahrt) Erwachsene Fr. 20.80, Kinder ab 12 Jahren 13.–.
Dauer? Ganztagesausflug.

8 Speed-Test mit dem Solarbob

Solarbob-Anlage Langenbruck, Unterdorf, 4438 Langenbruck, 062 390 03 03, www.solarbob.ch

Langenbruck ist in mancher Beziehung ein Sonderfall. Der Passort jenseits der Wasserscheide zum Mittelland ist der letzte Kurort im Kanton Basselland, der von seinen nicht mehr so zahlreichen Gästen noch immer eine Kurtaxe erhebt. Nicht nur wegen chronischen Schneemangels hat der einst blühende Wintertourismus in den letzten Jahren stark gelitten. Skilifte, Schanzen und die meisten Pensionen und Hotels stehen zwar noch, doch von einem grossen Touristenrummel ist heute in Langenbruck nur noch an wenigen Tagen etwas zu spüren. In den letzten Jahren wurde beispielsweise mit der Eröffnung eines Kneipp-Parcours oder eines Skulpturenparks in der sehenswerten Klosteranlage

Schöntal einiges unternommen, um mehr Ausflügler auf den Oberen Hauenstein zu locken. Der grosse Knüller bei schönem Wetter ist aber zweifellos die kürzlich eröffnete Solarbob-Anlage, in der man zunächst mit Solarenergie den Berg hochgezogen und dann über acht Steilwandkurven und einen 540-Grad-Kreisel ins Tal hinunterrast. Für besonders Ehrgeizige ist unterwegs zwischen Tunneln und Wellen auch eine Teststrecke mit automatischer Geschwindigkeitsmessung eingebaut.

Wie? Von Waldenburg, das mit der Waldenburger Bahn ab Liestal zu erreichen ist, verkehrt regelmässig der Postautokurs 94 über den Oberen Hauenstein (Solarbob: Haltestelle Unterdorf).
Wann? Skibetrieb nur bei genügend Schnee, Solarbob bei trockenem Wetter: April–Oktober: Mo–Fr ab 13, Sa/So ab 10, Rest des Jahres Sa/So ab 12 Uhr.
Wieviel? Einzelfahrt Solarbob Fr. 4.– (Kinder 2.50 .–); diverse Familien- und Mehrfahrtenkarten, z.B. 6er-Karte Erwachsene Fr. 20.– (Kinder 13.–).
Dauer? Ganztagesausflug nach Langenbruck, kombiniert mit Jurawanderung, lohnenswert.
Alter? Solarbob für Kinder unter 8 Jahren nur im Doppelsitzer mit Erwachsenen.

9 Klingende Wunder
Musikautomaten-Museum,
Bollhübel 1, 4206 Seewen,
061 915 98 80,
www. musee-suisse.ch/seewen

Nicht nur Kinder sind absolut fasziniert von diesen klingenden Wunderwerken. Auch Erwachsene staunen, wenn winzig kleine Vögelein in einem Käfig ihren Schnabel bewegen und zwitschern oder ein schalkhafter Senn seinen Becher leert, dabei mit den Augen zwinkert und vergnügt lächelt – alles über Automaten angetrieben. Eine nützliche Erfindung war sicher der Zahnarztstuhl: Setzte sich ein Kind darauf, erklangen fröhliche Melodien, und der Zahnarzt war für einen Moment vergessen. Museumsgründer Heinrich Weiss hat in jahrzehntelanger Arbeit mechanische Musikinstrumente, Spieldosen, Leierkästen und Musikautomaten bis zu riesigen «Chilbi»-Orgeln gesammelt und restauriert. Vor kurzem hat der Museumsgründer für seine Arbeit die verdiente Anerkennung des Bundes ernten können: Die Musikautomaten-Sammlung wurde als achte Aussenstelle dem Schweizerischen Landesmuseum in Zürich angegliedert und mit Millionenbeträgen ausgebaut.

Wie? Seewen ist per Postauto-Linie 116 ab SBB-Bahnhof Grellingen zu erreichen (ab Haltestelle Dorf ca. 15 Min. zu Fuss).
Wann? Ganzjährig, Di–So 11 bis 18 Uhr.
Wieviel? Erwachsene Fr. 10.–, Kinder 5.– (inklusive Führung), Familien 25.–.
Dauer? Einstündige Führungen.
Alter? Alle Altersstufen.

Baselland: Zwischen Jura und Rhein

10 Die Mineralwasserschlucht
Wanderung von Grellingen nach Meltingen

Ein besonderes Wanderabenteuer mit Kindern hält das Kaltbrunnental bereit, das sich vom berüchtigten «Chessiloch» bei Grellingen hinauf nach Meltingen erstreckt. Bereits beim «Chessiloch», das vom Bahnhof Grellingen zu Fuss in etwa 20 Minuten zu erreichen ist, dürfte ein erster Zwischenhalt kaum zu vermeiden sein. An den Felswänden der Birsenge haben nämlich Soldaten im Aktivdienst eine Galerie von Wappen hinterlassen. Gar nichts von einem langweiligen Sonntagsspaziergang hat dann der folgende Aufstieg durch das

Alles hing am seidenen Faden
Über Jahrhunderte hinweg hing das wirtschaftliche Wohlergehen des Baselbiets im wahrsten Sinn des Wortes an einem seidenen Faden. Die im 16. Jahrhundert eingeführte Seidenbandweberei prägte bis weit in unser Jahrhundert hinein das Leben im Baselbiet. Basler Fabrikherren belieferten mit den Bändeln und modischen Kreationen, die sie im Akkord von sogenannten Heimposamentern in den Baselbieter Dörfern herstellen liessen, den Weltmarkt. Die Spuren der Posamenterei, die auch für die Ansiedlung der chemischen Industrie am Rheinknie von entscheidender Bedeutung war, sind heute aus den Wohnstuben der Bauern weitgehend verschwunden. Im Kantonsmuseum Liestal kann man sich in einer attraktiv aufgezogenen Dauerausstellung ein gutes Bild davon machen, unter welch harten Bedingungen ganze Generationen von Baselbietern die modischen Accessoires für die europäische High-Society produziert haben.

Kaltbrunnental. Da gibt es verrauchte Höhlen mit Spuren aus der Steinzeit und einen Bach, der sich über Seitenäste, Staustufen und kleine Wasserfälle seinen Weg zur Birs sucht. Nach gut einer Stunde weitet sich das Tal etwas, und man kommt nach Meltingen, dem Ursprungsort des gleichnamigen Mineralwassers. Wer noch nicht genug vom Ausflug ins feuchte Nass hat, kann übrigens an den Brunnen im Dorf gratis von dem Wasser kosten, dass ebenso wie das Eptinger Mineralwasser aus dem Oberbaselbiet überregional vermarktet wird.

Wie? Vom Bahnhof Grellingen ca. 9 km lange Wanderung nach Meltingen. Rückweg per Postauto oder zu Fuss.
Wann? Frühling bis Herbst (im Winter häufig vereist).
Dauer? Mindestens einen halben Tag einplanen.
Alter? Ab 8 Jahren.

«Oltiger Schnitte»

Nicht nur die Basler, die mit ihren «Läggerli» zumindest in der Schweiz «weltberühmt» sind, sondern auch die Baselbieter haben seit je ihre Spezialitäten für süsse Schleckmäuler gekannt. Ein Geheimtipp sind sicher die «Oltiger Schnitte», die schon seit Generationen im Oberbaselbieter Dorf Oltingen gebacken werden. Den Kids-Lesern sei das aus der Küche der Familie Rickenbacher stammende Rezept verraten: Für ein mittelgrosses Kuchenblech nehme man 3 Eier, 200 g Zucker, 2,5 dl Rahm, 300 g gemahlene Haselnüsse, 200 g Mehl, 1 Päckchen Backpulver und ein wenig Milch. Das Ganze wird verrührt, auf das Blech verteilt, gut 20 Minuten bei etwa 200 Grad gebacken und am Schluss mit einer Zuckerguss-(Kirsch-)Glasur bedeckt. In Schnitten schneiden. E Guete!

11 Bisons und Ritter

Ruine Farnsburg, Landgasthof und Hofgut Farnsburg, 4466 Ormalingen, 061 985 90 30, www.farnsburg.ch

An verfallenen Burgen herrscht in der Gegend um Basel wahrlich kein Mangel, doch kaum eine Ruine erfreut sich bei Jung und Alt derartiger Beliebtheit wie die 1330 von den Thiersteinern erbaute Farnsburg. Das liegt zum einen sicher daran, dass der 1798 zerstörte Aussenposten der Stadt Basel sich als idealer Ausgangspunkt für eine Wanderung durch die Hügellandschaft des Oberbaselbiets anbietet. Für einen Ausflug mit abenteuerlichem Touch sorgen aber ausser Ritterspielen in einer vergleichsweise noch gut erhaltenen Ruine auch die Galloway-Rinder, Weideschweine und Bisons, die in der Umgebung der Burg grasen. Wer wissen möchte, wie das Fleisch dieser hierzulande eher ungewöhnlichen Nutztiere schmeckt, kann sich entweder auf dem – in 20 Minuten zu Fuss von der Burg erreichbaren – Hofgut mit einer Ration eindecken oder direkt vor Ort im Landgasthof Farnsburg eine Degustation wagen. Lassen Sie sich vom Gourmettempel-Image nicht abschrecken: Das Restaurant ist durchaus auch für Familien mit Kindern zu empfehlen, vor allem auf sommerlichen Ausflügen, wenn die Gartenterrasse und der Kinderspielplatz locken.

Wie? Vom SBB-Bahnhof Gelterkinden im Tal nach Ormalingen und dann vom Dorfbrunnen ca. 3 km den Schildern Richtung Farnsburg folgend bergauf (zu Fuss ca. 1 Std.).
Wann? Ruine und Landgasthof (mit Hotel) ganzjährig geöffnet.
Wieviel? Ruine gratis, Landgasthof eher gehobene Preisklasse.
Alter? Wanderwege für Kinderwagen nicht geeignet.

12 Eine Nacht auf der Burg

Jugendherberge Rotberg,
4115 Mariastein, 061 731 10 49,
www.jugendherbergen.ch

Welches Kind träumt nicht davon, einmal in einer echten Burg zu übernachten? Hier bietet sich die Gelegenheit – und das erst noch zu einem erschwinglichen Preis. Die Burg Rotberg im Schwarzbubenland wurde in der ersten Hälfte des 13. Jahrhunderts erbaut und diente bis ins 16. Jahrhundert als Jagdschloss. Nach dem Verkauf an den Kanton Solothurn wurde das Schloss aber nicht mehr genutzt. Schon in einer Chronik von 1645 ist nachzulesen, dass Rotberg ein «zerstert Schloss» sei. 1919 erwarb der «Allgemeine Consumverein beider Basel» die Ruine, und in den 1930er Jahren wurde sie von arbeitslosen Jugendlichen wiederaufgebaut. Von der Jugendherberge aus hat man einen herrlichen Blick ins Sundgau, denn die Burg liegt in der nordöstlichen Exklave des Kantons Solothurn und eignet sich ausgezeichnet für Ausflüge ins Elsass und in den Jura. Die Herberge selbst verfügt ausser über zwei Doppelzimmer und fünf Schlafsäale über einen Rittersaal und Spielräume mit Tischtennis und Tischfussball.

Wie? Von Basel mit Tramlinie 10 bis Rodersdorf, von dort ca. 30 Min. Aufstieg zu Fuss oder mit dem Postauto bis kurz vor Mariastein.
Wann? Geschlossen Mitte Dezember bis Ende Februar.
Wieviel? Übernachtung mit Frühstück Fr. 24.50 (mit Mitgliederausweis der Schweizerischen Jugendherbergen).

Baselland: Zwischen Jura und Rhein

13 Tollkühner Aufstieg zur Spielwiese

Restaurant Bergmatte,
4114 Hofstetten, 061 731 10 60

Ein unverwüstlicher Klassiker unter den Familienwanderungen in der Nordwestschweiz ist der Aufstieg durch die Cheelengrabenschlucht hinauf zur Hofstetter Bergmatte. Bei Kindern beliebt ist dieser Ausflug vor allem wegen der Abenteuerlichkeit und der Abwechslung, die sowohl auf dem Weg als auch am Ziel geboten werden. Bereits kurz nach dem Parkplatz etwas ausserhalb von Hofstetten, wo der immer steiler werdende Aufstieg beginnt, überrascht einen die für Juraverhältnisse tollkühne Wegführung. Auf Treppen und hölzernen Passagen wird man immer dem Wasser entlang durch die wildromantische Schlucht hinauf zur Bergmatte mit ihrem Restaurant und den zahlreichen Feuerstellen und Spielgeräten geführt. Zwischen Picknick, Lagerfeuer, Rundlauf und einem kleinen

Baselland: Zwischen Jura und Rhein

Tierpark beim Restaurant geht ein Nachmittag im Grünen im Nu vorbei. Wem der Aufstieg durch die Schlucht mit Rucksack zu beschwerlich ist, kann mit Liegestuhl und Kühlbox «bewaffnet» im Auto bis hinauf zum Restaurant Bergmatte fahren.

Wie? Postautoanschluss bis Hofstetten, von dort relativ kurzer, aber steiler Aufstieg zur Bergmatte.
Wann? Restaurant ganzjährig offen, Mo/Di Ruhetag.
Wieviel? Restaurant mit «Cuisine Grand-mère», mittleres Preissegment mit Gratissirup und Kindermenüs.
Dauer? Abwechslungsreicher Ganztagesausflug.
Alter? Ab 6 Jahren.

14 Vorsicht Glatteis
Eissporthalle Laufen, Naustrasse 83, 4242 Laufen, 061 761 34 18
www.laufen-bl.ch

Der Eissport wird in der Region Basel etwas stiefmütterlich behandelt. Offene Kunst- und Natureisbahnen gibt es zwar einige, doch hat nur gerade das Städtchen Laufen eine Eishalle, in der man unabhängig vom Wetter seine Pirouetten aufs Eis legen oder mit dem Hockeystock ausgerüstet auf Torjagd gehen kann. Die erst vor wenigen Jahren eröffnete Halle ist bei den Eissportvereinen der Region auch entsprechend begehrt und ausser am Freitag jeweils abends fest für Trainings ausgebucht. Tagsüber ist sie jedoch gegen ein relativ bescheidenes Entgelt frei zugänglich. Wieso also nicht einmal an einem verregneten Tag mit der ganzen Familie einen Abstecher aufs Glatteis wagen? Schlittschuhe können für ein paar Franken an der Kasse gemietet werden, und für Verpflegung ist mit einem Kiosk gesorgt, der auch kleine Imbisse anbietet.

Wie? 300 m zu Fuss vom Bahnhof zur Halle unmittelbar beim Fussballplatz.
Wann? Mo–Fr 9–16.45, Fr auch 20–21.20 Uhr, Sa/So in der Regel 12–16.45 Uhr geöffnet (Änderungen während Hockeyspielen möglich).
Wieviel? Einzeleintritte: Kinder Fr. 4.–, Schüler/Lehrlinge 5.–, Erwachsene 7.–; Abos/Sammelkarten mit günstiger Schlittschuhmiete Kinder Fr. 2.–, Erwachsene 4.50.

15 Ohne Schweiss keine Aussicht
Restaurant Gempenturm, 4145 Gempen, 061 701 32 20

Nicht nur weil er von grossen Teilen der Region aus gut sichtbar ist, gilt der Gempenstollen seit Generationen als Ausflugsziel par excellence, das im Winter wie im Sommer vorzugsweise zu Fuss oder mit dem (Mountain-)Bike erklommen wird. Wer den Aufstieg geschafft hat, geniesst einen prächtigen Blick auf die zerklüftete Juralandschaft mit ihren Föhren, Buchen, Eichen und Kirschbäumen. Als besonderes Zückerchen hält die mit Feuerstellen und zahlreichen Picknickplätzen ausgerüstete Hochebene beim Ausflugsrestaurant Gempenturm auch noch einen schwindelerregenden Aussichtsturm bereit, der gegen bescheidenes Entgelt erklommen werden kann. Von da aus sieht man bei schönem Wetter sogar noch ein Stückchen weiter in die Alpen als auf der Sonnenterasse des Restaurants, das mit seinen familienfreundlichen Preisen ebenfalls zu empfehlen ist. Im Winter ist das Gempengebiet ein bevorzugter Tummelplatz für Schlittler.

Wie? Vom SBB-Bahnhof Dornach (auch mit Tramlinie 10 von Basel erreichbar) zu Fuss oder mit dem Postauto hinauf nach Gempen. Vom Dorf ca. 45 Min. zu Fuss zum Aussichtsturm. Ausgebautes Netz von Wanderwegen und Mountain-Bike-Pfaden sowie eine geteerte Strasse zum Restaurant.
Wieviel? Aussichtsturm Fr. 1.–.
Wann? Ganzjährig, Restaurant Do/Fr geschlossen.
Dauer? Für Tageswanderung geeignet.
Alter? Ab 6 Jahren.

16 Das Wunder im Fels
Klosterkirche Mariastein,
Kur- und Verkehrsverein,
4115 Mariastein, 061 731 15 20

Bereits im 15. Jahrhundert wurde eine natürliche Felshöhle am Rand des Hochplateaus von Metzerlen zum Dank für eine wundersame Tat der Jungfrau Maria in eine Wallfahrtskapelle umgewandelt. Später entstand am Ort, wo die Muttergottes ein die Felswand herunterstürzendes Kind aufgefangen haben soll, eine Klosteranlage, die sich im Laufe der Jahre zum zweitwichtigsten Schweizer Wallfahrtszentrum nach Einsiedeln entwickeln sollte. Die Gnadenstätte «im Stein», in die man vorbei an Dankesbekundungen von wundersam Genesenen hinuntersteigen kann, und die barock ausgestattete Kirche des Benediktinerordens werden alljährlich von mehr als 150 000 Pilgern besucht (darunter auch auffallend vielen tamilischen Familien). Dem Andrang entsprechend hat sich in Mariastein eine touristische Infrastruktur mit Restaurants, Souvenirläden und ähnlichem entwickelt.

Wie? Mariastein, das zur Gemeinde Metzerlen gehört, ist mit der BLT-Linie 10 (Station Flüh) und dem Postauto bequem zu erreichen.
Wann? Ganzjähriger Wallfahrtsbetrieb.
Wieviel? Gastronomiebetriebe für alle Ansprüche vom Picknick bis zum Feinschmeckermenü.
Alter? Ab 6 Jahren.

17 Ein Männlein steht im Walde...
Pilzsuche im Rheinfelder Forst

Die Nordwestschweiz ist wegen ihrer geologischen Vielfalt eine Region, in der nicht nur sehr viele, sondern auch sehr unterschiedliche Pilzarten wachsen. Ein Waldspaziergang mit dem Pilzkorb ist daher vor allem im Herbst nicht nur eines der günstigsten, sondern auch der spannendsten Familienvergnügen. Dabei sollten jedoch nur Wildpilze gepflückt werden, die man als Speisepilze identifiziert hat (im Zweifelsfall zu den Pilzkontrollen in den Gemeinden bringen!). Im Prinzip sind das ganze Jahr fast in jedem Wald Pilze zu finden, doch weil die Fruchtkörper der Speisepilzarten immer wieder am gleichen Ort spriessen, hat jeder Sammler natürlich mit der Zeit seine Geheimplätze, die er niemandem verrät. Ein kleiner Tipp, wo man mit der Suche anfangen könnte, sei den Kids-Lesern dennoch nicht vorent-

Baselland: Zwischen Jura und Rhein

halten: Vor allem vom Artenreichtum her mindestens ebenso interessant wie der Schwarzwald oder die Vogesen ist der Rheinfelder Forst, der sich an der Grenze zwischen Fricktal und Baselbiet erstreckt.

Wie? Als Ausgangspunkt für einen Pilzspaziergang eignet sich neben Rheinfelden auch Olsberg, das allerdings mit öffentlichen Verkehrsmitteln nur schwer zu erreichen ist.
Wann? Hauptsaison vom (Spät-)Sommer bis zu den ersten Frosteinbrüchen im Spätherbst.
Wieviel? Gratis; im Interesse der Natur sollte sich eine Familie beim Sammeln jedoch freiwillig auf maximal 1 Kilo Speisepilze beschränken.
Alter? Ab 6–8 Jahren.

18 Mit dem Strom schwimmen
Strandbad Rheinfelden,
Baslerstrasse 70, 4310 Rheinfelden,
061 833 02 35, www.rheinfelden.ch

Seit sich die Wasserqualität wieder deutlich verbessert hat, erfreut sich das Schwimmen im Rhein bei Jung und Alt neuer Beliebtheit. Eine der schönsten (und zugleich sichersten) Stellen, an denen man sich im kühlen Nass treiben lassen kann, ist der Rheinabschnitt beim Strandbad von Rheinfelden. Vom Strandbad mit seinen Garderoben und Duschen aus kann man ein Stück rheinaufwärts wandern und sich dann – den Blick auf das Uferpanorama geniessend – zurück zum abgesperrten Becken im Rhein treiben lassen. Für kleinere Kinder hält das Strandbad ausser einem Kiosk und Spielanlagen auch ein Planschbecken bereit, und wem es im Rhein doch nicht ganz geheuer ist, der kann seine Schwimmgelüste in einem 50-m-Sportbecken ausleben. Im Winter verwandelt sich die schön gelegene Sportanlage etwas ausserhalb des Zähringerstädtchens in eine Kunsteisbahn.

Wie? Das Strandbad Rheinfelden liegt an der Hauptstrasse zwischen Rheinfelden und Kaiseraugst (Buslinie 84).
Wann? Strandbad Mitte Mai bis Mitte September 9–20 Uhr, Kunsteisbahn Oktober bis Ende Februar 10–17 (Hochsaison 9–20), Sa/So 10–16.30 Uhr.
Wieviel? Erwachsene Fr. 3.50, Kinder 2.–, Eisbahn: Erwachsene 6.–, Kinder 3.–.
Alter? Jedes Alter.

Kids willkommen!

Wo essen?
Restaurant Schlosshof, Schlossweg 125 (bei der Ruine Dorneck), 061 702 01 50. Vor allem wegen seiner riesigen Terrasse mit Panoramablick über die Region Basel beliebtes Ausflugsrestaurant mit preiswerter Karte und ungezwungener Atmosphäre. Von Mai bis August täglich geöffnet, im Winter Mo geschlossen.
Restaurant Vogelberg, 4418 Reigoldswil, 061 941 10 84. Idyllisch gelegenes Ausflugsrestaurant im Wandergebiet Passwang/Wasserfallen. Einfache, aber gute Küche, Mo/Di geschlossen.
Restaurant Bergmatte, 4144 Hofstetten, 061 731 10 60. Ausflugsrestaurant mit kleinem Zoo und ausgefallener Karte. Ganzjährig geöffnet, im Sommer schöne Terrasse mit Fernblick.
Café-Restaurant Brüggli, Brückenstrasse 1, 4227 Büsserach, 061 781 12 14. Vor allem im Sommer das Ausflugsziel mit Terrasse par excellence für Glacefans. Mit 30 Sorten und unzähligen Coupevarianten findet sich für jeden Geschmack etwas Passendes und Erschwingliches. Di/Mi geschlossen.

Restaurant Waldgrotte, Aufgent 113, 4463 Buus, 061 841 26 52. Beliebtes Ausflugsziel mit grossem Spielplatz und kleinem Zoo, Etwas ausserhalb des Dorfes auf einer Anhöhe am Waldrand gelegen.
Restaurant Bergmattenhof, 4243 Dittingen, 061 761 34 56. Schön gelegenes Ausflugsrestaurant auf einem Bauernhof mit Sonnenterrasse, kleinem Kinderspielplatz und währschafter Kost. Di/Mi geschlossen.

Wo schlafen?
Campingplatz Kaiseraugst, 061 811 10 66. Direkt am Rhein gelegener Platz mit Schwimmbad und Kiosk (vgl. Tipp 2), geöffnet von April bis September. Standplatz für ein Zelt mit zwei Erwachsenen pro Nacht Fr. 15.–, Wohnwagen mit Stromanschluss 19.50, schulpflichtige Kinder 4.–.
Hotel-Restaurant Bad Bubendorf, Kantonsstrasse 3, 4416 Bubendorf, 061 935 55 55 (Fax 061 935 55 66), www.badbubendorf.ch. Mit seiner abwechslungsreichen Aussenanlage eines der beliebtesten Ausflugsziele im Sommer. DZ mit Kinderbett und Frühstücksbuffet 200–250 Franken.
Hotel und Restaurant Neumühle, Route internationale 81, 2814 Roggenburg, 032 431 13 50. Geheimtipp für Familien, die motorisiert sind und nicht unbedingt in Stadtnähe übernachten müssen (ca. 35 Min. Fahrzeit nach Basel via Laufental). Idyllisch gelegenes Landhotel (auch bei Wanderern sehr beliebt), Zwei- und Dreibettzimmer mit Frühstücksbuffet 120–150 Franken.
Hausihof Arisdorf (Familie Weber-Dalcher, 4422 Arisdorf, 061 811 30 87, weber.hausihof@bluewin.ch) und
Erlen-Ranch Möhlin (Paul und Regula Mahrer-Hilpert, 4313 Möhlin, 061 831 37 27, erlen-ranch@bluewin.ch): Zwei Bauernhöfe, auf denen man in der Umgebung von Basel für 20 Franken pro Person (inkl. Frühstück) das Abenteuer einer Übernachtung im Stroh geniessen kann (weitere Infos unter www.abenteuer-stroh.ch).
Bed & Breakfast Basel, Zimmervermittlung Dorette Provoost, Sonnenweg 3, 4144 Arlesheim, 079 356 39 78, www.bbbasel.ch. Vermittlung von ca. 60 Privatzimmern in und um Basel, auch DZ mit Kinderbetten und zum Teil sogar Kinderbetreuung. Richtpreis pro DZ und Nacht ca. 100 Franken plus einmalige Reservationsgebühr von 20 Franken (frühzeitig buchen!).

Dauerbrenner

Planetenweg Laufen. Planetenmodelle im Massstab 1:1 000 000 000 von der Sonne beim Bahnhof Laufen bis zum Pluto im 6 km entfernten Liesberg.
Salzmuseum Schweizerhalle, Rheinstrasse 52, 4133 Pratteln, www.saline.ch, 061 821 51 66. Geschichte des weissen Goldes, das von den Rheinsalinen in Schweizerhalle in über 100 m Tiefe für den Bedarf der ganzen Schweiz gefördert wird. Attraktive Ausstellung in der ehemaligen Direktorenvilla direkt über dem ersten Bohrloch und Gratisführungen für Gruppen auf telefonische Voranmeldung.
Kantonsmuseum Baselland, Zeughausplatz 28, 4410 Liestal, Info-Tonband 061 925 50 90. Attraktiv aufgemachte Ausstellungen zur Natur- und Kulturgeschichte des Landkantons. Schwergewichte der Ausstellungen: Posamenterei und Seidenbändel, Landschaftswandel sowie Sonderausstellungen auch zu Jugendthemen.
Storchenstation Möhlin, 4313 Möhlin, 061 851 13 25. Eines der Zentren im Wiederansiedlungsprojekt für Störche in der Schweiz, Führungen auf Anfrage. Ausser den Tieren lohnt auch der benachbarte Spielplatz einen Ausflug.

Baselland: Zwischen Jura und Rhein

Bern/Freiburg: Die Bundesstadt

1. Wo die Biene Maja wohnt
   Rosengarten
2. Lass die Puppen tanzen
   Berner Puppentheater
3. Robinson und du
   Spielplatz Längmuur
4. Schöne Aussichten
   Rund ums Münster
5. Lese-Oase
   Kornhausbibliothek
6. Die Nase voll
   Lush-Shop
7. Klecksen erlaubt
   Kunstmuseum Bern
8. Schaut mir in die Augen
   Laubengaffer
9. Immer in Bewegung
   Caran-d'Ache-Schaufenster
10. Bern rollt
    Velomietstation
11. Kokosnuss, Vanille, Pfeffer
    Botanischer Garten
12. Einlochen wie Tiger Woods
    Minigolf Innere Enge
13. Und wo ist mein Aszendent?
    Sternwarte Bern
14. «Verstopfte» Tiere
    Naturhistorisches Museum
15. Von Alpenviper bis Zwergziege
    Tierpark Dählhölzli
16. Hallo, hörst du mich?
    Museum für Kommunikation
17. Me(e)hr erleben
    Wellenbad/Kunsteisbahn
18. Berns beste Adressen
    Mehr wissen

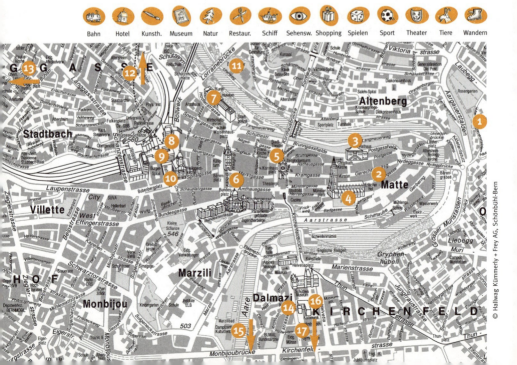

Das schöne Knie!

Abgeschnitten von der Umwelt liegt das alte Bern im Aareknie. Was früher bei der Verteidigung ein Vorteil war, erweist sich heute teilweise als Nachteil. Zwar verbinden neun Brücken die Hauptstadt der Schweiz mit der Aussenwelt. Doch die meisten wurden zu einer Zeit gebaut, als der Verkehr nicht so gross war. So müssen alte Eisenkonstruktionen oder Sandsteinbauten immer wieder saniert werden. Dafür ist die Blechlawine aus dem grössten Teil der Altstadt verbannt! Ohne Verkehr sind Shoppen, Flanieren oder Demonstrieren unter den Lauben und in den Gassen der Bundesstadt ein besonderes Vergnügen. So behält sie ihr als Unesco-Welterbe geschütztes einzigartiges Cachet. Und weniger Abgase bedeuten auch weniger Schäden am Sandstein – auf dass uns das schöne Knie noch lange erhalten bleibe.

Annette Fuhrer-Strebel und Karl Johannes Rechsteiner

1 Wo die Biene Maja wohnt
Rosengarten, 3006 Bern

Der Rosengarten ist eine wunderschöne Gartenanlage unweit der Berner Altstadt. Vom Bärengraben führt ein steiler Weg hinauf. Doch die Anstrengung lohnt sich. Von der Terrasse aus geniesst man eine herrliche Aussicht über die Gassen und Dächer der Berner Altstadt. Da schmeckt die Coupe Romanoff im Restaurant Rosengarten gleich doppelt! Von Mitte Mai bis Ende September jeweils von Mittwoch bis Samstag ist hier der von der Kornhausbibliothek betriebene Spielpavillon geöffnet, wo neben viel Spielzeug auch Bücher, Zeitungen und Zeitschriften gratis ausgeliehen werden. Auf dem wunderschönen grünen Rasen lässt sich hervorragend herumtoben und spielen. Und natürlich ist der Sonnenuntergang von hier oben am schönsten.

Wie? Bus 10 Richtung Ostermundigen bis Rosengarten oder zu Fuss ab Bärengraben.
Wann? Garten: jederzeit. Lesepavillon: Mai–Sept. jeweils Mi–Sa 14.30–18.30 Uhr.
Alter? Ab 2 Jahren.

2 Lass die Puppen tanzen
Berner Puppentheater, Gerechtigkeitsgasse 31, 3011 Bern, 031 311 95 85, www.berner-puppentheater.ch

«Ach Mami, ist das schön!» ertönt es plötzlich in dem mucksmäuschenstillen Zuschauerraum. Seit über dreissig Jahren ziehen Monika Demenga und Hans Wirth Kinder und Erwachsene in ihren Bann, indem sie Marionetten, Stabpuppen, Hand- und Schattenfiguren zum Leben erwecken. In einem ehemaligen Weinkeller in der unteren Altstadt haben sie den idealen Theaterraum gefunden. Ob als krönender Abschluss eines ereignisreichen Tages oder als Alternative an einem kühlen, regnerischen Nachmittag, die phantastischen Geschichten eröffnen eine andere Welt. Je nach Saison finden zusätzlich weitere Anlässe statt wie Lesungen, Musik für Kinder, Märchenerzählen…

Wie? Bus 12 bis Rathaus.
Wann? Auskunft/Reservationen Di–Sa 13.30–17.30 Uhr unter 031 311 95 85.
Alter? Ab 5–6 Jahren.

3 Robinson und du
Spielplatz Längmuur, Langmauerweg 20a, 3011 Bern, 031 311 75 06, www.spieleninbern.ch

Sven und Lars staunen nicht schlecht, als die Betreuerin zum Zvieri ruft. Mit Hockeyspielen und Hüttenbauen verging die Zeit schnell. Laura hält Sven ihren Fingerring stolz unter die Nase. Den hat sie heute unter kundiger Anleitung in der Baracke kreiert. Eifrig erzählen die Kinder bei Tee und Kuchen die tollen Erlebnisse des Nachmittags, und natürlich werden Pläne fürs nächste Mal geschmiedet. Dabei sind der Vorstellungskraft und dem Platz kaum Grenzen gesetzt, denn gross und vielfältig ist das Angebot auf dem Spielplatz und in der Baracke.

Wo? Bus 12 bis Nydegg, danach 5 Min. zu Fuss.
Wie? Keine Spielgruppe oder Kindertagesstätte, sondern ein betreuter Aktivspielplatz.
Wann? Spielplatz immer offen. Betreuung: Feb.–Dez. Di–Sa 14–18 Uhr. Spezialaktionen siehe Website oder Tageszeitungen.
Wieviel? Gratis
Alter? Alle Altersstufen.

4 Schöne Aussichten
Rund ums Münster, 3011 Bern, 031 328 04 62

Die Münsterplattform ist bei schönem Wetter der Treffpunkt für Familien, die Berner Boulesszene und für Leute, die gerne auf Bänklis sitzen und die Sicht auf die Alpen geniessen oder auf Wiesen «plegern». In der einen Ecke kann man im Lese- und Spielpavillon während des Sommers Comics oder Stelzen ausleihen, in der andern lädt ein Freiluftcafé zum Verweilen ein. Daneben führt Berns «Senkeltram» in die Tiefe und die Mattentreppe wieder hinauf. Nur Schwindelfreie gucken über die Brüstung hinunter in die Küchen der Matte-Bewohner. Wer Freude am Skurrilen hat, bestaunt vor dem Münster das Jüngste Gericht im Portaltympanon oder guckt im Chorgestühl die witzigen Engelchen an. Vom Münsterturm ist die Aussicht auf Alpen, Altstadt und Aare einzigartig und belohnt den Aufstieg über 344 Stufen!

Wie? Bus 12 bis Rathaus.
Wann? Münsterturm: Sommerzeit Di–Sa 10–16.30, So 11–16.30 Uhr. Winterzeit Di–Fr 10–11.30 und 14–15.30, Sa 10–11.30 und 14–16.30, So 11.30–13.30 Uhr. Restaurant: Nur im Sommerhalbjahr bei günstiger Witterung. Spiel- und Lesepavillon: Juni–August jeweils Di–Fr 10–19, Sa/So 11–17 Uhr. April, Mai, Sept. und Okt. reduzierte Zeiten.
Wieviel? Münsterturm: Erwachsene Fr. 3.–, Kinder 1.–.
Alter? Alle Altersstufen.

5 Lese-Oase
Kornhausbibliothek, Kornhausplatz 18, 3011 Bern, 031 327 10 10, www.kornhausbibliotheken.ch

Wenn die Füsse plattgelaufen sind und der Stadtlärm im Kopf brummt, dann ist es Zeit für Musse in der Kornhausbibliothek. Niedere Tische und Stühle sowie unzählige Bilderbücher warten auf die Kleinen. Die Älteren können es sich in der Leseecke bei den Jugendbüchern oder am Internettisch bequem machen, und die Erwachsenen finden in der Zeitschriftenecke oder bei den Zeitungen ihre Ruhe. Bücher durchstöbern, lesen oder ausleihen ist erlaubt. Und wer Hunger oder Durst bekommt, findet im Kornhauscafé zwei Stockwerke tiefer entsprechende Angebote.

Wie? Tram 9 bis Zytglogge.
Wann? Di–Fr 10–19 Uhr, Do bis 20 Uhr, Sa 10–16 Uhr.
Alter? Ab 3 Jahren.

6 Die Nase voll
Lush-Shop, Marktgasse 61, 3011 Bern,
031 318 68 18, www.lush-shop.ch

«Nicht anbeissen!» steht auf Tafeln im Kellerladen mit Lush-Kosmetik. Hier ist nicht nur die Nase überfordert, sondern auch das Auge: Seifen sehen aus wie Schokolade, Früchte oder Gemüse und sind auch aus diesen Zutaten hergestellt. Badekugeln verwandeln das Badewasser in ein Rosenblättermeer. Massage-Barren aus Körpermilch und Kräuteröl in fester Form brauchen weder Tube noch Fläschli, haben für den Rubbeleffekt Bohnen eingebaut und schmelzen in der Hand. Alle Produkte sind frisch von Hand zubereitet, ohne Tierversuche und mit wenig Konservierungsmitteln, dafür mit feinsten Ölen, echten Blumen, Kräutern und Gewürzen. Wer den Lush-Laden verlässt, trägt noch lange den Duft in der Nase und den Kleidern mit.

Wo? Im Keller an der Marktgasse 61.
Alter? Alle Altersstufen.

7 Klecksen erlaubt
Kunstmuseum Bern, Hodlerstrasse 12, 3007 Bern, 031 328 09 44, www.kunstmuseumbern.ch

Nicole will den Pinsel gar nicht mehr aus der Hand legen. Nach zwei intensiven Stunden am Workshop für Kinder ist aus der Kleinen eine richtige «Kunstexpertin» geworden. Sie weiss jetzt, wie die Farbe Grün riecht, und hat mit grosser Lust die Kleckstechnik eines Jackson Pollock angewandt. Stolz und mit leuchtenden Augen betrachtet sie ihr Kunstwerk. Im allgemeinen dreimal pro Quartal, jeweil am Mittwoch und Sonntag, führen Museumspädagoginnen die Kunstmuseums-Workshops durch. Eine Voranmeldung bis eine Woche vor dem Termin ist unerlässlich. Auch sonst hat das Kunstmuseum einiges zu bieten: Neben vielen anderen Bildern ziehen einen Werke von Pablo Picasso, Adolf Wölfli und Paul Klee in den Bann. Ein kleines Restaurant mit leckeren Imbissen und ein Museumsshop runden das Angebot ab.

Wie? Zu Fuss oder mit Bus 11, 20 oder 21 bis Bollwerk.
Wann? Öffnungszeiten: Di 10–21, Mi–So 10–17 Uhr. Workshop: Mi 14–15.45, So 10.15–12 Uhr. Anmeldung und Auskunft: 031 328 09 11.
Wieviel? Erwachsene Fr. 7.–, Kinder bis 16 Jahre gratis. Workshop Fr. 10.–.
Alter? Workshop für Kinder von 6 bis12 Jahren.

8 Schaut mir in die Augen
Laubengaffer in der
Bahnhofunterführung

Früher stand der arme Kerli in der Schweizerhof-Passage. Dort gab's für ihn gar nicht viel zu gaffen. Der neue Standort behagt ihm etwas besser. Egal, ob du von links oder von rechts

Der zweite Blick
Schon mancher auf dem Bundesplatz stehende Besucher oder manche Besucherin hat sich gefragt, wieso im Café Fédéral einige Fenster auch bei grösster Hitze geschlossen sind und das Handtuch an der Wäscheleine auch nie ausgewechselt wird. Wer dann einen zweiten Blick wagt, der bemerkt, dass es sich um aufgemalte Fenster, um sogenannte «trompe l'œil»-Werke handelt, die unsere Augen eben «trumpieren».

kommst, dich von unten her anschleichst – der Laubengaffer lässt dich nicht aus den Augen. «Und blinzeln tut er auch nicht», meint Dani. Der Täuschungseffekt dieser sogenannten Inversionsstatue kommt zustande, weil ihr Gesicht nach innen gearbeitet ist, uns jedoch nach aussen gewölbt erscheint. Bereits die Maler der Renaissance waren mit dieser Technik vertraut und unterhielten ihr Publikum mit solchen Illusionen.

Wo? Bahnhof beim Ausgang zwischen Perron Tram 9 und 3/5.
Wie? Zu Fuss und mit offenen Augen.

9 Immer in Bewegung
Caran-d'Ache-Schaufenster im Hauptbahnhof

Wenn's im Berner Hauptbahnhof «jööööh, wie härzig!» tönt, ist sicher das legendäre Schaufenster der Firma Caran d'Ache gemeint. Generationen von Berner Schulklassen wählten dieses Schaufenster als Treffpunkt für die Schulreise, den Maibummel oder sonst eine Exkursion. Seit Jahrzehnten pflegt Caran d'Ache dort einen zeitlosen und liebevollen Werbeauftritt für die Kleinen. Die kreative Schaufensterdekoration mit sich bewegenden Tierfiguren ist ein Klassiker.

Wo? Im Hauptbahnhof zwischen Perron 2 und 3.
Wie? Zu Fuss.
Alter? 1–6 Jahre.

10 Bern rollt
Velomietstation, Milchgässli bzw. Bahnhofplatz, 079 277 28 57

«W-W-W-ie lang g-g-g-eit's no?» fragt der kleine Nick, als er mit dem Mini-Trottinett auf dem Kopfsteinpflaster der Marktgasse Richtung Bärengraben hinab flitzt. Vielleicht wäre für die Altstadtsafari ein Gefährt mit Federung doch besser gewesen? An der Auswahl stadttauglicher Beförderungsmittel mangelt es wahrlich nicht: Velos, Velos mit Kindersitz, Kindervelos oder Trottinetts… alles ist an der Verleihstation von «Bern rollt» zu haben. Und selbstverständlich gratis. An sonnigen Tagen ist der Run auf die trendigen und wendigen Verkehrsmittel auch entsprechend gross. «Es hett, solang 's hett», wie der Berner sagt.

Bern/Freiburg: Die Bundesstadt

Wie? Milchgässli bzw. Bahnhofplatz.
Wann? Mai–Ende Oktober 7.30–21.30 Uhr.
Wieviel? Gratis. Ausweis und Fr. 20.– Depot. Ausleihdauer max. 1 Tag.
Alter? Ab 6 Jahren.

11 Kokosnuss, Vanille, Pfeffer

Botanischer Garten, Altenbergrain 21, 3013 Bern, 031 631 49 45, www.botanischergarten.ch

Im Botanischen Garten ist immer was los. Im Frühsommer wartet der Rätselweg auf schlaue Köpfchen und vom Sommer bis in den Herbst das Gewürzpflanzen-Quiz. Zusätzlich gibt es im Sommer eine Walkman-Führung durch den ganzen Garten (am besten den eigenen Walkman mitnehmen). Dabei lernen Kinder unter anderem die Orange, den Bauerngarten, den Ginkgobaum oder die Teichpflanzen kennen. Im Winter geht die Hörführung nur durch die Gewächshäuser, wo die tropischen Nutzpflanzen wachsen. Pflanzenfans erhalten interessante Informationen über Banane, Kokosnuss, Kakao, Vanille, Kaffee, Tee oder Pfeffer. Eine besondere Attraktion sind die fleischfressenden Pflanzen… aber keine Angst, sie beissen in keine Finger! Aber dafür fangen sie je nach Art mit raffinierten Tricks Insekten, die entweder im Open-air-Magen oder im Säurebad aufgelöst und verdaut werden!

Wo? Bus 20 bis Gewerbeschule oder zu Fuss 10 Min. ab Bahnhof.
Wie? Hörkassetten reservieren bei Frau Schmitt: 034 411 26 93.
Wann? Schauhäuser: 8–17 Uhr, Gartenanlage: Oktober–Februar 8–17, März–September 8–17.30 Uhr.
Wieviel? Eintritt frei.
Alter? Ab 4 Jahren.

12 Einlochen wie Tiger Woods

Minigolf Innere Enge, Engestrasse 54, 3012 Bern, 031 309 61 18

Wenn's zu heiss ist, um die Stadt zu erkunden, und im Freibad Marzili «Fleischmärit» herrscht, lockt die wunderschöne Minigolf-Anlage in der Inneren Enge. Herrlich schattig unter einem Laubdach von alten Kastanienbäumen gelegen, warten die zahlreichen Bahnen auf kleine und grosse Champions. Und wer auf Bahn 12 den Ball auch nach dem zehnten Schlag nicht ins Netzchen befördert, kann den heissen Kopf am Kiosk oder im Restaurant bei einer feinen Glace abkühlen. Ab und zu sind auch Damen oder Herren zu beobachten, welche minutenlang regungslos über ihren Schläger gebeugt eine Bahn «blockieren». Diese Leute sind nicht etwa eingeschlafen! Das neben ihnen stehende schwarze Köfferchen mit etwa 50 verschiedenen Bällen weist sie als Profis aus.

Wie? Bus 21 bis Innere Enge.
Wann? März–Oktober Mo–So 9–20 Uhr (nur bei entsprechender Witterung).
Wieviel? Erwachsene Fr. 5.50, Kinder 3.50 pro Spiel (ca. 1 Stunde).
Alter? Ab 6–7 Jahren.

13 Und wo ist mein Aszendent?

Sternwarte Bern, Muesmattstrasse 25, 3012 Bern, 031 631 85 91

Wer am Abend nicht einschlafen kann und im Hotel kein Glas warme Milch mit Honig serviert bekommt, guckt besser in den Berner Nachthimmel, als Löcher in die Zimmerdecke zu starren. Jeden Donnerstag bei klarem

Himmel öffnet die kleine Sternwarte neben der Länggasse ihre Pforten. Engagierte Hobbyastronomen nehmen sich Zeit, um den neugierigen Besucherinnen und Besuchern einen Blick in die unendlichen Weiten des Weltalls zu vermitteln. Grössere Gruppen melden sich vorher telefonisch an. Das Angebot ist gratis, eine kleine Spende jedoch immer willkommen. Fragen zu Horoskop, Aszendent und allfälligem Weltuntergang richtet man aber besser an Elizabeth Teissier.

Wie? Bus 12 bis Universität.
Wann? Jeden Donnerstag ab Einbruch der Dunkelheit, im Winter ab 20 Uhr.
Wieviel? Eintritt frei.
Alter? Ab 7 Jahren.

14 «Verstopfte» Tiere
Naturhistorisches Museum der Burgergemeinde, Bernastrasse 15, 3005 Bern, 031 350 71 11, www.nmbe.ch

«Mami, wenn göh mer wider is Museum mit dä verstopfte Tier?» fragte der vierjährige Fabian. Denn eine grosse Attraktion des Naturhistorischen Museums sind Schaukästen mit afrikanischen Säugetieren in ihrem Lebensraum (sogenannte Dioramen). Die Ausstellung «Tiere als Baumeister» zeigt in Originalen und Modellen, wie Tiere Nester, Höhlen und Fallen bauen und wie sie selber «gebaut» sind. Einblick in die faszinierende Welt der Edelsteine gibt die Schau «Steine der Erde»: versteinerte Wassertiere, Pflanzen und Tierspuren zeigen, wie es früher auf der Erde ausgesehen hat. «Nume mit dä Ouge luege» ist in diesem Museum nicht mehr angesagt: Man darf vieles be-greifen und ausprobieren oder an Computer- und Videostationen abrufen.

Bern/Freiburg: Die Bundesstadt

Wo? Tram 3 oder 5 bis Helvetiaplatz.
Wann? Mo 14–17, Di/Do/Fr 9–17, Mi 9–18, Sa, So 10–17 Uhr.
Wieviel? Erwachsene Fr. 5.–, Jugendliche 17–20 Jahre 3.–, Kinder gratis. Museumspass gültig.
Alter? Ab 4 Jahren.

15 Von Alpenviper bis Zwergziege
Tierpark Dählhölzli, Tierparkweg 1, 3005 Bern, 031 357 15 15, www.tierpark-bern.ch

Der Tierpark Dählhölzli ist ein Zoo der besonderen Art mit seinen vorwiegend europäisch-nordischen Tierarten. Im Frühling und Sommer gibt es immer zahlreiche Jungtiere zu bestaunen. Im Kinderzoo leben freche Zwergziegen und zutrauliche Ponys zum Anfassen und Streicheln. Bei schönem Wetter findet am Sonntag von 14 bis 16.30 Uhr Ponyreiten statt. Am letzten

---

Do you speak Matteänglisch
Als die hohen Herren und Damen zu Bern Französisch parlierten, griff das «niedere» Volk in der Matte zur Selbsthilfe. Es erfand seine eigene Fremd- bzw. Geheimsprache. Diese darf jedoch nicht mit dem Matte-Bärndütsch verwechselt werden, das dem Berndeutsch ähnlich ist. Matteänglisch entsteht aus den Wörtern des Matte-Bärndütsch, indem die Silben vertauscht und mit einem I eingeleitet und mit einem E abgeschlossen werden. So heisst Arbeit auf Matte-Bärndütsch Büetz und auf Matteänglisch Ietzbe. Familie heisst demzufolge Famere bzw. Imerefe.

Samstag im Monat von 14.30 bis 15.30 Uhr werden im Vivarium Märchen erzählt. Dort lebt auch ein Termitenvolk, das eine riesige Burg gebaut hat. Dank einem mit Glas abgedeckten Querschnitt lassen sich die fleissigen Krabbler gut beobachten. Unzählige Picknick- sowie Spielmöglichkeiten, ein grosser Spielplatz und ein kinderfreundliches Restaurant gehören ebenfalls zum Familienparadies Dählhölzli.

Wie? Bus 19 bis Tierpark.
Wann? Sommerzeit: 8–18.30, Winterzeit: 9–17 Uhr.
Wieviel? Anlagen der Aare entlang und Kinderzoo gratis. Eintritt Vivarium und Raubtiere: Erwachsene Fr. 7.–, Kinder 6–16 Jahre 3.–, Familien 16.–.

16 Hallo, hörst du mich?
Museum für Kommunikation,
Helvetiastrasse 16, 3006 Bern,
031 357 55 55, www.mfk.ch.

Adrian sitzt in der Führerkabine des Krans und stellt nach den Anweisungen seines Bruders Klötze aufeinander. Der gestikuliert wie wild, denn kommuniziert wird ohne Worte. Da funktioniert der schriftliche Austausch über die Rohrpost, die über zwei Stockwerke saust, schneller und besser. Noch einfacher geht es natürlich mit dem Telefon, wobei beim Umstöpseln der Leitungen keine Fehler passieren dürfen. Im neuen Museum für Kommunikation gibt es viel zu erkunden, zu lachen und zu staunen. Fazit der Brüder nach dem Besuch: Einfach toll, wir kommen wieder!

Wo? Tram 3 oder 5 bis Helvetiaplatz, danach 5 Min. zu Fuss.
Wann? Di–So 10–17 Uhr.
Wieviel? Dauerausstellung Erwachsene Fr. 9.–, Kinder 2.–.
Alter? Ab 6 Jahren.

17 Me(e)hr erleben
Wellenbad/Kunsteisbahn Ka-We-De,
Jubiläumsstrasse 101, 3005 Bern,
031 351 01 75.

Sanft beginnt sich die Wasseroberfläche zu bewegen. Doch dann werden die Wellen immer höher, das Geschrei immer lauter. Der beste Platz ist bei der grossen Treppe. Dort peitschen die künstlich erzeugten Wellen am heftigsten. In der Ka-We-De – wie das Bad in Bern genannt wird – gibt es noch andere abenteuerliche Plätzchen: auf der Rutschbahn, beim Volley-Feld oder dem Sprungturm. Auch im Winter ist hier was los. Das riesige Wasserbecken wird zur Schlittschuhbahn – ohne Wellen natürlich.

Wo? Bus 19 bis Ka-We-De.
Wann? Freibad: Juni–August täglich 9–20, Mai und September nur bis 18 Uhr, Wellen im Halbstundentakt von 11 bis 18.30 Uhr. Eisbahn: Oktober–März 9–21 Uhr.
Wieviel? Bad: Erwachsene Fr. 4.50, Kinder 2.30, Eisbahn: Erwachsene 6.–, Kinder 2.80, Schlittschuhmiete 6.–.

Steinmetz-Humor
Die meisten Touristen bewundern am Berner Münster das Jüngste Gericht über dem Portal oder die 344 Stufen höher gelegene Aussicht. Nur wenige wandern bis zum untersten Pfeiler an der Münstergasse. Dort steht in alter Schrift «Machs na». Oder auf der Plattformseite über dem zweiten grossen Fenster äugt scheel der «Läck mer!» herunter, ein ehemaliger Wasserspeier, der uns seinen Allerwertesten entgegenstreckt. Den Steinmetzen im 15. Jahrhundert mangelte es offensichtlich nicht an Humor, auch der derberen Art.

18 Berns beste Adressen
Info, Kindertheater Schlachthaus, Spielen in Bern

Viele Anlässe und Attraktionen für Kinder und Familien sind nicht das ganze Jahr zugänglich. Wer einen Aufenthalt in Bern plant, erhält bei den untenstehenden Adressen spezifische Informationen:

Info, Informationsstelle für Jugendfragen, Predigergasse 4a, 3011 Bern, 031 321 60 42, www.bern.ch oder www.fäger.ch. Gibt Auskunft, was wann wo läuft für Kinder und Jugendliche. Organisiert den «Fäger», die Berner Ferien- und Freizeitaktion. Weiss über den Berner Kinderstadtplan Bescheid. Kennt die Adressen der betreuten Kinderspielplätze und Kindertreffs.

Schlachthaus, Kinder- und Jugendtheater, Rathausgasse 20, 3011 Bern, 031 312 96 47, www.schlachthaus.ch. Regelmässige Gastspiele und Eigenproduktionen von zeitgenössischem Kinder- und Jugendtheater und aussergewöhnliche Animationsveranstaltungen. Im «Klub» können Kinder selber Theater spielen. Programmanfrage lohnt sich.

Spielen in Bern, Übersicht über die (teilweise betreuten) Spielplätze: www.spieleninbern.ch oder in den Tageszeitungen unter Veranstaltungen.

Kids willkommen!

Wo essen?

Brasserie Obstberg, Bantigerstrasse 18, 031 352 04 40. Gemütliches Restaurant in ruhigem Quartier. Gartensitzplatz. Bus 12 bis Endstation plus 5 Min. zu Fuss. Sonntags geschlossen.

La Soupe, Belpstrasse 67 (Eigerplatz) oder Rathausgasse 23, www.lasoupe.com. Suppen mit Brot für Fr. 8.– bis 14.–, Junior-Bowl bis 7 Jahre 5.–. Nur mittags.

Altes Tramdepot, Brauerei-Restaurant, Grosser Muristalden 6, 3006 Bern, 031 368 14 15. Bus 12 bis Bärengraben. Günstige Kindermenüs mit Menükarte zum Ausmalen. Die Eltern schätzen die frisch gebrauten Biere. Täglich 11–00.30 Uhr.

Restaurant Dampfzentrale, Marzilistrasse 47, 3005 Bern, 031 312 33 00. Direkt an der Aare gelegen, samt Hühnerhof und Spielecke. Mo–Fr 11.30–00.30, Sa 18–00.30, So 11–00.30 Uhr, im Winter dienstags geschlossen.

Vatter, Restaurant-Café, Bärenplatz 2, 3011 Bern, 031 313 11 21. Über Berns biologischem Supermarkt wird auch gekocht. Logisch biologisch. Grosses Buffet am Mittag. Mo–Sa 8–23 Uhr.

O'bolles, Bollwerk 35, 3011 Bern, 031 318 35 45. Zu Fuss oder mit Bus 11, 20 oder 21 bis Bollwerk. Auch hier gibt's biologische Köstlichkeiten. Jeden letzten Samstag im Monat wird afrikanisch gekocht. Reservation dringend empfohlen. Mo–Mi 8.30–23.30, Do 8.30–00.30, Sa 9.30–00.30 Uhr.

Wo schlafen?

Backpackers Bern, Hotel Glocke, Rathausgasse 75, 031 311 37 71, www.bernbackpackers.com. Budget-Hotel mit Mehrbettzimmern mitten im Stadtzentrum. 4-Bett-Zimmer Fr. 116.–, inkl. Küchenbenützung, Bettwäsche.

> Bern/Freiburg: Die Bundesstadt

Hotel Landhaus, Altenbergstrasse 4–6, 3013 Bern, 031 331 41 66. Bus 12 bis Bärengraben. Backpacker-Hotel für Rucksacktouristinnen und -touristen. Übernachtung ab Fr. 30.–, Viererzimmer für Familien Fr. 180.– bzw. Fr. 200.–, je nach Komfort.

Jugendherberge, Weihergasse 4, 3005 Bern, 031 311 63 16, www.jugibern.ch. Ein Bett an der Aare … Eincheckzeiten: Im Sommer (Juni–August) 15–18 und 18.30–24 Uhr. Im Winter 17–18 und 18.30–24 Uhr. Familienzimmer Mitglied Fr. 30.–, Kinder bis 2 Jahre gratis, von 2 bis 6 Jahre die Hälfte. Reservation empfohlen.

Camping Eichholz, Strandweg 49, 3084 Wabern, 031 961 26 02, www.campingeichholz.ch. Tram 9 bis Endstation Wabern, dann zu Fuss an die Aare. 3,5 km südöstlich vom Stadtzentrum. Geöffnet Mai–September. Limitierte Anzahl Bungalowzimmer ohne Bettwäsche. Vierbettzimmer Fr. 22.– pro Person.

── Dauerbrenner ──

Wochenmärkte. Was wäre Bern ohne seinen «Märit». Warenmarkt: Waisenhausplatz Di/Sa. Gemüse-, Früchte- und Blumenmarkt: Bundes- und Bärenplatz, Di/Sa Vormittag. Fleischmarkt: Münstergasse, Di/Sa Vormittag. Flohmarkt: Mühleplatz, Mai–Okt. jeweils dritter Samstag.

Zibelemärit, Tausende von Zwiebeln und ebenso viele Menschen sind in der Stadt. Jeweils am dritten Montag im November von 5 Uhr bis 24 Uhr. Kinder ab 7 Jahren.

Paternoster-Lift, Vaucher AG, Marktgasse 27, 031 311 22 34. Tram bis Bärenplatz oder zu Fuss. Dieser Lift ohne Türen und Stopp ist in der Schweiz einmalig. Zugänglich während der Ladenöffnungszeiten. Ab 5 Jahren.

Bärengraben, Grosser Muristalden, 031 357 15 15. Ein Besuch bei Berns tierischster Wohngemeinschaft gehört zum Pflichtprogramm. Bus 12 bis Bärengraben. Täglich geöffnet: April–September 9–18, Oktober–März 9–16 Uhr. Alle Altersstufen.

Brunnen vor dem Kursaal, Kornhausstrasse 3, 3013 Bern, 031 339 55 00. Eine sechs Tonnen (6000 Kilo) schwere Kugel aus indischem Granit bewegt sich wie von Geisterhand auf einer durch den normalen Wasserdruck gebildeten dünnen Wasserschicht.

Tramfahren, Bernmobil, Eigerplatz 3, 031 321 88 88, www.bernmobil.ch. Eine Tageskarte für die Zonen 10 und 20 des «Bäreabis» (Region Bern) Fr. 9.–. Visitor's Cards nur Bernmobil-Netz für 24 Std. 7.–, 48 Std. 11.– und 72 Std. 15.–. Kinder und Jugendliche bis 16 in Begleitung Erwachsener mit Juniorkarte der SBB gratis.

☺ **Small World,** Kinderhütedienst, Amthausgasse 22, 3011 Bern, 031 311 28 11. Hüten von Zwei- bis Achtjährigen: Mo–Fr 9–19, Do 9–20, Sa 11–16 Uhr. Fr. 8.– pro Stunde, max. 3 Stunden; Babys bis 2 Jahre: Mo/Mi/Fr 9–14 Uhr. Fr. 16.– pro Stunde, max. 2 Stunden.

☺ **Kindertreff,** Chinderchübu, Kapellenstrasse 22, 3011 Bern, 031 382 05 10, Tram 3/5 bis Kocherpark, Winter: Mi–Sa 13.30–17.30 Uhr. Sommer: Mi–Fr 13.30–17.30 Uhr. Betreuter offener Spielbetrieb und teilweise Spezialprogramm. Fr. 1.– pro Kind und Nachmittag. Ab 7 Jahren.

PicoBollo-Laden und Gumpesel, Spielzeugrecycling-Werkstatt, Bollwerk 35, 3011 Bern, 031 312 97 63. Bus 11, 12 oder 21 bis Bollwerk. Verkauf von aufgefrischten oder zu neuem Spielzeug verarbeiteten Second-hand-Spielsachen und originellem Schmuck aus alten Veloteilen. Spielzeug-Reparaturservice.
Marzilibad, Marzilistrasse 29, 031 311 00 46, www.marzili.ch. Vom Bahnhof zu Fuss zur Bundesterrasse, dort mit dem Marzilibähnli hinunter zur Aare, weitere 5 Min. zu Fuss der Aare entlang flussaufwärts. Ende April–Anfang September: Mo–Fr 8.30–20, Sa/So 8.30–19 Uhr, bei schlechtem Wetter bis 18 Uhr. Diverse Plansch- und Schwimmbecken, Zugang zur Aare für geübte Schwimmer/innen. Eintritt frei.

Spielen und Lesen, Buchhandlung Jäggi im Warenhaus Loeb, 2. UG, Spitalgasse 47–51, 031 320 20 20. Kinderspielplatz, Café und Internetstationen inmitten der Bücherwelt.
Drahtseilbahn Marzili–Stadt Bern, 031 311 00 44, 6.30–21 Uhr. Eine Fahrt Erwachsene und Kinder ab 6 Jahren Fr. 1.10, «Bäreabi» und SBB-GA gültig.
DracheNäscht 031 311 26 57, Weltladen 031 311 62 32, Comics-Chäller 031 312 52 02, Rathausgasse 52, 3011 Bern. Bus 12 oder Tram 9 bis Zytglogge. Der Spielladen mit dem einzigartigen Sortiment sowie Spiele zum Ausprobieren, Berns grösste Comics-Auswahl und der Weltladen mit Fair-trade-Produkten aus aller Welt – alles unter einem Dach.

Bern/Freiburg: Die Bundesstadt

Bern/Freiburg: Region Bern

1. Spielberg
   Gurten-Park im Grünen, Wabern
2. Hoch zu Ross
   Ponyreiten, Köniz
3. Mickey Mouse in der Badi
   Badi Weiermatt, Köniz
4. Den Turm vor Augen
   Wanderung auf den Ulmizberg
5. Freie Sicht auf die Alpen
   Flugplatz Belpmoos
6. Von wegen schrottreif
   Oldtimer-Galerie, Toffen
7. Spazieren, sehen, wissen...
   Längenberger Bauernpfad
8. Durch den Schnee stapfen
   Schneeschuhwandern, Gurnigel
9. Zwanzig Meter Nagelfluh
   Aussichtspunkt Guggershörnli
10. Wie die Kelten hausen
    Keltenhaus, Guggisberg
11. Zita bewacht Gaja
    Gnomengarten, Schwarzenburg
12. Velostau am Stausee
    Rund um den Wohlensee
13. Mini-Golf, Maxi-Champions
    Mini-/Multigolf, Frauenkappelen
14. Ausflug ins «älteste Bern»
    Engehalbinsel
15. Keuchen wie eine Lok
    Schienenvelofahren, Laupen
16. Die Fun-Box rollt – Inlineskaten/
    Rollbrettfahren, Ittigen
17. Natur pur
    Naturlehrpfad, Zollikofen
18. O sole mio
    Solebad, Schönbühl

Bahn | Hotel | Kunsth. | Museum | Natur | Restaur. | Schiff | Sehensw. | Shopping | Spielen | Sport | Theater | Tiere | Wandern

© Hallwag Kümmerly + Frey AG, Schönbühl-Bern

Zeitreisen

Hausen wie die Kelten, baden wie die Römer oder Auto fahren wie zu Beginn des 20. Jahrhunderts. Rund um Bern warten verschiedene Zeitreisen in die nähere und weitere Vergangenheit zu fremden, längst vergangenen Kulturen. Wer sich auf eine Begegnung mit Gnomen einlässt, der wird mitgenommen in eine Phantasiewelt, wo skurrile Figuren mit wohlklingenden Namen Besuchende in ihren Bann ziehen. Eine Reise zu neuen Horizonten ist vom internationalen Flughafen Belpmoos möglich. Hier heisst es abheben und die Seele baumeln lassen. Wer den Boden unter den Füssen nicht verlieren und trotzdem Höhenflüge unternehmen möchte, der sollte sich einen Ausflug auf den Spielberg Gurten oder den Ulmizberg nicht entgehen lassen.

Annette Fuhrer-Strebel und Karl Johannes Rechsteiner

1 Spielberg
Gurten-Park im Grünen, Gurten-Kulm,
3084 Wabern, 031 970 33 33,
www.gurtenpark.ch

Bern/Freiburg: Region Bern

Nein, nicht der Hollywood-Regisseur ist gemeint, sondern der Berner Hausberg. Auf dem Spielplatz wartet neben der Mini-Eisenbahn eine Holzburg mit Rutschbahn und Kletternetz, ein Sandkasten und vieles mehr auf Gross und Klein. Auf der Wiese lässt sich tschutten, Frisbee spielen, Drachen steigen oder einfach faulenzen. Wer sich auf dem 22 Meter hohen Aussichtspunkt auf die Zehenspitzen stellt, erhascht vielleicht einen Blick aufs Mittelmeer... Im Restaurant Tapis Rouge gibt es allerlei Leckeres zu fairen Preisen und ein Spielzimmer für Familien. Das ganze Jahr hindurch organisiert ein Betreuerteam ein vielfältiges Kinderprogramm mit Theater, Musik und Geschichtenerzählen. Im Winter ist der Gurten ein Schlittelparadies. Schlitten können gemietet werden.

Wie? Tram 9 Richtung Wabern bis Gurtenbahn. Weiter mit der Gurtenbahn oder zu Fuss.
Wann? Ganzjährig.
Wieviel? Retourfahrt Erwachsene Fr. 4.50 (mit Halbtax), Kinder mit Juniorkarte gratis.
Alter? Alle Altersstufen.

2 Hoch zu Ross
Ponyreiten, Reitschule Eldorado,
Köniztalstrasse 23, 3098 Köniz,
031 971 48 40

Was Lia Cindy beim Abschied ins Ohr geflüstert hat, bleibt ein Rätsel. Auf jeden Fall haben sich die beiden ins Herz geschlossen und sind in den letzten zwei Stunden ein unzertrennliches Paar geworden. Lia holte Cindy im Stall ab und bereitete das Pony für den Ausritt vor. Danach ging es eine Stunde über Stock und Stein. Natürlich gehörte die Pflege Cindys nach dem gemütlichen Spaziergang auch zu Lias Aufgaben. Halfter und Sattel ablegen, Cindy kämmen, füttern und natürlich streicheln. Kein Wunder, schwärmt Lia noch lange von dieser Begegnung.

Wo? Bus 10 bis Haltestelle Sandwürfi/Friedhof. Zu Fuss 10 Min. Richtung Gurtentäli.
Wann? Ponyausritte: Mo, Do, So 13.30 Uhr (Voranmeldung nötig). Pferdeausritt (nur für Fortgeschrittene): So 10 Uhr (Voranmeldung nötig).
Wieviel? Ponyreiten Fr. 20.–. Pferdereiten Erwachsene 32.50, Kinder 29.50.
Dauer? 1–2 Stunden.
Alter? Ponyreiten 4–6 Jahren, Pferdereiten ab 7 Jahren.

3 Mickey Mouse in der Badi
Badi Weiermatt, Dorfbachstrasse 21,
3098 Köniz, 031 971 55 80

Wenn Simon sagen müsste, was ihm in der Badi Köniz am besten gefällt, würde es schwierig: Ist es die 64 Meter lange Superrutschbahn oder etwa der Pflotschbereich beim Sandkasten? Nein, doch eher der famose Wasserfall im Kinderbecken. Aber halt, der 10 Meter hohe

Sprungturm ist auch nicht ohne ... Und dann gibt es da ja noch eine riesige Spielwiese mit Federballnetzen, Beachvolley-Feldern, Bocciabahn, Töggelikasten, Mühle- und Schachspiel und anderem mehr. Keine Frage, dass es auch den Comicfiguren des Bieler Künstlers M. S. Bastian, welche als Windspiele die Liegefläche beleben, pudelwohl ist in dieser lebendigen Umgebung. «Die Pommes frites im Restaurant sind die besten von ganz Bern», meint Simon schliesslich.

Wie? Bus 10 bis Köniz Schloss und dann dem Geschrei nach.
Wann? Mai–Mitte Juni sowie Mitte August–September 9–19, Mitte Juni–Mitte August 8.30–20.30 Uhr.
Wieviel? Erwachsene Fr. 5.–, Kinder bis Schuleintritt gratis, ansonsten Fr. 2.–.
Alter? Alle Altersstufen.

4   Den Turm vor Augen
Ulmizberg

Der Fernmeldeturm auf dem Ulmizberg ist von weitem gut zu sehen. Auch von nah wirkt die hohe Konstruktion imposant. Der Weg dorthin beginnt mit der Fahrt mit Bernmobil nach Köniz Friedhof/Sandwürfi. Von dort führt die Wanderung zuerst zur Reitschule Eldorado (siehe Tipp 2). Der Weg steigt danach durch den Solrütiwald, durch eine sogenannte Hohle und einen Holzweg bis unter die Gipfelkuppe. Von der Aussichtsplattform auf dem Ulmizberg schweift der Blick weit in die Runde. Die restliche Strecke ist gut markiert: Oberulmiz, Kühlewil, Chüeliwilwald, Schulhaus Unter Wald, Zimmerwald – von da an geht's stets bergab bis nach Toffen zur Bähnli- oder Postautohaltestelle.

Wie? Wanderung von Köniz bis Toffen.
Dauer? Ca. 4 Stunden.
Alter? Ab 6 Jahren.

5   Freie Sicht auf die Alpen
Flugplatz Belpmoos, Alpar AG, 3123 Belp, 031 960 22 22, www.alp-air.ch

«Irgendeinisch gahn'i o. Bälpmoos, Bälpmoos – schpick mi furt vo hie», singt die Berner Mundart-Rockgruppe Patent Ochsner in ihrem Lied «Bälpmoos». Wer wirklich gehen will, der muss tief ins Portemonnaie langen. Der Rundflug unter dem Motto «Lufttaufe» von etwa 20 Minuten kostet 75 Franken und der teuerste Flug – rund ums Matterhorn in anderthalb Stunden – hat einen Preis von bereits 275 Franken. Kinder unter 12 Jahren bezahlen nur die Hälfte. Fensterplätze sind garantiert. Bei gutem Flugwetter geht's täglich in die Luft. Ein Erlebnis ist natürlich auch schon das Zuschauen beim Starten und Landen, bevor es dann zur Abkühlung ins Giessenbad geht (siehe Dauerbrenner).

Wie? Bus Tangento oder Airliner ab Bahnhof Belp. Reservation der Rundflüge erforderlich.
Alter? Ab 4 Jahren.

Chäs u Brot
Wer denkt bei «Chäs u Brot» nicht unweigerlich an einen gedeckten Frühstückstisch? «Anke u Gomfi» dürfen dabei genausowenig fehlen wie der duftende «Miuchkafi» oder die «heissi Schoggi». Zwischen Nieder- und Oberbottigen, in der Gemeinde Bern, gibt es aber auch eine Ortschaft namens Chäs u Brot. Dort haben die Berner 1339 auf dem Zug in die Schlacht bei Laupen ihr letztes Mahl zu sich genommen – Chäs u Brot eben.

6 Von wegen schrottreif

Oldtimer-Galerie, Gürbestrasse 1,
3125 Toffen, 031 819 61 61,
www.oldtimergalerie.ch

Bern/Freiburg: Region Bern

In Toffen wäre der Eisenplastiker Luginbühl an der falschen Adresse, um neues Rohmaterial für seine Kunstwerke zu suchen (siehe Tipp 14, Emmental-Oberaargau). Die ausgestellten Autos sind nämlich ziemlich teuer und vor allem noch fahrtüchtig. Von der Harley-Davidson bis zu Kindertretautos aus den fünfziger und sechziger Jahren zeigt die Ausstellung klassische Fahrzeuge, Oldtimer, Modellautos und Kühlerfiguren. Wer sich unsterblich in ein Exponat verliebt, kann es selbstverständlich gegen ein entsprechendes Entgelt erwerben. Für alle anderen gilt «Anfassen erlaubt, Rumfahren verboten». Musikfans erfreuen sich an der umfangreichen Jukebox-Sammlung. Münz nicht vergessen! Im Restaurant gibt es halbe Menüportionen für Kinder sowie einen Spielplatz.

Wie? Ab Bern oder Thun mit der S-Bahn bis Toffen, 200 m zu Fuss.
Wann? Di–Sa 10–18, So 13–17 Uhr.
Wieviel? Erwachsene Fr. 6.–, Kinder gratis.
Alter? Nicht nur für Oldtimer.

7 Spazieren, sehen, wissen ...

Längenberger Bauernpfad, R. und P. Hänni, Äusserdörfli,
3087 Niedermuhlern, 031 819 10 00

Der Längenberg westlich des Gürbetals ist eine Reise wert. Dank verschiedenen Postautolinien bequem erreichbar, verfügt der längliche Hügelzug über viele Spazier- und Wanderwege. Mehrere markante Aussichtspunkte können ohne grosse Anstrengung erreicht werden. Der Längenberger Bauernpfad, eine etwa zweistündige Rundwanderung bei Niedermuhlern, bietet nicht nur eine einzigartige Sicht auf das Gürbetal, den Thunersee und die Alpen, sondern vermittelt anhand von Schautafeln Wissenswertes über den Bauernstand, die Landwirtschaft und die Ökologie.

Wie? Postautokurs Bern–Riggisberg bis Niedermuhlern Käserei. In Fahrtrichtung 3 Min. zu Fuss, dann links (Prospekt über 031 819 10 00 oder beim Start).
Dauer? Rund 2 Stunden.
Wieviel? Gratis.
Alter? Alle Altersstufen.

8 Durch den Schnee stapfen

Schneeschuhmiete, Restaurant Berghaus Gurnigel, Passhöhe,
3099 Rüti, 031 809 04 30

Die Sonne spiegelt sich in den Schneekristallen, klirrende Kälte herrscht, ein Schneehase spurtet in grossen Sätzen davon ... Mit Schneeschuhen die frisch verschneite Landschaft abseits aller Wege, Pisten und Loipen entdecken ist gar nicht so schwierig. Für das Wandern mit Schneeschuhen braucht es keine spezielle Technik, es ist die normale Bewegung des Gehens. Im Restaurant Berghaus Gurnigel können Schneeschuhe für Kinder und Erwachsene einen halben oder ganzen Tag gemietet werden, Routenberatung inbegriffen. Auch geführte Tageswanderungen, Vollmondspaziergänge oder mehrtägige Trekkings können gebucht werden.

Wie? Mit dem Postauto ab Bern Hauptbahnhof bis Gurnigel Berghaus.
Wieviel? Schneeschuhmiete Kinder/Erwachsene halber Tag Fr. 15.–, ganzer Tag 20.–.
Buchen? Geführte Wanderungen/Trekkings: Wintersport Gantrisch, Jörg Wüthrich, Bergführer, 079 304 66 92, www.berg-event.ch.
Alter? Ab 10 Jahren.

9 Zwanzig Meter Nagelfluh
Aussichtspunkt Guggershörnli, 3158 Guggisberg.

Wie ein «abverheiter Gugelhopf» ragt der nackte, 20 Meter senkrecht aufsteigende Nagelfluhfels des Guggershorns aus dem bewaldeten Hügel. Über eine solide Holztreppe gelangt man zur Aussichtsplattform, von der man das ganze Mittelland bis zum Jura überblickt. Im Süden zieht sich die Alpenkette vom Stockhorn bis zur La Berra. Am einfachsten erreichen Familien das Guggershörnli in einem halbstündigen Spaziergang ab Guggisberg. Der Aussichts- kann aber auch als Höhepunkt im wörtlichsten Sinne in eine grössere Wanderung eingebaut werden. Routenbeschreibungen gibt's in verschiedenen von den Berner Wanderwegen herausgegebenen Wanderführern aus dem Verlag Kümmerli+Frey.

Wie? Postauto ab Schwarzenburg bis Guggisberg Post, dann zu Fuss 30 Min.
Alter? Ab 8 Jahren.

10 Wie die Kelten hausen
Keltenhaus, Fehlistutz, Hirschmatt, 3158 Guggisberg, 031 735 50 76, www.guggisberg.ch/tourismus

> Bern/Freiburg: Region Bern

Die Vorfahren der Helvetier lebten in Rundhäusern. Als experimenteller Bau entstand in Hirschmatt auf private Initiative die einzige Rekonstruktion eines solchen Keltenhauses auf dem europäischen Festland. Ausschliesslich aus natürlichem Material gebaut, steht das Haus mitten in einem neu gepflanzten keltischen Baumkreis. Schafweiden, Hecken und ein Labyrinth zeigen, dass die heutigen Bewohnerinnen und Bewohner des Fehlistutzes möglichst im Einklang mit der Natur leben. Wohl darum wirkt das Keltenhaus nicht wie ein Freilichtmuseum, sondern macht die Kräfte einer alten Kultur spürbar. Besuchende sind gebeten, den nötigen Respekt dafür aufzubringen.

Wie? Dreimal täglich fährt ein Postauto von Guggisberg nach Hirschmatt. Ab Hirschmatt zu Fuss Richtung Zollhaus/Riedacker, nach ca. 250 Metern zweigt links der Wanderweg ab. Der nächste Weg (Privatstrasse) links führt zum Keltenhaus (keine Parkplätze in der Nähe, in Hirschmatt parkieren). Lässt sich gut in eine kleine Wanderung ab Guggisberg einbauen und eventuell mit Tipp 9 kombinieren.
Alter? Ab 8 Jahren.

11 Zita bewacht Gaja

Gnomengarten, Milkenstrasse 18,
3150 Schwarzenburg, 031 731 21 60

12 Velostau am Stausee

Wohlensee, Velovermietung
Hauptbahnhof Bern, 051 220 23 74

Nano, Zyriakus oder Morpheus – skurrile Gnome mit wohlklingenden Namen, geschaffen aus Beton, überwachsen mit Flechten und ausgestattet mit Accessoires oder Geräuschkulissen, warten auf kleine und grosse Besucher. So auch der schnelle Brüter, aus dessen Augen Brutlampen leuchten, während er über dem Nachwuchs brütet. Oder Zita, die begleitet von mystischem Stimmengemurmel Wasser in ihren Bauch fliessen lässt und dabei über Gajas Sinnesraum wacht. Entspannen, die Welt mit Kinderaugen sehen und der Phantasie freien Lauf lassen, so lautet hier die Devise.

Wo? Vom Bahnhof Schwarzenburg 5 Min. zu Fuss Richtung Riffenmatt.
Wann? Wochenenden 2004: 5./6. und 19./20. Juni, 3./4. und 17./18. Juli, 7./8. und 21./22. August, 4./5. September und 2./3. Oktober jeweils von 14 bis 17 Uhr.
Telefonisch anfragen.
Wieviel? Erwachsene Fr. 10.–, Kinder gratis.
Alter? Ab 5 Jahren.

Zwar fährt ein Postauto, und die Fusswege sind gemütlich, doch am schönsten ist der Wohlensee per Fahrrad. Die Aare wurde hier vor siebzig Jahren aufgestaut und bildet nun ein Paradies für Vögel, Fledermäuse und Sportfans. Brätlen an bezeichneten Plätzen ist ebenfalls eine verlockende Aussicht (Picknick unbedingt mitnehmen, da es keine Einkaufsmöglichkeit gibt). Von der Stadt Bern geht's durch den Bremgartenwald («Bremer») auf rot beschildertem Veloweg Richtung Aarberg, beim Camping Eymatt vorbei über die Kappelenbrücke. Nach dem Kreisvortritt in Hinterkappelen führt die Strasse ans Ufer. Locker geht es um den See und anschliessend über eine langgezogene Steigung via Buttenried und Riedbach retour in die Berner Länggasse.

Wie? Velomiete im Berner Hauptbahnhof bei der Gepäckaufgabe. Reservation erforderlich.
Wieviel? Velomiete pro Tag Fr. 30.–, Halbtax-Abo/Kindervelo 25.–, Kindersitz gratis.
Alter? Mit Velositzli alle Altersstufen.

13 Mini-Golf, Maxi-Champions

Mini-/Multigolf Heggidorn,
3202 Frauenkappelen,
079 348 93 61,
http://minigolf.gelbeseiten.ch

Lorenz hat heute Geburtstag und darf deshalb gratis spielen. Er entscheidet sich nicht für die normale Minigolfanlage mit 15 Bahnen, sondern für die Multigolfanlage mit 14 Bahnen. Jede Bahn hat mehrere Löcher, die unterschiedlich viele Punkte eintragen. Pro Bahn dürfen alle dreimal schlagen. Beim ersten Schlag zählen die Punkte voll, beim zweiten halb und beim dritten nur noch einen Drittel. Das Rechnen überlässt Lorenz seiner älteren Schwester, obschon es keine Hexerei ist. Nach der Partie werden die Champions und das Geburtstagskind im Gartenbeizli ausgiebig gefeiert, und auf dem Spielplatz geht die Post nochmals so richtig ab...

Wo? Bus Bern–Mühleberg bis Station Heggidorn.
Wann? März/April–Ende Oktober. Täglich, je nach Witterung.
Wieviel? Kinder bis 4 Jahre gratis (Minischläger vorhanden), Kinder 5–14 Jahre Fr. 3.–, Erwachsene 5.–.
Alter? Ab 4 Jahren.

14 Ausflug ins «älteste Bern»

Engehalbinsel, Rest. Zehndermätteli,
031 301 54 47, 3004 Bern

Der Einstieg in die archäologische Rundwanderung zum alten Bern beginnt bei der Matthäuskirche nahe der RBS-Haltestelle Tiefenau. In Vitrinen sind Ausgrabungsfunde zu sehen. Weiter geht's durch den lauschigen Wald zu keltischen und römischen Siedlungsspuren und Befestigungswällen sowie zu den Ruinen des römischen Bades. Der Ausflug sollte bei der Gartenwirtschaft «Zehndermätteli» enden. Dort gibt es verschiedene Sirup- oder Glacesorten und viel (Spiel-)Platz zum Rumtollen. Zurück zur modernen City geht es mit der Fähre und mit dem Bremgartenbus ab Station Schloss.

Wie? Hauptbahnhof bis RBS-Haltestelle Tiefenau.
Was? Beim Archäologischen Dienst des Kantons Bern (031 633 55 22) ist ein Faltprospekt zur Engehalbinsel erhältlich.
Wann? Die Fähre sowie das Restaurant Zehndermätteli (031 301 54 47) sind nur in den Sommermonaten und nur tagsüber in Betrieb bzw. geöffnet.
Alter? Alle Altersstufen.

Bern/Freiburg: Region Bern

Schnelle Boliden

Lancia Delta S4 oder Martini Mk 77 BMW – was wie eine Buchstabensammlung tönt, lässt die Herzen der Rennsportfans höher schlagen. Solche und andere Boliden fahren jedes Jahr im September das Gurnigel-Bergrennen. Eine Höchstleistung für Autos und Piloten. Denn die Kurven sind eng und auf der 3753 Meter langen Strecke müssen 314 Meter Höhendifferenz mit einer maximalen Steigung von 12,6 Prozent zurückgelegt werden. Gestartet wird in verschiedenen Kategorien. Übrigens: Das Rennen gibt es mit Unterbrüchen schon seit 1919. Damals benötigte der Sieger nur drei Minuten und fünfzig Sekunden länger als heute.

15 Keuchen wie eine Lok
Schienenvelofahren, 3177 Laupen, 031 748 08 85, www.schienenvelo.ch

Sarah und Benjamin haben es sich auf ihrem «Bänkli» gemütlich gemacht. Sie kommentieren die vorbeifahrende Landschaft und finden es lustig, Mami und Papi beim Schwitzen zu beobachten. Die treten ganz schön in die Pedalen. Wenigstens müssen sie sich nicht um den Weg kümmern. Den geben die Schienen dem Schienenvelo vor: von Laupen nach Gümmenen zum Wendeplatz und wieder retour. Beim Brätliplatz auf dem Rückweg kümmern sich Sarah und Benjamin dafür ums Feuer und ums Picknick, während die Eltern neue Kraft tanken.

Wie? Reservation des Schienenvelos mindestens 2 Tage im voraus.
Strecke: Laupen-Schienenvelodepot bis Gümmenen und retour.
Wann? April–Oktober, nur auf Reservation.
Dauer? Fahrt 1½ Std.
Wieviel? 2 Std. Fr. 75.–, 3 Std. Fr. 90.– pro Schienenvelo.
Alter? Ab 5 Jahren.

16 Die Fun-Box rollt
Inlineskaten und Rollbrettfahren beim Oberstufenzentrum, Rain 5, 3063 Ittigen, Auskunft: Jugendarbeit, Grauholzstr. 3, 3063 Ittigen, 031 921 71 83.

Eine Snöber-Kappe, ein cooler Blick und eine luftige Hose gehören zur Show der Rollbrettfahrer und Inlineskater. Sie üben Royal, Rocket Soul, Over Acid oder Lipstick – heisse Fahrnummern, die manchmal weniger spektakulär wirken, als ihre Bezeichnungen tönen. Aber immer steckt viel Training dahinter, zum Beispiel in der Funbox, bei anderen Hindernissen oder in den Halfpipes. Noch sind die Anlagen rar gesät, deshalb freut sich die Jugendarbeit in Ittigen über ihre vielbeachtete Einrichtung.

Wie? RBS Bus «P» (Breitenrainplatz–Papiermühle–Kappelisacker) bis Äspiz oder RBS-Vorortsbahn bis Papiermühle, dann 7 Minuten zu Fuss der Grauholzstrasse entlang.
Was? Frei zugängliche Anlage für Inlineskater und Rollbrettfahrer.
Alter? Ab 10 Jahren.

17 Natur pur
Naturlehrpfad, 3052 Zollikofen

Wenige Bähnliminuten von der Berner City entfernt lässt sich auf kinderwagengerechten Wegen ein Waldspaziergang mit Wissen verbinden. Heckenkirche, Mostbirnenbaum, Weissdorn, Ahorn sowie andere Bäume und Sträucher sind auf Infotafeln beschrieben und in natura zu sehen. Bei der RBS-Haltestelle Steinibach führt eine Treppe auf den Naturlehrpfad, der unter der Bernstrasse durch der Aare entlang geht. Vorbei an vielen lauschigen Plätzchen, Grillstellen, einem Biotop mit Enten und der Reichenbachfähre führt der Weg in den kühlen Auenwald. Wer nicht wieder zurück nach Steinibach will, der verlässt den Wald beim Lüfternweg und fährt von der RBS-Haltestelle Unterzollikofen wieder zurück nach Bern.

Wie? Beschilderter Naturlehrpfad von der RBS-Haltestelle Steinibach der Aare entlang und in einer Schlaufe durch den Auenwald.
Dauer? Mindestens 2 Std.
Alter? Alle Altersstufen.

18 O sole mio
Solbad, 3322 Schönbühl,
031 859 34 34, www.solbad.ch

Das Tragen von Badehauben ist obligatorisch! Nicht ins Bassin springen! Im Solbad ist Ruhe oberstes Gebot! Wer sich durch die drakonische Badeordnung nicht abschrecken lässt, den erwarten zwei schöne Stunden im grössten Natursolebad der Schweiz. Auf über 660 m² Wasserlandschaft locken ein Natursole-Hallenbad, zwei Natursole-Freibäder, 36 Unterwasser-Massagedüsen, zwei Fontänen, ein Wasserpilz, diverse Sprudelpools und die Sauerstoff-Liegebank. Mit einer maximalen Beckentiefe von 1,5 m fühlen sich auch Kinder und Nichtschwimmer pudelwohl. Der aufsteigende Dampf und die verschneite Landschaft machen einen Besuch im Winter zum besonderen Erlebnis. Restaurant, Physiotherapie, Massage, Solarium und Saunapark runden das Angebot ab.

Wie? RBS-Bähnli ab Hauptbahnhof Bern bis Schönbühl, zu Fuss 5 Min.
Wann? Täglich 8–22 Uhr.
Wieviel? Erwachsene Fr. 26.–, Kinder 19.–. Badekappen 1.– oder 3.–.
Alter? Ab 6 Jahren.

Kids willkommen!

Wo essen?
Chrüter-Oski's Moospinte, 3053 Münchenbuchsee, 031 869 01 13, www.moospinte.ch. So/Mo Ruhetag. Zugegeben, ein Besuch bei Chrüter-Oski ist nicht gerade billig. Aber dafür gibt es exotische Leckereien wie Rosenblütenglace, die alte und junge Gourmets begeistern. Lauschiger Garten mit Kräuterabteilung und Spielplatz.

Restaurant Bütschelegg, 3088 Oberbütschel, 031 809 03 24. Jeweils Mi ab 17 bis Fr 11 Uhr geschlossen. Bekanntes Ausflugsrestaurant mit Spielplatz und Zwergziegen. Aussichtspunkt Bütschelegg mit einmaligem Panoramablick vom Jura bis in die nahen Alpen.

Café-Restaurant Caroline, Graben, 3154 Rüschegg-Heubach, 031 738 86 21. An der Strasse von Rüschegg-Graben nach Rüschegg-Gambach liegt etwas ausserhalb Rüschegg-Graben das kleine Kinderparadies mit grossem Spielplatz, Kindereisenbahn, Elektroautos, Wasserspielen, Dreiradbahn und Minigolf. Mo/Di geschlossen, Mi–Fr nur Nachmittag, Sa/So ganzer Tag offen.

Restaurant Schwarzwasserbrücke, 3147 Mittelhäusern, 031 731 02 02. Restaurant mit Spiel-, Tier-, Gewürz-, Rosengarten und Spielecke. Erlebnisgastronomie für Klein und Gross. Eigene Bahnhaltestelle auf der Linie Bern–Schwarzenburg. Mo/Di geschlossen.

Fähri-Beizli, Elfenau, 3074 Muri b. Bern, 031 951 05 52. Kleines Restaurant an der Aare mit Mini-Tierpark und Spielplatz. Mai–August täglich geöffnet, Januar/Februar geschlossen, übrige Monate Mi/Do geschlossen.

Wo schlafen?
Bed & Breakfast, Ulrich und Elisabeth Leibundgut, Bodengasse 22A, 3076 Worb, 031 839 39 07. Fr. 30.– pro Person. Kinder bis 12 Jahre 50% Rabatt. Guter Standort für Ausflüge in die Region und Stadt Bern sowie das angrenzende Emmental. Per Bahn erreichbar.

Bern/Freiburg: Region Bern

Camping Eymatt/Kappelenbrücke, Wohlenstrasse 62c, 3032 Hinterkappelen, 031 901 10 07, www.campingtcs.ch. Fünf Kilometer nordwestlich des Stadtzentrums am Beginn des Wohlensees gelegen. Kinderfreundlicher Campingplatz mit Pool, Spielplatz, Restaurant und Laden. Postauto bis Eymatt. Ganzjährig geöffnet.
Ferienwohnung, Familie Hänni, Steinacker, 3158 Guggisberg, 031 753 50 36. Dreizimmerwohnung im Grünen mit Küche und bis zu sechs Betten. Mindestmietdauer 5 Tage oder nach Absprache. Erwachsene Fr. 23.–, Kinder 15.– pro Nacht.
Inforama Schwand, 3110 Münsingen, 031 720 11 11, www.inforama.ch. Das schön gelegene Zentrum für Land- und Hauswirtschaft bietet unter der Woche von April bis Oktober Mehrbettzimmer an. Vierbettzimmer für eine Nacht: Erwachsene Fr. 30.–, Kinder 13.– (weitere Nächte: 20.–/11.–). WC und Dusche auf der Etage, Bettwäsche inkl., Frottierwäsche Fr. 5.–. Frühstück: Erwachsene Fr. 8.50, Kinder 4.–.
Schlafen im Stroh, Verkehrsverband Region Gürbetal, 3086 Zimmerwald, 031 819 39 39 oder www.schlaf-im-stroh.ch

▬ Dauerbrenner ▬

Giessenbad, 3123 Belp, 031 819 21 73. Wunderschönes Bad mit viel Platz und der Möglichkeit, in der Giesse zu baden. Ab Bahnhof Belp mit dem Airliner bis Giessenbad. Mai–Oktober. Erwachsene Fr. 4.–, Kinder 2.–.

Eichholz, Strandweg, 3084 Wabern. Schöne Liegewiese mit Grillplätzen, lauschiger Aarebucht und Spielplatz. Restaurant beim Camping. Tram 9 bis Endstation Wabern, dann zu Fuss an die Aare. Ganzes Jahr. Alle Altersstufen.
Kletterzentrum Magnet, Freiburgstrasse 632, 3172 Niederwangen, 031 982 15 16, Trainingszentrum für Sportkletternde, für Anfänger gibt es Kurse und auf Anmeldung Einführung inkl. Materialmiete für Gruppen ab 8 Personen. Di–Fr 13–22 (Sommer 17–22), Sa/So 9–20 Uhr, morgens reserviert für Gruppen. Ab 11 Jahren.
Illusoria-Land, Gewerbezone Ey 5, 3063 Ittigen, 031 921 68 62, www.illusoria.com. Mo–Fr 14–17, Sa 14–16, So 14–17 Uhr. Phantastische Ausstellung des Künstlers und Illusionisten Sandro del Prete, der auch den Laubengaffer (Tipp 8, Stadt Bern) erschaffen hat. Eintritt mit Künstlerpin (ein Jahr gültig): Erwachsene Fr. 15.–. Kinder 10.–, bis 6 Jahre gratis.
Blasinstrumentenmuseum, 3086 Zimmerwald, 031 371 83 78. Private Sammlung mit Instrumenten zum Ausprobieren. Führung gratis, aber nur auf Anmeldung eine Woche im voraus. Postauto Bern–Zimmerwald. Ab 7 Jahren.
Schwarzwasserschlucht, beim Zusammenfluss von Sense und Schwarzwasser, 3147 Mittelhäusern. Mit der S-Bahn Richtung Schwarzenburg bis Schwarzwasserbrücke, dann dem Wanderweg entlang. Ideal zum Baden, Klettern, Bräteln und Wandern, z.B. der Sense entlang nach Thörishaus, von dort mit der Bahn zurück nach Bern.

Notizen

Bern/Freiburg:
Region Bern

Bern/Freiburg: Emmental und Oberaargau

1. **Sinnvolle Sinne**
   Sensorium, Walkringen
2. **Der Weg ist das Ziel**
   Nachhaltigkeitsweg, Arnisäge
3. **Tischgolfen**
   Pit-Pat, Schüpbach
4. **Abheben**
   Kletterhalle, Langnau
5. **(Alp-)Hörnlisalat**
   Alphorn-Werkstatt, Eggiwil
6. **Herzroute**
   Velowanderung, Lützelflüh
7. **Es lebe der Sport**
   Sportzentrum, Sumiswald
8. **Irren ist menschlich – Maisfeld-Labyrinth**, Lützelflüh-Goldbach
9. **Mach (k)einen Käse…**
   Schaukäserei, Affoltern i. E.
10. **Höhlenforscher-Paradies**
    Rohrbachgrabenhöhlen, Rohrbach
11. **Der richtige Kick**
    Trotti-Wanderroute, Huttwil
12. **Der Riesen-Sandkasten**
    Sandsteinlehrpfad, Krauchthal
13. **Von Rittern und vom Goldrausch**
    Schlossmuseum, Burgdorf
14. **Kunst aus Eisen und Rost**
    Luginbühl-Park, Mötschwil
15. **¡Hola Lama!**
    Lama-Trekking, Rumendingen
16. **Bach ab?**
    Bachblütengarten, Koppigen
17. **Höhle und Wasserfall**
    Mutzbachgraben, Riedtwil

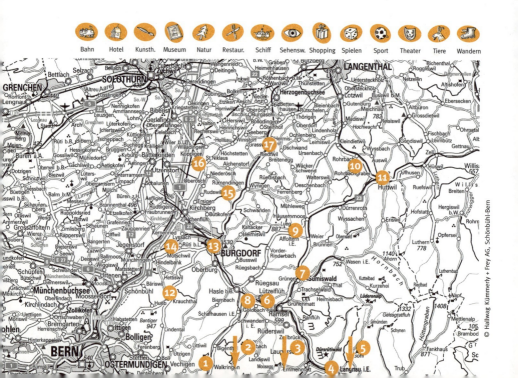

Brückenbauer im Emmental

Mit Klettergurt und Seil ausgerüstet geht Bauer Galli aus dem Haus. Er geht nicht an den Fels, sondern seine «stotzigen Borde» heuen. Damit er die umliegenden Hügel erreichen kann, braucht es Brücken. Die sind im Emmental teilweise sehr alt und aus Holz. Dass die Emmentaler Brückenbauer sind, zeigt sich in vielerlei Hinsicht. So versuchen sie auch Tradition und Moderne zu verbinden. Bauer Galli mäht weder mit der Sense, noch zettelt er das Heu mit der Gabel, sondern mit modernen Maschinen. Anstatt der gewohnten Kühe lässt er Lamas auf der Matte weiden. Und mitten in der Arbeit läutet sein Mobiltelefon. Bäuerin Galli möchte ihm nur schnell mitteilen, dass gerade ein E-Mail des Lamalieferanten aus Peru angekommen ist. Ja, Gotthelf müsste seine Geschichten heute anders schreiben...

Annette Fuhrer-Strebel und Karl Johannes Rechsteiner

1 Sinnvolle Sinne

Sensorium, Hotel-Restaurant Rüttihubelbad, Enggistein, 3512 Walkringen, 031 700 81 81, www.ruettihubelbad.ch

Bedächtige Stille beim Fühlen der Gegenstände in den Tontöpfen. Plötzlich ein verhaltener Schrei. Was war das im letzten Topf? Nasenrümpfen oder verschmitztes Lächeln beim Riechen im Duftgarten. Die optischen Phänomene der grossen Drehscheiben lasse alle staunen und rätseln. An 35 Erlebnisstationen kann Jung und Alt spielerisch Bekanntes und Unbekanntes hören, sehen, riechen oder fühlen. «Die Sinne – Tore zur Welt und zum Leben» lautet ja schliesslich der Titel der Dauerausstellung Sensorium. Und wer noch seinen Geschmackssinn testen möchte: Im Bio-Demeter-Gourmet-Restaurant Rüttihubelbad kommt der Gaumen voll auf seine Rechnung.

Wie? Mit dem Postauto ab Worb oder Walkringen bis Rüttihubelbad.
Wann? Ganzes Jahr. Di–Fr 9–17 Uhr, Sa/So 10–18 Uhr. Für Gruppen auch Sonderöffnungszeiten.
Wieviel? Erwachsene Fr. 16.–, Kinder 6–16 Jahre 9.–, Spezialpreis für Gruppen.
Dauer? Halber Tag.
Alter? Ab 10 Jahren.

2 Der Weg ist das Ziel

Nachhaltigkeitsweg Arnisäge, Einwohnergemeinde Arni, 031 701 10 88, www.arnibe.ch

Nachhaltigkeit – ein Wort, das Umweltdiskussionen bestimmt. Auf dem Nachhaltigkeitsweg soll das Thema auf spielerische Art veranschaulicht und erlebbar werden. So lernen Sie zum Beispiel verschiedene Baumarten in Form von Holzskulpturen kennen, beobachten durch Guckrohre Auswirkungen des grossen Sturmes Lothar oder ertasten vergangene Waldnutzungsformen. Der Nachhaltigkeitsweg ist in die Abschnitte Sinnes-, Geschichts-, Baum-, Holzsowie Lotharweg eingeteilt. Vorbei führt er Sie an diversen Installationen, schönen Ausblicken und einer gemütlichen Feuerstelle.

Wo? Postauto Worb–Mosegg. Beginn des Weges bei Postautohaltestelle Arnisäge.
Wann? Ganzes Jahr.
Wieviel? Gratis.
Dauer? Reine Wanderzeit 1 Stunde.
Alter? Ab 7 Jahren.

3 Tischgolfen

Pit-Pat, Restaurant Rössli, Eggiwilstrasse 90, 3535 Schüpbach, 034 497 11 32

Mit Minigolf ist das so eine Sache: Es braucht eine grosse Portion Geduld und viel Fingerspitzengefühl. Bei Kindern sind diese «Tugenden» oft nach der dritten Bahn bereits verspielt. Bei Pit-Pat, einer Kreuzung zwischen Minigolf und Billard, ist das alles halb so wild. Im Garten des Restaurants Rössli warten 18 Tische mit verschiedenen Hindernissen auf ehrgeizige Tischgolfer. Mit Hilfe

eines Queues (Billardstocks) wird fleissig eingelocht, ja sogar Kegel «umgeräumt». Die Siege können in der schönen Gartenbeiz mit dem großzügigen Spielplatz gefeiert werden. Und falls es im Sommer zu heiss wird, lädt der nahe Emmestrand zum Baden ein.

Wie? Postautokurs Langnau–Röthenbach, Haltestelle Schüpbach-Post.
Wann? Mai–November. Mo, Mi–Fr 11–14 und 17–ca. 22 Uhr, Sa/So 10–ca. 22 Uhr (Abendbeleuchtung).
Wieviel? Kinder Fr. 3.–, Erwachsene 4.– pro Runde.
Alter? Ab 7 Jahren.

4 Abheben
Kletterhalle Climbox, 3550 Langnau, 034 402 53 50, www.climbox.ch

Die sanften Hügel des Emmentals eignen sich nicht sonderlich zum Klettern. Doch wer gerne abheben möchte, ist in der Kletterhalle genau richtig. An den einfacheren senkrechten sowie an den überhängenden Wänden oder dem grossen Dach gibt es Routen aller Schwierigkeitsgrade. Geklettert wird auf eigene Verantwortung, Einführungskurse gibt es keine. Wer ohne Seil klettern will, der kann sich in der Bouldergrotte vergnügen. Da bekommt sogar Spiderman Konkurrenz.

Wie? Höheweg, vom Bahnhof 10 Min. zu Fuss.
Wann? Mo–Fr 18–22, Sa/So 10–17 Uhr. Juli geschlossen.
Wieviel? Kinder bis 9 Jahre gratis, Jugendliche 10–15 Jahre Fr. 6.–, 15–20 Jahre 10.–, Erwachsene 15.–, Familien 25.–. Miete: Klettergurt 2.–, Kletterschuhe 3.–, Seil 5.–, komplette Ausrüstung 8.–.
Dauer? Halber Tag.
Alter? Ab 7 Jahren.

5 (Alp-)Hörnlisalat
Hansruedi Bachmann,
Alphorn-Werkstatt, Knubel,
3537 Eggiwil, 034 491 12 77

Der Kopf wird immer röter und röter. Das Grinsen der Kinder immer breiter. Doch der urschweizerische Ton aller Töne lässt noch immer auf sich warten. Dafür sieht der tapfere Bläser für kurze Zeit Sternchen am helllichten Tag. Alphornblasen will gelernt sein. Nach der rund halbstündigen Einführung in die Welt des Naturtoninstruments durch Hansruedi Bachmann wissen schliesslich alle, wie es geht. Der Alphornbauer erklärt, welches Holz sich besonders eignet, welche unterschiedlichen Horntypen es gibt, wie der perfekte Ton entsteht und warum trotzdem kein Horn gleich tönt. Auf Wunsch wird den Besuchern ein feiner Apéro oder ein Zvieri mit Hobelkäse aufgetischt.

Wie? Postautokurs Langnau–Röthenbach, Haltestelle Eggiwil-Post. Ab Eggiwil 1 Std. zu Fuss.
Wann? Nach Voranmeldung.
Wieviel? Erw. Fr. 4.–, Kinder gratis.
Alter? Ab 5 Jahren. Gute Lungen nötig!

Weltgrösste Feuerschrift
Am 1. August, dem Schweizer Nationalfeiertag, sind wohl alle der 525 Einwohnerinnen und Einwohner der Gemeinde Eriz auf den Beinen. Denn am Fuss des Bergmassivs Hohgant leuchtet jeweils in grossen Lettern der Name Eriz, begleitet von einem riesigen Schweizerkreuz. Mit dieser weltgrössten Feuerschrift haben es die Erizer zu einem Eintrag im Guinness-Buch der Rekorde gebracht. Die imposante Darbietung sollten Sie sich nicht entgehen lassen.

6 Herzroute

Velo-Erlebnis-Route Emmental,
Pro Emmental, 034 402 42 52,
www.herzroute.ch

Die Herzroute – eine markierte Velotour mitten durch das Herz des Emmentals. Die 55 Kilometer lange Strecke führt auf Natur- und kleinen Nebenstrassen von Lützelflüh nach Willisau. Dabei radeln Sie über einsame Hügelzüge, in schattigen Wäldern, entlang bewirtschafteter Felder, durch schmucke Dörfer und an lauschigen Plätzen vorbei. Sportliche Familien schaffen die ganze Strecke in einem Tag. Ein Boxenstopp in einer schönen Emmentaler Gaststube sollte jedoch auch für Eilige drinliegen. Wer es etwas gemütlicher nehmen will, kann Teilstrecken mit dem Zug fahren. Der kostenlose Routenführer gibt Auskunft über Strecke, Velovermietung, Zugverbindungen oder Übernachtungsmöglichkeiten.

Wie? Routenführer mit rückadressiertem B5-Kuvert bestellen und losradeln: Pro Emmental, Herzroute, Schlossstrasse 3, 3550 Langnau.
Wann? Frühling bis Herbst.
Dauer? Ganzer Tag oder mehrere Tage.
Alter? Alle Altersstufen. Route auch mit Veloanhänger fahrbar.

7 Es lebe der Sport

Sportzentrum Forum, Burghof 104,
3454 Sumiswald, 034 432 44 44,
www.forum-sumiswald.ch

Spiel, Sport, Spass und Kultur sind im Forum Sumiswald gross geschrieben. Die schöne Umgebung lockt zum Wandern oder Velofahren. Velos können vor Ort gemietet werden. Das Indoor-Angebot scheint schier unbegrenzt: Hallenbad, Whirlpool, Wasserlandschaft für die Kleinen (ohne Bademeister-Terror), Sauna, Kletterwand, Kegelbahn, Spielecke, Bogenschiessen, Billardtische und vieles mehr. Wer nach so viel Sport und Spass hungrig oder müde ist, kann im Forum auch günstig essen oder übernachten.

Wie? Regionalzug ab Burgdorf, Langenthal oder Langnau bis Bahnhof Sumiswald-Grünen oder Buslinie Grünen–Sumiswald–Wasen.
Wann? Forum: Mo–Fr 9–22, Sa/So 9–18 Uhr. Restaurant: Mo–Fr 9–23.30, Sa/So 9–19.30 Uhr.
Wieviel? Hallenbad: Erwachsene Fr. 6.–, Kinder bis 6 Jahre 2.–, 6–16 Jahre 3.50. Hallenbad/Sauna: Erw. Fr. 19.–, Kinder 6–16 Jahre 12.–. Kegeln: 1 Bahn (60 Minuten) Fr. 15.–. Badminton: 60 Minuten Fr. 15.–. Übernachtung: Fr. 48.– pro Person inkl. Frühstück. Kinder 8–12 Jahre 50% und Kinder 12–14 Jahre 25% Rabatt.
Alter? Ab 5 Jahren.

8 Irren ist menschlich

Maisfeld-Labyrinth, Familie Flückiger, Bifangweg, 3432 Lützelflüh-Goldbach, 034 461 13 23.
Familie Liechti, Brauchbühl, 3432 Lützelflüh-Goldbach, 034 461 14 07, www.irrgarten.ch

Alle Jahre wieder! ... Seit 1997 säen zwei Bauern in Lützelflüh ihren Mais nicht einfach dicht an dicht in Reihen, sondern in Form eines riesigen Irrgartens. Die Wege durch den hohen Mais sind nahezu zwei Meter breit. Die gesamte Länge der verschlungenen Pfade, inklusive Um- und Irrwege, beträgt rund einen Kilometer. Viele Gänge führen ins Zentrum, aber noch mehr in eine Sackgasse. Wer findet den Innenhof am schnellsten? Und wer ist zuerst wieder draussen? Auf dem Rasen unter einem Schattendach stehen Bänke und Tische, wo das mitgebrachte Picknick verzehrt werden kann. Der Labyrinthbesuch ist mit Kinderwagen und Grosi möglich.

Wie? Ab Bahnhof Lützelflüh-Goldbach zu Fuss Richtung Kirche über die Emme, am Gasthof Ochsen vorbei zum Dorfrand Richtung Waldhaus.
Wann? Anfang August–Ende September, bei gutem Maiswachstum eventuell früher. Keine Anmeldung notwendig, 24 Stunden offen!
Dauer? 1–2 Stunden.
Wieviel? Kinder Fr. 1.–, Erwachsene 2.–.
Alter? Ab 7 Jahren.

visuellen Erklärungen auf Deutsch, Französisch, Italienisch, Englisch oder Spanisch. Am Vormittag zwischen 9 und 11 Uhr oder am Nachmittag von 14 bis 16 Uhr ist die beste Zeit für eine Visite, weil dann gekäst wird. Wechselnde Ausstellungen geben Auskunft über das Emmentaler Brauchtum. Nach Voranmeldung kann sogar ein eigener Käse hergestellt werden.

Wo? Mit der Regionalverkehr Mittelland-Bahn RM bis Weier i. E. oder Hasle-Rüegsau, per Postauto nach Affoltern.
Wann? Täglich, 8.30–18.30 Uhr. Voranmeldung empfohlen.
Wieviel? Eintritt frei.
Alter? Alle Altersstufen.

Bern/Freiburg: Emmental und Oberaargau

9 Mach (k)einen Käse…
Emmentaler Schaukäserei, 3416 Affoltern i. E., 034 435 16 11, www.showdairy.ch

Wo die Löcher im Emmentalerkäse herkommen, bleibt auch nach einem Besuch in der Schaukäserei geheimnisvoll. Dafür kennen Sie alle Phasen der Entstehung eines der 60 bis 130 Kilo schweren Emmentaler-Laibe aus dem traditionellen Chäschessi oder dem modernen Fertiger, der gleich vier Käse aufs Mal fabriziert. Ausländische Gäste erhalten die audio-

10 Höhlenforscher-Paradies
Rohrbachberghöhlen, Familie Schmied, 4938 Rohrbach, 062 965 03 48

Über 200 Meter verzweigte Höhlengänge und mehrere Säle können in den Rohrbachberghöhlen erforscht werden. An den meisten Stellen ist die Höhle auch von Erwachsenen problemlos begehbar. Vor den beiden Höhleneingängen finden sich gemütliche Feuerstellen für eine «Brätlete». Abenteuerlustige Familien können in den Höhlen auch übernachten, z. B. auf dem sogenannten «Tanzbühneli» zuhinterst in der Höhle. Liegeunterlagen sind empfehlenswert, auch wenn

Bern/Freiburg: Emmental und Oberaargau

Sandstein als eher weiches Gestein gilt. Entstanden sind die Höhlen vor über tausend Jahren, als im Bergbauverfahren Sandsteinblöcke für die Burg Rohrberg gewonnen wurden. Die Festung wurde jedoch bei der Eroberung des Oberaargaus durch die Berner zerstört.

Wie? Wanderweg vom Bahnhof Rohrbach zum Weiler Rohrbachberg. Beim östlichsten Bauernhaus (Familie Schmied) führt ein Feldweg ca. 100 m bergauf und dann links der Höhe entlang. Erster Eingang nach ca. 200 m, zweiter Eingang mit schönerer Brätlistelle weiter hinten.
Wieviel? Gratis. Vor Begehung bei Familie Schmied anmelden, sie hat auch Karten der Höhle. Taschenlampe mitnehmen. Keine Abfälle zurücklassen.
Alter? Ab 6 Jahren.

11 Der richtige Kick
Trotti-Wanderroute, Verkehrsbüro Huttwil, 062 962 55 05, www.regio-huttwil.ch

Wie im Flug geht die Zeit und rast die Landschaft vorbei. In anderthalb Stunden gelangen auch langsamere Kicker auf dem fahrbaren Wanderweg von Huttwil nach Langenthal. Der höchste Punkt ist die Hochwacht bei Reisiswil, ein wunderschöner Aussichtshügel. Wo früher bei drohender Gefahr die Rauch- und Feuerzeichen eines brennenden Holzstosses (Chutz) das Volk warnten, ragt heute ein 21,5 Meter hoher Aussichtsturm knapp über die Wipfel der Tannen. Ausgebreitet liegt das Mittelland von Bern bis Olten vor uns, dahinter zieht sich der Jura hin. Der Zug bringt müde Kicker wieder an den Ausgangspunkt zurück; die Trottis werden von der Regionalverkehr Mittelland AG gratis befördert.

Wie? Trottivermietung und -reservation beim Verkehrsbüro Huttwil. Wanderweg Huttwil–Langenthal folgen.
Wann? Mai–Oktober.
Wieviel? Trottimiete: Ganzer Tag Fr. 20.–, halber Tag 15.–, Familienpauschale 60.–.
Dauer? Huttwil–Langenthal 1½ Stunden.
Alter? Ab 7 Jahren.

Drachenschwanz
Farbige, schmale Fahnen an langen Bambusstangen, oft mit einem Spiegel oder Glöckchen an der Spitze, gehören schon fast zum Emmental wie die roten Geranien. Die Idee zu diesen Regenbogenfahnen kommt aus Schwanden bei Lützelflüh. Hier ist das Rainbow Project mit seinem Initiator Thomas Bertschi Lobsang zu Hause. Er hat die Fahnen 1989 aus Bali mitgebracht. Dort werden sie «Umbul Umbul», zu deutsch Schwanz des Drachen, genannt und sind wichtiger Bestandteil jeder Feierlichkeit.

12 Der Riesen-Sandkasten
Sandsteinlehrpfad, Ulrich Zwahlen,
3326 Krauchthal, 034 411 10 40

Vom Chrüzfluhchrache über die Brecherfluh und den Bächlegraben bis ins Banziloch führt der ein- bis zweistündige Sandsteinlehrpfad den braunen Wegweisern und informativen Tafeln entlang. Heute ist es still, einst war es laut und harte Arbeit. Imposante Wände und markante Hauspuren zeugen von der jahrhundertelangen Geschichte dieses Sandsteinbruchs. Im Krauchtal wurden die Steinblöcke für die Burg von Thorberg und für die Kirche im eigenen Dorf gebrochen. Später gingen Lieferungen bis zum Münsterbau nach Bern. Interessierte kleine und grosse Steinhauer können sich Werkzeugrucksäcke ausleihen, sich selber als Steinmetze versuchen und danach in einem steinernen Gästebuch verewigen.

Wie? Anreise mit Postauto oder Privatauto, Parkplätze beim neuen Schulhaus.
Was? Einzelpersonen oder Gruppen können beim Gemeindemuseum Krauchthal Steinbearbeitungswerkzeug ausleihen, um sich als Steinmetze zu versuchen. Kontakt: Ulrich Zwahlen, 034 411 10 40, zu Schulzeiten Schulhaus Krauchthal, 034 411 13 61.
Wieviel? Werkzeugausleihe gratis, frühzeitige Reservation erwünscht.
Dauer? Ca. 2 Stunden.
Alter? Nicht kinderwagengängig. Umwege sind gefährlich. Gutes Schuhwerk ist auch bei trockener Witterung nötig.

13 Von Rittern und vom Goldrausch
Schlossmuseum Burgdorf,
3400 Burgdorf, 034 423 02 14,
www.schloss-burgdorf.ch

Bern/Freiburg: Emmental und Oberaargau

«Ig wär so gärn ä Ritter gsi!» Die Hellebarden und die Ritterrüstungen aus dem Bauernkrieg haben es dem kleinen Michi besonders angetan. Bei den ausgestellten Folterwerkzeugen wird allerdings auch er ein bisschen bleich. In der grössten zähringischen Burganlage der Schweiz gibt es aber nicht nur das Mittelalter hautnah zu erleben. Neu befinden sich auch das Helvetische Goldmuseum und das Museum für Völkerkunde auf dem Schlossgelände. Ivanhoe trifft auf Winnetou, sozusagen. Auf Voranmeldung gibt's für grössere Gruppen spannende Führungen über die Ritterzeit mit einem Museumspädagogen.

Wann? April–Oktober, Mo–Sa 14–17, So 11–17 Uhr; November–März, So 11–17 Uhr.
Wieviel? Erwachsene Fr. 5.–, Kinder 1.–, Führungen Fr. 50.– zusätzlich zum Eintritt.
Alter? Ab 8 Jahren.

14 Kunst aus Eisen und Rost
Luginbühl-Park, 3324 Mötschwil,
034 423 12 08

Die Eisenplastiken und die Performances von Bernhard Luginbühl sind weltberühmt. 1998 wurde Luginbühls

WARUM FAHREN ZÜGE DURCH TUNNELS?   verkehrshaus.ch
Bleib' Rätseln auf der Spur. Im Verkehrshaus der Schweiz.

Garten in Mötschwil in ein Freilichtmuseum umgestaltet. «Mein Werk soll nicht wie bei Jean Tinguely auseinandergerissen werden, sondern kompakt bleiben», sagt der Erschaffer riesiger Eisen- und Holzskulpturen. An einzelnen Samstagen und Sonntagen ist der Park der Öffentlichkeit zugänglich. Unter der obigen Telefonnummer können die Termine abgehört werden. Für Gruppen gibt es auch an anderen Tagen spezielle Führungen, Anmeldung per Fax auf die gleiche Nummer.

Wie? Wenige Busverbindungen von Burgdorf oder Hindelbank. Eventuell mit einer Velotour verbinden.
Wann? Auf Anfrage.
Alter? Ab 8 Jahren.

15 ¡Hola Lama!
Lama-Trekking, Familie Ruedi und Elisabeth Mosimann-Weber,
3472 Rumendingen, 034 415 19 51,
www.lama.ch/mosimann

Ueli der Knecht würde staunen, wenn er eine Wiese oder ein Trekking mit den friedlichen Zotteltieren sähe. Denn die zur Familie der Kamele gehörenden Tiere aus Südamerika sind erst seit einigen Jahren im Emmental heimisch, aber bereits recht verbreitet. Auf dem Hof der Familie Mosimann können Sie die Lamas pflegen, mit ihnen einen Spaziergang unternehmen oder sich für ein mehrtägiges Emmental-Trekking verabreden. Beim Wandern nehmen es die Lamas eher gemütlich: Geruhsam geht's vorwärts, exotisch und kinderfreundlich. Übrigens: Das berüchtigte Spucken der Lamas regelt die Rangordnung. Menschen trifft's selten!

Wie? Familie Mosimann: Bahn bis Wynigen, dann zu Fuss bis Rumendingen (ca. 30 Min.). Die Lamas weiden beim letzten Bauernhaus auf der rechten Strassenseite Richtung Niederösch. Auf Wunsch Abholdienst.
Wann? Nach Absprache.
Wieviel? Minimum Spaziergang von 3 Std., Erwachsene Fr. 30.–, Kinder 25.–.
Alter? Ab 6 Jahren.

16 Bach ab?
Bachblütengarten, Kantonale Gartenbauschule Oeschberg,
3425 Koppigen, 034 413 77 77

Der wunderbare Park der Kantonalen Gartenbauschule Oeschberg ist schon allein eine Reise wert. Herrliche Blumenanlagen, künstliches Hochmoor, naturnahe Gärten, grosszügige Wiesen mit markanten Baumriesen… ein ideales Picknick-Versteckis-Blinde-Kuh-Gebiet! Ausserdem unterhält die Gartenbauschule den einzigen Bachblütenlehrpfad der Schweiz. Am Schuleingang wartet ein Prospekt und Routenplan auf entdeckungsfreudige Amateurbotaniker. Auf dem rund halbstündigen Rundgang werden die wichtigsten Wildpflanzen und -blüten der natürlichen Heilmethode nach Dr. Bach vorgestellt und näher erklärt.

Wie? Postautokurs ab Burgdorf bis Haltestelle Oeschberg.
Wann? Ganzes Jahr. Frühling/Herbst besonders beeindruckend.
Wieviel? Eintritt frei.
Alter? Ab 6 Jahren.

17 Höhle und Wasserfall
Mutzbachgraben, 3475 Riedtwil

Der Mutzbachgraben ist ein liebliches, idyllisches Tal mit Wiesen und einem Bach, die Flanken bewaldet, hinten ein Wasserfall. Viele Stellen am Waldrand laden zum Verweilen und Bräteln ein. Der Bach ist ideal, um die Füsse zu baden und Staumauern zu errichten. Bitte nur mit Steinen und Sand bauen, nicht mit Holz verstärken, weil sonst die Ufer aufgeweicht und beim nächsten Gewitter weggeschwemmt werden. Auf halbem Weg hat sich ein Seitenbach eine Höhle bzw. einen Tunnel durch den Berg gefressen. Mutige durchwaten diesen mit Stiefeln oder barfuss. Im Winter verwandeln sich die Sandsteinbänke neben dem Wasserfall in ein Eiszapfenparadies. So muss das Schloss von König Winter aussehen!

Wie? Bus von Wynigen (8 Min.) oder Herzogenbuchsee (22 Min.) bis Riedtwil. Der Wanderweg verlässt am Dorfausgang die Autostrasse nach Ochlenberg.
Wann? Jederzeit.
Dauer? Spaziergang Riedtwil–Wasserfall ca. 40 Minuten.
Alter? Alle Altersstufen, knapp kinderwagengängig.

━━ **Kids willkommen!** ━━

Wo essen?
Restaurant Fritzenfluh, 4954 Wyssachen, 062 966 10 22. Mo (im Winter Mo/Di) geschlossen. Erreichbar zu Fuss ab Busstation Eriswil oder mit dem Auto. Verschiedene Kindermenüs, Wickeltisch, Spielplatz, -ecke und Hirschgehege in der Nähe. Schöne Aussicht über das Mittelland bis zum Jura. Ausgangspunkt für Wanderungen zum Ahorn und weiter zum Napf.

Café Hugo, Thunstrasse 2, 3672 Oberdiessbach, 031 772 00 44, www.cafehugo.ch. Mo–Fr 6–18.30, Sa 7–17, So 8–17 Uhr. Günstige Mittagsmenüs, auch vegetarisch. Leckere Backwaren, Schokolade und Coupes mit hausgemachter Glace darf man selber zubereiten. Spielecke.
Kreuz, Schlossweg 10, 3082 Schlosswil, 031 711 02 27, www.kreuz-schlosswil.ch. Di/Mi geschlossen. Grosse Gartenterrasse mit schöner Aussicht, Spielplatz, Kindermenüs.
Hotel-Restaurant Lüderenalp, 3457 Wasen i. E., 034 437 16 76, www.luederenalp.ch. Günstige Menüs, grosser Kinderspielplatz und schöne Aussicht inklusive. Herrliches Wandergebiet. Auch diverse Übernachtungsmöglichkeiten.
Restaurant Hallenbad, Schützenweg 250, 3550 Langnau, 034 402 38 78, www.schwimmbad-langnau.ch. Kinderfreundliches Restaurant mit Spielplatz, Rösslispiel und Minigolfanlage. Mo–Do 9–22.30, Fr 9–19, Sa 13–18, So 9–18 Uhr.
Gasthof Waldhäusern, Moosegg, 3543 Emmenmatt, 034 402 22 24. Mi (im Winter Mi/Do) geschlossen. Mai–Oktober Busverbindungen von und nach Worb. Beliebter Aussichtspunkt mit Kinderspielplatz im nahen Wald, sonniger Terrasse und schattigem Garten.

Wo schlafen?
Naturfreundehaus Aemmital, Höchschwendi, 3457 Wasen im Emmental. Anmelden bei: Karin Aeschimann, Oberer Schmittenweg 9, 4914 Roggwil, 062 929 37 47. Das Naturfreundehaus ist nur zu Fuss erreichbar. Übernachtung im Massenlager: Kinder Fr. 4.50, Erwachsene 16.–, Übernachtung im Zimmer: Kinder Fr. 5.–, Erw. 19.–, Küchenbenutzung inbegriffen. Getränke können gekauft werden, Verpflegung auf Anmeldung.

Bern/Freiburg: Emmental und Oberaargau

Bern/Freiburg: Emmental und Oberaargau

Dauerbrenner

Hof3, Unterer Blapbach, 3550 Trubschachen, 034 495 57 55. www.hof3.ch. Zweizimmerwohnung mit Dusche/WC, 3–4 Personen Fr. 37.– pro Person und Nacht, Kinder bis 6 Jahre 50% Rabatt. Buntes Kulturprogramm mit Film, Theater und Musik. AOE-Bus ab Langnau bis Haltestelle Helvetiaplatz. Oder 15 Minuten zu Fuss ab Bahnhof Trubschachen.

Seminar- und Kulturhaus Moeschberg, 3506 Grosshöchstetten, 031 710 22 22, www.moesch.ch. Übernachtung im Doppelzimmer Fr. 60.– pro Person. Kinder bis 6 Jahre gratis, 7–12 Jahre 50% Rabatt. Wunderschönes, baubiologisch renoviertes Hotel. Erstklassige Bioküche. Toller Spielplatz. Herrliche Aussicht.

Kemmeriboden-Bad, 6197 Schangnau, 034 493 77 77, www.kemmeriboden.ch. Historisches Haus mitten im Wandergebiet. Grosser Spielplatz und grosse Meringues. Mehrbettzimmer Fr. 47.– pro erwachsene Person, Kinderermässigung je nach Alter.

Landgasthof zum Hirschen, Heidbühl, 3537 Eggiwil, 034 491 10 91. Geöffnet Mo–So, Übernachtungspreise: Doppelzimmer Fr. 165.–, Halbpension 30.–. Malbücher und Chindersitzli. Wanderkarte Eggiwil erhältlich. Hinter dem Hotel weiden Damhirsche, Spielplatz mit Kletternetz, öffentliche Minigolf-Anlage vis-à-vis Dorfkäserei.

Schlafen im Stroh, www.schlaf-im-stroh.com oder Pro Emmental, Schlossstrasse 3, 3550 Langnau, 034 402 42 52, www.emmental.ch.

Merängge im Gebsi, ein Muss bei einem Besuch im Emmental. Restaurant Siehen, 3537 Eggiwil, 034 491 10 40. Mo (April–Oktober ab 19 Uhr) und Di geschlossen. Ab Eggiwil-Heidbühl 30 Min. Strasse oder Wanderweg. Schöne Aussicht, Gartenterrasse. Riesige Portion Meringues Fr. 9.50, mit Glace 10.50.

Bauernlehrpfad Ramsei–Zollbrück, Prospekte bei Pro Emmental, Schlossstrasse 3, 3550 Langnau, 034 402 42 52, www.emmental.ch. Vom Bahnhof Ramsei steigt der Weg 140 Meter hinauf zum höchsten Punkt der Wanderung. Durch Felder, Wiesen und Wälder geht's auf den Ramis- und den Benzenberg. Der Abstieg in den Weiler Ried führt ans Ziel Zollbrück. Dauer: 2–3 Std.

Brächete, Dorfzentrum Zäziwil, 031 710 33 33. Riffeln, rotten, rösten, brechen... Trachtenfrauen zeigen auf alten Handgeräten die Verarbeitung von Flachs (Lein) bis zum wunderschönen Fertigprodukt, dem Leinen. Letzter Mittwoch im September ab 9 Uhr.

Haflinger-Zentrum, Steckshaus, 3456 Trachselwald, 034 431 10 72, www.haflingerzentrum.ch. Familienausflüge oder mehrtägige Fahrten mit dem Planwagen, verschiedenste Reit- und Fahrkurse, Kinder oder Jugendreitlager. Jahresprogramm erhältlich, Gesellschaftsfahrten nach Vereinbarung. Kurse und Lager ab 8 Jahren. Fahrten alle Altersstufen.

Pferdeschlitten- oder Rösslifahrten, Fam. H. U. Beer, Oberfrittenbach/Langnau, 034 402 12 48. Ab Langnau. Rösslifahrten (bis 12 Personen) Fr. 200.– für die ersten 1½ Stunden (jede weitere Stunde Fr. 30.–), Schlittenfahrten (4 Personen) Fr. 100.– pro Gespann und Stunde. Alle Altersstufen.

Schneeschuhlaufen. Das Emmental mit seinen Eggen und Chrächen ist das ideale Schneeschuhwandergebiet, kommt man doch mit den langen Latten nicht überall so gut durch. Infos über geführte Touren gibt's bei Pro Emmental, Schlossstrasse 3, 3550 Langnau, 034 402 42 52, www.emmental.ch. Vermietung von Schneeschuhen: Fr. 15.– pro Tag bei Blue Wave Elite Shop in Shop, Dorfstrasse 29, 3550 Langnau, 034 402 60 24. Ab 8 Jahren.

Waldlehrpfad Langnau, Prospekt bei Pro Emmental, 3550 Langnau, 034 402 42 52, www.emmental.ch. Rund 50 Stationen umfasst die kleine Wanderung auf dem Waldlehrpfad im Schützengraben in der Nähe des Langnauer Dorfkerns. Infotafeln geben Aufschluss über die Baum- und Straucharten. Diverse Sitzbänke und eine Brätlistelle. Alle Altersstufen.
Ökopfad, 4932 Lotzwil, 062 916 00 40. Ab Bahnhof Lotzwil markierte einstündige Route. Alle Altersstufen.

Bern/Freiburg: Emmental und Oberaargau

Notizen

Bern/Freiburg: Berner Oberland Ost

1. **Hoch hinaus**
   Kletterhalle K44, Interlaken
2. **Mysteriös**
   Mystery-Park, Interlaken
3. **Bähnchenromantik**
   Heimwehfluh, Interlaken
4. **Zu den Zipfelmützen**
   Luftseilbahn Isenfluh–Sulwald
5. **Oldtimer-Vergnügen**
   Schynige Platte, Wilderswil
6. **Ohrenbetäubend**
   Trümmelbachfälle, Lauterbrunnen
7. **Panorama zum Durchdrehen**
   Schilthorn, Lauterbrunnen
8. **Alpenvogelpark Ischboden**
   Grindelwald
9. **In der Todeswand**
   Eiger-Trail, Grindelwald
10. **Tüü, taa, too!**
    Grosse Scheidegg
11. **Zum Elefantenkopf**
    Gletscherschlucht Rosenlaui
12. **Volldampf hinauf**
    Brienzer Rothorn, Brienz
13. **Ganz ohne Action**
    Axalp, Brienz
14. **Eingezwängt**
    Aareschlucht, Meiringen
15. **Zum Haslizwerg**
    Muggestutz-Weg, Hasliberg
16. **Ein grauslicher Sturz**
    Reichenbachfälle, Meiringen
17. **Adlerhorst**
    Alpentower Mägisalp, Meiringen
18. **Schwerelos**
    Gelmerbahn, Grimselstrasse
19. **Haltet den Grims!**
    Kristallweg am Grimselpass
20. **Nichts als Stein**
    Gletscherpfad Steinalp

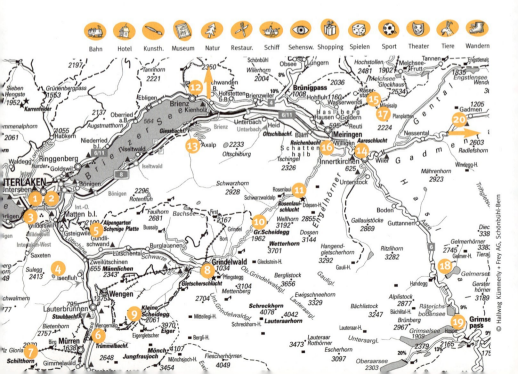

Bärge, Seeä u Schnee lade i!

«I ha Heimweh nach de Bärge, nach em Schoggi und em Wy, nach de Wälder, nach de Seeä u nach em Schnee…», singt die junge Kultband Plüsch aus Interlaken. Bereits früher hat der alte Rocker Polo Hofer das Oberland in höchsten Tönen besungen. Gut zu verstehen, denn die mächtigen Berge und die smaragdgrünen Seen versprechen viel Fun und Action, aber auch lauschige Plätzchen, um zu verweilen, sich zu erholen und aufzutanken: Berge rauf und runter oder sogar hinein, Schluchten durchwandern oder raften, alte Traditionen oder neue Mysteries entdecken, Höhenluft geniessen und immer mal wieder zum kühlen Nass. Auf zu den Abenteuern, die das Berner Oberland zu bieten hat!

Annette Fuhrer-Strebel und Karl Johannes Rechsteiner

1 Hoch hinaus
Kletterhalle K44,
3800 Interlaken, 033 823 53 83,
www.kletterhalle-interlaken.ch

Es muss ja nicht gleich die Nordwand eines Viertausenders sein. Doch für die ersten Kletterversuche oder für ein Regenprogramm ist die Kletterhalle mit 60 Routen und einer speziellen Abseilwand ideal. Klettercracks finden hier ihre Herausforderung genauso wie solche, die es noch werden wollen. Anfänger können einen Kurs belegen oder eine Einführung unter kundiger Anleitung absolvieren. Klettermaterial kann gemietet werden.

Wie? Jungfraustrasse 44, vom Bahnhof West 10 Min. zu Fuss.
Wann? Ganzes Jahr. Di–Fr 9–12, 13.30–22, Sa/So 9–18 Uhr.
Wieviel? Erwachsene Fr. 19.–, Kinder 5–15 Jahre 12.–. Miete: Klettergurt Fr. 5.–, Kletterschuhe 5.–, Seil 10.–, Ausrüstung für Kinder pauschal 10.–.
Dauer? Halber Tag.
Alter? Ab 7 Jahren.

2 Mysteriös
Mystery-Park, 3800 Interlaken,
033 827 57 57, www.mysterypark.ch

Der Mystery-Park will mit einer Weltreise in die fünf Kontinente zu allen grossen Rätseln der Welt zum Staunen einladen. Sie können miterleben, wie die alten Ägypter schon 2000 Jahre v. Chr. aus 2,3 Millionen Steinen die Pyramide von Gizeh erbauten, wie die Mayas bereits 3000 Jahre v. Chr. ein genaues Kalendersystem entwickelten, oder mit dem U-Boot die Unterwasserwelt erkunden. So viel Staunen und Schauen kann schon mal durstig und hungrig machen. In den Restaurants oder in der Picknick-Ecke kann der Kopf verlüften und die Neugier wieder wachsen.

Wo? Pendelbusverkehr ab Bahnhof Interlaken Ost.
Wann? Täglich 10–17.30 Uhr.
Wieviel? Erwachsene Fr. 48.–, Kinder bis 6 Jahre gratis, 6–13 Jahre Fr. 28.–.
Dauer? Ganzer Tag.

3 Bähnchenromantik
Heimwehfluh, 3800 Interlaken,
033 822 34 53, www.heimwehfluh.ch

«Zum kleinen romantischen Ausflug» lädt die Heimwehfluh-Bahn ein. Lange dauert die Fahrt von Interlaken zum Aussichtspunkt Heimwehfluh wirklich nicht. In sechs Minuten ist das nostalgische Bähnchen oben, und noch schneller geht die Schussfahrt mit der Rodelbahn nach unten. Zuerst sollte aber das vielseitige Angebot genossen werden: Vom Aussichtsturm aus lassen sich beeindruckende Fotos der Jungfrau knipsen. Auf dem Spielplatz sind Kinder willkommen. Die Züge einer riesigen Modelleisenbahn-Anlage starten alle 30 Minuten. Auf dem Bobrun geht es tüchtig um die Kurven. Und wem das alles zuviel ist – es gibt auch noch ein Panoramarestaurant mit Terrasse.

Wie? Talstation in Interlaken West.
Wann? April–Oktober.
Wieviel? Erwachsene Bergfahrt und Rodelbahn Fr. 10.–, Kinder ab 6 Jahren 7.–. Erwachsene Berg- und Talfahrt Fr. 8.– (mit Halbtax), Kinder mit Juniorkarte gratis. Eintritt Bobrun: Erwachsene Fr. 5.–, Kinder ab 6 Jahren 4.–. Eintritt Modelleisenbahn: Erwachsene Fr. 6.–, Kinder ab 4 Jahren 5.–.
Dauer? Halber Tag.
Alter? Alle Altersstufen.

4 Zu den Zipfelmützen

Luftseilbahn Isenfluh–Sulwald,
3822 Isenfluh, 033 855 22 49,
www.isenfluh.ch

Wer die Zipfelmützen des Berner Oberlandes betrachten will, darf keine Schlafmütze sein. Zuerst bringt Sie das Postauto von Lauterbrunnen durch einen Kehrtunnel ins verschlafene Isenfluh. Von dort führt eine Luftseilbahn nach Sulwald. Nun heisst es den anderthalb Stunden dauernden Weg zur Lobhornhütte unter die Füsse nehmen. Das wunderschöne Panorama in die Nordwände des Dreigestirns Eiger-Mönch-Jungfrau entlohnt für den schweisstreibenden, aber ungefährlichen Aufstieg. Die kinderfreundliche SAC-Hütte lässt Hüttenromantik aufkommen. Bei einer stärkenden Suppe betrachten Sie die imposanten Lobhörner, die wegen ihrer Form auch Zipfelmützen genannt werden. Die Rückfahrt mit der Seilbahn kann durch eine Schussfahrt mit Monster-Grastrottis ersetzt werden.

Wie? Postauto Lauterbrunnen–Isenfluh, Luftseilbahn Isenfluh–Sulwald.

Wann? Hütte: Juli–Ende September. Hüttenwart Suls-Lobhornhütte 079 656 53 20. Wanderung/Trotti: Mai–November.

Wieviel? Isenfluh-Sulwald (ohne Halbtax): einfach Erwachsene Fr. 7.60, Kinder 3.80. Retour Erwachsene 11.–, Kinder 5.50. Miete (inkl. Helm und Schoner): Monstertrotti Fr. 14.50, Kindertrotti 10.50, Tandem 16.50.

Dauer? Wanderung Sulwald-Lobhornhütte 3 Std.

Alter? Kinder ab 7 Jahren.

Bern/Freiburg: Berner Oberland Ost

Erste Luftseilbahn der Welt

Der Wetterhornaufzug wurde 1908 in Betrieb genommen. Doch bereits 1914 kam wegen des Ersten Weltkrieges das Aus für diese erste Luftseilbahn der Welt. Leider wurde die Anlage in den 1930er Jahren abgebrochen. Heute erinnern nur noch die Ruinen der Berg- und der Talstation sowie eine der beiden Kabinen beim Hotel Wetterhorn an das waghalsige Projekt. Übrigens gab es auch in jüngster Zeit wieder Bahnpläne für das Wetterhorngebiet.

5 Oldtimer-Vergnügen

Zur Schynige Platte, 3812 Wilderswil, 033 828 72 33, www.jungfrau.ch

Bereits die Anfahrt mit der nostalgischen Zahnradbahn auf den Gipfel der Schynigen Platte ist ein Erlebnis. Auf Holzbänken sitzend können Sie schon von Beginn weg die schöne Aussicht geniessen. Oben angekommen, bietet sich eine Wanderung vor der imposanten Kulisse von Eiger, Mönch und Jungfrau an. Weniger Wanderlustige können das Panorama von der Terrasse des Bergrestaurants aus bewundern. Um den botanischen Alpengarten kommen Sie genausowenig herum wie um das Teddyland. Grosse, kleine, bunte oder braune Bären warten in verschiedenen Räumen des Bergrestaurants auf Alt und Jung.

Wie? Wilderswil–Schynige Platte.
Wann? Juni–Mitte Oktober; Alpengarten Mitte Juni–Mitte September.
Wieviel? Bahnfahrt Erwachsene retour Fr. 25.50 (mit Halbtax). Pro Erwachsener fahren zwei Kinder gratis. Eintritt Alpengarten Erwachsene Fr. 4.–, Kinder 1.–.
Dauer? Halber Tag.
Alter? Alle Altersstufen.

6 Ohrenbetäubend

Trümmelbachfälle,
3822 Lauterbrunnen, 033 855 32 32,
www.truemmelbachfaelle.ch

Bern/Freiburg: Berner Oberland Ost

Versteckt im Berg und doch drei Sterne im Guide Michelin: Die Trümmelbachfälle hinter Lauterbrunnen sind – wenn man Reiseführern glaubt – ein Muss. Beeindruckend sind sie ganz bestimmt. Allein entwässert der Trümmelbach die riesigen Gletscherwände von Eiger, Mönch und Jungfrau. 20 000 Liter Wasser pro Sekunde donnern hier im Erdinnern zu Tal, und jährlich werden über 20 000 Tonnen Sand und Stein mitgeschleppt. Ein Tunnellift führt zum Start des ohrenbetäubenden Spektakels tief im Berg. An zehn beleuchteten Gletscher-Wasserfällen kommen Sie vorbei – und geniessen draussen die Ruhe im Tal der Weissen Lütschine doppelt.

Wie? Postauto Lauterbrunnen–Stechelberg bis Haltestelle Trümmelbachfälle.
Wann? Mitte April–November 9–17 Uhr, während der sommerlichen Hochsaison 8–18 Uhr.
Wieviel? Erwachsene Fr. 10.–, Kinder 6–16 Jahre 4.–.
Dauer? 1 Std.
Alter? Ab 6 Jahren.

7 Panorama zum Durchdrehen

Schilthorn, 3822 Lauterbrunnen,
033 826 00 07, www.schilthorn.ch

Durch den James-Bond-Film «On Her Majesty's Secret Service» wurde das Schilthorn in aller Welt bekannt. Zu Unrecht fristete es lange einen Dornröschenschlaf. Vom Drehrestaurant oder der Terrasse des «Piz Gloria» aus bietet sich ein Panorama mit 200 Gipfeln vom Mont-Blanc bis in den Schwarzwald. Wer gerne noch was für die Fitness tut, kann auf dem Rückweg die Gondelbahn nur bis Mürren nehmen. Ein flacher Panoramaweg führt in einer halben Stunde zum Restaurant Winteregg. Auf dem grossen Spielplatz oder im Spielzimmer können sich Kinder so richtig vergnügen. Nach der Stärkung geht die Wanderung wiederum eine halbe Stunde weiter nach Grütschalp und von dort mit der Bahn runter nach Lauterbrunnen.

Wie? Rundreise Postauto Lauterbrunnen, Luftseilbahn Stechelberg–Schilthorn, Luftseilbahn Schilthorn–Mürren, Bergbahn Mürren oder Grütschalp–Lauterbrunnen.
Wieviel? Rundfahrtbillett Fr. 47.90 (mit Halbtax), Kinder mit Juniorkarte gratis. Luftseilbahn Stechelberg–Schilthorn retour Fr. 47.– (mit Halbtax), Kinder mit Juniorkarte gratis.
Dauer? Halber oder ganzer Tag.
Alter? Ab 6 Jahren.

8 Wo der Adler fliegt

Alpenvogelpark Ischboden,
3818 Grindelwald, 033 853 26 55,
www.grindelwald.ch

Majestätisch türmt sich das Wetterhorn in den blauen Himmel über der Grossen Scheidegg – hier zogen einst Adler und Bartgeier lautlos ihre Kreise. Die ganz grossen Alpenvögel sind auf dem Ischboden nicht mehr zu bewundern: Aber Uhu und Dohle, Schneehuhn und Kauz zeugen im Alpenvogelpark auf 1400 Metern noch von der Vielfalt der einheimischen Vogelarten, von denen heute viele stark gefährdet sind. Und vielleicht – wer weiss? – ist während des Aufenthalts im Restaurant oder beim Herumtoben auf dem Spielplatz wenigstens eines der stolzen Viecher auch in der Luft zu bewundern.

Wie? Postauto ab Grindelwald Richtung Grosse Scheidegg oder in 30 Minuten zu Fuss vom Oberen Grindelwaldgletscher.
Wann? Vogelpark ganzes Jahr; Restaurant Mo, Di, November und Dezember geschlossen.
Wieviel? Eintritt frei.
Dauer? Halber Tag.
Alter? Ab 6 Jahren.

9 In der Todeswand

Eiger-Trail, 033 828 71 11,
www.jungfraubahn.ch

Es muss ja nicht gleich der Götterquergang oder die Weisse Spinne sein – eine der Schlüsselstellen auf dem Weg durch die legendäre Eigernordwand. «Abenteuerfeeling» für Familien bietet auch der Eiger-Trail, ein bequemer Bergweg direkt am Fuss der Wand, der an bizarren Felsformationen vorbei fast immer leicht abwärts durch eine der überwältigendsten Szenerien des Oberlandes führt. Mit etwas Glück lässt sich sogar eine Seilschaft in der «Wand der Wände» beobachten. Achtung: Man ist im Hochgebirge unterwegs. Voraussetzung sind auf jeden Fall vernünftige Kleider, gute Schuhe und Food und Trank für unterwegs. Auf der 6 Kilometer langen Strecke vom Eigergletscher bis Alpiglen gibt es kein Restaurant.

Wie? Ab Grindelwald mit Wengernalpbahn und Jungfraubahn via Kleine Scheidegg bis Station Eigergletscher. Rückfahrt ab Alpiglen mit Wengernalpbahn nach Grindelwald.
Wann? Juni–Mitte Oktober.
Wieviel? Auskunft zu Preisen für Rundfahrtbillette 033 828 71 11.
Dauer? Wanderung rund 2 Std.
Alter? Ab 10 Jahren.

10 Tüü, taa, too!

Grosse Scheidegg, 033 828 88 28,
www.postauto.ch/beo und
033 854 16 16,
www.grindelwaldbus.ch

Das Postauto fährt die touristische Linie von Meiringen nach Schwarzwaldalp. Nun heisst es umsteigen auf den Grindelwald-Bus durchs Reichenbachtal über die Grosse Scheidegg bis nach Grindelwald. Während der Reise vom Haslital ins Tal der Schwarzen Lütschine geht es bis auf 1964 Meter hinauf durch eine Schweiz, die fast kitschig wirkt: schneebedeckte Berge, sprudelnde Bergbäche, grüne Matten mit blühenden Alpen-

> Bern/Freiburg: Berner Oberland Ost

blumen. Die Bilderbuchschweiz verdient einen Zwischenhalt in der Gletscherschlucht Rosenlaui oder in den Berggasthäusern Schwarzwaldalp oder Grosse Scheidegg. Doch es ist schade, die Natur nur aus dem Bus zu bewundern: Von der Grossen Scheidegg führt eine leichte Wanderung zum Gasthaus First, wo die Sesselbahn nach Grindelwald fährt.

Wie? Postauto Meiringen–Schwarzwaldalp und Grindelwald-Bus Schwarzwaldalp–Grosse Scheidegg–Grindelwald oder umgekehrt.
Wieviel? Erwachsene einfache Fahrt Fr. 21.– (mit Halbtax), Kinder mit Juniorkarte gratis.
Wann? Juni–Mitte Oktober.
Dauer? Fahrt 1½ Std., Wanderung 1½ Std.
Alter? Ab 7 Jahren.

11 Zum Elefantenkopf
Gletscherschlucht Rosenlaui, 3860 Meiringen, 033 971 24 88, www.rosenlaui.biz

«De Gaulles Nase» und «Elefantenkopf» sind zwei der Namen, die der Volksmund den in Jahrtausenden vom Wasser geschliffenen Felsen in der Gletscherschlucht Rosenlaui gegeben hat. Hoch über Meiringen hat sich der Weissenbach eine Schlucht gegraben. Auf einem im wahrsten Sinn des Wortes berauschenden Rundgang kommt man an strudelnden Abgründen, malerischen Grotten und wilden Wasserfällen vorbei. Und bewundert auch noch eine Wassermühle in Aktion. Nach dem Getöse des Wassers ist die Stille im Rosenlauital wohltuend. Hier steht das Hotel Rosenlaui, das mit seinem Gartenrestaurant zur Rast einlädt. Manchen gefällt es so gut, dass sie umgehend im einfachen Ferienhaus ein paar Tage reservieren.

Wie? Postauto Meiringen bis Rosenlaui-Gletscherschlucht.
Wann? Juni–September 9–18 Uhr, Mai und Oktober 10–17 Uhr.
Wieviel? Eintritt Schlucht: Erwachsene Fr. 7.–, Kinder ab 7 Jahren 3.50.
Dauer? Rundgang 45 Minuten.
Alter? Ab 6 Jahren.

12 Volldampf hinauf
Brienzer Rothorn, 3855 Brienz, 033 952 22 22, www.brienz-rothorn-bahn.ch

Seit mehr als hundert Jahren stossen Dampfloks Züglein auf das 2350 Meter hohe Brienzer Rothorn. Dabei überwindet die einzige Dampf-Zahnradbahn der Schweiz 1678 Höhenmeter, und die Loks verdampfen 2000 Liter Wasser. Kein Wunder, muss beim Zwischenhalt auf der Planalp Wasser nachgefüllt werden. Zusätzlich fährt eine Diesel-Zugkomposition, die «Märli-Bahn Hopp», zu einem Spezialpreis. Während der Bergfahrt erzählt eine Märlitante die Geschichte des Dampf-

---

Kleinste Ortschaft der Schweiz
Rosenlaui ist die kleinste Ortschaft der Schweiz. So steht es jedenfalls auf dem Schild nur wenige Gehminuten oberhalb der Gletscherschlucht. Von Ortschaft kann jedoch kaum die Rede sein, gibt es doch weder eine Post noch einen Laden. Zudem ist die Ortschaft nicht das ganze Jahr bewohnt. Im Winter hausen hier nur Schneehühner und die vielen Tiere, die sich für ihren Winterschlaf in der Erde vergraben.

bahngespensts Hopp, das sein Familienschloss bei den Giessbachfällen verlassen und sich ein Zuhause im Kamin einer Dampflok eingerichtet hat. Oben warten ein Panorama mit Viertausendern, ein blauer See sowie ein Bergrestaurant auf die Gipfelstürmer. Bergwanderungen beginnen hier in alle Richtungen.

Wie? Talstation beim Bahnhof Brienz.
Wann? 1. Juni–27. Oktober. Auskunft über Dampfzüge im Fahrplan.
Wieviel? Retour (mit Halbtax) Fr. 36.–, Kinder mit Juniorkarte gratis.
Dauer? Halber Tag (bei Retourfahrt).
Alter? Alle Altersstufen.

13 Ganz ohne Action
Axalp, 3855 Brienz, 033 952 15 45, www.alpenregion.ch

Im Trubel des Oberlandes gibt's auch ruhige Plätzchen: zum Beispiel die Axalp. In steilen Kehren führt die Strasse von Brienz bergauf zur Sonnenterrasse auf 1500 Metern. Neben ein paar Chalets und Sporthotels gibt's hier viel Natur: Die ideale Umgebung für eine gemütliche Familienwanderung über Wiesen und durch Wald Richtung Meiringen – bis nach kaum einer Stunde plötzlich das Hinterburgseeli zu Füssen liegt. Am idyllischen Gewässer laden ein paar Plätzchen zum Picknicken und viel Auslauf ringsum zur Rast ein. Der Aufenthalt kann sich auch in die Länge ziehen – zurück auf die Axalp und wieder ins Tal ist ein Katzensprung.

Wie? Mit Bus ab Brienz.
Wann? Mai–Oktober.
Wieviel? Auskunft zu Fahrplan und Preisen: Flück Reisen Brienz, 033 952 15 45.
Dauer? Wanderzeit 2 Std.
Alter? Ab 7 Jahren.

14 Eingezwängt
Aareschlucht, 3860 Meiringen, 033 971 40 48, www.aareschlucht.ch

Bern/Freiburg: Berner Oberland Ost

Es tost in Buchten, gurgelt in Grotten, sprudelt in Kesseln – zwischen Meiringen und Innertkirchen hat sich die Aare in Jahrtausenden durch den Felsriegel des Kirchet gesägt. Entstanden ist die imposante, 1400 Meter lange Aareschlucht – ein Naturspektakel erster Güte. Der Spaziergang führt zwischen 200 Meter hohen, fast senkrechten Felswänden hindurch, die immer enger zusammentreten. Oft hängt der Steg infolge Platzmangel direkt über dem Wasser, und mit ausgestreckten Armen lassen sich beide Wände gleichzeitig berühren. Es lohnt sich übrigens, in den tropfenden Gängen aufmerksam in die dunklen Felsspalten zu gucken – vielleicht wartet ein Tatzelwurm.

Wie? Westeingang mit Restaurant ab Station MIB Standsteg 10 Min. zu Fuss oder ab Meiringen 50 Min. zu Fuss. Osteingang ab Station MIB Aareschlucht Ost 5 Min. zu Fuss über Hängebrücke mit Gletschermühle.
Wann? Juli/August 9–18 Uhr, Mi und Fr 21–23 Uhr Abendbeleuchtung. April–Juni und September/Oktober 9–17 Uhr.
Wieviel? Erwachsene Fr. 7.–, Kinder ab 7 Jahren 3.50.
Dauer? Schluchtwanderung 1 Std.
Alter? Ab 6 Jahren.

15 Zum Haslizwerg
Zwergenweg Muggestutz,
6086 Hasliberg, 033 972 51 51,
www.alpenregion.ch

«Muggestutz» heisst der älteste Haslizwerg. Auf dem Weg von der Mägisalp über die Gummenalp nach Bidmi teilt er mit den Kindern seine vielen Abenteuer: bei der «Tannzapfentröchni», bei der «Adlerschaukel» oder in der geheimnisvollen «Höhle». Besonders Kinder in der «magischen Phase» werden noch monatelang von Muggestutz und Konsorten sprechen. Für Spannung und Spass sorgt aber nicht nur der Ausflug in die geheimnisvolle Zwergenwelt. Der 5 Kilometer lange Weg führt gemütlich immer leicht abwärts über Alpweiden und durch Tannenwälder an Picknick- und Grillplätzen vorbei durch eine besonders schöne Gegend im Oberland.

Wie? Seilbahn Hasliberg-Reuti–Mägisalp und Seilbahn Bidmi–Hasliberg-Reuti.
Wieviel? Zwergen- oder Rundfahrtbillett ab Meiringen Fr. 15.–, ab Reuti 11.– (mit Halbtax), Kinder mit Juniorkarte gratis.
Wann? Mitte Mai–Mitte Oktober.
Dauer? Wanderung 2 Std.
Alter? 5–10 Jahre.

16 Ein grauslicher Sturz
Reichenbachfälle, 3860 Meiringen,
033 972 90 10,
www.reichenbachfall.ch

«Es ist ein furchterregender Ort. Der Wildbach stürzt in einen gewaltigen Abgrund, aus dem Gischt aufwallt wie aus einem brennenden Haus. Der Schacht ist eine ungeheure, von kohlschwarzem Fels gesäumte Kluft, die in einen brodelnden Kessel von unermesslicher Tiefe mündet, der den Strom über seinen Rand weiterschleudert.» So beschreibt Conan Doyle alias Dr. Watson den 75 Meter hohen Reichenbachfall, an dem Professor Moriarty Sherlock Holmes in den Tod stiess – bis er auf Wunsch der Leserschaft wieder auferstand und noch viele Fälle löste. Der Platz – drei Wasserfälle donnern über eine Steilwand hinunter – fasziniert auch heute. Allerdings nur im Sommer, denn im Winter werden die Fälle «abgestellt», und ihr Wasser wird vom Kraftwerk gefasst.

Wie? Zu Fuss 20 Min. ab Meiringen zum Kraftwerk Reichenbach und zur Talstation der Drahtseilbahn. Besser die Bahn nehmen, da der steile Fussweg zu den Fällen für Kinder nicht zu empfehlen ist.
Wann? Drahtseilbahn Mitte Mai–Mitte Oktober 8.15–11.45 und 13.15–17.45 Uhr.
Wieviel? Erwachsene retour Fr. 7.–, Kinder 4.–, Familienpauschale 13.–.
Dauer? 2 Std.
Alter? Ab 6 Jahren.

17 Adlerhorst
Panoramarestaurant Alpentower,
3860 Meiringen, 033 972 50 10,
www.alpentower.ch

Wie ein Adlerhorst steht das Panorama-Restaurant «Alpentower» auf der Planplatten. Scheinbar schwerelos steigt die «Eagle»-Gondelbahn von der Mägisalp auf den 2250 Meter hohen Gipfel. Das 360-Grad-Panorama über das Hasli-

tal und die umliegenden Viertausender ist gewaltig. Der Platz im Restaurant und die Pastaportionen auch. Frühaufsteher geniessen ein Frühstücksbuffet (bis 12 Uhr) mit Retourfahrt zum Spezialpreis. Sportliche Familien nehmen den rund zweistündigen Abstieg auf dem Höhenwanderweg nach Käserstatt unter die Füsse. Von dort geht's dann per Gondelbahn bis Wasserwendi und danach mit dem Postauto bis Reuti (spezielles Rundfahrtbillett verlangen).

Wie? Seilbahnen Meiringen–Hasliberg–Reuti–Mägisalp–Planplatten. Auskunft Meiringen-Hasliberg-Bahnen, 033 972 50 10.
Wieviel? Meiringen–Planplatten einfach Fr. 15.50 (mit Halbtax), Kinder mit Juniorkarte gratis.
Wann? Mitte Mai–Ende Oktober (je nach Witterung).
Dauer? Halber Tag.
Alter? Ab 7 Jahren.

18 Schwerelos
Gelmerbahn, KWO, Kraftwerke Oberhasli AG, 033 982 20 11, www.grimselstrom.ch (siehe Link Produkte)

Mit 106 Prozent Steigung ist die Gelmerbahn die steilste Standseilbahn Europas. Die offene Kabine erinnert an eine Achterbahn und scheint fast den Felsen hoch- und runterzuklettern. Da kann es einem schon mulmig in der Magengegend werden. Die Bahn führt zum gleichnamigen Stausee inmitten einer malerischen Gebirgswelt. In gut anderthalb Stunden kann man um den See wandern. Der Weg ist an einzelnen Stellen mit Drahtseilen gesichert und eignet sich deshalb nur für Kinder, die trittsicher sind. Schöne Plätzchen laden zum Picknicken ein. Grillen kann aber nur, wer sein Holz selber mitgebracht hat.

Wie? Postauto Meiringen bis Hotel Handegg. Zur Talstation Gelmerbahn 5 Min. zu Fuss.
Wann? Mitte Juni bis Mitte Oktober 9–16 Uhr. Bergfahrt zur vollen und halben Stunde, Talfahrt Viertelstunde nach und vor der vollen Stunde.
Wieviel? Erwachsene retour Fr. 25.–, Kinder 6 bis 16 Jahre 15.–.
Dauer? Wanderung um den Gelmersee 1½ Std.
Alter? Nur für Kinder, die trittsicher gehen (ab 7 Jahren).

19 Haltet den Grims!
Kristallweg am Grimselpass, 3864 Guttannen, Infostelle 033 982 20 11, www.grimselhotels.ch

Der Grims ist ein pfiffiger kleiner Kristall, dem es in seiner Kluft zu langweilig geworden ist. In der steinigen Landschaft am Grimselpass lässt sich der Ausreisser finden: Beim Hotel Grimsel Hospiz beginnt ein Kristallweg, der immer leicht abwärts auf dem historischen Saumpfad durch eine grandiose Hochgebirgslandschaft, durch Natur pur und durch eines der reichhaltigsten Mineralienfundgebiete der Schweiz bis zum Hotel Handeck führt. Und dank der mitgebrachten Taschenlampe lassen sich die Kristallkluften unterwegs noch besser erkunden.

Wie? Postauto Meiringen bis Grimsel Hospiz, Rückfahrt ab Hotel Handegg.
Wann? Anfang Juli–Ende Oktober (je nach Witterung).
Dauer? Wanderung rund 3 Std.
Alter? Ab 7 Jahren.

20 Nichts als Stein
Gletscherpfad Steinalp,
Sustenpass, Tourist Info Meiringen
033 972 50 50, www.alpenregion.ch

Bern/Freiburg: Berner Oberland Ost

Würmeiszeit, Firnschnee, Moränen – was Sie schon immer über Gletscher wissen wollten: Der Gletscherpfad Steinalp am Sustenpass gibt Auskunft. Sie wandern zum Steinsee und bis fast ans Gletschertor des Steingletschers durch ein Gebiet, das noch vor hundert Jahren von Eis bedeckt war. Eindrucksvoll erleben Sie auf dem Rundgang, wie Pionierpflanzen ihre Standorte erobern und wie langsam wieder Leben in die Welt des ewigen Schnees vordringt. Nach dem Ausflug durch die geologische Geschichte können Kids auf der Terrasse des Hotels Steingletscher die karge Welt bei Cola und Pommes von weitem bewundern.

Wie? Postauto Meiringen bis Steingletscher.
Wann? April–Oktober.
Wieviel? Gratis. Broschüre für Fr. 5.– bei Tourist Information Meiringen erhältlich.
Dauer? Unterer Wegteil 1, gesamter Weg 3 Std.
Alter? Ab 7 Jahren.

━━ Kids willkommen! ━━

Wo essen?
Bahnhofbuffet Kleine Scheidegg, 033 828 78 28. Kinderkarte, «Röstizza»: Rösti auf Pizzateig oder Gehacktes und Hörnli im Fonduerechaud. 7–17 Uhr.
China-Restaurant Bamboo, Untere Bönigenstrasse 4, 3800 Interlaken, 033 821 19 61. Nicht nur das Vergnügen, mit Stäbchen zu essen, sondern auch die kinderfreundliche Atmosphäre ist ein Pluspunkt.
Des Alpes, Höhenweg 115, 3800 Interlaken, 033 822 23 23. Reichhaltige Speisekarte für Gross und Klein. Spielplatz und Malutensilien verkürzen die Wartezeit.
Hotel Bären, 3823 Wengen, 033 855 14 19, Kinderkarte, Kinderspielzimmer, Spielplatz und marktfrische Küche.

Wo schlafen?
Backpackers Villa Sonnenhof, Alpenstrasse 16, 3800 Interlaken, 033 826 71 71, www.villa.ch. Bietet vom Mehrbett- bis Einzelzimmer alles. Grosser Garten mit Tischtennistisch und anderen Spielmöglichkeiten. Dreierzimmer Fr. 50.–, Viererzimmer 36.– pro Person, 50 Prozent Ermässigung für Kinder von 2–11 Jahren. Zusätzliches Babybett Fr. 10.–. Frühstück nach dem Motto: all you can eat.
Camping Balmweid, 3860 Meiringen, 033 971 51 15, www.camping-meiringen.org. Campingplatz in Aarenähe mit grossem Kinderspielplatz, Übernachtung pro Person ab Fr. 7.–, Kinder 3.50.
Hotel Silberhorn, 3823 Wengen, 033 856 51 31, www.silberhorn.ch. Kinderspielzimmer, Whirlpool, Sauna, 3 Restaurants. Preise je nach Saison. Doppelzimmer pro Person in der Nebensaison ab Fr. 118.–. Kinder in Zusatzbetten im Zimmer der Eltern bis 6 Jahre gratis, bis 12 Jahre 50 Prozent und bis 16 Jahre 30 Prozent Ermässigung.

Hotel Lindenhof, 3855 Brienz am See, 033 952 20 30, www.hotel-lindenhof.ch. Familienhotel im Park mit Spielplatz und Hallenbad. Restaurant mit Kinderkarte. Doppelzimmer Fr. 170.–, Kinder bis 5 Jahre gratis, ab 6–15 Jahren Fr. 40.–, ab 17 Jahren 50.–. Frühstück und Hallenbad im Preis inbegriffen.
Hotel Tourist, 3860 Meiringen, 033 971 10 44, www.hoteltourist.ch. Themenzimmer Muggenstutz, Spielplatz und Spielecke. Vierbettzimmer inkl. Frühstück Fr. 60.– pro Person, Kinder bis 5 Jahre gratis, Kinder 6–11 Jahre 50 Prozent und Kinder 12–15 Jahre 30 Prozent Ermässigung.

▬ Dauerbrenner ▬

Harder Kulm, 3800 Interlaken, 033 828 73 39. Standseilbähnchen zum Aussichtspunkt ob Interlaken. Spielplatz, Rundwanderung auf dem Elfenweg, Alpenwildpark. Mai–Oktober 9–17.30 Uhr. Erwachsene retour Fr. 11.50 (mit Halbtax), Kinder mit Juniorkarte gratis. Alpenwildpark: Eintritt frei. Alle Altersstufen.
Schlittelplausch «Eiger Run», 3818 Grindelwald. Info-Tel. 033 828 75 40. 700 Meter rasante Abfahrt von Alpiglen via Randegg nach Grindelwald-Grund. Mitte Dezember–Mitte März. Tageskarte Fr. 20.–. Kinder mit Juniorkarte gratis. Ab 8 Jahren.
Männlichen, 3818 Grindelwald, 033 854 80 80, www.maennlichen.ch. Längste Gondelbahn Europas von Grindelwald auf den 2345 Meter hohen Männlichen mit super Panorama. Wanderung von anderthalb Stunden auf die Kleine Scheidegg empfehlenswert. Juni–Mitte Oktober und Dezember–April 8–16.30 Uhr. Erwachsene einfach Fr. 14.50 (mit Halbtax), Kinder mit Juniorkarte gratis. Alle Altersstufen.

Wilhelm Tell, 3800 Interlaken. 033 822 37 22. Freiluftaufführung von Schillers «Wilhelm Tell». Juni–September Do und Sa. Familienpauschalen inkl. Hotelübernachtung. Interlaken Tourismus, 033 826 53 00. Ab 10 Jahren.
Jungfraujoch, 033 828 72 33, www.jungfraubahnen.ch. Fahrt von der Kleinen Scheidegg zur höchstgelegenen Bahnstation Europas, dem Jungfraujoch. Zwischenhalte: Stationen Eigerwand und Eismeer. Besuche: Sphinx-Terrasse und Eispaläste. Ganzes Jahr. Erwachsene Fr. 51.– (mit Halbtax), Kinder mit Juniorkarte gratis. Alle Altersstufen.
Giessbach, 033 334 52 11, www.bls.ch/schiff/. Mit dem Schiff zum Giessbach, der sich in 14 Kaskaden über 400 Meter in den See hinunterstürzt. April–Ende Oktober. Schifffahrt Interlaken Ost–Giessbach retour (mit Halbtax) Fr. 12.80, Kinder mit Juniorkarte gratis. Alle Altersstufen.
Ballenberg, 3855 Brienz, 033 952 10 30, www.ballenberg.ch. Freilichtmuseum mit über 100 originalen, zum Teil jahrhundertealten Häusern aus allen Regionen der Schweiz. Inklusive 250 einheimische Bauernhoftiere und alte Handwerktraditionen. Mitte April–Ende Oktober 10–17 Uhr. Erwachsene Fr. 16.–, Kinder 8.–, Familienhöchstpreis 35.–. Alle Altersstufen.
Wildpark Brienz, 033 952 80 80. Kleiner Wildpark auf dem Fluhberg ob Brienz. Zu Fuss 15 Min. Eintritt gratis. Alle Altersstufen.
Sherlock-Holmes-Museum, 3860 Meiringen, 033 971 42 21. Zu sehen ist das Wohnzimmer an der Londoner Baker Street 221b des berühmtesten aller Detektive, der im Berner Oberland (fast) zu Tode gekommen ist. Mai–September Di–So 13.30–18 Uhr, Oktober–April Mi/So 16.30–18 Uhr. Erwachsene Fr. 3.80, Kinder 2.80. Ab 10 Jahren.

Bern/Freiburg: Berner Oberland Ost

Bern/Freiburg: Berner Oberland West

1. Schlaue Füchse
   Foxtrail, Thun
2. Venus, Pluto & Co. – Sternwarte Planetarium, Schwanden
3. Goldrausch
   Gold waschen, Sigriswil
4. Von Suetonius zum Beatus
   Beatusweg, Beatenberg
5. Hoch aufs Niederhorn
   Beatenberg–Niederhorn
6. Wo der Drache haust
   Beatushöhlen, Beatenbucht
7. Der Pyramidenberg
   Niesen, Mülenen
8. Brodelnder Hexenkessel
   Wildwasserweg Kiental
9. Fische inbegriffen
   Blausee
10. Wilde Tiere
    Alpen-Tierpark, Kandergrund
11. Kristallklar
    Öschinensee, Kandersteg
12. Eisenbahngeschichte
    BLS-Nordrampe, Kandergrund
13. Fast hinüber
    Auf der Gemmi, Kandersteg
14. Mini-Effort mit Maxi-Erlebnis
    Mit dem Velo durchs Kandertal
15. Ganz hinüber
    Über die Gemmi, Kandersteg
16. Leuchtende Augen
    Stockhorn, Erlenbach
17. Schussfahrt in Grün
    Trotti-Plausch Sparenmoos
18. Schussfahrt in Weiss
    Schlitteln Sparenmoos
19. Salto rückwärts
    Schönried–Rellerli
20. Donner und Wetter
    Meteo-Pfad Wispile–Gstaad

Bahn | Hotel | Kunsth. | Museum | Natur | Restaur. | Schiff | Sehensw. | Shopping | Spielen | Sport | Theater | Tiere | Wandern

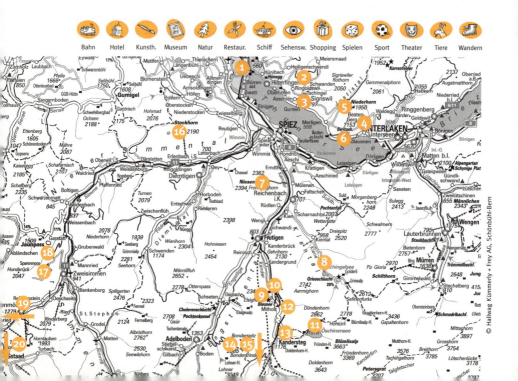

© Hallwag Kümmerly + Frey AG, Schönbühl-Bern

Lueget vo Bärge u Tal

Das westliche Berner Oberland lebt von Bergen. Es sind nicht illustre Namen wie Eiger, Mönch und Jungfrau – dafür ist Aussicht bis ins Mittelland garantiert. Wo sich Berge erheben, sind auch Täler zu entdecken. Und kleine Schluchten, gurgelnde Bäche, geheimnisvolle Verstecke, wo Bergzwerge wohnen und Feen… Hier gibt's Natur pur für Gross und Klein. Einige Täler sind gut erschlossen wie das Simmen- oder das Frutigtal. Weniger zugänglich sind Geheimtipps wie das hintere Kiental, das Suldtal oder das Gasterntal – letzteres wurde zwar weltweit bekannt, als Altbundesrat Adolf Ogi UNO-Generalsekretär Kofi Annan «seine» Schweiz zeigte. Wer noch vor dem grossen Ansturm dort gewesen sein will, mache sich jetzt auf Entdeckungstour!

Annette Fuhrer-Strebel und Karl Johannes Rechsteiner

1 Schlaue Füchse

Foxtrail, 3600 Thun, 079 578 70 27, www.foxtrail.ch.

Schlaue Köpfchen sind gefragt, um den Fuchs zu fangen. Rätsel und Spiele helfen dabei. Mit Bahn, Bus, Schiff, Bergbahnen, Velo oder zu Fuss reisen die Spurensuchenden von Posten zu Posten und lernen das Thunerland kennen – ab und zu unterbrochen vom Knacken der Rätsel. Entdecken lassen sich dabei ebenso schöne wie wenig bekannte Plätzchen. Und falls das «Jagen» Hunger und Durst gibt: Für Verpflegung ist unterwegs gesorgt. Zur Auswahl stehen zehn Routen mit verschiedenen Schwierigkeitsgraden.

Wie? Start je nach Route in Thun, Spiez, Interlaken. Reservation per Internet oder 079 578 70 27.
Wann? Ende April–Oktober.
Wieviel? Erwachsene Normaltrail Fr. 30.–, Kurztrail 20.–; Kinder Normaltrail 20.–, Kurztrail 5.–.
Dauer? Normaltrail 4–4½ Stunden, Kurztrail 2–2½ Stunden.
Alter? Ab 7 Jahren.

2 Venus, Pluto & Co.

Sternwarte Planetarium Sirius, 3657 Schwanden 033 251 02 51, www.sternwarte-planetarium.ch

Jeden Freitagabend bei klarem Himmel öffnet die Sternwarte Sirius ihre Tore oder besser gesagt ihre Teleskope für die Öffentlichkeit. Auch Sie und Ihre Kids werden staunen, wie viel mehr mit dem Teleskop als von blossem Auge zu sehen ist. Interessant sind auch die öffentlichen Führungen im Planetarium, die jeden Sonntag um 14 Uhr stattfinden. Mondphasen, Sonnen- und Planetenbewegungen werden simuliert. Zudem lassen sich Sonnenflecken, Granulationen, Protuberanzen und Flares beobachten… Lassen Sie sich mitnehmen auf eine Reise in unsere nahe und ferne kosmische Nachbarschaft.

Wie? Bus STI Nr. 24/25 ab Thun bis Schwanden Säge. Am Freitagabend PW benutzen, da der Bus nicht mehr fährt.
Wann? Sternwarte bei klarem Himmel jeweils Freitagabend. Während der Sommerzeit nach dem Eindunkeln, während der Winterzeit ab 20 Uhr. Planetarium Führung jeden Sonntag 14 Uhr.
Wieviel? Sternwarte Erwachsene Fr. 8.–, Jugendliche bis 16 Jahre 5.–; Planetarium Erwachsene 10.–, Jugendliche bis 16 Jahre 6.–.
Alter? Sobald ein ernsthaftes Interesse vorhanden ist.

3 Goldrausch

Gold waschen, 3655 Sigriswil, 033 251 20 70, www.grabenmuehle.ch

Wer möchte zu den Glücklichen gehören, die ein richtiges Goldnugget mit nach Hause nehmen? Mit Goldwaschpfanne, Kessel und Glasröhrchen ausgerüstet und nach fachkundiger Anleitung können alle ihr Glück versuchen. Gold soll es in der alten Goldmine Grabenmühle auf jeden Fall geben. In der romantischen Schlucht des Guntenbachs tummeln sich in zwei Gehegen Rothirsche, Damwild und Mufflonschafe, und im Kleintierdörfli sind Enten, Kaninchen, Meerschweinchen, Karpfen und Störe zu bestaunen. Für eine Pause bietet sich das Goldgräber-Beizli beim Kinderspielplatz an. Wer will, kann sein eigenes Mittagessen aus dem Forellenteich fischen und auf einer Feuerstelle grillieren.

Wie? Bus Thun–Sigriswil Dorf oder Sigriswil «Adler». 10 Min. zu Fuss.
Wann? Mai–Oktober. Dienstag–Sonntag 9.30–18 Uhr.
Wieviel? Parkanlage gratis. Goldwaschdemonstration und Ausrüstung pro Person Fr. 20.–, pro Familie (3 Personen) Fr. 45.–. Forellen je nach Gewicht.
Dauer? Halber Tag.
Alter? Parkanlage alle Altersstufen, Goldwaschen ab 9 Jahren.

4 Von Suetonius zu Beatus
3803 Beatenberg, 033 841 18 18, www.beatusweg.ch

Wer ist eigentlich der Mann, dem der Beatenberg seinen Namen verdankt? Der neuerstellte Beatusweg ist als spielerische und besinnliche Auseinandersetzung mit dem Inhalt der Sage vom heiligen Beatus angelegt. An verschiedenen Spiel- und Verweilstationen können Kinder und Erwachsene die Geschichte des irischen Ritters Suetonius erleben, der in die Welt hinauszog und schliesslich als Beatus den Kampf gegen den Drachen gewann. Zur Lebensreise gehören unter anderem ein Turnier auf der Ritterburg, die abenteuerliche Überfahrt über den Ärmelkanal und natürlich die Begegnung mit dem Drachen.

Wo? Vom Dorfausgang Waldegg über Rischerli zurück ins Dorf Beatenberg.
Wann? Ganzes Jahr.
Dauer? Je nach Verweillust. Halber Tag.
Alter? Alle Altersstufen.

5 Hoch aufs Niederhorn
3803 Beatenberg, 033 841 08 41, www.niederhorn.ch

Hoch türmt sich das Niederhorn über dem Ostufer des Thunersees. Den Berner Alpen direkt gegenüber, ist es ein idealer Aussichtspunkt und Ausgangspunkt für Wanderungen: zum Beispiel in einer Stunde von der Bergstation über Flösch nach Vorsass. Von hier führen zwei abwechslungsreiche Trotti-Routen von 6 oder 12 Kilometern Länge zurück nach Beatenberg. So sind die Höhenmeter in einem Kick zurückgelegt.

Wie? Schiff ab Thun oder Bus ab Bahnhof Interlaken West bis Beatenbucht. Drahtseilbahn und Gondelbahn aufs Niederhorn.
Wann? Niederhorn ganzes Jahr. Trotti-Fahrt Mai–Oktober.
Wieviel? Beatenbucht–Niederhorn und Beatenberg–Beatenbucht Erwachsene Fr. 17.10 (mit Halbtax), Kinder mit Juniorkarte gratis. Trotti-Miete inkl. Helm Fr. 12.–, Familienhöchstpreis Fr. 36.–.
Dauer? Halber Tag.
Alter? Trotti-Fahrt ab 9 Jahren.

Fliegende Fische
Die Stockhornbahn befördert nicht nur Wanderer und Skifahrer, sondern pro Woche auch 100 Kilo Regenbogenforellen für den Hinterstockensee. Weil der Oberstockensee weniger gut erreichbar ist, werden die Fische viermal pro Jahr mit dem Helikopter eingeflogen. Für 30 Franken können Fischer ein Ticket für die Seilbahn und ein Tagespatent für sechs Fische kaufen. Hier fangen sogar Kinder was, denn die nordamerikanischen Regenbogenforellen beissen gerne an. Jeden Abend wird die Statistik nachgeführt, da die geangelten Fische ersetzt werden.

Bern/Freiburg: Berner Oberland West

6   Wo der Drache haust
Beatushöhlen, 033 841 16 43,
www.beatushoehlen.ch

In den Beatushöhlen über dem Thunersee hauste einst ein wilder Drache – bis er vom heiligen Beatus besiegt wurde. Wenn Sie in die geheimnisvolle Welt der Stalaktiten und Stalagmiten eindringen, die versteinerten und echten Wasserfälle bewundern und durch den Spiegelsaal wandern, begreifen Sie, dass dieses bizarre Höhlensystem in Legenden mit allerlei Ungeheuern bevölkert war. Die Geschichte vom heiligen Beatus hat übrigens einen wahren Kern: Am Höhleneingang befindet sich neben einem Lagerplatz von Höhlenbewohnern die Beatus-Klause. Auf den Drachen müssen Sie länger warten.

Wie? Bus ab Bahnhof Interlaken West in 10 Min. oder Schiff ab Thun in 1½ Std bis Beatenbucht.
Wann? Palmsonntag bis 3. Sonntag im Oktober 10.30–17 Uhr.
Wieviel? Erwachsene Fr. 16.–, Kinder 8.–.
Dauer? Alle 30 Min. geführter Rundgang von 50 Min.
Alter? Ab 6 Jahren.

7   Der Pyramidenberg
Niesen, 3711 Mülenen,
033 676 11 12, www.niesen.ch

Auch bei schönem Wetter nehmen viele Passagiere der Niesen-Standseilbahn einen Schirm mit auf den Gipfel – den Gleitschirm. Die markante Felspyramide am Thunersee ist für waghalsige Piloten ein beliebter Startpunkt. Es fasziniert Kinder, den komplizierten Vorbereitungen zuzusehen. Und noch mehr staunen sie, wenn sich die Flieger über die Kante ins Leere stürzen. Erwachsene können sich am Panorama erfreuen und im neuen Bergrestaurant oder auf der grossen Terrasse einen Tropfen aus dem Felsenkeller geniessen. Auch wenn Sie nicht im Flug, sondern zu Fuss oder mit der Niesenbahn ins Tal zurückkehren – der Ausflug lohnt sich allemal.

Wie? Talstation Mülenen im Kandertal. Umsteigen von der ersten in die zweite Sektion auf Schwandegg.
Wann? Bahnbetrieb Anfang Mai–Mitte November 8–17 Uhr (Fahrplan s. www.niesen.ch).
Wieviel? Erwachsene retour Fr. 21.50 (mit Halbtax), Kinder mit Juniorkarte gratis.
Dauer? Halber Tag.
Alter? Alle Altersstufen.

8 Brodelnder Hexenkessel
Wildwasserweg, 3723 Kiental,
033 676 10 10

Vom Tschingelsee führt der Wildwasserweg durch die Griesschlucht zum Berghotel Griesalp, vorbei an Wasserfällen und dem brodelnden Hexenkessel. Es empfiehlt sich, den Wildwasserweg am Tag zu wandern, denn in jeder Vollmondnacht soll die Hexe am Wegrand stehen und von allen, die vorbeikommen, einen Tribut fordern. Nach dem Berghotel führt der Rundweg vorbei an Gletschertöpfen über Bundsteg, Steinenberg und Golderli zurück zur Postautostation Griesalp. Mit 28 Prozent Steigung gilt die Postautostrecke runter zum Tschingelsee als die steilste in Europa.

Wie? Postauto Reichenbach–Kiental–Tschingel, Wanderung Tschingel–Griesalp–Golderli–Griesalp, Postauto Griesalp–Reichenbach.
Wann? Juni–Oktober.
Wieviel? Postauto Reichenbach–Kiental-Tschingel und Griesalp–Reichenbach Erwachsene Fr. 14.50 (mit Halbtax), Kinder mit Juniorkarte gratis.
Dauer? Wanderung 2 Stunden.
Alter? Ab 7 Jahren.

9 Fische inbegriffen
Blausee, 3717 Blausee,
033 672 33 33, www.blausee.ch

Der Blausee – kristallklares und tiefblaues Wasser vor imposanter Bergkulisse und inmitten eines Naturparks. Für Kinder gibt es einiges zu entdecken. Auf dem Schluchtenweg geht es unter, um oder über Felsen. Ein grosser Spielplatz und die umliegenden Picknickplätze laden zum Spielen und Verweilen ein. Vom Boot aus lassen sich die prachtvollen Blauseeforellen gut beobachten. Und auf der Terrasse des Seerestaurants schmecken die hier gezüchteten Bio-Forellen natürlich am besten.

Wie? BLS-Bus von Kandersteg oder Frutigen bis Haltestelle Blausee.
Wann? Ganzes Jahr. Sommer 9–16.30, Winter 10–16.30 Uhr
Wieviel? Eintritt inklusive Bootsfahrt Erwachsene Fr. 4.50. Kinder bis 16 Jahre 2.40, ab zwei Kinder Fr. 1.20.
Dauer? Halber Tag.
Alter? Alle Altersstufen.

10 Wilde Tiere
Alpen-Tierpark Riegelsee,
3716 Kandergrund, 033 671 16 40,
www.tierpark-riegelsee.ch

Gemsen, Hirsche und Murmeltiere, dazu Wildschweine, Wölfe, Luchse und so weiter… Über 30 Tierarten lassen sich in dem idyllisch am kleinen Riegelsee gelegenen Tierpark in aller Ruhe beobachten. Spazieren Sie einmal im Frühsommer über die schattigen Waldwege und freuen Sie sich an den Jungtieren, die verspielt herumtollen. Zum gelungenen Familienausflug gehört aber während der warmen Saison ein Picknick an der Feuerstelle des Rastplatzes. Und genügend Zeit für die Kids, sich auf dem Spielplatz so richtig auszutoben.

Wie? BLS-Bus von Kandersteg oder Frutigen bis Haltestelle Riegelsee.
Wann? Ganzes Jahr. Täglich 9–20 Uhr.
Wieviel? Erwachsene Fr. 6.–, Kinder ab 6 Jahren 3.–.
Dauer? 2 Stunden.
Alter? Alle Altersstufen.

Bern/Freiburg: Berner Oberland West

11 Kristallklar
Öschinensee, 3718 Kandersteg,
033 675 80 80, www.kandersteg.ch

Der Kontrast zwischen dem lieblichen Öschinensee und den rundum aufragenden Felswänden lässt Drohendes ahnen. Und in der Tat: Der See hoch über Kandersteg ist eher jungen Datums. Ein vom Fisisstock abgebrochener Felssturz hat einen Wall aufgebaut, der die Schmelzwasserbäche der Blümlisalp-, Öschinen-, Fründen- und Doldenhorngletscher zum rund 60 Meter tiefen See aufstaute, dessen Wasser unterirdisch abfließt und erst im Öschinenholz zum Vorschein kommt. Das Ufer erreichen Sie von der Bergstation des Sessellifts aus auf einer gemütlichen halbstündigen Wanderung. Das klare Gewässer, in dem sich die sagenumwobene Blüemlisalp spiegelt, können Sie mit dem Ruderboot erkunden, und ganz besonders Mutige können sogar mehr als nur die Zehen hineinstrecken. Für Food sorgen drei Bergbeizen, für Fun die längste Sommerrodelbahn der Schweiz: Über 750 Meter geht es hier zu Tal.

Wie? Sessellift Kandersteg–Öschinen.
Wann? Sessellift ganzes Jahr, 8.30–17 Uhr. Rodelbahn Mitte Mai–Ende Oktober, 9.30–16.30 Uhr.
Wieviel? Erwachsene retour Fr. 9.50 (mit Halbtax), Kinder mit Juniorkarte gratis. Rodelbahn Erwachsene Fr. 4.–, Kinder 3.– pro Fahrt.

Dauer? Halber Tag.
Alter? Ab 3 Jahren.

12 Eisenbahngeschichte
Lötschberg-Nordrampe,
3716 Kandergrund, 033 675 83 84,
www.bls.ch

Der Sturm Lothar wütete im Kandergrund arg. Er verwüstete auch den Eisenbahn-Erlebnispfad an der imposanten Lötschberg-Nordrampe der BLS-Bahn. Doch die Natur erholt sich, und der Weg ist wieder instandgestellt. Sein Kernstück – die Strecke Blausee-Mitholz bis Kirche Kandergrund – führt teils den Gleisen entlang und teils hoch über der Trasse durch die Eisenbahngeschichte. Ob all den Informationstafeln über Gleisanlagen, Bauten und Züge sollte der Blick ins malerische Kandertal und auf das neuste Kapitel der Eisenbahngeschichte nicht vergessen werden: Hoch türmen sich die Aushubhügel der Neat-Baustelle.

Wie? Zum Start in Blausee ab Bahnhof Kandersteg zu Fuss in 2 Std. oder mit dem BLS-Bus ab Kandersteg oder Frutigen bis Station Mitholz-Balmhorn.
Wann? Mai–Oktober.
Wieviel? Gratis.
Dauer? Eisenbahnlehrpfad 1 Std.
Alter? Ab 6 Jahren.

Eisfischen
Glasklar wie unsichtbar und recht bevölkert ist der Öschinensee im Sommer. Doch auch im Winter wagen sich einige verwegene Fischer hierher. Um zu angeln, sägen und bohren die Eisfischer ein Loch in die bis zu 50 cm dicke Eisschicht. Weil die Wassertemperatur im unteren Bereich des Sees nie unter 4 °C sinkt und der Sauerstoffgehalt ausreicht, können Fische auch unter der Eisdecke überleben.

13 Fast hinüber
Auf der Gemmi, 033 675 80 80,
www.kandersteg.ch

Lieber relaxen als leisten? Auf Sunnbüel ob Kandersteg können Sie statt hinauf zur Gemmi zu keuchen (siehe Tipp 15) auch locker geradeaus spazieren. Zum Beispiel zu den drei Arvenseeli. Da kommen Sie nicht ins Schwitzen und können es sich einen ganzen langen Nachmittag beim Picknick oder beim Spielen gemütlich machen. In den Bergen und an der frischen Luft vergeht die Zeit sowieso wie im Flug.

Wie? Luftseilbahn Kandersteg–Sunnbüel.
Wann? Juni–Ende Oktober.
Wieviel? Erwachsene retour Fr. 14.50 (mit Halbtax), Kinder mit Juniorkarte gratis.
Dauer? Wanderung 1½ Std.
Alter? Ab 6 Jahren.

14 Mini-Effort mit Maxi-Erlebnis
Mit dem Velo durchs Kandertal, 3718 Kandersteg, 033 675 83 84, www.bls.ch

Mit dem Velo von 1200 auf 600 Meter hinunter – so lernen Sie das Kander- und Frutigtal von seiner schönsten Seite kennen. Nach dem Start in Kandersteg geht's im Bergsturzgebiet «Bühl» steil hinauf und dann steil hinunter zum «Underen Bühl». Als Zwischenhalt bietet sich der Blausee (siehe Tipp 9) oder der Riegelsee (siehe Tipp 10) an. Am meisten jedoch fasziniert die leichte bis mittelschwere Velofahrt abseits der Hauptstrassen durch ein wildes Tal und malerische Dörfer mit braungebrannten Frutighäusern. Hier gemeinsam zu schwitzen oder locker zu pedalen – das kittet Familien zusammen.

Wie? Ab Bahnhof Kandersteg, Veloreservation 033 675 83 84.
Wann? April–Oktober.
Wieviel? Erwachsene und Kinder Country-Bike inkl. Helm plus Zugfahrt und Veloverlad Spiez–Kandersteg Fr. 34.60 (mit Halbtax), Kinder mit Juniorkarte Fr. 15.–.
Dauer? 2½ Std. bis Wimmis (25 km), 3 Std. bis Spiez (30 km).
Alter? Ab 10 Jahren.

Bern/Freiburg: Berner Oberland West

15 Ganz hinüber
Über die Gemmi, 033 675 80 80, www.kandersteg.ch

Durch den Lötschberg ins Wallis? Warum denn immer unten durch? Oben drüber – von Kandersteg mit der Luftseilbahn nach Sunnbüel und über den Gemmipass nach Leukerbad – dauert es zwar ein bisschen länger und der Schweiss rinnt ganz schön. Dafür sind Sie zwischen Gletschern und imposanten Berner und Walliser Gipfeln auf einer klassischen Bergwanderung unterwegs – über blumenreiche Wiesen und steinige Hänge, durch stille Felstäler und vorbei an kleinen Seen. Eine Luftseilbahn erspart den steilen Abstieg nach Leukerbad – dafür reicht es hier vielleicht zum Erfrischen im Thermalwasser des Burgerbads.

Wie? Luftseilbahn nach Sunnbüel, Wanderung via Berggasthaus Schwarenbach zum Hotel Wildstrubel auf dem Gemmipass, Seilbahn nach Leukerbad, Postauto nach Leuk, BLS nach Kandersteg.
Wann? Ende Juni–Oktober.
Wieviel? Rundreisebillett Erwachsene Fr. 37.20 (mit Halbtax), Kinder mit Juniorkarte gratis. Auskunft 033 675 83 84.
Dauer? Wanderzeit Sunnbüel–Gemmipass 2½ Stunden.
Alter? Ab 8 Jahren.

16 Leuchtende Augen
Stockhorn, 3762 Erlenbach, 033 681 21 81, www.stockhorn.ch

Die Gemüter haben sie erhitzt, die beleuchteten Stockhornaugen. Auf jeden Fall können dank den beiden Aussichtsfenstern auch wenig berggängige Gipfelstürmer eine einmalige Fernsicht ins Mittelland geniessen. Beim Oberstocken- oder Hinterstockensee laden schöne Plätzchen zum Picknicken und Verweilen ein. Und wer gerne noch wandern will: Um beide Bergseen führt der Erlebnispfad «Lebensräume am Stockhorn». In zweieinhalb Stunden lernen Grosse und Kleine mit allen Sinnen spielerisch die Natur kennen.

Wie? Erlenbach–Chrindi–Stockhorn.
Wann? Mitte Mai–Anfang November alle 30 Min. von 8–17 Uhr.
Wieviel? Erwachsene retour Fr. 20.– (mit Halbtax), Kinder mit Juniorkarte gratis.
Dauer? Erlebnispfad «Lebensräume am Stockhorn» 2½ Stunden.
Alter? Ab 8 Jahren.

17 Schussfahrt in Grün
Trotti-Plausch Sparenmoos, 3770 Zweisimmen, 033 722 11 33, www.zweisimmen.ch

Da staunen die Kühe: Trottis sind im Berner Oberland in. Auf der Sonnenterrasse Sparenmoos hoch über Zweisimmen holpern Sie allerdings nicht mühsam übers Trottoir zum nächsten Rotlicht, sondern sausen über 7 Kilometer von 1700 auf 1000 Meter hinunter. Statt auf dem Micro-Scooter sind Sie auf stabilen Stahlkonstruktionen und natürlich mit Helm unterwegs – hier wird Tempo gebolzt und sind ein paar gewagte Kurven zu bewältigen.

Wie? Bus ab Zweisimmen.
Wann? Mai–Mitte Oktober. Bergfahrten stündlich 9–16, Trottinett-Talfahrten stündlich 9.30–16.30 Uhr. Es stehen 90 stabile Trottinetts und Helme zur Verfügung.
Wieviel? Busfahrt Erwachsene Fr. 12.–, mit Halbtax 10.–. Kinder 6.–. Trottinettmiete inkl. Helm pro Fahrt Fr. 10.–.
Dauer? Halber Tag.
Alter? Ab 10 Jahren.

18 Schussfahrt in Weiss
Schlitteln Sparenmoos,
3770 Zweisimmen, 033 722 11 33,
www.zweisimmen.ch

Was das Trotti im Sommer, ist der Schlitten im Winter: Von Sparenmoos geht die stiebende Schussfahrt auf einer der längsten Schlittelbahnen der Schweiz in kurvenreicher Fahrt über sieben Kilometer hinunter. An kalter Winterluft, die auch Stubenhocker wieder auf Touren bringt. Und unbeschwert: Der Bus von Zweisimmen nach Sparenmoos bringt Sie zum Ausgangspunkt – sooft Sie wollen und die Kinder mitmachen. Die gut präparierte Piste ist in zwei Abschnitte eingeteilt. Beachten Sie auf dem oberen, vier Kilometer langen Stück bis zur «Heimkuhweide» die Sperrzeiten für Autofahrer. Der untere, etwas schwierigere Teil ist dagegen fast vollständig den Schlittlern vorbehalten.

Wie? Bus ab Zweisimmen.
Wann? Dezember–März. Schneebericht 033 722 11 33.
Wieviel? Busfahrt Erwachsene Fr. 12.– mit Halbtax 10.–. Kinder 6.–. Tageskarte Erwachsene 28.–, Kinder 18.–. Schlittenmiete Berghotel Sparenmoos:
Fr. 4.– pro Fahrt oder 12.– pro Tag, Rückgabe Bushaltestelle Zweisimmen. Die SBB bieten spezielle Kombi-Tickets ab jedem Bahnhof an (0900 300 300).
Dauer? Pro Fahrt rund 30 Minuten.
Alter? Alle Altersstufen.

19 Salto rückwärts
3778 Schönried–Rellerli,
033 748 87 21 (Bahn), 033 748 87 22 (Restaurant), www.rellerli.ch

Beim Schlitteln auf dem Rellerli bekommt niemand kalte Finger oder wird vom grossen Bruder überholt. Denn die gut 600 Meter lange Sommerrodelbahn gleich neben der Bergstation hat nur eine Spur. Heisse Überholmanöver gibt es dafür mit den «Dévalkarts». Wer seinen Wagen auf dem abschüssigen Gelände geschickt an Gegnern und Kuhfladen vorbeimanövriert, hat den Platz im Ferrari-Formel-1-Team schon fast auf Sicher. Der ultimative Kick eines dreifachen Saltos rückwärts wartet auch auf dem Bungy-Trampolin. Sicher an elastischen Gurten befestigt, erleben alle die Schwerelosigkeit. Wer lieber gemütlich in die Höhe steigt, der kann sich an der Kletterwand versuchen. Übrigens: In alle Himmelsrichtungen wandern kann man vom Relleri aus auch.

Wie? Gondelbahn Schönried–Relleri.
Wann? Juni–Ende Oktober. Anlagen sind nur bei trockenem Wetter offen.
Wieviel? Gondelbahn retour Erwachsene Fr. 15.20 (mit Halbtax), Kinder 11.50. Rodelbahn, Dévalkart und Bungy-Trampolin Erwachsene je Fr. 4.50, Kinder 3.60. Übertragbare, günstigere Mehrfachkarten für alle Angebote.
Dauer? Halber Tag.
Alter? Rodelbahn: Kinder unter 6 Jahren nur in Begleitung Erwachsener. Dévalkart ab 10 Jahren. Bungy-Trampolin ab 6 Jahren.

> Bern/Freiburg: Berner Oberland West

Längstes Dorf Europas
Das längste Dorf Europas ist 7 Kilometer lang. Beatenberg hat zwar keinen eigentlichen Dorfkern, dafür wohnen die meisten der rund 1400 Einwohnerinnen und Einwohner mitten in der Natur. In der Hochsaison kann die Besucherzahl die der Bewohnerinnen auch mal übertreffen. Nicht erstaunlich, denn die Aussicht auf den Thunersee und die Berner Oberländer Berge ist grandios und das Klima mild.

20 Donner und Wetter
Meteo-Pfad Wispile–Gstaad,
033 748 82 32, www.gstaad.ch

Für das erste Stimmungshoch sorgt schon die Reise durchs Simmental nach Gstaad und weiter mit der Gondelbahn hinauf nach Wispile. Hier oben auf 1900 Metern Höhe begleitet uns an einem schönen Tag «das Wetter auf Schritt und Tritt»: praktisch in der Oberländer Bergwelt und theoretisch auf dem ersten Wetterlehrpfad Europas. Unterhaltsam lernen Sie auf dem Rundgang einiges über die Erforschung des Wetters, das Entstehen des Klimas und seine Folgen für die Landschaft. Recht heiter ist es aber auch, auf der Terrasse des Berggasthauses den Cirrocumulus-Wölklein zuzusehen. Die Kids sind während dieser Zeit im Erlebnispark und im Streichelzoo gut aufgehoben.

Wann? Gondelbahn täglich 9–16.30 Uhr von Juni–Oktober und Mitte Dezember–Ende März (der Meteo-Pfad ist im Winter nicht präpariert).
Wieviel? Gstaad–Wispile retour Erwachsene Fr. 22.50 (mit Halbtax), Kinder mit Juniorkarte Fr. 13.50.
Dauer? Rundwanderung 5 km 1¼ Std.
Alter? Ab 6 Jahren.

Längste Treppe
Mit 11 674 Stufen ist die Treppe entlang der Niesenbahn im «Guinness-Buch der Rekorde» als längste Treppe der Welt vermerkt. In früheren Jahren gab es sogar einen Niesentreppen-Wettlauf. Es brauchte grosse Konzentration, um auf den unterschiedlich hohen Treppenstufen aus Stein oder Gitter nicht zu stürzen. Heute ist das Betreten aus Sicherheitsgründen nicht mehr erlaubt.

— Kids willkommen! —

Wo essen?
Hotel Restaurant Meielisalp, 3706 Leissigen, 033 847 13 41, www.meielisalp.ch. Wunderschön hoch über dem Südufer des Thunersees gelegen. Kinderfreundliches Restaurant mit Kinderkarte, Aussichtsterrasse, abenteuerlichem Spielplatz, Minigolf.
Restaurant Seepark, 3654 Gunten, 033 252 88 53, www.parkhotel-gunten.ch. Restaurant mit Seesicht, Kinderkarte, Spielzimmer und Spielplatz.
Chessel, 3753 Oey, 079 415 19 06. Einfaches, rustikales Bergrestaurant mit viel Platz für herumrennende Kinder.
Hotel Arc-en-ciel, 3780 Gstaad, 033 748 43 43, www.arc-en-ciel.ch. Spielzimmer, Spielplatz mit Elektroautos, Kinderkarte und eine reichhaltige Speisekarte für Erwachsene sorgen für gutes Essen und Unterhaltung. Einmal pro Woche können Kinder selber Pizza backen. Anmeldung erforderlich.

Wo schlafen?
Zentrum Gwatt am Thunersee, 3645 Gwatt, 033 334 30 30, www.gwatt-zentrum.ch. Hotelanlage mit Strand, Wald, Spielwiese, Mietvelo, Ruderbooten. Doppelzimmer ab Fr. 40.– pro Person, Kinder 3–8 Jahre 50%, 8–14 Jahre 30% Ermässigung.
Hotel Ermitage, 3718 Kandersteg, 033 675 80 20, www.ermitage-kandersteg.ch. Hotel im Grünen mit Spielplatz und Eisbahn. Pauschalpreis für Familienappartements (bis 6 Personen) pro Nacht und inkl. Frühstück Fr. 185.–. Kinder 4–6 Jahre 50%, 7–12 Jahre 30% Ermässigung.

Hotel Krone, 3775 Lenk, 033 736 33 44, www.krone-lenk.ch. Doppelzimmer ab Fr. 110.–. Kinder 6–12 Jahre 50%, 12–16 Jahre 30% Ermässigung. Sehr familienfreundlich. Betreutes Kinderspielzimmer.
Hotel Steinmattli, 3715 Adelboden, 033 673 39 39. Familienzimmer Fr. 110.–, Kinder bis 6 Jahre gratis, 6–12 Jahre 50%, 12–16 Jahre 30% Ermässigung. Kinderspielplatz.

Dauerbrenner

Volldampf voraus, 033 334 52 11, www.bls.ch. Thuner- und Brienzersee mit dem Schiff entdecken; eventuell sogar mit Dampf auf der «Blüemlisalp» oder der «Lötschberg». Mai–Oktober. Auskunft zu Preisen und Fahrplan, BLS-Schiffsbetriebe, 033 334 52 11. Alle Altersstufen.
Aareabwärts, Thun–Bern, 031 741 91 92, www.siestaoppi.ch. Bei flotter Strömung die friedliche Landschaft zwischen Thun und Bern vorbeiziehen lassen und an einem lauschigen Plätzchen picknicken. Thun-Schwäbis bis Bern-Marzili. Mitte Mai–Anfang Oktober. Schlauchbootmiete, Ausrüstung, Instruktion, Kleidertransport Erwachsene Fr. 49.–, Kinder 35.–. Kanufahrt 4–5 Std. Kinder ab 8 Jahren.
Winterwandern über die Gemmi, 033 675 80 80. Das ganz andere Abenteuer: in 4 Stunden von Kandersteg via Sunnbüel–Schwarenbach–Gemmipass (2350 m) nach Leukerbad im Wallis. Abstieg per Luftseilbahn. Mitte Dezember–Anfang April.
Wo Wassermühlen drehen, 3715 Adelboden, 033 673 80 80. Wanderung durch die Cholerenschlucht. Mai–Oktober. Schluchtwanderung ½ Std. Ab 6 Jahren.

Sagenhaft wandern, 3723 Kiental, 033 676 10 10, www.kiental.ch. Mehrere Sagen-Wanderwege führen durch die Postkartenlandschaft des Kientals. Sagen-Wanderbüchlein erhältlich bei 033 676 10 10. Juni–Ende Oktober. Kurztour 2–3 Std. oder zwei Tagestouren. Ab 6 Jahren.
Über den Golden Pass, 033 722 18 29. Im Panoramic-Express von der Deutsch- in die Westschweiz bzw. in 1½ Stunden von Zweisimmen nach Montreux. Platzreservation obligatorisch. Tickets und Platzreservation an jedem Bahnhof. Täglich. Alle Altersstufen.
Simmentaler Hausweg, 033 722 11 33. Zimmermannskunst aus mehreren Jahrhunderten ist zu bestaunen auf dem Talweg (14 km) oder auf dem Terrassenweg (20 km). Ausgangspunkt: alle Ortschaften im Simmental zwischen Wimmis und Boltigen. Ausgeschildert, Broschüre erhältlich.
Petri Heil, 3770 Zweisimmen, 033 722 29 60, www.forellensee.ch. Fischen im Forellensee. Ganzes Jahr 9–18 Uhr (Winter Montag geschlossen). Miete pro Angelrute Fr. 5.–, Kilopreis ganzer Fisch 19.50. Ab 6 Jahren.
Glacier Les Diablerets, 024 492 28 14. Winter im Sommer auf 3000 Metern Höhe in einer grandiosen Gletscherlandschaft mit phantastischer Aussicht. Rundfahrten im Gletscherbus, Restaurant von Mario Botta, Sommerskifahren. Seilbahn Erwachsene retour Fr. 54.– (Halbtax ungültig), Kinder 27.50.
Pulver gut, www.gstaad.ch, www.adelboden.ch, www.lenk.ch. In der Skiregion Gstaad oder Adelboden-Lenk warten 147 Bergbahnen und Skilifte, 430 km präparierte Pisten, Halfpipes für Snöber, Schlittelruns und Abfahrten aller Schwierigkeitsgrade auf Wintersportler. Dezember–April. Günstige SBB-Pauschalangebote inkl. Bahnfahrt und Ski-Tageskarte erhältlich.

Bern/Freiburg: Berner Oberland West

Bern/Freiburg: Seeland und Freiburg

1. **Exkursion im Tropenwald**
   Papiliorama/Nocturama in Kerzers

2. **So ne Chabis!**
   Gemüselehrpfad ab Kerzers

3. **Dufte Lampen blasen**
   Glasbläserei Hagen, Büren a. A.

4. **John und die vielen Tiere**
   Zoo John's kleine Farm, Kallnach

5. **Höhlenbewohner in Seedorf?**
   Sandsteinhöhlen, Seedorf

6. **Agri-Kult-Tour**
   Jerisberghof, Gurbrü

7. **Wassertreten in Erlach**
   Boots- und Pedalovermietung

8. **Famos durchs Grosse Moos**
   Inline-Route Täuffelen–Ins–Erlach

9. **Zu Fuss zur Insel**
   Von Erlach auf die St.-Peters-Insel

10. **Es geht aufwärts**
    Ligerz–Tessenberg-Bahn, Ligerz

11. **Go-Kart à gogo**
    Expodrom in Muntelier

12. **Forscher mit Taschenlampe**
    Mont-Vully-Höhlen, Môtier

13. **Graue Stadt, grünes Tal**
    Gotteron-Schlucht, Freiburg

14. **Marionetten aus aller Welt**
    Marionettenmuseum, Freiburg

15. **Keine kalten Füsse**
    Giesserei Brügger, Villars-s.-Glâne

16. **Three sixty?!**
    Skatepark, Bulle

17. **Tarzan im Tannenwald**
    Abenteuer-Park, Charmey

18. **Von Aliens und alten Grafen**
    Museen in Gruyères

19. **Moléson, der Freizeitberg**
    Freizeitpark, Moléson-Village

20. **Eiszauber**
    Warme Sense, Zollhaus

21. **Unterwegs wie Yeti – Schneeschuhwandern im Freiburgerland**

| Bahn | Hotel | Kunsth. | Museum | Natur | Restaur. | Schiff | Sehensw. | Shopping | Spielen | Sport | Theater | Tiere | Wandern |

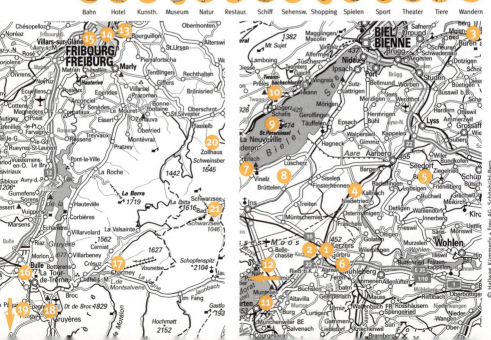

© Hallwag Kümmerly + Frey AG, Schönbühl-Bern

Wo sich Deutsch und Welsch guten Tag sagen

«Das ist doch dort, wo die Expo war, oder?» fragt der Knirps aus der Ostschweiz. Die Landesausstellung 2002 hat das Drei-Seen-Land, die Region um Bieler-, Neuenburger- und Murtensee, im ganzen Land bekannt gemacht. Wurde ja auch Zeit, finden die Einheimischen. Wo gibt's denn schon so viel flaches Land zum Velofahren und Skaten? Wo sonst liegen Berge – und wenn es «nur» der Jura ist – ebenso nah wie milde, an den Süden gemahnende Uferzonen? Welche andere Schweizer Region lässt sich ganz auf dem Seeweg erforschen? Zum Bummeln locken mittelalterliche Städtchen wie Le Landeron, Murten oder Avenches. Und natürlich die stolze Zähringerstadt Freiburg. Ihr voralpines Hinterland bildet die natürliche südliche Fortsetzung des Drei-Seen-Landes und bietet mit dem malerischen Greyerzerland eine der familienfreundlichsten Regionen der Schweiz.

Erika Schumacher

**Bern/Freiburg:
Seeland
und Freiburg**

1 Exkursion im Tropenwald
Papiliorama/Nocturama, 3210 Kerzers, 031 756 04 61, www.papiliorama.ch

Seit 2003 ist das Papiliorama/Nocturama – zuvor in Marin am Neuenburgersee beheimatet – in Kerzers zu finden. Ein lebendiges Museum im wahrsten Sinne des Wortes: Exotische Schmetterlinge, manche handtellergross, und bunte Vögel bevölkern das Papiliorama. Die Luft unter dem transparenten Kuppeldach ist schwül, es herrscht Regenwaldklima. Die üppig wachsenden Pflanzen stammen aus allen Tropenlandschaften der Welt, Weiher und Bäche bieten Lebensraum für Fische und Wasservögel. Im Nocturama tummeln sich in Mondschein-Stimmung nachtaktive Tiere – Vögel, Säuger, Reptilien, Lurche, Fische und Wirbellose –, die sonst in den Wäldern Süd- und Zentralamerikas anzutreffen sind. Die prächtige Anlage will uns nicht nur die Schönheit der tropischen Fauna zeigen, sondern auch daran erinnern, dass durch die Zerstörung des Tropenwaldes ebenfalls dessen Bewohner aussterben.

Wie? Am Bahnhof Kerzers (Linie Bern–Neuenburg) dem Wegweiser folgen (zu Fuss ca. 20 Minuten). Oder mit dem Auto: Die Anlage liegt an der Strasse von Kerzers nach Fräschels.
Wann? Täglich (ausser 25. 12. und 1. 1.) 9–18 (Papiliorama) bzw. 10–18 Uhr (Nocturama). Während der Winterzeit nur bis 17 Uhr.
Wieviel? Erwachsene Fr. 12.–, Kinder (4–15 Jahre) 6.–.
Alter? Ab 4 Jahren.

2 So ne Chabis!
Gemüselehrpfad per Velo oder pedes, 3210 Kerzers

38 Kilometer ohne nennenswerte Steigungen – diese Rundtour ist ein wahrer Genuss. Der Gemüselehrpfad beginnt in Kerzers, endet auch dort und führt dazwischen an über 60 verschiedenen Gemüsesorten vorbei. Auf verkehrsarmen Naturwegen und Landstrassen queren wir das Grosse Moos, den grössten «Gemüsegarten» der Schweiz. Die interessantesten Stellen entlang der Strecke sind mit Fahne und Informationstafel markiert. Viele Plätze laden zum Picknicken, Brätlen und Spielen ein. An der Strecke liegt auch das Inforama Seeland in Ins. Hier orientieren eine kleine Ausstellung und ein Naturlehrpfad über die Besonderheiten der regionalen Landwirtschaft, und die Kinder üben sich darin, auf der grossen Balancierscheibe das Gleichgewicht zu halten.

Wie? Mit dem Zug nach Kerzers. Fahrräder können am Bahnhof gemietet werden: 031 755 51 25.
Wann? Anfang Mai–Mitte Oktober.
Alter? Alle Altersstufen.

Wo bitte geht's zum Röschtigraben?
Biel-Bienne ist konsequent und offiziell zweisprachig, was sich etwa an den deutsch-französischen Strassenschildern erkennen lässt. In Freiburg spricht der grössere Teil der Bevölkerung französisch, die deutschsprechende Minderheit ist allerdings nicht allzu klein. Und in Murten hält man es ziemlich genau umgekehrt. Und nahezu überall in der Brückenregion zwischen Deutsch- und Welschschweiz verstehen die meisten Menschen beide Sprachen. Die Verständigung klappt also bestimmt – wen wundert es da noch, dass der Röschtigraben hierzulande schwer zu finden ist?

3 Dufte Lampen blasen
Kunst-Glasbläserei Hagen,
Hauptgasse 31, 3294 Büren a. A.,
032 351 60 16

Was ist Glas? Wie ist es denn möglich, dass in Handarbeit so schöne Gefässe, Kugeln und Duftlämpchen aus Glas entstehen? Solche und andere Fragen zum Rohstoff Glas – und was daraus werden kann – beantwortet Dieter Hagen den Besucherinnen und Besuchern in seinem Atelier. Engagiert und mit viel Liebe zu seinem Handwerk demonstriert und erklärt er uns die Kunst des Glasblasens. Familien können spontan im Atelier aufkreuzen, in der Regel findet Herr Hagen Zeit für einige Ausführungen. Gruppen ab zehn Personen bitte anmelden, für Schulklassen ist eine Lehrstunde vorbereitet. Ideal lässt sich der Besuch in der Kunst-Glasbläserei mit einer Velotour verbinden, z. B. von Biel nach Solothurn.

Wie? Mit Schiff, Bahn, Bus oder Velo nach Büren an der Aare; das Atelier befindet sich unter den Lauben bei der Einmündung der Strasse von der Holzbrücke in die Hauptgasse.
Wann? Mo–Fr 7.30–17.30, Sa 7.30–16 Uhr.
Alter? Ab 8 Jahren.

4 John und die vielen Tiere
Zoo John's kleine Farm, Krosenrain 12,
3283 Kallnach, 032 392 54 09,
www.johnskleinefarm.ch

Minipigs, Zwergzebus, Zwergesel, Zwergkaninchen, seltene Zwergohreulen… – im Mini-Zoo lebt manches Tier im Kleinformat. Die «normalen» gibt's natürlich auch: Gänse, Waschbären, Perlhühner, Papageien, Stachelschweine, Schnee-Eulen, Frettchen und viele mehr. In diesem Zoo sind alle Kinder und Erwachsene willkommen, besonders aber all jene, die nicht gut sehen, blind, taubblind oder anderswie behindert sind. Speziell an sie hatte John-David Bauder gedacht, als er vor einigen Jahren seinen «Zoo zum Anfassen» schuf. Somit wird klar, dass hier viele Tiere angefasst und gestreichelt werden können – sofern es ihnen passt! Im Sommer hält die Zooteria kühle Getränke, Glace und andere Erfrischungen feil, und am Samstagabend ist Zoonacht: mit kleiner Nachtwanderung, Grilladen, einer spannenden Geschichte und Füttern sowie Beobachten der nachtaktiven Zoobewohner.

Wie? An der Bahnstation Kallnach (Linie Lyss–Kerzers) dem Zoo-Wegweiser folgen (ca. 15 Min. zu Fuss). Mit dem Auto: Beim Restaurant Sonne in Kallnach dem Zoo-Wegweiser folgen.
Wann? März–Oktober täglich 10–17.30, November–Februar 10–16 Uhr.
Zoonacht: Juni–August, Sa ab 20 Uhr, Anmeldung bitte 14 Tage im voraus.
Wieviel? Erwachsene Fr. 7.–, Kinder ab 3 Jahren 4.–.
Alter? Alle Altersstufen.

Bern/Freiburg: Seeland und Freiburg

5 Höhlenbewohner in Seedorf?

Sandsteinhöhlen, obere Rebhalde, 3268 Lobsigen

Wenn es stimmt, was die älteren Seedorferinnen und Seedorfer erzählen, haben in diesen Höhlen bis vor rund hundert Jahren «Chacheliflicker und Korber» mit ihren Tieren gelebt. Heute dienen die Einbuchtungen im Fels vor allem als Brätelstellen; zum Übernachten oder gar zum Wohnen bieten sie wenig Schutz. Aber auf jeden Fall sind die Sandsteinhöhlen ein lohnendes Ausflugsziel, das mit einer kleinen Wanderung verbunden werden kann: Es führen verschiedene Postautolinien in der Nähe vorbei, deren Haltestellen als Ziel angesteuert werden können. Solche Wanderungen führen zum Beispiel von Frienisberg durch den Baggwilgraben nach Aarberg oder von Seedorf via Ruchwil nach Frieswil; die Höhenzüge gewähren einen schönen Ausblick aufs Seeland und zum Jura.

Wie? Postauto bis Lobsigen (von Aarberg oder Bern). Zu Fuss in die Rebhalden, ein Weg führt auf halber Höhe an einer Getränkehandlung/Brennerei vorbei in den Wald, linkerhand zweigt eine Treppe ab zu den Höhlen. Marschzeit ca. 30 Minuten.
Wann? Jederzeit.
Alter? Ab 6 Jahren.

6 Agri-Kult-Tour

Familie E. Bucher, Jerisberghof, 3208 Gurbrü, 031 755 53 26

Auf dem Jerisberghof treffen Vergangenheit und Gegenwart aufeinander. Das Bauernmuseum vermittelt einen lebendigen Überblick über bäuerliche Wohnkultur und Lebensweise im 18. Jahrhundert. Zudem ist das Museum Ausgangspunkt für zwei hauskundliche Rundwege: Am Rand des Grossen Mooses, über grüne Hügel und Matten mit herrlicher Aussicht, führen sie an herrschaftlichen Bauernhäusern, Speichern und Stöcklis vorbei. Nach so viel Geschichte ist ein Besuch auf dem Biohof der Familie Bucher angesagt. Zum Beispiel wartet hier eine quietschfidele Wollsäuli-Familie auf Streicheleinheiten. Buchers verkaufen ihre landwirtschaftlichen Produkte ab Hof, und wer mehrere Tage in der Region bleiben möchte, kann hier auch übernachten.

Wie? Mit dem Zug (Linie Bern–Neuenburg) bis Station Ferenbalm-Gurbrü.
Wann? Hof und Umgebung: jederzeit. Museum: Di–So: 9–18 Uhr. Kinder Fr. 1.–.
Dauer? Hauskundliche Rundwege: Südroute ca. 2 3/4, Nordroute ca. 2 1/2 Stunden.
Alter? Alle Altersstufen.

7 Wassertreten in Erlach
Boots- und Pedalovermietung,
Camping Mon Plaisir, Galsstrasse 26,
3235 Erlach, 032 338 13 58,
www.camping24.ch

Ein Ausflug nach Erlach lohnt sich doppelt: Einmal hat der alte Ort eine hübsche Altstadt mit gepflästerten Gassen, gemütlichen Restaurants und einem altehrwürdigen Schloss. Zum andern liegt dem Städtchen der Bielersee zu Füssen; mit einem tollen Strand und einem ruhigen kleinen Familien-Camping. Wem Baden zu langweilig ist, der mietet sich hier ein Kanu oder ein Pedalo, steuert ein Stück weit auf den See hinaus oder entdeckt die Fauna und Flora der einmaligen Uferlandschaft. Für Hobbykapitäne: Steuerbord heisst rechts, Backbord links. Und Kursschiffe der Bieler Schifffahrtsgesellschaft haben immer Vortritt!

Wie? Mit der Bahn nach Ins oder Neuenburg und mit dem Postauto nach Erlach. Oder mit dem Schiff ab Biel nach Erlach (Bielersee-Schifffahrts-Gesellschaft, 032 329 88 11, www.bielersee.ch).
Wann? Bei Badewetter.
Wieviel? Stundenpreise: Pedalo oder Kanu Fr. 16.–, Kajak 8.–.
Alter? Für alle Wasserratten.

8 Famos durchs Grosse Moos
Inline-Route von Täuffelen nach Ins, 2575 Täuffelen

Derart topfebenes Land fordert zum Skaten geradezu heraus: Die knapp 20 Kilometer lange Tour auf verkehrsarmen Wegen beginnt in Täuffelen unweit des Bielersees, führt nach Walperswil, über den Hagneck-Kanal und anschliessend in nahezu schnurgeraden Streckenabschnitten durch die fruchtbaren, fast schwarzen Böden im Grossen Moos. Auf 25 Quadratkilometern gedeihen hier Dutzende von Gemüsesorten – wer kennt sie alle?! Machen wir doch Rast bei einem der Gemüseproduzenten am Weg, er wird uns eine spannende Lektion erteilen können. Im Gemüsebauerndorf Müntschemier ist der südliche Rand des Grossen Mooses erreicht, wir sausen auf einem Nebensträsschen parallel zur Bahnstrecke Richtung Westen und treffen in Ins ein. Wer noch nicht müde ist, hängt neun weitere Kilometer an, fährt nach Tschugg und am Fusse des Jolimonts entlang bis Erlach.

Wie? Mit der Bahn ab Biel nach Täuffelen und zurück ab Ins nach Biel. Ab Erlach mit dem Postauto nach Ins oder mit dem Schiff nach Biel (Bielersee-Schifffahrts-Gesellschaft, 032 329 88 11, www.bielersee.ch).
Wann? Jederzeit.
Alter? Nach eigenem Ermessen.

9 Zu Fuss zur Insel
Von Erlach auf die St.-Peters-Insel, Bielersee-Schifffahrts-Gesellschaft, Badhausstrasse 1a, 2502 Biel, 032 329 88 11, www.bielersee.ch

Die offiziell grösste Schweizer Insel ist genaugenommen eine Halbinsel – und also zu Fuss zu erreichen: Ein Landstreifen verbindet die St.-Peters-Insel im Bielersee mit dem Festland in Erlach. Darüber verläuft der flache «Heidenweg», der zusammen mit der ganzen Insel ein wichtiges Naturschutzgebiet bildet. Als beschilderter Naturlehrpfad führt er durch grossartige Schilfbestände, vorbei an seltenen Orchideen, Brutstätten gefährdeter Vogelarten und an einem Vogelturm, der zwecks besserer

Bern/Freiburg: Seeland und Freiburg

**Bern/Freiburg:
Seeland
und Freiburg**

Beobachtung der gefiederten Freunde bestiegen werden kann. Auf der eigentlichen Insel verläuft ein Waldlehrpfad durch den Buchen-, Föhren- und Seeauenwald. Am schönsten verbinden lässt sich die Wanderung – wie auch zahlreiche weitere Spazier- und Wanderrouten rund um den Bielersee – mit einer Schifffahrt.

Wie? Mit der Bahn nach Ins oder Neuenburg und mit dem Postauto nach Erlach. Oder mit dem Schiff ab Biel nach Erlach. Ab St.-Peters-Insel mit dem Schiff nach Erlach oder Biel.
Wann? Jederzeit bzw. gemäss Schifffahrplan (www.bielersee.ch)
Dauer? Wanderung Erlach–St.-Peters-Insel, Schiffstation knapp 1½ Std. (5 km).
Alter? Ab 4–5 Jahren.

10 Es geht aufwärts
Ligerz–Tessenberg-Bahn,
2514 Ligerz, 032 315 12 24

Zuerst geht es mit der schönsten «Funiculaire» (Standseilbahn) der Schweiz durch die Rebberge von Ligerz nach Prêles. Die Fahrt ist zugleich ein Sprung über die Sprachgrenze: Ligerz spricht Deutsch, Prêles Französisch. Das Plateau des Tessenbergs eignet sich bestens zum Biken oder Wandern. Nach rund einer halben Stunde durch Wiesen und Felder erreichen wir den Eingang der Twannbachschlucht. Der Weg durch die wildromantische Schlucht ist sehr gut ausgebaut und durch Geländer gesichert. Unzählige Wasserfälle erfreuen das Auge und sorgen für natürliches Spektakel. Im Sommer führt der Twannbach allerdings meist wenig Wasser. Schliesslich eröffnet sich der Ausblick auf unser Ziel – das Weindorf Twann –, den Bielersee und die St.-Peters-Insel.

Wie? Mit Bahn oder Schiff ab Biel nach Ligerz (Bielersee-Schifffahrts-Gesellschaft, 032 329 88 11, www.bielersee.ch). Rückreise dito ab Twann.
Wann? Bei schönem Wetter.
Dauer? Wanderung: rund 1½ Stunden.
Wieviel? Ligerz–Prêles: Erwachsene Fr. 4.60, Kinder 2.30 (Tarife 2003).
Alter? Ab 5 Jahren.

11 Go-Kart à gogo
Expodrom Event, Hauptstrasse 171,
3286 Muntelier, 026 672 94 80,
www.expodrom.ch

Die Expodrom-Anlage im Nachbardorf von Murten beherbergt mit 24 vollautomatischen Bahnen nicht nur das grösste Bowling der Schweiz, sondern auch eine besonders für Kinder geeigne-

Keine Motoren…
…sondern HPM – «Human Powered Mobility» – ist gefragt! Mit der Landesausstellung «Expo.02» hat sich das HPM-Konzept fest im Drei-Seen-Land integriert. Eigens für die Fortbewegung durch menschliche Muskelkraft sind für Wanderer, Velofahrerinnen und Inlineskate-Fans zahlreiche Wege entlang des Murten- und Neuenburgersees markiert. Auch das «normale», mit Velowegweisern und -markierungen gekennzeichnete Velowegnetz ist nicht zu verachten, umfasst es doch über 500 ausgeschilderte Kilometer auf wenig befahrenen Nebenstrassen. Den Skatern schliesslich stehen über 90 Kilometer speziell ausgeschilderte Strecken zur Verfügung. Mehr Infos: www.humanpowermobility.ch, HPM-Karte «Seeland» (ca. Fr. 20.–).

te Go-Kart-Piste. Die 435 m lange Piste ist 6 bis 9 m breit, und eine funkgesteuerte Geschwindigkeitskontrolle sorgt für hohe Sicherheit der kleinen und grossen Piloten. Helm, Rennoverall und Handschuhe stehen zur Verfügung, für Kinder ab 7 Jahren bzw. 125 cm Körpergrösse auch spezielle Kinderkarts. Wer über 145 cm gross ist, fährt im «normalen» Kart. Zur Anlage gehört zudem ein Kinderspielplatz, und das Restaurant mit breiter Fensterfront erlaubt den «Unsportlichen» freie Sicht auf die gesamte Kartpiste.

Wie? Bahn nach Muntelier-Löwenberg (Strecke Kerzers–Murten) und weiter ca. 10 Min. zu Fuss. Auto: Autobahnausfahrt Murten, Richtung Muntelier.
Wann? Fahrten mit Kinderkarts: Mi 14–17, So 10–13 Uhr. Fahrten mit normalen Mietkarts zudem Mo–Mi 17–23.30, Do–Sa 14 Uhr bis spät abends, So 13–20 Uhr.
Wieviel? Kinderkarts: Fr. 10.– für 10 Min. Fahrzeit. Normale Mietkarts: pro Kind Fr. 20.– für 10 Minuten, pro erwachsene Begleitperson Fr. 25.– für 10 Minuten.
Alter? Ab 7 Jahren.

für «Versteckis» und für Pausen an der Feuerstelle beim Picknickplatz. Einzelne Höhlen mit Aussicht laden erst recht zum Verweilen ein, während die Kids mit der Taschenlampe auf Forschungsreise gehen. Die Höhlen liegen am Wanderweg vom Mont-Vully – mit phänomenaler Aussicht – hinab nach Môtier, etwas unterhalb des Restaurants Mont-Vully, in der Gegend «Sur le Mont». Zum Abschluss schöner Abstieg durch die Rebberge nach Môtier oder Praz.

Wie? Mit Schiff ab Neuenburg nach La Sauge. Marsch auf den Mont-Vully 1 Std., Abstieg nach Môtier oder Praz ca. 30 Min. Mit dem Schiff nach Murten.
Was? Anstelle einer Wanderung auch als Velotrekking möglich, z.B. Velomiete ab Bahnhof Murten; Badehose für Abstecher in den Murtensee nicht vergessen.
Alter? Ab 7 Jahren.

Bern/Freiburg: Seeland und Freiburg

12 Forscher mit Taschenlampe
Sandsteinhöhlen zwischen Mont-Vully und Môtier, Office du Tourisme du Vully, 1786 Nant, 026 673 18 72, www.region-vully.ch

Zwei Fliegen auf einen Streich: Bei der Überquerung des aussichtsreichen Mont-Vully – zu deutsch: Wistenlacherberg – entdecken wir gleich noch das wohl spektakulärste Höhlenlabyrinth für Familienausflüge weit und breit. Die weitverzweigten Sandsteinhöhlen zwischen Neuenburger- und Murtensee wurden während des Ersten Weltkriegs gegraben und sind einfach zugänglich, ideal

13 Graue Stadt, grünes Tal
Von Freiburg durch die Gotteron-Schlucht nach St. Ursen

Die Kontraste können grösser kaum sein: Hier die quirlige Stadt Freiburg – zehn Minuten später die Stille eines schier vergessenen Flusstales. Hier die Sommerhitze auf den Pflastersteinen – da die angenehme Kühle im Schatten der Felshänge. Ausgangspunkt ist die mittelalterliche Bernbrücke im untersten Zipfel der Altstadt. Am äusseren Brückenkopf beginnt der Spaziergang durch die wildromantische Gotteron- oder Galtern-Schlucht mit etlichen kurzen Auf- und Abstiegen. Am Weg, stets

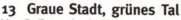

unweit vom kristallklaren Wasser, sind eine Champignon- und eine Fischzucht zu entdecken, etliche Holzbrücken, alte Mühlen, Feuerstellen und Picknickplätze. Umkehren nach Lust und Laune; wer mag, stösst bis ins Quellgebiet des Galternbaches und nach St. Ursen vor.

Wie? Mit dem Zug oder Auto nach Freiburg und zu Fuss bis zur Bernbrücke. Ab St. Ursen Bus nach Freiburg.
Wann? An schönen Tagen von Frühling bis Herbst.
Dauer? Bernbrücke–St. Ursen ca. 2 Std.
Alter? Ab 7 Jahren.

14 Marionetten aus aller Welt

Schweizer Marionettenmuseum, Derrière-les-Jardins 2, 1700 Fribourg, 026 322 85 13, www.marionnette.ch

Fast wie ein Puppenhaus sieht es aus, und malerisch ist seine Lage: Das Reich der Marionetten ist ein über hundertjähriges Haus im Grünen, ganz unten in der Saaneschleife der Freiburger Altstadt, wenige Meter vom Fluss entfernt. Die in der Schweiz einzigartige Marionettensammlung beträgt gegen 3000 Stück und wächst stetig! Die Figuren wurden zusammengetragen aus der Schweiz, Europa und nahezu der ganzen übrigen Welt; viele stammen aus Indien und Indonesien. Die ältesten wurden vor über 300 Jahren gefertigt. Zu den feingearbeiteten Stoff- und Holzfiguren gesellen sich liebliche wie «gfürchige» Theater- und Tanzmasken sowie weitere Objekte aus Afrika, China, Tibet, Kanada… Dem Museum ist ein Figurentheater angegliedert; die Puppen «sprechen» allerdings ausschliesslich französisch.

Wie? Zu Fuss durch die Altstadt hinunter zum Fluss, das Museum befindet sich nahe der Saanebrücke «Pont du Milieu».
Wann? Mo–Fr 10–12, Sa/So 14–18 Uhr.
Wieviel? Erwachsene Fr. 5.–, Kinder 3.–.
Alter? Sobald genügend Interesse vorhanden ist.

15 Keine kalten Füsse

Giesserei Marius Brügger & Söhne, Route de Glâne 136, 1752 Villars-sur-Glâne, 026 402 76 03

Der Besuch bei den verrussten Gesellen in Villars-sur-Glâne hinterlässt einen bleibenden Eindruck. Die Flammen züngeln, der Blasebalg faucht, die Funken stieben und der Schweiss tropft – in der Giesserei der Gebrüder Brügger geht's wahrhaftig höllisch zu und her. Sorgfältig giesst Stéphane Brügger die geschmolzene Bronze in die Gussform für eine Kirchenglocke. Nebenan wird am Amboss so kräftig der Hammer geschwungen, dass uns die Ohren wackeln. Unter den geschickten Händen des Schmieds entsteht hier eine eiserne Kuhglocke. Der Betrieb gehört zu den letzten Glockengiessereien und Treichelschmieden in der Schweiz, wo die Kuhglocken aus Eisenblech noch von Hand hergestellt werden.

Information Freiburgerland
Restoroute de la Gruyère (A12)
CH-1644 Avry-devant-Pont
Tel. +41 (0)26 915 92 92
Fax +41 (0)26 915 92 99

Wie? Mit dem Regionalzug Fribourg-Lausanne bis Haltestelle Villars-sur-Glâne. Anschliessend zu Fuss.
Wann? Nur nach telefonischer Vereinbarung.
Alter? Ab 4 Jahren.

16 Three sixty?!
Skatepark Bouleyres, Place du Stade, 1630 Bulle, Office du Tourisme, 026 912 80 22

Scheinbar schwerelos «hängt» Aline für einen Augenblick in der Luft, um einen Sekundenbruchteil später zurück in die Tiefen der Halfpipe abzutauchen. Der Applaus ihrer Freundinnen und Freunde für den gelungenen «Move» ist ihr sicher. Vor ein paar Jahren ist auf Initiative von jugendlichen Skatern neben dem Fussballstadion von Bulle ein formidabler Openair-Skatepark entstanden. Von Ende April bis Oktober stehen allen Wagemutigen auf den kleinen Rädern Halfpipe, diverse Minirampen und ein Hindernisparcours zur Verfügung, Adrenalinschübe und rasendes Herzklopfen inklusive. Die ganz Kleinen amüsieren sich köstlich auf dem benachbarten Spielplatz «Trois Sapins» im nahegelegenen Wald.

Wie? Autobahnausfahrt Bulle oder mit dem Zug nach Bulle, hier Wegweiser «Stade» folgen.
Wann? Ende April bis Ende Oktober.
Alter? Alle Altersstufen.

17 Tarzan im Tannenwald
Charme(y) Aventures,
Route des Arses 30, 1637 Charmey,
026 927 19 90,
www.charmeyaventures.ch

Bern/Freiburg: Seeland und Freiburg

Tarzan und Jane können sich allein auf die Rissfestigkeit der Lianen verlassen. Die abenteuerlustigen Buben und Mädchen, die es ihnen im Abenteuer-Erlebnispark gleichtun, sind hingegen umfassend geschützt: Die vier Kletterparcours, die im Freiburger Bergwald auf einer Höhe von 3 bis 15 Metern über Boden von Baum zu Baum führen, sind mit strengen Sicherheitssystemen ausgestattet. Zudem überprüfen die Förster der Region regelmässig, ob jeder Baum noch fest verwurzelt ist. Wer die insgesamt sechzig Posten absolviert, braucht allerdings eine gewisse Geschicklichkeit, sei es beim Balancieren über die Hängebrücke, beim Schwingen von Stamm zu Stamm mit Hilfe von Seilgürteln, Kletterrutschen und Lianen, beim Abseilen auf der Tyrolienne und bei vielen «Bewegungsarten» mehr.

Wie? Autobahnausfahrt Bulle über Broc nach Charmey und mit der Gondelbahn «Rapido Sky» zur Mittelstation. Mit Bus ab Bahnhof Bulle bis Post Charmey, 100 m zu Fuss bis zur Gondelbahn.
Wann? Juli–August: täglich 10–18.30 Uhr. Mai–Juni und September–Oktober: an Wochenenden und Feiertagen 10–18.30 Uhr.
Wieviel? Erwachsene Fr. 35.–, Kinder bis 16 Jahre 25.–. Für Familien abgestufte Preise von Fr. 65.– (1 erwachsene Person + 2 Kinder) bis 125.– (2 Erwachsene + 4 Kinder). Die Gondelbahn-Fahrt ist im Eintritt inbegriffen.
Alter? Ab 8 Jahren (auf Präsentation eines Ausweises). Für die jüngeren Kids besteht ein kostenloser Miniparcours.

18 Von Aliens und alten Grafen

Château Saint-Germain,
Greyerz, 026 921 21 02,
www.chateau-gruyeres.ch
und Museum H.R. Giger,
1663 Greyerz, 026 921 22 00,
www.hrgiger.ch

Hoch über dem malerischen Burgstädtchen Greyerz thront das mächtige Schloss, Château Saint-Germain, auf dem Felssporn. Es zeigt in vielen Räumen, Galerien und Durchgängen bis unters Dach, wie seine Bewohner früher lebten. Ein Höhepunkt ist der Rittersaal mit 13 Gemälden, welche die Geschichte der insgesamt 19 Grafen von Greyerz erzählen. Wer gleich anschliessend die alten Gemäuer unmittelbar unterhalb des Schlosses betritt, riskiert einen Kulturschock, so gegensätzlich ist die Bildwelt der zahlreichen surrealistischen Werke des Schweizer Malers, Designers und Bildhauers H. R. Giger, denen hier ein eigenes Museum gewidmet ist. Unter den Objekten und Skulpturen fehlt auch der «Alien» nicht, für dessen Schöpfung Giger 1978 einen Oscar in Empfang nehmen durfte. Achtung: Gigers Kunst ist keine «leichte» Kost und für kleinere Kinder nicht geeignet!

Wie? Postauto ab Bahnhof Bulle.
Wieviel? Museum im Schloss: Erwachsene Fr. 6.–, Kinder bis 16 Jahre 2.–. Museum H.R. Giger: Kinder bis 12 Jahre Fr. 5.–, Jugendliche und Erwachsene 10.–.
Wann? Museum im Schloss: April–Oktober 9–18, November–März 10–16.30 Uhr. Museum H.R. Giger: November–März Mo–Fr 11–17, Sa/So 10–18, April–Oktober Mo–Fr 10–18, Sa/So 10–18.30 Uhr.
Alter? Schloss ab 6 Jahren, Giger-Museum ab ca. 8 Jahren.

19 Moléson, der Freizeitberg

Parc de loisirs am Moléson-Fuss,
Office du Tourisme,
1662 Moléson-Village, 026 921 85 00,
www.moleson.ch

Zwei Bahnen – Standseilbahn (Funiculaire) und Luftseilbahn (Téléphérique) – erschliessen den Moléson. Der Hausberg des Greyerzerlandes bietet sonnige Geländeterrassen, Bergrestaurants und etliche aussichtsreiche Spazierwege. Wenn die Jungmannschaft gar nicht erst bis auf den Berg will, liegt dies sicher am «Parc de loisirs» bei der Standseilbahn-Talstation. Das System ist einfach: Ein Jeton, gekauft an der Zahlstelle, berechtigt wahlweise zu einer Runde Sommerrodeln, Dévalkart (eine Art Go-Kart auf der Wiese), Grastrottinett oder Minigolf – oder aber zu einem Besuch in der Alpkäserei gleich nebenan, wo der Käse im «Chessi» über dem Holzfeuer blubbert und brodelt. Im Winter

---

> **Achtung Kobolde!**
> Gehe im Herbst in die Freiburger Unterstadt und du wirst dich wundern: Der Künstler Hubert Audriaz hat die stillen Gassen und altehrwürdigen Hausfassaden für einige Wochen wundersam zweckentfremdet. Sie sind Teil eines lehr- und abenteuerreichen thematischen Parcours, den der Stadtanimator jedes Jahr neu ausheckt: Auf das Stelldichein der Kobolde und Feen folgen im Herbst 2004 vielleicht kuriose Tiere und andere skurrile Gestalten. Bei seinem kreativen Werk wird der Stadtanimator unterstützt von Hunderten von Kindern. Wer also in der mittelalterlichen Kulisse auffällige Montagen antrifft: Bitte folgen!

ist der Moléson übrigens ein Skiberg mit 35 km Pisten, leicht bis schwierig, einem «Snowpark» und einer Bordercross-Piste.

Wie? Bus ab Bahnhof Bulle über Greyerz bis Moléson-Village (Haltestelle Funiculaire). Oder mit dem Auto (grosser Parkplatz).
Wann? Parc de loisirs: Mitte Juni bis Ende September (nur bei schönem Wetter). Bergbahn: Ganzes Jahr.
Wieviel? Jeton: Fr. 3.– bis 5.– (Rabattsystem je nach Jetonbezug). Bergbahn: Fr. 5.– (Kinder, Standseilbahn bis Mittelstation, einfach) bis Fr. 27.– (Erw., beide Bahnen bis Gipfel, retour).
Alter? Nach eigenem Ermessen.

20 Eiszauber
Eislandschaften von Karl Neuhaus an der Warmen Sense, Zollhaus, 026 419 25 80

«Wohnt hier die Eisprinzessin?» fragt Annika mit grossen Augen und deutet auf den Eispalast. Im Innern des Eislabyrinths tauchen farbige Lampen die Wände in Rot oder Blau. Seit über 15 Jahren lässt Karl Neuhaus an der Warmen Sense im Winter eine sinnliche Märchenlandschaft aus Schnee und Eis entstehen. Aus Holz, Netzen, Sonnenschirmen und anderem zimmert er Türme, Häuser und Labyrinthe, die er mit Sprinklern berieselt und in überlebensgrosse Eisskulpturen verwandelt. Jahr für Jahr überrascht der Eiskünstler sein Publikum mit neuen Ideen. Der höchste Turm, den er aus Eis wachsen liess, war 20 Meter hoch. Wer selber zur Eisskulptur zu gefrieren droht, kann sich in der warmen Stube mit Kaffee und Tee aufwärmen.

Wie? Ab Freiburg mit dem Bus Richtung Schwarzsee bis «Eispaläste».
Wann? Von Weihnachten bis März, Mi–So 14–21.30 Uhr.
Wieviel? Erwachsene Fr. 5.–, Kinder 2.–.
Alter? Alle Altersstufen.

21 Unterwegs wie Yeti
Schneeschuhwandern in den Freiburger Voralpen, Freiburgerland-Tourismus, 026 915 92 92, www.freiburgerland.ch

Nicht zu gebirgig und nicht zu flach – das Freiburger Voralpengebiet eignet sich prächtig zum Wandern auf Schneeschuhen, den «Raquettes à neige», wie sie hierzulande heissen. Wo Wanderschuhe einsinken oder rutschen, wo Skis keine Pisten und Loipen finden oder grosse Bogen fahren müssen, da ist der praktische, leichte Schneeschuh fein raus: Mit keinem anderen Fortbewegungsmittel kommt man in Tiefschnee und schwierigem Gelände so gut voran. Das Freiburgerland lockt mit den ersten zwölf speziell markierten Schneeschuh-Wanderwegen der Westschweiz; zum Beispiel in der Umgebung von Schwarzsee, La Berra, am und auf dem Moléson. Im Gebiet Schwarzsee sind es drei ausgeschilderte Schneeschuh-Wanderwege, sie können auch unter kundiger Führung begangen werden.

Wo? An verschiedenen Orten, Auskunft: Freiburgerland-Tourismus, 026 915 92 92, www.freiburgerland.ch.
Wie? Die meisten Schneeschuhrouten sind mit öffentlichen Verkehrsmitteln erreichbar.
Wieviel? Mancherorts Schneeschuhmiete möglich. Preise in Schwarzsee: Fr. 15.– pro Person/Tag, 12.– pro Person/Halbtag. Daselbst geführte Touren: Erwachsene Fr. 23.–, Kinder 11.–. Auskunft: Verkehrsbüro Schwarzsee, 031 731 13 91, www.schwarzsee.ch
Alter? Ab ca. 7 Jahren.

Bern/Freiburg: Seeland und Freiburg

▬ Kids willkommen! ▬

Wo essen?

Märlipinte, Fräschelsgasse 9, 3210 Kerzers, 031 755 51 15, www.maerlipinte.ch. Märchenhaft eingerichtete Räume, gegessen wird in der Puppenstube oder im Hexensaal, serviert von Feen und Zwergen. Kindermenüs Fr. 10.– bis 14.– (inkl. Getränke). Fr–So Kinderbetreuung: Mi–Sa 11–23, So 11–22 Uhr. Mo/Di geschlossen.

Restaurant Fischerei-Park, Gouchertweg 1, 3252 Worben, 032 385 10 26. Wunderschön gelegen an Seerosen- und grossen Angelteichen (gegen Gebühr kann gefischt werden!). Schöner Kinderspielplatz. Mitte März bis Ende Oktober Mo/Di geschlossen. Januar Betriebsferien, übrige Zeit Fr–So offen.

Restaurant Zoo Seeteufel, Büetigenstrasse 85, 2557 Studen, 032 374 25 55, www.seeteufel.ch. Selbstbedienungsrestaurant. Pizze ab Fr. 12.–, grosse Glacekarte. Das Restaurant gehört zum Kleinzoo mit Schlangen, Krokodilen, Löwen, Papageien, Huftieren, Bären, Affen usw. Zudem Gartenterrasse und Spielplatz.

Restaurant du Mont-Vully, 1789 Lugnorre, 026 673 21 21, www.hotel-mont-vully.ch. Am Hang des Mont-Vully, grosse Sonnenterrasse mit prächtiger Aussicht, grosse Auswahl an Speisen und Zvieris. Juli/August täglich offen. Mai, Juni und September Di, übrige Monate Di/Mi geschlossen.

Restaurant Ranch, Holzmatt 20, 2552 Orpund, 032 341 62 62. Gemütliches Restaurant im Wald (Bus Linie 1 ab Biel bis Haltestelle Fröhlisberg, dann ca. 5 Min. zu Fuss). Tiergarten (Minikühe, Schafe, Zwergziegen, Hängebauchschweine, Vögel) und Spielplatz mit Karussell, Putschautos usw. Mi, Sa und So am Nachmittag Ponyreiten. Mo geschlossen.

Wo schlafen?

Hotel Primerose au Lac, 1711 Schwarzsee, 026 412 72 72, www.hotel-primerose.com. Direkt am Schwarzsee. Doppelzimmer ab Fr. 230.–, Kinder bis 12 Jahre 50% Rabatt. Frühstück, Sauna, Hallenbad im Zimmerpreis inbegriffen. Kindermenüs, Kinderkino, Pedaloplausch und weitere Angebote für Kinder.

Minôtel Le Sapin, rue du Centre 25, 1637 Charmey, 026 927 23 23, www.charmey-le-sapin. Familienfreundliches Haus, neben Doppelzimmern auch Appartements. Freundliches Personal, Kinderhütedienst, Kleinkinderbetten ohne Aufpreis.

Hotel Feriendorf Twannberg, 2516 Twannberg, 032 315 01 11, www.twannberg.ch. Doppelzimmer pro Person und Nacht Fr. 60.– bis 90.–. Kinder bis 3 Jahre 5.–, 3–6 Jahre 10.–, 6–12 Jahre 25.–, 12–16 Jahre 45.–. Grosszügige Anlage mit vielen Freizeit- und Sportangeboten wie Hallenbad und Streichelzoo.

Jugendherberge Freiburg, Rue de l'Hôpital 2, 1700 Freiburg, 026 323 19 16, www.youthhostel.ch/freiburg. 5 Min. vom Bahnhof. Richtpreis Fr. 30.65 pro Nacht. November bis Februar geschlossen.

LagoLodge, Uferweg 5, 2560 Nidau bei Biel, 032 331 37 32, www.lagolodge.ch. Backpacker-Unterkunft am See. Massenlager und günstige Doppelzimmer Kinder bis 2 Jahre gratis, 3–6 Jahre 50%.

Bed & Breakfast Kerzers, Albert Wasserfallen, Ruhrgasse 14, 3210 Kerzers, 031 755 58 65, alfred.wasserfallen@bluewin.ch. Übernachtung im Doppelzimmer Fr. 40.– pro Person. Kinder gratis.

Bed & Breakfast Büren a. A., Familie Kleist, Holestrasse 4, 3294 Büren a. A., 032 351 32 35, b.m.kleist@bluewin.ch. Zwei Doppelzimmer mit 1 oder 2 Klappbetten für Kinder. DZ Fr. 80.–, Kinder bis 10 Jahre gratis.

Dauerbrenner

Drei Seen und zwei Kanäle.
Bielersee-Schiffahrts-Gesellschaft AG, Badhausstrasse 1, 2503 Biel-Bienne, 032 329 88 11, www.bielersee.ch. Über Bieler-, Neuenburger- und Murtensee sowie durch den Zihl- und Broyekanal führt die Fahrt auf dem längsten schiffbaren Wasserweg der Schweiz vorbei an Uferwäldern, Dörfern, Weinbergen, mittelalterlichen Städtchen, mit Mittagshalt in Murten. Fahrplan, Preise und Reservation bei der Bielersee-Schifffahrts-Gesellschaft AG. Schiffsrestaurant, für Mahlzeiten ist Reservation bis am Vortag nötig. Alle Altersstufen.

Altstadtspaziergang in Freiburg.
Freiburg Tourismus, Av. de la Gare 1 (beim Bahnhof), 1700 Freiburg, 026 350 11 11, www.fribourgtourism.ch. Der sogenannte «Kurze Weg» verbindet die alte «Neustadt» als Pflästerstrassentreppe mit dem Burgquartier mit Rathaus, Murtenlinde, Liebfrauen- und Franziskanerkirche mitsamt der Kathedrale St. Niklaus. Wer die teilweise recht steil an- und absteigenden Gassen auf zwei Rädern entdecken will, mietet bei Freiburg Tourismus ein Trottinett; dort gibt's auch Auskunft über Führungen, Spezialangebote usw. Die Trottinettmiete beträgt Fr. 8.–/Tag bzw. 5.–/Halbtag. Alter für den Stadtspaziergang: ab 7 Jahren.

Biel rollt, Bike-Station, Uferweg 5, c/o Lago Lodge, 2560 Nidau bei Biel. Vermietung von Velos, Tandems, Liegevelos, Kids-Trailern, Buggys und Inlineskates. www.bikestation.ch, 032 333 25 25.

Schweizerisches Glasmalerei-Museum, Rue du Château 112, 1680 Romont, 026 652 31 52, www.romont.ch. Kinder erleben, allein oder mit den Eltern, die Glasmalerei mit Spass und können selber kreativ tätig sein. Die Betreuerinnen haben viele Ideen zum Thema Glas, Licht und Transparenz. Öffnungszeiten: 10–13 und 14–18 (November–März bis 17 Uhr). Kinder gratis, Erwachsene Fr. 8.–. Ab 5 Jahren.

Inline-Skating Kerzers–Ins–Marin.
Kerzers ist Ausgangspunkt für mehrere Inline-Routen. Jene quer durchs Moos ist rund 18 km lang und führt über Müntschemier, Ins, Gampelen und weiter dem Isleren- und Zihlkanal entlang nach Marin. Mit der S-Bahn-Linie 5 (Bern–Neuenburg) nach Kerzers.

Petinesca und Urzeitmuseum.
Wanderung von Petinesca (Ruinen eines römischem Wachtturms mit Ringmauer) über den Jensberg (Überreste eines Tempelbezirks) nach Bellmund oder Port. Dazu Besuch im Urzeitmuseum Schwab in Biel (Seevorstadt 50, 032 322 76 03), wo Fundstücke dieser Orte ausgestellt sind. Bus ab Biel bis Studen (Haltestelle Petinesca) und von Bellmund bzw. Port nach Biel zurück. Wanderung ca. 1½ Stunden. Öffnungszeiten Museum: Di–Sa 14–18, So 11–18 Uhr. Erwachsene Fr. 5.–, Kinder gratis. Ab 7 Jahren.

Kakadu-Minigolf, Restaurant Kreuz, Hauptstrasse 32, 2575 Gerolfingen, 032 396 11 93. Restaurant Mo/Di geschlossen. Minigolf täglich geöffnet, 032 396 11 66. Prächtige Sicht auf Bielersee und Jura. Spielplatz. Bahn (Strecke Biel–Ins) bis Gerolfingen.

Pferdetrekking im Seeland,
Dakotahof, Burg 4, 3280 Murten, 026 670 02 88, www.pferdetrekking.ch. Das Seeland auf dem Pferderücken erkunden, Übernachten im Tipi, Natur pur. Auch für Menschen im Rollstuhl!

Bern/Freiburg: Seeland und Freiburg

Glarus: Im Tal der Linth

1. **Huii!** Schlitteln am Kerenzerberg
2. **Auf zwei Rollen ins Tal** Trotti-Plausch, Filzbach
3. **Vom Bergtal in die Welt** Glarner Industriepfad
4. **Textil- und andere Geschichte(n)** Freulerpalast, Näfels
5. **Der Familienberg** Niederurner Täli
6. **Kunst mit der Kettensäge** Niederurner Täli
7. **Klettern für Unerschrockene** Klettersteige, Braunwald
8. **Zwergen-Tour** Zwerg Bartli, Braunwald
9. **Für Frühaufsteher** Wildbeobachtung, Braunwald
10. **Camps für kleine Wilde** Erlebnis Braunwald
11. **Autofrei skifahren** Braunwald im Winter
12. **In die Linthschlucht** Tierfehd–Pantenbrücke
13. **Hoch ins Hochmoor** Moorpfad Garichti, Schwanden
14. **Im Wildasyl** Kärpfwanderung Mettmenalp–Elm
15. **Ins Wolfenvalley** Pferdetrekking Berglialp, Matt
16. **Über grüne Matten** Weissenberge, Matt
17. **Unterwegs mit Ramirez** Lamatrekking Weissenberge
18. **Im Berg** Landesplattenberg Engi
19. **Die Elmer Goldmine** Restaurant Schabell, Elm
20. **Skifahren mit Vreni Schneider, Elm**
21. **Elm hält mit** Winter in Elm

Bahn · Hotel · Kunstn. · Museum · Natur · Restaur. · Schiff · Sehensw. · Shopping · Spielen · Sport · Theater · Tiere · Wandern

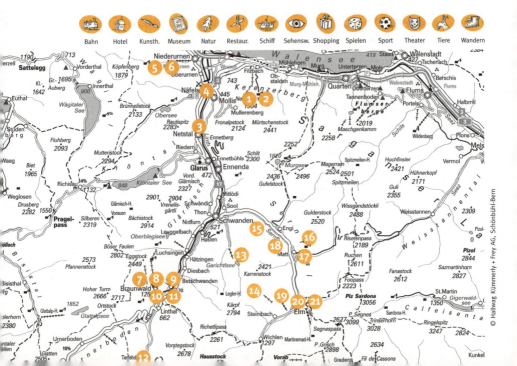

© Hallwag Kümmerly + Frey AG, Schönbühl-Bern

Zwischen Walensee und Tödigipfel

Es gibt Geheimtipps, die man nur ungern weitergibt. Einer dieser Geheimtipps ist die Ferien- und Ausflugsregion Glarnerland. Es ist ja auch gut so, dass viele nach der Raststätte Niederurnen an der A2 wieder voll aufs Gaspedal drücken und Richtung Bündnerland entschwinden. Diejenigen aber, die sich aufmachen, diesen Kanton zwischen Tödi und Walensee, Kärpf und Glärnisch zu entdecken, werden reich beschenkt. Mit kleinen, aber feinen Ferienorten wie Braunwald und Elm. Mit ruhigen Bergseen, die sich wie Fjorde zwischen dunkle Hänge schmiegen. Mit ausgedehnten Wandergebieten, Velorouten und Naturabenteuern. Mit spannenden Museen, die Einblicke erlauben in eine Zeit, als das Glarnerland Industriepionier mit Verbindungen in alle Welt war. Mit schwindelerregenden Kletterrouten und atemberaubenden Schlittelpartien. Oder mit der grossen Ruhe auf Alpen weitab von Stau, Stress und Stadtlärm. Deshalb geben wir ausnahmsweise einen Geheimtipp weiter: Im Glarnerland warten viele kleine Paradiese auf Familien.

Ruth Michel Richter

Glarus:
Im Tal
der Linth

1 Huiii! Schlitteln am Kerenzerberg,
Sportbahnen Filzbach AG,
8757 Filzbach, 055 614 11 68,
www.kerenzerberg.ch

Fleischwolf, Schüttelbecher, Rattenschwanz, Knallfrosch, Knockout, Moschtpressi – die Namen sind sprechend: Auf der Sommerrodelbahn Kerenzerberg ist etwas los. Und es läuft wie geschmiert: 75 Prozent beträgt beim «Fleischwolf» das Gefälle, 30 Kilometer die Spitzengeschwindigkeit. Für Schlittler mit starken Nerven ist die 1300 m lange Sommerrodelbahn, die von der Bergstation Habergschwänd (1280 m ü. M.) bis zur Mittelstation der Sesselbahn auf 1026 Metern führt, ein Leckerbissen: 24 Kurven zum Kreischen! Im Winter wird das Schlittelvergnügen – sofern genug Schnee liegt – noch länger: Der Winter-Schlittelweg am Kerenzerberg ist 7,5 km lang.

Wie? Mit dem Auto über die A3, Ausfahrt Murg Richtung Kerenzerberg. Oder mit der Bahn bis Näfels/Mollis oder Mühlehorn, von dort direkte PTT-Kurse.
Wann? Sesselbahn Filzbach–Habergschwänd 8.30–17 Uhr, Sommerrodelbahn Mai–Oktober geöffnet, Mo–So 8.30–17, im Winter 9–16.30 Uhr (kurze Mittagspause). Bei Regen ist die Bahn nicht in Betrieb (Info-Telefon 055 614 16 20).
Wieviel? Schlittelweg-Benützung im Winter gratis, Schlitten können an der Bergstation gemietet werden.
Dauer? Fahrzeit auf der Sommerrodelbahn ca. 3½ Minuten.
Alter? Kinder bis 8 Jahre können auf der Sommerrodelbahn nur im Schoss der Eltern mitfahren. Kinder von 8 bis 12 Jahren müssen hinter der Aufsichtsperson fahren.

2 Auf zwei Rollen ins Tal
Trottinettfahrt Habergschwänd–Filzbach, Sportbahnen Filzbach AG, 8757 Filzbach, 055 614 11 68, www.kerenzerberg.ch

Die kleinen Flitzer auf zwei Rollen sind der grosse Hit des neuen Jahrhunderts. Wobei die Trottinetts, mit denen man die Bergstrasse runterflitzt, mit dem Cityscooter ungefähr so viel gemeinsam haben wie ein Mountainbike mit einem Rennrad. Die Trottinetts, die bei der Bergstation Habergschwänd für die Talfahrt gemietet werden können, haben grosse, gut gefederte Räder, einen stabilen Rahmen und vor allem kräftige

---

Hexenwahn
Während die Kinder spielen, haben die Eltern endlich Zeit und Musse, zu lesen. Passend zur Region empfehlen wir Bücher, die mit dem Glarnerland zu tun haben. Zum Beispiel «Anna Göldin, letzte Hexe» von Eveline Hasler. Anna Göldin wurde 1782 in Glarus im letzten Hexenprozess Europas wegen Hexerei zum Tode verurteilt und im Juni enthauptet. 1780 war die junge Anna als Magd ins Haus des Arztes Tschudi nach Glarus gekommen. Bald begann das kleine Mädchen, das Anna zu betreuen hatte, angeblich Nägel zu spucken. Aberglaube und die Furcht vor Frauen, die anders waren als die Mehrheit, lösten im Zeitalter der Aufklärung eine tödliche Hexenjagd aus. Eveline Hasler erzählt die Geschichte der Anna Göldin einfühlsam und genau.

Bremsen. Für Kinder gibt es kleinere Modelle, die Kleinsten fahren bei den Eltern mit, vorne auf dem Brett. Das ist echter Familienspass!

Wann? Mai–Oktober, Betriebszeiten Sesselbahn Filzbach–Habergschwänd täglich 8.30–17 Uhr.
Wie lange? Ganze Strecke 7,5 km, ab Mittelstation 4 km.
Alter? Ab 6 Jahren.

3 Vom Bergtal in die weite Welt
Glarner Industrieweg, Verein Glarner Industrieweg, Hauptstrasse 41, 8750 Glarus, 055 640 20 22.

Ein Bergkanton entspricht nicht unbedingt unserer Vorstellung eines bekannten Industriestandorts mit Exportverbindungen in die ganze Welt. Und doch war das Glarnerland genau das. Entlang der Linth wuchsen im 18. Jahrhundert Textilfabriken wie Pilze aus dem Boden, und Glarner Tuch war begehrt von Indien bis Westafrika. Im Laufe des 19. und 20. Jahrhunderts begann jedoch ein grosser Schrumpfungsprozess. Heute sind nur noch ganz wenige Fabriken in Betrieb. Wie es einst war, zeigt der 50 Kilometer lange Industrieweg Glarnerland. Die Velotour von Elm bis Ziegelbrücke führt vorbei an alten Fabriken, Arbeiterwohnhäusern und Fabrikantenvillen. Ein spannendes Stück Zeitgeschichte.

Wie? Mögliche Ausgangsorte sind Elm, Linthal, Schwanden oder Niederurnen. Routenkarte für Fr. 18.50 und A3-Mappe mit Verkleinerungen aller 40 Objekttafeln für Fr. 50.– sind erhältlich beim Verein Glarner Industrieweg.
Wann? Frühling–Herbst.
Alter? Ab 12 Jahren.

4 Textil- und andere Geschichte(n)
Museum des Landes Glarus, Freulerpalast, 8752 Näfels, 055 612 13 78, www.freulerpalast.ch

Glarus: Im Tal der Linth

Mächtig steht der Freulerpalast an der Durchfahrtsstrasse in Näfels. Der Erbauer, Oberst Kaspar Freuler, der im Kriegsdienst unter dem französischen König Ludwig XIII. zu Ehre und Reichtum gekommen war, hatte an nichts gespart. Heute beherbergt das Nobelhaus ein Museum, das die ganze Bandbreite glarnerischen Lebens zeigt: Im Parterre gewährt die Alphütte Einblicke ins ländliche Glarner Leben, und Banner, Bilder und Waffen erzählen vom Söldnerwesen. Das auch für Kinder sehr spannende Textilmuseum im Dachstock lässt die Zeit aufleben, als Tuche aus dem Glarnerland Weltbedeutung erlangten und Kinder bis zu zwölf Stunden am Tag arbeiten mussten. Auch der Freulerpalast selbst, erbaut Mitte des 17. Jahrhunderts, hat seine Geschichte. Welche – das lassen wir uns am Ort erklären.

Wie? Mit der Bahn nach Näfels oder mit dem PW bis A3-Ausfahrt Niederurnen.
Wann? April–November Di–So 10–12 und 14–17.30 Uhr. Mo sowie Wintermonate geschlossen.
Wieviel? Erwachsene Fr. 6.–, Kinder ab Schulalter Fr. 3.–.
Alter? Ab 8 Jahren.

5 Der Familienberg
Niederurner Täli–Hirzli,
Seilbahn Niederurnen–Morgenholz,
8867 Niederurnen, 055 610 10 83

Das Brausen von der Autobahn verstummt allmählich, die Linthebene verschwindet zwischen Baumspitzen, und ein freundliches Tal mit Weiden und bewaldeten Bergflanken umfängt die Besucher. Wer einen ganz gemütlichen Familientag im Niederurner Täli, 600 Meter über der Autobahn und Welten von ihr entfernt, verbringen will, spaziert zur grossen SF-Feuerstelle. Wer sich den Blick von oben gönnen möchte, steigt auf das 1640 Meter hohe und auch für jüngste Gipfelstürmer erreichbare Hirzli und geniesst den Blick in die Runde. Ob Gipfel oder Grillen – hier kann sich eine Familie gut die Zeit vertreiben.

Wie? Talstation der Bahn am westlichen Ortsrand von Niederurnen, Bahn bis Niederurnen, mit PW Ausfahrt Niederurnen.
Wann? Sommerfahrplan Mai–Oktober 7–11.45 und 13.05–18.30 Uhr jede halbe Stunde, dann letzte Fahrt 19.30 Uhr. Berggasthaus Hirzli (055 610 27 91) ganzjährig geöffnet.
Dauer? Zur Feuerstelle 30 Min., ohne Steigung; zum Hirzli 1¾ Std., ca. 600 m Höhenunterschied.
Alter? Je nach Programm alle Altersstufen.

6 Kunst mit der Kettensäge
Skulpturenweg Niederurner Täli,
Seilbahn Niederurnen–Morgenholz,
8867 Niederurnen, 055 610 10 83

Holzschnitzer arbeiten im allgemeinen mit feinem Werkzeug: Schnitzmesser, Feile, Stichel. Dass sich auch mit der Kettensäge, dem Werkzeug der Waldarbeiter und Forstwarte, tolle Kunstwerke erstellen lassen, hat Forstwart Thomas Jud mit seinen Figuren im Niederurner Täli bewiesen. Anstatt vom Sturm gefällte Bäume einfach abzusägen, hat er die Strünke in fast lebensgrosse Skulpturen verwandelt. Ein leicht begehbarer Rundweg von knapp anderthalb Stunden ab der Bergstation Morgenholz führt an den zwanzig Skulpturen vorbei. Die Kinder werden begeistert sein von den lustigen Tierfiguren und Fabelwesen.

Wie? Ab Bergstation Morgenholz der Seilbahn Niederurnen–Morgenholz.
Dauer? 1½ Std.
Wann? Mai–Oktober.
Alter? Ab 4 Jahren.

7 Klettertour für Unerschrockene
Klettersteige Braunwald, Braunwald Tourismus, 8784 Braunwald,
055 653 65 85, www.klettersteige.ch

Klettern ist in, auch bei den Kids. In Braunwald gibt es viele Möglichkeiten: für jüngere Kinder einen Kletterstein auf der Alp Oberstafel, für grössere Kinder mit schon etwas Erfahrung diverse einfache Routen im alpinen Klettergarten am Fuss der Eggstock-Südwände und für Jugendliche (in Begleitung Erwachsener) die Klettersteige vom Gumengrat über die Leiteregg bis zum

Hinteren Eggstock. Die Route ist mit einem Sicherungsseil und Eisentritten befestigt. Doch auch eine Klettersteige erfordert neben Kondition Schwindelfreiheit, Trittsicherheit und die richtige Ausrüstung (gute Trekking- oder Bergschuhe, Helm, Klettergurt). So ausgerüstet ist ein einmaliges Klettererlebnis garantiert!

Wie? Von Braunwald Sesselbahn zur Bergstation Gumen, von dort ca. 30 Min. Wanderung bis zum Einstieg Klettersteige am Fuss der Leiteregg.
Wann? Juni–Oktober nur bei schönem Wetter, nie bei Gewittergefahr.
Dauer? Rundgang Leiteregg mit Sicherungsseil ca. 3 Std.
Was? Kletterausrüstung/Klettersteigeset (obligatorisch) kann gemietet werden bei Kessler Sport, 055 643 22 22.
Alter? Ab 12 Jahren, in Begleitung Erwachsener.

8 Zwergen-Tour für Zwerge

Zwerg-Bartli-Weg Braunwald,
Braunwald Tourismus,
8784 Braunwald, 055 653 65 85,
www.braunwald.ch

Bereits bei der Fahrt mit der schnittigen neuen Braunwaldbahn ins «Dorf über dem Alltag» werden die Gäste von Zwerg Bartli begrüsst: Fröhlich winkt er von der Tunnelwand den Fahrgästen zu. Zwerg Bartli, von Lorly Jenny einst ersonnen, hat sich verselbständigt. Auf drei Dorfrundgängen und an fünf Schauplätzen hat er seine Spuren hinterlassen. Welche Zwergennamen finden die Kinder auf den Hydranten der Rundgänge, die alle bequem mit dem Kinderwagen befahrbar sind? Schon etwas längere Beine braucht es für den Besuch der fünf Zwerg-Bartli-Schauplätze: Tiidis Hüüsli, Zwergenhöhle, Zwergenschloss, Edelsteinspalte und das Rindenhüttli, als einziger Zwergenstützpunkt mit dem Kinderwagen erreichbar, und zwar von der Bergstation Grotzenbüel aus oder zu Fuss über den bequemen Weg von Braunwald via Rubschen aufs Grotzenbüel. Die Zwergenschar hält sich verborgen, doch damit sie von ihren Besuchern doch etwas mitbekommt, liegen überall Gästebücher bereit. Also: Stift mitnehmen auf die Wanderung!

Wie? Braunwald ist autofrei, aber bequem mit der Braunwaldbahn ab Linthal zu erreichen. Zwerg-Bartli-Plan bei Braunwald Tourismus und Braunwaldbahnen erhältlich.
Wieviel? GA, Halbtax-Abo und Juniorkarte gültig. Tipp: die günstige «Fascht e Familie»-Karte für 1 oder 2 Erwachsene und 1–5 Kinder. Parkplatzgebühr 1. Tag Fr. 5.–, jeder weitere Tag Fr. 3.–. Fahrt Linthal–Braunwald retour mit Halbtax-Abo Fr. 6.80.
Wann? Fahrzeiten Braunwaldbahn: jede Halbstunde ('55 und '25).
Dauer? Je nach gewählter Route: Tiidis Hüüsli 1½ Std., die anderen Standorte ca. 2½ Std., Rindenhüttli ab Grotzenbüel 10 Minuten. Alle Zwerg-Bartli-Schauplätze können bequem in drei Tagen besucht werden.

Glarus: Im Tal der Linth

Als der Berg kam...

Noch heute sind die Spuren des grossen Bergrutsches in Elm zu sehen, und ein Gedenkstein erinnert an das Ereignis, bei welchem 1881 114 Menschen verschüttet wurden. Franz Hohler hat in seiner Novelle «Die Steinflut» die Stimmung in Elm vor dem Erdrutsch – als viele spürten, dass sich etwas zusammenbraute, aber nichts unternommen wurde –, das Unglück und seine Wirkung auf die einfachen Leute poetisch und eindrücklich geschildert.

Glarus: Im Tal der Linth

9   Für Frühaufsteher
Sonnenaufgangswanderungen und Wildbeobachtungen, Braunwald Tourismus, 8784 Braunwald, 055 653 65 85.

Losmarschieren, wenn alles noch schläft. Beobachten, wie sich die Berggipfel langsam rot färben, während unten im Tal noch Nacht herrscht. Die Wärme der ersten Sonnenstrahlen spüren und mitverfolgen, wie die Natur erwacht. Ganz still staunen, wie die Gemsen am Seblengrat frühstücken und die Murmeltiere ihre Morgentoilette vervollständigen – das sind unvergessliche Erlebnisse und Eindrücke. Auch kleine Wandermuffel werden sich leicht für eine Sonnenaufgangstour oder die Wildbeobachtung begeistern lassen.

Wie? Wanderungen ab Braunwald. Der Ort ist autofrei, aber bequem mit der Braunwaldbahn ab Linthal zu erreichen.
Wann? Die von Braunwald Tourismus organisierten Sonnenaufgangswanderungen und Wildbeobachtungen werden während der Sommerferien regelmässig durchgeführt. Daten: Braunwald Tourismus, 055 653 65 85, www.braunwald.ch.
Dauer? Sonnenaufgangswanderung 4–8 Uhr (Juli), 4.30–8.30 Uhr (August), 5.30–9.30 Uhr (Oktober). Wildbeobachtungen 7.15–10.15 Uhr.
Wieviel? Sonnenaufgangswanderungen Erwachsene Fr. 29.–, Kinder 12.–, Wildbeobachtungen Erwachsene Fr. 39.–, Kinder 19.50.
Alter? Ab 6 Jahren.

10   Abenteuercamps für kleine Wilde
«Erlebnis Braunwald», Braunwaldbahnen, 8784 Braunwald, 055 653 65 65.

Den Sommer in vollen Zügen geniessen und erleben. Dazu gehören für Kinder Abenteuer in der freien Natur: Klettern, Bäche stauen, am Lagerfeuer sitzen, im Zelt oder Tipi übernachten, Schätze suchen oder Waldgeheimnisse entdecken. Im autofreien Ferienort Braunwald wird jungen AbenteurerInnen während der Sommerferienzeit eine bunte Palette an Naturcamps geboten. Im Indianerlager folgen sie dem Ruf der Wildnis, im Kletterlager geht's die Wände hoch, während der Abenteuerwoche gibt es Natur pur, und am Schatzberg entdecken Eltern zusammen mit Kindern das Geheimnis der Erdzwerge. Übernachtet wird im Tipi, auf der Alp oder in der Jugi (sollte es mal regnen), und gekocht wird über dem offenen Feuer.

Wo? In Braunwald, erreichbar ab Linthal mit der Braunwaldbahn.
Wann? Informationen über Daten, Dauer und Durchführung bei den Braunwaldbahnen, 055 653 65 65.
Was? Themen wechseln von Jahr zu Jahr. Rechtzeitig anmelden, die Camps sind schnell ausgebucht.
Wieviel? Eine Woche ab ca. Fr. 390.– (je nach Lager), inkl. Unterkunft und Betreuung.
Alter? Kindercamps ab 8 Jahren. Erlebniswoche für Erwachsene und Kinder zwischen 4 und 9 Jahren.

11 «Autofrei» skifahren

Braunwald im Winter, Braunwald Tourismus, 8784 Braunwald, 055 653 65 85, www.braunwald.ch

«Sonnenterrasse des Glarnerlandes» wird Braunwald genannt, und weil sich auf einer Terrasse schlecht autofahren lässt, ist das Plateau am Fuss der Eggstöcke nur mit der Braunwaldbahn zu erreichen. Der Ferienort auf 1300 Metern eignet sich ideal für eine erholsame Sportwoche: Das Skigebiet reicht bis auf 1900 Meter hinauf, ist überschaubar und bietet dennoch auf 30 Kilometer Pisten und mit sieben Sportbahnen genügend Abwechslung. Beschneiungsanlagen garantieren Abfahrt bis zu den Talstationen. Kinderpark, Snowtubing, Halfpipe für Snowboarder, eine 3 Kilometer lange, nachts beleuchtete Schlittelbahn, Langlaufloipe, ein Schneeschuhpfad, ein Natureisfeld und 20 Kilometer Winterwanderwege vervollständigen den Eindruck eines liebenswerten Ferienorts. Und sollte es einmal «hudlen»: im Verkehrsbüro gibt es eine Ludothek, in der Höhenklinik Braunwald eine Bibliothek und eine Internet-Ecke.

Wie? Braunwald ist mit den SBB über Ziegelbrücke und Linthal und von der Bahnstation Braunwaldbahn mit der Standseilbahn zu erreichen. Parkplätze an der Talstation. Abfahrtszeiten in Linthal im Halbstundentakt ('55 und '25).
Was noch? Ski- und Snowboardschule Braunwald, 055 643 12 61 oder 079 215 21 25 (Kurse auf allen Stufen, Ski-Kindergarten).
Wieviel? Sehr günstige Winterarrangements (Hotel, Halbpension, Skipass), Spezialprospekt bei Braunwald Tourismus.
Alter? Alle Altersstufen. Die Pisten umfassen alle Schwierigkeitsgrade.

12 In die Linthschlucht

Linthal–Tierfehd–Pantenbrücke, Verkehrsverein Linthal, 8783 Linthal, 055 643 39 17

Glarus: Im Tal der Linth

Ganz hinten im Glarnerland, wo die Strasse endet und steile Wände jedes Weiterkommen erschweren, bietet die Linth ein eindrucksvolles Schauspiel. Tief hat sich der Fluss eine unpassierbare Schlucht in die Felsen gefressen. Bereits die Römer hatten einen Übergang gesucht, der ihnen den Weg vom Glarnerland über den Kistenpass ins Vorderrheintal ermöglichen würde, doch erst 1457 gelang der Brückenschlag: «Ein gar wunderlich Werk, daz ouch der Tüvel sich des wundern müsst.» Und eine unstabile Angelegenheit: dreimal wurde die Brücke von Lawinen und Steinschlag zerstört. Heute stehen zwei Brücken übereinander, die kleinere 1854 erbaut, die zweite 1901 darüber, beide 1997 renoviert. Der Blick in die Tiefe und an den steilen schwarzen Felsen hinauf ist beeindruckend!

Wie? Entweder von Bahnhof Linthal über Obort bis Tierfehd, zur Pantenbrücke und dem Fridli-Weg entlang zurück nach Linthal. Oder mit dem Auto bis zum Hotel Tödi (schöner Spielplatz), dann zu Fuss zur Pantenbrücke.
Wann? Frühling–Herbst.
Dauer? Rundwanderung Linthal–Obort–Pantenbrücke–Linthal 4 Std. 50 Min., Spaziergang Hotel Tödi–Pantenbrücke ca. ½ Std.
Alter? Längere Wanderung ab 10, kürzere Wanderung ab 6 Jahren.

13 Hoch ins Hochmoor

Moorinformationspfad Garichti, Mettmenalp, 8762 Schwanden, Luftseilbahn Kies–Mettmen, 055 644 20 10, Berggasthaus Mettmenalp, 055 644 14 15

Glarus: Im Tal der Linth

Auf der Mettmenalp direkt nördlich des Stausees Garichti liegt ein kleines Hochmoor, entstanden und gewachsen über Jahrtausende aus den Ablagerungen von Pflanzenresten und gespeist einzig von Regenwasser. Hier überleben nur «Spezialisten». Wie ein solches Moor entsteht, welche Pflanzen darin gedeihen und wie ein Hochmoor seine «Fühler» ausstreckt, kann auf dem Moorpfad erforscht und in natura betrachtet werden. Der Pfad ermöglicht eine direkte Begegnung mit diesem inzwischen seltenen Lebensraum. Informationstafeln vermitteln das Hintergrundwissen, bei der Seilbahn und im Berggasthaus Mettmenalp kann eine Info-Broschüre bezogen werden. Wer auf die Mettmenalp fährt, sollte sich wenn möglich die Zeit nehmen, im Berggasthaus Mettmenalp (Zimmer, Massenlager) zu übernachten, um am nächsten Morgen in aller Frühe zur Tierbeobachtung in der Erlebniswelt Kärpf aufzubrechen, dem ältesten Wildschutzgebiet der Schweiz.

Wie? Bus Schwanden–Kies, Seilbahn Kies–Mettmenalp, Wegweisern mit Torfmoossignet folgen.
Wann? Mai–Oktober.
Dauer? Rundgang auf dem Moorpfad ca. ½ Std.
Alter? Ab 5 Jahren.

14 Im Wildasyl

Glarner Kärpfwanderung, Mettmenalp–Elm

Naturschutzreservate sind nicht eine Erfindung unserer Zeit. Der Rat des Landes Glarus hatte schon 1548 das ganze Kärpfgebiet zur Wildschutzzone erklärt, um die drohende Ausrottung von Gemsen, Steinböcken, Hirschen und Murmeltieren zu stoppen. Einzig für Hochzeitspaare, die zwischen Juli und November heirateten, durfte eine «Gratgeiss» geschossen werden. Dank der strengen Schutzbestimmungen hat sich im Kärpfgebiet zwischen Linth- und Sernftal eine reiche Tier- und Pflanzenwelt erhalten. Die schöne und anspruchsvolle Wanderung von der Mettmenalp entlang dem Garichti-Stausee (1600 m ü. M.) über Wildmadfurggeli (2294 m) bis zur Alp Empächli (1480 m) führt durch praktisch unberührte Natur und belohnt mit wunderschönen Einblicken und Aussichten. Und hoffentlich ein paar Begegnungen mit wilden Tieren.

Wie? Mit der Bahn nach Schwanden, Bus zur Talstation der Luftseilbahn Kies–Mettmenalp. Rückreise Gondelbahn Empächli–Elm. Postauto Elm–Schwanden. Fahrplan, Routenplan usw.: www.mettmen-alp.ch und www.elm.ch.
Dauer? Wanderung ca. 4½ Stunden.
Wieviel? Es gibt spezielle Rundreisebillette für Autobus, Luftseilbahn und Gondelbahn.
Wann? Juni–Oktober.
Alter? Ab 10 Jahren.

15 Ins Wolfenvalley

Pferdetrekking Berglialp,
Heinrich Marti, Sand, 8766 Matt,
055 642 14 92 oder 079 693 90 37,
www.molkenbad.ch

Eine Stunde Aufstieg kostet die Begegnung mit den rund 80 Kühen, 150 Stück Jungvieh und fünf Haflingerpferden von Bauer Heinrich Marti. Doch die Mühe lohnt sich, denn auf der Berglialp wird viel geboten. Zum Beispiel Schaukäsen: Um 8.30 Uhr wird die Milch eingelabt, um 10 ist sie geronnen und kann zu Käselaiben geformt werden. Ist das gemacht, geht es los auf gutmütigen Haflingerpferden ins Wolfenvalley, wo während der Mittagsrast grilliert wird. Reitunerfahrene Kinder (und Erwachsene) werden geführt. Wenn alle um 15 Uhr wieder zurück auf der Alp sind, stehen verschiedene Möglichkeiten offen: wandern, spielen, ein Molkenbad nehmen, Abstieg ins Tal oder Bezug des Nachtlagers auf Heu. Denn Älpler Marti bietet auch Massenlager in Alphütten und Abendessen an: Fenz, Ghium, Ribeli, Tschüchel. Was das ist? Vor Ort herausfinden!

Wie? Mit Bahn und Bus oder Auto ins Sernftal bis Matt. Von dort zu Fuss auf die Berglialp, Unterstafel 1358 m ü. M., Mittelstafel 1547 m ü. M.
Wann? Mitte Mai–Mitte Oktober.
Wieviel? Übernachtung im Massenlager: Erwachsene Fr. 20.–, Kinder 6–15 Jahre 10.–. Reiten inbegriffen.
Alter? Ab 6 Jahren.

16 Über grüne Matten

Wandern auf Weissenbergen,
Luftseilbahn Matt–Weissenberge,
8766 Matt, 055 642 15 46

Die Sonnenterrasse auf 1200 Metern unterhalb des Gulderstocks ist ein weitläufiges, familienfreundliches Wandergebiet. Attraktiv für den Familienausflug ist die grosse Feuerstelle im Mühlimaad am Wanderweg nach Engi, in leichtem Spaziergang (1 km) von der Bergstation Weissenberge erreichbar. Der nahe Wald und Waldbach ersetzen jeden künstlichen Spielplatz. Wer weitere Wanderungen unternehmen möchte, steigt auf zur Skihütte Stäfeli oder wandert dem Waldlehrpfad entlang zurück ins Tal, nachdem man sich in einem der beiden Bergrestaurants auf Weissenbergen gestärkt hat.

Wie? Mit Bahn und Bus bis zur Talstation Matt im Sernftal.
Von dort mit der Luftseilbahn auf Weissenberge, 1266 m ü. M.
Wann? Frühling–Herbst. Die Seilbahn fährt täglich um 7.40 Uhr, danach zweimal stündlich ('05 und '50), bis 20 Uhr. Im Winter: 3,2 km lange Schlittelbahn ins Tal. Übernachtungsmöglichkeit im Berggasthaus Weissenberge.
Alter? Ab 6 Jahren.

Glarus: Im Tal der Linth

17 Unterwegs mit Ramirez
Lamatrekking Weissenberge,
Anmeldung: Glarnerland Tourismus,
Raststätte, 8867 Niederurnen,
055 610 21 25, www.glarnerland.ch

Glarus: Im Tal der Linth

Geduldig schreiten Carlos, Juanito und Ramirez auf sanften Sohlen durch den Wald und buckeln das Gepäck. Am liebsten möchte man sich in ihr kuscheliges weiches Fell vergraben, aber die drei Vierbeiner fordern doch ein bisschen Distanz. Zwar stammen die drei Lamas aus Peru, aber sie passen perfekt in die Glarner Landschaft und könnten sehr wohl Einheimische sein. Die Begegnung mit den Kleinkamelen ist ein tolles Erlebnis für Kinder und das Schnupper-Trekking von einer Stunde viel zu schnell vorbei. In Begleitung der drei Peruaner macht sogar der Aufstieg von Matt in die Höhe keine Mühe.

Wie? Ausgangspunkt des Lama-Trekkings ist die Talstation der Bergbahn Matt–Weissenberge im Sernftal (Postauto von Schwanden), Endpunkt die Bergstation.
Wann? Mai bis Ende September nach Voranmeldung.
Dauer? Schnupper-Trekking 1 Stunde (bergauf), Plausch-Trekking 2 Stunden (mit Mittagsrast an einer SF-Feuerstelle und Brätlen), 2-Tage-Trekking mit Übernachtung im Berggasthaus auf Weissenberge und Besuch auf der Alp Fritteren beim Senn.
Wieviel? 1 Stunde Erwachsene Fr. 25.–, Kinder bis 12 Jahre 20.–, Plausch-Trekking 55.– bzw. 45.–, Trekking mit Übernachtung ab 135.– bzw. 104.50.
Alter? Ab 10 Jahren.

18 Im Berg Landesplattenberg Engi,
Engi-Hinterdorf, Auskunft und Anmeldung: Rhyner-Sport, 8767 Elm, 055 642 13 41, rhyner-sport@elm.ch

Während mehreren hundert Jahren war der Schieferabbau im Sernftal Haupteinkommensquelle der Talbewohner. Glarner Schiefer reiste in alle Welt: In Hartholz gefasste Schiefertische waren sowohl in Paris wie in London und Amsterdam gefragt. Bis 1961 wurde im Schieferbergwerk Engi gearbeitet, heute kann man die Stollen, in denen die Platten in Handarbeit losgeschlagen wurden, besuchen – nachdem man den gleichen Zickzackweg 200 Meter in die Höhe gestiegen ist, den früher die Arbeiter jeden Morgen zurücklegten. Es ist absolut faszinierend, durch die zum Teil 15 Meter hohen, verwinkelten Kavernen zu gehen und den spannenden Erklärungen des Leiters zu lauschen. Gute Bergschuhe und warme, schmutzunempfindliche Kleidung sind empfehlenswert.

Grosser Glarner
Das Glarnerland bietet nicht nur hohe Berge. Berühmt wurde im 18. Jahrhundert auch ein aussergewöhnlich hoch gewachsener Glarner: Thut Melchior aus Tierfehd zuhinterst im Klöntal, 2 m 34 gross und in ganz Europa bekannt als menschliche Kuriosität. Als Riese wurde er auf Jahrmärkten zur Schau gestellt und später für die Armee Friedrich des Grossen angeworben. Eveline Hasler beschreibt in ihrem Roman «Der Riese im Baum» das Schicksal des Thut Melchior, der wegen seiner Körpergrösse ein ungewöhnliches Leben zwischen Marktplätzen und Fürstenhöfen führte und mit nur 42 Jahren in Wien arm und einsam starb.

Wie? Mit dem Postauto ab Bahnhof Schwanden bis Engi-Hinterdorf. Treffpunkt für Führungen beim Pavillon mit Ausstellung zum Schieferabbau. Parkplatz beim Pavillon.
Wann? Zwischen Mai und Oktober ca. 10 öffentliche Führungen, Daten bei Ryhner-Sport.
Dauer? Ca. 2½ Std.
Wieviel? Erwachsene Fr. 15.–, Kinder 13.–, Gruppen mindestens 225.–, Schulen 200.–.
Alter? Ab 10 Jahren.

19 Die Elmer Goldmine
Restaurant Schabell,
8767 Elm, 055 642 17 70,
www.sportbahnenelm.ch

Ein Kindertag beim Bergrestaurant Schabell auf Empächli ob Elm kann nicht genug Stunden haben, so viele Attraktionen gibt es hier. Kinder können nach Lust und Laune in Elmars Goldmine Gold suchen und dann vor lauter Freude über die ergatterten Reichtümer auf dem Trampolin Purzelbäume schlagen. Auf dem Spielplatz locken Kletternetz, Seilschaukel, Rutschbahn, Tretkarussell usw., und im kleinen Haustierzoo wollen Lämmchen und Zwergziegen gestreichelt werden. Währenddessen geniessen die Eltern die gute Küche und schöne Aussicht auf der Sonnenterrasse. Bis die hungrigen Abenteurer nach ihrem Goldgräber-Menü rufen …

Wie? Von Elm aus mit der Sechser-Gondelbahn bis Alp Empächli. Das Bergrestaurant steht direkt an der Station.
Wann? Die Goldmine ist den ganzen Sommer täglich in Betrieb, das Restaurant sieben Tage in der Woche geöffnet. Betriebszeiten der Bahn: Ende Mai–Anfang Nov. Sa/So durchgehend 8.10–17.10 Uhr, an Werktagen Ende Juni–Anfang August ebenfalls durchgehend, in der Vor- und Nachsaison fährt die Bahn zwischen 12.10 und 12.40 Uhr nicht.
Alter? Alle Altersstufen.

20 Weltcup-Schulung
Vreni Schneider, Ski-, Snowboard- und Rennschule, 8767 Elm,
055 642 15 51, www.vrenischneider.ch

Vreni Schneider war während Jahren die beste Skirennfahrerin der Welt, dreimal gewann sie den Gesamtweltcup. Schon vor dem Rücktritt vom aktiven Wettkampfsport begann sie, ihre reiche Erfahrung in ihrer Ski-, Snowboard- und Rennschule in Elm weiterzugeben. Wer ihr nacheifern will, den spricht vor allem die Rennschule an: Gruppenunterricht mit technischer Schulung, Stationentraining, Zeitläufen, Videoanalysen und Korrekturen. Aber auch ganztägiger Unterricht ist möglich. Wer will sein Talent testen? Und wer noch nicht ganz reif ist fürs Renntraining: Der Kleinkinderunterricht ab 4 Jahren mit Bobo legt die Basis für zukünftige Skiasse.

Wie? Anmeldung unter 055 642 15 51, Fax 055 642 10 88.
Wann? Rennschule jeweils Mi- und Sa-Nachmittag 13–15.30 Uhr, während der Glarner, Marcher, Höfer und Zürcher Sportwochen Ski- und Snowboardkurse für Kinder zu speziell günstigen Wochentarifen; während der ganzen Saison Einzel- und Gruppenunterricht in Skifahren, Carven und Snowboarden.
Wieviel? Renntraining pro Person Fr. 50.– (ab 3 Personen), übrige Tarife anfragen. Privat-Skitage mit Vreni Schneider.
Alter? Renntraining ab 8 Jahren, sonstiger Unterricht ab Stehvermögen auf Skis.

Glarus: Im Tal der Linth

21 Elm hält mit Skifahren in Elm

Sportbahnen Elm AG, 8767 Elm, 055 642 60 60, www.elm.ch

Oberhalb von Elm befindet sich das grösste Skigebiet des Kantons Glarus: mehr als 35 Kilometer Piste über weite, waldfreie und schneesichere Hänge, die auch sportliche Fahrer ansprechen. Elm ist ein sympathischer, überschaubarer Ferienort ohne Schickimicki, aber mit allen Annehmlichkeiten, die im zeitgemässen Wintersport gefragt sind (vgl. auch Tipp 20). Ausserdem gibt's ein lustiges Kinderskiprogramm für die Kleinen.

Eine neue Sechser-Gondelbahn führt von der Talsohle ins «Verteilzentrum» Empächli, Ausgangspunkt zu den Skigebieten Schabell (2036 m), Steinböden (2105 m) und Mürliboden (1920 m). Ab 8 Uhr sind die Pisten geöffnet, und wer so früh schon unterwegs ist, hat genügend Zeit, sich's im «Munggähüttli» oder im Bergrestaurant Schabell gemütlich zu machen. Selbstverständlich kommen auch Snowboarder, Carver, Langläufer, Schlittler und (Schneeschuh-) Wanderer in Elm auf ihre Rechnung. Und die Jüngsten haben ihren Spass im Swiss Snow Kids Village «Snowli», wo täglich ein Kinderprogramm geboten wird.

Wie? Elm ist mit dem Autobus ab Schwanden (SBB-Bahnhof) oder PW bequem zu erreichen.
Wann? Skisaison Ende November–April. Automatischer Informationsdienst: 055 642 60 66.
Wer? Auskünfte über Ski- und Snowboardunterricht für alle Altersstufen: Schweizer Ski- und Snowboardschule Elm, Rhyner-Sport, 8767 Elm, 055 642 13 41, skischule-elm@gmx.ch.
Alter? Alle Altersstufen.

— **Kids willkommen!** —

Wo essen?
Restaurant Horgenberg, 8756 Mitlödi, 055 640 59 73. www.restaurant-horgenberg.ch. Ausflugsrestaurant mit Spielplatz, 18-Loch-Minigolfanlage und vielen Tieren. April–Okt. Di Ruhetag, Nov.–März Mo/Di geschlossen.
Restaurant Uschenriet, 8755 Ennenda, 055 644 15 55. Idyllische Waldwirtschaft. Spielplatz, viel Auslauf, grosse Gartenwirtschaft.
Berggasthaus Schwammhöhe, im Klöntal, 8750 Glarus 055 640 28 17, www.schwammhoehe.ch. Hoch über dem Klöntalersee, schöner Kinderspielplatz im Wald. Täglich geöffnet April–Oktober.

Wo schlafen?
Märchenhotel Bellevue, Fam. M. Vogel, 8784 Braunwald, 055 643 30 30, www.maerchenhotel.ch. Absolut kinderfreundliches Viersternhotel im autofreien Braunwald mit Spielzimmer, Juniorraum, Kinderbetreuung, Hallenbad, Sauna, Panorama-Wellness-Raum, viel Umschwung, Zwergziegen, Hase und einem Hoteldirektor, der jeden Abend ein Märchen erzählt.
Hotel Cristal, Fam. H. und M. Schilling, 8784 Braunwald, 055 643 10 45, www.hotel-cristal.ch. Familiäres, gemütliches Hotel direkt neben Kinderskischule und Bergbahn, vor allem geeignet für Familien mit kleinen Kindern. Spielecke im Aufenthaltsraum, Eltern-/Kinderzimmer mit Verbindungstüre, im Sommer Garten und Spielplatz.

Campingplatz Güntlenau, 8750 Klöntal, 055 640 44 08. Idyllischer Campingplatz am Klöntalersee, mit Feuerstellen und Kinderspielplatz. Geöffnet 1. Mai–30. September.
Jugendherberge Braunwald, Im Gyseneggli, 8784 Braunwald, www.youthhostel.ch/Braunwald, 055 643 13 56. Heimelige Familien-Jugendherberge. Schöne Vierer- und Sechserzimmer.
Jugendherberge Filzbach und Kurs- und Ferienzentrum Lihn, 8757 Filzbach, 055 614 13 42, www.youthhostel.ch/filzbach. In der Jugi 4- und 6-Bett-Familienzimmer (Schlafsack) mit Lavabo, im Ferienzentrum Hotelzimmer unterschiedlicher Grösse mit D/WC oder Lavabo. Aussichtsterrasse über dem Walensee, Spielwiese mit Volleyball, Spielplatz mit Tischtennis, grosse Kügelibahn, Tiere. Sehr familienfreundlich.
Panorama-Hotel Waldhaus, 8784 Braunwald, 055 653 62 62, www.panorama-hotel.ch. Ruhig gelegenes Hotel mit Minigolf, Hallenbad, Sonnenterrasse und einer günstigen Dependance.
Naturfreundehaus «Fronalp», 1389 m ü. M., Postfach 61, 8753 Mollis, 055 612 10 12. Naturfreundehaus in sonniger Lage über dem Linthtal. Im Winter 30 Minuten zu Fuss vom Parkplatz des Skilifts Fronalpstock, dafür mitten im Skigebiet. Einfache Mehrbettzimmer. Voll bewirtschaftet.

— **Dauerbrenner** —

Ökologisch wandern auf dem Ökologie-Lehrpfad Braunwald, 8784 Braunwald, 055 653 65 85, www.braunwald.ch. Von der Bergstation führt der Ökopfad über 16 Stationen bis zum Nussbüel. Kurzplan und Handbuch (Fr. 18.–) erhältlich bei Braunwald Tourismus.

Kraftwerke Linth-Limmern AG, Tierfehd, 8783 Linthal. bru@nck.ch. Mit der Seilbahn der KLL zum 3 km langen Tunnel, der zum Stausee führt. Bahnbetrieb Mitte Juni– Mitte Oktober, Auskunft Fahrtzeiten: 055 643 31 67.
Baden in den Bergen: am Talalpsee, Sesselbahn Filzbach–Habergschwänd, 8876 Filzbach, 055 614 11 68; automatischer Informationsdienst 055 614 16 20.
Schifffahrt auf dem Walensee, Schiffsbetrieb Walensee AG, 8877 Murg, 081 738 12 08; automatische Fahrplanauskunft 081 738 12 03.
Sportzentrum Kerenzerberg, 8757 Filzbach, 055 614 17 17. Hallenbad, Liegewiese, Bocciabahn, Feuerstelle. Öffnungszeiten: 055 614 19 35.
Linth-Arena SGU, Glarner Unterland, 8752 Näfels, 055 612 15 09, www.sgu.ch. Sportzentrum in Näfels mit Freibad, Spielplatz und Rutschbahn, Hallenbad, Tischtennisanlagen, Beachvolleyball-Felder, Tennisplätze, Öffnungszeiten und Preise anfragen.
Suworow-Weg, Verkehrsbüro, 8767 Elm, 055 642 60 67. 15 km lange Wanderung von Elm nach Schwanden; Für Abkürzungen: Postauto.
Schiefertafelmuseum, Sandgasse, 8767 Elm. Ehemalige Schiefertafelfabrik, Schiefergeschichte und Tafelfabrikation und Diashow «Das schwarze Gold des Sernftals». Auskunft: Rhyner-Sport, 8767 Elm, 055 642 13 41, rhyner-sport@elm.ch.
Veloplausch Linthal–Ziegelbrücke. Dreistündige Velofahrt der Linth entlang. Veloreservation und Auskunft Bahnhof Linthal, 055 643 13 27.
Indoor Adventure Minigolf, Alte Weberei, 8757 Filzbach, 079 419 65 55. Grosse Minigolfanlage in einer alten Fabrikhalle.
Wanderung ins Klöntal, Postauto von Glarus aus, am See Wanderwege, Picknickplätze, Bergrestaurants.

Glarus: Im Tal der Linth

Graubünden: Der Norden und Osten

1. **Spektakulär in die Höhe** — Älplibahn Malans
2. **Tagesindianer und Isländer** — Tipi-Erlebnistag in Malans
3. **Nasser Plausch** — Hallenbad Zizers
4. **Vier Hektaren nicht nur für Tiere** — Tier-und Freizeitpark, Chur
5. **Ferienlektüre leichtgemacht** — Kinderbuchladen, Chur
6. **Handeln erwünscht** — Gänggali-Markt, Chur
7. **Chur von oben** — Luftseilbahn Chur–Brambrüesch
8. **Länger rodeln als sonstwo** — Rodelbahn Pradaschier
9. **Eiffelturm waagrecht** — Weltmonument im Prättigau
10. **Delta- und Paragleiter-Mekka** — Aussichtspunkt Fanas
11. **Höhenbaden** — Freibad Pany
12. **Geheizter Gletschersee** — Baden in Klosters
13. **Trottinett à la «Düsentrieb»** — Per Tretrad rund um Klosters
14. **Wasser, Fels, Viadukt** — Zügenschlucht, Davos Monstein
15. **Winnetou in Davos** — Indianerlager, Davos Wolfgang
16. **Sommerbad** — Zum Grüensee, Davos
17. **Alles drin und Micky mit!** — Arosa hat den Gratispass
18. **Im Cabrio nach Arosa** — Bahnfahrt Chur–Arosa
19. **Spass auf dem «Davoser»** — Schlitteln in Arosa

Bahn · Hotel · Kunsth. · Museum · Natur · Restaur. · Schiff · Sehensw. · Shopping · Spielen · Sport · Theater · Tiere · Wandern

© Hallwag Kümmerly + Frey AG, Schönbühl-Bern

Nordbünden, Prättigau und Schanfigg

Graubünden ist eine Marke! Aber vorher mussten die Bündner sich zwischen «Bündnerland» und «Graubünden» entscheiden. Die Regionenmarke soll Identität schaffen, heisst es. Und sie soll zu einem Dach über qualitativ hochwertigen Dienstleistungen und Produkten aus Graubünden werden. Dies brauche Zeit, tönt es aus dem Land der Böcke, wo Zeit ein eigenes Label stellt: Freizeit. Das Label Graubünden umfasst weitere Markenzeichen; etwa St. Moritz, das einmal mehr Tourismusgeschichte schrieb, indem der Ferienort der ersten Stunde seinen Namen als Marke eintragen liess. Oder die Ems-Chemie, Davos und das WEF, Stararchitekt Peter Zumthor, Brückenbauer Christian Menn… Ausserdem hat Graubünden Werte, die nur von Zeit zu Zeit sichtbar werden. Der Boden ist hart, doch hat er einmal etwas eingebunden, hält er daran fest und lässt es trotz aller Kargheit wachsen und gedeihen. So kann eine Reise durch den Kanton der offensiven Oberflächen zur Zeit-, Kultur-, Architektur- oder Kunstreise werden. Sie haben die Wahl: Die Marke Graubünden ist auch ein Angebot.

Duosch Grass

1 Spektakulär in die Höhe
Älplibahn, 7208 Malans,
Talstation, 081 322 47 64

Die kleine Seilbahnanlage gehört mit 3,5 Kilometern zu den längsten der Schweiz. Zwei je vierplätzige, aneinandergehängte Kabinen befördern 32 Personen pro Stunde vom «Buochwald» hoch über das Rheintal auf 1800 Meter ü. M. Auf dieser Sonnenterrasse sind Spaziergänge und Wanderungen jeder Grössenordnung möglich. Wer nicht in einer Tagestour auf den Zweieinhalbtausender Falknis klettern mag, kann sich auf einem halbstündigen Spaziergang zum Malanser Älpli vergnügen. Die Bahn wurde im Zweiten Weltkrieg zur Truppenversorgung gebaut. Aber keine Sorge: 1989 wurde sie generalüberholt. Sie ist im Besitz einer Genossenschaft; deren Freiwillige besorgen auch den Beizenbetrieb bei der Bergstation.

Wie? Mit der RhB bis Malans und weiter zu Fuss bis in den «Buochwald» über dem Dorf (ist beschildert) oder mit dem Auto direkt zur Talstation. Bahnreservation unerlässlich.
Wann? Jeden Tag von Mitte Mai bis Wintereinbruch. Bei unsicherem Wetter und an Wochenenden lohnt sich ein Anruf zwecks Information. Restaurant Bergstation: 081 322 47 76.
Wieviel? Retourbillett Erwachsene Fr. 15.–, Kinder 10.–, Hunde 7.–.
Dauer? Zu Fuss ab Bahnhof bis zur Talstation rund 15 Min.; die Fahrt in der Gondel dauert ebenfalls 15 Min.

2 Tagesindianer und Isländer
Tipi-Erlebnistage in 7208 Malans, Claudia Sidler, 081 322 56 29, www.magnus.ch

Tagsüber sind sie Naturmenschen – nachts aber verwandeln sie sich in Strohmäuse. Die Kinder, die von Frühling bis Herbst Erlebnistage in Malans verbringen, werden noch lange davon zu erzählen haben. Gelernt haben sie den Umgang mit den drei Isländern von Claudia Sidler – vom Füttern, Striegeln übers Hufeputzen und allem, was nötig ist, um auch reiten zu können. Feuermachen, kochen, Brennholz sammeln, das Feuer hüten, es gibt zu tun. Aber auch gebastelt haben sie – vielleicht einen Traumfänger. Frau Sidler sorgt umsichtig und kompetent dafür, damit alles ums Pferd, beim Tipi und unterwegs bei den täglichen Ausflügen über Weid und Flur kindergerecht erlebt werden kann. Sie ist nicht nur Reitpädagogin mit Standbein in der Schule als Hauswirtschafts- und Werklehrerin, sie bietet den jeweils zehn Kindern auch den nötigen familiären Rahmen, um ihre Erlebnistage geniessen zu können. Geschlafen wird übrigens im Stroh – auf dem benachbarten Bauernhof. Der hat alle nötigen sanitären Anlagen.

Wie? Drei Tage im Tipi ob Malans, Schlafen im Stroh – alles pauschal. Vorkenntnisse nicht nötig. Jeden zweiten Samstag Erlebnisnachmittag; Programm anfordern.
Wann? Pfingsten, Sommer- und Herbstferien oder für Gruppen nach Absprache – Anmeldung unbedingt erforderlich! 081 322 56 29 oder via www.magnus.ch.
Wieviel? Fr. 300.– je Kind. Erlebnisnachmittag, drei Stunden, jeweils am Mittwoch, Fr. 65.– je Kind.
Alter? Ab 6 Jahren.

3 Nasser Plausch
Hallenbad, 7208 Zizers,
Feldstrasse 6, 081 322 35 47

Zizers – hinter dem trockenen Namen verbirgt sich ein tolles Hallenbad. Hier im Bau aus den siebziger Jahren am Dorfrand kann nach Herzenslust geplanscht werden, vor allem mit Schwimmhilfen und Wasserspielen, die gratis zur Verfügung gestellt werden. Das Bad ist grosszügig gebaut, verfügt über ein separates Nichtschwimmerabteil und ein moderat abgesenktes 25-Meter-Becken, das den Kindern lange Grund unter den Füssen bietet – so macht das Spielen Spass. Im Sommer wird aus dem Hallenbad ein halbes Freibad: dann ist das grosse Tor auf die Wiese geöffnet. Das Hallenbad liegt nahe der Autobahnausfahrt Zizers. Wieso also nicht nach einem ausgedehnten Spaziergang durch die örtlichen Weingärten und -keller noch schnell ins Wasser springen?

Wo? A13-Ausfahrt Zizers, 300 Meter in Richtung Dorf auf der rechten Seite über der Strasse, bei der Sekundarschul-Anlage «im Feld».
Wann? Geöffnet Di und Fr 18–21.30, Do 20–21.30 Uhr; Mi und Sa 14–17, So 10–16 Uhr.
Wieviel? Erwachsene Fr. 4.–, Kinder 2.–, ohne Zeitbeschränkung.
Alter? Alle Altersstufen.

4 Vier Hektaren nicht nur für Tiere
Tier- und Freizeitpark,
Pulvermühlestrasse, 7000 Chur,
Parkverwaltung, 081 284 61 51

Wo früher Schiesspulver fabriziert wurde, befindet sich heute ein grosser, der Öffentlichkeit zugänglicher Park. Rund 30 zahme Tiere – unter anderen Ponys, Esel, Lamas, Zwergziegen, Schafe, Hängebauch- und Wollschweine –, die sich gerne streicheln lassen. Zu den Attraktionen des Parks gehören weitere Kleintiere sowie Wasservögel, die einen Weiher bevölkern. Kindergerechte Elektro-Bikes in einem separaten Parcours und ein kleines Restaurant runden das putzige Angebot ab. Der Park eignet sich dank seiner Lage auch als ruhige Transitpause. Die Region profitiert von der häufigen Präsenz des ältesten Churers, des Föhns. Hier brennt die Sonne so häufig und heiss auf die Köpfe wie an wenigen andern Orten der Schweiz. So kann der Park auch für einen Besuch im Winter empfohlen werden.

Wo? Ausfahrt A13 Chur-Süd, Richtung Sportanlage, unter der Unterführung durch, Anlage liegt rechts der Strasse.
Wann? Ganzjährig.
Alter? Alle Altersstufen.

5 Ferienlektüre leichtgemacht
Kinderbuchladen, 7000 Chur,
081 252 52 11,
www.buecherwurm.ch

Auch in Graubünden gibt's Tage, wo man besser drinnen bleibt und sich irgendwie die Zeit vertreibt. Die mitgenommenen Bücher stinken den Kleinen, Ferienlektüre muss was Neues sein! Bevor Sie zum nächsten Kiosk rennen und ein kleines Vermögen in Wegwerf-Bildgeschichten investieren, schauen Sie in den «Büacherwurm» in Chur. Hier finden Sie alles für und über Kinder, kompetente Beratung und auch die Ruhe, Bücher auszusuchen. Die Leute vom «Büacherwurm» sind ausgebildete Primarlehrer und haben sich den Traum vom Laden erfüllt – sie sind also mit

Graubünden: Der Norden und Osten

Der König, die Rote, der Hirsch... und wir Bündner

Es muss zugegeben werden: Wir Bündner sind mächtig stolz auf unser Wappentier, den zähen, geschickten Steinbock. Meist steht er hoch oben in der Wand und überblickt das Geschehen tief unten im Tal wie ein König. Auch über die Hirsche in unseren Bergwäldern können wir ins Schwärmen geraten. Imposant und ewig wachsam, so fühlen wir uns ihnen verbunden. Der Platzhirsch ist lärmig in den Herbstnächten und dann recht hitzig, Eigenschaften, die man schweizweit von Bündner und zugewanderten Schreihälsen kennt.

Auch weniger Tierisches macht uns stolz. So unsere Rhätische Bahn (RhB). Seit nun über hundert Jahren betreiben wir heldenhaft eine eigene Bahnstrecke. Dass der Bund uns für den Unterhalt und den Betrieb der RhB bezahlt, müssen wir ja nicht unbedingt an die grosse Glocke hängen! Ebensowenig, dass der Grundstein für die Bahn von einem Holländer und einem Deutschen gesetzt wurde, den Betreibern des ersten Davoser Kurhauses. Willem Jan Holsboer initiierte die Schmalspurbahn Landquart–Davos, die sechs Jahre nach der Betriebsaufnahme von 1896 um die Strecke Landquart–Chur–Thusis erweitert wurde.

Was soll's, unser Wappentier mussten wir schliesslich auch aus dem St. Galler Tierpark importieren, Jahrzehnte nachdem unsere stolzen Bündner Jäger alle heimischen Böcke erlegt hatten. Auch die Hirsche haben wir ausgerottet, aber die sind dann zum Glück von selbst wieder aus Italien zugewandert. Wäre das alles nicht geschehen, unser einzig Stolz wär' unser offenes Wesen.

Herzblut dabei. Der Laden liegt gut erreichbar in der Altstadt und in Parkhausnähe, ist also auch für einen allfälligen «Transit-Einkauf» geeignet.

Wo? Mit dem Auto: Ausfahrt Chur-Süd, Richtung Arosa bis Parkhaus Arcas oder Lindenquai. Der Laden befindet sich am spitzen Ende des auch sonst sehenswerten Arcas-Platzes.
Wann? Di–Fr 9–12 und 14–18.30, Sa 9–16 Uhr, Mo geschlossen.
Alter? Für alle Altersstufen.

6 Handeln erwünscht

Gänggali-Markt in Chur, Arcas, 7000 Chur, Auskunft: Stadtpolizei Chur, 081 254 43 41

Jeweils am ersten Samstag des Monats ziehen die Churer Jugendlichen in aller Herrgottsfrühe auf den Arcasplatz in der Altstadt, um ihre «Kostbarkeiten» loszuschlagen. «Gänggali-Markt» nennt sich dieser regionale Flohmarkt für Profis und «Eintagskrämer». Gegen eine kleine Standgebühr können Kinder und Jugendliche ihre alten Spielsachen, Sportgeräte und Kleider – oft nur auf einer Wolldecke ausgebreitet – feilbieten; die Preise sind meist eher symbolisch. Zu finden ist an den vielen Ständen einfach alles: vom Lego-Baukasten über Puppenstuben, vom selbstgebackenen Kuchen bis Kebab und Falafel. Hin und wieder macht man auch ein Schnäppchen. Früh aufstehen lohnt sich. Handeln erwünscht!

Wann? April–Dezember, erster Samstag im Monat.
Dauer? Ab 7 bis ca. 14 Uhr.
Wieviel? Kinderstand in Wolldeckengrösse Fr. 5.–, sonst pro Laufmeter Fr. 10.–.
Alter? Alle Altersstufen.

7 Chur von oben

Luftseilbahn Chur–Brambrüesch, Brambrüesch Info, 081 250 55 90, automatischer Auskunftsdienst, 081 250 55 99, Chur Tourismus, 081 252 18 18, www.brambruesch.ch

Auf Brambrüesch erwartet die Schneehungrigen kein «Mega»-Skigebiet, sondern eine phantastische Sicht auf das Bündner Rheintal, eine nebelfreie Zone mit jeder Menge Sonne, mit Ski- und Sessellift, Schlittelbahn (5 km), Kinderskischule und Kinderparadies. Ein Wintersportgebiet für die ganze Familie zu günstigen Preisen. Für das leibliche Wohl sorgen Bergrestaurants und ein Hotel. Im Sommer ist Brambrüesch Ausgangspunkt zahlreicher Wandermöglichkeiten. Die Bahn wird zwischen Juni und Oktober zum Teil nur an den Wochenenden betrieben, unter der Woche empfiehlt sich ein Anruf.

Wie? Ab Bahnhof Chur mit Stadtbus-Linie 1 bis Markthalle oder zu Fuss (15 Min.) bis zur Talstation der Luftseilbahn. Mit dem Auto Autobahnausfahrt Chur-Süd, stadteinwärts bis zum Parkplatz bei der Luftseilbahn (Markthalle).
Wann? Winter: Mitte Dezember–Ostern; Sommer: Mitte Juni–Ende Oktober.
Wieviel? Tageskarten (Ski/Schlitten): Erwachsene Fr. 36.–/24.–, Jugendliche/Senioren 30.–/20.–, Kinder bis 16 Jahre 24.–/16.–. Halbtageskarten ab 11 bzw. 13 Uhr: Erwachsene Fr. 30.–/24.–, Jugendliche 25.–/20.–, Kinder 20.–/16.–; Einzelfahrten (Halbtax) einfach/retour: Erwachsene 10.–/16.–, Kinder 5.–/8.–, Schlittenmiete 5.– + 30.– Depot.
Alter? Alle Altersstufen.

8 Länger rodeln als sonstwo

Rodelbahn Pradaschier–Churwalden, Pradaschier AG, Churwalden, 081 356 22 09, www.pradaschier.ch

Wer schon auf Brambrüesch ist, kann auf Schusters Rappen die Panoramawanderung nach Pradaschier machen – und anschliessend die 3100 m lange Rodelfahrt ganz ohne Schwitzen geniessen. Die «längste Rodelbahn der Welt» ist durchgehend geöffnet und bietet Spass für alle Altersklassen. Kinder unter 10 Jahren dürfen die 31 Kurven und 500 Höhenmeter den Berg runter allerdings nur in Begleitung einer erwachsenen Person unter die Kufen nehmen. Und weil's so schön ist, kann mit der Sesselbahn Pradaschier gleich wieder hinaufgefahren werden. Die Rodelbahn wurde auf Stelzen gebaut, damit das ganze Jahr über gefahren werden kann. Die Schlitten können nicht schneller als mit 40 km/h zu Tale sausen – eine zusätzliche Bremse für die Passagiere garantiert ungetrübten Fahrspass. Die Bahn wird an Samstagen bis 20 Uhr betrieben – die Strecke ist beleuchtet.

Wieviel? Tageskarte: Erwachsene Fr. 33.–, Senioren/Jugendliche 28.–, Kinder 22.–, Einzelfahrt nur Rodeln: Erwachsene Fr. 10.–, Kinder 8.–.
Wann? Täglich ab 11 Uhr, Sa bis 20, sonst bis 16 Uhr.
Alter? In Begleitung ab 7 Jahren.

Graubünden: Der Norden und Osten

9 Eiffelturm waagrecht
Weltmonument im Prättigau,
Verkehrsverein Schiers, 081 328 22 00,
www.schiers.osemziz.ch

Der weltberühmte Schweizer Brückenbauer Robert Maillard (1872–1940) erbaute 1929/30 bei Schiers im Prättigau eine Brücke, über die man heute noch nur staunen kann. Die Salginatobelbrücke überspannt die 90 Meter tiefe Schlucht in atemberaubender Eleganz und Schlichtheit. Seit dem Erscheinen des Buches «Vom Holzsteg zum Weltmonument» von Andreas Kessler ist sie definitiv der Stolz der Gemeinde Schiers. Sie sorgte jedoch schon während der Bauzeit über die Landesgrenzen hinaus für beträchtliches Aufsehen und wurde bald als modernes Kunstwerk gefeiert. 1991 erhielt sie die weltweit höchste Auszeichnung für ein Bauwerk als «Internationales Historisches Wahrzeichen der Ingenieurbaukunst». Damit thront die Salginatobelbrücke heute im Olymp epochaler Konstruktionen, gemeinsam mit dem Eiffelturm in Paris, der Freiheitsstatue in New York, dem Panamakanal, der Zuidersee-Dammanlage in Holland oder der gigantischen Firth-of-Forth-Brücke in Schottland, um nur einige der gegenwärtig 22 Weltmonumente zu nennen. Schön ist es, sich dem Betonkörper entlang dem Bachbett anzunähern. Unterhalb der Brücke gibt es einige Rastplätze, Sand- und Kiesbänke sowie Möglichkeiten fürs Spielen am und im Wasser. Auf die Brücke gelangt man auf der wenig befahrenen Strasse von Schiers nach Schuders.

Wo? Ab Bahnhof Schiers Richtung Schuders.
Alter? Alle Altersstufen.

10 Gleitschirm-Mekka – auch zum Zusehen
Verkehrsverein Fanas, 081 325 31 91,
www.fanas.ch

Fanas sei ein beliebter Ausflugs- und Ferienort für Leute, welche Ruhe und unberührte Natur schätzen, wirbt der örtliche Verkehrsverein. Fanas ist aber noch mehr: Hier holen sich die Luftakrobaten unter den fliegenden «Leintüchern» ihre Portion Abenteuer. Lustig ist es, ihnen beim Start zuzusehen – und dabei beide Beine sicher auf dem Boden stehen zu haben. Sonnig ist es oft in Fanas, das rund 300 Meter über dem Talboden am Südhang des Sassauna liegt. Das Bergbauerndorf ist schöner Ausgangspunkt für viele Wanderungen (60 km Wegenetz) und verfügt über eine kleine Seilbahn mit zwei Achterkabinen, die ganzjährig betrieben wird. Sie führt rund 800 Höhenmeter hinauf in die Hänge des Sassauna – zu einem Bergrestaurant, zu herrlicher Aussicht und eben dem fast täglichen «Echtzeit-Programm» von startenden Gleitschirm- und Deltaseglerpiloten. Mitten im Dörfchen steht die sehenswerte uralte Sägerei, die heute noch in Betrieb ist (Führung auf Voranmeldung möglich: 081 325 14 29, 16–20 Uhr).

Wie? Anreise per Auto oder mit der Eisenbahn bis Schiers, danach Postauto.
Wann? Das ganze Jahr.
Wieviel? Bergfahrt/retour Erwachsene Fr. 15.–/20.–, Kinder Fr. 7.–/10.–.

11 Höhenbaden
Freibad Pany, Verkehrsverein,
7241 Pany, 081 332 16 04

Das alpine Freiluftbad Pany bietet für die Region Einmaliges. Das riesige Schwimmbecken mit Abteilungen für die Grossen und die Kleinen liegt auf rund 1400 m ü. M. Da ist es verständlich, dass die Betreiber gut aufs Wetter achten – sie brauchen die Sonne. Wetterabhängig ist darum auch der Termin der sommerlichen Eröffnung – und die Wassertemperatur. Bis zu 23 Grad Wärme können bei idealen Verhältnissen erreicht werden. Pany ist eben sehr sonnig. Das ist mitunter schmerzhaft zu merken, wenn man nur auf der grossen Liegewiese faulenzt und den nahen Waldrand als Schattenspender vergisst.

Wie? Per PW oder RhB bis Küblis und mit dem Bus nach Pany.
Wann? Wetterbedingt, Mitte Juni–Ende August, im Juli 10–19 Uhr geöffnet.
Wieviel? Erw. Fr. 5.–, Kinder 4.–.

12 Geheizter Gletschersee
Strandbad Doggiloch, 7250 Klosters,
www.praettigau.ch

Das Schwimmbad von Klosters liegt auf 1200 m ü. M., sein Wasser ist jedoch auf 22° bis 24° erwärmt, gewissermassen ein beheizter Gletschersee. Das ist möglich, weil das der Stromproduktion dienende Wasser von der Regionalen Stromproduktionsgruppe mit einer Art Durchlauferhitzer sowie mit Erdwärme auf Badetemperatur erwärmt wird. Dies geschieht bereits seit Anfang des 20. Jahrhunderts. Das Bad erlangte darum besondere Berühmtheit im damaligen Kurbetrieb – der für die Alpen etwas ungewöhnliche Begriff des «Strandbads» mag auf diese mondänen Quellen zurückführen. Die «Badi Doggiloch» befindet sich unmittelbar hinter dem neuen Sportzentrum mitten im Dorf.

Wann? Witterungsabhängig, Juni–August täglich 9–19 Uhr.
Wo? Klosters Dorf.
Wieviel? Kinder Fr. 4.–, Erwachsene 6.–, mit Klosterser Gästekarte gratis.

13 Trottinett à la «Düsentrieb»
Auf kleinen Rädern rund um den Bahnhof Klosters, 7250 Klosters, 081 288 37 16, www.klosters.ch

Wer hat sich beim Abstieg von einem Berg nicht schon nach einem Zweirad gesehnt? Dieser Wunsch geht in Erfüllung. Man mietet sich am Bahnhof in Klosters ein voll strassentaugliches Trottinett mit Vorder- und Hinterbremse. Hier hat man die Qual der Wahl. Entweder direkt wie ein «geölter Blitz» auf dem Veloweg via Serneus/Saas nach Küblis hinunter. Ein wenig Muskelkater in den Fingern vom Bremsen muss dabei in Kauf genommen werden. Die andere Route führt gemütlich zu Fuss über Monbiel zur Alp Garfiun. In der gemütlichen Alphütte können Sie sich mit feinem Joghurt und Beeren, Gerstensuppe und anderen Köstlichkeiten verwöhnen lassen, bevor Sie auf malerischen Wegen zurück nach Klosters rollen.

Wie? Mit der RhB ab Landquart oder Davos nach Klosters. Trottinettmiete am Bahnhof oder auf der Alp Garfiun, 081 422 13 69, www.mypage.bluewin.ch/alp.garfiun.
Wann? Juli–Mitte Oktober.
Wieviel? Tagesmiete: Erwachsene Fr. 19.–, Kinder bis 16 Jahre 14.–.
Alter? Ab 7 Jahren.

14 Wasser, Fels, Viadukt

Zügenschlucht, Davos Monstein,
Davos Tourismus, 081 415 21 21,
www.davos.ch

Wer in der Region Davos Ferien macht, sollte unbedingt die spannende kleine Wanderung von Monstein nach Wiesen einplanen. Mit dem Zug gelangt man nach Davos Monstein (Halt auf Verlangen) und von dort in 5 Minuten zur alten Kantonsstrasse. Diese ist seit der Eröffnung des Landwassertunnels 1974 verkehrsfreier Wanderweg und problemlos mit Kinderwagen befahrbar. Der Weg zur Schlucht führt zuerst zum Restaurant Schmelzboden beim gleichnamigen Bergbaumuseum. Ab hier geht's links zur Schlucht, wo der Gesteinslehrpfad beginnt. Auf dem Weg Richtung Wiesen finden wir auch noch im Frühsommer Schnee in den Lawinenzügen – daher der Name der Schlucht –, Bäche, Wasserfälle, einen Rastplatz und immer wieder tolle Ansichten der Landwasser in der Tiefe. Nach rund einer Stunde wird beim «Känzeli» der Ausblick aufs Albulatal möglich. Hier verlassen wir die ehemalige Fahrstrasse nach links, queren den Bach und erreichen nach weiteren 15 Minuten Waldweg den Bahnhof Wiesen. Von dort kann die Rückreise angetreten werden oder – für die Mutigen – der Gang über die Schlucht (nur für Schwindelfreie!). Der Wiesener Viadukt (1906–08) ist eine der kühnsten Brücken der Rhätischen Bahn. Er ist 210 m lang, und der Hauptbogen spannt sich 55 m über den rund 90 m tiefen Abgrund. Ein wunderbarer und sehenswerter Abschluss der leichten Wanderung.

Wie? Von Davos mit der RhB bis Monstein-Station. Beim Bergbaumuseum beginnt die Schlucht.
Wann? Das ganze Jahr über.
Dauer? Rund eine Stunde.
Alter? Alle Altersstufen.

15 Winnetou in Davos

Eine Woche Indianerlager,
7265 Davos Wolfgang (Davos Laret),
Reservation/Information: Lusiranch,
Andreas Stiffler, 079 353 50 88,
081 416 46 82, www.lusiranch.ch

Pferde- und Naturfreunde kommen hier auf ihre Rechnung. Eine ganze Woche im Indianerzelt schlafen, am Lagerfeuer kochen und zu Pferd die faszinierende Bergwelt rund um Davos erkunden. Wer nicht reiten kann, dem wird es beigebracht – in Theorie und Praxis. Tägliche Ausritte und eine permanente Betreuung der Kinder durch versierte Trekkingleiter gehören natürlich dazu. Als Alternative gibt es auch mehrtägige Trekkings ins Fondei oder auf den Scaletta- und Sertigpass. Diese Trekkings sind jedoch erst für Kinder ab 12 Jahren zu empfehlen. Spezielle Familien-Sonderangebote auf Anfrage.

Wie? Anreise per Auto oder Eisenbahn nach Davos Laret. Der jeweilige Standort des Lagers ist im Internet ersichtlich.
Wann? In den Sommerferien.
Wieviel? Eine Woche Vollpension im Tipi Fr. 500.–/Kind.
Alter? 8–14 Jahre.

16 Sommerbad

Zum Grüensee, 7270 Davos,
Verkehrsverein, 081 415 21 21,
www.davos.ch

Wenn die Sonne am höchsten Punkt über dem Prättigau angekommen ist, sind auch die Temperaturen angenehm warm – jetzt ist es Zeit fürs Baden auf über 2000 m ü. M. Zum Grüensee gelangt man am leichtesten mit der Weissfluhjoch-Bahn. Ab Station Parsenn geht es gut eine Stunde abwärts zum See (ca. 500 Höhenmeter). Wer nur baden will, der rüstet sich für den späteren Wiederaufstieg zur Bergstation. Die einfachere Variante ist aber der Abstieg ins Schanfigg. Der Weg vom See zur Erhöhung des Durannapasses und nach Strassberg führt leicht bergwärts und endet schliesslich in Langwies. Von hier aus kann man mit der Arosa-Bahn nach Chur fahren. Wer allerdings zurück nach Davos will, muss die Bahnfahrt über Landquart ins Prättigau und das Tal hinauf einrechnen... und das dauert eine Weile!

Wann? Nur im Hochsommer.
Dauer? Durannapass bis Langwies rund 2½ Stunden.
Alter? Ab 9 Jahren.

17 Alles drin und Micky mit!
Arosa-Card und Mickys Alpen-Club, Verkehrsverein Arosa, 081 378 70 30, www.all-inclusive.ch

Das letzte Dorf im Schanfigg wartet mit Verbesserungen des touristischen Angebotes auf. Was vor allem den Familien nützt. Mit der «Arosa-Card» kann ein Teil des Freizeitangebots der Sommersaison kostenlos genutzt werden. Bereits ab einer Übernachtung ermöglicht dieser Gratispass die freie Nutzung aller möglichen Dienstleistungen wie Bahn- und Busfahrten, Eintritt ins Strandbad, für die Eishalle usw. Tagesgäste können die Arosa-Card für acht Franken erwerben. Die offizielle Verbindung von Arosa und Walt Disneys Mickymaus hat in Arosa die familienfreundlichen Infrastrukturen gefestigt. Sichtbar wird dies im Winter. Die Schweizer Ski- und Snowboardschule in Arosa ist ganz auf Micky eingegangen. Die Figur ist jetzt überall dabei, wenn's auf den Brettern ab in den Schnee geht.

Wann? «Arosa-Card» jeweils Sommersaison.
Alter? Alpen-Club Mickymaus für Kinder bis 12 Jahre.

18 Im Cabrio nach Arosa
Bahnhof, 7000 Chur, Rail-Service, 0900 300 300

Der Blick ist rundherum frei, und frischer Wind und gute Stimmung sind garantierte Begleiter auf der Fahrt von Chur nach Arosa: Im Juli und August führt die Rhätische Bahn bei manchen Zügen ins Schanfigg offene Aussichtswagen mit, sofern es die Witterung erlaubt. Die achtzigjährige Strecke mit den roten Zügen, die zunächst durch die Altstadt entlang der Plessur führt, erlaubt nur niedrige Geschwindigkeiten. Für die knapp 26 km lange Fahrt benötigt der Zug über eine Stunde. Zwanzig grössere Brücken werden überquert, darunter der weltberühmte, 284 m lange Langwieser Viadukt. Hautnah erlebt man die feuchte Kühle in den insgesamt 19 Tunnels.

Wie? Züge fahren ab Bahnhofplatz Chur.
Wann? Juli/August täglich zwei Kurse in beide Richtungen. Jeweils im neuen Fahrplan gekennzeichnet, keine Reservationspflicht.
Wieviel? Erwachsene retour Fr. 26.80, Kinder 13.40.
Dauer? 1 Std.
Alter? Alle Altersstufen.

Graubünden: Der Norden und Osten

19 Spass auf dem «Davoser»

Schlitteln von Arosa nach Lizirüti, Arosa Tourismus, 081 378 70 20, www.arosa.ch

In Graubünden lässt sich zur Winterzeit fast überall schlitteln, doch leider sind die bekannten Pisten ziemlich überlaufen. Arosa–Lizirüti ist da eine gute Alternative – vor allem, wenn kleine Kinder auf dem «Davoser» mitfahren. In Arosa-Disla, etwas unterhalb des Dorfes, gleich bei den Geleisen, startet man zum gemütlichen Vergnügen. Die Bahn, die auch von Spaziergängern benutzt wird, ist wenig kurvig und sanft abfallend. Sie führt mehrheitlich durch den Wald und verläuft zum grossen Teil entlang der Arosabahn. So findet das Schlittelvergnügen auch gleich bei der Station Lizirüti ein Ende – und per Bahn kehrt man mühelos nach Arosa zurück.

Wann? Arosa ist den ganzen Winter über schneesicher.
Dauer? Ca. 30 Min.

Kids willkommen!

Wo essen?

Restaurant Grillstube Rofels, 7304 Maienfeld, 081 302 18 97, Mo und Di geschlossen. Das Restaurant im kleinen Weiler Rofels ob Maienfeld bietet einen schönen Blick über das Rheintal. Noch schöner ist es aber im Sommer unter den Kastanien im Vorgarten. Die Kinder können sich auf dem angrenzenden, übersichtlichen Spielplatz austoben oder auf Entdeckungsreisen ins ruhige 12-Häuser-Dörfchen gehen. Es gibt kaum Verkehr, nur hin und wieder traben die Pferde der Touristenkutschen schnaubend vorbei. Rofels ist ein Standardhalt bei allen Weinberg-Rundfahrten der Pferdekutscher. Das Essen in der Grillstube ist währschaft, preiswert und gut. Die Anfahrt ist ausgeschildert.

Restaurant Tanne, 7303 Mastrils, 081 322 16 22. Do geschlossen. Hier kocht das Wirtepaar überaus gut, und Platz gibt es auch für etwas lautere Familien im kleinen «Säli». Oft sind die Dorfkinder auf dem Platz vor der «Dorfbeiz» – die mitgebrachten Malstifte bleiben dann sowieso liegen. Mastrils liegt am Hang über der A13 bei Landquart – es lohnt sich, auch einfach einen Zwischenstopp bei der Durchreise einzulegen.

Wo schlafen?

Berghäuser Fideris. Gleich zwei Häuser bieten sich auf den Heubergen an: das **Skihaus Heuberge,** 081 332 13 05 mit Vierbettzimmern oder Touristenlager (ab 6 Betten). Übernachtung zwischen Fr. 46.– und 58.– je Person inkl. Frühstück. Kinder bis 4 Jahre sind gratis, danach erhalten sie abgestufte Rabatte. Das gilt auch im zweiten Haus, dem **Arflina,** 081 332 13 04. Hier gibt es grössere Fünfbettzimmer, die pro Person zwischen Fr. 42.– und 47.– kosten. Es muss in beiden Häusern unbedingt im voraus gebucht werden.

Dauerbrenner

Auf Heidis Spuren. Kleiner und grosser Heidiweg, 7304 Maienfeld. Auskunft und Reservation: Heididorf AG, 081 302 36 26.

Domschatz in der Kathedrale zu Chur. Besichtigungen (Dauer der Führung: ca. 30 Min.) nach Absprache mit dem Domsakristan, Wilfried Elsener, 081 252 92 50.
Von Geiern, Mäusen und dem Wildschwein. Natur-Museum, Masanserstrasse 31, Chur, 081 257 28 41. Wechselnde Ausstellungen zu verschiedenen Themen aus dem Bündner Tier- und Pflanzenreich. Kinder- und jugendfreundlich gestaltet.
Freilichtspiele Chur. In den Sommermonaten August und September ein traditionelles Theaterereignis auf einem der Churer Plätze. Chur Tourismus, 081 252 18 18.
Badi Sand, Chur, 081 254 42 99. Ein kleines, architektonisch wunderbar realisiertes Freibad mit Kinderplanschbecken am Rand der Altstadt. Übersichtlich und mit gemütlichem Snackrestaurant direkt am Pool.
Klibühni. Das Theater, Kirchgasse 14, Chur. Sekretariat 081 252 48 04. Die Churer Kleinkunstbühne mit Konzerten und Theaterveranstaltungen (auch für Kinder). Jährlich Kindertheaterfestival. Im Sommer mit Restaurant.
Schlosscafé Haldenstein, 7023 Haldenstein, 081 353 52 91. Im Sommer gibt's hier Kaffee und Kuchen im fürstlichen Garten mit Ausblick übers Tal. Schloss Haldenstein, der grösste Profanbau des Kantons, kann auf Anmeldung besichtigt werden.
Hochgebirgs-Seenwanderung in den Fideriser Heubergen. Anfang Juli–Ende September: Autodienst der Berghäuser ab Fideris Dorf: 081 332 13 04, 081 332 13 05, retour Erwachsene Fr. 16.–, Kinder 10.–, Fahrtdauer 20 Min. Kurze und lange Wanderungen möglich. Im Winter kann auf über 14 km Länge ins Tal geschlittelt werden. Aber aufgepasst: keine Schlittelbahn für schwache Nerven!

Seewis und Restaurant «Fadära», 7212 Seewis-Dorf, 081 325 11 27. Von hier aus lässt sich ein schöner Spaziergang mit viel Weitsicht in Richtung Hausberg Vilan unternehmen. Es geht über die Matten bis zum Restaurant Fadära, das jeden Tag ein einfaches Zvieri offeriert.
Auf Rädern durchs Prättigau, Verkehrsverein, 7240 Küblis, 081 332 22 79, www.praettigau.ch/kueblis. Prättigauer Veloweg nach Landquart. 20 Kilometer talabwärts, abseits der Verbindungsstrasse, alles beschildert.
Wintersportmuseum Davos, Promenade 43, 7270 Davos Platz, 081 413 24 84. Das Museum zeigt die Entwicklung von den Anfängen des Wintersports bis heute.
Schatzalp-Bahn, Promenade, 7470 Davos, 081 415 51 51, www.schatzalp.ch. 500 m lange Sommerschlittelbahn: 1 Fahrt Fr. 3.50, 10 Fahrten 28.–. Standseilbahn retour: Erwachsene Fr. 16.–, Kinder 8.–.
Garten- und Hallenbad Davos, Promenade 90, 7270 Davos Platz, 081 413 64 63. Zwischensaison geschlossen, Mo–Fr 10–21.30, Sa, So 10–17.45 Uhr. Erwachsene Fr. 6.50, Kinder 3.50.
Bergbaumuseum Schmelzboden, 7278 Davos Monstein, 081 413 63 66, im Haus des Restaurants Schmelzboden. Werkzeuge, Geräte, Stollenpläne, Fotos usw. aus dem ehemaligen Silberbergwerk.
Wanderweg Sertig–Clavadel, Davos Tourismus, 7270 Davos Platz, 081 415 21 21, www.davos.ch. Der leicht begehbare und abwechslungsreiche Weg führt ab Sertig-Kurhaus über den Bach in den Wald und talabwärts durch Feld und Wald nach Clavadel. Verschiedenste Rast- und Picknick- Möglichkeiten. Mit dem Postauto gelangt man von Davos nach Sertig, morgens und nachmittags im Stundentakt, über Mittag unregelmässig.

Graubünden: Der Norden und Osten

Graubünden: Oberland und Mittelbünden

1. Dem Mineralwasser auf der Spur
   Schluchtenwanderung Passugg
2. Ritt auf dem Benziner
   Go-Kart-Halle, Bonaduz
3. Nachtessen mit Krokodil
   Extrazug in die Rheinschlucht
4. Zur Ruinaulta
   Graubündens Grand Canyon
5. Ein warmer Waldsee
   Crestasee, Flims
6. Noch mehr Wasser
   Badesee bei Laax
7. Sternwanderung mal anders
   Planetenweg, Falera
8. Zentraleuropas beste!
   Snowboard-Fahrschule in Flims
9. Schaurig schön
   Beinhaus Vrin
10. Der Bergmolch-Pool
    Badeseen in Brigels
11. Klösterliche Ruhe oder Sport
    Freizeitangebot Disentis
12. Tal der Wässer
    Baden in Vals
13. Eisfeld in der Höh'
    Natureisbahn Feldis
14. Ski- und Schlittelplausch
    Sarn am Heinzenberg
15. Wo Bilder für Kinder laufen
    Studiokino «Rätia», Thusis
16. Kunstfigur führt durch Natur
    Globi-Wanderweg, Lenzerheide
17. Fast wie an der Adria
    Heidsee, Lenzerheide-Valbella
18. Hoch zu Alu-Ross
    Velofahrt durchs Albulatal
19. Höllenritt unter Plastikplane
    Rail-Riding auf der Albulastrecke

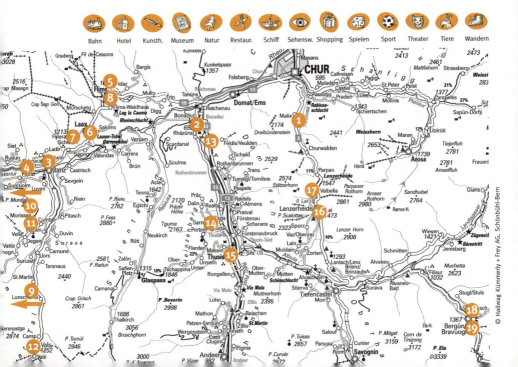

Bergwelt mit Ureinwohnern

In Mittelbünden gibt es einen Trend: Naturparks. In Regionen, die ganz unspektakulär vom Tourismus abhängig sind, werden grossflächige Gebiete auf ihre Eignung als Naturschutzparks geprüft. Zu finden sind viele, in den Rängen bislang deren drei: das Gebiet um die Greinaebene, die Region des Oberhalbsteins und die Ruinaulta. Auch der Ausbau des bestehenden Nationalparks ist noch nicht vom Tisch. Schon jetzt weichen die Wildtiere in der Jagdzeit in die Schutzgebiete aus. Entsprechend gut stehen die Chancen, das eine oder andere Bambi anzutreffen. Apropos Bambi – eine zweite, klar erkennbare Strömung zieht durchs Land. Mickymouse, Globi und Konsorten werden in Beherbergungskomplexen, Tourismusorten und Regionen zu Kinder-Labels erhoben. Arosa ist ganz Mickymouse, Lenzerheide bedient den Globi – in Graubünden fehlt's also nicht an Originalität. Dazu gehört auch der Naturtrend, auf den die Tourismusbranche allerdings ein bisschen spät kommt. Und wo bleibt Goofy?

Duosch Grass

1 Dem Mineralwasser auf der Spur

Schluchtenwanderung
Passugg–Churwalden,
www.churwalden.ch

Wer wissen will, woher eigentlich das Passugger Mineralwasser kommt, erwandert am besten die Schlucht der Rabiusa, des grössten Zuflusses der Plessur (übrigens: eine zweite Rabiusa durchfliesst das Safiental, die dritte mündet unter Casti in den Hinterrhein). Ab Passugg führt der Weg direkt ins märchenhafte Tobel, das der Wildbach in den Bündner Schiefer gefressen hat. Ständig kreuzt der Weg den Flusslauf. Brücken wechseln ab mit mysteriösen Türen in der Felswand, den Mineralwasserfassungen der Quellen Passugg. Nach kurzer Zeit gelangt man zur schönen, quer über die Rabiusa gebauten Trinkhalle und zur Ruine der alten Abfüllanlage, die 1948 durch einen Felssturz zerstört wurde. Hier geht es über viele Stufen in Serpentinen steil aufwärts. An einer Maiensässhütte vorbei erreichen wir den Polenweg, der uns durch wunderbare Wälder und über Matten bis zum Kloster Churwalden führt.

Wie? Mit dem Postauto ab Bahnhof Chur Richtung Tschiertschen bis Haltestelle «Alte Post», Passugg. Zu Fuss von Chur über Sassal–Meiersboden–Kurhaus Passugg zum Eingang in die Schlucht (beim Restaurant zur Mühle); Rückweg mit dem Postauto ab Churwalden.
Wann? Frühling–Herbst. Sehr reizvoll auch im Winter bei wenig Schnee, aber nicht ungefährlich.
Dauer? 2 Stunden.
Alter? Marschtüchtige Kinder (der Weg ist streckenweise etwas anspruchsvoll: Serpentinen-Treppen).

2 Ritt auf dem Benziner

Go-Kart-Halle, Event und Kart AG,
7420 Bonaduz, 081 630 22 55,
www.event-kart.ch

Wer noch zu klein ist fürs Rasenmähen, trotzdem aber schon Lust auf den Zweitakter verspürt, dem sei eine Runde Go-Kart empfohlen. Mit der richtigen Dosis Lärm (still macht es viel weniger Spass) können in Bonaduz im abgesicherten Rundlauf Kilometer gebolzt werden. Die Strecke ist jedoch so angelegt, dass es weniger aufs Tempo als auf Geschicklichkeit beim Kurvenfahren ankommt. Vor dem Start werden Neulinge freundlich und geduldig über die Technik informiert und in die Regeln eingeweiht. Helme werden ebenfalls abgegeben – eine sichere Sache. Auch für Eltern. Wer genug hat, geht hinter die Halle, dort fliesst der Vorderrhein träge vorbei. Wenige Meter noch, und er trifft auf den Hinterrhein. Es wäre wirklich lauschig dort ohne die A13. Aber für eine kleine Pause reicht's allemal.

Wo? A13-Ausfahrt Bonaduz, dann gleich rechts unter der Brücke durch. Die Kartbahn befindet sich in der grossen Halle.
Wann? Mi ab 14, Sa und So ab 13, sonst ab 16 Uhr offen – jeweils bis 23 Uhr. Mo geschlossen.
Wieviel? Erwachsene je 10 Minuten Fr. 24.–, Kinder bis 14 Jahre 17.–, ab 15 Jahren 20.–. Zehner-Abo für Erwachsene Fr. 200.–.
Alter? Ab 9 Jahren.

3 Nachtessen mit Krokodil

Abendliche Zugfahrt in die Rheinschlucht, Reservation: Bahnhof, 7130 Ilanz, 081 925 14 60

Treffpunkt Bahnhof Ilanz. Man besteigt den Krokodil-Extrazug mit offenen Aussichtswagen und lässt sich durch die laue Abendluft gemütlich in die Rheinschlucht fahren. In Versam ist Endstation. Dort warten bereits Feuerstellen auf die mitgebrachten Cervelats, oder man kauft das Picknick hier am Verkaufsstand. Auf Anmeldung kann man sich auch Menüs reservieren lassen. Wenn die Nacht die grandiosen weissen Felsen des Versamer Tobels ins Dunkel taucht, bittet der Lokführer die Gäste, wieder einzusteigen. Gut durchlüftet erreicht man nach etwa zwanzigminütiger Fahrt den Ausgangsbahnhof Ilanz. Unbedingt reservieren!

Wie? Treffpunkt spätestens 18.45 Uhr am Bahnhof in Ilanz.
Wann? Bei trockener Witterung jeden Mittwoch und Donnerstag von Anfang Juli bis Ende August. Abfahrt in Ilanz zwischen 18.45 und 19, Rückkehr ca. 22 Uhr.
Wieviel? Erwachsene Fr. 23.– (mit Halbtax-Abo und Kinder ohne Erwachsene 17.–), Juniorkarte gültig.
Alter? Alle Altersstufen.

4 Zur Ruinaulta

Graubündens Grand Canyon, Verkehrsverein, 7130 Ilanz, 081 925 20 70

Der Vorderrhein hat sich in wenigen Jahrtausenden durch die erst nach der Eiszeit zu Tal gedonnerten Schuttmassen des Flimser Bergsturzgebiets gefressen und dabei bizarre Felsformationen geschaffen, die sich in Form kahler Kreidefelsen in die Höhe türmen: ein ganz ausserordentliches Naturdenkmal. Am beeindruckendsten ist es, wenn man es zu Fuss kennenlernt: Die Tour führt von Ilanz/RhB-Station über die Matten talabwärts nach Valendas und weiter nach Versam/Safien. Das allerschönste Stück steht noch bevor: Der Weg geht jetzt Richtung Rhein nach Chli Isla. Von hier aus kann man entweder wieder den Zug in beide Richtungen besteigen oder über die Eisenbahnbrücke hinauf nach Trin weiterwandern. Übrigens: Schöne Ausblicke fängt man auch vom Auto aus ein. Die rechtsrheinische Verbindung Bonaduz–Ilanz ist erst kurvig, steil abfallend und steinig, später führt sie sanft durch Wald und Flur.

Wie? Ab Ilanz Station Richtung Castrisch auf beschilderter Route.
Wann? Frühjahr–Herbst.
Dauer? Ilanz–Versam 3 Std., bis Trin zusätzlich 90 Minuten.
Alter? Bis Versam ab 6 Jahren, bis Trin ab 8 Jahren.

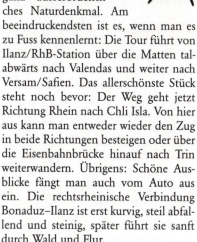

Graubünden: Oberland und Mittelbünden

5 Ein warmer Waldsee

Crestasee, 7017 Flims, Verkehrsverein, 081 920 92 00, www.flims.ch

Wasserratten kommen in Flims nicht zu kurz: Der idyllisch gelegene Caumasee im grossen Flimserwald kann mit Temperaturen bis zu 22 Grad aufwarten. Ein Spaziergang führt von Flims-Waldhaus über Waldwege direkt zur Badekasse. Der etwas kleinere, östlich des Caumasees gelegene Crestasee ist ebenso warm. Das Gewässer liegt zwar mitten im Wald, ist aber von Trin-Mulin aus leicht zu finden. Beide Gewässer haben weder Zu- noch

Abfluss. Sie gelten als sicher. Einziger Nachteil: Als bekannte und beliebte Ausflugsziele sind sie an Wochenenden völlig überlaufen, vor allem die Ufer des Crestasees.

Wie? Zum Caumasee: Waldweg ab Flims-Waldhaus benutzen. Die Zufahrt zum Crestasee-Parkplatz ist auf der Hauptstrasse von Reichenau nach Flims ausgeschildert. Mit dem Postauto von Chur aus bei der ersten Haltestelle nach Trin-Mulin aussteigen.
Wann? Juni–Oktober.
Wieviel? Caumasee: Erwachsene Fr. 9.–, Kinder 4.50; Crestasee: Erwachsene Fr. 5.–, Kinder 2.–.
Alter? Alle Altersstufen.

6 Noch mehr Wasser
Badesee bei Laax, Verkehrsverein Flims/Laax/Falera 081 920 92 00, www.alpenarena.ch

Der Laaxer See – er heisst eigentlich Lag Grond – ist eher etwas für den Spätsommer. Dieser kleine, idyllisch gelegene Badesee mit Grillplatz ist verglichen mit dem Crestasee ein Geheimtipp. Mit der grossen Wiese hat er auch gleich 10 Punkte mehr als seine nachbarliche Konkurrenz – hier kann sogar mal Volleyball gespielt werden – und wer etwas um den See herum spaziert, stösst auf den Spielplatz. Ausserdem kann man Paddelboote mieten. Das Ufer des Laaxer Sees ist mit Schilf gesäumt und sein abgetrenntes Nichtschwimmerabteil eher klein, aber es gibt eine alerte Badewache – bei aller elterlichen Aufmerksamkeit doch ein beruhigendes Gefühl.

Wo? Laax Richtung Falera.
Wann? Sommer.
Alter? Alle Altersstufen.

7 Sternwanderung mal anders
Planetenweg, Falera, www.falera.net

Bereits vor 3500 Jahren haben die Menschen von Falera die Himmelskörper beobachtet und hier ein einzigartiges Zentrum geschaffen. Für diese megalithische Kultstätte, den «Parc La Mutta Falera», werden auch Führungen für Kinder angeboten. Natürlich wird erklärt, wieso nicht Obelix die Hinkelsteine hingestellt hat und wozu sie möglicherweise dienten, denn darüber gibt's mehr Spekulationen als hieb- und stichfeste Beweise. Eindeutiges zum himmlischen Gefüge ist auf dem Planetenweg von Falera nach Laax-Murschetg zu erfahren. Auf dem 1,5 Kilometer langen, gut ausgebauten Weg wird die Strecke vom Fixstern Sonne bis zum Planeten Pluto zurückgelegt, natürlich in verkleinertem Massstab. Die 1500 Meter entsprechen der realen Distanz von rund 5,9 Milliarden Kilometern, jeder gelaufene Meter also einem Flug von 4 Millionen Kilometern durchs All. Damit Vati ob der vielen Nullen beim Erklären nicht schwindlig wird: Der Weg ist im Verhältnis 1:4 Milliarden angelegt, und damit basta. Jeder Planet ist auf dem Weg als Skulptur dargestellt, hier jedoch in einem Verhältnis von 1:2 Millionen. Wenn der Vater ein Metermass dabei hat, kann er ja den Durchmesser der echten Planeten ausrechnen. Die anderen erwandern staunend unser Sonnensystem und lassen sich so von der Grösse unseres Universums beeindrucken, Aussicht auf die Rheinschlucht inklusive.

Wo? Ausgangs Falera Richtung Laax-Murschetg. Kinderführungen Parc la Mutta Falera: im Sommer alle zwei Wochen (Anfragen und Reservation www.falera.net oder www.alpenarena.ch).
Alter? Alle Altersstufen.

8 Zentraleuropas beste!

Snowboard-Fahrschule der Alpenarena, 7017 Flims-Dorf, Informationsbüro Alpenarena, 081 920 92 00, www.alpenarena.ch und www.snowboard-fahrschule.ch

Flims-Laax ist ein Ort, der gerne mit Superlativen aufwartet. Hier wird in sportlicher wie touristischer Hinsicht viel Neues versucht, das Massstäbe setzt.

Der konsequente Ausbau an touristischen Leistungen für die Snowboarder gehört in die «Alpenarena». Inzwischen können die Kids schon an der Spielkonsole virtuell die Pisten von Flims runterfetzen. Bis es in der Realität ebenso «krass» aussieht, muss noch ein bisschen geübt werden. Hier bietet Flims-Laax eine beeindruckende Infrastruktur. Eine davon ist die Freestyle Academy. Junge Snowboarder ab 7 Jahren können einmalige oder regelmässige Trainings buchen. Diese finden immer an Samstagen statt und dauern den ganzen Tag. Wer erst noch auf dem Board stehen lernen muss, kann dies und alles, was folgt, im eigens entwickelten Kids-Programm erlernen. Natürlich mit Überraschungen und Spass verbunden.

Wo? Flims/Laax/Falera.
Wann? Ende Oktober–Ende März.
Alter? Ab 7 Jahren.

Graubünden: Oberland und Mittelbünden

Wasserkraft

Wasserschloss Graubünden: Von hier kommen rund 20% des elektrischen Stroms, den die Schweiz jahrein, jahraus verbraucht und und in Europa verkauft. Von der Topografie und Grösse her bedingt, liefern die Kantone Wallis und Graubünden den grössten Teil der in der Schweiz aus Stauwasserkraftwerken erzeugten elektrischen Energie. Im Bündnerland befindet sich rund ein Viertel der gesamten Speicherbeckenkapazität der Schweiz. Viele dieser Stauseen sind eher klein, die drei grössten fassen zusammen gerade mal 50 Millionen Kubikmeter mehr als der gewaltige Stauseee der Grande-Dixence im Wallis. Die restlichen dreissig Talsperren Graubündens stauen gemeinsam die Menge Wasser, die der Stausee dieser grössten und höchsten Staumauer der Schweiz fasst – nämlich rund 401 Millionen Kubikmeter.

9 Schaurig schön

Beinhaus Vrin, Verkehrsverein Val Lumnezia, 7144 Vella, 081 931 18 58, www.vallumnezia.ch

Im «Tal des Lichts» gibt es auch düsterere Seiten. Das Val Lumnezia ist eines der allerschönsten Täler Graubündens – es besticht durch seine Lage inmitten der Zweieinhalbtausender und seine Abgelegenheit. Zuhinterst im Tal, dort, wo gerade noch rund 150 Telefonanschlüsse nötig sind, gibt es bei der Kirche ein kleines, schönes Beinhaus. In die Fassade des schlichten Häuschens sind Schädelknochen eingearbeitet – eher eine seltene Ansicht. Im Innern werden – wie es der alte Brauch will – die Knochen der Ahnen aufgehoben. Die

Mischung von Ehrfurcht und Grusel, die einen beim Anblick der knöchernen Zeugen überkommt, ist wohl einmalig und für die Kinder noch unverbraucht und spannend.

Wo? Ab Ilanz Richtung Lugnez, Vrin liegt zuhinterst im Tal. Es ist auch per Postauto ab Ilanz erreichbar.

Wie? Vom Dorf Breil/Brigels 10 Minuten zu Fuss. Der Weg zur Freizeitanlage ist gut signalisiert. Ab Andiast oder Waltensburg (Hotel Ucliva) schöner Spaziergang bis Brigels (1–2 Std.).
Wann? Juli–August. Gratis-Pferdetaxi während der Sommerschulferien.
Alter? Alle Altersstufen.

10 Der Bergmolch-Pool
Freizeitanlage «Plaun Rueun», 7165 Breil/Brigels, Verkehrsverein 081 941 13 31, www.breil.ch

Keine Angst: Brigels liegt zwar auf nicht weniger als 1300 Metern Höhe, doch die Sommersonne wärmt das Oberland ganz tüchtig auf. Dann ist es Zeit zum Baden in den neu angelegten Badeseen von Brigels. Hier lässt es sich gemütlich einen Tag verbringen: Für Schwimmtüchtige gibt's ein grosses, für die Kleinen ein Planschbecken. Die Seen sind naturnah gestaltet – weshalb man schon mal einem Bergmolch begegnen kann – und umgeben von Liegewiesen, Spielplatz, Feuerstellen und schattenspendenden Bäumen. Und das Wasser ist nicht zuletzt deshalb so schön warm, weil man sich nicht nur auf die direkte Einstrahlung verlässt, sondern mit Sonnenkollektoren für Badeplausch bei angenehmen Temperaturen sorgt. Wer trotzdem nicht baden mag, macht eben einen Dorfrundgang. Aber nicht zu Fuss, nein, mit dem Gratis-Pferdetaxi «vitturin»! Übrigens: Breil, Andiast und Waltensburg gehören zu den Bündner Tourismusorten, die mit dem Qualitätslabel «Familien willkommen» des Schweizerischen Tourismusverbandes ausgezeichnet sind.

11 Klösterliche Ruhe oder Sport
7180 Disentis, Tourismus Disentis-Sedrun, 081 920 40 30, www.disentis3000.ch, www.sedrundisentis.ch

Wer mit der Bahn oder dem Auto von Chur Richtung Oberalp fährt, landet unweigerlich in Disentis. Zusammen mit Sedrun wird hier für Familien und Junggebliebene viel geboten. Die Bergbahnen sorgen gemeinsam mit dem Globi-Hotel Disentiserhof während des Winters für einen Kinderhort auf der Bergstation Caischavedra. Hier werden Zwei- bis Fünfjährige von Sonntag bis Freitag betreut – dazu gibt's das passende Kombi-Ticket für die Eltern. In Sedrun kann auf überdimensionalen Reifen den Hang runtergetrudelt werden – ein eher schnelles Vergnügen für Familien mit grösseren Kindern. Die Snowtubin-Anlage liegt im Hauptskigebiet Dieni – nur wenige Fahrminuten im Ski-

bus. Im Sommer bietet die Region schöne Wanderstrecken und viele sportliche Aktivitäten: So kann die ganze Familie mit dem Offroad-Trottinett die sommerlichen Wege auf Rädern erkunden – oder bei schlechtem Wetter im Indoor-Sportzentrum die Kletterhalle und den Tennisplatz testen. Disentis bewirbt die Familien mit dem Globi-Hotel und eher günstigen Pauschalageboten bei den Bergbahnen. Dank der Lage am Oberalppass ist es auch im Winter per Verlad gut erreichbar.

Wann? Bergbahnen ganzjährig in Betrieb.
Wie? Per Bahn via Andermatt oder Chur.
Alter? Je nach genutztem Angebot.

12 Tal der Wässer
Baden in 7132 Vals, Verkehrsverein, 081 920 70 70, Kurzentrum, 081 926 80 80, www.vals.ch

Das Valsertal und seine Bevölkerung haben ihre Eigenheiten klar gewahrt. Wo schon zur Bronzezeit gebadet wurde, steht heute das neue Kurzentrum Vals. Es ist vom Architekten Peter Zumthor mit viel Atmosphäre aus örtlichem Granit gebaut. Ein Spiel von Wasser, Stein und Licht erwartet die Besucher. Die Gemeinde Vals ist nicht wenig stolz auf ihr «nüüs Bad» – der rege Besucherstrom seit der Eröffnung im Frühjar 1997 trägt das Seine dazu bei. Es kann zu regelrechten Staus kommen – Wartezeiten von zwei Stunden sind keine Seltenheit. Kindern unter fünf Jahren bleiben die Eindrücke verwehrt – sie müssen erst wachsen. Aus dem Valsertal sprudelt auch ein Mineralwasser: Wie es in die Flasche kommt, kann besichtigt werden. Bei grösseren Gruppen Voranmeldung bei der Betriebsleitung der Abfüllanlage notwendig.

Wie? Mit dem Postbus oder Privatwagen von Ilanz nach Vals.
Wann? Mitte Mai–Mitte Oktober und Mitte Dezember–Mitte April, jeweils 11–20 Uhr (vor 11 Uhr Zutritt nur für Gäste des Kurzentrums).
Wieviel? Erw. Fr. 28.–, Kinder 18.–.
Alter? Ab 5 Jahren.

13 Eisfeld in der Höh'
Natureisbahn, 7404 Feldis, Feldis Tourismus, 081 655 10 00, www.feldis.ch

Graubünden: Oberland und Mittelbünden

Auf der Alp Raguta in der Nähe der Bergstation des Skilifts Feldis–Mutta liegt die höchstgelegene Natureisbahn Graubündens. Auf einer natürlichen, ebenen Terrasse hoch über dem Domleschg wird jeweils bei Wintereinbruch das 16 mal 30 Meter messende Natureisfeld eingerichtet. Eine Perle der Region. Das Eisfeld wird jeweils auf die Wochenenden hin präpariert – dann können auch Schlittschuhe gemietet werden. Auf die Alp Raguta führt ein Sessellift ab Dorfausgang Feldis. Von der Bergstation aus sind es noch wenige Minuten zum Eisfeld. Denselben Weg geht's dann wieder zurück. Zu Fuss oder mit dem Schlitten kann der Skipiste bis nach Feldis gefolgt werden. Für Bähnchen-Freaks liegt das Eisfeld ideal. Denn auch Feldis kann direkt ab Rhäzüns mit der Seilbahn erreicht werden. Die spektakuläre Aussicht während der Fahrt ist Einstimmung auf die Feldiser Höhenlage.

Wie? Per Seilbahn ab Rhäzüns, Sesselbahn ab Feldis oder ab A13 bei Rotenbrunnen Richtung Scheid.
Wie? Seilbahn Feldis im Stundentakt.
Wann? Dezember–März.
Wieviel? Seilbahn einfach Fr. 7.80, Kinder die Hälfte; Sessellift 8.–/5.–.
Alter? Wenn das Eislaufen Spass zu machen beginnt.

14 Ski- und Schlittelplausch
7423 Sarn am Heinzenberg,
Verkehrsverein Cazis-Heinzenberg
081 651 23 84,
www.sarn-heinzenberg.ch

Ein kleines, feines Skigebiet, ideal für Familien mit Kindern, die Skifahren und Snöbern erst noch lernen müssen. Für Schlittenfans ist in Sarn am Heinzenberg die 3,6 Kilometer lange «Dultschinas» der Treffpunkt. Ab der Mittelstation geht es komfortabel 400 Höhenmeter den Berg runter – hinauf kann man wieder mit der Sesselbahn. Schlitten können bei der Mittelstation gemietet werden. Das Ganze ist ein feines Vergnügen, das erst noch wenig kostet. Sarn hat noch einen weiteren Vorteil. Es ist von der A13 aus schnell und ohne lange Bergfahrt erreichbar.

Wie? Ab Autobahn A13, Ausfahrt Thusis Nord Richtung Tartar und Sarn.
Wann? Mitte Dezember–März.
Wieviel? Einzelfahrten Fr. 6.–/4.–, Tageskarten 27.–/15.–.
Alter? Nach eigenem Ermessen.

15 Wo Bilder für Kinder laufen
Studiokino «Rätia», 7430 Thusis,
081 651 15 15, www.kinothusis.ch

Wer glaubt, nur Grossstädte böten gute Studiofilme, irrt. Das Kino Rätia ist bis weit über die Grenzen des Kantons hinaus bekannt für eine hervorragende Filmauswahl, für Spezialprogramme wie die alljährlichen «Weltfilmtage», vor allem aber auch für ein breites Angebot an Filmen, Theater und Konzerten für Kinder und Jugendliche. In der Wintersaison besteht zwei- bis dreimal im Monat Gelegenheit, mit den «Juniors» ins Kinder- und Jugendtheater zu gehen oder ausgesuchte, kindergerechte Filme anzusehen. Das Programm für Erwachsene ist nicht minder spannend, mit Filmen, die man sonst in Schweizer Kinos vergeblich sucht. Vorher anrufen!

Wie? Das Kino befindet sich in einer Seitengasse im Zentrum von Thusis, ab Bahnhof und Postauto-Haltestelle wenige Minuten zu Fuss.
Wann? Ganzjährig. Programm erfragen.
Alter? Filme und Theater für Kinder verschiedener Altersstufen.

16 Kunstfigur führt durch Natur
Globi-Wanderweg, Verkehrsverein,
7078 Lenzerheide-Valbella,
081 385 11 20, www.lenzerheide.ch

In der Ferienregion Lenzerheide-Valbella, die sich seit November 2000 mit dem Gütesiegel «Familien willkommen» auszeichnen darf, gibt es über das ganze Jahr verteilt verschiedene Kinderveranstaltungen und Familienanlässe. Dazu gehört auch der Globi-Wanderweg. Auf dreieinhalb Kilometern bringt er der ganzen Familie auf abwechslungsreiche Art die Natur näher. Nicht weniger als 13 Globi-Rätsel-, Spiel- und Lerntafeln warten auf Besuch und geben manche Nuss zu knacken auf. Naturgeräusche und Alpentiere müssen erkannt und erraten werden. Globi lehrt die Himmelsrichtungen und führt die Kinder auf dem Rastplatz durch sein Labyrinth. Die Höhendifferenz von 220 Metern ist leicht zu bewältigen. Und für müde Füsse gibt's den Sessellift Tgantieni. Übrigens: Vier Restaurants sorgen auf der Route für Ihr leibliches Wohl.

Wo? Ab Lenzerheide Post in ca. 15 Minuten zu Fuss bis zum

Hotel La Palanca in Val Sporz (Parkplatz Scalottas). Der Gratis-Sportbus fährt direkt zum Hotel La Palanca.
Wie? Der Globi-Wanderweg kann in beiden Richtungen begangen werden. Von Val Sporz (1570 m ü. M.) nach Tgantieni (1790 m ü. M.) den blauen Globi-Wandertafeln nach (220 Höhenmeter); mit der Sesselbahn zurück nach Val Sporz. In umgekehrter Richtung ist der Globi-Wanderweg mit roten Globi-Wandertafeln markiert.
Dauer? Blauer Weg 1½ Stunden, roter Weg 1¼ Stunden.

17 Fast wie an der Adria
Il Lido – oder der Heidsee, Verkehrsverein, 7078 Lenzerheide-Valbella, 081 385 11 20, www.lenzerheide.ch

Schwimmen in einer Badebucht mit Grünflächen, Grillieren auf den für ein Insel-Picknick eingerichteten Feuerstellen, die Spaziergänger necken, die rund um den See pilgern, und zwischendurch immer wieder an den Kiosk rennen und Glace «poschten». Wer entert zuerst das Piratenschiff und steuert den gewaltigsten Abenteuern entgegen? Wer hangelt sich über die Hängebrücke und setzt mit der Flossfähre zur Pirateninsel über? Das Lido der Lenzerheide bietet viel Abenteuerliches. Aber keine Angst: Für die Kleinen gibt es auch ein nur gerade 40 Zentimeter tiefes Planschbecken. Also: Ein freier Nachmittag auf der Lenzerheide heisst im Sommer: Ab ins Lido.

Wo? Der Heidsee zwischen Valbella und Lenzerheide ist von beiden Orten her erschlossen.
Wann? Ab Juni bis August.
Alter? Alle Altersstufen.

18 Hoch zu Alu-Ross
Mit dem Velo von Bergün nach Alvaneu, Bergün Ferien, 081 407 11 52

Der erste Teil der Velofahrt, noch richtig wild, führt auf der wenig befahrenen Hauptstrasse von Bergün Richtung Filisur am Rand einer Schlucht rasant abwärts bis kurz vor der Abzweigung nach Bellaluna (Wegweiser!). Kaum ist die schäumende Albula überquert, stossen wir auf die Ruinen der alten Erzverhüttungsstätte Bellaluna mit dem aufgegebenen Gasthaus. Ein sagenumwobener Ort. In gemütlicher Fahrt talwärts kommen wir nach einer guten halben Stunde zur alten gedeckten Holzbrücke bei Alvaneu-Bad. Geübte Velofahrerinnen und -fahrer können bis Tiefencastel weiterradeln. Allerdings sind die letzten zwei Kilometer eher etwas für BMX-Sportler.

Wie? Mit der RhB bis Bergün. Velomiete am Bahnhof möglich.
Wann? Frühling–Herbst.
Dauer? Ohne Picknick-Halt etwa 2 Stunden.
Alter? Wegen des ersten, abschüssigen Abschnitts auf der Hauptstrasse für Kinder unter 10 Jahren nicht geeignet.

19 Höllenritt unter Plastikplane
Rail-Riding, Preda, Reservation: Bahnhof Filisur, 081 404 11 32 oder Graubünden Ferien, 7001 Chur, 081 254 24 24, www.rhb.ch

Wer keine Angst vor Durchzug und unheimlichen Tunnels hat, wem es bei der Überfahrt über schwindelerregende Viadukte erst so richtig wohl wird, der ist im Rail-Rider am rechten Platz. Die Reise führt im offenen Wagen auf

Graubünden: Oberland und Mittelbünden

der spektakulärsten Bahnstrecke der Alpen von Preda nach Filisur. Gegen die Unbill der Natur schützt die Bahnsinnigen eine grosse Plane über dem ganzen Waggon, aus der nur die Köpfe hervorschauen. Ein lustiges Abenteuer für Klein und Gross. Reservation wegen der beschränkten Platzzahl empfehlenswert.

Wie? Mit der RhB ab Chur oder Samedan bis Preda. Hier beginnt das Abenteuer.
Wann? Jeden Sonntag im Juli und August. Abfahrten von Preda und Filisur möglich.
Wieviel? Erwachsene Fr. 15.–, Kinder bis 16 Jahre 10.–.
Alter? Ab 6 Jahren.

Kids willkommen!

Wo essen?
Pizzeria Pomodoro, Promenade 51, 7018 Flims-Waldhaus, 081 911 10 62. In dieser Trattoria/Pizzeria gibt es sehr gute hausgemachte Teigwaren, einen echt italienisch freundlichen Service, natürlich eine Kinderkarte mit preislich ermässigten Speisen zwischen Fr. 12.– für die günstigste Pizza und Fr. 17.50 für spezielle Teigwaren. Was den Ort wirklich empfehlenswert macht, ist das Kinderrefugium im hinteren Teil des weitläufigen Restaurants. In zwei Zimmern gibt es tatsächlich alles Denkbare, was Kinder aller Altersstufen zur Beschäftigung und für den Spass so wünschen. Von Bauklötzen über die Rutsche bis zum DVD-Player steht vielerlei zur Verfügung. Und der Hit: Durch eine grosse Fensterfront sind die Kids wohl vom Rest der Welt getrennt, doch Blickkontakt und Winken ist weiterhin möglich.
Restaurant Rathaus, 7107 Safien-Platz, 081 647 11 06. Hier wird sorgfältig und möglichst mit regionalen Produkten gekocht: Biofleisch und -gemüse, saisongerecht und auch mal vegetarisch. Menüs Fr. 20.– bis 32.–, Kindermenüs Fr. 7.– bis 12.–. Die Kinder können sich im Haus frei bewegen – es besteht ein gutes Gleichgewicht zwischen Trubel und Ruhe. Kinderspielplatz, einige Gästezimmer.

Wo schlafen?
Hotel Ucliva, 7158 Waltensburg, 081 941 22 42. Das «Ucliva» ist ein Familien- und Seminarhotel; zur Ferienzeit werden nur Familien beherbergt.
Hotel Sport, 7462 Salouf. Etwas abseits des Tourismuszentrums Savognin im Oberhalbstein liegt am Sonnenhang das Dörflein Salouf. Hier können im schön gelegenen Hotel Sport Wohnungen gemietet werden, was sich für Familienferien eher lohnt als Hotelübernachtungen (081 669 11 11). Hallenbad mit Sauna, Spielraum, grosse Terrasse mit Esel und Geissen; Hotelbus zu den Bergbahnen. Eine 3½-Zimmer-Wohnung kostet in der Hochsaison (Weihnachten) Fr. 770.– pro Person und Woche; Kinder bis 6 Jahre 50%, über 6–11 Jahre 30% Ermässigung.
Jugi Valbella-Lenzerheide. Von den rund 60 Jugendherbergen in der Schweiz sind allein acht in Graubünden gelegen. Davon wiederum ist die Hälfte als familientauglich eingestuft. Ein Beispiel: Die sehr schön etwas am Hang gelegene Jugi Valbella-Lenzerheide bietet ihre Vier- bis Achtbettzimmer während acht Monaten im Jahr an (Dez.–April und Juni–Oktober). Sie ist rollstuhl- und kinderwagengerecht eingerichtet; ausserdem verfügt sie über einen Parkplatz. Nur für Mitglieder: Fr. 26.– pro Person im Mehrbettzimmer,

Fr. 35.– pro Person im Familienzimmer. Zuschlag für Halbpension Fr. 12.50; die Gäste können aber auch selber kochen. Zuschlag für Kurzaufenthalt Fr. 5.–. Reservationen unter 081 384 12 08. Für Informationen zur Mitgliedschaft: www.youthhostel.ch.
Kinder-Hotel Muchetta, 7494 Wiesen, 081 404 14 24, Fax 081 404 17 18. Geöffnet Mai–Oktober und Dezember–April. Das echt tolle Kinderhotel in Graubünden.

Dauerbrenner

Minigolfplatz Bonaduz, beim Bahnhof, 7402 Bonaduz, 081 641 24 00. Ende März–Ende Oktober 10–22 Uhr. Erwachsene Fr. 5.50, Kinder bis 15 Jahre 3.50.
Goldwaschen in Disentis, Verkehrsverein, 081 920 30 20 oder 079 684 68 62, oder www.gold-rush.ch. Tagesexkursionen: Erwachsene Fr. 70.–, Kinder Fr. 35.–, halbe Tage Fr. 40.–/20.–. Alle Altersstufen.
Schlittelbahn Foppa–Flims, 7017 Flims, ab Dezember bis Saisonende. Einzelfahrt Sesselbahn Flims–Foppa Erwachsene Fr. 11.–, Kinder 5.50. Schlittenmiete bei der Bergstation der Sesselbahn möglich.
Bahnlehrpfad Preda–Bergün, 7482 Bergün, Ferien Bergün, 081 407 11 52. Bahnhistorischer Lehrpfad entlang der Albulastrecke zwischen Preda und Bergün. Der Gebirgsweg führt direkt an den imposanten Viadukten und Galerien vorbei. Schautafeln erläutern Bau und Streckenverlauf.
Dampffahrten durchs Land der hundert Täler, Graubünden Ferien, 7001 Chur, 081 254 24 24; Fahrten auf der Strecke Landquart–Ilanz oder auf der Rundstrecke Landquart–Davos–Filisur–Domleschg–Chur oder auch im Engadin.

Eselwanderungen, Hotel Kistenpass, 7165 Breil-Brigels, 081 941 11 43.
Modellbau der Albulalinie, Ortsmuseum, Hauptstrasse 113, 7482 Bergün, 081 407 12 77. Der absolute Publikumsmagnet im Ortsmuseum Bergün ist die Modellbahn der Albulastrecke Preda–Bergün. Wann? Juni–Oktober und zweite Hälfte Dezember–Ostern. Alle Altersstufen.
Schlittelbahn Preda–Bergün, 7482 Bergün, 081 407 14 14. 5 km lange Schlittelbahn von Dezember bis März. Schlittelzüge ab Bergün.
In den Rheinauen, 7403 Rhäzüns – lohnendes Ausflugsziel zum Spazieren und Baden im Sommer.
Die Burg Nieder-Juvalta, 7405 Rothenbrunnen – schöner Ausflug von Frühjahr bis Herbst. Alle Altersstufen.
Burgenweg Domleschg, Scharans–Almens–Tomils. Besonders lohnenswert zur Blütezeit. Ab 6 Jahren.
Glacier-Express. Mit der Eisenbahn über die Hochalpen von Chur nach Zermatt. 1. Juni bis 31. Oktober täglich. Auskunft: Graubünden Ferien, 081 254 24 24.
Viamala. Einstieg in die Schlucht ab alter Verbindungsstrasse. Der Abstieg ist von Anfang April–Mitte Oktober gesichert. Eintritt Fr. 3.–, Kinder 2.–.
Felsengalerie mit Wasserfall, Roflaschlucht, 7546 Andeer, 081 661 11 97. Geöffnet im Sommer ab 8.30 Uhr, im Winter auf Anfrage. Erwachsene Fr. 3.–, Kinder ab 8 Jahren 2.–.
Schlittelweg Tschugga–Parpan, 7076 Parpan, ab Dezember bis Saisonende. Gemütlicher halbstündiger Aufstieg zu Fuss entlang dem Schlittelweg bis zum Restaurant Tschugga. Dort Schlittenmiete möglich. Signalisierte Parkplätze neben der Langlaufschule.

Graubünden: Oberland und Mittelbünden

Graubünden: Engadin und Südtäler

1. Pingu schläft im Iglu
   Abenteuer im Schnee, Scuol
2. La schmelzra, l'uors e ün giantar
   Bergbau-Museum S-charl
3. Natur pur – Informationszentrum
   Nationalpark, Zernez
4. Kunst verquert – art public plaiv
   Ein Kunstprojekt, La Punt–Zernez
5. Schlitteln für Mutige
   Muottas Muragl, Samedan
6. Öko-Flusslandschaft
   Jahrhundertbaustelle, Samedan
7. Schifffahrt auf dem Silsersee,
   Sils-Maria
8. Spitzweg und Hodler im Puschlav
   Fond. Ernesto Conrad, Poschiavo
9. Bei der märchenhaften Mili Weber
   Das Haus der Malerin, St. Moritz
10. «Familien willkommen»
    Maloja
11. Firneis und Kastanien
    Unterwegs im Bergell
12. Staumauer und Staunmauer
    Albigna-Mauer, Pranzaira
13. Armer, armer Wolf
    Talmuseum, Stampa
14. Das Brot der Armen
    Kastanienlehrpfad Castasegna
15. Paradiesisch grüne Hügel
    Botanischer Garten, Chiavenna
16. In Rübezahls Badewanne
    Wasserfall Cabbiolo
17. Kunst und Landschaft
    Kunstpark in Trii, Roveredo

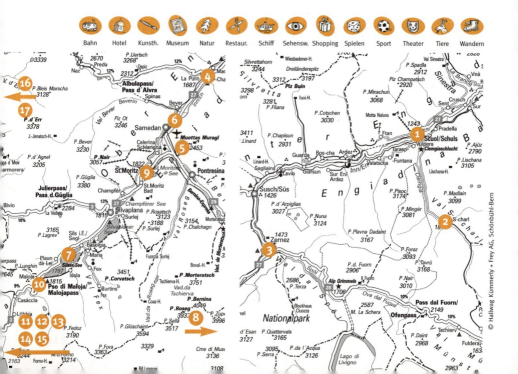

Engadin, Bergell, Poschiavo, Moesana... und Veltlin

Zu welcher Jahreszeit sind das Engadin und die Südtäler wohl am schönsten? Wer das Wandern liebt, gibt einhellig dem Herbst den Vorzug. Wintersportler und Sommeraktivisten rätseln natürlich auch nicht lange. Die Einheimischen aber schätzen besonders den Frühling. Endlich nicht mehr eisig kalt, aber doch noch nicht so richtig warm. Schon der Begriff «Südtäler» ruft Bilder von Wärme und üppiger Vegetation wach. Doch die hohe Lage, die Berge, der viele Schnee und die langen, kalten Winter sprechen eine ganz andere Sprache. Nur im Engadin kann man noch im Sommer morgens an schattigen Stellen auf klirrend splitternde vereiste Pfützen treten. Dieses Klima prägt sich ein. Im Hitzesommer 2003 brachte ein Landwirt – ausnahmsweise mitten unter der Woche auf den Muottas Muragl geflüchtet – die Einstellung der Talbewohner auf den Punkt. Es sei schon schön, auf knapp 2570 m ü. Meer im T-Shirt rumzusitzen, aber zur Talschaft passe es ganz und gar nicht. Sonne ja – Hitze nein. So sind auch die Menschen. Geniessen Sie deren manchmal etwas knappe Freundlichkeit. Sprechen Sie hemmungslos Italienisch, lernen Sie das romanische Idiom. Das belebt die Kultur der Talschaften und lässt die Einheimischen lächeln, garantiert.

Duosch Grass

1 Pingu schläft im Iglu
Familien-Abenteuer im Schnee,
081 862 22 11, www.iglu-dorf.com

Auf Mottas-Naluns ob Scoul werden Anfang Winter einige ganz und gar untypische Gebäude förmlich aus dem Schnee gestampft. Zehn Spezialisten bauen Iglus – grosse, verhältnismässig wohnliche Schneebunker, die auch kleineren Gruppen gemütlich Platz bieten. Die ganze Anlage besteht aus vierzehn durch Gänge verbundenen Iglus. In diesem Dörfchen kann komfortabel übernachtet werden, mit Fondue-Plausch und Tee nach dem Aufwachen. Und wer Lust hat, kann auch einen Nachtspaziergang auf Schneeschuhen unternehmen. Eine echt gute Stimmung kommt auf, wenn alle Tagestouristen beim Eindunkeln den Berg verlassen und Ruhe einkehrt. Jetzt fühlen Kinder schon den Inuit in sich – oder eher den Pingu? Geschlafen wird natürlich ohne Heizung, dafür im warmen Schlafsack auf Lammfellen. Am Morgen gibt's dann, nach dem noch im Schlafsack genossenen Tee, Frühstück im Restaurant. Wer die Nacht auf dem Berg scheut, kann auch auf Voranmeldung ein Kinderfest im Igludorf stattfinden lassen. Vom Most-Punsch bis zur Eskimo-Mutprobe werden die Kinder betreut; für ihren Spass und ihre Sicherheit ist den ganzen Nachmittag gesorgt. Warme Kleidung und Schuhe mitnehmen nicht vergessen!

Wie? Reservation: 081 862 22 11.
Wann? Dezember–April.
Wo? Nähe Bergstation Motta Naluns/Scuol.
Wieviel? 1. Nacht Kids bis 12 Jahre Fr. 85.– bis 130.–, 2. Nacht bis 100.–, 3. Nacht bis 90.–, Folgenächte bis 65.–. Erwachsene ab Fr. 155.– (pauschal inkl. Essen und Bergbahn); Familien erhalten 15 % Rabatt.
Alter? Nach Ermessen der Eltern.

2 La schmelzra, l'uors e ün giantar
Bergbau-Museum S-charl
Verkehrsverein Scuol, 081 861 22 22, www.scuol.ch

Das mittelalterliche Knappendorf S-charl ist eine Fraktion von Scuol und liegt in einem südlichen Hochtal 13 km davon entfernt. Der ursprüngliche Dorfteil besteht aus 13 Häusern und einer kleinen Kirche. Drei gemütliche Gaststätten laden hungrige und durstige Wanderer zum Verweilen ein. Einen Höhepunkt bildet der Besuch der mittelalterlichen Stollen des Bleibergwerks in S-charl und das gemeinsame, einfache Bergmanns-Mittagessen. Die einstige Industrie dieses Weilers wird dem Gast im 1997 eröffneten Museum

Heller Kopf
Der St. Moritzer Hotelpionier Johannes Badrutt half Graubünden aus dem Dunkel. Badrutt bestaunte an der Weltaustellung 1878 in Paris die erste elektrische Beleuchtungsanlage – und kaufte sie sogleich für seine Nobelherberge im Engadin. Fortan konnten die Touristen im «Badrutt's Palace» abends unter glühenden Jablochkoff-Kerzen dinieren. Etwas Eile war beim Fünf-Gang-Menü geboten – jeder Lichtspender musste nach 90 Minuten ersetzt werden. Später wurden die Lichtbogenstäbe von den Glühlampen verdrängt. Elektrizität war damals (und bleibt) eine teure Sache. 1883 kosteten Glühlampen umgerechnet rund 7 Franken. Übrigens: Vom doch eher abgelegenen Graubünden aus eroberte die elektrische Beleuchtung den Rest der Schweiz: Badrutt war halt ein echter Pionier!

Schmelzra S-charl nähergebracht, das die neunhundertjährige Bergbaugeschichte illustriert: spannende Führung in den Tiefen des Bergwerks (Dauer 1 Std.). Im selben Museum ist die Ausstellung «auf den Spuren der Braunbären» zu sehen – eine für das junge Publikum gut verständliche Auslegung der wirklichen Lebensraumansprüche der «Teddybären». Ganz in der Nähe wurde übrigens der letzte Bär der Schweiz erlegt.

Wann? Mitte Juni–Mitte Oktober, jeweils nachmittags 14–17 Uhr (Sa und Mo geschlossen).
Wie? Postauto ab Scuol.
Alter? Alle Altersstufen.

3   Natur pur
Informationszentrum Nationalpark,
7530 Zernez, 081 856 13 78,
www.nationalpark.ch

Zernez kommt im Engadin eine zentrale Bedeutung zu: Der Ort mit den untypisch flach gedeckten Häusern markiert die Grenze zwischen Ober- und Unterengadin. Hier zweigt die Ofenpassstrasse ab, die ins Münstertal und Vinschgau in Italien führt.

In Zernez ist aber auch die Verwaltung des Schweizerischen Nationalparks untergebracht. Im Center d'Informaziun Chasa dal Parc mit seinem Museum, direkt an der Strasse zum Ofenpass gelegen, wird viel Wissenswertes über das 168 Quadratkilometer grosse Gebiet vermittelt, dessen Erweiterung diskutiert wird: Hier kann man sich für Wanderungen und Tierbeobachtungen einstimmen. Zudem erfährt man alles über den wiederangesiedelten Bartgeier (Tonbildschau). Wanderungen beginnt man am besten mit dem Bus. Dieser hält auf Wunsch an allen Parkplätzen, bei denen Wanderwege beginnen.

Wie? Per Postauto ab Zernez.
Wann? Das Nationalparkmuseum ist von Juni–Oktober jeweils 8.30–18 Uhr geöffnet. Wanderungen ab Frühjahr bis Herbst.
Wieviel? Eintritt frei.
Alter? Alle Altersstufen.

4   Kunst verquert
art public plaiv – ein Kunstprojekt,
La Punt–Zernez, www.publicplaiv.ch,
Verkehrsverein, 081 851 20 20

Ein Projekt der Hochschule für Gestaltung und Kunst hat in den vergangenen drei Jahren namhafte Kunstschaffende eingeladen, Arbeiten in die Landschaft und den Siedlungsraum der Oberengadiner Region La Plaiv zu stellen. Herausgekommen ist eine spannende Sammlung von Installationen, die für Kinder mit kunstinteressierten Eltern anregend sein können. Das Kunstprojekt «art public plaiv» verbindet Werke von bestbekannten Kunstschaffenden wie Fischli & Weiss oder Roman Signer und bindet auch die Arbeit «Felsenbad» von Tadashi Kawamata im Zuozer «Castell» (Pipilotti Rist) mit ein. Eine Broschüre verhilft Ahnungslosen auf die Sprünge. Jeder Oberengadiner Tourismusverein gibt im weiteren Auskunft über die Standorte von La Punt bis nach S-chanf und den Ausbau weiterer Projekte.

Die Ortschaften und die jeweiligen Arbeiten könnten erwandert werden – für weniger passionierte Fussgänger empfiehlt sich die RhB.

Wie? Mit der RhB und zu Fuss oder mit dem Auto.
Wann? Ganzjährig.
Wieviel? Kostenlos.
Dauer? Je nach Wegstrecke.
Alter? Sobald Sie den Nachwuchs für Kunst interessieren können.

5 Schlitteln für Mutige

Abfahrt vom Muottas Muragl,
Drahtseilbahn Muottas Muragl,
7503 Samedan, 081 842 83 08,
www.bergbahnenengadin.ch

Vom Muottas Muragl hat man eine atemberaubende Sicht auf die Oberengadiner Seenplatte, die Bernina-Gruppe und die umliegenden Talschaften. Und die Sonne scheint hier kaum untergehen zu wollen. Wen wundert's, dass dieser Berg bereits kurz nach der Jahrhundertwende per Bergbahn bezwungen wurde. Neben «Fernsehen», Sonnenbaden und Skifahren bietet der Berg neuerdings eine Schlittelbahn von der Bergstation auf 2568 Metern bis hinunter zur Talstation auf 1738 Metern. Auf einer Länge von nur 4,5 Kilometern geht es also 800 Meter «s'Loch aba»! Und wie! Wer hier runterfährt, hat künftig für Achterbahnen nur noch ein müdes Lächeln übrig.

Wie? Bis Talstation Punt Muragl problemlos mit dem Zug oder dem Sportbus. Sehr gute Verbindungen. Ab Punt Muragl mit der Bergbahn bis zur Bergstation.
Wann? Ab 22. Dezember bis Saisonende. Schlittelbahn bei unsicheren Schneeverhältnissen schon früher geschlossen. Die Schlittelbahn ist täglich von 9.30–16 Uhr geöffnet; letzte Pistenkontrolle 16.15 Uhr. Die Bergbahn verkehrt im Halbstundentakt ab 8 Uhr.

Wieviel? Einzelfahrt Erwachsene Fr. 18.–, Einzelfahrt Kinder 6–16 Jahre Fr. 9.–. Schlittenmiete bei der Talstation: Fr. 15.– pro Schlitten (plus Depot).
Alter? Ab 10 Jahren (Helm empfehlenswert!).

6 Öko-Flusslandschaft für Samedan

Jahrhundertbaustelle bestaunen
Infozentrum HWS, 7503 Samedan,
www.flaz.ch

Innerhalb von nur acht Jahren kam es im Oberengadin der 1950er Jahren zu fünf Überschwemmungen. Die damals linear angelegten Dammbauten von Flaz und Inn sind noch heute ein landschaftsprägendes Zeugnis. Trotz der massiven Dammbauten führte das Hochwasser von 1987 beinahe zu einer weiteren grossen Überschwemmung. Zum besseren Schutz des Dorfes wird nun der noch kanalisierte Flaz in ein neues, variables Flussbett umgeführt. In der Flugplatzebene wird auf einer Länge von vier Kilometern gebaut – und zwar noch bis 2005. Es müssen 3000 Tonnen Erde und Geröll ausgebaggert, 75 000 Tonnen Blocksteine verbaut, 6 neue Brücken gebaut und 17 Hektaren Land beansprucht werden. Die bestehenden Dämme werden grösstenteils abgebro-

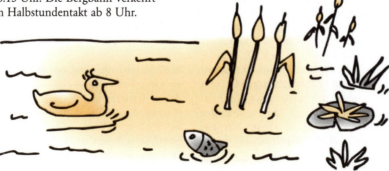

chen und rekultiviert, das Gerinne des Inn wird auf drei Kilometern naturnaher gestaltet. So werden in der Ebene die Biotope besser vernetzt, und es entstehen neue Lebens- und Ausgleichsräume. Das Flussverlegungsprojekt des Flazbachs ist das grösste Wasserbauprojekt der Schweiz seit 1920.

Wie? Infozentrum HWS im Dorfzentrum, Öffnungszeiten: Mo–Fr 16–18 Uhr. Besucherformular ab Internet ausdrucken und ans Bauamt faxen (081 851 07 18).
Wann? Baustellenführungen jeden Do um 16 Uhr (Dauer ca. 90 Min.); gutes Schuhwerk erforderlich.
Wieviel? Die Führung beginnt mit Informationen im Infozentrum und ist für Einzelne gratis; von Gruppen wird ein Unkostenbeitrag von Fr. 50.– erhoben).
Alter? Ab 12 Jahren.

7 Schifffahrt auf dem Silsersee
7514 Sils-Maria, 081 826 53 43, oder Verkehrsverein, 081 838 50 50, www.sils.ch

Die einzige Schifffahrtslinie in Graubünden kreuzt auf dem Silsersee. Auf dem grössten Oberengadiner See gibt es einen kurzweiligen Kurs, der von Sils-Maria über Isola nach Maloja und zurück führt. Das kleine Motorschiff ist in der Hochsaison viermal täglich, ansonsten dreimal auf «grosser Fahrt». Für weniger Seetüchtige gibt es einen schönen Spazierweg, der von Maloja aus auf der rechten Seeseite wieder zurück nach Sils-Maria führt. Der See lädt im Hochsommer auch zum Baden ein, nur ist das Wasser schlotterkalt. Ein kleines Picknick am Ufer ist ja auch schön. Der Silsersee ist wegen seiner Windverhältnisse beliebt bei den Surfern. Pünklich zur Mittagszeit setzt der Malojawind ein – was die Segel bläht und manchem die Ohren wackeln lässt.

Wie? Sils-Maria oder Maloja sind per Postauto zu erreichen.
Wann? Ende Juni–Ende September.
Wieviel? Einfache Fahrt für Erwachsene Fr. 12.–, retour 18.–; Kinder bis 16 Jahre zahlen die Hälfte.
Dauer? Ein Weg 35 Minuten.

8 Spitzweg und Hodler
Neues Museum im Puschlav, Fondazione Ernesto Conrad, 7742 Poschiavo, 081 844 00 40, www.poschiavo.ch

Das Puschlav hat ein neues Museum erhalten. Der Poschiaviner Ehrenbürger Ernesto Conrad liess die Casa Console an der Plazza da Cumün aufwendig renovieren und hat darin seine Kunstsammlung öffentlich zugänglich gemacht. Mit herausragenden Werken der romantischen Malerei von Carl Spitzweg über Franz von Lenbach, Alexandre Calame, Friedrich August von Kaulbach bis Ferdinand Hodler sind Arbeiten aus dem 19. Jahrhundert in das fachgerecht restaurierte Patrizierhaus aus derselben Epoche eingezogen. Wer Hunger hat nach so viel brotloser Kunst, geht in eines der 18 Restaurants von Poschiavo. Empfehlenswert sind auch die «Zuckerbäcker» vor Ort: ihre Kunst hat ebenfalls die Jahrhunderte überdauert.

Wann? Öffnungszeiten Casa Console: Di–So 11–16 Uhr.
www.valposchiavo.ch, www.altarezia.ch,
Ente Turistico 081 844 05 71.

9 Bei der märchenhaften Mili Weber

Das Haus der Kunstmalerin,
7500 St. Moritz, Verkehrsverein
081 837 33 33, www.st.moritz.ch

Nahe beim Bahnhof steht das ganz besondere Haus, das bis vor 22 Jahren von Mili Weber bewohnt wurde. Frau Weber war Kunstmalerin und illustrierte unzählige Märchenbücher. Ihr Haus ist eigenwillig – ihr Bruder hatte es ihren Bedürfnissen entsprechend gebaut – und entscheidend geprägt durch ihre Malereien. Mili Weber hat nämlich im ganzen Haus die Wände und teilweise auch die Decken zu Fabelwelten gemacht, die ihresgleichen suchen. Ein Grossteil ihres Werkes ist zu besichtigen. Das Haus wird durch eine Stiftung erhalten; der Kur- und Verkehrsverein gibt Auskunft und vereinbart Termine mit Interessierten.

Wie? Auf Voranmeldung beim Verkehrsverein.
Alter? Ab 8 Jahren.

10 Schön gelegen – freundlich gestimmt

«Familien willkommen» in Maloja, Verkehrsverein 081 824 31 88, www.maloja.ch

Maloja, das mit dem Gütesiegel «Familien willkommen» des Schweizer Tourismusverbandes ausgezeichnet ist, bietet neben den diesem Label verpflichteten Dienstleistungen auch aussergewöhnlich schöne Naturerlebnisse. Für Familien mit sportlichen Ambitionen gibt es den Abenteuer-Parcours, der für Jugendliche und Junggebliebene mit etwas Biss besonders zu empfehlen ist. Der rund zweieinhalbstündige Rundgang kann via Internet oder Verkehrsverein kennengelernt werden. Sicherungsmaterial vermietet der Verkehrsverein. Wer es gemütlicher nehmen will, geht rotbesockt und in Wanderschuhen die alte Septimerstrasse suchen oder spaziert gleich auf dem Märchenweg der Zwergenfamilie Malögin zum Belvedere-Turm (Übernachtung möglich). Das gut ausgeschilderte Wanderwegnetz durch die Naturschutzgebiete führt auch zu den beeindruckenden Gletschermühlen, der grössten Ansammlung derartiger Zeugnisse der Erosionskraft von Eis und Wasser in Europa. Ausserdem gibt's im Malojer Wald schöne Möglichkeiten fürs Brätlen und Spielen, ganz abgesehen von den verschiedenen Spielplätzen und -gärten (siehe www.maloja.ch/Link Familie).

Wann? Ende Juni-Mitte Oktober.
Alter? Je nach Angebot.

11 Firneis und Kastanien

Unterwegs im Bergell, 7605 Stampa, Verkehrsverein, 081 822 15 55, www.bregaglia.ch

Von Dorf Maloja auf 1815 Metern, dem «Gipfelpunkt» des Bergells, fällt das Tal bis nach Castasegna an der italienischen Grenze auf etwa 17 Kilometern Luftlinie über 1100 Meter bergab. Zur Grenze zwischen dem oberen und dem unteren Bergell, einem natürlichen Felsentor, das schon den Römern als «Porta» ein Begriff war, kommt man bei einem längeren Spaziergang von Stampa nach Promontogno. Der Naturweg führt über Matten und durch Wälder. Wer bis Soglio wandern will, hat jetzt doch noch ein paar Höhenmeter abzuschwitzen. Vom Terrassendorf Soglio ist das ganze Tal zu überblicken: von den Felsen und Gletschern der Forno-Gruppe bis zu den südlich-üppigen Gärten von Chiavenna. Die Vegetation ist wegen der grossen Höhendifferenzen und der südlichen Lage auf engstem Raum enorm unterschiedlich.

Wie? Mit dem Postauto oder PW nach Stampa.
Dauer? Stampa–Promontogno 2 Std.
Alter? Ab 6 Jahren.

12 Staumauer und Staunmauer
Seilbahnfahrt zur Albigna-Mauer, Pranzaira, Vicosoprano, EWZ, 081 822 62 14

Pranzaira erreicht man von Vicosoprano aus über die alte Septimerstrasse, die oft irrtümlich als Römerweg bezeichnet wird. Die kleine Seilbahn der Bergeller Kraftwerke (EWZ) zum Albigna-Stausee ist Ausgangspunkt für Bergwanderungen und Klettertouren. Nach viertelstündiger, teils abenteuerlich anmutender Fahrt erreichen wir den Scheitel der Albigna-Mauer. Die Bahn überwindet auf einer Distanz von nur 2,4 km rund 1000 Höhenmeter! Hier oben kann es einem angesichts der monumentalen Ausmasse der Mauer schon schwindlig werden. Der 760 m lange Scheitel ist begehbar – ein unvergessliches Erlebnis.

Wer Lust hat, kann über den Bergweg zur Albigna-Hütte (SAC) aufsteigen: Mit wandererprobten Kinder sind die rund 150 Höhenmeter in einer Stunde locker überwunden.

Wann? Seilbahn Pranzaira–Albigna Juni–September täglich, 7–11.30 und 13.15-16–15 Uhr. Oktober und Mai auf Voranmeldung unter 081 822 62 14.

Graubünden: Engadin und Südtäler

13 Armer, armer Wolf
Cioesa Granda, 7605 Stampa, Talmuseum, 081 822 11 82, www.bregaglia.ch

Graubünden verfügt über eine hohe Dichte an Ortsmuseen. Hier wird in aller Regel die Kultur eingelagert – und vergessen. Nicht so im Bergell: Das hiesige Museum, im Geburtshaus der Giacomettis eingerichtet, gehört zu den gepflegtesten. Keines hat so schöne und lebendig gestaltete Vitrinen, und keines verfügt über so viele eigene Arbeiten des Giacometti-Clans. Diese Arbeiten werden in einem Ausstellungsverbund mit Werken des 1900 geborenen Zürcher Malers Varlin (Willy Guggenheim) gezeigt, der seit seiner Heirat 1963 bis zu seinem Tod im Bergeller Dorf Bondo lebte und arbeitete.

Aber der Superlativ musealer Einzigartigkeit ist, dass hier seit zwei Jahren der erste Wolf Graubündens neben dem letzten Bären (der Talschaft) ausgestellt ist.

Wie? Mit dem Postauto oder PW nach Stampa.
Wann? 1. Juni–20. Oktober täglich 14–17 Uhr (übrige Zeit auch auf telefonische Anfrage).
Alter? Alle Altersstufen.

14 Das Brot der Armen

Kastanienlehrpfad, 7608 Castasegna,
Ente turistico Bregaglia,
7608 Stampa, 081 822 15 55,
www.bregaglia.ch

In Castasegna werden seit Jahren Anstrengungen unternommen, die schönen Kastanienwälder auch touristisch zu nutzen. So wurden die Haine gesäubert, die alten Bäume geschnitten und neue gepflanzt. Nun gibt es einen zwei Kilometer langen Kastanienlehrpfad über die alte Tradition des Kastanienanbaus. Er windet sich durch 23 Hektar Kastanienhaine, vorbei an uralten Ställen und Trockenmauern. Mehrsprachige Tafeln berichten über die Kastanie und ihre Früchte, deren Nutzung und die damit verbundene Kultur. Der Weg gibt auch Aufschluss über die verschiedenen Kastaniensorten, die in Castasegna gedeihen: Ensat, Marun, Lüina, Vescuv. Heute dient das Kastanienmehl der Mühle Promontogno als Ausgangsprodukt für Teigwaren und Vermicelles-Püree. Weitere Erzeugnisse sind Kastanienbier und Kastanienlikör oder -branntwein. Eines der Dörrhäuschen wurde für Gruppen bis zu 12 Personen ausgebaut: ein Fünfstern-Matratzenlager mit viel Liebe zum Detail.

Wie? Mit dem Postauto oder PW nach Castasegna.
Wann? Informationen zum Lehrpfad und Führungen: 081 822 15 55; Unterkunft im Dörrhäuschen: Romeo Gianotti, 081 822 10 05, 7608 Castasegna.
Dauer? Lehrpfad 1–2 Std.
Alter? Alle Altersstufen.

15 Paradiesisch grüne Hügel

Botanischer Garten Parco Paradiso in Chiavenna, Tourist-coo Chiavenna/I, 0039/0343 33 442,
www.cmvalchiavenna.org

Am Rande von Chiavenna erheben sich, wie von Riesenhand geformt, zwei Felsrücken, die das Städtchen überragen. Die beiden Hügel «Paradiso» und «Castellaccio» sind eine konzentrierte Museumsstätte: ein wunderschöner botanisch-archäologischer Garten, dessen Gewächse vor allem die einheimi-

---

Spuren der Vergangenheit

Wer denkt, im Nationalpark gebe es nur die bekannte Alpenfauna von Murmeltier bis Steinbock, der irrt. Jeder Fährtenleser weiss, dass, was lebt und sich bewegt, auch Spuren hinterlässt. Diese Regel trifft insbesondere auf die wirklich grossen Tiere zu. Beispielsweise die Bündner Saurier. Deren Spuren liegen jedoch weitab von den Wegen, welche im Nationalpark begangen werden dürfen. Aber wenn bei guter Sicht ein Parkwächter das Fernrohr bei der Chamanna Cluozza richtet, können sie klar erkannt werden. Am Piz Diavel sehen wir die Fährte – doch diese Schweissspur ist längst kalt. Beim Aussterben der Saurier vor rund 150 Mio. Jahren waren die Fussabdrücke der durch den Sumpf des ehemaligen Urmittelmeeres watenden Dinos bereits seit 60 Millionen Jahren versteinert. Bei der Anhebung der Bündner Berge (profan: Alpenfaltung) wurden die Sedimente mitsamt den Spuren auf 2400 m ü. M. hochgedrückt und aufgestellt. In der Folge trug die Erosion die späteren, darüberliegenden Gesteinsschichten ab. So wurde die Fährte sichtbar, die den einzigen Schweizer Nationalpark auch ein bisschen zum Jurassic Park macht.

sche Flora vertreten. Das museale Angebot umfasst neben den Exponaten archäologischer Grabungen auch die Naturhistorische Sammlung der Valchiavenna.

Wann? Parco Paradisio geöffnet Di–So 10–12 und 14–18 Uhr; Naturhistorisches Museum «Torrione» Di, Do, Sa, So: 14–17.30 Uhr.
Wieviel? Mit Familienkarte zu € 4.25 hat man Zutritt zu allen Bereichen.
Alter? Botanischer Garten alle Altersstufen; Museen je nach Interesse des Nachwuchses.

16 In Rübezahls Badewanne
Wasserfall, 6558 Cabbiolo

Schon von der Autobahn aus sichtbar, stürzt bei der Ortschaft Cabbiolo ein schöner Wasserfall in die Tiefe. Diese natürliche Duschanlage mit Titanenbadewanne aus Granit ist der Geheimtipp für überhitzte Durchreisende, aber auch für Feriengäste – nur etwas kühl ist das Wasser in Rübezahls Badewanne. In den Hochsommermonaten aber allemal warm genug, um hier einen geruhsamen Badetag zu verbringen. Diese märchenhafte «Naturbadi» hat keine Aufsicht und kein Reinigungspersonal. Also, Picknickabfälle wieder mitnehmen – Rübezahl dankt.

Wie? Autobahnausfahrt Lostallo, 500 Meter auf der alten Kantonsstrasse Richtung Mesocco, öffentliche Parkplätze benutzen. Vor der Ortschaft Cabbiolo zu Fuss zuerst die Seitenstrasse Richtung Wasserfall einschlagen, die letzten 250 Meter über einen kleinen Pfad an den Privatgärten vorbei.
Wann? Juni bis August.
Alter? Alle Altersstufen.

17 Kunst und Landschaft
Kunstpark in Trii, 6535 Roveredo, 081 827 21 80

An den sanften Hängen der unteren Mesolcina (Misox) hat der Künstler Luigi A Marca seine Werkstatt. Darum herum stehen seine grossen Bronzearbeiten – eine Szene wie aus dem Bilderbuch. Vor drei Jahren hat er das Gelände auch anderen Kunstschaffenden geöffnet, und seither wächst «sein» Kunstpark immer mehr in die Umgebung hinein. Landart und skulpturales Schaffen sind im Kunstpark Trii gut vertreten. An die 15 Arbeiten stehen permanent in der Landschaft – im Sommer kommen jeweils noch einige Installationen dazu. Arbeiten von nationalen und internationalen Grössen können besichtigt werden. Das Ganze ohne Pathos und belehrendes Gehabe. Die Besuchenden verweilen beim Picknick, spazieren durch die weiträumige Kunstoase oder legen auch bloss eine Rastpause ein, bevor sie weiter nach Süden oder Norden donnern.

Wo? Südlich des Dorfes. Parkplätze beim Friedhof benutzen. Fünf Minuten auf dem Feldweg talabwärts.
Dauer? Rundgang ca. 45 Minuten.
Wann? Frühjahr bis Herbst.

Graubünden: Engadin und Südtäler

Kids willkommen!

Wo essen?

Restaurant Müsella, 7522 La Punt-Chamues-ch, 081 854 10 24.
Apulische Küche direkt neben dem Skilift, auch in Kinderportionen, hausgemachter Kuchen; Sonnenterrasse und Kinderspielplatz.

Restaurant La Piruetta, Center da Sport, 7505 Celerina, 081 834 80 40.
Geöffnet Di–So (geschlossen 2 Wochen im Herbst, Ostern–Mitte Juni).
Kindermenüs ab Fr. 7.50 bis 9.50. Spielecke, Kinderkarte. Grosser Spielplatz im Sommer (im Winter wird die riesige Wiese zum Natureisfeld fürs Schlittschuhlaufen). Daneben gibt es Kunsteisfelder für Hockey und Curling.

Wo schlafen?

Hotel Stampa, 7602 Casaccia, 081 824 31 62, hotelstampa@spin.ch.
Sagenhaft günstige Preise: Erwachsene pro Person im DZ inkl. Frühstück Fr. 55.– bis 70.–. 50 % Rabatt für Kinder, die im Elternzimmer schlafen. Ferienwohnungen ab Fr. 80.– pro Tag; Übernachtung im Matratzenlager pro Person Fr. 15.–. Im Dachstock verletzungssichere «Kletterhalle». Vorzügliche Wildküche.

Dauerbrenner

Hallenbad Bogn Engiadina, 7550 Scuol, 081 861 20 00, www.scuol.ch.
Im Bad mit dem ersten «römisch-irischen Bad» der Schweiz eignet sich vor allem die Anlage «Bäderlandschaft» – mit sechs Innen- und Aussenbädern, Solebecken und Thermalwasser – für Eltern mit kleinen Kindern (Zutritt erst ab 11 Uhr; die Preise sind gesalzen). Ausweichmöglichkeiten: Hallenbad «Quadras» bei der Sportanlage «Trü» und im Sommer das einzige Freibad im Unterengadin.

Castello di Mesocco, 6563 Mesocco.
Das Castello ist die grösste Burganlage Graubündens und eine der grössten Festungen der Schweiz.

Bobbahn und Skeletonbahn
St. Moritz–Celerina. Die rumpelnden Bobs hautnah vorbeiflitzen sehen kann man auf dem Fussweg von Celerina nach St. Moritz entlang der Bobbahn. Ca. 1 Stunde. Ende Dezember bis Februar. Von 9 Uhr morgens bis ca. 13 Uhr.

Ein verschwundenes Dorf: «Wüstung» bei 7545 Guarda. Der Weiler «Gonda» wurde im 16. Jahrhundert aufgegeben. Die von Archäologen als «Wüstung» bezeichneten Überreste bestehen aus rund 30 Ruinen mit Kapelle aus dem Jahre 1200. Anfang Juni–Herbst.

Schellen-Urslis Heimatdorf, Selina Chönz' Dorfbild, 7545 Guarda, Verkehrsverein, 081 826 23 42, www.engadin.net/engadin.
Ein Spaziergang durchs Dorf zeigt, wie genau Alois Carigiet in dem berühmten Kinderbuch die Szenerie wiedergegeben hat.

Im Stazer Wald. Spaziergang von St. Moritz nach Pontresina mit Waldlehrpfad und Badehalt. Ab Mitte Juni–Anfang April bietet das Restaurant Meicrei eine gute Rastmöglichkeit.

Höhenwanderweg von Muottas Muragl nach Pontresina. Ab Bergstation Muottas Muragl dem Schafsberg entlang bis zur Alp Languard. Dann Sesselbahn bis Pontresina. Ca. 3 Stunden. Ab Mai bis Ende Oktober. Information: Verkehrsbüro Pontresina, 081 838 83 00.

Wanderung ins Val Bever. Ein wunderschönes Seitental des Oberengadins bei Bever. Unberührte Natur und schöne Picknickplätze am Fluss. Restaurant in Spinas. Hin- und Rückweg ca. 3 Stunden. April–Ende Oktober.

Baden im «Lej Marsch» (fauler See!) bei St. Moritz. Speziell lustig ist das Moorgebiet am Ufer. Im relativ warmen Schlammbad lässt es sich wunderbar suhlen. Zwanzigminütiger Spaziergang von St. Moritz-Bad bis zur Olympiaschanze, gleich dahinter ist der See. Gute Picknickmöglichkeiten. Empfohlen im Juli und August.

Trottinett-Fahren auf Wanderwegen. Von St. Moritz nach Celerina oder Samedan. Wahlweise gemütlich oder rasant abwärts. Trottinett-Vermietung: Bahnhof St. Moritz, 081 833 31 25.

Mit dem Öko-Bus zum Roseggletscher, 7504 Pontresina, Reservation: 081 842 60 57. Gemütliche Fahrt mit Pferdegespann hinein ins Val Roseg, dem Gletscher entgegen.

Spielplatz mit Spielwiese, 7504 Pontresina. Am nördlichen Dorfrand, grosszügig und übersichtlich angelegt. Pizzeria gleich nebenan – immer offen.

Zuckerbäckerschloss Palazzo Castelmur, 7605 Stampa. Ein kurzer Spaziergang führt von Stampa über die elegante steinerne Brücke nach Coltura. Im örtlich untypischen maurisch-gotischen Palazzo mit Türmen und schlanken Zinnen durchmisst man beim Museumsrundgang verschiedenste Zeit- und Stilepochen. Wann? 15. Juli–15. September, jeweils 9–11 und 14–17 Uhr. Juni und Oktober nur nachmittags offen. Montags geschlossen.

Terrassendörfer im Calancatal. Ruhiges, fast verkehrsfreies Tal. Wandern in wunderschöner Natur. Alle Altersstufen.

Eisenbahnfahrten mit Dampflok oder historischen Güterzügen von St. Moritz nach Scuol und zurück. Auskunft und Reservation: Graubünden Ferien, 081 254 24 24.

Schlittschuhlaufen auf dem St. Moritzer See. Bei kaltem, schneefreiem Winteranfang ab Anfang–Mitte Dezember. Verkehrsverein, 081 837 33 33.

Luzern: Die Stadt

1. Nicht nur für Kinder
   Verkehrshaus
2. Gestochen scharf
   IMAX-Kino, Verkehrshaus
3. Für Schwindelfreie
   Hiflyer, Verkehrshaus
4. Sandstrand und Bergsicht
   Strandbad Lido
5. Wie in Italien
   Quaibummel
6. Einmal rundum
   Bourbaki-Panorama
7. Zum Sterben schön
   Löwendenkmal
8. Im Labyrinth
   Gletschergarten
9. Laufen statt rudern
   Rund um den Rotsee
10. Doppelpack
    Kapell- und Spreuerbrücke
11. Stolze Mauer
    Auf Musegg
12. Kinder führen Kinder
    Sammlung Rosengart
13. Endlich allein
    Kinderstube Waldstätterhof
14. Baden gestattet
    Ufschütti
15. Zum Tribschenhorn
    Am linken Seeufer
16. Wo Bienen summen
    Naturmuseum
17. Grossmutters Muff
    Luzerner Flohmarkt
18. Drachen im Wind
    Auf den Sonnenberg
19. Mampfen beim Dampfen
    Mittagsschiff SGV
20. Raus aus der Stadt
    Vierwaldstättersee

Bahn · Hotel · Kunsth. · Museum · Natur · Restaur. · Schiff · Sehensw. · Shopping · Spielen · Sport · Theater · Tiere · Wandern

© Hallwag Kümmerly + Frey AG, Schönbühl-Bern

Stadt Luzern, die Nummer 1

Ganz klar die Nummer 1: In Luzern – das haben Schweizerinnen und Schweizer in einer Umfrage behauptet – lebt es sich am angenehmsten. Das glauben wohl auch die 2,5 Millionen Touristen, die jedes Jahr die Stadt am Vierwaldstättersee besuchen. Doch keine Angst: Das Klicken der Kameras begleitet Sie vor allem auf der Kapellbrücke und beim Löwendenkmal – dem Trubel aber entkommt man rasch. Wenn Sie kein Sightseeing in zwei Stunden absolvieren und nicht von einem Höhepunkt zum andern hetzen, dann zeigt sich Luzern, wie es ist: gemütlich in der winkligen Altstadt, mit phantastischer Sicht an den Quais, grün in der Umgebung und mit spannenden Abenteuern für Familien. Dann erleben Sie eine Stadt mit wirklich viel Lebensqualität: ein wenig bieder vielleicht, aber ziemlich gemütlich und mit echtem Charme.

Niklaus Regli

1 Nicht nur für Kinder

Verkehrshaus, Lidostrasse 5,
0848 852 020, www.verkehrshaus.ch

Zehntausende von (kleinen und grossen) Kindern können sich nicht irren: Das Verkehrshaus der Schweiz in Luzern ist seit Jahren das meistbesuchte Museum der Schweiz und eines der beliebtesten Ausflugsziele. Hier gibt es viel zu sehen und noch viel mehr zu tun: Auf spielerische und lehrreiche Art zeigt es, was uns tagtäglich bewegt und welche Errungenschaften und Erfindungen die Geschichte des Verkehrs und der Mobilität zu Lande, auf dem Wasser und in der Luft bis heute prägen. Für Kids gibt's viel zu tun: ein Tram durch eine Stadt führen, einen Zug durch die Schweiz steuern, fliegen wie ein Jetpilot oder über die Schweiz schweben wie Claude Nicollier… So wird der Besuch zum besonderen und unvergesslichen Erlebnis!

Wie? Bus 6/8 bis Verkehrshaus.
Wann? April–Oktober 10–18, November–März 10–17 Uhr. 25. Dez. geschlossen.
Wieviel? Erwachsene Fr. 24.–, Kinder bis 6 Jahre gratis, 6–16 Jahre 12.–, Familienpass 50.–. Kombi-Ticket IMAX + Verkehrshaus Erwachsene Fr. 32.–, Jugendliche bis 16 Jahre 21.–. Die SBB bieten besondere Kombi-Billette ab jedem Bahnhof an (www.railaway.ch, 0900 300 300).
Dauer? Halber Tag.
Alter? Ab 3 Jahren.

2 Gestochen scharf

IMAX-Filmtheater im Verkehrshaus, Lidostrasse 5, 0848 852 020, www.verkehrshaus.ch

Ob von ganz weit oben wie die Astronauten oder auf einer eisigen Expedition in der Antarktis, ob bei den Zebras der Serengeti in Afrika oder tief unter Wasser auf der Suche nach der «Titanic» – im IMAX-Kino des Verkehrshauses erleben Sie die faszinierenden Augenblicke der Welt gestochen scharf. Atemberaubende Aufnahmen laufen auf einer Riesenleinwand von 19 x 25 m ab, und mit 20 000 Watt ist der Sound auch nicht zu verachten. Beim Gefühl, live dabei zu sein, kommen auch Erwachsene aus dem Staunen nicht heraus.

Wie? Bus 6/8 bis Verkehrshaus.
Wann? Öffnungszeiten wie Verkehrshaus (siehe Tipp 1). Täglich mehrere Vorstellungen. Der Besuch des IMAX-Kinos ist ohne Eintritt ins Verkehrshaus möglich. Bei Ankunft im Verkehrshaus unbedingt sofort Plätze reservieren. Ticket-Hotline 041 375 75 75.
Wieviel? Erwachsene Fr. 24.–, Kinder bis 6 Jahre gratis, 6–16 Jahre 12.–, Familienpass 50.–. Kombiticket IMAX + Verkehrshaus Erwachsene Fr. 32.–, Jugendliche bis 16 Jahre 21.– oder – der besondere Tipp – Familienpauschale Fr. 90.–.
Dauer? 1 Stunde.
Alter? Das IMAX ist für Kinder unter 3 Jahren nicht geeignet.

Weltbekannt

Der Pilatus nachts beleuchtet. Eine Riesenkrawatte für den Wasserturm. Hochzeiten für japanische Brautpaare auf dem Titlis – touristisch wird Luzern gnadenlos vermarktet. Mit Erfolg: Neben Genf ist Luzern weltweit zur bekanntesten Schweizer Stadt geworden, noch vor Downtown «Zürich» Switzerland.

3   Für Schwindelfreie
Fesselballon Hiflyer, Verkehrshaus,
Lidostrasse 5, 0848 852 020,
www.verkehrshaus.ch

Leinen los! Man muss ja nicht gleich wie Bertrand Piccard im Ballon die ganze Welt umrunden. Mit einem Fesselballon von 22 Metern Durchmesser über dem Luzerner Seebecken der Erdenschwere zu entfliehen ist auch ganz imposant. Gut schweizerisch abgesichert, steigen 25 Passagiere an einem Stahlseil in ein paar Minuten 120 Meter hoch – neugierige Blicke in die Gärten der Umgebung und ein phantastisches Panorama auf die Stadt Luzern und den Vierwaldstättersee inbegriffen. 30 Minuten dauert das gezähmte Abenteuer. Vergessen wird man den Hiflyer trotzdem nicht so schnell.

Wie? Bus 6/8 bis Verkehrshaus.
Wann? 11–17 Uhr. Der Hiflyer startet bei jeder Witterung ausser bei stürmischem Wetter. Hiflyer-Hotline 041 370 20 20.
Wieviel? Der Aufstieg im Hiflyer ist ohne Eintritt ins Verkehrshaus möglich. Erwachsene Fr. 16.–, Kinder 6–16 Jahre 12.–.
Dauer? Alles in allem 1 Stunde.
Alter? Kinder bis 10 Jahre nur in Begleitung Erwachsener.

4   Sandstrand und Bergsicht
Strandbad Lido, Lidostrasse 6a,
6006 Luzern, 041 370 38 06,
www.lido-luzern.ch.

Seit der Jahrtausendwende strahlt das Lido in neuem Glanz. Das etwas bröckelig gewordene Vorzeigebad Luzerns wurde komplett saniert und bietet an Komfort alles, was anspruchsvolle Badegäste sich wünschen, von der Tageskabine über die warme Dusche bis zu Sonnenschirm und Liegestuhl. Kids dürften sich eher über das Angebot an sportlichen Betätigungen wie Tischtennis, Federball, Fussball, Volleyball, Sprungturm und das Schwimmbassin mit Planschbecken freuen. Der Lido-Spielplatz, der grösste und attraktivste der Stadt, ist während der Wintermonate öffentlich zugänglich. Nicht zu vergessen der berühmte Sandstrand und die Bergkulisse, die sogar Zürcher in die Innerschweiz locken. Für Hunger und Durst gibt's das Restaurant Siesta mit grosser Terrasse, ausserdem einen Imbisskiosk.

Wie? Bus 6/8 bis Verkehrshaus/Lido.
Wann? Samstag vor Muttertag (Mai) bis und mit Bettag (September) täglich 9–20 Uhr. Diese Öffnungszeiten gelten auch fürs Restaurant.
Wieviel? Erwachsene Fr. 6.–, Kinder 6–16 Jahre 3.–.
Alter? Alle Altersstufen.

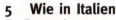

5   Wie in Italien
Quaibummel, www.stadtluzern.ch

Eltern mit Kinderwagen und Kids beim Skaten, Liebespärchen und Einzelgänger, das Grosi mit dem Opa. Dazu Boulespieler und Zeitungsleserinnen auf den Bänken sowie Touristen aus allen Ländern. Beim Spazieren am rechten Ufer des Luzerner Seebeckens heisst es: Schauen, schauen, schauen – auf See und Berge, auf Enten und Schwäne und besonders auf die Leute. Auf dem beliebtesten Sonntagnachmittagsspaziergang der Luzerner reiht sich ein Quai an den andern: von der Seebrücke

kaum auszumachenden Übergang vom Gemälde zu den realen Gegenständen im Vordergrund. Und Erwachsene geraten ob der in fahles Licht getauchten Szenerie ins Frösteln: Ein wenig Schaudern ist halt immer schön.

über den Schweizerhofquai zum Nationalquai mit den Hotelkästen. Und weiter über den Carl-Spitteler-Quai, den Luzerner Quai und den General-Guisan-Quai bis zum Lido. Und mit dem Bus in die Stadt zurück.

Wie? Mit Bus 1 bis Löwenplatz.
Wann? 9–18 Uhr.
Wieviel? Erwachsene Fr. 7.–, Kinder 5.–.
Dauer? 1 Stunde.
Alter? Ab 6 Jahren.

Wie? Eventuell Rückfahrt mit Bus 6/8 ab Verkehrshaus.
Wann? Ganzes Jahr.
Wieviel? Gratis.
Dauer? Spaziergang einfach 45 Minuten.
Alter? Alle Altersstufen.

7 Zum Sterben schön
Löwendenkmal, Denkmalstrasse, www.stadtluzern.ch

6 Einmal rundum
Bourbaki-Panorama, Löwenplatz 11, 041 412 30 30,
www.bourbakipanorama.ch

Im 19. Jahrhundert – als das Fernsehen noch nicht erfunden war – zeigten in vielen Städten rundumlaufende Panoramen dem sensationshungrigen Publikum dramatische Ereignisse. Die meisten der imposanten Rundgemälde sind zerstört. Das grösste aller Zeiten aber hat sich erhalten: Das Bourbaki-Panorama zeigt auf 11 000 Quadratmetern den Übertritt einer von den Deutschen im Krieg 1870/71 besiegten französischen Armee unter General Bourbaki in den Schweizer Jura. Ein endloser Zug von 80 000 Soldaten zieht durch klirrende Kälte dem Dörfchen Les Verrières entgegen; Verletzte werden auf Bahren geschleppt, Verwundete in einem Zug gepflegt, erschöpfte Pferde geschlachtet, und Gewehre und Säbel stapeln sich im Schnee. Kinder suchen fasziniert den

Zwischen Bourbaki-Panorama (siehe Tipp 6) und Gletschergarten (siehe Tipp 8) liegt der berühmteste Löwe der Schweiz. Das aus einer Sandstein-Felswand gemeisselte Löwendenkmal – ein sterbendes Gewaltsvieh mit einem Speer in der Flanke – ist zwar schnell gesehen. Aber immerhin: Was Touristen aus aller Welt mit Inbrunst fotografieren, ist einen kurzen Blick wert. Man steht vor einem seltsamen Monument, das mit Demokratie der Hausmarke Schweiz nichts zu tun hat. Der sterbende Löwe erinnert an die in der Französischen Revolution getöteten Schweizer Söldner – arme und unwissende Bauernsöhne –, die König Ludwig XVI. vergeblich vor dem gerechten Zorn des Volkes schützen wollten. Wer mehr Glück als die Söldner haben will: Eine über die linke Schulter rückwärts in den Teich vor dem Denkmal geworfene Münze soll vor zukünftigem Ungemach bewahren.

Wie? Mit Bus 1 bis Löwenplatz.
Wann? Ganzes Jahr.
Wieviel? Gratis.
Dauer? 15 Minuten.
Alter? Alle Altersstufen.

8 Im Labyrinth
Gletschergarten, Denkmalstrasse 4,
041 410 43 40, www.gletschergarten.ch

Spieglein, Spieglein an der Wand, wer ist die Schönste im ganzen Land? Im Spiegelsaal des Gletschergartens muss nicht der Wahrheit ins Gesicht geschaut, sondern auf verschlungenen Wegen der Weg ins Zentrum gefunden werden. Das grösste Spiegellabyrinth der Schweiz ist zwar die bei Kindern beliebteste, aber auch weitaus jüngste Attraktion des Gletschergartens. Entstanden ist die Anlage rings um Gletschertöpfe und Findlinge aus der Eiszeit, die im letzten Jahrhundert zufällig mitten in Luzern gefunden wurden. Daneben gibt's versteinerte Muscheln zu bewundern, und im Museum sind Höhlenbärenknochen zu bestaunen. Kinder besteigen allerdings lieber den hölzernen Turm, von dem aus auch Erwachsene die Aussicht geniessen.

Wie? Mit Bus 1 bis Löwenplatz.
Wann? April–Oktober 9–18, November–März 10–17 Uhr.
Wieviel? Erwachsene Fr. 10.–, Kinder 6–16 Jahre 6.50.
Dauer? 3 Std.
Alter? Ab 6 Jahren.

9 Laufen statt rudern
Rund um den Rotsee,
www.stadtluzern.ch

Schweissgebadet kämpft die Ruder-Weltelite jeweils im August auf dem Rotsee um den Sieg. Sie müssen es im Naherholungsgebiet im Norden der Stadt nicht so streng nehmen: Der stille See lädt auch zum Entspannen ein. Mit einer Liege- und Spielwiese, mit dem grossen Spielplatz im Stampfeliwald und mit Picknickplätzen. Und wenn es denn schon ein Spaziergang sein muss – in einer guten Stunde ist der See umrundet. Der Weg lässt sich zur Freude der Kinder auch abkürzen: Man kann sich nämlich auf der Hälfte vom Rotsee-Fährmann über den See zurückbringen lassen.

Wie? Bus 1 Richtung Maihof bis Haltestelle Rotseestrasse.
Wann? Ganzes Jahr.
Wieviel? Gratis.
Dauer? Rundgang 1 Std.
Alter? Alle Altersstufen.

10 Doppelpack
Kapell- und Spreuerbrücke,
www.stadtluzern.ch

Am 18. August 1993 war ein weltbekanntes Fotosujet nur noch ein Trümmerhaufen: Die Kapellbrücke war abgebrannt. Ganz so schlimm war der Brand der ältesten Holzbrücke Europas – sie entstand ums Jahr 1300 – allerdings nicht. Teile der Brücke waren im Lauf der Zeit immer wieder ausgewechselt worden, die Rekonstruktion bot keine Schwierigkeiten. Heute kann man wieder über das Wahrzeichen Luzerns spazieren – und wie die Touristen den Kopf verrenken, um die 147 Bilder zu bestaunen, die im Brückengiebel die Stadtgeschichte erzählen. Sie allerdings sind nur

> ### Leuchtenstadt
> Luzerns Name soll entweder keltisch sein und nicht mehr als das «Gut des Ludwig» heissen. Oder aus dem Lateinischen kommen und «Ort der Hechtreusen» bedeuten. Wie viel schöner klingt da doch «Leuchtenstadt»…

noch Kopien. Ganz original ist dafür noch die Spreuerbrücke ein paar hundert Meter reussabwärts. Man erreicht sie nach einem kurzen Spaziergang durch die Altstadt. Das Bauwerk ist weit weniger bekannt als die Kapellbrücke, aber nicht minder schön.

Wie? Spaziergang durch die Altstadt.
Wann? Ganzes Jahr.
Wieviel? Gratis.
Dauer? ¾ Std.
Alter? Alle Altersstufen.

11 Stolze Mauer
Auf Musegg, www.stadtluzern.ch

«Nölli-Männli lueg is Land, wach uf Zyt und Schirme, s'Pulver underem Allewinde-Dächli.» Mit diesem Spruch haben sich früher die Luzerner Schüler die Namen der Museggtürme gemerkt. Heute müssen Kids die Namen der neun Türme – Nölliturm, Männliturm, Luegislandturm, Wachtturm, Zeitturm, Schirmerturm, Pulverturm, Allenwindenturm und Dächliturm – nicht mehr auswendig lernen. Der kurze Aufstieg von der Altstadt zur Museggmauer lohnt sich aber in jedem Fall: Mit einer Länge von 870 Metern ist sie ein einzigartiges

Zeugnis mittelalterlichen Wehrwillens. Fernab vom Verkehr erwartet Sie hier eine herrliche Aussicht über Luzern bis zu den Alpen. Und falls die Kids durch den Abstecher ins Mittelalter zu Ritterspielen angeregt werden: Sie können sich auf dem Spielplatz bei der christkatholischen Kirche an der Museggstrasse austoben.

Wie? Ausgeschilderte Aufstiege in der Altstadt.
Wann? Ganzes Jahr.
Wieviel? Gratis.
Dauer? Rundgang 1 Stunde.
Alter? Alle Altersstufen.

12 Kinder führen Kinder
Sammlung Rosengart,
Pilatusstrasse 10, 6003 Luzern,
041 220 16 60, www.rosengart.ch.

Warum hat die Frau eine so grosse Warze? Und wieso ist der Mann so komisch grün im Gesicht? War der Maler nett? Solche Fragen dürfen Kinder im neuen Museum an der Pilatusstrasse hemmungslos stellen. Sie werden ihnen von ein wenig älteren Kindern beantwortet, die sich bei Picasso und anderen weltberühmten Künstlern auskennen. Acht Mädchen und Buben wurden für diese Aufgabe ausgebildet und erfüllen sie mit viel Spass und Witz. Wenn Kinder Kinder führen, sind Erwachsene in den Ausstellungshallen übrigens nicht erwünscht.

Wie? Vom Bahnhof in die Pilatusstrasse (3 Minuten).
Wann? Jeden 2. und 4. Mittwoch im Monat, ab 14 bis ca. 15 Uhr. Telefonische Anmeldung nötig, da auf maximal 15 Kinder pro Führung beschränkt.
Wieviel? Fr. 4.–.
Alter? 6 bis 10 Jahre.

13 Endlich allein
Kinderstube Waldstätterhof,
Zentralstrasse 4, 041 210 35 04

Manchmal – und dass soll gar nicht so selten vorkommen – sind Eltern auch gern allein. Wenn das Mami zum Beispiel ungestört shoppen und der Papi unterdessen ein Bierchen trinken will. Bringen Sie in diesem Fall Ihre kleinen Kids ganz ohne Voranmeldung einfach in die Kinderstube im Hotel Waldstätterhof. Hier betreut ein aufgestelltes Team erfahrener Leiterinnen die Kleinen und sorgt beim Basteln und Spielen dafür, dass der Nachmittag auch ohne Eltern schnell vergeht.

Wie? Im 6. Stock des Hotels Waldstätterhof gleich neben dem Bahnhof. Keine Voranmeldung nötig.
Wann? Di–Fr 14–17 Uhr.
Wieviel? Fr. 15.– pro Nachmittag und Kind. Hausschuhe und Zvieri mitbringen.
Alter? Ab 2½ Jahren.

14 Baden gestattet
Ufschütti, www.stadtluzern.ch

Baden kostenlos und erst noch mitten in der Stadt – das bietet die einzige Luzerner Freibadi, die Ufschütti. Das weitläufige Gelände mit dem Sandstrand ist ein beliebter Tummelplatz für gross und klein, für Mütter mit Kinderwagen und für die Lehrer der Kanti für Kids mit Handys und für gestylte Secondos. Man kann baden und sändelen, Krimi lesen und faulenzen, ein Sandwich essen oder sogar tschutten, ohne dass gemeckert wird. In lockerer Atmosphäre ist Freizeit auf der Ufschütti für einmal erfreulich tolerant und unorganisiert.

Wie? Am linken Seeufer ab Bahnhof 10 Minuten zu Fuss.
Wann? Juni–September.
Wieviel? Gratis.
Alter? Alle Altersstufen.

15 Zum Tribschenhorn
Spaziergang am linken Seeufer,
www.stadtluzern.ch

Luzerns Schokoladenseite ist eindeutig das rechte Seeufer mit den Quais und Grandhotels. Wer Luzern abseits der Touristenströme erleben will, macht sich deshalb zum linken Ufer auf. Vom Bahnhof aus am neuen Luzerner Wahrzeichen – dem imposanten Kultur- und Kongresszentrum KKL – vorbei zur Schiffswerft, wo im Winter die Dampfschiffe neu herausgeputzt werden. Bald erreicht man die Ufschütti (siehe Tipp 14), die Freibadi mit der grossen Wiese und den Picknickplätzen. Vorbei an Vogelinseln und der Kantonsschule und bei schönem Blick auf See und Berge kommt man zur Eisfeldstrasse und fährt von hier mit dem Bus zum Bahnhof zurück. Es lohnt sich aber, noch ein Viertelstündchen anzuhängen: Der Weg ums Tribschenhorn herum führt zu einem grossen Park mit viel Auslauf für

Luzern:
Die Stadt

Kinder und zu einem grossartigen Panorama, das schon Richard Wagner von dem schönen Landsitz aus bewunderte, den er einige Zeit bewohnte (für Fans: Das Haus ist heute ein kleines, dem Komponisten gewidmetes Museum). Den Bus zum Bahnhof besteigt man in diesem Fall bei der Tribschen-Badi.

Wie? Spaziergang am rechten Seeufer, retour mit Bus 6, 7, 8.
Wann? Ganzes Jahr.
Wieviel? Gratis.
Dauer? 1 Stunde.
Alter? Alle Altersstufen.

16 Wo Bienen summen
Naturmuseum, Kasernenplatz,
041 228 54 11,
www.naturmuseum.ch

Sollte es in Luzern regnen – was nach Meinung von (nicht nur) Einheimischen nicht so selten vorkommt –, gehört für Familien ein Besuch im Naturmuseum unbedingt aufs Programm. Hier werden naturkundliche Themen wirklich spannend präsentiert: Wo man Geigerzähler ticken hören, Tierstimmen erkennen, Pilze suchen, in nachgestellten Biotopen Mäuse beobachten und die preisgekrönte Ausstellung «Wunderwelt der Insekten» (sie dauert bestimmt bis Ende 2004/Anfang 2005 und wird vielleicht zur Dauereinrichtung) bestaunen kann, erleben auch Eltern kurzweilige Stunden. Ganz zu schweigen von den vielen Aquarien und Terrarien, den meist sehr gut besuchten Wechselausstellungen und vom Bienenstock, der live zu bestaunen ist.

Wie? Ab Bahnhof 10 Min. zu Fuss am linken Reussufer (oder auf der rechten Sonnseite via Mühlenplatz und Spreuerbrücke) bis Kasernenplatz.
Wann? Di–So 10–17 Uhr.
Wieviel? Erwachsene Fr. 6.–, Kinder 6–16 Jahre 2.–.
Dauer? 2 Stunden.
Alter? Ab 6 Jahren.

17 Grossmutters Muff
Luzerner Flohmarkt,
www.stadtluzern.ch

Jeden Samstag halten vom Reusssteg bis fast zum Naturmuseum junge und alte Luzerner Trödler/innen ihre Ware feil. Vom ausrangierten Bügeleisen bis zum Comic, vom kuscheligen Teddybären bis hin zu Grossmutters Muff ist hier fast alles zu haben. Wer mit seinem Besitz schon glücklich ist und sich nicht gern ins Getümmel stürzt, schaut dem Treiben von einem der Strassencafés aus zu – für einmal ungestört vom sonst in Luzern fast allgegenwärtigen Verkehr. Und freut sich an einem berauschenden Schauspiel: Tosend stürzen hier die reissenden Fluten der Reuss über das Nadelwehr hinunter.

Wie? Zwischen Reusssteg und Burgerstrasse.
Wann? Mai–Oktober, Sa 7–16 Uhr.
Alter? Alle Altersstufen.

Im achten Rang
Unter den neun Schweizer Städten mit über 50 000 Einwohnern kommt Luzern mit seinen knapp 60 000 Einwohnern hinter Zürich, Basel, Genf, Bern, Lausanne, Winterthur und St. Gallen erst im achten Rang. Kleiner ist nur noch Biel. Berücksichtigt man die Agglo-Gemeinden und die Zentrumsfunktion, liegt Luzern allerdings etwa gleichauf mit Lausanne.

18 Drachen im Wind
Auf den Sonnenberg,
041 320 42 26, www.kriens.ch

Wer in Kriens etwas auf sich hält, dem ist der Sonnenberg zum Wohnen gerade gut genug. Der Südhang des Höhenzugs ist denn auch mit Häusern entsprechend tapeziert. Doch keine Angst: Die Kuppe ist freigehalten. Ein herrlich altmodisches Bähnchen – es ist soeben hundert Jahre alt geworden – fährt hinauf. An die Sonne natürlich und in den Wind. Hier oben lassen neben Kindern auch ausgebuffte Profis farbige Drachen steigen. Dazu gibt's genug Wanderwege der eher leichteren Art, und im alten Kurhaus und heutigen Restaurant Sonnenberg mit der Minigolf-Anlage und dem Spielplatz fühlen sich auch Kinder wohl.

Wie? Bus 1 vom Bahnhof Luzern bis Kriens Linde. Zu Fuss am Hotel Central vorbei 200 Meter bis Talstation.
Wann? Mitte März–Mitte April und Mitte Okt.–Anfang Nov. Mo–Sa 13–17, So 11–17 Uhr. Mitte April–Ende Mai und Anfang Sept.–Mitte Okt. Mo–Sa 10–12 und 13.30–17, So 10–17.30 Uhr. Juni, Juli, August täglich 10–18 Uhr.
Wieviel? Erwachsene retour Fr. 7.–, Kinder bis 16 Jahre gratis.
Dauer? Halber Tag.
Alter? Alle Altersstufen.

19 Mampfen beim Dampfen
Mittagsschiff SGV, 041 367 67 67,
www.lakelucerne.ch

Es gibt viele Möglichkeiten, die Schönheiten des Vierwaldstättersees und seiner Umgebung zu erleben. Versuchen Sie es auf besondere Art: beim Essen auf dem Mittagsschiff. Die fast zweistündige Rundfahrt von Luzern via Weggis und Vitznau nach Luzern zurück ist auch für Kinder nicht zu lang. Und alle kehren voller Tatendrang in die Stadt zurück: Sie haben sich beim grossen Salatbuffet oder beim täglich wechselnden Lunch gestärkt. Schliesslich erholt man sich nirgends so gut wie auf dem Wasser – auch beim Essen.

Wie? Tischreservation empfehlenswert bis 11 Uhr, 041 367 67 67.
Wann? Ganzes Jahr. Luzern ab 12.03 Uhr (Landungsbrücke 1), Luzern an 13.44 Uhr.
Wieviel? Preise 2. Klasse Erwachsene Fr. 24.– (mit Halbtax-Abo 14.50), Kinder 12.– (mit Juniorkarte gratis). Salatbuffet Fr. 16.–, Lunch 17.50 bis 27.50.
Alter? Alle Altersstufen.

20 Raus aus der Stadt
Schifffahrt Vierwaldstättersee,
041 367 67 67, www.lakelucerne.ch

Das Deck zittert unter dem Stampfen der Schaufelräder, ein dumpfes Tuten – dann pflügt das Dampfschiff majestätisch durch den Vierwaldstättersee. Der Blick in den Maschinenraum ist fast so fesselnd wie die Aussicht auf die Berge. Auf den bald hundertjährigen Schiffen der grössten Binnendampferflotte Europas sind Könige und Kaiser zu Gast gewesen und haben die faszinie-

Luzern: Die Stadt

rende Landschaft und legendenumwobene Orte wie das Rütli entdeckt. Um den Zauber der Zentralschweiz zu erleben, ist eine Seereise tatsächlich nicht die schlechteste Idee.

Wie? Station vis-à-vis Bahnhof Luzern.
Wann? April–Oktober. Einsatz der Raddampfer 041 36 66 10.
Wieviel? Auskunft zu Preisen 041 367 67 67. Die SBB bieten Kombi-Billette ab jedem Bahnhof an (www.railaway.ch, 0900 300 300).
Alter? Alle Altersstufen.

— Kids willkommen! —

Wo essen?
Restaurant Rebstock, St.-Leodegar-Strasse 3, Luzern, 041 410 35 81, www.hereweare.ch. Bei der Hofkirche mit Garten. Küche mit breitem Brasserieangebot, von einfach bis raffiniert, auch mit Vegetarischem. Nur vegetarisch geht's gleich gegenüber im dazugehörigen «Hofgarten» zu.
Café Parterre, Mythenstrasse 7, Luzern, 041 220 20 43, www.parterre.ch. Leicht alternativ angehauchtes, sympathisches Lokal in der Neustadt hinter dem Bundesplatz. Günstige Menüs.

Schiffsrestaurant Wilhelm Tell, Luzern, 041 410 23 30. Alter Raddampfer am Schweizerhofquai. April–Oktober.
Restaurant Raben, Brasserie Bodu, Kornmarkt 5, Luzern, 041 410 01 77. Direkt neben der Rathaustreppe, französische Brasserieküche mit gutem Preis-Leistungs-Verhältnis. Viel Atmosphäre und entsprechend viel Gedränge. Reservation empfohlen. Gleich daneben als Ausweichmöglichkeit mit ebensoviel, aber eher altluzernerischer Ambiance:
Restaurant Schiff, Antipasteria La Barca, Brandgässli/Unter der Egg 8, 041 418 52 52.

Wo schlafen?
Tourist Hotel Luzern, St.-Karli-Quai 12, 6004 Luzern, 041 410 24 74, www.touristhotel.ch. Doppelzimmer pro Person ab Fr. 50.–. Dreier- und Viererzimmer. Familienreduktion 5 %. Zentral gelegen an der Reuss.
Hotel de la Paix, Museggstrasse 2, 6004 Luzern, 041 418 80 80, www.de-la-paix.ch. Doppelzimmer ab Fr. 180.–. Arrangements für Eltern mit Kindern. Zentral gelegenes Stadthotel mit Hallenbad.
Backpapers Luzern, Alpenquai 42, 6005 Luzern, 041 360 04 20. Viererzimmer Fr. 27.–, Zweierzimmer 33.–. Familienrabatt. Kochgelegenheit, alle Zimmer mit Balkon. Nahe Strand, 12 Minuten zu Fuss zum Bahnhof.

Hotel Ambassador, Zürichstrasse 3, 6004 Luzern, 041 418 81 00, www.ambassador.ch. Doppelzimmer ab Fr. 198.–, Familienzimmer ab 198.– plus Kind 2.– pro Altersjahr. Kinderbetreuung, Hallenbad. Stadthotel in der Nähe Löwenplatz und See.

Jugendherberge Luzern, Am Rotsee, Sedelstrasse 12, 6004 Luzern, 041 420 88 00, www.youthhostel.ch. Modern eingerichtetes Jugendhotel mit insgesamt 194 Betten in 41 Zimmern (davon 8 Doppel-, 4 Dreibett- und 18 Vierbettzimmer). Richtpreis pro Person mit Frühstück Nebensaison Fr. 28.–, Hauptsaison bis 30.50, Kinder 2–6 Jahre halber Preis, bis 2 Jahre gratis. Frühstück, Lunchpakete, Nachtessen, auch vegetarisch, zu günstigen Preisen. Pool-Billard, Darts, Flipper, Tischfussball, Tischtennis; der Rotsee ist nahe.

▬ Dauerbrenner ▬

Grosse Kiste. Kultur- und Kongresszentrum Luzern KKL, 041 226 77 77, www.kkl-luzern.ch. Neues Luzerner Wahrzeichen des französischen Stararchitekten Jean Nouvel neben dem Bahnhof. Stadthalle, Kongresshaus und Konzertsaal unter einem riesigen Dach mit schillernden Wänden und kleinen Kanälen zwischen den Hausteilen.

Pedalofahrt im Luzerner Becken. Gewaltiges Panorama auf die Berge, bezaubernder Blick auf die Altstadt. Bootsvermietung am Schwanenplatz und Nationalquai. Mai–Oktober. Preis je nach Dauer. Ab 6 Jahren.

Minigolf Lido, 041 370 26 06. Bus 6/8 bis Verkehrshaus. März–Ende Oktober. Erwachsene Fr. 6.–, Kinder 5.–. Ab 7 Jahren.

Am Rathausquai. Besonders malerisch ist's hier zwischen Peterskirche und Hotel Balances an Markttagen bei schönem Wetter, vor allem am Samstag, aber auch am Dienstag und am Freitag (nur Fischmarkt). Dann fühlt man sich an den Tischen im Freien schon fast an südlichen Gestaden. Alle Altersstufen.

Bus um Bus. VBL-Sightseeing, www.vbl.ch. Entdeckung der Stadt und ihrer Umgebung mit den blauweissen VBL-Bussen ab Bahnhofplatz. Tickets und Fahrpläne im Untergeschoss des Bahnhofs. Alle Altersstufen.

Sechs in einem. Kino Capitol, Bundesplatz, 0900 611 611, www.cinepilatus.ch. Unterhaltungsmaschine mit sechs Sälen. Ab 15 Uhr. Programm in der Tagespresse.

Luzerner Geschichten. Historisches Museum, Pfistergasse 24, 041 228 54 24, www.hmluzern.ch. Di–Fr 10–12 und 14–17, Sa/So 10–17 Uhr. Erwachsene 6.–, Kinder 2.–. Ab 6 Jahren.

Bergsicht. Alpineum, Denkmalstrasse 11, 041 410 62 66, www.alpineum.ch. Diorama der Schweizer Alpenwelt. April–Oktober 9–11.30 und 13.30–18 Uhr. Erwachsene Fr. 5.–, Kinder 3.–. Ab 6 Jahren.

Strandbad Tribschen, 041 360 45 67. Grosses Freiluftbad für die ganze Familie. Bus 6 oder 8 Richtung Schönbühl bis Wartegg. Mai–September. Alle Altersstufen.

Bireggwald. Naherholungsgebiet an südlicher Stadtgrenze. Waldpfad, Feuerstellen. Bus 7 bis Biregghof.

Rüüdig schöön. Luzerner Fasnacht. Schmutziger Donnerstag, Güdismontag und Monsterkonzert der Guggenmusigen am Güdisdienstagabend. Alle Altersstufen.

Luzern: Die Stadt

Luzern: Der Kanton

1. **Rigi cool**
   Goldau, Vitznau, Weggis
2. **Per Lift auf den Prominentenberg**
   Hammetschwand und Bürgenstock
3. **Sommerrodeln am Drachenberg**
   Fräkmüntegg, Kriens
4. **Aussichtsberg mit Hut**
   Pilatus
5. **Mit Kuhfladenduft**
   Eigental
6. **Kinderparadies Rossweid**
   Sörenberg
7. **Alpentrotti und Sennezmorge**
   Marbachegg
8. **Flusswandern in Etappen**
   Emmenuferweg
9. **Wo die Bäume reden**
   Heiligkreuz
10. **Goldrausch am Napf**
    Willisau/Napf
11. **Bei den Luzerner Ringli-Bäckern**
    Willisau
12. **Für Sennenmeitschi und Traktorfans** – Alberswil-Willisau
13. **Geister und Hexen**
    Luthertal
14. **Zauber des Flachlandes**
    Wauwiler Ebene
15. **Amsel, Drossel, Fink und Star**
    Vogelwarte Sempach
16. **Plüschbären satt**
    Teddybär-Museum, Sempach-Stadt
17. **Tierli luege!**
    Toni's Zoo, Rothenburg
18. **Zum Wahrzeichen des Seetals**
    Schloss Heidegg, Gelfingen
19. **Rund um den Baldeggersee**
    Seetal
20. **Skaten, Biken, Rodeln, Mahlen**
    Schongiland, Schongau

Bahn · Hotel · Kunsth. · Museum · Natur · Restaur. · Schiff · Sehensw. · Shopping · Spielen · Sport · Theater · Tiere · Wandern

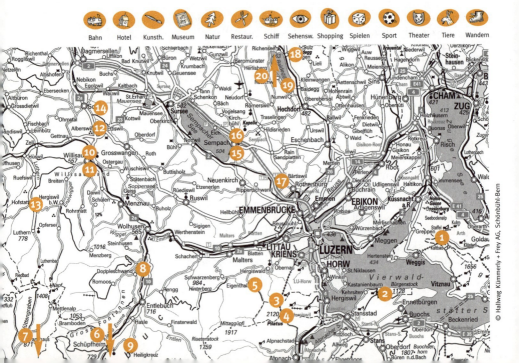

Luzern: Der Kanton

Im Kanton unterwegs

Es ist unbestreitbar: Die Leuchtenstadt «Lucerne» ist die Diva, der alle zu Füssen liegen, während der Kanton Luzern in touristischer Hinsicht eine eher bescheidene Rolle spielt. Es ist die alte Geschichte von der Stadt- und der Landmaus. Die eine glänzt und brilliert, während die Qualitäten der anderen erst gesucht und erkundet werden müssen. Doch die Luzerner Landmaus hat einiges zu bieten! Das liebliche Seetal mit dem Baldeggersee und dem Hallwilersee zum Beispiel, den sie mit den Aargauern teilt. Im Frühling, wenn die Obstbäume blühen, ist diese Gegend bilderbuchhaft schön. Intakte Natur findet sich auch im Luzerner Hinterland, das vom Napf und seinen Ausläufern geprägt wird: Das erste Unesco-Biosphärenreservat der Schweiz befindet sich hier und im grössten Buch der Welt mit seinen spannenden Abenteuergeschichten: Das Entlebuch ist nicht nur einen, es ist gleich mehrere Umwege wert. Und überall im Kanton zeugen reizvolle mittelalterliche Landstädtchen wie Sempach, Sursee, Willisau, Beromünster oder Schlösser wie Heidegg und Wyher, Klöster wie Eschenbach und St. Urban, stolze Bauernhäuser und die vielen sogenannten weissen Kirchen von der reichen Vergangenheit des Luzernbiets.

Robert Schnieper

1 Rigi cool
041 399 87 87 (Rigi-Bahnen),
An die Sonne, 041 399 87 70
(Meteo), www.lakelucernerigi.ch

Schlägt der graue Deckel über Luzern aufs Gemüt? Dann nichts wie los auf die Rigi, die Sonneninsel im watteweichen Nebelmeer. Die weltberühmte «Königin der Berge» ist auch im Winter einen Ausflug wert: Hier oben findet sich eigentlich alles, was Schneehäschen und deren Eltern sich wünschen. Einen kindertauglichen Schlepplift und ein Skikarussell auf Rigi First zum Beispiel. Und für grössere Ski- und Snowboardkanonen drei weitere Lifte, während Langläufer sich auf der 14 Kilometer langen Panoramaloipe austoben können. Sie führt über das alte Bahntrassee und gewährt atemberaubende Ausblicke in die Voralpen und bis in den Schwarzwald. Wer sich lieber auf Kufen in die Tiefe stürzen möchte, leiht sich an einer Rigibahnstation einen Schlitten aus (gratis, gegen Depot). Ab Rigi Kulm saust jeweils gross und klein auf der über 3 Kilometer langen Schlittelbahn zum Klösterli hinunter. Dank der vielen Wallfahrer, die einst zum Kapuzinerkloster pilgerten, erwartet die Rodler ein stattliches und gut geheiztes Gasthaus.

Gemütlich, aber ausführlich winterwandern lässt es sich auf 35 Kilometern Wanderwegen, man kann jedoch auch einfach an der Sonne sitzen und die Mitmenschen bedauern, die im Trüben geblieben sind. Für Unermüdliche sind nachts eine Schlittelbahn (Rigi Kulm–Staffel) und die Skipiste Gratalp beleuchtet.

Wann? 1. Dezember bis Mitte März.
Wieviel? Ski- und Schlittel-Tageskarte für Familien Fr. 99.– für sämtliche Rigi-Bahnen. Weitere Preise auf Anfrage.
Dauer? Halber oder ganzer Tag.
Alter? Alle Altersstufen.

2 Per Lift auf den Prominentenberg
Hammetschwand und Bürgenstock
041 612 90 90, www.buergenstock.ch

In 52 Sekunden und über eine Höhendifferenz von 165 Metern saust der verglaste Hammetschwand-Lift senkrecht die Bürgenstock-Felswand hinauf. Damit ist er der schnellste Aufzug Europas! Vom Kribbeln im Magen wird man allerdings rasch abgelenkt – dank dem atemberaubenden Blick auf die nördlichen Seebecken des Vierwaldstättersees. Das luftige Abenteuer beginnt auf dem mondänen Bürgenstock, wo sich gekrönte Häupter, Stars und Sternchen tummelten. Von der Hotelanlage wandert es sich gemütlich in einer halben Stunde über den spektakulären, aber kinderwagengängigen Felsenweg zur Talstation des Lifts. Oben, auf 1128 m ü. M. im Berggasthaus Hammetschwand, wird Währschaftes zu erstaunlich moderaten Preisen angeboten. Von hier aus führen verschiedene Routen talwärts. Auf dem kürzesten und ungefährlichsten Wanderweg erreichen wir den Bürgenstock wiederum in rund 30 Minuten.

Wie? Schiff ab Luzern nach Kehrsiten, Standseilbahn auf den Bürgenstock.
Wann? Lift April–Mitte Oktober.
Wieviel? Auskunft bei der SGV, 041 367 67 67.
Dauer? Halber oder ganzer Tag.
Alter? Alle Altersstufen.

3 Sommerrodeln am Drachenberg

Fräkmüntegg, 6010 Kriens,
041 320 66 62, 6252 Hergiswil,
041 340 66 63, www.fraekigaudi.ch

Fräkigaudi – so heisst die längste und heisseste Sommerrodelbahn der Schweiz. Sie steht am Pilatus, wo einst ein schauriger Drachen sein Unheil trieb. Durch den 1350 m langen Chromstahlkanal rast man durch Tunnels und scharfe Kurven, und für zusätzlichen Nervenkitzel sorgen tiefe Drachenlöcher und zwei «Jumps». Trotzdem: Furchteinflössend ist die Tempobolzerei auf der Fräkmüntegg nicht. Für Kinder unter 6 Jahren gibt's spezielle Doppelschlitten, auf denen sie in Begleitung eines Erwachsenen als Co-Piloten mitfahren können.

Wie? Bus Nr. 1 ab Bahnhof Luzern nach Kriens (Haltestelle Linde/Pilatus). Mit dem Auto nach Hergiswil-Brunni, Seilbahn bis Alpgschwänd 20 Min. zur Talstation.
Wann? Ca. April–Oktober/November.
Wieviel? Gondelbahn Kriens–Fräkmüntegg retour Erwachsene Fr. 36.–, Kinder bis 16 Jahre 18.– (inklusive 2 Rodelfahrten, Halbtax-Abo gültig). Seilbahn Alpgschwänd: Erwachsene einfach Fr. 6.–, Kinder 3.–, retour 6.–/10.–.
Dauer? Mindestens halber Tag.
Alter? Ab 8 Jahren allein auf dem Rodelbahn-Schlitten, kleinere auf dem Doppelsitzer.

4 Aussichtsberg mit Hut

Pilatus, 041 329 11 11, 041 329 11 19 (meteo), www.pilatus.ch

Der 2132 Meter hohe Hausberg der Stadtluzerner ist für seine grossartige Aussicht weltberühmt, und die sollten sich auch Schweizer Familien nicht entgehen lassen. Man beachte allerdings die alte Regel: Hat der Pilatus einen Hut, dann ist das Wetter gut, hat er einen Degen, dann gibt es sicher Regen (ansonsten gibt der automatische Wetterfrosch Auskunft). Am allerschönsten erlebt man den Berg auf der «Goldenen Rundfahrt»: mit dem Schiff von Luzern nach Alpnachstad und weiter mit der steilsten Zahnradbahn der Welt (bis zu 48 % Steigung – uuuh!) hinauf zum Kulm. Hier sind nicht nur das tolle Panorama, wilde Steinböcke, zutrauliche Dohlen und urige Alphornbläser zu bestaunen. Es lockt auch ein kreisrundes Restaurant mit grossen Terrassen. Auf der andern Bergseite geht es mit Luftseil- und Gondelbahn via Fräkmüntegg nach Kriens hinunter. Und zum Schluss mit dem Bus nach Luzern zurück.

Wie? Schiff oder Brünigbahn bis Alpnachstad, Zahnrad- und Luftseilbahn, Bus 1 nach Bahnhof Luzern.
Wann? Zahnradbahn Mitte Mai–Mitte November, Luftseilbahnen Kriens–Pilatus ganzjährig.
Wieviel? «Goldene Rundfahrt»: Luzern–Alpnachstad (mit Schiff 2. Klasse)–Pilatus–Kriens–Luzern Erwachsene Fr. 78.40, Kinder 40.– (Halbtax-Abo und Juniorkarte gültig).
Dauer? Ganzer Tag.
Alter? Alle Altersstufen.

Luzern: Der Kanton

Flug übers Seetal

Menschen mit Flugangst können das schöne Seetal trotzdem aus der Vogelperspektive kennenlernen. Im Schloss Heidegg (Tipp 18), wo ein Film übers Amt Hochdorf zu sehen ist. Er gewährt sogar Einblick in den Klostergarten der Eschenbacher Nonnen. Wo sich übrigens die grösste Sonnenuhr der Schweiz befindet!

5 Mit Kuhfladenduft
Im Eigental, 6013 Eigenthal,
041 497 33 04 (Verkehrsbüro),
www.eigenthal.ch

Ja nicht an einem nebligen Herbstwochenende ins Eigental. Dann ist hier fast ganz Luzern zum Sonnetanken unterwegs, die Parkplätze sind voll belegt. Wenn Sie aber unter der Woche in einer guten halben Stunde mit dem Postauto von Luzern hinauf fahren, ist im Eigental viel weniger los. Dann geniessen Sie den Spaziergang durch das 7,5 Kilometer lange Hochtal wirklich und die Kinder sind ungestört.

Wie? Postauto ab Bahnhof Luzern.
Wann? Ganzes Jahr.
Wieviel? Erwachsene retour Fr. 15.60, Halbtax-Abo und Kinder 7.80 (Juniorkarte gültig). Auskunft zum Fahrplan Postauto Luzern, 041 368 10 10.
Dauer? Mindestens halber Tag.
Alter? Alle Altersstufen.

6 Kinderparadies Rossweid
6174 Sörenberg, Bergrestaurant Rossweid, 041 488 14 70,
www.soerenberg.ch

Wandern oder nicht? Fahren Sie einfach mit der Gondelbahn von Sörenberg auf die Rossweid. Dann können Sie immer noch entscheiden, ob Sie auf 1500 Metern Höhe zum Marsch in die reizvolle Umgebung aufbrechen oder lieber in der Nähe des Bergrestaurants verweilen möchten. Für Abwechslung ist auch hier gesorgt: auf dem gut eingerichteten Kinderspielplatz mit Eisenbahn, beim Ponyreiten und im kleinen Zoo. Oder beim Sonntagsbrunch im Gasthaus, der ab 11 Uhr mit einem grossen kalten und warmen Buffet die kulinarischen Wünsche von gross und klein befriedigt.

Wie? Bahn bis Schüpfheim, Postauto bis Haltestelle Sörenberg Dorf und Gondelbahn auf die Rossweid.
Wann? 31. Mai–21. Juni an Wochenenden, ab 21. Juni–20. Okt. täglich.
Wieviel? Gondelbahn retour Erwachsene Fr. 15.–, Kinder 7.50.
Dauer? Mindestens halber Tag.
Alter? Alle Altersstufen.

7 Alpentrotti und Sennezmorge
6196 Marbachegg, Talstation Gondelbahn, 034 493 33 88,
Berghaus Eigerblick, 034 493 32 66,
www.marbach-lu.ch

Auf der Marbachegg ist sieben Tage pro Woche etwas los. Dafür sorgen die Delta- und Gleitschirmflieger, die sich von der 1483 Meter hohen Sonnenterrasse in die Lüfte schwingen, um 600 Meter weiter unten, bei der Talstation der Gondelbahn, zu landen. Und wer nicht fliegen kann, rauscht eben mit dem Trottinerbe oder Marbachegg-Cart (ab 10 Jahren!) über die Piste. Es gibt hier jedoch auch beschaulichere Abenteuer zu erleben: Im Tierpark neben

dem Berghaus Eigerblick Kleintiere streicheln, in freier Wildbahn Murmeli und Gemsen beobachten, einem echten Senn bei seiner Arbeit zuschauen und im «Eigerblick» ein Älplermorge oder Fondue verdrücken. Wenn einen nachher die Wanderlust packt, stehen mehrere Varianten zur Auswahl, um zurück nach Marbach oder ins Kemmeriboden Bad zu gelangen.

Wie? Postauto ab Wiggen, Gondelbahn Marbach–Marbachegg.
Wann? Mai–Ende Oktober (Berghaus Eigerblick ohne Ruhetag, aber im April und Oktober je etwa eine Woche geschlossen).
Wieviel? Gondelbahn Marbach Erwachsene einfach Fr. 11.50, Kinder 5.50. Gruppenrabatt ab 10 Personen 15 %, ab 30 Personen 25 %.
Dauer? Mindestens halber Tag.
Alter? Alle Altersstufen.

8   Flusswandern in Etappen
Emmenuferweg Wolhusen–Sörenberg, Sörenberg-Flühli Tourismus, 041 488 11 85, www.soerenberg.ch

«Wunderwanderweg» wird der neue Uferweg genannt, der der Kleinen Emme und der Waldemme entlang von Emmenbrücke bis nach Sörenberg führt. Wirklich wunderschön ist er jedoch erst nach Wolhusen, ab Restaurant Bad. Bis hierher hat sich der zeitweise wilde Voralpenfluss ein eindrucksvolles Bett durch Nagelfluhwände und Sandsteinbänke gegraben. Er ist von feuchten Auenwäldern gesäumt, die zu den wertvollsten der Schweiz gehören. Die ganze Strecke Wolhusen–Sörenberg von 32 Kilometern Länge wird die meisten Kinder (und Erwachsenen) überfordern. In Etappen wird der Weg jedoch auch von den Kleineren geschätzt. Vor allem wegen der tollen Picknickplätze, Feuer- und Grillstellen. Eine Landkarte mit Beschrieb des Emmenuferwegs erhält man gratis an den SBB-Bahnhöfen oder in den meisten Restaurants.

Wie? Mit der SBB bis Wolhusen. Um die Route nach Entlebuch abzukürzen, empfiehlt sich das Postauto Richtung Doppleschwand/Romoos. Halt auf Verlangen bei Stalden/Brücke über die Emme. Der Einstieg kann in jedem Dorf an der Emme erfolgen.
Wann? Frühling bis Herbst. Bei Schnee und Eis ist der Weg stellenweise gefährlich.
Wieviel? Gratis.
Dauer? Wolhusen–Schüpfheim: ca. 8 Stunden.
Alter? Ab 4 Jahren.

9   Wo die Bäume reden
6166 Heiligkreuz b. Hasle LU, Hotel Kurhaus, 041 484 23 09, www.heiligkreuz-entlebuch.ch

Auf der Hochebene zwischen Hasle und Schüpfheim, auf 1127 Metern, lebten einst Eremiten. Sie rodeten den Hochwald und schufen eine prächtige Sonnenterrasse, die Pilger, Picknicker, Langläufer und Wanderer zu schätzen wissen. Aber der Wald ist

Luzern: Der Kanton

immer noch so prächtig wie im Mittelalter. Der neue «Seelensteg» auf dem Hundsboden soll Menschen und Bäume wieder näher zusammenbringen. Über hölzerne Treppen und Brücken spaziert man auf und ab durch den märchenhaften Bergwald und entdeckt ihn aus neuen, überraschenden Perspektiven. Da beginnen Bäume plötzlich Geschichten zu erzählen, die auch die Kleinen spannend finden. Schliesslich offeriert das Hotel Kurhaus einen grossen Kinderspielplatz und eine spezielle Speisekarte für hungrige Kids.

Wie? Postauto ab Hasle (Rufbus).
Wann? Frühling bis Herbst.
Wieviel? Gratis.
Dauer? Rundweg eine knappe Stunde.
Alter? Alle Altersstufen.

10 Goldrausch am Napf

6130 Willisau, Hasenburgstrasse 1/Umfahrungsstrasse, Goldwasch-Tour und Shop,
041 970 03 10,
www.goldwasch-tour.ch,
www.goldwaschen.biz

Gold! Gold! Gold! Um dem Rausch des Goldes zu verfallen, müssen Sie nicht nach Alaska fahren. Auch am Napf können Sie mit der Waschpfanne im Bächlein stehen, geduldig Sand und Wasser schütteln und glänzende Flitterchen suchen. So viel Gold wie im Nagelfluhgestein am Napf gibt es in der Schweiz nirgends sonst. Wo noch vor 100 Jahren Goldwäscher erträglich leben konnten, frönen Sie heute einem spannenden Hobby. Ob Sie sich allein oder auf einer organisierten Goldwaschtour ins Eldorado aufmachen – dem Reiz des Goldes erliegt man rasch. Auch wenn klar ist: Zum Krösus werden Sie hier sicher nicht. In der Ferienzeit bietet Obergoldwäscher Toni Obertüfer ein speziell günstiges Familiengoldwaschen an. Ausserdem: Sein Goldwasch-Shop in Willisau ist europaweit einzigartig. Reinschauen kostet ja noch kein Goldvreneli.

Wie? SBB oder Autobus bis Willisau.
Wann? Täglich von April bis Oktober auf Anmeldung.
Wieviel? Schulklasse ab Fr. 230.–, in der Ferienzeit Schnupperkurse: Kinder ab 18.–, Erwachsene ab 25.–.
Dauer? Ab 1¾ Stunden.
Alter? Ab 7 Jahren.

11 Bei den Luzerner Ringli-Bäckern

Besuch im Hug-Fabrikladen,
Menznauerstr. 20, 6130 Willisau,
041 970 10 22, www.hug-luzern.ch

Das saubere mittelalterliche Städtchen Willisau hat mit Sauen wirklich nichts zu schaffen. Vielmehr stand ein Willi mit seiner Au der Ortsbezeichnung Pate. Heute spielt man hier Jazz und bäckt Guetzli von der allerfeinsten Sorte. Verbinden Sie deshalb den Ausflug ins Luzerner Hinterland auf jeden Fall mit dem Besuch der bekannten Biskuitfabrik. Allein schon der überwältigende Duft nach Honig und Orangen ist die Reise wert! Und vielleicht kommen Sie hinter das Geheimnis, wie das Loch ins Ringli kommt. Selbstverständlich dürfen die steinharten Ringli, die man geniesserisch langsam auf der Zunge zergehen lässt, ausführlich degustiert... und im Fabrikladen besonders frisch und günstig gepostet werden.

Wie? SBB und Autobus.
Wann? Mo–Fr 9–18, Sa 9–16 Uhr.
Wieviel? Gratis.
Alter? Ab 5 Jahren.

12 Für Sennenmeitschi und Traktorfans

Museum für Landwirtschaft und Agrartechnik, 6248 Alberswil-Willisau, 041 980 28 10,
www.museumburgrain.ch

Vergangen sind die Zeiten, als Bauern mit «Waldteufel», «Schnägg» und «Käsharfe» werkten. Heute sind Maschinen Trumpf. In die Vergangenheit führt das Museum für Agrartechnik und Landwirtschaft. Zu sehen sind auch frühe Landwirtschaftsmaschinen. Und zu erfahren ist, wie einst Most und Wein erzeugt, wie Käse hergestellt oder das Vieh gehirtet wurde. Machen Sie sich auf zur Reise durch die wechselvolle Geschichte des bäuerlichen Alltags. Es beeindruckt auch Ihre Kinder, mit wie viel Schweiss und Erfindungsgabe die Früchte des Bodens einst geerntet wurden. Draussen, mit Blick auf Maisfelder und grasende Kühe, warten lange Tische, ein grosser Grill und ein kleiner Spielplatz.

Und gleich daneben können Sie den Gutsbetrieb Burgrain mit seinem faszinierenden Schaubienenhaus besichtigen.

Der schnellste Luzerner

Der Leichtathlet und Weltmeister André Bucher gewann als Zehnjähriger sein erstes Rennen. In seinem Heimatort Neudorf bei Beromünster, wo er seinen Schulkameraden stets mindestens um eine Nasenlänge vorauslief.

Wie? In der Nähe der Strasse Sursee–Huttwil auf dem Schulgutsbetrieb Burgrain. Mit Bus ab Bahnhöfen Willisau oder Sursee bis Haltestelle Burgrain.
Wann? 1. April–31. Oktober Mo–Sa 14–17, So 10–17 Uhr; für Kollektivbesuche auch übrige Zeiten nach Vereinbarung.
Wieviel? Erwachsene Fr. 5.–, Kinder ab 6 Jahren Fr. 2.–.
Dauer? Etwa 1 Std.
Alter? Ab 6 Jahren.

13 Geister und Hexen

Luthertaler Sagenweg, Vereinigung Pro Luthertal, 041 978 11 31,
www.proluthertal.ch, www.luthern.ch

Das Napfgebiet ist Sagenland. Dort wimmelt es von Berggeistern, Gold suchenden Venedigern, wilden Jägern und durch die Lüfte rasenden Hexen. Sieben Bildhauer haben das unheimliche Nachtvolk in Holzfiguren verewigt. Sie säumen den 2003 eingeweihten Sagenweg, der in einer leichten, 6,2 Kilometer langen Rundtour nördlich des Weilers Hofstatt bei Luthern-Dorf durch die hügelige Landschaft führt (Faltblatt mit der Route in der «Schachen-Pinte» oder im Gemeindehaus in Luthern). Start beim Restaurant Schachen-Pinte mit seinem Kinderspielplatz, den frischen Forellen und dem Wild aus eigener Jagd. Und nach der Wanderung bleibt bestimmt noch Zeit und Kraft für die Besichtigung von Lutherns schmuckem Dorfkern.

Wie? RG-Bahn bis Hüswil, Bus bis Restaurant Schachen-Pinte, 6154 Hofstatt.
Wann? Ganzes Jahr.
Wieviel? Gratis.
Dauer? 2½ Stunden.
Alter? Ab 7 Jahren.

Luzern: Der Kanton

14 Zauber des Flachlandes

Wauwiler Ebene, Gemeindekanzlei Egolzwil, 041 980 31 53,
www.wauwil.ch, www.moeoesli.ch

Nordwestlich des Sempachersees liegt die 17 Quadratkilometer grosse Ebene des Wauwiler Mooses. Die Steinzeitmenschen lebten hier und haben massenweise Werkzeug zurückgelassen. Auch die Zugvögel schätzen diese Landschaft als Rastplatz, vor allem die Schilf- und Seggengebiete mit ihren Weihern, die der Entwässerung standhielten. Es ist eine faszinierende Gegend, wo man das Gefühl der Weite geniessen kann. Schöne Wanderwege führen den Bächen entlang durchs Moos. Am bequemsten fährt man jedoch mit dem Velo auf den schnurgeraden Erschliessungssträsschen und Wegen kreuz und quer durchs Gebiet. Man entdeckt urige Schottische Hochlandrinder, lauscht dem hundertstimmigen Froschkonzert, beobachtet Vögel, darunter mit etwas Glück sogar Raritäten wie Turmfalke, Feldlerche, Wachtel, Rohrammer und Kiebitz. Extratipp: Alles, was im Wauwiler Moos gedeiht, und noch viel mehr wird in Bio-Qualität im Hofladen der halboffenen Anstalt Möösli angeboten. Dort wird auch für den Verkauf getöpfert, geschreinert und geschmiedet.

Wie? Schötz ist mit dem Bus erreichbar, Wauwil mit der Bahn.
Wann? Frühling bis Herbst.
Wieviel? Gratis.
Dauer? Halber Tag.
Alter? Alle Altersstufen.

15 Amsel, Drossel, Fink und Star

Schweizerische Vogelwarte,
6204 Sempach, 041 462 97 00,
www.vogelwarte.ch

Der Ruf des Kuckucks ist bekannt. Erkennen Sie ihn aber auch, wenn er vor Ihnen sitzt? Einen besseren Einblick in die Schweizer Vogelwelt als am Südufer des Sempachersees erhält man nicht so rasch. Hier setzt man sich seit achtzig Jahren für die gefiederten Freunde ein: In Volieren werden Pfleglinge aufgezogen, in der Gartenanlage leben Wasservögel, und eine Ausstellung mit 480 Vögeln, zwei Vogelcomputern und einem Stimmenautomaten zeugt vom Reichtum unserer Vogelwelt. Übrigens: Hier wird die Beringung von jährlich 50 000 Vögeln koordiniert. Ringlein mit der Prägung «Sempach, Hel-

Rüüdig schön ist es...

... durchs Moor zu wandern. Vor allem, weil die Zeiten der gruseligen Geister und Leichen, die einst dort ihr Unwesen trieben, schon lange vorbei sind. Im Entlebuch ist diese Landschaftsform noch häufig: Rund ein Viertel der Fläche sind Hochmoore. Die grössten befinden sich im Sörenberg und beim Salwildeli. Die Moore gaben übrigens den Ausschlag zur Gründung des ersten UNESCO-Biosphärenreservats der Schweiz im Napfbergland und den Entlebucher Voralpen.

vetia» werden von Zugvögeln bis ans nördliche Eismeer und in die Länder südlich des Äquators getragen.

Wie? Am See zwischen Sempach Stadt und Sempach Station. Bus bis Haltestelle Vogelwarte oder zu Fuss ab Sempach auf dem Seeuferweg.
Wann? Mo–Fr 8–12 und 14–17 Uhr. April–September zusätzlich Sa 14–17, So 10–12 und 14–17 Uhr.
Wieviel? Erwachsene Fr. 3.–, Kinder gratis.
Dauer? 2 Std.
Alter? Alle Altersstufen.

16 Plüschbären satt
Teddybär-Museum, Stadtstr. 29, 6204 Sempach-Stadt, 041 460 07 50, www.seetal-plus.ch

Ins historische Städtchen am See lässt es sich an einem schönen Sommertag prächtig ausflügeln. Am langgezogenen Platz zwischen Hexenturm und Luzernertor gibt's Cafés und Restaurants, die mit Fisch, aber auch ausgezeichneten Pizze und Spaghetti locken. Nun jagt uns sogar Meister Petz keine Angst mehr ein. Über zweitausend Teddybären halten ein dreistöckiges Haus in der Altstadt besetzt, der älteste hat Jahrgang 1905. Angesichts der plüschigen Vierbeiner mit Knopfaugen jubelt das Kinderherz, und die Erwachsenen schwelgen in Nostalgie. Anschliessend treibt es einen seewärts, in die Badi oder zum Minigolfplatz.

Wie? SBB Sempach Station, Bus bis Sempach Stadt.
Wann? Das Museum ist ganzjährig geöffnet. Do und Fr 13.30–18, Sa/So 10.30–17 Uhr.
Wieviel? Erw. Fr. 8.–, Kinder 6.–.
Dauer? Halber Tag.
Alter? Das Museum ist für Kinder ab 5 Jahren zugänglich.

17 Tierli luege!
Toni's Zoo in Holzhüsern (Bertiswil), 6023 Rothenburg, 041 280 40 50, www.toniszoo.ch

In Luzern gibt es keinen Zoo, nur einen kleinen Hirschpark hinter dem Spital. Wer seinen Kindern exotische Tiere life zeigen will, reist nach Rothenburg. Vielerlei Kreuchendes und Fleuchendes – rund 450 Tiere in über 80 Arten – zeigt seit einigen Jahren Toni Röösli in dem Zoo, den er seiner Gärtnerei angegliedert hat. Die Menagerie erinnert an die Tiergärten vergangener Zeiten: Vom Lama aus Lima und dem

Luzern: Der Kanton

handzahmen Geparden Getah über Zebrafinken und Papageien bis zum Afrikanischen Strauss, vom winzigen Pfeilgiftfrosch bis zur Boa constrictor und zum Alligator ist hier viel Exotisches zu sehen. Daneben tummeln sich auch etliche Haustiere, die man anfassen und streicheln darf. Ein ideales Ziel für den Nachmittagsausflug, das jüngst durch ein Restaurant, ein Klubhaus und weitere Spielanlagen erweitert wurde. Geplant sind eine Minigolfanlage und ein Wildkatzenhaus.

Wie? Ab A2-Ausfahrt Emmen-Nord oder Sempach nach Rothenburg-Bertiswil; Wegweiser «Toni's Zoo» nördlich der Kirche Bertiswil folgen (ca. 120 Parkplätze). Zu Fuss ab Bushaltestelle Bertiswil.
Wann? Im Sommer täglich 9–20, im Winter 9–17 Uhr.
Wieviel? Erwachsene Fr. 8.–, Kinder ab 4 Jahren 5.–.
Dauer? 2 Std.
Alter? Alle Altersstufen.

18 Zum Wahrzeichen des Seetals

Schloss Heidegg mit Museum, 6284 Gelfingen, 041 917 13 25, www.heidegg.ch

Das strahlendgelbe Schloss, das weithin sichtbar über dem Baldeggersee auf einem steilen Moränensporn thront, wurde wie durch ein Wunder – aber eigentlich wegen dichtem Nebel – vor der Zerstörungswut der alten Eidgenossen verschont. Die Luzerner, mit Schlössern nicht eben verwöhnt, sind auf das frisch renovierte Kleinod stolz. Sie schätzen den weissen und roten Staatswein, der am Burghügel gedeiht. Über die Landesgrenzen hinaus bekannt ist der Heidegger Rosengarten mit seinen kostbaren alten Sorten. Im modern konzipierten Museum gibt's eine Menge zu sehen: Interessantes über die früheren Besitzer zum Beispiel oder einen Flug übers Amt Hochdorf. Dabei werden die Kinder nicht vergessen: Sie finden drinnen und draussen Gelegenheit zum Spielen und Entdecken, und unter alten Bäumen kann gebrätelt werden. Wem das noch nicht genügt, der kann die geschichtsträchtige Ferienwohnung mieten und sich fühlen wie einst die Ritter von Heidegg.

Wie? Bahn bis Gelfingen. Ab Haltestelle ca. 20 Min. zu Fuss; über den Sieben-Brüggli-Weg (beim Weiher unterhalb des Schlosses abzweigen) dauert's etwas länger.
Wann? Schlossmuseum April–1. November Di–Fr 14–17, Sa/So 10–17 Uhr.
Wieviel? Erwachsene Fr. 5.–, Kinder 6–16 Jahre 2.–; Azubis über 16 Jahre 3.–.
Dauer? Für Museum und Rosengarten mindestens 1 Stunde.
Alter? Alle Altersstufen.

19 Rund um den Baldeggersee

Luzerner Seetal, www.seetal-plus.ch, www.baldegger-hallwilersee.ch

Besonders gross ist er nicht, der Baldeggersee, aber tief. Deshalb hat er Mühe, die viele Gülle zu verdauen, die von allen Seiten ins Wasser fliesst. Ohne dauernde Belüftung würde der See regelrecht ersticken. Trotzdem ist der Baldeggersee ein landschaftliches Bijou geblieben und zählt zu den «Landschaften von nationaler Bedeutung». Sein vielerorts mit Schilf bewachsenes Ufer ist nur an wenigen Stellen verbaut und bietet Wasservögeln und Insekten Lebensraum. Damit das so bleibt und die empfindlichen Zonen geschont werden, führt der neu angelegte Seerundweg nicht überall dem Ufer entlang. Die Wanderer werden dafür mit idyllischen Aus- und Einblicken entschädigt. Einen Besuch wert ist das Seebad Baldegg. Es gehört zu den zehn schönsten Badeanstalten der Schweiz, verfügt über ein Kinderbassin, mehrere Grillplätze und ein Restaurant, in dem man ausgesprochen günstig und gut isst. Südlich der Badi führt ein Lehrpfad mit Birdwatching-Hütte nach Hochdorf. In nördlicher Richtung wandert man dem Ufer entlang in einer Stunde nach Gelfingen. Dort wartet die zweite Badi auf Gäste: Sie ist gratis, bietet aber Umkleidekabinen und ein Floss. Entweder steigt man anschliessend in die Seetalbahn oder macht die Seeumrundung. In ungefähr zwei Stunden erreicht man via Richensee–Retschwil–Nunwil den Ausgangspunkt Baldegg.

Wie? Bahn bis Baldegg.
Wann? Wanderung ganzes Jahr. Seebad Baldegg Muttertag–Mitte Sept. Mo–Fr 10–22 Uhr, Sa/So 9–22 Uhr.
Wieviel? Seebad Baldegg Erwachsene Fr. 4.–, Kinder 2.–.
Dauer? Halber bis ganzer Tag.
Alter? Alle Altersstufen.

Hexensabbat auf dem Erlosen

Der idyllische Höhenzug östlich des Baldeggersees hat eine «ehrlose» Vergangenheit: Hier, auf dem Luzerner Blocksberg, sollen sich nämlich die Hexen der weiteren Umgebung samt ihren fliegenden Besen auf einer Waldlichtung zum Tanz getroffen haben.

---

20 Skaten, Biken, Rodeln, Mahlen

Erlebnispark Schongi-Land,
6288 Schongau, 041 917 17 70,
www.schongiland.ch

Am Osthang des Lindenbergs wird vieles und immer wieder etwas Neues geboten. Seit 2003 die dreibahnige Happy-End-Rutsche, eine kinderfreundliche Attraktion der Expo.02. Geplant sind die Umgestaltung des Parkgeländes und des alten Mühleweihers zum Naturparadies. Ausserdem soll Platz geschaffen werden für einen kleinen Zirkus, der im Schongi-Land gastieren wird. Im kunterbunten Vergnügungspark kommen Jung und Alt auf ihre Kosten. Die Kleinen kurven auf der gedeckten Bobbahn rund um die Steinmühle von 1255, die von der Besitzerfamilie Müller aus eigener Kraft wieder aktiviert wurde (auf Vereinbarung demonstriert Vater Josef Müller das Dinkelmahlen). Wer's schnell mag, wird auch mit den Indoor-Bike- und -Skate-Bahnen, Ufo- und Autoscootern, Jeep-Bahnen und Modellauto-Pisten sowie den aufregenden Outdoor-Bobfahrten Spass haben. Für den gemütlicheren Teil gibt es Grillplätze, verschiedene Beizli, Kleintiere zum Streicheln und einen Laden mit selbstgemahlenem Dinkelmehl, Brot und Gebäck, aber auch Skates und Bikes mitsamt allem Zubehör. Und den Papa interessiert sicher, dass Müller Schongau ein Begriff für Autozubehör und -reifen ist.

Wie? Das Schongiland befindet sich im oberen Dorfteil von Schongau. Mit der Seetalbahn bis Hitzkirch und dann mit dem Bus bis Schongau.

Luzern: Der Kanton

Wann? April–Ende Oktober täglich 10–18 Uhr, November bis Ende März Mi, Sa, So 13–17 Uhr bei guter Witterung.
Wieviel? Eintritt Kinder 6–14 Jahre Fr. 15.–, Erwachsene 17.–, Senioren ab 60 Jahren 10.–.
Dauer? Solange man Lust und Kraft hat.
Alter? Besichtigung alle Altersstufen, Biken, Skaten, Rodeln nach Können.

Luzern: Der Kanton

Kids willkommen!

Wo essen?

Trumpf-Buur, 6030 Ebikon, 041 440 62 52. Restaurant im Erholungsgebiet Riedholz. Freizeitanlage mit Kinderspielplatz, Minigolf, Reitschule, Ponygehege. Gartenrestaurant mit Selbstbedienung. Bus 22 Luzern–Inwil bis Haltestelle Buchrain Adler. Rechts neben Kirche bis «Trumpf-Buur». Do geschlossen.
Wirtshaus Chlöpfen, 6274 Eschenbach, 041 448 40 80. Grosser Kinderspielplatz. Zwischen Rothenburg und Eschenbach. Mo/Di geschlossen.
Restaurant Schachen-Pinte, 6154 Hofstatt, 041 978 11 31. Spezialitätenrestaurant (Wild, Forellen) im Luthertal (siehe Tipp 13). Bus hält vor dem Restaurant. Mi ab 14 Uhr und Do geschlossen.

Erlebnis-Restaurant Alpengarten, 6217 Kottwil, 041 982 07 00. Einfaches Ausflugsrestaurant am Rand der Wauwiler Ebene (siehe Tipp 14) mit Kindereisenbahn, grossem Spielplatz und Streichelzoo. Bus bis Kottwil. Mo geschlossen.

Wo schlafen?

Hotel Bergruh, 6167 Bramboden, 041 484 26 08, www.bramboden.ch. Hotel-Restaurant mit phantastischer Panoramasicht auf die Pilatuskette, auf 1053 m ü. M. gelegen.
Hotel GO IN, 6174 Sörenberg, 041 488 12 60, www.go-in.ch. Direkt am Skilift Schwarzenegg, ideal für junge Leute und Familien mit kleinem Budget.
Berggasthaus Salwideli, 6174 Sörenberg, 041 488 11 27, www.a-o.ch, 1353 m ü. M. Familienzimmer, Touristenlager, Kinderspielplatz. Preise auf Anfrage.
Park Hotel Weggis, 6353 Weggis, 041 390 13 13, www.phw.ch. Familienfreundliches Fünfsternhotel mit herrlichem Blick auf See und Berge. Kinder und Jugendliche bis 16 Jahre übernachten im Zimmer der Eltern kostenlos (Suiten 3 Kinder, Junior-Suiten 2 Kinder, Doppelzimmer 1 Kind). Betreute Kindermahlzeiten, betreuter ZEBI-Kinderclub.

Sprachrätsel

Eibu, Nonnu, Rusmu, Nottu, Baubu? Für gestandene «Lozärner» kein Problem: Sie meinen damit die Orte Inwil, Nunwil, Ruswil, Nottwil und Ballwil. Einheimische kennen noch ein paar weitere witzige Dialektkreationen wie Möischter, Nüderef, Hofdere oder Deret für Beromünster, Neudorf, Hochdorf und St. Erhard!

Hotel Floralpina, 6354 Vitznau, 041 397 13 86, www.floralpina.ch. Dreisternhotel des mittleren Preissegments. 50% Ermässigung für Kinder im Zimmer der Eltern. Spielplatz, Kindermenüs, hoteleigener Sandstrand.

Dauerbrenner

Beromünster, Verkehrsbüro
041 930 13 01. Historischer Marktflecken mit imposanter Stiftskirche und 35 Chorherren-Häuschen. Im Schloss älteste Buchdruckerei der Schweiz (Heimatmuseum). Seetalbahn Luzern–Lenzburg bis Beinwil, Bus. Oder Bus ab Luzern und Sursee. Alle Altersstufen.

Köhlerweg am Napf, Vorbei an grossen Holzstapeln und staubbedeckten Kohlenmeilern geht's von Romoos auf gut beschildertem Weg nach Bramboden – den Spuren eines fast verschwundenen Handwerks nach. Auskunft Sorenberg-Flühli Tourismus 041 488 11 85.

Naturparadies Buchwald,
6218 Ettiswil. 041 980 00 01, www.naturlehrgebiet.ch. Erstes Naturlehrgebiet der Schweiz in ehemaliger Kiesgrube. Gletscherfindlinge, mehr als 600 Pflanzenarten, über 40 Amphibienteiche, Blumenwiesen, Hecken. An Kantonsstrasse Luzern–Ruswil–Ettiswil in der Nähe des Wasserschlosses Wyher.

Auf den höchsten Luzerner Berg, Gipfelrestaurant Rothorn (033 951 26 27). Statt mit der Dampflok von der Brienzer Seite geht's mit der Luftseilbahn ab Sörenberg schneller hinauf auf den 2350 Meter hohen Aussichts- und Wanderberg. Und wer Sonnenuntergang und Morgenrot erleben will, kann im Berghaus Eisee übernachten. Auskunft: Bergbahnen Sörenberg AG, 6174 Sörenberg, 041 488 12 36.

Burg Lieli (Nünegg), oberhalb von 6277 Kleinwangen. Romantische Burgruine in kinderfreundlicher Umgebung mit Blick aufs Seetal. Seetalbahn bis Hitzkirch, Bus bis Kleinwangen. Alle Altersstufen.

Luzern:
Der Kanton

St. Gallen: Von der Stadt ins Rheintal

1. **Stadtweiher und Zwergziegen**
   In der Altstadt von Wil
2. **Per Pedal durch den Kanton**
   Radweg Wil–Bodensee
3. **Gas geben, aber sicher!**
   Go-Kart-Bahn in Flawil
4. **Das Museum lebt!**
   Naturmuseum St. Gallen
5. **Wilde zahme Tiere**
   Wildpark in St. Gallen
6. **Des Sittertobels viele Brücken**
   Brückenweg Haggen–Spisegg
7. **Zu Fuss durchs All**
   Planetenweg ab St. Gallen
8. **Mit Pferden in die Natur**
   Ponyhuus, Unteregeen
9. **Fussantrieb auf dem Bodensee**
   Pedalovermietung in Rorschach
10. **Fliegermuseum und Markthalle**
    Altenrhein
11. **Zum Baden an die Grenze**
    Strandbad Diepoldsau
12. **Natur wie einst**
    Naturschutzgebiet Riet
13. **Welch musikalisches Haus!**
    Spieldose in Altstätten
14. **Schussfahrt auf Schnee**
    Schlittelweg Stoss–Altstätten
15. **Pony, Storch und Co.**
    Storchenhof Kriessern, Balgach
16. **Flieg Geier flieg**
    Eulen- und Greifvogelpark, Buchs
17. **Kleine Stadt, grosses Schloss**
    Werdenberg im Rheintal
18. **Freie Fahrt für Skater**
    Inline-Strecke Rheindamm

Bahn · Hotel · Kunsth. · Museum · Natur · Restaur. · Schiff · Sehensw. · Shopping · Spielen · Sport · Theater · Tiere · Wandern

St. Gallen:
Von der Stadt
ins Rheintal

In die Stadt, an den See, durch das Rheintal

Wer nach St. Gallen will, muss einen Graben überqueren. Untypisch für eine «Grossstadt», entstand die Ostschweizer Metropole nicht an strategisch günstiger Stelle, etwa an einem Handelsweg oder See. Sie wuchs dort, wo der irische Wandermönch Gallus im Jahr 612 auf ein Zeichen von oben zu bleiben beschloss. Heute führen zahlreiche Brücken über die eingeschnittenen Täler von Sitter, Goldach und Steinach. Dennoch werden die Stadt, ihr grünes Umland und das Bodenseeufer kaum je von Touristenströmen heimgesucht – was Familien ja nur recht sein kann. Wärmstens empfohlen sei diesen auch eine Entdeckungsreise «hinter den Bergen»: im Rheintal, wo sich Pony und Storch gute Nacht sagen, Naturschutzgebiete und Velowege locken, der flache Rheindamm die Skater anzieht und der Weg zur Schlittenfahrt vom Berg ins Tal dennoch ganz nah ist. In St. Margrethen, dem vermeintlichen Ende der Schweiz, einfach rechts halten!

Erika Schumacher

1 Stadtweiher und Zwergziegen

In der Altstadt von Wil, Tourist Info, Bahnhofplatz 6, 9500 Wil, 071 913 70 00, www.stadtwil.ch

Das «Tor zum Toggenburg», wie die Stadt Wil auch genannt wird, gilt als besterhaltene Kleinstadt der Ostschweiz und idealer Ausgangspunkt für Ausflüge ins Tal der Thur. Mittelpunkt ist der Hofplatz; er heisst auch «Goldener Boden», weil im angrenzenden Hofpalast einst die Fürstäbte von St. Gallen residierten. Rund um den Platz gruppieren sich die alten Häuser der romantischen Altstadt. Rast und Ruhe gibt's gleich um die Ecke: Nur wenige Schritte vom Hofplatz lockt der grosse Stadtweiher. Beim Spaziergang rund um das schilf- und baumbestandene Seelein steht die Altstadt mit ihren Dächern auf dem Kopf, denn bei Windstille spiegelt sie sich wunderschön im Wasser. Im Stadtweiherpark freut sich Klein und Gross an den Zwerggeissen, und ein Spielplatz lädt zum Austoben ein.

Wie? Vom Bahnhof Wil führt die Obere Bahnhofstrasse zum südwestlichen Ende der Altstadt.
Wann? Auch im Winter.
Alter? Alle Altersstufen.

2 Per Pedal durch den Kanton

Auf dem Fürstenland-Radweg von Wil an den Bodensee, St. Gallen-Bodensee Tourismus, Bahnhofplatz 1a, 9001 St. Gallen, 071 227 37 37, www.st.gallen-bodensee.ch

In die Pedale treten und den Kanton St. Gallen von Westen nach Osten durchqueren: Das schaffen wir leicht in einem Tag. Die gemütliche Velotour durch das Fürstenland zum Bodensee ist rund 45 Kilometer lang und beginnt in Wil. Hier nehmen wir den durchgehend markierten «Fürstenland-Radweg» in Angriff, fahren abwärts via Henau zur Thur und ein Stück weit dem Fluss entlang. In Sonnental bezwingen wir die einzige leichte Steigung der Route und gelangen über Uzwil, Flawil, Gossau und durch die Stadtteile Winkeln und Bruggen ins Zentrum der Ostschweizer Metropole St. Gallen. Die letzte Etappe führt rund 10 Kilometer abwärts, an Mörschwil vorbei und durch Goldach an den Bodensee, dann geht's als Krönung der Tour auf dem Seeradweg nach Rorschach.

Wie? Ab Bahnhof Wil durch die Untere Bahnhofstrasse in die Mattstrasse; hier dem roten Velowegweiser folgen (Richtung Uzwil). Für aus-

---

Mais gefällig?

«Ribel» war einst das Hauptnahrungsmittel der Rheintaler Bevölkerung und vor allem die Kost der Armen. Mit der Modernisierung der Ernährung wäre diese alte Maissorte beinahe verschwunden, hätte ihr nicht ein Fanclub zur Renaissance verholfen: Der Verein Rheintaler Ribelmais tut alles für den Ribel und hat sogar ein Rezeptbuch herausgegeben. Denn der Ribel ist sehr vielfältig; zum profanen Maisbrei kommen heute moderne Ribelgerichte, Ribelbrote und Ribelbier hinzu. Seit 2000 darf der Rheintaler Ribelmais sogar das begehrte Label AOC – Appellation d'origine contrôlée – tragen, eine Hürde, die bislang nur wenige Schweizer Produkte schafften. Alles über den Ribel und wo man ihn erhält: Verein Rheintaler Ribelmais, 081 758 13 22, www.ribelmais.ch

führliche Wegbeschreibung: Prospekt «Voralpen-Veloweg», erhältlich bei St. Gallen-Bodensee Tourismus. Velomiete am Bahnhof Wil, 051 228 22 17. Mit Auto: Einstellen im Parkhaus «Bahnhof»; wer am Bahnhof Wil das Billett von Rorschach zurück nach Will kauft, erhält den vergünstigten Park&Ride-Tarif.
Dauer? 3–5 Stunden.
Alter? Gemäss Kondition.

3 Gas geben, aber sicher!
Go-Kart-Bahn, Habishalle, Waldau 1, 9230 Flawil, 071 394 62 26, www.kartbahnflawil.ch

Ein «Auto», das weder stinkt noch lärmt: Im leise schnurrenden Elektro-Kart ein paar Runden drehen, um die Kurve sausen oder schleichen – auf dieser Kartbahn sind Kind, Mutter, Vater so schnell oder so langsam unterwegs, wie es ihnen gerade passt. Kinder, die mindestens 120 Zentimeter gross sind, fahren im Kinderkart: Das nach besonderen Sicherheitsrichtlinien gebaute Gefährt hat zwei Geschwindigkeitsstufen; die erste Runde wird stets im «langsamen Gang» absolviert. Für grosse wie kleine Rennfahrerinnen und Rennfahrer wird die Fahrzeit gemessen und auf einem Zettel ausgedruckt. Im Panoramarestaurant kann man seine Rundenzeiten studieren und beim Überblick auf die Bahn die Fahrkünste jener bestaunen oder kritisieren, die noch im Rennen sind.

Wie? Vom Bahnhof Flawil rund 200 m zu Fuss.
Wann? Mo–Fr ab 17, Sa ab 13, So ab 10 Uhr.
Wieviel? Pro Fahrt: Kinderkart Fr. 17.–, Jugendliche bis 16 Jahre im Normalkart 19.–, Erwachsene Mo–Do Fr. 22.–. Fr–So 24.–. Für Geburtstagskinder 1 Gratisfahrt (Ausweis mitnehmen!).
Dauer? 1 Fahrt = ca. 8 Minuten.
Alter? Ab 120 cm Körpergrösse.

4 Das Museum lebt!
Naturmuseum, Museumstrasse 32, 9000 St. Gallen, 071 242 06 70, www.naturmuseumsg.ch

Kein Museumsverwalter würde behaupten, dass sein Museum nicht «lebt» – auch wenn seine Zeugen der Vergangenheit längst tote Objekte sind, die mehr oder weniger bewundert werden. Im Naturmuseum St. Gallen gibt es allerdings seit einiger Zeit tatsächlich lebendes Ausstellungsgut zu bestaunen: In vier Schaukästen lässt sich das Verhalten der Waldameise studieren: Nahrungsaufnahme, Versorgung mit Wasser, Nestbau, Friedhof. Und gleich daneben sind die putzigen kleinen Zwergmäuse zu beobachten. Zudem bietet das Museum all jene Faszination für Gross und Klein, die bei einem einzigen Besuch kaum zu erfassen ist: Säugetiere und Vögel, Mikrowelt im Gartentümpel, Reliefs, das Leben der Vorzeit, Dino- und Flugsaurier, angewandte Geologie usw.

Wie? Ab Bahnhof St. Gallen mit Bus 1, 7 oder 11 bis «Stadttheater». Oder zu Fuss in 15 Min.
Wann? Geöffnet Di–Fr 10–12, 14–17 (Mi–20 Uhr), Sa/So 10–17 Uhr.
Wieviel? Fr. 6.–, Kinder in Begleitung Erwachsener gratis, sonst Fr. 2.–.
Alter? Ab 6 Jahren.

St. Gallen: Von der Stadt ins Rheintal

5 Wilde zahme Tiere

Wildpark Peter und Paul,
Kirchlistrasse 92,
9010 St. Gallen, 071 244 51 13,
Restaurant: 071 245 56 25
www.wildpark-peterundpaul.ch

Elefanten, Gorillas, Zebras und Giraffen suchen wir im St. Galler Tierpark vergebens. Mit etwas Glück kriegt man immerhin Raubkatzen zu Gesicht: In einem Waldtobel sind Luchse und Wildkatzen zu Hause. Der Wildpark ist ausschliesslich für europäisch-asiatische Säugetiere bestimmt: Neben den wilden Katzen leben hier Rot-, Sika- und Damhirsche, Wildschweine sowie Murmeltiere, und auf einem verwitterten Betonfelsen tummeln sich Gemsen und Steinböcke. Wie die einzelnen Tierarten leben, wie sie ihre Jungen aufziehen und viele interessante Details mehr werden auf Informationstafeln erklärt. Zum Wildpark gehören auch ein Informationspavillon, ein Picknickplatz im nahen Wald und ein Restaurant.

Wie? Ab Bahnhof St. Gallen mit Bus 5 bis «Sonne Rotmonten», eine Viertelstunde zu Fuss bis zum Eingang des Wildparks.
Wann? Jederzeit.
Wieviel? Der Eintritt ist gratis.
Alter? Alle Altersstufen.

6 Des Sittertobels viele Brücken

St. Galler Brückenweg von
St. Gallen-Haggen nach Spisegg,
St. Gallen-Bodensee Tourismus,
Bahnhofplatz 1a, 9001 St. Gallen,
071 227 37 37,
www.st.gallen-bodensee.ch

Achtzehn Brücken auf acht Kilometer – Venedig lässt grüssen. So viel Wasser wie in der italienischen Lagunenstadt gibt es rund um St. Gallen natürlich nicht: Die Brücken führen über das vergleichsweise bescheidene Flüsschen Sitter oder dessen Nebenbäche. Die Wanderung beginnt beim barocken Haaggen-Schlössli. Im Natur- und Landschaftsschutzgebiet Sitter- und Wattbachlandschaft über- bzw. unterqueren wir Eisen-Fachwerkbrücken, schwindelerregend hohe Betonviadukte, gedeckte Holzbrücken und sogar einen Hängesteg. Tönt anstrengend, ist es aber nicht: Die Steigung beträgt nur hundert, das Gefälle nur zweihundert Meter. An jeder Brücke steht eine Tafel mit ausführlichen Informationen. In der wildromantischen Flusslandschaft leben zahlreiche geschützte und bedrohte Tiere und Pflanzen – bitte Rücksicht nehmen auf den wertvollen Landschaftsraum!

Wie? Ab Bahnhof St. Gallen mit Bus 1 Richtung Wolfganghof bis «Schlössli» oder mit dem Regionalzug Richtung Herisau bis Bahnstation St. Gallen-Haggen. Rückfahrt ab Spisegg mit Postauto zum Bahnhof St. Gallen. Ein Prospekt «St. Galler Brückenweg» (mit Kartenskizze und interessanten schriftlichen Informationen) ist erhältlich bei St. Gallen-Bodensee Tourismus.
Wann? In der Wandersaison.
Dauer? Wanderzeit gut 2 Stunden.
Alter? Nach eigenem Ermessen.

7   Zu Fuss durchs All
Planetenweg St. Gallen–Obersteinach
St. Gallen-Bodensee Tourismus,
Bahnhofplatz 1a, 9001 St. Gallen,
071 227 37 37,
www.st.gallen-bodensee.ch

Einmal Astronaut oder Astronautin sein – nach den Sternen greifen, den Mond berühren, von Planet zu Planet hüpfen. Auf dem 8 km langen Planetenweg vom botanischen Garten in St. Gallen über Mörschwil bis zur Glinzburg bei Obersteinach werden solche Träume wahr. Die Wanderstrecke ist im Massstab 1:1 Milliarde angelegt. Ein bisschen anschaulicher erklärt: Ein Meter Weg entspricht einer Strecke von einer Million Kilometer im Weltall! Solche Dimensionen lassen die ungeheuren Abmessungen innerhalb unseres Sonnensystems – von der Sonne über Merkur, Venus und Mars bis zum fernen Pluto – zwar nicht wirklich begreifen, aber doch erahnen.

Wie? Ab Bahnhof St. Gallen mit Bus 1 bis «Botanischer Garten». Von Obersteinach mit dem Postauto zum Bahnhof Arbon.
Wann? Das ganze Jahr.
Dauer? Wanderzeit ca. 2 Stunden.
Alter? Nach eigenem Ermessen.

8   Mit Pferden in die Natur
Ponyhuus, Lotti Jussel, Vorderhof,
9033 Untereggen, 071 866 17 94

Ganz gleich, ob sich jemand mit Pferden auskennt oder sich erst einmal mit den edlen Tieren vertraut machen will – im Ponyhuus findet jeder und jede das passende Angebot. Lotti Jussel legt grossen Wert auf sicheres und stressfreies Reiten. Kleinere Kinder werden auf den Rücken von Ponys in die Natur um Untereggen geführt. Für die Grösseren gibt es Kurse und verschiedene Ferienangebote, damit sie den Umgang mit Pferden lernen oder die bereits vorhandenen Fähigkeiten vertiefen können. Gut aufgehoben fühlt sich die ganze Familie, denn Erwachsene können ebenfalls Reitstunden nehmen und die Kinder auf Wunsch im Ponyhuus übernachten.

Wie? Ab Bahnhof St. Gallen, Rorschach oder Goldach mit dem Postauto bis «Vorderhof» in Untereggen und weiter 4 Minuten zu Fuss. Das Ponyhuus steht neben dem Schulhaus. Mit dem Auto: Autobahnausfahrt St. Gallen-Neudorf, Richtung Eggersriet/Heiden, Wegweiser Richtung Untereggen beachten.
Wann? Das ganze Jahr täglich auf Anmeldung. Während den Schulferien Anmeldung auch kurzfristig möglich.
Wieviel? Kindernachmittag mit Zvieri Fr. 45.–, ganzer Tag mit Mittagessen 65.–, Ferientage mit Übernachtung 80.– pro Tag.
Alter? Ab 6 Jahren.

St. Gallen: Von der Stadt ins Rheintal

Der St. Galler Schüblig
Wurst ist nicht gleich Wurst. Das gilt auch und ganz besonders für den berühmten St. Galler Schüblig. So wird ihm die Bezeichnung «Bratwurst» ganz und gar nicht gerecht. Im echten St. Galler Schüblig hat's Fleisch von der Kuh und vom Schwein, Würfelspeck und Schwarten. Er «reift» kurze Zeit in der Rauchkammer, wird anschliessend im heissen Wasser auf die richtige Temperatur gebracht – nicht gekocht! – oder auf dem Grill gebraten. Kenner geniessen die St. Galler Wurstspezialität mit Kartoffelsalat. En Guete!

9 Fussantrieb auf dem Bodensee

Pedalo- und Bootsbetrieb Urs Grob,
Gondelhafen beim Kornhaus,
9400 Rorschach, 071 841 44 44

«Gestern war ich Kapitän auf dem Meer!» erzählt der stolze Ivo dem Grosi. Dass dieses dem Enkel nicht recht glauben mag, leuchtet ein. Ganz unrecht hat der Junior jedoch nicht, befehligte er doch ein Pedalo auf dem «Schwäbischen Meer», wie der Bodensee auch genannt wird. In Rorschach stach die ganze Familie in See, um das riesige Gewässer ein Stück weit auf eigene Faust zu erkunden. Wer des Pedalens müde war, streckte sich auf der Sonnenliege aus – immer noch auf dem Pedalo, denn dieses war ein luxuriöses Exemplar. Übrigens können im Hafen von Rorschach ebenfalls Motor- und Ruderboote gemietet werden.

Wie? Ab Bahnhof Rorschach 10 Fussminuten an den Hafen oder umsteigen und mit dem Zug bis Rorschach Hafen fahren. Die Pedalovermietung liegt hinter dem Kornhaus. Mit dem Auto: Autobahnausfahrt Rorschach oder Rheineck und weiter nach Rorschach.
Wann? Abhängig von Saison, Wetter und Wellengang, das heisst ungefähr von Ostern bis Mitte September, Hauptsaison ca. 10–20 Uhr, Nebensaison ca. 13.30–18 Uhr. Im Zweifelsfall vorher telefonisch anfragen.

Wieviel? Pedalo für bis 4 Personen Fr. 16.–/Stunde. Motorboote für bis 4 Personen Fr. 38.–/Stunde. Ausserdem: «Werktags-Schlagerangebote: Pedalo mit Sonnenliege» Fr. 30.–/ganzer Tag.
Alter? Ab 10 Jahren.

10 Das fliegende Museum

Fliegermuseum und Hundertwasser-Markthalle in Altenrhein.
Fliegermuseum, 9423 Altenrhein,
079 430 51 51,
www.fliegermuseum.ch
Markthalle, 9423 Altenrhein,
071 855 81 85,
www.markthalle-altenrhein.ch

In diesem Museum gehen die Exponate gelegentlich in die Luft: Denn einige der ausgestellten Oldtimer-Flugzeuge werden vom benachbarten Flugplatz aus regelmässig geflogen. Mit etwas Glück können die legendären Maschinen also auch in Aktion bestaunt werden. Etwa der P-51 Mustang mit Rolls-Royce-Zwölfzylindermotor, von Aviatikspezialisten «Cadillac des Himmels» genannt. Startbereit sind auch weitere Meilensteine der Fliegerei, darunter etliche Jet-Pioniere, ein amerikanisches Schulflugzeug mit Kolbenmotor, einige elegante Doppeldecker und viele fliegende Legenden mehr.

Eine ganz andere Welt tut sich vis-à-vis auf: Die bunt und phantasievoll ausgestaltete Markthalle – mit Markt, Kunsthandel und Snackrestaurant – ist das einzige Haus in der Schweiz, das die Handschrift des berühmten österreichischen Künstlers Friedensreich Hundertwasser trägt.

Wie? Ab Bahnhof Rorschach Postauto bis Flugplatz Altenrhein.
Wann? Fliegermuseum: März–November Sa 13.30–17 Uhr. Markthalle: Täglich 10–17.30 Uhr (April–September) bzw. 14–17.30 Uhr (Oktober–März)
Wieviel? Fliegermuseum: Jugendliche Fr. 5.–, Erwachsene 10.–. Kinder bis 7 Jahre gratis. Markthalle: Im Schulalter gratis, Erwachsene Fr. 5.–.
Alter? Ab Schulalter.

11 Zum Baden an die Grenze
Strandbad Diepoldsau,
9444 Diepoldsau, 071 733 19 13,
www.diepoldsau.ch/strandbad

Die Strandbadanlage am äussersten Rand der Ostschweiz ist nicht nur ein wunderschönes Naturbad am alten Rheinlauf – einem Stück Fluss, das von der Begradigung durch Menschenhand verschont geblieben ist –, sondern bietet auch einzigartig sauberes Nass: Denn der Grundwasserstrom liefert Wasser in Trinkwasserqualität, ohne Zusatz von chemischen Mitteln. Zur Badeanlage gehören ein Sprungturm mit Fünfmeterbrett, eine «Pirateninsel», Rutschbahnen und verschiedene Wasserspiele, dazu gibt's Platz für Badminton, Beach-Volleyball und Fussball. Das Bad wird gesäumt vom schönen Baumbestand des Uferwaldes sowie Spiel- und Liegewiesen. Zudem: Kleinkinderbassin, Sandkasten, Selbstbedienungsrestaurant, Campingplatz und Massenlager.

Wie? Ab Bahnhof Heerbrugg mit dem Bus bis «Zollamt». Mit dem Auto: Autobahnausfahrt Widnau, durch Diepoldsau und vor der Grenze zu Österreich links halten.
Wann? Anfang Mai–Ende September, 9–20 Uhr.
Wieviel? Erwachsene Fr. 5.–, Kinder 2.50.
Alter? Alle Altersstufen.

12 Natur wie einst
Naturschutzgebiet Riet,
Verein Pro Riet Rheintal,
9450 Altstätten, 071 750 08 30

Einst erstreckte sich zwischen Widnau und Oberriet das riesige Flachmoor Isenriet, entstanden vor rund 10 000 Jahren durch die Verlandung des Rheintalsees. Dreieinhalb Kilometer südöstlich des Städtchens Altstätten ist ein vergleichsweise kleiner Rest erhalten geblieben: Das Naturschutzgebiet von nationalem Rang ist Heimat einer vielfältigen Tier- und Pflanzenwelt, und ein elf Kilometer langes Netz von Torfstichgräben überzieht das Schollenriet. Seit 1994 wird an einigen Orten des Riets wieder Brenntorf gestochen. Zu den Raritäten, die im Riet zu entdecken sind, gehören das Schwarzkehlchen, die Wasserspitzmaus, eine Vielfalt von Insekten und Pflanzen wie der Wasserschlauch, die Schwarzviolette Akelei und etliche Orchideen.

Wie? Das Gebiet kann zu Fuss oder auf Velowegen auf eigene Faust besucht werden. Auf Anfrage Exkursionen (Verein Pro Riet).
Wann? Frühling bis Herbst.
Alter? Von Kindsbeinen an.

13 Welch musikalisches Haus!

Altstätter Spieldose, Breite 45,
9450 Altstätten, 071 750 09 19,
www.spieldose.ch

In Altstätten gibt es eine Spieldose, die nur als Freilicht-Aufführung besucht werden kann. Denn sie ist so hoch und breit wie ein grosszügiges Einfamilienhaus und passt also unmöglich in ein Museum oder dergleichen. Glaubt man den Betreibern, handelt es sich sogar um die grösste Spieldose der Welt. Die Vorführung beginnt, sacht öffnet sich eines der nostalgisch bemalten Fassadenelemente, da das nächste, dort das dritte… Von Melodien umrahmt und begleitet, erzählen lebensgrosse, liebevoll ausgestaltete und bewegliche Figuren von der Entstehung der Schweiz. Vor oder nach der Aufführung lohnt sich ein Bummel durch den kompakten historischen Ortskern mit seinen jahrhundertealten schönen Häusern und einem alten Stück Stadtmauer.

Wie? Ab SBB-Bahnhof Altstätten mit dem Bus bis «Stadt». Mit dem Auto: Autobahnausfahrt Kriessern oder Oberriet, weiter nach Altstätten.
Wann? Mai–Mitte Oktober Di–Sa 14 Uhr, Juli/August zusätzlich 20 Uhr und So 14 Uhr. Auch bei leichtem Regen (das Publikum sitzt geschützt in einem Pavillon).
Wieviel? Erwachsene Fr. 15.–, Kinder bis 15 Jahre 7.–, jedes 2. Kind pro Familie gratis.
Dauer? Vorführung ca. ½ Stunde.
Alter? Ab 6 Jahren.

14 Schussfahrt auf Schnee

Schlittelweg Stoss–Altstätten
Bahnhof Appenzeller Bahnen,
9450 Altstätten, 071 755 15 21,
www.appenzellerbahnen.ch

Der knapp 950 Meter hohe Aussichtspunkt Stoss ist sowohl Hausberg von Altstätten wie Passübergang zwischen dem Rheintal und Gais im Appenzellerland. Die Bergfahrt aus dem Rheintal durch die reizvolle Landschaft geniessen wir in der Zahnradbahn. Wer eine Rückfahrt mit Schuss antreten möchte, fährt im Winter auf den Stoss: Dann wird die Strasse hinunter nach Altstätten, das heisst über rund 450 Höhenmeter, zum durchgehenden Schlittelweg. Die ungefähr fünf Kilometer lange Piste wird regelmässig präpariert und gepflegt, und während des Schlittelbetriebs ist der motorisierte Verkehr nur für Anwohner und nur Richtung Tal erlaubt. Wer sich unterwegs aufwärmen will, kann dies direkt an der Strecke tun, im Restaurant «Alter Zoll».

Wie? Ab AB-Bahnhof Altstätten mit der Bahn auf den Stoss. Anfahrt mit dem Auto: Autobahnausfahrt

---

Sanggallertütsch

Der Sanktgaller Dialekt habe nichts mit Sprache zu tun, sondern sei eine Halskrankheit. Wer das behauptet, ist entweder ein Lästermaul oder kann einfach nicht zuhören. So oder so kann ein kleiner Sprachführer nicht schaden: Gad ase? (wirklich wahr?), Bomm (Baum), Tromm (Traum), Cheerche (Kirche), Kärlipoorscht (junger starker Mann), Miläch (Milch), en Eier (ein Ei), dadedoo (das da), dädedött (der dort). Alles klar? Wenn nicht, einfach hofeli (höflich) nachfragen.

Kriessern oder Oberriet, weiter nach Altstätten. Beachten: Altstätten hat zwei Bahnhöfe! Der SBB-Bahnhof liegt östlich des Städtchens, der Bahnhof der Appenzellerbahnen (AB) im Zentrum. Die beiden Bahnhöfe sind per Bus verbunden.
Wann? Wenn genügend Schnee liegt. Auskunft: AB-Bahnhof, 071 755 15 21. Die Bahn (Bergfahrt ca. 10 Minuten) verkehrt stündlich. Bei guten Schneebedingungen zusätzliche «Schlittelzüge» .
Wieviel? Bahnbillett Altstätten–Stoss: Erwachsene Fr. 3.80, Kinder 2.–.
Alter? Ab Schlittelalter.

15 Pony, Storch und Co.
Storchenhof Kriessern,
Familie Thurnheer, 9436 Balgach,
071 722 27 89,
jakob_thurnheer@freesurf.ch

Damit der Storch im St. Galler Rheintal wieder heimisch werde, wurden vor einigen Jahren Storchenstationen errichtet. Zum Beispiel der Storchenhof, eine Aussenstelle der wissenschaftlich geführten Storchenstation im solothurnischen Altreu. Von hier aus weitet Meister Adebar seinen Aktionsradius stets weiter aus und ist heute auch in den umliegenden Gebieten anzutreffen. Der Storchenhof gehört jedoch nicht ihm allein: Seine «Gastfamilie» Thurnheer führt einen landwirtschaftlichen Betrieb, mit Pferdezucht, Kühen, Kaninchen, Hühnern, Hunden und Katzen. Auf Naturwiesen und Brachland, in Kleingehölzen und -gewässern sind neben den Störchen weitere Tiere und auch seltene Pflanzen zu beobachten, auf eigene Faust oder geführt. Zudem: Reitstunden auf Pony und Pferd, kleine Gartenbeiz mit Selbstbedienung, «Schlafen im Stroh».

Wie? Ab SBB-Bahnhof Altstätten mit dem Bus bis «Post» in Kriessern und weiter zu Fuss (ca. 20 Min.). Velo: Am Radweg den Wegweisern «Storchenhof» folgen. Auto: Autobahnausfahrt Kriessern, durch das Dorf und Richtung Diepoldsau, beim «Zapfenbach» links (Storchenhof nach 1 km).
Wann? Ganzes Jahr, Reitstunden und Führungen auf Anmeldung.
Wieviel? Reiten: Fr. 30.–/Stunde, Führungen 30.– pro Familie.
Alter? Nach eigenem Ermessen. Ponyreiten ab 7 Jahren.

St. Gallen: Von der Stadt ins Rheintal

16 Flieg Geier flieg
Eulen- und Greifvogelpark im Rietli, Lucien und Erika Nigg,
Schützenhausweg, 9470 Buchs,
079 411 34 28, www.greifvogelpark.ch

Raubvögel sind alles andere als Kuscheltiere – mit einer Ausnahme: In Buchs gibt es einen Uhu, den man streicheln kann, natürlich vorausgesetzt, man traut sich überhaupt. Er sitzt auf dem Arm von Erika Nigg und hat soeben an der Flugshow teilgenommen, zusammen mit dem Steppenadler, dem Wanderfalken und weiteren willigen «Kollegen». Insgesamt leben über vierzig Arten von Tag- und Nachtgreifvögeln hier in den riesigen Volieren im rund

5000 Quadratmeter grossen Eulen- und Greifvogelpark: Schneeeulen und Steinadler, Kappengeier und Gaukler, Käuzchen und der Kokabura ... Kleine, grosse, junge, alte, herzige und gfürchige. Allesamt (fast) gefiedernah zu bestaunen. Und nach dem Rundgang lädt das Restaurant «Adlerhorst» zur Rast.

Wie? Ab Bahnhof Buchs mit dem Bus bis «Ackerweg» (Mo–Sa) bzw. «Flösweg» (So) und weiter ca. 10 Minuten zu Fuss (Wegweiser). Mit dem Auto: Autobahnausfahrt Buchs.
Wann? Ganzes Jahr Mo–Fr ab 13.30, Sa/So 10–17 (Winter) bzw. 10–18 Uhr (Sommer). Greifvogelvorführungen mit Flugshow: Mitte März–Ende Oktober Sa/So 15 Uhr.
Wieviel? Erwachsene Fr. 6.–, Kinder 4.– (Tage ohne Vorführung/Flugshow) bzw. Erwachsene Fr. 8.–, Kinder 6.– (Tage mit Vorführung/Flugshow).
Dauer? Eine Vorführung dauert rund 40 Minuten.
Alter? Alle Altersstufen.

17 Kleine Stadt, grosses Schloss

Werdenberg im Rheintal,
Tourist Info Werdenberg,
Bahnhofstrasse 4, 9470 Buchs,
081 740 05 40,
www.rheintal-werdenberg.ch

Das Miniaturstädtchen Werdenberg gilt als besterhaltene und älteste Holzbausiedlung der Schweiz. Allein schon die idyllischen Winkel und Plätze, Kunsthandwerkboutiquen und gemütlichen Gasthäuser am Ufer eines Seeleins sind einen Besuch wert. Ein Spaziergang über Stufen im Rebberg führt in wenigen Minuten hinauf zum prächtigen weissen, über 700 Jahre alten Schloss. Die Sammlung alter Waffen im Rittersaal aus dem 15. Jh. ist nicht jedermanns Sache, aber den meisten Buben wird's halt doch gefallen. Spannend ist in jedem Fall die Sammlung über die Geschichte des Kantons St. Gallen im Dachgeschoss mit Geschichtsdatenbanken, die man selber befragen darf. Um sich das Relief des Kantons im Massstab 1:10 000 anzusehen, muss – oder darf – man gar auf die Turmzinne steigen!

Wie? Ab Bahnhof Buchs mit dem Postauto Richtung Grabs;
die Fahrt dauert wenige Minuten.
Wann? Schloss Werdenberg: April–Oktober, Di–So 9.30–17 Uhr.
Wieviel? Museumseintritt: Kinder Fr. 2.–, Personen in Ausbildung bis 25 Jahre 3.–, andere Erwachsene 4.–.
Alter? Bummel durchs Städtli: jedes Alter. Museum: nach eigenem Ermessen.

18 Freie Fahrt für Skater

Rheintal-Werdenberg Tourismus,
AB-Bahnhof, 9450 Altstätten,
071 750 00 23,
www.rheintal-werdenberg.ch

Inline-Skater finden auf dem Rheindamm zwischen St. Margrethen und Sargans paradiesische Zustände vor: Auf einer Strecke von rund 60 Kilometern trübt kein Hügelchen das Fahrvergnügen. Der breite Dammweg bietet genügend Platz für die Velofahrer und die wenigen Spaziergänger. Wo der geteerte Weg in der Nähe von Montlingen vom Rhein wegführt, gibt es gute Ausweichmöglichkeiten ins Rheintal. An mehreren Stellen lädt der Fluss zum Sonnenbaden ein, und gemütliche Dörfer und Städtchen sind nie allzu weit. Vielleicht darf es gar ein Abstecher nach Vaduz ins Fürstentum Liechtenstein sein? Im Gebiet des Alten Rheins bei Diepoldsau führt die Strecke über österreichisches Gebiet, also Pass oder Identitätskarte nicht vergessen! Der Rheindamm eignet sich auch vorzüglich für eine ausgedehnte Velotour mit der ganzen Familie, inklusive Nachwuchs im Kindersitz.

Wie? Der Rheindamm ist von den meisten Bahnhöfen im Rheintal aus einfach zu erreichen. Nur Altstätten und Rebstein-Marbach liegen weiter entfernt. Achtung: Zwischen Altstätten und Sargans hält der Zug nur noch in Buchs.
Wann? Frühling bis Herbst.
Alter? Ab 6 Jahren.

Kids willkommen!

Wo essen?
Wildpark-Restaurant Peter und Paul, Kirchlistrasse 92, 9010 St. Gallen, 071 245 56 25. Für Familien-Zvieri wie gehobene Küche. Kinderkarte, Kindersitzli, Karussell und Terrasse mit Blick auf den Bodensee.
Restaurant Schiltacker, St. Josefenstrasse 56, 9030 Abtwil, 071 277 66 44. Kindermenü, Getränke im Offenausschank, grosser Spielplatz mit Autoscooter, Karussell usw. Offen täglich ab 10 Uhr.
Restaurant Schützenhaus, Alte Stossstrasse 19, 9450 Altstätten, 071 755 13 43. Ruhig im Grünen gelegen, mit schöner Gartenwirtschaft. Kindermenüs, kleine Spielecke im Restaurant, Kindersitzli für die Kleinen und draussen Spielplatz mit vielen Spielgeräten, z. B. einem kleinen Karussell. Di geschlossen.

Restaurant Taube, Untere Dameshäuser, 9450 Altstätten, 071 755 17 70. Gemütliches Restaurant oberhalb Altstätten im Grünen an nahezu verkehrsfreier Lage. Gartenrestaurant mit Aussicht, Kinderspielplatz, günstige Preise. Mo geschlossen.
Restaurant zur Eintracht, Buckstrasse 11, 9463 Oberriet, 071 761 12 36. Schöner alter, gemütlicher Landgasthof unweit des Velowegs am Rhein, Gartenwirtschaft unter Kastanienbäumen, grosser, schöner Kinderspielplatz.

Wo schlafen?
Jugendherberge St. Gallen, Jüchstrasse 25, 9000 St. Gallen, 071 245 47 77, Fax 071 245 49 83, www.jugendherberge.ch/St. Gallen. Ruhig, 15 Minuten vom Zentrum, 10 Minuten vom Schwimmbad «Drei Weihern». Familienzimmer (6 Betten) mit eigener Dusche/WC. Kinderspielzimmer, grosser Garten mit Spielwiese und Sonnenterrasse. Übernachtungspreis für Mitglieder, inkl. Frühstück: Erwachsene im Familienzimmer Fr. 35.–, im Mehrbettzimmer 27.–. Kinder von 2 bis 6 Jahren bezahlen die Hälfte, unter 2 Jahren gratis. Anfang Dezember bis Ende Februar geschlossen.
Zeltplatz «Leebrücke», 9304 Bernhardzell, 071 298 49 69, camping.stgallen@tcs.ch. Direkt an der Sitter gelegen. Offen 1. Mai bis Ende September. Übernachtungspreise: Kinder 6–15 Jahre Fr. 2.50, Erwachsene 5.– (Zelt 7.–). Spielplatz. Grundnahrungsmittel auf dem Zeltplatz erhältlich.

St. Gallen: Von der Stadt ins Rheintal

Jugendherberge Rorschach,
Churerstrasse, 9400 Rorschach, 071 844 97 12, www.jugendherberge-rorschach.ch. Familien- und Doppelzimmer, Spielraum, Übernachtungspreis für Mitglieder: Erwachsene Fr. 34.– inkl. Frühstück und Badeintritt, Kinder bis 6 Jahre 17.–. Direkt beim Schwimmbad Rorschach und der Minigolfanlage (Verpflegungsmöglichkeit im Restaurant des Schwimmbads). Ende Oktober bis ca. Mitte März geschlossen.

Hotel Schloss Wartegg,
9404 Rorschacherberg, 071 858 62 62, Fax 071 858 62 60, www.wartegg.ch. Für Familien spezielle «Ministudios» (1 Doppel- und 1 Einzelzimmer). Im Einzelzimmer mit japanischem Schlafsystem haben bis vier Kinder Platz. Familienzimmer ab ca. Fr. 200.–, je nach Saison. Teeküche. «Kindergarten» in der ehemaligen Schlossküche. Schlossgarten und -park, Sandspielplatz, Schaukel, Tischtennis, Fussballkasten usw. Auf Anfrage Kinderbetreuung. Auf Voranmeldung: Miete von Velos (auch mit Kindersitz) und Mobility-Auto.

Campingplatz und Massenlager Diepoldsau,
Strandbad, 9444 Diepoldsau, 071 733 19 13, www.diepoldsau.ch/strandbad. Selbstbedienungsrestaurant, Kiosk, freier Eintritt ins Strandbad. Camping (März–Oktober): Erwachsene Fr. 6.50, Kinder 3.50, plus 5.50 pro Zelt. Massenlager (Anfang Mai–Ende Oktober): Erwachsene Fr. 15.–, Kinder 13.–.

▬ Dauerbrenner ▬

Alligatoren und Affentheater.
Walter-Zoo, Neuchlen 200, 9200 Gossau, 071 385 29 77, www.walterzoo.ch. Im Walter-Zoo, oberhalb von Gossau in die sanften Hügelzüge des Fürstenlandes eingebettet, leben insgesamt 500 Tiere von 130 verschiedenen Arten: Affen, Tiger, Leoparden, Jaguare, Löwen, Pumas, Kamele, Lamas und Anakondas, die grössten Riesenschlangen der Welt. Zudem: Pony- und Kamelreiten, Ziegen zum Streicheln, ein Zirkuszelt mit Vorführungen usw. Zoorestaurant und Grillstellen (Holz vorhanden). Ab Bahnhof Gossau Bus 5 bis «Walter Zoo», oder Bus 1 bis «Mettendorf» und weiter zu Fuss (20 Min.) zum Zoo. Mit Auto: Autobahnausfahrt Gossau oder St. Gallen-Winkeln. November–Februar täglich 9–17.30, März–Oktober täglich 9–18.30 Uhr, Zirkusvorstellungen (Anfang April–Mitte Oktober) 15 Uhr, So zusätzlich 11.30 Uhr, Fr keine Vorstellung. Preise: Erwachsene Fr. 17.–, Lehrlinge/AHV 12.–, Kinder 4–15 Jahre 8.–, Zirkusvorstellung inbegriffen. Dschungel-Zmorge (inkl. Zoo-Eintritt) am Sonntag, 9–12 Uhr: Erwachsene Fr. 30.–, Kinder 20.–, Voranmeldung Zoorestaurant 071 385 31 49. Alle Altersstufen.

St. Gallens wertvolle Wahrzeichen.
Klosterkirche und Stiftsbibliothek St. Gallen, St. Gallen-Bodensee Tourismus, Bahnhofplatz 1a, 9001 St. Gallen, 071 227 37 37, www.st.gallen-bodensee.ch. Kathedrale und Stiftsbibliothek, im Herzen der Altstadt gelegen, gehören zum UNESCO-Weltkulturerbe. Die Stiftsbibliothek (www.stiftsbibliothek.ch) gilt als schönster Saal der Barockzeit weltweit. Die ältesten der 150 000 Bücher und Schriften stammen aus dem 5. bis 8. Jahrhundert. Vom Hauptbahnhof 20 Minuten zu Fuss. Kathedrale: Mo-Fr 9–18, Sa 9–15.45, So 12.15–17.30 Uhr. Stiftsbibliothek: Anfang April bis ca. Mitte November Mo–Sa 10–17, So 10–16 Uhr, übrige Zeit gemäss Infoband auf 071 227 34 15. Eintritt Stiftsbibliothek: Fr. 7.– für Erwachsene, 5.– für Kinder.

Gübsensee bei St. Gallen, St. Gallen-Bodensee Tourismus, Bahnhofplatz 1a, 9001 St. Gallen, 071 227 37 37, www.st.gallen-bodensee.ch. Naturschutzgebiet, die Rundwanderung um den See dauert rund 45 Minuten. Restaurant am See. Vom Bahnhof St. Gallen mit der Bahn Richtung Herisau bis «Gübsensee» (Halt auf Verlangen). Alle Altersstufen.

Säntispark, 9030 Abtwil, 071 313 15 15, www.saentispark.ch. Freizeit- und Einkaufszentrum mit Restaurant und familienfreundlichem Hotel. Bäderlandschaft mit zahlreichen Innen- und Aussenbecken, Kinderplanschbecken, 90-Meter-Wasserrutschbahn, Wellenbad usw. Spielpark (Spielweiher, Seilbahn, Bachläufe, Autoscooter usw.). Ab Bahnhof St. Gallen mit Bus 7 oder Autobahnausfahrt St. Gallen-Winkeln. Bäderlandschaft: Mo–Fr 9–22, Sa/So 8–22 Uhr. Sportanlagen: bis 23 oder 24 Uhr. Einkaufszentrum: 9–19, Do bis 21, Sa 8–17 Uhr. Preise der Bäderlandschaft auf Anfrage.

Spieldosenkabinett Labhart, Marktgasse 23a, 9000 St. Gallen, 071 222 50 60. Spieldosen im «kleinsten Museum der Schweiz», darunter zahlreiche Raritäten einer 200jährigen Tradition. Ab Bahnhof St. Gallen mit Bus 1, 3, 7 oder 11 bis «Marktplatz», weiter 5 Minuten zu Fuss. Grundsätzlich während Ladenöffnungszeiten. Vorführungen Di–Sa 11 Uhr (ca. 45 Min.), So–Mo geschlossen. Eintritt gratis. Ab 6 Jahren.

Botanischer Garten, Stephanshornstrasse 4, 9016 St. Gallen, 071 288 15 30, www.botanischergarten.stadt.sg.ch. Ruhige Anlage mit rund 8000 verschiedenen Farnen und Samenpflanzen im Freiland und unter Glas. Ab Hauptbahnhof St. Gallen mit Bus 1 bis «Botanischer Garten». Täglich geöffnet (ausser 25. 12. und 1. 1.). Freiland 8–17, Gewächshäuser 9.30–12 und 14–17 Uhr. Eintritt gratis.

Ruine Ramschwag. Wanderung in wildromantischer Landschaft der Sitter entlang zur Ruine Ramschwag und über Finkenbach und Roten nach Muolen. Grill- und Rastplatz bei der Ruine. Ab Bahnhof Wittenbach (Strecke St. Gallen–Romanshorn) mit der Bahn zurück ab Muolen. Dauer: ca. 4 Std. Abgekürzt (ab Ramschwag nach St. Pelagiberg, hier Bus): Ca. 2½ Std. Ab 5 Jahren.

Kristallhöhle Kobelwald, Emerita Kühnis, 9463 Oberriet, 071 761 19 77. Auf der Führung durch die 625 Meter lange Höhle sind funkelnde Kristalle, bizarre Tropfsteingebilde und ein unterirdisches, beleuchtetes Seelein zu entdecken. Ab SBB-Bahnhof Altstätten mit Bus bis Oberriet Moos, dann zu Fuss ca. 1 Std. Mit dem Auto bis «Tanzplatz» in Kobelwald, dann 20 Min. zu Fuss. Ab Oberriet ist der Zufahrtsweg ausgeschildert. Ostern bis Ende Oktober an Sonn- und Feiertagen 11–17 Uhr, ca. Mitte Juli bis Mitte August täglich 12–16.30 Uhr. Feste Schuhe und warme Jacke mitnehmen. Erwachsene Fr. 6.–, Kinder 3.50. Ab ca. 4 Jahren.

Erlebniszoo Eichberg, 9453 Eichberg, 071 755 55 70. Alpakas knuddeln, mit Äffchen spielen, einen Geparden streicheln! Dies und noch viel mehr ist möglich auf Führungen (nur nach tel. Anmeldung). Eintritt Erwachsene Fr. 25.–, Kinder 6–16 Jahre 15.–.

Diepoldsauer Schmugglerpfad. Tourismusbüro Rheintal-Werdenberg, 9450 Altstätten, 071 750 00 23. Wanderung (1½ Std.) im Grenzgebiet des Rheins ab Zollamt Diepoldsau-Hohenems.

Rheintal-Höhenweg von Altstätten nach Wildhaus. Rheintal-Werdenberg Tourismus, AB-Bahnhof, 9450 Altstätten, 071 750 00 23, www.rheintal-werdenberg.ch. Wanderzeit total ca. 13 Std., in 2–3 Tagesetappen. Ab 6 Jahren.

St. Gallen: Von der Stadt ins Rheintal

St. Gallen: Der Süden

1. Zu Besuch beim Alpöhi
   Heidipfad Alp Schwarzbüel
2. Bauernhof multifunktional
   Maislabyrinth in Wangs
3. Bergtour mit Ländle-Blick
   Garmil-Höhenweg, Pizol
4. 2000 Meter, 2 Spielplätze
   Spielplatz Maschgenkamm
5. Wasser in Variationen
   Sommerplausch am Walensee
6. Garantiert autofrei
   Ausflug nach Quinten
7. Alphütte wie anno dazumal
   Stöcklihütte oberhalb Amden
8. Winter auf der Hochterrasse
   Schneeschuhlaufen in Amden
9. Woher kommt der Walensee?
   Geoweg Schänis–Weesen–Amden
10. Radweg par excellence
    Walensee und Linthkanal
11. Minibahn megagross
    Modelleisenbahn in Lichtensteig
12. Museen voller Nostalgie
    in Lichtensteig
13. Ein sagenhafter Wanderweg
    Toggenburger Sagenweg
14. Wo die Thur entspringt
    Wasserfälle im Obertoggenburg
15. Baden im Bergsee
    Strandbad in Wildhaus
16. Mit dem Trotti auf die Alp
    Alp Gamplüt, Wildhaus
17. Keine Angst vor dem Ofenloch
    Im hintersten Neckertal
18. Heiteres Berufewandern
    Windrädliweg in Tufertschwil

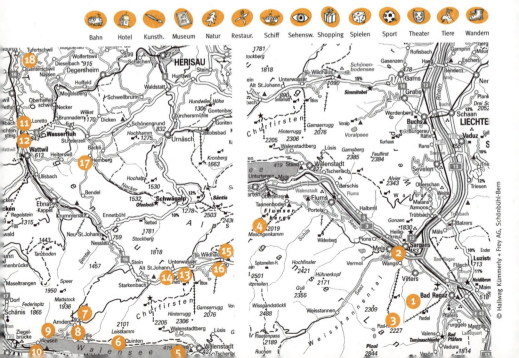

Familien hochoffiziell willkommen

Auf der faulen Haut liegen oder Berge erklimmen? Als Tourismusregionen gehören das St. Galler Oberland und das Toggenburg zu den stilleren im Lande. Wenn's um Kinder- und Familienfreundlichkeit geht, sind sie hingegen ganz vorne mit dabei. So tragen Flumserberg und das Toggenburg das Gütesiegel «Familien willkommen». Diese Auszeichnung des Schweizerischen Tourismusverbandes erhalten nicht alle; die Hürden sind hoch, schweizweit haben es bisher erst 18 Ferienorte geschafft. Das Land rund um Sargans, den Walensee und die Churfirsten lockt insbesondere mit intakter Natur und gesunder Luft, mit zahlreichen Möglichkeiten zum Biken, Snöben, Schwimmen, Besuchen auf dem Bauernhof im Sommer sowie recht guten Wintersportmöglichkeiten… und natürlich mit vielen Angeboten extra für Kinder. Denn: «Familien willkommen» verpflichtet.

Erika Schumacher

1 Zu Besuch beim Alpöhi

Heidipfad Alp Schwarzbüel,
7310 Bad Ragaz, 081 300 48 00,
www.pizol.com

Zum Heidiland gehört auch ein Heidipfad. Der Panoramaweg oberhalb von Bad Ragaz ist sogar mit dem Kinderwagen begehbar. Er beginnt in Pardiel (1608 m), führt ohne nennenswerte Steigung zur Heidialp (1728 m) und weiter via Aussichtspunkt Schwarzbüel und Alphütte Obersäss zurück nach Pardiel. Unterwegs erzählen Tafeln mit farbigen Bildern, was Heidi in Johanna Spyris weltberühmter Geschichte alles erlebt hat. Dazu haben wir Aussicht auf alle Orte oberhalb des Bündner Rheintals, wo Heidi gelebt hat. Bis nach Frankfurt reicht der Blick natürlich nicht... Der Wirt im Gasthaus auf der Alp Schwarzbüel, heute Heidialp genannt, verkörpert mit seinem grossen weissen Bart und der Appenzeller Tabakpfeife den typischen Alpöhi. Gleich nebenan lockt ein Rastplatz, malerisch in einer Waldlichtung gelegen, und muntere Bergbächlein laden zum Spielen ein.

Wie? Nach Bad Ragaz mit der Bahn (Strecke Chur–Zürich) oder dem Auto (Autobahnausfahrt Bad Ragaz), weiter mit der Gondelbahn nach Pardiel.

Wann? Juni–Oktober oder je nach Witterung.
Dauer? Bergfahrt mit der Gondel 22 Min., Rundwanderung Heidipfad 60–90 Min.
Alter? Ab Kinderwagenalter.

2 Bauernhof multifunktional

Maislabyrinth und Bauernhof in Wangs, Manuela und Adrian Kalberer, Melserstrasse 30, 7323 Wangs, 081 723 27 24,
www.maislabyrinth-wangs.ch

Die Stauden sind hoch, die Knirpse klein, die Wege schmal und der Ausgang (noch) unsichtbar: Beim Hof der Familie Kalberer wächst jedes Jahr ein Maislabyrinth. Allerdings wird hier nicht nur Mais gemacht: Ein kleines Beizli lädt zur Rast, und am Marktstand können die Produkte der einheimischen Bauernhöfe gekauft werden: Brot, Honig, Sirup, Kürbis... Im Streichelzoo freuen sich Kaninchen, Esel, Pferde, Schweine, Ziegen und weitere Tiere auf den Besuch der Zweibeiner, daneben gibt's einen Kinderspielplatz – u.a. mit Sandkasten, Schaukeln und einem Trampolin –, einen Tschutti-Kasten und den zum Riesenspielzeug umgebauten Bagger. Die grösseren Kinder treffen sich

---

Wintersport à gogo

Beim Wintersport kommen Familien sowohl im St. Galler Oberland wie im Toggenburg auf ihre Rechnung. Die Skiregionen rund um den Walensee bieten 48,5 km leichte, 68,5 km mittelschwere und 24 km schwere Pisten. Rassige Abfahrten gibt's zum Beispiel am Pizol, Snowboarder finden viele Angebote in Flumserberg. Im Toggenburg heissen die Snowboardschulen in Unterwasser, Alt St. Johann und Wildhaus jung und alt willkommen. Die Churfirstenregion besitzt lange Skiabfahrten und gemütliche Beizen; auf Iltios, im Oberdorf und in Wildhaus finden sich geeignete Hänge für die Kleinsten.

Infos: Flumserberg (081 720 18 11, www.flumserberg.com), Pizol (081 300 48 30, www.pizol.ch), Toggenburg (071 999 27 27, www.toggenburg.org).

– denn die Moderne macht auch vor dem Bauernhof nicht halt – in der Computerecke, mit Gratis-Internetanschluss!

Wie? Mit Bus ab Bahnhof Sargans nach Wangs (Haltestelle «Sternen»). Von dort 5 Minuten zu Fuss (dem Wegweiser «Maislabyrinth» folgen). Mit dem Auto: Autobahnausfahrt Sargans, weiter Richtung Wangs und dem Wegweiser folgen.
Wann? Ungefähr Anfang Juli bis Anfang Oktober, täglich 10–21 Uhr.
Wieviel? Eintritt Maislabyrinth: Erwachsene Fr. 7.–, Kinder 5–15 Jahre 3.–, Geburtstagskinder gratis (Ausweis mitnehmen).
Alter? Alle Altersstufen.

3   Bergtour mit Ländle-Blick
Garmil-Höhenweg, Verkehrsverein Wangs-Pizol, 7323 Wangs, 081 720 48 20, www.pizol.com

«Steigen wir denn jetzt wirklich durch diese Felsen hinauf?!» Andrea ist's beim Blick vom Sesseli auf den Berg nicht ganz geheuer. Doch keine Angst, der Garmil-Höhenweg ist ungefährlich – wenn auch streckenweise recht anstrengend. Er ist gut begehbar und bietet auf Schritt und Tritt wunderbare Sicht hinunter ins Rheintal und hinüber ins Fürstentum Liechtenstein. Von der Sesselbahn-Bergstation Gaffia (1861 m) führt er auf den Garmil (2003 m); der höchste Punkt der Tour belohnt unseren Aufstieg mit grandiosen Ausblicken auf viele Berge und Täler. Über einen sanften Bergrücken geht's dann hinunter zum Fürggli, und schliesslich treffen wir auf der Furt (1522 m) ein. Vielleicht reicht es vor der Talfahrt mit der Gondelbahn noch zur Einkehr auf der Restaurant-Sonnenterrasse?

Wie? Mit Bus ab Bahnhof Sargans nach Wangs (Haltestelle «Altersheim») und 2 Minuten zu Fuss zur Talstation der Gondelbahn Wangs–Furt. In Furt umsteigen auf die Sesselbahn nach Gaffia. Mit dem Auto: Autobahnausfahrt Sargans, nach Wangs und dem Wegweiser Pizolbahn folgen.
Wann? Die Bahn verkehrt ab Mitte/Ende Juni bis Mitte Oktober, Mo–Fr 8–12 und 13–17 Uhr, Sa/So durchgehend.
Wieviel? Bahn-Spezialtarif für Kombination mit Garmilwanderung: Erwachsene Fr. 28.– (mit Halbtax-Abo: 14.–), Kinder 9.–.
Dauer? Wanderzeit ca. 3½ Stunden.
Alter? Ab 10 Jahren.

4   2000 Meter, 2 Spielplätze
In- und Outdoorspielplatz, Panoramarestaurant Maschgenkamm, 8898 Flumserberg, 081 733 19 39

Im Winter tummeln sich im Bergrestaurant grosse und kleine Skihasen. Im Sommer schafft der Wirt an der gleichen Stelle viel Platz für Kinder: Er funktioniert einen Teil des Restaurants um zu einem Spielzimmer bzw. «Indoor-Spielplatz», wie solche Freizeitattraktionen heute heissen. Den Outdoor-Spielplatz gibt's auch: Mini-Seilbahn, Sandkasten, Klettergerüst mit Drehmechanismus und ein grosses Trampolin locken die kleinen Gäste bei schönem Wetter. Ein Tischtennistisch

St. Gallen: Der Süden

steht ebenfalls zur Verfügung, und die Erwachsenen geniessen auf der Sonnenterrasse das Panorama. Der Maschgenkamm, rund 2000 m ü. M, ist übrigens Ausgangspunkt für etliche Spaziergänge und Wanderungen; einige Wege sind gar kinderwagentauglich.

Wie? Ab Bahnhof Flums (Strecke Sargans–Zürich) mit dem Postauto nach Flumserberg-Tannenboden (Stundentakt) und weiter mit der Gondelbahn auf den Maschgenkamm. Flumserberg-Tannenboden ist ab Unterterzen auch mit der Luftseilbahn zu erreichen. Mit dem Auto: Autobahnausfahrt Flums.
Wann? Ausserhalb der Wintersaison.
Alter? Alle Altersstufen.

5 Wasser in Variationen
Sommerplausch am Walensee, Heidiland Tourismus, Postfach 90, 7320 Sargans, 081 720 08 20, www.heidiland.com

Der Walensee gilt als sauberster See der Schweiz. Ob das stimmt, überprüfen wir an heissen Sommertagen – warme Tage reichen leider nicht, denn das Wasser ist nicht nur sauberer, sondern auch kälter als anderswo. Unsere Prüfstationen sind das Freibad Walenstadt, die Strandbäder Mühlehorn, Mols und Unterterzen sowie diverse Naturstrände. Fazit: Sauber! Aber aufgepasst: Das Ufer ist an einigen Stellen sehr steil. Besonders gefällt es uns in der Nähe von Weesen am Sandstrand Gäsi mit seinem idyllischen Zeltplatz. Und was fangen wir mit dem Walensee an, wenn das Wasser zu kühl ist? Wir machen eine Schiffsrundfahrt. Buchen einen Tauchkurs für Anfänger. Fahren Wasserski, segeln oder surfen. Oder machen einen Ausflug mit Pedalo, Tretboot oder Kanu.

Wie? Mit der Bahn (Strecke Zürich–Sargans, div. Stationen am Walensee) oder mit dem Auto (Autobahnausfahrten Weesen, Murg, Walenstadt).
Wann? Infos bei: Schiffsbetriebe Walensee AG (081 738 12 08), Tourismus-Information Amden–Weesen (055 611 14 13) bzw. Flumserberg (081 720 18 18), Tauchschule Walensee (081 738 21 51), Bootsverleih Weesen (055 616 15 26), Kajakschule Shirocco (076 383 13 90), Zeltplatz Gäsi (055 610 13 57).

6 Garantiert autofrei
Ausflug nach Quinten, Tourist Information, 8880 Walenstadt, 081 735 22 22, www.walenstadt.ch

Quinten am Walensee ist ein «echter» autofreier Ort. Denn das rund 60 Einwohner zählende Dorf musste nie vom Autoverkehr befreit werden. Das von Flums aus «fünfte Gehöft» (daher der Name), das einst dem Kloster Pfäfers oder dem Bischof von Chur unterstellt war, ist nämlich von jeher nur über Fusswege oder mit dem Schiff erreichbar. Jede Familie besitzt deshalb ein Motorboot, und die Schüler werden auf diese Weise auch auf die andere Seeseite zum Unterricht gefahren. Für die Abgeschiedenheit werden die Quintner mit reichlich Sonnenschein entschädigt. Neben Reben reifen hier sogar Feigen. Für eine Annäherung an diesen aussergewöhnlichen Flecken bietet sich auch der Wanderweg entlang der steil aufragenden Churfirsten an, von Walenstadtberg oder Weesen aus. Aber aufgepaßt: Die Höhenunterschiede sind beträchtlicher, als es etwa auf der Karte 1:50 000 den Anschein macht.

Wie? Mit dem Postauto ab Bahnhof Walenstadt nach Walenstadtberg. Dann Wanderweg. Mit Kursschiffen auf dem Walensee (Auskünfte über

081 738 12 08). Oder mit dem Auto nach Weesen und weiter bis zu den letzten Parkplätzen nach dem Flihof oder beim Badestrand Stralegg. Verpflegung in Quinten und Au in drei Restaurants möglich. Spezialität: Fisch frisch aus dem Walensee.
Wann? Schiff Walenstadt–Quinten–Weesen nur im Sommer. Schiff Murg–Quinten–Murg das ganze Jahr. Automatische Fahrplanauskunft 081 738 12 03.
Wieviel? Retour Erwachsene Fr. 9.–, Kinder 4.50 (ab Murg).
Dauer? Wanderzeit von Walenstadtberg nach Quinten rund 3 Std., von der Stralegg ebenfalls.
Alter? Ab 8 Jahren.

7 Alphütte wie anno dazumal

Stöcklihütte oberhalb Amden, Tourismus Amden-Weesen, Dorfstrasse 22, 8873 Amden, 055 611 14 13, www.amden.ch

Zur Stöcklihütte geht, wer einmal in einer Alphütte übernachten will. In einer richtigen, wie früher, das heisst ohne elektrisches Licht, ohne Warmwasser, und geschlafen wird im Stroh. Insgesamt 25 Personen haben in der Hütte Platz, und der Schlafsack muss mitgebracht werden. Allerdings wär's zu schade, nur zum Schlafen hochzusteigen: Abgelegen und weit weg von Lärm und Verkehr, ist die Stöcklihütte mit ihrem Umschwung eine Oase im Alltag. Die Kinder vergnügen sich stundenlang im Wald und auf der Bergwiese, die Erwachsenen frönen dem Nichtstun. Nachtessen gibt es an der Familienfeuerstelle unter dem Sternenhimmel oder, gekocht auf dem Holzherd, in der Hütte. Achtung: Da gibt's keinen Koch und kein Servicepersonal – Essen und Trinken also selber mitbringen und zubereiten!

Wie? Nach Amden ab Bahnhof Ziegelbrücke (Strecke Zürich–Sargans) mit Bus. Oder mit Auto via Autobahnausfahrt nach Weesen und bergauf nach Amden. Zur Stöcklihütte: Ab Postauto-Haltestelle «Amden Post» 2 Fussminuten zur Talstation der Mattstock-Sesselbahn. Sesselbahn bis Walau, dann Wanderweg (Wegweiser «Stöcklihütte»).

Wann? Nur auf Reservation bei Tourismus Amden-Weesen (siehe oben). Grundsätzlich Anfang Mai bis Ende Oktober, die Sesselbahn verkehrt jedoch nur bei Schönwetter (Info: 055 611 18 00). Wanderzeit Walau–Stöcklihütte: ca. 1 Stunde.

Wieviel? Übernachtung: Erwachsene Fr. 15.–, Kinder bis 16 Jahre 10.–. Retourfahrt Sesselbahn: Erwachsene Fr. 11.–, Kinder (bis 16 Jahre) 6.– bzw. in Begleitung ihrer Eltern gratis.

Alter? Ab ca. 5 Jahren.

St. Gallen: Der Süden

8 Winter auf der Hochterrasse

Schneeschuhlaufen in Amden,
Tourismus Amden-Weesen,
055 611 14 13, www.amden.ch

Der Ferienort Amden trägt das Prädikat «gemütlich» zu Recht. Das heisst: Wer in den Winterferien bis zum Abwinken skifahren und snöbern will, der komme lieber nicht hierher. Immerhin können die Kinder auch hier die Ski- oder Snowboardschule besuchen. Ansonsten gehört zur sonnigen Geländeterrasse hoch über dem Walensee ein weitläufiges Gebiet zwischen 900 und 1800 Metern, das viel «sanften» Wintersport bietet: Gehen wir doch Schneeschuh laufen! Für eine Wanderung mit diesem uralten und in den letzten Jahren wiederentdeckten Fortbewegungsmittel ist zum Beispiel der Rundweg im Arvenbüel da. Wie wär's mit einer Schlittenfahrt? Mit Eisstockwerfen? Oder wir testen die Snow-Tubes-Anlage: Auf den Schlauch sitzen, die Beine in die Höhe und bergab geht's, ebenfalls im Arvenbüel.

Wie? Nach Amden ab Bahnhof Ziegelbrücke mit dem Bus oder mit dem Auto via Autobahnausfahrt Weesen.
Wann? Gute Verhältnisse in der Regel von Weihnachten bis Ende Februar.
Wieviel? Schneeschuhmiete: Fr. 19.– (Sporthaus Eberle, 055 611 15 82), Schlitten- und Snow-Tubes-Miete: Preis auf Anfrage (Sportbahnen Amden AG, 055 611 12 75).
Alter? Nach eigenem Ermessen.

9 Woher kommt der Walensee?

Geoweg Schänis–Weesen–Amden,
Tourismus Amden-Weesen,
Dorfstrasse 22, 8873 Amden,
055 611 14 13, www.amden.ch

Wie kommt es, dass sich Gesteinsschichten zu Bergen falten? Warum verändern Überschwemmungen das Land so dauerhaft? Und was haben die Gletscher von früher mit der Landschaft von heute zu tun? Die Gegend rund um den Walensee ist ein Fall für kleine und grosse Hobby-Geologen: Das Grenzgebiet der Kantone St. Gallen, Glarus und Graubünden weist viele geologische Besonderheiten auf, die «Glarner Hauptüberschiebung» ist in Fachkreisen gar weltbekannt. Uns Laien zeigt der erdgeschichtliche Erlebnispfad von Schänis über Weesen und hinauf nach Amden, welch riesige Kräfte die Landschaft geformt haben. Rund dreissig Informationstafeln erklären auf anschauliche Weise, wie in grauer Vorzeit all das zustande kam, was uns hier und heute auf Schritt und Tritt in Natura begegnet.

> **Wer nicht an den Storch glaubt...**
>
> ...in der Gegend zwischen Walensee und Zürichsee jedoch dennoch einen solchen sichtet, braucht sich nicht die Augen zu reiben: Meister Adebar ist tatsächlich hier heimisch, genauer in der Storchenkolonie von Uznach, welche das ganze Jahr über von über vierzig der grossen Vögel bewohnt wird. Im Winter ziehen die älteren nach Süden, um im Frühling zurückzukehren. Den Jungtieren ist dies indes zu weit; gut gefüttert und gehegt überwintern sie in der kalten Schweiz ganz prächtig.

Wie? Mit dem Regionalzug nach Schänis (Strecke Zürich–Sargans); der Geoweg beginnt am Bahnhof.
Wann? Bei gutem Wetter von Frühling bis Herbst.
Wieviel? Broschüre mit vielen Details zum Geoweg und Sehenswürdigkeiten an der Strecke: Fr. 7.–, erhältlich bei Tourismus Amden-Weesen oder am Bahnhof Schänis.
Dauer? ca. 4¼ Std. Umgekehrte Richtung (Start in Amden) ca. ½ Std. weniger.
Alter? Ab wandertüchtigem Alter.

10 Radweg par excellence
Am Walensee und Linthkanal, Tourist Information, 8880 Walenstadt, 081 735 22 22, www.walenstadt.ch, und Rapperswil Zürichsee Tourismus, Fischmarktplatz 1, 8640 Rapperswil, 0848 811 500, www.zuerichsee.ch

Der Radweg zwischen Walenstadt und Weesen ist meist schön flach; hier fahren wir durch einen Tunnel, der den Velofahrern vorbehalten ist. Bei Mühlehorn windet sich das Strässchen steil rund 50 Höhenmeter hinauf – und bietet einen prächtigen Ausblick hinunter auf den Walensee. Wer mag, unterbricht die Tour für Ausflüge: Von Murg fährt das Schiff ins autofreie Dörfchen Quinten, von Unterterzen führt die Luftseilbahn nach Flumserberg. In Walenstadt, Unterterzen und Weesen locken Strandbäder. Familien geniessen besonders den 30 Kilometer langen Veloweg von Weesen nach Rapperswil: Wir pedalen dem Linthkanal und dem oberen Zürichsee entlang, vorbei an Feuerstellen, Gasthäusern und zahlreichen Badeplätzen, zum Naturschutzgebiet bei Wurmsbach/Jona und zum Kinderzoo (siehe auch Dauerbrenner: «Knie's Kinderzoo»).

Wie? Zug nach Walenstadt, Weesen oder Rapperswil. Veloreservationen in Walenstadt: SBB 051 228 64 11 und 081 735 32 70 (Zweiradsport Untersander), Schmerikon: 055 282 13 69, Rapperswil: 051 221 72 21.
Wann? Frühling bis Herbst.
Dauer? Walenstadt–Weesen ca. 2½ Std., Weesen–Rapperswil ca. 2¾ Std.
Alter? Ab 8 Jahren, von Schmerikon nach Rapperswil auch jünger.

11 Minibahn megagross
Modelleisenbahn, Erlebniswelt Toggenburg GmbH, Hof, 9620 Lichtensteig, 071 988 82 72, www.modeltraintoggenburg.ch

Die im Jahr 2003 eröffnete Eisenbahnanlage stammt aus den 1940er und 1950er Jahren und ist auch mit der damaligen Technik ausgestattet. Sie sei – so heisst es in Lichtensteig – die grösste Hobby-Modelleisenbahn Europas: Auf 500 Quadratmetern sind 1000 m Schienen verlegt, darauf verkehren 30 Lokomotiven, 100 Personenwagen und ebensoviele Güterwaggons. Maximal 13 Züge können gleichzeitig fahren, sie sind 4 bis 8 m lang. Auch das «Bahnhofareal» lässt sich sehen: Über 20 m lang und von 1000 Lämpchen beleuchtet, hat es zwanzig Gleise – das sind nicht weniger als in den grossen Schweizer Bahnhöfen in Originalgrösse anzutreffen sind.

Wie? Ab Bahnhof Lichtensteig (Strecke St. Gallen–Rapperswil) 15 Min. zu Fuss (Wegweiser beachten). Oder ab Bahnhof Wattwil mit Bus bis «Hof».
Wann? Mi, Sa, So 10.30–16.30 Uhr (letzter Einlass 15.30 Uhr). Vorführungen: 11, 12.30, 14, 15.30 Uhr.
Wieviel? Erwachsene Fr. 13.–, Kinder (6–15 Jahre) 6.–.
Alter? Ab 6 Jahren.

St. Gallen: Der Süden

12 Museen voller Nostalgie

Fredy's mechanisches Musikmuseum,
Bürgistrasse 5, 9620 Lichtensteig,
071 988 37 66;
Toggenburger Museum, Hauptgasse 1,
9620 Lichtensteig, 071 988 35 85

Das Städtchen allein ist schon einen Besuch wert: Lichtensteig thront auf einem Felskopf hoch über der Thur und gilt als einer der besterhaltenen mittelalterlichen Orte der Ostschweiz. Wenige Schritte trennen seine beiden Museen: Fredy's mechanisches Musikmuseum hat sich ganz der Nostalgie verschrieben. Zu sehen und zu hören sind zahlreiche historische Musikinstrumente, von verschiedenen Drehorgeln über schmucke Spieldosen, in denen mechanische Vögel singen und zwitschern, bis zum Orchestrion. Nebenan bietet das Toggenburger Museum ebenfalls einen spannenden Ausflug in längst vergangene Zeiten: Dar- und ausgestellt sind die Geschichte des Toggenburgs, Handwerk, Wirtschaft und Wohnkultur, Waffen, Musikinstrumente, Trachten, Volkskunst und Funde aus der Urgeschichte.

Wie? Mit dem Zug ab St. Gallen oder Rapperswil (Stundentakt).
Wann? Toggenburger Museum: April–Oktober Sa/So 13–17 Uhr (ab 5 Personen nach telefonischer Anmeldung Besuch jederzeit möglich). Führungen nach telefonischer Anmeldung. Musikmuseum: Letzter Sa/So im Monat, Eintreffen um 15 Uhr, Besichtigung nur mit Führung möglich (ab 12 Personen nach telefonischer Anmeldung Besuch auch an anderen Tagen möglich).
Wieviel? Toggenburger Museum: Erwachsene Fr. 4.– (bei Führung: 2.–), Kinder 1.–, Führung 60.–.
Musikmuseum: Erwachsene Fr. 12.–, Kinder 8.–, Gruppenreduktion.
Alter? Nach eigenem Ermessen.

13 Ein sagenhafter Wanderweg

Toggenburger Sagenweg,
Tourist Info, Hauptstrasse 413,
9656 Alt St. Johann, 071 999 18 88,
www.toggenburg.org

Liegt im Gräppelensee immer noch ein versunkener Schatz? Was hat die Hebamme mit den wilden Mannli zu schaffen? Warum sagt das Fetzfräuli nicht die Wahrheit? Und welch schreckliche Geschichte ist im blutlosen Tobel passiert? Die Antworten weiss der Sagenweg auf der Alpterrasse unter den Churfirsten. Die aussichtsreiche Rundwanderung führt an zehn Stationen vorbei; jede zeigt auf einer hohen, wunderschön bemalten Holztafel eine Toggenburger Sagenfigur, in Kurzform werden daneben deren gute und böse Taten erzählt. In manchen Tafeln prangt ein Loch: Kopf durchstecken, Erinnerungsfoto knipsen. Der höchstgelegene Punkt des Sagenweges lockt mit der prähistorischen Höhle Wildenmannlisloch (1640 m ü. M.), einer Feuerstelle und grossartiger Sicht auf Berg und Tal.

Wie? Von Bahnhof Buchs im St. Galler Rheintal mit dem Bus über Wildhaus nach Alt St. Johann, weiter mit der Sesselbahn auf die Alp Selamatt, Ausgangs- und Endpunkt des Sagenwegs.
Wann? Juni–Oktober.
Dauer? 4–5 Std., abgekürzte Route (von Station 3 direkt zu Station 7) ca. 3 Std.
Alter? Ab Schulalter.

14 Wo die Thur entspringt
Wasserfälle im Obertoggenburg, Tourist Info, 9657 Unterwasser, 071 999 19 23, www.toggenburg.org

Wie ungebärdig das Wasser hier rauscht und tost! Der kurze, romantische Spazierweg zu den Thur-Wasserfällen im Chämmerlitobel führt der Säntisthur und etlichen Ruhebänken entlang. Bald kommen die Wassermassen in Sicht, über steile Felswände strömen sie ins Tobel hinab. Hoch über der Schlucht führen drei Galerien ganz nah an die Wasserfälle heran. Den Überblick über das Naturschauspiel gewährt schliesslich die Aussichtskanzel, die man durch einen kurzen, in den Felsen gehauenen Tunnel erreicht; hier ist wasserdichte Kleidung empfehlenswert! Scheint die Sonne, schillert der Wasserstaub in allen Regenbogenfarben. Spektakulär präsentieren sich die Wasserfälle aber auch, wenn's regnet oder kurz danach, eisigschön in kalten Wintern.

Wie? Mit der Bahn über Wil oder Rapperswil nach Wattwil, umsteigen nach Nesslau, weiter mit Postauto bis Unterwasser.
Wann? Ganzjährig bei jeder Witterung.
Dauer? Spaziergang von Unterwasser (Hotel Sternen) bis zu den Wasserfällen: 10 Minuten.
Alter? Alle Altersstufen.

15 Baden im Bergsee
Schwimmbad Schönenbodensee, 9658 Wildhaus, 071 999 18 52

Dieses Seelein inmitten sattgrüner Wiesen, beschützt von den Bergen, ist sowieso eine Rast wert. Dass es am Schönenbodensee dazu noch eine Badeanstalt gibt, setzt dem idyllischen Platz die Krone auf. Das Bad stammt aus den 1930er Jahren und wurde in letzter Zeit renoviert. Wer viel Platz und Ruhe will, kommt mit Vorteil unter der Woche hierher; an schönen Wochenenden ist die Badeanstalt oft überlaufen. Auf der Wiese stehen Schattenbäume und Sonnenschirme, die Erwachsenen haben ihre Kinder von hier wie vom Strandcafé aus stets im Blick. Wer nicht schwimmen kann, beachtet die Nichtschwimmer-Abschrankung im See, und die kleinen Kinder tummeln sich im Planschbecken. Dazu gibt's einen Spielplatz mit Rutschbahn, und am See sind Pedalos zu mieten.

Wie? Mit der Bahn über Wil oder Rapperswil nach Wattwil, umsteigen nach Nesslau, weiter mit Postauto bis Wildhaus. Oder vom Bahnhof Buchs im St. Galler Rheintal mit dem Bus nach Wildhaus. Ab Wildhaus 25 Minuten zu Fuss (beim Hotel Sonne dem Wegweiser folgen). Oder mit dem Auto bis zum Schönenbodensee.
Wann? Von ca. Mitte Mai bis Mitte/Ende September, 9–20 Uhr.
Wieviel? Erwachsene Fr. 5.–, Kinder 2.50.
Alter? Ab Kleinkind.

St. Gallen: Der Süden

16 Mit dem Trotti auf die Alp

Alp Gamplüt, Berggasthaus Gamplüt, 9658 Wildhaus, 071 999 21 72

Die Alp Gamplüt ob Wildhaus ist ein Familien- und Kinderparadies. Gross und Klein tollt herum nach Herzenslust, denn hier oben gibt's nichts als sanfte Bergwiesen und Alpwege... kantige Felsblöcke oder steile Abhänge fehlen ganz. Hinauf geht's mit der Gondelbahn, an steilen Felsen vorbei schaukeln die kleinen Kabinen friedlich über die Bergwiesen bergan. Auf der Alp finden wir viele kinderwagenfreundliche Spazierwege und ein Selbstbedienungsrestaurant mit Sonnenterrasse, das Trottinetts und Mountainbikes vermietet. Wer den Rückweg zu Fuss antreten will, folgt einer geteerten Strasse – mit Panoramasicht – bis Wildhaus.

Wie? Mit der Bahn über Wil oder Rapperswil nach Wattwil, umsteigen nach Nesslau, weiter mit Postauto bis Wildhaus. Oder vom Bahnhof Buchs im St. Galler Rheintal mit dem Bus nach Wildhaus (Haltestelle «Post Dorf») und 10 Min. zu Fuss zur Talstation der Gamplüt-Bahn.

Wann? Das Berggasthaus Gamplüt ist offen von 8.30 bis 17 Uhr (oder länger, je nach Wetter). Die Gondelbahn verkehrt von 8 bis 18 Uhr.
Wieviel? Erwachsene: Bergfahrt Fr. 8.–, retour 10.–. Kinder: Bergfahrt Fr. 6.–, retour 8.–.
Alter? Alle Altersstufen.

17 Keine Angst vor dem Ofenloch

Im hintersten Neckertal, Doris und Markus Nef, Mistelegg, 9633 Hemberg, 071 377 15 08

Das «Alpstöbli» auf der idyllischen Mistelegg ist Restaurant – mit grosser Gartenwirtschaft, Naturkegelbahn, Kinderteller –, Bauernhof und Ausgangspunkt für Wanderungen in jeder Jahreszeit. Zum Beispiel zum Ofenloch, wie die Quelle des Necker genannt wird: Der Weg führt ohne grosse Steigung zum Ampferenboden – hier Picknickplatz mit Feuerstelle – und weiter in wildromantischer Landschaft einige Male über den Bach bis zum canyonartigen Ofenloch, wo aus etlichen Spalten der Necker entspringt. Ganz Tapfere lassen sich ein Bad im Bergbach nicht nehmen. Im Winter hoffen die Besucher

---

Ferienprogramm nur für Kinder

Mama und Papa haben frei! Denn die Kids testen das Kinderferienprogramm in Wildhaus: Zelten auf der Alp, das Wildenmannliloch entdecken, Pizza backen dem Bäcker beim Brötlimachen über die Schulter schauen, mit dem Förster den Wald erkunden, den Kletterfelsen ausprobieren... . Diese und viele andere Abenteuer gibt's während der Sommer- und Herbstschulferien und unter Begleitung und Aufsicht ausgebildeter Fachleute. Betreute Kindertage bietet auch Flumserberg: «Gästekinder» und einheimische Kids gehen auf Schatzsuche, stauen Bergbäche, besuchen den Kleintierpark und ins Kasperlitheater und unternehmen vieles mehr.

Infos: Wildhaus (071 999 27 27, www.toggenburg.org), Flumserberg (081 720 18 18, www.flumserberg.com).

auf viel Schnee: Lässt sich doch das verschneite Neckertal unter fachkundiger Führung von Markus Nef mit den Schneeschuhen entdecken.

Wie? Mit der Bahn über Wil oder Rapperswil nach Wattwil, weiter mit dem Postauto nach Hemberg und 2,5 km zu Fuss (Wegweiser) über den Wanderweg zur Mistelegg.
Wann? Das ganze Jahr. Geführte Schneeschuhwanderungen auf Anmeldung. Das Restaurant ist Mi/Do geschlossen.
Wieviel? Schneeschuhmiete: Halber Tag Fr. 20.–, ganzer Tag 28.–, jeder weitere Tag 10.–. Geführte Schneeschuhwanderung: Fr. 50.– pro Stunde.
Dauer? Wanderung Mistelegg–Ofenloch: ca. 2½ Std. Geführte Schneeschuhwanderung: bis 4 Std. Längere Touren nach Absprache.
Alter? Alle Altersstufen. Geführte Schneeschuhwanderungen: ab 10 Jahren.

18 Heiteres Berufewandern
Windrädliweg in Tufertschwil, Verkehrsverein, c/o Post Lütisburg-Dorf, 9604 Lütisburg, 071 931 11 04

Will ich Bäuerin werden oder doch lieber Bäckerin? Gibt's aus mir einen Koch oder einen Schreiner? Keine Angst: Um sich am Berufswindrädli-Weg zu freuen, muss niemand unmittelbar vor der Berufswahl stehen. An der 8 Kilometer langen Wanderstrecke stellen 26 sorgfältig von Hand gefertigte, farbig bemalte Windräder aus Holz verschiedene Berufe dar. Hoffentlich kommt eine Brise auf: Nur dann ist der Schreiner am Hobeln, putzt der Bauer seine Kuh und bringt der Kellner ein Bier. Der erste Teil des Weges führt von Tufertschwil über Rimensberg nach Winzenberg – wo im Restaurant «richtig» serviert wird – und durchs Sägentobel zurück zum Ausgangspunkt. Flach und kinderwagentauglich, umrundet der zweite, ebenfalls von Tufertschwil aus, den 788 Meter hohen Chapf.

Wie? Mit der Bahn von Wil oder Wattwil nach Lütisburg und weiter zu Fuss (1 Std.) nach Tufertschwil. Oder mit dem Auto durchs Toggenburg nach Lütisburg und über die Thurbrücke nach Tufertschwil.
Wann? Frühling bis Herbst.
Dauer? Ca. 3½ Std.
Alter? Nach eigenem Ermessen.

St. Gallen: Der Süden

━━ **Kids willkommen!** ━━

Wo essen?
Restaurant Schlössli-Büel, 7310 Bad Ragaz, 081 302 12 65. In den Rebbergen, ca. 2 km ab Bahnhof Bad Ragaz (Fussweg). Gartenterrasse mit Grill, kleiner Spielplatz, Kinderteller. Mo-Nachmittag/Di Ruhetag.
Panoramarestaurant Maschgenkamm, 8898 Flumserberg, 081 733 19 39. Selbstbedienungsrestaurant auf 2000 m ü. M. Trampolin, Miniseilbahn, Sandkasten. Im Sommer Indoor-Spielplatz (siehe Tipp 4).
Restaurant Gade, 9657 Unterwasser, 071 999 12 35. Das gemütliche kleine Lokal war früher ein Stall! Währschafte Gerichte, z. B. Käsespätzli; Kinderspielplatz.
Restaurant Sennästube, Alp Tannenboden, 8898 Flumserberg, 081 733 00 23, www.sennenstube.ch Durch eine Glaswand kann man zuschauen, wie in der Alpkäserei gearbeitet wird. Gutbürgerliche Küche, Käsespezialitäten, Kindermenüs. Grosse Gartenwirtschaft mit Kinderspielplatz und Bergsicht.

Restaurant Rössli, Landgasthof, Tufertschwil 20, 9604 Lütisburg, 071 931 11 85. Ca. 2 km ausserhalb des Dorfes. Sehr grosser Spielplatz mit Kinderbähnli, Sprungmatte, Karussell, verschiedenen Rutschbahnen, Klettertürmen usw. Gartenrestaurant. Kinderkarte. Übernachtung möglich. Restaurant Mo geschlossen.

Wo schlafen?

Hotel Siesta, Familie Beeler, 8898 Flumserberg, 081 733 00 13, Fax 081 733 00 17, www.hotel-siesta.ch. Zentral, familiär, unkompliziert. Mit Familienzimmer und Ermässigung für Kinder im Zimmer der Eltern. Gartenterrasse, Schwimmbad, Kinderspielzimmer. Bergbahnen, Skilifte und Skischule in unmittelbarer Nähe.

Hotel Mittenwald, Familie P. und C. Hobi-Bucher, 8897 Flumserberg-Tannenheim, 081 733 11 05, Fax 081 733 41 73, www.mittenwald.ch. 25 Betten, auch Familienzimmer. Ermässigung für Kinder bei Übernachtung im Zimmer der Eltern. Skilift, Schlittelbahn (3 km), Hallenbad, Kinderspielplatz mit Karussell, Minigolf usw. Gartenterrasse. Spielzimmer sowie Spielecke im Restaurant. Küche mit «Hits für Kids».

Hotel Sonne, Familie R. und M. Exposito-Häseli, 8873 Amden, 055 611 17 17, Fax 055 611 17 93, www.sonne-amden.ch. Kleines Hotel, schönste Panoramasicht. Kindergerechte Küche, Essstühli. Kleine Kinder im Bett der Eltern gratis, ältere Kinder mit eigenem Bett Fr. 30.– (inkl. Frühstück). Spielplatz. Nah von Skilift und Schlittelmöglichkeit.

Stump's Alpenrose, 9658 Wildhaus, 071 998 52 52, Fax 071 998 52 53. Familienzimmer mit Schiebetüre zwischen Eltern- und Kinderteil, Spielzimmer mit Billardtisch, Töggelikasten und Spielsachen. Sonnenterrasse, Spielplatz.

Bauernhof Brändliberg, Familie Bühler, 8872 Weesen, 055 616 14 35. Hoch über Weesen, auch für «Kinderferien auf dem Bauernhof» ohne Eltern. Übernachtung inkl. Frühstück: Erwachsene Fr. 22.–, Kinder bis 10 Jahre 12.–, 10–15 Jahre 12.– plus ein Franken pro Altersjahr.

Jugendherberge Jona-Rapperswil, Hessenhofweg 10, 8645 Jona, 055 210 99 27, Fax 055 210 99 28, www.jugendherberge.ch/jona-rapperswil. Ab Bahnhof Rapperswil ca. 20 Minuten zu Fuss dem See entlang. Familienzimmer, teilweise mit Balkon und Seesicht. Spielplatz, Kinderspielraum, Aufenthaltsraum. Wintermonate geschlossen.

Landgasthof Rössli, Hansruedi Nef, Dorf 27, 9127 St. Peterzell, 071 377 12 15, Fax 071 377 17 59, www.roessli-peterzell.ch. Kleiner Spielplatz, Spielsachen, Kindersitz. Kinderkarte. Kinder bis Schulalter gratis. Restaurant Mo/Di geschlossen.

Dauerbrenner

Knie's Kinderzoo, Oberseestrasse, 8640 Rapperswil, 055 220 67 67 (Infoline) oder 055 220 67 60, www.knieskinderzoo.ch. Im Zoo des Nationalzirkus Knie werden rund 350 Tiere von 55 Arten gehegt und gepflegt. Neu ist die Brutstation, sie bietet Einblicke ins Leben der ganz jungen Tiere im Zoo. Zudem: Rösslitram, Kletterwall, alte Dampflokomotiven, Picknickplätze, Selbstbedienungsrestaurant und riesiger Abenteuerspielplatz. Ab Bahnhof Rapperswil (Unterführung) wenige Minuten zu Fuss. Offen ca. Mitte März–Ende Oktober Mo–Sa 9–18, So 9–19 Uhr; Eintrittspreise: Erwachsene Fr. 10.–, Kinder 4–16 Jahre 4.50.–. Alle Altersstufen.

Tamina-Therme, Thermalbad, 7310 Bad Ragaz, 081 303 27 41. Historisches Panorama- und Freiluftbad mit Whirlpool, Strömungskanal, usw. Täglich 7.30–21 (Kasse offen bis 20 Uhr). Eintritt Erwachsene Fr. 17.–, Kinder (3–12 Jahre) 12.–. Ab 3 Jahren.

Ortsmuseum Vättis. Frau Wobmann, 081 306 12 94. Funde aus der höchstgelegenen prähistorischen Wohnhöhle Europas: Höhlenbärenschädel und -knochen sowie Steinwerkzeuge, rund 50 000 Jahre alt. Besuch nur nach Vereinbarung, So geschlossen. Eintritt Erwachsene Fr. 5.–, Kinder 2.50.

Museum Sarganserland. Schloss Sargans, 7320 Sargans, 081 723 65 69, www.pizol.ch/sargans. Vom Bahnhof Sargans zu Fuss durch die Altstadt zum Schloss (ca. 30 Min.). April bis Oktober täglich 10–12 und 13.30–17.30, Mo ab 16 Uhr geschlossen. Eintritt Erwachsene Fr. 5.–, Kinder 6–16 Jahre 2.–. Ab 6 Jahren.

Fünf-Seen-Wanderung am Pizol. Verkehrsverein Wangs-Pizol, 7323 Wangs, 081 720 48 20. Rund fünfstündige Tour zu Wangser-, Wild-, Schotten- und Schwarzsee und zuletzt zum Baschalvaseeli. Prächtiges Panorama. Ab Wangs mit Gondelbahn und Sesselbahnen bis zur Pizolhütte. Ab ca. 10 Jahren.

Schlittelweg Pizol–Wangs, 7323 Wangs, 081 720 48 20, www.pizol.com. Herrlich langer und kurvenreicher Schlittelweg (7,5 km) mit grosser Höhendifferenz (1000 m). Ab Wangs Bergfahrt mit der Pizolbahn. Der Schlittelweg beginnt bei der Bergstation, wo auch Schlitten gemietet werden können (081 723 44 49). Der Schlittelweg ist offen je nach Schneelage von Mitte Dezember bis März (Wetter- und Schneebericht: 081 720 48 25). Schlitten-Tageskarte: Erwachsene Fr. 27.–, Kinder 6–16 Jahre 16.–. Ab 8 Jahren, kleinere Kinder auf dem Schlitten eines Erwachsenen.

Geoweg Mels 081 723 59 13, David Imper, Untergasse 19, 8888 Heiligkreuz, www.geopark.ch. Ausgangspunkt Sägerei Ruckstuhl, Mels (Nähe Bahnhof). Auf 23 Schautafeln wird erklärt, was der Bergbau einst für diese Region bedeutete. Wanderzeit ca. 3–4 Std. Ab 6 Jahren.

Sport- und Freizeitzentrum Atzmännig, 8638 Goldingen, 055 284 64 44 (Infoline) oder 055 284 64 34, www.atzmaennig.ch. 700 Meter lange Riesenrutschbahn, zudem Trampolin, Wasserschanze, Autoscooter-Bahn, Karussell, Streichelzoo, virtuelle Spiele, Abenteuerturm und Hotelrestaurant. Mit dem Auto von Rapperswil oder Wattwil Richtung Ricken. Mitte April bis Ende Oktober 9–17 Uhr (Pause 11.45–13.15 Uhr). Betrieb nur bei trockener Bahn. Preise: Sesselbahn Atzmännig: Erwachsene Fr. 8.– (Bergfahrt) bzw. 12.– (retour); Kinder (6–16 Jahre) 4.50 (Bergfahrt) bzw. 6.50 (retour). Rutschbahn: Einzelfahrt Erwachsene Fr. 8.–, Kinder (6–16 Jahre) 7.–. Günstiger mit diversen Abos.

Bauernhof-Schaubetrieb, Barbara und Cornell Thalmann, Tufertschwil 5, 9604 Lütisburg, 071 931 28 82. Dieser Hof gilt als schweizweit einzigartig. Rundgang mit Informationstafeln über das Leben auf dem Bauernhof. Besonders empfehlenswert ist der Bienenbeobachtungskasten. Mit dem Auto ab Lütisburg oder ab Degersheim (via Dieselbach und Winzenberg). Mit der Bahn bis Bütschwil oder Bazenheid, weiter mit Postauto bis Lütisburg-Dorf und in viertelstündigem Fussmarsch entlang der alten, steilen Steigstrasse. Besuch täglich möglich, im Sommer bis etwa 21 Uhr. Erwachsene und Kinder ab 5 Jahren zahlen Fr. 3.–. Führungen auf Wunsch (telefonisch anmelden). Alle Altersstufen.

Schaffhausen: Ennet dem Rhein

1. Kleine Stadtoase
   Felsentäli, Schaffhausen
2. Kinder erfahren Kunst – Hallen für neue Kunst, Schaffhausen
3. Verspielte Stadt
   Schaffhauser «FerienStadt»
4. Ein Hauch von Urlaub
   KSS-Sportanlage, Schaffhausen
5. Museum zu Allerheiligen
   Schaffhausen
6. Kletterzentrum Aranea
   Schaffhausen
7. Von Wasser umgeben
   Rheinschifffahrt, Schaffhausen
8. Paradiesisch schöner Rhein
   Ausflugsrestaurant Paradies
9. Vor lauter Bäumen...
   Naturlehrpfad Hallau
10. Schlafen oder philosophieren?
    Schlafen im Fass, Trasadingen
11. Spuk zwischen alten Mauern
    Burgruine Radegg, Wilchingen
12. Erlebniswelt Rüetistelmüli
    Schleitheim
13. Abenteuer im Bergstollen
    Gipsmuseum Schleitheim
14. Klettern, spielen oder essen
    Siblinger Randenturm
15. Mit dem Velo unterwegs
    Velotour durch den Klettgau
16. Ein lohnenswerter Weg
    Von Lohn nach Büttenhardt
17. Malerisches Städtchen
    Stein am Rhein
18. Schutz hinter dicken Mauern
    Burg Hohenklingen
19. In der guten alten Stube
    Museum Lindwurm, Stein a. Rhein
20. Sein eigener Kapitän sein
    Kanufahrt Rheinau–Eglisau

Bahn · Hotel · Kunsth. · Museum · Natur · Restaur. · Schiff · Sehensw. · Shopping · Spielen · Sport · Theater · Tiere · Wandern

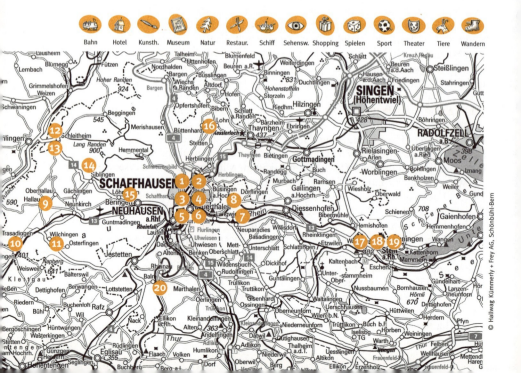

Schaffhausen:
Ennet
dem Rhein

Entdeckungsreise durch einen kleinen Grenzkanton

Schaffhausen verdankt seinen Bekanntheitsgrad zu einem guten Teil dem Rheinfall. Die tosenden Wassermassen sind zweifellos beeindruckend und ziehen zu Recht alljährlich Tausende von Besucherinnen und Besuchern an. Der Kanton hat aber bedeutend mehr zu bieten: Landschaften und Orte, deren Reiz es zu entdecken gilt. Dazu gehören der Hügelzug des Randen, die Hochebene des Reiat genauso wie das Weinbauland Klettgau mit seinen Winzerdörfern. Schnell sind die Erholungsgebiete des Kantons erreicht. Dabei stösst man immer wieder an die Grenze zu Deutschland oder an die Kantonsgrenzen zu Zürich und Thurgau. Diese spezielle geografische Situation des Kantons gehört zu seinen weiteren Reizen. So klein und überschaubar er ist, dank seiner Lage strahlt er auch etwas Weltoffenes aus. Davon abgesehen: Schaffhausen bietet vielleicht keine grossen Vergnügungsparks oder Attraktionen für Familien, aber unzählige Möglichkeiten, mit den Kindern Interessantes zu erleben.

Ursula Kohler

1 Kleine Stadtoase
Felsentäli, 8200 Schaffhausen

Der Einstieg ins Felsentäli ist am beeindruckendsten: Nach wenigen Schritten wähnt man sich weit weg von städtischem Boden. Das kleine Pflanzen- und Tierschutzgebiet ist ein Geheimtipp für diejenigen, die einen kurzen Abstecher in die Natur unternehmen möchten. Entstanden ist diese kleine Oase, weil der Hemmentalerbach hier einen Felsriegel durchbrochen hat. Der Bach ist auf beiden Seiten begehbar. Nach kurzer Zeit gelangt man zu einem Picknickort mit zwei Feuerstellen und Tischen. Es lohnt sich, hier zu rasten, denn bevor man sich's versieht, hält einen die Stadt wieder umfangen, spätestens bei der Bushaltestelle «Plattenhalde». Eine sportlichere Variante führt links den Hügel hinauf. Entlang von Hecke und Waldrand gelangt man auf eine Wiese und quer durch die Häuser zur Buslinie 3. Im Sommer ist das Täli herrlich kühl.

Wie? Mit Bus 4 ab Bahnhof SBB Richtung Birch bis Haltestelle «Felsentäli». In Busrichtung weitergehen, in der Kurve Fussgängerstreifen überqueren, nach der Linkskurve biegt der Weg nach wenigen Metern bei einem Bänklein in das Felsentäli. Ein Schild mit kurzen Informationen steht am Eingang (vis-à-vis der Bushaltestelle gibt es einen kürzeren, aber weniger empfehlenswerten Einstieg ins Felsentäli).
Wann? Das ganze Jahr.
Dauer? Der Weg selbst ist kurz, aber es lohnt sich, einen Halbtagesausflug einzuplanen.
Alter? Alle Altersstufen, bis zur Picknickstelle sind Kinderwagen geeignet, für den Ausstieg benötigt man ein geländegängiges Modell.

2 Kinder erfahren Kunst
Hallen für neue Kunst,
Baumgartenstrasse 23,
8200 Schaffhausen, 052 625 25 15,
www.modern-art.ch

Grosse Buchstaben an der Wand, eine Hütte aus Glas, ein Kreis aus verkohlten Ästen: ein Raum voller Wahrnehmungsmöglichkeiten. Kinder gehen offener und phantasievoller mit neuer Kunst um, als Erwachsene es vielleicht annehmen. Der Mut, mit den Junioren ein modernes Museum zu besuchen, lohnt sich hier bestimmt. Schon die alten Fabrikhallen, in denen Werke von Sol LeWitt, Richard Long oder Mario Merz ausgestellt sind, sprechen in ihrer Grosszügigkeit Kinder an. Anregungen für die gemeinsame Auseinandersetzung von Eltern und Kindern mit Kunst gibt es hier genug. Mit Hilfe des «family guide», eines Begleitbüchleins, gelingt der gemeinsame Museumsbesuch bestimmt. Empfehlenswert sind die monatlichen Familienführungen am Sonntag. Und wer sich noch eingehender mit den Kunstwerken befassen möchte, kann sich für eine individuelle Familienführung anmelden.

Wann? Di–Sa 15–17, So 11–17 Uhr. Spezielle Führungen für Kinder und Erwachsene jeweils am ersten Sonntag des Monats, 11.30 Uhr.
Wieviel? Erwachsene Fr. 14.–, Kinder bis 11 Jahre gratis, bis 16 Jahre 8.–. Begleitbüchlein «family guide» Fr. 9.80, Malbüchlein mit Bleistift 2.–.
Alter? Ab 6 Jahren.

3 Verspielte Stadt

Schaffhauser «FerienStadt»,
Information: Gabriela Wichmann,
052 625 95 47. Tourist-Service,
Schaffhausen, Herrenacker 15,
8200 Schaffhausen, 052 632 40 20,
www.schaffhausen-tourismus.ch

Schaffhausen: Ennet dem Rhein

Wer Schaffhausen während der letzten zwei Juliwochen besucht, darf die «FerienStadt» mitten in der Altstadt nicht verpassen. Hier können Kinder ab 6 Jahren alleine, Kleinere in Begleitung Erwachsener stunden- oder tageweise verweilen. Workshops und Begegnungsorte laden zum Experimentieren, Basteln und Spielen ein. Farbig und verspielt zieht die «FerienStadt» Kinder an. Aber auch die Eltern können es sich in der Cafeteria gemütlich machen oder in Ruhe durch die Altstadt bummeln – eine autofreie Altstadt übrigens, die während des ganzen Jahres einen lohnenswerten und stressfreien Besuch mit den Kindern verspricht. Und wer nach dem Stadtbummel noch Ruhe und Bewegungsfreiheit für die Kinder sucht, gelangt von der Neustadt aus durch das Haberhaus-Gewölbe über die Geleise in kurzer Zeit in den Stadtpark Promenade. Hier gibt es viel Grün, Spielplätze und sogar verschiedene Tiere zu besichtigen.

Wie? Zu Fuss in die Schaffhauser Altstadt (für die «FerienStadt» Wegweiser und Spuren durch die Stadt beachten oder beim Tourist Service nachfragen).
Wann? «FerienStadt» im Juli, Stadtbesuch ganzjährig.
Wieviel? Tagesticket für die «FerienStadt» Fr. 10.–, ohne Anmeldung. Während der gesamten Sommerferienzeit gibt es zudem einen attraktiven «FerienSpass» für Kinder bis 12 Jahre mit freier Benutzung von Bus und Bahn, Gratiseintritt in die «FerienStadt» und bei vielen spannenden Aktivitäten (Fr. 40.–). Für Jugendliche zwischen 12 und 16 Jahren bietet das Sommerferien-Programm «Snäck» ein dem Alter angepasstes Angebot (Fr. 40.–). Die Ferienprogramme werden im Auftrag des städtischen Schulamts organisiert. «FerienSpass» und «Snäck» sind ab Anfang Juni in den meisten Drogerien und Apotheken der Region erhältlich.
Alter? Je nach Angebot.

Bahngeschichten

Im Kanton Schaffhausen verkehren nicht nur die Schweizerischen Bundesbahnen, SBB, sondern auch die Deutsche Bahn, DB. Die Strecke durch den Kanton Schaffhausen wurde vor über 130 Jahren fertiggestellt, damals noch als Teilstück der «Grossherzoglichen Badischen Staatseisenbahn». Die nicht unumstrittene Streckenführung durch die Schweiz ermöglichte eine direkte Verbindung von Konstanz nach Mannheim. Heute werden in Schaffhausen noch einige sehenswerte Bahnhöfe der DB wie beispielsweise Beringen, Neunkirch oder Thayngen betrieben.

4 Ein Hauch von Urlaub

KSS-Sport- und Freizeitanlage Breite,
Breitenaustrasse 117,
8200 Schaffhausen, 052 633 02 22,
www.kss.ch

Unabhängig von der Jahreszeit und dem Wetter können Kinder und Erwachsene in der grosszügigen Sportanlage ihre Freizeit verbringen. Im Sommer wird das grosse Freibad durch Spiellandschaften für die Kleinen und weniger Kleinen ergänzt. Ob Spielbach, Strömungskanal oder Wildwasser-Rutschbahn: Hier können sich sowohl der zweijährige Knirps als auch die zwölfjährige Jugendliche die Zeit vertreiben. Im Winter geht's mit den Schlittschuhen aufs Eisfeld oder in die Eishalle. Laufhilfen erleichtern den Kleinen den Start. Nicht zu vergessen ist das ganzjährig geöffnete Hallenbad mit Rutschbahn und direktem Zugang zum Whirlpoolkanal im Freien. Ruhe und Erholung findet man in der Wellness-Landschaft mit Biosauna und Dampfbad.

Wie? Entweder Bus 3 bis Station «Wiesli», mit dem 6er bis Station «Hallenbad» oder dem 4er bis Station «Schützenhaus».
Wann? Hallenbad Mo 8–21, Di/Do 7.30–21, Mi/Fr 6–21, Sa 8–18, So 9–17 Uhr. Freibad Mitte Mai–Mitte Sept. Mo 8–21, Di/Do 7.30–21, Mi/Fr 6–21, Sa 8–20, So 9–20 Uhr. Kunsteisbahn Okt.–März Mo 9–17, Di–Sa 9–17/19–22, So 9–17 Uhr.
Wieviel? Erwachsene Fr. 5.50 bis 6.50, Kinder bis 16 Jahre 3.– bis 4.–, Kinder unter 6 Jahren in Begleitung Erwachsener gratis, Eintritt in die Wellness-Landschaft Fr. 23.–.
Alter? Alle Altersstufen.

5 Alte und neue Schätze

Museum zu Allerheiligen,
Eingang: Klosterstrasse via Pfalzhof,
Postadresse: Baumgartenstrasse 6,
8200 Schaffhausen, 052 633 07 77,
www.allerheiligen.ch

Fast vergisst man den geplanten Museumsbesuch beim Eintritt in den wunderschönen Klostergarten mit Kreuzgang und Kräutergarten. Doch auch die im ehemaligen Benediktinerkloster untergebrachten Schätze laden zum Verweilen ein. Die vier Abteilungen (Archäologie, Geschichte, Kunst, Natur) des Museums bieten allen etwas. Kinder werden die naturkundliche Abteilung lieben. Hier können sie nicht nur Fossilien und Pflanzen bestaunen, sondern auch selbst Insekten erkennen lernen. Illustrationen, Dia- und Videoshows erläutern ökologische Gesetzmässigkeiten der Region Schaffhausen. In der urgeschichtlichen Abteilung dürfen Kinder die lebensgrosse Nachahmung der Höhle Kesslerloch nicht verpassen. Ansprechend für Jung und Alt sind auch die Schatzkammer und verschiedene Wohnräume aus diversen Epochen.

Wie? Zu Fuss durch die Altstadt. Neben dem Münster.
Wann? Di–So 11–17 Uhr. Jeden Montag sowie Karfreitag, 25. Dezember und 1. Januar geschlossen.
Wieviel? Kostenlos, ausser Spezialausstellungen. Jeden Samstag freier Zutritt zum gesamten Museum. Tonbandinformationen: 052 633 07 66.
Alter? Ab 5 Jahren.

6 Ab in die Wand

Kletterzentrum Aranea,
Mühlentalstrasse 78,
8200 Schaffhausen, 052 631 20 20,
www.kletterzentrum.ch

Klettern macht Spass. Das wissen vor allem auch die Kinder. Für sie hat das Kletterzentrum Aranea eine spezielle Kletterwand entwickelt. An Schildkröten- oder Hasengriffen halten sich die bewegungsfreudigen Kleinen, wenn sie in die Wand steigen. Sollte der Tritt mal nicht sitzen, werden ermüdete Kletterer von einer dicken Matte aufgefangen. Für Jugendliche und Erwachsene – ob Anfänger, Hobbysportlerin oder Profi – bieten drei grosse Kletterwände und ein Bouldergraben unzählige Varianten. Warum nicht mal mit der ganzen Familie in die Höhe klettern? Das neue Familienangebot mit individueller Betreuung macht es möglich. Vor oder nach dem Abenteuer kann man sich im Bistro stärken und den anderen Klettermutigen zuschauen.

Wie? Zu Fuss ab Bahnhof SBB Richtung Busbahnhof, dann 5 Minuten auf der Mühlentalstrasse nach Norden.
Wann? Jan.–Juni Mo–Fr 13–22, Sa–So 10–20 Uhr; Juli–Aug. Mo–Fr 17–22, Sa–So 12–18 Uhr; Sept.–Dez. Mo–Fr 13–22, Sa–So 10–20 Uhr.
Wieviel? Erwachsene Fr. 19.–, Studenten/Lehrlinge 15.–, Jugendliche bis 15 Jahre 12.–, Kinder bis 11 Jahre 8.–. Familienangebot: 1 Stunde Betreuung und Materialmiete für 2 Erwachsene und max. 6 Kinder Fr. 99.–. Anmeldung erforderlich.
Alter? Ab 7 Jahren.

Schaffhausen: Ennet dem Rhein

7 Von Wasser umgeben

Rheinschifffahrt, Schweizerische Schifffahrtsgesellschaft Untersee und Rhein, 8200 Schaffhausen, 052 634 08 88, www.urh.ch,
Ernst Mändli AG, 8212 Nohl am Rheinfall, 052 659 69 00, www.schiffmaendli.ch

Wer Schaffhausen besucht, wird magisch vom Rhein angezogen. Eine schöne und erst noch gemütliche Art, dem Wasser nahe zu sein, bietet die Fahrt mit dem Schiff. Die Dauer wählt man nach Alter und Sitzleder der Kinder. Der Ausflug lässt sich beliebig mit einer Wanderung, Velotour oder Bahnfahrt kombinieren. Rheinaufwärts fährt man in 2 Stunden nach Stein am Rhein, mit Zwischenhalt in Büsingen und Diessenhofen. Kürzer ist es mit 1¼ Stunden von Stein am Rhein nach Schaffhausen. Rheinabwärts geht es vom Rheinfall bzw. Neuhausen aus in 20 Minuten nach Rheinau und in 40 Minuten zurück. Im Juli/August fährt sonntags ein Schiff vom Rheinfall zur Exklave Rüdlingen und weiter nach Eglisau.

Wie? Zu Fuss ab Schaffhausen SBB in 10 Minuten durch die Altstadt zur Schiffländeoder ab Rheinfall/Neuhausen.
Wann? Schaffhausen–Stein am Rhein: Mitte April–Anfang Oktober. Auskunft: 052 634 08 88.
Rheinfall–Rheinau: Juli/August regelmässige Fahrten zwischen 11 und 16 Uhr. April–Juni und September–Anfang Oktober reduzierter Sonntagsbetrieb. Auskunft: 052 659 69 00.
Wieviel? Schaffhausen–Stein am Rhein Erwachsene Fr. 19.60, Kinder 6–16 Jahre die Hälfte. Mit SBB-Juniorkarte und Bodensee-Kinderkarte (Fr. 4.50) fahren alle Kinder (bis 16 Jahre) einer Familie gratis.
Rheinfall–Rheinau Erwachsene Fr. 8.–, Kinder 6–12 Jahre die Hälfte.
Alter? Alle Altersstufen.

Eckige Stadt

Schaffhausen ist wahrlich eine Stadt der Erker. Überall kann man in der Altstadt an den im 17. und 18. Jahrhundert erbauten Bürgerhäusern Voll- und Halberker entdecken. Der Erker war früher ein beliebter Aufenthaltsort. Neben optimalen Lichtverhältnissen bot er eine gute Übersicht über das Geschehen in den Gassen. In einigen Fällen ist auch der Erkerboden mit einem Fensterchen versehen. So kann man wie durch den heutigen Türspäher erkennen, wer vor der Türe steht und Einlass begehrt.

8 Paradiesisch schöner Rhein

Ausflugsrestaurant und Klostergut Paradies, 052 659 38 92, www.paradiesli.ch

Der Weg zum Paradies ist kurz. Wir starten bei der Schiffländi in Schaffhausen und gehen rheinaufwärts der Baumallee Lindli entlang über deutsches Gebiet Richtung Büsingen bis zur Fähre. Diese bringt uns auf die gegenüberliegende Seite zum Ausflugsrestaurant und Klostergut aus dem 13. Jahrhundert. Wir können von der Schiffländi aus auch die Route dem anderen Rheinufer entlang wählen. Nach der Brücke nach Feuerthalen folgen wir links dem Wegweiser Richtung Paradies. An einem heissen Tag lohnt sich ein Bad im Rhein beim Camping Rheinwiesen. Im Paradies kann man rasten und die wunderschöne Sicht auf den Rhein geniessen. Für die Kinder gibt es einen kleinen Spielplatz und eine Malecke. Wer möchte, wählt den Weg weiter durch den märchenhaften Schaarenwald und die idyllische Schaarenwiese am Rhein bis nach Diessenhofen. Überall lädt der Rhein zum Verweilen und im Sommer zum Baden ein.

Wie? Das Paradies ist zu Fuss von Schaffhausen in ca. 1 Stunde oder mit dem Velo in 20 Minuten erreichbar. Bis nach Diessenhofen benötigt man nochmals 1½ Stunden.
Wann? Restaurant von Mai–Aug. täglich geöffnet. Sept.–April Mo/Di geschlossen, Jan./Feb. Betriebsferien. Fähre bei gutem Wetter April–Okt. täglich in Betrieb. Mo-Sa 11.45–19.30, So 9–19.30 Uhr, übrige Monate auf Bestellung, Sonder- und Rundfahrten nach Absprache, R. Walter: 079 621 93 90. Erwachsene Fr. 2.50, Kinder 1.–, Velo 1.–.
Dauer? Halbtages- oder Tagesausflug.

Alter? Alle Altersstufen. Mit dem Kinderwagen wählt man die Route über Büsingen. Kinderwagen und Velo auf der Fähre möglich. Für die Strecke Paradies–Diessenhofen Kleinkinder im Snuggly oder Babyrucksack.

9 Vor lauter Bäumen...
Naturlehrpfad Hallau,
Verkehrsverein Hallau, 052 681 20 20,
www.hallau-tourismus.ch

Im 16. Jahrhundert wurden die Früchte eines ursprünglich aus dem Kaukasus stammenden Baumes als Heilmittel für Pferde verwendet, die an Husten litten. Heute kennen wir den Baum unter dem Namen Rosskastanie. Dies ist nur einer von 50 aufschlussreichen Hinweisen zu unseren einheimischen Bäumen und Sträuchern. Auf dem neu errichteten, 2,6 Kilometer langen Naturlehrpfad begegnet man einer Vielfalt von Pflanzen, unter anderem dem Ahorn, der Lärche, der Eibe oder dem als «Niele» bekannten Waldrebe. Die Informationstafeln vermitteln auf wenig Raum viel Wesentliches und alltägliches Wissen zu Früchten, Blättern und Gehölz. Und wer seinen Blick nicht nur auf die beschriebenen Bäume richtet, erhält zusätzlich eine herrliche Aussicht auf den Klettgau.

Wie? Mit dem Südbadenbus ab Schaffhausen Busbahnhof nach Hallau. Von hier aus zu Fuss zum Ausgangspunkt Richtung Bergkirche St. Moritz, an dieser vorbei Richtung Bürgerheim, Hallauer Berghöf, geradeaus bis zur Picknickstelle «Tisch und Bänk». Wer mit dem Auto anreist, findet hier Parkplätze.
Wann? Das ganze Jahr.
Dauer? Halbtagesausflug.
Alter? Alle Altersstufen, für Kinderwagen geeignet.

10 Schlafen oder philosophieren?
Schlafen wie Diogenes... oder wie es sich in einem Weinfass träumen lässt.
Familie Waldmeier, Gass 44,
8219 Trasadingen, 052 681 23 25,
Familie Rüedi-Horner, Im Zinggen 79,
8219 Trasadingen, 052 681 43 04,
www.feste-feiern.ch

Was der griechische Philosoph Diogenes bereits vor Jahrtausenden entdeckte – dass es sich in einer Tonne leben lässt –, können grosse und kleine Besucherinnen und Besucher während einer Nacht im Weinfass selbst erleben. Im Gegensatz zum antiken Denker muss man dabei aber nicht auf jeglichen Komfort verzichten. Auf den Betten liegen die Kissen und Wolldecken bereit. Mitbringen muss man lediglich den Schlafsack. Die grossen Weinfässer bieten Platz für je 6 Personen. Am Wochenende kann man sich in der Besenwirtschaft verpflegen. Beim nahegelegenen Schulhaus können sich die Kinder auf einem schönen Spielplatz die nötige Müdigkeit für das grosse Schlafabenteuer holen. Trasadingen und die Nachbardörfer bieten verschiedene Möglichkeiten, die Zeit vor und nach der hoffentlich erholsamen Nacht auf unterhaltsame Weise zu verbringen.

Wie? Mit dem Zug (DB) oder Südbadenbus von Schaffhausen SBB oder Busbahnhof nach Trasadingen. Gut mit dem Velo (siehe Tipp 15, Abstecher von Hallau aus) erreichbar.
Wann? Anfang Mai–Ende Oktober.
Wieviel? Kinder bis 8 Jahre gratis, Übernachtung ab 8 Jahren Fr. 16.–, Frühstück 8–12 Jahre 5.–, Erwachsene 10.–. Reservation nötig, während der Woche kurzfristig, für das Wochenende in der Regel einige Tage vorher.
Alter? Alle Altersstufen.

Schaffhausen: Ennet dem Rhein

11 Spuk zwischen alten Mauern

Burgruine Radegg, 8217 Wilchingen

Noch heute geistert die Burgjungfrau Kätterli auf der Ruine Radegg, weil ihre Liebe zu einem fremden Ritter keine Erfüllung fand. So will es zumindest die überlieferte Sage. Natürlich lädt das sagenumwobene Gemäuer aus dem 12. Jahrhundert heute zum Klettern ein. Die Höhen und Tiefen sind aber – wie es sich für eine ordentliche Burg gehört – abweisend und nicht ganz ungefährlich. Die Ruine ist über Bad Osterfingen dem Wangental entlang in kurzem, steilem Aufstieg leicht zu erreichen. Hobby-Ruinenforscher haben die Wahl, neben dem zerfallenen Gebäude zu rasten (Feuerstelle mit Holz) oder eine halbe Stunde durch den Wald zum Restaurant Rossberghof mit Gartenbeiz und Spielplatz zu spazieren. Über leicht abfallende Waldwege kehrt man von hier aus um den Rossberg nach Osterfingen zurück.

Wie? Mit dem Südbadenbus ab Schaffhausen Busbahnhof oder mit dem Auto nach Osterfingen. Variante: Mit dem Auto zum Restaurant Rossberghof.
Wann? Das ganze Jahr. Restaurant Rossberghof Di/Mi geschlossen, Betriebsferien letzte August- und Januarwoche, erste zwei Februarwochen (052 681 10 63).
Dauer? Von Bad Osterfingen aus in 50 Minuten zur Ruine und in 1 Stunde über den Rossberg zurück nach Osterfingen. Vom Restaurant Rossberghof aus erreicht man die Ruine in einer halben Stunde auf einem kinderwagentauglichen Waldweg. Nähere Angaben zur Sage von der Burgjungfrau Kätterli und Angaben zur Region beim Verkehrsverein Wilchingen (052 687 02 82).
Alter? Alle Altersstufen (Kleinkinder im Snuggly oder Babyrucksack).

12 Landleben einmal anders

Erlebniswelt Rüetistelmüli, Josua und Bea Meier, 8226 Schleitheim, 052 680 13 46, 079 455 41 22, Marco Narcisi, 079 293 99 64, www.maislaby.ch

Ein Besuch in der Rüetistelmüli bietet der ganzen Familie etwas. Die Kinder freuen sich erstmal an den Kälbern, Ziegen oder Hasen im Streichelzoo. Eine Runde auf dem Parcours mit den Tret-Karts für alle Altersklassen verspricht Spass für Gross und Klein. Neu können die Junioren erleben, wie es sich auf einem Rasenmähertraktor fährt. Und für Jugendliche und Erwachsene bietet die Dirtsurferpiste ein besonderes Vergnügen: Auf einer Zweirad-Inline-Konstruktion fühlt man sich wie auf einem Surf- oder Snowboardbrett. Bei diesem abwechslungsreichen Programm darf nicht vergessen werden, dass die ganze Familie herausgefordert ist, ihren Weg durchs Maislabyrinth zu suchen. Eine Beiz sorgt für das leibliche Wohl. Es wird empfohlen, sich über das aktuelle Programm vorgängig zu informieren – gerade weil sich die kreative Bauernfamilie immer wieder Neues ausdenkt und die Aktivitäten von Jahr zu Jahr variieren.

Wie? Mit dem RVSH-Bus ab Schaffhausen Busbahnhof nach Beggingen, an der Haltestelle «Mattenhof» zwischen Schleitheim und Beggingen ist der Weg angezeigt. Parkplätze vorhanden.
Wann? Ca. Ende Juni–Anfang Oktober täglich geöffnet.
Wieviel? Eintritt Maislabyrinth: Erwachsene und Kinder ab 6 Jahren Fr. 5.–. Tret-Kart: Je 10 Minuten Erwachsene und Kinder 3.–. Rasenmähertraktor 5.–. Dirtsurfermiete inkl. Schutzbekleidung je nach Zeit (1 Std. Fr. 12.–).
Dauer? Halbtages- oder Tagesausflug.
Alter? Alle Altersstufen.

13 Prickelndes Abenteuer im Bergstollen

Gipsmuseum Schleitheim-Oberwiesen, Information Verkehrsverein Schleitheim-Beggingen,
079 744 89 20, www.randental.ch

Der Besuch im einzigen Gipsmuseum der Schweiz führt uns in eine unterirdische Welt. Auf den Spuren der Bergleute können wir rund 150 Meter tief ins Innere vorstossen, bis wir zu kleinen Seen gelangen. Im 18. und 19. Jahrhundert brachte der Gipsabbau der ganzen Region Schleitheim Arbeit und Einkommen. Von den ehemals 1700 Meter langen Grubengängen sind heute 200 Meter zugänglich. Jahreszeiten kennt der Stollen nicht. Die Lufttemperatur liegt konstant bei 11 Grad, was im Sommer zu einer kühlen Überraschung wird. Im Museum werden die Werkzeuge der ehemaligen Gipsarbeiter sowie die Weiterverarbeitung des Rohgipses gezeigt. Denn mit dem beschwerlichen Abbau war es nicht getan. Hier sieht man, wie der Gips gebrannt, gestampft und gemahlen wurde. Ein Besuch im Gipsmuseum kann mit diversen Ausflügen im Randental kombiniert werden.

Wie? Mit dem RVSH-Bus ab Schaffhausen Busbahnhof bis Schleitheim und eine halbe Stunde zu Fuss bis zum Museum. Oder mit dem Auto fast bis zum Grenzübergang Oberwiesen-Stühlingen, Wegweiser Gipsmuseum beachten.
Wann? April–Oktober, jeden 1. Sonntag im Monat Führungen um 14, 14.45 und 15.30 Uhr.

Anmeldung für Gruppen und Familien 079 744 89 20 (Marianne Meier Schaffner).
Wieviel? Erwachsene Fr. 5.–, Kinder 2.–. Führung ausserhalb der Öffnungszeit 50.– plus reduzierter Eintritt Erwachsene Fr. 3.–, Kinder 2.–.
Alter? Ab 6 Jahren.

14 Klettern, spielen oder essen?

Siblinger Randenturm und Randenhaus, 8225 Siblingen,
052 685 27 37, www.randenhaus.ch

Dem Siblinger Randenturm sieht man sein stolzes Alter von gut 120 Jahren an. Dennoch wird, wer den Aufstieg wagt, mit einer schönen Aussicht in den Klettgau und je nach Wetterlage bis in die Alpen belohnt. Wer von Siblingen aus auf dem Fussweg zum Turm gelangt ist, geniesst nun die Sicht um so mehr. Die im Jahr 2000 erstellte Picknickstelle mit Tischen und Bänken lädt zum Rasten ein. Der neue Spielplatz mit Häuschen, Rutschbahn und Schaukeln wird den Kindern gefallen. Vom Randenturm aus erreicht man in 20 Minuten das kinderfreundliche Siblinger Randenhaus mit ungezwungener Atmosphäre und

Schaffhausen: Ennet dem Rhein

guter Küche. Von hier aus wählt man den Weg zurück nach Siblingen oder nutzt eine der vielen Wandermöglichkeiten auf dem Randen.

Wie? Mit dem RVSH-Bus ab Schaffhausen Busbahnhof nach Siblingen Post. Von hier aus ist die rund einstündige Wanderung zum Randenturm gut beschildert. Wer mit dem Auto anreist und sich den Weg ersparen möchte, findet ca. 10 Minuten vom Randenturm und Randenhaus entfernt einen Parkplatz. Von hier aus sind die Wege kinderwagentauglich.
Wann? Das ganze Jahr. Siblinger Randenhaus Mo/Di Ruhetag. Auch Übernachtungsmöglichkeiten (DZ ab Fr. 120.– mit Frühstück).
Dauer? Siblingen–Siblinger Randenturm ca. 1 Stunde, retour 35 Minuten. Halbtages- oder Tagesausflug einplanen.
Alter? Alle Altersstufen (Kleinkinder im Snuggly oder Babyrucksack).

15 Mit dem Velo unterwegs
Velorundfahrt durch die Klettgauer Winzerdörfer

Route 2 von Veloland Schweiz führt von Stein am Rhein nach Schaffhausen und weiter auf der zürcherischen Rheinseite an Rüdlingen vorbei. Neben dieser bekannten Strecke bietet der Kanton Schaffhausen unzählige weitere Velorouten. Bei der folgenden Variante rollen wir durch die schönen Klettgauer Weindörfer. Von Schaffhausen aus führt uns der Veloweg dem Rhein entlang nach Neuhausen, wo wir nach kurzem Aufstieg mitten durchs Dorf am ehemaligen Hotel Bellevue vorbei zu einem schönen Aussichtspunkt mit Sicht auf den Rheinfall gelangen. Von der DB-Bahnstation aus fahren wir den Geleisen entlang nach Beringen. Auf der Strecke nach Neunkirch geht es auf zwei Kilometern leider der stark befahrenen Hauptstrasse entlang. Weiter führt der Weg nach Hallau, Oberhallau, Gächlingen, Löhningen zurück nach Beringen und Schaffhausen. Grund und Gelegenheit für kurze Pausen finden sich in den schönen Winzerdörfern genug.

Wie? Velomiete bei der SBB Schaffhausen (051 223 42 17, www.rentabike.ch). Möchte man die Hauptstrasse umgehen, startet man erst beim Bahnhof Neunkirch. Velokarte Schaffhausen–Winterthur–Wutachtal. Weitere Tourenvorschläge beim Tourist Service Schaffhausen (052 632 40 20, www.schaffhausen-tourismus.ch).
Wann? Frühjahr bis Herbst.
Wieviel? Velomiete SBB Schaffhausen: 1 Tag Fr. 30.– (mit Halbtax 25.–), bei Bezug/Rückgabe an einem anderen Bahnhof Fr. 36.– (mit Halbtax 31.–). Mit der Juniorkarte erhalten Kinder bis 16 Jahre Vergünstigung. Kindersitz und Velohelm gratis.
Dauer? Länge der Strecke ca. 35 Kilometer. Tagesausflug einplanen.
Alter? Für Kinder, die sich mit dem Velo auch im Strassenverkehr bewegen können.

16 Ein lohnenswerter Weg
Wanderung von Lohn nach Büttenhardt

Von Schaffhausen aus ist es nicht weit bis zur wunderschönen Hochebene des Reiat. Für unsere Wanderung wählen wir Lohn als Ausgangsort und folgen bei der Haltestelle «Post» dem Wegweiser in Gegenfahrtrichtung des Postautos. Bereits nach 10 Minuten erreichen wir eine schöne Feuerstelle mit Panoramatafeln. Nun führt der Weg durch den Wald, beim Wegweiser «Oberholz» können wir geradeaus weitergehen oder uns für den kleinen Fussweg entscheiden. Bei der nächsten Strassenkreuzung wählen wir den Weg Richtung Reiathof. Nach einem kurzen Treppenaufstieg erreichen wir den nächsten Wegweiser. Nach dieser Wegleitung ist Vorsicht geboten, denn nach wenigen Metern weist uns das Zeichen am Baum nach rechts. Wir gelangen auf eine schöne Ebene, an deren Waldrand eine weitere Feuerstelle mit Schutzhütte zum Rasten einlädt. Via Reiathof gelangen wir nach Büttenhardt.

Varianten: Der Weg erlaubt verschiedene Abzweigungen, zum Beispiel via Cherzenstübli nach Thayngen, nach Opfertshofen (Restaurant Reiatstube mit Spielplatz und -zimmer), Merishausen oder via Freudental nach Schaffhausen.

Wie? Postauto Schaffhausen–Lohn Dorf und Büttenhardt Dorf–Schaffhausen (vorher Fahrplan studieren!). Wanderkarte Kanton Schaffhausen 1:25 000.
Wann? Ganzjährig, ausser bei viel Schnee.
Dauer? Reine Wanderzeit ca. 1½ Stunden, Halbtagesausflug einplanen.
Alter? Alle Altersstufen (Kinderwagen muss über Treppe getragen werden).

17 Malerisches Städtchen
Stein am Rhein, Tourist Service, Oberstadt 3, 052 742 20 90, www.steinamrhein.ch

Wer durch die Altstadt von Stein am Rhein mit ihren mittelalterlichen, reich verzierten Häusern spaziert, lernt den Charme des Städtchens schnell kennen. Besonders einladend ist die Uferpromenade von der Schifflände bis zum Strandbad. Im nahen Stadtgarten befindet sich ein neuer, toller Spielplatz. Wer sich lieber fahren lässt, nimmt die Liliputbahn. Gemächlich tuckert die Modell-Dampflokomotive (im Massstab 1:4) der Promenade entlang. Im Sommer gibt es zwei kinderfreundliche Schwimmbäder, in denen auch die Kleinen im Fluss baden können: auf der rechten Rheinseite das Strandbad, linksseitig die kleinere Badeanstalt «Espi». Stein am Rhein: ein wunderschönes, übersichtliches Städtchen mit einer autofreien Altstadt.

Wie? Mit Bahn (10 Minuten Fussweg zum Städtchen), Schiff oder Auto.
Wann? Frühling bis Herbst: Liliputbahn Sa 13.15–17, So 10.30–17, Sommerferien täglich 13.15–17 Uhr. Nur bei guter Witterung.
Wieviel? Erwachsene Fr. 4.–, Kinder 2.50.
Alter? Alle Altersstufen.

Schaffhausen: Ennet dem Rhein

18 Schutz hinter dicken Mauern
Burg Hohenklingen, 8260 Stein am Rhein, 052 741 21 37, www.burghohenklingen.ch

Wer es nicht scheut, die 192 Meter Höhenunterschied zur Burg Hohenklingen auf Schusters Rappen zu bewältigen, wird dafür belohnt: Das Städtchen Stein am Rhein liegt zu Füssen, die Sicht auf die umliegenden Hügel, auf Untersee und Rhein ist prächtig. Die aus dem 13. Jahrhundert stammende Burg bewährte sich als nördlichster Beobachtungsposten der Eidgenossen und war jeweils Sitz eines Vogts. Im 19. Jahrhundert verlor die Feste ihre militärische Bedeutung. Heute kann man sich nach der phantastischen Rundsicht auf dem Turm im Restaurant verköstigen. Eine lohnenswerte Alternative bietet die nur 5 Minuten von der Burg entfernte Klingenwiese: Drei Feuerstellen am Waldrand laden zum Bräteln, die friedliche Natur zum Spielen ein.

Wie? Ab Bahnhof Stein a. Rhein 1 Std.
Wann? Burg und Restaurant sind von Mitte März bis Mitte Dezember geöffnet: Di–Do 10–23, Fr/Sa 10–24, So 9–19 Uhr, Mo und ab Mitte Oktober bis Ostern auch Di geschlossen.
Wieviel? Burgbesuch kostenlos.
Alter? Alle Altersstufen (Kleinkinder im Snuggly oder Babyrucksack).

19 Besuch in der guten alten Stube

Museum Lindwurm, Unterstadt 18, 8260 Stein am Rhein, 052 741 25 12, www.museum-lindwurm.ch

Der Tisch ist gedeckt, die Betten sind bezogen: In dieses Haus könnte man einziehen, würde es sich nicht um ein Museum handeln. Die vollständig eingerichtete Wohnung bringt Besucherinnen und Besuchern das Leben aus der Mitte des 19. Jahrhunderts buchstäblich mitten in die gute Stube. Im Kinderzimmer stehen Schaukelpferd und Bäbiwagen, als ob sie erst benutzt worden wären. Kinder werden vor allem von den Nebengebäuden angetan sein. Der Estrich birgt Schätze, wie man sie sich als Kind nur träumen kann. Nicht nur zum Träumen ist die alte Gesindekammer, die zum Spielzimmer umfunktioniert wurde. Hier dürfen Kinder alles be-

rühren, sich einmal ins Strohsackbett des Knechts legen, alte Kleider anziehen und sich im Spiegel betrachten.

Wo? Mitten in der Altstadt von Stein am Rhein.
Wann? März bis Oktober täglich ausser Di 10–17 Uhr geöffnet.
Wieviel? Erwachsene Fr. 5.–, Kinder 3.–, Familien 10.– (2 Erwachsene und 2 Kinder im schulpflichtigen Alter).
Alter? Ab 5 Jahren.

20 Einmal sein eigener Kapitän sein

Kanufahrt Rheinau–Eglisau, Sportegge, H. Alder, Untergass 13, CH-8193 Eglisau, 079 315 55 85, www.sportegge.ch

Dafür sind die Junioren sicher zu haben: eine Tour im Kanu rheinabwärts. Beim Start in Rheinau ist die Strömung gering, so dass wir genügend Zeit haben, uns im Kanufahren zu üben. Gegen Rüdlingen hin geht es dann schon recht zügig voran. Auf dem letzten Teilstück lässt die Strömung merklich nach. Ein Wehr am Anfang der Strecke sorgt für die gewisse Portion Abenteuer. Es wird überwacht und telefonisch betreut. Unbedingt die Anweisungen beachten! Die Landschaft ist herrlich grün, und wir fühlen uns fast wie am Amazonas. Der Fluss lädt zum Baden, verschiedene Plätze am Ufer zum Verweilen und Picknicken ein. Müde und zufrieden erreichen wir das Ziel in Eglisau.

Wie? Telefonische Reservation bei «Sportegge». Treffpunkt entweder beim Wasserungsplatz Zoll Rheinau

(Hinfahrt mit SBB/PTT oder Velo, Velotransport zum Zielort) oder Bahnhof Eglisau (Fahrt mit Minibus des «Sportegge» zum Wasserungsplatz).
Wann? Das ganze Jahr, für Anfängerinnen und Anfänger, insbesondere Kinder, empfiehlt sich jedoch die warme Jahreszeit, wenn die Wassertemperatur angenehm ist.
Wieviel? Vierstündige Tour, Erwachsene Fr. 44.–, Kinder ab 6 Jahren 22.–. Im Preis inbegriffen sind die Instruktionen bezüglich Fahrtechnik und Fahrstrecke, Schwimmwesten sowie Gepäcktransport zum Landeplatz. Velotransport Fr. 3.–. Zuschlag pro weitere Stunde Erwachsene Fr. 3.–, Kinder 1.50.
Dauer? Fahrzeit ca. 4 Stunden.
Alter? Kinder, die schwimmen können. Pro Kanu sollten zwei Personen genug Kraft zum Paddeln haben.

Kids willkommen!

Wo essen?
Restaurant Thiergarten, Münsterplatz 38, 8200 Schaffhausen, 052 625 32 88, www.thiergarten.ch. Vielfältige Speisekarte. Spielecke auf der Terrasse, viele Kinderbücher, Kindersitz. 5 Minuten vom Bahnhof entfernt, neben dem Münster. 7 Tage geöffnet.
Spaghetteria Wasserfels, An der Schiffländz, 8260 Stein am Rhein, 052 741 22 36, www.wasserfels.ch. Meterlange Spaghetti à discrétion. Kinder bis 12 Jahre: Preis nach Grösse. Auch andere Speisen erhältlich. Kindermenü, Kindersitz. Zum Dessert kann man sich seine Coupe individuell zusammenstellen.

Kulturgaststätte Sommerlust, Rheinhaldenstrasse 8, 8200 Schaffhausen, 052 630 00 60, www.sommerlust.ch. In der Nähe der Schiffländz, schöner Garten, ausgesuchte Küche, direkt neben kleinem Park mit Spielplatz gelegen, Kindersitz, 15 Min. vom Bahnhof. Do–Mo ab 11.30 Uhr geöffnet.
Manora, Selbstbedienungsrestaurant im 4. Stock des Warenhauses, Fronwagplatz 1, 8200 Schaffhausen. Grosse Kinderspielecke, Kindersitzli. Verschiedene kalte und warme Angebote für den kleinen und grossen Hunger. Gerichte aus natur- und tiergerechter Küche, in Zusammenarbeit mit dem WWF. Mo–Fr 8.30–18.30, Do bis 20, Sa 8–17 Uhr geöffnet.

Wo schlafen?
Hotel Park Villa, Parkstrasse 18, 8200 Schaffhausen, 052 625 27 37, Fax 052 624 12 53, www.parkvilla.ch. Direkt neben dem Stadtpark gelegen, 5 Gehminuten vom Bahnhof, individuell eingerichtet, Kinderbett, Familienzimmer und Zwei-Zimmer-Appartement, DZ ohne Bad ab 130.–, mit Bad ab 180.–.
Waldhotel Hohberg, Schweizersbildstrasse 20, 8200 Schaffhausen, 052 643 42 49, Fax 052 643 14 00, www.hohberg.ch. Spielsachen, Kinderbett. Am Waldrand gelegen. Günstiger Ausgangsort für Reiatwanderungen. Bus 6 bis Station «Schweizersbild». DZ ab Fr. 175.–.
Landgasthof Hirschen, Fortenbach 239, 8262 Ramsen, 052 743 11 41, Fax 052 743 15 24, www.hirschen.ch. Gasthof mitten im Hegau, nahe Stein am Rhein und Singen. Ideal für einen Zwischenhalt bei Wander- oder Velotouren. Gute Küche, Familienatmosphäre, Mehrbettzimmer, DZ ab 110.–.

Schaffhausen: Ennet dem Rhein

Jugendherberge Stein am Rhein,
Hemishoferstr. 87, 8260 Stein am Rhein, 052 741 12 55, Fax 052 741 51 40, www.jugendherbergen.ch. Eine Jugi speziell auch für Familien. Grosser Garten mit Spielwiese, Tiere, Spielzimmer. Familienzimmer (klein), nahe beim Rhein-Strandbad. 10 Min. von der Altstadt, 25 Min. vom Bahnhof. Erwachsene und Kinder ab 6 Jahren im Familienzimmer: Fr. 34.– mit Frühstück, Kinder 2–6 Jahre: 50%. Nov.–Feb. geschlossen.

Campingplatz «Rheinwiesen»,
8246 Langwiesen, 052 659 33 00, Fax 052 659 33 55. Direkt am Rhein gelegen, Strandbad, 2,5 km östlich von Schaffhausen. Geöffnet Ende April bis Ende September. Zelt Fr. 6.50 bis 7.50 (plus Auto 13.– bis 16.–), Erwachsene 4.60 bis 6.40, Kinder 6–16 die Hälfte pro Nacht.

Jugendherberge Belair,
Randenstrasse 65, 8200 Schaffhausen, www.jugendherbergen.ch, 052 625 88 00, Fax 052 624 59 54. Sehr schöne Jugi in einem alten Schlösschen, umgeben von einem Park, direkt neben der KSS-Freizeitanlage (Tipp 4) im Breitequartier gelegen. Der Aufenthalt lohnt sich hier nicht nur der Übernachtung wegen. Familienzimmer, Frühstück, Halbpension, Küche zum Selberkochen. Bus 6 bis Station «Hallenbad». Erwachsene und Kinder ab 6 Jahren im Familienzimmer: Fr. 34.50 mit Frühstück, Kinder 2–6 Jahre: 50%. Ende Nov.–Feb. geschlossen.

― **Dauerbrenner** ―

Museum Stemmler,
das skurrile Museum, das auch etwas gruselig ist. Viele Vogelarten und Kuriositäten. Sporrengasse 7, 8200 Schaffhausen, 052 633 07 77, Geöffnet Sonntag 12–17 Uhr.

Schaffhausens Festung Munot,
8200 Schaffhausen. Geöffnet Mai–September 8–20, Oktober–April 9–17 Uhr. Führungen mit dem Munotwächter spätestens eine Woche im voraus reservieren (Fr. 50.– für Gruppen bis 30 Personen), 052 625 42 25.

Rheinfall,
8212 Neuhausen am Rheinfall. Information: Rheinfall-Tourismus, 052 672 74 55, www.rheinfall.ch, Schifffahrtsbetrieb Werner Mändli, 052 672 48 11. Das Must der Region Schaffhausen. Schifffahrt zum Felsen mitten in der Brandung. Spaziergänge und Aussichtspunkte. Bus ab Bahnhof Schaffhausen bis Neuhausen-Zentrum. Wegweiser zum Rheinfall. Empfehlenswert: zu Fuss oder mit dem Velo von Schaffhausen aus dem Rhein entlang.

Sternwarte Schaffhausen-Steig.
052 625 96 07, Mi und Sa bei klarem Himmel. Kostenlos, freiwilliger Beitrag erwünscht. Gruppen auf Voranmeldung. Sommerzeit 21–23, Winterzeit 20–22 Uhr. Bus 3, 4, 6 bis Station «Steigbrunnen».

Rhy-Badi,
Rheinuferstrasse, 8200 Schaffhausen, 052 625 19 90. Wunderschöne alte Holzbadi. Geschütztes Baden im Rhein. Verschieden tiefe Becken. Für kleine Kinder weniger geeignet. Cafeteria mit Getränke- und Speiseangebot. Mai–Sept. offen.

Höhle Kesslerloch,
8240 Thayngen. Vor rund 12 000 Jahren bewohnten Rentierjäger diesen 200 m^2 grossen Unterschlupf, heute ein spannendes Ziel für einen Ausflug (Rastplatz vor der Höhle) ab Thayngen (zu Fuss) oder ab Schaffhausen mit dem Velo.

Bio-Erlebnishof Bolder,
Doris Halbheer und Heinz Morgenegg, 8261 Hemishofen; 052 741 49 89. Wieso nicht einen Tag lang den Bauern zuschauen und selber zupacken... und abends im Stoh übernachten? Anruf genügt.

Babenthal-Alp, Gasthof, 052 680 12 72.
1 Std. von der Siblinger Höhe (RVSH-Bushaltestelle). Kinderspielplatz, Do Ruhetag, Ende Januar/Anfang Februar Betriebsferien.
Thermenmuseum Juliomagus,
8226 Schleitheim. Überreste eines römischen Schwitzbades. Zwanzigminütige Tonbandführung. Jederzeit geöffnet, freie Besichtigung, kostenlos. Mit dem RVSH-Bus nach Schleitheim (Haltestelle «Salzbrunnen»).
Naturlehrpfad, 8232 Merishausen. Vier Routen zwischen 50 Minuten und 3 Stunden (Hagenturm). Start beim Gemeindehaus.
Puppenmuseum, 8454 Buchberg, im Haus Café Rebe, 079 207 53 18 oder 044 867 11 97, www.puppen-museum.ch. Private Puppensammlung, persönliche Führung, Di–Do 13–17 Uhr, So 11–17 Uhr, Kinder gratis, Erwachsene Fr. 7.–.
Pferdekutschen im Klettgau,
Anmeldung in Hallau, 052 681 40 40 oder 052 681 20 20. Fahrten in die Hallauer Rebberge, nach Wilchingen, Osterfingen oder Schleitheim. 1–2 Std. ab Fr. 180.– für maximal 15 Personen. Einzeltarife auf Anfrage.
Beringer Randenturm, 8222 Beringen. Ab RVSH-Haltestelle Beringen 35 Min. (steiler, aber bequemen Weg). Restaurant und Spielplatz. Verschiedene Wandermöglichkeiten.
Randen-Wanderung Schleitheim–Schleitheimer Randenturm–Zelgli–Siblinger Randenhaus–Siblingen. Diese Wanderung erfordert einiges an Ausdauer, führt aber auch zu den schönsten Plätzen auf den Höhenzügen des Randen. Reine Wanderzeit 4 Stunden. Mit dem RVSH-Bus (Busbahnhof Schaffhausen) in 35 Minuten nach Schleitheim und nach der Wanderung von Siblingen in 20 Minuten zurück nach Schaffhausen.

Naturfreundehaus Buchberg,
8200 Schaffhausen, 052 625 89 63, www.buchberghaus.ch. Beliebtes Wanderziel auf dem Randen. Ab Busstation Schaffhausen Birch in ca. 1 Std., ab Post Merishausen in ca. 40 Minuten erreichbar. Einfache Mahlzeiten und Getränke, günstige Übernachtungsmöglichkeit (Erwachsene zwischen Fr. 21.– und 25.–) in verschieden grossen Räumen. Geöffnet an Wochenenden und während der Schulferien. Voranmeldung nötig. Selbstverpflegung oder auf Bestellung Nachtessen. Getränke müssen vom Haus bezogen werden. Viel Umschwung und Spielmöglichkeiten für Kinder.
Sauschwänzlebahn,
D-78170 Blumberg, Auskunft 0049 770 25 12 00 (Mo–Fr 8–12 Uhr), www.sauschwaenzlebahn.de. Die Museumsbahn fährt von Mai bis Oktober auf 25 Kilometern durch das Wutachtal von Weizen nach Blumberg, nahe der Schweizer Grenze. Genaue Fahrzeiten telefonisch anfragen. Kombifahrten ab Schaffhausen: Auskunft und Tickets Mo–Fr bei RVSH 052 644 20 46.
Stadtnaturweg, Stadtverwaltung, Dr. Urs Capaul, Stadtökologe, 052 632 52 20. Mit einer gut illustrierten Broschüre, die beim Tourist Service, Herrenacker 15, erhältlich ist, kann man sich auf den Stadtspaziergang begeben, um die verborgene Natur zu entdecken. Am meisten sieht man in den Monaten Mai bis Juli. Führung für Gruppen mit dem Stadtökologen möglich. Einige Wochen im voraus reservieren.
Ludothek Spielzaine, 052 625 63 02, und Freihandbibliothek, 052 625 78 71, Agnesenschütte, Schwesterngasse 1, 8200 Schaffhausen. Sowohl die Ludothek als auch die Freihandbibliothek bieten ein gutes, ansprechendes Sortiment für die kleinen Benutzerinnen und Benutzer.

Schaffhausen: Ennet dem Rhein

Schwyz: Die Berge in der Mitte

1. Rasche Röhren
   Alpamare, Pfäffikon
2. Schwarze Madonna
   Kloster Einsiedeln
3. Süsse Schafböcke
   Bäckerei Goldapfel, Einsiedeln
4. Silbergrüner Bläuling
   Naturschutzgebiet Roblosen
5. Ganz einfach
   Wandern im Hoch-Ybrig
6. Sommerschlitteln auf Mostelberg
   Sattel-Hochstuckli
7. Ein schönes Stück
   Schwyzer Panoramaweg
8. Halfpipe and Big Stairs
   Roller-Park, Sattel
9. Bären und Bartgeier
   Tierpark Goldau
10. So ein Käse
    Schaukäserei Seewen-Schwyz
11. Forum der Schweizer
    Geschichte, Schwyz
12. Am Fuss der Mythen
    Rundwandern ob Schwyz
13. Auf dem Grossen Mythen
    Klettern mit der Familie
14. Ab auf die Insel
    Schwanau, Lauerzersee
15. Schwimmen im Wald
    Baden auf dem Stoos
16. Trittsicher am Wannentritt
    Stoos und Riemenstalden
17. Höllisch gross
    Im Höllloch, Muotatal
18. Rigi locker
    Auf Rigi Kulm
19. Rigi streng
    Zum Urmiberg
20. Röchel, röchel
    Hohle Gasse, Küssnacht

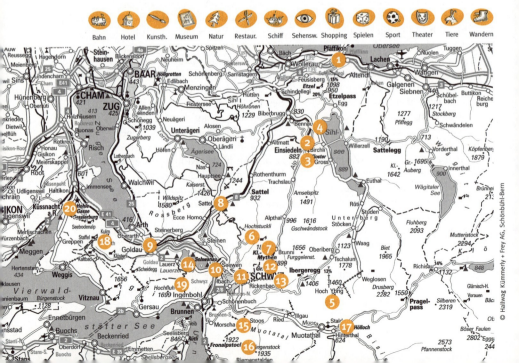

Schwyz: Banker und Berge

Der Kanton Schwyz hat zwei Seiten: Innerschwyz und Ausserschwyz. Ausserschwyz – die Bezirke March und Höfe am Zürichsee – sind von der Stadt Zürich 20 Autominuten entfernt und schon fast Teil der Limmatstadt-Agglo. Wegen des günstigen Steuerfusses sind Banker, Treuhänder und Industrielle, aber auch Normalverdiener in Gemeinden wie Freienbach und Wollerau ausgewandert, mit der Folge, dass Einfamilienhaussiedlungen und Villenquartiere immer mehr Raum beanspruchen. Hat man den Höhenzug des Etzels überwunden, ändert sich die Landschaft. In voralpiner Umgebung entdeckt man karge Gegenden wie die Umgebung von Einsiedeln oder das Hochmoor Rothenturm, den Talkessel um den Hauptort am Fuss der Mythen, das ursprüngliche Muotatal und die idyllischen Ufer am Vierwaldstättersee zu Füssen der Rigi. Hier, im innern Kantonsteil, ist die Landschaft (fast) noch, wie sie einst war. Und hier leben die eigenwilligen, ursprünglichen Schwyzer, fremden Einflüssen und Fremden gegenüber oft verschlossen. Hinter der oft knorrigen Wesensart aber versteckt sich eine traditionelle Gastlichkeit, die auch Touristen den Aufenthalt geniessen lässt.

Niklaus Regli

1 Rasche Röhren
Alpamare, Seedamm-Center,
8808 Pfäffikon, 055 415 15 15,
www.alpamare.ch

2 Die Schwarze Madonna
Kloster Einsiedeln,
8840 Einsiedeln, 055 418 61 11,
www.kloster-einsiedeln.ch

Ein Gewirr von roten, blauen und weissen «Canyons» windet sich vor dem Alpamare den Hang hinunter. Durch die Kunststoffröhren flitzen Wasserratten, denen im Pool der Nervenkitzel fehlt. Den findet man schon eher im Cresta- oder im 158 Meter langen Niagara-Canyon. Und sicher im steilen Grand Canyon oder in der schnellen Cobra-Röhre – auch Erwachsene atmen hier am Start tief durch. Am meisten Gedränge herrscht aber vor der «Thriller-Tube» mit ihren Licht- und Soundeffekten. Auch weniger Mutige kommen im Alpamare übrigens auf ihre Kosten: Sauna und Solarium, Fluss-Freischwimmbad und Brandungswellen-Hallenbad, Thermal-Whirlpool und Jod-Sole-Thermalbad – die Zeit vergeht hier wirklich schnell.

Schwyz: Die Berge in der Mitte

Vor mehr als tausend Jahren liess sich der Mönch Meinrad in der Einsiedler Einöde nieder. Entstanden ist aus seiner kleinen Zelle im Lauf der Zeit ein imposantes Kloster, der bekannteste Pilgerort der Schweiz und eine der schönsten Barockanlagen Europas. In der heutigen, um 1700 entstandenen Kirche am monumentalen Platz beten Pilger vor der Gnadenkapelle zur Statue der Schwarzen Madonna und bestaunen Kunstinteressierte Stuck und Malereien an den Wänden. Und die Kids? Die können vielleicht zum kleinen Rundgang motiviert werden, wenn man ihnen einen «Schafbock» (siehe Tipp 3) oder den Besuch der Pferdestallungen verspricht – die Benediktinermönche unterhalten mit den «Cavalli di Madonna» die grösste Schweizer Pferdezucht.

Wie? Bus ab Bahnhof Pfäffikon (werktags). Zu Fuss 15 Min.
Wann? Di–Do 10–22, Fr 10–24, Sa 9–24, So, Mo und Feiertage 9–22 Uhr.
Wieviel? 4 Std. Aufenthalt: werktags Erwachsene Fr. 35.–, Kinder 6–16 Jahre 29.–. Sa, So und Feiertage Erwachsene 38.–, Kinder 6–16 Jahre 31.–. Tageskarten Erwachsene Fr. 45.–, Kinder 6–16 Jahre 38.–. Kinder unter 6 Jahren gratis. Die SBB bieten Kombi-Billette ab jedem Bahnhof an (www.railaway.ch, 0900 300 300).
Dauer? Halber Tag.
Alter? Kleinkinder unter 3 Jahren nur im Kinderfreibecken, kein Zutritt ins Jodbad unter 16 Jahren.

Wie? Mit SOB nach Einsiedeln.
Wann? Klosterkirche 5.30–20.30 Uhr.
Wieviel? Gratis.
Dauer? Halber Tag.
Alter? Ab 4 Jahren.

3 Süsse Schafböcke
Konditorei-Bäckerei und Lebkuchenmuseum Goldapfel, Kronenstrasse 1, 8840 Einsiedeln, 055 412 23 30, www.goldapfel.ch

Obwohl ein Lämmchen sie verziert: Die flachen Honigkuchen heissen im Volksmund «Schaf-» oder «Häliböcke» und sind Einsiedelns ältestes Wallfahrtsgebäck. Was früher die Pilger als Souvenir nach Hause brachten, schmeckt auch heute noch. In wunderschöner Umgebung findet man die feinen Süssigkeiten in der ältesten Einsiedler Lebkuchen-Bäckerei Goldapfel an der Hauptstrasse 67. Um die Ecke an der Kronenstrasse befinden zudem ein nostalgischer Laden und eine alte Backstube mit vielen Tirggel-Modeln aus früheren Zeiten.

Wie? Zwischen Bahnhof und Klosterplatz.
Wann? Lebkuchenmuseum Neujahr–Ostern 13.30–16.30, Ostern–Ende Dezember 13.30–18 Uhr.
Wieviel? Gratis.
Dauer? ½ Std.
Alter? Ab 4 Jahren.

4 Silbergrüner Bläuling
Naturschutzgebiet Roblosen, 8840 Einsiedeln, 055 418 44 88, www.einsiedeln.ch

Perlmutterfalter, Silbergrüner Bläuling, Grosses Wiesenvögelchen: Tiere mit märchenhaften Namen kreuchen und fleuchen zwischen Wölbacker, im Heidemoor und auf der Pfeifengraswiese. Das Hochmoor Roblosen zwischen Etzel und Sihlsee bietet seltenen Tieren und Pflanzen einen geschützten Lebensraum. Der ist auf einem Spaziergang kreuz und quer durchs Naturschutzgebiet zu jeder Jahreszeit zu erkunden. Den wunderschönen Blick über den Sihlsee in Richtung Einsiedeln und auf die Mythen gibt's gratis dazu.

Wie? Postauto ab Bahnhof Einsiedeln SOB zum Schwimmbad am Sihlsee oder bis Egg. Beide Stationen eignen sich als Ausgangspunkt.
Wann? Ganzjährig. Besonders empfehlenswert Frühling bis Herbst.
Wieviel? Gratis.
Dauer? Je nach Rundgang.
Alter? Ab 3 Jahren.

5 Ganz einfach
Wandern im Hoch-Ybrig, Sportzentrum Hoch-Ybrig, 8842 Hoch-Ybrig, 055 414 60 60, www.hoch-ybrig.ch

Hoch-Ybrig im Winter heisst viel Betrieb auf Pisten und in Halfpipes. Hoch-Ybrig im Sommer dagegen ist ein beschauliches Wanderparadies in einer idyllischen Voralpenlandschaft mit schönem Panorama und Wanderungen aller Schwierigkeitsgrade. Für einmal sollen auch die Kleinsten mit: auf den gut einstündigen Spaziergang über den bequemen Höhenweg fast gradaus vom Spirstock bis zum Chli Sternen. Zweimal Sessellift und zwei gemütliche Beizen inklusive.

Wie? Postauto Einsiedeln Bahnhof–Talstation Hoch-Ybrig-Bahnen in Weglosen. Luftseilbahn nach Seebli. Sesselbahn Spirstock. Wanderung nach Chli Sternen. Sesselbahn Seebli. Luftseilbahn nach Weglosen.
Wann? Mai–Oktober.
Wieviel? Seilbahn-Rundfahrtbillett Weglosen–Weglosen Erwachsene Fr. 17.–, Kinder bis 16 Jahre gratis.
Dauer? Wanderung 1 Std.
Alter? Ab 3 Jahren.

6 Jump and Run
Sommerschlitteln auf Sattel-Hochstuckli, 6417 Sattel, 041 835 14 23, www.sattel-hochstuckli.ch

Die Bobbahn glänzt wie frisch poliert und ist schnell. Über 600 Meter zwischen Steilwandkurven und durch Tunnels donnert man in der schmalen Rinne zu Tal. Auch wenn man auf den

Schwyz: Die Berge in der Mitte

Massenstart und damit auf einen Familienwettstreit verzichten muss – der «Stuckli-Run» macht mindestens Kids allemal Spass. Und wenn's noch mehr Action braucht: Gleich daneben steht der «Stuckli Jump», eine grosse Anlage mit Trampolinen, einem Hüpfberg und sogar mit einem hilflos hier oben gestrandeten Riesenwal-Spielgerät.

Wie? SOB nach Sattel. Sesselbahn nach Mostelberg.
Wann? Stuckli-Run und Stuckli-Jump Mai–Oktober Mo–Fr 10–17, Juli/August bis 17.30, Sa/So 10–17.30 Uhr (je nach Witterung, Infos 041 835 14 23).
Wieviel? Sesselbahn retour Erwachsene Fr. 14.– (Halbtax-Abo gültig), Kinder bis 16 Jahre 7.–.
Stuckli-Run: 1 Fahrt Fr. 4.–, 5 Fahrten 19.–, Familien-Superkarte (Juniorkarte vorweisen) Fr. 37.– für 10 Fahrten. Kombi-Billette mit dem Roller-Park erhältlich (siehe Tipp 7).
Stuckli-Jump: Kombi-Billette für Kinder (Sesselbahn) und Eintritt Fr. 12.–.
Dauer? Halber Tag.
Alter? Stuckli-Run ab 6 Jahren. Kleinere Kids nur in Begleitung Erwachsener.

Fasnacht in Einsiedeln

Wenn die «Trichler» um Mitternacht des 6. Januar mit weitausholenden Schritten durch Einsiedeln ziehen, ist die Fasnacht eingeläutet. Sie erreicht ihren Höhepunkt am Schmutzigen Donnerstag und am «Güdelmändig» mit dem «Süühudiumzug», an dem Süühudi, Teufel und Joheen durchs Dorf ziehen. Am Fasnachtsdienstagabend schliesslich wird der «Pagat» verbrannt, damit der Frühling nicht mehr lange auf sich warten lässt.

7 Ein schönes Stück

Schwyzer Panoramaweg, Schwyz Tourismus, 6410 Goldau, 041 855 59 50, www.schwyzer-wanderwege.ch

Der Schwyzer Panoramaweg ist 20 Kilometer lang. Wir wollen es nicht übertreiben und beschränken uns auf ein Teilstück – unberührt ist die Natur schliesslich auch auf dem Weg von Rotenfluh nach Mostelberg, schön das Panorama auf die Alpen und den Talkessel von Schwyz. Der Weg führt meist angenehm ein bisschen bergab. Auf Restaurants unterwegs muss man nicht verzichten. Und am Schluss warten für wanderunwillige Kids als Belohnung der Stuckli-Run und der Stuckli-Jump hoch oben auf dem Mostelberg (siehe Tipp 6).

Wie? Bus ab Schwyz nach Rickenbach. Seilbahn nach Rotenfluh. Wanderung. Sesselbahn Mostelberg–Sattel. Bus nach Schwyz.
Wann? Mai–Oktober.
Wieviel? Rundreise Schwyz–Rotenfluh–Mostelberg–Sattel–Schwyz Erwachsene Fr. 22.–, Kinder 12.– (mit Juniorkarte ab dem dritten Kind gratis).
Dauer? Wanderung 3 Std.
Alter? Ab 6 Jahren.

8 Halfpipe and Big Stairs

Roller-Park, Eumatt, 6417 Sattel, 041 835 10 53, www.rollerpark.ch

Hier trifft sich, was Brett, Achse oder Rollen hat: Inline-Skater, Skateboarder und BMXler bevölkern das 7000 Quadratmeter grosse und teilweise überdeckte Outdoor-Zentrum. Und überwinden «Obstacles» für kleine Hüpfer und Mega-Sprünge, für zaghafte Kunststücke und waghalsig akrobatische Einlagen. Daneben gibt's natürlich Halfpipe, Trickbox, Big Stairs, Pyramide, Canyon, Tunnel, Pool, Bridge, Stretchbox und auch eine spezielle Kids-Area. Ein Must für echte Skater also oder für solche, die es werden wollen.

Wie? SOB bis Sattel. Helm und Schutzausrüstung können gemietet werden.
Wann? Mitte April–Mitte Oktober täglich, November an schönen Wochenenden. Bei nasser Fahrbahn bleibt die Halfpipe geschlossen. Info 041 835 14 23.
Wieviel? Eintritt Fr. 10.–, Familienangebot (mit Juniorkarte) 1 Elternteil mit beliebig vielen Kindern Fr. 30.–. Kombi-Billette mit dem Stuckli-Run erhältlich (siehe Tipp 6). Die SBB bieten Kombi-Billette ab jedem Bahnhof an (www.railaway.ch, 0900 300 300).
Dauer? Halber Tag.
Alter? Ab 6 Jahren.

9   Bären und Bartgeier
Natur- und Tierpark Goldau,
Parkstrasse 40, 6410 Goldau,
041 855 15 10, www.tierpark.ch

1806 donnerten vom Rossberg gewaltige Felsmassen auf Goldau nieder – 457 Menschen fanden bei der Katastrophe den Tod. Mitten im ehemaligen Bergsturzgebiet hinter dem Bahnhof liegt heute der Natur- und Tierpark Goldau. Zwischen mächtigen Felsbrocken und knorrigen Tannen und an einem Seelein vorbei schlängelt sich ein bequemer Weg, auf dem man überraschende Begegnungen machen kann: Ein Reh quert rasch den Pfad, Damhirsche betteln treuherzig um Futter. Doch keine Angst: Bären und Luchse, Wölfe und Füchse, Wildschweine und Mufflons leben im Gehege. Wer von der Murmelisuche müde ist und die Bartgeierkolonie gebührend bestaunt hat, sinkt erschöpft ins Selbstbedienungsrestaurant. Es ist zwar nicht so attraktiv wie die Picknickplätze unterwegs, dafür lockt gleich daneben ein grosser Spielplatz mit Rutschbahn, Kletternetz und Aussichtsturm.

Wie? Ab Bahnhof Goldau 10 Min. zu Fuss.
Wann? April–Oktober 9–18 (Sa/So 8–19), Nov.–März 9–17 Uhr.
Wieviel? Erwachsene Fr. 14.–, Kinder 6–16 Jahre 9.–, Familienkarte (Eltern und alle Kinder bis 16 Jahre) 40.–. Die SBB bieten Kombi-Billette ab jedem Bahnhof an (www.railaway.ch, 0900 300 300).
Dauer? Halber Tag.
Alter? Alle Altersstufen.

10   So ein Käse
Schaukäserei «Schwyzerland»,
Milchstrasse, 6423 Seewen-Schwyz,
041 819 82 82, www.milchstrasse.ch

> Schwyz: Die Berge in der Mitte

Er fällt auf beim Bahnhof Schwyz, der bunte Turm im Emmentaler-Design der Schaukäserei Schwyz. Alphüttenromantik über dem Feuer sucht man hier vergebens: In einer voll sterilisierten Molkereianlage erlebt man den heute üblichen Werde-

gang eines der bekanntesten Schweizer Exportprodukte: Vom Vorkäsen bis zum Einlegen der Laibe ins Salzbad guckt man den Käsern über die Schulter – am besten am späten Vormittag, wenn die Käsemasse bearbeitet wird. Und wer noch nicht genug Käse hat: Es gibt auch ein «Chäs-Lädeli», ein Restaurant mit käsigen Spezialitäten und die grösste Milchkanne der Welt. Wie viele Liter Milch haben hier wohl Platz?

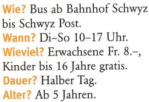

Wie? Beim Bahnhof Schwyz-Seewen.
Wann? Di–Sa 9–18 Uhr (Schaukäserei und Restaurant). Führungen und selber Käsen nach Vereinbarung.
Wieviel? Eintritt frei.
Dauer? 2 Std.
Alter? Ab 4 Jahren.

Wie? Bus ab Bahnhof Schwyz bis Schwyz Post.
Wann? Di–So 10–17 Uhr.
Wieviel? Erwachsene Fr. 8.–, Kinder bis 16 Jahre gratis.
Dauer? Halber Tag.
Alter? Ab 5 Jahren.

11 Alltagsgeschichten
Forum der Schweizer Geschichte, Hofmatt, 6430 Schwyz, 041 819 60 11, www.musee-suisse.ch

Was hat die Ur-Ur-Urgrossmutter gegessen? Gab's schon mal so einen heissen Sommer wie 2003? Im Forum der Schweizer Geschichte, einer Aussenstelle des Schweizerischen Landesmuseums, entdeckt man die Welt unserer Vorfahren, die zwischen 1300 und 1800 im Gebiet der heutigen Schweiz lebten. Im Vordergrund stehen keine Kriegs- und Heldentaten, sondern Alltag und Kultur von Menschen wie du und ich. Das noch nicht ganz zehnjährige Museum ist allerdings keine simple Ansammlung historischer Ausstellungsstücke: Dank neuen Medien und interaktiven Bildschirmen können Informationen zu Themen wie Ernährung oder Klima abgerufen werden, bei einer der Hörstationen kann man den «Nachrichten von den Sennen» lauschen.

12 Am Fuss der Mythen
Luftseilbahn Rotenfluh, 6432 Rickenbach, 041 811 25 50, www.sommerspass.ch

Wenn einheimische Familien wandern, kommen sie um die steilen Kegel des Kleinen und Grossen Mythen kaum herum. Das Wahrzeichen des Hauptorts muss man den Kids ja wenigstens einmal aus der Nähe zeigen. An bequemsten geht das mit der Seilbahn von Rickenbach nach Rotenfluh hinauf. Von hier wandert man leicht abfallend in nur einer halben Stunde zur Holzegg mit dem Berggasthaus – der Grosse Mythen ist hier schon greifbar nah. Er will ja nicht unbedingt bestiegen sein (siehe Tipp 13). Vor allem für kleinere Kinder muss die Aussicht genügen, bevor es in anderthalb Stunden talwärts zur Seilbahn-Zwischenstation Huserenberg oder in zwei Stunden durch den Tschütschiwald wieder zurück nach Rickenbach geht.

Wie? Bus Schwyz SBB bis Rickenbach. Luftseilbahn Rotenfluh. Wanderung via Holzegg nach Rickenbach.
Wann? Juni–Oktober. Wetterinfo 041 811 76 30.
Wieviel? Seilbahn Erwachsene einfach Fr. 11.80, Kinder 7.30. Bei Familien bezahlt nur das erste Kind.
Dauer? Wanderung rund 2 Std.
Alter? Ab 6 Jahren.

Der Aufstieg ist nur bei trockenem Wetter möglich, gutes Schuhwerk ist absolute Voraussetzung.
Wann? Juni–Oktober. Wetterinfo 041 811 76 30.
Wieviel? Seilbahn Erwachsene retour Fr. 23.60, Kinder 14.60. Bei Familien bezahlt nur das erste Kind.
Dauer? Aufstieg von der Holzegg 1 Std. 40 Minuten, Abstieg 1 Std.
Alter? Ab 8 Jahren.

13 Auf dem Grossen Mythen
Luftseilbahn Rotenfluh,
6432 Rickenbach, 041 811 25 50,
www.mythen.net

14 Ab auf die Insel
Schwanau im Lauerzersee,
Restaurant Schwanau, 6424 Lauerz,
041 811 17 57, www.lauerz.ch

Schwyz: Die Berge in der Mitte

Mit nur 1899 Metern ist der Grosse Mythen kein wirklich grosser Berg. Faszinierend muss der steile Zacken trotzdem sein. Warum sonst haben einzelne Mythen-Fans den Gipfel schon über tausendmal bestiegen? Warum keuchen andere bis zu zehnmal pro Tag den steilen Weg empor? Übrigens in nur gerade 25 Minuten. Wir nehmen es von der Holzegg aus (siehe Tipp 12) auf 1405 Metern Höhe gemütlicher. Immerhin sind bis zum Gipfel 534 Höhenmeter zurückzulegen. Obwohl der Weg von unten furchterregend steil aussieht – gefährlich ist er nicht: An allen exponierten Stellen gibt's Sicherungsseile. Auf dem Gipfel wird man mit einer phantastischen Rundsicht belohnt und geniesst im Bergrestaurant die wohlverdiente Rast. Schliesslich hat die Familie gemeinsam wirklich was geleistet.

Wie? Bus Schwyz SBB bis Rickenbach. Luftseilbahn Rotenfluh. Wanderung via Holzegg auf den Grossen Mythen und nach Rotenfluh zurück (Alternativen siehe Tipp 12). Seilbahn nach Rickenbach. Bus nach Schwyz.

Dichtes Gestrüpp, ein uralter Turm, eine schlichte Kapelle und ein gemütliches Gasthaus: das ist die 200 Meter lange und 50 Meter breite Insel Schwanau im Lauerzersee. Kein Wunder, ranken sich um das dunkle Eiland Legenden: Über die Zerstörung der Burg durch die Eidgenossen, die den zugefrorenen See überquerten. Um die Kapelle mit der Einsiedlerhütte, die aus ihren Ruinen entstand. Um die riesige Flutwelle, die 1806 beim Goldauer Bergsturz fast alle Gebäude auf der Insel zerstörte. Alles in allem also eine Insel für einen Ausflug in vergangene Zeiten. Dazu gehört schon, dass man zum Übersetzen den Fährmann und sein Boot am Ufer mit einer Glocke rufen muss.

Wie? Ab Bahnhof Seewen-Schwyz mit Postauto.
Wann? Restaurant Schwanau und Fährbetrieb April–Oktober (041 811 17 57), Restaurant Di geschlossen. Am Wochenende vorgängig abklären, ob das Restaurant nicht von einer Gesellschaft besetzt ist.
Dauer? Halber Tag.
Alter? Alle Altersstufen.

15 Schwimmen im Wald
Alpines Freibad, 6433 Stoos,
041 811 15 50, www.stoos.ch

Es gibt noch ein paar Orte in den Bergen, an denen zum Unwillen mancher Tourismusentwickler und zur Freude umweltbewusster Familien Fun und Adventure noch keinen Einzug hielten: Das Sonnenplateau Stoos auf 1300 Meter über dem Muotatal gehört dazu. Hier gibt's weder Jumbo-Chalets noch Big Macs, weder Para-Gliding noch Bungee-Jumping. Der Stoos ist bescheiden geblieben: autofrei und mit (fast) unberührter Natur, überschaubar und von aller Hektik weit entfernt. Hier gibt's viel Freiraum für Kinder: beim Wandern und beim Picknick, beim Spielen und beim Baden im alpinen, auf 23 Grad geheizten Schwimmbad mitten im Wald.

Wie? Muotatal-Bus ab Bahnhof Schwyz bis Schlattli. Standseilbahn. Oder via Brunnen nach Morschach und mit Luftseilbahn.
Wann? Juli und August.
Wieviel? Standseilbahn oder Luftseilbahn retour Erwachsene Fr. 23.– (Halbtax-Abo gültig), Kinder 11.– (mit Juniorkarte 5.50). Kombi-Preise Bahn und Bad: Erwachsene Fr. 23.– (mit Halbtax-Abo 17.–), Kinder 11.50 (mit Juniorkarte 8.50).
Dauer? Halber Tag.
Alter? Alle Altersstufen.

16 Trittsicher am Wannentritt
Vom Stoos nach Riemenstalden,
6433 Stoos, 041 811 15 50,
www.stoos.ch

Trittfest muss man am Wannentritt schon sein. Sonst aber braucht's nur ein bisschen Ausdauer, um den Übergang vom Stoos ins Riemenstaldental zu bewältigen. Bergauf geht's rund 350 Meter, bergab mit 470 Metern nicht viel mehr. Belohnt wird man dafür mit viel Natur und einem atemberaubenden Panorama hoch über dem Vierwaldstättersee. Das Picknick allerdings darf man nicht vergessen: Nach den vielen Gasthäusern auf dem Stoos gibt's die nächste Beiz erst wieder in Riemenstalden bzw. in Sisikon.

Wie? Muotatal-Bus ab Bahnhof Schwyz bis Schlattli. Standseilbahn. Wanderung. Ab Talstation der Seilbahn Riemenstalden-Chäppeliberg Rufbus nach Sisikon (041 820 32 55). Bahn nach Schwyz.
Wann? Juni–Oktober.
Wieviel? Standseilbahn Stoos Erwachsene Fr. 11.50.– (Halbtax-Abo gültig), Kinder mit Juniorkarte 5.50.
Dauer? Wanderung 4 Std.
Alter? Ab 8 Jahren.

17 Höllisch gross
Höllloch, 6436 Muotathal,
0848 808 007, www.trekking.ch

170 Kilometer wurden bis heute vermessen, und ein Ende ist nicht abzusehen – das Höllloch zuhinterst im Muotatal ist die mit Abstand längste Höhle Europas und eines der grössten Höhlensysteme der Welt. Seit 1875 kriechen Höhlenforscher durch lichtlose Gänge, tauchen in unterirdische Flüsse, überqueren totenstille Seen. Normalos würden sich schon auf einem Kurztripp verirren – Staunen kann man im Schein von Karbidlampen deshalb nur unter kundiger Führung: über den Rittersaal, die Alligatorenschlucht, den Dolomitensaal, die Kapelle, den Riesensaal und all die andern faszinierenden Felsformationen, die das Wasser im Karst während einer halben Million Jahre geschaffen hat.

Wie? Muotatal-Bus ab Bahnhof Schwyz bis «Hintere Brücke». 15 Min. bis Treffpunkt am Wärterhaus. Gute Schuhe und warme Kleider mitbringen (Temperatur in der Höhle 6 Grad!).
Wann? Juni–Sept. Mi–So 10 und 13 Uhr (ohne Anmeldung).
Wieviel? Längere Führung um 10 Uhr: Erwachsene Fr. 15.–, Kinder bis 15 Jahre 10.–. Kürzere Führung um 13 Uhr: Erwachsene Fr. 10.–, Kinder bis 15 Jahre 7.–.
Dauer? Führung rund 1½ Std.
Alter? Ab 8 Jahren.

18 Rigi locker
Von Kaltbad auf den Gipfel, Verkehrsbüro, 041 397 11 28, 6356 Rigi Kaltbad, 041 399 87 87 (Rigi-Bahnen), 041 399 87 70 (Meteo), www.rigi.ch

Als «Königin der Berge» wird die Rigi beworben. Obwohl der Bergrücken zwischen Zuger- und Vierwaldstättersee mit seinen 1800 Metern keine Höhenrekorde schlägt – königlich ist das Panorama auf die Alpen, auf 13 Seen, aufs Mittelland, in den Schwarzwald und bei optimaler Sicht in die französischen Vogesen allemal. Vom Feinsten ist auch das Tourismusangebot: Bahnen und Bähnchen allerorten, gepflegte Wanderwege überall, Gasthäuser an fast jeder Ecke. Was Wunder, wird die Rigi an schönen Herbsttagen von Ausflüglern fast überrannt – sie bietet wirklich was. Zum Beispiel für Familien mit kleinen Kindern eine Wanderung ab Rigi Kaltbad zur Felsenkapelle und zum Aussichtspunkt Rigi Känzeli. Dann einen kurzen Aufstieg bis Rigi Staffelhöhe und der Trasse der Vitznau-Rigi-Bahn entlang bis Rigi Staffel und weiter hinauf auf Rigi Kulm. Auf dem Gipfel sieht man, dass der Prospekt nicht übertreibt: Bei klarem Wetter reicht der Blick fast 800 Kilometer weit.

Wie? Zahnradbahn ab Vitznau oder Luftseilbahn ab Weggis bis Rigi Kaltbad (oder Zahnradbahn ab Arth-Goldau bis Rigi Staffel). Wanderung. Rückfahrt ab Rigi Kulm nach Vitznau, Weggis oder Arth-Goldau.
Wann? Mai–Oktober.
Wieviel? Auskunft 041 399 87 87 (Rigibahnen), www.railaway.ch, 0900 300 300 (Kombi-Billette).
Dauer? Wanderung 1½ Std.
Alter? Ab 4 Jahren.

19 Rigi streng
Von Rigi Kaltbad nach Brunnen, Verkehrsbüro, 041 397 11 28, 6356 Rigi Kaltbad, 041 399 87 87 (Rigi-Bahnen), 041 399 87 70 (Meteo), www.rigi.ch

Die Rigi kann man kurz (siehe Tipp 18) und lang erwandern. Im zweiten Fall startet man in Rigi Kaltbad via Rotbalmegg Richtung Rigi Scheidegg. Hier kehrt man ein oder zwingt sich noch ein bisschen weiter, zum Restaurant auf Burggeist. Oder wenn man ganz tapfer ist, bis zur Bergbeiz auf dem Gätterlipass. Ganz sicher absitzen wollen die Kids aber am Schluss: Wenn man via Rohrboden und Gotterrtli endlich den Urmiberg erreicht, das Restaurant an der Bergstation der Seilbahn, die nach Brunnen fährt.

Wie? Zahnradbahn ab Vitznau oder Luftseilbahn ab Weggis bis Rigi Kaltbad. Wanderung. Seilbahn Urmiberg–Brunnen (041 820 14 05). Schiff nach Vitznau oder Weggis.

Wann? Juni–Oktober.
Wieviel? Auskunft 041 399 87 87
(Rigibahnen), www.railaway.ch,
0900 300 300 (Kombi-Billette).
Dauer? Wanderung 4½ Std.
Restaurants: Rigi Scheidegg,
Burggeist, Gätterlipass, Urmiberg.
Alter? Ab 8 Jahren.

20 Röchel, röchel
Durch die Hohle Gasse,
6403 Küssnacht a. Rigi,
041 850 33 30,
www.kuessnacht.ch

Wenn schon, denn schon: Schweizer Gründungsgeschichte mit Action gab's am ehesten noch in der Hohlen Gasse. Hier lauerte im Gehölz der Gute (Wilhelm Tell) auf den Bösen (Landvogt Gessler) und traf ihn selbstverständlich mit seinem Pfeil direkt ins Herz. Statt «Hasta la vista, Baby» hiess es damals allerdings: «Das war Tells Geschoss.» Das grausliche Geschehen ist an der Tellskapelle auf einem Gemälde verewigt und mit etwas Vorstellungskraft lassen sich sogar die versteinerten Fussspuren des Urner Schützen erahnen. Wer den Schauplatz in natura sehen will, folgt den Wegweisern ab Bahnhof Küssnacht auf die abwechslungsreiche Rundwanderung mit einem Restaurant in der Hohlen Gasse.

Dauer? 1 Stunde.
Alter? Ab 4 Jahren.

── Kids willkommen! ──

Wo essen?
Gasthaus St. Meinrad, Etzelpasshöhe, 8847 Egg, 055 412 25 34. Mi und Do geschlossen. Kiesgarten unter Bäumen. Ideal fürs Zvieri.

Bistro Tulipan, Klosterplatz, 8840 Einsiedeln, 055 418 80 81, www.tulipan.ch. Grosses Spielzimmer, Wickeltisch, Gratissirup. Gleich daneben Café Tulipan mit grosser Terrasse, Sicht auf das Kloster.

Restaurant im Posthotel Oberiberg, 8843 Oberiberg, 055 414 11 72, www.posthotel-oberiberg.ch. Kinderkarte, Spielzimmer, Garten.

Tonis Alp-Wirtschaft, Zwüschet-Mythen (1356 m). Ab Schneeschmelze bis Ende Oktober offen. 1 Std. ab Bergstation Seilbahn Rickenbach–Rotenfluh (041 811 25 50). Eigene Käse und Joghurt.

Hotel Waldstätterhof, Waldstätterquai, 6640 Brunnen, 041 825 06 06, www.waldstaetterhof.ch. Restaurant und Café mit Terrasse direkt am See, Spielplatz in der Nähe.

Hotel Rigi Klösterli, 6410 Rigi Klösterli, 041 855 05 45, www.kloesterli.ch. Einheimische Spezialitäten. Garten.

Berggasthaus Burggeist, 6442 Gersau, 041 828 16 86, www.rigi-burggeist.ch. (Luftseilbahn ab Gersau-Gschwend). Grosse Terrasse, Kinderspielplatz.

Wo schlafen?
Posthotel Oberiberg, Kirchenstrasse 2, 8843 Oberiberg, 055 414 11 72, www.posthotel-oberiberg.ch. Kids-Hotel. Kinderspielplatz, Kinderspielzimmer, Minigolf-Anlage. Ausgangspunkte für Wanderungen und Wintersport. Preise auf Anfrage.

Berghotel Rigi Kulm auf 1800 Metern, 6411 Rigi Kulm, 041 855 03 03, www.rigikulm.ch (siehe Tipp 18 und 19). Überwältigendes Panorama, viele Wander- und Spaziermöglichkeiten im autofreien Erholungsgebiet. Restaurant mit Terrasse. Preise auf Anfrage.

Camping Grüene Aff, 8846 Willerzell, 055 412 41 31, am Sihlsee. Mit Restaurant, Laden, Spielplatz.
Sporthotel Stoos, 6433 Stoos, 041 817 44 44, www.sporthotel-stoos.ch (siehe Tipp 15). Kinderkino, Kinderspielplatz, Kinderbetreuung, Hallenbad, Sauna, Fitnessraum. Preise auf Anfrage.
Hotel Rigi Klösterli, 6410 Rigi Klösterli, 041 855 05 45, www.kloesterli.ch (siehe Tipp 18 und 19). Einfache Zimmer, Dusche und WC auf Etage. Preise auf Anfrage.
Paradieshotel Rotschuo, 6442 Gersau, 041 828 22 66, www.rotschuo.ch. Hotel-Restaurant-Komplex in riesigem Park direkt am See zwischen Gersau und Weggis. Eigener Badestrand, Liegewiese, Streichelzoo. Hallenbad, Wellness-Angebote. Preise auf Anfrage.
Swiss Holiday Park, 6443 Morschach, 041 825 50 50, www.shp.ch. Hotelkomplex in Morschach hoch über dem See mit allem Drum und Dran. Angebot und Preise auf Anfrage.

▬▬ Dauerbrenner ▬▬

«Tüfelsbrugg». Wandern am Fuss des Etzels, 055 418 44 88, www.einsiedeln.ch. Kinderwagengängiger Spaziergang vom Etzelpass nach Einsiedeln über die gedeckte «Tüfelsbrugg». Ab Einsiedeln SOB mit Postauto bis Egg, zu Fuss in einer halben Stunde zur Tüfelsbrugg. Alle Altersstufen.
Golf am Klosterplatz. Minigolf beim Hotel Katharinahof, 8840 Einsiedeln, 055 418 98 00. Bei schönem Wetter 9–22 Uhr. Erwachsene Fr. 7.–, Kinder 3.50. Spielplatz in der Nähe. Ab 7 Jahren.
Rund ums Hochmoor. 6418 Rothenturm. Wanderung von Rothenturm über St. Jost, Altmatt und Chatzenstrick nach Einsiedeln. 4 Std. Ab 6 Jahren.

Sommerrutschbahn. Sportbahnen Hochgütsch, 8847 Unteriberg, 055 414 11 44, www.einsiedeln.ch. 1150 m lange Bahn. Sessellift und Rodelbahn Erwachsene Fr. 7.50, Kinder 5.50. Vergünstigungen für Familien. Kinder unter 7 Jahren nur begleitet.
Alppfad Ybrig. Verkehrsbüro, 8843 Oberiberg, 055 414 26 26, www.ybrig.ch. Wanderung mit Orientierungstafeln für Einblick in die Alpwirtschaft. Start bei Fuederegg, Spirstock oder Bergstation Sesselbahn Laucheren. 3 Std. Ab 5 Jahren.
Am Goldseeli. Abwechslungsreiche Wanderung vom 1½ Std. von Goldau durchs Bergsturzgebiet zum Goldseeli bei Lauerz. Bus Lauerz–Seewen–Schwyz. Ab 5 Jahren.
Am Ursprung. Bundesbriefmuseum, 6430 Schwyz, 041 819 20 64, www.museenschwyz.ch. Ausstellung zum Bundesbrief von 1291 und zum Werden der Eidgenossenschaft. Zu Fuss ab Bahnhof Schwyz oder Post Schwyz. Zeiten und Preise auf Anfrage. Ab 7 Jahren.
Schlittschuhlaufen. Kunsteisbahn Zingel, Seemattelweg, 6423 Seewen-Schwyz, 041 811 37 07. Familiäre Eisbahn am Lauerzersee. Zeiten und Preise auf Anfrage.
Schwimmen im Lauerzersee. Seebad, 6423 Seewen-Schwyz, 041 811 13 30.
Auf die Iberegerg. Luftseilbahn Rotenfluh, 6432 Rickenbach, 041 811 25 50, www.mythen.net. Rundwanderung von 3 Std. ab Seilbahnstation Rickenbach bei Schwyz. Rotenfluh–Müsliegg–Iberegerg–Hand–Lotenbach–Perfiden–Rickenbach. Bus Bahnhof Schwyz. Ab 7 Jahren.
Minigolfanlage, Seeplatz, 6403 Küssnacht a. Rigi, 041 850 58 55. Ostern bis Mitte Oktober.
Hallenbad beim Föhnhafen und Seebad. 6440 Brunnen, 041 820 18 87. www.brunnentourismus.ch. Mo–Fr 11.30–21.30, Sa 10–17.45, So 9–17.45 Uhr.

Schwyz: Die Berge in der Mitte

Solothurn: Von der Aare in den Jura

1. Familienspass Solothurn
   Urlaub in Solothurn
2. Abenteuer Solothurn
   Stadtführer für Kinder
3. Bären streicheln
   Naturmuseum Solothurn
4. Kinder und Kunst
   Kunstmuseum Solothurn
5. Hist. Museum Blumenstein
   Solothurn
6. Willkommen im Schloss
   Museum Schloss Waldegg
7. Auf Saurierfährte
   Saurierspuren, Lommiswil
8. Auf den Weissenstein
   Seilbahn Weissenstein
9. Aarefahrt
   Schifffahrt Solothurn–Biel
10. Hasenparade
    Grenchner Witi
11. Gletscherspuren im Mittelland
    Findlingsgarten, Grenchen
12. Wir sind mit dem Velo da
    Aareradfahrt
13. Rittergefühle pur
    Schloss Alt-Falkenstein, Klus
14. Arche Noah im Jura
    Zoo Siky Ranch, Crémines
15. Bibelfest
    Bibelweg, Gerlafingen
16. Paul-Gugelmann-Museum
    Schönenwerd
17. Teuflisches Wasser
    Teufelsschlucht, Hägendorf
18. Wildpark Mühletäli
    Starrkirch-Wil
19. Ausgestellte Umwelt
    Naturmuseum Olten
20. Reise in die Vergangenheit
    Historisches Museum, Olten

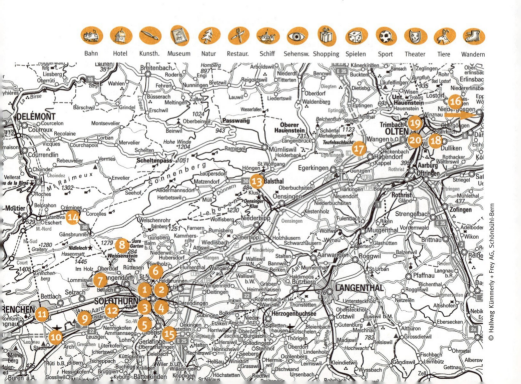

Bahn Hotel Kunsth. Museum Natur Restaur. Schiff Sehensw. Shopping Spielen Sport Theater Tiere Wandern

Solothurn:
Von der Aare
in den Jura

Vielfältiger Mittelland- und Jurakanton

Ein buntes Puzzle ist dieser Kanton. Grosse Flächen erstrecken sich links und rechts der Aare und bieten Fluss- und Auenlandschaften als Erholungsräume. Am Fluss entstanden einst auch die wichtigsten Städte, Solothurn und Olten, die ungeachtet ihres Wachstums im Zentrum Geborgenheit, Überschaubarkeit und buntes Stadtleben bieten. Wie ein farbiger Teppich breitet sich der Kanton weiter aus über Jurahügel fast bis vor die Tore Basels. Hier ist Wandergebiet, finden sich Wasserfälle, Höhlen, Berggasthäuser, Weiden und Wälder. Ob eine Familie nur einen kurzen Abstecher von der Autobahn machen oder einen Tag abseits von aller Hektik in der Natur verbringen möchte: Der Kanton Solothurn bietet auf kleinem Raum grossartige Ausflugsziele. Velotouren, Hasen beobachten, Bäche stauen, durch Museen streifen, Würstli braten oder eine Stadt entdecken – in und um Solothurn findet sich für alles der richtige Platz.

Ruth Michel Richter

1 Familienspass Solothurn

Region Solothurn Tourismus,
Hauptgasse 69, 4500 Solothurn,
032 626 46 47, www.solothurn-city.ch

Kurzausflug in die Stadt? Gewöhnlich wählen Familien mit jüngeren Kindern eher einen Ferienort auf dem Land oder in den Bergen für ein paar Tage Entspannung. Doch Solothurn hat sich für Familien herausgeputzt. Unter dem Motto «Familienspass Solothurn» werden in einer Broschüre die vielen für Familien interessanten Ausflugsziele in Solothurn und Umgebung vorgestellt und zudem Übernachtungspauschalen in besonders familienfreundlichen Unterkünften angeboten. Dazu gibt's ein Gutscheinheft mit vielen Vergünstigungen und eine Karte, mit der Kinder Punkte sammeln können. Für die volle Karte gibt es eine Überraschung. Solothurn, die kinderfreundliche Stadt, wartet auf unternehmungslustige Familien!

Wie? Die Unterlagen zu «Familienspass Solothurn» sind erhältlich bei Region Solothurn Tourismus.
Dauer? Die Pauschalangebote gelten das ganze Jahr, Mindestbuchung zwei Nächte.
Wieviel? 2 Hotelübernachtungen für eine Familie (2 Erwachsene, 2 Kinder) ab Fr. 200.–.
Alter? Jede Altersstufe, Kinder bis 4 Jahre sind gratis.

2 Abenteuer Solothurn

Kinder- und Familienführer Solothurn,
Tourist Center Solothurn,
Hauptgasse 69, 4500 Solothurn,
032 626 46 47, www.solothurn-city.ch

Kinder sind Entdecker, und ist ihr Interesse einmal geweckt, machen sie sich mit Feuereifer auf in die Stadt. Das Heft «Abenteuer in Solothurn» ist dabei der ideale Stadtführer, denn die vielfältigen und spannenden Informationen zu Geschichte, Kultur und Baukunst werden leicht und kindgerecht gebracht, Illustrationen können ausgemalt werden (Farbstifte gibt's gleich mit dem Heft), und Rätselaufgaben laden zum Mitdenken und genau Hinschauen ein. Das Heft zeigt: Nicht nur in der Stadt und in den Museen gibt es viel zu entdecken, sondern auch im Heft selbst. Anna und Urs, die in Begleitung von Museo durch Solothurn führen, sorgen dafür, dass es den jungen Besuchern nie langweilig wird.

Wie? Das Heft «Abenteuer in Solothurn» gibt es beim Tourist Center Solothurn.
Wieviel? Fr. 5.– (inkl. eine Schachtel Farbstifte).
Dauer? Voller Rundgang 3–4 Std., gut trennbar in Teilstücke.
Alter? Ab 6 Jahren.

3 Bären streicheln

Naturmuseum Solothurn,
Klosterplatz 2, 4500 Solothurn,
032 622 70 21,
www.naturmuseum-so.ch

Wer sich unter einem Naturmuseum eine verstaubte Sammlung ausgestopfter Tiere vorstellt, sollte spätestens jetzt schleunigst umdenken: Im Solothurner Museum erzählen Steine

Geschichten, wirken Tiere fast lebendig und laden zum Streicheln ein. Überall gibt es Möglichkeiten, spielerisch Wissen zu erwerben. Mikroskope an den Schaukästen heben winzige Details hervor, Holzkisten ermöglichen auch kleinsten Forscherinnen und Forschern, in die Welt des Mikrokosmos einzutauchen. Kurz: vom Keller bis unters Dach ist Spannendes aus unserer Vergangenheit, aus unserer Umwelt und unserer Gegenwart zu entdecken. Der Renner: Abgüsse von Dinosaurier-Trittsiegeln, in die man sich setzen kann: So klein sind wir – und sooo gross waren die Dinos…

Wie? Vom Bahnhof über die Kreuzackerbrücke (Fussgängerbrücke) in 5 Minuten zu Fuss zu erreichen.
Wann? Di–Sa 14–17, So 10–17 Uhr. Am Vormittag Schulklassen und Gruppen nach Vereinbarung.
Wieviel? Eintritt frei.
Dauer? Viel, viel Zeit reservieren.
Alter? Ab 4 Jahren, für Kleinere Spielecke, Wickeltisch.

4 Kinder und Kunst
Kunstmuseum Solothurn,
Werkhofstr. 30, 4500 Solothurn,
032 622 23 07,
kunstmuseum@egs.so.ch

Kunstsammlungen sind in der Regel bei Kindern keine Renner. In Solothurn liegt die Sache etwas anders. Im Foyer lädt eine gut ausgestattete Kinderecke zum Bleiben ein. So überwinden bereits Kinder die Schwellenangst vor dem Kunstmuseum, und Erwachsene können in Ruhe Werke von Anker, Braque, Giacometti, Van Gogh, Klimt oder Tinguely betrachten. Die Museumsleitung ist sehr aktiv, Familien für ihr Museum zu begeistern: Es finden Familien- und Kinderworkshops statt, für Sonderausstellungen werden Kinderführer erarbeitet, und der Kunstmuseum-Kinderclub bietet Aktionen für Kinder bis 12 an, während Jugendliche ab 13 sich im Jugendatelier mit Kunst auseinandersetzen und künstlerisch betätigen können.

Wie? Zu Fuss, 5 Min. nördlich der Altstadt.
Wann? Di–Fr 10–12 und 14–17, Sa/So 10–17 Uhr.
Wieviel? Eintritt frei.
Alter? Familienworkshops mit Kindern ab 4, Workshops für Kinder im Vorschulalter 5–7 Jahre, Kinderclub 7–12 Jahre, Jugendatelier ab 13.

5 Durch Geheimgänge
Historisches Museum Blumenstein,
Blumensteinweg 12, 4500 Solothurn,
032 622 54 70

Ein Museum mit Geheimtreppen und Korridoren, in denen Stimmen ertönen, ohne dass jemand zu sehen ist: Im Museum Blumenstein, einem herrschaftlichen Landsitz am Stadtrand von Solothurn, im 18. Jahrhundert erbaut, geschieht Überraschendes. Im eleganten Salon ertönt Musik, man hört das Klirren

> **Ambassadorensitz**
> Eines der wichtigsten Ereignisse für die Entwicklung der Stadt Solothurn war sicher 1530 die Einrichtung der Residenz des ständigen Botschafters der französischen Krone. Die nach französischem Vorbild luxuriöse Hofhaltung prägte das Gesellschaftsleben der Stadt, und dank Pensionen, Ehrentiteln und Söldnerdiensten flossen auch sehr viele Gelder in die Taschen der Patrizier.

Solothurn: Von der Aare in den Jura

von Geschirr, und überall laden halbgeöffnete Schranktüren dazu ein, seine Nase in das Privatleben der vornehmen Blumenstein-Bewohner von vor 200 Jahren zu stecken. Denn ihre Lebensweise ist das Thema des Museums, spannend präsentiert und mit vielen originellen Ideen ergänzt. In einem Saal hört man ganz deutlich, wie schwere Münzen gezählt werden: Der Reichtum der Blumensteiner basierte auf dem Soldwesen. Für Kinder besonders spannend wird der Besuch dieses Museums mit dem Kinderführer «Die erstaunliche Reise durchs Schloss Blumenstein».

Wie? Bus 4 ab Bahnhof Solothurn bis Halt Kantonsschule.
Wann? Di–Sa 14–17, So 10–17 Uhr.
Wieviel? Eintritt gratis, Kinderkatalog Fr. 12.–.
Alter? Ab 5 Jahren.

6   Willkommen im Schloss!
Museum Schloss Waldegg,
4532 Feldbrunnen-St. Niklaus,
032 624 13 23,
www.schloss-waldegg.ch

Schloss Waldegg – ein Barockbau mit italienisch anmutenden Galerien und französischem Garten – diente Schultheiss Johann Viktor von Besenval im 17. Jahrhundert als Sommerresidenz. Schlossbesuche sind für Kinder meist nicht besonders interessant – sie dürfen nichts berühren und nicht herumtoben. Auch im Schloss Waldegg gilt diese Regel, doch werden junge Besucher speziell begrüsst. Knirpse im Vorschulalter erhalten einen Malbogen, ab 7 Jahren gibt's einen gut gemachten Kinderführer mit speziellen Hinweisen, z. B. auf die vielen Kinderporträts. Besonders sehenswert: das Schlossmodell im ersten Stock mit vielen Details aus dem ehemaligen Schlossalltag. Nach der Schlossbesichtigung können Kinder sich auf dem Spielplatz oder in der «Spielschür» austoben. Hier stehen alte Spielzeuge wie Stelzen, Reifen oder Kreisel zur Verfügung.

Wie? Ab Solothurn mit Bus 4 (Haltestelle St. Niklaus) oder mit der Solothurn–Niederbipp-Bahn, Haltestelle Feldbrunnen, von hier 10 Min. zu Fuss. Parkplatz beim Schloss, in der Ostallee Feuerstelle.
Wann? 1. April–31. Oktober: Di, Mi, Do, Sa 14–17, So 10–17 Uhr.
Wieviel? Erwachsene Fr. 6.–, Kinder 4.–, Familien 10.–.
Alter? Ab 5 Jahren.

7   Auf Saurierfährte
Saurierspuren Lommiswil,
4514 Lommiswil

Es war schon fast eine Sensation, als Urgeschichtsforscher die Sauriertrittspuren im alten Steinbruch von Lommiswil bei Oberdorf entdeckten. Inzwischen sind die Spuren gut erforscht. Eine ganze Herde Brachiosaurier muss vor 150 Millionen Jahren bei Solothurn über das Watt am Meeresufer gewandert sein. Gegen 500 Trittsiegel haben sich im weichen Grund eingeprägt, der dann zu Kalk versteinerte. Durch die Juraaufschichtung wurde diese Gesteinsdecke in die Vertikale gedrückt, und heute können die Spuren an der Steilwand von einer Besucherplattform aus bestaunt werden. Schautafeln vor Ort informieren über die Fussabdrücke und das Leben der Dinos. Von nahe können Abgüsse der Abdrücke im Naturmuseum Solothurn betrachtet werden.

Wie? Von Solothurn mit der Solothurn–Moutier-Bahn nach Oberdorf, Bahnstationen «Oberdorf» oder «Im Holz». Wegweiser zum Steinbruch Lommiswil/Oberdorf.

Parkplätze nur in Oberdorf (Fahrverbot zum Steinbruch).
Dauer? Ca. 20 Min. Fussmarsch.
Wann? Die Plattform ist immer zugänglich, die besten Tageszeiten sind der frühe Morgen und der spätere Nachmittag, wenn die Sonne schräg einfällt.
Alter? Ab 5 Jahren.

Wann? 1. Mai–31. Oktober täglich 8.30–17.30 Uhr, 1. November–30. April täglich 8.30–16.30 Uhr.
Wieviel? Oberdorf–Weissenstein Erwachsene Fr. 14.–, retour 21.–, Kinder die Hälfte. Mit GA und Halbtax-Abo 50 %, Kinder mit Juniorkarte gratis.
Dauer? Fahrdauer 16 Min.
Alter? Alle Altersstufen.

8 Auf den Weissenstein

Seilbahn Weissenstein,
4500 Solothurn, 032 626 46 00,
Bandauskunft 0412 490 790,
www.seilbahnweissenstein.ch

9 Aarefahrt

Bielersee-Schifffahrts-Gesellschaft,
2501 Biel, 032 329 88 11,
www.bielersee.ch

Für die Solothurner ist der Weissenstein (1284 m ü. M.) einfach «dr Bärg». Es gibt viele Wege hinauf. Am erlebnisreichsten ist der Fussweg, von Solothurn aus laut Wanderbuch in 3 Std. 5 Min. zu bewältigen. Man kann auch mit dem Auto hochfahren, aber am meisten Spass werden Kids an der Fahrt mit der Sesselbahn haben. Oben können Familien sich im Juragarten oder im Restaurant des Kurhauses Weissenstein vergnügen. Ein Spielplatz, eine Mini-Eisenbahn und das kleine Museum sorgen für zusätzliche Attraktionen. Direkt vor dem Kurhaus beginnt auch der Planetenweg Richtung Hinterweissenstein, eine lohnende Wanderung «durchs» Sonnensystem. Im Winter ist die Schlitteltour vom Weissenstein nach Oberdorf bei guten Schneeverhältnissen ein tolles Familienerlebnis – allerdings nur für geübte Rodler.

Wie? Talstation Oberdorf, beim Bahnhof der Solothurn–Moutier-Bahn. Mittelstation: Nesselboden, 1064 m ü. M., Bergstation: 1280 m ü. M.

Kinder sind für Schifffahrten immer zu begeistern. Wie wäre es, mit dem Semi-Katamaran «Siesta» oder mit dem MS «Stadt Solothurn» die Aare hinauf an Dörfern und Städtchen vorbei nach Biel zu reisen? Unterwegs gibt es zahlreiche Möglichkeiten, von Bord zu gehen, sich etwas anzuschauen, zu Fuss nach Solothurn zurückzuwandern oder sich per Bahn oder Bus zurückbringen zu lassen. Und falls es die Familie noch weiter zieht: Die Dreiseenfahrt durch Bieler-, Murten- und Neuenburgersee lässt alle Süsswasserpiraten ins Schwärmen geraten. Die Strecke von Solothurn bis Yverdon ist der längste Wasserweg der Schweiz.

Solothurn: Von der Aare in den Jura

Wie? Landeplatz Romandie beim Krummen Turm, Solothurn.
Wann? Anfang Juni bis Ende September täglich (ausser Mo), Oktober nur Sa/So.
Dauer? Bis Biel ca. 2½ Std.
Wieviel? Halbtax-Abo, GA, Juniorkarten und Swiss-Boat-Pass gültig.

10 Hasenparade

Infopavillon Witi,
Flughafenstrasse, 2540 Grenchen,
www.witi-schutzzone.ch

In der grossen Ebene, die einst der «Solothurnersee» bedeckt hatte und durch die die Aare mäandert, tanzten während Jahrhunderten die Hasen. Bis zunehmender Verkehr, ausufernde Ortschaften und intensive Landwirtschaft sie (fast) vertrieben. Doch das Unwahrscheinliche ist gelungen: Naturschützer haben sich für die Erhaltung der «Witi Grenchen» eingesetzt und es geschafft, dass die Autobahn die Witi in einem Tunnel unterfährt. Eine einmalige Natur- und Kulturlandschaft wurde erhalten, und die Hasen bekamen ihre Tanzplätze, die Watvögel ihre Winterquartiere zurück. Im Infozentrum beim Flughafen Grenchen erfahren Besucher alles über die Witi-Schutzzone, ihre Entstehung und natürlich über die Tierwelt. Von hier aus gibt es verschiedenen Möglichkeiten, per Velo oder zu Fuss die Landschaft zu erforschen.

Wie? Ab Bahnhof Grenchen Süd Fussweg zum Flugplatz Grenchen (15 Minuten).
Wann? Infozentrum Mi 14–18, Sa/So/allg. Feiertage 11–18 Uhr geöffnet.
Wieviel? Gratis.
Alter? Alle Altersstufen.

11 Gletscherspuren im Mittelland

Findlingsgarten, 2540 Grenchen

Lang lang ist es her, dass der Rhonegletscher seine eisige Zunge bis an den Jurasüdfuss ausstreckte. Doch ganz spurlos haben sich Gletscher und Rhone nicht zurückgezogen. Beim Bau der Autobahn zwischen Solothurn und Grenchen wurden über 300 Findlinge aus dem Wallis ans Tageslicht gefördert. Einige von ihnen haben in Grenchen eine neue Heimat gefunden. Auf einer Strecke von 500 Metern stehen am idyllischen Moosbach 10 Findlingsgruppen, und Tafeln orientieren über Eiszeit, Gletscher und Herkommen der mächtigen Felsbrocken.

Wie? Ab Bahnhof Grenchen Süd Fussweg Richtung Berufsbildungszentrum BBZ (Wegweiser Wanderwege beachten). Parkplätze beim Schwimmbad Grenchen.
Wann? Das ganze Jahr.
Alter? Ab 5 Jahren.

Klassenkampf

Bis ins 14. Jahrhundert bestimmten die vornehmen Bürger von Solothurn, die Patrizier, das Geschick der Stadt. Doch zunehmend verlangten die zu Wohlstand gekommenen Handwerker ebenfalls ein Mitspracherecht. Sie organisierten sich in Handwerkszünften und schickten Vertreter in den Kleinen Rat, und ab 1360 wurden aus ihren Reihen auch Vertreter für den Grossen Rat und ein Bürgermeister gewählt.

12 Wir sind mit dem Velo da
Aareradfahrt

Seit das Velowegnetz der Schweiz flächendeckend ausgeschildert und in handlichen Veloführern bestens beschrieben ist, entwickelt sich das Velotouren zum breiten Volkssport. Kaum eine andere Route eignet sich so vorzüglich zum Einstieg für den radlerischen Nachwuchs wie der Abschnitt Biel–Aarau der nationalen Routen 8 und 5. Ohne Steigung, abseits gefährlicher und befahrener Strassen, zum Teil auf Naturbelag, zum Teil auf Asphalt, geht es ganz gemütlich und gemächlich der Aare entlang. Unterwegs lassen sich unzählige für Kinder spannende Abstecher einbauen: Uferpartien wie am Amazonas, Storchensiedlung Altreu, Fähren über den Fluss, ein Abstecher in die Grenchener Witi, eine Bootsfahrt auf der Aare, der Besuch von Solothurn.

Wie? Führer «Veloland Schweiz», Werd-Verlag, Band 2 (Route 5, Mittelland) oder Band 3 (Route 8, Aare). Oder Karte bei Region Solothurn Tourismus, 4500 Solothurn, 032 626 46 46. Mietvelos an allen Bahnhöfen erhältlich.
Dauer? Je nach Weglänge.
Alter? Ab 6 Jahren.

13 Rittergefühle pur
Heimatmuseum Schloss Alt-Falkenstein, 4710 Klus-Balsthal, 062 391 54 32

Die Burgmauern scheinen aus dem Felskopf zu wachsen. Trutzig steht dass Schloss auf einsamem Posten hoch über dem Städtchen, der Klus und dem schon von den Römern benutzten Verbindungsweg über die Jurahöhen nach Augusta Raurica (Kaiseraugst). Hier kam niemand durch, der nicht die Erlaubnis dazu hatte. Was vor 900 Jahren als Abschreckung erbaut worden war, ist heute ein vielbesuchter Aussichtspunkt über dem Aaretal und ein spannendes Museum, das einen Einblick erlaubt in die Vergangenheit: Rüstungen, Feuerwaffen, Handwerkzeuge, Küche und gute Stube ergeben ein faszinierendes Bild über das Leben auf Alt-Falkenstein.

Wie? Von Balsthal führt der Weg ab OeBB-Haltestelle Thalbrücke in 10 Minuten zum Schloss, vom Parkplatz Klus 5 Gehminuten.
Wann? 1. April–31. Okt. Mi–Fr 14–17, Sa/So 10–12 und 14–17 Uhr. Nov.–März, Karfreitag, Bettag, Mo und Di geschlossen.
Wieviel? Erwachsene Fr. 4.–, Kinder 2.–.

14 Arche Noah im Jura
Zoo Siky Ranch, 2746 Crémines, 032 499 96 56, www.sikyranch.ch

Ein Paradies für Tiere und Kinder: Am Fuss der Wallenmatt zwischen zwei Jurahöhenzügen liegt ganz idyllisch eingebettet in die Natur der Zoo Siky Ranch. Hier leben auf 33 000 m² Fläche mehr als fünfzig Tierarten: Zebras, Bären, Lamas, Jaks, Waschbären, Löwen, Panther, Wölfe, die unterschiedlichsten

Solothurn: Von der Aare in den Jura

Vögel und als ganz grosser Publikumsmagnet eine Familie von weissen Tigern. 1998 hat es hier Nachwuchs gegeben, weisse Tigerli made in Switzerland. Weitere Attraktionen, vor allem für Kinder, sind Ponys, eine Tierrevue im Zirkuszelt, der Siky-Bahn-Express, Mini-Carts, Karussell und ein grosser Spielplatz. Und die ganze Familie schätzt das angenehme Restaurant mit seinen hausgemachten Kuchen und Torten.

Wie? An der Kantonsstrasse Balsthal–Moutier. Mit der Bahn: Halt auf Verlangen (Haltestelle Zoo) der RM-Linie Solothurn–Moutier.
Wann? Sommerzeit 9–18, Winterzeit 9–17 Uhr.
Wieviel? Erwachsene Fr. 9.–, Kinder 4–15 Jahre 5.–.
Alter? Alle Altersstufen.

15 Bibelfest
Bibelweg, 4563 Gerlafingen

Die meisten Kinder kommen im Religionsunterricht und beim Kirchgang mit der Familie mit biblischen Geschichten in Kontakt. Warum dieses Thema nicht einmal zum Motto einer schönen Wanderung durch die Natur nehmen? Entlang des Bibelweges von Gerlafingen bis Schloss Landshut bei Utzendorf werden auf 34 Tafeln Ereignisse aus der Bibel und aus der Weltgeschichte in einfachen Worten geschildert. Die Reise in die Vergangenheit beginnt logischerweise in der Gegenwart – mit dem Fall der Berliner Mauer 1989 – und endet um 2000 v. Chr. bei Abraham. Jeder Wegmeter entspricht übrigens einem Jahr – Zeit wird als Wegstrecke begehbar. Bei Adam und Eva ist dann eine Picknickpause angesagt.

Wie? Start beim Stahlwerk direkt hinter dem Bahnhof Gerlafingen, Ende kurz vor Schloss Landshut, 20 Gehminuten vom Bahnhof Utzendorf entfernt.
Wann? Ganzes Jahr, im Sommer besonders attraktiv, weil man dann an der Emme picknicken und sogar baden kann.
Was noch? Ein Heft mit Rätseln, Spass und Ideen für Kinder ab 8 ist erhältlich bei den Bahnschaltern in Gerlafingen und Utzendorf oder beim KiK-Verlag (052 318 18 32).
Alter? Ab 8 Jahren.

16 Verrückte Maschinen
Paul-Gugelmann-Museum,
Schmiedengasse 37,
5012 Schönenwerd, 062 849 63 40,
www.gugelmann-museum.ch

Vor einem Kunstwerk stehen – und lachen! Das ist nicht nur erlaubt, sondern erwünscht im Paul-Gugelmann-Museum. Denn die poetisch-lustigen Maschinen, die der gelernte Bally-Schuhdesigner und Künstler Paul Gugelmann geschaffen hat, sind so verspielt, so witzig und so lebendig – alle lassen sich in Bewegung setzen –, dass Kinder wie Erwachsene in ihren Bann gezogen werden und sich ganz einfach daran freuen. Das Motto von Paul Gugelmann, «Meine Maschinen sollen Freude machen», trifft hundertprozentig zu.

Wie? Das Museum befindet sich im Ortszentrum direkt neben der Stiftskirche.
Wann? Mi/Sa/So 14–17 Uhr. An Feiertagen sowie während der Schulsommerferien von Mitte Juli bis Mitte August geschlossen, Info 062 849 65 40.
Wieviel? Erwachsene Fr. 4.– (inkl. obligatorische Führung), Kinder bis 16 gratis.
Alter? Ab 6 Jahren.

17 Teuflisches Wasser, heiliger Berg
Teufelsschlucht, 4614 Hägendorf

Immer wieder überrascht die enge Nachbarschaft von wildromantischer Natur und städtischen Agglomerationen. Wer von Olten auf der Landstrasse Richtung Westen fährt, verlässt kaum mehr Siedlungsgebiet. Doch die steil abfallenden Flanken des südlichsten Jurazuges verweisen die Bautätigkeit in Schranken und bergen uralte Geheimnisse, etwa die romantische Teufelsschlucht nördlich von Hägendorf. Der rund 2,2 Kilometer lange Schluchtenweg beginnt im Dorf und führt über Stege, Treppe und Brücken vorbei an steilen Wänden, Grotten, Höhlen, Wasserfällen und Strudellöchern. Man fühlt sich in einer anderen Welt, obwohl hoch über den Köpfen die Autobahnbrücke die Schlucht überquert. Endpunkt ist, wie es sich gehört, wenn man dem Teufel entkommen ist, der Allerheiligenberg, mit schönem Bergrestaurant und Weitblick.

Wie? Vom Bahnhof Hägendorf in nordwestlicher Richtung die Hauptstrasse Solothurn–Olten überqueren, der Dorfstrasse folgen und Wanderwegweiser beachten. Der Einstieg liegt direkt hinter der Coop im Dorfzentrum. Von Allerheiligenberg Busverbindung nach Hägendorf und Langenbruck.
Wann? Sehr angenehm im Hochsommer, da der Weg immer im kühlen Schatten verläuft.
Dauer? Hägendorf (428 m ü. M.) bis Allerheiligenberg (880 m ü. M.) 1 Std. 40 Min.
Was noch? Schöne Feuerstelle beim Eingang zur Teufelsschlucht.
Alter? Ab 5 Jahren.

18 Waschbär & Co.
Wildpark Mühletäli, Starrkirch-Wil
4600 Olten

Am Fuss des Säli-Schlösslis, idyllisch im Wald gelegen, ist der kleine Wildpark ein ideales Familienausflugsziel. In weiten Gehegen leben Damhirsche, Mufflonschafe, ein Dutzend

Solothurn: Von der Aare in den Jura

Zähringerstadt
Obwohl Solothurn bereits zur Römerzeit eine Siedlung war und im beginnenden Mittelalter zu einem bedeutenden Klostersitz wurde, waren es doch die Zähringer, die die eigentliche Stadt gründeten. Die Stadtmauern, die im 12. Jahrhundert unter der Herrschaft der Herzöge von Zähringen um die Stadt gezogen wurden, bildeten bis ins 19. Jahrhundert den Rahmen, innerhalb dessen sich Solothurn entwickelte. Die Zähringer vergrösserten aber nicht nur die Stadt, sondern verstärkten auch die Position des Bürgertums gegenüber dem Einfluss von Kirche und Kloster.

Zwergziegen, Murmeltiere und Waschbären. Nicht mitgezählt sind die übrigen Besucher aus dem Wald: Eichhörnchen, Vögel, Falter, Käfer… Es braucht nicht immer Tiger und Elefanten, um Kinder zu begeistern, Zwergziegen genügen in der Regel – und sie lassen sich allemal problemloser füttern. Im Tierpark gibt es Bänke für die Znünipause, und in etwa 10 Minuten Distanz findet sich ein Grillplatz mit vielen Feuerstellen und grosser Spielwiese.

Wie? Von der Ortsgrenze Olten-Starrkirch durch die Speiserstrasse zum Elefantenplatz, von dort Fussweg bis zum Park. Mit PW: bis Restaurant Wilerhof, Starrkirch-Wil, von dort zu Fuss ca. 10 Minuten bis zum Tierpark. Hinweisschilder beachten.
Wann? Der Wildpark ist immer geöffnet.
Wieviel? Gratis.
Alter? Alle Altersstufen.

19 Ausgestellte Umwelt
Naturmuseum Olten, Kirchgasse 10, 4600 Olten, 062 212 79 19, www.naturmuseum-olten.ch

In den letzten Jahren ist im Naturmuseum einiges geschehen. Fasziniert sind junge Besucher bestimmt von der kristallförmigen Fluoreszenz-Vitrine, in der im Dunkel liegende Mineralien mit UV-Licht zum Leuchten gebracht werden. Oder machen die zwei riesigen Mammutzähne im Eingang mehr Eindruck? Im oberen Stock verlocken ein Vogelstimmenautomat, ein Multimedia-Computer und die neu gestaltete Ausstellung über das Präparieren eines Vogels zum Verweilen. Spannend wird es vor den Terrarien mit den Gespenstschrecken – sind sie nun drin oder nicht? Auch für die jüngsten Museumsbesucher ist gesorgt: Sie finden im 2. Stock eine gemütliche Bilderbuch- und Zeichenecke, wo sie ihre Eindrücke zu Papier bringen und ihre Bilder gleich ausstellen können. Und falls sie ein bisschen träumen möchten – in der Märchenecke erwarten sie Kopfhörer und Kissen.

Wann? Di–Sa 14–17, So 10–12 und 14–17 Uhr.
Wieviel? Erwachsene Fr. 2.–, Kinder 1.–, in Begleitung Erwachsener gratis.
Was sonst? Wechselnde Sonderausstellungen zu spannenden Naturthemen; aktuelles Thema im Museum abfragen.
Alter? Ab 4 Jahren.

20 Reise in die Vergangenheit
Historisches Museum, Konradstrasse 7, 4600 Olten, 062 212 89 89, www.olten.ch

Ein modernes Geschichtsmuseum mit neuzeitlicher Präsentation! Spannend ist die Ausstellung «Feuer und Licht», ebenso der Blick auf die industrielle und städtische Entwicklung des Eisenbahnknotenpunkts Olten. Sehr übersichtlich dann die Ausstellungsvitrinen und Schautafeln zur Ur- und Frühgeschichte des Kantons Solothurn. Zeitdiagramme helfen, sich zu orientieren. Alltagsgegenstände wie Werkzeuge, Kochgeschirr oder Kleidungsstücke vermitteln einen lebendigen Eindruck des Lebens am Jurasüdfuss vor vielen tausend Jahren. Wenn man sich Zeit nimmt und die Hintergrundtexte liest, bekommt man eine gute Übersicht über die Ur- und Frühgeschichte im Kanton Solothurn und das Leben im Mittelland der Frühzeit allgemein.

Wann? Di–Sa 14–17, So 10–12 und 14–17 Uhr.
Dauer? Für einen gründlichen Besuch 2 Stunden reservieren.
Wieviel? Eintritt frei.
Alter? Ab 6 Jahren.

Kids willkommen!

Wo essen?

Restaurant «Engelberg», 5746 Walterswil, 062 295 10 98. Di geschlossen. Idyllisch gelegenes, einsames Bergrestaurant auf dem Engelberg zwischen Walterswil und Dulliken, mit vielen Kleintieren, grosser Spielwiese und viel Natur, ohne Durchgangsverkehr. In der Nähe schöne Feuerstelle, Fernsehturm.

Märli-Café-Restaurant im Kinderparadies, Hauptgasse 18, 4500 Solothurn, 032 623 28 28. Di–Fr 8.30–18.30, Do 9–21, Sa 9–17 Uhr, So geschlossen; Essen in Märchenzimmern, ein Restaurant, das wirklich für die Kleinen gemacht ist!

Restaurant Seeblick, Am Burgäschisee, 4556 Äschi, 062 961 11 65. Restaurant mit Terrasse, grosser Gartenwirtschaft und eigenem Strandbad direkt am Burgäschisee. Juni–August täglich geöffnet, Sept. bis Mai Mo/Di geschlossen.

Speise- und Ausflugsrestaurant «Zum grüene Aff», Eichackerweg 5, Altreu, 2545 Selzach, 032 641 10 73. Mo geschlossen. Lauschiges Gartenrestaurant an der Aare mit eigenem Schiffsanleger, Nähe Storchenstation, schöner Spielplatz. Fischspezialitäten. Im Garten Selbstbedienungsbuffet, Glacestand und Tische für Picknicks.

Bistro und Brasserie Aaregarten, Oberer Winkel 2, 4500 Solothurn, 032 622 94 33. Mo Ruhetag, Di–Sa ab 10, So ab 11 Uhr geöffnet, im Winterhalbjahr So geschlossen, Mo ab 10 Uhr geöffnet. Direkt neben Schifflände, grosse Terrasse an der Aare, Spielplatz, Begegnungszentrum mit viel Kinderaktion, Bedienung mit «sehr guten Nerven».

Mövenpick-Hotel Egerkingen, Höhenstrasse 12, 4622 Egerkingen, 062 389 19 19, www.moevenpick-egerkingen.ch. Jeden Samstag von 6–10.30 und jeden Sonntag von 6–8.30 Uhr können sich Familien am Frühstücksbuffet gütlich tun – und das für eine Familienpauschale von nur Fr. 36.– (2 Erwachsene und max. 4 Kinder bis 16 J.)! Auch abends kommen Familien voll auf ihre Rechnung. Im Spaghetti-Restaurant «Ciao» im Mövenpick-Hotel gibt es zur Familienpauschale von Fr. 49.– für 2 Erwachsene und max. 4 Kinder einen Spaghettischmaus plus Salat vorher und 1 Kugel Glace nachher.

Wo schlafen?

Hotel-Kurhaus Weissenstein, 4515 Weissenstein, 032 628 61 61, www.hotel-weissenstein.ch. Täglich geöffnet. Grosse Terrasse, Juragarten, Kinderspielplatz, ausgedehntes Wandergebiet, schöne Aussicht, Startplatz für Gleitschirm- und Deltaflieger. Im Hotel Mehrbettzimmer ab Fr. 50.– pro Person, Doppelzimmer ab Fr. 128.–, Kinder bis 4 Jahre gratis.

Solothurn: Von der Aare in den Jura

Hotel Baseltor, Hauptgasse 79, 4500 Solothurn, 032 622 34 22, www.baseltor.ch. Das «kleinste Stadthotel der Schweiz», mitten in der Solothurner Altstadt und direkt neben der St.-Ursen-Kathedrale gelegen, hat mit dem Ausbau einer Dependance angenehme Familienräume erhalten: Die drei Zimmer auf drei Stockwerken verfügen je über einen abgetrennten Nebenraum mit zusätzlichem breitem Bett. Die unkomplizierte Atmosphäre in Hotel und Restaurant und das hervorragende Essen sind weitere Pluspunkte für einen Familienaufenthalt. Familienzimmer (z. B. 2 Erwachsene und max. 2 Kinder) Fr. 215.–.

Biberhof, Marie und Peter Schnyder, Herrenweg 8, 4562 Biberist, 032 675 12 08. Auf dem Bauernhof der Familie Schnyder steht Familien eine grosse Scheune mit rund 30 Schlafplätzen im Stroh (Schlafsack mitbringen) zur Verfügung. Ein gutes Bauernfrühstück ist im Übernachtungspreis inbegriffen, Abendessen möglich nach Anmeldung: «Es git, was es git». Übernachtung mit Frühstück Erwachsene Fr. 20.–, Kinder bis 10 Jahre 10.–, dann für jedes Lebensjahr bis 15 Jahre Fr. 1.– Zuschlag.

Jugendherberge Solothurn, Landhausquai 23, 4500 Solothurn, www.youthhostel.ch/solothurn, 032 623 17 06. Mitte November bis Mitte Januar geschlossen. Sehr schöne, moderne Jugendherberge – in ganz alten Mauern, zentral gelegen. 3- bis 10-Bett-Zimmer, zum Teil mit Dusche/WC oder Lavabo, ab Fr. 27.50 pro Person. Lese- und Spielzimmer, Dachterrasse, Altstadt-Innenhof. Zum Teil Bio- und Naturaküche. Idealer Etappenhalt auf dem Aare-Radweg. Bikevermietung.

Camping TCS «Zum Muttenhof», 4500 Solothurn, 032 621 89 35, camping.solothurn@tcs.ch. Schöner Campingplatz am Rande der Stadt Solothurn, mit Restaurant, Laden, Babyraum, Waschmaschine/Tumbler, Spielwiese, Kinderspielplatz, Planschbecken, Bootshafen.

Naturfreundehaus «Passwanghaus», 4717 Mümliswil, 062 391 20 98. Das Naturfreundehaus mit grosser Sonnenterrasse und Blick auf die Alpen liegt auf 1200 m ü. M. am Südhang des Passwanggrates und ist idealer Ausgangsort für Jurawanderungen. Ganzjährig geöffnet, Mo/Di geschlossen. Grosser Spielplatz, viel Freiraum, Feuerstelle mit Grill. Günstige Preise in Zweier- bis Sechserzimmern oder Matratzenlager. Einfaches Restaurant.

— Dauerbrenner —

Verenaschlucht und Einsiedelei, 4522 Rüttenen. Ein Spazierweg an Felsen und Findlingen vorbei durch ein Waldtobel mit Einsiedelei, Verenakapelle und Grotten. Direkt am Stadtrand von Solothurn.

Schweizer Kamm-Museum, 4717 Mümliswil, Brüggliweg 724, 062 391 17 84 (Mario Albani). Erster und dritter So im Monat 14–17 Uhr, Schulen und Gruppen nach Vereinbarung. Eintritt frei. Sehr interessant!

Museum Altes Zeughaus, Zeughausplatz 1, 4500 Solothurn, 032 623 35 28. Besonderer Anziehungspunkt: 400 auf Hochglanz polierte Stahlrüstungen in Reih und Glied, eine beeindruckende Armee. Geöffnet Mai–Oktober: Di–So 10–12, 14–17 Uhr. November–April: Di–Fr 14–17, Sa/So 10–12, 14–17 Uhr. Erwachsene Fr. 6.–, Kinder 4.–, Familien 10.–.

Spielhimmel, Landhausquai 13, 4500 Solothurn, 032 621 43 21. Spiele, Drachen, Jonglierartikel.

Freibad an der Aare, Römerstrasse 49, 4500 Solothurn, 032 622 14 86. Mit Riesenrutschbahn, Beachvolleyball-Anlage, Zugang zur Aare, Spielwiese, Spielplatz, Restaurant. Öffnungszeiten Mai–Sept. 8–19, Juni–Aug. 8–20 Uhr.

Solothurner Puppen- und Spielzeugmuseum, Klosterplatz 4, 4500 Solothurn, 032 622 06 94. Mi–Fr 14–17, Sa 10–16, So 10–17 Uhr. Gruppen und Führungen auf Anfrage: Judith Hunger, 032 622 06 94. Erwachsene Fr. 5.–, Kinder bis 16 gratis. Museumsheft Fr. 5.–.

Naturschutzgebiet Erlenschachen am Burgäschisee. Mit dem Bus 5 von Solothurn nach Aeschi, von dort ca. 20 Minuten zu Fuss bis zum See. Wanderung rund um den See ca. 1½ Stunden. Strandbad Burgäschi Juni bis September offen, Restaurant Seeblick Mo ganzer Tag und Di bis 17 Uhr geschlossen.

Storchenstation Altreu, 2545 Selzach, 032 641 12 08. Idyllisch an der Aare gelegene Storchenstation, in der Nähe Gartenrestaurant, Spielplatz, Schiffsanleger.

Regionalflugplatz Grenchen, 2540 Grenchen, Restaurant-Hotel Airport, 2540 Grenchen, 032 654 70 70. Hier ist immer etwas los!

Sportzentrum, 4528 Zuchwil-Solothurn, 032 686 55 55, www.szzag.ch. Mit Freibad, Hallenbad, Minigolf, Tennis, Eislauf (je nach Jahreszeit natürlich). Freibad: Mai–September täglich 9–20 Uhr. Erwachsene Fr. 5.–, Kinder 3.–. Hallenbad: Mo–Fr 10–20.30, Sa/So 9–18 Uhr. Erwachsene Fr. 7.–, Kinder 4.–. Eislauf: Mo–So 9–17.15/19–20.30, Sa/So 9–18 Uhr. Erwachsene Fr. 6.–, Kinder 3.50. Kombi-Eintritt Hallenbad und Eisbahn: Erwachsene Fr. 10.–, Kinder 5.–.

Kinderparadies, Hauptgasse 18, 4500 Solothurn. 3 Stockwerke und 2000 m² für Kinder: Spielsachen, Bücher, Computerspiele, Kinderkleider, Baby-Shop, Kinderpapeterie, Märli-Restaurant.

Solothurn: Von der Aare in den Jura

Tessin: Der Norden

1. Hoch über der Tremola
   Airolo–Gotthardpass
2. Steil den Bergen entgegen
   Standseilbahn Piotta–Ritom
3. 300 Jahre alte Arven
   Wanderung am Lukmanier
4. Ein vielseitiger Bauernhof
   Azienda agrituristica, Cresciano
5. Uri, Schwyz, Unterwalden
   Die Burgen von Bellinzona
6. Kunst für die Kleinen
   Museo in Erba, Bellinzona
7. Minigolf unter Palmen
   Freizeitzentrum, Quartino
8. Mit dem Velo zu den Bauern
   Velolehrpfad Magadinoebene
9. Die Zeltstadt am Langensee
   Campingplätze in Tenero
10. Kunst am grünen Fluss
    Zu Fuss der Verzasca entlang
11. Gondel aus Glas
    Seilbahn Cardada–Cimetta
12. Von Sandstrand und Sternen
    Planetenweg ab Locarno
13. Gewagte Sprünge
    Skating- und Rollerpark, Ascona
14. Cooler Rutsch ins Wasser
    Grande Lido, Ascona
15. Erkundungen per Bike
    Rad-Rundkurse im Maggiatal
16. Bauernhof und Walserdorf
    Cimalmotto und Bosco Gurin
17. Ein Markt und viele Brücken
    Domodossola und Centovalli
18. Schiff ohne Grenzen
    Borromäische Inseln und Stresa

Bahn Hotel Kunsth. Museum Natur Restaur. Schiff Sehensw. Shopping Spielen Sport Theater Tiere Wandern

© Hallwag Kümmerly + Frey AG, Schönbühl-Bern

Tessin:
Der Norden

Sopraceneri: Das Tessin beginnt im Gebirge

Wer das Tessin mit Sonnenstube, mildem Klima, subtropischer Vegetation und mediterranem Ambiente gleichsetzt, verkennt den Südkanton. Sein grösster Teil besteht aus rauhem Bergland, tiefen Tälern, wilden Flüssen, dunklen Wäldern, abgeschiedenen Dörfern. Der Reiz des Sopraceneri sind denn auch die Kontraste: In den Bergen locken Höhenwanderungen, Bike-Abfahrten, Besuche auf dem Bauernhof und viel intakte Natur. Das Scharnier zum Lago Maggiore mit Ausflügen per Schiff, Strandbädern und italienischen Märkten bilden die Kantonshauptstadt Bellinzona – mit einem Museum speziell für Kinder und drei Burgen aus dem Mittelalter – und das Naturschutzgebiet in der Magadinoebene. Übrigens: Damit im Tessin eine reiche Tier- und Pflanzenwelt erhalten bleibt, heisst es Sorge tragen: Respekt vor der Natur und Vorsicht beim Entfachen von Feuer, insbesondere im Wald!

Erika Schumacher

1 Hoch über der Tremola

Von Airolo auf den Gotthardpass, Autopostale, Centro Regionale Ticino–Moesano, Viale Stazione 18b, 6501 Bellinzona, 091 869 13 53

Von Airolo geht's mit dem Postauto auf den Gotthardpass und anschliessend zu Fuss auf dem «Banchiweg» ein Stück der Banchitunnel-Galerie entlang. Der Tiefblick auf die Tremola ist grossartig: Die alte Gotthardstrasse – deren grosse Zeit mit der Eröffnung des Strassentunnels zu Ende ging – zählt nicht weniger als 24 Spitzkehren! Bei den Fieud-Baracken öffnet sich die Sicht ins Leventinatal nach Airolo und Ambri-Piotta hinunter, ins Val Bedretto und zum Nufenenpass. Nach einem kurzen Aufstieg führt ein breiter Weg via Rosso di Dentro auf die Alpe di Cavanna und dann ein Zickzackweg durch den prächtigen Schutzwald hinunter nach Villa im Bedrettotal. Achtung: Der oberhalb Villa abzweigende Weg nach Bedretto ist nicht zu empfehlen! Abkürzung: Mit dem Postauto bis zur Haltestelle Banchitunnel fahren; vor allem, wenn im Frühsommer auf dem «Banchiweg» noch zu viel Schnee liegt.

Strom nur für die anderen

Im Val Bavona, einem Seitental des Vallemaggia, wird sehr viel Strom erzeugt: Drei Stauseen liefern den Rohstoff Wasser, drei Kraftwerke machen daraus Elektrizität. Paradox: Für das Tal selber ist diese nicht gedacht. Strom hat allein das Dorf San Carlo, ausserhalb davon behilft man sich mit Energie- und Lichtlieferanten wie Solarzellen, Gas, kleinen Wasserturbinen, Kerzen und Petrol.

Wie? Ab Bahnhof Airolo mit dem Postauto auf die Gotthardpasshöhe bzw. zum Banchitunnel. Nach der Wanderung von Villa nach Airolo zurück.
Wann? Frühsommer–Herbst (solange die Passstrasse offen ist).
Dauer? Wanderung: 4 Std., ab Banchitunnel 3 Std.
Alter? Ab ca. 7 Jahren.

2 Steil den Bergen entgegen

Standseilbahn Piotta–Ritom, 6776 Piotta, 091 868 31 51, www.ritom.ch

Eine steile Angelegenheit: Die mittlere Steigung dieser Standseilbahn beträgt 72, die maximale 88 Prozent. Die Talstation in Piotta unten in der Leventina liegt auf rund 1000 m ü. M., bis hinauf zum Bergsee überwindet die Bahn rund 850 Höhenmeter. Von der Bergstation Ritom marschiert man in einer halben Stunde zum Ritomsee. Von hier aus erschliessen schöne Wanderwege das Naturschutzgebiet des Alpenparks Piora mit einer reichen alpinen Flora und Fauna – Gemsen, Rehen, Hirschen, Murmeltieren – und rund zwanzig Karseelein. Die Tour auf dem markierten Rundweg dauert gut fünf Stunden, als kürzere Alternative empfiehlt sich die etwa zweistündige Wanderung zum Cadagnosee. Beim Ritom-Staudamm und beim Cadagnosee gibt's kleine Restaurants, die Berghütte Capanna Cadagno (091 868 13 23) bietet einfache Unterkunft.

Wie? Ab Bahnhof Airolo mit dem Bus; die Talstation der Standseilbahn befindet sich in Piotta beim Ritom-Kraftwerk.
Wann? Juni–Oktober, bei guter Witterung.

Wieviel? Seilbahn: Erwachsene Fr. 20.– (Hin- und Rückfahrt), Kinder 6–16 Jahre 8.–.
Alter? Ab 6 Jahren. Längere Wanderungen ab 10 Jahren.

Wann? Ca. Juni–Oktober, bei guter Witterung.
Dauer? Rundwanderung: 2¼ Std. (6 km).
Alter? Ab wandertüchtigem Alter.

3   300 Jahre alte Arven
Wanderung in der Selva secca am Lukmanier, Blenio Turismo, 6718 Olivone, 091 872 14 87, www.blenio.com

Das gesamte Lukmaniergebiet gilt auch bei Experten als aussergewöhnliche Naturlandschaft. Teil davon ist die Selva secca (deutsch: trockener Wald). Dass der flächenmässig grösste Arvenwald der Alpensüdseite bis heute erhalten blieb, ist nicht selbstverständlich: Früher in der Region verbreitet, wurde die Arve ihres wertvollen Holzes wegen fast ausgerottet. Die Selva secca blieb verschont, weil der Holzschlag wegen tiefer Klüfte im Boden schwierig war – und vielleicht auch, weil sich in diesen Spalten früher Räuber versteckten und die Reisenden am Lukmanierpass überfielen. Heute erkunden wir den prächtigen Wald mit seinen über dreihundert Jahre alten Bäumen gefahrlos – allerdings nicht ganz ohne Anstrengung – auf einer Rundwanderung, an- und wieder absteigend, zwischen 1650 und 1950 m ü. M.

Wie? Ab Bahnhof Biasca mit dem Bus nach Acquacalda oder mit dem Auto via Gotthard oder von Norden her über den Lukmanierpass ab Disentis.

4   Ein vielseitiger Bauernhof
Azienda agrituristica «La Finca», Marco und Stefania Taminelli, 6705 Cresciano, 091 863 36 93 oder 079 337 35 41, www.lafinca.ch

Ein Tag auf «La Finca» kann vieles heissen: Im Mittelpunkt des Bio-Bauernhofs steht der Reitbetrieb. Familie Taminelli bietet mit ihren zwanzig Pferden Reitstunden für jung und alt sowie begleitete Ausritte und Kutschenfahrten im wildromantischen Talstück des Ticino zwischen Bellinzona und Biasca. Im Keramikatelier dürfen sich kleine und grosse Künstler in Kursen am Material Ton versuchen, von der Finca aus führen Wanderwege dem Fluss entlang und in die bewaldeten Hänge, und hinter dem Hof beginnt eine Bike-Piste. Wer lieber auf der Finca bleibt, amüsiert sich beim Spielen. Zur Wahl stehen etwa Tischtennis, Badminton, Fussball, Basketball, Karambole… und einfach herumzutollen ist auch erlaubt. Dazu gibt's einen Imbiss-Rastplatz – mit Formaggini, Salametti, Mortadella… – und verschiedene Übernachtungsmöglichkeiten.

Wie? Ab Bahnhof Biasca oder Bellinzona mit dem Postauto nach Cresciano und weiter fünf Minuten zu Fuss (Wegweiser beachten). Oder mit dem Auto (Autobahnausfahrt Biasca oder Bellinzona Nord).
Wann? Die Finca ist grundsätzlich das ganze Jahr geöffnet, Voranmeldung jedoch erwünscht.
Wieviel? Auf Anfrage, je nach Aktivität und Angebot.
Alter? Alle Altersstufen.

Tessin: Der Norden

5 Uri, Schwyz, Unterwalden

Die Burgen von Bellinzona:
Castelgrande 091 825 81 45,
Montebello 091 825 13 42,
Sasso Corbaro 091 825 59 06,
www.bellinzona.ch

Ritter spielen? Die drei Burgen von Bellinzona liefern die Kulisse! Die monumentale Wehranlage wurde zwischen dem 13. und 15. Jh. errichtet, um dem kriegerischen Vordringen der Eidgenossen Einhalt zu gebieten. Allerdings vergeblich: Nach der Eroberung zu Beginn des 16. Jahrhunderts nahmen die drei Urkantone je eine der Festungen in Besitz, weshalb diese auch Uri, Schwyz und Unterwalden genannt werden. Die Gesamtanlage zählt zu den bedeutendsten mittelalterlichen Befestigungsbauten im Alpenraum und ist Welterbe der Unesco. Im Castelgrande befindet sich das Tessiner historisch-archäologische Museum; in Montebello das städtische Museo civico und davor ein Spielplatz; in Sasso Corbaro das Volkskundemuseum des Tessins. Castelgrande bietet zudem ein Restaurant und ein Grotto mit Terrasse (Mo geschlossen, 091 826 23 53), Sasso Corbaro eine Osteria (091 825 55 32). Die schönsten Spaziergänge führen von Castelgrande über die «Murata», die einstige Talsperre, zum Fuss des Schlosshügels und von der zentralen Piazza Collegiata zur Burg Montebello.

Wie? Vom Bahnhof bzw. Stadtzentrum Bellinzona zu Fuss bzw. mit Lift (Castelgrande); Sasso Corbaro ist auch mit dem Auto oder per Bus ab Bahnhof Bellinzona zu erreichen.
Wann? Alle drei Schlösser täglich 10–18 Uhr (Montebello und Sasso Corbaro nur März–November). Auskunft auch bei Bellinzona Turismo, Palazzo Civico, 6500 Bellinzona, 091 825 21 31.
Wieviel? Zutritt zu den Burgen kostenlos. Museen: Erwachsene Fr. 4.–, Kinder und Jugendliche 2.–.
Alter? Alle Altersstufen. Fusswege: ab 6 Jahren.

6 Kunst für die Kleinen

Museo in Erba, Piazza Magoria 8, 6500 Bellinzona, 091 835 52 54, www.museoinerba.com

Das weltbekannte «Musée en herbe» in Paris hat seit einigen Jahren einen Schweizer Ableger mit dem selben pädagogischen Konzept: Auf spielerische Weise und mit viel Humor wird das Kind dazu animiert, Sensibilität, Kreativität und seine Neugier auf die Welt zu entfalten. In Zusammenarbeit mit Künstlern aus der Region konzipiert das «Museo in Erba» wechselnde Ausstellungen speziell für Kinder. An rund 15 Stationen tauchen sie spielerisch ein in die Welt der Kunst und insbesondere der Tessiner Kultur. Die Spiele und Animationen sind auf das Alter der Kinder abgestimmt. Noch weiter reichen die gestalterischen Möglichkeiten in den Workshops, wo sich die Kinder, von Fachpersonen betreut, lustvoll kreativ betätigen.

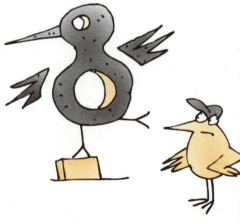

Wie? Vom Bahnhof Bellinzona an die Piazza Magoria in der Altstadt, ca. 10 Min. zu Fuss.
Wann? Mo–Fr 8.30–11.30 und 13.30–16.30, Sa und Schulferien 14–17 Uhr. So geschlossen.
Wieviel? Eintritt Fr. 5.– pro Person. Workshops (Mi und Sa-Nachmittag) für Kinder von 4–11 Jahren Fr. 15.–/Stunde.
Alter? Ab 4 Jahren.

7 Minigolf unter Palmen
Freizeitzentrum Tropicana,
6572 Quartino, 091 795 25 65

Selbst die Sonnenstube ist vor schlechtem Wetter nicht gefeit. Dies weiss man auch im Freizeitzentrum Tropicana. Deshalb haben hier die Betreiber des Gartencenters Hagmann mitten in einer tropischen Vegetation mit Palmen und anderen exotischen Pflanzen die grösste Hallen-Minigolf-Anlage der Schweiz erstellt. Daneben schieben Junge und Ältere eine ruhige Kugel beim Billard oder toben sich beim Tischtennis aus, und die Kleinsten treffen sich auf den Spielplätzen in der Halle wie im Freien. Im Restaurant werden – bei Sonnenschein unter den grossen Bäumen auf der Gartenterrasse oder unter der schattigen Pergola – preisgünstige Tellergerichte, Pizzen aus dem Holzofen und feine Desserts aufgetischt.

Wie? Von Locarno oder Bellinzona, z. B. mit der Bahn, nach Quartino. Das Zentrum ist vom Bahnhof aus zu sehen (100 m entfernt).
Wann? Täglich 9–24 Uhr.
Wieviel? Minigolf Erwachsene Fr. 8.–, Kinder 5.–; Tischtennis ½ Stunde Fr. 8.–, 1 Stunde 12.–, Billard ½ Stunde Fr. 10.–, 1 Stunde 14.–.
Alter? Alle Altersstufen (je nach Aktivität).

8 Mit dem Velo zu den Bauern
Agrotouristischer Velolehrpfad in der Magadinoebene.
Info: Ticino Turismo 091 825 70 56, www.tourism-ticino.ch

Topfeben – und darum zum Radwandern besonders geeignet: Der markierte Radwanderweg durch die Magadinoebene beginnt in Bellinzona und führt über Giubiasco, Gudo, Cugnasco, Tenero und Muralto nach Locarno. Das sind 24 Kilometer ohne nennenswerte Steigung. Die Magadinoebene ist auch eine der bedeutendsten Landwirtschaftszonen des Kantons Tessin. Wie wär's also mit dem agrotouristischen Velolehrpfad «Natur und Landwirtschaft» (Natura e agricoltura)? Er folgt dem Radwanderweg Bellinzona–Locarno, rund vierzig Bauernhöfe können besichtigt

Tessin: Der Norden

Über 20 öffentliche Kinderspielplätze...
...sind in den schweizerischen Gemeinden am Westufer des Langensees zu entdecken. Unter den acht Spielplätzen in Locarno gibt's zum Beispiel einen Robinsonspielplatz an der Via F. Chiesa. Ascona zählt sieben, darunter den «Angioli» am See und den «Parsifal» auf dem Monte Verità. Die übrigen Spielplätze finden wir in Losone, Ronco sopra Ascona und Brissago. Die vollständige Liste ist erhältlich beim Tourismusbüro: Ente Turistico Lago Maggiore, 091 791 00 91, mit Schaltern in Locarno, Ascona, Ronco und Brissago.

werden. Einige bieten Platz zum Picknicken oder verkaufen ihre Produkte ab Hof; Informationstafeln berichten über die Kulturen und Anbaumethoden.

Wie? Ab Bellinzona mit dem Velo.
Wann? Ganzes Jahr, je nach Wetter.
Wieviel? Velomiete am Bahnhof Bellinzona (zurückgeben am Bahnhof Locarno): Erwachsene Fr. 36.– (mit Halbtax-Abo 31.–), Kinder 31.– (mit Juniorkarte 18.–) pro Tag. Vorbestellung und Auskunft am SBB-Schalter oder beim Ente turistico di Bellinzona, 091 825 21 31, wo auch der Gratisführer «Ticino Bike» erhältlich ist. Auf Anfrage organisiert die Unione contadini ticinesi (Tessiner Bauernverband), 091 851 90 90, Rundgänge für Gruppen und Schulen auf dem agrotouristischen Lehrpfad.
Dauer? Radwanderung Bellinzona–Locarno 2–4 Std.
Alter? Ab 10 Jahren.

9 Die Zeltstadt am Langensee

Campingplätze in Tenero, Ente turistico di Tenero e Valle Verzasca, 6598 Tenero, 091 745 16 61, www.tenero-tourism.ch

In Tenero am Ufer des Langensees entsteht jeden Sommer eine Zeltstadt, deren «Bevölkerung» die Einwohnerschaft des Dorfes zahlenmässig weit übertrifft. Sieben Campingplätze, die zu den schönsten im Tessin gehören, reihen sich aneinander. Zur riesigen Anlage gehören Kinderspielplätze, Minigolf, Pizzeria und Restaurants. Wer die Wahl hat, hat auch die Qual: Welcher der sieben passt am besten zu uns? Antwort gibt ein ausführlicher Prospekt, und wenn das nicht ausreicht: Hingehen und auskundschaften! Was den Luxus angeht, ist der Fünfstern-Zeltplatz Campofelice zweifellos der attraktivste; zu ihm gehören mehrere hundert Meter Sandstrand, eine eigene Surfschule, zwei Robinsonspielplätze, Tennisplätze und sogar ein Freilichtkino.

Wie? Mit Bahn – Tenero liegt an der Strecke Bellinzona–Locarno – oder Auto.
Wann und wieviel? Siehe Prospekt (erhältlich bei der Ente turistico di Tenero e Valle Verzasca) oder auf Anfrage bei den Campingplätzen:
Campofelice, 091 745 14 17;
Lago Maggiore, 091 745 18 48;
Lido Mappo, 091 745 14 37;
Miralago, 091 745 12 55;
Rivabella, 091 745 22 13;
Tamaro, 091 745 21 61;
Verbano, 091 745 10 20.

10 Kunst am grünen Fluss

Zu Fuss der Verzasca entlang, Ente turistico di Tenero e Valle Verzasca, 6598 Tenero, 091 745 16 61, www.tenero-tourism.ch

«Sentierone» (= grosser Pfad) heisst der Wanderweg von Tenero durchs wildromantische Verzascatal bis hinauf nach Sonogno. Es ist eine klassische, seit je beliebte und zudem sehr lange Route. Die Wanderzeit von rund elf Stunden kann jedoch beliebig abgekürzt werden: Von jeder Ortschaft aus ist in kurzer Zeit die Talstrasse und damit eine Bushaltestelle erreichbar. Auf der Strecke, die sich von Lavertezzo bis Ganne gut 4 Kilome-

ter weit der temperamentvollen Verzasca entlang schlängelt, gesellt sich zur Natur die Kultur: Am «Weg der Kunst» sind 32 Skulpturen aus Stein, Holz, Stahl und Glas zu entdecken, geschaffen von 21 Künstlern aus der Schweiz und anderen Ländern, die sich bei ihrem Werk von der Landschaft, Geschichte und Natur des Tales inspirieren liessen.

Wie? Der Bus ins Verzascatal verkehrt ab Locarno (Bahnhof) oder Tenero (Piazza).
Wann? Frühling–Herbst bei gutem Wetter
Dauer? Weg der Kunst: 1½ Std.
Alter? Ab 7 Jahren.

11 Gondel aus Glas

Luftseilbahn Orselina–Cardada, Sessellift Cardada–Cimetta, Cardada Impianti Turistici SA, 6644 Orselina, 091 735 30 30, www.cardada.ch

Ein solches Gefährt sieht man nicht alle Tage: Die Gondeln der Luftseilbahn, entworfen vom Tessiner Stararchitekten Mario Botta, sind tropfenförmig, fast vollständig verglast – mit Ausblick nach allen Seiten! – und übrigens auch für Kinderwagen bequem zugänglich. Auf Cardada (1340 m ü. M.) bietet ein Aussichtssteg prächtige Tiefblicke auf und über den Lago Maggiore. Ein «Spielspazierweg» im Wald soll insbesondere die Sinne ansprechen, etwa beim «Telefonieren»: Zu den originellen Spielgeräten am Weg gehören «kommunizierende» Holzsäulen, die Töne auf Distanz übermitteln. Schliesslich führt die Sesselbahn von Cardada hinauf nach Cimetta (1670 m ü. M.) zu einer grossen, kreisrunden Plattform, die eine Rundsicht von 360 Grad und verschiedene Gesteinsproben der Region präsentiert.

Wie? Von Locarno (wenige Schritte vom Bahnhof) mit der Standseilbahn nach Orselina, weiter mit der Luftseilbahn nach Cardada und mit der Sesselbahn bis Cimetta.
Wann? Die Bahnen verkehren von Dezember bis Oktober (November geschlossen).
Wieviel? Locarno–Cardada retour Erwachsene Fr. 30.–, Kinder 6 bis 16 Jahre 11.–. Locarno–Cimetta retour Erwachsene Fr. 35.–, Kinder 6 bis 16 Jahre 13.50.
Dauer? Spielspazierweg: ca. 30 Min (1,2 km)
Alter? Alle Altersstufen.

12 Von Sandstrand und Sternen

Uferpromenade und Planetenweg ab Locarno, Ente Turistico Lago Maggiore, Largo Zorzi 1, 6600 Locarno, 091 791 00 91, www.maggiore.ch.

Die herrliche Uferpromenade an der Bucht des Lago Maggiore von Locarno Richtung Süden führt zuerst zum Strandbad Lido (siehe «Dauerbrenner»), dann am Bagno Pubblico vorbei, und schliesslich erreichen wir das Maggiadelta, von Kennern als einer der schönsten Punkte im Tessin gerühmt.

Tessin: Der Norden

Wer noch weiter spazieren möchte, tut dies flussaufwärts bis zur ersten Brücke, überquert sie und peilt Ascona an. Oder wir schlagen im Maggiadelta die Astrovia (deutsch «Strasse der Sterne») nach Tegna ein: Dieser Planetenweg am Ufer der Maggia stellt auf einer Länge von rund sechs Kilometern unser Sonnensystem – Sonne, Planeten und grosse Satelliten – im exakten Massstab von 1 zu 1 Milliarde dar.

Wie? Zu Fuss ab Locarno. Rückfahrt ab Ascona oder Tegna mit dem Bus.
Dauer? Locarno–Maggiadelta: bei gemächlichem Tempo eine knappe Stunde, bis Ascona ca. 30 Min. länger. Astrovia: rund 2 Std.
Alter? Alle Altersstufen.

13 Gewagte Sprünge
Skating- und Rollerpark Siberia,
Via S. Materno, 6612 Ascona,
091 791 32 22

Ob «Il Serpentone» tatsächlich die grösste und längste Skaterampe in Europa ist? Auf jeden Fall braucht es etwas Mut, sich an die Riesenschlange, wie Serpentone auf deutsch heisst, zu wagen. Auch der «Vertical» mit seiner atemberaubenden Neigung ist nichts für Anfänger. Die Parkanlage Siberia für Inlines und Co. ist jedoch so vielseitig eingerichtet, dass die Vorsichtigen ebenfalls auf ihre Rechnung kommen. Neben den Skatern sind auch Rollschuhläufer, Rollbrettfahrerinnen und BMX-Fahrer willkommen. Für jeden der rollenden Untersätze stehen die geeigneten Rampen bereit. Wer fürs Rollen zuwenig ausgerüstet ist, kann Helm und Gelenkschutz ausleihen. Zudem können Rollerskates gemietet werden, und zur Stärkung bietet sich das Restaurant der Anlage an.

Wie? Mit dem Bus ab Locarno oder dem Auto nach Ascona. Vom Friedhof San Materno (nördlicher Ortsrand) rund 100 Meter zu Fuss.
Wann? April–Mitte September Di–So 10–23 Uhr, Juni–September auch Mo 17–23 Uhr.
Wieviel? Eintritt: Fr. 3.–, Materialmiete zusätzlich.
Alter? Nach eigenem Ermessen.

14 Cooler Rutsch ins Wasser
Grande Lido in Ascona,
6612 Ascona, 091 791 71 30

Zu den beliebtesten Strandbädern im Tessin zählte das Bad beim Maggiadelta in Ascona bereits, als es noch Lido patriziale hiess. Seit es mit dem benachbarten Bagno Pubblico «fusioniert» hat, gilt dies um so mehr. Im Grande Lido, wie das Bad jetzt heisst, gibt es zwar keine klassischen Schwimmbecken, dafür ist der Eintritt für jedermann frei. Die Anlage erstreckt sich auf 80 000 Quadratmetern und besteht grösstenteils aus Rasenflächen. Am Seeufer entlang zieht sich der Strand, mit viel Sand und etwas Kies. Die Kinder stürmen die 96 Meter lange Wasserrutschbahn, sausen über eine Höhendifferenz von 9,6 Metern in die Tiefe und beenden die Schussfahrt in einem Wasserbecken. Zudem: Spielplatz, Pingpongtische, ein Feld für Beachvolley und zwei Restaurants.

Wie? Von Ascona zu Fuss oder mit Fahrrad über die Via Albarelle oder Via Lido, oder mit dem Rufbus («Buxi»). Mit dem Auto die Via Lido entlang.
Wann? Mai–September täglich 9–22 Uhr, am Tag Aufsicht eines Bademeisters. Restaurant im Lido-Teil: bis 17.30 Uhr, im Bagno Pubblico: bis 22 Uhr.
Wieviel? Eintritt frei.
Alter? Alle Altersstufen.

15 Erkundungen per Bike

Rad-Rundkurse im Maggiatal,
Vallemaggia Turismo,
Centro commerciale, 6673 Maggia,
091 753 18 85, www.vallemaggia.ch

Das Vallemaggia nimmt flächenmässig rund einen Fünftel des Kantons Tessin ein. Gewisse Teile der vielfältigen Landschaft zwischen 300 und 1500 m ü. M. lassen sich mit dem Mountainbike erkunden. Ideal für Familien ist der signalisierte, elf Kilometer lange Rundkurs im unteren Maggiatal. Er beginnt beim Tennisclub im Dorf Maggia und führt auf Wegen und Nebenstrassen durch Waldstücke und über den Fluss via Lodano, Moghegno und Aurigeno zum Ausgangspunkt zurück. Höhenunterschied: Nur 65 Meter. Etwas für passionierte Biker mit guter Kondition ist der einige Kilometer längere Rundkurs ab Prato-Sornico im oberen Maggiatal. Er verläuft zwischen 670 und 960 m ü. M., wobei im letzten Teil mit kurzem, steilem Aufstieg – und anschliessend ebensolcher Abfahrt – die Monti di Rima zu bezwingen sind.

Wie? Mit dem Bus ab Bahnhof Locarno nach Aurigeno (und hier Velo mieten) oder per Velo bzw. Velo-Transport im Privatauto zum Ausgangspunkt der Rad-Rundkurse. Fahrplanauskünfte gibt Vallemaggia Turismo.
Wann? Frühling–Herbst bei gutem Wetter.
Wieviel? Fahrradvermietung: Baracca Backpacker, Aurigeno (oberhalb der Kirche, 079 207 15 54): Halber Tag Fr. 15.–, ganzer Tag 25.–. Bei mehreren Tagen Rabatt.
Dauer? Rundkurs ab Maggia ca. 2 Std., Rundkurs ab Prato-Sornico ca. 3 Std.
Alter? Ab ca. 9 Jahren, je nach Kondition.

16 Bauernhof und Walserdorf

Cimalmotto und Bosco Gurin,
Vallemaggia Turismo,
Centro commerciale, 6673 Maggia,
091 753 18 85, www.vallemaggia.ch

Kinderspielplatz, Reiten, Bergkäserei, Grillieren oder am Familientisch essen, ausserdem Rinder, Schafe, Angorazigen, Wollschweine, Pony und viele Tiere mehr anschauen und zum Teil streicheln – das alles ist auf dem Bio-Bauernhof von Familie Senn in Cimalmotto auf 1430 m ü. M. möglich. Wer will, packt bei der Arbeit auf dem Hof mit an oder fährt «hinüber» nach Bosco Gurin. Der Ort ist das höchstgelegene ständig bewohnte Dorf (1503 m ü. M.) und die einzige deutschsprachige Gemeinde des Tessins. Denn der Dialekt und die Sitten der Walser, die im 12. Jahrhundert vom Oberwallis her eingewandert sind, haben sich bis heute erhal-

---

Quanto costa?

Lederwaren und Formaggio, Salami und Trockenfleisch, Modeschmuck und Jeans in allen Variationen – die Anziehungskraft der italienischen Märkte auf die eidgenössischen Touristen ist ungebrochen. Das liegt nicht nur am riesigen und vielfältigen Warensortiment, sondern auch an jenem sehnsüchtigen Feriengefühl, das die Nordländer mit Italianità umschreiben. Die Kids lieben das bunte Treiben ebenfalls – die Kleinen allerdings nicht gerade stundenlang. Mit dem Schiff zu erreichen sind die Märkte am Lago Maggiore: Luino (Mittwoch), Intra (Samstag) und Cannobio (Sonntag).

ten. Bosco Gurin ist auch ein Wintersportort. Das Angebot reicht von Ski- und Snowboardpisten über Langlaufloipen bis zu Schlittelwegen; der «Walser-Express» verbindet Bosco Gurin mit dem italienischen Skigebiet Val Formazza.

Wie? Ab Locarno mit dem Bus nach Cevio und weiter ins Maggiatal mit dem Postauto über Cerentino nach Bosco Gurin. Nach Cimalmotto: In Cerentino umsteigen.
Wann? Das ganze Jahr (auch auf dem Bio-Hof).
Wieviel? Übernachtung auf dem Hof im Zelt: Erwachsene Fr. 6.–, Kinder 4.–, diverse Preise für Matratzenlager, Zimmer und Ferienwohnungen (091 754 19 36, Familie Senn).
Alter? Alle Altersstufen.

17 Ein Markt und viele Brücken

Markt in Domodossola und Fahrt durchs Centovalli, Centovalli-Bahn, FART SA, Via Franzoni 1, 6600 Locarno, 091 756 04 00, www.centovalli.ch

Eine ideale Kombination, falls gerade Samstag ist: Den berühmten Markt im italienischen Domodossola besuchen und durch das Centovalli fahren. Durch das «Tal der hundert Täler» verkehrt die spektakulärste Schmalspurbahn des Tessins. Sie bewältigt die 55 Kilometer lange Strecke mit 83 Viadukten und Brücken sowie 31 Tunnels, vorbei an tiefen Schluchten, an tosenden Bächen und Wasserfällen. Die «Centovallina» bildet übrigens via Domodossola die kürzeste Verbindung zwischen Locarno und der Westschweiz bzw. Bern. Auf der Schweizer Seite können in Camedo, dem ersten Bahnhof nach der Landesgrenze, Fahrräder zur (Rück)Fahrt bis Ponte Brolla unweit von Locarno gemietet werden. Das eigene Velo darf man nicht verladen, und die Velofahrt talwärts sollte nur mit älteren Kindern unternommen werden.

Wie? Mit der Bahn (Lötschberg–Simplon-Linie) bis Domodossola und weiter mit der Centovalli-Bahn nach Locarno – oder umgekehrt. Markt in Domodossola: Stadtzentrum, wenige Fussminuten vom Bahnhof. Grenzausweise nicht vergessen!
Wann? Das ganze Jahr über. Markt jeden Samstag (frühzeitige Anreise empfohlen: manche Marktstände werden bereits nach 12 Uhr abgebaut).
Dauer? Bahnfahrt durchs Centovalli: 1½ Std.
Wieviel? Tageskarte Centovalli-Bahn: Erwachsene Fr. 28.–, Kinder (6–12 Jahre) 14.–. Velomiete: Fr. 15.– pro Person.
Alter? Alle Altersstufen.

18 Schiff ohne Grenzen

Borromäische Inseln, Stresa und Co., Navigazione Lago Maggiore, 6600 Locarno, 0848 81 11 22, www.navigazionelaghi.it

Der grösste Teil des Lago Maggiore liegt ausserhalb der Schweiz, weshalb die Schifffahrtsgesellschaft Lago Maggiore den ganzen See unter italienischer Flagge befährt. Nahezu alle Ufergemeinden werden von Kursschiffen

bedient. Zu den schönsten italienischen Zielen gehören die Borromäischen Inseln mit botanischen Prachtgärten und einem malerischen Fischerdorf. Im Uferstädtchen Stresa beherbergt der prächtig gelegene Park der Villa Pallavicino einen botanischen Garten, Tierpark, Spielplatz und Restaurant. Noch weiter südlich entdecken die Kinder zwischen Arona und Meina den «San Carlone»: Die 23 Meter hohe Statue des heiligen Karl Borromäus, 1697 aus Bronze und Kupfer gegossen, hat eine Innentreppe; diese führt hinauf zu Karls Kopf, der zusammen mit den Gästen die Panoramasicht auf See und Landschaft geniesst.

Wie? Von fast jeder Schiffsanlegestelle am Lago Maggiore aus. Grenzausweise nicht vergessen!
Wann? Schifffahrt: April–Oktober, zwischen Locarno und Arona im Süden des Sees verkehren im Sommer auch Tragflügelboote (Aliscafi). Botanische Gärten auf den Borromäischen Inseln (Isola Bella, Isola Madre): täglich 9–17.30 Uhr. Parco della Villa Pallavicino: täglich 9–18 Uhr. San Carlone: April–Oktober täglich 8–12.30 und 14–18.30 Uhr.
Wieviel? Kursschiffe: Verschiedene Tarife für Kurs- und Rundfahrten auf Anfrage. Aliscafo: Retourfahrt zu den Borromäischen Inseln: Erwachsene Fr. 33.–, Kinder die Hälfte. Bis Arona: Erwachsene Fr. 35.–, Kinder die Hälfte. Aliscafo-Reservation (obligatorisch) Fr. 6.– pro Fahrt, keine Reservation benötigen Kleinkinder, die keinen eigenen Platz beanspruchen. Eintritt botanische Gärten: Erwachsene Fr. 25.–, Kinder (6–15 Jahre) 12.–. Eintritt Parco della Villa Pallavicino: Erwachsene € 6.70, Kinder (4–14 Jahre) € 4.70 Eintritt San Carlone: € 3.50.
Alter? Alle Altersstufen.

Kids willkommen!

Wo essen?

Grotto Greina, Via ai Grotti 36, 6710 Biasca, 091 862 15 27. Familiär geführt und kinderfreundlich. An ruhiger, verkehrsfreier Lage, die Kinder können (und dürfen) sich austoben. Spielplatz, Pingpongtisch. Offen ab 10 Uhr, Mo geschlossen.

Ristorante-Pizzeria Campeggio Delta, Via Respini 1, 6600 Locarno, 091 751 14 78. Gehört zum Campingplatz «Delta» am Maggiadelta. Grosser, attraktiver Spielplatz. März–Oktober täglich geöffnet, übrige Zeit geschlossen.

Grotto Mulin di Ciöss, Via Altisio 7, 6618 Arcegno, 091 791 32 00. Idyllisch gelegen, zwischen zwei Bächlein mit einem Wasserfall. Kindermenü, Spielnische, grosse Parkanlage mit Kinderspielplatz. Mitte März–Ende Oktober täglich ausser Di, 9–24 Uhr.

Mövenpick Marché, Autobahnrestaurant Bellinzona Nord, 6503 Bellinzona, 091 826 31 01. Familiengerechtes Restaurant mit entsprechender Karte. Grosse Kinderecke mit zahlreichen Spielsachen.

Mövenpick Marché, Autobahnrestaurant Bellinzona Süd, an der A2, 6513 Monte Carasso, 091 857 21 47. Angebot: wie oben.

Tessin: Der Norden

Wo schlafen?

Ökologisches Zentrum «UomoNatura», 6718 Acquacalda, 091 872 26 10, Fax 091 872 26 20, www.uomonatura.ch. Hotel und Campingplatz in alpiner Natur, wenige Kilometer vom Lukmanierpass. Spielplatz mit Spielgeräten und kleinem Teich. Anreise mit Auto oder Bus ab Biasca. Offen Ostern–Okt. Preise: Im Doppelzimmer Fr. 35.– bis 80.– pro Person; Kleinkinder gratis, Kinder bis 14 Jahre halber Preis. Camping: Erwachsene Fr. 4.–/8.–, Kinder und Jugendliche 2.–/4.–, plus Zelt 4.– bis 12.– je nach Saison und Grösse.

Kinderhotel Arcadia, Via Orelli 5, 6600 Locarno, 091 756 18 18, Fax 091 751 53 08, www.treff-hotels.ch/arcadia. Modernes Hotel an der Seepromenade von Locarno. Mit Baby-Schwimmbecken, Kindermenü und Spielzimmer. Kinderbetreuung: Mitte April–Mitte Oktober Kinder ab 3 Jahren Mo–Fr 9–17 Uhr (im Zimmerpreis inbegriffen). Und ausserdem: Kanus, Fahrräder, Schwimmbad und Fitnessraum. Offen März–Oktober. Doppelzimmer mit Bad Fr. 135.– bis 165.– pro Person und Nacht. Appartements (2 Zimmer) Fr. 160.– bis 180.– pro Person und Übernachtung. Kinder bis 6 Jahre im Elternzimmer gratis, 6–16 Jahre Fr. 45.–. Preise jeweils mit Frühstück. Familienpauschalen bei Aufenthalten ab 7 Übernachtungen.

Jugendherberge Locarno («Palagiovani»), Via Varenna 18, 6600 Locarno, 091 756 15 00, Fax 091 756 15 01, www.youthhostel.ch/locarno. Stattliches Haus am Rand der Altstadt. Moderne Zwei- und Vierbettzimmer, fast alle mit Balkon. Einige Familienzimmer haben Einbauküche. Veranda und Pergola. Richtpreise (für Mitglieder) pro Person und Nacht im Mehrbettzimmer mit Frühstück: Fr. 32.50. Ganzes Jahr offen.

Hotel Losone, Via dei Pioppi 14, 6616 Losone, 091 785 70 00, Fax 091 785 70 07, www.albergolosone.ch. Fünfsternhotel mit Palmengarten. Schwimm- und Planschbecken, 2 Spielplätzen, Spielzimmer, Ponys zum Reiten und Streicheln, Kinderbetreuung (9.30–12, 16.30–23 Uhr). Restaurant mit Kindermenüs. Knie-Zirkuskarosse im Garten als originelle Übernachtungsmöglichkeit. Geöffnet Mitte März–Ende Okt. Doppelzimmer mit Bad Fr. 350.– bis 580.–, Kinder bis 3 Jahre Fr. 40.– im Gitterbett, 4–13 Jahre 75.– im Zusatzbett (inkl. Kinder-Tagesmenü und Kinderbetreuung).

Jugendherberge Bellinzona («Villa Montebello»), Via Nocca 4, 6500 Bellinzona, 091 825 15 22, Fax 091 835 42 85, www.youthhostel.ch/bellinzona. Romantische Herberge am Fuss des Schlosses Montebello, wenige Minuten vom Bahnhof. Einzel-, Doppel-, Mehrbett- und Familienzimmer. Richtpreise (für Mitglieder) pro Person und Nacht im Mehrbettzimmer mit Frühstück: Fr. 34.50; Nebensaison 29.50. Kinder (2–6 Jahre) zahlen die Hälfte. Januar–Februar geschlossen.

Dauerbrenner

Strada alta. Verkehrsbüro Leventina (Leventino Turismo), 6760 Faido, 091 866 16 16. Eine klassische Etappe des prächtigen Höhenwanderwegs am östlichen Talhang der Leventina führt von Osco durch Wälder und Wiesen und über die Dörfer Calpiogna, Rossura, Tengia und

Calonico bis Anzonico (4 Std.).
Ab Faido mit Postauto bis Osco,
von Anzonico mit Postauto nach
Lavorgo (Busse zwischen Lavorgo
und Faido). Ab 8 Jahren.
Spaziergang zum Wasserfall. Leichter
Spaziergang von Biasca bis zur Kapelle
Santa Petronilla, wo der Ri della Froda
in einem dreistufigen Wasserfall in
die Tiefe stürzt. Ausgangspunkt ist die
romanische Stiftskirche SS. Pietro
e Paolo oberhalb des Ortskerns.
Rückweg über den Kreuzweg.
Bolle di Magadino. Ente turistico del
Gambarogno, 6574 Vira, 091 795 12 14,
www.gambarognoturismo.ch oder
Fondazione Bolle di Magadino,
6573 Magadino, 091 795 31 15,
www.bolledimagadino.com. In den
Sumpfwiesen und Auenwäldern
der Bolle di Magadino im Delta der
Flüsse Ticino und Verzasca leben
an die 240 Vogelarten, dazu kleine
Säuger, Reptilien, Amphibien, Fische,
Weichtiere, Spinnen, Insekten und
Würmer. Durch das Naturreservat führen Pfade mit Informationstafeln.
Zugang ab Gordola oder Magadino,
ganzes Jahr. Juli–August jeweils Do
morgens Gratis-Besichtigungen mit
dem Boot; Anmeldung bei der Ente
turistico del Gambarogno. Ab 6 Jahren.
Mini-Kart in Gordola, Kart Longhi,
Via Santa Maria, 6596 Gordola,
091 745 44 55; Piste 091 859 24 56,
www.karts.ch. Die Piste ist 612 m
lang, 7 bis 9 m breit, und die Karts
sind mit Lärmfiltern ausgerüstet.
Dazu: Picknickplatz. Mai–August
14–19 Uhr, in den übrigen Monaten
schliesst die Bahn 1–2 Stunden früher.
Mini-Kart für Kinder von 8–13 Jahren
jeden Mi und So 14–15 Uhr.
Preise: Mini-Kart-Miete Fr. 10.–
bis 14.–, Go-Kart 20.– bis 22.–
für 10 Minuten. Ab 8 Jahren.
Blumenpracht im Gambarogno.
Parco botanico del Gambarogno in
S. Nazzaro (Vairano), 091 795 18 67,
www.parcobotanico.ch. Besonders be-
zaubernd ist der 17 000 m² grosse botanische Garten S. Nazzaro im Frühling,
wenn die Kamelien und Magnolien
blühen. Alle Pflanzen sind beschildert.
Baden in Locarno. Viale al Lido,
6600 Locarno, 091 751 44 08.
Das Lido ist ein Strandbad mit
allem, was dazugehört, inklusive
Schwimmbecken für gross und klein.
Etwas weiter südlich liegt am Viale
al Lido ein weiteres Strandbad am
Seeufer, das Bagno pubblico mit
Liegewiesen, Pingpongtischen und
Spielgeräten (nicht zu verwechseln
mit dem ehemaligen Bagno pubblico
und heutigen Grande Lido in Ascona).
Mai–September 9–18.30 Uhr.
Kinder Fr. 2.– (6–11 Jahre) bzw. 4.–
(13–15 Jahre), Erwachsene 6.–.
Alle Altersstufen.
Teatro Dimitri, 6653 Verscio,
091 796 15 44, www.teatrodimitri.ch.
Theater, Theaterschule und Museo
Comico (Komik-Museum) des berühm-
ten Clowns Dimitri. Theater gespielt
wird von Mitte März bis Oktober; das
Museum ist jeweils an Tagen mit Thea-
teraufführungen ab 17 Uhr geöffnet.
Preise auf Anfrage, Theaterbesuch
ab 10 Jahren (je nach Vorstellung).
Die Brissago-Inseln. Parco Botanico
del Cantone Ticino, 6614 Isole
di Brissago, 091 791 43 61,
www.isolebrissago.ch. Die Isola
Grande beherbergt den Botanischen
Garten des Kantons Tessin. Dank
dem milden Klima gedeihen hier im
Freien Hunderte von Palmen, Bäumen,
Sträuchern und Blumen aus (su)tropi-
schen Gefilden aller Kontinente. Die
kleinere Insel (Isola di Sant'Apollinare)
ist nicht zugänglich. Der botanische
Garten ist geöffnet von Anfang April
bis Oktober, täglich 9–18 Uhr;
Führungen möglich. Preise: Mit dem
Schiff von Locarno zu den Brissago-
Inseln und retour: Erwachsene Fr. 22.–,
Kinder 11.–. Botanischer Garten:
Erwachsene Fr. 7.–, Kinder (6–16 Jahre)
3.–. Alle Altersstufen.

Tessin: Der Norden

Tessin: Der Süden

1. Durch die Graffiti sausen
   Skatepark in Lugano
2. Ruhe und Spiel im Park
   Parci Ciani e Tassino, Lugano
3. «Planet der Spiele»
   Freizeitanlage in Pregassona
4. Tessiner Wahrzeichen
   Cassarate–Monte Brè
5. Am Ufer des Luganersees
   Castagnola–Gandria zu Fuss
6. Dampf ohne Grenzen
   Nostalgiezug Mendrisio–Valmorea
7. In die Seidenstadt
   Museo Didattico della Seta, Como
8. Wasser à discretion
   Parco Aquatico in Balerna
9. Ein Museum erwandern
   Im Valle di Muggio
10. Auf den «grosszügigen» Berg
    Capolago–Monte Generoso
11. Per Bike bergab
    Velo am Monte Generoso
12. Saurier und bunte Wände
    Am Monte San Giorgio
13. Welche Farbenpracht!
    Botanischer Garten, Carona
14. Phantasievoll und exotisch
    Parco Scherrer, Morcote
15. Schlauchboot mitnehmen!
    Strand von Casoro
16. Minigolf & Co. am See
    Minigolf-Park, Caslano
17. Fische im Museum
    Museo della Pesca, Caslano
18. Im «Kalifornien des Tessins»
    Pfad der Wunder, Malcantone
19. Schönste Aussicht im Kanton
    Auf dem Monte Lema
20. Der Berg für Spiel und Sport
    Monte Tamaro

Bahn · Hotel · Kunsth. · Museum · Natur · Restaur. · Schiff · Sehensw. · Shopping · Spielen · Sport · Theater · Tiere · Wandern

In der Sonnenstube der Schweiz

«Sottoceneri» – was soviel heisst wie unterhalb vom Monte Ceneri – wird der südliche Teil des Kantons Tessin genannt. Er ist zwar kleiner als das «Sopraceneri» oberhalb des Bergriegels zwischen Langen- und Luganersee, allerdings viel dichter besiedelt. Hier leben nicht nur viel mehr Tessinerinnen und Tessiner, im südlichsten Zipfel der Schweiz tummeln sich auch viel mehr Feriengäste als in den Nordtälern des Kantons. Hauptattraktionen sind die Sonne und das mediterrane Ambiente – Mittelpunkt ist die Stadt Lugano mit dem gleichnamigen See. Ganz in der Nähe locken voralpine und durch Bahnen erschlossene Berge mit prächtigen Ausblicken, Wander- und Bikerouten. Wer Ruhe sucht, findet sie im stillen Muggiotal oder im friedlichen Malcantone. Oder darf's gar eine Stippvisite nach Italien sein?

Erika Schumacher

1 Durch die Graffiti sausen
Skatepark, Centro sportivo Cornaredo,
Via Trevano, 6900 Lugano,
091 800 72 67, www.skatelugano.ch

Bowls und Rails, Pools und Stairs und Spines – Insider wissen, wovon die Rede ist. Endlich haben auch wir einen Skatepark, freuen sich die jungen Luganesi. Die Stadt ihrerseits ist stolz, der einheimischen Jugend wie den jugendlichen Gästen diese neue, grosszügige Sportanlage bieten zu können – gratis notabene. Sie gehört zum Sportzentrum Cornaredo – hier befindet sich auch das Stadion des FC Lugano –, und zu schulfreien Zeiten tummeln sich hier die Skater, Bladerinnen und Roller in grosser Zahl. Wer sich ausruhen will, kann Kunst geniessen: Die Bahnen und Bodenvertiefungen sind mit bunten Graffiti aufgepeppt. Es sind die Werke junger Künstler aus Lugano, dem übrigen Tessin, Basel und dem nahen Italien, welche aus einem eigens für den Skatepark organisierten Gestaltungswettbewerb als Sieger hervorgegangen sind.

Wie? Ab Lugano mit Bus 2 (Richtung Cornaredo) bis «Stadio», oder ab Bahnhof Lugano mit Bus 4 bis «Cornaredo».
Wann? Täglich 8–22 Uhr.
Wieviel? Gratis.
Alter? Nach eigenem Ermessen.

2 Ruhe und Spiel im Park
Parco Ciani, 091 800 71 96, und
Parco Tassino, 091 913 32 32,
6900 Lugano, www.lugano-tourism.ch

Wie ein Balkon präsentiert sich der Parco Tassino über der Luganeser Innenstadt. Der Park mit schönster Aussicht über Stadt, See und Berge bietet grosszügige Spazierwege, viel Rasenfläche und mit verschiedensten Rosen bepflanzte Terrassen. Auf die Kinder warten ein grosser Kinderspielplatz und ein Wildgehege mit Rothirschen, Damhirschen und Mufflons. Der Parkhügel wird von einem Turm bewacht; davor laden, beschattet von hundertjährigen Bäumen, Steintische und -bänke zur Rast.

Parco Ciani heisst die zweite Oase in der belebten Stadt. Der Stadtpark am See zählt mit seinen mehrhundertjährigen Bäumen, etlichen Statuen und Brunnen, vielen exotischen Pflanzen und verzweigten Spazierwegen zu den schönsten Parkanlagen der Schweiz. Ausgelassen spielen lässt sich auch hier: Zwischen Blumenbeeten und Baumriesen ist ein hübscher Spielplatz zu entdecken. Und am See lassen sich die Enten und andere Wasservögel beobachten.

Im und auf dem See
Im Tessin legt man Wert auf die Wasserqualität der Seen: Regelmässig werden der Lago di Lugano und der Lago Maggiore auf ihre Sauberkeit geprüft. Besonders am Lago di Lugano sind viele Uferzonen allerdings nicht zugänglich, da in Privatbesitz. Der Trost: In den meisten Gemeinden gibt's ein öffentliches Strandbad.

Wer den See trockenen Fusses entdecken will, besteigt das Schiff. Neben den Kursfahrten bietet die Schifffahrtsgesellschaft diverse Rundfahrten ab Lugano (Debarcadero centrale, Riva V. Vela) an, in der Bucht von Lugano oder bis in die verschiedenen Arme des Sees. Infos, z. B. zu Fahrplänen und Preisen: Società navigazione del lago di Lugano (SNL), 091 971 52 23, www.lakelugano.ch

Wie? Parco Tassino: 2 Minuten zu Fuss vom Bahnhof Lugano Richtung Paradiso, nach dem Bahnübergang links abzweigen. Parco Ciani: 2 Minuten vom Stadtzentrum Richtung Cassarate oder mit Bus 1 (Richtung Castagnola) bis «Palazzo dei Congressi».
Wann? Täglich 7–21 Uhr.
Wieviel? Die beiden Parks sind kostenlos zugänglich.
Alter? Alle Altersstufen.

3 «Planet der Spiele»
Freizeitanlage Play Planet, Via Maraini 15, 6963 Pregassona, 091 994 68 00

Das «Play Planet»-Konzept wurde in Italien «erfunden»: In diesen Spielparadiesen vergnügen sich die Kinder nach Herzenslust, derweil die Erwachsenen zuschauen, mitspielen, das hauseigene Restaurant besuchen oder ihre «Bambini» der Obhut fachkundiger Betreuerinnen und Betreuer überlassen, um sie später wieder abzuholen. Die 600 Quadratmeter grosse Halle der schweizerischen «Filiale» in Pregassona bei Lugano bietet Spielsachen und -möglichkeiten jeglicher Art. Rutschbahnen, Bälle, Tunnelgänge, ein Hindernisparcours, Rampen, Trampoline... Babysitter-Dienst, Garten, Bar und Pizzeria gehören ebenfalls zur Anlage. Übrigens dient der «Play Planet» am Vormittag als Kinderhort für die Kleinsten aus der Gegend, abends können die Grösseren in separaten Räumen ihre Freunde zum Kindergeburtstag einladen.

Wie? Ab Lugano mit Bus 3 (Richtung Pregassona) bis «Croce Verde». Parkplätze: Beim Stadion Cornaredo (ca. 10 Minuten zu Fuss vom Play Planet).
Wann? Mo, Di, Do: 14.30–20.30, Mi, So: 10–20.30, Fr: 14.30–22.30, Sa: 10–22.30 Uhr.
Wieviel? Fr. 5.– pro Kind und Halbstunde (erste Halbstunde: gratis) bzw. 10.– (Fr–So: 13.–) pro Kind und Tag, wenn die Eltern im «Play Planet» bleiben. Erwachsene: gratis.
Alter? 0–12 Jahre.

4 Tessiner Wahrzeichen
Standseilbahn Cassarate–Monte Brè, 6977 Suvigliana, 091 971 31 71, www.montebre.ch

Tessin: Der Süden

Der Monte Brè, einer der sonnenverwöhntesten Berge der Schweiz, gehört zu den Wahrzeichen und beliebtesten Ausflugszielen des Tessins. Von Cassarate, dem östlichen Stadtteil Luganos, führt eine 1621 Meter lange Schienentrasse in zwei Abschnitten bis auf den Gipfel. Die Wagen der Standseilbahn (Funicolare) sind originalgetreu nachgebaut nach Plänen der ersten Brè-Bahn aus dem Jahre 1912; die Fahrt dauert rund 20 Minuten. Auf dem Gipfel (933 m ü. M.) locken mehrere Restaurants und Aussichtsterrassen, die prächtige Rundsicht reicht vom Monte Rosa über die Walliser bis zu den Berner Alpen. Auf dem Abstieg erreichen wir in kurzer Zeit das malerische Dorf Brè mit seinen verwinkelten Gässchen. Rund zehn Minuten vom Dorf entfernt befindet sich ein schöner, grosser Kinderspielplatz mit Tischen, Bänken und Grillstellen.

Wie? Ab Lugano mit Bus 1 (Richtung Castagnola) bis Haltestelle Cassarate/Monte Brè, hier Wegweiser zur Talstation der Standseilbahn. Rückfahrt ab Standseilbahn-Station Brè Paese (ca. 15 Min. vom Dorf Brè).
Wann? Das ganze Jahr. Fahrten im Sommer ca. jede halbe Stunde bis 18.30, im Winter ca. jede Stunde bis 17.30 Uhr.
Wieviel? Erwachsene Fr. 19.– (Hin- und Rückfahrt), Kinder (6–16 Jahre) halber Preis.
Alter? Alle Altersstufen.

5 Am Ufer des Luganersees
Spaziergang von Castagnola nach Gandria. Info: Lugano Turismo, Palazzo Civico, 6901 Lugano, 091 913 32 32, www.lugano-tourism.ch

Der Sentiero di Gandria gehört zu den beliebtesten Spazierwegen am Luganersee. Am steilen Seeufer angelegt, ist der Weg zum Teil in den Fels gehauen; mit Kindern ist daher etwas Vorsicht geboten. Die Strecke ist jedoch angenehm zu gehen und mit ihrer abwechslungsreichen Vegetation äusserst romantisch. Im See lassen sich Enten, Schwäne und gelegentlich Fische beobachten, dann mündet der Felsenweg in Gemüsegärten und Rebberge ein. Schliesslich ist Gandria erreicht, das malerische ehemalige Fischerdorf, das wie ein Schwalbennest über dem Ufer hängt. In der einen oder anderen Gaststätte am See warten wir auf das Schiff, das uns zurück nach Lugano oder zum Zollmuseum (siehe «Dauerbrenner») am gegenüberliegenden Seeufer bringt.

Wie? Ab Lugano mit Bus 1 (Richtung Castagnola) bis Haltestelle San Domenico, hier Wegweiser «Sentiero di Gandria».
Wann? Ganzes Jahr, schönes Wetter vorausgesetzt.
Dauer? Ca. 1½ Std.
Alter? Ab 6 Jahren.

6 Dampf ohne Grenzen
Nostalgiezug Mendrisio–Valmorea (I), Club del San Gottardo, 091 646 57 61, www.clubsangottardo.ch

Ein imposanter Sonntagsausflug: Es zischt, es stampft, es dampft... und schliesslich setzt sich der Zug in Bewegung, Richtung Italien. Die historische Komposition der «Ferrovia turistica internazionale», wie sich der Nostalgiezug stolz nennt, besteht aus einer SBB-Dampflokomotive mit Baujahr 1910 und Passagierwagen von 1924 und 1947. Einstiegsort ist der Bahnhof Mendrisio, die sieben Kilometer lange Strecke führt zunächst Richtung Südwesten durch das Mendrisiotto. Hier überquert der Zug die Landesgrenze und schnauft weiter durch das grüne Tal des Flüsschens Lanza bis ins Dorf Valmorea. Zu gewissen Zeiten verkehrt der Zug übrigens bereits ab Lugano – mit Zwischenhalt in Mendrisio – bzw. fährt bis Lugano zurück.

Wie? Mit Bahn oder Auto bis Bahnhof Mendrisio. Grenzausweise nicht vergessen!
Wann? Juni–Oktober an zwei Sonntagen im Monat (genaue Daten beim Club del San Gottardo erfragen). Abfahrten Mendrisio: 8.45, 14, 16.40 Uhr.
Wieviel? Retourfahrt Mendrisio–Valmorea: Erwachsene Fr. 15.–, Kinder (6–16 Jahre) 7.–. Pro erwachsene Person dürfen max. 2 Kinder mitfahren.

Dauer? Hin- und Rückfahrt je 35 Minuten, mindestens 30 Minuten Aufenthalt in Valmorea.
Alter? Alle Altersstufen.

7 In die Seidenstadt

Museo Didattico della Seta (Seidenmuseum), Como (It), Via Valleggio 3, I–22100 Como, 0039/031 303 180, www.museosetacomo.com

Schnell in eine italienische Stadt – das schaffen wir ab Chiasso, sicher und bequem, in nur sechs Minuten! So lange bzw. so kurz fährt der Zug von der Tessiner Grenzstadt bis nach Como. Seit über fünfhundert Jahren ist die kleine Stadt am gleichnamigen See berühmt für ihre Seide (ital. *seta*); täglich werden rund 250 Kilometer Seidentuch hergestellt. Wie das wertvolle Gewebe entsteht, erfahren wir im Seidenmuseum: von der Zucht der Raupe, die den feinen Seidenfaden «produziert», über die Spinnerei und Weberei bis zum Färben des edlen Tuches. So zeigt die spannende Sammlung antike Maschinen und Webstühle, ein chemisches Labor mit alten Instrumenten, eine ehemalige Farbenküche mit Zubehör und Gerätschaften für den Seidendruck.

Wie? Vom Bahnhof Como San Giovanni (6 Min. Zugfahrt ab Bahnhof Chiasso) mit Bus 7 bis Haltestelle «Scuola di Setificio». Mit Auto: Autobahnausfahrt Como. Das Museum liegt etwas südöstlich der Altstadt.

Wann? Di–Fr 9–12 und 15–18 Uhr.
Wieviel? Erwachsene € 8, Kinder € 2.60.
Alter? Ab ca. 8 Jahren.

8 Wasser à discrétion

Parco Aquatico «California», Via San Gottardo 4, 6828 Balerna, 091 695 70 00

Wer das Tessin kennt, weiss: Im Südkanton kann es wie aus Kübeln giessen. Also ab ins Wasser, nicht in den Regen, sondern in den Parco Aquatico California. Grosse wie kleine Wasserratten finden hier alles, was das Herz begehrt: Hallen- und Freiluftschwimmbecken, Thermal- und Wellenbad, Kaskaden, Springbrunnen, Geysire und Sprudelecken. Auf den beiden sicher angelegten Rutschbahnen (100 und 120 Meter lang) geht's über viele Kurven mit Schwung ins Nass. Im Baby-Paradies toben sich die Kleinen im Kinderbecken mit Wasserspielzeug aus, und wenn sich die «Grossen» eine ruhige Stunde im Wellness- und Fitnessbereich (mit Fitnesscenter) gönnen, sind die Kleinsten beim Babysitting aufgehoben. Snack-Restaurants und eine «Bar tropicale» runden das Angebot ab.

Wie? Mit dem Auto: Autobahn-Ausfahrt Chiasso-Centro oder von Lugano bzw. Chiasso Richtung Balerna; das «California» liegt an der Hauptstrasse zwischen Chiasso und Balerna). Mit dem Zug nach Chiasso und weiter mit dem Bus Richtung Balerna (3 km).
Wann? Mo–Fr 9–22, Sa–So und Feiertage 9–20 Uhr.
Wieviel? Eintritt Parco Aquatico: Fr. 16.– (Erwachsene), 12.– (15–20 Jahre), 9.– (4–14 Jahre).
Alter? Alle Altersstufen.

Tessin: Der Süden

9 Ein Museum erwandern

Ethnographisches Museum
Valle di Muggio, Casa Cantoni,
6838 Cabbio, 091 684 10 68,
www.valledimuggio.ch

Im tief eingeschnittenen und ursprünglich gebliebenen Valle di Muggio kleben die Dörfchen wie Vogelnester an den Talflanken, und die Vegetation ist von südlicher Üppigkeit. Idealer Ausgangspunkt zu Wanderungen und Mountainbike-Abfahrten ist Cabbio. Hier führt auch das «ethnographische Talmuseum» durch: Gut signalisierte Wanderwege verbinden, oft wenige Meter vom Talflüsschen entfernt, restaurierte Zeugnisse traditioneller Volkskultur zu einem Freilichtmuseum. Die «Ausstellungsgegenstände»: Flussbrücken, Kastanien-Dörrhäuser, der Vogelfangturm in Scudellate, die Mühle von Bruzella, die tief unten in der Schlucht der Breggia wie in alten Tagen Mais mahlt, wassergefüllte Mulden, die den Tieren als Tränke dienen. Und sogenannte Nevère, die es in der Schweiz nirgends sonst gibt: In den mit Schnee gefüllten Bruchsteinbauten wurde früher Milch gekühlt.

Wie? Ab Chiasso oder Mendrisio mit dem Auto oder Postauto (ca. 30 Fahrminuten). Wegweiser zum Museumspfad befinden sich stets bei den gelben Wegweisern der Wanderwege.
Wann? In der schönen Jahreszeit.
Wieviel? Geführte Wanderungen auf dem Museumspfad Fr. 200.– pro Halbtag (Anmeldung erforderlich).
Dauer? Beliebig lange (Postauto-Haltestellen stets in der Nähe). Beim Museum ist ein Prospekt mit Karte erhältlich.
Alter? Ab ca. 8 Jahren.

10 Auf den «grosszügigen» Berg

Zahnradbahn Capolago–Monte Generoso, 091 648 11 05,
www.montegeneroso.ch

«Generoso» heisst «grosszügig» auf italienisch. Grosszügig ist vor allem die Aussicht vom Gipfel (1704 m ü. M., 15 Min. von der Bergstation) oder vom Terrassenrestaurant aus; an klaren Tagen sieht man bis nach Mailand. Mit seinen vielen Orchideenarten und anderen seltenen Blumen ist der Berg ein Natur- und Pflanzenschutzgebiet und zudem Ausgangspunkt vieler Wanderrouten. Vor einem Abstieg mit Kindern nach Arogno oder Rovio ist jedoch abzuraten, diese Wege sind nur für gute Berggänger geeignet. In Gipfelnähe gibt es einen Naturlehrpfad, den «Weg der Planeten» und in einer Höhle eine grosse Fundstelle mit Knochen von Höhlenbären. Wer letztere besichtigen oder von der Sternwarte aus einen Blick in den Himmel tun will, meldet sich bei der Monte-Generoso-Bahn an.

Wie? Mit Schiff, Regionalzug aus Richtung Lugano oder Auto bis Capolago und weiter mit der Zahnradbahn auf den Monte Generoso. Die Bahnstation verkauft den Führer «Monte Generoso» (leichtere Wanderrouten) und die Wanderkarte «Cartina escursionista transfrontaliera».
Wann? Ganzes Jahr.
Wieviel? Retourfahrten: März–Juni: Erwachsene Fr. 42.–, Jugendliche (13–18 Jahre) 31.50, Kinder (6–12 Jahre) 21.–. Juli–Nov.: Fr. 51.–/38.50.–/25.50 (Preise 2003). Eltern mit Kindern: Ab zweitem Kind gratis. Halbtax-Abo gültig.
Alter? Alle Altersstufen.

11 Per Bike bergab
Velo- und MTB-Abfahrten am Monte Generoso, Zahnradbahn Capolago–Monte Generoso, 091 648 11 05, www.montegeneroso.ch

Mit dem Velo runter vom Generoso – dieses Abenteuer ist sportlichen Kids vorbehalten. Gemütlich ist vorerst die Bergfahrt mit der Monte-Generoso-Bahn von Capolago bis zur Mittelstation Bellavista. Sie bringt uns und die Velos bzw. Mountainbikes nicht nur an den Start für die anschliessende Talfahrt, sondern erlaubt uns ebenfalls, von oben schon mal das Terrain zu überblicken und uns über die passende Abfahrtstrecke klar zu werden. Es stehen verschiedene Varianten zur Wahl: Die leichte, 17 Kilometer lange Strecke führt auf asphaltierter Strasse hinunter nach Mendrisio und zurück nach Capolago. Anspruchsvoller sind die 28 Kilometer lange MTB-Strecke über Cugnoli, Monte und Castel San Pietro, die 40

Kilometer lange Cross-Country-Strecke via Valle di Muggio (siehe auch Tipp 9) und schliesslich die «Direttissima»: Auf 11 Kilometern gehen in rasanter Fahrt 950 Höhenmeter «verloren».

Wie? Mit Bahn oder Auto bis Capolago, weiter mit Monte-Generoso-Bahn bis Mittelstation Bellavista. Das (Miet)Velo fährt im Bahnanhänger mit. Velomiete, Karten- und Info-Material: Ferrovie Monte Generoso.
Wann? Bei schönem, trockenem Wetter.
Wieviel? Tarife Bahn: siehe Tipp 10; die Fahrten zur Mittelstation Bellavista kosten einige Franken weniger.
Alter? Leichte Abfahrt (Velo oder MTB): ab 10 Jahren. Weitere Strecken (MTB): ab 14 Jahren, gute Kondition und Erfahrung notwendig.

12 Saurier und bunte Wände
Am Monte San Giorgio, Mendrisio Turismo, Via Angelo Maspoli 15, 6850 Mendrisio, 091 646 57 61, www.mendrisiotourism.ch

Nirgendwo in der Schweiz wurden mehr versteinerte Tiere gefunden als am Monte San Giorgio. Die Ammoniten, Muscheln, Fische und Saurier sind 225 Millionen Jahre alt. Die grossartigen Funde machen den pyramidenförmigen Berg zu einem Gebiet von aussergewöhnlichem Wert, was ihm die weltweit höchste Auszeichnung einbrachte: Seit 2003 figuriert Monte San Giorgio in der Liste des Unesco-Weltnaturerbes. Auf dem Naturlehrpfad, der von Meride an den Berg hinauf führt, finden wir noch heute Fossilien. Mitnehmen dürfen wir sie jedoch nicht, das Gebiet steht unter Naturschutz. Ebenfalls in Meride zeigt das Museo dei Fossili etliche Funde, Originale wie Abgüsse, Illustrationen und eine Diaschau. Im altertümlichen

Tessin: Der Süden

341

Dorf herrscht jedoch auch die Moderne: Wandmalereien von Tazio Marti täuschen Fenster, Katzen, Blumen vor, wo es gar keine gibt.

Wie? Nach Meride mit Auto oder Postauto. Oder mit der Seilbahn von Brusino direkt auf den Monte San Giorgio fahren und hinunterwandern.
Wann? Fossilienmuseum täglich 8–18 Uhr (091 646 37 80), Seilbahn März–Oktober, Fahrplaninfo: 091 996 11 30.
Wieviel? Der Eintritt ins Museum ist gratis.
Dauer? Naturlehrpfad ab Postauto-Haltestelle Fontana di Meride: ca. 3 Std.
Alter? Ab 6 Jahren.

13 Welche Farbenpracht!
Botanischer Garten San Grato in Carona, Lugano Turismo, 6815 Melide, 091 649 63 83, www.lugano-tourism.ch

Am schönsten präsentiert sich der Botanische Garten San Grato im April und Mai, wenn sich der riesige artenreiche Rhododendren- und Azaleenbestand bunten, betörend duftenden Teppichen gleich durchs Gelände zieht. Von den Wanderwegen, die den Park durchziehen, fällt der Blick ins Tal und auf die Alpengipfel. Über die Besonderheiten der Pflanzen – auch zahlreiche Nadelhölzer gibt es hier – informiert ein Lehrpfad mit Schautafeln. Unweit davon lädt das Restaurant San Grato zur Rast ein, und schliesslich verliert sich der Park in einer nahezu unberührten Waldlandschaft. Nach Carona kommt man übrigens auch so: Bergfahrt ab Lugano-Paradiso mit der Standseilbahn auf den Monte San Salvatore (www.montesansalvatore.ch, siehe auch «Dauerbrenner»), rund einstündiger, lohnender Abstieg via Ciona nach Carona.

Wie? Mit dem Auto von Lugano über Paradiso nach Carona oder mit Postauto ab Lugano. Parkplätze beim Centro Sportivo. Der Weg zum botanischen Garten zweigt rund 300 m nach dem Centro Sportivo an der Strasse Richtung Vico Morcote ab.
Wann? Frühling–Herbst, idealerweise aber in der Blütezeit.
Dauer? Carona–San Grato ca. 30 Minuten zu Fuss.
Alter? Ab 6 Jahren.

14 Phantasievoll und exotisch
Parco Scherrer, 6922 Morcote, 091 996 21 25, www.lugano-tourism.ch

Lieben Sie's exotisch? Wie wär's mit Zedern, Palmen, mexikanischen Pinien, Eukalyptus, Kampferbäumen, chinesischen Magnolien, Azaleen und Bambusstauden? Dazwischen ein indischer Palast, ein arabisches Haus, ein römischer Springbrunnen, ein Sonnentempel, ein siamesisches Teehaus und der Tempel der Nefertari. Der einzigartige Parco Scherrer in Morcote ist zwar kein Spielplatz, aber Kinder werden trotzdem ihre Freude daran haben. Ein wenig Vorstellungsgabe – und sie leben kurze Zeit in einer anderen Welt. Und zum Versteckenspielen gibt es kaum einen besseren Ort als diesen Garten. Der Eingang befindet sich an der Strasse nach Figino, etwa 300 m vom Schifflandesteg von Morcote entfernt.

Wie? Ab Lugano mit Schiff, Postauto oder Privatwagen bis Morcote.
Wann? Mitte März–Ende Oktober 10–17, Juli/August bis 18 Uhr.
Wieviel? Erwachsene Fr. 7.–, Kinder bis 16 Jahre 1.–.
Alter? Ab 6 Jahren.

15 Schlauchboot mitnehmen!

Strand von Casoro, bei 6918 Figino,
Info: Lugano Turismo, Palazzo Civico,
6901 Lugano, 091 913 32 32,
www.lugano-tourism.ch

Ein weitgehend natürliches Seeufer und viel Platz zum Spielen bietet der Strand von Casoro bei Figino. Und mit dem Schlauchboot oder Surfbrett ins Wasser stechen darf man auch. Der Strand ist zweigeteilt, beide Abschnitte sind vom Parkplatz aus zu erreichen. Der dazwischenliegende Schilfbestand ist Privatquartier für Enten und Schwäne. Bademeister gibt's keinen, die Kinder muss man selber überwachen. Am einfachsten ist die Anfahrt mit dem eigenen Wagen: von Lugano-Grancia Richtung Figino, vor Figino rechts abbiegen in Richtung Agno, Parkplatz auf der linken Strassenseite gegenüber der Osteria degli Amici.

Wie? Von Lugano mit Auto oder Postauto nach Figino.
Wann? Im Sommer!
Wieviel? Kostenlos, aber Parkgebühr fürs Auto Fr. 1.–/Std.
Alter? Alle Altersstufen.

16 Minigolf & Co. am See

Minigolf-Park Caslano, Via Golf 1,
6987 Caslano, 091 606 14 16,
www.minigolfcaslano.ch

Minigolf spielen am See – das ist doch eher eine Seltenheit. Die Freizeitanlage von Caslano am Ufer des Luganersees bietet noch mehr: Neben dem Minigolf-Parcours mit 18 Löchern und fröhlich bunt bemalten Bahnen gibt's eine hochmoderne Trampolin-Anlage; zum Austoben, für die akrobatischen Sprünge der sportlich Ehrgeizigen und variantenreiche Bauchlandungen bis zur Erschöpfung. Die kleineren Kinder entdecken die «Rennautos», stürmen mit Freudengeheul eines der farbigen Gefährte und können am Steuerrad der elektrisch betriebenen und völlig ungefährlichen Boliden nach Herzenslust «Schumi» spielen. Unmittelbar daneben mit Sichtkontakt: kleine Cafeteria mit schattenspendenden Sonnenschirmen.

Wie? Mit dem Auto oder der Schmalspurbahn Lugano–Ponte Tresa bis nach Caslano.
Wann? Juni–August: täglich 10–23 Uhr. September–Mai: Mi–Do 13.30–18, Fr 13.30–21, Sa 10–21, So 10–18 Uhr.
Wieviel? Minigolf: Erwachsene Fr. 6.–, Kinder (bis 12 Jahre) 4.–. Spielanlagen (Trampolin, Autos): ab Fr. 2.–, je nach Benutzungsdauer.
Alter? Ab 4 Jahren.

17 Fische im Museum

Museo della pesca (Fischereimuseum),
Via Campagna 10, 6987 Caslano,
091 606 63 63 (Info: 091 606 29 86),
www.malcantone.ch

Fische haben es nicht leicht. Schon immer stellte ihnen der Mensch mit Harpunen, Netzen und Angelhaken nach. Für viele Tessiner Familien war die Fischerei auf den Seen einst eine wichtige Einkommensquelle. Das Fischereimuseum zeigt diese Tradition mit über 500 Gegenständen: Fischereigeräte und Zubehör, viele verschiedene präparierte Fische, antike Münzen mit abgebildeten Fischen. Die ersten dieser Objekte stam-

Tessin: Der Süden

men übrigens aus dem Abfall; anlässlich einer Hausrenovierung am Seeufer hatte sie der Besitzer einfach weggeworfen. Bei einem Spaziergang stiess Museumsgründer Franco Chiesa auf den ungewöhnlichen Fund und erkannte dessen Wert. Er rettete davon, was noch zu retten war. Nach und nach kamen weitere Objekte hinzu, bis schliesslich das Museum entstand.

Wie? Mit dem Auto oder der Schmalspurbahn Lugano–Ponte Tresa bis nach Caslano.
Wann? April–Oktober, Di/Do/So 14–17 Uhr.
Wieviel? Erwachsene Fr. 4.–, Kinder (6–16 Jahre) Fr. 2.–.
Alter? Alle Altersstufen.

18 Im «Kalifornien des Tessins»

Pfad der Wunder im Malcantone, Malcantone Turismo, Piazza Lago, 6987 Caslano, 091 606 29 86, www.malcantone.ch

In der Mitte des 19. Jahrhunderts grassierte das Goldfieber auch im Malcantone. Dass hier mehr Gold, Silber, Blei und vielleicht gar andere wertvolle Metalle vorhanden wären als in Mexiko oder Peru, erwies sich allerdings als Fiebertraum. Auf Goldgräberspuren wandeln lässt sich jedoch noch heute: Durch den Wald und über Bäche führt der mit weissen Wegweisern markierte Sentiero delle meraviglie (Pfad der Wunder) zu einer Wassermühle, einer Ziegelbrennerei, der alten Hammerschmiede von Aranno und zu stillgelegten Erzminen. Ins Berginnere vorwagen – Taschenlampe mitnehmen – darf man sich nur durch die Mineneingänge «Franzi» und «Baglioni»; in den übrigen droht Steinschlag. Ein ausführlicher Prospekt ist bei Malcantone Turismo erhältlich.

Wie? Ab Lugano mit Auto oder Postauto nach Novaggio. Der Pfad zweigt rund 200 Meter weiter, an der Strasse nach Arosio, ab und endet auch hier.
Wann? In der schönen Jahreszeit.
Dauer? Dauer des Rundgangs: etwa 4 Stunden.
Alter? Ab 6 Jahren.

19 Schönste Aussicht im Kanton

Auf dem Monte Lema, Ente turistico del Malcantone, 6987 Caslano, 091 606 29 86, www.malcantone.ch

Kein Südschweizer Berg schenkt eine so grandiose Panoramasicht wie der üppig grüne Monte Lema (1624 m ü. M.). Zum Beispiel von der Restaurantterrasse neben der Seilbahn-Bergstation aus: In der Tiefe blinken Luganer- und Langensee, auf halber Höhe ziehen die Gleitschirmflieger ihre Schleifen. Darüber grüssen Tessiner und italienische Gipfel, Walliser, Berner und Bündner Alpen. An klaren Tagen sieht man gar über die Poebene nach Mailand und in den Apennin. Zu Tal geht's auf guten Wegen zu Fuss oder mit dem Mountainbike. Oder man mache sich auf Richtung Norden: Die Route vom Monte Lema über den Grat – der streckenweise die Grenze zwischen der Schweiz und Italien bildet – zum Monte Tamaro (Tipp 20) gehört zu den beliebtesten Höhenwegen der Südschweiz.

Wie? Ab Lugano mit Auto oder Postauto nach Miglieglia, von hier mit der Luftseilbahn auf den Monte Lema.
Wann? Die Seilbahn verkehrt Mitte März–Mitte November täglich 9–17, Juli–August bis 21 Uhr.
Wieviel? Erwachsene Fr. 16.– (retour: 22.–), Kinder bis 16 Jahre 11.–

(retour: 13.–), Familie mit
1 Erw./1 Kind 23.– (retour: 27.–),
Familie mit 2 Erw./1 Kind) 36.–
(retour: 45.–), je weiteres Kind 6.–
(retour: 7.–).
Dauer? Wanderungen: Nach
Miglieglia 1¾ Std., auf den
Monte Tamaro ca. 4 Std.
Alter? Nach eigenem Ermessen.

20 Der Berg für Spiel und Sport

Gondelbahn Monte Tamaro,
6802 Rivera, 091 946 23 03,
www.montetamaro.ch

Seilbahn, Spielplatz, Restaurant, Mountainbike-Routen, Wanderwege und im Winter Skilifts: der Monte Tamaro ist ein Berg für sportliche Kids. Auf der Foppa-Alp (1530 m ü. M.) lädt ein gut eingerichteter Spielplatz ein, wenig höher das Ristorante Alpe di Foppa, das auch einfache Übernachtungen anbietet (091 946 22 51). Unterhalb des Gasthauses kann das Kirchlein des Tessiner Stararchitekten Mario Botta besichtigt werden. Die Mountainbike-Routen ab Alpe di Foppa – insgesamt rund 80 km! – sind markiert und nach Schwierigkeitsgrad eingeteilt (Prospektmaterial an der Gondelbahn-Station). Im Winter kann man auf dem Tamaro Ski fahren (3 Pony- und 3 Skilifte) – vorausgesetzt, es liegt Schnee, was so weit südlich keine Selbstverständlichkeit ist.

Wie? Mit Bahn oder Auto bis Rivera, weiter mit der Gondelbahn zur Alpe di Foppa.
Wann? April–November sowie Weihnachten–März täglich 8.30–17 Uhr.
Wieviel? Berg- und Talfahrt: Erwachsene Fr. 24.–; Kinder (6–15 Jahre) 13.–. Bergfahrt: Erwachsene 16.–; Kinder 10.– (Transport Bike: Fr. 2.– Zuschlag). Familien: Das zweite Kind zahlt den halben Preis.
Alter? Ab 3 Jahren, mit Mountainbike ab 10 Jahren.

— Kids willkommen! —

Wo essen?

Spaghetti Store, Piazza Rezzonico 7, 6900 Lugano, 091 922 20 60. Spaghetti in allen Varianten, im Stadtzentrum und wenige Schritte vom See. Etwa 5 Minuten weiter der Strasse am See entlang Richtung Cassarate:
McDonald's, Riva Albertolli 1, 6900 Lugano, 091 924 92 39.
La Sosta, 6914 Carona, 091 649 98 50. Gemütliches, rustikales Restaurant mit familiärer Atmosphäre, Garten, herrlicher Aussicht und zwei Sonnenterrassen; im Sommer sitzt man unter einer Pergola mit Glyzinen. Einfache, aber gepflegte Küche, hausgemachte Teigwaren. Tages- und Kindermenü. Februar–November, Di–So 10.30–22 Uhr, Mo geschlossen.
Ristorante Elvezia, Familie Russo, 6999 Astano, 091 608 11 88.
Im Malcantone. Osteria mit grosser Terrasse, mitten im Dorf und dennoch verkehrsfrei. Spielplatz mit Rutschbahn, Bällen usw. Am Tisch darf gezeichnet werden, und dass Frau Russo Kinder liebt, merkt man auch am individuellen Service mit Kindermenüs und kleinen Portionen nach Wunsch.

Tessin: Der Süden

Ristorante Ceresio, Via Cantonale 73, 6918 Figino, 091 995 11 29. Ruhiges Hotel-Restaurant, südländische Küche, rebenbewachsene Gartenterrasse, Panoramasicht, Kindermenü. Mo–Sa 6–23, So 7–23 Uhr (November geschlossen).

Betulle, Strada dar Pian, 6945 Origlio, 091 966 52 95. Feine Pizzen und weitere Gerichte. Grosse sonnige Gartenterrasse, flacher, ungefährlicher Teich im Garten. Die Kinder können spielen, bis das Essen auf den Tisch kommt. Unweit vom kleinen Origliosee (zu erreichen ab Lugano über Vezia und Cureglia). Di–So 8–24 Uhr, Mo sowie 20. Dezember–20. Januar geschlossen.

Wo schlafen?

Jugendherberge Lugano-Savosa, Via Cantonale 13, 6942 Savosa, 091 966 27 28, Fax 091 968 23 63, www.youthhostel.ch/lugano. In einem grossen Park, Schwimmbad, Liegestühle, Sonnenschirme, Gartengrill. Dazu Badmintonplatz, Pingpongtische usw. Kleine Kinder finden verschiedenste Spiele und zum Austoben viel Grünfläche vor. Zwei-, Vier- und Achtbettzimmer sowie Familienzimmer (3–6 Betten, zum Teil mit Dusche/WC und kleiner Küche). Richtpreise (für Mitglieder) pro Person und Nacht mit Frühstücksbuffet: Fr. 28.– bis 45.–. Anfang November bis Mitte März geschlossen.

Jugendherberge Figino, Via Casoro 2, 6918 Figino, 091 995 11 51, Fax 091 995 10 70, www.youthhostel.ch/figino. Grosses Tessiner Patrizierhaus in Seenähe. Viel Umschwung (Wäldchen, Naturwiesen), Spielplatz, Kinderspielhaus, Pingpongtisch, Gartengrill usw. Vier- bis Zwölfbettzimmer. Familienfreundliche Einrichtung, Mittag- und Nachtessen zu günstigen Preisen. Richtpreis (für Mitglieder) pro Person und Nacht im Mehrbettzimmer mit Frühstück: Fr. 26.50 (Hauptsaison). Mitte Oktober bis Mitte März geschlossen.

Hotel Villa Capriasca, Biolda, 6950 Tesserete, 091 943 45 73, Fax 091 943 55 39. Ruhiges Garni-Hotel im Grünen und ohne Strassenverkehr, mit Schwimmbad, grossem Garten und vernünftigen Preisen. Die Kinder spielen im Garten (Gartenspiele, kleiner Billardtisch) wie in der Umgebung. März–November, Familienangebote, eine Übernachtung für 2 Erwachsene und ein Kind kostet ca. Fr. 180.–.

Hotel Lago di Lugano, Via Campione 65, 6816 Bissone, 091 649 85 91, Fax 091 649 61 81, www.hotellagodilugano.ch. Viersterne-Aparthotel am Luganersee mit eigenem Strand, Schwimmbecken und breitem Angebot für Familien. Von April bis Oktober werden Kinder zwischen 6 Monaten und 16 Jahren täglich (10–21 Uhr) im «Pinocchio-Club» betreut. Geöffnet März–Dezember. Pro erwachsene Person im DZ Fr. 184.– bis 390.–/Übernachtung. Appartements (je mit Eltern- und Kinderzimmer). Preise Kinder: Diverse Vergünstigungen oder gratis (je nach Alter und Saison). November, Dezember und März Spezialpreise, auf Anfrage auch Spezialangebote.

▬ Dauerbrenner ▬

Kantonales Naturkundemuseum
Viale Cattaneo 4, 6900 Lugano, 091 911 53 80. Mi–Sa 9–12, 14–17 Uhr (ausgenommen Feiertage). Eintritt frei. Im Ostteil des Stadtparks (Parco Ciani, siehe auch Tipp 2).

Baden in Lugano. Lido von Lugano, 6900 Cassarate, 091 971 40 41. Info: Lugano Turismo, Palazzo Civico, 6901 Lugano, 091 913 32 32, www.lugano-tourism.ch. Für Familien mit Kindern empfiehlt sich der Lido di Lugano, ein Seebad mit Sandstrand, verschiedenen Plansch- und Schwimmbecken sowie Selbstbedienungsrestaurant. In der Nähe liegt das Hallenbad mit Nichtschwimmerbecken und Sauna (Viale Cassarate 4, 091 972 74 51), und an der Riva Caccia findet sich das Bagno pubblico, die Badeanstalt, die wie ein grosses Floss auf dem See schwimmt. Strandbäder: Mai–September. Hallenbad: Sept.–Ende Juni, Mo 11.30–21.30, Di–Fr 8.30–21.30, Sa–So 10–19 Uhr. Alle Altersstufen.

Museo delle culture extraeuropee, Villa Heleneum, Via Cortivo 24, 6976 Lugano-Castagnola, 091 971 73 53 Masken, Skulpturen, Fetische, Ornamente und Musikinstrumente aus der Südsee und Afrika. Mi–So 10–17 Uhr. Erwachsene Fr. 5.–, Kinder ab 12 Jahren 3.–.

Schmugglermuseum. Museo Doganale Svizzero, Cantine di Gandria, 091 923 98 43, www.zoll.admin.ch. Wie die Schmuggler an der Tessiner Landesgrenze früher die Grenzwächter überlisteten – per Landweg, auf oder gar unter dem Wasser –, zeigt das Zollmuseum, das auch Schmugglermuseum genannt wird: Schmuggelbehältnisse und Waffen, ein Auto mit Schmuggelverstecken usw. Zoll-Detektivspiel «McCustom» auf dem Computer. Mit Schiff ab Lugano oder Gandria (siehe auch Tipp 5). April–Oktober, täglich 13.30–17.30 Uhr. Eintritt frei. Ab 6 Jahren.

Kleine Schweiz. Swissminiatur, 6815 Melide, 091 640 10 60, www.swissminiatur.ch. Im Swissminiatur sind Schweizer Burgen, Schlösser, das Bundeshaus, der Sitz des Internationalen Roten Kreuzes, Berge und Seen nachgebildet; im Massstab 1:25 und originalgetreu. Schienenstrecken werden von Liliputbahnen befahren, auf den Seen verkehren Miniaturschiffe. Dazu: Spielplatz und Restaurant. Mitte März–Ende Oktober 9–18 Uhr. Erwachsene Fr. 12.–, Kinder (5–16 Jahre) 7.–. Alle Altersstufen.

Zoo «Al Maglio», 6983 Magliaso, 091 606 14 93, www.malcantone.ch. Der einzige Tessiner Zoo zählt rund hundert Tiere aus aller Welt – vom Meerschweinchen bis zum Löwen. Mit Kinderspielplatz und Picknickwiese. November–März 10–17, April–Oktober 9–19 Uhr. Eintritt: Erwachsene Fr. 8.–, Kinder (3–15 Jahre) 4.–. Alle Altersstufen.

Museo del Cioccolato, Via Rompada, 6987 Caslano, 091 611 88 56, www.malcantone.ch. Das Museum erzählt, wie Schoggi entsteht, von der Kakaopflanze bis zum fertigen Produkt. Von Montag bis Samstag kann man an den Nachmittagen zusehen, wie Schokolade produziert wird. Mitte Januar bis Weihnachten Mo–Fr 9–18, Sa/So 9–17 Uhr. Erwachsene Fr. 3.–, Kinder (6–16 Jahre) 1.–. Ab 6 Jahren.

San Salvatore. Standseilbahn Paradiso–Monte San Salvatore, 6900 Paradiso, 091 985 28 28, www.montesansalvatore.ch. Gipfel (912 m ü. M.) mit prächtiger Fernsicht, Restaurant, Spielplatz und Naturpark. Mitte März–Mitte November. Fahrten ca. jede halbe Stunde, letzte Fahrt je nach Jahreszeit zwischen 17.30 und 23 Uhr. Preise Hin- und Rückfahrt: Erwachsene Fr. 20.–, Kinder (6–16 Jahre) 10.–. Alle Altersstufen.

Bäuerliche Zivilisation. Museo della Civiltà Contadina, Via Castello, 6855 Stabio, 091 641 69 90. Objekte aus dem Leben der Tessiner Bauern in früheren Zeiten und Collagen als Anregung für kreatives Gestalten. Geöffnet Di–Do und Sa/So 14–17 Uhr. Erwachsene Fr. 3.–, Kinder 1.–.

Tessin: Der Süden

Thurgau: Bodensee, Untersee, Rhein

1. Um den See pedalen
   Bodensee-Radweg
2. Inlineskating am Bodensee und Rhein
3. Rutschbahn auf hoher See
   Boot und Pedalo in Arbon
4. Zum Zmorge aufs Schiff
   Frühstücksschiff Bodensee
5. Landleben pur
   Feierlerhof in Altnau
6. Schiff und Fisch
   Seemuseum Kreuzlingen
7. Puppe und Zeppelin
   Museum Schlossgut Girsberg
8. Kreuzfahrt
   auf dem Untersee
9. Der Maler der bunten Bilder
   Adolf-Dietrich-Haus, Berlingen
10. Wanderung über dem Untersee
    Tägerwilen–Steckborn
11. Idylle und Wehrbauten
    Lehrpfad bei Diessenhofen
12. Wasservögel und Gummistiefel
    Im Wollmatinger Ried
13. Wild- und Freizeitpark
    Allenspach
14. Aug in Aug mit dem Hai
    Sea-Life-Center, Konstanz
15. Bäbis, Echsen und Motoren
    Erlebniswelt, Sipplingen
16. Als man auf Pfählen lebte
    Pfahlbaumuseum Unteruhldingen
17. Affen haben lange Finger
    Affenberg Salem
18. Schatz- und Folterkammer
    Alte Burg in Meersburg
19. Spielen à discretion
    Spieleland, Meckenbeuren

Bahn | Hotel | Kunsth. | Museum | Natur | Restaur. | Schiff | Sehensw. | Shopping | Spielen | Sport | Theater | Tiere | Wandern

Thurgau:
Bodensee,
Untersee, Rhein

Bodensee, Untersee und Rhein – faszinierende Euregio

Frühstück in der Schweiz, Mittagessen in Deutschland, Zvieri in Österreich und am Abend wieder in der Schweiz – für erlebnisfreudige Familien setzen Bodensee und Rhein keine Grenzen. Hauptanziehungspunkt ist natürlich das Wasser und alles was dazugehört: Fahrten mit dem Schiff, Boot, Pedalo. Schwimmen und Planschen. Velofahren, Biken und Wandern auf Uferwegen und über sanfte Höhenzüge mit Blick über den weiten See, in die offene Landschaft und grossenteils intakte Natur. Dazu kommen zoologische Anlagen und spannende, vielseitige Museen: In der Schweiz sind sie tendenziell eher klein, fein und übersichtlich, auf deutscher Seite setzt man auf ausgedehnte Anlagen wie die «Erlebniswelt», das Sea-Life-Center oder das riesige Spieleland. Der «Trip ins Ausland» ist einfach, sei es mit Bahn, Schiff, Auto oder Velo; jederzeit aber gilt: Grenzausweise nicht vergessen!

Erika Schumacher

1 Um den See pedalen
Bodensee-Radweg, Bodensee-Radweg-Service GmbH, Mainaustrasse 34, D-78464 Konstanz, 0049/7531 942 3640, www.bodensee-radweg.com

Die weitgehend flache Radroute rund um das Schwäbische Meer zählt zu den beliebtesten Velowegen Europas. Wer den insgesamt 268 Kilometer langen Bodensee-Radweg unter die Räder nimmt, braucht dafür rund sieben Tagesetappen. Kürzer geht's natürlich allemal auf einem beliebigen Streckenabschnitt, etwa von Romanshorn nach Kreuzlingen (23 km), von Kreuzlingen nach Stein am Rhein (29 km), auf der deutschen Seeseite oder mit einer Runde um den Untersee. Oder mit Zwischenetappen auf die bequeme Art: Das Velo kann, sofern Platz vorhanden, auf allen Kursschiffen sowie – am schweizerischen wie am deutschen und österreichischen Ufer – auf vielen Zügen mitgenommen werden. Am schönsten ist das Velofahren am Bodensee übrigens «rechts herum»; so verläuft der Radweg stets auf der Seeseite der Strasse.

Wie? Auf eigene Faust ab jedem Ort am Bodensee; Grenzausweise nicht vergessen! Ungeführte Fahrrad-Pauschalreisen verschiedener Länge (mit Unterkunft) organisiert die Bodensee-Radweg-Service GmbH.
Wann? Bei Velowetter.
Wieviel? Fahrrad-Pauschalreisen ab ca. € 140.– für die einfachste Variante (4x Übernachten im Stroh).
Alter? Je nach Tourlänge und Kondition.

2 Eldorado für Skater
Inlineskating an Bodensee und Rhein, Thurgau Tourismus, 8580 Amriswil, 071 411 81 81, www.thurgau-tourismus.ch www.swiss-skate-map.ch

Skaten so weit das Auge reicht: Ein zusammenhängendes Streckennetz zieht sich aus dem St. Galler Rheintal dem ganzen schweizerischen Bodensee-Ufer entlang. Auf einer beinahe topfebenen, meistens asphaltierten Route lassen die Skaterinnen und Skater ihren rhythmischen Bewegungen freien Lauf. Rücksicht zu nehmen gilt es auf Fussgänger, Velofahrer und sich selber. Die Streckenabschnitte lassen sich in beliebiger Grösse gestalten. Idealer Ausgangspunkt ist Romanshorn, da sowohl skate- wie bahntechnisch zentral gelegen. Einfach und für Familien daher besonders geeignet ist die Strecke von Romanshorn bis Kreuzlingen-Hafen bzw. umgekehrt. Bei den Tourismusverbänden der Ostschweiz sind die nationalen Karten für Inline-Routen erhältlich, die Swiss Skate Maps.

Thurgau: Bodensee, Untersee, Rhein

Heute autofrei!
Tempo reduzieren und gemütlich das Land erkunden: Einen ganzen Sommertag lang gehören die Hauptstrassen am oberen Bodensee auf Schweizer Seite alljährlich einmal all jenen, die vorwärtskommen wollen, ohne auf einen Motor angewiesen zu sein: den Freizeitsportlern, Velofahrerinnen, Hobbyskatern und allen aktiven Familien. Ein Rundkurs von rund 35 km auf meist flachen Strassen und breiten Wege wird für jeglichen motorisierten Verkehr gesperrt. Zentren des Grossanlasses und Volksfestes der besonderen Art sind Romanshorn und Arbon. Genaue Daten und weitere Infos: Thurgau Tourismus (071 411 81 81) oder www.slowup.ch.

Wie? Mit Bahn oder Auto an den Bodensee (z. B. Kreuzlingen, Romanshorn, Arbon). Die Züge auf der Seelinie verkehren im Halbstundentakt.
Wann? Frühling bis Herbst. Für Übernachtungen von Juli–September Reservation empfehlenswert.
Alter? Einfache Strecken ab ca. 12 Jahren.

3 Rutschbahn auf hoher See
Ruderboote und Pedalos, Bootsschule Rolf Latscha, Hafenplatz, 9320 Arbon, 071 446 10 20

In alter Zeit tat man es mit Einbäumen und auf dem Floss, später baute man raffinierte Boote oder elegante Gondeln: Im eigenen Gefährt über das Wasser zu gleiten war früher lebensnotwendig – Verkehrswege, Fischerei – und hat die Menschen immer auch fasziniert. Heute macht man es zum Vergnügen, zum Beispiel, indem man in die Pedale tritt. In Arbon gibt's Wasserfahrzeuge der besonderen Art: Der Vermieter stellt seine schaukelnden «Schalen» auf Wunsch auch mit Rutschbahn zur Verfügung. Wer schwimmen will, unternimmt also auf hoher See an beliebigem Ort mit Hilfe einer kleinen Schussfahrt einen «Tauchgang» im Bodensee, dessen Wasser übrigens meist sauber ist.

Wie? Mit der Bahn von Romanshorn oder Rorschach nach Arbon (Stundentakt).
Wann? Ostern–Herbst (bei schönem Wetter).
Wieviel? Miete für Gondel mit Rutschbahn (4 Personen) Fr. 17.– pro Stunde.
Alter? Alle Altersstufen. Kleine Kinder mit Schwimmflügeli oder Schwimmweste.

4 Zum Frühstück aufs Schiff
Schweizerische Bodensee-Schifffahrtsgesellschaft AG,
8590 Romanshorn, 071 466 78 88,
www.bodensee-schiffe.ch

Schöner kann man den Tag kaum beginnen: Wir besteigen in Romanshorn das Schiff und setzen uns sogleich an den Tisch, wo bereits das Frühstück wartet. Während das Schiff Richtung Rorschach oder Mainau das Wasser pflügt, geniessen wir den Blick auf See und Ufer, plaudern gemütlich und erquicken gleichzeitig unseren Magen. Das Angebot ist reichhaltig: Milch, Kaffee, Ovo, Schokolade oder Tee, so viel man will. Dazu Orangensaft, Konfitüre, Butter, Streichkäse, Gipfel, Zopf, Brot, Obst, ein Joghurt. Und wer es währschaft mag, ordert aus der Schiffsküche eine Rösti oder ein Rührei. Satt wird jede und jeder – und es heisst, so mancher Frühstücksgast auf dem Bodensee-Schiff habe nach seinem frühen Mahl den ganzen Tag problemlos ohne Mittagessen «überstanden»...

Wie? Mit Bahn oder Auto nach Romanshorn.
Wann? Ende Mai–Mitte September täglich. Mitte September–Mitte Oktober nur an Sonn- und Feiertagen. Genaue Saisonabfahrtszeiten anfragen. Telefonische Anmeldung bis Vortag 16 Uhr.
Wieviel? Romanshorn–Rorschach–Romanshorn: Erwachsene Fr. 21.60, Kinder 6–16 Jahre und Halbtax-Abo 10.80 (Juniorkarte gültig). Frühstück Erwachsene Fr. 24.50, Kinder bis 4 Jahre gratis, 4–12 Jahre Fr. 2.– pro Altersjahr.
Dauer? Romanshorn–Rorschach und zurück: ca. 2 Std. Romanshorn–Mainau und zurück: ca. 3½ Std.
Alter? Alle Altersstufen.

Thurgau: Bodensee, Untersee, Rhein

5 Landleben pur
Feierlenhof in Altnau, Familie Barth, Bleihofstrasse, 8595 Altnau, 071 695 23 72, www.feierlenhof.ch

Der schönste Weg zum «Feierlenhof» führt mit dem Velo auf dem Seeradweg oder der Seerückenroute nach Altnau. Die Familie Barth zeigt all ihre Tiere, Kinder dürfen auf dem vom Bauern geführten Pferd um den Hof reiten. Dazu wird die integrierte Produktion des Betriebes erklärt; wer Lust hat, lernt sein eigenes Brot backen, und nach einem feinen Bauernzmittag gibt's eine lehrreiche Wanderung: Was Sie schon immer über den Apfel, das Symbol der Verführung, wissen wollten, erfahren Sie auf dem Obstlehrpfad. Der thematisch gestaltete Rundweg zeigt nicht nur Bäume, sondern erklärt mit Informationstafeln alles über Obstbau, Geschichte, Sorten, Kultur usw., und auf halber Strecke befindet sich eine Mostschenke.

Thurgau: Bodensee, Untersee, Rhein

Wie? Mit der Bahn von Kreuzlingen oder Romanshorn nach Altnau. Oder von Romanshorn mit dem Velo nach Altnau. Velomiete bei der Tourist Information Romanshorn (auf Voranmeldung). Wer will, begeht nur den Obstlehrpfad (Start am Bahnhof Altnau, markierte Wege, auch mit Velo oder Kinderwagen möglich).
Wann? Mitte Mai–Mitte September. Übrige Zeit auf Anfrage.
Wieviel? Die Preise für den Bauernhof-Besuch inkl. Mittagessen sind abhängig von der Anzahl Besucher: Erwachsene Fr. 25.– bis 35.–, Kinder (bis 12 Jahre) 15.– bis 20.–, Zuschlag für Brotbacken 5.–/Person. Je mehr Besucher pro Tag, desto niedriger die Preise.
Alter? Nach eigenem Ermessen.

6 Schiff und Fisch
Seemuseum Kreuzlingen, Seeweg 3, 8280 Kreuzlingen, 071 688 52 42, www.seemuseum.ch

Drei Oldtimer-Segelschiffe, über vierzig Schiffsmodelle, traditionelle Boote und Geräte der Berufs- und Sportfischer, unzählige Gemälde, Zeichnungen und alte Fotos vom Leben am und auf dem See: In den historischen Räumen der einstigen Kornschütte wird die Geschichte der Schifffahrt und Fischerei im gesamten Bodenseegebiet lebendig. Mit Nostalgie allein ist es allerdings nicht getan. Seit 2003 zeigt eine Bilddokumentation den Landschaftswandel der letzten zweihundert Jahre: Bahnbau, Parkanlagen, Sportplätze, Autobahnen, Wohnsiedlungen – zahllos sind die menschlichen Eingriffe im Uferbereich des Sees. Daneben zeigen Abbildungen von Rheineck im Osten bis Schaffhausen im Westen, wie die Bodensee-Landschaft früher ausgesehen hat.

Wie? Mit dem Zug bis Kreuzlingen-Hafen und weiter 5 Minuten Richtung See (das Museum befindet sich im Seeburgpark, siehe «Dauerbrenner»).
Wann? Juli–August Di–So 13–18, November–März So 14–17 Uhr, übrige Monate Mi, Sa und So 14–17 Uhr.
Wieviel? Erwachsene Fr. 8.–; Kinder bis 10 Jahre gratis, ab 10 Jahren 5.–; Familienkarte (bis 4 Personen über 10 Jahre) 12.–.
Alter? Ab ca. 8 Jahren.

7 Puppe und Zeppelin
Museum im Schlossgut Girsberg,
8280 Kreuzlingen, 071 672 46 55

Das älteste Puppenmuseum der Schweiz findet sich in Kreuzlingen. Es zeigt rund 500 antike Puppen, und alle sind im passendem Umfeld dargestellt. Dem Museum angeschlossen ist auch eine Puppenklinik. Was sich dahinter verbirgt? Die Gastgeber werden es uns erklären, ebenso wie sie über die alten Spielsachen und Spielzeugautomaten Bescheid wissen. Weiter gehört zum Museum ein Graf-Zeppelin-Erinnerungszimmer. Alexa Baronin von Koenig-Warthausen, die Enkeltochter des berühmten Luftschiff-Erfinders, hat es persönlich wieder instand gestellt. Zeppelin arbeitete dort zwischen 1890 und 1900 an seinen kühnen Projekten. Schnuppern wir hier den Duft der alten Zeit, vermischt mit dem Geist der Moderne!

Wie? Mit der Bahn von Weinfelden oder Kreuzlingen Hauptbahnhof bis Station Bernrain. Weiter 10 Minuten zu Fuss der Bahnlinie entlang zum Schlossgut Girsberg (Wegweiser). Oder mit dem Auto von Kreuzlingen Richtung Schaffhausen, nach Ortsende in die Zufahrtsstrasse einbiegen. Girsberg liegt oberhalb der Bahnlinie.
Wann? 1. März bis 6. Januar, Mi und So 14–17 Uhr oder nach Vereinbarung.
Wieviel? Erwachsene Fr. 4.–, Kinder 2.–.
Alter? Alle Altersstufen.

8 Kreuzfahrt auf dem Untersee
Schweizerische Schifffahrtsgesellschaft Untersee und Rhein, Freier Platz 7, 8202 Schaffhausen, 052 634 08 88, www.urh.ch

Ui, das war knapp! Das Dach des Steuerhauses scheint die Brücke in Konstanz zu streifen. Primär aber verspricht die Schifffahrt auf dem Untersee und Rhein eher Erholung denn Abenteuer. Während fast vier Stunden kreuzt das Motorschiff zwischen Kreuzlingen und Schaffhausen von Schifflände zu Schifflände, zuerst auf dem Untersee, dann auf dem Rhein. Langsam ziehen die Klöster, Burgen und Schlösser vorbei,

Thurgau:
Bodensee,
Untersee, Rhein

Kinderferien-Programme am Untersee
Die Region am Untersee gilt als ideales Feriengebiet für Familien. Viele Ferienwohnungen und Gästezimmer sowie etliche Hotels und Gasthäuser weisen kinder- und familienfreundliche Einrichtungen auf – z. B. Spielmöglichkeiten im Haus wie im Freien. Am deutschen Ufer gibt's während den Sommerferien spezielle Kinderferienprogramme, und zwar in Gaienhofen, auf der Insel Reichenau, in Öhningen, Allensbach, Moos und Radolfzell. Detaillierte Infos: Tourismus Untersee, D-78343 Gaienhofen, 0049/7735 919 055, www.tourismus-untersee.de

während wir uns auf dem Sonnendeck aufhalten oder im Bordrestaurant verköstigen. Mittelalterliche Städte, heimelige Dörfer und eine gepflegte Gastronomie laden aber auch unterwegs zum Verweilen ein.

Wie? Mit dem Zug oder Auto nach Kreuzlingen-Hafen, Stein am Rhein oder Schaffhausen.
Wann? Anfang Mai–Anfang Oktober täglich mindestens drei Kurse zwischen Kreuzlingen und Schaffhausen sowie umgekehrt.
Wieviel? Am günstigsten ist das Riverticket: Erwachsene Fr. 29.– (mit Halbtax-Abo 19.–), Kinder 14.50, Juniorkarte gültig.
Dauer? Kreuzlingen–Schaffhausen knapp 4, umgekehrt knapp 5 Std.
Alter? Alle Altersstufen.

9 Der Maler der bunten Bilder
Adolf-Dietrich-Haus, Seestrasse 31, 8267 Berlingen, 052 748 41 20, www.adolf-dietrich.ch

Adolf Dietrich, ein grosser Schweizer Maler des 20. Jahrhunderts, hat in der naiven Malerei gar internationalen Rang. Sonntags streifte der Fabrik- und Waldarbeiter mit Bleistift und Papier durch seine Heimat am Untersee und hielt Blumen, See, Wald und Rebberge fest. Sujets waren auch sein Dorf Berlingen – das übrigens noch heute mit einer einladenden Seepromenade lockt –, Verwandte, Vögel, der Hund «Balbo» und Nachbars Garten. Mit viel Liebe zum Detail verarbeitete er die Skizzen mit akribisch-feinen Pinselstrichen zu zahlreichen intensiv bunten Bildern. Sein Geburts- und Wohnhaus ist heute ein kleines Museum. Die Malstube ist unberührt geblieben; mit Pinseln, Ölfarben, einem unvollendeten Bild, den ausgestopften Vögeln auf dem Schrank und der Handorgel am Boden. Dazu ist ein Teil des Nachlasses und ein Film über den Maler zu sehen.

Wie? Mit der Bahn aus Richtung Kreuzlingen oder Schaffhausen nach Berlingen, dann wenige Minuten zu Fuss Richtung See. Originale Dietrich-Bilder sind im Kunstmuseum des Kantons Thurgau in der Kartause Ittingen zu sehen (siehe Seite 370).
Wann? Anfang Mai–Mitte September Sa/So 12–18 Uhr.
Wieviel? Gratis, freiwilliger Beitrag willkommen. Führungen auf Anfrage Fr. 120.– (für Schulklassen 60.–).
Alter? Ab Schulalter.

10 Wanderung über dem Untersee
Von Tägerwilen nach Steckborn, Thurgau Tourismus, Gemeindehaus, 8580 Amriswil, 071 411 81 81, www.thurgau-tourismus.ch

Wandern mit Ausblick aufs Wasser ist allemal schön, doch diese Route ist ein besonderes Vergnügen: Den Untersee zu Füssen, wandern wir auf einem gut ausgebauten und markierten Weg an historischen Plätzen vorbei durch die reizvolle Landschaft. Erst ein kurzer

Aufstieg, dann öffnet sich auf der Höhe der Blick aufs Wasser und zur Insel Reichenau. Anschliessend wird Schloss Arenenberg mit dem Napoleon-Museum (siehe «Dauerbrenner») erreicht. An den Schlössern Salenstein, Eugensberg und Wartburg vorbei führt schliesslich der Weg nach Berlingen und Steckborn, zwei malerischen Orten unmittelbar am See. Wer sich die letzte Teilstrecke sparen will, besteigt in Berlingen das Schiff und fährt nach Steckborn oder auch an den Ausgangspunkt zurück.

Wie? Mit der Bahn aus Richtung Kreuzlingen, Schaffhausen oder Weinfelden nach Tägerwilen.
Wann? Frühling–Herbst.
Dauer? Wanderzeit ca. 3 Std.; mit Besuch des Napoleon-Museums 3¾ Std.
Alter? Ab 6 Jahren.

11 Idylle und Wehrbauten

Historischer Lehrpfad im Schaaren, 8253 Diessenhofen.
Info: Gemeindeverwaltung, Hintergasse 49, 8253 Diessenhofen, 052 646 42 42, www.rheinkastell.ch

Der Schaarenwald ist ein Gebiet der Kontraste: Einerseits bietet das beliebte Naherholungsgebiet so viel intakte Natur, wie nur selten auf so kleinem Raum zu finden ist. Andererseits zeugt der Wald von Zeiten, in denen es hier alles andere als friedlich zu und her ging: Beim Klostergut Paradies (beliebtes Ausflugsrestaurant) beginnt ein archäologisch-historischer Lehrpfad dem Rheinufer entlang. Er präsentiert die Überreste von Befestigungsanlagen aus verschiedenen Epochen. Hinweistafeln orientieren uns über eine spätbronzezeitliche befestigte Siedlung, spätrömische Wachttürme, einen österreichischen Brückenkopf aus dem Jahr 1799 und eine Bunkerkette aus dem Zweiten Weltkrieg. So erwandern wir im idyllischen Wald ein Stück wechselvolle Geschichte und werden uns der früheren Rolle des Rheins als umkämpfte Landes- und Herrschaftsgrenze bewusst.

Wie? Mit der Bahn aus Richtung Kreuzlingen oder Schaffhausen nach Schlatt, weiter mit Bus oder einem halbstündigen Spaziergang nach Paradies. Oder mit dem Auto bis Paradies; der Lehrpfad ist signalisiert mit blauen Wegweisern ab Parkplatz Rheinbad. Gruppenführungen auf Anfrage: 052 672 49 61.
Wann? Jederzeit.
Dauer? Wanderzeit Lehrpfad: rund 40 Minuten.
Alter? Alle Altersstufen.

12 Wasservögel und Gummistiefel

Naturschutzzentrum Wollmatinger Ried, Kindlebildstrasse 87, D-78479 Reichenau, 0049/7531 788 70, www.nabu-wollmatingerried.de

Natürlich sind wir für den Naturschutz, wer denn nicht? Wer die Natur aktiv schützen will, muss allerdings erst seine Sinne für die Schöpfung sensibilisieren. Im Wollmatinger Ried, einige Kilometer westlich von Kreuzlingen am Untersee auf deutschem Boden, findet man die besten Bedingungen dafür. Im

Thurgau: Bodensee, Untersee, Rhein

Schilf und in den artenreichen Riedwiesen können unter fachkundiger Führung seltene Pflanzen und Säugetiere, vor allem aber zahlreiche gefiederte Freunde entdeckt werden; im Herbst sammeln sich vor dem Schilfgürtel bis zu 40 000 Wasservögel. Zur Ausrüstung gehören Gummistiefel, Feldstecher, im Sommer Mückenschutz, Verpflegung und ein wenig Ausdauer: Die Wegstrecke ist 6 Kilometer lang. Grenzausweise nicht vergessen!

Wie? Vom Hauptbahnhof Konstanz mit Bus 6 oder 7 zum Alten Naturschutzzentrum bei der Kläranlage, Fritz-Arnold-Strasse 2e.
Wann? April–September Mo–Fr 9–12 und 14–17, Sa/So 13–17 Uhr. Oktober bis März: nach Vereinbarung. Programm für Führungen auf Anfrage.
Wieviel? Grosse Führungen 3–3½ Std. ca. € 50.–, kleine Führungen 2½ Std. ca. € 40.– pro Gruppe; von Einzelpersonen, die an den offiziellen Führungen teilnehmen, sind Spenden willkommen.
Alter? Ab 6 Jahren.

> ### Bodensee-Erlebniskarte
> Freie Fahrt auf allen Kursschiffen, kostenloser Eintritt zu über 170 Ausflugszielen – z.B. Museen und Strandbäder – rund um das Schwäbische Meer: Das bietet die Bodensee-Erlebniskarte. Sie ist erhältlich für drei, sieben oder vierzehn Tage und kostet zwischen Fr. 42.– (drei Tage, Kinder-Tarif) und Fr. 127.– (vierzehn Tage, Erwachsenen-Tarif). Die Karte gibt's bei allen Verkehrsbüros bzw. Tourist-Informationen am Bodensee. Weitere Infos: Thurgau Tourismus, (071 411 81 81) oder Bodensee-Tourismus, (0049/7531 90 94 90), www.bodenseeferien.de).

13 Forscherdrang im Tierpark

Wild- und Freizeitpark, Gemeinmärk 7, D-78476 Allensbach, 0049/7533 931 619, www.wildundfreizeitpark.de

Nur wenige Kilometer hinter der Landesgrenze liegt in der Nähe von Konstanz der Wild- und Freizeitpark von Allensbach: Zu bewundern sind etwa 350 Tiere, ausserdem im Naturgarten Heilkräuter, Wildpflanzen und Blumen. Ein besonders aufgeweckter Parkbewohner ist der Waschbär: Das Geräusch des Futterwagens kennt er genau und saust dann jeweils erwartungsfroh an den Zaun. Aber auch Wölfe und Luchse lassen sich bei der Fütterung nicht aus der Ruhe bringen, wenn wir ein wenig näher treten. Andere einheimische Wildtiere leben in weitläufigen Anlagen. Abwechslung für die jungen Parkbesucher bietet das sogenannte Abenteuergelände mit Wellenrutschbahn, Seilbahn, Trampolin. Und wenn uns der Hunger plagt, stehen Grillplätze oder ein Landgasthaus zur Verfügung.

Wie? Mit dem Zug von Kreuzlingen via Konstanz bis Markelfingen (D). Durchgehende Zugsverbindung über die Grenze hinweg im Stundentakt. Ab Bahnhof Markelfingen 45 Minuten Wanderung entlang dem Mindelsee. Mit dem Auto über Konstanz Richtung Radolfzell (Bundesstrasse 34).
Wann? Täglich geöffnet, Mai–September 9–18, Oktober–April 10–17 Uhr.
Wieviel? Eintritt Erwachsene € 6.50, Kinder 4–16 Jahre 3.50. Freitags (ohne Feiertage) Familientag: 2 Erwachsene und 2 Kinder zahlen zusammen € 17.–, jedes weitere Kind 2.50.
Alter? Alle Altersstufen.

14 Aug in Aug mit dem Hai

Sea-Life-Center, Hafenstrasse 9,
D-78464 Konstanz, 0049/7531 128 270,
www.sealife.de

«Sea» heisst bekanntlich Meer und nicht See; dennoch gibt's am Konstanzer Bodenseeufer ein Sea-Life-Center. Warum auch nicht: Immerhin wird der Bodensee auch Schwäbisches Meer genannt. Auf rund 3000 Quadratmetern sind dreissig Aquarien angelegt. Der Clou der Anlage sind die Wasserbecken mit begehbarem, transparentem Unterwassertunnel. Tauchern nicht unähnlich, bewegen wir uns in der Welt der Fische und folgen dem Rhein von seiner Quelle in den Alpen über den Bodensee bis nach Rotterdam und in die Nordsee. Seit 2003 gibt's zudem eine Mittelmeerlandschaft, ebenfalls mit Tunnel: Im Ozeanbecken sind riesige Rochen, Hunds- und Glatthaie, Seepferdchen und viele kleine bunte Mittelmeerbewohner schier zum Greifen nah.

Wie? Mit der Bahn via Kreuzlingen-Hauptbahnhof nach Konstanz. Oder von Schaffhausen, Romanshorn oder St. Gallen bis Kreuzlingen-Hafen, weiter 10 Minuten zu Fuss über die Grenze. Das Sea-Life-Center befindet sich unweit des Grenzübergangs, südlich der Konstanzer Altstadt, am Ende des Seeburgparks (siehe «Dauerbrenner»).
Wann? Mai–Juni und Oktober täglich 10–18, Juli–September täglich 10–19, November–April Mo–Fr 10–17, Sa/So bis 18 Uhr.
Wieviel? Erwachsene € 10.50, Kinder (3–14 Jahre) 7.–.
Alter? Ab 3 Jahren.

15 Bäbis, Echsen und Motoren

Erlebniswelt Sipplingen,
In der Breite 18, D-78354 Sipplingen,
0049/7551 949 190,
www.erlebniswelt-sipplingen.de

Vier spannende Ausstellungen unter einem Dach – das ist die Erlebniswelt Sipplingen in einem ehemaligen Industriebau. Da ist zunächst das Puppenmuseum mit wertvollen Porzellanpuppen. Dazu kommt ein Motorradmuseum mit historischen Maschinen – die älteste von 1920, die jüngste von 1988 – und einer rekonstruierten Werkstatt, wie sie vor rund achtzig Jahren in Betrieb war. Riesig ist die Modelleisenbahn: Die Anlage umfasst 500 Wagen, alle handgefertigt im Massstab 1:22,5, und eine 150 Quadratmeter grosse Gleisanlage. Schliesslich erwarten noch lebende Schildkröten, Echsen und Schlangen in Wüsten- und Regenwaldanlagen unseren Besuch. Wer des Schauens und Staunens müde ist, vergnügt sich im Kinderspielzimmer, taucht ab zwischen den Hunderten von Bällen im «Ballenbad», spielt mit der Eisenbahn oder stärkt sich im italienischen Restaurant (Terrasse mit Seeblick).

Wie? Mit dem Schiff über den Bodensee bis Sipplingen und weiter mit dem Bus (Linie Radolfzell–Überlingen) bis Haltestelle «Erlebniswelt Sipplingen». Oder mit dem Auto über Singen via Ludwigshafen bzw. über Konstanz via Radolfzell–Ludwigshafen nach Sipplingen.
Wann? April–Oktober täglich 10–18 (Mitte Juli–Ende August bis 21), November–März Sa, So und Feiertage 11–17 Uhr.
Wieviel? Erwachsene € 5.–, Kinder ab 4 Jahren 3.–.
Alter? Alle Altersstufen (auch mit Kinderwagen begehbar)

**Thurgau:
Bodensee,
Untersee, Rhein**

16 Als man auf Pfählen lebte

Pfahlbaumuseum Unteruhldingen.
Strandpromenade 6,
D-88690 Uhldingen-Mühlhofen,
0049/7556 85 43,
www.pfahlbauten.de

Über Jahrtausende lebten die Uferbewohner in Häusern, die sie auf Holzpfählen über dem Wasser oder hart daran errichtet hatten. Am Bodensee konservierten Schlamm und Moor die steinzeitlichen Siedlungen so gut wie sonst nirgends in der Welt. Im Laufe der Zeit wurden viele solche Pfahlbausiedlungen ausgegraben, und in Unteruhldingen machte man aus den Funden ein Freiluftmuseum. Realistisch wird gezeigt, wie die Menschen zwischen 4000 und 850 v. Chr. lebten. Die Pfahlbauten der Stein- und Bronzezeit sind mit Nachbildungen der vorgeschichtlichen Geräte eingerichtet, die auch angefasst werden dürfen. Grossen Eindruck machen die hohen Schilfgiebel der Häuser: Auch mit bescheidenstem technischem Rüstzeug legten unsere Vorfahren grosses handwerkliches Können an den Tag.

Wie? Mit Auto, Schiff oder Bahn nach Unteruhldingen (zwischen Meersburg und Überlingen).
Wann? April–September täglich 8–18, Oktober 9–17, März und November Sa, So und Feiertage 9–17, Februar So 10–16 Uhr. Dezember–Januar: geschlossen.
Wieviel? Eintritt inkl. Führung: Erwachsene € 6.–, Kinder (6–15 Jahre) 4.–, Eltern mit Kindern von 6–15 Jahren € 17.–.
Alter? Ab 6 Jahren.

17 Affen haben lange Finger

Affenberg Salem-Mendlishausen,
D-88682 Salem, 0049/7553 381,
www.info-bodensee.com/affenberg

Mehr als 200 Berberaffen leben in Deutschlands grösstem Affen-Freigehege. Dort fühlen sie sich so wohl, dass der Bestand jährlich um 17 Prozent zunimmt. Damit es nicht zur Überbevölkerung kommt, müssen die Weibchen von Zeit zu Zeit mit Hormonen behandelt werden. Ausser beim Eingang ist auch nichts von Gefangenschaft zu bemerken. Wir sind auf du und du mit den Affen, die uns Popcorn von der Hand essen. Doch aufgepasst: Schwupp haben sie unsere Handtasche erbeutet, schwupp sind sie damit verschwunden. Über Mittag ist die Anlage mit dem 600 Meter langen Rundweg geschlossen. Die Wartezeit verkürzt man sich am nahegelegenen Weiher mit zahlreichen Wasservögeln, beim neuen Damwildgehege oder in den Gaststätten. Der Besuch lässt sich auch mit einer Velotour vom Bodensee her verbinden.

Wie? Mit dem Auto über Singen und Meersburg oder von Konstanz mit der Fähre über Meersburg nach Salem.
Wann? Mitte März–Anfang November täglich geöffnet 9–18 Uhr.
Wieviel? Eintritt Erwachsene € 7.–, Kinder (5–15 Jahre) 4.–, Familienkarte (Eltern mit Kindern bis 15 Jahre) € 17.50.
Alter? Alle Altersstufen.

18 Schatz- und Folterkammer

Alte Burg Meersburg, Schlossplatz 10,
D-88709 Meersburg,
0049/7532 800 00,
www.burg-meersburg.de

Meersburg gehört zu den meistbesuchten Zielen am Bodensee. Dominiert wird das romantische Städtchen vom Alten Schloss aus dem Mittelalter und vom Neuen Schloss aus der Barockzeit. Das Alte Schloss, auch Burg genannt, ist seit über hundert Jahren ein Museum; hier tauchen wir ein in die Ritterzeit. Auf dem Museumsrundgang sind 28 eingerichtete und mit guten schriftlichen Informationen versehene Räume zu entdecken: Waffenhalle, Rittersaal, Palas, Kapellen, Burgküche, Stall, Brunnenstube, Burgverlies… Unter Führung kann der mächtige «Dagoberts-Turm» – benannt nach dem Gründer der Burg aus dem 7. Jh. – erkundet werden: Zunächst beeindrucken das alte Gebälk und der prächtige Ausblick auf Altstadt und See. Dann gelangen wir in die ehemalige Gefängnisstube, in die verborgene Schatzkammer und ganz unten im Turm, wenn wir uns überhaupt getrauen, sogar in die finstere Folterkammer.

Wie? Mit dem Bodenseeschiff oder mit der Auto- und Personenfähre, die Konstanz mit Meersburg verbindet und in kurzen Abständen verkehrt.
Wann? Täglich 9–18.30 Uhr.
Wieviel? Rundgang: Erwachsene € 5.50, Jugendliche (mit Schülerausweis) 3.50, Kinder (6–13 Jahre) 3.–. Turmbesteigung: Erwachsene € 2.50, Jugendliche (mit Schülerausweis) 2.–, Kinder (6–13 Jahre) 1.75. Familienermässigung: rund 20%.
Alter? Ab Schulalter.

19 Spielen à discrétion

Spieleland, Am Hagenwald 1,
D-88074 Meckenbeuren,
0049/7542 4000

Ravensburger Spiele sind fast jedem Kind ein Begriff. Hinter dem Freizeit- und Erlebnispark Meckenbeuren steht dieses Unternehmen, und werbewirksam wird die Anlage als «grösstes Spielzimmer der Welt» bezeichnet. Dies ist vielleicht nicht einmal übertrieben: In der riesigen Parklandschaft gibt es einen künstlichen See, viele Hügel und Wäldchen, ein Hopfenfeld, einen 44 Meter hohen Aussichtsturm, 13 000 Sträucher und Büsche! Eine «Schwäbische Eisenbahn» zuckelt gemütlich durch das Gelände, und über vierzig Spielgelegenheiten sollen zum Mitmachen und spielerischen Lernen animieren: In der Baggergrube schaufeln die Eltern mit den Kindern um die Wette, im Labyrinth findet Papa den Ausgang nicht, die Kids machen die «Fahrprüfung», und wenn die Schule qualmt, ist beim Löschen die ganze Familie gefragt.

Wie? Das Spieleland liegt zwischen Tettnang und Meckenbeuren. Mit der Fähre nach Friedrichshafen, weiter mit dem Zug. Ab Bahnhof Meckenbeuren um 10 und 10.35 Uhr Shuttle-Bus zum Spieleland (6 Min. Fahrt), Rückfahrt am späten Nachmittag. Mit dem Auto auf A1 oder A13 bis St. Margrethen, weiter über Bregenz und Lindau.
Wann? Ende März–Anfang November täglich 10–17 oder 18 Uhr (je nach Saison).
Wieviel? Eintritt Erwachsene € 17.–, Kinder (3–14 Jahre) 6.–. Familienermässigung: € 2.– pro Person.
Alter? Von Kindsbeinen an. Wickelräume vorhanden.

**Thurgau:
Bodensee,
Untersee, Rhein**

— Kids willkommen! —

Wo essen?

Landgasthof/Restaurant Seelust,
Wiedehorn, 9322 Egnach,
071 474 75 75. Kindermenü, Essstühli, Wickeltisch, Spielzimmer, Terrasse. Kleine Kinder übernachten im Zimmer der Eltern gratis. Kein Ruhetag. Bademöglichkeit im Bodensee (ca. 150 m entfernt).

Restaurant Waldschenke,
8590 Romanshorn, 071 461 27 64 oder 071 463 47 64. Das Restaurant liegt im Romanshorner Wald, 10 Gehminuten ab Parkplatz und Bushaltestelle Spitz-Romanshorn. Mit Kinderwagen oder Velo gut zu erreichen. Selbstbedienung. Das Restaurant ist nur bei schönem Wetter geöffnet, da sich alle Plätze im Freien befinden (April–Anfang Oktober täglich ab 13.30 Uhr, am Wochenende sowie während der Hochsaison ab 11 Uhr; im März nur am Wochenende; in den Wintermonaten geschlossen). Spielplatz.

Rest. Seegarten, Promenadenstr. 40, 8280 Kreuzlingen, 071 688 28 77. Kindermenü, Essstühli, Wickeltisch, Terrasse, Spielplatz, Ruhetage Mo (Sommer), Mo/Di (Winter).

Wo schlafen?

Campingplatz Hüttenberg,
8264 Eschenz, 052 741 23 37, Fax 052 741 56 71, www.huettenberg.ch. Der komfortable Campingplatz ist ganzjährig geöffnet. 2 km vom Ortszentrum Eschenz in leicht erhöhter, ruhiger Lage mit prächtiger Sicht auf Untersee und Rhein. Mit Selbstbedienungsladen, Aufenthaltsraum mit Cheminee, Schwimmbad mit Kinderplanschbecken, Kinderspielplatz, Boccia, Tischtennis usw.

Campingplatz Wagenhausen,
Hauptstr. 82, 8260 Wagenhausen, 052 741 42 71, Fax 052 741 41 57. Geöffnet Anfang April–Ende Oktober. Zeltplätze, Massenlager sowie Hotelzimmer. Campingshop vorhanden. Möglichkeit, Mahlzeiten im nahegelegenen Landgasthof Camping einzunehmen. Spielplatz, Minigolf, Bademöglichkeit im Rhein.

Jugendherberge Romanshorn,
Gottfried-Keller-Strasse 6, 8590 Romanshorn, 071 463 17 17, Fax 071 461 19 90, www.youthhostel.ch/romanshorn. Fünf Minuten zu Fuss ab Bahnhof und Hafen Romanshorn. Geöffnet Anfang März–Ende Oktober. Familien- sowie Mehrbettzimmer. Richtpreis (für Mitglieder) pro Person und Nacht inkl. Frühstück: Fr. 23.– bis 34.–.

Jugendherberge Kreuzlingen,
Promenadenstrasse 7, 8280 Kreuzlingen, 071 688 26 63, Fax 071 688 47 61, www.youthhostel.ch/kreuzlingen. Fünf Minuten vom Bahnhof Kreuzlingen-Hafen und direkt am Radwanderweg. Stilgerecht renovierte ehemalige Herrschaftsvilla im Seeufer-Park mit Zwei-, Vier-, Sechs- und Mehrbettzimmern. Geöffnet Mitte April–Ende November. WC, Wasch- und Duschräume zentral im Haus. Vermietung von Kanus, Kajaks, Mountainbikes und Inline-Skates. Richtpreis (für Mitglieder) pro Person und Nacht im Mehrbettzimmer, inkl. Frühstück: Fr. 27.80.

Dauerbrenner

Erlebnispark Seeburgpark. Verkehrsbüro Kreuzlingen, Hauptstrasse 39, 8280 Kreuzlingen, 071 672 38 40, www.kreuzlingen.ch/tourismus. Der Seeburgpark Kreuzlingen ist ein wahres Kinderparadies: Wildgehege, Storchenstation, Wollschwein-Insel, Minigolfanlage, Schaukeln, Rutschbahnen und vieles mehr bietet die Seeanlage. Im Schloss selbst kann fein getafelt werden, aber um rasch hungrige «Mäuler» zu stopfen, genügt auch die Freiluft-Beiz beim Minigolf. Mit dem Zug bis Kreuzlingen-Hafen und weiter 3 Minuten zu Fuss. Der Park ist ganzjährig offen, der Zutritt gratis. Alle Altersstufen.

Napoleon-Museum, Schloss Arenenberg, 8268 Salenstein, 071 664 18 66, www.napoleonmuseum.ch. Das Schloss hält heute die Erinnerung an das Leben Napoleons III. – Thurgauer Bürger und französisches Staatsoberhaupt – und seiner Mutter wach. Mit der Bahn von Kreuzlingen oder Stein am Rhein bis Mannenbach, weiter 10 Minuten zu Fuss bis Schloss Arenenberg. Di–So 10–17 Uhr, Eintritt Erwachsene Fr. 7.–, Schüler 3.–. Geeignet ab Schulalter.

Junges Theater Konstanz. Kinder- und Jugendtheater am Stadttheater, Konzilstrasse 11, D-78420 Konstanz. Information und Billette: 0049/7531 130 050. Preise variieren je nach Stück. Teilweise auch Aufführungen für Kinder unter 6 Jahren.

Blumeninsel Mainau, D-78465 Insel Mainau, 0049/7531 3030, www.mainau.de. Auf der Mainau kann man die Natur nicht nur bewundern, sondern auch ihre Zusammenhänge erkennen. Zum Beispiel im Schmetterlingsgarten und im Duftgarten. Im riesigen, lichtdurchfluteten Palmenhaus gibt's eine Kinderecke und ein kleines Bistro. Im Garten des 1746 erbauten Schlosses wachsen 1200 Orchideen und über 1100 Rosenstöcke. Zudem auf der Insel: Tiergehege und Erlebnisspielplatz. Mit dem Zug nach Konstanz, weiter mit Bus 4 oder 13. Oder per Schiff, z. B. ab Konstanz. Oder mit dem Auto, Parkplatz bei der Brücke zur Insel. April–Oktober 7–20, November–März 9–18 Uhr. Sommertarif: Erwachsene € 11.–, Kinder (6–15 Jahre) 3.–, Familie (Eltern mit Kindern bis 15) € 21.–. Wintertarif: Erwachsene € 5.50, Kinder gratis. Führungen auf Anfrage. Alle Altersstufen.

Schulmuseum Friedrichshafen. Friedrichstrasse 14, D-88045 Friedrichshafen, 0049/7541 326 22. Über tausend Jahre Schulgeschichte, von der Klosterschule bis heute. April–Oktober 10–17, November–März Di–So 14–17 Uhr. Erwachsene € 2.–, Kinder 1.–. Führungen auf Anmeldung.

Zeppelin-Museum, Seestrasse 22, D-88045 Friedrichshafen, 0049/7541 380 10, www.zeppelin-museum.de. Das Museum zeugt vom Zeppelin-Pioniergeist zu Beginn des 20. Jahrhunderts, als Heissluft- und Gasballone zu Luftschiffen weiterentwickelt wurden. Viele Zeppelinteile, die hier zu sehen sind, waren Ende des Zweiten Weltkriegs nach Frankreich gebracht worden und konnten erst nach langen Verhandlungen zurückgekauft werden. Anreise am besten mit der Fähre ab Romanshorn, das Museum liegt im ehemaligen Hafenbahnhof, Schiff- und Fährehaltestellen direkt vor dem Haus. Di–So 10–18, November–April bis 17 Uhr. Erwachsene € 7.50, Kinder (6–16 Jahre) 3.–, Familienkarte (Eltern oder ein Elternteil mit Kindern) € 13.–. Ab 6 Jahren.

Thurgau: Bodensee, Untersee, Rhein

Thurgau: Hinter- und Oberthurgau

1. Apple-Trail in Mostindien
   Skating-Route ab Romanshorn
2. Galopp und Trallala
   Bauernhofferien in Freidorf
3. Industrie auf einladende Art
   Industrielehrpfad Hauptwil
4. Töpfern und vieles mehr
   Töpferkurse in Bischofszell
5. In die Pedale!
   Velotour an der Thur
6. Baden an lauschigen Plätzen
   Gratis-Badeorte im Thurgau
7. Eine Drei-Schlösser-Wanderung
   Von Kradolf nach Hauptwil
8. Naturerlebnisse mit dem WWF
   Weinfelden
9. Mit dem Langohr unterwegs
   Wandern mit Eseln, Märstetten
10. Für den grossen Überblick
    Stählibuckturm bei Thundorf
11. Tiger und Zwerggeissen
    Plättli-Zoo in Frauenfeld
12. Natur und Kultur Tür an Tür
    Museen in Frauenfeld
13. Vom Rauchzeichen zum Handy
    Museum Telephonica, Islikon
14. Eine Oase der Ruhe
    Kartause Ittingen
15. Tour auf der Thur
    Riverrafting ab Frauenfeld
16. Von Seelein zu Seelein
    Im Seebachtal bei Nussbaumen

Hinter- und Oberthurgau, Tannzapfenland

Im Thurgauer Hinterland, abseits vom Bodensee, sind laute Töne rar. Das ist gut so. Weil jene wegbleiben, denen hier «zu wenig los» ist, bleibt viel Platz und Raum für die anderen. Für jene, die hierher kommen, um die Natur zu geniessen. Die «Mostindien» erforschen, stille Wälder entdecken, alte Burgen erkunden, im Flüsschen planschen und daneben bräteln, mit Mensch und Tier Bekanntschaft schliessen. Und die am liebsten zu Fuss, per Velo, auf den Skates oder mit dem Gummiboot unterwegs sind. Ja, es stimmt: Zwischen den sanften Hügelzügen und schmucken Orten herrscht noch ein bisschen heile Welt. Und das touristische Angebot ist zumindest ausserhalb der Hauptstadt Frauenfeld ländlich geprägt… nicht zuletzt von verschiedensten Bauernhöfen, die gross und klein herzlich willkommen heissen.

Erika Schumacher

1 Apple-Trail in Mostindien

Skating-Route ab Romanshorn, Thurgau Tourismus, 8580 Amriswil, 071 411 81 81,
www.thurgau-tourismus.ch
www.swiss-skate-map.ch

«Passt bloss auf, dass ihr vor lauter Apfelbäumen die Landschaft noch seht!» spasste der Einheimische, als die Familien Berner und Basler den seit Sommer 2003 bestehenden «Apple-Trail» durchs Bodensee-Hinterland unter die Rädchen nahmen. Kein Problem: Zwar wachsen die Thurgauer Wahrzeichen, so weit das Auge reicht, das Land ist jedoch so weit, dass der Blick an schönen sonnigen Tagen – und besonders bei Föhneinfluss – bis zu Säntis und Alpstein schweift. Die ausgeschilderte, rund 15 Kilometer lange Route führt meist über Nebenstrassen; von Romanshorn über Neukirch, Stachen und Tübach wiederum an den See, nach Horn. Diese grüne Gegend ist das klassische «Mostindien» und ein beliebtes Naherholungsgebiet. Entlang der Strecke laden gemütliche Landbeizli zur Rast.

Wie? Mit Bahn oder Auto nach Romanshorn. Der Ort liegt, wie das Ziel Horn, an der sogenannten Seelinie; die Züge verkehren im Halbstundentakt. Wer will, skatet ab Horn dem See entlang nach Romanshorn zurück.
Wann? Frühling bis Herbst, am schönsten während der Obstblüte – und am besten unter der Woche. An schönen Wochenenden ist mit viel motorisiertem Freizeitverkehr zu rechnen.
Alter? Ab ca. 12 Jahren.

Thurgau: Hinter- und Oberthurgau

Als Wanderkanton ganz gross

Der Thurgau zählt beileibe nicht zu den grössten Kantonen der Schweiz. In Sachen Rundwandern ist er allerdings nicht so leicht zu schlagen: Der gut ausgeschilderte, rund 200 Kilometer lange «Thurgauer Rundwanderweg» ist in 24 Etappen von 2,7 bis knapp 14 km Länge eingeteilt. Er führt an den schönsten Orten des Kantons vorbei – unter anderem zu nicht weniger als 25 Seelein und fast ebenso vielen Burgen und Schlössern! Und er beginnt ... fast überall: Zum Beispiel in der Hauptstadt Frauenfeld, in Romanshorn am Bodensee, in Weinfelden im Hinterland oder an einem andern Punkt der Rundtour. Info und ausführliche Broschüre: Thurgau Tourismus, Gemeindehaus, 8580 Amriswil, 071 411 81 81.

2 Galopp und Trallala

Ferien auf dem Bauernhof,
Familie Bärlocher, Tannacker,
9306 Freidorf, 071 455 12 87,
www.tannacker.ch

Die Bienen sind wohl die einzigen, die unsere Streicheleinheiten nicht schätzen dürften. Ganz anders die anderen Tiere auf dem Bio-Freiland-Bauernhof Tannacker. Hofhündin Nena freut sich über jeden Besuch, und die neugierigen Hühner möchten gerne von Hand gefüttert werden. Die Milchkühe im Laufstall lassen sich auch mal von «Anfängern» melken, und auch Eselin Marina hat nichts gegen ein Kennenlernen einzuwenden. In Reitlagern lernen die Kinder nicht nur reiten und den Umgang mit den Tieren; Musizieren, Chorsingen, Jonglieren, Rhythmik oder Tanz stehen ebenfalls auf dem Programm. Das ganze Lager wird von erfahrenen Berufsleuten geführt. Geschlafen wird in gemütlichen

Mehrbettzimmern. Ein reichgedeckter Tisch und ein eingespieltes Betreuungsteam tragen dazu bei, dass die Ferientage wie im Flug vergehen.

Wie? Mit der Bahn ab St. Gallen Richtung Romanshorn bis Station Roggwil-Berg und weiter 10 Minuten zu Fuss. Mit dem Auto über St. Gallen, in Kronbühl Richtung Arbon abzweigen.
Wann? Reitlager: gemäss Anfrage (in den Schulferien).
Wieviel? Reitlager Fr. 420.– pro Kind, inbegriffen Kurs, Unterkunft, Vollpension. Bauernhof-Ferien: Fr. 50.– pro Tag inkl. Vollpension und Reitgelegenheit.
Dauer? So-Abend bis Fr-Abend (5 Tage, 5 Übernachtungen).
Alter? 7–17 Jahre.

3 Industrie auf einladende Art
Industrie-Lehrpfad bei Hauptwil, Verkehrsbüro, 9220 Bischofszell, 071 424 63 63, www.besu.ch/lehrpfad

Was hat denn Industrie mit Freizeit oder Ferien zu tun? Ziemlich viel, wenn sie sich spannend genug präsentiert. Der Industrielehrpfad zwischen Hauptwil und Bischofszell vermittelt auf abwechslungsreiche Art viel Interessantes über Wasserbauten, Textil- und Papierindustrie sowie beispielhafte ehemalige Alterssiedlungen. Hauptwil wurde 1999 für die Pflege seiner Industriebauten mit dem Wakker-Preis des schweizerischen Heimatschutzes ausgezeichnet. Der Besuch lässt sich zudem mit einer Rundwanderung von Bischofszell über Bischofberg nach Hauptwil und zurück über den Lehrpfad verbinden. Auf dem Hinweg kommen wir an der bekannten «Waldschenke» vorbei (siehe Rubrik «Wo essen?»).

Wie? Zum Ausgangspunkt Bischofszell mit Bahn (Strecke Gossau–Weinfelden) oder dem Auto.
Wann? Früh im Frühling bis spät im Herbst.
Dauer? Ganze Wanderung inklusive Lehrpfad 2¾ Std. In Bischofszell lohnt sich der Besuch der Altstadt.
Alter? Ab 4 Jahren.

4 Töpfern und vieles mehr
Sommerkurse im Keramikatelier, Kurt und Claudia Wagner-Rubrecht, Sonnenstrasse 7, 9220 Bischofszell, 071 422 25 63

Fünf Tage dauert die Intensiv-Töpferwoche, die Kurt und Claudia Wagner in ihrem Keramikatelier in Bischofszell anbieten: Drehen, Modellieren, Glasieren und Rakutechnik werden all jenen Kindern und Erwachsenen beigebracht, die Einblick in eine Berufswerkstatt erhalten und ihren kreativen Ideen selber freien Lauf lassen möchten. Intensiv, aber nicht stur – so lautet das Motto. Denn es bleibt genügend Freizeit für Ausflüge an die mit Grillplätzen ausgestatteten Ufer von Sitter und Thur, Spaziergänge im nahen Wald oder einen Sprung ins kühle Nass des Schwimmbads.

Wie? Mit der Bahn nach Bischofszell (Strecke Gossau–Weinfelden) und weiter 2 Minuten zu Fuss.
Wann? Daten für Sommer-Intensivkurse (5 Tage) sowie Abend- und Rakukurse auf Anfrage.
Wieviel? Sommer-Intensivkurs inkl. Material und Brand Fr. 580.–. Unterkunft kann vermittelt werden.
Alter? Ab ca. 12 Jahren. In Begleitung der Eltern sind auch jüngere Kinder willkommen.

Thurgau: Hinter- und Oberthurgau

5 In die Pedale!

Velotour an der Thur, Tourist-Info Wil,
Bahnhofplatz 6, 9500 Wil,
071 913 70 00 oder
Thurgau Tourismus, Gemeindehaus,
8580 Amriswil, 071 411 81 81,
www.thurgau-tourismus.ch

Diese leichte, kurzweilige Veloroute der Thur entlang führt vom südöstlichen Ende von Wil – also im Nachbarkanton St. Gallen – nach Bischofszell. Wir fahren durch den Wald und über Kieswege, rasten an einem der Picknickplätze mit Feuerstellen, und zum Absteigen zwingt nur ein ganz kurzer Aufstieg zu einem Felsvorsprung. Ab Bischofszell kann man übrigens weiterpedalen, nach wie vor der Thur entlang, 53 Kilometer weit: über Amlikon, wo es einen Segelflugplatz zu besichtigen gibt, zur alten gedeckten Holzbrücke in Eschikofen und über die Kantonshauptstadt Frauenfeld bis nach Andelfingen mit seinen schönen Riegelbauten. Gefälle und Steigungen sind mässig; da und dort verläuft der Fluss in Windungen, mal ist das Tal eng, dann weitet sich die Ebene. Am Fluss entdecken wir viele romantische Stellen, mancherorts ist der ursprüngliche Lauf noch zu erahnen.

Wie? Mit der Bahn nach Wil oder Bischofszell.
Wann? Frühling–Herbst.
Dauer? Wil–Bischofszell 1½ bis 2 Std. (auch als Wanderung geeignet), Bischofszell–Andelfingen 3–4 Std.
Alter? Ab 6 Jahren oder mit Kleinkind im Velositz.

6 Baden an lauschigen Plätzen

Thurgau Tourismus, Gemeindehaus, 8580 Amriswil, 071 411 81 81, www.thurgau-touristinfo.ch

Im Kanton Thurgau muss nicht unbedingt in ein Strand- oder Gartenbad pilgern, wer sich im kühlen Nass tummeln will. Denn in den sanften Hügelzügen sind im Lauf der Zeit zahlreiche Weiher entstanden, und für viele ist der Badegenuss in freier Natur sowieso am schönsten. Thurgau Tourismus empfiehlt folgende lauschigen Badeplätze: Bommer Weiher in Alterswilen, Hauptwiler Weiher in Hauptwil, Hüttwiler- und Nussbaumersee in Hüttwilen, Badeweiher Frankrichli in Pfyn, Badeplatz Paradies bei Schlatt, Badeplätze bei Wagenhausen und Warth. Am Bodensee gibt's schöne Plätze in Altnau, Arbon (beim Seeparksaal), Berlingen, Bottighofen, Güttingen, Horn, Kesswil, Landschlacht, Mammern, Mannenbach, Münsterlingen und Salmsach. Und schliesslich bestehen etliche Bademöglichkeiten an der Thur.

Wie? Nähere Auskünfte gibt Thurgau Tourismus.
Wieviel? Meist gratis.
Alter? Wer nicht schwimmen kann: Nur in Begleitung erwachsener Schwimmkundiger!

7 Eine Drei-Schlösser-Wanderung

Von Kradolf nach Hauptwil, Thurgau Tourismus, Gemeindehaus, 8580 Amriswil, 071 411 81 81, www.thurgau-touristinfo.ch

Die leichte Wanderung über Wiesen, Felder und durch den Wald beginnt beim Bahnhof Kradolf und führt

anschliessend den Wegweisern entlang: Oetlishausen, Hohentannen, Bischofszell, Hauptwil. Nach einem recht steilen Aufstieg von rund zehn Minuten durch den Wald treffen wir in Oetlishausen ein. Bei der Kapelle und dem ehemaligen Schloss legen wir die erste Pause ein, mit Besichtigung. Weiter geht's über Hohentannen und in gemächlichem Abstieg nach Bischofszell. Ein gemächlicher Spaziergang durch die schmucke, von Riegelhäusern geprägte Altstadt führt zum Schloss, dem zweiten auf unserer Route. Es folgt ein Aufstieg durch den Wald und der letzte Abstieg nach Hauptwil. Im kleinen Dorf aus dem Spätmittelalter steht das Obere Schloss, heute eine Altersresidenz, dessen Erdgeschoss besichtigt werden kann.

Wie? Mit der Bahn (Strecke St. Gallen–Weinfelden) oder mit dem Auto nach Kradolf.
Wann? Von Frühjahr bis Herbst.
Dauer? 3½ Std. (reine Wanderzeit).
Alter? Nach eigenem Ermessen.

8 Hereinspaziert, bitte!
Naturerlebnisse mit dem WWF, WWF-Regiobüro TG-SG-AR-AI, Merkurstrasse 2, 9001 St. Gallen, 071 223 29 30, www.wwfost.ch

Der Wald ist ein gefährdetes Biotop geworden. Per Gesetz ist mittlerweile Velofahren und Reiten quer durch Wälder verboten, und grosse Veranstaltungen müssen bewilligt werden. Dennoch sagt der WWF: Hereinspaziert in den Wald, bitte! Die Ostschweizer Regionalstelle offeriert eine bunte Palette an Umweltveranstaltungen im Thurgau – und in den anderen Kantonen der Region –, in denen der Mensch lernt, sich in der Natur zu bewegen, ohne dieser Schaden zuzufügen: Fische, Krebse oder Amphibien nachts beobachten, Tierspuren im Wald und im Schnee erkennen, einen Tag am Bach erleben, dazu Vogelexkursionen und Sommerlager. Nicht Verbote seien erforderlich, sondern Anleitungen, sagen die Naturschützer. Abenteuer abseits künstlicher Erlebniswelten: hier sind sie noch möglich.

Wie? Die meisten Veranstaltungen im Kanton Thurgau finden in der Umgebung von Kreuzlingen und Weinfelden statt.
Wann? Daten beim WWF anfragen.
Wieviel? Erwachsene in der Regel Fr. 10.– (in Ausnahmefällen etwas teurer), Kinder gratis.
Dauer? WWF-Naturerlebnisse dauern 2 bis 8 Std.
Alter? Ab 8 Jahren.

9 Mit dem Langohr unterwegs
Wandern mit dem Esel, Z-Ranch, Ivo Zosso, Bahnhofstrasse 45, 8560 Märstetten, 071 657 16 43, www.pferdehaendler.ch

Esel sind keineswegs so störrisch, wie der Volksmund behauptet. Die Langohren sind vielmehr klug, willig und arbeitsam – und liebenswürdige Begleiter durch die Thurgauer Landschaft, auf kurzen Spaziergängen wie mehrstündigen oder gar mehrtägigen Wanderungen. Die Route wählen wir nach Belieben, die Kinder reiten auf dem Eselrücken mit – natürlich nur eines pro Tier – oder gehen ebenfalls zu Fuss: Dann trägt das Grautier unser Gepäck. Auf der Z-Ranch vertraut man uns die Esel an und organisiert unseren Ausflug, wie kurz oder lang dieser auch sei, zum Beispiel inklusive Übernachtung auf einem Bauernhof. Übrigens wandern unsere Esel pro Tag rund fünf Stunden und legen mit uns in dieser

Zeit etwa achtzehn Kilometer zurück. Die Ranch bietet ebenfalls Reitstunden und -ferien für Jugendliche auf Ponys und Pferden sowie Ausflüge mit Ross und Wagen an.

Wie? Mit der Bahn nach Märstetten (Strecke Frauenfeld–Weinfelden), oder mit dem Auto (Autobahn-Ausfahrt Müllheim). Die Z-Ranch liegt im Ortszentrum.
Wann? Nach Absprache.
Wieviel? Spaziergänge/Wanderungen, ohne Begleitung: Esel (mit Reitsattel oder Eselwägeli für Kinder) Fr. 25.–/Stunde. Ein- oder mehrtägige Trekkings, ohne Begleitung, inkl. Kartenmaterial und Instruktion: erster Esel Fr. 100.–, zweiter Esel Fr. 65.– pro Tag. Ab dem zweiten Tag kostet jeder Esel Fr. 65.–. Pferdereiten: Gruppenreitstunde für Kinder Fr. 28.–/Kind; weitere Angebote auf Anfrage.
Alter? Auf dem Eselrücken: ab ca. 6 Jahren. Im Eselwägeli: alle Altersstufen.

Thurgau: Hinter- und Oberthurgau

10 Für den grossen Überblick

Stählibuckturm bei Thundorf, Tourist-Services Stadt und Region, Bahnhofplatz 75, 8500 Frauenfeld, 052 721 31 28, www.frauenfeld.ch

Vom ziemlich flachen Thurgau in die Alpen schauen – das tut man mit Vorliebe vom Stählibuckturm aus. Der 26,8 m hohe Turm erhebt sich oberhalb von Frauenfeld auf dem Gebiet der Nachbargemeinde Thundorf, auf 653 m ü. M. Von Thundorf führt ein malerischer Wanderweg sanft in die Höhe. Dann über die vielen Stufen den Turm erklimmen und von der breiten Plattform aus das Panorama geniessen: Bei gutem Wetter reicht der Blick von den Vorarlberger bis zu den Berner Alpengipfeln. Unterhalb des Turms gibt's ein Ausflugsrestaurant mit Kinderspielplatz, und in der näheren Umgebung sind etliche Grillplätze zu entdecken.

Wie? Ab Frauenfeld mit dem Postauto nach Thundorf, weiter 2 km zu Fuss.
Wann? Mit Vorteil bei klarer Sicht.
Alter? Alle Altersstufen.

11 Tiger und Zwerggeissen

Plättli-Zoo, Hertenstrasse 41, 8500 Frauenfeld, 052 721 16 48, www.plaettli-zoo.ch

Elefanten und Giraffen gibt es hier keine, dafür ist der privat und ohne Unterstützung durch die öffentliche Hand geführte Zoo zu klein. Doch leben auf der Anhöhe über Frauenfeld immerhin rund fünfzig Tierarten aus aller Welt: zum Beispiel Löwen, Tiger und Leoparden. Und Schimpansen und Waschbären, Kamele und Lamas, Esel und Wildschweine, Papageien, Enten und etliche andere Vögel aus nah und

fern. Kinder lieben vor allem den Streichelzoo, wo sie die Zwerggeissen füttern dürfen. Durch das ländliche Gelände des Tiergartens führt ein Panoramaweg, dazu gibt es einen Spielplatz – grosse Rutschbahn, Tretautos usw. –, einen Grillplatz mit Steintischen und -bänken und ein gemütliches Restaurant mit Gartenwirtschaft.

Wie? Ab Bahnhof Frauenfeld mit Bus 3 bis Oberkirch/Plättli.
Wann? Täglich 9–19 Uhr.
Wieviel? Erwachsene Fr. 10.–, Kinder (4–15 Jahre) Fr. 5.–.
Alter? Alle Altersstufen.

12 Natur und Kultur Tür an Tür
Naturmuseum und Museum für Archäologie, Freiestrasse 24–26, 8510 Frauenfeld, 052 724 22 19, www.kttg.ch/museen

Die älteste Vergangenheit wird modern präsentiert: Im Museum für Archäologie, das die Geheimnisse aus über 6000 Jahren Geschichte im Thurgauer Kantonsgebiet offenbart. Auf vier Stockwerken sind Funde der wichtigsten Ausgrabungen ausgestellt. Wie arbeitet die Archäologie? Wie kleidete sich eine ziemlich begüterte alemannische Dame in Güttingen? Wie fühlte man sich als Römerin und Römer? Welche Spur hinterliess ein römischer Hund? Wie lebte es sich vor 3000 oder vor 5000 Jahren? Also nichts wie hin, vorwärts in die Vergangenheit, zumal wir im gleichen Gebäude auch noch das Naturmuseum finden: Natur zum Anfassen, Erleben und Entdecken, den ganzen Kanton im Museumsformat. Nicht zuletzt hat die Museumsverwaltung auch daran gedacht, dass Kinder rasch Hunger und Durst haben. Im Foyer gibt es die Wirtschaft «Zum Goldenen Becher».

Wie? Die Museen liegen in der Frauenfelder Altstadt, 10 Minuten zu Fuss vom Bahnhof und ganz nah beim Parking Marktplatz.
Wann? Di–So 14–17 Uhr.
Wieviel? Eintritt gratis.
Alter? Ab 4–5 Jahren.

13 Vom Rauchzeichen zum Handy
Telefon- und Telegraf-Museum Telephonica, Greuterhof, 8546 Islikon, 052 375 27 27, www.telephonica.ch

Die einen sammeln Fussballbildli, Briefmarken oder Kafirahmdeckeli... ein Telefonnarr aus Kreuzlingen häufte Telefonapparate an. Das älteste Exemplar stammt aus dem Jahr 1877, als die Drähte wirklich noch heissliefen. Heute sind über 400 Apparate im Greuterhof in Islikon ausgestellt. Weil das Museum eine lebendige Institution sein soll, wurden sogenannte «Erlebnisinseln» eingerichtet, wo die Geschichte der Nachrichtenübermittlung in Modellen nacherlebt werden kann: von den Rauch- über Morsezeichen bis zu den neben Internet und E-Mail schon etwas museal wirkenden Fernmeldegeräten wie Telex und Fax. In

Thurgau: Hinter- und Oberthurgau

spielerischer Form können Geräte benutzt und CDs abgerufen werden. Die Telefonsammlung wird laufend ergänzt – auch das Handy ist anzutreffen.

Wie? Ab Bahnhof Islikon (Strecke Winterthur–Frauenfeld) 5 Minuten zu Fuss. Mit dem Auto: Autobahn-Ausfahrt Oberwinterthur, Landstrasse Richtung Frauenfeld, Wegweiser «Greuterhof» beachten.
Wann? So 14–17 Uhr (Feiertage ausgenommen). Führungen jederzeit nach telefonischer Anmeldung.
Wieviel? Erwachsene Fr. 5.–, Kinder 3.–, Familie (Eltern und Kinder) 10.–. Führungen 100.– pro Gruppe (max. 18 Personen).
Alter? Ab 10 Jahren.

14 Eine Oase der Ruhe
Kartause Ittingen, 8532 Warth, 052 748 44 11, www.kartause.ch. Kunstmuseum des Kantons Thurgau/ Ittinger Museum, 052 748 41 20, www.kunstmuseum.ch

Die Kartause Ittingen an der Thur gilt als Klosteranlage von nationaler Bedeutung. Hier scheint die Zeit im Mittelalter stillgestanden zu sein. In den ehemaligen Klosterräumen sind Kostbarkeiten aus der Zeit der Abtei (12.–19. Jh.) zu besichtigen; darunter Bilder, Kunstgegenstände und ein vollständig eingerichtetes Mönchshäuschen. Neben der Klosterkirche zeigt das Kunstmuseum des Kantons Thurgau in Kellergewölben und ehemaligen Wohnräumen der Mönche moderne Kunst, aber auch viele Werke von Ernst Kreidolf, der als Bilderbuchillustrator berühmt wurde. Die barocken Gartenanlagen erfreuen mit über 230 alten Rosensorten. Im Klosterladen «Delicium» werden die Produkte des Gutshofs zum Kauf angeboten, dazu gibt's ein Restaurant mit Garten. Übernachtungsmöglichkeiten in komfortablem Gästehaus oder einfacher Herberge mit Vierbettzimmern.

Wie? Ab Bahnhof Frauenfeld mit dem Postauto oder zu Fuss (5 km). Mit dem Auto: Autobahnausfahrt Frauenfeld-West und den Wegweisern zur Kartause folgen.
Wann? Museum: Mo–Fr 14–17, Sa/So 11–17, April–September bis 18 Uhr.
Wieviel? Museumseintritt: Erwachsene Fr. 7.–, Kinder bis 16 Jahre gratis.
Alter? Ab ca. 10 Jahren.

15 Tour auf der Thur
Riverrafting von Frauenfeld nach Andelfingen, Thurgau Tourismus, 8580 Amriswil, 071 411 81 81, www.thurgau-tourismus.ch

Schlauchboote, Gummiboote, Kanus, Luftmatratzen – an schönen Sommertagen ist auf dem Unterlauf der Thur schön viel los. Kein Wunder, eignet sich doch dieser Flussabschnitt bestens fürs «sanfte Riverraften» und damit auch für jene, die im Flussfahren nicht oder nur wenig geübt sind. Eingebootet wird bei der Brücke zwischen Frauenfeld und Warth, rund einen Kilometer von der Kartause Ittingen (siehe Tipp 14) entfernt. Gemächlich zieht der Fluss nach Westen, zuerst gerade, später in vielen Schlaufen, vorbei an Rebbergen und Dörfern. Zahlreich sind seichte Stellen, kleine Buchten und lauschige Uferplätze mit Feuerstellen, prächtig geeignet zum Schwimmen, Picknicken oder Sonnenbaden. Ausgebootet wird in Andelfingen, nach rund 19 Kilometern Fahrt; geübte Flussfahrer folgen der Thur weiter, biegen ein in den Rhein und fahren bis Eglisau.

Wie? Mit dem Postauto ab Bahnhof Frauenfeld nach Warth. Rückfahrt mit der Bahn ab Andelfingen (an der Strecke Winterthur–Schaffhausen), die Ausbootstelle liegt in Bahnhofnähe.
Wann? Bei schönem, warmem Sommerwetter.
Dauer? Flussfahrt bis Andelfingen ca. 3½ Stunden, bis Eglisau ca. 7 Stunden.
Alter? Ab Schulalter, mit Schwimmweste.

16 Von Seelein zu Seelein
Im Seebachtal bei Nussbaumen,
Info: Gemeindeverwaltung,
8536 Hüttwilen, 052 748 08 48

Die drei verträumten Seelein im Seebachtal gehören zu den schönsten und wertvollsten Feuchtgebieten der Ostschweiz: Nussbaumer-, Hüttwiler- und Hasensee und ihre Uferzonen bilden eine «Landschaft von nationaler Bedeutung». Dass das Naturschutzgebiet mit den Brutstellen vieler Vogelarten nicht unnötig gestört werden darf, versteht sich von selbst. Ein gemächlicher Spaziergang führt vom Nussbaumer Ortsteil Tobelbrunnen zunächst zum Nussbaumersee, der sich zwischen Bäumen und Büschen versteckt und mit drei lauschigen Badeplätzen aufwartet. Anschliessend geht's zum Hüttwilersee und ein Stück weit seinem Nordufer entlang – bis zum «Strandbad» mit Sprungturm, Grillplatz, Restaurant und viel Platz zum Ruhen und Spielen. Schwimmen verboten gilt hingegen beim klitzekleinen Hasensee, den wir westlich vom Hüttwilersee entdecken, nachdem wir den Seebach überquert haben.

Wie? Vom Bahnhof Frauenfeld mit dem Postauto nach Nussbaumen, bis Haltestelle «Tobelbrunnen».
Wann? Zu jeder Jahreszeit.
Wieviel? Eintritt ins Strandbad: Erwachsene Fr. 3.50, Kinder 1.50.
Dauer? Wanderzeit Seen-Rundgang ab Postauto-Haltestelle: ca. 1 Std.
Alter? Von Kindsbeinen an.

— Kids willkommen! —

Wo essen?
Restaurant Steinberg, Hauptstrasse 29, Reckenwil, 8508 Homburg, 052 763 24 38, an der Strecke Hörhausen–Homburg. Grosse Gartenterrasse, Kinderspielplatz und gluschtige Glacekarte. Mi–Sa ab 8.30, So und Feiertage ab 9.30 Uhr.

Thurgau: Hinter- und Oberthurgau

Günstig sausen mit dem «Ostwind»
Mit der Tageskarte der Euregio Bodensee nutzen wir einen Tag lang ein umfassendes Netz von Bahn, Bus und Schiff. Das riesige Gebiet von der nördlichen Bodenseeregion bis nach Vorarlberg ist in sieben Zonen aufgeteilt. Da kann nach Lust und Laune kombiniert werden, zum Beispiel für eine grosse Rundfahrt: Tageskarte Thurgau (Zone D) plus Tageskarte für das Schweizer Ufer des Bodensees (Zone U) plus Tageskarte für die Region St. Gallen/Toggenburg/Appenzell (Zone E). «Ostwind» ist an allen Bahnhöfen im Gültigkeitsbereich erhältlich. Preisbeispiele: Für zwei Zonen zahlen Erwachsene Fr. 30.– (mit Halbtax-Abo 20.–), Kinder Fr. 15.–. Für alle 7 Zonen zahlen Erwachsene Fr. 40.– (mit Halbtax-Abo 30.–), Kinder 20.–. Kinder unter 6 Jahren: gratis; die Juniorkarte ist gültig. Infos gibt's in jedem Ostschweizer Verkehrsbüro, über 071 411 81 81 oder auf www.ostwind.ch

Restaurant Waldschenke,
9220 Bischofszell, 071 422 16 45. Im Wald etwas ausserhalb von Bischofszell, mit herrlicher Alpensicht. Grosser Kinderspielplatz; März–Oktober bei schönem Wetter täglich offen (Sommer ab 10, Vor- und Nachsaison Mo–Fr ab 13.30, Sa/So ab 10 Uhr).

Restaurant Stelzenhof, Familie Kamm, Stelzenhofstrasse 11, 8570 Weinfelden, 071 622 40 10. Aussichtspunkt im Erholungsgebiet Ottenberg. Gartenrestaurant mit Kastanienbäumen und Kinderspielplatz (Schaukel, Kletterturm, zwei Karussells usw.). Bei schlechtem Wetter tummeln sich die Kinder im Spielraum im Untergeschoss. Täglich geöffnet (Mo–Sa ab 11, So ab 9 Uhr.

Restaurant Mühli, Familie Inauen, alte Poststrasse 25, 9548 Matzingen, 052 376 16 67. Mitten im Dorf und doch ruhig, gemütliche Atmosphäre, schöner Garten. Rasenspielplatz mit Kletterturm und viel Platz zum Herumtoben, zahlreiche Spielsachen, Zwerggeissen zum Streicheln. Gutes Preis-Leistungs-Verhältnis. Ruhetage: Di ganzer Tag, Mi bis 17 Uhr.

Restaurant Minigolf, Festhüttenstrasse 24, 8500 Frauenfeld, 052 721 97 96. Das bei Familien beliebte Restaurant gehört zur Minigolf-Anlage neben der Festhalle Rüegerholz. Gartenwirtschaft, Pingpongtische, Gerichte für den kleinen Hunger. Di–So ab 10 Uhr.

Wo schlafen?

Campingplatz Leutswil-Bischofszell, Camping-Club Thurgau, 9220 Bischofszell, 071 422 63 98 oder 079 703 20 19. Ruhige Lage an der Sitter, auf ebenem Gelände mit Bäumen. Grillstelle mit Schaukel, Wippe und Tischtennis. Baden im Fluss, auch für Kinder.

Landgasthof Winzelnberg, Winzelnbergstrasse 5, 9314 Steinebrunn, 071 477 11 63, Fax 071 477 20 63. Ca. 7 Gehminuten ab Bahnhof Steinebrunn, täglich offen. Kinderkarte, Kinderstühli, Wickeltisch. Terrasse mit Aussicht auf den Alpstein, Spielplatz.

Jugendherberge Frauenfeld, Festhüttenstrasse 22, 8500 Frauenfeld, 052 721 36 80, Fax 052 721 36 80, www.youthhostel.ch/frauenfeld. Am Stadtrand in Waldnähe (mit Vita-Parcours), Minigolf-Anlage in der Nachbarschaft. Ca. 20 Gehminuten ab Bahnhof Frauenfeld. Geschlossen: November sowie während je zwei Wochen im Januar und im Februar. Massenlager. Gäste können selber kochen. Übernachtung Fr. 12.50/Person.

Dauerbrenner

Schloss Hagenwil, 8580 Hagenwil bei Amriswil, 071 411 19 13, www.schloss-hagenwil.ch. Erst wer sich dem imposanten Bau nähert, nimmt überrascht den ein paar Meter breiten Wassergraben wahr. Eine Zugbrücke führt zum eigentlichen Schloss. Der mächtige Bergfried soll um 1260 erbaut worden sein, besonders sehenswert ist die vor rund 400 Jahren entstandene Decke des Saals im Nordteil. Das Schloss beherbergt ebenfalls ein Restaurant. Mit dem Postauto von Amriswil (Strecke Zürich–Romanshorn) nach Hagenwil. Der Schlossbesuch kann mit einer Wanderung, Velotour oder einem Ausflug ins nahe Naturreservat Hudelmoos verbunden werden. Eintritt kostenlos. Alle Altersstufen.

Rennen auf Sitter und Thur. Jedes Jahr findet an einem Maisonntag auf Sitter und Thur das Mammut-Flossrennen statt, bereits seit 25 Jahren. Zugelassen ist jedes «Gefährt», das schwimmt. Neben Flossen und Booten kann das schon mal eine Badewanne sein, ein Fass oder Holzstämme mit Veloantrieb... Gestartet wird in Degenau bei Bischofszell, das Ziel ist in Kradolf erreicht. Startgeld Teilnehmende Fr. 40.– pro Mannschaft, Zuschauer 4.–. Der Kapitän muss mindestens sechzehnjährig sein. Zuschauer jeden Alters willkommen! Info: Thurgau Tourismus, Gemeindehaus, 8580 Amriswil, 071 411 81 81, www.thurgau-tourismus.ch oder www.flossrennen.ch

Fähre über die Sitter. Gemütliche Wanderung (ca. 4 Std.) von Amriswil über die Kantonsgrenze nach Häggenschwil im Kanton St. Gallen. In Gertau wird die Sitter mit der Fähre überquert, der einzigen ohne Motor im Kanton Thurgau. Info: Thurgau Tourismus, 8580 Amriswil, 071 411 81 81, www.gertau.ch.

Freizeitpark Sitterdorf. Beim Flugplatz, 8589 Sitterdorf, 071 422 30 31, www.flusi.ch. Kinderspielplatz (BMX-Bahn, Nautic-Jet, Butterfly, Luna Loop, Boote, Seilbahn, Hamsterrad uw.) und kleiner Tiergarten mit Hirschen und Papageien. Täglich geöffnet ab 9 Uhr bis zur Dämmerung. Eintritt gratis, einzelne Attraktionen kostenpflichtig.

Ballonfahrten. Ballonteam, Flugplatz, 8589 Sitterdorf, 071 422 30 31 oder 071 422 56 12. Anmeldung kurzfristig (1–2 Tage im voraus), da Wetterlage abgewartet werden muss. Treffpunkt beim Flugplatz Sitterdorf. Kapazität der Ballone 4 oder 6 Personen. Dauer der Ballonfahrt ca. 1½ Std.; Kosten pro Person und Fahrt ca. Fr. 350.–. Ab 10 Jahren.

Conny-Land, 8557 Lipperswil, 052 762 72 71, www.connyland.ch. Freizeitpark mit Wildwasserbahn, Piratenschiff, Dino-Park, Autoscooter, Ponyreiten, Tiervorführungen, Streichelzoo, Park-Eisenbahn, Restaurants usw. Mit dem Postauto ab Frauenfeld, Kreuzlingen oder Weinfelden nach Lipperswil oder Hefenhausen. Mit dem Auto über Frauenfeld (Autobahnausfahrt Müllheim) und weiter Richtung Kreuzlingen. Ende März–Ende Oktober, täglich 9–18 Uhr. Erwachsene Fr. 24.–, Kinder (3–14 Jahre) 20.–. Alle Altersstufen.

Ski- und Wandergebiet Nollen. Thurgau Tourismus, 8580 Amriswil, 071 411 81 81, oder Skilift am Nollen, 9515 Hosenruck, 071 944 15 15, 071 648 21 46 oder 071 648 10 83.

Rundgang in Bischofszell. Verkehrsbüro, Neugasse 18, 9220 Bischofszell, 071 424 63 63. Das Städtchen Bischofszell bietet auf engem Raum viele Sehenswürdigkeiten und wurde 1987 für sein gut erhaltenes Ortsbild mit dem Wakker-Preis ausgezeichnet. Führungen möglich.

«Ganggelisteg» bei Bussnang. Ausserhalb der Weinfelder Fohlenweid führt die 120 Meter lange Drahtseilbrücke zum kleinen Tierpark nach Bussnang. Info: Büro für Kultur, Tourismus und Freizeit, Frauenfelderstrasse 10, 8570 Weinfelden, 071 626 83 85.

Pilgerweg Thurgau. Auf dem Jakobsweg von Kreuzlingen nach Fischental. Info: Thurgau Tourismus, Gemeindehaus, 8580 Amriswil, 071 411 81 81. Pilgerweg-Führer erhältlich in Buchhandlungen oder bei Thurdruck AG, 052 721 18 45, Frauenfeld.

Seerücken-Wanderung. Von Müllheim über Schloss Klingenberg, Homburg und Haidenhaus – mit Blick auf den Alpstein – und hinunter nach Steckborn am Untersee. Ca. 3¼ Std. Info: Thurgau Tourismus, 8580 Amriswil, 071 411 81 81.

Thurgau: Hinter- und Oberthurgau

Unterwalden: Ob- und Nidwalden

1. Fun im Ice
   Auf den Titlis
2. Für Tempofreaks
   Schlitteln auf Gerschnialp
3. Zu neuen Ufern
   Kajakfahren auf dem Trübsee
4. Fast wie in Tirol
   Wanderung auf Brunni
5. Vier-Seen-Wanderung
   Über den Jochpass
6. Vom Berg zum See
   Velotour Nidwalden
7. Ganz nach Wunsch
   Auf dem Benediktusweg
8. Im Seilbahn-Rausch
   Auf die Bannalp
9. Nur Fliegen ist schöner
   Auf dem Haldigrat
10. Bis zu 60 km/h
    Sommerbob Wirzweli
11. Fünfstern-Aussicht
    Aufs Stanserhorn
12. Familien-Biken
    Auf der Klewenalp
13. Gemse oder Gämse?
    Wildbeobachtung, Emmetten
14. Märchen aus Glas
    Glasi Hergiswil
15. Weiche Knie
    Skaten am Sarnersee
16. Im Karst
    Melchsee-Frutt
17. Oberland einfach
    Auf den Hasliberg
18. Oberland retour
    Aufs Brienzer Rothorn
19. Im Hochmoor
    Auf Langis
20. Mittagsspaziergang
    Nach Kehrsiten

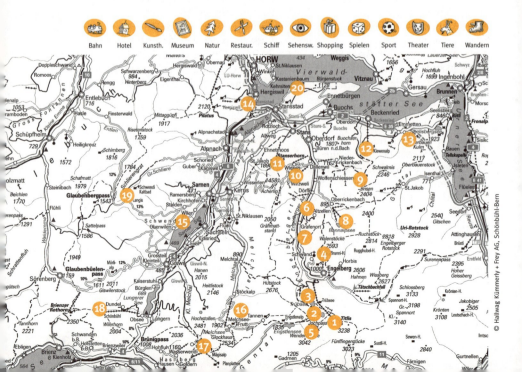

Eine ganze Sache

Ein Erholungsgebiet ohne Rummel und für einen gemütlichen Familienausflug grad recht: Disneylands sind weder in Ob- noch in Nidwalden zu entdecken. Dafür führen im Tal der Sarner Aa und im Tal der Engelberger Aa Seilbahnen auf fast jeden Hoger. Gibt's beim Wandern überall Natur pur zu entdecken: auf der Sonnenterrasse von Brunni oder auf der Hochebene von Melchsee-Frutt. Ist Aussicht inbegriffen: auf dem Titlis wie auf dem Stanserhorn. Kommt keine Hektik auf: weder am Vierwaldstätter- noch am Sarnersee. Ist Sport angesagt: auf der Klewen- und auf der Gerschnialp. Und Badis und Beizen sind selten überlaufen, stille Plätze einfach zu finden. Wenn Ihnen trendige Erlebniswelten grausen, wenn Sie unverfälschte Natur mehr geniessen als Fun mit Stress, sind Sie in Ob- und Nidwalden richtig. Dann sind die beiden Halbkantone zusammen eine ganze Sache.

Niklaus Regli

1 Fun im Ice
Auf den Titlis, 6390 Engelberg, 041 639 50 50, www.titlis.ch

Rotair, Ice Flyer, Fun Lift. Man glaubt's bei all den trendigen Anglizismen kaum – aber der Titlis liegt in der Schweiz. Und die 45 Minuten Fahrt von Engelberg in die Gletscherwelt lohnen sich. Gondel- und Luftseilbahnen schweben über die ersten Teilstücke via Gerschnialp und Trübsee zum Stand hinauf. Hier heisst es nochmals umsteigen: in die drehbare Luftseilbahnkabine Rotair. Sie fährt hoch über Gletscherspalten und dreht sich gleichzeitig um 360 Grad – wie wenn das Panorama auf 3020 Metern nicht schon atemberaubend genug wäre. Auf dem Gipfel wurde aufgerüstet: Neben dem obligaten Restaurant mit Sonnenterrasse, einem Gletscherweg und einer Eisgrotte gibt's auch die Sesselbahn Ice Flyer, die direkt über dem Gletscher zum Gletscherpark führt: Er lädt auch zur Rutschfahrt im Gummischlauch ein.

Wie? Luzern–Stans–Engelberg-Bahn bis Engelberg. Titlis-Bahnen.
Wann? Dezember–Oktober.
Wieviel? Erwachsene retour Fr. 76.– (Halbtax-Abo gültig), Kinder 38.– (mit Juniorkarte gratis). Ice Flyer Erwachsene retour Fr. 10.–, Kinder 6.–. Fun Lift gratis. Die SBB bieten Kombitickets ab jedem Bahnhof an (www.railaway.ch, 0900 300 300).
Dauer? Halber oder ganzer Tag.
Alter? Ab 4 Jahren.

2 Für Tempofreaks
Schlitteln auf Gerschnialp, 6390 Engelberg, 041 639 50 50, www.titlis.ch

An der Bergstation der Gondelbahn Engelberg–Gerschnialp werden keine «Davoser», sondern waschechte «Engelberger» vermietet. Schlitten, die zum Teil schon 30 Jahre auf dem Buckel haben und damit im besten Alter sind. Das stellen Sie selber fest, wenn Sie über 3,5 Kilometer nach Engelberg hinuntersausen. Aufgepasst vor allem in den Steilwandkurven! Sie sind nicht auf einer Feld-Wald-und-Wiesen-Bahn, sondern auf einem teils vereisten Schlittelrun unterwegs: Ganz besonders Mutige erreichen schon mal 60 Stundenkilometer.

Wie? Luzern–Stans–Engelberg-Bahn bis Engelberg. Gondelbahn Gerschnialp.
Wann? Mitte Dezember–Mitte März.
Wieviel? Tageskarten Erwachsene Fr. 32.–, Kinder 19.–, inklusive unbeschränkte Fahrten auf Gondelbahn und Schlittenmiete. Schneebericht 041 637 01 01.
Dauer? Halber Tag.
Alter? Ab 6 Jahren.

Die Unterschiede
Ob- und Nidwalden werden oft in einen Topf geworfen: Unterwalden. Dabei unterscheiden sich die Halbkantone ob und nid dem Kernwald in vielem: Nidwalden ist mit 274 Quadratkilometern kleiner – Obwalden mit 491 Quadratkilometern grösser. In Sachen Bevölkerung ist es umgekehrt: Nidwalden zählt rund 34 000 und Obwalden rund 30 000 Einwohnerinnen und Einwohner. Nidwalden ist wirtschaftlich erfolgreicher, Obwalden mehr bäuerlich geprägt.

3 Zu neuen Ufern
Kajakfahren auf dem Trübsee
6390 Engelberg, 041 639 54 50,
www.adventure-engelberg.ch

Den spiegelklaren Trübsee auf 1700 Meter kann man bequem umwandern. Man kann ihn aber auch auf dem Kajak erkunden. Es gibt einiges zu entdecken: eine einsame Bergwelt, verborgene stille Buchten, die imposante Natur. Und auch wenn man neben Badehose und -tuch trockene Kleider zum Wechseln mitbringen muss, heisst das nicht, dass man in jedem Fall Bekanntschaft mit dem kühlen Wasser macht: Mit einem Kajak zu manövrieren ist einfacher, als es scheint.

Wie? Luzern–Stans–Engelberg-Bahn bis Engelberg. Gondelbahn via Gerschnialp auf Trübsee.
Wann? Jeweils dienstags von Mitte Juni bis Mitte Oktober.
Wieviel? Engelberg–Trübsee retour Erwachsene Fr. 14.– (Halbtax-Abo gültig), Kinder 12.– (mit Juniorkarte gratis). Kajak Fr. 30.– (inklusive Ausrüstung: Helm, Schwimmweste), professionelle Führung, Anmeldung für Boote und Paddel: Adventure Engelberg, Tourist Center Engelberg, 041 639 54 50.
Dauer? Ganzer Tag.
Alter? Ab 10 Jahren.

4 Fast wie in Tirol
Rundwanderung auf Brunni,
6390 Engelberg, 041 639 60 60,
www.brunni.ch

Wie heute üblich: Auch auf 1600 Metern, bei der Bergstation Ristis der Seilbahn von Engelberg herauf, wird man auf der Terrasse vom Sound des «Anton» zugedröhnt. Und wie überall gibt's für die kleinen Kunden Streichelzoo, Spielplatz und eine 600 Meter lange Sommer-Rodelbahn. Da fehlt – wir sind ja in der Schweiz – auch ein Lehrpfad nicht. Doch immerhin: Kaum ist man auf dem «Brunni-Pfad» Richtung Schönenboden aufgebrochen, ist Bergwelt da: Wiesen, Wälder, Bäche, Steine, Berge. Man keucht hinauf, läuft gradeaus und schlittert steil hinunter. Auch wenn man die Tafeln zum «Lebensraum Gebirge» beiseite lässt: Fast drei Stunden ist man auf der wunderschönen Rundwanderung schon unterwegs. Und gewinnt auf halbem Weg auch zivilisatorischen Errungenschaften positive Seiten ab: Eine Sesselbahn führt als Abkürzung bei der SAC-Hütte Brunni auf 1800 Metern direkt nach Ristis zurück.

Wie? Luzern–Stans–Engelberg-Bahn bis Engelberg. Luftseilbahn Brunni bis Bergstation Ristis.
Wann? Juni–Oktober. Luftseilbahn 8–18 Uhr alle 30 Minuten.
Wieviel? Luftseilbahn Ristis retour Erwachsene Fr. 17.– (Halbtax-Abo gültig), Kinder 7.– (mit Juniorkarte gratis). Rodelbahn 1 Fahrt Fr. 4.–, 5 Fahrten 15.–.
Dauer? Wanderzeit 3 Std.
Alter? Ab 7 Jahren.

Unterwalden: Ob- und Nidwalden

5 Vier-Seen-Wanderung
Über den Jochpass, 041 639 77 77,
www.engelberg.ch

Von der Engelberger Aa an die Sarner Aa – natürlich über den Jochpass. Zuerst mit der Gondelbahn von Engelberg via Gerschnialp auf Trübsee, zu Fuss am verträumten Trübsee vorbei bis zur Talstation der Sesselbahn, die uns auf den 2200 Meter hohen Jochpass bringt. Eine kurze Rast im Berggasthaus – auch wenn's anschliessend nur noch abwärts geht, am Engstlen-, Tannen- und Melchsee entlang nach Melchsee-Frutt und mit der Luftseilbahn ins Tal. Die Chance, unterwegs einer Schulklasse zu begegnen, ist gross: Auch sie ist ohne viel Schweiss auf einer klassischen Schweizer Bergwanderung unterwegs.

Wie? Luzern–Stans–Engelberg-Bahn bis Engelberg. Luftseilbahn via Gerschnialp auf Trübsee. Sessellift auf den Jochpass. Luftseilbahn Melchsee-Frutt–Stöckalp. Postauto bis Sarnen. Brünigbahn bis Luzern.
Wann? Juni–Oktober.
Wieviel? Die SBB bieten Kombitickets ab jedem Bahnhof an (www.railaway.ch, 0900 300 300).
Dauer? Wanderzeit 4 Std.
Alter? Ab 8 Jahren.

6 Vom Berg zum See
Velotour Nidwalden, 6390 Engelberg, 041 639 57 57, www.railaway.ch

Start: Engelberg am Fuss des Titlis. Ziel: Stansstad am Vierwaldstättersee. Dazwischen: 27 Kilometer auf nicht allzu verkehrsreichen Strassen. 2 bis 3 Stunden Fahrzeit bergab. Und Natur: die blaue Engelberger Aa, grüne Matten und braungebrannte Bauernhäuser. Dazu etwas Kultur: das Barockkloster Engelberg, das Herrenhaus in Grafenort und der putzige Flecken Stans. Und als Belohnung zum Schluss: ein Bad im Vierwaldstättersee oder eine Fahrt mit dem Schiff nach Luzern. Ein schönes Programm an einem schönen Tag.

Wie? Luzern–Stans–Engelberg-Bahn nach Engelberg. Velotour nach Stansstad. Luzern–Stans–Engelberg-Bahn oder Schiff nach Luzern.
Wann? April–Oktober.
Wieviel? Die SBB bieten von Mai–Oktober Kombitickets ab jedem Bahnhof an; Schifffahrt von Stansstad nach Luzern gegen Aufpreis (www.railaway.ch, 0900 300 300). Veloreservation empfohlen beim Bahnhof Engelberg, 041 639 57 57.
Dauer? Fahrzeit 2–3 Std.
Alter? Ab 10 Jahren.

7 Ganz nach Wunsch
Auf dem Benediktusweg,
041 639 37 37, www.brunni.ch

Von Höhepunkt zu Höhepunkt – immer nur schön den Tafeln mit dem stilisierten «B» entlang. Der Benediktusweg verbindet hoch auf der rechten Talflanke die beiden Benediktinerklöster Engelberg und Maria Rickenbach. Hier sind Sie nach Lust und Laune unterwegs: Ab Brunni 2 Stunden bis Brunniswald und dann mit einer Luftseilbahn zu Tal. Oder 3 Stunden bis Oberrickenbach und mit dem Postauto nach Wolfenschiessen. Und wenn Sie sich wie einst die Benediktiner plagen wollen – sogar 6 Stunden bis Niederrickenbach mit dem Kloster Maria Rickenbach, wo das letzte Luftseilbähnchen wartet.

Wie? Luzern–Stans–Engelberg-Bahn bis Engelberg. Luftseilbahn nach Brunni. Talfahrt je nach Route.
Wann? April–Oktober.
Wieviel? Auskunft zu Preisen für Kombibillette: Luzern–Stans–Engelberg-Bahn, 041 618 86 15 (Halbtax-Abo gültig).
Dauer? Ganzer Tag.
Alter? Ab 6 Jahren.

8 Im Seilbahn-Rausch
Auf die Bannalp,
6386 Wolfenschiessen, 041 682 16 33,
www.bannalp.ch

Die Bannalp auf gut 1600 Metern hat alles, was zu einem Ausflugsziel gehört: ein phantastisches Panorama, reine Luft, dunkle Wälder, grüne Matten, bunte Blumen, einen blauen See und eine gemütliche Bergbeiz. Dazu gibt's Bähnchen im Überfluss. Gehen Sie in Wolfenschiessen vom Bahnhof durch die Oberrickenbacherstraße bis zur Talstation der Brändlen-Seilbahn (für Autofahrer: genügend Gratisparkplätze vorhanden). Folgen Sie dem Weg der Bergflanke entlang von Brändlen über Geren und Oberrickenbach bis zur Seilbahn Fell–Spies, steigen Sie dort ins Bähnchen nach Sinsgäu um und wandern Sie dann auf die Bannalp. Zum Picknick oder zur Rast auf der Terrasse der Chrüzhütte, bevor es mit der Luftseilbahn wieder talwärts nach Oberrickenbach geht. Über Wanderstress können die Kids so bestimmt nicht klagen.

Wie? Luzern–Stans–Engelberg-Bahn bis Wolfenschiessen. Seilbahn Wolfenschiessen–Brändlen. Wanderung zur Seilbahn Fell–Spies. Umsteigen in die Seilbahn Spies–Sinsgäu. Wanderung auf die Bannalp. Seilbahn nach Oberrickenbach. Postauto nach Wolfenschiessen.
Wann? Juni–Oktober.
Wieviel? Kombi-Billette für Familien (Fahrt mit allen Seilbahnen ohne Postauto) Fr. 58.50.
Dauer? Halber Tag. Wanderzeit rund 2 Std.
Alter? Ab 6 Jahren.

9 Nur Fliegen ist schöner
Auf dem Haldigrat,
6385 Niederrickenbach, 041 628 22 60,
www.haldigrat.ch

Die Nonnen im Kloster Maria Rickenbach beten zu Gott ein Leben lang. Für uns ist das autofreie Dörfchen Niederrickenbach über dem Tal der Engelberger Aa eine Zwischenstation. Gekommen sind wir mit der Seilbahn von Dallenwil. Und marschieren jetzt in einer halben Stunde nach Alpboden zur Sesselbahn auf den Haldigrat. Wenn der Sitz über die Krete des fast 2000 Meter hohen Bergsattels schwebt, öffnet sich ein weites Panorama. Bevor wir etwas leisten, bewundern wir auf der Terrasse des Gasthauses die Gipfel und die Gleitschirmpiloten, die zu Tal schweben. Dann ist es Zeit für eine kleine sportli-

---

Der böse Pestalozzi
1798 wehrten sich die Nidwaldner und Nidwaldnerinnen vergeblich gegen das Eindringen der französischen Revolutionstruppen, denen die Obwaldner keinen Widerstand geleistet hatten. Das Elend nach der Niederlage war unbeschreiblich. Wenigstens teilweise versuchte Heinrich Pestalozzi im Stanser Waisenhaus die Situation zu mildern – aber nicht lange: Die Ideen des grossen Pädagogen waren den Einheimischen zu fortschrittlich.

Unterwalden: Ob- und Nidwalden

che Herausforderung und zum Abstieg: In einer Stunde zuerst zur SAC-Hütte Brisenhaus. Und in nochmals einer Stunde über den Brändlisboden nach Niederrickenbach zurück. Schneller ginge es, wenn man Mut und Gleitschirm dabei hätte.

Wie? Luzern–Stans–Engelberg-Bahn bis Dallenwil. Luftseilbahn nach Niederrickenbach. Sesselbahn Alpboden–Haldigrat.
Wieviel? Auskunft zu Preisen für Kombi-Billette Luzern–Stans–Engelberg-Bahn, 041 618 86 15.
Wann? Juni–Oktober.
Dauer? Wanderzeit 2½–3 Std.
Alter? Ab 7 Jahren.

10 Bis zu 60 km/h

Sommerbob Wirzweli, 6383 Dallenwil, 041 628 18 38, www.wirzweli.ch

Mit Kribbeln im Bauch und viel Gekreisch: Auf der 536 Meter langen Sommerbobbahn auf Wirzweli kommen auch Anfängerinnen und Anfänger sicher ans Ziel. Keine Angst, liebe Eltern: Das Tempo der Zweierschlitten kann in der Chromstahlrinne zwar selbst bestimmt werden, übermütige Gernegrosse werden aber durch automatische Geschwindigkeitsregler gebremst. Neben der Bobbahn – sie liegt bei der Bergstation der Seilbahn – gibt's ein Restaurant mit Terrasse, auf der Nicht-Bobfahrer mitfiebern können. Und das «Wirzweli Zauberland», einen grossen Spielplatz für all jene, die fürs Bobfahren zu klein sind.

Wie? Luzern–Stans–Engelberg-Bahn bis Dallenwil. 15 Min. zu Fuss zur Luftseilbahn.
Wann? Mai–Ende Oktober 10–17 Uhr.
Wieviel? Luftseilbahn Wirzweli retour Erwachsene Fr. 18.– (Halbtax-Abo gültig), Kinder 9.– (mit Juniorkarte gratis). Bobbahn Erwachsene 4.–, Kinder 2.50. Vergünstigung für 5 oder 10 Fahrten. Bahn bei Regen geschlossen.
Dauer? Halber Tag.
Alter? Ab 8 Jahren.

11 Fünfstern-Aussicht

Stanserhorn, 6370 Stans, 041 618 80 40, www.stanserhorn.ch

Das Stanserhorn mit seinen 1900 Metern ist ein Fünfstern-Aussichtsberg. Mit Panorama auf 100 Kilometer Alpenkette vom Säntis bis zum Jungfraujoch, auf 10 Schweizer Seen und bis zum Schwarzwald. Alles zu geniessen auf der Sonnenterrasse und im Drehrestaurant «Rondorama», das sich in 43 Minuten einmal um die eigene Achse dreht. Oder auf einem Spaziergang im Pflanzenschutzgebiet um den Gipfel. Und schliesslich auch auf der Höhenwanderung nach Wirzweli. Das Versprechen einer rasenden Bobfahrt (siehe Tipp 10) motiviert auch Kinder, den zweieinhalbstündigen Abstieg unter die Füsse zu nehmen.

Wie? Luzern–Stans–Engelberg-Bahn bis Stans. Stand- und Luftseilbahn.
Wann? Ostern–Oktober.
Wieviel? Erwachsene retour Fr. 48.– (Halbtax-Abo gültig), Kinder 24.– (mit Juniorkarte gratis). Rundreisebillette Stans–Stanserhorn und ab Wirzweli–Dallenwil–Stans Erwachsene Fr. 38.60 (Halbtax-Abo gültig), Kinder 19.30 (mit Juniorkarte gratis). Die SBB bieten Kombitickets ab jedem Bahnhof an (www.railaway.ch, 0900 300 300).
Dauer? Halber bis ganzer Tag.
Alter? Alle Altersstufen.

12 Familien-Biken
Auf der Klewenalp, 6375 Beckenried, 041 620 62 62, www.klewenalp.ch

Mit der Luftseilbahn in die Berge und über Stock und Stein mit dem Bike: Neben Routen für Cracks gibt's auf der Klewenalp auch solche für Familien. Zum Beispiel über 22 Kilometer und gut 1100 Meter Höhendifferenz via Emmetten und Seelisberg zur Treib hinunter und mit dem Schiff nach Beckenried zurück. Wer sich auf zwei Füssen sicherer fühlt als auf zwei Rädern: Wandern kann man hoch über dem Vierwaldstättersee bequem. Zum Beispiel in eineinhalb Stunden zur Bergstation Stockhütte der Luftseilbahn nach Emmetten hinunter. Wer schliesslich nur an der Sonne sitzen will: Bei der Bergstation der Luftseilbahn gibt's einen Spielplatz mit Streichelzoo und einen Murmelipark.

Wie? Schiff Luzern–Beckenried oder Postauto Stans–Beckenried. Luftseilbahn Beckenried–Klewenalp.
Wann? Mai–Oktober.
Wieviel? Bike-Miete Fr. 30.– (ganzer Tag), 25.– (halber Tag), Kinder 23.– (ganzer Tag), 18.– (halber Tag). Rundkurs (Beckenried–Klewenalp–Treib–Beckenried) inkl. Luftseilbahn und Schiff Erwachsene Fr. 28.80 (Halbtax-Abo gültig), Kinder 27.40 (mit Juniorkarte gratis).
Dauer? Halber oder ganzer Tag.
Alter? Ab 10 Jahren.

13 Gemse oder Gämse?
Wildbeobachtung, 6376 Emmetten, 041 620 15 64, www.emmetten.ch

Die Schreibweise ist umstritten: Heisst es jetzt Gemse oder Gämse? Wir halten es mit der Gams und der behenden Gemse, nicht der behänden Gämse. Unbestritten ist, dass einheimische Wildtiere in der Natur mehr faszinieren als im Tierpark. Mit der Luftseilbahn fährt man ins Wildbanngebiet am Fuss des Niederbauens, das sich auf Routen verschiedener Schwierigkeitsgrade erkunden lässt. Auf jeder Strecke aber sind Geduld und ein Feldstecher gefragt: Dann entdeckt man neben Gemsen, Rehen und Murmeltieren auch mal einen Hirsch oder sogar einen Steinbock – dazu braucht's aber Glück.

Wie? Luftseilbahn Emmetten–Niederbauen. Wanderung zur Stockhütte. Gondelbahn nach Emmetten.
Wann? Mai–Oktober.
Wieviel? Wanderbillett inklusive Bergbahnen Erwachsene Fr. 23.– (mit Halbtax-Abo 16.–), Kinder 13.–. Eine Broschüre zur Wildbeobachtung ist bei Tourismus Emmetten an der Dorfstrasse für Fr. 9.– erhältlich, Flyer gratis.
Dauer? 4 Std.
Alter? Ab 8 Jahren.

Unterwalden: Ob- und Nidwalden

14 Märchen aus Glas
Glasi Hergiswil, Seestrasse 12,
6052 Hergiswil, 041 632 32 32,
www.glasi.ch

Parfümflakons für Elizabeth Arden, eine Vase für daheim oder ein Früchteteller für die Schwiegermutter – in Hergiswil wird «nur» Glas hergestellt. Dass in der Glasi aber weniger die Masse als das gute Mass des Handwerks zählt, das stellen Sie spätestens auf dem Rundgang fest. In der Ausstellung «Vom Feuer geformt». Auf der Aussichtsplattform bei den glühendheissen Glasöfen, an denen die Glasbläser die Kunstwerke formen. Sowie in der Ausstellung «Phänomenales Glas», die die Welt des Glases mit über 70 Experimenten erlebbar macht. Und falls die Kids nach langem Staunen und Schauen müde sind: Im riesigen Quarzsandkasten und beim 7 Meter hohen Kugelbahnturm mit Rutschbahn werden sie schnell wieder munter. Die Eltern können in der Zwischenzeit im Geschäft der Glasi ein funkelndes Kunstwerk kaufen.

Wie? Luzern–Stans–Engelberg-Bahn bis Hergiswil. 5 Minuten zu Fuss.
Wann? Mo–Fr 9–18, Sa 9–16 Uhr.
Wieviel? Gratis. Die SBB bieten Kombitickets ab jedem Bahnhof an (www.railaway.ch, 0900 300 300).
Dauer? 2 Std.
Alter? Ab 6 Jahren.

15 Weiche Knie
Skaten am Sarnersee, 041 666 50 40, www.obwalden.ch

Auf ausgedienten Flugplätzen, ausrangierten Panzerübungspisten und ausgeschilderten Inline-Routen – auch Skaten ist heutzutage durchorganisiert. Es gibt aber noch Pionierland zu entdecken: zum Beispiel die Strecke von Giswil am Südende des Sarnersees via Linden und entlang dem linken Seeufer nach Wilen und weiter bis Sarnen. Zwölf Kilometer ist man auf verkehrsarmen Strässchen und auf Trottoirs mit gutem Belag unterwegs. Auf langen Geraden, kurvigen Abfahrten und wenigen Gegensteigungen geht's durch eine friedliche Landschaft und idyllische Weiler an ein paar Landgasthöfen vorbei zum erfrischenden Bad im Sarnersee. Ein kleiner Umweg muss am Schluss in Kauf genommen werden – der Seeuferweg vom Flecken Sarnen zum Strandbad ist für Skater gesperrt.

Wie? Brünigbahn bis Giswil und zurück ab Sarnen.
Wann? Juni–Mitte Oktober.
Wieviel? Gratis.
Dauer? Fahrzeit 1½ Std.
Alter? Ab 10 Jahren.

16 Im Karst
Geologie am Bonistock,
6068 Melchsee-Frutt, 041 660 70 70, www.melchsee-frutt.ch

Jürg muss wieder einmal Lehrer spielen – Geologie ist angesagt. Mässig interessiert hört Katja zu: «150 Millionen Jahre alt sind die Gesteine auf Melchsee-Frutt. Im Süden ist Schiefer für die wellige Gegend zwischen Tannen- und Melchsee verantwortlich. Im

Norden am Bonistock aber versickern Bäche und Bächlein im Malmkalk, in einer fast vegetationslosen Landschaft. Regen wäscht die bizarren Karren oder Schratten mit den faszinierenden Formen aus – die Karstgassen, Karrenfelder und Schlucklöcher.» Endlich ist Schluss mit dem Gequassel. Vater und Tochter machen sich auf den Karstlehrpfad am Bonistock. Aber – das muss man Jürg lassen: Wo's ein Bähnchen gibt, wird's auch benutzt. So fahren sie zuerst mit der Luftseilbahn hinauf. Damit's nachher nur noch bequem abwärts geht.

Wie? Brünigbahn bis Sarnen. Postauto bis Stöckalp. Luftseilbahn nach Melchsee-Frutt. Luftseilbahn Melchsee-Frutt–Bonistock.
Wann? Mitte Juni–Mitte Oktober.
Wieviel? Bahn, Postauto, Luftseilbahn bis Melchsee-Frutt: www.railaway.ch, 0900 300 300. Luftseilbahn Bonistock einfach Erwachsene Fr. 7.– (mit Halbtax-Abo 5.60), Kinder 3.50.
Dauer? Halber Tag.
Alter? Ab 6 Jahren.

17   Oberland einfach
Von Melchsee-Frutt nach Hasliberg, 6068 Melchsee-Frutt, 041 660 70 70, www.melchsee-frutt.ch

Wo einst Wildheuer von Obwalden über steile Tritte ins Berner Oberland unterwegs waren, wandert man heute bequemer: über den Höhenweg vom Balmeregghorn hoch über der Melchsee-Frutt nach Käserstatt auf dem Hasliberg. Man muss nicht mehr raufund runterkeuchen: Für Auf- und Abstieg stehen Luftseilbahnen zur Verfügung. Der Weg durch die Berge ist gut ausgebaut. Nur verpflegen muss man sich wie früher aus dem Rucksack: Das erste Gasthaus gibt's nämlich erst auf der Mägisalp.

Wie? Brünigbahn bis Sarnen. Postauto bis Stöckalp. Luftseilbahnen nach Melchsee-Frutt und aufs Balmeregghorn. Wanderung via Planplatten nach Käserstatt. Gondelbahn nach Wasserwendi. Postauto auf den Brünig. Brünigbahn.
Wann? Juli–Mitte Oktober.
Wieviel? Rundfahrtbillett Sarnen–Sarnen (Bahn, Postauto und Bergbahnen ohne Gondelbahn Käserstatt) Erwachsene Fr. 39.60 (Halbtax-Abo gültig), Kinder 19.80 (mit Juniorkarte gratis). Auskunft: Bahnhof Sarnen, 051 221 34 33.
Dauer? Wanderung gut 4 Std.
Alter? Ab 8 Jahren.

18   Oberland retour
Vom Brienzer Rothorn nach Lungern, 3855 Brienz, 041 678 14 85, www.panoramawelt.ch

Gemütlich geht es nicht nur in der Dampfbahn aufs Brienzer Rothorn zu. Hier oben lässt es sich auch friedlich vom Berner Oberland nach Obwalden wandern: vom Rothorn meist leicht abwärts nach Schönbüel auf einem Klassiker der Wanderwege – dem «Höhenweg» mit phantastischer Aussicht. Den Abstieg von Schönbüel sparen wir uns:

> ### Halbkantone mit Bahn
> Jedem Halbkanton eine eigene Bahn: Durch Obwalden fährt die Brünigbahn von Luzern nach Interlaken. Durch Nidwalden die LSE von Luzern via Stans nach Engelberg. Einst für die Einheimischen der Anschluss an die grosse weite Welt, dienen beide Schmalspurbahnen heute immer mehr dem Fremdenverkehr.

Unterwalden: Ob- und Nidwalden

Neben dem Berggasthaus fährt eine Gondelbahn nach Turren und eine Luftseilbahn weiter zu Tal nach Lungern. Ein letzter Effort bleibt auch Kindern nicht erspart: In 20 Minuten ist noch der Talboden bis zur Brünigbahn zu durchqueren.

Wie? Brünigbahn bis Brienz. Brienz–Rothorn-Bahn, Bergbahnen Schönbüel–Lungern. Brünigbahn.
Wann? Juni–Mitte Oktober.
Wieviel? Rundfahrtbillett Sarnen–Sarnen (Bahn und Bergbahnen) Erwachsene Fr. 68.– (Halbtax-Abo gültig), Kinder 34.– (mit Juniorkarte gratis). Auskunft Bahnhof Sarnen 051 221 34 33.
Dauer? Wanderung 3 Std.
Alter? Ab 8 Jahren.

19 Im Hochmoor auf Langis
6036 Stalden/Glaubenberg,
041 368 10 10,
www.berghotel-langis.ch

So viele Hochmoore wie in Obwalden gibt's sonst kaum irgendwo in der Schweiz. Fahren Sie zum Beispiel die Passstrasse von Sarnen Richtung Glaubenberg und Entlebuch hinauf, und machen Sie im Langis halt. Hier haben Gletscher ein breites Plateau ausgehobelt. Wo im Frühjahr der Auerhahn balzt, tummeln sich im Sommer die Ausflügler zuhauf. Auf den Füssen steht man sich trotzdem nicht herum. Die Hochmoorlandschaft mit ihren Bächlein und Tümpeln ist riesengross. Wer hier ein paar Schritte macht, ist bald allein. Bevor es auf den Rückweg geht, ist aber noch ein Halt im Berghotel Langis angesagt. Auf seiner Terrasse kann man sich von allen Strapazen wunderbar erholen. Und die Kids können auf dem grossen Spielplatz weitertoben – wenn Sonne und Bergluft sie noch nicht müde gemacht haben.

Wie? Postauto ab Sarnen Richtung Glaubenberg bis Langis.
Wann? Postauto Sa/So Mitte Juni bis Oktober.
Wieviel? Postauto retour Erwachsene Fr. 19.60 (Halbtax-Abo gültig), Kinder 9.80 (mit Juniorkarte gratis).
Dauer? Halber oder ganzer Tag.
Alter? Alle Altersstufen.

20 Mittagsspaziergang
Am Bürgenstockfuss, 6365 Kehrsiten,
041 610 70 34, www.kehrsiten.ch

Spazieren Sie am späten Morgen über das kinderwagengängige Strässchen dem Vierwaldstättersee entlang von Stansstad Richtung Kehrsiten. Vorbei an schlecht getarnten, ausrangierten Festungen der Schweizer Armee sind Sie nach gut einer halben Stunde schon am Ziel: im sonnigen Dörfchen am Fuss des Bürgenstocks. Hier gibt's gemütliche Gasthäuser zuhauf – fast oder direkt am See. Während die Kids nach dem Essen am

---

Ein eigener Staat

Im Hochtal der Aa am Fuss des Titlis gründeten Benediktiner 1120 das Kloster Engelberg. Dorf und Kloster waren während Jahrhunderten ein eigener kleiner Staat, der vom Abt regiert wurde. 1798 teilte Napoleon Engelberg Nidwalden zu. Es ging 1815 an Obwalden verloren: Die Nidwaldner hatten sich geweigert, die Talschaft als gleichberechtigt anzuerkennen.

Ufer spielen und – vergeblich – Frösche fangen, können Sie entspannt übers Wasser schauen. Beeilen müssen Sie sich nicht: Das Schiff bringt Sie von Kehrsiten in kurzer Zeit nach Stansstad oder Luzern zurück.

Wie? Ab Bahnhof Stansstad der Luzern–Stans–Engelberg-Bahn. Schiff von Kehrsiten nach Stansstad oder Luzern.
Wann? Mai–Oktober.
Wieviel? Auskunft zu Billettpreisen Schifffahrt Vierwaldstättersee, 041 367 67 67.
Dauer? Halber Tag.
Alter? Alle Altersstufen.

Kids willkommen!

Wo essen?

Restaurant Engel, 6370 Stans, 041 619 10 10, www.engelstans.ch. Währschafte Beiz mit grosser Terrasse direkt am Dorfplatz.
Seeblick-Restaurants, 6377 Emmetten, 041 624 41 41, www.hotelseeblick.ch. Grosse Auswahl eines familienfreundlichen Betriebs in der «Landmannstube», «Seestube», «Bergstube», im «Hüttli» und auf zwei Terrassen.
Restaurant Schwybogen, 6377 Treib, 041 820 12 60. Ausflugsrestaurant mit Bauerngut und Fischereibetrieb am Vierwaldstättersee. Eine halbe Stunde zu Fuss ab Schiffstation Treib. Mai–Ende September.

Restaurant Fürigen, 6363 Fürigen, 041 618 69 69, www.hotel-fuerigen.ch. Aussichtsrestaurant über dem Vierwaldstättersee. Mit Standseilbahn ab Harrisenbucht oder Auto ab Stansstad. Kinderkarte. Spielplatz.
Restaurant Landhaus, 6074 Giswil, 041 675 13 13, www.landhaus-giswil.ch. Grosses Restaurant mit Panoramaterrasse und freundlichem Angebot an der Brünig-Passstrasse.

Wo schlafen?

Hotel Edelweiss, 6390 Engelberg, 041 639 78 78, www.edelweiss engelberg.com. Doppelzimmer mit Frühstück ab Fr. 85.– pro Person. Kinder im Elternzimmer bis 12 Jahre gratis, 12–16 Jahre 30 Prozent Ermässigung. Familienappartements auf Anfrage. Jugendstilbau mit 50 Zimmern in ruhiger Lage. Grosse Familienzimmer. Spielzimmer und Kindergarten mit Betreuung. Garten.
Hotel Seeblick, 6376 Emmetten, 041 624 41 41, www.hotelseeblick.ch. Doppelzimmer mit Frühstücksbuffet ab Fr. 82.– pro Person. Kinder im Elternzimmer bis 5 Jahre gratis, in separatem Zimmer 40% Reduktion; 5 bis 12 Jahre im Elternzimmer 60%, in separatem Zimmer 30% Reduktion; 12 bis 16 Jahre im Elternzimmer 40%, in separatem Zimmer 20% Reduktion. Familien- und Ferienwohnungen. Familienhotel mit Hallenbad, Sprudel- und Dampfbad, Spielzimmer.
Seehotel Baumgarten, 6365 Kehrsiten-Dorf, 041 610 77 88, www.seehotel-baumgarten.com. Doppelzimmer Fr. 136.–. Kinder bis 6 Jahre gratis, 7–16 Jahre Fr. 20.–. Idyllische Lage am Vierwaldstättersee. Eigenes Strandbad. Kinderspielplatz. Bocciabahn. Mit Schiff ab Luzern oder mit Postauto ab Stansstad. Abholdienst mit Hotelbus möglich. März–Dezember.

Unterwalden: Ob- und Nidwalden

Hotel Crystal, 6390 Engelberg, 041 637 21 22, www.crystal-engelberg.ch. Doppelzimmer pro Person mit Zusatzbett ab Fr. 90.–. Gemütliches Hotel an zentraler Lage mit Wellnessangebot und Spielzimmer.

Hotel Glogghuis, 6068 Melchsee-Frutt, 041 669 77 77, www.glogghuis.ch. Doppelzimmer mit Halbpension ab Fr. 135.–. Kinder im Elternzimmer bis 6 Jahre Fr. 30.–, 6–12 Jahre 50% Ermässigung, 12–16 Jahre 30% Ermässigung. Zwei-Zimmer-Kombinationen möglich. Mitglied des Clubs kinderfreundlicher Schweizer Hotels. Hallenbad, Whirlpool, Kletterwand, Spielzimmer. Kinderbetreuung ab 3 Jahren gratis. Kinderkarte. Mitte Dezember–Mitte April und Juli–Mitte Oktober.

▬▬ Dauerbrenner ▬▬

Kloster Engelberg, 6390 Engelberg, 041 639 37 37, www.engelberg.ch. Barockkloster mit imposanter Kirche aus dem 18. Jahrhundert und grösster Orgel der Schweiz. Alle Altersstufen.

Trübsee, 6390 Engelberg, 041 639 50 50, www.titlis.ch. Wanderung rund um den Trübsee. Mit Gondelbahn via Gerschnialp ab Engelberg. Alle Altersstufen.

Stans, 041 610 88 33, www.stans.ch. Spaziergang rings um den Dorfplatz des Nidwaldner Hauptorts. Alle Altersstufen.

Mittelpunkt der Erde. Erlebnisparcours Stein und Wasser, 6388 Grafenort, 041 639 53 33, www.grafenort.ch. Auf 3,45 Kilometern erfährt man bei 13 Installationen alles über 345 Millionen Jahre Erdgeschichte. Luzern–Stans–Engelberg-Bahn bis Herrenhaus Grafenort. Erlebnisparcours ab Remise des Herrenhauses. Mai–Oktober. Gratis. Ab 1 Std. Ab 6 Jahren.

Ohne Staub. Nidwaldner Museum, 6370 Stans, 041 618 75 22, www.nidwaldner-museum.ch. 4 Museen zur Geschichte und Kultur Nidwaldens: Museum für Wehrgeschichte Fürigen, Museen für Kunst, für Geschichte sowie für Kultur und Brauchtum in Stans. Auskunft Öffnungszeiten und Preise 041 618 75 22. 2 Std. Ab 6 Jahren.

Übers Ächerli, 6370 Stans, 041 618 86 10. Wanderung von 9 km und 3 Std. von Nidwalden nach Obwalden. Luftseilbahn Dallenwil–Wiesenberg, Wanderung über den Ächerlipass nach Kerns, Bus nach Stans. Juni–Oktober. Auskunft zu Preisen für Rundfahrtbillette: 041 618 86 10. Ab 7 Jahren.

Baden im Vierwaldstättersee, 6362 Stansstad, 041 610 88 33. Grosses, familienfreundliches Strandbad. Mai–September. Alle Altersstufen.

Sarnen, 041 666 50 40, www.sarnen-tourism.ch. Spaziergang im Obwaldner Hauptort zum Aussichtspunkt Landenberg. Alle Altersstufen.

Am Melchsee, 6068 Melchsee-Frutt, 041 660 70 70, www.melchsee-frutt.ch. 100 Kilometer Wanderwege. Luftseilbahn Stöckalp–Melchsee-Frutt.

Unterwalden: Ob- und Nidwalden

Mittelpunkt der Schweiz. Alp Älggi, 6072 Sachseln, 041 660 70 70, www.melchsee-frutt.ch. Die Obwaldner Alp Älggi ist der geografische Mittelpunkt der Schweiz. Ab Melchsee-Frutt Wanderung von fast 5 Std. Juli–Ende September. Ab 10 Jahren.

Beim Bruder Klaus, 6073 Flüeli-Ranft, 041 666 50 40, www.bruderklaus.ch. Der Einsiedler Bruder Klaus gilt als *der* Heilige der Schweiz. In Flüeli ob Sachseln sind sein Geburtshaus und in der Ranftschlucht seine Klause zu besichtigen. Winter geschlossen. Gratis. Halber Tag. Alle Altersstufen.

Heimatmuseum Obwalden, 6060 Sarnen, 041 660 65 22, www.sarnen-tourism.ch. Sammlung zur Geschichte und Kultur Obwaldens. Mitte April–Ende November. Ab 6 Jahren.

Grossartig klein. Sammlung Sigrist, 6073 Sachseln, 041 660 55 83. Sammlung von 28 ländlichen Szenen mit winzigen Holzminiaturen, die der Postautochauffeur Christian Sigrist in seiner Freizeit geschnitzelt hat. 1 Std. Alle Altersstufen.

Am Sarnersee, 041 666 50 40, www.sarnen-tourism.ch. Rundwanderung von 4 Std. oder Velotour (Mietvelos beim Bahnhof Sarnen). Picknick- und Badeplätze unterwegs. Alle Altersstufen.

Eidgenössische Kulisse. Am Wichelsee, 6064 Kerns, www.obwalden.ch. Wanderung von Sarnen zum stillen See mitten im Naturreservat und weiter nach Alpnachstad. Brünigbahn nach Sarnen und ab Alpnachstad. Mai–Oktober. Wanderzeit 2¼ Std. Alle Altersstufen.

Notizen

Uri: Vom Gotthard bis zum Rütli

1. Der letzte Postillon
   Im Gotthard-Museum
2. Volldampf voraus
   Furka-Dampfbahn
3. Schussfahrt in Weiss
   Schlitteln am Nätschen
4. Das versunkene Dorf
   Auf der Göscheneralp
5. Blaue Zehen
   Arnisee ob Gurtnellen
6. Das Loch der Löcher
   Neat-Baustelle in Amsteg
7. Nur Natur
   Im Maderanertal
8. Noch mehr Natur
   Auf Golzern
9. Gar nicht streng
   Auf die Strengmatt
10. Die grösste Alp
    Auf dem Urnerboden
11. Ein ganzes Tal
    Schächentaler Höhenweg
12. Wie die Inuit
    Schneeschuhlaufen, Biel
13. Magisch wandern
    Aesch im Schächental
14. Sagenhaft wandern
    Über die Surenen
15. Im Delta
    Baden Vierwaldstättersee
16. Schätze aus dem Berg
    Mineralienmuseum, Seedorf
17. Umweg zum Baden
    Isenthal und Isleten
18. Abschalten
    Gitschenen im Isental
19. Stilles Gelände am See
    Aufs Rütli
20. Urner Sonnenterrasse
    Ein Seeli in Seelisberg

Bahn Hotel Kunsth. Museum Natur Restaur. Schiff Sehensw. Shopping Spielen Sport Theater Tiere Wandern

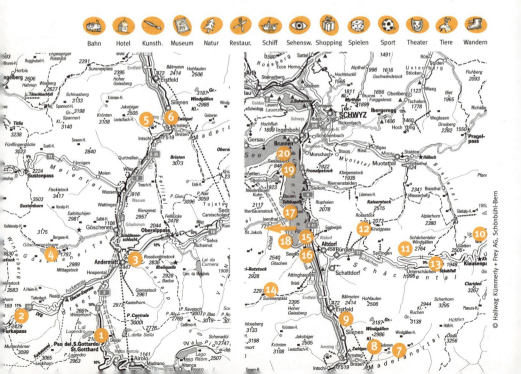

Uri: Vom Gotthard bis zum Rütli

Mehr als Wilhelm Tell

Apfelschuss und Autobahn – Klischees über Uri gibt es genug. Uri ist aber nicht nur Telldenkmal und Stau vor Ostern. Im Tal der Reuss gibt's auch kaum bekannte Orte zu entdecken. Oder waren Sie schon einmal im Maderanertal? Im Reussdelta? Und kennen Sie den Arnisee? Die Alp Gitschenen? Sie werden überrascht sein, wie viele Schönheiten der Bergkanton zu bieten hat.

Allerdings kommen Sie in Uri an den Legenden aus der Gründungszeit der Eidgenossenschaft kaum vorbei. Aber wann waren Sie das letzte Mal auf dem Gotthard Hospiz? Stammen Ihre Erinnerungen ans Rütli nicht aus der Schulzeit? Dann wissen Sie vielleicht noch, dass Uri mehr verdient als einen flüchtigen Blick von der Autobahn aus. Hier kann man wirklich mit gutem Grund halten.

Niklaus Regli

1 Der letzte Postillon
Gotthard-Museum, 091 869 15 25,
www.museen-uri.ch

Einst galt der Gotthard als höchster Berg der Welt. «Wasserscheide Europas» und «Herz der Schweiz» wird er heute noch genannt. Auch wenn man auf dem Pass keine falschen Superlative sucht, ein Erlebnis ist der Gotthard allemal. Zuoberst – auf 2108 Metern neben einem kleinen See – steht die alte Sust mit dem Gotthard-Museum. Es räumt mit falscher Postkutschenromantik auf und zeigt dafür, was für ein Abenteuer der Pass für Säumer, Pilgerinnen und Soldaten einst war. Man tritt hinaus in die Steinwüste und denkt: Bequemer ist das Reisen zum Glück schon geworden.

Wie? Postauto ab Andermatt oder Airolo (Reservation empfohlen, 041 368 10 10).
Wann? Juni–Oktober 9–18 Uhr.
Wieviel? Eintritt Museum Erwachsene Fr. 8.–, Kinder 3.–.
Dauer? 1 Stunde.
Alter? Ab 6 Jahren.

Uri: Vom Gotthard bis zum Rütli

2 Volldampf voraus
Furka-Dampfbahn, 0848 000 144,
www.furka-bergstrecke.ch

Seit 1981 fährt die Furka–Oberalp-Bahn durch den 18 Kilometer langen Basistunnel. Die legendäre Bergstrecke über den Pass schien dem Untergang geweiht. Bis sich ein paar Eisenbahnfreaks zusammentaten und seither jeden Sommer an der Neueröffnung der Schmalspurbahn werkeln. Fast jedes Jahr wird eine weitere Etappe eingeweiht: Jetzt ziehen die Dampfloks die Züglein von Realp bis nach Tiefenbach hinauf. Hier werden die Loks geschmiert und mit Wasser versorgt, bevor es durch den Scheiteltunnel auf 2160 Meter und am Rhonegletscher vorbei hinunter bis Gletsch im Obergoms weitergeht. Auch wenn noch ein kleines Stück der ursprünglichen Strecke fehlt: Der Ansturm auf die nostalgische Dampffahrt durch die grandiose Landschaft ist gross – ohne Reservation geht nichts.

Wie? Furka-Oberalp-Bahn nach Realp. Dampfbahn. Bus nach Oberwald. Furka-Oberalp-Bahn nach Realp.
Wann? Mitte Juli–Mitte August täglich, Ende Juni–Mitte Juli und Ende August–Anfang Oktober Fr–So, Realp ab 10.10 Uhr, Mitte Juli–Mitte August zusätzlich Fr–So 11.10 Uhr. Platzreservation obligatorisch, 0848 000 144.
Wieviel? Rundfahrt Realp–Dampfbahn–Oberwald–Furka-Basistunnel–Realp Erwachsene Fr. 70.–, Kinder 35.–, mehr als 2 Kinder pauschal 35.–. Die SBB bieten Kombitickets ab jedem Bahnhof an.
Dauer? Dampfbahn inklusive Betriebshalte rund 2 Std.
Alter? Alle Altersstufen.

3 Schussfahrt in Weiss
Schlitteln am Nätschen,
6490 Andermatt, 041 887 14 54,
www.andermatt.ch

Im Winter ist der Oberalppass vom Urserental hinüber ins Bündnerland für Autos gesperrt und das Skigebiet Nätschen auf der Passhöhe nur mit dem Sessellift oder der Furka–Oberalp-Bahn erreichbar. Zurück nach Andermatt führt ein gemütlicher Familienplausch auf stiebenden Kufen über die 5 Kilometer lange, kurvenreiche Passstrasse. Hier kann man mit Ehrgeiz Tempo bolzen oder vergnüglich talwärts schlitteln – zum Schluss mundet die heisse Schoggi in einer der vielen Andermatter Beizen in jedem Fall.

Wie? Sesselbahn Andermatt–Nätschen.
Wann? Dezember–Mitte März 8.30–16 Uhr.
Wieviel? Tageskarte für Schlittler Erwachsene Fr. 19.–, Kinder 14.–. Halbtageskarte (ab 12.30 Uhr) Erwachsene Fr. 14.–, Kinder 11.–. Schlittenmiete Fr. 10.–.
Dauer? 30 Minuten.
Alter? Ab 4 Jahren.

4   Das versunkene Dorf
6486 Göscheneralp, 041 885 11 80, www.goeschenen.ch

Seit 1962 hält im Göscheneralptal ein 540 Meter langer Damm 75 Millionen Kubikmeter Wasser zurück. Wo sich heute die Sonne im blaugrünen Stausee spiegelt, lag einst eine weite Alp mit einem Dorf: Häuser und Ställe, Kirche und Wirtschaften versanken in den Fluten, die Göscheneralpler wurden ins Gwüest umgesiedelt. Heute bevölkern dafür an schönen Tagen Heerscharen von Ausflüglern das Tal. Sie suchen einen Parkplatz, kehren im Gasthaus ein, kaufen im Bauernladen einheimische Produkte oder wandern 6 Kilometer um den See – wenn sie sich nicht damit begnügen, von der imposanten Staudammkrone aus die Berge zu bewundern.

Wie? Mit Postauto ab Bahnhof Göschenen (Juli–September 9, 11, 13 Uhr). Reservation obligatorisch, Post Göschenen 041 885 11 80.
Wann? Juni–September.
Wieviel? Postauto retour Erwachsene Fr. 20.80 (Halbtax-Abo gültig), Kinder 10.40 (mit Juniorkarte gratis).
Dauer? Ganzer Tag.
Alter? Alle Altersstufen.

5   Blaue Zehen
Am Arnisee, 6482 Gurtnellen, 041 883 16 88, www.gurtnellen.ch

Es braucht Mut, die Zehen ins Wasser des Arniseeleins zu strecken, und selbst im Hochsommer wagen nur Abgehärtete das Bad im blauen See. Der Ausflug hoch über das Tal der Reuss lohnt sich aber auch ohne kühlende Erfrischung allemal. Eine Seilbahn führt von Intschi hinauf aufs Arni. Hier steht zwischen Tannen ein gemütliches Restaurant, und das Seeufer lädt zum Picknick ein. Und hier beginnt eine familienfreundliche Wanderung auf der Sonnenseite des Reusstals: über grüne Alpwiesen nach Ober Gurtnellen. Unterwegs erinnert nur der Tiefblick auf die Gotthard-Autobahn daran, dass sich auch in Uri die Zeiten geändert haben.

Wie? Bahnbus Erstfeld–Talstation Luftseilbahn Intschi–Arni. Wanderung Arni–Gurtneller Berg. Bus nach Gurtnellen Dorf. Bahnbus nach Erstfeld.
Wann? Mai–Oktober.
Wieviel? Luftseilbahn Erwachsene einfach Fr. 8.–, Kinder 4.–.
Dauer? Wanderung 2½ Stunden.
Alter? Alle Altersstufen.

> **Der älteste Urner**
> Das ist der Föhn, ein warmer Südwind, der oft Dächer abdeckt und Masten knickt, im Reusstal aber auch für klare Sicht und ein besonders mildes Klima sorgt.

Uri: Vom Gotthard bis zum Rütli

6 Das Loch der Löcher
Neat-Baustelle, 6474 Amsteg,
041 875 77 00, www.alptransit.ch

Gotthard, Simplon, Furka, Lötschberg, Vereina – Spitze im Tunnelbohren waren die Schweizer immer schon, auch wenn meistens zum grössten Teil ausländische Arbeiter untertage malochen. Den Weltmeistertitel werden wir endgültig holen, wenn etwa im Jahre 2014 mit dem 57 km langen Gotthard-Basistunnel von Erstfeld nach Biasca der längste Eisenbahntunnel der Welt eröffnet wird. Einen Eindruck von den gigantischen Arbeiten erhält man beim Besuch des Info-Pavillons und auf dem geführten Baustellen-Rundgang in Amsteg: Da erfährt man nicht nur alles über Bohrmaschinen und Abtransport des Aushubs, über Granit und Gneis, sondern auch, wie die Mineure auf der Grossbaustelle leben und arbeiten.

Wie? Bahnbus Erstfeld–Gemeindehaus Amsteg (jede halbe Stunde), 15 Minuten zu Fuss.
Wann? Jährlich verschiedene Tage der offenen Tür oder auf Verabredung; die Führungen sind auf maximal 25 Personen beschränkt (Belegungsplan für jeweils rund ein halbes Jahr im voraus auf www.alptransit.ch abrufbar).
Wieviel? Gratis.
Dauer? Rundgang 1–2 Stunden.
Alter? Ab 6 Jahren.

7 Nur Natur
Im Maderanertal, 6475 Bristen
041 883 11 22, www.maderanertal.ch

Im Maderanertal hat sich die Bergwelt unberührt erhalten – das Naturschutzgebiet mit dem schäumenden Wildbach, den dunklen Wäldern und den grünen Matten steht nicht umsonst als zweiter Schweizer Nationalpark zur Diskussion. Rund zwei Stunden dauert der Marsch von Bristen durchs autofreie Tal nach Balmenegg. Hier steht auf steilem Fels ein verwunschenes Hotel: das Hotel Maderanertal (siehe «Kids willkommen»). Einst genossen reiche Touristen aus aller Welt die Bilderbuchgegend. Heute ist die Hotelanlage aus der letzten Jahrhundertwende ein verträumter Ort, an dem Erwachsene vom Garten aus den Blick hinaus ins Tal und Kinder die romantische Umgebung ungestört geniessen.

Wie? Bahnbus Erstfeld–Amsteg. Postauto Amsteg–Talstation Seilbahn Golzern.
Wann? Juni–Oktober. Öffnungszeiten Hotel Maderanertal: 041 883 11 22.
Wieviel? Postauto Amsteg–Golzern Erwachsene Fr. 6.– (Halbtax-Abo gültig), Kinder 3.– (mit Juniorkarte gratis). Material- und Personentransporte bis unterhalb Balmenegg; Taxi Hugo Indergand, Bristen, 079 221 82 70.
Dauer? Wanderung 4 Std.
Alter? Ab 8 Jahren.

Chatzämüüsig

Der «Katzenmusik-Marsch» beherrscht die Urner Fasnacht in faszinierender Monotonie. Pausenlos wird während der närrischen Tage die immergleiche Melodie getrommelt, geblasen und getutet. Sooo alt ist der Brauch aber gar nicht: Die «Chatzämüüsig»-Melodie ist ein Import aus dem 19. Jahrhundert und geht auf einen von internierten französischen Soldaten der Bourbaki-Armee gespielten Marsch zurück.

Uri: Vom Gotthard bis zum Rütli

8 Noch mehr Natur
Auf Golzern, 6475 Bristen,
041 883 12 70, www.maderanertal.ch

Das Maderanertal lässt sich nicht nur im Talgrund erwandern (siehe Tipp 7). Hoch oben auf der Sonnenseite liegt – bequem erreichbar mit der Luftseilbahn – der Weiler Golzern an einem kleinen See. Wenn Sie hier nicht nur friedlich an der Sonne liegen wollen, machen Sie in den Golzener Beizen nicht zu lange Rast: Die fast dreistündige Wanderung hoch oben dem Hang entlang über die Alp Stäfel und den Tritt hinunter ins Hotel Maderanertal geht ordentlich in die Knie. Und tanken Sie beim Zvieri auf der Hotelterrasse richtig Kraft: Noch wartet der zweistündige Marsch durchs Tal hinaus zurück zur Talstation der Luftseilbahn. Falls die Kids einen Motivationsschub brauchen: Versprechen Sie ihnen noch einen Halt im Gasthaus «Legni» kurz vor dem Ziel.

Wie? Bahnbus Erstfeld–Amsteg. Postauto Amsteg–Seilbahn Golzern. Luftseilbahn nach Golzern. Wanderung. Postauto bis Amsteg. Bahnbus nach Erstfeld.
Wann? Juni–Oktober.
Dauer? Wanderung insgesamt 5 Std.
Wieviel? Postauto Amsteg–Golzern Erwachsene Fr. 6.– (Halbtax-Abo gültig), Kinder 3.– (mit Juniorkarte gratis). Luftseilbahn Golzern einfach Erwachsene Fr. 8.–, Kinder 3.–.
Alter? Ab 8 Jahren.

9 Gar nicht streng
Auf die Strengmatt, 6472 Erstfeld,
041 880 10 91, www.strengmatt.com

Locker und gemütlich geht's im Berggasthaus Strengmatt oberhalb Erstfeld zu. Auf 1251 Metern blicken Sie auf ein überwältigendes Bergpanorama und hinunter ins Reusstal, durch das sich auf der Gotthard-Autobahn die Blechschlangen quälen. Hier sind Sie weit vom Alltag entfernt, wenn Sie auf der Terrasse Wurst und Käse von benachbarten Bergbauern zum hausgebackenen Brot geniessen und die Kids neugierig die Umgebung erkunden. So gemütlich wie die Beiz ist der Anmarsch: Locker wandert man in nur dreissig Minuten durch den Bergwald von der Bergstation der Luftseilbahn Erstfeld–Schwandi zur Strengmatt.

Wie? Vom Bahnhof Erstfeld 5 Minuten zur Talstation der Luftseilbahn Erstfeld–Schwandi.
Wann? Mai–Oktober.
Wieviel? Luftseilbahn retour Erwachsene Fr. 8.–, Kinder 4.–. Auskunft Luftseilbahn: 041 880 13 53.
Dauer? Wanderung 1 Stunde.
Alter? Alle Altersstufen.

10 Die grösste Alp
Auf dem Urnerboden,
8751 Urnerboden, 041 870 21 36,
www.urnerboden.ch

Ennet dem Klausen liegt die grösste Schweizer Alp – der Urnerboden. Im Winter sind die «Bödeler» vom Kanton Uri abgeschnitten: Der Pass ist zugeschneit und das Dörfchen liegt still im Schnee. An Sommerwochenenden herrscht dagegen viel Betrieb: Motorradfreaks donnern über die lange Gerade

Uri: Vom Gotthard bis zum Rütli

den steilen Kehren am Pass entgegen, Hobby-Velofahrer testen ihre Kondition. Ein paar Schritte abseits der Strasse aber ist die Gegend, wie sie einst war. Sie lädt ein zum Wandern über sonnige Alpweiden. Zum Picknick in einem Wäldchen. Zum Spielen an einem Bergbach. Oder zum Essen in einem der gemütlichen Gasthäuser – beim allgegenwärtigen Bimmeln der Kuhglocken allerdings.

Wie? Postauto ab Bahnhof Flüelen. Platzreservation obligatorisch, 041 870 21 36.
Wann? Juli–September.
Wieviel? Postauto Flüelen–Urnerboden retour Erwachsene Fr. 54.– (Halbtax-Abo gültig), Kinder 27.– (mit Juniorkarte gratis).
Dauer? Ganzer Tag.
Alter? Alle Altersstufen.

11 Ein ganzes Tal
Schächentaler Höhenweg, 041 870 21 36, www.schaechental.ch

Der Höhenweg vom Klausenpass auf der Sonnenseite des Schächentals zu den Eggbergen hoch über Flüelen am Urnersee ist ein Wanderklassiker. Fast 20 Kilometer oder einen Tag ist man hier unterwegs – talauswärts zu Füssen der Schächentaler Windgälle über saftige Weiden und sprudelnde Bergbäche, vorbei an verstreut liegenden Bauernhöfen und gemütlichen Alpwirtschaften. Auch wenn es über 400 Höhenmeter meist leicht abwärts geht, sollten Sie die Kids nicht überfordern: Für müde Beine fahren unterwegs drei Bähnchen (Ratzi–Spiringen, Biel–Bürglen, Ruegig–Bürglen) zu Tal. Wer allerdings den ganzen Weg bewältigt hat, dem gehört auf der Terrasse der Beiz bei der Bergstation der Luftseilbahn Eggberge jeder Wunsch erfüllt.

Wie? Postauto Flüelen–Klausen (Balm). Platzreservation obligatorisch, 041 870 21 36. Auskunft Seilbahnen: Ratzi, 041 879 12 32, Biel und Ruegig, 041 870 26 35.
Wann? Juli–September.
Wieviel? Kombibillett Postauto Flüelen–Klausen und Seilbahn Eggberge–Flüelen Erwachsene Fr. 25.50 (mit Halbtax-Abo 16.60), Kinder 12.60 (mit Juniorkarte gratis).
Dauer? Ganze Wanderung 6–7 Std.
Alter? Ab 8 Jahren.

12 Wie die Inuit
Schneeschuhlaufen auf dem Biel, 6463 Bürglen, 041 870 21 36, www.bielkinzig.ch

Es muss nicht Grönland sein. Die Schächentaler Sonnenterrasse Biel ob Bürglen tut's auch. Hier kann man an tief verschneiten Hängen hoch über dem Nebelmeer auf verschiedenen Routen nach Lust und Laune durch knietiefen Schnee bergauf waten, gradaus stapfen und sanft abwärts gleiten. Dazu braucht's allerdings neben modernen Schneeschuhen (Berg- oder Wanderschuhe muss man selbst mitbringen) schon ein bisschen Kondition. Dafür darf man sich zum Schluss auf der Terrasse des Bergrestaurants fühlen wie ein Inuit nach erfolgreicher Walrossjagd.

Wie? Postauto Flüelen–Bürglen (Haltestelle Brügg). Luftseilbahn Brügg–Biel.
Wann? Dezember–März.
Wieviel? Seilbahn Erwachsene Fr. 16.–, Kinder 8.–. Schneeschuhmiete halber Tag 15.– (Reservation empfohlen, 041 870 25 44). Postauto Flüelen–Bürglen (Brügg) retour Erwachsene 6.– (Halbtax-Abo gültig), Kinder 3.– (mit Juniorkarte gratis).
Dauer? Individuell.
Alter? Ab 10 Jahren.

13 Magisch wandern
Nach Aesch im Schächental,
041 870 21 36, www.unterschächen.ch

14 Sagenhaft wandern
Über die Surenen, 6468 Attinghausen,
041 870 14 61, www.attinghausen.ch

Beruhigende Strahlen, Kraftfelder der Erde, positive Energie – in unseren stressigen Zeiten wird gern auch zu «Orten der Kraft» gepilgert. Wem die Reise zu den Pyramiden von Giseh oder zur Kathedrale von Chartres zu weit ist – auch auf Alp Aesch im Schächental kreuzen sich geomantische Linien. Bei aller Skepsis vor mentalen Tankstellen in der Natur: Unterwegs von Unterschächen nach Aesch kann man relaxen. Der Weg ist fast flach, die Natur intakt und das Ziel nicht weit: Zuhinterst im Tal donnert über eine Steilwand der Wasserfall Stäuber, zu dessen Füssen Kids unbeaufsichtigt toben können. Das Picknick allerdings darf man nicht vergessen: Tellurische Energie allein stillt den Hunger nicht.

Wie? Postauto Flüelen–Unterschächen. Platzreservation obligatorisch, 041 870 21 36.
Wann? Mai–Oktober.
Wieviel? Postauto Flüelen–Unterschächen retour Erwachsene Fr. 18.40 (Halbtax-Abo gültig), Kinder 9.20 (mit Juniorkarte gratis).
Dauer? Wanderung 2 Std.
Alter? Ab 6 Jahren.

Sagen bevölkern die ganze Urner Bergwelt. Auf den Spuren einer besonders grauslichen – jenen des «Greiss» von Surenen – wandern wir von Uri nach Obwalden. Von der Luftseilbahn-Bergstation Brusti (1531 m ü. M.) hoch über dem Reusstal geht's immer leicht ansteigend über den 2291 Meter hohen Surenenpass zur Blackenalp. Hier mordete einst das schreckliche «Greiss» die Älpler, bis es von einem silberweissen Stier zerfetzt wurde. Am «Stierenbach» geht's heute friedlicher zu. Man ist froh, denn noch wartet der steile Abstieg zur letzten Beiz auf Urner Boden, dem «Alpenrösli». Machen Sie Rast: Es ist noch ein rechtes Stück Weg eben hinaus durchs Tal der Engelberger Aa bis ins Klosterdorf und zum Bahnhof der Luzern–Stans–Engelberg-Bahn.

Wie? Bus Altdorf–Talstation Luftseilbahn Brusti. Wanderung über die Surenen nach Engelberg. Luzern–Stans–Engelberg-Bahn nach Luzern.
Wann? Juni–September.
Wieviel? Luftseilbahn Brusti (2 Sektionen), Eltern plus Kinder Fr. 19.–.
Dauer? Wanderung 7 Std.
Alter? Ab 12 Jahren.

Uri: Vom Gotthard bis zum Rütli

WIE KANN EIN SCHIFF BREMSEN?
verkehrshaus.ch
Bleib' Rätseln auf der Spur. Im Verkehrshaus der Schweiz.

15 Im Delta
Baden am Vierwaldstättersee,
www.seeschuettung.ch

Wie vor zehntausend Jahren die Deltas an unseren Seen aufgeschüttet wurden – dieses Naturereignis lässt sich heute wieder am Südende des Vierwaldstättersees erleben. Zwischen Seedorf und Flüelen wurden die Mündungsdämme der Reuss gesprengt: Seither sucht sich der Fluss neue Wege durch eine Gegend mit Auenwäldern, Wassergräben und Riedwiesen. Und schüttet Ufer und kleine Inseln auf, zwischen denen es sich herrlich baden lässt Das Reussdelta mitten in einem grossen Naturschutzgebiet ist nicht umsonst der beliebteste Badeplatz der Urner Familien. Beim Aufschütten hilft übrigens in letzter Zeit die Alptransit mit dem Ausbruch aus den Stollen Erstfeld und Amsteg nach: Bereits wurden Vogelinseln geschaffen, in einer zweiten Etappe sollen Badeinseln mit Kiesstränden wie an den Felsenküsten des Mittelmeers und Atlantiks entstehen.

Wie? Zu Fuss vom Parkplatz und der Postauto-Haltestelle in Seedorf oder vom Bahnhof Flüelen über den Weg der Schweiz.
Alter? Alle Altersstufen.

16 Schätze aus dem Berg
Urner Mineralienmuseum,
6462 Seedorf, 041 870 44 80,
www.kristalle.ch

Weithin sichtbar steht in Seedorf in der Nähe des Vierwaldstättersees das Wasserschloss A Pro. Gleich daneben duckt sich sein ehemaliges Ökonomiegebäude – heute das Urner Mineralienmuseum. Auch wem die Namen Adular, Calcit und Hämatit nichts sagen: Dem geheimnisvollen Glanz der Schätze aus dem Berg kann man sich kaum entziehen. Funkelnde Steine – vor Jahrmillionen in tiefen Klüften unter ungeheurem Druck entstanden – strahlen in unglaublicher Vielfalt und kostbarem Glanz. Und lassen auch Kinderaugen leuchten.

Wie? Bus von Altdorf Richtung Seedorf bis Haltestelle A Pro.
Wann? Mitte Mai–Mitte Oktober Do, Sa, So 13–17 Uhr.
Wieviel? Erwachsene Fr. 5.–, Kinder 1.–.
Dauer? 1 Stunde.
Alter? Ab 6 Jahren.

17 Umweg zum Baden
Isenthal und Isleten,
www.seegarten-isleten.ch

Haarsträubend, wie das Postauto von der Isleten an steiler Wand hinaufkurvt ins abgeschiedene Dörfchen Isenthal. Ringsum Wiesen, Höger, Berge – von Baden keine Spur. Darum zuerst bequem zu Fuss hinauf zum Bärchi und zur grandiosen Aussicht über den Vierwaldstättersee. Und dann hinunter durchs Choltal ins Dörfchen Bauen. Trotz steilem Weg und vielen Gasthäusern am Ufer gibt's noch keine Rast. Es

---

Gebackene Puppen
Ditti-Ring heisst das Urner Anisgebäck aus ringförmig angeordneten Babyfigürchen, das früher – zur Zeit der Landsgemeinde «im Ring» zu Schattdorf – nur im Mai hergestellt wurde. Heute ist es in den Urner Bäckereien praktisch das ganze Jahr über erhältlich.

wartet noch ein halbstündiger Marsch durch Tunnels und dem See entlang zurück nach Isleten. Hier ist endlich Schluss: in der Beiz mit grosser Seeterrasse, mit Spiel- und Liegewiese und mit weitem Strand.

Wie? Bus Bahnhof Flüelen–Altdorf. Postauto ins Isental. Wanderung. Ab Isleten mit Postauto oder Schiff nach Flüelen.
Wann? Juni–September. Restaurant Seegarten in Isleten am Mo geschlossen.
Wieviel? Postauto Erwachsene Fr. 14.40 (Halbtax-Abo gültig), Kinder 7.20 (mit Juniorkarte gratis).
Dauer? Wanderung 2 Stunden.
Alter? Ab 6 Jahren.

18 Abschalten
Auf Gitschenen, 6461 Isenthal,
041 878 11 58, www.gitschenen.ch

Gerade mal sieben Familien leben auf der Alp Gitschenen hoch über dem Isental, aber sie sorgen für Betrieb. Fast am Ende der Welt – Gitschenen ist nur über ein kurvenreiches Strässchen und am Schluss mit der Luftseilbahn erreichbar – werden die Einheimischen auf 1600 Metern Höhe vom Sömmern der Kühe, von prächtigen Alpenblumen, von Adlern und Murmeltieren und vom beeindruckenden Panorama allein nicht satt. So gibt's auf Gitschenen denn neben intakter Natur und familienfreundlichen Wanderungen auch eine sympathische Beiz und ein Alpenkurszentrum mit Kultur- und Plauschprogramm – das Angebot wird sogar mit einer eigenen Zeitung, der «Gitschener Post», bekannt gemacht («Gitschener Post» gratis über www.gitschenen.ch). Auch wenn man sich mit der Natur begnügt: Abschalten und auftanken kann man auf Gitschenen wirklich.

Wie? Bus Bahnhof Flüelen–Altdorf. Postauto ins Isental bis St. Jakob. Luftseilbahn nach Gitschenen.
Wann? Ganzes Jahr.
Wieviel? Postauto Erwachsene Fr. 18.40 (Halbtax-Abo gültig), Kinder 9.20 (mit Juniorkarte gratis). Luftseilbahn retour Erwachsene Fr. 11.–, Kinder 5.50.
Dauer? Ganzer Tag.
Alter? Ab 6 Jahren.

19 Stilles Gelände am See
6441 Rütli, 041 367 67 67,
www.ruetli.ch

In der grossartigen Landschaft rings um den Urnersee sind viele Legenden entstanden – eine davon kennt jedes Schulkind: Dass in einer Augustnacht des Jahres 1291 Männer aus Uri, Schwyz und Unterwalden auf dem Rütli heimlich den ersten Bund der Eidgenossen geschworen hätten. Auch wenn die Wirklichkeit nicht ganz so spannend ist – der Bundesbrief wurde vermutlich ein paar Jahrzehnte früher an einem bis heute unbekannten Ort gesiegelt –: als Nationaldenkmal ist das Rütli eine gute Wahl. Auf der grünen Wiese am blauen See sprudeln immerhin drei Quellen. Und statt einem pompösen Denkmal steht hier ein Gasthaus mit einem schönen Garten. Es bietet auch Urner Spezialitäten an.

Wie? Mit Schiff ab Luzern, Brunnen, Flüelen.
Wann? April–Oktober.
Wieviel? Auskunft zu Preisen Schifffahrt Vierwaldstättersee, 041 367 67 67.
Dauer? Halber Tag.
Alter? Alle Altersstufen.

Uri: Vom Gotthard bis zum Rütli

20 Urner Sonnenterrasse

6377 Seelisberg, 041 820 15 63,
www.seelisberg.com

Vom übrigen Urnerland aus nur zu Fuss oder mit dem Schiff erreichbar, liegt Seelisberg hoch über dem Vierwaldstättersee. Am schönsten ist die Anfahrt mit dem Schiff zum romantischen Gasthaus Treib und dann mit der Standseilbahn hinauf ins Dorf. Vom vergangenen Glanz des Kurorts zeugt noch das ehemalige Grandhotel Sonnenberg – unter seiner vergoldeten Kuppel hält jetzt ein indischer Guru Hof. Auch wenn die Zeiten sich geändert haben: Geblieben ist die Aussicht auf die Innerschweiz und auf eine Gegend, die zum Wandern einlädt. Zum Beispiel steil hinunter aufs Rütli, auf dem Weg der Schweiz nach Bauen am Vierwaldstättersee oder auch nur ans Seelisberger Seeli zum Baden mitten in der Bergwelt.

Wie? Mit Schiff ab Luzern, Brunnen, Flüelen nach Treib. Standseilbahn.
Wann? Mai–Oktober.
Wieviel? Auskunft zu Preisen Schifffahrt Vierwaldstättersee (041 367 67 67), Standseilbahn Treib–Seelisberg retour Erwachsene Fr. 11.60 (Halbtax-Abo gültig), Kinder 5.80 (mit Juniorkarte gratis). Schwimmbad Juni–August Erwachsene Fr. 4.50, Kinder 2.50.
Dauer? Halber Tag.
Alter? Alle Altersstufen.

Uri: Vom Gotthard bis zum Rütli

▬ Kids willkommen! ▬

Wo essen?

Restaurant Nussbäumli, 6460 Altdorf, 041 870 76 73. Aussichtsrestaurant in verkehrsfreier Lage (20 Min. Anstieg aus dem Dorfkern) mit Terrasse, Grill, Spielplatz.

Restaurant Höfli, Hellgasse 20, 6460 Altdorf, 041 875 02 75, www.hotel-hoefli.ch. Restaurant mit Pizzeria nahe beim Dorfzentrum.
Restaurant Da Sergio, Flüelerstrasse 104, 6460 Altdorf, 041 870 58 26, www.da-sergio.ch. Gemütliche, grosse Pizzeria direkt neben dem Schwimmbad Moosbad.
Restaurant Apertura, Seestrasse 7, 6454 Flüelen, 041 872 07 02, www.apertura.ch. Restaurant mit Seeterrasse und saisongerechter Küche in einem in einer alten Armee-Apotheke untergebrachten Kulturzentrum am Weg der Schweiz etwas nördlich des Dorfzentrums.
Restaurant Burg, 6468 Attinghausen, 041 870 21 84, www.pouletburg.ch. Riesiges Restaurant, für dessen «Poulet im Chörbli» von weit her angereist wird.
Restaurant Seegarten, 6466 Isleten, 041 878 11 05, www.seegarten-isleten.ch. Am Vierwaldstättersee am Weg der Schweiz zwischen Seedorf und Bauen. Grosse Terrasse, Bademöglichkeiten (siehe Tipp 17).
Restaurant Strengmatt, 6472 Erstfeld, 041 880 10 91, www.strengmatt.com. Bergrestaurant in kinderfreundlicher Umgebung (siehe Tipp 9).

Wo schlafen?

Hotel Alpina, Oberalpstrasse 91, 6490 Andermatt, 041 887 17 56, www.andermatt.ch. Ruhig gelegenes, kinderfreundliches Hotel, Kinderspielzimmer. Pro Person im Doppelzimmer 70–80, im Dreibettzimmer 55–60, im Vierbettzimmer 50–55 Franken. Kinderbett bis 3 Jahre gratis, 3–6 Jahre 25, 6–12 Jahre 30 Franken.

Hotel St. Gotthard, 6493 Hospental, 041 887 12 66, www.hotel-gotthard.ch. Doppelzimmer mit Dusche/WC pro Person ab Fr. 78.–, Doppelzimmer mit Etagendusche ab 55.–. Prächtiges historisches Haus mit romantischen Zimmern.
Kronen-Hotel, Gotthardstrasse 64, 6490 Andermatt, 041 887 00 88, www.kronenhotel.ch. Familienfreundliches Hotel im Dorfzentrum, Doppelzimmer 180 bis 240 Franken, Kinder bis 6 Jahre im Zimmer der Eltern gratis, Kinder in separatem Zimmer 20% Ermässigung.
Hotel Maderanertal, 6475 Bristen, 041 883 11 22. Doppelzimmer Fr. 96.–, Kinder bis 3 Jahre im Kinderbett Fr. 10.–. Grosse Hotelanlage mit Zimmern aus der Jahrhundertwende in atemberaubender Lage. Juni–Oktober (siehe Tipps 7 und 8).
Hotel Höfli, Hellgasse, 6460 Altdorf, 041 875 02 75, www.hotel-hoefli.ch. Doppelzimmer 125–180, Zusatzbett für Kinder 3–10 Jahre 30 Franken.
Gasthaus Gitschenen, 6461 Isenthal. 041 878 11 58, www.gitschenen.ch. Gemütliches Gasthaus. Doppelzimmer pro Person Fr. 55.–, Massenlager, Schlafen im Stroh.

Dauerbrenner

Teuflischer Spaziergang. Talwärts wandern durch die Schöllenenschlucht von Andermatt nach Göschenen – zwischen turmhohen Felswänden und vorbei an der legendären Teufelsbrücke. Hinfahrt mit der Schöllenenbahn ab Göschenen bis Andermatt, Wanderung rund 1½ Stunden, Mai–Oktober. Ab 6 Jahren.
Blaue Beeren. Auf Gorneren, 6482 Gurtnellen. Heidelbeeren sammeln im Bergtal Gorneren ob Gurtnellen Dorf. Bahnbus Erstfeld–Gurtnellen Wiler. Bus nach Gurtnellen Dorf. Bergweg ins Gornerental gut 1 Stunde. September–Oktober. Ab 8 Jahren.
Mit dem Buggy in die Berge. Auf dem Haldi, 6467 Schattdorf, 041 870 21 09, www.haldi-uri. Verkehrsfreie Sonnenterrasse ob Schattdorf mit grossem Wanderwegnetz und Bergbeizen. Bus von Altdorf nach Schattdorf Talstation Luftseilbahn. Ganzes Jahr. Halber Tag. Alle Altersstufen.
Zum Apfelschuss. Tellmuseum, 6463 Bürglen, 041 870 41 55, www.tellmuseum.ch. Lustige Sammlung von Hunderten von Tell-Objekten in einem trutzigen Turm in Bürglen. Mit Bus von Altdorf bis Bürglen. Mai–Mitte Oktober 10–11.30 und 13.30–17, Juli und August 9.30–17.30 Uhr. Eintritt Erwachsene Fr. 5.–, Kinder 1.50, Familien 10.–, Kinder bis 9 Jahre gratis. 1 Stunde. Ab 6 Jahren.
Panorama vom Nussbäumli. 6460 Altdorf, 041 870 76 73. 30 Minuten. Aufstieg durch den Altdorfer Bannwald, Restaurant (siehe «Wo essen»), Spielplatz. Alle Altersstufen.
Moosbad. 041 870 58 25. www.schwimmbad-altdorf.ch. Schwimmbad an der Gotthardstrasse zwischen Altdorf und Flüelen mit Planschbecken, Wasser-Rutschbahnen, Restaurant Da Sergio (siehe «Wo essen»). Alle Altersstufen.
Geburtstagswandern. Auf dem Weg der Schweiz, www.weg-der-schweiz.ch. Rund um den Urnersee führt vom Rütli nach Brunnen der Weg der Schweiz – ein 35 Kilometer langer Wanderhit, der nach Lust und Laune in Etappen bewältigt werden kann. Ab allen Bahn- und Schiffsstationen zwischen Treib und Brunnen. Wandertelefon 041 871 10 33. Im Sommer SBB-Kombitickets für Bahn und Schiff ab jedem Bahnhof. Wanderungen ab 1 Stunde. Alle Altersstufen.

Uri: Vom Gotthard bis zum Rütli

Wallis: Unterwegs im Oberwallis

1. Lang laufen... Langlauf-Loipe Goms
2. Der Märchensee Halsensee, Binn
3. Aletschwald und Blausee Riederalp
4. Ecomuseum Simplon-Dorf
5. Wasser verbindet Massa-Suonen-Lehrpfad
6. Fast wie in Tibet Mattertal
7. Mühle und Bäckerei Törbel
8. An die GPS, los! Grächen
9. Fun for Kids à gogo Grächen
10. Duftende Matten Zermatt
11. Horu-Flug Zermatt
12. Eispavillon Saas Fee
13. Rodeln wie der Blitz Saas Fee
14. Schlittelbahn Hannig–Saas Fee Saas Fee
15. Bei den Zurbriggens Saas Almagell
16. Auf der Mauer Saas Almagell
17. Auf dem Wolfspfad Eischoll
18. Bergbau- und Brauchtummuseum Kippel, Wiler
19. Hochgebirgsluft Lötschental
20. Wie viele Schäflein... Gemmi, Leukerbad

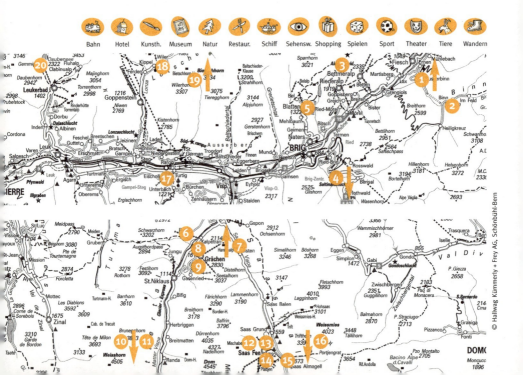

Vom Goms über Höhen und Täler dem Unterwallis entgegen

Wallis: Das Oberwallis

An klingenden Namen mangelt es im Oberwallis nicht: Matterhorn, Zermatt, Saas Fee, Aletschgletscher... Namen, die weltweit mit dem Ferienland Schweiz verbunden werden. Sportorte auch, die zu den begehrtesten Destinationen für Touristen aus aller Herren Ländern gehören. Manche meiden sie vielleicht, weil sie den Rummel scheuen. Oft zu Unrecht, gerade in der Zwischensaison oder im Sommer. Da lässt sich auch rund um Nobelhotels günstig wandern und viel Natur geniessen. Oder gar unweit davon ein Stück Tibet entdecken, mit einer ganzen Herde Yaks. Einige dieser trittsicheren, winterfesten Himalajarinder tragen bereitwillig Ihr Gepäck auf Trekkingtouren. Ähnlichkeiten zum Himalaja, zu Nepal gibt's auch in Saas Almagell oder auf der andern Rhonetalseite, oberhalb von Blatten, zu entdecken. An nordische Weiten erinnert das verschneite Goms. Nicht nur mineralische Juwelen – wie im Binntal –, sondern landschaftliche, sportliche und kulturelle Höhepunkt hat das Oberwallis auf Schritt und Tritt zu bieten.

Robert Schnieper

1   Lang laufen...

Langlauf-Loipe Goms, 3985 Münster, 027 973 30 40 oder 0878 800 753, www.loipe-goms.ch

Am östlichen Eingang des Wallis, zu Füssen von Furka-, Grimsel- und Nufenenpass, liegt das Goms mit seinem vielfältigen Wintersportangebot. Das Langlaufgebiet erstreckt sich über 22 Kilometer von Oberwald bis Niederwald, auf einer durchschnittlichen Höhe von 1300 m ü. M., die dank ihrer topografischen Lage sehr schneesicher ist. Auf dem Loipennetz von insgesamt nicht weniger als 80 Kilometern Länge lässt sich wahrlich lange laufen... von gemütlich – eventuell mit den Kleinsten im Schlepptau – entlang des Rotten, wie hier die junge Rhone heisst, bis zur anspruchsvolleren Piste am Nordhang oder romantisch-nordisch durch den verschneiten Pyschenwald mit Start und Ziel in Oberwald (4 m).

Wie? Mit der Matterhorn-Gotthard-Bahn von Brig oder Göschenen (Anschluss SBB), mit dem Auto von Brig oder Göschenen (Anschluss N2) über Andermatt und Realp (Autoverlad am Furkatunnel).

Wann? Lawinen- und Strassensituation 0900 571 000 (Fr. 0.86/Min.); Loipenbericht www.loipe-goms.ch.

Wieviel? Kinder bis 16 Jahre gratis; Tageskarte Fr. 8.–, Wochenkarte 40.–, 2 Wochen 50.–, Saison 70.–, Loipenpass Saison 90.–; Gruppen-Tageskarte 6.– pro Person; Handgelenkband 2.–
(Preise 2004).

Alter? Für selbständiges Laufen ab 6–7 Jahren, je nach Kondition.

2   Der Märchensee

Halsensee, 3996 Binn, Verkehrsverein, 027 971 45 47

Das abgelegene, wilde Binntal, das im Winter lange unter einer dicken Schneedecke steckt, bietet Wanderfreunden wunderbare Landschaften, aber auch einen märchenhaften kleinen See, der von einem Erdrutsch aufgestaut wurde und auf einer Anhöhe abseits des am häufigsten begangenen Wegs liegt: den Halsensee. Vom Talgrund aus würde man nie glauben, dass sich hier oben ein See befindet. Um das kleine Juwel zu entdecken, muss man schon den Pfad über den steilen Abhang hinaufsteigen. Von Im Feld (Fäld) gehen wir auf der linken, südlichen Seite der Binna – hier ist der Wanderweg reizvoller und mit Kristallen übersät wie ein Sternenhimmel – gut vier Kilometer Luftlinie taleinwärts Richtung Albrunpass. Unterwegs queren wir malerische Wildbäche; der See befindet sich etwa 800 m nach der Alpliegenschaft Freichi auf der gegenüber-

Bergsteiger I

Die Blüten sind anfangs weiss, später rosa bis tiefrot, mit gelben Staubblättern und dicht rotbraun behaarten Kelchblättern. Stengel und Blätter sind meist kahl, selten zottig behaart. Standort und Blattform haben die Botaniker bei der Namensgebung inspiriert: Gletscher-Hahnenfuss. Zu sehen bekommt ihn nur, wer in den Alpen über etwa 2300 Meter hinaufsteigt. Von hier an aufwärts ist *Ranunculus glacialis* als Pionierpflanze an Schutthängen heimisch, am Finsteraarhorn bis auf 4200 Meter über Meer. Das ist der höchste Standort einer Blütenpflanze in den Alpen!

liegenden Talseite. In Binn lohnt sich der Besuch des Regionalmuseums und des Atelierladens der Gebrüder Imhof (s. «Dauerbrenner»).

Wie? Vom Goms über Ernen nach Binn und weiter bis Im Feld (Fäld); Parkplatz unterhalb des Weilers benutzen!
Wann? Sommer und Frühherbst.
Dauer? Im Feld–Halsensee ca. 4 Std. hin und zurück.
Alter? Ab 6–8 Jahren.

3 Aletschwald und Blausee
3987 Riederalp, Riederalp Tourismus, 027 928 60 50, www.riederalp.ch

Der zu Beginn des 20. Jahrhunderts übernutzte Aletschwald ist seit 1933 geschützt. Inzwischen hat er sich erholt und ist heute ein hochalpiner Lebensraum von einzigartiger Vielfalt, durchsetzt von kleinen Hochmooren mit aussergewöhnlicher Blumenpracht, von Arven und Lärchen, die an der Baumgrenze ums Überleben kämpfen. Ein insgesamt knapp dreistündiger, gut ausgeschilderter Wanderweg führt von der Riederalp in einer halben Stunde auf die Riederfurka (prachtvolle Aussicht auf Belalp, den Oberaletsch- und den Dierstgletscher). Wenige Höhenmeter tiefer folgt der Weg dem Rand des Aletschwalds bis zum Blausee. Auf dem Rückweg kehrt man am besten über den Panoramaweg der Hohfluh (2227 m) zur Riederfurka zurück. Auf der Hohfluh geniesst man den einmaligen Blick auf den längsten Alpengletscher, den Aletschgletscher. Er ist auch das Herz des UNESCO-Weltnaturerbes Jungfrau-Aletsch-Bietschhorn. In Riederalp sehenswert sind auch das Zentrum Aletsch der Pro Natura in der Villa Cassel und das Alpwirtschaftsmuseum (s. «Dauerbrenner»); über das breite Sport- und Erholungsangebot informiert das Tourismusbüro, und bei schlechtem Wetter heitert seine Ludothek die Kids garantiert wieder auf.

Wie? Von der MGB-Bahnstation (Parkplatz) mit der Luftseilbahn (027 928 66 11) ins autofreie Riederalp.
Wann? Juni–Oktober.
Wieviel? Luftseilbahn Mörel–Riederalp retour: Erwachsene Fr. 16.80, Kinder 6–16 Jahre 8.40.
Dauer? Rundweg 2¾ Stunden.
Alter? Ab 8 Jahren.

4 Ecomuseum
3901 Simplon-Dorf, 027 978 80 80 (Gemeinde), www.ecomuseum.ch

Der «Alte Gasthof» in Simplon-Dorf, dessen älteste Bauteile ins 14. Jahrhundert zurückgehen, ist neu restauriert und beherbergt jetzt abseits des Autoverkehrs ein Öko- oder Ecomuseum. Dabei handelt es sich nicht um eine verstaubte Ansammlung alter Zeugnisse, sondern thematische Kompositionen über das Leben der Menschen und der Region in verschiedenen Abschnitten der Geschichte. Sie erzählen von der Auswanderung der Oberwalliser im letzten Jahrhundert, vom bäuerlichen Leben, vom Bau der Strasse und des Tunnels und der damit verbundenen wirtschaftlichen Entwicklung.

Wie? Von Brig auf der Simplonpassstrasse oder über den Stockalperweg (s. Dauerbrenner).
Wann? Anfang–Mitte Juni und Mitte August–Ende Oktober Mi–So 13–17 Uhr, Mitte Juni–Mitte August Mo–So 13–17 Uhr.
Wieviel? Erwachsene Fr. 4.–, Kinder 2.–, Familien 10.–.
Alter? Ab 8 Jahren.

5 Wasser verbindet

Massa-Suonen-Lehrpfad,
3914 Blatten b. Naters,
Belalp Tourismus, 027 921 60 40,
www.belalp.ch

Suone, Bisse oder Kulo, sagt Ihnen das was? Ja, es geht um Wasser, besser gesagt um Wasserleitungen, die den Link zwischen Wallis und Nepal schaffen. Auf dem 1995 erstellten Wanderweg, der hoch über der Massaschlucht von Brig über Blatten, Rischinen, Ried-Mörel und Bitsch zurück nach Brig führt, informiert im Teilstück Blatten–Ried-Mörel ein Lehrpfad über die Parallelen zwischen den Walliser Wässerwasserleitungen (den Suonen, franz. Bisses) und den entsprechenden Kanälen in Nepal. Unsere Begleiter auf dem atemberaubenden Höhenweg sind Aletscha, Aletschander, Laxmi und Narayan. Der in Zusammenarbeit von Alpmuseum und Helvetas geschaffene Lehrpfad beginnt am Fuss der Gebidem-Staumauer, die das Schmelzwasser des Aletschgletschers bzw. der Massa sammelt. Auf dem Dutzend illustrierter Tafeln verraten die vier lustigen Führer alle Einzelheiten und Gemeinsamkeiten zwischen den beiden Bewässerungssystemen und vielfältige Informationen über die verschiedenen Umwelten, dies entlang der alten, wiederhergestellten Riederi-Suone bis zum Dorf Ried-Mörel, begleitet von einer atemberaubenden Aussicht auf Rhonetal und Walliser Alpen.

Wie? Autobahnausfahrt Sierre/Siders-Ost, Wegweiser «Brig», eingangs des Städtchens abzweigen nach Naters, Mund und Blatten; Parkplatz gebührenpflichtig. Oder mit dem Postauto von Brig nach Blatten. Ausgangs des Dorfes dem Wegweiser Massaweg folgen.

Wann? Frühling–Herbst, im Winter gesperrt.
Dauer? 2½ bis 3 Stunden bis Ried-Mörel.
Wieviel? Führer «Wasser verbindet» Fr. 8.–, Wanderkarte Fr. 2.–.
Alter? Je nach Wandertüchtigkeit der Kinder, die an einigen schwierigen Passagen im Auge behalten werden müssen.

6 Fast wie in Tibet

Yak-Trekking im Mattertal,
Daniel Wismer, Roti Flüo, 3926 Embd,
027 952 14 22 oder 079 605 97 58,
www.yaks.ch

Am Westhang hoch über dem Eingang des Mattertals liegt das Dörfchen Embd. Von den schwarzgebräunten Chalets steigen wir weiter bergwärts, dem Augstbordhorn entgegen. Unser Ziel ist Yak Tsang Ling oder der «Ort der Yaks», ein Weiler auf 1650 m ü. M. mit Aussicht auf den Riedgletscher und mehrere Viertausender. Hier züchtet der ehemalige Forstwart und Weltenbummler Daniel Wismer die zottigen Hochlandrinder des Himalayas – die Herde zählt ungefähr fünfzig Tiere! – und führt Trekkings durch die Walliser Bergwelt durch. Gebetsfahnen flattern im Wind, und auf der Tour wird im echten tibetischen Zelt übernachtet. Gemütliches Ferienhaus mit Matratzenlager.

Wie? Ab Brig mit der BVZ bis Kalpetran, dann Luftseilbahn bis Embd und zu Fuss in ca. 45 Min. auf die Roti Flüo.
Wann? Im Sommerhalbjahr.
Wieviel? Auf Anfrage; Übernachtung für Kinder bis 12 Jahre Fr. 15.–.
Alter? Ab 5 Jahren.

7 Mühle und Bäckerei
3923 Törbel, Törbel Tourismus, 027 952 12 77, www.toerbel.ch

Die Sonne meint es gut mit dem Dörfchen Törbel auf der Kuppe über Stalden am Eingang zum Mattertal. Dank dieser klimatisch bevorzugten Lage, in der die seltenen Wildtulpen blühen, war der Ort denn auch schon in keltischer Zeit besiedelt. Ein Spaziergang im alten Dorfkern mit seinen schmalen Gässchen und auf einem Wanderweg bis zum Törbelbach öffnet eine Seite im Geschichtsbuch des bergbäuerlichen Dorflebens. Der Verein «Urchigs Terbil» hat mehrere andere Bauten renoviert, die von der harten Arbeit der Bauern früherer Zeit im Kreislauf der Jahreszeiten zeugen, um das tägliche Brot für die Familien sicherzustellen. Von den Getreideäckern über die mit einem Wasserrad angetriebene Mühle bis zum Stadel und zum Ofen des Bäckers lässt sich der Weg des Brots in diesem Freilichtmuseum nachvollziehen. Der Tourismusverein bietet vom Frühling bis Herbst Führungen an und gibt einen Faltprospekt ab.

Wie? In Visp Richtung Zermatt-Saas Fee fahren und bei Stalden nach Törbel abzweigen (auch mit Postauto erreichbar). Parkplatz östlich des Dorfes beim Schulhaus und beim Friedhof. Anmeldung bei Törbel Tourismus oder Armin Karlen, 027 946 31 48 und 027 952 16 86.
Wann? Am besten von Frühling bis Herbst.
Dauer? 1½ Stunden.
Alter? Alle Altersstufen.

8 An die GPS, los!
Spielend wandern..., 3925 Grächen, Grächen Tourismus, 027 955 60 60, www.graechen.ch

Mit Spielrucksack und Spielpass ausgerüstet, können Familien seit einigen Jahren die faszinierende Bergwelt rund um Grächen auf dem Ravensburger Spielweg entdecken. Im Wandergebiet von Grächen und St. Niklaus sind 8 Spielhäuser und 8 Spielstationen verteilt. Memory, Halma, Gänsespiel, Eile mit Weile, Mühle, Mimikry... der Tag müsste viel mehr Stunden haben! Die Spielrucksäcke mit den nötigen Spielregeln, Würfeln, Figuren usw. können gegen ein Depot von Fr. 50.– bei Grächen Tourismus bezogen werden. Ausserdem gibt's einen Spielpass, den man bei jeder Station quittieren kann. Mit 15 der 16 möglichen Stempel nehmen Sie automatisch an einer grossen Verlosung mit Superpreisen teil.

Und auf kleine und grosse Kids mit Flair für Hightech wartet jetzt eine Weltneuheit: statt einer Wanderkarte ein GPS-Lotse. Auf dem Bildschirm des einem Gameboy gleichenden Geräts weist ein digitales Männchen den Kindern den Weg zu den Spielstationen und warnt augenblicklich mit wildem Gestikulieren, wenn sie eine falsche Route einschlagen wollen…

Wie? Autobahnausfahrt Sierre/Siders-Ost, Wegweiser «Brig», in Visp «Zermatt», in St. Niklaus «Grächen» folgen; Parkplatz gebührenpflichtig. Oder mit dem Postauto ab St. Niklaus. Material bei Grächen Tourismus abholen.
Wann? Im Sommer, wenn die Bergbahnen in Betrieb sind (Juni–Oktober).
Dauer? Je nach Zeit; 4 bis 5 Tage, um alle Spiele zu machen.
Wieviel? Spielpass und Rucksack Fr. 10.– (5.– mit Gästekarte), Depot 50.–; GPS: Tagesmiete 15.–, Wochenmiete 70.–, Depot ID-Karte/Pass oder Fr. 400.–.
Alter? Ab 5 Jahren.

9 Fun for Kids à gogo
3925 Grächen, Tourismusverein, 027 955 60 60, www.graechen.ch

Grächen über St. Niklaus im Mattertal denkt ganz besonders an die Kinder. Zum Beispiel mit Robi's Freizeitpark, benannt nach dem Schwarznasenschaf, das direkt daneben wohnt. In einem 4000 Quadratmeter grossen Waldareal gibt's Spiel, Spass, Spannung und Abenteuer: im Indianer- und Jägerland. Im Tipi und im Soldaten-Fort. Auf dem Kletterfelsen, der Riesenrutsche, dem Karussell und den Schaukeln. In Schiessbuden, Baum- und Jagdhütten. In der Baggerstation, der Goldmine und auf dem Märchenweg. Hier finden Kinder, was ihr Herz begehrt, besonders am Mittwoch, wenn Pippi Langstrumpf zu Besuch kommt. Und damit nicht genug: Wenn der Freizeitpark abgehakt ist, locken noch der Ravensburger Spielweg (siehe Tipp 8) und im Winter Schnöö's Kinderparadies auf der Hannigalp (siehe «Dauerbrenner»). Mehr darüber erfahren Sie bei Grächen Tourismus.

Wie? Autobahnausfahrt Sierre/Siders-Ost, Wegweiser «Brig», in Visp «Zermatt», in St. Niklaus «Grächen» folgen; Parkplatz gebührenpflichtig. Oder mit dem Postauto ab St. Niklaus.
Wann? Juni–September.
Wieviel? Robi's Freizeitpark gratis; Ravensburger Spielweg siehe Tipp 8.
Alter? Ab 6 Jahren.

10 Duftende Matten
Pflanzen und Kräuter am Fuss des Matterhorns, 3920 Zermatt, Tourismusbüro, 027 966 81 00, www.zermatt.ch

Die Berggebiete am Fuss des Matterhorns sind ein Refugium für eine Vielfalt von Alpenblumen. Man hat hier über 800 verschiedene Arten erfasst, von denen etwa 70 vom Aussterben bedroht sind. Manche erobern als Pionierpflanzen die Schutthänge, andere gedeihen nur auf kalkhaltigem Boden, und wieder andere ziehen saure Sumpf- und Riedgebiete vor. Ein Pflanzenlehrpfad mit acht Lehrtafeln unterrichtet uns auf dem

Bergweg von Zermatt nach Trift (2337 m) über die botanischen Sehenswürdigkeiten.

Für Kids mindestens so interessant: Der halbstündige Spaziergang zum Ricola-Kräutergarten im malerisch gelegenen Weiler Blatten, neben Heuschobern, einer kleinen Kapelle und einem Bergrestaurant. Auf dem unterhaltsamen Rundgang durch den kreisförmig angelegten Garten kann die ganze Familie die 13 Kräuter genauer kennenlernen, die in jedem Ricola-Kräuterbonbon stecken. Und anschliessend ihr Wissen bei einem Wettbewerb testen und tolle Überraschungspakete gewinnen.

Wie? Über Visp nach Täsch (gebührenpflichtige Parkplätze und Parkhäuser). Mit dem Zug ins autofreie Zermatt. Beginn des Pflanzenlehrpfads bei der Pension Edelweiss über Zermatt, auf 1961 m, Ende auf Trift, 2337 m. Dokumentation im Tourismusbüro. Ricola-Kräutergarten: Wegweiser Blatten und Kräutergarten folgen.
Wann? Ende Juni–Ende September.
Wieviel? Bahn Täsch–Zermatt retour Fr. 15.60, Halbtax 7.80.
Dauer? Aufstieg Zermatt–Trift 2 Std.; Zermatt–Blatten ½ Stunde.
Alter? Trift: Ab 8 Jahren. Kräutergarten alle Altersstufen.

Bergsteiger II

Der Genfer Naturforscher Horace-Bénédict de Saussure gilt als Wegbereiter des Alpinismus in Zermatt, weil er am 14. August 1789 das Kleine Matterhorn (3820 m) bestiegen hatte. Damals gab es in Zermatt kein einziges Gasthaus. Die wenigen Reisenden übernachteten beim Pfarrer. Fast ein Dreivierteljahrhundert später, 1865, bezwang dann Edward Whymper mit seinen Gefährten das «grosse» Matterhorn (4478 m).

---

11 Horu-Flug

Rund ums Matterhorn, Air Zermatt, 3920 Zermatt, Zentrale Einsatzleitung, 027 935 86 86, oder
Zermatt Tourismus, 027 966 81 00, www.zermatt.ch

Ein phantastisches Erlebnis, zugegeben nicht ganz billig… aber unvergesslich. Sie steigen mit einem Helikopter der Air Zermatt zu einem Rundflug rund um den weltberühmten, magischen Berg auf. Während des rund 20 Minuten dauernden Flugs haben Sie und Ihre Familie Gelegenheit, zu erraten, wie dieses Juwel der Alpen entstanden ist, und Sie können je nach Jahreszeit Bergsteiger in voller Aktion beobachten. Neben dem Matterhorn oder Mont-Cervin können Sie die ganze Wunderwelt der Walliser Viertausender bewundern: in unmittelbarer Umgebung Weisshorn, Zinalrothorn, Breithorn und Kleines Matterhorn, in der Ferne die Silhouette des Monte Rosa… ein atemberaubendes Panorama. Bleibt nur zu hoffen, dass Sie einen Tag mit schönem Wetter erwischen! Und sagen Sie lieber ab, wenn jemand in der Familie stark verschnupft ist.

Wie? Über Visp nach Täsch (gebührenpflichtige Parkplätze und Parkhäuser). Mit dem Zug ins autofreie Zermatt. Abflug im Heliport Zermatt, etwa 800 m vom Bahnhof entfernt am Eingang des Sportorts in nördlicher Richtung.
Wann? Auf Reservation zu jeder Jahreszeit, je nach Wetterbedingungen.
Wieviel? Bahn Täsch–Zermatt retour Erwachsene Fr. 15.60, Kinder 7.80 (Halbtax-Abo und Juniorkarte gültig). Flug: Erwachsene Fr. 195.–, Kinder 6–12 Jahre halber Tarif.
Alter? Ab 6 Jahren.

Wallis: Das Oberwallis

12 Eispavillon
3906 Saas Fee, Tourist Office,
027 958 18 58, www.saas-fee.ch

Das Gletscherdorf Saas Fee bietet mit dem Eispavillon ein besonders faszinierendes und ungewöhnliches Erlebnis an. Zuerst geht es mit der Metro-Alpin auf 3500 Meter hinauf, und dann wandert man in eine riesige Eisgrotte im Bauch des gewaltigen Feegletschers, der den Fuss des Felszirkus zwischen dem Allalinhorn und der Mischabelkette bedeckt. Die Ausstellungen im Eispavillon erklären das «Leben» dieser in ständigem Wandel befindlichen Gletschermassen.

Wie? In Saas Fee mit dem Alpin-Express und der Metro-Alpin.
Wann? In der Hochsaison täglich, sonst auf Anfrage.
Wieviel? Eispavillon Erwachsene Fr. 8.–, Kinder bis 16 Jahre 4.– (1.–/–.50 Reduktion mit Gästekarte und für Gruppen ab 10 Personen). Alpin-Express und Metro-Alpin retour Erwachsene Fr. 60.–, erstes Kind 36.–, weitere Kinder gratis
Alter? Alle Altersstufen.

13 Rodeln wie der Blitz
Feeblitz-Bobbahn, 3906 Saas Fee, Tourist Office, 027 958 18 58, www.saas-fee.ch

Der Rodelspass für Gross und Klein. Die 900 Meter lange Rodelbobbahn befindet sich gleich neben dem Alpin-Express. Im Sommer und Winter können Sie mit der atemberaubenden Geschwindigkeit von bis zu 40 Stundenkilometern um die Kurven flitzen, dass es nur so blitzt und donnert. Keine Angst, sooo schnell ist das nun auch wieder nicht. Auf allen Schlitten können Kinder bis 8 Jahren auf dem zweiten Sitz mitgenommen werden; ab 8 Jahren dürfen sie allein die Rodelbahn hinunterblitzen.

Wie? Von Visp oder Brig mit dem Postauto oder PW nach Saas Fee.
Wann? Juni 12–18, Juli und August 10–18, Sept. und Okt. täglich 12–18, Sa/So 10–18 Uhr, Nov.–Mitte Dez. nur Sa/So 13–17 Uhr, Mitte Dez.–Ende April 12–18 Uhr.
Wieviel? Ohne Gästekarte Erwachsene Fr. 6.–, Kinder 4.–; mit Gästekarte Fr. 5.30/3.60.
Alter? Siehe oben.

14 Schlittelbahn Hannig–Saas Fee
3906 Saas Fee, 027 957 26 15

Die Seilbahn Saas Fee–Hannig trägt uns zum Startpunkt der Schlittelbahn des Oberwalliser Sportorts auf 2336 Meter Höhe hinauf. Die Piste verläuft über eine Länge von 5 Kilometern auf Alpweiden

---

Bergsteiger III
Bergsteigen ist offensichtlich gesund. Jedenfalls konnte der «König der Alpen», Bergführer Ulrich Inderbinen aus Zermatt, am 3. Dezember 2000 seinen 100. Geburtstag bei bester Gesundheit feiern. Als Einundzwanzigjähriger bestieg er mit einer seiner Schwestern erstmals das Matterhorn, 1990 letztmals … insgesamt hatte er mehr als dreihundertmal Gäste auf dem berühmtesten Gipfel der Schweizer Alpen geführt. Mit 96 Jahren kletterte er noch aufs Breithorn … und erst mit 98 stellte er seine Bergführertätigkeit ganz ein! Also: Bergsteigen!

und durch Wälder. Man kann hier vom frühen Morgen bis abends, ja zweimal pro Woche in sternenklarer Nacht nach Herzenslust schlitteln und sich zwischendurch mit einem Fondue im Bergrestaurant Hannig stärken.

Wie? Von Visp oder Brig Richtung Saas Fee fahren, von dort mit der Gondelbahn auf den Hannig.
Wann? Je nach Schneeverhältnissen und Fahrzeiten der Seilbahn. Nachtschlitteln im Prinzip Di und Do bis 21 Uhr.
Wieviel? Tageskarte Seilbahn: Erwachsene Fr. 30.–, Kinder 6–16 Jahre 20.–, Einzelfahrt Erwachsene Fr. 18.–, Kinder 9.–. Schlittenmiete bei der Seilbahn Fr. 8.– pro Schlitten, Stirnlampe 2.–.
Nachtessen individuell buchbar im Bergrestaurant Hannig oder Ferieneck Hohnegg.
Alter? Alle Altersstufen.

15 Bei den Zurbriggens
Erlebnispfad Almagellerhorn,
3905 Saas Almagell, Tourist Office,
027 958 66 44, www.saas-fee.ch
und www.saastal.ch

In der Heimat von Pirmin, Heidi und Silvan Zurbriggen über Almagell führt ein gut ausgebauter Weg an die Hänge des Almagellerhorns hinauf. Die Route beginnt bei der Bergstation der Sesselbahn Saas Almagell–Furggstalden auf einem Waldweg und führt dann steil bergwärts in aufregendem Anstieg über steile Felsstufen hinauf. Dank Holz- und Eisentreppen, Leitern und Handläufen können auch die Kids relativ gefahrlos dem Rausch der Tiefe trotzen und ihre Geschicklichkeit beweisen. Auf dem Bergrücken angekommen, belohnt der herrliche Blick über das Saasertal für die Mühen des Aufstiegs. Nun führt der Pfad gemütlich dem Hang entlang – für Aufregung sorgen einzig die Hängebrücken, davon eine von 65 Metern Länge – hinüber ins Almagellertal. Nach etwa 20 Minuten können sich die erschöpften Abenteurer auf der Almagelleralp im Berghotel oder in der SAC-Hütte stärken, bevor ein problemloser Wanderweg den Kreis zurück nach Saas Almagell schliesst.

Als Variante können Sie auf dem spannenden Naturerlebnispfad am Almagellerbach entlang nach Moos (Postauto-Haltestelle Alpjen) und zurück nach Saas Almagell wandern.

Wie? Mit dem Auto von Visp über Saas Grund nach Saas Almagell bis zur Talstation der Sesselbahn Saas Almagell–Furggstalden (mit dem Postauto Visp–Saas Fee in Saas Grund umsteigen). Man kann auch bis Furggstalden fahren (Parkplatz am Ende der Strasse).
Wann? Frühling bis Herbst. Mit der Sesselbahn Saas Almagell–Furggstalden Mitte Juni–Mitte Oktober (Juli–September täglich 8.30–12 und 13.15–16.45 Uhr; Juni/Oktober 4 Fahrten pro Tag: 9, 11, 13.30 und 16.30 Uhr).
Dauer? Ca. 1 Stunde bis Almagelleralp, 2½–3 Stunden für die ganze Wanderung. Naturerlebnispfad Almagellerbach ca. 1½ Stunden.
Wieviel? Sesselbahn Erwachsene einfach Fr. 7.–, Kinder 3.50.
Alter? Ab 6 Jahren.

Wallis: Das Oberwallis

16 Auf der Mauer
Mattmark-Stausee,
3905 Saas Almagell, Tourist Office,
027 958 66 44, www.saastal.ch

Ganz zuhinterst im Saasertal, umkränzt von Gipfeln, Firnschnee und Gletschern, glänzt wie ein blauer Saphir der 176 Hektar grosse Mattmark-Stausee. Die 1967 fertiggestellte Schwergewichtsstaumauer, ein Erdschüttdamm, staut maximal 10,5 Millionen Kubikmeter Wasser. Rund um den See bietet ein breiter Weg, der sich über kurze Strecken zum Fusspfad verengt, die Möglichkeit für einen ebenso bequemen wie beeindruckenden «Hochgebirgs-Spaziergang». Der Blick reicht von den Gletschern über Saas Fee bis zum einige Stunden Fussmarsch entfernten Monte-Moro-Pass im Süden, der die Grenze zu Italien bildet. In den Berghängen beidseits des Sees machen sich immer wieder Murmeltiere mit schrillen Pfiffen bemerkbar. Ein vielfältiges Wanderwegnetz lädt zu grösseren Exkursionen ein, wenn die Kids dafür zu haben sind.

Wie? Mit dem Auto von Visp über Stalden nach Saas Grund und weiter nach Mattmark bis ans Ende der Strasse bei der Staumauer. Gratis-Parkplatz. Oder mit dem Postauto Visp–Saas Fee bis Saas Grund; Postautodienst Saas Almagell–Mattmark Mitte Juni bis Mitte Oktober.
Wann? Frühling bis Herbst.
Dauer? Seeumrundung 2½–3 Std.
Alter? Alle Altersstufen (mit einem robusten Kinderwagen möglich).

17 Auf dem Wolfspfad
Im Augstbord unterwegs,
3943 Eischoll, Verkehrsverein,
027 934 24 43, www.eischoll.ch

Zwischen Visp und Turtmann auf der Südflanke hoch über dem Rhonetal verbindet der «Wolfspfad» das Wanderferienparadies Eischoll in rund zweieinhalb Stunden mit Ergisch am Eingang zum Turtmanntal. Der gut ausgeschilderte Weg beginnt auf dem Dorfplatz, schlängelt sich zwischen einigen maleri-

---

Bergsteiger IV
Für den Bergsteiger ist das wichtigste Ausrüstungsstück der Schuh, für die Gemse, unsere alpine Antilopenverwandte, der Huf. Er besteht wie bei allen Horntieren aus zwei Klauen, den Schalen oder Hufen. Dahinter sitzen die Afterklauen, die bergab an Steilhängen den Bodenkontakt vergrössern helfen. Die Haupthufe sind sehr weich und zäh, die Sohlenflächen plastisch wie Gummi, so dass sie sich Unebenheiten anschmiegen. Die Hufspitzen bzw. Ränder hingegen sind viel härter und werden weniger abgenutzt, so dass sie als Leisten vorstehen und wie Steigeisen wirken. Darüber hinaus sind die Hufhälften stark verstellbar, so dass die Gemse auch im rauhesten Gelände auf acht Punkten «Fuss fassen» kann. Rechnet man noch die Tatsache hinzu, dass die Gemse mit einem grösseren Herzen als der Mensch Blut umwälzt, das dreimal mehr rote Blutkörperchen hat und entsprechend mehr Sauerstoff bindet, wird verständlich, wieso sie scheinbar mühelos und pfeilschnell die Hänge hinauf und hinunter sausen kann. Und dass sie da oben nicht frieren muss, dafür sorgt das Haarkleid mit drei Sorten Wolle, das optimal isoliert.

schen Walliser Häusern und Gärten durch und führt dann über Haberen und Ried nach Tännholz. Bei der kleinen Kapelle erwartet Sie ein willkommener Rastplatz mit herrlichem Blick auf das Bietschhorn und die Berner Alpen sowie einer Informationstafel über den Wolf. 1946 sorgte im Wallis ein «wildes Tier» für Angst und Schrecken, gesteigert durch reisserische Berichte in den Zeitungen. Man glaubte schon an einen Panther oder gar einen Tiger… und manche wagten sich kaum mehr aus dem Haus. Ein Jahr später erlegte ein Wilderer dann zwischen Eischoll und Ergisch ein hundeähnliches Tier. Es stellte sich als Wolf heraus, der aus Italien eingewandert sein dürfte und heute ausgestopft im Naturmuseum in Sitten steht! Weiter geht's über die Alp Ifil, dann zum «Wolfsläger» mit einem weiteren Rastplatz, an einer nicht mehr benutzten Wasserleite entlang nach Tännbach, dann durch den Wald nach Golantschu und ins malerische Dörfchen Ergisch.

Wie? Mit dem Auto oder den SBB zur Haltestelle Raron/Turtig der Luftseilbahn nach Eischoll. Von Ergisch mit Privatbus nach Turtmann und mit der SBB zurück zur Talstation der Luftseilbahn. Oder mit dem Postauto- und Kleinbus-Taxibetrieb der Autotour GmbH Visp–Bürchen nach Eischoll sowie für den Rückweg von Ergisch: 079 622 46 46; 079 213 46 46. Mit dem Auto über Turtmann oder Visp nach Eischoll und von Ergisch auf Schusters Rappen über die direkte Route (ca. 1½ Std.) zurück nach Eischoll.

Wieviel? Luftseilbahn Raron–Eischoll (027 934 11 54), Erwachsene Fr. 4.60, Kinder, Halbtax-Abo und GA 2.30 (Preise 2003).
Wann? Frühling bis Frühherbst.
Dauer? Eischoll–Ergisch 2¼–2½ Std.
Alter? Ab 6 Jahren.

18 Bergbau- und Brauchtummuseum Kippel

3918 Wiler, Lötschental Tourismus, 027 938 88 88, Museum 027 939 18 71

Geisterdörfer an steilen Hängen, von der Sonne verbrannte und vom Regen zerfressene Holzhütten: die Lötschentaler Minen sind nur noch eine ferne Erinnerung an die heroischen Zeiten, als man hier Stollen in den Berg vortreiben musste, um Kohle, Anthrazit, Eisenerz und silberhaltiges Bleierz abzubauen… weil die Weltkriege die Einfuhr von Rohstoffen in die Schweiz behinderten. Die Abhänge bei Goppenstein sind durchlöchert wie ein Emmentaler Käse, und das aufmerksame Auge entdeckt unzählige längst ihrem Schicksal überlassene Industrieleichen, die langsam vor sich hinrosten. Das Bergbaumuseum in Kippel dokumentiert die heldenhafte Arbeit der Männer, die unter Lebensgefahr in den Schächten von Tiebel, Rote Matte, Dahlstollen, Martinsstollen usw. arbeiteten. Andere thematische Ausstellungen sind den Bergführern, Bauern und Säumern gewidmet.

Wie? Mit PW oder Bahn und Postauto nach Wiler.
Wann? Wechselnde Öffnungszeiten je nach Saison, am besten telefonisch anfragen.
Wieviel? Erwachsene Fr. 4.–, Studenten und Lehrlinge 2.50, Kinder 1.–.
Alter? Ab 8 Jahren.

19 Hochgebirgsluft

Klettern mit den Grossen, Anenhütte, 027 939 17 64, Hüttenwart R. und L. Kalbermatten, Furubord, 3918 Wiler, 027 939 15 23 und 079 219 26 72; André Henzen, Bergführer, 3918 Wiler, 079 220 32 23, www.henzen.com

Die 1995 eröffnete Anenhütte auf 2355 m ü. M. in der Region Jegiknubel–Grosshorn im oberen Lötschental gilt als Walliser «Tor zu den Berner Alpen» und ist ungeachtet ihrer Höhe sehr schnell erreichbar (z. B. von Bern aus in 4 Stunden, davon 2 Stunden Marschzeit ab Fafleralp). Sie ist vom Frühjahr bis Herbst bewartet, bietet mindestens 51 Plätze und ist Ausgangspunkt für verschiedene Touren, die zum Teil auch für grössere Kindern geeignet sind. Künftige Messmers können sich in diversen Klettergärten und an einem idealen Ort für Eisausbildung auf das Leben am Seil vorbereiten. Im Winter dient die Anenhütte als Schutzraum für die Frühlingsskitour Jungfraujoch–Lötschenlücke–Fafleralp. Infos und Tourenvorschläge s. Internetadresse.

Wie? Ab BLS-Bahnhof Goppenstein mit dem Postauto oder mit dem PW auf die Fafleralp (1763 m), auf markierten Wanderwegen in 2 Std., ab Blatten (Lötschen) ca. 3½ Std.
Wann? Geöffnet Pfingsten, Auffahrt, Mitte Juni bis Mitte Oktober oder für Gruppen nach Wunsch.
Wieviel? Übernachtung: Erwachsene Fr. 27.–, Jugend und Sport 20.–, Frühstück Fr. 8.50/5.50.
Alter? Je nach Bergerfahrung ab 8–10 Jahren.

20 Wie viele Schäflein...

Schäferfest auf der Gemmi, Leukerbad Tourismus, 3954 Leukerbad/Loèche-les-Bains, 027 472 71 71, www.leukerbad.ch

Am Morgen des letzten Julisonntags wimmelt es in der sonst friedlichen Landschaft am Daubensee von Leben. An die tausend Schafe werden hier hinter dem Gemmipass, hoch über Leukerbad, zum Schäferfest zusammengetrieben. Hier treffen sich die Hirten und Sennen aus dem Wallis und dem Berner Oberland. Die Touristen sind ebenfalls eingeladen, sich an den Festivitäten zu beteiligen. Und selbstverständlich erhalten auch die Schafe ihren Anteil: das «Gläck», eine heissbegehrte Mischung aus Kleie und Salz. Dann wenden sie sich wieder ihren saftigen Bergkräutern zu, während das Fest rund um ein heimeliges Holzfeuer beginnt. Kräftige Arme schneiden die Käselaibe, man prostet sich zu, probiert das Raclette und all die Köstlichkeiten vom Grill. Ans Aufbrechen denkt da niemand so schnell. Das Alphorn lässt seine dumpfe Stimme ertönen, die Sennen stimmen einen Jodel an, wirbeln ihre Fahnen in die Höhe, und man tanzt, bis die Sonne untergeht!

Wie? Mit dem PW oder mit Bahn und Postauto nach Leukerbad, mit der Luftseilbahn auf die Gemmi und 30 Min. zu Fuss bis zum Daubensee. Die Anreise ist selbstverständlich auch über Kandersteg möglich.
Wann? Letzter Sonntag im Juli (Festauftakt: 11 Uhr).
Wieviel? Erwachsene retour 26.– (Halbtax-Abo gültig), Kinder 6–16 Jahre 13.– (mit Juniorkarte gratis). Luftseilbahn in Betrieb 8.30–12 und 13–17.30, im Hochsommer ab 8 und bis 18 Uhr, Auskunft 027 470 18 39, www.gemmi.ch).
Alter? Alle Altersstufen.

Kids willkommen!

Wo essen?

Panoramarestaurant Kreuzboden, 3910 Saas Grund, 027 957 29 45. Selbstbedienungsrestaurant auf 2397 m Höhe mit grossartigem Blick auf die Mischabelgruppe. Geöffnet von Mitte Juni bis Mitte Oktober und von Weihnachten bis etwa eine Woche nach Ostern 8–16 Uhr. Übernachtungsmöglichkeiten auf Anfrage.

Restaurant Mattmark, 3905 Saas Almagell, 027 957 29 06. Ausflugsrestaurant am Mattmarkdamm mit Sonnenterrasse und Blick auf den Allalingletscher.

Martinikeller, 3930 Visp, Martinistrasse, 027 946 35 75. Sympathisches Restaurant in der Altstadt in der Nähe des Blauen Steins mit schöner schattiger Terrasse über dem Stadtpark, wo die Kinder herumtoben können.

Bergrestaurant Bettmerhorn, 3992 Bettmeralp, 027 927 40 50. Diese auf dem Gipfel gestrandete «fliegende Untertasse» mit ihrer kühnen Architektur bietet auf 2650 m ü. M. eine atemberaubende Rundsicht. Erreichbar mit der Luftseilbahn. Geöffnet von ca. 20. Juni bis Mitte Oktober 8.30–16.30, Mitte Dezember bis Mitte April 9–15 Uhr.

Restaurant Egga, 3939 Eggen/Eggerberg, 027 946 70 27. Sympathisches Restaurant über dem Weiler Eggen mit einer kleinen Terrasse, einem Forellenteich und Kinderspielplatz. Älpermagronen, Grilladen und hausgemachtes Trockenfleisch. Mai–Oktober täglich geöffnet, November–April am Wochenende (ab Freitagabend).

Restaurant Imfeld, 3996 Imfeld/Binn, 027 971 45 96. Typisches Oberwalliser Restaurant in einem Holzhaus mit reizender kleiner Terrasse (geöffnet Mai–Oktober). Hausgemachte Rösti mit Spiegeleiern und Käse, Salate, Forellen und Käsespezialitäten.

Wo schlafen?

Hotel La Ginabelle, 3920 Zermatt, 027 966 50 00, www.la.ginabelle.ch. Das «Haus der familiären Gastlichkeit» verfügt über vier Sterne, eine Badelandschaft und einen attraktiven Kinderclub, in dem die Kleinen ab 2 Jahren betreut werden (siehe auch unter «Dauerbrenner»). Ab Fr. 120.– pro Person bis zu luxuriösen Suiten.

Hotel Nicoletta, 3920 Zermatt, 027 966 07 77, www.seilerhotels.ch/de/nicoletta. Familienfreundliches Viersterne-Haus, von komfortabel bis luxuriös, aber dennoch ungezwungen. Gästen der Seilerhotels steht der im Winter geöffnete Nico Kids Club für Kinder von 2 bis 8 Jahren kostenlos zur Verfügung. Babysitting, Kindertische, Familiensuite.

Hotel La Collina, 3925 Niedergrächen, 027 956 20 16, www.hotel-collina.ch. Terrasse und Garten, Sauna-Fitnessraum mit Whirlpool. Tiefgarage. Doppelzimmer mit Halbpension je nach Saison Fr. 142.– bis 236.– pro Person. Kinder bis 7 Jahre schlafen im Zimmer der Eltern gratis, ab 8–14 Jahren je nach Saison Fr. 34.– bis 54.–; Kinder in separatem Zimmer 20%. Auch Appartementmiete möglich.

Hotels Alphubel und Waldesruh, 3906 Saas Fee, 027 957 11 12. Die Dreistern-Familienhotels werden vom selben Besitzer geführt und gehören dem Klub der Schweizer «Kids Hotels – die Kinderfreundlichen» an. Kommunizierende Zimmer für Familien, Kinderbetten und -stühle, Sauna, Garten, kostenloser Kinderhort, Spiele und Animation für Jung und Alt. Kindermenüs. DZ mit Halbpension Fr. 98.– bis 148.– pro Person (25.– Reduktion bei Zimmer/Frühstück. Kinder im Zimmer der Eltern unter 6 Jahren gratis; 6–11 Jahre 50% Ermässigung, 12–16 Jahre 30%.

Wallis: Das Oberwallis

Hotel-Restaurant Landhaus,
3985 Münster, 027 973 22 73,
www.landhaus-muenster.ch. Direkt an
der Gommer Loipe gelegener, gemütlicher Gasthof mit großer Terrasse,
dessen Küche Wert auf biologische
Produkte aus einheimischen Betrieben
legt. Familienzimmer ab Fr. 60.– pro
Person (Frühstücksbuffet inbegriffen).
Villa Cassel, Pro Natura Zentrum
Aletsch, 3987 Riederalp, 027 928 62 20.
Viktorianischer Bau aus den Anfängen
des 20. Jahrhunderts. Einige Zimmer
mit Stilmöbeln. Bescheidener Komfort,
WC auf der Etage, Duschen im Keller.
Übernachtung und Frühstück in
Zweier- und Dreierzimmern Fr. 80.–,
in Vierer- bis Sechserzimmern 50.–;
Kinder 6–12 Jahre Fr. 26.–.

Dauerbrenner

Regionalmuseum Binn. 3996 Binn,
Verkehrsverein, 027 971 45 47. Schöne
Kristallsammlung und einheimisches
Brauchtum. Geöffnet im Sommer.
Masken gegen den Winter, Geschenkladen Imhof, 3996 Binn, 027 971 46 36.
Bei den Brüdern Imhof kann man im
Laden zuschauen, wie sie ihre Holzmasken schnitzen, und ein besonders
«böses» Exemplar zur Abschreckung
der Wintergeister kaufen. Ausserdem
gibt's Kerzenständer, Pfeffermühlen,
Zapfenzieher usw.
Alpwirtschaftsmuseum,
3987 Riederalp, 027 927 13 65.
Sennereihandwerk und Brauchtum.
Geöffnet Mitte Juni–Mitte Oktober
Di und Do 14–17 Uhr, im Winter
am Mittwochnachmittag bis 16 Uhr
und auf Anfrage. Schaukäsen am
Mi 9–12 Uhr.
Stockalperpalast. 3900 Brig. Brig
Tourismus, 027 921 60 30, www.brig.ch.
Der prachtvolle Barockbau von
1658–1678 lohnt immer einen Besuch.
Führungen von Mai bis Oktober.
Stockalperweg. 3900 Brig–3901 Simplon-Dorf, 027 978 80 80 (Gemeindeamt); Brig Tourismus, 027 921 60 30,
www.brig.ch. Der restaurierte alte
Saumweg führt von Brig auf den
Simplonpass und hinunter nach
Gondo. Vom Bahnhof Brig zum
Stockalperpalast hinauf und dann der
braunen Markierung «Stockalperweg»
folgen. Landeskarte 274 Visp 1:50 000;
die Simplonstiftung gibt eine Dokumentation ab. Ein Weg etwa 4½ Std.
Verpflegung im Hospiz (Übernachtung
Fr. 20.–); Rückfahrt mit Postauto
möglich. Bis Simplon-Dorf ins Ecomuseum (Tipp 4) 2 Std. zusätzlich;
dort stehen drei Hotels und eine
Pension zur Verfügung. Ab 10 Jahren.
Schnöö's Kinderparadies,
3925 Grächen. Grächen Tourismus
027 955 60 60, www.graechen.ch.
Kinderparadies für Spiele im Winter
auf 2114 Meter Höhe im Freien,
auf der Hannigalp. Igludorf, Spuktunnel, Rutschbahnen, Skikarussell,
Kinder-Anfängerpisten, Kinderhort.
Schlitteln auf dem Kreuzboden,
3910 Saas Grund, Tourist Office,
027 958 11 58, www.saas-grund.ch.
Eine rund 11 Kilometer lange Schlittelbahn führt mit einem Höhenunterschied von 840 Metern von der
Alp Kreuzboden hinunter ins Tal.
Langlauf zum Stausee, 3905 Saas
Almagell. Verkehrsbüro, 027 958 66 44,
www.saastal.ch. Über 26 Kilometer
markierte und aufbereitete Loipen
kann man durch das Tal bis zum
Mattmarkstausee laufen, sofern die
eigene Leistungsfähigkeit und die
der Jungmannschaft dies zulässt.

Freizeitzentrum Bielen, 3906 Saas Fee, 027 957 24 75. Schwimmbad, Fitness, Tennis, Sauna, Solarium, Dampfbad.

Kindersee Leisee, Sunnegga, 3920 Zermatt. Freizeit- und Spielareal am Ufer eines Bergsees. Tische und Bänke laden zum Hochgebirgs-Picknick ein. Zugang mit der Metro Zermatt–Sunnegga (027 966 29 29) oder zu Fuss.

Kinderklub Pumuckel, 3920 Zermatt. Hotel La Ginabelle, 027 966 50 00, www.la.ginabelle.ch. Verschiedene Spielmöglichkeiten für die Kleinen (2–6 Jahre) mit Betreuung durch eine diplomierte Kindergärtnerin.

Folklore, Pfeifer und Trommler, 3920 Zermatt, Tourismusbüro, 027 966 81 00, www.zermatt.ch. Farbenprächtiger Himmelfahrtsumzug am 15. August mit jeweils etwa 1500 Musikanten und Trachtenleuten, den berühmten Herrgottsgrenadieren und anderen Teilnehmern. Alle Altersstufen.

Leukschlossmarkt, 3953 Leuk-Stadt. Tourismus Leuk, 027 473 10 94. Grosser Frühlingsmarkt mit vielen einheimischen Produkten. Jahrmarktsattraktionen für Kinder. Grundsätzlich jeweils am dritten Aprilsamstag.

Burgerbad und Lindner Alpentherme, 3954 Leukerbad/Loèche-les-Bains, 027 472 20 20, www.burgerbad.ch / 027 472 10 10, www.leukerbad.ch. Die Thermalbadeinrichtungen von Leukerbad sind beeindruckend: Mehr als drei Millionen Liter 50 Grad heisses Wasser sprudeln täglich aus den Quellen in die öffentlichen Bäder, in denen Kurgäste Linderung und Entspannung suchen. In den Bädern des Burgerbads sind Kids ab Babyalter willkommen und können sich drinnen und draussen in Becken mit warmem und lauwarmem Wasser vergnügen, unter Wasserfällen spielen und ihren Mut in den Kaltwasserpassagen erproben. Die Lindner Alpentherme wiederum ist ein umfassendes Gesundheitszentrum, das aber auch ein 25-m-Sportbecken und ein luxuriöses römisch-irisches Bad bietet. Information über Spezialangebote bei Leukerbad Tourismus 027 472 71 71.

Albinenleitern, Leukerbad–Albinen, Leukerbad Tourismus, 027 472 71 71, ww.leukerbad.ch. Früher gelangten die Bewohner von Albinen und die Besucher aus Leukerbad nur über ein System von zwölf an der Felswand montierten Holzleitern in das malerische, hochgelegene Adlernest. Der markierte Wanderweg beginnt beim Dorfplatz Leukerbad und folgt dem linken Dala-Ufer. 25 Min. bis zum Leiternfuss, dann ca. 1 Std. bis Albinen. Für kleine Kinder nicht geeignet. Ab 13 Jahren.

Satellitenstation, 3953 Leukerbad/Loèche-les-Bains, 027 474 91 11, Leukerbad Tourismus 027 472 71 71, www.leukerbad.ch. Informationspavillon der Schweizerischen Satelliten-Bodenstation mit ihren mächtigen Parabolantennen über dem Dorf Susten/La Souste (Satellitenmodelle, audiovisuelle Animationen). Einige Kehren über Leuk-Stadt hinaus weiterfahren und den Schildern mit dem Antennenzeichen folgen. Täglich geöffnet 9–17, im Sommer bis 20 Uhr. Kostenlos, ab 6 Jahren.

Das Burgerstädtchen Visp. 3930 Visp/Viège, Verkehrsbüro, 027 948 33 33, www.visp.ch. Bei einem Spaziergang durch die Altstadt Visps kann man wahre Juwelen alter und zeitgenössischer Baukunst entdecken (Stadtplan beim Verkehrsbüro erhältlich). Sehenswert ist ausserdem das «Printorama»-Druckereimuseum in der Druckerei Mengis. In Visp beginnt der Rebenlehrpfad nach Visperterminen.

Wallis: Das Oberwallis

Wallis: Das Unterwallis

1. Besuch der Gletschergrotte
   Schneeschuh-Tour bei Zinal
2. Sonnensuche im Val d'Anniviers
   Observatorium Tignousa, St-Luc
3. Velotour durchs Rhonetal
   Chippis–Sitten–Chippis
4. Kurzweil im Happyland
   Freizeitpark bei Granges
5. Das ganze Jahr Weihnachten
   Alte Krippe von St-Martin
6. Steinböcke und Felsblöcke
   Gebirgsnatur der Grande-Dixence
7. Rekord-Monument aus Beton
   Staumauer Grande-Dixence
8. Achtzehn Löcher im Park
   Fun-Golf bei Sitten/Sion
9. Paradies der Bücherwürmer
   Antiquare von St-Pierre-de-Clages
10. Schlittel-«Open»
    Les Mayens-de-Riddes
11. Höhlenforschermuseum
    Le Grugnay-Chamoson
12. Falschmünzer und Menschen-
    freund – Farinet-Pfad von Saillon
13. Mönche und Hunde
    Hospiz Grosser St. Bernhard
14. Kunst von Weltruf
    Fondation Gianadda in Martigny
15. Wasser und Eis
    Gletscherlehrpfad Trient
16. Cool-kühle Schluchten
    Gorges du Triège bei Le Trétien
17. Tierpark mit Felsenbad
    Zoo-Piscine Les Marécottes
18. Heisse Quelle
    Thermalbad Val-d'Illiez
19. Swiss Vapeur Parc
    Dampfromantik in Le Bouveret
20. Karibik am Genfersee
    Aquaparc, Le Bouveret
21. Grenzort mit Schiffsmuseum
    Ausklang in St-Gingolph

Bahn · Hotel · Kunsth. · Museum · Natur · Restaur. · Schiff · Sehensw. · Shopping · Spielen · Sport · Theater · Tiere · Wandern

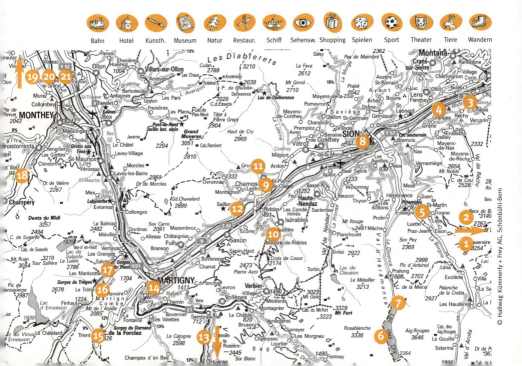

Abenteuer zwischen 400 und 4000 Metern

Wallis: Das Unterwallis

Das Unterwallis ist ein Land der Gegensätze. Allein geografisch gibt es gewaltige Unterschiede vom Genferseeufer mit knapp 400 m ü. M. bis zu den Alpengipfeln an der 4000-Meter-Grenze. Klimatisch sind die Gegensätze fast ebenso gross zwischen den besonnten Hängen des Rhonetals mit ihren Weinbergen, den sattgrünen Wäldern und Weiden der Seitentäler und den vergletscherten Gebirgen. Nicht nur jede Höhenstufe, sondern auch jede Jahreszeit hat hier etwas Besonderes zu bieten. Eltern wie Kids dürfte freuen, dass das Unterwallis zu den regen- und nebelärmsten Regionen der Schweiz zählt: ideal also für alle Freiluft-Aktivitäten! Unsere Ausflugsvorschläge wollen dem «Land der Gegensätze» gerecht werden. Vom Freibad zum Gletscherpfad, vom Familiengolf zum Büchermarkt, von der Schneeschuh-Tour zur Sonnenbeobachtung, vom Velosattel zum Freizeitpark – mit etwas Kombinationsgabe lässt sich ein Programm zusammenstellen, das reich an Überraschungen, Abwechslungen und sogar (ungefährlichen) Abenteuern ist.

Franz Auf der Maur

1 Besuch der Gletschergrotte

Schneeschuh-Tour bei Zinal,
Office du tourisme, 3961 Zinal,
027 475 13 70, www.zinal.ch

Die Klimaerwärmung lässt unsere Alpengletscher schmelzen. Zum Glück gibt es im Val d'Anniviers noch genügend Eis. Über dem Ferienort Zinal lockt das vergletscherte Besso-Massiv. Nichts wie hinauf also, um so einen Eisstrom aus der Nähe zu erleben – und zwar mitten im Winter! Doch das coole Abenteuer muss verdient sein: Zweieinhalb Stunden dauert der Anmarsch auf stellenweise recht steilem Pfad… und nach dem Besuch einer gewaltigen Gletschergrotte geht es auf dem gleichen Weg wieder hinunter ins Tal. Gleich zu Beginn zeigt der begleitende Bergführer, wie man die zur Verfügung gestellten Schneeschuhe anzieht. Nach kräftezehrendem Stapfen mit dem ungewohnten Schuhwerk ist endlich das Ziel erreicht. Im Licht der Stirnlampen funkeln Tausende von Eiskristallen, ein überwältigender Anblick! Der Gesteinsuntergrund, wo er überhaupt zu Tage tritt, verdient ebenfalls Beachtung. Weil der Gletscher langsam zurückschmilzt, werden immer frische Felspartien freigelegt. Auch zur kalten Jahreszeit lässt die Walliser Bergsonne nicht nur uns Touristen schwitzen (Achtung, rechtzeitig Sonnenschutz auftragen und Kopfbedeckung nicht vergessen), sondern heizt über die Mittagsstunden auch der weissen Pracht tüchtig ein. Überall tropft und rinnt es, und das Schmelzwasser sammelt sich zu muntern Bächlein, die in der Nacht immer wieder gefrieren.

Wie? Ab Sierre/Siders mit PW (Autobahnausfahrt A9 Sierre-Est) oder mit dem Postauto durchs winterliche Val d'Anniviers nach Zinal.
Wann? Zwischen Dezember und März jeweils am Dienstag oder nach Vereinbarung. Besammlung vor dem Hotel Europe um 9.30, Rückkehr um 16 Uhr.
Wieviel? Erwachsene Fr. 50.–, Kinder 25.– (ohne Mietgebühr für die Schneeschuhe). Ermässigung für Gruppen.
Dauer? Ganztagestour mit 2½ Stunden Aufstieg, 1 Stunde Gletscherbesuch, 1½ Stunden Abstieg.
Alter? Trainierte und marschtüchtige Kids ab 10 Jahren.

2 Sonnensuche im Val d'Anniviers

Observatorium Tignousa,
Office du tourisme, 3961 St-Luc,
027 475 14 12, saint-luc@vsinfo.ch

Nirgendwo in der Schweiz zeigt sich die Sonne so gern wie im mittleren Wallis. Wenig Regen, kaum Nebel, klare Bergluft – hier sind die Bedingungen ideal, um unser Tagesgestirn genauer zu untersuchen. Auf 2200 m ü. M. oberhalb der Ortschaft St-Luc im Val d'Anniviers haben Astronomen auf dem Bergrücken der Tignousa ein Observatorium eingerichtet, das man auch tagsüber besuchen kann – denn wir möchten ja die Sonne einmal in Vergrösserung mit allen Einzelheiten betrachten. Was sonst buchstäblich ins Auge gehen könnte (also bitte keine Privataktionen mit dem Feldstecher), lässt sich hier gefahrlos unternehmen: das Studium der berühmten Sonnenflecken oder der Protuberanzen (Sonnenfackeln). Das Observatorium François-Xavier-Bagnoud verfügt über einen Hörsaal für audiovisuelle Präsentationen, wo die aktuellen Aufnahmen des 60-Zentimeter-Teleskops auf einem Bildschirm gezeigt werden. Zur Sonnenbesichtigung führt die Tignousa-Drahtseilbahn. Ab St-Luc legt sie die 500 Meter Höhenunterschied in nur drei Minuten zurück.

Wie? Ab Siders/Sierre mit PW (Autobahnausfahrt A9 Sierre-Est) oder mit dem Postauto (Kurswagen Richtung Chandolin) durchs Val d'Anniviers nach St-Luc.
Wann? Führungen im Observatorium um 11 und 13 Uhr, in den Sommer- und Herbstferien täglich, sonst zwischen Ende Mai und Ende Oktober jeweils Sa/So. Auskunft und Anmeldung beim Office du tourisme St-Luc, auch über spezielle Himmelsbeobachtungen während der Nacht. Die Tignousa-Drahtseilbahn verkehrt im Sommer alle 30, im Frühling und Herbst alle 60 Minuten.
Wieviel? Führung Erwachsene Fr. 7.–, Jugendliche 12–18 Jahre 5.–, Kinder unter 12 gratis. Drahtseilbahn Retourfahrt Erwachsene Fr. 12.–, Kinder 7.50.
Dauer? Aufenthalt im Observatorium knappe 2 Stunden.
Alter? Ab 8 Jahren.

3   Velotour durchs Rhonetal
Chippis–Sitten–Chippis,
Office du tourisme, 3960 Sierre,
027 455 85 35,
sierre-salgesch@usinfo.ch

Der breite Talboden zwischen den hohen Bergen lädt zur Bummelfahrt mit dem Velo ein. Auf den Hochwasserdämmen der Rhone führt ein markierter Radweg praktisch ohne Gefälle abseits des Strassenverkehrs durchs Mittelwallis von Chippis bei Sierre/Siders nach Sion/Sitten und wieder zurück. Unterwegs berührt die abwechslungsreiche Route das Naturschutzgebiet von Pouta-Fontana. Dieses Feuchtgebiet ist die Heimat von Insekten, Vögeln, Amphibien und Fischen. Auch Biber, Hirsche, Rehe und Füchse bevölkern das Reservat. Zur Tierbeobachtung das Velo parkieren und den Feldstecher nicht vergessen!

Wie? Velotransport mit PW nach Chippis, dann Start rhoneabwärts via Granges und dem Naturschutzgebiet Pouta-Fontana entlang nach Sitten/Sion. Rückkehr auf gleicher Strecke.
Wann? Zu jeder Jahreszeit, auch im Winter, ausser bei hohem Schnee.
Dauer? Hin- und Rückfahrt total 36 Kilometer, was etwa 3 Stunden im Sattel entspricht.
Alter? Ab 10 Jahren je nach Kondition.

4   Kurzweil im Happyland
Freizeitpark bei Granges,
Parc d'attractions Happyland,
3977 Granges, 027 458 34 25

Wer sich hier nicht amüsiert, dem oder der ist nicht zu helfen. Bei Granges an der Rhone, ziemlich genau in der Mitte zwischen Siders/Sierre und Sitten/Sion, liegt der Freizeitpark Happyland. Dass seine Fläche in den letzten Jahren verdoppelt wurde, ist bestimmt ein Beweis für Erfolg und Vielfalt des Angebots. Neben den üblichen Rummelplatz-Attraktionen gibt es Spezialitäten wie einen Ausritt zu Pferd auf Schienen, eine 60-Meter-Luftseilbahn oder den Nachbau des französischen Hochgeschwindigkeitszuges TGV. Schifflifahrten und Fesselballons laden zur Erkundung weiterer Elemente ein. Sogar die Fahrt mit einer «Weltraumrakete» bieten die Betreiber an. Für Verpflegung sorgt ein Restaurant mit 600 Plätzen, wo man auch picknicken darf. Zum Dessert empfiehlt die Patronne dann ihre hausgemachte Patisserie.

Wie? In Siders/Sierre oder Sitten/Sion die Autobahn A9 verlassen und auf der Kantonsstrasse nach Granges fahren, Zufahrt zum Happyland-Parkplatz signalisiert. Autobusverbindungen ab Siders und Sitten.
Wann? März–Oktober täglich 11.30–18 Uhr (während der Schulferien bis 20 Uhr). Kein Zutritt für Tiere.
Wieviel? Tageseintritt Erwachsene Fr. 22.–, Kinder 4–15 Jahre 17.–.
Alter? Ab 4 Jahren.

5 Das ganze Jahr Weihnachten

Alte Krippe in der Kirche St-Martin, 1969 St-Martin, 027 281 24 74

Weihnachtskrippen gehören im Wallis zur immer noch lebendigen Volksfrömmigkeit. Und in der Kirche von St-Martin im Val d'Hérens herrscht sozusagen das ganze Jahr Weihnachten. Hier ist nämlich die historische Krippe aus dem 18. Jahrhundert – die älteste des ganzen Kantons – in einer Dauerausstellung zu bewundern: Maria und Joseph mit dem kleinen Jesuskind, bewacht von einem Engel, verehrt von einer Hirtin, besucht durch die Heiligen Drei Könige... eine Szene, die Kinder wie Erwachsene, ob gläubig oder nicht, gleichermassen zu bewegen weiss. Die in kostbare Gewänder gekleideten Figuren unter dem rechten Seitenaltar sind ein einzigartiges Kulturgut.

Wie? Das schmucke Dorf St-Martin liegt auf einer Sonnenterrasse am Osthang des Val d'Hérens (Eringertal) und ist von Sitten/Sion her auf kurvenreicher Bergstrasse zu erreichen. Autobahn A9, Ausfahrt Sion-Est; Postautokurse Sion–St-Martin–Eison/Praz-Jean.
Wann? Grundsätzlich ist die Kirche tagsüber immer geöffnet. Sollte sie einmal geschlossen sein, kann man im Pfarrhaus den Schlüssel verlangen (027 281 24 74).
Wieviel? Freier Eintritt, eine Spende in die Kirchenkasse beim Ausgang macht sich gut.
Alter? Alle Altersstufen.

6 Steinböcke und Felsblöcke

Gebirgsnatur der Grande-Dixence, Office du tourisme,
1987 Grande-Dixence/Hérémence,
027 281 15 33,
ot.heremence@bluewin.ch

«Sentier des Bouquetins», also Steinbockpfad, heisst der Naturlehrpfad an den Flanken des Mont-Blava. Mit seinen 2931 Metern überragt der Berg den Stausee Lac des Dix und die Bogenstaumauer der Grande-Dixence. Der Rundgang über der Waldgrenze berührt auch den 2804 Meter hohen Passübergang Col des Roux. Hier spriesst ein feines, spitzes Gras, das die Steinböcke sehr schätzen. Beliebtester Weideplatz ist die Südseite des Roux-Passes, wo sich bereits bei Sonnenaufgang oft ganze Herden einfinden. Tagsüber ruhen die Tiere dann hoch oben in felsigem Gelände, um gegen Abend nochmals zu den Weideplätzen herunterzusteigen.

Ebenso interessant wie die Steinböcke sind die verschiedenartigen Gesteine längs des Lehrpfades. Sie lassen sich zu jeder Tageszeit beobachten und laufen auch nicht weg, wenn man sie aus der Nähe anschauen möchte. Etliche Gesteine wurden in einem längst verschwundenen Meer abgelagert, andere sind vor Jahrmillionen aus glutflüssiger Schmelze erkaltet, weitere zeigen eine Schieferung zur Erinnerung an die Kräfte der Alpenfaltung...

Weit über der Baumgrenze kämpfen Pionierpflanzen wie der Steinbrech um die Existenz in harter Umwelt, wo nur der Pfiff des Murmeltiers zu hören ist und dann und wann der Schatten eines kreisenden Adlers auf blanke Felsen fällt. Zu den Informationen des Lehrpfades gehören auch Angaben über Gletscher und die Unterwalliser Alpwirtschaft.

Der Steinbockpfad beginnt bei der Bergstation der Grande-Dixence-Luftseilbahn und steigt zuerst durchs Tälchen von Prafleuri zur Berghütte gleichen Namens. Ein weiterer Anstieg führt zum Col des Roux als höchstem Punkt der Tour. Dann geht es abwärts gegen die Hütten von Ecoulaies und Barmaz. Das letzte Teilstück des Rundwegs verläuft über dem Lac des Dix mit seiner milchig-trüben Wasserfarbe. Nützlich für unterwegs ist die Wanderkarte «Val d'Hérens» 1:25 000.

Wie? Ab Sion/Sitten zuerst durchs Val d'Hérens und dann durchs Val d'Hérémence zum Parkplatz der Grande-Dixence mit Informationspavillon (Postauto Ende Juni bis gegen Mitte Oktober). Mit der Luftseilbahn oder zu Fuss zur Bergstation, wo der Naturlehrpfad «Sentier des Bouquetins» beginnt.
Wann? Hochsommer und Herbst, nur bei günstiger Witterung. Die südlichen Walliser Alpen kennen Schneefälle in jedem Monat. Gute Schuhe, warme Kleidung und Regenschutz unbedingt erforderlich.
Wieviel? Die zweisprachige Begleitbroschüre zum Steinbockpfad ist im Informationspavillon für Fr. 5.– erhältlich. Tarife der Luftseilbahn siehe folgenden Ausflugstipp.
Dauer? Für die Rundwanderung sind mindestens 4 Stunden anzusetzen. Unterwegs bieten Berghütten Verpflegung an.
Alter? Marschtüchtige Kinder ab 10 Jahren.

Man spricht französisch

Der Kanton Wallis ist zweisprachig. Im Oberwallis mit dem Siedlungszentrum Brig redet man deutsch... oder besser gesagt, einen urtümlichen alpinen Dialekt des Deutschen, dem die übrigen Deutschschweizer bei voller Konzentration gerade noch zu folgen vermögen. Das Unterwallis hingegen, wo zwei Drittel der Kantonsbevölkerung leben, ist französischsprachig – die ideale Gelegenheit also, das in der Schule Gelernte einmal praxisnah anzuwenden. Was aber wurde aus dem Patois, dem Welschwalliser Dialekt? Reste davon sind nur noch in den Bergdörfern der südlichen Seitentäler zu finden, wo sich die ältere Generation zuweilen darin unterhält. Die mittlere Generation versteht zwar noch Patois, gebraucht es aber kaum noch, und die Jungen, mon dieu! Die hören lieber Rap als die Erzählungen ihrer Altvorderen in einer Sprache, die an jene der Troubadoure aus der Provence anklingt, mit dem modernen Leben aber herzlich wenig zu schaffen hat. Schade vielleicht, aber das ist eben der Lauf der Zeit. A propos Lauf der Zeit: Interessanterweise hat sich im Wallis die Sprachgrenze um runde 20 Kilometer talaufwärts verschoben. Während des Mittelalters war Sitten/Sion noch eine deutschsprachige Stadt, und bis ins 19. Jahrhundert blieb die Umgangssprache in Siders/Sierre ebenfalls deutsch. Heute verläuft die Trennlinie bei Salgesch/Salquenen und durch den Pfynwald, die Forêt de Finges.

Wallis: Das Unterwallis

7 Rekord-Monument aus Beton

Staumauer Grande-Dixence,
1987 Grande-Dixence/Hérémence,
027 328 43 11, gd-info@eos-gd.ch

Der Strom kommt aus der Steckdose, klar. Aber irgendwo muss ja all diese elektrische Energie erzeugt werden, die wir täglich brauchen. Im südlichen Wallis gibt es ein ganzes System von Kraftwerken, wo die Schmelzwässer aus den Hochalpen nutzbar gemacht werden. Hier kann, auch wer nicht schwindelfrei ist, unbesorgt einen Blick von der mit 285 Metern höchsten Staumauer der Schweiz werfen: Das zwischen Mitte Juni und Ende September für das Publikum geöffnete Bauwerk im oberen Val d'Hérémence hat natürlich ein Geländer! Ein Informationspavillon beim Parkplatz am Fuss der Mauer orientiert über Bedeutung und Bau der Anlage.

Die imposante Bogenstaumauer enthält 6 Millionen Kubikmeter Beton. Unten ist sie 200 Meter dick, und die begehbare Mauerkrone hat eine Länge von 700 Metern. Dahinter stauen sich die 400 Millionen Kubikmeter Wasser des Lac des Dix. Damit lässt sich im Winter ein Fünftel des schweizerischen Stromverbrauchs decken! Unterirdische Stollen mit einer Gesamtlänge von über 100 Kilometern führen das Wasser zum Teil von weit her in den Stausee. Zur maximalen Ausnutzung der gespeicherten Wasserkraft dienen dann fünf Pumpstationen und vier Elektrizitätswerke.

Im Informationszentrum zeigen Filme, wie dieses gewaltige Werk entstanden ist. Hier ist auch der Zugang ins Innere der gigantischen Staumauer. Ferner gibt es an ihrem Fuss Verpflegungs- und Übernachtungsmöglichkeiten. Zur Mauerkrone hinauf gelangt man entweder zu Fuss oder, um die 285 Meter Höhenunterschied bequemer zu bewältigen, mit einer Luftseilbahn. Wer nach der Technik noch etwas Gebirgsnatur geniessen möchte, kann zu Fuss auf gutem Weg dem Stausee entlang wandern.

Wie? Ab Sion/Sitten in etwa einer Stunde Fahrt mit Privatwagen oder Postauto. Vom Walliser Kantonshauptort führt die kurvenreiche Strasse zuerst südwärts gegen das Val d'Hérens und zweigt dann ins Val d'Hérémence ab. Auskunft über den Strassenzustand: 027 322 71 72.
Wann? Die Anlage lässt sich zwischen Mitte Juni und Ende September besichtigen. Viermal täglich finden Führungen ins Innere der Staumauer statt (Dauer 40 Min., gute Schuhe und warme Kleidung empfohlen). Die Grande-Dixence-Luftseilbahn verkehrt im 10-Minuten-Takt von 10–12.15 und 13–17 Uhr (Mitte Juli–Mitte August 9.30–12.15 und 13-18.30 Uhr).
Wieviel? Besichtigung und Führungen gratis. Luftseilbahn retour Erwachsene Fr. 8.–, Kinder 4.–, einfach 5.–/2.50.
Alter? Für die Führungen ab 12 Jahren.

8 Achtzehn Löcher im Park

Familienspass Fun-Golf,
Domaine des Iles, 1950 Sion/Sitten,
027 346 53 00, www.fun-golf.com

Im Gegensatz zum «richtigen» Golf braucht es bei dieser sportlichen Freizeitbeschäftigung für die ganze Familie weder aufwendige Ausrüstung noch eine teure Clubmitgliedschaft. Fun-Golf spielt man mit einem einzigen Schläger, und der Ball ist weicher und grösser, doch von gleichem Gewicht wie ein Golfball. Mit etwas Training lassen sich auf der 18-Loch-Anlage immerhin Schlagweiten um 100 Meter erzielen.

Das idyllische Parkgelände von Les Iles in Sitten gehört der Burgergemeinde. Hier kann man unter Anleitung die nötigen Grundkenntnisse erwerben und dann in etwa 2 Stunden den naturnahen Parcours absolvieren.

Wie? Die Fun-Golf-Anlage befindet sich neben dem TCS-Camping Les Iles. Autobahnausfahrten Conthey oder Sion-Ouest der A9, Parking beim Tennisplatz.
Wann? Ganzjährig geöffnet, ausser bei feuchten Terrainverhältnissen. Täglich ab 8 Uhr bis zum Einnachten.
Wieviel? Materialmiete Erwachsene Fr. 12.–, Kinder 6.–. Einführung gratis.
Dauer? 1½–2½ Stunden für die 18-Loch-Anlage.
Alter? Alle Altersstufen.

9 Paradies der Bücherwürmer

Le Village du Livre,
1956 St-Pierre-de-Clages,
027 306 61 13,
www.village-du-livre.ch

Ein spezieller Ort, dieses Nest am Rand des Rhonetals: St-Pierre-de-Clages bei Chamoson mit seiner romanischen Kirche aus dem 11. Jahrhundert ist ein Begriff für Bücherfreunde! Im Juli und August herrscht hier Hochbetrieb, wenn gegen 20 Antiquare ihre Schätze feilbieten. Anfassen und Schmökern ausdrücklich erlaubt! Wer eine Weile stöbert, findet sicher etwas für jeden Geschmack und jedes Budget. Neben Literatur in französischer Sprache gibt es auch viele deutsche Werke. Kleinere Kinder werden sich auf Bilderbücher stürzen, Her-

anwachsende in den Bergen von Comics wühlen – ideal als Ferienlektüre für verregnete Tage. Zum Abschluss des acht Wochen dauernden Büchermarkts steigt am letzten Wochenende im August ein grosses Fest. Danach versinkt St-Pierre-de-Clages wieder in provinzielle Schläfrigkeit bis zum nächsten Sommer.

Wie? Ab Autobahnausfahrt Riddes der A9 Strassensignalisation «Village du Livre». Öffentlicher Verkehr: Mit SBB-Regionalzügen oder Postautos der Linien Sitten/Sion–Martigny bis zur Haltestelle Chamoson.
Wann? Juli–August Di–So 10–18 Uhr in sämtlichen Buchantiquariaten.
Wieviel? Freier Eintritt, genügend Bargeld für Spontankäufe mitnehmen, Feilschen kann sich lohnen.
Alter? Alle Altersstufen.

10 Zehn Kilometer auf Kufen

Schlittelplausch für alle, Office du tourisme, 1918 Les Mayens-de-Riddes, 027 306 18 51, www.latzoumaz.ch

La Tzoumaz heisst die familienfreundliche Schlittelstation des Unterwalliser Wintersportorts Les Mayens-de-Riddes. Dass sich häufig auch Gäste aus der deutschsprachigen Schweiz hier vergnügen, erscheint offensichtlich: «La rutschée» nennt man hier eine Sausefahrt auf schnellen Kufen. Zehn Kilo-

Wallis: Das Unterwallis

meter präparierte Pisten mit ihren 850 Metern Gefälle und zahllosen Kurven sorgen für sportliche Abwechslung und Kribbeln im Bauch. Jeweils am ersten Sonntag im März findet ein «Schlittel-Open» statt, ein vergnügliches Rennen in verschiedenen Kategorien. «Luids» heissen die Schlitten übrigens im lokalen Dialekt, französisch «luges».

Wie? Anfahrt über Autobahnausfahrt Riddes. Busverbindungen ab Bahnstation Riddes nach Les Mayens-de-Riddes. Der Schlittelplausch beginnt bei der Bergstation der Gondelbahn Tzoumaz-Savoleyres.
Wann? Wenn genügend Schnee liegt, ist die Piste von Dezember bis Ostern täglich geöffnet; «Schlittel-Open» 1. So im März.
Wieviel? Gondelbahn-Tageskarte Erwachsene Fr. 18.–, Kinder 13.–, Halbtageskarte ab 14 Uhr Fr. 13.– und 9.–. Schlittenmiete in den Sportgeschäften und an den Gondelbahnstationen.
Alter? Alle Altersstufen.

11 Erlebte Höhlenforschung

Musée suisse de la spéléologie,
Le Grugnay, 1955 Chamoson,
027 306 35 81,
www.chamoson.ch/speleo/

Kinder sind von Höhlen fasziniert. Die Geschichte ihrer Entstehung und ihrer Entdeckung lässt sich im Höhlenforschermuseum im Ortsteil Le Grugnay von Chamoson am Fuss des Mont-Ardève verfolgen. Interessant ist, mit welch einfachen Mitteln sich die ersten Forscher in den Bauch der Berge wagten und wie raffiniert die heutigen Techniken für Expedition und Rettung geworden sind. Wechselausstellungen sorgen dafür, dass man im Museum immer wieder Neues zu sehen bekommt. Ein grosses Diaporama erklärt, wie und wo Höhlen entstehen, wie sie sich im Verlauf der Zeit verändern und dass sie schliesslich wieder verschwinden. Ein besonderer Gast wird die Kinder entzücken: der aus Slowenien stammende Grottenolm. Das 25 Zentimeter lange Tier, ein Verwandter unserer Salamander, ist von auffallend heller Farbe und lebt natürlicherweise ständig im Dunkeln, nämlich in den Höhlengewässern, weshalb seine Augen verkümmert sind. Der Grottenolm atmet durch zwei rötliche Kiemen und kann, da er keine Feinde kennt und seinen innere Uhr extrem langsam läuft, ebenso alt werden wie ein Mensch. Vor dem Museum gibt es einen Höhlenkunde-Lehrpfad sowie eine Klettergelegenheit für Kinder.

Wie? Autobahnausfahrt Riddes, dann Strasse nach Chamoson/Le Grugnay. Postautoverbindung Sitten/Sion–Chamoson–Martigny.
Wann? Ganzjährig ausser Mo täglich geöffnet 9–12 und 14–17.30 Uhr.
Wieviel? Eintritt Erwachsene Fr. 8.–, Kinder 4.–, Familien 18.–.
Alter? Ab 5 Jahren.

12 Falschmünzer und Menschenfreund

Le sentier à Farinet, Boutique Farinet, 1913 Saillon, 027 743 11 34

Wer Falschgeld herstellt, wird als Staatsfeind verfolgt und bestraft. Ist das Motiv jedoch nicht die eigene Bereicherung, kann ein Falschmünzer als Menschenfreund durchaus gewisse Sympathien gewinnen. So geschah es mit dem

legendären Farinet, einem Robin Hood des Unterwallis. Er lebte im 19. Jahrhundert in der Gegend von Saillon und ärgerte sich, weil die wenigen Reichen so viel mehr Geld hatten als das mausarme Volk. Deshalb kam er auf den Gedanken, selber Geld herzustellen und unter seine Landsleute zu verteilen – zum Verdruss der Obrigkeit, versteht sich. Farinet wurde von der Polizei gesucht, fand aber immer wieder Unterschlupf bei einfachen Leuten. Schliesslich aber stürzte der schmucke Bursche bei einer solchen Hetzjagd in einer Schlucht zu Tode, betrauert vor allem auch vom weiblichen Teil der Bevölkerung.

Noch heute bleibt das Andenken an Farinet im historischen Städtchen Saillon lebendig, wachgehalten etwa durch den 1995 angelegten Farinet-Pfad (Sentier à Farinet) und durch den kleinsten Weinberg der Welt – drei Rebstöcke vor der Toren Saillons, deren Ertrag, gemischt mit Wein von benachbarten Rebbergen, zum Nutzen der Mittellosen versteigert wird. Der markierte Farinet-Pfad beginnt am Fuss des Burghügels von Saillon und führt, begleitet von 21 massiven Glaskunstwerken des Walliser Künstlers Theo Imboden aus Täsch, zum Miniaturweinberg hinauf. Wunderschön zu beobachten, wie sich die Sonnenstrahlen je nach Einfallswinkel in den Glasgebilden brechen und bunte Bilder in die Landschaft zaubern! Abgeschlossen wird der Spaziergang mit einem Besuch der Boutique Farinet im Städtchen selber, wo historische Gegenstände an die bewegte Vergangenheit erinnern.

Wie? Autobahnausfahrten Saxon oder Riddes, Parking bei der Schule von Saillon am Fuss des Burghügels, wo der Farinet-Pfad beginnt. Postautoverbindung Sitten/Sion–Saillon–Martigny.
Wann? Zu jeder Jahreszeit, am besten bei Sonnenschein.
Wieviel? Kostet nichts – ganz im Sinne des Volkswohltäters, dessen Andenken hier wachgehalten wird.
Dauer? Etwa 2 Stunden für Hin- und Rückweg.
Alter? Ab 6 Jahren.

13 Mönche und Hunde
Museum auf dem
Grossen St. Bernhard,
Hospice du Grand-St-Bernard,
1946 Bourg-St-Pierre, 027 787 12 36

Bevor moderne Autokolonnen den Grossen St. Bernhard zu erobern begannen, zogen Kelten und Römer, Pilger und Handelsleute, Flüchtlinge und Soldaten über diese wichtige Passverbindung zwischen Westeuropa und Norditalien. Heute wird die Passhöhe auf 2469 m ü. M. von einem Strassentunnel unterquert. Doch der Umweg auf der alten Route hinauf zum Hospiz lohnt sich, denn nach dem Brand von 1966 erstrahlt das Museum im Hospiz auf dem Grossen St. Bernhard wieder in neuem Glanz. Dokumente aus vielen Jahrhunderten erzählen vom Leben der Mönche auf der Passhöhe und von den Abenteuern jener Menschen, die früher zu jeder Jahreszeit die schwierige Alpenpassage zu bewältigen hatten. Als Rettungshunde weltbekannt sind die Bernhardiner, die noch heute im Hospiz gezüchtet werden. Auch diese

Wallis: Das Unterwallis

Hundezucht lässt sich besichtigen. Im Museum ist den Kindern eine spezielle Ecke reserviert, wo sie miterleben können, wie ein Bernhardiner seinem Pudelfreund von den harten Wintern erzählt.

Wo jetzt auf der Passhöhe die Statue des heiligen Bernhard steht, hatten die Römer einen Tempel für ihren höchsten Gott Jupiter errichtet. Sie nannten ihn Jovis, und noch heute heisst der Grosse St. Bernhard auch Mont-Joux. Bevor die Römer den Tempel bauten, gab es hier schon ein keltisches Heiligtum – der Beweis für frühe Begehungen dieser wichtigen Alpenpassage. Auch Tiere wissen übrigens den Übergang zu schätzen. Alljährlich ziehen Tausende von Zugvögeln und – man glaubt es kaum – ganze Schmetterlingsschwärme über den Pass.

Wie? Autobahnausfahrt Martigny Richtung Grand-St-Bernard, dann Passstrasse bis zum Hospiz. Im Sommer Autobusverbindung ab Martigny oder Orsières der Linie nach Aosta.
Wann? Museum Juni und September 9–18, Juli und August 8–19 Uhr. Geführte oder freie Besichtigungen.
Wieviel? Eintritt Erwachsene Fr. 6.–, Kinder 4.–, das 2. und weitere Kinder pro Familie gratis.
Alter? Ab 8 Jahren.

14 Kunst von Weltruf
Fondation Gianadda,
Rue du Forum 59, 1920 Martigny,
027 722 39 78, www.gianadda.ch

Originell ausgestellt, kann moderne Kunst durchaus Kinder und Jugendliche interessieren. Vielfältige Anregungen für die Phantasie bietet die Fondation Gianadda in Martigny. Das 1978 gegründete Kulturzentrum von internationalem Ruf veranstaltet jeden Sommer und Winter eine neue Ausstellung mit Gemälden oder Skulpturen. Gezeigt wurden bisher Arbeiten weltbekannter Künstler wie Gauguin, Van Gogh, Miró, Chagall, Manet, Schiele, Rodin, Moore… Neben diesen Wechselschauen ist seit 1998 als Dauerausstellung die Sammlung von Louis und Evelyn Franck mit Werken von Cézanne, Van Gogh, Toulouse-Lautrec, Van Dongen, Picasso, Ensor und anderen zu sehen.

Faszinierend ist aber auch der originelle Museumsbau, bei dem die Mauerreste eines römischen Merkurtempels einbezogen wurden. Zur Erinnerung an die Römer in Martigny – gleich nebenan liegt das unlängst ausgegrabene Amphitheater – beherbergt die Fondation Gianadda eine archäologische Abteilung mit Fundstücken aus gallo-römischer Zeit. Wieder näher zur Gegenwart führt das Automobilmuseum im Untergeschoss mit Oldtimern aus den Jahren 1897–1939.

Lust auf Freiluftkultur? Im gepflegten Garten mit seinen exotischen Bäumen stehen abstrakte Skulpturen von Brancusi, Arp, Dubuffet, Calder und Moore, die sich erstaunlich gut in die Parklandschaft einfügen.

Wo? Mit der Bahn oder über Autobahnausfahrt Martigny (Gratis-Parkplätze bei der Fondation Gianadda, Rampen für Behinderte).
Wann? Im Sommer 9–19, im Winter 10–12 und 13–18.30 Uhr geöffnet.
Wieviel? Erwachsene Fr. 12.–, Kinder, Lehrlinge und Studierende 5.–, AHV 9.–, Familien 25.–.
Alter? Ab 10 Jahren.

15 Wasser und Eis

Gletscherlehrpfad, Sentier didactique
du glacier, Office du tourisme,
1929 Trient-La Forclaz,
027 722 21 05, www.trient.ch

Im oberen Trienttal an der Grenze zu Frankreich reicht das Montblancmassiv mit seinem vergletscherten Hochgebirge bis ins Unterwallis. Hier lädt ein Gletscherlehrpfad zu ungefährlich-gemütlichem Studium der Firn- und Eiswelt ein. Der Rundweg beim Dorf Trient führt nicht bis zum gleichnamigen Gletscher hinauf, berührt aber dessen Vorfeld – eine harmonische Naturlandschaft mit Alpweiden, Lärchenbeständen und Moränen. Auch eine Bisse – wie die Wasserleitungen oder Suonen im welschen Kantonsteil heissen – begleitet den gut markierten, von Informationstafeln gesäumten Pfad. Ein wichtiges Thema ist die Gewinnung von Gletschereis während der zweiten Hälfte des 19. Jahrhunderts. Damals waren mehrere Dutzend Männer damit beschäftigt, grosse Blöcke aus dem Glacier du Trient – der zu jener Zeit noch weiter ins Tal hinab reichte – zu brechen und auf Fuhrwerke zum Transport nach Martigny zu verladen. Mit der Eisenbahn gelangte die kühle Fracht dann bis Lyon, Paris oder Marseille, wo man damit in den Restaurants, als Kühlschränke noch unbekannt waren, das Bier kühlte.

Wie? Via Martigny (Autobahnausfahrt, Schnellzugshalt der SBB) mit dem Privatwagen bzw. mit dem Postauto auf kurvenreicher Passstrasse über den 1526 Meter hohen Col de la Forclaz nach Trient.
Wann? Zwischen Frühsommer und Herbst zu Fuss, im Winter auf Schneeschuhen.
Dauer? 2–3 Stunden, je nach Wandertempo und Interesse.
Alter? Alle Altersstufen.

16 Cool-kühle Schluchten

Gorges du Triège bei Le Trétien,
Office du tourisme,
1922 Salvan-Les Marécottes,
027 761 31 00, www.salvan.ch

Die Gorges du Triège bei Trétien im unteren Trienttal bei Les Marécottes zählen zu den ältesten touristisch nutzbar gemachten Natursehenswürdigkeiten im Unterwallis: Bereits ab 1870 war das in den Felsen eingetiefte Bachbett mit seinen Wasserfällen, Höhlen, Gletschertöpfen und Findlingsblöcken einer beeindruckten Öffentlichkeit zugänglich. Nachdem die Anlage längere Zeit geschlossen blieb, ist sie nach umfassender Renovation im Jahr 2003 wieder geöffnet. Ebenso eindrucksvoll wie das durch den schattig-kühlen Schacht herabschiessende Wasser wirkt die kunstvoll gestaltete Wendeltreppe, die bis auf zwei Meter an den tosend-gischtenden Fall heranführt.

Wie? Ab Martigny mit dem Auto (via Salvan und Les Marécottes bis Le Trétien, Gratis-Parking beim Schluchteingang) oder auf schmaler Spur mit dem Mont-Blanc-Express (Bahnstation Le Trétien, Halt auf Verlangen).
Wann? Täglich geöffnet von Anfang Juni bis Mitte September 10–17 Uhr.
Wieviel? Erwachsene Fr. 3.–, Kinder 6–16 Jahre 1.50.
Alter? Alle Altersstufen.

Wallis: Das Unterwallis

17 Tierpark mit Felsenbad

Zoo-Piscine Les Marécottes,
1923 Les Marécottes, 027 761 15 62

Wer in den Walliser Bergen oft zu Fuss unterwegs ist und sich vorsichtig verhält, kann mit etwas Glück viele wilde Tiere in ihrem Lebensraum beobachten: Murmeltiere, Gemsen, vielleicht gar einen Luchs… Einfacher geht's im Zoo Les Marécottes im Trienttal. Im Schatten grosser Tannen fühlen sich die Tiefe offensichtlich wohl und warten auf Touristen und ihre Kameras. Also Fotoapparat nicht vergessen, denn hier lassen sich auch naturgetreue Schnappschüsse schiessen: Ein Teil der Anlage mit seinem bewaldeten Felsrelief entspricht dem ursprünglichen Biotop des Wildes. Lebhaft geht es während der Saison auf dem Kinderspielplatz zu. Ferner locken ein Restaurant mit Pizzeria, ein Picknickplatz sowie, als besondere Attraktion, ein Felsenschwimmbad.

Wie? Der Ferienort Les Marécottes in der Vallée du Trient ist ab Martigny auf Strasse (Autobahnausfahrt A9) oder Schiene (mit dem Mont-Blanc-Express) erreichbar.
Wann? Tierpark ganzjährig geöffnet (Münzautomat in der Nebensaison); Schwimmbad Juni–Mitte September, Juli–August bis 21 Uhr.
Wieviel? Zoo Erwachsene Fr. 9.–, Kinder 6.–, Schwimmbad 6.–/4.–, Kombibillette Fr. 13.–/8.–.
Alter? Alle Altersstufen.

18 Heisse Quelle
Erholung im Thermalbad, Thermes-Parc, 1873 Val-d'Illiez, 024 477 20 92 oder 024 477 20 72

Erschöpft von den Sprüngen mit dem Snowbord? Müde vom Wandern in der Walliser Alpenwelt? Dann empfiehlt sich eine Erholung im Thermalbad von Val-d'Illiez. Bei der Ortschaft, die dem reizvollen Bergtal am Fuss der Dents-du-Midi den Namen gegeben hat, entspringt eine heisse Quelle. Die Anlage zählt zu den jüngsten ihrer Art in der Schweiz und wird ständig weiter ausgebaut. Unlängst ist das Restaurant im Stil eines romantischen Bauernhauses eröffnet worden. Auf Voranmeldung sind auch medizinische Massagen erhältlich.

Wie? Von Monthey auf Strasse oder Schiene (Schmalspurbahn) ins Val d'Illiez bis zum Dorf gleichen Namens. Der Zugang zum Thermalbad erfolgt kurz vor dem Ortseingang Richtung links und abwärts gegen das Flüsschen Vièze.
Wann? Ganzjährig ausser November täglich 10–20 Uhr.
Wieviel? Tageskarte Erwachsene Fr. 8.–, Kinder 6.–. Ermässigung für Gruppen.
Alter? Alle Altersgruppen.

19 Swiss Vapeur Parc
Dampfromantik am Genfersee, 1897 Le Bouveret, 024 481 44 10, www.swissvapeur.ch

Beim Hafen von Le Bouveret, wo die Dampfschiffe der Genferseeflotte anlegen, steigen auch Dampfwolken aus Lokomotivkaminen in den Himmel. Hier im Swiss Vapeur Parc führen Miniaturzüge die Fans nostalgischen Schienenverkehrs durch eine sorgfältig arrangierte Berglandschaft. Die Freiluftreise geht über Brücken, durch Tunnels und entlang von architektonischen Sehenswürdigkeiten. Fast jede Biegung der schmalen Geleise eröffnet neue Überraschungen auf der anderthalb Kilometer langen Fahrt im rund 17000 Quadratmeter grossen Gelände. Etwa 20 Lokomotiven, sorgfältig ihren grossen Vorbildern nachgebaut (etwa der legendären Sandy River Railroad aus den USA), stehen für die Runden zur Verfügung und lassen ihre Dampfpfeifen schrillen, wenn wieder für eine Fracht Touristen das Erlebnis der «guten alten Zeit» beginnt. Besonders eindrucksvoll ist das Abenteuer bei Beleuchtung nach Einbruch der Dunkelheit. Der Swiss Vapeur

Parc führt regelmässig auch internationale Treffen der Dampflokfreunde durch. Sie interessieren sich unter anderem für die Modell-Zahnradbahn, wie sie nirgendwo sonst auf der Welt zu finden ist.

Wie? Autobahnausfahrt Villeneuve, Schiff ab Montreux, Bahn via St-Maurice oder Postauto ab Aigle. Oder zu Fuss durch das Naturschutzgebiet Les Grangettes im Rhonedelta (Wanderzeit ab Villeneuve 2–3 Std.).
Wann? Anfang April bis Mitte Mai und Mitte September bis Ende Oktober 13.30–18 Uhr, Mitte Mai bis Mitte September 10–18 Uhr.
Wieviel? Erwachsene Fr. 12.–, Spezialtarife für Familien je nach Kinderzahl. Schulen Fr. 7.– pro Person.
Dauer? 2–3 Stunden.
Alter? Ab 2 Jahren.

20 Karibik am Genfersee
Familienplausch für Wasserratten, Aquaparc, 1897 Le Bouveret, 024 482 00 00, www.aquaparc.ch

Bei Le Bouveret hat sich der Ende 1999 eröffnete Aquaparc zu einer vielbesuchten Ganzjahres-Attraktion entwickelt. Während die Wellen des Lac Léman nur zwischen Juni und September badewarm bleiben, kann man sich im 32grädigen Wasser des Aquaparc bei jedem Wetter und zu jeder Jahreszeit vergnügen. Der Plauschtag im Erlebnispark – er nennt sich «die Karibik am Genfersee» – ist zwar nicht gerade billig, doch bekommt man viel geboten. Da gibt es Schatzinseln mit lebensecht aussehenden Piraten, schwimmende Fabeltiere, einen Dschungel, ein Wellenbad, Nachbildungen von Grotten, Wasserrutschbahnen und für Leute mit starken Nerven sogar eine rasende Fahrt im Dunkeln.

Für kleine Kinder ist ein Hütedienst organisiert, damit sich die Eltern mit den Grösseren unbesorgt vergnügen können. Für Teenager, die sich eine Weile von der Familie absetzen möchten, gibt es einen eigenen Club, zum Ausspannen die Schaubühne für gelegentliche Events sowie das «Paradise Land» mit Sauna, Solarium, Massage und Aquabar, für die Verpflegung ein McDonald's und für Einkaufsfreuden den Aquashop.

Wie? Autobahnausfahrt Villeneuve, Schiff ab Montreux, Bahn via St-Maurice oder Postauto ab Aigle; der Aquapark befindet sich zwischen Genferseeufer und Rhonemündung gleich neben dem Schwimmbad Rive-Bleue.
Wann? Täglich 10–22 Uhr mit Verlängerung an Wochenenden.
Wieviel? Erwachsene Fr. 27.–, Kinder 6–16 Jahre 23.–, Ermässigung für Familien, Studierende und Senioren.
Alter? Ab 4 Jahren.

21 Grenzort mit Schiffsmuseum
Ausklang am Genfersee in St-Gingolph, Musée des traditions et des barques du Léman, 1898 St-Gingolph, 024 482 70 22, www.st-gingolph.ch

In St-Gingolph stösst das Unterwallis an Frankreich. Die Landesgrenze zieht sich mitten durch das Uferdorf am Genfersee. Im Leben der Ortsbevölkerung spielte der Lac Léman stets eine wichtige Rolle – bis heute, wie die zahlreichen Restaurants mit ihren fang-

Wallis: Das Unterwallis

frischen Fischspezialitäten beweisen. Geschichte sind hingegen die legendären «barques du Léman», Lastschiffe unter Segeln von eindrucksvoller Grösse. Ihnen ist ein heimatkundliches Museum gewidmet. Passenderweise kann die An- und Rückreise auf einem Kursschiff erfolgen, zwar nicht mit Windkraft, aber doch – wenn der Fahrplan gnädig gestimmt ist – mit einem der nostalgischen Raddampfer. Und natürlich verfügt St-Gingolph auch über ein Strandbad zum Abkühlen in den Wellen des Genfersees!

Wie? Im Sommerhalbjahr (Mitte Mai bis zweite Hälfte September) verkehren Kursschiffe ab Lausanne-Ouchy, Vevey, Montreux, Villeneuve und Le Bouveret nach St-Gingolph und wieder zurück. Fahrplaninformationen 0848 811 848 oder im Kursbuch (Fahrplanfeld 3150). Oder mit dem PW via Autobahnausfahrt Villeneuve, Bahn via St-Maurice oder Postauto ab Aigle.
Wann? Schiffsmuseum geöffnet Mitte Juni bis Mitte September täglich 14–17.30 Uhr.
Wieviel? Erwachsene Fr. 5.–, Kinder bis 16 gratis.
Alter? Ab 6 Jahren.

▬ Kids willkommen! ▬

Wo essen?
Restaurant du Lac, 1974 Arbaz bei Anzère, 027 398 24 84. Frische Forellen aus dem Bergteich und Walliser Spezialitäten. Menüs ab Fr. 18.–, die Aussicht ist gratis. Di und Januar geschlossen.

Pizzeria La Luge, 1988 Les Collons bei Sitten/Sion, 027 281 17 98; Kinderpizza vom Holzofen ab Fr. 9.–, aber auch Raclette und Fondue.
Crêperie du Labyrinthe-Aventure, 1902 Evionnaz (027 767 14 14), zwischen Martigny und St-Maurice. Crêpes sind eine Westschweizer und damit auch Unterwalliser Spezialität. Vor oder nach dem Schmaus empfiehlt sich ein Gang durchs nahe Labyrinth. Crêpes ab Fr. 5.–, Menüs ab 11.–. Geöffnet Mitte März bis Anfang Oktober 9.30–19 Uhr durchgehend.
Ferme-Restaurant «Chez Gaby», 1873 Champoussin, im Val d'Illiez oberhalb Monthey. In einfacher, aber sympathischer Bauernhaus-Atmosphäre bewirtet die Familie von Gabriel Gex-Fabry, 027 477 22 22, kleine und grosse Gäste. Eine besondere Attraktion sind der grosse Kinderspielplatz und die zutraulichen Tiere. Wer will, kann auch einen Ausritt zu Pferd buchen.

Wo schlafen?
Camping de la Sarvaz, 1913 Saillon, 027 744 13 89. Vier-Sterne-Platz an der Route de Fully, nur 2 km vom Thermalbad entfernt. Zur Anlage gehören Einkaufs-, Spiel- und Sportmöglichkeiten. Die Übernachtung für 2 Erwachsene und 2 Kinder kostet während der sommerlichen Hochsaison Fr. 40.–. Bungalowmiete möglich.
Eine Nacht im Indianerzelt? Dieses Tipi-Abenteuer bietet «Nature Evasion», das kleine Unternehmen von Patrice Gaspoz in 1969 St-Martin im Val d'Hérens, 027 281 27 70. Familie Gaspoz unternimmt mit ihren Gästen

auch Expeditionen zu Fuss, mit dem Velo, auf Pferderücken oder am Kletterseil (www.nature-evasion.ch).

☻ **Gîte du Prilet,** 027 475 11 55, Berghütte unweit von 3961 St-Luc im Val d'Anniviers. Alle Zimmer mit WC und Dusche, Übernachtung mit Frühstück Erwachsene Fr. 38.–, Kinder 23.–. Täglich geöffnet Weihnachten bis Ostern und Juli/August, übrige Zeit Do–So.

☻ **Familienhotel Les Marécottes,** 027 761 12 00, 1923 Les Marécottes im Trienttal bei Martigny. Ideal als Standquartier für Ausflüge im unteren Teil des Unterwallis. Spielplatz, Sportterrain, grosse Terrasse. Ganzjährig geöffnet, Übernachtung mit Frühstücksbuffet Erwachsene ab Fr. 48.–, Kinder ab. 15.–.

Dauerbrenner

Talabwärts auf der wilden Rhone. Schlauchbootfahrt von Chippis bei Siders/Sierre nach St-Léonard (halber Tag) oder nach Riddes (ganzer Tag), Maxi-Fun Sport et Nature, 3960 Sierre, 079 447 28 00, www.maxi-fun.com. Unter kundiger Führung und mit Schwimmweste erlebt man im Schlauchboot das Wallis aus ganz neuem Blickwinkel.

Bergsteigende und kämpfende Eringerkühe. Aufzug zur Alp Avoin ob Grimentz im Val d'Anniviers, Office du tourisme, 3961 Grimentz, 027 475 14 93, grimentz@vsinfo.ch. Jedes Jahr am dritten Junisamstag geben Alpaufzug und Kuhkampf Anlass zu einem Volksfest mit Speis und Trank, Musik und Tanz.

☻ **Vergnügt im warmen Wasser.** Thermalbad des Ferienorts 1911 Ovronnaz, 027 305 11 11, www.thermalp.ch. Nach einer Bergtour oder einem Skitag gibt es nichts Schöneres, als im warmen Wasser 33 Grad unter freiem Himmel zu baden.

☻ **Wildwest im Wallis.** Besuch der Ranch des Maragnènes an der Route de Vex, 1950 Sion, 027 203 13 13, www.ranch.ch. Cowboy-und-Indianer-Atmosphäre inmitten von Aprikosenkulturen mit Corral, Western-Saloon, Ausritten und Informationen über die Indianer. Verpflegung und Übernachtung (auch im Stroh) möglich.

Alpenpflanzen an der Passstrasse. Jardin alpin Linnaea, 1946 Bourg-St-Pierre, 027 787 11 42, communebsp@netplus.ch. Während des Aufstiegs zum Grossen St. Bernhard (auch Busverbindung ab Martigny) bildet ein Besuch des Alpengartens von Bourg-St-Pierre einen willkommenen Unterbruch (Eintritt frei, geöffnet Ende Juni bis Oktober).

Auf Römerspuren. Archäologischer Rundgang in Martigny mit Besuch des Amphitheaters, Office du tourisme, 1920 Martigny, 027 721 22 20, www.martignytourism.ch. Diese Expedition zweitausend Jahre zurück in die Vergangenheit, als die alten Römer ihre Kolonie Octodurus am Rhoneknie besiedelten, kann auf eigene Faust entlang der markierten Route unternommen werden (Führungen Mitte Juli bis Mitte August täglich 10.30 und 15 Uhr).

Urtümliches Feuchtgebiet, Naturlehrpfad Les Rigoles bei 1895 Vionnaz, 024 481 42 52, commune_vionnaz@bluewin.ch. Noch vor 150 Jahren bedeckten Sümpfe und Moore weite Teile des untersten Rhonetals zwischen Monthey und dem Genfersee. Heute sind sich nur noch einige wenige Reste dieser Urlandschaft erhalten, etwa das Reservat Les Rigoles bei Vionnaz mit seinem Naturlehrpfad. Achtung, bei Besuch im Sommer Mückenschutzmittel auftragen!

Wallis: Das Unterwallis

Westschweiz: Waadtland Nord und Ost

1	Sportwelt, Weltsport Musée Olympique, Lausanne		11	Murmeltierparadies und Alpen- blumen, Rochers-de-Naye
2	Kunst im Urzustand Collection de l'Art Brut, Lausanne		12	Im Reich der Sümpfe Centre Pro Natura, Champ-Pittet
3	Der Turm des 21. Jahrhunderts Parc de Sauvabelin, Lausanne		13	Vamos a la playa Campingplatz VD 8, Yvonand
4	Tropische Verhältnisse Tropiquarium, Servion		14	Spazierschippern auf dem Neu- enburgersee, Yverdon
5	Aussichtsreiche Rebberge Wanderung im Lavaux, Lutry		15	Wellness Thermalbad Yverdon-les-Bains
6	Nahrung ist nichts Trockenes Alimentarium, Vevey		16	Imposantes Mittelalter Schloss Grandson
7	Hoch über dem Léman Auf den Mont-Pèlerin		17	Juraparc Chalet du Mont-d'Orzeires
8	«Mai-Schnee» in den Voralpen Les Pléiades		18	Schatzkammer der Feen Grotten der Orbequelle, Vallorbe
9	Ein Schloss zum Spielen – Musée suisse du jeu, La Tour-de-Peilz		19	Am Anfang war das Eisen Musée du fer, Vallorbe
10	Dem See entlang Schloss Chillon		20	Auf Besuch in Frankreich Evian, Thonon, Sciez

Bahn · Hotel · Kunsth. · Museum · Natur · Restaur. · Schiff · Sehensw. · Shopping · Spielen · Sport · Theater · Tiere · Wandern

© Hallwag Kümmerly + Frey AG, Schönbühl-Bern

Vom Plateau in die Alpen

Lausanne ist die Stadt, wo es entweder hinauf- oder hinuntergeht. Auf drei Hügeln erbaut, dehnt sie sich Richtung Ouchy (372 m ü. M.) und Chalet-à-Gobet (930 m) aus. Sie ist eine höchst lebendige Stadt mit einem Kultur- und Freizeitangebot, das seinesgleichen sucht: Sie beherbergt das Maurice-Béjart-Ballett, die Schweizer Cinemathek, 22 Kinos, ein Dutzend Theater, ist Sitz des IOK mit dem Musée Olympique. Gleichzeitig ist Lausanne der perfekte Ausgangspunkt für Ausflüge ins Lavaux mit seinen spektakulär steilen Rebbergen, ins liebliche Plateau vaudois oder in die familienfreundlichen Winter- und Sommersportorte in den Waadtländer Alpen. Und last but not in die malerischen Städtchen auf der französischen Seite des Genfersees. Das Angebot an Reisen, Wanderungen, Museen ist fast unerschöpflich. Eltern und Kids kommen in jedem Fall auf die Rechnung.

Béatrice Aklin

**Westschweiz:
Waadtland
Nord und Ost**

1 Sportwelt, Weltsport

Musée Olympique Lausanne,
1001 Lausanne, Quai d'Ouchy 1,
021 621 65 11,
www.museum.olympic.org

Dieses einmalige Museum ist besonders auf jugendliche Besucher ausgerichtet. Nach speziellem Programm finden auch Animationen für die Jugend statt. Für Familienbesuche kann man sich vorher anmelden: Der pädagogische Dienst wird sogar einen interaktiven Parcours vorbereiten! Und das gepflegte Restaurant führt Kindermenüs auf der Karte. Die moderne Architektur des Museums bildet einen vorteilhaften Rahmen für die Darstellung der Geschichte des Sports und der Olympischen Spiele in Dauer- und Wechselausstellungen. Auditorien mit Vorführungen, Videothek, rund 20 Videoprojektoren in der Ausstellung usw.: Mit den Einrichtungen kann man die verschiedensten Sportereignisse wieder aufleben lassen, seien es Wettkämpfe selbst oder Eröffnungszeremonien der Olympischen Spiele, Weltmeisterschaften und Weltrekorde. Beliebt und rege besucht ist auch die Bibliothek, die überdies eine Kinderecke besitzt. Nach all diesen Eindrücken ruht man sich im kinderfreundlichen Restaurant oder im Park aus, wo Skulpturen zeitgenössischer Künstler zu bewundern sind.

Wie? Bus 2 (Haltestelle Navigation), Bus 8 (Musée Olympique).
Wann? Mai–Sep. täglich 9–18, Okt.–April Di–So 9–18 Uhr.
Wieviel? Erwachsene Fr. 14.–, Kinder 10–18 Jahre Fr. 7.–; Familienbillette 34.–.
Alter? Ab 5 Jahren.

2 Kunst im Urzustand

Collection de l'Art Brut,
1004 Lausanne, Avenue des Bergières 11, 021 315 25 70,
www.artbrut.ch

Die Sammlung ist eine Art Antimuseum, weltweit einzigartig: Es sind keine Werke bekannter Künstler ausgestellt, sondern vielmehr künstlerische Gegenstände, die von Leuten aus Randgruppen hergestellt wurden. Der Kunstmaler Jean Dubuffet entdeckte und sammelte die ohne jegliche kommerzielle Absicht geschaffenen Bilder und Skulpturen in psychiatrischen Kliniken, bei Aussenseitern der Gesellschaft, Einsamen, Exzentrikern usw. Die Werke sind deshalb von ursprünglicher Ausdruckskraft, weil sie als Aussagen zum Eigenzweck geschaffen wurden, ohne die Absicht, eine Kritik oder ein Echo auszulösen. Sie bewegen sich im Phantastischen und Wundersamen der Erinnerung, aber auch der aufbrechenden Emotionen. Die Werke sind aus oftmals überraschenden Materialien hergestellt und kommen auf vier Etagen mit dunkel gehaltenen Wänden auf geradezu magische Weise zur Geltung.

Wie? Mit Bus 2 bis Haltestelle Jomini oder mit Bus 3 bis Palais de Beaulieu.
Wann? Di–So 11–18 Uhr.
Wieviel? Erwachsene Fr. 6.–, Studenten/Lehrlinge 4.–, Kinder gratis.
Alter? Ab ca. 5 Jahren.

Westschweiz: Waadtland Nord und Ost

3 Der Turm des 21. Jahrhunderts

Parc de Sauvabelin, 021 613 73 73,
www.lausanne-tourisme.ch

Der Park Sauvabelin oberhalb von Lausanne ist das beliebte Naherholungsgebiet der Lausanner Bevölkerung. Der kleine See – er kann mit dem gemieteten Ruderboot befahren werden – ist mit Enten, Gänsen und Schwarzschwänen bevölkert. Ein Gehege mit Hirschen, Zwergziegen und Pfauen wartet auf die grossen und kleinen Besucher. In der Auberge du Lac verpflegt man sich mit Waadtländer Käse- und Wurstspezialitäten, Kuchen, Glace usw. Seit Anfang 2004 ist der Wald um eine Attraktion reicher. Die Gesellschaft für die Entwicklung von Lausanne, welche vor 100 Jahren den See von Sauvabelin angelegt hatte, hat jetzt einen 35 m hohen Holzturm errichtet, der einen atemberaubenden Rundblick auf Genfersee, Alpen, Jura und Waadtländer Hinterland bietet. Um auf die Plattform (Durchmesser 8 m) zu gelangen, gilt es 150 Stufen zu erklimmen. Eine Anstrengung, die sich lohnt! Für Auf- und Abstieg 30 Minuten einplanen. Pro Stunde werden etwa 80 Personen zugelassen.

Wie? Bus 16 ab Place Saint-François.
Wann? Ganzjährig.
Wieviel? Gratis.
Alter? Je nach körperlichen Fähigkeiten.

4 Tropische Verhältnisse

Tropiquarium von Servion,
1077 Servion, 021 903 52 28,
www.tropiquarium.ch

In nächster Nähe zum berühmten Zoo von Servion ist ein Tropiquarium eröffnet worden. Ein wahres Paradies mit seinen lichtdurchfluteten Räumen, den gepflegten Anlagen, die den Tieren einen möglichst natürlichen Lebensraum bieten. Etwa 30 Reptilien- und 60 Vogelarten sind hier zu entdecken. Man begegnet bekannten und unbekannten Tieren – Straussen, Flamingos, Echsen, Vogelspinnen, dem Roten Ibis, der Krontaube, dem Chinesischen Alligator oder dem Siam-Krokodil. Das Tropiquarium will einerseits das Publikum erfreuen, anderseits zum Schutz von gefährdeten Tierarten beitragen. Für den Imbiss aus der Cafeteria steht eine Terrasse zur Verfügung, Kinder können sich auf dem Spielplatz austoben. Wer Lust auf noch mehr Tiere hat, stattet dem berühmten Zoo von Servion einen Besuch ab (Kombi-Billette).

Wie? Mit Bus 62 der Region Lausanne bis Montpreveyres, dann Postauto nach Servion. Oder mit Zug bis Palézieux, dann Postauto. Oder mit PW von Freiburg her über die A12 bis Ausfahrt Vaulruz, dann über Oron-la-Ville nach Servion, oder Ausfahrt Chexbres, dann Hauptstrasse Richtung

Westschweiz: Waadtland Nord und Ost

Er wacht über die Stadt

In Lausanne wird eine seit 1405 ununterbrochene Tradition gepflegt. Wer sich zwischen 22 und 2 Uhr in der Nähe der Kathedrale aufhält, hört nach dem vollen Stundenschlag zum Beispiel um 23 Uhr eine Stimme: «C'est le guet, il a sonné onze, il a sonné onze.» Ursprünglich war es die Aufgabe des Guetteurs oder Nachtwächters, vor allfälligen Feuersbrünsten zu warnen. Heute ist es ein schöner Brauch, der die Lausanner Bevölkerung ruhig schlafen lässt.

Moudon; von Lausanne her A9-Ausfahrt Vennes, dann über Savigny Richtung Moudon.
Wann? Täglich geöffnet. Sommer 9–19, Winter 9–18 Uhr (Eintritt bis 18 bzw. 17 Uhr).
Wieviel? Erwachsene Fr. 9.–, Kinder 6–16 Jahre Fr. 5.–. Gruppenrabatt ab 10 Personen. Kombi-Billett Tropiquarium/Zoo Erwachsene Fr. 15.–, Kinder Fr. 9.–. Hunde haben keinen Zutritt.
Alter? Alle Altersstufen, kinderwagengängig.

5 Aussichtsreiche Rebberge
Wanderung am goldenen Ufer des Lavaux zum Signal de Chexbres, 1605 Chexbres, Route de la Petite-Corniche, 021 613 26 26, www.lake-geneva-region.ch

Wohlklingend sind die Namen Lavaux und Dézaley für Liebhaber köstlicher Weine: Durch ihre Rebberge führt ein Weg von Lutry zum Aussichtspunkt Signal de Chexbres (655 m). Auf Erläuterungstafeln sind auf einfache Art die Arbeit der Winzer, die Traubensorten, Böden, Weine und Traditionen beschrieben. In die Hänge gestreut, verteilen sich die kompakt gebauten Winzerdörfer, wo zahlreiche Caveaux und Gaststätten vergorenen und für die lieben Kleinen unvergorenen Traubensaft und lokale Köstlichkeiten anbieten. Eine Fundgrube in Sachen Tipps für Wanderungen und Spaziergänge (nur französisch): www.balades.ch.

Wie? Am östlichen Dorfausgang von Lutry auf dem Strässchen zum Cornicheweg, dann die Rebberge von Villette und Dézaley durchqueren und zum Signal aufsteigen. Der Abstieg kann nach Cully, St-Saphorin oder Chardonne erfolgen: alles typische Weinbaudörfer, die den Besuch lohnen.
Alter? Ab 6 Jahren.
Wege kinderwagengängig.

6 Nahrung ist nichts Trockenes...
Alimentarium (Musée de l'alimentation), 1800 Vevey, Rue du Léman/Quai Perdonnet, 021 924 41 11, www.alimentarium.ch

In unserer Zeit der Instant- und tiefgefrorenen Nahrung bietet das Ernährungsmuseum in Vevey, das von Nestlé gegründet wurde, eine unterhaltende, spielerische Möglichkeit auch für Kinder, die vielschichtige Bedeutung von Nahrungsmitteln kennenzulernen. Auf 900 m^2 Fläche werden verschiedenste Aspekte rund um die Ernährung dargestellt: von der Produktion über Bearbeitung und Konservierung bis zum Handel und Konsum, von der Jungsteinzeit bis zur Gegenwart, in unserem Lebensraum und in anderen Erdstrichen. Die Anschauungsmethoden sind besonders in der Multimediaecke oder im Entdeckungsbereich ungewohnt. So kann man in einen magenartigen Raum eindringen und auf Bildschirmen beobachten, was mit einem verspeisten Sandwich geschieht. Oder ein virtuelles Menü wird im «Informatik-Restaurant» zusammengestellt. In der Experimentierküche heisst es die Küchenschürze binden: Hier stellen die Junioren unter Anleitung eines Chefkochs oder Confiseurs Nahrung zum sofortigen Verzehr oder zum Mitnehmen her... Ein lehr-

und abwechslungsreiches, interaktives Museum, das überzeugt! Im Museumsgarten, wo viele essbare Pflanzen wachsen, sind Picknickplätze vorhanden.

Wie? Zu Fuss von der Rue du Marché dem Quai Perdonnet entlang, Ecke Rue du Léman links.
Wann? Di–So 10–18 Uhr. Allgemeine und thematische Führungen nach Anmeldung; Veranstaltungen für Junioren.
Wieviel? Erwachsene Fr. 10.–, Kinder bis 16 Jahre gratis.
Alter? Ab 6 Jahren.

7 Hoch über dem Léman
Von Chardonne auf den Mont-Pèlerin, 1800 Vevey, Montreux-Vevey Tourisme, 021 848 86 84 84,
www.montreux-vevey.com

Eine kleine Standseilbahn führt uns durch die terrassierten Rebberge – mit Halt im reizenden Winzerdorf Chardonne – zum Mont-Pèlerin (1084 m). Von hier leiten uns schöne Wanderwege in alle Richtungen. Beispiel: zum Panoramalift des Aussichtsturms Plein-Ciel, von wo aus man einen einmaligen Rundblick über die Genfersee-Riviera und über die weite Wasserfläche in die Alpen geniesst.

Wie? Die Standseilbahn fährt alle 20 Minuten von Vevey-Plan auf den Mont-Pèlerin. Neben der Bergstation Wegweiser für Wanderung zum Panoramalift (1½ Std.) oder zurück nach Vevey. Wanderkarten erhältlich bei Montreux-Vevey Tourisme, Place du Marché, Vevey.
Wieviel? Standseilbahn Hin-/Rückfahrt Erwachsene Fr. 14.–, Kinder 7.– (Halbtax-Abo, Juniorkarte gültig). Plein-Ciel Erwachsene Fr. 5.–, Kinder 3.–.

8 «Mai-Schnee» in den Waadtländer Voralpen
Les Pléiades, Montreux-Vevey Tourisme, 021 848 86 84 84,
www.montreux-vevey.com

Die Pléiades sind ein wahres Bijou der Waadtländer Voralpen und im Sommer wie im Winter eine beliebte Familiendestination. Wintersportler sind begeistert vom Schneeschuhwandern, Langlaufen (3, 5, 7 und 12 km) und dem zwar kleinen, aber feinen Alpinskigebiet (7 km Pisten), während im Sommer vor allem VTT, Gleitschirmfliegen und Wanderungen angesagt sind. Das Wandernetz umfasst vom Verdauungsspaziergang über die Kinderwagentour bis zur anspruchsvollen Wanderung alle Varianten. Einen Besuch wert ist auch der Themenpark Astropléiades, wo verschiedene Stationen mit dreidimensionalen Modellen Einblick in die Astronomie vermitteln. Das Schönste zum Schluss und ein Phänomen in der Schweiz: Von Mitte Mai bis Anfang Juni blühen weisse Narzissen – die mit dem «Mai-Schnee» bedeckten Wiesen sind ein unendliches Blumenmeer.

Wie? 30 Minuten mit der Zahnradbahn (Train des Etoiles) ab Bahnhof Vevey.
Wieviel? Erwachsene Fr. 32.40, Kinder 16.20 (Halbtax-Abo und Juniorkarte gültig), Themenpark gratis.
Wann? Zu jeder Jahreszeit.
Alter? Alle Altersstufen.

Westschweiz: Waadtland Nord und Ost

9   Ein Schloss zum Spielen

Musée suisse du jeu au Château,
1814 La Tour-de-Peilz, 021 944 40 50,
www.msj.ch

Im idyllischen Schloss von La Tour-de-Peilz ist das Schweizerische Spielmuseum untergebracht mit allen möglichen Arten von Spielen – Strategie-, Lern-, Anregungs-, Glücksspiele usw. – aus unzähligen Ländern aller Zeitepochen! Beim Besuch wird einem klar, dass Spielen ganz allgemein zur Kulturentwicklung des Menschen gehört. Mit einer Fülle von rund 250 Spielen auf zwei Etagen wird in der ständigen Ausstellung das Spektrum von Spielmöglichkeiten gezeigt, während in den temporären Ausstellungen spezielle Aspekte im Vordergrund stehen. Besonders faszinierend ist der Blick auf den Spiel-Erfindungsgeist in der Vergangenheit, etwa in Altägypten, in römischer Zeit oder im Bürgertum des 19. Jh. Zum Universum der Spiele gehört auch ein Gewinn an Erfahrung und Gedankengut, was selbst schon Philosophen inspirierte. Spielaktivitäten fürs Publikum sind vor allem am Mittwoch- und Samstagnachmittag vorgesehen: Billardturniere, Einführungskurse in Schach oder die eigene Herstellung von Spielen aus Holz. Ansonsten hat man die Möglichkeit, Spiele auszuprobieren. Und in der Boutique gibt es eine grosse Auswahl zu kaufen. Übrigens kann auch ein Saal des Schlosses für Veranstaltungen gemietet werden.

Wie? Vom alten Ortsteil aus gute Markierung durch Wegweiser. Parkmöglichkeiten am See.
Wann? Ganzes Jahr Di–So, März–Okt. 11–17.30, Nov.–Feb. 14–17 Uhr.
Wieviel? Erwachsene Fr. 6.–, Kinder 6–16 Jahre 2.–, Lehrlinge/Studenten usw. 3.–; Führungen auf deutsch, französisch, englisch und italienisch. Museum rollstuhlgängig.
Alter? Ab Spielalter.

Westschweiz: Waadtland Nord und Ost

Ein festivalfreudiges Völkchen

Es ist viel los in der Genferseeregion und gar nicht einfach, sich einen Überblick über das äusserst reichhaltige Programm zu schaffen. Die Broschüre «Feste, Festivals, Veranstaltungen» des Waadtländer Tourismusbüros schafft Klarheit. Erhältlich unter 021 613 26 26 oder www.genferseegebiet.ch. Die nachstehende Aufzählung ist rein zufällig.

Januar: Internationale Heissluftballon-Woche, Château-d'Oex
Februar: Prix de Lausanne, Wettbewerb für Nachwuchstänzer,
März: Internationales Schlittenhunderennen, Les Mosses
April: Dokumentarfilm-Festival «Visions du Réel», Nyon
Mai: Narzissenfest, Montreux
Juni: Caribana-Festival, Nyon
Juli: Paléo-Festival, Nyon
August: Rock'Oz'Arènes, Avenches
September: Museumsnacht, Lausanne
Oktober: 200-km-Marsch von Vallorbe
November: Marché de Saint-Martin, Vevey
Dezember: Weihnachtsmarkt, Montreux

10 Der Blumenriviera entlang zum Schloss Chillon

Wasserschloss Chillon, 1820 Veytaux, Avenue de Chillon 21, 021 966 89 10, www.chillon.ch

Es heisst, dass dem etwa 10 km langen Blumenweg von Vevey nach Villeneuve entlang 250 000 Pflanzenarten gedeihen. Ob's stimmt oder nicht, es ist eine traumhaft schöne Art, sich dem beliebtesten Postkartensujet der Schweiz zu nähern. Schloss Chillon ist wahrlich ein stolzes Schloss! Die 600 leidenschaftlichen Verse über das Wasserschloss, die Lord Byron 1816 dem 1532 dort eingekerkerten François Bonivard widmete, machten in ganz Europa die Runde und Schloss Chillon berühmt. In der Folge machten auch andere Schriftsteller und verschiedenste Künstler immer wieder mit ihren Werken auf Chillon aufmerksam. Das Wasserschloss, eine der schönsten mittelalterlichen Burgen Europas, ist ein Publikumsmagnet. Auf einem Familienausflug wird Sie der imposante Sitz der Savoyer Grafen mit Wachttürmen, zentralem Bergfried, doppelter Befestigungsmauer und senkrecht in den See abfallenden Fassadenmauern garantiert begeistern. Die Ausstattung enthält viel Sehenswertes (Mobiliar, Waffen, Münzen usw.).

Wie? A9-Ausfahrten Montreux (vom Westen) oder Villeneuve (vom Wallis her) und auf der Hauptstrasse dem Ufer entlang bis Chillon.
Mit Bus oder Schiff ab Montreux.
Wann? Ganzes Jahr geöffnet ausser 25. Dez./1. Jan.: April–Sept. 9–18, März/Okt. 9.30–17, Nov.–Feb. 10–16 Uhr; Kassenschliessung 1 Std. vor Türschliessung.
Wieviel? Erwachsene Fr. 10.–, Kinder ab 6 Jahren 5.–, Familien 24.–.
Alter? Ab 5 Jahren.

11 Murmeltierparadies und Alpenblumen

Rochers-de-Naye, Jardin alpin La Rambertia, 1824 Caux, 021 963 45 16, www.montreux-vevey.com

Die Hänge über Montreux sind ein beliebtes Ausflugsziel, vor allem im Frühling und im Herbst, wenn das Klima besonders mild ist. Die Zahnradbahn bringt uns in knapp einer Stunde auf die Rochers-de-Naye (2042 m ü. M.). Von dieser Sonnenterrasse aus geniesst man einen atemberaubenden Rundblick auf den Genfersee, das Mont-Blanc-Massiv, die Savoyer, Walliser, Waadtländer und Berner Alpen. Für Kinder faszinierender ist jedoch das Murmeltierparadies, wo in sieben Parks Murmeltiere aus verschiedenen Kontinenten leben. Einblicke in die Eigenschaften und Lebensgewohnheiten dieser liebenswerten Tiere vermittelt eine Ausstellung. Dann sagen wir den Murmeli Adieu, denn es gilt noch Europas höchstgelegenen Alpengarten, La Rambertia, mit seinen über 1500 Alpenblumen und -pflanzen zu entdecken.

Wie? Drahtseilbahn ab Bahnhof Montreux nach Glion–Caux–Rochers-de-Naye. Von Mai–Oktober fährt von Caux aus auch eine Dampfbahn. Auskünfte 021 963 65 35, www.mob.ch
Wann? Ganzjährig möglich, im Winter zum Skifahren. Alpingarten Mai–Mitte Oktober offen.
Wieviel? Retourbillet für Erwachsene Fr. 24.50 (Juli–Sept. Fr. 27.50.–), Kinder 18.– (Halbtax und Juniorkarte gültig). Murmeltierparadies und Alpingarten gratis.
Dauer? Im Minimum einen halben Tag; schon die Fahrten nach oben und unten benötigen je fast eine Stunde.
Alter? Alle Altersstufen.

Westschweiz: Waadtland Nord und Ost

12 Im Reich der Sümpfe

Centre Pro Natura, Champ-Pittet,
1400 Yverdon-les-Bains,
(Chéseaux-Noréaz), 024 426 93 41,
www.pronatura.ch/champ-pittet

Am Neuenburgersee erstreckt sich das grösste Ufer-Sumpfgebiet der Schweiz von Yverdon-les-Bains dem Südostufer entlang: die Grande Cariçaie. Am Rand gegen Yverdon liegt das Schlösschen von Champ-Pittet, in dem Pro Natura ein Forschungs- und Informationszentrum zur Grande Cariçaie eingerichtet hat. Die Bedeutung der Grande Cariçaie ist für die Schweiz unermesslich. Eine besonders wichtige Rolle spielt dieser Riedgürtel als Brutgebiet von Sumpf- und Wasservögeln sowie als Rastplatz und Überwinterungsgebiet Tausender von Zugvögeln. Nicht selten lassen sich auch andere See-, Ried- und Waldbewohner blicken – Fische, Frösche, Schlangen, Nagetiere.

Für die Besucher führen drei Lehrpfade durch das Ried, den Wald und die Wiesen. Vom Beobachtungsturm aus lassen sich die Riedbewohner observieren, im Zentrum unter Binokularen Insekten betrachten. Beim Schlösschen befinden sich ein alter Gemüse- und Zierblumengarten sowie ein Bienenhaus. Phantasievoll gestaltete interaktive Ausstellungen sprechen die jungen Besucher an. Zum Zentrum gehört auch ein vorzügliches Restaurant.

Wie? Vom Bahnhof Yverdon mit Bus 1 oder 3 bis Pré du Chataignier, dann 5 Min. zu Fuss. Die Züge der Linie Yverdon–Fribourg halten in Champ-Pittet. Mit PW: Abzweigung vom Kreisel Richtung Estavayer-le-Lac, Parkplätze beim Zentrum.

Wann? Naturlehrpfade immer frei zugänglich. Ausstellung: April–Oktober Di–So 10–17.30 Uhr.

Wieviel? Erwachsene Fr. 7.–, Kinder 4.50; Animationen und Führungen: Fr. 90.– bis 120.–, je nach Saison, für Gruppen bis 24 Personen. Anmeldung: 024 426 93 41.

13 Vamos a la playa

Campingplatz VD 8,
Pointe d'Yvonand, 1462 Yvonand,
024 430 16 55,
www.campings-ccyverdon.ch

Sandstrandvergnügen gibt es auch im Binnenland Schweiz, genauer in Yvonand am südlichen Neuenburgersee. Hunderte von Metern lang feinster Sandstrand, Pinien und romantische Buchten, die Criques, für Menschen, die die Ruhe suchen. Man glaubt sich in der Karibik. Dusch- und Umkleidekabinen, Kiosk und Buvette stehen zur Verfügung.

Gleich daneben der ebenso paradiesische Campingplatz mit der wenig romantischen Bezeichnung VD 8 (Waadtländer Campingplätze sind numeriert). Komfortable Infrastruktur, Warmwasserduschen, Kinderspielplatz, 8 Petanquebahnen, 4 Pingpongtische, 1 Volleyballfeld. In der Hochsaison wohnen bis zu 3500 Menschen – Stammgäste und Touristen – friedlich und ruhig zusammen. Abends ist am Strand einiges los.

Wann? Campingplatz April–September.
Wie? Autobahnausfahrt Estavayer, dann Richtung Yverdon.

14 Spazierschippern
Mit den Y-Mouches übers Wasser,
1400 Yverdon-les-Bains,
079 622 44 74,
www.yverdon-les-bains.ch

Schauen Sie sich den abwechslungsreichen Südostteil des Neuenburgersees vom Schiff aus an: Auf einem anderthalbstündigen Rundkurs fahren Sie von Yverdon nach Grandson und Concise, dann über den See nach Yvonand. Nach einer Fahrtunterbrechung kann ein nachfolgendes Kursschiff bestiegen werden. An Bord gibt es zu trinken, und die Atmosphäre ist sympathisch familiär. Für Kinder liegen Spiele und Malsets bereit. Im Sommer können auf diese angenehme Weise auch Strände oder Picknickplätze am Südufer des Sees aufgesucht werden (siehe Tipp 13).

Wie? Abfahrt in Yverdon beim Ponton Marive.
Wann? Mai–Oktober 10.30, 14 und 16 Uhr.
Wieviel? Erwachsene Fr. 15.–, Kinder 8.– bzw. 13.– (nach Alter); Gruppenrabatt und Extrafahrten für Gruppen.

15 Wellness
Im Thermalbad,
1400 Yverdon-les-Bains,
024 423 02 32,
www.thermes-yverdon.ch

Yverdon hat eine 1500jährige Bädertradition. Das attraktive, modern gestaltete Centre thermal liegt im Süden der Stadt und eignet sich nicht nur für Kuren, sondern dient ganz besonders auch dem Vergnügen und der Wellness. Die zwei Aussenbecken führen Wasser mit 34 und 31°C, und Kaskaden sowie Riesen-Wasserwirbel und Massagedüsen sorgen nach Belieben für Unterhaltung und Entspannung im Wasser. So kommt auch die Jugend mit Lust auf Spiel und Spass auf ihre Rechnung.

Wann? Mo–Fr 8–22, Sa/So 8–20 Uhr (Eintritt bis 21 bzw. 19 Uhr), Festtage: reduzierte Öffnungszeit; 25. Dezember geschlossen.
Wieviel? Erwachsene Fr. 16.–, Kinder 10.– (ohne Sauna, Wäschemiete, Massage usw.). Familienrabatt 10% (z.B. 1 Erw. + 2 Kinder Fr. 32.40).

16 Imposantes Mittelalter
Wo Karl der Kühne besiegt wurde,
1422 Grandson, 024 445 29 26,
www.grandson.ch

Westschweiz: Waadtland Nord und Ost

Neben der gewaltigen Burg darf man das malerische Städtchen Grandson nicht vergessen: Ein Besuch vor oder nach demjenigen der Burg ist sehr zu empfehlen, gilt doch die gesamte Anlage mit Burg, Kirche aus dem 11. Jh. und Städtchen mit den Gässchen zwischen alten Fassaden als historisches Monument von europäischer Bedeutung.

Im Geschichtsunterricht lebt Grandson seit Generationen immer wieder auf als der Ort, wo in den Burgunderkriegen die Eidgenossen Karl den Kühnen zum zweiten Mal auf die Verliererstrasse schickten, verlor er doch «in Murten den Mut, in Grandson das Gut, in Nancy das Blut». Kriegsbeutestücke, Exponate zur Lokalgeschichte, Rüstungen, Waffen usw., aber auch Kerker und Folterkammer sowie die Oldtimer-Autosammlung mit dem Rolls Royce von Greta Garbo machen aus der Burg einen spannenden Besuchsort.

Wie? Postauto Yverdon–Grandson (Château).
Wann? April–Oktober täglich 8.30–18 Uhr, November–März 8.30–11, 14–17, So 8.30–18 Uhr.
Wieviel? Erwachsene Fr. 12.–, Kinder 5.–.

17 Juraparc
Chalet du Mont-d'Orzeires,
1342 Le Pont/Vallorbe, 021 843 17 35,
www.juraparc.ch

Ob zu Fuss auf einem Wanderweg oder mit dem Mountainbike: Der Juraparc auf der Alp Mont-d'Orzeires ist für ein einmaliges Erlebnis gut. Dort, wo man eigentlich Gemsen und Rehe anzutreffen erwartet, bevölkert eine Herde Bisons aus den Prärien Amerikas die Weide! Der 15 000 m² grosse Park wird ausserdem von europäischen Wölfen und von einer Bärenmutter, den Bärenkindern Wendi und Wädi sowie dem vierjährigen, 270 kg schweren Georg bewohnt. Die Anlage ist selbstverständlich gut gesichert. Verköstigen kann man sich im Chalet und auf der Terrasse, wo u.a. natürlich Bisonfleisch serviert wird.

Wo? Auf halbem Weg zwischen Vallorbe und dem Vallée de Joux.
Wann? Ganzes Jahr ab 9 Uhr bis Einnachten geöffnet.
Wieviel? Erwachsene Fr. 4.–, Kinder 6–16 Jahre 2.50.
Alter? Alle Altersstufen.

18 Schatzkammer der Feen
Grotten der Orbequelle,
1337 Vallorbe, 021 843 25 83,
www.vallorbetourisme.ch

Ein kleiner Spaziergang zur Orbequelle offenbart die Wunderwelt der unterschiedlich geformten Tropfsteine und der Farbenspiele der Kalkablagerungen unter Tag. Die Führung durch die Höhlen dauert etwa eine Stunde. Und eine spezielle Ausstellung mit Mineralien aus aller Welt ist im «Trésor des fées», der Feenschatzkammer, zu bewundern. In der Höhle braucht man warme Kleidung zum Überziehen, denn die Temperatur liegt das ganze Jahr bei nur 8–10°C. Auf dem Weg kommt man auch an zwei Fischzuchtanlagen vorbei.

Wann? Juni–August 9–17.30 Uhr, April/Mai sowie September/Oktober 9.30–16.30 Uhr; von November bis März können Gruppen die Grotten selbständig besuchen.
Wieviel? Erwachsene Fr. 13.–, Kinder 6.–, Kombibillette für Grotten, Eisenmuseum (Musée du fer, s. Tipp 19) und Festung Vallorbe (Fort de Vallorbe beim Weiler Day): Erwachsene Fr. 24.–, Kinder 12.–.

19 Am Anfang war das Eisen
Musée du fer et du chemin de fer,
1337 Vallorbe, 021 843 25 83,
www.vallorbetourisme.ch

Am Orbeufer mitten im Dorf befindet sich das Eisen- und Eisenbahnmuseum inmitten der alten städtischen Schmiede «Grandes Forges», die auf das Jahr 1495 zurückgeht. Zum Ausstellungsgut gehören Erze, Werkzeuge, Anschauungsmaterial zur Technik sowie Eisengegenstände aus den Epochen der Gallier, Römer, dem Hochmittelalter und der Burgunder. Die Schmiede in Aktion zu sehen ist Faszination pur: ein lärmiges, kraftstrotzendes Schauspiel. Die Maschinen werden durch vier Wasserräder an einem Kanal angetrieben.

Fünf Räume sind der Entwicklung der Eisenbahn und des Eisenbahnorts Vallorbe an der internationalen Achse Paris–Simplon–Mailand gewidmet. Berichtet wird über den Aufbau der Eisenbahntransversalen Jura und Alpen sowie die grossen Züge zwischen Okzident und Orient. Historische Zugsmodelle, auch in einer Modellanlage Spur 0, und ein Audiorama bieten willkommenen Anschauungsunterricht.

Wann? April–Oktober Mo–So 9.30–12, 13.30–18 Uhr, übrige Zeit nur Di–Fr.
Wieviel? Erwachsene Fr. 10.–, Kinder 6.–, Gruppenrabatt.
Alter? Ab 6 Jahren.

20 Auf Besuch in Frankreich
Compagnie Générale de Navigation sur le Lac Léman, 0848 811 848,
www.cgn.ch

Auch die französische Genferseeseite ist reich an Attraktionen für die Familie; ihre Aufzählung würde jedoch den Rahmen dieses Circuit sprengen. Weiterführende Informationen siehe nachstehende Internetadressen sowie auf www.leman-sans-frontiere.com. Am schönsten ist es, sich auf einem der Schiffe ab Lausanne-Ouchy auf die andere Seite fahren zu lassen. Zum Beispiel nach Evian-les-Bains, wo es eine reizvolle Stadt zu entdecken gibt, den 3,5 ha grossen Wasserpark «Jardins de l'Eau du Pré-Curieux» oder die berühmte Mineralquelle (www.eviantourism.com). Oder Thonon mit dem Château de Ripaille und dem Arboretum (www.thononlesbains.com). Ein absoluter Hit für Kinder ist der Besuch des Kino-Tierparks «Les Aigles du Léman» in Sciez, wo Tiere, die schon mal in TV-Spots und Filmen auftreten, ihre Show abziehen. Es gibt Tiger, Panther, Bären, Wölfe und andere mehr zu bestaunen. Am beeindruckendsten ist das Spektakel der Greifvögel, wenn Geier und Adler knapp über den Köpfen hinwegfliegen oder gar ein Falke auf der Schulter des Besuchers landet (www.lesaiglesduleman.fr).

Kids willkommen!

Wo essen?
Lausanne, die pulsierende Waadtländer Kapitale, bietet Feinschmeckern und andern Hungrigen die verschiedensten Möglichkeiten, ihren Bedürfnissen gerecht zu werden. Im Herzen der Stadt, zwischen Bahnhof und Altstadt, findet man an der Place Saint-François das umfassend renovierte Restaurant

Manora, 021 320 92 93, das aus verschiedenen Gründen sehr beliebt ist. Self-Service, eine grosse Auswahl an preisgünstigen Angeboten, die man sich für den kleinen wie den grossen Appetit selbst zusammenstellen kann, frische Salate, Desserts, Zubereitung der Menüs vor den Augen der Gäste… Hier isst man mittags und abends gut. Ein zweites Manora-Restaurant befindet sich etwas weiter oben in der Nähe des Hôtel-de-Ville an der Rue Saint-Laurent 3.

La Bruschetta, Avenue de la Gare 20, 1003 Lausanne, 021 312 57 34. Das familienfreundliche, geräumige Restaurant führt ein grosses Angebot vorwiegend italienischer Speisen und hausgemachter Desserts. Für die Kinder gibt's spezielle Angebote, auch die geliebten Pommes frites…

La Pinte à Fromage, Chemin du Celte 1, 1018 Lausanne, 021 647 39 29, täglich von 8 bis 24 Uhr geöffnet. Wunderschön am See von Sauvabelin gelegen. Waadtländer Käse- und Charcuteriespezialitäten, grosse Auswahl an Kindermenüs.

L'Eléphant-Blanc, Rue Cité-Devant 4, 1005 Lausanne, 021 312 71 77. Das Restaurant im historischen Teil in der Nähe der Kathedrale hat sowohl Waadtländer Spezialitäten und Fondue als auch Chili con carne auf der Speisekarte. Sehr angenehme, familienfreundliche Ambiance.

Restaurant de l'Hôtel-de-Ville, 1040 Echallens, 021 881 62 63. Es liegt neben dem Getreide- und Brotmuseum in einem herrschaftlichen Stadthaus. Die Karte reicht von traditionellen Röstigerichten über mehr oder weniger exotischen Speisen, kleinere Imbisse und Kindermenüs bis zur gehobenen Gastronomie. Mo, Di geschlossen.

Restaurant Beauregard, 1040 Villars-le-Terroir, wenig nördlich von Echallens, 021 881 19 26. Reichhaltige Speisekarte, in der auch Kindermenüs nicht fehlen. Grosse Terrasse für die Bewirtung in der warmen Jahreszeit. Kindern stellt man gerne Farbstifte zum Malen zur Verfügung.

Restaurant du Commerce, 1422 Grandson, 024 445 33 57, im alten Städtchen in nächster Nähe zum Schloss gelegen, nach dessen Besuch sich die Kinder im Sommer draussen auf dem kleinen Spielplatz wieder ausleben können. Kindermenüs.

Auberge La Buritaz, 1605 Chexbres, 021 946 10 85. Die Liebenswürdigkeit der Gastgeberfamilie ist sprichwörtlich, das Angebot währschaft und hervorragend: Käseschnitten, heisse Tommes, Beinschinken. Für die Kinder ein Paradies, auf dem Rasen stehen Rutschbahnen und Schaukeln, Hühner und Enten. 15 Minuten vom der Station der Mont-Pèlerin-Seilbahn. Mo geschlossen.

Café L'Oubliette du Château, Rue du Château, 1814 La Tour-de-Peilz, 021 944 51 22, ist sowohl für einen Besuch im interessanten Spielmuseum (Musée du jeu) als auch für einen romantischen Spaziergang am Hafen ein idealer Treff. Angebot mit einfachen, natürlich zubereiteten Speisen und feinen Desserts. Mo geschlossen.

Wo schlafen?

Jeunotel, Chemin du Bois-de-Vaux 36, 1007 Lausanne, 021 626 02 22, www.jeunotel.ch. Jugendherberge in ruhiger, grüner Umgebung in Vidy. Betonbau mit sauberen Unterkünften; Zimmer für 3–4 Personen, Fr. 130.– bis 160.– für eine vierköpfige Familie; Etagenduschen und Doppelzimmer mit Dusche. Selbstbedienungsrestaurant.

Lausanne Guest House & Backpaper, Chemin des Epinettes 4, 1007 Lausanne, 021 601 80 00, www.lausanne-guesthouse.ch. Während acht Monaten beträgt der Auslastungsgrad 100 %. 25 Zimmer, 80 Betten in einem wunderschönen sechsstöckigen Haus in der Nähe des Bahnhofs. Doppelzimmer ab Fr. 86.–. Sehr persönlicher Empfang.

Hotel Ibis, Esparcette 4, 1023 Crissier, 021 637 28 28, www.hotelibis.com. Komfortables und preisgünstiges Hotel: Zimmer für 1–3 Personen mit WC, Dusche, TV ca. Fr. 150.– pro Zimmer inkl. Frühstück. Weekend-Ermässigung, Kinder bis 12 Jahre zahlen die Hälfte. Restaurant, Bar.

Café de l'Union, 1063 Boulens, 021 905 36 76, cafe@boulens.ch. An der Strecke Echallens–Moudon Richtung Thierrens–Yverdon. Familienzimmer mit 4/5 Betten ab Fr. 15.–/18.– pro Person.

Hotel La Maison-Blanche, 1405 Pomy, 024 423 83 11, www.la-maison-blanche.ch, unweit des Thermalbads von Yverdon-les-Bains Richtung Moudon (10 Min. zu Fuss). Neben einigen einfachen Zimmern auch 12 komfortable, preisgünstige Zimmer (mit WC, Dusche, TV) in kleinem Familienhotel: z. B. Doppelzimmer Eltern Fr. 130.– inkl. Frühstück, Doppelzimmer Kinder Fr. 90.–. Ruhig, mit Terrasse, Brunnen, Kinderschaukeln. Restaurant, Kindermenüs.

Yobâ, Riviera Lodge, 1400 Vevey, 021 923 380 40, www.rivieralodge.ch, zentral an der Place du Marché gelegen, 3 Min. vom Bahnhof. Königliche Aussicht auf See und Berge (Dachterrasse) zu äusserst günstigen Preisen: Zweier- bis Achterzimmer für Fr. 20.– bis 40.– pro Person, Kinder unter 12 Jahren Fr. 16.– bis 21.–, Kinder unter 2 Jahren gratis. Frühstück am Buffet Fr. 7.–. WC, Duschen pro Stockwerk, Küche zur Verfügung; Salons und Bar.

Expo Hotel, En Chamard, 1442 Montagny-Yverdon, 024 447 52 55, expohotel@worldcom.ch. Zweisternehotel direkt an der Autobahn Yverdon West, Familienzimmer ab Fr. 166.– ohne Frühstück.

Auberge de Jeunesse (Jugendherberge), 1820 Montreux, 021 963 49 34, 5 Min. vom Bahnhof Territet (Regionalzüge). Vom Bahnhof Montreux 30minütiger Spaziergang dem See entlang. Die Herberge befindet sich direkt am See neben dem Tennisclub; Schloss Chillon ist nur etwa 10 Minuten entfernt. Zimmer für vier- bis sechsköpfige Familien ab Fr. 30.50/Person inkl. Frühstück. Kinder unter 2 Jahren gratis, Kinder 3–6 Jahre 50 %.

Auberge pour tous, 1337 Vallorbe, 021 843 13 49, www.geocities.com/aubergepourtous. 75 Betten, Schlafsaal, Doppelzimmer Fr. 23.–/Person, Familienwohnung 85.–, Bettwäsche erhältlich, Mahlzeiten auf Wunsch, Spielplatz.

Dauerbrenner

Le Flon heisst das «In»-Quartier in Lausanne zwischen Montbenon und Chaudron, unter dem Grand-Pont. Das frühere Kleingewerbe- und Handelszentrum ist heute der Ort, wo man sich trifft. Boutiquen und Discos für ganz Junge, Galerien und Restaurants für Junggebliebene, Kinos. Urban und familiär.

Lausanne, Fondation de l'Hermitage. Kunstsammlung in stimmungsvollem Herrschaftshaus mit Garten unterhalb des Parc de Sauvabelin. Spannende Parcours, Rätsel usw. geben Kindern die Möglichkeit, die Kunst auf ihre Weise zu entdecken und zu erleben. Neben permanenter Ausstellung regelmässig Wechselausstellungen, die insbesondere dem einheimischen Kunstschaffen gewidmet sind. 021 320 50 01.

Westschweiz: Waadtland Nord und Ost

Lausanne, Vivarium. Eine der grössten Sammlungen lebender Reptilien in Europa (Echsen, Schildkröten, Krokodile, Schlangen) sowie Amphibien (Lurche) und Gliedertiere (Insekten und Spinnentiere wie Vogelspinnen und Skorpione). Videoraum mit Dokumentarfilmen; Zoologen antworten an Ort und Stelle gerne auf Fragen; 021 652 72 94.

Lausanne, Bellerive. Das westlich der Schifflände und der Metro-Talstation gelegene Uferstück beherbergt neben dem Hafen das grösste Badegelände des Genfersees. An heissen Tagen mögen noch so viele Besucher kommen; auf der Liegewiese herrscht nie ein Gedränge. Zum Freizeitparadies gehören auch Restaurant, Solarium, Tauchbecken, Kleinkinderbecken usw.

Lausanne, Vallée de la Jeunesse in Maladière/Vidy im westlichen Teil von Lausanne, im Gelände der Expo '64. Spiel und Spass für die Jugend sind hier gross geschrieben, z. B. mit Skaterampe oder Freiluftspielen; Spielmöglichkeiten für die Kleinen, Rosengarten. Gegen den See, neben dem Campingplatz, findet man das römische Museum über «Lousonna». Im westlichen Teil steht Schloss Vidy, Sitz des IOK.

Lausanne, das Skate-Paradies. Es befindet sich etwas nördlich der Stadt. Av. de Sévelin, Skate-Park HS 36, 021 626 37 95.

Lausanne–Echallens–Bercher. Im Zickzack übers Land mit der LEB-Bahn. Zum Beispiel nach Echallens ins Getreide- und Brotmuseum. Abfahrt: Lausanne, Place du Flon, alle 30 Minuten. Jeweils sonntags Juli–Mitte September verkehrt ein Dampfzug zwischen Cheseaux und Bercher. 021 886 20 00, www.leb.ch.

Maison du Blé et du Pain (Getreide- und Brotmuseum), 1040 Echallens, 021 881 50 71. In einem Bauernhaus aus dem Jahr 1790 wird die eng mit der Kulturgeschichte des Menschen verknüpfte Geschichte des Weizens und des Brotes erzählt. Waadtländer Trachten und Spezialausstellungen runden das Dargebotene ab.

Rue. Das kleinste Städtchen der Schweiz – das man von der Bahnlinie Fribourg–Lausanne aus dem Zug auf seinem Felsen sitzen sieht – ist ein paar Kilometer nördlich von Oron-la-Ville an der Strecke nach Moudon zu finden. Ein Bummel durch die Mini-Ortschaft ist bequem mit dem Besuch des Schlosses Oron zu kombinieren.

Château d'Oron, 1608 Oron-le-Châtel, 021 907 72 22. 1 km östlich von Oron-la-Ville an der Strasse von Bulle (Autobahnausfahrt Vaulruz). Im malerischen kleinen Schloss des Felsspornstädtchens sind authentisch eingerichtete Räume mit Möbeln aus dem 17./18. Jh., wundervollen Kachelöfen und einer phantastischen Bibliothek mit 20 000 alten Bänden zu bestaunen.

Centre international de la Mécanique d'Art (CIMA), 1450 Sainte-Croix. 024 454 44 77. Zusätzlich zu den Musikautomaten und Spieldosen sind hier verwandte mechanische Exponate wie Schreibmaschinen, Uhren, Radios oder Grammophone zu sehen. Höhepunkt dieser Rückblicke in die technische Kulturgeschichte sind die audiovisuellen Demonstrationen.

La Maison d'Ailleurs, 024 425 64 38, 1400 Yverdon-les-Bains, www.ailleurs.ch. Das einzige der Utopie, der Science-fiction und entsprechenden Reisen gewidmete Museum Europas. An der Place Pestalozzi gelegen, ist sein Besuch auch mit dem des benachbarten Schlosses kombinierbar: Dort sind die Sammlungen über Geschichte, Völkerkunde, Fauna, historische Schifffahrt sowie das Musée de la Mode (Mode seit 1850) und das Pestalozzizimmer zum Besuch zu empfehlen; 024 425 64 38.

Musée Baud, 1454 L'Auberson, 024 454 24 84, www.ste-croix.ch, am Col des Etroits kurz vor der Grenze gelegen. Schöne Sammlung von mechanischen Musikinstrumenten, Musikautomaten, Drehorgeln usw., von denen viele auch noch klingen.

Abtei Romainmôtier, 024 453 14 65. Einer der 2000 Klosterorte, die im Mittelalter an den grossen Handels- und Pilgerwegen gegründet worden waren. Das Prioratshaus ist als nationales Monument klassiert. Im Erdgeschoss ein Teehaus, an Sonntagen wird Frühstück und Mittagessen serviert, manchmal mit Konzert (022 366 01 53). Im malerischen Dorf gibt es Kunsthandwerkliches und selbstgemachte Esswaren zu kaufen.

Audiorama, Schweizerisches Museum für Ton und Bild, 1820 Territet (bei Montreux), Chemin des Vignes, Lonay, 021 963 22 33, www.audiorama.ch. Geräte aus den 1920er Jahren, die Bilder aufzeichnen konnten, oder die ersten Tonübermittlungsgeräte gehören ebenso in die Ausstellung wie die Möglichkeit, die eigene Stimme für ein paar Münzen aufzuzeichnen. Ein spannendes Museum für die ganze Familie. Schon die Zahl der ausgestellten Geräte ist beeindruckend: 500 Radios, 600 Fernseher, 40 000 Radiolampen…

Museumsbahn Blonay–Chamby. Per Dampf führt sie in das oberhalb von Vevey und Montreux gelegene, zur Gemeinde Chaulin gehörende Eisenbahnmuseum. In einem Depot im Stil des frühen 20. Jahrhunderts werden die verschiedenartigsten Schienengefährte der Meterspur ausgestellt. Fahrten und Museumsbesuch jeweils Mai–Oktober am Wochenende von Blonay oder Chamby aus; Anfragen: 021 943 21 21 oder 021 943 22 21.

Les Grangettes. Geschütztes Ried- und Sumpfgebiet an der Mündung der Rhone in den Genfersee. Insbesondere Vogelfreunde kommen hier auf ihre Rechnung, sowohl was Brut- als auch Zugvögel und Wintergäste im Gebiet betrifft. Die mit Wegweisern bezeichneten Wander- und Beobachtungspfade erreicht man am besten von Villeneuve her. Office du tourisme, 021 960 22 86, 1844 Villeneuve.

Salzbergwerk Bex, 1880 Bex, 024 463 03 30, www.mines.ch. Im Grubenzug tief ins Innere des Berges. Auf dem zweistündigen Rundgang lernt man die Geschichte der Mine kennen und erhält Einblick in das 50 km grosse Labyrinth aus Stollen, Schächten, Treppen und Hallen, wo seit 1684 Salz gewonnen wird.

Westschweiz: Waadtland Nord und Ost

Westschweiz: Genf, Waadtland West, Frankreich

1. Quais rechts und links des Genfersees, Genf
2. Im Zentrum des Geschehens Palais des Nations, Genf
3. Ins älteste Haus Genfs Maison Tavel, Genf
4. Kunterbunter Platz Plaine de Plainpalais, Genf
5. Einsteins Handschrift Fondation M. Bodmer, Cologny
6. Abwechslungsreicher Klippenweg Der Rhone entlang, Genf
7. Im Gleitflug Vom Salève nach Genf
8. Kreuzfahrt auf der Rhone Zum Verbois-Staudamm, Genf
9. Montage der Entdeckungen CERN, Meyrin
10. Wie die Äffchen Forestland, Divonne-les-Bains
11. Mit dem Schiff ins Labyrinth der fünf Sinne, Schloss Yvoire
12. Keine süsse Sache Tobleroneweg Nyon–Bassins
13. Lasst hören aus alter Zeit… Landesmuseum Schloss Prangins
14. Swin-Golf und andere Spiele Châlet Basse-Ruche, Saint-Cergue
15. Schneeschuhtour Passwanderung, Col de la Givrine
16. Spielpark mit Aussicht Signal-de-Bougy, ob Rolle
17. Von Baum zu Baum Arboretum, Vallon de l'Aubonne
18. Im Reich der Zinnsoldaten Schloss Morges
19. An der Quelle Château de l'Isle
20. Zum Bas du Chénit mit dem Mountainbike, Le Sentier

Bahn | Hotel | Kunsth. | Museum | Natur | Restaur. | Schiff | Sehensw. | Shopping | Spielen | Sport | Theater | Tiere | Wandern

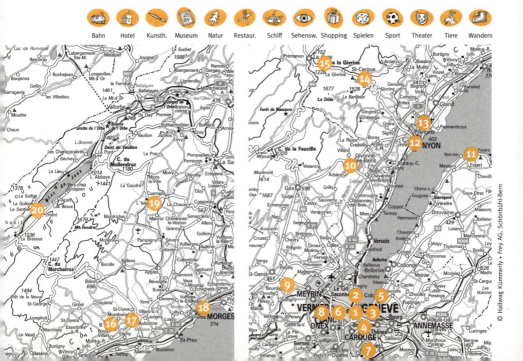

Von der globalen Drehscheibe Genf in die Einsamkeit

Genf ist nicht nur die internationale Business- und Konferenzstadt par excellence, sondern auch eine attraktive Destination für Familien. Eine schmucke Altstadt, Museen, grosszügige Park- und Spielanlagen (330 ha Grünflächen/60 Spielplätze), ein reizvolles Hinterland, romantische Winzerdörfer, Naturschutzgebiete mit einer reichen Flora und Fauna begeistern in- und ausländische Besucher. Genf ist aber auch Ausgangspunkt für Ausflüge ins benachbarte Frankreich, zum Beispiel nach Lyon (90 Minuten im TGV), nach Annecy, dem mittelalterlichen Städtchen am See, nach Chamonix… Juwelen in Gestalt von Städtchen und Dörfern mit prächtigen, oft auch verspielten Schlössern gibt es an der Waadtländer Côte zu entdecken. Die stilvollen Siedlungskerne atmen den Geist eines alten Kulturraums, den schon die Römer prägten. Einen starken Gegensatz bildet der Jura über dem Léman mit seinem an Skandinavien, ja an Sibirien gemahnenden Naturraum, den Fichten- und Tannenwäldern, den ruhigen Hochebenen, wo es sich wunderbar wandern und skilaufen lässt.

Westschweiz:
Genf, Waadtland
West, Frankreich

Béatrice Aklin

1 Quais rechts und links des Genfersees

Rechtsseitig: Vom Bains des Pâquis zum botanischen Garten, 1201 Genève, 022 909 70 00, www.geneve-tourisme.ch

Linksseitig: Parc de la Grange zwischen Quai Gustave-Ador und Avenue de Frontenex, 1207 Genève, 022 909 70 00, www.geneve-tourisme.ch

Vom Pâquis-Bad aus führt auf Stadtgebiet ein reizvoller Spaziergang über mehrere Kilometer dem Ufer des Sees und den Gärten und Parks entlang Richtung Lausanne. Am Palais Wilson, dem früheren Völkerbundpalast, vorbei flaniert man dem See entlang Richtung Jardin botanique zum Parc Mon Repos. Die Kinder werden dort ihre Aufmerksamkeit speziell den Schleusen und Hängebrücken widmen. Daran anschliessend ist beim Park La Perle du Lac die Sonnen-Laseruhr der ungarischen Künstlerin Klara Kuchta mit einem Durchmesser von 6,4 m zu bewundern. Den botanischen Garten mit seinen 15 000 Pflanzen und dem Garten der Sinne erreicht man schliesslich durch eine Passage unter der Seestrasse nach Lausanne hindurch.

Wie? Bus 1 der TPG, Haltestelle «Navigation» oder Parkhaus Wilson.
Wann? Die Parks sind immer zugänglich. Öffnungszeiten des Jardin botanique: April–September 8–19.30, Oktober–März 9.30–17 Uhr, Gewächshäuser 9.30–11, 14–16.30 Uhr (Fr geschlossen).
Wieviel? Parks und botanischer Garten freier Zutritt.

Der an einem Hang liegende grosse Park ist mit dem Parc des Eaux-Vives verbunden und bietet einen prächtigen Blick über die Rade, wie das Hafenbecken Genfs genannt wird, und zum Jura. Das Paradies für Kinder liegt aber verstreut im Park, wo sich allerlei Überraschendes entdecken lässt: ein Entenᵣ teich, Planschbecken, Ruinen zum Erforschen, Tipis fürs Indianerspiel, eine Fussballwiese, Seilbrücken zum Hangeln, ein Getränkestand, eine Wiese, wo man das Spielflugzeug gleiten lassen kann, während sich die Eltern in der Roseraie umsehen, dem bekannten Rosengarten.

Wie? Bus 7, Haltestelle Merle-d'Aubigné, oder Bus 2 und E, G, Haltestelle Parcs, sowie Linien 9, 33 und A, Haltestelle Cuisine.
Wann? Von Sonnenaufgang bis -untergang geöffnet.

2 Im Zentrum des Geschehens

Palais des Nations, Avenue de la Paix 14, 1202 Genf, 022 917 48 96, www.unog.ch

Was fast täglich in der Tagesschau zu sehen ist, kann auch an Ort und Stelle besichtigt werden: Genf ist nach New York wichtigster Sitz der Vereinten Nationen. Der Palast, zwischen 1929 und 1936 erbaut, befindet sich in einem traumhaften Park mit Blick auf See und Mont-Blanc. Er ist doppelt so gross wie Schloss Versailles und beherbergt 2000 Büros

Westschweiz: Genf, Waadtland West, Frankreich

und 34 Säle, darunter den grossen Versammlungssaal für 2000 Abgeordnete, die berühmte «Salle des Pas Perdus» oder die Bibliothek, die eine Million Bände, vier Millionen UN-Dokumente, 500 000 Veröffentlichungen und 9000 Zeitschriften umfasst. Jährlich besuchen etwa 120 000 Menschen den Palast. Es werden täglich geführte Besichtigungen durchgeführt. Identitätskarte mitnehmen.

Wie? Tram 13, Bus 8, 11, 14, F, V, Z (Haltestelle «Appia»), Parking: Nations.
Wann? April–Okt. täglich 10–12 und 14–16, Juli/Aug. bis 17 Uhr. Nov.–März Mo–Fr 10–12 und 14–16 Uhr. Letzte zwei Dezemberwochen geschlossen.
Wieviel? Erwachsene Fr. 8.50, Kinder ab 6 Jahren 6.50.
Alter? Nach Interesse der Kinder.

Genfer Fête de l'Escalade

Seit über 400 Jahren gedenken die Genfer jener Nacht vom 11. auf dem 12. Dezember 1602, in der sich die mutigen Bürgerinnen und Bürger des nächtlichen Angriffs der Savoyarden erwehrten, die mit Leitern die Stadtmauern zu erklettern (escalader) versuchten. Die Legende will, dass Catherine Royaume, Mutter von 14 Kindern, einen schweren Suppentopf mit seinem kochendheissen Inhalt auf die Angreifer gegossen habe. Das ist der Ursprung des Genfer Brauchs, sich gegenseitig eine mit Marzipangemüse gefüllte «Marmite» aus Schokolade zu schenken. Am Sonntag findet jeweils ein Fackelzug mit Reitern, Musketieren, Ambrustschützen und Fackelträgern in historischen Uniformen statt. Der Umzug endet mit der Bekanntgabe des Genfer Sieges und einem Freudenfeuer vor der Kathedrale Saint-Pierre.

---

3 Ins älteste Haus Genfs

La Maison Tavel,
Rue du Puits-Saint-Pierre 6,
1204 Genève, 022 418 37 00,
www.geneve-tourisme.ch

Die Maison Tavel findet sich nur wenige Schritte von der Kathedrale entfernt. Dieses verwinkelte älteste erhaltene Wohnhaus regt mit seinem Charme und dem kleinen Museum über das alte Genf (Vieux-Genève) die Phantasie an und zeigt Aspekte des Genfer Lebens vom Mittelalter bis ins 19 Jh.: von der vollständig eingerichteten Küche über alte Wappen, Masse und Gewichte, Kleidung, Münzen usw. bis zur Wiege, zu Hutschachteln und zur Guillotine! Vom Keller über den reizenden kleinen ummauerten Garten bis zum Estrich gibt's viel zu sehen. Im Estrich ist mit dem Relief Magnin ein grosses Modell Genfs um 1850 aufgestellt, als die Stadt noch durch Festungen gesichert war.

Wie? Bus 36 (Haltestelle Hôtel-de-Ville), 2, 12, 16 (Bel-Air–Cité) Parking Saint-Antoine.
Wann? Di–So 10–17 Uhr.
Wieviel? Eintritt gratis, ausser bei Sonderausstellungen (Fr. 3.–).
Alter? Ab 4 Jahren.

4 Kunterbunter Platz

Plaine de Plainpalais und Parc des Bastions, 1205 Genève, 022 909 70 00,
www.geneve-tourisme.ch

**Westschweiz:
Genf, Waadtland
West, Frankreich**

Die grosszügige freie Fläche von Plainpalais mitten in der Stadt ist bei Genfern und Besuchern beliebt. Besonders attraktiv ist die Plaine de Plainpalais jeweils am Mittwoch und Samstag, wenn hier der Flohmarkt Einzug hält. Die Kinder vergnügen sich im Spielpark mit Kletterpyramide, Riesenschildkröte und Lokomotive. Währenddessen haben die Eltern Gelegenheit, vergnügliche Runden auf dem Inlineskate-Rundkurs zu drehen oder ihre Zöglinge bei den spektakulären Darbietungen auf der Skateboard-Anlage zu bewundern.

Nur wenige Minuten entfernt befindet sich der wunderschöne Parc des Bastions mit dem ehrwürdigen Universitätsgebäude und der berühmten Mauer der Reformatoren. Ein Café lädt zum Verweilen, auf einem der 10 grossen Gartenschachbretter kann man seine strategischen Fähigkeiten messen. Ein bisschen Selbstbewusstsein braucht's schon, wenn man vor dem zahlreichen und vor allem fachkundigen Publikum die Konzentration behalten will. Unterdessen vergnügen sich die Kleinen auf dem Spielplatz.

Wie? Bus bzw. Tram 1, 4, 13, Haltestelle Plainpalais, oder mit dem Auto von den Parkings Plaine de Plainpalais, Uni Mail und Uni Dufour aus.

5 Einsteins Handschrift
Fondation Martin Bodmer, Route de Guignard 19-21, 1223 Cologny, 022 707 44 33,
www.fondationbodmer.org

Seid getrost, liebe Kinder. Auch seine Handschrift war unleserlich, und dennoch hat er Weltgeschichte gemacht: Napoleon. Im November 2003 wurde in Cologny bei Genf das einzigartige Museum Bodmer eröffnet. Der Bau von Mario Botta beherbergt Kostbarkeiten aus einer der grössten Privatsammlungen der Welt. Der Zürcher Gelehrte Martin Bodmer (1899–1971) hatte schon als Kind zu sammeln begonnen und 160 000 Schätze zusammengetragen. Der Verkauf einer Zeichnung von Michelangelo für 10 Mio. Franken hatte den Museumsbau möglich gemacht. Auf zwei Stockwerken sind die wertvollsten Stücke in 80 verschiedenen Sprachen aus drei Jahrtausenden zu bewundern: Papyri, Noten von Mozart und Beethoven, Notizen von Einstein, die älteste erhaltene Fassung des Johannesevangeliums, die einzige Gutenberg-Bibel der Schweiz.

Wie? Bus A, Parking vorhanden.
Wann? Di–So 14–18 Uhr.
Wieviel? Erwachsene Fr. 8.–, Kinder bis 16 Jahre gratis.
Alter? Ab 7 Jahren.

6 Abwechslungsreicher Klippenweg
Saint-Jean–La Bâtie,
1201 Genève, 022 909 70 00,
www.geneve-tourisme.ch

Wir beginnen den Spaziergang beim Gemäuer des ehemaligen Klosters Saint-Jean. Der sehr schöne Rundgang zieht sich der Rhone entlang, vorbei an Enten und hier und da sogar Fischreihern. Trotz der Romantik – oder erst recht deswegen – sollten Eltern auf die Unternehmungslust ihrer Sprösslinge achten: Gesteinsschutt und Flussufer können instabil sein! Beim Pumpwerk geht's über die Betontreppe zur Eisenbahnbrücke Pont de la Jonction mit ihrem Fussgängersteig. Vorher ist sicher ein Halt auf dem Spielplatz Parc de Nant-Cayla (Promeneur-Solitaire) willkommen, wo es unter anderem ein Planschbecken und aufgehängte Gleitpneus zum Spielen gibt. Unterwegs über die Brücke ist flussaufwärts die Mündung des Flusses Arve mit seinem normalerweise von Schwebstoffen getrübten Wasser in die klare Rhone zu beob-

achten. Und ein spezieller Gesichtswinkel des Stadtlebens: die Kähne mit Abfall unterwegs zur Kehrichtverbrennungsanlage. Attraktiv ist auch der Bois de la Bâtie auf der anderen Seite mit seinem kleinen Tierpark und dem Spielplatz.

Wie? Bus bzw. Tram 27, Haltestelle Délice, oder 2, 10, 20, Haltestelle Jonction, oder vom Parking Seujet aus.
Wann? Zu allen Jahreszeiten.
Alter? Ab 3 Jahren, Kinderwagen nicht empfehlenswert.

7 Im Gleitflug vom Salève nach Genf
Centre Genève Vol Libre,
Route de Bossey, 1256 Troinex,
022 784 38 08, www.paradelta.ch

Genf aus der Vogelschau bewundern, den steilen Felswänden entlang in die Tiefe gleiten, die Aufwinde nutzen, um das Vergnügen möglichst auszudehnen. Wenn nur der Sprung ins Leere nicht wäre! Keine Angst, Sie tun ihn in sicherer Begleitung des hinter Ihnen sitzenden erfahrenen Lehrers. Nach den ersten etwas beklemmenden Minuten ist es 20 Minuten Genuss pur. Dank den klaren Anweisungen Ihres Begleiters ist auch die Landung ein Kinderspiel. Und das Schöne an diesem Abenteuer? Ihre Kinder können die gleichen Sensationen erleben, denn ab 6 Jahren sind sie mit von der Partie.

Wie? Auf der Genfer Umfahrungsautobahn, Ausfahrt Perly, nach Troinex. Der Chemin de Bossey beginnt beim Restaurant de la Maison Grise. Tram 13 ab Bahnhof Cornavin, Haltestelle Carouge, dann Bus 45 nach Troinex-Ville.
Dauer? 1 Std., wovon 15 bis 20 Minuten Flug.
Wann? März–Oktober.
Wieviel? An Wochentagen Fr. 120.–, inkl. Bus Troinex–Salève, Weekend Fr. 150.-. Gruppentarif ab 5 Personen.
Alter? Ab 6 Jahren.

8 Kreuzfahrt auf der Rhone
Vom Zentrum Genfs zum Verbois-Staudamm, 022 732 29 44

Von Frühling bis Herbst fasziniert dieser Ausflug auf der Rhone alle, die Einblick in ein Stück ruhevolle, ursprüngliche Natur und ein Vogelparadies in Stadtnähe gewinnen möchten. Nach der Schleuse von Seujet gleitet die Rhone an Uferklippen vorbei, die die nahe Stadt vergessen lassen. Da hier die Jagd verboten ist, gibt es ein reiches Tierleben. Je nach Tageszeit können Fischreiher und mit etwas Glück der Eisvogel, Biber oder Füchse beobachtet werden. Die Fahrt von 2 Stunden 45 Minuten Dauer wird kommentiert, und beim Staudamm von Verbois gibt es einen Zwischenhalt, um etwas zu trinken.

Wie? Abfahrt vom Quai des Moulins auf der Ile, den man mit den Bus- oder Tramlinien 1–7 sowie 20, 22, 26, 27, 29 und D erreicht, oder von den Parkings Seujet und Mont-Blanc aus. Zu- und Ausstieg auch bei Anlegestellen John-Branchu, Verbois oder Peney-Dessous möglich. Reservation: 022 732 29 44.
Wann? Mai–Mitte September ausser Mo täglich 14.15, Rückkehr 17.05 Uhr;

**Westschweiz:
Genf, Waadtland
West, Frankreich**

Mi/Do/Sa/So auch 10 Uhr (Rückkehr 12.45 Uhr); Mitte September–Oktober und April Mi/Do/Sa/So nur 14.15 Uhr. Billettverkauf: eine halbe Stunde vor Abfahrt beim Schiff.
Wieviel? Erwachsene Fr. 22.– (einfach 15.–), Kinder 4–12 Jahre 15.– (einfach 10.–).
Variante? Hin oder zurück zu Fuss entlang der Rhone bzw. mit öffentlichen Verkehrsmitteln.
Alter? Ab 3–4 Jahren. Diese Rundfahrt wird gerne von Primarschulen unternommen.

9 Montage der Entdeckungen
CERN, Musée Microcosm,
Route de Meyrin 385, 1217 Meyrin,
022 767 84 84,
www.cern.ch/microcosm

Der Name CERN erfüllt mit Ehrfurcht. 7000 Wissenschaftler arbeiten im grössten Forschungszentrum der Welt, wo schier Unbegreifliches passiert. Es ist die Rede von Teilchen, die tief im Boden mit ungeheuren Geschwindigkeiten beschleunigt werden. Das 1954 eröffnete Centre Européen pour la Recherche Nucléaire, dem 20 Mitgliederstaaten angehören, ist um mehr Publikumsnähe bemüht. An jedem ersten Montag des Monats haben Wissensdurstige Gelegenheit zu Begegnungen mit Wissenschaftlern. Im Rahmen von Mini-Workshops stehen die Herren der Wissenschaft Rede und Antwort, vermitteln Informationen über Astronomie, Geometrie, Elektronik, Informatik. Die 2003 eingeführten «Lundis découvertes» erfreuen sich grosser Beliebtheit.

Wie? Ab Genf Flughafen: Bus 28 bis Haltestelle Blandonnet, Bus Y bis CERN. Gebäude 33 (Rezeption), Eingang A.

Dauer? Je 1 Std. für den Museumsbesuch und Lundi découvertes, 3 Std. geführte Besichtigung.
Wann? Musée Microcosm: Mo–Sa 9–17.30 Uhr. Lundi découvertes: 1. Montag des Monats, 19.30–21 Uhr.
Wieviel? Eintritt gratis, keine Voranmeldung.
Alter? Erwachsene und Kinder ab 12 Jahren.

10 Wie die Äffchen
Forestland, Avenue du Pont des Isles,
F-01220 Divonne-les-Bains,
0033/450 205 394,
www.forestland.net

Divonne ist nicht nur eine beliebte Bäder- und Spielcasino-Stadt sowie sonntäglicher Treffpunkt der Genfer und Waadtländer, die sich auf dem malerischen Markt mit Früchten, Gemüse, Fleisch und Fisch eindecken. Eine besondere Attraktion ist das Forestland, eine Kletteranlage für Gross und Klein. Die Allerjüngsten bleiben am Boden, wo Betreuer sie in die Kunst der Akrobatik einweihen. Für Ältere und Eltern geht's nach einer viertelstündigen Einführung in die Höhe. Geschicklichkeit ist gefragt, denn man balanciert über Hängebrücken, hangelt sich von Stamm zu Stamm mit Hilfe von Seilgürteln und Lianen, seilt sich auf der Tyrolienne ab. Wer noch nicht 1,40 m gross ist, schwingt sich auf einer Höhe von 1,5 m durch die Bäume. Die Grösseren absolvieren den blauen Parcours auf 4 m

*Westschweiz:
Genf, Waadtland
West, Frankreich*

Höhe, den gelben auf 10 m und die ganz Mutigen den roten auf 15 m. Wer lieber auf dem sicheren Boden bleibt, vergnügt sich beim Bogenschiessen, Trampolin, Ponyreiten, Beachvolley oder Badminton. Erfrischungen gibt es im Café, Picknicken ist gestattet.

Wie? Autobahn A1, Ausfahrt Coppet, Zoll Chavannes-de-Bogis, Richtung Lac de Divonne.
Wann? Februar–Oktober Mittwoch, Wochenenden, Schulferien und Feiertage 10–19, Juli/August täglich 9–20 Uhr oder auf Reservation.
Dauer? Je nach Parcours 45 Minuten bis 1½ Std.
Wieviel? Park: gratis für Erwachsene (ausser Sonntag € 3.–), Kinder 4–16 Jahre € 5.–. Kletterparcours, inkl. Material: Kinder unter 1,20 m: € 10.–, Kinder über 1,20 m € 15.–, Erwachsene € 20.–.
Alter? Alle Altersstufen.

11 Mit dem Schiff ins Labyrinth der fünf Sinne

Schloss Yvoire, Rue du Lac, F-74140 Yvoire, 0033/450 72 88 80, www.jardin5sens.net

Für Gross und Klein ein Erlebnis ist die Fahrt auf einem der acht Raddampfer der Genfer Schifffahrtsgesellschaft. Die Schiffe sind gross genug, damit sich die Kinder frei bewegen und die Dampfer entdecken können. Eine besonders attraktive Destination ist Yvoire am französischen Ufer gegenüber Nyon. Das mittelalterliche Städtchen gilt als eines der schönsten blumengeschmückten Dörfer Frankreichs – und weist entsprechende Touristenzahlen auf. Boutiquen bieten Kunsthandwerkliches und Souvenirs an, Restaurants reihen sich an Cafés und Crêperies. In den Gaststätten am See werden die Gäste selbstverständlich mit Fischspezialitäten aus dem Lac Léman verwöhnt.

In jedem Fall zu besichtigen ist der frühere Gemüsegarten des Schlosses. In Anlehnung an die geschlossenen Gärten des Mittelalters ist hier der «Garten der fünf Sinne» entstanden. Hier kann man das Universum der Farben, des Geschmacks, des Duftes, Stoffe und Klänge kennenlernen. Kinder und Erwachsene geniessen diesen Spaziergang durch die Zeit, entdecken alte Rosenarten, Medizinalpflanzen, Volieren und anderes mehr.

Wo? Französische Seite des Genfersees, vis-à-vis Nyon.
Wie? Mit dem PW von Genf aus Richtung Thonon-Evian. Parking am Dorfeingang. Mit dem Schiff ab Genf oder Nyon. Auskünfte Fahrpläne: 0848 811 848, www.cgn.ch
Wann? Mitte April–Mitte Mai täglich 11–18; Mitte Mai–Mitte Sept. täglich 10–19; Mitte Sept.–Mitte Okt. täglich 13–17 Uhr.
Wieviel? € 8.–, bis 4 Jahre gratis.
Alter? Alle Altersstufen.

Westschweiz: Genf, Waadtland West, Frankreich

12 Keine süsse Sache

Tobleroneweg Nyon–Bassin, Nyon Région Tourisme, 022 361 62 61, www.tobleroneweg.ch

Der Name geht auf die Mobilisierung 1939/45 zurück, als vom Fusse des Juras bis hin zum Genfersee eine 10 Kilometer lange Panzersperre – die Tobleronen – errichtet wurde. Eigentlich

hätten diese für Vieh und Wild nicht ungefährlichen Anlagen entfernt werden sollen. Aber einer Gruppe von geschichtsbewussten Menschen gelang es, einen attraktiven Wanderweg entlang der Festungen zu bauen und diese zu erhalten. Der ausgeschilderte Weg von Nyon über Prangins, Gland, Vich, Begnins, La Cézille nach Bassin zieht sich durch ein zauberhaftes Gebiet mit Bächen, Wäldern sowie einem Golfplatz und führt an zahlreichen Sehenswürdigkeiten vorbei: In Gland bestaunt man die Villa Rosa, einen als Wohnhaus getarnten Bunker, in Vich eine Kirche aus dem 13. Jh., in Bassin den botanischen Garten Gasser usw. Wem die immerhin 15 km lange Strecke zu lang ist, kann sie teilweise mit dem roten Nyon–Saint-Cergue-Bähnchen oder mit dem Postauto zurücklegen. Für Speis und Trank ist gesorgt, denn in jeder dieser Gemeinden locken Gasthäuser mit regionalen Spezialitäten.

Wie? Ab Bahnhof Nyon: Zu Fuss, mit dem Nyon–St-Cergue-Morez-Bähnchen oder mit dem Postauto.
Wann? Das ganze Jahr über.
Wieviel? Auskunft Fahrzeiten 022 360 12 13, www.tprnov.ch
Alter? Je nach Strecke alle Altersstufen.

13 Lasst hören aus alter Zeit...

Landesmuseum der Romandie, Schloss Prangins, 1197 Prangins, 022 994 88 90, www.musee-suisse.ch

Château de Prangins, 1730 erbaut, liegt prächtig über dem Genfersee, ein Stück oberhalb der Hauptstrasse. Seit 1998 beherbergt es die Zweigstelle des Landesmuseums in der Westschweiz, dessen Ausstellungen die gesellschaftliche, politische, wirtschaftliche und kulturelle Entwicklung der Schweiz von 1750 bis 1920 zeigen. Exponate aus Handwerk und Industrie, Kunsthandwerk und Mode, Möbel, Technik usw. ergänzen die Dokumente über den Wandel von der Alten Eidgenossenschaft zum modernen Bundesstaat. Das recht anspruchsvolle Museum setzt eine Portion Interesse an Geschichte voraus. Zum Schutz der Ausstellungsobjekte vor dem zerstörerischen Tageslicht sind die Fensterläden an den meisten Orten geschlossen: Um trotzdem in den Genuss der Aussicht zu gelangen, ist es gestattet, die Fensterläden kurzfristig zu öffnen. Audiovisuelle Stationen ermöglichen vertiefende Einblicke in Details der angesprochenen Themen.

Als reizvoller Kontrast zum Museum lohnt sich ein Besuch der klassisch gestalteten riesigen Gartenanlage mit Gemüsebeeten, Obstgärten und Blumen vor der Hauptfassade des Schlosses (seeabgewandte Seite). Gepflegt werden die im 18. Jh. angebauten Arten, über deren Vielfalt man nur staunen kann. Die Samen dieser alten Sorten zu ernten ist denn auch ein wich-

Les Pierres du Niton

Wer im Jardin Anglais dem Quai entlang schlendert und Richtung Jet d'eau schaut, bemerkt zwei grosse, aus dem Wasser ragende Steine. Die Findlinge Neiton und Neptun wurden von eiszeitlichen Gletschern hierher verfrachtet und weckten schon früh das Interesse unserer Vorfahren: In der Bronzezeit wurden hier Opfer dargebracht. Der grössere der beiden Steine diente General Dufour, dem Schöpfer der schweizerischen Landeskarten, als Ausgangspunkt (373,6 m ü. M.) für die schweizerische Höhenmessung und die Erstellung seiner berühmten Karte im Massstab 1:100 000.

tiges Ziel des Gartens. Unter den alten Platanen lädt ein Café-Restaurant mit Terrasse zur Rast ein.

Wie? Mit dem Zug zum Bahnhof Prangins oder nach Nyon und dann mit dem Bus zum Schloss. Mit PW: Autobahn A1, Ausfahrt Gland von Lausanne, Ausfahrt Nyon von Genf her.
Wann? Di–So 10–17 Uhr.
Wieviel? Erwachsene Fr. 5.–, Kinder gratis.
Alter? Ab 10–12 Jahren, je nach Interesse.

14 Swin-Golf und andere Spiele
Châlet Basse-Ruche,
1264 Saint-Cergue, 022 360 16 88,
www.basseruche.ch

Swin-Golf ist eine Sportart, die dem «grossen» Golf entspricht, aber mit einer Spielfläche von einem Viertel auskommt und einen elastischen Golfball von doppelter Grösse benutzt. Die natürlichen Hindernisse sind ins Spiel integriert: Bäume, Felsen, Dellen, Gräben… Die Golfanlage besitzt neun Löcher. Im Vallon de Basse-Ruche, wenige Minuten von Saint-Cergue entfernt, findet man das Alpchalet mit einem speziell auf Familien ausgerichteten, sehr sympathischen Restaurant. Im Gelände kann auch Grastrottinett gefahren, Tischtennis gespielt und mit Pfeil und Bogen geschossen werden. Im Winter sind hier Skilanglauf und Schlitteln Trumpf; es gibt selbst eine beleuchtete Nachtloipe, und das Restaurant ist bis ca. 23 Uhr geöffnet.

Wie? Vom Bahnhof Saint-Cergue dem Wegweiser Cheseaux-Dessus folgen.
Wann? Ausser Di täglich geöffnet.
Wieviel? Swin-Golf-Parcours: Erwachsene Fr. 10.–, Kinder 6.–,
Schläger 3.–; Grastrottinett: 8.–/Std., 5.– pro halbe Std.; Miete Pfeil und Bogen: 12.–/Std., 7.– pro halbe Std. (unabhängig von Personenzahl).
Alter? Ab 4 Jahren.

15 Schneeschuhtour
Passwanderung beim Col de la Givrine, 021 613 26 26, 022 360 13 14, www.lake-geneva-region.ch

Ausgangspunkt dieser besonderen Wanderung im «Schneepark Jura» ist der Bahnhof von La Givrine. Mit den Schneeschuhen an den Füssen steigen wir Richtung La Génolière auf. Am besten meidet man die Wochenenden, wenn es von Langläufern wimmelt. Auf den zugeschneiten Weiden sind die Loipen im allgemeinen gut präpariert. Die reine Luft, die Stille allüberall und die Fährten von Wildtieren, die hier und dort unseren Weg kreuzen, gestalten die Schneewanderung zu einem unvergesslichen Erlebnis. Das Knirschen des Schnees bestimmt den Rhythmus, und schon bald ist La Génolière erreicht. Nach einer Stärkung geht's wieder zurück. Wer noch nicht genug hat, bewältigt auch den steilen Aufstieg nach Le Vermeilley, wo im heimeligen Bergrestaurant ein feines Fondue oder ein währschaftes Tellergericht serviert wird. Der prächtige Kupferkessel erinnert daran, dass hier im Sommer Alpkäse hergestellt wird.

Wie? Auskünfte: Saint-Cergue Tourisme: 022 360 13 14. Landeskarte Nr. 1261, 1260, 1:25 000.
Wann? Winterwanderung gemäss Schneebericht. Auch Sommerwanderung empfehlenswert. Alprestaurants im Sommer geschlossen.
Dauer? Ca. 2 Std. für rund 8 km hin und zurück.
Alter? Ab 7 Jahren.

**Westschweiz:
Genf, Waadtland
West, Frankreich**

16 Spielpark mit Aussicht

Auf dem Signal-de-Bougy,
021 821 59 30; www.signaldebougy.ch

Ein beliebtes Ausflugsziel für Familien ist der grosse Spielpark mit Selbstbedienungsrestaurant oberhalb von Rolle. Die Aussicht auf die Schweizer und französischen Alpen und den Genfersee ist atemberaubend. Im kinderwagengängigen Park leben Hirsche, Kühe, Schweine, Federvieh. Es gibt Spiel- und Picknickplätze, eine homologierte Minigolfanlage, Fussballfelder usw. Im «Jardin de Madame» lässt es sich zwischen üppigen Blumenbeeten lustwandeln. Eine Attraktion der besonderen Art ist der antike Brotbackofen (Benutzung inkl. Einführung ins Backen auf Anmeldung an Ort und Stelle). In der Sommersaison und bei schönem Wetter treten im Amphitheater Clowns, Zauberer und Marionettenspieler auf. Das Selbstbedienungsrestaurant verwöhnt die Gäste mit saisonalen Spezialitäten und Snacks.

Wie? Mit PW Autobahnausfahrten Rolle bzw. Aubonne. Regionalbus ab Rolle und Allaman.
Wann? März–Mitte November. Animationen für Kinder Juni–September an Wochenenden 15 Uhr. Juli/August täglich 15 Uhr.
Wieviel? Gratis.
Alter? Alle Altersstufen.

17 Von Baum zu Baum

Im Arboretum, Vallon de l'Aubonne,
021 808 51 83; 021 316 61 47,
www.arboretum.ch

Das einzige Arboretum der Schweiz mit einer Fläche von 200 Hektaren lässt uns die Vielfalt der Baumarten verschiedener Kontinente erleben. Der gute alte Obstgarten von früher, die Bäume aus den Wäldern im Nordwesten der USA, der Waldlehrpfad mit einheimischen Arten in der Nähe des Baches sind Beispiele für themenbezogene Anlagen des Arboretums. Sehenswert ist auch das Holz- und Werkzeugmuseum im Hauptgebäude. Für einen Rundgang im Gelände sollte eine Stunde veranschlagt werden. Kinder wollen aber sicher auf keinen Fall das zweistündige «Rallye Fred Castor» verpassen, mit dem die Forstwirtschaft aktiv entdeckt werden kann. Der Startpunkt liegt im Bois de Capetan. Zu erwähnen ist auch der sehr schöne Fitnessparcours, der beim Parkplatz des Arboretums beginnt und sich durch das Tälchen der Aubonne schlängelt.

Wie? Mit PW von Autobahnausfahrt Aubonne-Allaman hinauf nach Aubonne, dort den Wegweisern «Arboretum» folgen; auch Zufahrt von Saint-Livres, Bière oder Montherod möglich. Mit öffentlichen Verkehrsmitteln: von Bahnstation Allaman Postauto bis Aubonne, Saint-Livres oder Montherod sowie noch 1 Stunde zu Fuss auf Wanderwegen.
Wann? Arboretum ganzes Jahr offen, Holzmuseum mit Temporärausstellungen nur April–Oktober am Sonntagnachmittag.
Wieviel? Freier Eintritt.
Alter? Rallye Fred Castor mit zwei unterschiedlichen Parcours für Kinder und Eltern.

Westschweiz:
Genf, Waadtland
West, Frankreich

18 Im Reich der Zinnsoldaten

Schloss Morges, 1110 Morges,
Rue du Château, 021 804 85 56,
www.morges.ch

Die wuchtige, 1286 erbaute Burg von Morges, nach 1536 Sitz eines bernischen Landvogts, mit ihren zwei Schildwachhäuschen beherrscht den alten Hafen. Als ehemaliges Zeughaus beherbergt sie das Waadtländer Militärmuseum, in dem das besonders erwähnenswerte Schweizerische Zinnfigurenmuseum (Musée suisse de la figurine historique) untergebracht ist. Mit Tausenden von Zinnsoldaten werden in 50 Dioramen die Truppendispositionen grosser Schlachten bis ins 19. Jh. dargestellt, von der Belagerung von Alésia über Unternehmungen Karls des Kühnen bis zum Aufstand der Azteken gegen die Spanier… Stolz tragen die Minisoldaten ihre Standarten in den Krieg. In den anderen Sälen sind Geschütze und ihre Modelle, verschiedenartige Waffen, Rüstungen, Uniformen, ein prächtiges Modell einer englischen Fregatte und vieles andere zu sehen.

Wo? Beim Hafen in Richtung Genf.
Wann? Februar–Juni und September–Mitte Dezember Di–Fr 10–12, 13.30–17, Sa/So 13.30–17, Juli/August Di–So 10–17 Uhr.
Wieviel? Erwachsene Fr. 7.–, Studenten ab vollendetem 16. Altersjahr Fr. 5.–, Kinder, Militär und Schulen gratis. Reduzierter Familientarif mit dem Museumspass.

19 An der Quelle

Château de l'Isle, 1148 L'Isle,
021 613 26 26,
www.lake-geneva-region.ch

Von Morges aus erreicht man mit der Bahn L'Isle am Fuss des Juras und des Col du Mollendruz. Sein reizendes Schlösschen aus dem 17. Jh. mit dem Weiher lohnt einen Abstecher; es liegt in einer malerischen Umgebung mit Feldern, Rebbergen und Bächlein. Wenige Schritte entfernt befindet sich die Quelle der Venoge: Um sie zu besuchen, überquert man die Brücke hinter der Post und geht nach links dem Bach entlang. Man stösst auf Sprudel, die eine unterirdische Quelle verbergen.

Noch eine Viertelstunde weiter entdecken wir rechterhand im Wald, wenn wir dem Wegweiser «La Source» Richtung Montricher folgen, den Quelltrichter «Le Puit».

Wie? Mit der Bahn oder dem Auto nach L'Isle. Das Schloss mit der Gemeindeverwaltung ist nicht zu übersehen.
Wann? Jederzeit bei schöner Witterung.
Alter? Alle Altersstufen.

Touristenattraktion Genfer Blumenuhr in Zahlen

1955 auf Initiative des Verkehrsbüros und dank Unterstützung der Genfer und Waadtländer Uhrenfabrikanten eingeweiht, ist die Blumenuhr ein Meisterwerk der Technik und der Blumendekoration. Sie wird jährlich zweimal mit 6500 Pflanzen dekoriert, besitzt einen Durchmesser von 5 m und einen Kreisumfang von 15,70 m. Der Sekundenzeiger ist mit 2,5 m der längste der Welt, jede Sekunde ist fast 27 cm lang. Trotz der leichten Hanglage (die schweren Zeiger brauchen mehr Antrieb beim «Aufsteigen») ist die Uhr genau, zuverlässig und ein schönes Symbol schweizerischer Präzision.

Westschweiz:
Genf, Waadtland
West, Frankreich

20 Über Stock und Stein

Le Bas du Chénit mit
dem Mountainbike,
1348 Le Brassus, 021 845 17 76,
1347 Le Sentier, 021 845 17 77,
www.valleedejoux.ch

Auf Wegen und ausgeschilderten Pisten sind Mountainbike-Touren ein Erlebnis der Freiheit. Aber man unterlasse es nicht, sich mit Helm und Handschuhen auszurüsten! Auch nehme man Rücksicht auf die Wanderer und Reiter, die an den kritischen Stellen Vortritt haben. Beim Tourismusbüro Vallée de Joux in Le Sentier sind Plan und Führer zu schönen Touren erhältlich; bei der Routenauswahl sind die Schwierigkeitsstufen ersichtlich. Die Route zum Bas du Chénit gilt als leicht: Vom Sportzentrum Le Sentier aus folgt man den Wegweisern nach Villard–Le Brassus–Le Bas du Chénit–La Burtignière–Le Châlet du Carré–Le Pré Rodet–Le Tritillet–Chez le Maître und zurück nach Le Sentier.

Wie? Abfahrt beim Centre sportif in Le Sentier. Karte «Vallée de Joux» mit eingezeichneten Velo-/Wander-/Langlaufrouten erhältlich im Office de tourisme Vallée de Joux, Le Sentier.
Dauer? 1½ Stunden.
Alter? Ab 7 Jahren.

Westschweiz: Genf, Waadtland West, Frankreich

━━ Kids willkommen! ━━

Wo essen?

Age d'Or, Rue Cornavin 11, 022 731 30 93, beim Bahnhof Cornavin, die erste, bereits 1955 eröffnete Pizzeria Genfs. Traditionsreiches Lokal mit Interieur in venezianischem Barock und originellen, theaterartigen Logen, die sich besonders gut für Familien eignen; preisgünstige kleine Pizzen. Sonntag geschlossen.

Café Remor Georges, Place du Cirque 3, Genf, 022 328 12 70. Am nördlichen Ende der Plaine de Plainpalais, täglich geöffnet und bekannt für seine feinen Glacespezialitäten. Neben Süssem sind auch Salate, Käsekuchen usw. zu haben.

Taverne de la Madeleine, Rue de Toutes-Âmes 20, 022 310 60 70, Genf. Zentral in der Altstadt gelegenes, sympathisches alkoholfreies Restaurant mit sehr günstigen Familienmenüs, z. B. Gerichten mit Eiern, Käse, Schinken, Spaghetti usw. ab Fr. 11.–, Tages- und vegetarische Teller ab Fr. 15.50. Hübsche Terrasse mit Blick zur Eglise de la Madeleine. Im Winter ab 16.30 Uhr und Sa/So, im Sommer ab 17.30 Uhr und So geschlossen.

Chez ma cousine, Place Bourg-de-Four 6, 022 310 96 96, und Rue Lissignol 5 (Nähe Bahnhof Cornavin), 022 731 98 98, Genf, www.chezmacousine.ch. Der unkomplizierte Halt auf dem Stadtbummel. Keine besonderen Einrichtungen für Kinder, aber sie sind wirklich willkommen. Ein halbes Poulet vom Spiess, provenzalische Kartoffeln und Salat Fr. 13.90. Jeden Tag geöffnet. Warme Küche von 11.30–23.30 Uhr. Keine Reservation.

Bains de Pâquis (Tipp 1), Genf. Gute und preiswerte Mittagsverpflegung im Sommer.

Jardin botanique (Tipp 1), Genf. Selbstbedienung. Hausgemachtes für den Imbiss zwischendurch und am Mittag.

Restaurant de la Tour, Avenue de Marcelin 9, Nähe Bahnhof, 1110 Morges, 021 801 73 78. Preisgünstig und kinderfreundlich, mit abwechslungsreichen, leckeren Gerichten, auch Kindermenüs. Wenn es den Eltern gefällt, etwas länger am Tisch zu sitzen, steht den Kindern Zeichenmaterial zum Zeitvertrieb zu Verfügung. So geschlossen.

Les Goûters de Léo, L'Hermitage, 1134 Vufflens-le-Château, 021 804 68 68, www.ermitagevufflens.grandestables.ch. Zum Zvieri bei Weltklassekoch Bernard Ravet. Mittwoch 15–18 Uhr, speziell für kleine Gäste. Degustationsteller mit Glacen, Sorbets, Kuchen und Torten Fr. 15.–, kinderfreundlicher Park. Nur auf Reservation

Auberge de la Croix-Verte, Rue Perdtemps 7, Nyon, 022 361 15 39. Beliebte Pizzeria. Kleine und grosse Pizzen, Pasta und vieles andere mehr. Kinderfreundliches Personal. Wunderschöne Terrasse unter Bäumen. Täglich geöffnet.

Café-Restaurant Les Esserts de Rive, 1345 Le Lieu, 021 845 55 74 und 021 845 55 53, mit prächtiger Panoramaterrasse am Lac de Joux. Italienische Spezialitäten aus dem Holzkohleofen. Ganzes Jahr geöffnet.

La Gentiane, 1348 Le Brassus, im Herzen des Waadtländer Juras, 021 845 56 78. Landgasthof mit Spielmöglichkeiten im Garten. In freundlicher Atmosphäre werden originelle, bodenständige bis exotische Speisen in grosser Vielfalt serviert.

Wo schlafen?

Ferien auf dem Lande in der französischen Schweiz. Katalog erhältlich unter 088 189 189.

Jugendherberge (Auberge de Jeunesse), Rue Rothschild, Genf, 022 732 62 60, zentral in der Nähe der Bushaltestelle Palais Wilson, 20 Min. zu Fuss vom Hauptbahnhof und wenige Schritte vom See entfernt. Zimmer mit 2 bis 5 Betten und Schlafsaal; Kinderspielecke, Self-Service-Restaurant, Kochgelegenheit.

Hôtel Saint-Gervais, Rue des Corps-Saints 20, Genf, 022 732 45 72, zwei Minuten vom Hauptbahnhof entfernt im hübschen Altstadtquartier Saint-Gervais. Kleine Zimmer stehen zu sehr günstigen Preisen zur Verfügung: z. B. Doppelzimmer für Fr. 80.– (mit Bad 115.–), Zusatzbett 20.–; Frühstück inbegriffen.

Hôtel Comédie, Rue de Carouge 12, Genf, 022 322 23 24, www.hotel-comedie.ch. Ruhiges Familienhotel, Nähe Plainpalais. Doppelzimmer Fr. 130.–, Kinder im Zimmer der Eltern gratis.

Ferme Schüpbach, Route de Lullier 40, 022 759 13 71, Fax 022 759 13 72, E-Mail schups@bluewin.ch. In 1254 Lullier-Jussy, im östlichen Zipfel Genfs neben der Stadt, gibt es im Bauernhof eine sympathische und äusserst preisgünstige Möglichkeit der Übernachtung in gut eingerichteten Zimmern: Fr. 45.– pro Person, 85.– für 2 Nächte, Kinder (bis 12 Jahre) zum Halbtarif, Frühstück inbegriffen; Bett fürs Bébé steht zur Verfügung. Auf Wunsch wird auch ein Abendessen zubereitet (Fr. 18.–/Pers.). Die Besitzer holen Sie auch am Bahnhof oder Tramterminus ab. Auch Schlafen im Stroh möglich.

Hôtel Chantilly Manotel, Rue de la Navigation 27, Genf (Nähe Bahnhof), 022 544 40 40, www.manotel.com. Neueröffnetes Familienhotel, Zimmer mit Kochnische, Doppelzimmer Fr. 186.–, Kinder bis 12 Jahre gratis.

Hôtel Les Nations, Rue du Grand-Pré 62, Genf, 022 748 08 08, www.hotel-les-nations.com. Im Herzen der internationalen Organisation, zwischen zwei wunderschönen Parks gelegen. Vierbettzimmer, Kochnische, Erwachsene Fr. 84.–, Kinder 30.–.

Westschweiz: Genf, Waadtland West, Frankreich

Gîte rural Villa Rose, Chemin de Villa Rose 5, 1291 Commugny, 022 776 76 09. Praktisch gelegene Familienunterkunft nahe dem Strand von Tannay (2 km) und Nyon (15 Min.), mit zwei Schlafzimmern, Bad/WC, Garten, Kinderspielecke. Sehr preisgünstig pro Tag und auch pro Woche (DZ Fr. 75.–/2 Pers., EZ 50.–, Kinder 30.–), Frühstück 5.–.

Hôtel Arbez-Franco-Suisse, 1265 La Cure, 022 360 13 96, www.hotelarbez.fr. Einzigartige Lage auf der schweizerisch-französischen Grenze. Einige der 10 Zimmer liegen in Frankreich, einige in der Schweiz. Dreibettzimmer Fr. 43.–/Person, Kinder bis 5 Jahre gratis. Auf Wunsch Halbpension.

Hôtel de la Poste, Route de Nyon, 1264 St-Cergue, 022 360 12 05. Mehrbett-Zimmer mit Bad/Dusche: Erwachsene Fr. 52.–, Kinder bis 5 Jahre gratis. Restaurant mit hervorragender Küche.

Hôtel-Restaurant Auberge de l'Etoile, 1266 Duillier, 022 361 28 12. Gasthaus in den Weinbergen mit wunderbarer Aussicht auf die La-Côte-Region und den Genfersee. Doppelzimmer ab Fr. 130.–, Kinder bis 16 Jahre 40.–.

Hostellerie XVIe Siècle, Place du Marché 2, 1260 Nyon, 022 994 88 00. Das Gebäude aus dem 16. Jahrhundert befindet sich im Herzen des historischen Nyon. Dreibettzimmer ab Fr. 200.–, Kinder bis 5 Jahre gratis im Zimmer der Eltern.

Hôtel de Savoie, Rue Louis-de-Savoie, 1110 Morges, 022 801 21 55. 50 m vom See entfernt. Suite (2 separate Zimmer) für 5 Personen Fr. 220.–.

Hôtel du Lion d'Or, 1347 Le Sentier, 021 845 55 35 und 021 845 55 72. Historische Herberge von 1668, stimmungsvolle Dachzimmer mit Sichtbalken. Vier- bis Sechsbettzimmer Fr. 50.–/Person.

Hôtel Les Trois Suisses, 1346 Les Bioux, 021 845 55 08, über dem Lac de Joux gelegen. DZ mit Frühstück Fr. 60.–/Person, EZ 90.–, einige Drei- bis Vierbettzimmer.

Dauerbrenner

Genf aus der «Möven»-Perspektive. Die «Mouettes» genannten Schiffe verkehren zum Preis eines Busbilletts vom Quai du Mont-Blanc aus in der Genfer Bucht; besonders reizvoll ist die Tour hinüber zum Jet d'eau, der 140 m hohen Fontäne, und zum Quai Gustave-Ador. Täglich, 022 732 29 44.

Das Genfer Naturhistorische Museum (Musée d'histoire naturelle) gehört zu den am meisten besuchten Museen der Schweiz. Auf vier Etagen werden alle Themenbereiche der Natur gezeigt, wobei die Dioramen mit exotischen Tieren in ihrer natürlich gestalteten Umgebung besonders berühmt sind (auch kleinere Kinder finden ihren Spass daran). Route de Malagnou 1, 022 418 63 00.

Genf mit der Mini-Strassenbahn (Société Trains Tours STS). Die lustigen Mini-Züge verkehren als Strassenfahrzeuge auf 3 Rundrouten in Genf jeweils etwa 30–40 Minuten lang: am rechten Ufer von der Rotonde du Mont-Blanc aus, am linken Ufer ab Jardin anglais (beim Bootsrestaurant), in der Altstadt ab Place Neuve. 022 310 53 00.

Internationales Museum des Roten Kreuzes (Musée international de la Croix Rouge et du Croissant Rouge), Avenue de la Paix 17, 022 748 95 28, www.micr.ch. Täglich (ausser Di) 10–17 Uhr.

Westschweiz: Genf, Waadtland West, Frankreich

Patek Philippe Museum, Rue des Vieux-Grenadiers 7, 1205 Genf, 022 807 09 10, www.patekmuseum.com, Mo–Fr 14–17, Sa 10–17 Uhr. Bedeutende Uhrenkollektion aus dem 16. bis 20. Jh.

Carouge und **Cartigny** sind sehenswerte Genfer Vororte mit eigenem Charakter. Im alten Stadtkern (18./19. Jh.) von Carouge (Tram 12 oder 13) finden sich heute attraktive Boutiquen mit Kunstgewerbe, in Cartigny charakteristische Häuser aus dem 18./19. Jh., zahlreiche Brunnen, eine schöne Kirche und das Château, ein herrschaftlicher Landsitz.

☺ **Musée international de l'automobile,** 1218 Grand-Saconnex, Palexpo, 022 788 84 84, www.museeautomobilegeneve.ch. Ein Muss für alle Oldtimer-Liebhaber. Mehrere hundert Autos verschaffen einen faszinierenden Überblick, chronologisch nach Ländern und Namen gruppiert und ergänzt durch Modelle, Projektionen, Poster und interessante Accessoires. Busse 5, 10, 18 der TPG bis Endstation Palexpo und über die Passerelle zur Halle 7, oder bis Flughafen, dann durch die Ladenstrasse im Flughafen-Bahnhof. Mit Flughafenzug: vom Hauptbahnhof Cornavin zum Flughafen.

In Nyon ist das Schloss mit seinen Museen noch bis 2005 geschlossen: ein Grund mehr, sich den Besuch der anderen Museen der Stadt vorzunehmen. Etwa das Musée du Léman (Genfersee-Museum) mit den grössten Aquarien der Westschweiz oder das Musée romain (römisches Museum), das in der Basilika aus dem 1. Jh. n. Chr. eingerichtet wurde und viele Objekte der Bewohner der römischen Colonia Iulia Equestris enthält. April–Okt Di–So 10–12, 14–18 Uhr. Nov.–März Di–So 14–18 Uhr. Mo geschlossen, ausser Juli/August und an Feiertagen. Erwachsene Fr. 6.–, Kinder bis 12 Jahre gratis. Musée du Léman 022 361 09 49, Musée Romain 022 361 75 91.

Der Zoo La Garenne liegt in 1261 Le Vaud in der Nähe der Strassenverbindung Nyon–Col du Marchairuz und erfreut im Frühling immer wieder mit Jungtieren aus eigener Aufzucht. Ganzes Jahr geöffnet, Erwachsene Fr. 10.–, Kinder 5–15 Jahre 5.–; 022 366 11 14.

Mit dem Dampfzug von Le Pont nach Le Sentier, 021 845 55 15, www.valleedejoux.ch. An bestimmten Sonntagen von Juli–Oktober. Während 50 Minuten durchquert das Züglein dem Ufer des Lac de Joux entlang die schöne Landschaft mit Fichtenwäldern, Weiden und Mooren. Erwachsene retour Fr. 18.–/einfach 12.–, Kinder 8.–/5.–; Gruppenrabatt ab 10 Personen.

Museum Alexis-Forel, Grand-Rue 54, 1110 Morges, 021 801 26 47, www.morges.ch. Historische Puppen, Mobiliar (Renaissance bis 18. Jh.), Porzellan (auch chinesisches), Goldschmiede- und Glaskunst, Nippsachen und natürlich Puppengeschirr bildet ein reizvolles Phantasiereich. In der Museumsboutique sind Kopien alter Puppen zu kaufen. Di–So 14–17.30 Uhr.

Westschweiz: Genf, Waadtland West, Frankreich

Westschweiz: Neuenburg und Jura

1. Mit Schläger und Stock
   Minigolf in Neuenburg
2. Geschichte der Natur
   Für Neuenburger Regentage
3. Auf Visite beim Adel
   Schloss Neuenburg
4. Ausflug ins Weltall
   Observatorium Neuenburg
5. Wanderung in die Urzeit
   Archäologie-Museum Latenium
6. Blick auf Seen und Berge
   Panoramaturm Chaumont
7. Kühle Juraschlucht
   Gorges de l'Areuse
8. Wo Karl der Kühne zu Gast war
   Château de Vaumarcus
9. Torflager unter Naturschutz
   Hochmoor Les Ponts-de-Martel
10. Mit Dampf durchs Tal
    Vapeur Val-de-Travers
11. Im Herzen des Watch Valley
    Uhrenmuseum La Chaux-de-Fonds
12. Mühlräder im Bergesinnern
    Le Col-des-Roches
13. Durchs All zum Fall
    Planetenweg bei Le Locle
14. Juraweide statt Rossmetzger
    Stiftung für das Pferd Le Roselet
15. Moorsee wie in Finnland
    Etang de la Gruère
16. Sanftes Wildwasser
    Bootsfahrten auf dem Doubs
17. Sport, Spiel, Spass
    Centre sportif Delémont
18. Durch die Waldschlucht
    Combe Tabeillon bei Glovelier
19. Saurier hautnah
    Préhisto-Parc und Grotten Réclère
20. Bobbahn im Grünen
    Toboroule ob Fontenais

Bahn | Hotel | Kunsth. | Museum | Natur | Restaur. | Schiff | Sehensw. | Shopping | Spielen | Sport | Theater | Tiere | Wandern

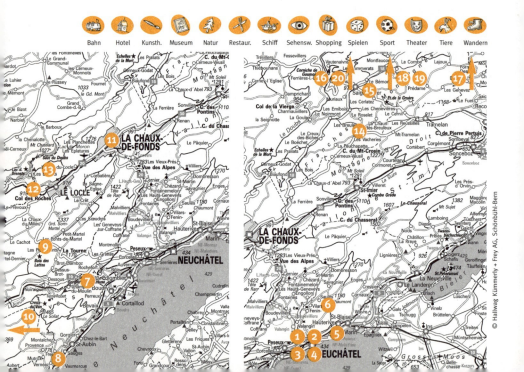

Ufer und Uhren, Wälder und Weiden

Zwei ganz verschiedene Landschaften lassen sich in dieser Region zwischen Neuenburgersee und der Grenze zu Frankreich erleben: Der von Reben bestandene Jurasüdfuss mit seiner dicht besiedelten Uferzone bildet einen spannungsreichen Kontrast zu den einsameren Höhen, wo Wälder und Weiden vorherrschen. Auch wenn der von Kalkketten gebildete Geländebogen zwischen der Stadt Neuenburg und der Ajoie mit Pruntrut im Nordosten keine alpinen Szenerien kennt, ist er doch ein richtiges Bergland: Das Wandern steht daher hoch im Kurs. Wo ein eher karger Boden und ein rauhes Klima dem landwirtschaftlichen Ertrag Grenzen setzen, liess der Fleiss einer geduldigen Bevölkerung die Uhrenindustrie gedeihen, deren feinmechanische Wunderwerke in den letzten 30 Jahren einen neuen Höhenflug erlebten. Die landschaftlichen Schönheiten der Kantone Neuenburg und Jura sind eher zurückhaltender Art. Doch wer Ruhe und Erholung sucht, ist im grünen Gebirge gut aufgehoben. Daneben locken eher kleine, aber durchaus aktive Zentren wie Neuenburg, La Chaux-de-Fonds, Delsberg oder Pruntrut.

Westschweiz: Neuenburg und Jura

Franz Auf der Maur

1 Mit Schläger und Stock

Minigolf, Pingpong, Billard,
Quai Robert-Comtesse 4,
2000 Neuchâtel, 032 724 57 58

Die vier ersten Ausflüge haben die Stadt Neuenburg zu Ziel, von den Einheimischen Neuchâtel genannt. Natürlich steht auch die Burg – oder besser gesagt, das monumentale Schloss – auf dem Besuchsprogramm. Doch zuvor gibt es zur Einstimmung und Auflockerung nach der Anreise etwas Sport und Spiel. Am Quai Robert-Comtesse, neben der Kunsteisbahn und hinter dem Fussballstadion von Xamax auf der Strandterrasse gerade unterhalb des Bahnhofs, lädt eine kleine, feine Anlage zu Minigolf, Pingpong und Billard ein. Bitte den Golfparcours mit seinen 18 Löchern nicht unterschätzen: Wer mit möglichst wenigen Schlägen über die Runden kommen will, muss sich ordentlich konzentrieren!

Wie? Zu Fuss oder mit der Drahtseilbahn («Funambule») vom Bahnhof ans Seeufer. Oder mit Bus 1 Richtung Marin bis zur Haltestelle Gibraltar.
Wann? Ende März–Ende Oktober täglich ausser Montag (Anfang Juli–Mitte August ist die Anlage auch am Montagnachmittag geöffnet).
Wieviel? Erwachsene Fr. 6.–, Kinder 4.50.
Alter? Alle Altersstufen.

2 Geschichte der Natur

Musée d'histoire naturelle,
Rue des Terreaux 14, 2000 Neuchâtel,
032 717 79 60

Natur erlebt man am besten draussen. Doch wenn es einmal regnet, bietet der Besuch im Naturhistorischen Museum befriedigenden Ersatz – und Anregungen für Freiluft-Expeditionen, wenn dann die Sonne wieder scheint. Das Musée d'histoire naturelle liegt an der Rue des Terreaux 14 auf halbem Weg vom Bahnhof hinunter ins Zentrum der Altstadt. Hier ist zu sehen, wie sich das Leben im Meer und auf den Kontinenten im Laufe der langen Erdgeschichte entwickelte. Neben exotischen Tieren zeigt die Ausstellung vor allem auch, was in der näheren Umgebung kreucht und fleucht, klettert und krabbelt. Und wer vor der Vitrine der lebensecht präparierten Vögel auf einen Knopf drückt, kann sich ab Tonband an ihrem Gesang erfreuen.

Wann? Di–So 10–18 Uhr (Mo geschlossen).

Turm der Jugend und der Toleranz

Der Moron ist ein 1336 Meter hoher Berg im Berner Jura westlich der politisch umstrittenen Stadt Moutier. Hier oben haben Lehrlinge aus verschiedenen Berufen während dreier Jahre einen 30 Meter hohen Aussichtsturm gebaut. Das seit Frühling 2004 dem Publikum zugängliche Werk soll nicht nur den Tourismus fördern, sondern – als Ort der Begegnung – auch die jurapolitischen Spannungen abbauen helfen. Am Fuss des Turms beginnt ein Rundlehrpfad mit Informationstafeln (auch auf Deutsch) über Naturgeschichte und Heimatkunde der Region. Strassenzufahrt und Wanderweg ab Bahnhof Malleray-Bévilard im Tal von Tavannes, weitere Aufstiegsrouten ab Court im gleichen Tal sowie ab Moutier (Blatt 1106 «Moutier» der Landeskarte 1:25 000).

Westschweiz: Neuenburg und Jura

Dauer? 2 Stunden für «normales» Publikum, 3-4 Stunden für speziell Interessierte.
Wieviel? Erwachsene Fr. 6.–, Kinder bis 16 gratis. Am Dienstag freier Eintritt für alle.
Alter? Alle Altersstufen.

3 Auf Visite beim Adel
Führungen durch das Schloss,
Le Château, 2000 Neuchâtel,
032 889 68 90,
tourisme.neuchatelois@ne.ch

Nach der Natur nun ein Abstecher in die Geschichte. Auf dem Felssporn über der Altstadt thront das monumentale Schloss, aus dem selben Kalkstein erbaut (Pierre jaune de Neuchâtel), der vielen Hausfassaden einen warmen gelben Ton verleiht. Das Château, der historischen Stadtkirche benachbart, beherbergt in seinen alten Mauern einen Teil der Kantonsverwaltung sowie das Parlament. Trotz des Namens ist diese «neue Burg» von respektablem Alter: Seit rund 1000 Jahren schon wacht sie über der Stadt am See. Manches Adelsgeschlecht hatte hier seinen Sitz, wovon Gemälde wie Waffensammlungen zeugen, und noch um die Mitte des 19. Jahrhunderts spielten sich hier dramatische Szenen ab. Bis 1848 nämlich war Neuenburg, obwohl gleichzeitig Schweizer Kanton, ein Fürstentum, das durch Erbgang zuletzt an den König von Preussen gefallen war, was verständlicherweise zu politischen Spannungen … und die beiden Staaten 1856/57 im sogenannten Neuenburger Handel an den Rand des Krieges führte, aber mit dem Verzicht Preussens auf seinen Anspruch endete.

Wo? An der Rue du Château im oberen Teil der Altstadt. Leicht zu finden, denn das Schloss ist von überall her gut zu sehen.

Wann? Täglich Führungen von Anfang April bis Ende September: um 10, 11, 14, 15 und 16 Uhr (an Werktagen zusätzlich um 12 Uhr).
Wieviel? Kostenlos.
Alter? Ab 5 Jahren.

4 Ausflug ins Weltall
Observatorium Neuenburg,
Rue de l'Observatoire 58,
2000 Neuchâtel, 032 861 51 50,
www.geocities.com/obs-ntl

Das Observatorium Neuenburg ist nicht nur eine Stätte zur Erforschung der Sternenwelt – hier befasst man sich auch mit ultrapräziser Zeitmessung. Schwingungen winziger Atome bestimmen auf den Sekundenbruchteil genau, was es geschlagen hat. Während solche Arbeit im Verborgenen geschieht, ist die Erkundung des Nachthimmels auch der Öffentlichkeit zugänglich. Eine Beobachtung durchs Fernrohr – das Teleskop – bedingt klares Wetter und Anmeldung bei 032 861 51 50. Am besten sind die Bedingungen in kalten Nächten: Also: unbedingt warm anziehen, denn der direkte Blick ins Weltall lässt sich nicht von der warmen Stube aus tun. Was aber, wenn einmal Wolken aufziehen? Dann gibt es im Hörsaal des Observatoriums eine Dia-Vorführung mit Frage- und Antwort-Stunde, veranstaltet durch kundige Amateur-Astronomen.

Wie? Das Observatoire de Neuchâtel im Osten der Ortschaft ist mit dem Stadtbus Linie 7 erreichbar, Haltestelle Portes-Rouges.
Wann? Auf Reservation jeweils an drei Freitagen im Monat ab 20 Uhr (keine Führung am Freitag nach Vollmond, weil dessen helles Licht die Beobachtung stört).
Wieviel? Kostenlos.
Alter? Ab 10 Jahren.

Westschweiz: Neuenburg und Jura

5 Wanderung in die Urzeit
Archäologisches Museum Latenium, Espace Paul-Vouga, 2068 Hauterive, 032 889 69 10, www.latenium.ch

Die Region am Neuenburger See war schon früh besiedelt. Von den Neandertalern bis zu den Menschen der Gegenwart hätten hier 1300 Generationen gelebt, wissen Altertumsforscher zu berichten. Besonders reich sind die vorgeschichtlichen Spuren aus Steinzeit, Bronzezeit und Eisenzeit. Unlängst ist im östlich der Stadt gelegenen Vorort Hauterive ein Entdeckungspark (Parc de la Découverte) mit interessanter Urgeschichts-Ausstellung eröffnet worden, und zwar im Zusammenhang mit der Expo 02. Wer den Ort zu Fuss erreichen möchte, folge von Neuenburg her immer dem Strandweg bis zum neuen Hafen Hauterive. Im Erlebnispark sind verschiedene naturgetreue Nachbildungen zu sehen: ein Dorf aus der Epoche um 4000 v. Chr., ein Haus aus der Bronzezeit, die Brücke der Helvetier bei Cornaux, ein in Bevaix gefundener römischer Lastkahn des 2. Jahrhunderts und schliesslich ein Urwald, wie ihn unsere fernen Vorfahren kannten. Auf dem Gelände befindet sich ebenfalls das neue kantonale Archäologiemuseum. Es nennt sich Latenium nach dem international bekannten eisenzeitlichen Fundort La Tène bei Marin wenig östlich von Hauterive, wo vom 5. bis 1. Jahrhundert v. Chr. am Seeufer eine Keltensiedlung bestand. Das dreistöckige Museum mit seinem interaktiven Parcours zeigt seine Ausstellungen auf 2500 Quadratmetern. Nach dem Besuch kann man sich im Restaurant mit Seeterrasse verpflegen, praktischerweise ohne die Nahrung selber fangen zu müssen.

Wie? Zu Fuss oder mit dem Velo von Neuenburg her dem Strandweg entlang nach Hauterive, mit dem Stadtbus Linie 1 Richtung Marin bis zur Haltestelle Musée d'archéologie, mit dem Kursschiff zur Lände Hauterive, auf der Autobahn A5 Ausfahrten Neuchâtel-Monruz oder Saint-Blaise (Parking beim Hafen).
Wann? Di–So 10–17 Uhr (Mo geschlossen).
Wieviel? Erwachsene Fr. 9.–, Kinder 5–15 Jahre 4.–, Familien 20.–.
Alter? Ab 5 Jahren.

6 Blick auf Seen und Berge
Panoramaturm auf dem Chaumont, 2067 Chaumont

Chaumont heisst Neuenburgs Hausberg. Die bewaldete Kuppe der ersten Jurakette lässt sich zu Fuss auf markierten Wegen, mit dem Auto auf kurvenreicher Strasse oder mit der kürzlich erneuerten Drahtseilbahn erreichen. Wie ein orientalisches Minarett überragt der Aussichtsturm auf 1100 m ü. M. die umgebenden Tannenwipfel. Mit der Wahl eines exotischen Baustils wollte

der Architekt der 1912 errichteten Anlage wohl auf die märchenhafte Aussicht aufmerksam machen. Am beeindruckendsten ist der Blick gegen Süden auf die drei Juraseen und übers Mittelland zum Alpenkranz. Eine Orientierungstafel benennt alle Berggipfel und sagt auch, wo genau wir uns befinden: auf 6,57 Grad östlicher Länge und 49,01 Grad nördlicher Breite. Ein Tipp noch: Hier in exponierter Höhe kann auch im Sommer ein kühles Lüftlein wehen. Windgeschützt ist man dann auf der Terrasse des nahen Restaurants bei der Bergstation der Drahtseilbahn.

Wie? Am schönsten ist die Fahrt auf den Chaumont mit der Drahtseilbahn (Funiculaire) von Neuenburg-La Coudre (oberhalb des SBB-Bahnhofs), Fahrplanauskunft 032 753 24 12 oder 032 720 06 00. Automobilisten nehmen die Strasse Richtung Val-de-Ruz, Abzweigung nach Les Cadolles.
Wann? Das ganze Jahr bei jedem Wetter.
Wieviel? Der Automat gibt nach Einwurf eines 50-Rappen-Stücks pro Person den Zutritt zum Panoramaturm frei.
Alter? Alle Altersstufen.

7 Kühle Juraschlucht
Gorges de l'Areuse, 2017 Boudry

Nicht nur die Alpen haben ihre Schluchten. Zu den längsten, tiefsten und romantischsten Juraschluchten zählen die Gorges de l'Areuse zwischen Boudry am Neuenburgersee und Noiraigue im Val-de-Travers. Wer diese Abfolge von Engnissen auf gut markiertem Wanderweg durchwandern möchte, hat fast eine Tagestour vor sich. Für den Anfang möge ein Blick in den Schluchtausgang bei Boudry genügen: Hinein ins romantische Dunkel, wo das Flüsslein Areuse aus der ersten Jurakette hervorbricht, so weit man Lust hat und dann auf gleicher Route wieder zurück. Jede Jahreszeit hat hier ihren Reiz, aber besonders spannend ist's im Frühling, wenn die Areuse wegen der Schneeschmelze viel Wasser führt. Wie das tost und braust! Wo ein Felsüberhang Schutz bot, hatten Höhlenbewohner der Steinzeit ihre Lager aufgeschlagen. Bei Fachleuten in ganz Europa bekannt ist etwa die Grotte de Cottencher an der steilen Nordflanke.

Wie? Mit Tram Linie 5 (verkehrt alle 20 Minuten) von der Place Pury in Neuenburg bis zur Endstation in Boudry, dann durch die Rue Philippe-Suchard und vor dem Café du Pont nach links zum Eingang der Schlucht.
Wann? Zu jeder Jahreszeit ein Erlebnis.
Wieviel? Gratis.
Alter? Alle Altersstufen.

8 Wo Karl der Kühne zu Gast war
Château de Vaumarcus, 2028 Vaumarcus, 032 836 36 36, www.chateauvaumarcus.ch

Warum wohl ist der sonst gelbe Stein des stattlichen Château de Vaumarcus stellenweise rötlich? Die Verfärbung rührt von einem Feuer her: In den Burgunderkriegen 1476 zündeten die Eidgenossen nach der Schlacht von Grandson das Schloss am Nordufer des Neuenburgersees an, weil dessen Besitzer zuvor Karl den Kühnen beherbergt hatte. Im 18. Jahrhundert durch Anbauten erweitert, drohte das Schloss von Vaumarcus später zu zerfallen, weil sich niemand mehr für den Unterhalt ein-

Westschweiz: Neuenburg und Jura

setzte. Nun hat es sein neuer Besitzer renoviert und der Öffentlichkeit zugänglich gemacht. Zahlreiche Zimmer in historischer Ausstattung zeigen, wie Schlossherren und Burgfräulein früher lebten. Lebendig geht es hier auch sonst zu und her, denn die historische Anlage funktioniert wie ein kleines Dorf mit Boutique, Blumenladen, Coiffeur, Spielplatz, Restaurant, Ausstellungen… Hinter dem Schloss erhebt sich der von einem Bächlein durchflossene Buchenwald des Bois de la Vaux mit seinen Spazierwegen und Picknickplätzchen. Eine hübsche Steinbrücke wurde während des Zweiten Weltkriegs von internierten polnischen Soldaten erbaut. In der Nähe gilt es die Redoute des Bourguignons zu erklimmen – hierher hatten sich nach der Schlacht von Grandson die überlebenden Burgunder Krieger geflüchtet.

Wie? Vaumarcus liegt an der Uferstrasse zwischen Neuenburg und Yverdon. Ab Bahnhof Neuenburg mit SBB-Regionalzug bis Gorgier-St-Aubin, dort Busanschluss nach Vaumarcus. Anfang Juni– September Di–So Kursschiffe auf dem See ab Neuenburg oder Yverdon.
Wann? Schloss geöffnet April–Oktober täglich 14–17 Uhr.
Wieviel? Erwachsene Fr. 8.–, Kinder 5.–, Familien 20.–.
Alter? Alle Altersstufen.

9 Torflager unter Naturschutz

Grösstes Hochmoor im Neuenburger Jura, 2316 Les Ponts-de-Martel

Die Rothenturm-Volksabstimmung zur Bewahrung aller Hochmoore in der Schweiz kam gerade noch rechtzeitig: Durch den Schutzartikel unserer Bundesverfassung wurde dem zerstörerischen Torfabbau im Moor bei Les Ponts-de-Martel Einhalt geboten. Manche Jura-Hochtäler waren früher von ausgedehnten Feuchtgebieten bedeckt. Die meisten dieser Biotope wurden in den vergangenen 200 Jahren durch den Abbau von Torf zu Heizzwecken zerstört; das trockengelegte Gelände nutzte man anschliessend als Kulturland. Heute stehen die letzten Hochmoore unter Naturschutz. Das grösste noch erhaltene Moor liegt im Süden des neuenburgischen Fleckens Les Ponts-de-Martel auf rund 1000 m ü. M. Ein eigens angelegter Pfad erlaubt es, die interessante Naturlandschaft ohne Schaden für die trittempfindliche Pflanzenwelt kennenzulernen. Der markierte «Sentier des tourbières» beginnt beim Sportzentrum von Les Ponts-de-Martel. Hochmoore sind spezielle Lebensräume, denn sie erhalten – im Gegensatz zu den Flachmooren am Ufer von Seen und Flüssen – ihre Feuchtigkeit ausschliesslich durch Regenwasser. In solch nährstoffarmer Umwelt wächst das Moos nur sehr langsam, etwa einen Millimeter pro Jahr. Es braucht deshalb viele Jahrtausende, damit nach dem Absterben der Pflanzen meterdicke Torfschichten entstehen können. Im Gelände sind die Abbaustellen der Torfstecher gut zu erkennen: Von den einst 1450 Hektaren Hochmoor im Tal von Les Ponts-de-Martel befinden sich gegenwärtig nur noch 130 Hektaren in ursprünglichem Zustand.

Wie? Anreise nach Les Ponts-de-Martel auf der Strasse ab Neuenburg über den Pass La Tourne (Postautoverbindung) oder mit dem Zug via La Chaux-de-Fonds (umsteigen auf Schmalspurbahn durch das idyllische Tal von La Sagne).
Wann? Ganzjährig, sofern kein Schnee liegt. Der Weg ist gut markiert.
Wieviel? Gratis.
Alter? Alle Altersstufen.

10 Mit Dampf durchs Tal

Vapeur Val-de-Travers VVT,
2123 St-Sulpice, 032 751 38 07,
www.vvt.ch

Das waren noch Zeiten, als schwarz glänzende Dampfrösser, weisse Wolken ausstossend, fauchend durch die grünwaldige Juralandschaft schnaubten. Seit der Umstellung auf elektrischen Betrieb ist zwar der Reisekomfort gestiegen, doch ging ein Stück Romantik verloren. Neu belebt wird die russige Nostalgie im Talkessel von St-Sulpice hinter Fleurier im Val-de-Travers, wo sich die grösste private Sammlung normalspuriger Dampflokomotiven der Schweiz befindet. Die von Amateuren der Gesellschaft Vapeur Val-de-Travers (VVT) mit viel Liebe unterhaltenen Feuerbüchsen stammen aus fünf verschiedenen Ländern. Ein Erlebnis sind die Dampfzug-Sonderfahrten durchs Neuenburger Juratal nach Travers oder hinauf nach Les Verrières an der Landesgrenze. Gewisse Kurse befahren gar die ganze Strecke von Travers bis nach Pontarlier mit drei Stunden Aufenthalt in der französischen Provinzstadt. Und wer die Dampf-Expedition mit einem Radausflug verbinden möchte, kann das Velo kostenlos im Zug mitführen.

Wie? Ab Neuenburg mit dem Val-de-Travers-Regionalzug nach Fleurier, dann kurzer Spaziergang ins Dampflok-Depot von St-Sulpice.
Wann? Besuch des Depots jeweils samstags 9–18 Uhr. Dampfzug-Sonderfahrten Mai–Oktober nach speziellem Programm. Auskunft über Fahrplan und Billettpreise via Telefon oder Internet.
Wieviel? Besuch des Depots St-Sulpice mit musikalischer Animation Erwachsene Fr. 10.–, Kinder bis 16 Jahre in Begleitung gratis.
Alter? Alle Altersstufen.

11 Im Herzen des Watch Valley

Uhrenmuseum und Glockenspiel,
Musée international d'horlogerie et carillon, Rue des Musées 29,
2300 La Chaux-de-Fonds,
032 967 68 61, www.mih.ch

Harmonische Glockenklänge locken ins unterirdisch angelegte Uhrenmuseum in La Chaux-de-Fonds. Hier im Herzen des Watch Valley, des Uhrentals, sind mehr als 3000 Instrumente zur Zeitmessung versammelt. Dieses internationale Uhrenmuseum – seiner Gestaltung wegen mehrfach ausgezeichnet – gehört zum Institut L'Homme et le Temps (Mensch und Zeit), das der Universität Neuenburg angegliedert ist. Fast noch interessanter als die Ausstellungsstücke selber sind die Arbeitsplätze von Spezialisten, denen man beim Restaurieren historischer Uhren zusehen kann. Vor dem Museum steht das Glockenspiel (Carillon), wo jede Viertelstunde bunte Klappen aus Metall den Gang der

Westschweiz: Neuenburg und Jura

Zeit anzeigen. Jede volle Stunde ertönen dann elektronische Klänge. Das Instrument wurde 1980 durch Onelio Vignando geschaffen und spielt Melodien des einheimischen Komponisten Emile de Ceunink. Wie die Farben der Metallklappen ändern sich auch die Weisen des Stundenschlags mit den Jahreszeiten. A propos Jahreszeiten: Gerade im Winter, wenn über dem Mittelland Hochnebel liegt, geniesst La Chaux-de-Fonds auf 1000 m ü. M. oft schönsten Sonnenschein!

Wie? Das Internationale Uhrenmuseum ist vom Bahnhof La Chaux-de-Fonds in fünfminütigem Spaziergang Richtung Osten oder mit Buslinie 3 zu erreichen.
Wann? Glockenspiel immer zugänglich; Museum täglich 10–17 Uhr geöffnet.
Wieviel? Glockenspiel gratis, Museum Erwachsene Fr. 8.–, Kinder ab 12 Jahren 4.–, Familien 18.–. Freier Eintritt für alle jeden Dienstag 10–12 Uhr.
Alter? Alle Altersstufen.

12 Mühlräder im Bergesinnern

Les Moulins souterrains,
Le Col-des-Roches, Le Col 23,
2400 Le Locle, 032 931 89 89,
col-des-roches@lesmoulins.ch

Warm anziehen, auch – und gerade – im Hochsommer! Denn jetzt geht es hinunter in den Bauch des Berges bei Temperaturen von nur gerade 7 Grad. Hier im Kalkgestein an der Grenze zu Frankreich haben fleissige Handwerker in einer schachtartigen Höhle eine ganze Reihe Mühlräder angebracht. Diese einzigartige Methode, Getreide zu mahlen, wurde durch den Wassermangel im Neuenburger Jura hinter Le Locle

diktiert: Um das Gefälle des unterirdischen Bachs möglichst gut zu nutzen, musste das Korn viele Etagen tief in die Höhlenmühle von Col-des-Roches getragen werden – und das Mehl dann in Säcken wieder hinauf. Während fast vier Jahrhunderten arbeitete man am Ausbau des Mahlwerks, bis mit dem Siegeszug der Elektrizität die Anlage gegen 1900 stillgelegt wurde. Heute zählt sie, dem Publikum zugänglich gemacht, zu den wichtigsten Zeugen der schweizerischen Industriegeschichte.

Wie? SBB ab Biel und Neuenburg via La Chaux-de-Fonds nach Le Locle, dann halbstündiger Spaziergang oder mit Postauto zu den unterirdischen Mühlen. Parkplätze beim Col-des-Roches.
Wann? Mai–Oktober täglich 10–17.30, November–April Di–So 14–17 Uhr.
Wieviel? Erwachsene Fr. 7.–, Kinder 5.–, Ermässigung für Familien.
Alter? Ab 5 Jahren. Die vielen Treppen erfordern Fitness und gute Mobilität.

13 Durchs All zum Fall

Planetenweg Le Locle–Saut du Doubs, 2400 Le Locle, 032 933 99 00, billodes@bluewin.ch

Der Jura ist ein naturnah gebliebenes Wanderland. Unter den zahllosen Routen, die sich auch bequem miteinander kombinieren lassen, zählt der Planetenweg von Le Locle zum Wasserfall des Saut du Doubs zu den schönsten! Er ist gleichzeitig ein Ausflug ins Weltall, führt er doch im Neuenburger Hochland massstabgetreu zu sämtlichen Planeten des Sonnensystems. Der astronomische Lehrpfad beginnt beim Centre pédagogique des Billodes an der Route des Monts

Westschweiz: Neuenburg und Jura

im Norden über dem Bahnhof von Le Locle, wo auch ein gedruckter Führer erhältlich ist. Im Gelände lässt sich der markierte Weg, eine Halbtagestour, nicht verfehlen. Von der gelb glänzenden Sonne führt er über Merkur, Venus, Erde und Mars zum Jupiter, wobei die Abstände zwischen den Himmelskörpern immer grösser werden. Auf dem zweiten Teil der Wanderung hinunter ins schluchtartige Tal des Doubs folgen die weniger gut bekannten Planeten Saturn, Uranus, Neptun und Pluto. Dann wechselt das Thema zur Geologie: Der Wasserfall des Saut du Doubs, einige Minuten flussabwärts nach dem gleichnamigen Restaurant, zählt zu den beeindruckendsten Natursehenswürdigkeiten im Jura. 27 Meter stürzt der Doubs hier in die Tiefe, nachdem er den Lac des Brenets verlassen hat. Mitten durch dieses Schauspiel verläuft die Landesgrenze zwischen der Schweiz und Frankreich. Auch in den anschliessenden Lac de Moron samt dessen Elektrizitätsproduktion teilen sich die beiden Nachbarstaaten brüderlich. Zum Abschluss des Ausflugs gibt es einen kurzen Fussmarsch nach Les Brenets – oder aber eine Fahrt mit dem Kursschiff auf dem schmalen, an einen Fjord erinnernden See.

Wie? Mit SBB oder PW via La Chaux-de-Fonds zum Bahnhof Le Locle. Rückfahrt ab Les Brenets mit Schmalspurbahn nach Le Locle (Fahrplanauskunft 0900 300 300). Schiffsverbindung auf dem Lac des Brenets von Juni bis September (032 932 14 14, www.nlb.ch). Nützlich für unterwegs ist Blatt 1143 «Le Locle» der Landeskarte 1:25 000.
Wann? Frühling bis Spätherbst. Vor Beginn des strengen Jurawinters werden die Planetenmodelle demontiert und eingelagert.
Alter? Mit marschtüchtigen Kindern ab 6 Jahren.

14 Juraweide statt Rossmetzger
Stiftung für das Pferd, Fondation pour le cheval Le Roselet, 2345 Les Breuleux, 032 959 18 90

Auch Pferde sollen, wenn sie dem Menschen lange Jahre treu gedient haben, einen würdigen Lebensabend geniessen dürfen. Dies ist die Philoso-

Über die grüne Grenze
Sowohl der Neuenburger Jura wie der Kanton Jura grenzen über beträchtliche Strecken an unseren Nachbarstaat Frankreich. Während der beiden Weltkriege 1914–18 und 1939–45 war diese Grenze scharf bewacht, und bis vor wenigen Jahrzehnten machten hier die Zöllner Jagd auf Schmuggler. Auch wenn heute nur noch wenige Uniformierte an der «grünen Grenze» Dienst tun, braucht es zum Übertritt von einem Staat zum andern gültige Ausweise. Jeder Ausflug nach drüben lohnt sich, denn dabei entdeckt man, obwohl sich an der Landschaft nicht viel ändert, eine neue Welt: andere Strassensignalisationen, andere Haustypen, andere Produkte in den Läden, andere Speisen auf der Menükarte… Bezahlen tut man «drüben» mit Euro, wobei grenznahe Restaurants zuweilen auch Schweizer Franken akzeptieren. Weil der öffentliche Verkehr im ländlichen Frankreich nur wenig entwickelt ist, verlässt man sich für die Fortbewegung besser auf den eigenen Wagen, das Fahrrad oder Schusters Rappen – das Wanderwegnetz ist heute in Frankreich vielleicht weniger aufwendig, aber mindestens so gescheit markiert wie bei uns.

phie der Stiftung für das Pferd mit Hauptsitz in Le Roselet bei Les Breuleux (JU) und den weiteren Pferdeheimen Maison Rouge bei Les Bois (JU) und Le Jeanbrenin unweit Corgémont (BE). Im Herzen der Freiberge kümmert sich die mit Spenden arbeitende Fondation pour le cheval um Pferde, Ponys, aber auch pensionsreife Esel. Damit wir den ganzen Lebenszyklus beobachten können, tummeln sich neben den Senioren ebenfalls Stuten mit ihren Fohlen auf den grünen Weiden. Ausstellungsräume in Le Roselet und Maison Rouge vermitteln Einblicke in die jahrtausendealte Schicksalsgemeinschaft zwischen Pferd und Mensch. In den beiden Restaurants sind kindgerecht geschriebene Büchlein mit Pferdegeschichten auch auf Deutsch erhältlich.

Wie? Les Breuleux liegt an Bahnlinie und Strasse Tavannes–Tramelan–Le Noirmont, Les Bois an Bahnlinie und Strasse La Chaux-de-Fonds–Saignelégier, Le Jeanbrenin auf dem Hügelzug zwischen Tramelan und Corgémont.
Wann? Täglich 7–19, Restaurants 9–18 Uhr.
Wieviel? Eintritt frei, Spenden erwünscht.
Alter? Alle Altersstufen.

15 Moorsee wie in Finnland
Etang de la Gruère mit Naturzentrum, Centre nature Les Cerlatez,
2350 Saignelégier, 032 951 12 69,
www.juratourisme.ch

Wo sind wir denn hier? Im Herzen der Freiberge – der Franches-Montagnes, wie diese Kernlandschaft im Kanton Jura heisst – oder aber in der finnischen Waldeinsamkeit mit ihren zehntausend Seen und Seelein? In der Tat erinnert die selbst bei sonnigem Wetter etwas melancholisch stimmende Szenerie um den Etang de la Gruère stark an Skandinavien. Das Moorgewässer steht mitsamt seinen feuchten Uferzonen unter Naturschutz. Auf Holzbohlen führt ein Lehrpfad ringsum – bitte nicht verlassen, um die trittempfindliche Vegetation zu schonen! Weitere Informationen über Entstehung und Entwicklung eines solchen Biotops (denn alle Moorseen verlanden mit der Zeit) gibt es im Naturzentrum Les Cerlatez einen Kilometer weiter westlich. Zwischen Etang und Centre nature liegt das schmucke Restaurant La Theurre mit seinen Spezialitäten und einer Postautohaltestelle. Im Winter ist La Theurre ein Zentrum für Skilangläufer und Schneeschuhwanderer.

Wie? Der Etang de la Gruère und das Naturzentrum Les Cerlatez liegen an der Strasse von Saignelégier nach Tramelan (Postautoverbindung, Fahrplanauskunft 032 421 44 04, www.carpostal.ch). Markierter Wanderweg ab und nach Saignelégier, gemütliche 1½ Stunden.
Wann? Der Etang de la Gruère ist zu jeder Jahreszeit ein Erlebnis. Im Winter, wenn der gefrorene Moorsee betreten werden kann, gibt es gepfadete Fusswege und Langlaufpisten. Naturzentrum geöffnet Mai–Oktober 13.30–17.30 Uhr (Mo geschlossen).
Wieviel? Eintritt ins Naturzentrum Erwachsene Fr. 5.–, Kinder 2.–, Familien 10.–.
Alter? Ab 6 Jahren.

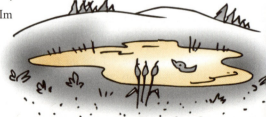

16 Sanftes Wildwasser

Kanu- und Kajakfahrten auf dem Doubs, Le Clip, 2882 St-Ursanne, 032 461 37 22, stursanne@juratourisme.ch

Um mit dem Wassersport vertraut zu werden, eignet sich der Doubs hervorragend. Dieser sanfte Jurafluss kennt keine gefährlichen Stromschnellen und fliesst auf weite Strecken zwar wild (das heisst naturnah zwischen bewaldeten Steilufern), aber ganz ruhig dahin – im Sommer übrigens angenehm badewarm! Landschaftsschutzbestimmungen schliessen Motorboote aus, erlauben jedoch auf gewissen Abschnitten Kajak- und Kanufahren. Damit auch Anfänger in den Genuss eines solchen Abenteuers kommen können, organisiert das Unternehmen Le Clip in St-Ursanne begleitete Flussfahrten – Landtransport, Ausrüstung (inkl. Schwimmweste) und Instruktion inbegriffen. Die klassische Strecke von Tariche nach St-Ursanne führt über 7 km. Auch wenn der Doubs, wie gesagt, kein eigentliches Wildwasser ist, empfiehlt es sich, an der Landungsstelle trockene Ersatzwäsche zu deponieren. Bei Hochwasser ist es sogar möglich, den Fluss im achtplätzigen Schlauchboot zu befahren. Neben der Tariche-Tour bietet Le Clip weitere Strecken bis zu 48 km Länge an. Vor oder nach der wässrigen Exkursion empfiehlt sich ein Gang durch das reizende Städtchen St-Ursanne, das sich, abseits des Durchgangsverkehrs gelegen, seinen mittelalterlichen Charme bewahrt hat.

Wie? St-Ursanne liegt an der SBB-Linie Delémont–Porrentruy–Boncourt und an einer Ausfahrt der Transjurane-Autobahn A16. Treffpunkt für die Flussfahrten nach Absprache am Bahnhof oder im Ortszentrum.
Wann? Juni–September nach Voranmeldung.
Wieviel? Erwachsene Fr. 40.–, Kinder 25.–.
Alter? Ab 10 Jahren.

17 Sport, Spiel, Spass

Centre sportif, Rue de la Blancherie 4, 2800 Delémont, 032 422 96 36, centre.sportif@delemont.ch

Delsberg – oder Delémont, wie die Hauptstadt des seit 1979 von Bern unabhängigen Kantons Jura auf Französisch heisst – ist im Kern eine typisch welsche Provinzstadt geblieben, wo das Leben in den historischen Gassen noch seinen gemächlichen Gang geht. Doch am Ortsrand der überschaubaren Siedlung herrscht lebhafter Betrieb: Das Sportzentrum an der Rue de la Blancherie verfügt über zwei Schwimmbäder, mehrere Fussballplätze sowie Anlagen für Beachvolleyball, Streetball und Pingpong. Und weil Bewegung Hunger gibt, bietet das in den Komplex integrierte Restaurant auch preisgünstige Kindermenüs an.

Wie? Delsberg/Delémont ist Schnellzugstation der SBB-Linie Basel–Biel–Neuenburg–Lausanne–Genf und erwartet den bevorstehenden Anschluss ans schweizerische Autobahnnetz.
Wann? Sommerbetrieb mit Freiluft-Badebecken Mitte Mai–Ende September, Hallenbad Anfang September–Ende Mai. Sportanlage täglich geöffnet ab 9 Uhr; Schliessung je nach Wochentag und Jahreszeit zwischen 17 und 22 Uhr.
Wieviel? Freiluftbad Erwachsene Fr. 4.–, Kinder 2.–, Hallenbad Fr. 5.50/2.50.
Alter? Alle Altersstufen.

Westschweiz: Neuenburg und Jura

18 Durch die Waldschlucht
Combe Tabeillon bei 2855 Glovelier

Es gibt sie noch, die letzten Paradiese der Schweiz! Dazu gehört die urtümliche Waldschlucht der Combe Tabeillon, die sich von Glovelier im westlichen Delsberger Becken zu den Freibergen/Franches-Montagnes bei Saignelégier hinaufzieht. Wer die ganze Wanderung absolvieren möchte, muss mit vier bis fünf Stunden auf durchgehend gut markierter Route rechnen. Man kann sich aber auch Teilstücke herauspicken und unterwegs an mehreren Haltestellen einen Zug der Schmalspurbahn besteigen, die etwas über dem Talgrund durch diese romantische Landschaft rollt. Zwischen Felswänden aus weissem Jurakalk und dunklem Tannenforst ruhen geheimnisvoll-tiefgründige Weiher. Sie wurden angelegt, um das Wasser des Flüssleins Tabeillon für den Betrieb von Mühlen zu stauen. Wo sich bei der Flur La Combe das Tal weitet, steht einsam ein Restaurant mit angegliedertem Landwirtschaftsbetrieb. Hier beginnt denn auch die typische Parklandschaft der Hochebene, deren Pferde, eben die Freiberger, praktisch in Freiheit weiden. Bei der Rückreise mit einer Komposition der Jurabahnen CJ gibt es an der Haltestelle Combe-Tabeillon eine eisenbahntechnische Besonderheit zu erleben: die Spitzkehre, wo der Zug seine Fahrtrichtung wechselt.

Wie? Anreise mit Regionalzug der SBB ab Delémont oder mit Privatwagen auf der Transjurane-Autobahn A16 nach Glovelier. Wanderung durch die Combe Tabeillon zu einer Bahnhaltestelle (Saignelégier, Pré-Petitjean, La Combe oder Bollement) für die Rückfahrt nach Glovelier, Fahrplanauskunft 032 482 64 50.
Wann? Frühling bis Spätherbst. Im Winter sind gewisse Stellen in der Schlucht vereist und deshalb gefährlich. An etlichen Sonntagen von Juni bis September gibt es Dampf-Sonderfahrten mit historischem Rollmaterial der Jurabahnen, inbegriffen ein (ungefährlicher) Zugsüberfall im Western-Stil. Informationen über das Angebot: «La Traction», 032 952 42 90, oder promotion@cj-transports.ch.
Alter? Eine gewisse Ausdauer im Marschieren ist erforderlich.

19 Saurier hautnah
Préhisto-Parc und Grotten von Réclère, 2912 Réclère, 032 476 61 55, www.grotte.ch

Vielleicht sind die Kinder deshalb von Sauriern so begeistert, weil sie wissen, dass diese Monster der Vorzeit ja längst ausgestorben sind. Tatsächlich? Plötzlich steht da im lichten Jurawald ein fünf Meter hoher Dino zwischen den Bäumen! So lebensecht der Raubsaurier auch wirkt – wir wissen, dass es sich um eine Nachbildung handelt, denn unvorbereitet betritt niemand den Préhisto-Parc bei Réclère westlich von Porrentruy/Pruntrut. Bevor nämlich der Rundgang durch die Erdgeschichte beginnt, kann man sich in einer instruktiven Ausstellung mit der Lebenswelt der geologischen Vergangenheit vertraut machen. Je nach Naturell gemächlicher oder rascher, bewegt man sich dann durch die Menagerie von Tiermodellen. Für Kinder am faszinierendsten sind natürlich die Saurier zu Land, zu Wasser – dafür wurde eigens ein Teich angelegt – und sogar in der Luft. Ein metallener Aussichtsturm gibt den Blick über die Baumwipfel weit nach Frankreich hinein frei. Nach der Rundsicht dann ein Gang in die Unterwelt: Die Tropfsteinhöhlen von Réclère gehören zu den schönsten ihrer Art und sind bereits seit 1890 dem

Publikum zugänglich. Ein Tunnel von 100 m Länge führt in eine 97 m hohe Grotte mit 1 Mio. Kubikmeter Inhalt, wo bis zu 13 m lange Stalaktiten von der Decke aus Jurakalk hängen. Vor, zwischen und nach den Besichtigungen kann man sich im Hotel-Restaurant verpflegen. Leider stehen keine Saurierschnitzel auf der Menükarte…

Wie? Ab Porrentruy/Pruntrut westwärts Richtung Damvant bis Grottes de Réclère mit dem Privatwagen oder dem Postauto (Rufbus PubliCar, Gratisbestellung 0800 55 30 00).
Wann? April–Juni und September–November 10–12 und 13.30–17.30, Juli/August 9.30–12 und 13–18 Uhr. Freie Besichtigung des Préhisto-Parc, Führungen in der Tropfsteinhöhle.
Wieviel? Erwachsene Fr. 8.– für den Park oder 9.– für die Grotten, kombiniert 14.–. Kinder von 5–15 Jahren bezahlen je Fr. 6.–, fürs Kombibillett 10.–.
Dauer? Geführte Besichtigung der Grotte 1 Stunde – warm anziehen, drunten ist es kühl!
Alter? Alle Altersstufen.

20 Bobbahn im Grünen
Sausefahrt auf Schienen zum Abschluss, Toboroule, 2902 Fontenais, 032 461 34 46

Erfrischend kühl weht der Wind hier auf 850 m ü. M., und wunderschön ist der Panoramablick von der Anhöhe bei Villars-sur-Fontenais über die nördlichste Juralandschaft: die Ajoie mit ihrem historischen Zentrum Porrentruy/Pruntrut. Doch die Kinder werden die Aussicht kaum allzu lange geniessen wollen, denn nun lockt ein spezielles Vergnügen – eine kitzlige Sausefahrt auf dem Schienenschlitten oder Toboroule. Also anschnallen und je nach Temperament ungeduldig oder mit Nervenflattern warten, bis die grüne Ampel den Start freigibt! Dann beginnt die kurvenreiche Reise im Bob. Zum Glück kann man mit dem Bremshebel das Tempo selber bestimmen. Routiniers sollen es bis auf 70 km/h bringen, erzählt der Chef an der Startrampe. Ein Tunnel, ein Teich… und schon ist nach 720 m Strecke mit 275 m Gefälle die Endstation erreicht. Mit einem Schlepplift geht es nach oben… zu einer weiteren Fahrt, wie wir jede Wette wagen! Neben der Anlage steht ein schlichtes Restaurant: eine Buvette mit Aussichtsterrasse und gutem Preis-Genuss-Verhältnis.

Wie? Die Bobbahn mit dem Schienenschlitten Toboroule befindet sich oberhalb des Juradorfs Villars-sur-Fontenais im Süden von Porrentruy/Pruntrut. Ab Villars die Strasse Richtung Landesgrenze zu Frankreich wählen und kurz vor Montancy bei der Pâture du Calabri parkieren. Wanderer können die Attraktion zum Höhepunkt einer Tagestour von Porrentruy oder Courgenay nach St-Ursanne machen; alle drei Ortschaften sind durch eine SBB-Linie mit Delémont verbunden (Blatt 1085 «St-Ursanne» der Landeskarte 1:25 000).
Wann? Juli/August täglich 14–18 Uhr; übrige Zeit zwischen Ostern und Mitte Oktober Sa 14–18, So 10–12 und 14–18 Uhr.
Wieviel? Eine Fahrt kostet Fr. 5.–, Ermässigung für Vielfahrer.
Alter? Ab 7 Jahren darf man sich allein auf die Reise machen, jüngere Kinder müssen von Erwachsenen begleitet werden.

Westschweiz: Neuenburg und Jura

Kids willkommen!

Wo essen?

Pizzeria des Allées, 2016 Cortaillod, 032 841 10 40. Ideal für die unkomplizierte Verpflegung unterwegs. Die Auswahl ist riesig! Wer es eilig hat, kann sich die frische Pizza auch einpacken lassen. Täglich ab 10 Uhr geöffnet.

Hôtel des Six-Communes, Rue Centrale 1, 2112 Môtiers, 032 861 20 00. Im ältesten Gasthaus im Val-de-Travers gibt's für Kids Gerichte zwischen Fr. 5.– und 9.50, ausserdem halbe Portionen des Tagesmenüs. Di abends und Mi geschlossen.

Restaurant de l'Aérodrome, 2900 Porrentruy, 032 466 11 94. Vom Speisesaal wie von der Terrasse geht der Blick geradewegs aufs Rollfeld. Und weil zur Flugbegeisterung auch ein bisschen Mut gehört, bestellen Sie vielleicht zur Abwechslung mal Escargots (Schnecken)! Kenner schätzen auch die fangfrischen Forellen zu Fr. 16.50. Im Winter am Montagabend geschlossen.

Restaurant chinois Kie Lin, Rue de la Balance 17, 2300 La Chaux-de-Fonds, 032 968 25 17. Die Chinesen sind ein traditionell kinderliebendes Volk, und so fühlen sich Familien im Chinarestaurant in La Chaux-de-Fonds, hinter der Place du Marché gelegen, gut aufgehoben. Tagesmenü für Fr. 14.50. Mo geschlossen.

Wo schlafen?

Hôtel de l'Aubier, Montezillon, 2205 Montmollin, 032 732 22 11, www.aubier.ch. Gleich neben einem biologisch geführten Bauernhof mit vielen Tieren und dem Verkauf eigener Produkte liegt dieses Familienhotel wenige Kilometer westlich von Neuenburg an der Strasse zum Pass von la Tourne nach Le Locle und 10 Minuten zu Fuss vom Bahnhof Montmollin-Montezillon. Es ist ein ideales Plätzchen zum Ausspannen mit vielen Spielmöglichkeiten für die Kinder. Komfortable Familienzimmer mit Frühstück; je nach Belegung Fr. 250.– bis 290.–. Ganzjährig geöffnet.

Auberge des Fées, Place de l'Abbaye 2, 2115 Buttes, 032 861 52 55, info@auberge-des-fees.ch. Im hinteren Val-de-Travers (Buttes ist Endstation des Bahnlinie von Neuenburg her) liegt diese schlichte Unterkunft, ideal als Ausgangspunkt für Ausflüge und Wanderungen oder während der Wintersaison für vergnügte Skitage auf der nahen Robella-Abfahrtspiste. Die Auberge liegt bei der Talstation der Robella-Sesselbahn und bietet Massenlager für Fr. 15.– sowie Zimmer (30.– Grundtaxe plus 15.– pro Person). Im Restaurants gibt es Kindermenüs für Fr. 7.–.

Le Gîte des Trois-Frênes, Mont-Pugin 8, 2400 Le Locle, 032 931 32 50, gite trois-frenes@bluewin.ch. Am Ortsrand von Le Locle, doch in durchaus ländlicher Ambiance, ist diese Hütte ganz aus Holz wie geschaffen für Sportbegeisterte. In unmittelbarer Nähe gibt es nämlich eine Sporthalle, ein Schwimmbad, einen Vita-Parcours, eine Minigolf-Anlage, einen Mountainbike-Parcours sowie weitere Möglichkeiten zu körperlicher Betätigung. Übernachtungspreise Erwachsene Fr. 11.50 bis 14.50, Kinder 9.50.

Centre de vacances Tariche,
2883 Montmelon, 032 433 46 19, www.tariche.ch. In der Waldeinsamkeit der Doubsschlucht 6 Kilometer oberhalb von St-Ursanne öffnet sich eine Lichtung mit Uferrestaurant und verschiedenen Übernachtungsmöglichkeiten in allen Preislagen: Hotelzimmer, Massenlager, Schlafen auf Stroh, Camping, Bungalows. Von der Transjurane-Autobahnausfahrt St-Ursanne auf schmalem Strässchen dem Ostufer des Doubs entlang, zu Fuss vom Bahnhof St-Ursanne über die Hängebrücke und dann längs des Westufers auf dem Wanderweg bis zur Tariche-Fähre.

Dauerbrenner

Sibirien der Schweiz. Im Jurahochtal von La Brévine sinkt die Temperatur praktisch jeden Winter unter −30 Grad. Brr… Angenehmer ist es im schweizerischen Sibirien während des Sommers, wo man im nahen Lac de Taillères baden kann. Wenn zur kalten Jahreszeit eine genügend dicke Eisschicht den See überzieht, darf man darauf nach Herzenslust Schlittschuh laufen (Info-Telefon 0900 055 61 62).
Wo Sonne und Wind Kraftwerke betreiben, Energiepfad auf dem Mont-Soleil ob St-Imier. Mit der Uhrmachersiedlung im Berner Jura ist der Mont-Soleil durch eine Drahtseilbahn verbunden. Vom Sonnenberg, wie er mit voller Berechtigung heisst, führt ein 4 km langer Lehrpfad zum Solarkraftwerk – die Centrale solaire kann 600 Haushalte mit umweltfreundlicher Energie versorgen – und weiter hinüber zur Windkraftanlage, wo gewaltige Drehflügel jeden Lufthauch in elektrischen Strom verwandeln.

Menschen im MEN, dem Völkerkundemuseum Neuenburg an der Rue Saint-Nicolas 2. Dieses Musée d'Ethnographie mit monumentalen Bildern des Luzerner Künstlers Hans Erni regt zum Staunen und zum Nachdenken an. Es erzählt die Geschichte der verschiedenen Kulturen auf unserer Erde. Geöffnet Di–So 10–17 Uhr, Eintritt Erwachsene Fr. 7.–, Kinder gratis.
Figuren unter freiem Himmel. Der Kulturwanderweg «Balade de Séprais», ein Lehrpfad besonderer Art, führt zwischen Bassecourt und Séprais durch die sanfte Hügellandschaft des westlichen Delsberger Beckens. Die in einer Stunde bequem absolvierbare Route mit ihren originellen Figuren kann moderne Kunst auf spielerische Weise auch Kindern nahebringen. Ein lustiges Spiel: Zuerst erraten, was so eine Skulptur wohl darstellen könnte, und erst dann die Beschreibung lesen.
Pflanzenwunder in der Kantonsschule, Cour du Lycée cantonal, Place Blarer-de-Wartensee, 2900 Porrentruy. Die grösste Naturvielfalt der Ajoie findet man nicht rund um Porrentruy/Pruntrut, sondern im historischen Städtchen selber. Im Hof des einstigen Jesuitenklosters, heute Kantonsschule, befindet sich der Botanische Garten mit seinen Spezialitäten: 180 Iris-Sorten, die an der Wende vom Frühling zum Sommer blühen (Auskunft über den besten Besuchszeitpunkt: 032 467 37 50); 260 Blütenpflanzen in wissenschaftlich-systematischer Ordnung; eine Sammlung giftiger Gewächse; sodann in Treibhäusern unterhalb des Parks ein Hauch Wildwest mit der Kollektion von Kakteen und anderen Wüstenkindern. Eintritt frei, Öffnungszeiten werktags 8–11.45 und 14–17 Uhr, an Wochenenden und Feiertagen 10–17 Uhr.

Westschweiz: Neuenburg und Jura

Zug: Klein, aber fein

1	Wo die Forelle springt	Sihltal, Menzingen
2	Märchenhafte Unterwelt	Höllgrotten, Baar
3	Freiluftmuseum	Industriepfad Lorze
4	Schwimmen und planschen	Lättich, Baar
5	Vogelkonzert	Volieren, Zug
6	Zmörgele auf hoher See	Zugersee
7	Spannendes aus der Urzeit	Zug
8	Museum in der Burg	Zug
9	Villa mit Park für alle	Cham
10	Rolltrekking am See	Zug
11	Die Störche sind da!	Bützen, Hünenberg
12	Geisterbesuch	Wildenburg, Allenwinden
13	Schlitteln am Zugerberg	Zug/Schönegg
14	Spielplatz Schäftboden	Zugerberg
15	Biken im Zugerland	Baar, Cham, Zug
16	Rund um den Ägerisee	Oberägeri
17	Raten im Sommer und Winter	
18	Auf dem höchsten Zuger	Wildspitz
19	Erlebniseiche	Rotkreuz

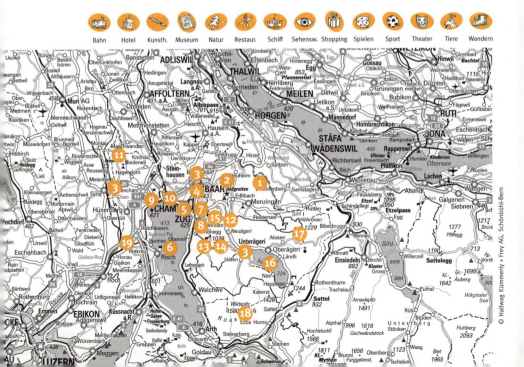

Bahn · Hotel · Kunsth. · Museum · Natur · Restaur. · Schiff · Sehensw. · Shopping · Spielen · Sport · Theater · Tiere · Wandern

© Hallwag Kümmerly + Frey AG, Schönbühl-Bern

Zwischen Reuss- und Wildspitz

Wer den Kanton Zug auf die Steueroase und den Handelsplatz reduziert, verpasst eine Menge. Geschäftstüchtig sind die Zuger zwar seit alters, aber sie haben daneben auch nicht vergessen zu leben. Die Natur spielt dabei eine tragende Rolle mit dem Zuger- und dem Ägerisee. Zwischen der tiefsten Stelle des Kantons, dem Reussspitz, und dem höchsten Punkt, dem Wildspitz, findet man grüne Matten mit Hunderten von Kirschbäumen, vom Gletscher gerundete Hügel, wilde, urtümliche Fluss- und Riedlandschaften ebenso wie romantische Tropfsteinhöhlen. Ausserdem tun die Zuger viel für Familien mit Kindern und für Jugendliche. Das Angebot an Freizeitmöglichkeiten ist entsprechend vielfältig und preisgünstig. Die Eintrittsgebühren von Museen oder Badeanstalten werden niedrig gehalten, und man kann in Zug, Baar und Cham sogar gratis Velos mieten. Und hoch zu Stahlross die Industriedenkmäler entlang der Lorze entdecken. Wenn sich über den Seen der Nebel ausbreitet, sind der Zugerberg und der Raten zwei attraktive Sonneninseln, auch bei Schnee. Die Altstadt von Zug mit ihrer schönen Seepromenade sollte trotzdem nicht ausgelassen werden, denn sie ist ein wahres Bijou.

Zug: Klein, aber fein

Robert Schnieper

1   Wo die Forelle springt
Sommerwirtschaft Sihlmatt,
6313 Menzingen, 041 755 12 44

Es ist unglaublich, aber wahr: Wenige Meter vom benzingeschwängerten Sihlbrugger Kreisel entfernt gibt's Naturromantik pur. Die wilde Sihl flussaufwärts zu wandern ist immer wieder ein Erlebnis. Senkrechte Wände aus löchriger Nagelfluh, gewaltige Felsblöcke, kleine Wasserfälle und Sinterterrassen aus leuchtendgrünem Tuffstein prägen diese urtümliche Landschaft. Geradezu abenteuerlich wird die leichte Wanderung, wenn's durch die niedrigen Tunnels geht, die Ende des 19. Jahrhunderts für die Quellwasserleitungen nach Zürich gebaut wurden. Wen wundert's, dass sich hier – mit naturschützerischer Unterstützung – der Biber wieder angesiedelt hat! Immer wieder locken lauschige Plätze zum Picknicken, Baden und Angeln. Doch wer Forellen vor allem auf dem Teller mag, blau oder gebacken, dem sei das «Sihlmättli» empfohlen. Hier sitzt man an warmen Tagen an langen Tischen auf der grünen Wiese und ist glücklich. (Auch Kinder, die Fisch nicht mögen, müssen nicht hungern.) Zurück wechselt man beim Sihlsprung das Ufer, um das grosse Tipi mit der Steinkunst im Flussbett und die währschafte Bäsebeiz nicht zu verpassen.

Wie? Start: An der Strasse nach Einsiedeln südlich des Sihlbrugger Kreisels, ab dem kleinen Parkplatz nach der ersten Flussschleife. Bus Zug–Sihlbrugg.
Wann? Die Wirtschaft Sihlmättli ist von Anfang April bis Ende Oktober geöffnet (Dienstag geschlossen). Im Winter, bei Schnee und Eis, ist der Weg der Sihl entlang gefährlich.
Dauer? 1 bis 1½ Stunden pro Strecke.
Alter? Ab 4 Jahren.

2   Märchenhafte Unterwelt
Höllgrotten, 6340 Baar,
041 761 83 70, www.zug.ch/tourismus

Wenn die Sommerhitze unerträglich wird, ist es in den Höllgrotten wunderbare acht oder neun Grad kühl. Da kann man sogar einen Pullover ertragen. Das Zuger Höhlensystem mit seinen Tropfsteinen – stehenden Stalagmiten und hängenden Stalaktiten – sowie kleinen Seen entstand in Zehntausenden von Jahren. In dieser langen Zeit schuf das tropfende Kalkwasser eine faszinierende Märchenwelt mit phantasieanregenden Skulpturen und Reliefs. Steht da nicht ein ausgewachsener Bär? Dort reisst ein Krokodil das Maul auf, hier kriechen Schildkröten ihres Wegs. Man wandelt über Treppen und durch Gänge von Höhle zu Höhle, durchs Zauberschloss und die Feengrotte und entdeckt sogar eine Quelle mit tanzenden Nymphen. Es plätschert, tropft, und die eigene Stimme hallt fast unheimlich wider. Draussen lacht dann wieder die Sonne, und die gemütliche Gartenwirtschaft lockt.

Wie? Ab Bahnhof Baar 1 Std. zu Fuss oder ab Zug mit Bus 2 bis Haltestelle Lorzentobelbrücke, dann Fussmarsch von ca. 20 Min.
Wann? 1. April–Ende Oktober, 9–12 und 13–17.30, So 9–17.30 Uhr. Restaurant Höllgrotte montags geschlossen (041 761 66 05).
Wieviel? Erwachsene Fr. 9.–, Kinder 4.50.
Alter? Ab 4 Jahren.

Zug: Klein, aber fein

3 Freiluftmuseum

Verein Industriepfad Lorze,
Monika Schnider, 6330 Cham,
041 783 09 43,
www.industriepfad-lorze.ch

Gemütlich der idyllischen Lorze entlang wandern oder pedalen, picknicken, baden und dabei Interessantes erfahren über die Nutzung der Wasserkraft und ihre Pioniere. Über die frühe Industrialisierung und ihre Auswirkungen auf die Natur. Über die Menschen, die in den Fabriken arbeiteten, und die Männer, die sie gegründet hatten. Kinderarbeit ist ein Thema dieses insgesamt 30 Kilometer langen Industriepfads. Oder die Geschichte der Wildwesthäuser von Cham: Auf Tafel Nummer 42 erfahren wir, dass der einstige «Milchsüdi»-Generaldirektor George Ham Page in der zweiten Hälfte des 19. Jahrhunderts an der Luzernerstrasse in Cham Arbeiterhäuser im amerikanischen Kolonialstil errichten liess. Damit holte sich Page, der als Siedlerkind tatsächlich im Wilden Westen aufgewachsen war, ein Stück Heimat an den Zugersee. Übrigens: Page war einer der Mitbegründer des heutigen Weltkonzerns Nestlé. Ein Museum ganz ohne Staub und Mief mit vielen Fabriken, Fabrikantenvillen, Arbeiterhäusern, Turbinen, Kraftwerken, Pumpstationen, alten Brücken und einer Mühle. Insgesamt werden 64 Industrieobjekte vorgestellt.

Wo? Der Lorze entlang von Unterägeri über Baar, Zug, Cham, Hagendorn, Kloster Frauenthal bis zur Reussbrücke zwischen Hünenberg und Sins. Übersichtsplan mit sämtlichen Objekten beim Verein Industriepfad Lorze.
Wie? Zu Fuss (alle Ausgangspunkte sind gut mit dem Bus ab Zug SBB erreichbar) oder mit dem Velo.
Dauer? Unterschiedlich lange, thematisch gegliederte Teilstrecken. Beispiel: Wie die Nutzung eines Bachs ein Dorf verändert, zeigt die Route von der Brauerei Baar bis zum Bahnhof Baar (1½ Std. zu Fuss).
Alter? Ab 8 Jahren.

4 Schwimmen und planschen

Hallen- und Freibad Lättich,
Lättichstr. 10, 6340 Baar,
041 767 27 00

Wo schwimmen, wenn's regnet, graupelt oder schneit? Selbstverständlich im Lättich, der lässigsten und grosszügigsten «Kunstbadi» weit und breit. Wo einst die Baarer Bierbrauer riesige Eisbrocken aus dem gefrorenen Teich sägten, als Ersatz für die damals noch nicht vorhandenen Kühlschränke, tummelt sich heute Jung und Alt in tropischen Wassertemperaturen. Bis zu 31 Grad warmes Wasser blubbert in Whirlpools und Sprudelnischen, strömt durch Kanäle und zischt aus Massagedüsen. Sportlichen stehen sechs Schwimmbahnen mit Hubboden und einem fünf Meter hohen Sprungturm zur Verfügung. Man denkt hier jedoch auch an die Anfänger: Es fehlen weder Kinderplansch- noch Nichtschwimmerbecken. Wer genug hat vom wohligen Nass, geht ins Solarium, spielt Gartenschach, tummelt sich auf der Spielwiese, betätigt sich am Grillplatz oder stärkt sich im Restaurant Delphin.

Wie? Ab Zug SBB Bus Nr. 3 bis Station Lättich.
Wann? Sommerbetrieb:
Mo–Fr 6.30–21, Sa/So 9–19 Uhr.
Winterbetrieb: Mo 6.30–21,
Di–Fr 7.30–21, Sa/So 9–18 Uhr.
Wieviel? Erwachsene Fr. 7.–,
Kinder 4.–.
Alter? Alle Altersstufen.

> Zug: Klein, aber fein

5 Vogelkonzert
Volieren, Landsgemeindeplatz,
6300 Zug

Die gefiederten Schönheiten, komischen oder schrägen Vögel stammen aus aller Welt. Aus dem einen Eckzimmer des Vogelhauses kommen gerade die zwei grün-gelb-blauen australischen Cloncurrysittiche geflogen. Ihre Nachbarn, ebenfalls Australier, sind die Diamantfinken mit leuchtend roten Schwanzfedern. Gelangweilt blicken sie zum senegalesischen Graupapagei hinüber, der lauthals versucht, die Besucher ans Gitter zu locken. Am Landsgemeindeplatz, dem Zuger Treff direkt am See, ziehen die beiden grossen Volieren viele Besucher an. Ins Gegacker und Gegurre im zweiten Gehege stimmt nur die Schleiereule nicht mit ein. Sie brütet gerade, ist jedoch auch sonst keine begabte Sängerin. Besonders witzig sind ihre Nachbarn zur Rechten, die Waldrappe mit ihrem schwarzschillernden Gefieder und der merkwürdigen Punkfrisur. Sie lebten einst auch in unseren Wäldern in Freiheit, doch seit einiger Zeit sind Zoos und Volieren ihr letztes Refugium.

Wann? Immer zugänglich.
Wieviel? Gratis.
Alter? Alle Altersstufen.

6 Zmörgele auf hoher See
Zugersee-Schifffahrt & Kulinaria,
Alpenstrasse 14, 6304 Zug,
041 728 58 58/59, automatische
Sommer-Info: 041 728 58 56,
www.zugersee-info.ch

Zugegeben: Es gibt grössere und dramatischere Binnengewässer als den Zugersee. Doch er hat einen ganz besonderen Reiz, um den ihn andere beneiden. Es gibt verschiedene Möglichkeiten, ihn zu entdecken. Eine besonders vergnügliche Variante bietet sich am Sonntagvormittag. Dann tuckert die «MS Zug» oder «MS Rigi» rund um den See und offeriert ihren kleinen und grossen Gästen ein üppiges Frühstück mit allem Drum und Dran: von der heissen Ovo über Gipfeli und Aufschnitt bis zum guten alten Streichkäsli. Und zu guter Letzt erhalten die Eltern sogar noch ein Glas Wein als krönenden Abschluss. Im Preis inbegriffen ist der Blick auf die prächtigen Villen, die mächtige Rigi und die Show auf dem Wasser: Links und rechts vom Kursschiff flitzen Surfer, Segler und Möwen vorbei.

Wie? Vom Bahnhof Zug in wenigen Minuten zu Fuss zur Schifflände.
Wann? Sonn- und Feiertage, Mitte April bis Mitte Oktober. Auslaufzeiten auf Anfrage.
Dauer? 2–3 Std., je nach Kurs.
Wieviel? Erwachsene Fr. 23.50, Kinder unter 12 Jahren Fr. 1.50 pro Altersjahr (Tischreservation empfohlen!).
Alter? Alle Altersstufen.

7 Spannendes aus der Urzeit
Museum für Urgeschichte(n),
Hofstrasse 15, 6300 Zug,
041 728 28 80,
www.museenzug.ch/urgeschichte

Alwaite ärgert sich, dass sie nicht genauso wie ihre Brüder mit dem Bogen schiessen und Wildschweine jagen darf. Stattdessen hütet das Mädchen die Ziegen, holt Wasser, spinnt Fäden, webt Stoffe und töpfert. Alwaite wohnte während der Jungsteinzeit in einem Dorf am Zugersee. Heute ist die lebensecht nachgebildete Bauerntochter eine der Hauptpersonen dieses aussergewöhnlichen

Museums: Alwaite, Alangan, Marwa, Genwaira, Visurix und Gernot zeigen, wie und wo die Menschen von der Altsteinzeit bis zum frühen Mittelalter ihren Alltag verbracht haben. Die seit kurzem in einem ehemaligen Fabrikgebäude untergebrachte Ausstellung ist höchst kindergerecht eingerichtet und bleibt dennoch auch für Erwachsene attraktiv. Dank kluger Inszenierung (mit Klangkulisse) und witzigen Kommentaren. Faszinierend sind auch die zahlreichen archäologischen Fundgegenstände aus der Gegend – sie stammen grösstenteils aus der spätbronzezeitlichen Ufersiedlung Zug-Sumpf. So gut kommen Scherben und Knochen selten zur Geltung. Für Kinder gibt es überdies eine Galerie mit Büchern, Spielen, Kissen und einer Tastkiste.

Wann? Di–So 14–17 Uhr.
Wieviel? Erwachsene Fr. 5.–, Kinder 2.–, in Begleitung Erwachsener gratis. An Sonn- und Feiertagen freier Eintritt für alle.
Alter? Ab 6 Jahren.

Pfeilschnelle Warnung

Ein Ritter namens Hartmann von Hünenberg soll die Schwyzer vor dem anrückenden Habsburger Heer gewarnt haben, indem er mehrere Pfeile mit der Botschaft «Hütet euch am Morgarten!» in ihre Richtung schoss. Von der mächtigen Burganlage der Herren von Hünenberg sind lediglich einige Ruinen übriggeblieben. Sie sind westlich des Dorfes Hünenberg auf einem bewaldeten Grat zu besichtigen.

8 Museum in der Burg
Kirchenstrasse 11, 6300 Zug,
041 728 32 97, www.museenzug.ch

Die trutzige Burg, die im gemütlichen Städtchen aufragt, war schon da, bevor Zug gegründet wurde. Die Vögte wohnten drin und wehrten sich ihrer Haut mit einer doppelten Mauer. Später wurde der mittelalterliche Wehr- und Wohnturm als herrschaftliches Wohnhaus genutzt, und heutzutage ist hier das historische Museum von Stadt und Kanton Zug untergebracht. Ein Streifzug durch die 26 Räume des Museums wird zur Entdeckungsreise durch die Zuger Geschichte. Kernstück der Ausstellung ist das «sprechende» Stadtmodell im Massstab 1:250. Es führt die Besucher zurück ins Jahr 1730 und zeigt die Zuger Häuser, Plätze und Strassen von damals. Und man wird an die Katastrophen erinnert, die Zug heimsuchten: Am 4. März 1435 versanken 26 Häuser in den Fluten des Zugersees, und am 5. Juli 1887 wiederholte sich die Katastrophe, als 326 Menschen ihr Heim verloren.

Wann? Di–Fr 14–17, Sa/So 10–12, 14–17 Uhr.
Wieviel? Erwachsene Fr. 5.–, Kinder 1.–, Sonntag freier Eintritt für alle.
Alter? Ab 7 Jahren.

9 Villa mit Park für alle
Villette-Park am See, 6330 Cham

Hinter dem Bahnhof Cham liegt eine Überraschung verborgen. Nach der Unterquerung der Geleise sowie ein paar Metern auf dem Kiesweg tritt man durch einen dichten Blättervorhang und steht mitten in der idyllischen Parkanlage Villette. Ihre Weitläufigkeit wird

Zug: Klein, aber fein

unterstrichen durch die freie Sicht auf den Zugersee und sein Panorama. Der Park zu Füssen der herrschaftlichen, jedoch gemeindeeigenen Villa im Neurenaissancestil ist säuberlich gepflegt. Kinder fühlen sich hier aber trotzdem wohl und dürfen das Terrain erobern. Etwa den tollen Spielplatz und den kleinen Badeplatz, wo Enten und Schwäne die Schwimmflügelträger aufmerksam beobachten. Dort erwartet Sie die beste und schönste Minigolfanlage des Kantons mit dem dazugehörigen Restaurant. Dazwischen gibt es viel Rasen zum Liegen oder Herumtollen und ein romantisches Inseli mit Wasservögeln. Gepflegt tafeln oder Kaffee oder Tee trinken lässt es sich in der Villa selbst, die eine wunderschöne Terrasse mit Seeblick besitzt.

Wie? Mit Bus oder Zug bis Cham; ab Zug SBB zu Fuss in einer guten Stunde dem Seeufer entlang bis Villette.
Wann? Park und Restaurant Villette (041 780 55 36) ganzjährig; die Minigolfanlage mit Restaurant (041 780 02 59) Mai–Oktober.
Alter? Alle Altersstufen.

10 Rolltrekking am See
Zugerseeschiffahrt, 6304 Zug, 041 728 58 58/59

Das Zugerland ist für Skater ein Paradies. Das Reusstal und die Ufer von Zuger- und Ägerisees eignen sich für diese Sportart besonders gut. Eine «klassische» Tour, die auch mit geübten Kindern unternommen werden kann, startet an der Schiffsstation in Zug (die Mischung nennt sich übrigens neudeutsch Ship'n Skate). Das Schiff steuert auf die Burg von Buonas zu, die seit 1252 im Besitz der Luzerner ist. Von Buonas geht's auf Nebenstrassen und Velowegen über Cham zurück nach Zug. Wem das zuviel ist, der beginnt in Cham. Die Strecke Cham–Zug hat überdies den Vorteil, weitgehend autofrei zu sein. Weitere Informationen und Unterlagen zum Skaten im Kanton Zug liefert der Verkehrsverein Zug-Tourismus, 041 711 00 78.

Wann? Bei gutem Wetter das ganze Jahr.
Wieviel? Preis für Schifffahrt auf Anfrage.
Alter? Je nach Fahrkönnen.

11 Die Störche sind da!
Landgasthof Bützen, Stadelmatt, 6331 Hünenberg, 041 780 17 44

Schon von weitem erkennt man den grossen Vogel mit dem langen, spitzen Schnabel, der früher die Babys ins Haus lieferte. Weil heute niemand mehr dran glaubt, klappert sich der Storch eins und kümmert sich nur noch um den eigenen Nachwuchs. Der hockt oder steht auf dem Dachfirst des Gasthofs Bützen in einem mächtigen Horst und bettelt die gestressten Eltern rund um die Uhr um Futter an. Damit die Gäste das Treiben in der Storchenstube jederzeit verfolgen können, ohne die Tiere zu stören, hat die Wirtsfamilie eine Videoanlage installiert. So kann man auf einem kleinen Bildschirm im Eingang die Störche beobachten. Hinter dem Haus gibt's noch mehr Tierisches zu sehen, angefangen bei glücklichen Hühnern und Schweinen bis zu Pfau und Känguruh. Die Wirtschaft Bützen (Spezialität: Mistchratzerli und Rehschnitzel) liegt in der Reussebene, wo es früher, als hier noch Sumpfland war, von Fröschen wimmelte. Das Angebot ist schon lange nicht mehr so üppig, aber die Störche bringen sich dennoch selber durch.

Wie? Beispielsweise mit dem Velo von Cham übers Kloster Frauental.
Wann? Die Störche treffen etwa Ende Februar ein und ziehen Mitte/Ende August in den Süden.
Alter? Alle Altersstufen.

12 Geisterbesuch
Ruine Wildenburg, 6319 Allenwinden

Die Wildenburg thront bereits seit rund 800 Jahren auf dem steilen Felssporn über dem Lorzentobel, am alten Weg von Baar nach Menzingen. Von hier aus spähten die Ritter nach Händlern aus, die ihre Ware durch den Wald schleppten. Der Letzte der Wildenburger war ein besonders verhasster Mann, und so kursieren denn auch die wildesten Geschichten, in denen er die Hauptperson spielt. So soll er die Zugerin Anna Elsener gezwungen haben, mit ihm auf der Burg zu leben. Als sie dann endlich fliehen konnte, schickte sie ihren verkleideten Vater zu einem Rendezvous mit dem Ritter. Unter dem Mantel seiner Tochter hielt der alte Elsener eine Axt verborgen und schlug damit dem nichtsahnenden Ritter ein Bein ab. Mit der blutenden Trophäe kam Elsener nach Zug und rief seine bewaffneten Mitbürger zusammen. Die Festung wurde gestürmt und in Brand gesetzt. Übriggeblieben sind Reste von Rundturm, Wohntrakt und Ringmauer. PS: Die Seele des letzten Schlossherrn soll übrigens noch immer durch die Ruine irren.

Wie? Bus Nr. 1 ab Bahnhof Zug bis Grüt (Allenwinden), ab hier 15 Min. zu Fuss.
Alter? Ab 6 Jahren.

13 Schlitteln am Zugerberg
Wetterbericht: 041 728 58 30, www.zbb.ch

Das Anstehen bei der Talstation der Standseilbahn Schönegg lohnt sich: Die Schlittelfahrt in Richtung Zugersee dauert bedeutend länger als die achtminütige Bahnfahrt. Besonders wenn man eine der vielen Kurven nicht optimal erwischt hat. Trotz der Spitzkehren ist der 2,5 Kilometer lange Schlittelweg, der sich neben der Standseilbahn hinunterschlängelt, ungefährlich. Die Grösseren vergnügen sich beim Nachtschlitteln. Doch ob bei Sonnen- oder Mondschein: Da das Ziel, die Talstation Schönegg, auf nur gerade 558 Höhenmetern liegt, braucht es genügend Schnee! Es ist daher empfehlenswert, vorher das Wettertelefon zu konsultieren.

Wie? Ab Bahnhof Zug mit Bus Nr. 11 bis Schönegg, Talstation der Standseilbahn.
Wieviel? Erwachsene Fr. 3.80, Kinder 2.20. Schlittenmiete: 5.– (2 Std.), 10.– (5 Std.).
Alter? Alle Altersstufen.

Zug: Klein, aber fein

14 Spielplatz Schäftboden
6300 Zugerberg, Wetterbericht:
041 728 58 30, www.zbb.ch

Zwar wird er Robinsonspielplatz genannt, doch der Wald dahinter wirkt um einiges abenteuerlicher als die grosszügig konzipierte Anlage. Die zwei Schaukeln, die Betonröhre und die mit einer Brücke verbundenen Pfahlbauten haben die Kinder schnell inspiziert. Trotzdem lohnt sich der zwanzigminütige Weg von der Bergstation hierher unbedingt. Zusammen mit der Feuerstelle, den schattigen Plätzen für die Wolldecken, dem Wald und der grossen Wiese ist der Schäftboden für die ganze Familie attraktiv. Und wenn dann die Thermosflasche leer ist und nach Glace geschrien wird, sind die Wirtschaften Vordergeissboden (041 711 05 41) oder Hintergeissboden (041 720 26 36) genau das Richtige. Beide haben übrigens einen Minispielplatz und Mo/Di Ruhetag.

Zünftler und Narren
Die Zuger pflegen ihr altes Brauchtum, nicht zuletzt zur Freude der Kinder. Am Mittwoch vor dem 5. Februar, dem Agathentag, schreien sie lauthals «Bäckermöhli, Bäckermöhli». Worauf Brüder der Bäckerzunft generös Gebäck, Orangen und Würstchen in die Menge werfen. An der Fasnacht geht's ebenfalls darum, mit Geschrei um Esswaren zu heischen. Diesmal stehen Greth Schell, die ihren betrunkenen Mann im Rückentragkorb durch die Gassen schleppt, und die sieben Lööli genannten Narren im Mittelpunkt. «Greth Schällebei» rufen die Kinder jetzt den Zunftbrüdern der Drechsler, Küfer und Schreiner zu.

Wie? Ab Bahnhof Zug mit Bus Nr. 11 bis Schönegg (Talstation Zugerbergbahn).
Alter? Alle Altersstufen.

15 Biken im Zugerland
Gratis-Veloverleih in 6300 Zug, 6330 Cham und 6340 Baar, 041 761 33 35.
Zug Tourismus, Bahnhof Zug, 6304 Zug, 041 711 00 78, www.zug-tourismus.ch

Im Zugerland wird für Velofahrer eine Menge getan. Der kleine Kanton besitzt ein dichtes Netz von Radwegen und schwach befahrenen Strassen, die sich auch für Familientouren eignen. Der Verkehrsverein Zug Tourismus hat in einer Gratis-Broschüre neun Routen zusammengestellt, von leicht bis Crack, die maximal drei Stunden dauern. Man findet darin eine Fülle nützlicher Informationen, die den Ausflug zum Erlebnis machen: Sehenswürdigkeiten, Bademöglichkeiten, Restaurants, Spielplätze, Grillstellen ... Wer kein Velo dabei hat, muss trotzdem nicht aufs Radeln verzichten: Der Zuger Veloverleih springt mit Rädern für Erwachsene und Kinder in die Bresche, gratis und franko in Zug, Baar und Cham, gegen Deponierung eines gültigen Personalausweises. Auf Wunsch sorgt man sogar für den Rücktransport der Velos vom Zielort! Hinter dieser grossartigen Idee steht die Gemeinnützige Gesellschaft des Kantons Zug (GGZ).

Wie? Telefonische Reservation (s. oben) wird empfohlen.
Wann? 1. Mai–31. Oktober, 9–21 Uhr. Die Velos müssen am gleichen Tag zurückgegeben werden.
Dauer? Je nach Route halber bis ganzer Tag
Alter? Ab 8 Jahren.

Zug: Klein, aber fein

16 Rund um den Ägerisee

Ägerisee-Schifffahrt AG, Alpenstr. 14,
6304 Zug, 041 728 58 50,
www.aegerisee.ch

5,5 Kilometer lang und 2 Kilometer breit ist der Ägerisee – klein, aber ungeheuer reizvoll. Das finden jedenfalls die Fische, die sich in diesem Gewässer besonders zahlreich tummeln. Und die über 10 000 Passagiere, die sich jedes Jahr von der hiesigen Flotte rund um den See fahren lassen. Die Rundfahrt geht von Steg zu Steg, sechs sind es insgesamt, und von Wirtschaft zu Wirtschaft, einmal mit lüpfiger Musik, ein andermal mit einem reichhaltigen Frühstücksbuffet. Die Reise lässt sich mit verschiedenen Attraktionen kombinieren: mit einem Besuch des Strandbads oder der Minigolfanlage Birkenwald, einem Spaziergang auf dem Panoramaweg Ägerital – oder, warum nicht, mit dem Besuch des Morgarten-Denkmals. Dort ertranken am 15. November 1315 etwa 1500 österreichische Ritter im sumpfigen Gelände. Sie waren vor den Schwyzer Berglern geflüchtet, die den hochgerüsteten Feind mit unritterlichen, aber wirksamen Methoden besiegt hatten. Der eigentliche Kampfplatz befindet sich jedoch ungefähr zwei Kilometer weiter nördlich: Im Schornen erinnert die Schlachtkapelle an das für die Schweiz bedeutsame Geschehen. Am Ufer des Ägerisees wartet das Restaurant Morgarten mit grosser Terrasse auf die friedliche Glaceschlacht.

Wie? Abfahrt am Schiffssteg am Seeplatz in Oberägeri.
Wann? Kursschiffe verkehren von Mitte April bis Mitte Oktober von Dienstag bis und mit Sonntag.
Dauer? Rundfahrt: 1 Std. 20 Min.
Wieviel? Rundfahrt Erwachsene Fr. 18.–, Kinder bis 6 Jahren gratis, von 6–16 Jahren 9.–.
Alter? Ab 4 Jahren.

17 Raten im Sommer und Winter

Info-Telefon 041 750 22 61 und 041 750 86 48, www.raten.ch, Verkehrsbüro Oberägeri, 041 750 13 31

Erraten, was hinter dem Wörtchen Raten steckt …? Nein, keine zweibeinige Ratte, sondern der 1080 m hohe Pass zwischen Oberägeri und Biberbrugg. Früher wanderten die Pilger darüber, um nach Einsiedeln zu gelangen. Heute ist er ein beliebtes Ausflugsziel, das in allen Jahreszeiten etwas bietet. Auf dem Raten lässt sich's mit Blick über das Ägerital spazieren, wandern, langlaufen, skifahren, schlitteln und picknicken – oft über der Nebeldecke. Der Raten ist ideal für Kinder, die mit Skifahren beginnen: Die Pisten sind sanft, der Schlepplift gefahrlos. Von der Passhöhe führt ein halbstündiger Weg zur alten Einsiedelei St. Jost. Dort, gleich neben der Kapelle, befindet sich eine Alpwirtschaft mit kleinem Spielplatz, die urchige Gerichte serviert. Wer Lust auf ein kurze Rundwanderung hat, nimmt den Rückweg über Böschi, Grindelegg, Waldschlag und Zigerhüttli.

Wie? Bus von Zug SBB nach Oberägeri (Linie 1), dort umsteigen auf den Ratenexpress (Linie 10).
Wann? Ganzjährig. Alpwirtschaft St. Jost: Mai–Okt. und Nov.–März jeweils Sa/So. Sommerwirtschaft: 041 750 76 19, Winterwirtschaft: 041 750 38 83.
Dauer? Rundwanderung Raten–St. Jost: 2 Std.
Alter? Ab 4 Jahren.

Zug: Klein, aber fein

Wie? Bus ab Zug SBB bis Unterägeri.
Wann? Mitte Mai bis Mitte Oktober, je nach Schneelage.
Dauer? 3–4 Stunden.
Alter? Ab 8 Jahren.

19 Erlebniseiche
Erlebnisbaum, 6343 Rotkreuz.
Auskünfte und Führungen:
Zug Tourismus, Alpenstr. 14,
6304 Zug, 041 711 00 78,
www.proholz.ch/zug

18 Auf dem höchsten Zuger
Berggasthaus Wildspitz,
041 832 11 39, www.wildspitz-zug.ch

Viele Wege führen auf den 1580 Meter hohen Wildspitz, den höchsten Aussichtsberg des Kantons Zug. Zu den leichteren Routen gehört jene von Unterägeri via Hürital und Halsegg auf den Gipfel. Schwieriger ist der Aufstieg übers Alpli und den berühmten «Leiterliweg»: Das letzte Stück, eine steile Felswand, wird mittels einer langen Holzleiter bezwungen. Nichts für nicht Schwindelfreie, Hunde und kleine Kinder! Auch die Alternative zur Leiter, der Bergweg über den Gnipen (1547 m), ist riskant, da sich theoretisch immer wieder Felsblöcke lösen können, obschon das Gelände ständig beobachtet wird. Der schweisstreibende Aufstieg wird bei guter Sicht auf jeden Fall mit einem Rundblick belohnt, der seinesgleichen sucht. Und mit einem Gasthaus, das Wanderer und Biker mit Speis und Trank verwöhnt. Man kann hier auch übernachten und die Sonne beim Unter- und Aufgehen beobachten. Das 1999 niedergebrannte Berggasthaus ist durch einen Neubau ersetzt worden.

Wer hätte nicht schon einmal davon geträumt, wie ein Vogel zuoberst auf einer Baumkrone zu sitzen und ein Liedchen zu pfeifen? Im Sijentalwald östlich von Rotkreuz kann man sich diesen Wunsch gefahrlos erfüllen. Dank der fleissigen Zimmerei- und Forstwartlehrlinge, die um eine 150jährige Eiche einen begehbaren Holzturm gebaut haben. 32 Meter hoch ist die Konstruktion, die einem erlaubt, auf neun Etagen eine Menge über die Themen Eiche, Baum, Wald und Holz zu erfahren. Abgesehen davon ist die hautnahe Begegnung mit dem Baumriesen einfach beeindruckend! Trotzdem sind wir erleichtert, dass er sein Korsett nur zehn Jahre tragen muss: Im Jahr 2012 wird der Turm wieder entfernt, und die Eiche kann in Ruhe weiterwachsen und gedeihen. Durch den Sijentalwald führt übrigens seit einiger Zeit auch ein informativer Naturlehrpfad.

Wo? Etwa 1 km vom Bahnhof Rotkreuz entfernt, mitten im Wald, in Richtung Zugersee.
Wie? Mit dem Velo oder zu Fuss leicht erreichbar.
Wann? Im Prinzip ganzjährig, am besten jedoch während der Vegetationszeit.
Alter? Ab 7 Jahren.

Zug: Klein, aber fein

— Kids willkommen! —

Wo essen?

Restaurant Villette, 6330 Cham, Villette-Park, 041 780 55 36, www.villette-cham.ch. Hinter dem Bahnhof Cham, im gleichnamigen Park. Di geschlossen. Kultureller Treffpunkt und Restaurant mit grosszügigem Garten und Sicht auf den Zugersee. Siehe auch Tipp 9!

Pizzeria Platzmühle, Landsgemeindeplatz 2, 6300 Zug, 041 711 65 50, www.platzmuehle.ch. Im Winter Mi geschlossen. An der wichtigsten Piazza in der Zuger Altstadt, unmittelbar am See, bei den Volieren. Unkomplizierte, mediterrane Atmosphäre.

Jugendbeiz Podium 41, Chamerstrasse 41, 6300 Zug, 041 710 53 83, Bus 4 ab Zug SBB bis Station Schutzengel. Mo/Di geschlossen; Mi, Do und Fr ab 15 Uhr, Sa/So ab 11 Uhr (am Sonntag Brunch bis 14 Uhr). Das gemütliche, auch bei Familien beliebte ehemalige «Chaotikum» wird vom Verein Zuger Jugendtreffpunkte getragen. Die Baracke gleich beim Hafen hat eine wunderschöne Gartenbeiz mit Rutschbahn sowie Halfpipe und preist auf der Menükarte «Feines aus dem Podium 41» an. Was auf den Teller kommt, schmeckt immer noch gleich lecker, die Preise sind fair und das Personal aufgestellt.

Monsieur Baguette, Baarerstr. 53 beim Fitnesspark, 6300 Zug, 041 720 34 20. Sa geschlossen, So 9–18 Uhr. Trendiges Lokal im Stadtzentrum, Bistro und Take-away in einem. Phantasievolle Baguette-Kreationen, hausgemachte Teigwaren und Crêpes. Sonntags-Brunch und Vegetarisches. Alles zu humanen Preisen.

Restaurant Pfaffenboden, Walchwilerberg, 6318 Walchwil, 041 758 15 06. Sommer Mo, Winter Mo/Di geschlossen. Sympathischer Gasthof auf 1022 m ü. M., im Wandergebiet des Zuger- und Walchwilerbergs, direkt an der Langlaufloipe. Geräumige Terrasse und grosser Kinderspielplatz.

Landgasthof Bützen, Stadelmatt, beim Naturschutzgebiet Reussspitz, 6331 Hünenberg, 041 780 17 44, www.buetzen.ch. Di und Mi geschlossen. Siehe auch Tipp 11!

Restaurant Raten, Ratenstrasse, 6315 Oberägeri, 041 750 22 50, www.raten-ch. Durchgehend geöffnet. Auf 1078 m – meist über der Nebelgrenze – mitten im Wander-, Ski- und Schlittelgebiet gelegen. Mit Terrasse und grossem Kinderspielplatz. Gut erreichbar mit dem Bus ab Zug SBB–Oberägeri. Siehe auch Tipp 17!

Wo schlafen?

Hotel Guggital, Zugerbergstrasse 46, 6300 Zug, 041 711 28 21, Fax 041 710 14 43, www.hotel-guggital.ch. Doppelzimmer mit Frühstück ab Fr. 180.–, Dreierzimmer mit Frühstück (2 Erwachsene, 1 Kind) ab 210.– plus zusätzliches Kinderbett gratis. Ab Zug SBB mit Bus 11 bis Haltestelle Guggital. Über der Altstadt gelegen, mit Seesicht von den meisten Zimmern. Moderne Zimmer, Spielzimmer sowie Spielplatz auf der Wiese. Restaurant mit Vegi-Angebot.

Zug: Klein, aber fein

Hotel Aesch, Hinterbergstrasse 31, 6318 Walchwil am Zugersee, 041 758 11 26, Fax 041 758 24 80, www.hotelaesch.ch. Doppelzimmer mit Frühstück Fr. 150.– bis 185.–, Dreibettzimmer inklusive Frühstück 210.–. Auf einer Anhöhe über dem Dorf Walchwil inmitten von Rebbergen gelegen. Moderne, schlicht eingerichtete Zimmer mit Balkon, Sicht auf den Zugersee und sehr ruhige Lage. Spielplatz und Garten. Gute Wandermöglichkeiten.

Hotel/Restaurant Eierhals, Hauptseestrasse 63, 6315 Morgarten-Oberägeri, 041 754 50 50, Fax 041 754 50 63, www.a-o.ch/6315-eierhals. Doppelzimmer ab Fr. 135.–. Ab Zug mit Bus (Nr. 1 und 9 bis Haltestelle Eierhals) gut erreichbar. Familiär geführtes Hotel am Ägerisee, eigener Badestrand, Spielplatz und Wiese. Ausgangspunkt für Wanderungen und Velotouren.

☺ **Schlafen im Tipi,** bei Gottfried und Josy Rogenmoser-Hug, Untertann, 6315 Oberägeri, 041 750 10 87. Ein Erlebnis für kleine und grosse Abenteurer. Dusche, WC, Wolldecken, Schlafsäcke, Sitzplatz mit Grill stehen zur Verfügung. Kurzfristig oder sogar ohne Anmeldung möglich.

Hotel/Restaurant Morgarten, Sattelstrasse 3, 6315 Morgarten-Oberägeri, 041 750 12 91, Fax 041 750 59 49, www.hotel-morgarten.ch. Restaurant Mi/Do geschlossen (Juli–Sept. nur Mi geschlossen). Preise je nach Zimmer, Saison und Alter der Kinder (ab Fr. 65.– pro Person mit Frühstück); Familien stehen Appartements zur Verfügung. Das modern eingerichtete Hotel mit Spielzimmer verfügt über eine eigene Schiffstation und einen kleinen, für Gäste reservierten Badeplatz, wo Surfbretter vermietet werden. Spielplatz, der von der Gartenterrasse aus gut überblickbar ist. Nachteil: Das Hotel liegt an einer Strasse, die am Wochenende stark befahren ist. Siehe auch Tipp 16!

Jugendherberge, Allmendstrasse 8, 6300 Zug, 041 711 53 54, Fax 041 710 51 21 (7–10 und 17–22 Uhr). www.youthhostel.ch/zug. Übernachtung mit Frühstück ab Fr. 29.50. Die moderne Jugendherberge, die natürlich auch Familien beherbergt, ist nur fünf Minuten vom Zuger Bahnhof entfernt, verfügt über 88 Betten (2er-, 4er- und 6er-Zimmer) und bietet Kochgelegenheiten und vieles mehr.

Dauerbrenner

Afrika-Museum. St.-Oswalds-Gasse 17, 6300 Zug, 041 711 04 17. Hundert Jahre alte afrikanische Instrumente, Haushaltsutensilien, Arbeitswerkzeuge, Schmuck, Töpferwaren und ausgestopfte afrikanische Tiere. Mo–Fr 9–11.30, 14–17 Uhr. Eintritt gratis. Ab 7 Jahren.

Fischerei-Museum mit Fischbrutanstalt, Altstadt-Untergasse 17, 6300 Zug, 079 341 34 57 oder 041 769 06 10. Ostermontag bis Mitte Mai, Sa 14–16, So 10–12 Uhr, übrige Zeit auf Anfrage. Zu sehen sind das Brutglas, der Menschenfisch, Brautkränze aus Fischschuppen und andere Kuriositäten – aber natürlich auch ganz gewöhnliche Fische. Eintritt gratis. Ab 5 Jahren.

Strandbäder in Zug: Am Chamer Fussweg (Uferweg Richtung Cham) sowie beim Casino. Eintritt an beiden Orten gratis.

Zug: Klein, aber fein

Brunnen- und Turm-Tour in Zug.
Altstadtrundgang ab Casino zum Pulverturm, dann Liebfrauen-Brunnen, Gret-Schell-Brunnen, Hirschenplatz-Brunnen, Kolin-Brunnen, St.-Oswalds-Brunnen, Burg und schliesslich Zytturm. Dauer: 2 Stunden. Ab 6 Jahren.

Minigolf auf dem Bahntunnel,
Löberensteig, 6300 Zug, 041 710 54 06. Ein wenig versteckte, jedoch idyllische Minigolfanlage in der Nähe des Kapuzinerturms. Vom Postplatz aus leicht zu finden. April–Okt. Mi und Sa bei gutem Wetter 14–20 Uhr, So 12–20 Uhr; während der Ferienzeit täglich geöffnet. Erwachsene Fr. 5.–, Kinder 3.–.

Pedalofahren auf dem Zugersee, Bootsvermietung, Landsgemeindeplatz, 6300 Zug, 041 711 34 88. Ab Ostern, je nach Witterung. Ab 6 Jahren.

Wanderung Risch–Cham. Auch für Kinderwagen geeignete Route zwischen Schilfgürtel und Zuger Bauernhöfen. Von Zug mit dem Schiff nach Risch, von Cham mit der Bahn zurück nach Zug. Schiffskurse: 041 728 58 58 oder 041 728 58 00.

Fossiliensuche, Baarburg bei Baar. Als sich die Meere zurückbildeten, kam es bei der Baarburg zu Ablagerungen von Muscheln, Schnecken und anderen Tierchen. Mit etwas Glück lassen sich deshalb in der Nähe der Baarburg Versteinerungen finden. Am besten mit dem Velo ab Zug bis Baar und weiter in Richtung Neuheim. Nach etwa einem Kilometer links auf den Kiesweg einbiegen. Ab 7 Jahren.

Lesen und Stöbern in der Stadt- und Kantonsbibliothek, St.-Oswalds-Gasse 21, 6300 Zug, 041 728 23 13. Das Angebot an Bilderbüchern, Comic-Heften, Hörspielen ist gross. Hilfreiches Personal, das die Kleinen gern in die Bücherwelt einführt. Mo/Do 9–20 Uhr, Di, Mi, Fr 9–18 Uhr, Sa 9–16 Uhr. Ab 5 Jahren.

Wanderung zur Halbinsel Chiemen.
Ab Rotkreuz SBB nach Buonas, über Auleten zum Breitfeld, nach Bürglen, dann über Eichholz zum Grenzbach und nach Itelfingen. Die bewaldete Landzunge Chiemen lässt sich dem See entlang durchstreifen, allerdings nur mit guten Schuhen. Ab 5 Jahren. Rückreise mit dem Schiff nach Zug. Schiffskurse: 041 728 58 58 oder 041 728 58 00.

Seerosen mitten im Wald,
6312 Steinhausen. Idyllischer Picknickplatz am Weiher im Steinhauserwald. Ab Zug SBB mit Bus 6 bis Steinhausen. Einstündiger Spaziergang zum Weiher. Ab 3 Jahren.

Findlinge und Raketen, Gubel, 6313 Menzingen. 19 imposante Findlinge wurden auf den Gubel, dem höchsten Moränenhügel der Region, befördert und zu einem Eiszeit-Denkmal eingerichtet. Ein Denkmal neueren Datums befindet sich ebenfalls auf dem Gubel: die Flab-Rakete Bloodhound steht hier seit 1964. Seit 1999 ist die Lenkwaffenstellung militärisches Freiluftmuseum und ein Denkmal von regionaler Bedeutung, das vorwiegend Buben und ihre Väter faszinieren dürfte.

Zug: Klein, aber fein

Zürich: Unterwegs in der Stadt

1. Wie echte Touristen
   Stadtführungen per Bus
2. Zürich von oben: einmal sportlich
   Grossmünsterturm
3. Zürich von oben: einmal bequem
   Polybahn
4. Bastelfreuden
   Pastorini
5. Zauberland
   Kinderkaufladen Smaland
6. Pedalen über den See
   Bootsvermietungen
7. Bummel durchs alte Zürich
   Lindenhofquartier
8. Wie der Kaiser von China
   Chinagarten
9. Fun auf Brettern und Rollern
   Skater- und Boarderpark
10. Für Tropenträumer und Kräuterhexen – Neuer Botanischer Garten
11. Paddelnde Schildkröten und seltene Pflanzen, Stadtgärtnerei
12. Erlebnisgarten und Ponyreiten
    GZ Heuried
13. Noch mehr Ponyreiten
    GZ Bucheggg
14. Daniel Düsentrieb und Co.
    Tüftellabor
15. Vergnügen auf zwei Kufen
    Kunsteisbahnen
16. Golf macht Spass
    Dolder-Minigolf
17. Badesommer mit Extras
    Freibad Allenmoos
18. Wander-, Spiel- und Aussichtsberg
    Auf dem Üetliberg
19. Wer ist die Schönste im ganzen Land? – Kinderfrisör Sim Sala Bim
20. Dampflok an der Küste
    Am Katzensee
21. Sicher im Sattel
    Velokurse für Kinder und Familien

| Bahn | Hotel | Kunsth. | Museum | Natur | Restaur. | Schiff | Sehensw. | Shopping | Spielen | Sport | Theater | Tiere | Wandern |

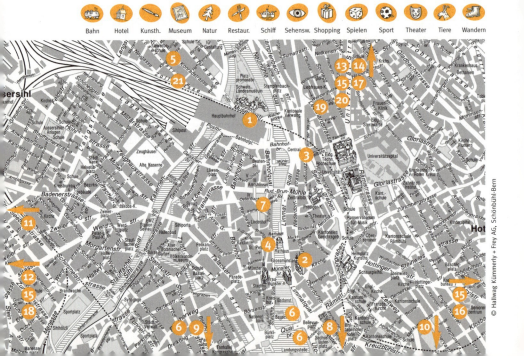

© Hallwag Kümmerly + Frey AG, Schönbühl-Bern

Wasserstadt Zürich

Zürich besitzt alles, was eine wohnliche Stadt braucht: einen See, zwei Flüsse, einige Grünflächen und Parks und natürlich – darauf sind Zürcherinnen und Zürcher besonders stolz – eine gewisse Grossstadt-Atmosphäre... mit all ihren Vor- und Nachteilen. Trotz ihrer Metropolen-Allüren bleibt die Limmatstadt aber übersichtlich. Alles oder zumindest vieles ist zu Fuss erreichbar. Um die Altstadt kennenzulernen, brauchen Sie keinen Tagesausflug einzuplanen, es sei denn, Sie können den zahlreichen Boutiquen nicht widerstehen. Und wer in die Stadtteile nach Westen und Norden ausschwärmen möchte, ist mit Tram oder Bus im Nu vor Ort. Aber nicht nur die Stadt, auch das Freizeit-Angebot ist übersichtlich, was nicht heissen soll, dass es klein ist. Zürich verfügt in fast jedem Quartier über ein Gemeinschaftszentrum mit einem eigenen Programm. Das Angebot ist vielfältig und reicht vom Fransenschneiden übers Ponyreiten bis hin zum «Vaki-Zmorge». Es gibt Spielhäuser, ein Tüftellabor, Spielplätze und Sportanlagen... Und wenn Sie das alles gesehen oder genutzt haben, können Sie sich immer noch beim Entenfüttern am Ufer des Sees überlegen, ob Sie nicht doch etwas vergessen haben.

Katja Alves

1 Wie echte Touristen

Stadtführungen per Bus,
Tourist Service im HB, 044 215 40 00,
www.zuerich.com

Zürich kennenlernen? Mit dem roten Trolley – einem Bus, der aussieht wie ein Tram in San Francisco – lässt man sich zwei Stunden lang quer durch die Stadt, von der City bis zum See, vom Hochschulviertel bis zum Zürichberg mit seinen eleganten Villen kutschieren. Bequem und trocken bei Regenwetter und immer eine gute Gelegenheit, die wichtigsten Sehenswürdigkeiten mitzukriegen, die man anschliessend auf eigene Faust erkunden kann: die Altstadt links und rechts der Limmat, die Bahnhofstrasse, die Flaniermeilen am Limmatquai, Promenaden, Parks und Aussichtspunkte.

Wo? Reservation und Ticketverkauf eine halbe Stunde vor Abfahrt beim Tourist Service im Hauptbahnhof. Treffpunkt beim Carparkplatz am Sihlquai, jeweils 10 Min. vor Abfahrt.
Wann? 1. April bis 31. Oktober täglich 9.45, 12 und 14 Uhr.
Wieviel? Fr. 32.–, Kinder bis 16 Jahre die Hälfte.
Alter? Ab 6 Jahren.

de 184 Stufen muss man erklimmen bis zum Ausguck auf dem Karlsturm. Das Grossmünster, Zürichs Wahrzeichen mit seiner Doppelturmfassade, steht an jenem Ort, wohin laut Legende die Stadtheiligen Felix und Regula nach ihrer Enthauptung mit dem Kopf unter dem Arm gewandelt sein sollen. Die steinerne Figur in einer Nische des Südturms zeigt Kaiser Karl den Grossen, der das Münster nach der Überlieferung zu Ehren der Heiligen gestiftet haben soll. Das Original aus dem 15. Jahrhundert, in ziemlich ramponiertem Zustand, befindet sich in der grossen, düsteren Krypta der Kirche.

Neu ist auch der Kreuzgang mit dem «Kindlifrässer» zu gleichen Zeiten wie die Kirche geöffnet. Weshalb also noch nach Bern reisen, wenn man ein kinderfressendes Ungeheuer sehen möchte?

Wie? Tram 4 und 15 bis Helmhaus.
Wann? Karlsturm März–Oktober Mo–Sa 9.15–17, So 13.30–17, November bis Februar Mo–Sa 10–17, So 9.30–17 Uhr (ausser bei schlechtem Wetter). Für Gruppen Voranmeldung: 044 252 59 49. Kirche geöffnet Mitte März bis Ende Okt. 9–18, 1. Nov. bis Mitte März 10–17 Uhr.
Wieviel? Erwachsene Fr. 2.–, Kinder Fr. 1.–.
Alter? Ab 6 Jahren.

2 Zürich von oben: einmal sportlich

Grossmünsterturm, 8001 Zürich

Um sich in einer Stadt einen Überblick zu verschaffen, begibt man sich am besten in die Höhe. Eindrücklich ist der Blick vom Grossmünsterturm auf die Limmatstadt. Tief unten braust der Verkehr, da quietschen die Trams, wimmelt's von Menschen. Aber die gute Sicht will verdient sein. Schweissstreifen-

3 Zürich von oben: einmal bequem

Polybahn, 8001 Zürich, 044 251 21 75

Mit der kleinen roten Polybahn fährt man in wenigen Minuten vom Central bis zur ETH-Terrasse. Zwar setzt man sich nicht mehr in die originalen Wagen, diese wurde an eine Privatperson verkauft, aber die Nachbildung ist so perfekt, dass dieser kleine Schönheitsfehler kaum jemanden stört. Von der oberen Station sind es nur wenige Schritte bis zur ETH-Terrasse und zum Zoologischen Museum. Bei bewölkter Schönwetterlage eignen sich die Stufen der Terrasse auch zum Pausieren oder Picknicken. In der Mittagshitze dürfte es ein bisschen heiss werden.

Wo? Centralplatz
Wann? Mo–Fr 6.45–19.15, Sa, 7.30–14 Uhr, alle 2–4 Minuten, Sonntag kein Fahrbetrieb.
Wieviel? Kinder und Erwachsene Fr. 1.– pro Fahrt oder mit Fahrausweis der VBZ.
Alter? Alle Altersstufen.

4 Bähnchen, Bären, Bastelfreuden

Pastorini Spielzeug, Weinplatz 3, 8001 Zürich, 044 228 70 70

Spielzeugparadies auf vier Stockwerken: Hier wird das «Bäbi» ausstaffiert, hier kommt das Kasperlitheater zu seinem Ensemble, hier werden Puppenstuben möbliert, Eisenbahnen fahrtüchtig gemacht und Holzbaukästen komplettiert. Bälle, Sandschaufeln, Schaukeln und Wasserspiele finden sich genauso wie Musikinstrumente, Jugendromane, Bilderbücher und Geduldsspiele. Im Erdgeschoss schlägt das Herz aller Puppenvillen-Besitzerinnen höher, und im zweiten Stock machen sich die BastlerInnen mit Wonne über Holzperlen, Papiere, Filzstoffe, Figürchen, Farben usw. her. Die Spielwaren sind nicht ganz kostengünstig, jedoch von dauerhafter Qualität. Hier gibt's keine piependen Roboter, Kriegsmaschinen und Wegwerfkram.

Wie? Trams 2, 7, 8, 9, 11 und 13 bis Paradeplatz oder 4 und 15 bis Rathaus.
Wann? Mo 13.30–18.30, Di–Fr 9.30–18.30, Sa 9.30–16 Uhr.
Alter? Alle Altersstufen.

5 Zauberland

Smaland-Kinderkaufladen, Klingenstrasse 23, 8005 Zürich, 043 317 98 09, www.smaland.ch

Smaland in Schweden ist der Geburtsort von Astrid Lindgren. Und Smaland in Zürich ist ein Laden, der genau die Artikel im Sortiment führt, nach denen man sonst überall vergeblich sucht. Ausgewählte und praktische Kindermöbel ohne Schnickschnack. Leuchtend gestreifte Baumwollkleider, die auch Pippi Langstrumpf gefallen würden, bunte Bodys, etliche Taschen und Täschchen, allerlei Spielzeug, Bücher, Kassetten und Krimskrams. Im Smaland-Kinderreich findet man aber auch die verstellbaren klassischen alten

> **Voliere am Mythenquai**
> Unternimmt man mit kleinen Kindern einen Einkaufsbummel in die Stadt, so freut man sich beidseitig über eine Pause, in der die eine oder andere Attraktion besucht werden kann. Zum Beispiel die Voliere am Mythenquai: Rund sechzig verschiedene, vorwiegend exotische Vögel leben in den Behausungen am Seeufer und zwitschern und schnattern, dass es eine Freude ist. Die Besucherhalle ist ganzjährig geöffnet und im Winter angenehm beheizt. Öffnungszeiten: Di–So 10–12 und 14–16 Uhr, Mo geschlossen. Eintritt frei. Erreichbar mit Tram 5 sowie Bus 161 und 165 bis Rentenanstalt.

Zürich: Unterwegs in der Stadt

Schulbänke, die man vielleicht noch aus der eigenen Schulzeit kennt, und Sitzbänke, die aus alten Schulmöbeln gefertigt wurden. Im Kinderkaufladen kann man ziemlich lange verweilen. Denn Anfassen ist in Smaland erlaubt, Gucken sowieso.

Wie? Tram 4 bis Museum für Gestaltung.
Wann? Mi–Fr 11–18, Samstag 10–16 Uhr (oder auf Anmeldung).
Alter? Alle Altersstufen.

6 Pedalen über den See

Stadtzürcher Bootsvermietungen:
Jenzer am Utoquai, 044 251 32 23 und 079 221 37 14;
Von Matt am Utoquai, 044 251 31 31;
Pressel am Seefeldquai, 044 383 01 01;
Sutter am Bürkliplatz, 044 211 22 62;
Sulger am Mythenquai, 044 201 65 10 (führt eine Segelschule für Kinder ab 9 Jahren. Die Kurse finden jeweils vor und während der Sommerferien statt, immer am Mitwochnachmittag. Kosten: ein Abo mit 10 Lektionen Fr. 260.–; Pier 7 am Limmatquai, 044 261 70 77, oder Bistro 044 261 70 55.

Sie gehören zu Zürich wie das Grossmünster und die Bahnhofstrasse: die Bootsvermietungen mit ihren blumengeschmückten Steganlagen und weissen Häuschen. Halbstunden- und stundenweise werden hier Ruderboote, Pedalos und führerscheinfreie Motorboote vermietet. An warmen Sommernachmittagen ist der Andrang am Steg genau so gross wie das Gewimmel auf dem See. Ein paar Spezialitäten: Jack und Musch Sulger beim Hafen Enge führen nicht nur die einzige Kindersegelschule, sondern haben in ihrer Flotte ein prächtiges Pedalo in Form eines Schwans. Bei Pier 7 am Limmatquai – mit Bistro auf dem Steg und Motorbootfahrschule – können nicht nur Pedalos und Ruderboote, sondern auch Passagierschiffe für Familienfeste und Bootsausflüge gemietet werden.

Wie? Mit Tram oder zu Fuss.
Wann? Ab Ostern bis ca. Mitte Oktober.
Wieviel? Richtpreis: halbe Stunde Fr. 12.–/Stunde 17.–.
Alter? Ab 4 Jahren.

7 Bummel durchs alte Zürich
Um den Weinplatz und im Lindenhofquartier

Vielleicht die beste Art, der Zürcher Stadtgeschichte auf die Spur zu kommen, ist ein Bummel durch die Altstadt links der Limmat. Vom Weinplatz, wo an einem der stattlichen alten Häuser eine Tafel an die «Turnachkinder» aus dem berühmten Kinderroman erinnert und ein enges Gässlein einen Blick auf die Überreste römischer Thermen ermöglicht, spazieren wir ein Stück weit der Limmat entlang. Eine niedrige Passage – man zieht unwillkürlich ein wenig den Kopf ein – führt zur Schipfe, und von dort aus steigen wir zum Lindenhof empor, wo sich während der Römerzeit ein Kastell befand. Im Sommer duften die Linden, in einer Ecke steht das zierliche Tempelchen der Freimaurer-Loge «Modestia cum Libertate», auf der anderen Seite gibt's einen kleinen Spielplatz – schattig und ruhig und trotzdem mitten in der Stadt.

Wie? Trams 2, 7, 8, 9, 11 und 13 bis Paradeplatz oder 4 und 15 bis Rathaus.
Dauer? Eine Stunde.
Alter? Alle Altersstufen.

9 Fun auf Brett und Rollern
Skater- und Boarderpark,
Landiwiese am See, 8002 Zürich

Auf der Landiwiese rollt es noch immer am besten. Der geteerte Platz ist zwar nicht gross, doch auch bei Hochbetrieb an sonnigen Nachmittagen kommen Skateboarder, Inlineskater, Hockeyspieler, Spaziergängerinnen und Hunde gut aneinander vorbei. Ausgesprochen friedliche Stimmung herrscht rund um den Geschicklichkeitsparcours. Am bunten Kioskwagen gibt es Getränke, Popcorn, Schleckstengel und den passenden Sound. Inlineskates sind in den Grössen 28–46 zu mieten, dazu Kickboards, Skateboards, Hockeygoals, Schläger und Bälle. Auf Wunsch Anfängerunterricht. Einmal im Jahr treffen sich auf der Landiwiese am grossen Freestyle-Treffen die Besten! Mehr unter www.freestyle.ch.

Wie? Tram 7 bis Brunaustrasse, Bus 161 und 165 bis Landiwiese.
Wann? Geöffnet im Sommer täglich bei schönem Wetter, wenn die Wiese nicht als Festplatz dient; Frühjahr und Herbst an warmen Nachmittagen.
Alter? Ab 6 Jahren.

8 Wie der Kaiser von China
Chinagarten Zürich, Bellerivestrasse beim Zürichhorn, 8008 Zürich,
044 435 28 51, www.chinagarten.ch

«Drei Freunde im Winter» heisst der Chinagarten, ein Geschenk der chinesischen Stadt Kunming an ihre Partnerstadt Zürich, und gemeint sind die drei Bäume Föhre, Bambus und Winterkirsche, die gemeinsam durch die kalte Jahreszeit gehen. Die ziegelroten Holzgebäude, Brücken und Teichlein scheinen aus einer Märchenwelt zu stammen, deren Geschichte wohl nur die Karpfen im Teich kennen. Diese freuen sich über einen Besuch, sollten jedoch trotz ihrer stets weitaufgesperrten Münder nicht unbedingt gefüttert werden. Picknicken im Garten ist erlaubt. Vorausgesetzt natürlich, man hinterlässt im pittoresken Kleinpark keine Essens- und Verpackungsspuren.

Wie? Tram 2 und 4 bis Höschgasse oder Fröhlichstrasse; Bus 912 und 916 ab Bellevue bis «Chinagarten».
Wann? März–Ende Oktober 11–19 Uhr.
Wieviel? Erwachsene Fr. 4.–, in Gruppen ab 10 Personen 3.–, Kinder bis 14 Jahre in Begleitung Erwachsener 1.–; öffentliche Führungen jeden ersten Donnerstag im Monat um 18 Uhr. Touristische Führungen: Zürich Tourismus, 044 215 40 88.
Alter? Ab fünf Jahren.

10 Für Tropenträumer und Kräuterhexen
Neuer Botanischer Garten,
Zollikerstrasse 107, 8008 Zürich,
044 634 84 61, www.bguz.unizh.ch

Dschungelträume mitten in der Stadt, Tropenwärme gratis, bunte Schmetterlinge dazu! Das alles gibt's mitten im Winter unter den Glaskuppeln des Neuen Botanischen Gartens. Im Frühling gleichen die sonnigen Halden einem einzigen Blumenmeer, und die Frösche im Teich heben zum grossen

Klangkonzert an. Im Sommer sind Wasserpflanzen, Duftgeranien, Seerosen in allen Farben, alte Getreidearten und ein Nutz- und Heilpflanzengarten mit duftenden Kräutern zu bestaunen. Kinderfreundlich: die Cafeteria mit Gartensitzplatz und die vielen Schaukästen auf Kinderaugenhöhe.

Wie? Tram 2 und 4 bis Höschgasse. Bus 33 und 77 bis Botanischer Garten.
Wann? März–Sept. Mo–Fr 7–19, Sa und So 8–18 Uhr, Okt.–Feb. 8–18, Sa und So bis 17 Uhr. Schauhäuser März–Sept. 9.30–11.30 und 13–16, Sa, So durchgehend 9.30–17 Uhr. Okt.–Feb. täglich 9.30–11.30, 13–16 Uhr. Cafeteria über Mittag für Interne reserviert.
Wieviel? Eintritt frei.
Alter? Alle Altersstufen.

11 Paddelnde Schildkröten und seltene Pflanzen

Schauhäuser der Stadtgärtnerei, Sackzelg 25–27/Gutstrasse, 8047 Zürich, 044 492 14 23, www.stadtgaertnerei.ch

Insbesondere in Begleitung von Kleinkindern ist ein Besuch der Stadtgärtnerei ein lohnendes Ausflugsziel. Die Beobachtung der Wasserschildkröten kann zum nachmittagsfüllenden Programm werden. Aber Achtung: Vor einer handgreiflichen Kontaktaufnahme mit den Wassertieren ist abzuraten, da sie gerne mal zuschnappen. Im Winter sind die Wasserschildkröten im Palmenhaus zu finden, im Sommer in den Teichen im Freien.

Wo? Mit Tram 3 und Bus 72 und 89 bis Hubertus.
Wann? Täglich geöffnet 9–11.30 und 13.30–16.30 Uhr.
Alter? Alle Altersstufen.

12 Erlebnisgarten und Ponyreiten

GZ Heuried, Döltschiweg 130, 8055 Zürich, 043 268 60 81, www.gz-zh.ch

Der Erlebnisgarten ist Spielplatz, Kleintierzoo und Elterntreff. Während die Kinder die lange Rutschbahn runtersausen oder im Sandkasten mit Schaufeln und Eimer hantieren, können sich Mamis und Papis bei einer Erfrischung aus dem oder im Café entspannen. Denn zu tun und zu sehen gibt es für die Kids im Erlebnisgarten genug. Zum Beispiel: Hasen und Schweine, Klettergerüste und Holz zum Stapeln. Jeden vierten Mittwoch im Monat kann man Ponys und Esel reiten. Es sei denn, es regne, dann bleiben die Heuried-Tiere nämlich lieber im Trockenen.

Wie? Tram 9 und 14 sowie S 10 bis Heuried.
Wann? Öffnungszeiten Erlebnisgarten Di–So 10–18 Uhr, während der Sommerferien gelten spezielle Öffnungszeiten. Ponyreiten immer am 4. Mittwoch des Monats 15–16.30 Uhr.
Wieviel? Pro Runde Fr. 2.–.
Alter? Ab 4 Jahren.

13 Noch mehr Ponyreiten

GZ Buchegg, Bucheggstrassse 93,
8057 Zürich, 044 360 80 00,
www.gzbuchegg.ch

Tiere gucken und spielen kann man auch im GZ Buchegg. Der Tierpark wurde im Sommer 2003 erneuert: Die Ponys, Esel, Ziegen, Lamas, Gänse, Enten und Beos haben eine artgerechtere Behausung erhalten. Jeden Samstag darf man auf Ponys reiten oder die Esel, Lamas und Ponys auf einem stündigen Waldspaziergang begleiten. Die Kinder aus der Umgebung des Gemeinschaftszentrums (dafür steht GZ) haben zudem die Möglichkeit, sich zum freiwilligen Stalldienst zu melden. Wegen der grossen Nachfrage besteht allerdings eine Wartefrist. Zudem ist die Mitarbeit der Eltern im GZ Voraussetzung.

Wie? Tram 11, 15 und Bus 32, 69 und 72 bis Bucheggplatz.
Wann? Ponyreiten Sa 15.30–16.30, Waldspaziergang Sa 14–15 Uhr.
Wieviel? Ponyreiten Fr. 3.–, Waldspaziergang kostenlos.
Alter? Stallmitarbeit ab 9 Jahren.

14 Daniel Düsentrieb und Co.

Tülab, Wallisellenstrasse 30,
8050 Zürich-Oerlikon, 044 321 91 23,
www.tuelab.ch

Eine Guetzli-Dose basteln, die Alarmsignale ausstösst, sobald sie leer ist. Ein Fahrrad, das von alleine hochstrampelt, wenn der Weg über allzu steile Hügel führt. Theoretisch wäre das alles machbar. Und vielleicht sogar einen Bastelversuch wert. Im Tüftellabor dürfen Kinder und Jugendliche all die grossen und kleinen Ideen verfolgen, welche zur ersehnten Erfindung führen könnten. Im Tüftellabor steht eine Maschinenbar parat, ausserdem gibt's eine Nähecke, eine Nasszone, einen Feuertisch, eine Farbzentrale, einen Elektro(nik)-Platz und vieles mehr. In speziellen Kursen werden Tüftler und Tüftlerinnen in besondere Techniken und Sachgebiete eingeführt. Ansonsten Hilfe und Beratung auf Wunsch.

Wie? Bus 63 und 94 bis Riedgraben, Tram 7 und 9 bis Schörlistrasse.
Wann? Mi 14–19, Do/Fr 15.30–19, Sa/So 10–19 Uhr (in den Schulferien erweiterter Spezialbetrieb).
Wieviel? Schnuppern zweimal gratis. Freies Tüfteln Fr. 7.– pro Stunde/ max. Fr. 200.– pro Monat.
Alter? Kinder. die lesen und alleine anreisen können, also ab ca. 9 Jahren.

15 Vergnügen auf zwei Kufen

Kunsteisbahn Heuried, 8055 Zürich, Wasserschöpfi 71, 044 455 51 61;
Kunsteisbahn Dolder, 8044 Zürich, Adlisbergstrasse 36, 044 267 70 80;
Kunsteisbahn Oerlikon, 8050 Zürich, Siewerdtstrasse 80, 044 315 40 50

Wenn über der Stadt zäh der Nebel hängt, liegt die Kunsteisbahn Dolder oft an schönster Wintersonne. Hier tummeln sich Familien, Schulkinder und Jugendliche auf dem Eis oder sitzen auf der neuen Restaurantterrasse – fast wie im Winterkurort. Nicht ganz so chic, aber doch ziemlich abwechslungsreich ist es auch im Heuried, wo gar manch einer mit zittrigen X-Beinen über das Eis wankt, oder in Oerlikon, wo man ZSC-Spielern und Eiskunstläuferinnen beim Training zusehen kann. An allen drei Orten kann man Schlittschuhe mieten und diverse Kurse buchen. Und überall gibt's Punsch, Pommes und allerlei begehrenswerte Süssigkeiten.

16 Golf macht Spass!
Dolder Minigolf, Adlisbergstrasse 36, 8044 Zürich, 044 267 70 91

Minigolf spielen kann jeder und jede, aber einfach ist es trotzdem nicht. Wie kommt man über die heimtückische Bodenwelle oder den fiesen Wassergraben? Am Waldrand, auf der hübschen kleinen Minigolfanlage neben Kunsteisbahn und Wellenbad Dolder (und unweit des «richtigen» Golfplatzes) kann man mit Stock und Ball die vereinfachte Form des Sportes um das ideale Handycap im Familienverband betreiben.

Wie? Dolderbahn bis Endstation.
Wann? Mitte Mai–Anfang September Mo–Sa 10–19.30, So 10–19 Uhr; Sommerferien Mo–Sa 9.30–20, So bis 19 Uhr; Gruppen auf Anmeldung.
Wieviel? Erwachsene Fr. 6.50, Kinder 5.–.
Alter? Ab 6 Jahren.

17 Badesommer mit Extras
Freibad Allenmoos, Ringstrasse 79, 8057 Zürich, 044 315 50 00

Das Familienbad Allenmoos mit seinen prächtigen alten Bäumen und den grosszügigen Schwimmbecken gehört laut Heimatschutz zu den schönsten Bädern der Schweiz; 1938/39 erbaut, wurde es vor ein paar Jahren komplett renoviert: Neu sind drei Beachvolleyball-Felder, die 72-Meter-Rutschbahn ins Kinderbassin, die Grill- und Picknickplätze, die Fussballwiese mit richtigen Toren und das Sommerprogramm mit aufblasbaren Hüpfburgen, Kindertheater, Coiffeur und vielem mehr. Selbstbedienungsrestaurant mit Sonnenterrasse und Kiosk.

Wie? Achtung: nur wenige Parkplätze, besser Tram 11 bis Haltestelle Bad Allenmoos benutzen.
Wann? Mai bis Mitte September 9–20 Uhr.
Wieviel? Erwachsene Fr. 6.–, Kinder und Jugendliche bis 16 Jahren 2.–.
Alter? Ab 1 Jahr.

18 Hausberg, Wander-, Spiel- und Aussichtsberg
Auf den Üetliberg, 8143 Üetliberg

Viele Wege führen auf den 870 Meter hohen Zürcher Hausberg mit spektakulärem Rundblick. Da gibt's den relativ gemütlichen Aufstieg vom Triemli aus, die Zickzack-Direttissima ab Albisgüetli oder einen neu ausgebauten Aussichtsweg über den Grat, gelb markiert, zeitweise etwas steil (keuch!), ebenfalls ab Albisgüetli. Viel einfacher geht es natürlich mit der SZU ab Hauptbahnhof: Man steigt aus der Üetlibergbahn und entdeckt rechts einen grossen Spielplatz mit Feuerstellen, Kletterburg, Rutschbahnen, Rollenrutsche und kleiner Dampflok. Ein letzter Aufstieg (Leiterliweg nicht verpassen) bringt die Wanderer zum Restaurant Uto-Kulm, das auf einem Felsblock thront und mit Bruno Webers märchenhaften Tierfiguren und dem Aussichtsturm ein stolzes Ganzes abgibt. Im Winter wird aus dem Wanderberg ein Schlittelberg mit teils rasanten Abfahrten.

Wie? S 10 bis Endstation.
Was? Schlittelweg Üetliberg–Triemli; 3,1 km ab SZU-Endstation. Restaurant Uto-Staffel (grosse Aussichtsterrasse, Mo geschlossen), Selbstbedienungsrestaurant Gmüetliberg mit grossem Laden-Kiosk und frischen Backwaren (Mo geschlossen), Restaurant Uto-Kulm (täglich geöffnet).
Alter? Alle Altersstufen.

19 Wer ist die Schönste im ganzen Land?
Kinderfrisör Sim Sala Bim,
Leonhardstrasse 5, 8006 Zürich,
044 261 90 76

Während die zweieinhalbjährige Severina still auf ihrem Drehstühlchen sitzt und ein Teletubbies-Video anschaut, wird ihr eine schicke neue Frisur mit Ponyfransen geschnitten. Sim Sala Bim ist der erste Coiffeursalon für Kinder in Zürich, gemütlich und farbenfroh eingerichtet: Es gibt Spielsachen (bis hin zum neuesten Nintendo-Game), Kinderbücher, Popcorn – und einen kinderliebenden Coiffeur, der auf lockige, farbige und zöpfchenartige Wünsche seiner kleiner Kundinnen und Kunden eingehen kann.

Wie? Tram 6, 7, 10 und 15 bis Haldenegg.
Wann? Di–Fr 9–12, 13–18.30, Sa 9–16 Uhr.
Wieviel? Preis nach Haarlänge: Kurzhaarschnitt 43, schulterlang 48, Langhaar 70 Franken.
Alter? Keine Altersbeschränkung.

20 Dampflok an der Küste
Baden und Spielen am Katzensee, Badeanstalt, Restaurant und Spielplatz, Wehntalerstrasse 790, 8046 Zürich, 044 371 82 77

Eisig kalt? Auf dem Katzensee wird Schlittschuh gelaufen. Hundstäglich warm? Am Katzensee wird an schattigen Plätzchen gepicknickt, grilliert, gespielt oder im leicht trüben und warmen Wasser geschwommen – die Enten im Schilf lassen sich dabei nicht mal stören. Der Katzensee, eine eiszeitliche Moränen-, Moor- und Seenlandschaft unter Naturschutz, ist das wohl beliebteste Naherholungsgebiet im Norden der Stadt. Während der Sommerzeit finden kleine Eisenbahnfans eine zusätzliche Attraktion, ein Dampfzüglein mit Bahnhof, Wasserturm, Tunnel und Signalen.

Wie? Bus 32 bis Endstation Holzerhurd, dann 15 Min. zu Fuss.
Was? Badeanstalt mit Kiosk, Eintritt frei. Restaurant Waldhaus, 044 371 30 03 (täglich geöffnet), grosse Gartenwirtschaft mit Grill und Spielplatz. Kindermenüs. Dampfzüglein März bis Ende Oktober Sa 14.30–17.30 und So 11–18 Uhr.
Fahrpreis Fr. 2.50 für Erwachsene, 1.50 für Kinder.
Rundweg: 1 Std.
Alter? Alle Altersstufen.

21 Sicher im Sattel
IG Velo Zürich, Zollstrasse 54, 8005 Zürich, 044 440 23 32, www.igvelozuerich.ch

Velokurse für Kinder und Familien. Wer in einer Stadt lebt, lebt gefährlich. Wer mit dem Velo unterwegs ist, erst recht. Für Kinder ist es wichtig, dass sie die elementaren Grundkenntnisse des Fahrens kennen und sich im Strassenverkehr sicher bewegen können. Die IG Velo, der Dachverband aller Velo-Interessengruppen in der Schweiz, organisiert regelmässig Kurse. Für Kinder ab sechs Jahren, für schulpflichtige Kinder und für Jugendliche. Und falls sich die Grosseltern mit aufs Zweirad schwingen möchten, hat die IG Velo auch noch einen Senioren-Kurs im Angebot. Am Schluss des Kurses erhalten alle Kinder ein kleines Geschenk.

Zürich: Unterwegs in der Stadt

Wo? Verschiedenenorts, unter anderem in Zürich-Nord, Schwamendingen, Wiedikon.
Wieviel? Kosten pro Kurs und Person: Fr. 15.–, Familien ab 3 Personen 25.–.
Alter? Ab 6 Jahren. Es gibt aber auch Kurse für Fortgeschrittene.

▬ Kids willkommen! ▬

Wo essen?

Manor, Warenhaus-Restaurant im obersten Geschoss, Bahnhofstrasse 75, 8001 Zürich. Selbstbedienung, Riesenauswahl. Öffnungszeiten: Täglich ausser Sonntag.
Tibits, Vegetarian Fast Food, Seefeldstrasse 2, 8008 Zürich, 044 260 32 22, www.tibits.ch. Täglich geöffnet. Eigentlich das, was man sich als Mutter wünscht: Die Kinder vergnügen sich in der Spielecke, während man selbst mit seiner Begleitung ein nettes Plauderstündchen geniesst.
Vierlinden-Reformhaus und -Holzofenbäckerei Gemeindestr. 51, 044 261 80 46. Auch hier isst sich's gesund. Nebenan der Vierlinden-Bioladen, ums Eck an der Wilfriedstrasse 19 die Vierlinden-Boutique mit ausgewählten Holzspielsachen.
Café Milchbar, Kappelergasse 16, 8001 Zürich, 044 211 90 13. So geschlossen. Schnörkellos und unkompliziert – ein Unikum an der schicken oberen Bahnhofstrasse.
Crazy Cow Leoneck, Leonhardstrasse 1, 8001 Zürich, 044 261 40 55. Typisch schweizerische Küche und Erlebnisgastronomie.

Pizzeria Michelangelo, Gertrudstrasse 37, 8003 Zürich, 044 451 32 31. Sa mittags und So geschlossen.
Ziegel oh Lac, Seestr. 407, 8038 Zürich, 044 481 62 42. Mo geschlossen, So mit Frühstück. Gehört zu Zürichs traditionsreichem Kulturzentrum Rote Fabrik; viel Platz rund ums Haus und direkt am See. Spielplatz.

Wo schlafen?

Hotel Franziskaner, Niederdorfstrasse 1, 8001 Zürich, 044 250 53 00, Fax 044 250 53 01, www.hotel-franziskaner.ch. Zentral gelegenes, renoviertes Hotel mit grossem Restaurant und schicker Sonnenterrasse. Doppelzimmer Fr. 250.–, Zusatzbett 40.–. Kinder bis sechs Jahre schlafen schlafen gratis und bis zwölf im Doppelzimmer zum Einzelzimmertarif.
Jugendherberge Zürich, Mutschellenstrasse 114, 8038 Zürich, 044 482 35 44, Fax 044 480 17 27, www.youthhostel.ch. Rund um die Uhr und ganzjährig geöffnet; 350 Betten, Frühstücksbuffet inklusive, warme und kalte Snacks, Mittagessen und Lunchpakete für Gruppen, Kiosk. Innenhof mit Gartenschach und Tischtennis. Doppelzimmer mit Mitgliedkarte Fr. 58.–, ohne 64.–, Vierbettzimmer pro Person mit Mitgliedkarte Fr. 37.50, ohne 43.50. Einzelzimmer mit Mitgliedkarte Fr. 99.–, ohne 105.–. Alle Zimmer haben Lavabo oder Dusche und WC.
Hotel Marriott, Neumühlequai 42, 8001 Zürich, 044 360 70 70, www.marriotthotels.com. Familienfreundliches Businesshotel. Kinder kriegen Spielzeug ins Zimmer geliefert und schlafen im Zimmer der Eltern bis 18 gratis. Nur das Frühstück muss bezahlt werden. Jeden Sonntag 12–15 Uhr Familienbrunch. Während Brunch Spielzimmer mit Aufsicht. Einzelzimmer Fr. 255.–, Doppelzimmer 295.–.

Hotel Zürichberg, 8044 Zürich, Orellistr. 21, 044 268 35 35, Fax 044 268 35 45. Doppelzimmer mit Bad Fr. 260.– bis 420.–, Zusatzbett 70.–, Kinderbettli bis 2 Jahre gratis. Frühstück inbegriffen. Prächtige Lage am Zürichberg, hoch über der Stadt, direkt am Waldrand und ganz nah beim Zoo. Im Restaurant «Kiebitz» gibt's eine spezielle Kinderkarte. Spielplatz, grosse Terrasse. Architektonisch eleganter Neubautrakt.

Hotel Uto-Kulm, 8143 Üetliberg, Gratstrasse, 044 457 66 66, Fax 044 457 66 99, www.uetliberg.ch. Doppelzimmer mit Bad Fr. 200.– Zusatzbettli bis 6 Jahre gratis, ab 6 Jahren Fr. 30.–, ab 12 Jahren 60.–. Günstige Familienzimmer. Spielplatz, Aussicht, autofrei. Erreichbar mit der S 10, 5 Min. zu Fuss.

Camping Seebucht, 8038 Zürich, Seestrasse 557/559, 044 482 16 12, Fax 044 482 16 60. www.campingzurich.ch. Anfang Mai–Ende Sept. geöffnet. Laden (7 Tage die Woche geöffnet), Restaurant und Platz für ca. 360 Zelte. Erwachsene pro Nacht Fr. 8.–, Kinder 5.–, Zelte 12.– bis 14.–.

Dauerbrenner

«Ferienplausch» auf der Sportanlage Utogrund und im benachbarten Letzibad: Trampolin, aufblasbare Gummigeräte vom Atelier Blasio, Tischtennis, Unihockey. Jedes Jahr während der ersten und letzten Schulferienwoche. Mo–Fr 10 bis 13 Uhr, bei jedem Wetter. Eintritt frei. www.sportamt.stadt-zuerich.ch.

Rundfahrt auf dem Zürichsee – und mit ein bisschen Glück auf einem der beiden wunderschönen alten Schaufelraddampfer. Kleine und grosse Rundfahrten. Auskunft: Zürichsee-Schifffahrtsgesellschaft, 044 487 13 33.

Rien ne va plus, Oberdorfstr. 34, 8001 Zürich, 044 261 11 61, und **AHA,** 8001 Zürich, Spiegelgasse 14, 044 251 05 60; zwei Spielläden mitten in der Altstadt, wo's lustige, überraschende, ganz neue und traditionelle Spielsachen für drinnen und draussen gibt. Auf einem Bummel zwischen Grossmünster und Oberdorf nicht zu verpassen!

Flussbad Höngg, 8049 Zürich, Werdinsel, 044 341 71 93. Mit Tram 4 bequem erreichbar, grosse und beliebte Gratis-Badeanstalt mit Kiosk, Planschbecken und der Möglichkeit, im gestauten Kanal zu schwimmen. Separate Fussballwiese. Jeweils 1. Juni–Ende August.

Kurioser Ausflug. Sommerwanderung ab Endstation Dolderbahn Richtung Degenried (grosses Restaurant mit Garten!) zum Elefantenbach im schattigen Stöckentobel. Im steinigen Flussbett steht ein massiger, wasserspritzender Elefant, auf dem die Kinder herumklettern können. Weiterwandern bis Trichtenhausen–Zollikerberg, Wanderzeit insgesamt ca. 2½ Stunden.

Gratis-Veloverleih «Züri rollt» an der Zollstrasse/HB (Ganzjahresbetrieb und überwachte Velostation), sowie Pestalozzianlage/Bahnhofstrasse, Theaterplatz, Bahnhof Enge, Bahnhof Oerlikon und Bahnhof Altstetten (nur im Sommerhalbjahr; täglich geöffnet), betrieben von der Asylorganisation des Kantons Zürich. Zum Ausleihen diverse Fahrräder, Roller, Kinderanhänger und Tretmobile, neuerdings sogar ein witziges Solarfahrzeug für die ganze Familie.

Kinder essen und schlafen gratis. Das Angebot «Kinder bis 16 Jahre essen und schlafen in Zürich» ist gültig an Wochenenden (Fr–Mo) bis mindestens 2004 und gilt, solange Plätze verfügbar sind. Mehr Infos unter: www.zuerich.com.

Zürich: Unterwegs in der Stadt

Zürich: Kultur für Gross und Klein

1. Geschichtsbummel
   Musée Suisse, Landesmuseum
2. Puppenträume – Puppen-
   Museum Sasha Morgenthaler
3. Zu Besuch beim Riesenfaultier
   Zoologisches Museum
4. Fossilien und ein Saurierquiz
   Paläontologisches Museum
5. Vom Korn zum Pausenbrot
   Mühlerama, Mühle Tiefenbrunnen
6. Tipi und Adlerfeder
   Nordamerika Native Museum
7. Von fernen Welten
   Museum Rietberg
8. Kulturama
   Museum des Menschen
9. Bücher in über 20 Sprachen
   Interkulturelle Bibliothek
10. Zirkus als Familienhobby
    Kinderzirkus Robinson
11. Zoolino für die Kleinen
    Zoo Zürich
12. Grosses Theater
    Theater an der Sihl
13. Kinderkultur in der Fabrik
    Rote Fabrik
14. Geschichten an Fäden
    Zürcher Puppentheater
15. Theater mit Phantasie
    Theater Purpur
16. Theater hat immer Saison
    Kinder gehen ins Theater
17. Bilder gucken, Bilder malen
    Kunsthaus Zürich
18. Sofas und neue Filme
    Kino Xenix
19. Magisches Kino
    Kino Zauberlaterne
20. Kinderkino à la carte
    Kino Riff Raff
21. Musik für Kids
    Kindermusikladen
22. Musik und Geschichten
    Jecklin Forum

Bahn | Hotel | Kunsth. | Museum | Natur | Restaur. | Schiff | Sehensw. | Shopping | Spielen | Sport | Theater | Tiere | Wandern

Zürich kulturell – gucken, tasten, staunen

Wenn in Zürich an einem regnerischen Sonntag die Tagesform von Kindern und Erwachsenen verhältnismässig gut bleibt, so ist das nicht zuletzt dem breiten kulturellen Angebot der Stadt zu verdanken. In vielen Museen gibt es seit einigen Jahren museumspädagogische Möglichkeiten, die auch eifrig genutzt werden. So gleicht etwa das Zoologische Museum an manchen Wochenenden eher einem Treffpunkt für Eltern mit Kindern als einem Hort der Wissenschaft, und das dort sesshaft gewordene Riesenfaultier kann sich kaum über mangelnde Streicheleinheiten beklagen. Wo früher ehrfürchtig geflüstert wurde, hört man heute vergnügtes Kindergeplauder. Der Museumbesuch hat definitiv seine einschüchternde Wirkung verloren, museal seine Bedeutung radikal geändert. Doch Kultur findet selbstverständlich nicht nur in Ausstellungsräumen statt, sondern auch in Kinos und Theatern, in Freizeitanlagen und Parks. Eigentlich überall dort, wo man spannende Kinderunterhaltung bieten will. Zudem bemüht man sich in Zürich, rund ums Jahr und sieben Tage in der Woche ein vielfältiges Kulturleben zu bieten… hoffentlich wird das in den nächsten Jahren zur Selbstverständlichkeit.

Zürich: Kultur für Gross und Klein

Katja Alves

1 Geschichtsbummel

Musée Suisse, Landesmuseum Zürich,
Museumstrasse 2, 8006 Zürich,
beim Hauptbahnhof, 044 218 65 65,
www.musee-suisse.ch

Gleich neben dem Eingang wird man von einem imposanten Mammut mit zotteligem Fellkostüm empfangen. Jetzt kann der Bummel durch die Urgeschichte beginnen. All die Schätze und Werkzeuge, die früher hinter Glasvitrinen verstaut ein wenig beachtetes Dasein fristeten, sind seit geraumer Zeit in kindgerechter Höhe auf Naturboden ausgestellt. Die Texttafeln sind unterhaltsam, die Geschichtsbetrachtungen manchmal fast schon philosophisch. Wer alles noch genauer wissen möchte und sich zu jedem Gegenstand eine Legende wünscht, kann sich an der Kasse eine Begleitbroschüre ausleihen. Selbstverständlich gibt es im Landesmuseum neben Urgeschichte jede Menge sakrale Schätze aus dem Mittelalter und der frühen Neuzeit zu bewundern. Die berühmte «Schlacht von Murten» mit winzigen Zinnfiguren kann durch ein Vergrösserungsglas betrachtet werden. Ein Hit für Kids ist natürlich, die grosse Glocke schlagen zu dürfen, die inzwischen Verstärkung durch weitere dieser Dröhner erhalten hat, mit denen sich die Trommelfelle der Eltern so richtig strapazieren lassen.

Über Aktuelles informiert man sich am besten auf der Homepage. Das Landesmuseum veranstaltet auch regelmässig Workshops. Übrigens: Der Platzspitz-Park vor dem Museum gehört zu den schönsten Grünanlagen in Zürich, bestens geeignet für ein lauschiges Picknick im Freien. Und bei Regenwetter sind die leckeren Kuchen im Museumscafé eine Alternative zum Frischluftprogramm.

Wie? SBB und Tram 3, 4, 6, 10, 11, 13 oder 14 bis Hauptbahnhof.
Wann? Di–So 10–17 Uhr.
Was? Sonderausstellungen und Führungen via Infotel und Tagespresse.
Wieviel? Dauerausstellung: Kinder bis 16 Jahre gratis. Eintritt Fr. 5.–, reduziert 3.–.
Alter? Ab 6 Jahren.

2 Puppenträume

Puppen-Museum Sasha Morgenthaler,
Museum Bärengasse,
Bärengasse 20–22, 8001 Zürich,
044 211 17 16, www.musee-suisse.ch

Schade, dass die braunen Puppen mit den liebenswürdigen Gesichtern nicht mehr hergestellt werden. Eine repräsentative Auswahl von Sasha Morgenthalers handgefertigten Puppen und Tieren kann jedoch noch immer im Erd-

---

Ich sehe was, das du nicht siehst

Das älteste Ratespiel überhaupt. Aber es funktioniert noch immer. Je nach Altersstufe kann man es schwieriger und einfacher gestalten: Ich sehe etwas, das du nicht siehst, und es beginnt mit «A» (Abfalleimer) oder bei kleineren Kindern: «Es hat die Farbe Rot.»

geschoss des Museums an der Bärengasse besichtigt werden. Bloss anfassen darf man die schönen Puppenkinder leider nicht. Sorgsam werden sie hinter Glas verwahrt. In einem separaten Raum, der dem Atelier der Künstlerin nachgebildet ist, informiert ein Film, wie sie lebte und arbeitete. Die permanente Ausstellung in den oberen Stockwerken illustriert das Leben im Zürich des 18. Jahrhunderts. Faszinierend etwa die hinter Glas aufgespiesste Beute eines Insektensammlers, das Kinderzimmer von anno dazumal oder die an einem Garderobeständer hängenden Ballkleider, die angefasst werden dürfen. Gleich daneben: Die Wühlkiste mit weiteren Prunkstücken aus dem Kostümfundus. Was vielleicht Kinder weniger fesselt, die Erwachsenen aber dafür um so mehr, sind die von Schauspielern gesprochenen Quellentexte, die während des Rundgangs abgerufen werden können. Besonders beachtenswert sind die Sonderausstellungen, die schon verschiedentlich zu Kinderthemen veranstaltet wurden.

Wie? Mit Tram 2, 7, 8, 9, 11 oder 13 zum Paradeplatz.
Wann? Di–So 10.30–17 Uhr.
Wieviel? Erwachsene Fr. 10.–, Kinder bis 16 Jahre gratis
Alter? Ab 5 Jahren.

3 Zu Besuch beim Riesenfaultier

Zoologisches Museum der Universität Zürich, Karl-Schmid-Strasse 4, 8006 Zürich, 044 634 38 38, www.unizh.ch/zoolmus

Der unbestrittene Star des Museums ist das Riesenfaultier gleich beim Eingang. Ursprünglich war das ausgestopfte Tier mit dem zotteligen Fell Teil einer Sonderausstellung. Wegen seiner immensen Beliebtheit wurde es jedoch zum Dauer-Pensionär des Museums. Aber nicht nur das Riesenfaultier darf man kosen. Im Museum liegen zahlreiche Fellstücke einheimischer Tierarten bereit, die nach Lust und Laune ertastet werden dürfen. Zudem kann man mittels Kopfhörer rund 300 Tierstimmen abhören: vom einheimischen Spatz bis zum Grönlandwal. Für grosse und kleine Forscher stehen Mikroskope bereit. Alles an ein und demselben Regennachmittag zu erkunden ist unmöglich. Vor allem, wenn man noch zusätzlich den Videofilm im kleinen Saal sehen möchte. Aber man kann ja ein zweites oder auch ein drittes Mal kommen. Das Zoologische Museum ist es wert, und das Riesenfaultier freut sich garantiert über Besuch.

Wie? Tram 6, 9 oder 10 bis Universitätsspital.
Wann? Di–Fr 9–17 Uhr, Sa/So 10–16 Uhr, Mo geschlossen. Film- oder Videovorführungen 11 und 15 Uhr. Sonderausstellungen zweimal jährlich.
Wieviel? Eintritt frei.
Alter? Ab 6 Jahren.

4 Fossilien und ein Saurierquiz

Paläontologisches Museum, Karl-Schmid-Strasse 4/ Künstlergasse 16, 8001 Zürich, 044 634 23 39, www.palinst.unizh.ch

Kinder, die von Fossilien nicht genug kriegen können, sind im Hauptgebäude der Universität genau an der richtigen Adresse (gleicher Eingang wie Zoologisches Museum). Einen Grossteil der Ausstellung bilden zahlreiche Fossilien, die aus der berühmten Fundstätte am Monte San Giorgio im Südtessin stammen. Zudem gibt es Skelette von Fischsauriern und diverse farbige Darstellungen längst ausgestorbener Tiere zu begutachten. Ausserdem können die Kinder am Computer ihr Saurierwissen testen und vertiefen. Bei Grün geht's weiter, und bei Rot muss nochmals an Ort und Stelle nachgeforscht werden.

Wie? Tram 6, 9 oder 10 bis ETH-Zentrum.
Wann? Di–Fr 9–17, Sa/So 10–16 Uhr, Mo geschlossen.
Wieviel? Eintritt frei.
Alter? Ab Kindergartenalter.

5 Vom Korn zum Pausenbrot

Mühlerama, Mühle Tiefenbrunnen, Seefeldstrasse 231, 8008 Zürich, 044 422 76 60, www.muehlerama.ch

Aus Korn wird Mehl, und aus Mehl wird Brot. Was ein Korn alles erlebt, bevor es im knusprig gebackenen Pausenbrötchen in der Schultasche landet, veranschaulicht das Museum Mühlerama mit einer nachgebauten Mühle. Und damit man selber ausprobieren kann, wieviel Energie es zum Mahlen braucht, darf man sich aufs Mahlfahrrad setzen und das Korn mit purer Wadenkraft zu Mehl verarbeiten. Etwas weniger anstrengend ist die Hauptattraktion des Museums: eine Mehlsack-Rutschbahn, auf der man mehrere Stockwerke hinunterrutschen kann. Gruppen mit älteren Kindern dürfen unter der Anleitung eines Bäckers selber mahlen und backen – eine Idee für den nächsten Kindergeburtstag? Aber auch den Fünf- bis Achtjährigen wird seit Herbst 2003 ein witziges Geburtstagsprogramm geboten: die Mäusejagd. Als Mäuse verkleidet gehen die Kinder zusammen mit Mühlerama-Mäuschen Fredi auf die Pirsch. Mehr sei an dieser Stelle jedoch nicht verraten. Ausser vielleicht, dass man sich ganz schön vor Müllers gefrässiger Hauskatze in acht nehmen muss.

Wie? S6 oder S16, Bus 910, 912, 916 bis Bahnhof Tiefenbrunnen, Tram 2 oder 4, Bus 33 bis Wildbachstrasse.
Wann? Di–Sa 14–17, So 13.30–18 Uhr.
Wieviel? Eintritt Erwachsene Fr. 7.– Kinder 4.–, Führungen 60.–.
Alter? Ab 4 Jahren.
Spezielle Anlässe für Kids werden nur ab einer Mindestteilnehmerzahl von 10 Kindern ab 8 Jahren durchgeführt. Die Mäusejagd kostet Fr. 150.– (plus Fr. 3.– Eintritt pro Kind) und dauert ca. 90 Minuten. Essen und Trinken selber mitbringen (im Museum gibt es kein Café).

6 Tipi und Adlerfeder

Nordamerika Native Museum, Indianer und Inuit-Kulturen, Seefeldstrasse 317, 8008 Zürich, 043 499 24 40, www.nonam.ch

Ungeachtet seines unsäglichen Namens (wie sollen Kinder bei solchen Vorbildern anständiges Deutsch lernen?), lohnt das ehemalige Indianermuseum einen Besuch, bietet es doch am neuen Standort auch mehr Ausstellungsfläche.

Erbe und Lebensweise der nordamerikanischen Ureinwohner werden uns in verschiedenen Räumen mit den thematischen Schwerpunkten Arktis, Nordwestküste, Subarktis, Südwesten, Prärien und Plains nähergebracht. Besondere Anziehungspunkte für Kinder sind jedoch wie am früheren Standort die Gegenstände und Kultobjekte, die berührt werden dürfen. Sich in einem echten Tipi zu verkriechen oder ein Bisonfell zu streicheln gehört deshalb nach wie vor zu den Höhepunkten des Museumsbesuchs. Für Kinder im Schulalter finden am ersten Mittwochnachmittag im Monat spezielle Kinderstunden statt. Die Teilnehmerzahl ist beschränkt; Familienführungen am ersten Sonntag im Monat.

Wo? S6 oder S16, Tram 2 oder 4, Bus 33, 910, 912 oder 916 bis Bahnhof Tiefenbrunnen.
Wann? Di–Fr 13–17, Mi 13–20, Sa/So 10–17 Uhr, Mo geschlossen.
Wieviel? Erwachsene Fr. 8.–, Kinder 3.–.
Alter? Ab 6 Jahren.

7 Von fernen Welten

Museum Rietberg, Gablerstrasse 15, 8002 Zürich, 044 202 45 28, www.rietberg.ch

Nicht nur gucken und staunen, sondern gleich selber versuchen. In sonntäglichen Workshops lernen Kinder und Erwachsene die Schrift der Maja kennen oder erfahren einiges über die geheimnisvoll geschwungenen arabischen Schriftzeichen. Und beim nächsten Mal führt eine indische Tänzerin ihr Publikum in die Kunst der Mimik ein. Oder man lernt sich sein eigenes Drahtspielzeug zurechtzubiegen, so wie das die Kinder in Afrika machen. Eltern dürfen ihre Kinder begleiten. Im kleinen Museumscafé kann man Hunger und Durst bekämpfen, und auf keinen Fall sollte man die Gelegenheit für einen kleinen Spaziergang oder wenigstens ein Picknick im zauberhaften Rieterpark verpassen.

Wie? Mit Tram 7 bis Museum Rietberg.
Wann? Meist am ersten Sonntag im Monat, Beginn 10 Uhr, Dauer 2½ Std., Anmeldung erforderlich: 044 206 31 31; Öffnungszeiten Museum (Villa Wesendonck): Di–So 10–17, Mi 10–20 Uhr, Mo geschlossen.
Wieviel? Fr. 8.– pro Kind bzw. erwachsene Begleitperson.
Alter? 8–12 Jahre.

8 Ein spannendes Lernmuseum

Kulturama, Museum des Menschen, Englischviertelstr. 9, 8032 Zürich, 044 260 60 44, www.kulturama.ch

Im Museum des Menschen werden übersichtlich und verständlich die Fragen beantwortet, welche Kinder beschäftigen. Saurierfans erfahren, warum die riesigen «Echsen» ausgestorben sind. Oder wie gross sie wurden und was sie frassen. Doch nicht nur Saurierbegeisterte kommen auf ihre Kosten. Im Kulturama macht man auch Bekanntschaft mit einem Urpferd oder einer Riesenlibelle. Und selbstverständlich erfährt man auch einiges über die Entwicklungsgeschichte des Menschen.

Am Ende des Besuches, das sei hier prophezeit, wird man nicht darum herum kommen, im verlockenden Museumsshop ein Souvenir zu kaufen.

Wie? Tram 3 oder 8 bis Hottingerplatz.
Wann? Di–Fr und So 13–17, Sa 13–16 Uhr. Öffentliche Führung am ersten Sonntag des Monats um 14.30 Uhr. Spezielle Veranstaltungen während Schulferienzeit.
Wieviel? Fr. 10.–, ermässigt 7.–.
Alter? Primarschulalter.

Zürich: Kultur für Gross und Klein

9 Bücher in über 20 Sprachen

Interkulturelle Bibliothek
für Kinder und Jugendliche,
Kanzleistrasse 56, 8004 Zürich,
044 291 16 71, www.kanzbi.ch

In der interkulturellen Bibliothek «Kanzbi» finden ausländische Kinder garantiert ein Bilderbuch in ihrer Muttersprache. Das Angebot reicht von Albanisch, Italienisch und Portugiesisch bis Tamilisch, Thai oder Hindi. Und alle Schülerinnen und Schüler können selbstverständlich anhand der fremdsprachigen Bücher ihr Englisch und Französisch oder eine andere Sprache trainieren. Zudem stehen in den Räumen der Bibliothek unzählige Spiele bereit, mit denen gleich an Ort gespielt werden kann. Bücher und Spiele dürfen ausgeliehen werden. Neben der Bibliothek steht auch noch ein Computerraum mit diversen Mac-Computern und Lernzubehör zur Verfügung. Die Öffnungszeiten dafür findet man auf der Homepage.

Wie? Tram 8, Bus 32 bis Helvetiaplatz.
Wann? Mo 16–17, Di 8.20–12, Mi 8.20–12 und 14–16, Do 8.20–12 und 16–17 Uhr.
Wieviel? Gratis.
Alter? 5–15 Jahre.

10 Zirkus als Familienhobby

Zirkusschule Robinson,
Hofwiesenstrasse 226,
8057 Zürich, 044 361 80 77,
www.kinderzirkus.ch

Jedes Jahr am ersten Samstag der Sommerferien führt der Robinson-Kinderzirkus auf dem Hechtplatz vor, dass nicht nur Zirkus machen kann, wer im Zirkus aufgewachsen ist. Artistik lässt sich lernen. Gezeigt werden halsbrecherische Akrobatiknummern, die besser nicht nachgeahmt werden sollten, und natürlich witzige Clownerien, bei denen die angespannten Eltern zurücklehnen dürfen. Zweimal pro Woche arbeiten die Kinder während des Jahres an der Zirkusschule am eigenen Zirkusprogramm. Der Zeitaufwand ist relativ gross, nicht nur für die Kinder, sondern auch für die Eltern, die während der Tournee als Kostümbildner, Requisitenmeister und Betreuer eingesetzt werden. Ohne ein gewisses Engagement der Familie läuft auch beim Zirkus Robinson nichts. Neben zielgerichteter Zirkusarbeit können in der Schule aber auch Einzelkurse in Akrobatik und Jonglage und Zirkusspielstunden für Kleinkinder belegt werden.

Wie? Tram 11, Bus 32 bis Radiostudio.
Wann? Kinderzirkus-Ensemble auf Anfrage (Neuaufnahmen im Oktober), Proben Mi und Sa nachmittags, Zirkusschule Mo–Fr ab 16 Uhr (Voranmeldung!).
Wieviel? Zirkusschule pro Lektion Fr. 17.50, Zirkusensemble Jahresbeitrag um 1350 Franken.
Alter? Zirkusensemble 6–15 Jahre, Zirkusspielstunden ab 4–5 Jahren.

11 Zoolino für die Kleinsten

Zoo Zürich, Zürichbergstrasse 221,
8044 Zürich, 044 254 25 05,
www.zoo.ch

Zu einem Zoobesuch in Begleitung von Kleinkindern gehört es, mindestens einmal ihr Schuhwerk vom Spielplatzsand zu säubern. Ein wichtiger Höhepunkt jedes Ausflugs in den Zoo ist nun mal der Besuch der Spielanlage gegenüber dem Selbstbedienungsrestaurant. Dort verbringt man normalerweise noch mehr Zeit als vor den Affengehegen. Seit 2002 gibt es einen weiteren Anziehungspunkt, um dessen Besuch niemand herumkommt: den Zoolino. Im neu eingerichteten Gelände gleich neben der Masoala-Regenwaldhalle dürfen Tiere zum Teil gefüttert, aber in jedem Fall gestreichelt werden. Ausserdem verfügt der Zoolino über einen grosszügigen Spielplatz samt «Kletterspinne» und «Sitzwespe», die von ihren Benützern zum Leidwesen mancher Erwachsener nur sehr ungern verlassen werden.

Wie? Tram 6 bis Zoo. Zu Fuss ab Tramstation Zoo.
Wann? Der Zoo ist 365 Tage im Jahr geöffnet. März bis Oktober 9–18 Uhr (Masoala-Regenwald ab 10 Uhr), November bis Februar 9–17 Uhr.
Wieviel? Einzeleintritt Kinder bis 6 Jahre gratis, 6–16 Jahre Fr. 11.–, Erwachsene 22.– (Tageskarten, Abos usw.: siehe www.zoo.ch/Preise/Abos).
Alter? Alle Altersstufen.

12 Grosses Theater

Theater an der Sihl,
Gessnerallee 9/11/13, 8001 Zürich,
044 226 19 26, www.hmt.edu

Vom klassischen Drama aus dem Altertum bis zum Kindermärchen kommt im Theater an der Sihl alles auf die Bühne, was Kinder und Jugendliche fesselt und zum Denken anregt. Aber auch Eltern, Paten und Grosseltern bietet sich hier eine lebendige und gern besuchte Theaterwelt. Das spannende und anspruchsvolle Programm mit Eigenproduktionen und Gastspielen wurde inzwischen auf 12 Stücke pro Spielzeit erweitert. Neben Theaterstücken bietet das Theater an der Sihl auch Theaterkurse für verschiedene Altersgruppen an. Ausserdem gibt es die Möglichkeit, einer Inszenierung von Anfang bis zum Schluss beizuwohnen.

Wie? Zu Fuss ab HB, Tram 3 oder 14, Bus 31 bis Kaserne.
Was? Programm siehe Tagespresse.
Wieviel? Erwachsene Fr. 25.–, Kinder 15.–. Bei Jugendproduktionen kann der Preis variieren.
Alter? Je nach Aufführung.

Märchenraten

Bei diesem Spiel gilt es ein Märchen, ein Buch oder einen Film zu erraten. Ein Spieler schreibt z. B. einen Märchennamen auf einen Zettel: Rotkäppchen. Die andern müssen durch gezieltes Fragen herausfinden, welche Geschichte gesucht ist. Wer es zuerst herausfindet, erhält den Zettel. Das Spiel wird solange gespielt, bis alle einen Namen notiert haben. Gewonnen hat, wer am Schluss am meisten Zettel hat.

Zürich: Kultur für Gross und Klein

13 Kinderkultur in der «Fabrik»

Kinderkultur in der Roten Fabrik,
Seestrasse 395, 8038 Zürich,
044 481 91 43 (Sekretariat) oder
044 482 42 12 (Theaterbüro),
www.rotefabrik.ch

Ein unterhaltsames und abwechslungsreiches Kinderprogramm mit Theater, Kursen und Konzerten gehört zu den Stärken der Roten Fabrik. An rund fünfzig Tagen im Jahr wird internationales und schweizerisches Kinder- und Jugendtheater gezeigt. Dabei legen die Verantwortlichen immer Wert darauf, dass auch Kindertheater ernstgenommen wird und den Kriterien professioneller Theaterarbeit entspricht.

Das Jugendtheater-Festival «Blickfelder» wurde inzwischen aus der Fabrik ausgelagert und findet in einer Koproduktion alle zwei Jahre statt.

Selber improvisieren und spielen kann man in der hauseigenen Theatergruppe unter der Leitung von Golda Epstein.

Wie? Tram 7 bis Post Wollishofen; Bus 161 oder 165 ab Bürkliplatz bis Rote Fabrik.
Was? Programm siehe «Fabrikzeitung», Tagespresse, «züri-tipp».
Wieviel? Erwachsene Fr. 20.–, Kinder 15.–.
Alter? Ab 5 Jahren.

14 Geschichten an Fäden

Zürcher Puppentheater,
Theater Stadelhofen,
Stadelhoferstr. 12, 8001 Zürich,
044 252 94 24 oder 044 261 02 07,
www.theater-stadelhofen.ch

Selten gibt es kulturelle Ereignisse, von denen Kinder und Erwachsene gleichermassen schwärmen. Eine Aufführung im Zürcher Puppentheater gehört zu diesen seltenen Erlebnissen. Neben einheimischen Produktionen gastieren auch internationale Puppenbühnen im Theaterhaus, und sporadisch gibt's spezielle Aktionen wie Workshops oder Zeichenwettbewerbe. Wegen der grossen Nachfrage empfiehlt es sich, Billette zwei Wochen vor der Vorstellung zu bestellen.

Wo? Gleich neben der Stadelhofer Passage. Mit Tram bis Bellevue oder mit S-Bahn bis Bahnhof Stadelhofen.
Wann? Während der Theatersaison Kindervorstellungen Mi, Do, Sa und So 14.30 Uhr, Programm siehe Tagespresse.
Wie? Vorverkauf: Di–Sa 17–18.30. An Spielnachmittagen auch von 12.30–14.30 Uhr.
Wieviel? Mitte Fr. 18.–, Seite 14.–.
Alter? Je nach Stück ab 4 Jahren, meistens aber für Fünf- bis Sechsjährige.

15 Theater mit Phantasie

Theater Purpur, Grütlistrasse 36,
8002 Zürich, 044 202 31 51,
www.theater-purpur.ch

In einem Museum steigt ein Mädchen aus einem Bild. Was dann folgt, ist eine spannende Geschichte um Verlorenes, um Kunst und vieles mehr. Das Theater Purpur ist eine Wundertüte, eine Ideenschmiede und natürlich ein Thea-

Zürich: Kultur für Gross und Klein

terhaus für Kinder. Auf der Bühne findet jeweils am Mittwochnachmittag Theater zum Zugucken statt. Einerseits für, andererseits mit Kindern. Es werden nämlich nicht nur die Produktionen aus dem In- und Ausland, sondern auch die von den Kindern selbst erfundenen und erarbeiteten Geschichten gezeigt. Wer bloss ein bisschen Theaterluft schnuppern möchte, besucht das Theaterbistro. Dort gibt es unter der Woche täglich Zmittag und am Nachmittag Sirup, Kuchen und Kaffee. Was will man noch mehr! Das Spielprogramm wechselt monatlich. Spielplaninfo: www.theater-purpur.ch.

Wie? Mit Tram 5, 6, 7 oder 13 bis Bahnhof Enge.
Wann? Spielzeit Oktober–Juni jeden Mittwoch um 15 Uhr.
Wieviel? Erwachsene Fr. 21.–, Kinder 11.–.
Alter? Ab 5 Jahren.

16 Theater hat immer Saison
Schauspielhaus, 8001 Zürich, Rämistr. 34, 044 265 58 58;
Opernhaus, 8001 Zürich, Theaterplatz, 044 268 66 66;
Bernhard-Theater, 8001 Zürich, Theaterplatz, 044 268 66 86 oder 044 268 66 89;
Theater am Hechtplatz, 8001 Zürich, Hechtplatz, 044 252 32 34 (16–19 Uhr).

Alle Jahre wieder werden Märchen wie «Schneewittchen», «Hänsel und Gretel» oder «Die kecke kleine Hexe» aufgeführt. Als Weihnachtsmärchen kommen sie auf der Bühne zu neuen Ehren. Nun, die Kinder geniessen die Zeit der vermehrten Kindertheater-Aufführungen, und für Gotte und Götti bedeuten sie einen willkommenen Ausflug. Besondere Aufmerksamkeit verdient das Programm des Theaters am Hechtplatz. Im kleinen Haus am Limmatquai wird erstklassiges Kindertheater geboten. Mit liebevoll gemachten Kulissen, die an Bilderbücher erinnern, und natürlich auch dank tollen Schauspielern von nationalem Rang und Namen. Neben der Herbstproduktion kommt im «Hechtplatz» regelmässig auch im Frühling ein Stück für Kinder auf die Bühne. Ein qualitativ gutes Programm ist in nächster Zeit sicher auch vom Bernhard-Theater zu erwarten, das unter neuer Leitung mit dem Theater am Hechtplatz kooperiert.

Wann? Siehe Tagespresse und Theaterprogramme.
Alter? Meist ab 6 Jahren.

17 Bilder gucken, Bilder malen
Kunsthaus Zürich, Heimplatz 1, 8001 Zürich, 044 253 84 84, www.kunsthaus.ch

Bilder angucken, hören, wie sie entstanden sind, und selbst zum Pinsel greifen. Im Kunsthaus Zürich soll Kindern und Jugendlichen Kunst mittels spannender Workshops nähergebracht und begreiflich gemacht werden. Nicht abmalen ist das Ziel, sondern anschliessend an die Kunstbetrachtung seine eigenen Eindrücke wiederzugeben. Aktiv mit Kunst auseinandersetzen können sich die interessierten Kinder und Jugendlichen jeweils am Sonntagmorgen, an schulfreien Nachmittagen und in den Sommerferien.

Wie? Tram 3, 8, 5, 9, Bus 31 bis Kunsthaus.
Wann? Sonntagswerkstatt 10.30–12 Uhr (findet immer statt).
Wieviel? Fr. 10.–.
Alter? Je nach Interesse ab 5–9 Jahren. Anmeldung erforderlich. Information zu weiteren Veranstaltungen erhält man unter obiger Adresse.

18 Sofas und neue Filme

Kino Xenix, Kanzleistrasse 56, 8004 Zürich, beim Helvetiaplatz, 044 242 73 10, www.xenix.ch

Schulfrei – was nun? Das Kino Xenix zeigt, monatlich wechselnd, immer am Mittwochnachmittag einen Kinderfilm (ausgenommen Juli und August). Neu sind Vorstellungen an ausgesuchten Samstagnachmittagen um dieselbe Zeit. Meist werden im Xenix kleine Produktionen gezeigt, die fernab vom gängigen Mainstream und oft als Premieren über die Leinwand flimmern. Während die Eltern an der Bar ein Schwätzchen halten, sitzen die Kinder gebannt auf den bequemen Sofas vor der Leinwand. Mit anderen Worten: ein Kinonachmittag, an dem die ganze Familie Gefallen findet. Reservationen sind nicht nötig, ausser für Horte und ganze Schulklassen.

Wie? Tram 8 oder Bus 32 bis Helvetiaplatz; Tram 2, 3 bis Bezirksgebäude.
Wann? Jeden Mittwochnachmittag 14.30 Uhr (Samstagsvorführungen siehe Tagespresse oder www.xenix.ch).
Wieviel? Erwachsene Fr. 15.– Kinder 8.–.
Alter? 6–10 Jahre.

19 Magisches Kino

Zauberlaterne, Kino Metropol, Badenerstrasse 16 (beim Stauffacher), 8004 Zürich, 044 268 68 68 oder Auskunftstelefon Zauberlaterne: 079 616 10 90

Im Kinderfilmclub «Zauberlaterne» sind erwachsene Begleitpersonen nicht erwünscht. Dafür werden die Kinder von Animatorinnen und Animatoren durch den Film geführt und haben – wie könnte es anders sein – ohne die «Grossen» eine Riesengaudi. Mitglied werden ist auch nicht schwierig: Das Anmeldeformular liegt im Kino auf oder kann via Infotelefon bestellt werden. Einschreiben kann man sich auch am Billetservice der Migros City am Löwenplatz. In der Mitgliedschaft ist die Klubzeitung inbegriffen, aus der man neben dem Programm viel Wissenswertes und Interessantes über den nächsten Film erfährt.

Wo? Kino Metropol.
Wann? Einmal im Monat, neunmal im Jahr von September bis Juni (ausgenommen Schulferien).
Wieviel? Mitgliederkarte Fr. 30.– (für weitere Geschwister 20.–).
Alter? Primarschulalter.

20 Kinderkino à la carte

Riff Raff, Neugasse 57, 8005 Zürich, 044 444 22 03

Endlich ein Kino, das täglich einen Kinderfilm zeigt! Im Riff Raff Kino 3 oder 4 ist jeder Nachmittag ein Kinderfilm zu sehen. Die Auswahl mit Schwerpunkt Studiofilm berücksichtigt mit Streifen wie «Der kleine Maulwurf» auch die jüngsten Kinogänger. Damit beim Warten auf den Filmstart nicht allzu heftig reklamiert wird, spazieren auf die Seitenwand projizierte Comicfiguren dem Saal entlang.

Nach dem Film gibt es die feinen kleinen Glacetöpfchen, die man aus dem Bioladen kennt, oder ein Zvieri im Riff-Raff-Bistro. Was will man mehr?

Wo? Bus 32 bis Röntgenstrasse.
Wann? Täglich inkl. Wochenende. Die Anfangszeiten liegen zwischen 13.45 und 14.30 Uhr.
Alter? Ab 4 Jahren.

21 Musik für Kids

Musik Hug, Kindermusikladen,
Limmatquai 28–30, 044 269 41 44,
Musikschule Hug, Kernstrasse 37,
(Nähe Helvetiaplatz), 044 242 03 24

Von «A» wie Akkordeon bis «V» wie Violine. In der Musikschule kann jedes Instrument erlernt werden. Sporadisch werden auch Workshops mit ausgefallenen Instrumenten aus fernen Ländern und Kulturen angeboten. Ausserdem besteht die Möglichkeit, im Laden an der Laternengasse in einem speziellen Raum Instrumente in Kindergrösse auszuprobieren.

Wo? Laden: Tram 4 oder 15 bis Helmhaus.
Wie? Instrumente ausprobieren: telefonische Anmeldung erforderlich.
Wann? Jeden Mittwoch zwischen 14–15 Uhr.
Alter? Nach Absprache.

22 Musik und Geschichten

Jecklin, Rämistrasse 30/42,
8001 Zürich, 044 253 77 99

Das renommierte Musikhaus am Pfauen bietet nicht nur eine riesige Auswahl an Noten und Musik-Fachliteratur. Im Forum, im historischen Kellergewölbe, finden auch regelmässig Konzerte statt, die zum Teil auch Kinder und Jugendliche interessieren dürften. Neu geplant sind Märchenabende und Veranstaltungen speziell für Kinder. Den Anfang machte die Harry-Potter-Nacht zum Erscheinen des fünften Bandes.

Wo? Tram 5, 9, 3, 8, Bus 31 bis Pfauen.
Wann? Informationen www.jecklin.com/Forum.
Alter? Je nach Programm.

Wer bin ich?

Die Spielerinnen und Spieler sitzen um einen Tisch. Eine Person erhält einen Zettel mit dem Namen einer berühmten Person oder eines gemeinsamen Bekannten (Gotte, Götti, Tante) auf die Stirne geklebt. Damit der Auserwählte, der den Zettel tragen muss, das Auswahlverfahren nicht mitkriegt, wartet er vor der Tür und kriegt denn Zettel nach seinem Wiedereintreten aufgeklebt. Wichtig ist, dass die Person wirklich allen Mitspielenden bekannt ist. Der Zettelträger oder die Zettelträgerin muss nun durch geschicktes Fragen herausfinden, wer sie oder er «ist». Um die Sache zu erschweren, darf nur mit Ja oder Nein geantwortet werden.

▬ Dauerbrenner ▬

Zürcher Theater Spektakel. Alle Jahre wieder findet Mitte bis Ende August diese spannende Theater-Grossveranstaltung statt. Auch Kinderproduktionen gehören zur Vielfalt des gezeigten Theaterschaffens. Näheres unter: www.theaterspektakel.ch

Tonhalle Zürich, 8002 Zürich, Claridenstr. 7, 044 206 34 34. Die Tonhallegesellschaft veranstaltet in jeder Saison mehrere Kinder- und Familienkonzerte. Programm in der Tagespresse. Billette sollten frühzeitig reserviert werden. Seit einigen Jahren gibt es alljährlich eine Kinder-Konzert Tournee. Im letzten Jahr waren Linard Bardill, Andrew Bond und Stärnäföifi in Sachen Kinderunterhaltung unterwegs. Wer wo und wann spielt, erfährt man jeweils unter wwww.Kinderkonzerte.ch.

Zürcher Ferienplausch, 8047 Zürich, Sportanlage Utogrund, Dennlerstrasse 43a, 044 492 16 89. Jeweils in der ersten und letzten Sommerferienwoche können sich Kinder von Montag bis Freitag zwischen 10 und 13 Uhr auf der Sportanlage Utogrund auf Minitramp und Trampolin oder mit Blasio-Geräten unter Aufsicht tüchtig austoben. Bei schlechtem Wetter werden die Aktivitäten in eine der Turnhallen verlegt.

Zürcher Spielzeugmuseum, Fortunagasse15/Ecke Rennweg, 8001 Zürich, 044 211 93 05, www.spielzeugmuseum.ch. Puppenhäuser und Eisenbahnanlagen, Verkaufsläden und Baukästen aus den Kindertagen der Urgrosseltern. Für Kinder, die es in den Fingern juckt, verfügt das Spielzeugmuseum über eine kleine Spielecke mit Spielkisten und Spielzeugcomputer. Zum Nachhausenehmen gibt's im Museumsshop eine Auswahl an Spielsachen und Büchlein. Mo–Fr 14–17, Sa 13–16.

Schweizerisches Jugendbuch-Institut, 8032 Zürich, Zeltweg 11, 044 261 90 44. Bibliothek geöffnet Di–Fr 9–12 und 13–17 Uhr. Das Schweizerische Jugendbuch-Institut dient als Anlaufstelle für Fragen rund um das Kinder- und Jugendbuch. Wer zum Beispiel mehr über das «Harry Potter»-Phänomen erfahren möchte, kann sich hier kundig machen. Bücher werden jedoch keine ausgeliehen.

Museum der Zeitmessung, Beyer, Bahnhofstr. 31, 8001 Zürich, 043 344 63 63. Geöffnet Mo–Fr 14–18 Uhr. Ab 10 Jahren. Im unteren Stockwerk des Uhrengeschäfts. Feuer-, Sonnen- und Wasseruhren sowie Armbanduhren – kurzum alles, was Begeisterte der Zeitmessung interessiert.

Zürich: Kultur für Gross und Klein

Daumenkino selber machen

Sozusagen der Vorläufer des Trickfilms: Auf lauter gleich gross geschnittene Rechtecke aus kräftigem Papier sorgfältig einen Bewegungsablauf zeichnen und in der richtigen Reihenfolge übereinanderschichten. Am Rand zusammenheften (zwei Löcher, eine Schnur durchziehen, Bostitch u.a.). Lässt man nun den Miniblock durch die Finger schnellen, so dass ein Bildchen aufs andere folgt, ergibt das eine filmische Szene. Klassisch: Ein Männchen bläst einen Luftballon auf. Erst ist der Ballon klein, dann wird er immer grösser, und zum Schluss – peng, knall! – platzt er.

Völkerkundemuseum der Universität Zürich, Pelikanstr. 40, 044 634 90 11. www.musethno.unizh.ch. Geöffnet Di–Fr 10–13, 14–17, Sa 14–17, So 11–17 Uhr. Eintritt frei. Laufend Ausstellungen, die auch Kinder interessieren könnten. Spezielle Workshops.

Pestalozzi-Bibliotheken. Hauptstelle: Zähringerstr. 17, 8001 Zürich, 044 261 78 11 (Verwaltung). Filialen: Affoltern, Altstetten, Aussersihl, Bachwiesen, Buchegg, Enge, Heuried, Höngg, Leimbach, Oerlikon, Riesbach, Schwamendingen, Seebach, Unterstrass, Wipkingen und Witikon. Bilderbücher, Kinder- und Jugendbücher, Sachliteratur aus allen Wissensgebieten, Videos, CDs, Landkarten, Sprachkurse und Spiele. Teilweise finden in den einzelnen Bibliotheken auch Kinderveranstaltungen statt, z. B. Märchennachmittage. Näheres erfährt man unter: www.pbz.ch. Ausleihe für Kinder gratis, Erwachsene Jahreskarte Fr. 30.–.

Museum für Gestaltung, Ausstellungsstrasse 60, 8005 Zürich, 044 446 22 11. Geöffnet Di, Do, Fr 10–18, Mi 10–21, Sa/So 10–17 Uhr. Vereinzelt Ausstellungen, die auch für Kinder unterhaltend sind.

Tram-Museum, 8049 Zürich, Limmattalstr. 260, 044 341 50 58. www.tram-museum.ch. Geöffnet Mi 19–21.30 Uhr. Von April bis Oktober immer am ersten Samstag und am letzten Sonntag des Monats Oldtimerfahrten. Start der Museumslinie: Pestalozzi-Anlage vor dem Globus (Bahnhofstrasse).

Theaterkurse mit Elisabetha Bleisch, Spiel mit Figuren und Objekten, Atelier Rote Fabrik, Seestrasse 395, 8038 Zürich, 044 482 96 68. www.theater.ch/bleisch_e.html. In Bleischs Werkstatt basteln Kinder ab fünf Jahren Figuren aus unterschiedlichen Materialien, um anschliessend mit diesen zu spielen. Der Kurs findet jeweils am Mittwoch von 14–15.30 Uhr statt, fällt aber während der Schulferien aus. Preis: 10 Nachmittage Fr. 220.– inkl. Material. Anmeldung telefonisch.

Sterngucken, Urania-Sternwarte, Uraniastr. 9, 8001 Zürich, 044 211 65 23, http:/Urania.Astronomie.ch. Fünfzig Meter hoch ist der Turm der 1907 eröffneten Sternwarte. Eingang: Lift direkt von der Brasserie Lipp im Erdgeschoss aus. Hauptinstrument ist der 20 Tonnen schwere Zeiss-Refraktor mit 30 Zentimeter Objektivöffnung und einer Brennweite von fünf Metern, die eine Vergrösserung bis ums Sechshundertfache ermöglicht. Ob der Sternenhimmel gut sichtbar ist, erfährt man über das Auskunftstelefon. Täglich geöffnet ausser Mo, So und Feiertage, nur bei klarem Wetter. Im Winter 20–22, im Sommer 21–23 Uhr, Besammlung beim Lift im Erdgeschoss. Achtung: pünktlich erscheinen! Ab 10 Jahren.

Zürich: Kultur für Gross und Klein

Zürich: Unterwegs in der Region

1. Ausflug für Städter – Geologie-Lehrpfad im Adlisbergwald
2. Eine Badi für jede Saison Schwimmbad/Hallenbad Fohrbach
3. Baden am Greifensee Strandbad Maur
4. Als die Pioniere in die Luft gingen Fliegermuseum Dübendorf
5. Auf Heidis Spuren Johanna-Spyri-Museum, Hirzel
6. Golf und mehr Migros-Freizeitzentrum, Greifensee
7. Bauen und Spielen – Abenteuerspielplatz Holzwurm, Uster
8. Kultur im Oberland Scala, Wetzikon
9. T. Rex und Co. Sauriermuseum Aathal
10. Rund um den Pfäffikersee Wandern im Naturschutzgebiet
11. Kreuzritterhaus entstaubt Johannitermuseum Bubikon
12. Im Reich der Langohren Hasenmuseum Bubikon
13. Erlebnispark Natur Naturzentrum Sihlwald
14. Von Bär bis Wolf Tierpark Langenberg
15. Mit der Stollenbahn Bergwerk Horgen-Käpfnach
16. Ab in die Höh! Zürichs einzige Luftseilbahn
17. Woher kommt der Honig Imkereimuseum, Grüningen
18. Potz Holzöpfel und Zipfelchappe Park im Grüene, Rüschlikon
19. Schaustücke auf Rädern Pegasus Small World, Türlersee

Bahn · Hotel · Kunsth. · Museum · Natur · Restaur. · Schiff · Sehensw. · Shopping · Spielen · Sport · Theater · Tiere · Wandern

© Hallwag Kümmerly + Frey AG, Schönbühl-Bern

Ab ins Grüne!

Ein bisschen raus aus der Stadt, lautet der Wunsch, den fast alle Städter an heiteren Sonnentagen hegen. Nun, die Zürcher Landschaft hat einiges zu bieten: angenehme Wanderwege, die einem nicht gleich den Atem rauben und die Kinder zum Quengeln bringen, hübsch gelegene Ausflugslokale, die als Belohnung allemal eingesetzt werden können, und idyllische See-Badeanstalten, denen man bereits nach dem ersten Besuch die Treue schwört. Aber keine Bange! In Zürichs Umgebung lassen sich auch Schlechtwettertage bestens über die Runde bringen. Und selbst wenn einem gar nichts mehr einzufallen droht, stehen immer noch sichere Werte wie das Sauriermuseum zur Wahl. Oder kleine Entdeckungen wie das Johanna-Spyri-Museum auf dem Hirzel. Ausserhalb der urbanen Hektik gibt es einige neue Möglichkeiten. Und irgendwie wirken sogar die Leute hier draussen etwas freundlicher und lockerer als downtown.

Katja Alves

1   Ausflug für Städter
Geologie-Lehrpfad im Adlisbergwald,
8044 Zürich

Der Geologielehrpfad ist eine angenehme Alternative zu den Spielplätzen in der Stadt: Ein richtiger Ausflug und trotzdem kein tagesfüllendes Programm. Der Waldweg ist ausgesprochen kinderwagentauglich. Zudem sind die Gesteinsbrocken, die von den Gletschern aus dem Urner- und Glarnerland sowie dem Toggenburg in die Zürcher Region verfrachtet wurden, begehrte Objekte, um darauf erste Kletterübungen zu vollbringen. Auf dem Rückweg kann man im ländlich chicen Restaurant Adlisberg einen Kuchenzvieri einnehmen und die Pferde in den benachbarten Stallungen inspizieren.

Wo? Oberhalb des Wellenbades und der Kunsteisbahn Dolder. Restaurant Adlisberg: Adlisbergstrasse 75, 043 268 55 60.
Wie? Tram 6 bis Endstation Zoo.
Alter? Alle Altersstufen.

2   Eine Badi für jede Saison
Schwimmbad/Hallenbad Fohrbach,
Witellikerstrasse 47,
8702 Zollikon, 044 391 56 00,
badeanlagen@zollikon.ch

Die Süsswasserpiraten kommen! 14 Meter misst das stolze Seeräuberschiff im Zolliker Schwimmbad. Falls sich die Piraten mal abkühlen möchten, geht's die gewundene Rutschbahn hinunter direkt ins Kinderbecken. Für die Kleinsten gibt es einen lustigen Wasserspielplatz, Planschbecken und einen grossen Spielplatz mit Sand und Klettergerüst. Schwimmtüchtige drehen Runden im (geheizten) Wettkampfbecken. Im Winter ist das Hallenbad ein beliebtes Familienziel, bei garstigem Wetter fast zu beliebt. Also beim Einpacken der Badehose bitte keine Zeit vertrödeln und gleich nach dem Frühstück hinfahren. Das Kinderbecken ist warm wie eine Badewanne; im Nichtschwimmerbecken gibt's eine Whirlpool-Ecke, in der sich gestresste Mütter bestens bei einem Schwatz erholen können. Diesem Zweck dienen auch Sauna, Sprudel- und Dampfbad. Drinnen und draussen mit Cafeteria. Da die Öffnungszeiten je nach Wetterlage leicht variieren können, empfiehlt es sich, vor dem Besuch anzurufen.

Wie? Tram 11 oder Forchbahn bis Rehalp, dann 10 Minuten zu Fuss. Oder Bus 910 ab Bahnhof Tiefenbrunnen bis Zolliker Allmend.
Wann? Mo 12–20.30, Di, Do 8–20.30, Mi 6.30–20.30, Sa und So 8–17 Uhr.
Wieviel? Erwachsene Fr. 6.–, Kinder 4.–.
Alter? Alle Altersstufen.

3   Baden am Greifensee
Strandbad Maur, 8124 Maur,
044 980 01 67

Die Greifensee-Badi Maur ist an Schönwetter-Wochenenden genau so gut besucht wie alle anderen Badeanstalten. Trotzdem tritt man sich nicht andauernd gegenseitig aufs Badetuch. Denn im längsgezogenen Freibad kann man sich bestens verteilen. Die Nichtschwimmerabgrenzung schützt vor der Seetiefe und der sandige Grund vor Fussblessuren an spitzen Steinen. Weiter stehen ein Grillplatz und ein kleiner Kinderspielplatz zur Verfügung. Natürlich fehlt auch der obligate Verpflegungskiosk nicht. Wer sich den Badespass erst verdienen möchte, kann ihn selbstverständlich auch als Belohnung für eine Greifensee-Velorundfahrt aussetzen.

Wie? Bus 747 ab Klusplatz oder Bus 743 ab Bahnhof Stettbach bis Maur Dorf, dann ca. 10 Minuten zu Fuss.
Wieviel? Erwachsene Fr. 2.–, Kinder 1.–.
Wann? Mai bis September.
Alter? Alle Altersstufen.

4 Als die Pioniere in die Luft gingen

Fliegermuseum, Überlandstrasse, 8600 Dübendorf, 044 823 22 83, www.airforcecenter.ch

Bereits 1910 fanden auf einem Feld bei Dübendorf erste Flugtage statt: Zehntausende feierten die «Helden des Aeroplans». Das Aerodrom aus der Pionierzeit wurde im Ersten Weltkrieg zum Zentrum für das schweizerische Militärflugwesen und später zu einem wichtigen Zivilflughafen. Ein Teil der Anlagen dient heute als Fliegermuseum: Oldtimer- und Technik-Fans kommen ins Staunen angesichts der fliegenden Kisten, die in den riesigen Hallen hängen und stehen, unter anderem eine nachgebaute Blériot XI 2 (Louis Blériot überquerte am 25.7.1909 als erster den Ärmelkanal: in gut 27 Minuten!), aber auch der Häfeli-Doppeldecker von 1916 und – neu – eine flugtüchtig gemachte Dewoitine D 26 von 1930. Dazu: Dokumente, Uniformen, Fliegerbekleidung, Modelle, Videos.

Wie? S9 und 14 bis Dübendorf, ca. 10 Minuten zu Fuss.
Wann? Di–Fr 13.30–17, Sa 9–17, So 13–17, Feiertage geschlossen. Restaurant «Holding» Di–Fr 9–18, Sa 8–18, So 13–17 Uhr geöffnet. Mo geschlossen.
Was? Führungen und Rundflüge mit der Ju-Air ab Fr. 170.– (40 Min.). Kinder bis 16 Jahre zahlen 20 Franken weniger.
Wieviel? Erwachsene 10.–, Jugendliche bis 16 Jahre Fr. 4.–.
Alter? Ab 6 Jahren.

5 Auf Heidis Spuren

Johanna-Spyri-Museum im alten Schulhaus Hirzel, Dorfstrasse 48, 8816 Hirzel, 044 729 95 66, www.johanna-spyri-museum.ch

Kaum eine Figur wird derart mit der Schweiz in Verbindung gebracht wie die Roman- und Filmfigur Heidi, das kleine Mädchen mit dem dunklen Lockenkopf. Etwas weniger bekannt sein dürfte, dass Heidis Schöpferin, Johanna Spyri, auf dem Hirzel aufwuchs und auch dort zur Schule ging. Anfang der 1980er Jahre wurde im alten Schulhaus, Spyris Primarschulhaus, zu Ehren der berühmten Gemeindebürgerin ein Museum eingerichtet. Anhand von Filmen und Puppenszenen aus «Heidi auf der Alp» erlebt man dort

---

Erste Hilfe: Leuchtende Beeren und farbige Blüten

Im Wald nach essbaren Früchten zu suchen ist lustig und ein Ansporn zum Wandern. Aber aufgepasst: Nicht alles, was am Wegrand leuchtet, ist geniessbar. Vergiftet sich ein Kind trotz aller Vorsichtsmassnahmen, so wenden Sie sich an den Notarzt (144), an das Tox-Zentrum (044 251 51 51) oder Ihren Kinderarzt. Wichtig ist, dass sich die Eltern merken, wie die Pflanze aussieht (wenn möglich ein Exemplar mitbringen), damit bestimmt werden kann, ob es sich um eine hochgiftige Pflanze handelt.

die Heidigeschichten hautnah und erfährt einiges über Johanna Spyris Leben. Lese- und Malecke und Heidi-Film- und Hörfolgen ergänzen das Angebot. Verpassen Sie ja nicht, vor dem Nachhauseweg den Aussichtspunkt «Chaserenlinde» zu besuchen und den Blick über die voralpine Moränenlandschaft zu geniessen.

Wie? S8 und S2 bis Horgen, dann mit dem Postauto.
Wann? Jeden Sonntag von 14–16 Uhr (ausgenommen Feiertage und zwischen Weihnachten und Neujahr). In der übrigen Zeit Führungen auf Voranmeldung.
Wieviel? Eintritt frei (Kollekte), Führungen für Gruppen ab 10 Personen Fr. 5.– pro Person.
Alter? Ab 6 Jahren.

6 Golf und mehr
Freizeit- & Sportzentrum Migros, Grossried, 8606 Greifensee, 044 941 79 79, info@m-sport-greifensee.ch

Schon von der S-Bahn aus kann man Familien beim Minigolfspiel beobachten, Erwachsene beim Tennis und Kinder beim Fussballspielen. Auf den weitläufigen Anlagen ist genug Platz, um sich wieder einmal tüchtig auszutoben. Wer allzu arg ins Schwitzen kommt, entspannt sich drinnen im Whirlpool oder im Winter im geheizten Aussenbecken. In den Feriencamps haben schon unzählige Zürcher Kinder aller Altersstufen neue Sportarten ausprobiert oder Kurse besucht. Als Vorbereitung für den nächsten Tessinurlaub mit den Grosseltern gibt es im Sportzentrum sogar Golfkurse für Kinder. Aber Achtung: Vor allem an Wochenenden und schulfreien Nachmittagen ist hier mächtig was los!

Wie? S 9 und 14 bis Schwerzenbach oder Nänikon-Greifensee; je ca. 20 Minuten zu Fuss.
Wann? Im Sommer Mo–Fr 8.15–22, Sa 8.15–21, So 8.15–20 Uhr. Im Winter: 8.15–21 Uhr.
Wieviel? Je nach Aktivitäten.
Alter? Alle Altersstufen.

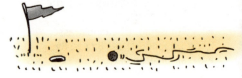

7 Bauen und Spielen
Abenteuerspielplatz Holzwurm, Brauereistrasse, 8610 Uster, 044 941 00 88, www.uster.ch

Der Holzwurm, dieser prächtige, wilde Abenteuer- und Bauspielplatz am Aabach, hat kürzlich seinen 25. Geburtstag gefeiert. Ungeachtet dieser respektablen Jahrringe beglückt er noch immer Holzwürmer aller Alterskategorien. Während der Ferien gibt es für die Kinder aus der Region Spiel- und Bastelanimation.

Gleich nebenan, durch ein begehbares Schrottmonster mit dem Hütten- und Spieldorf verbunden, ist «Serafins Garten» entstanden, ein echter Schrottspielplatz, wo die Kinder unter Anleitung hämmern, schmieden, schweissen, kuriose Metallskulpturen und Musikinstrumente bauen und aus ausrangierten Kinderwagen und Trottinetts fahrtüchtige neue Vehikel montieren.

Wie? S-Bahn 5, 9, 14 bis Uster.
Wann? Holzwurm Mi 13–18, So (für die ganze Familie) 14–17 Uhr, Kleinkinder Di 15–17 (Winter jeden 2. Di), im Sommer Grillen bis 19 Uhr, Serafins Garten Mi 14–17 Uhr, So geschlossen.
Alter? Alle Altersstufen.

8 Kultur im Oberland

Scala Wetzikon, Tösstalstrasse 1,
8623 Wetzikon, 043 488 04 04,
Restaurant 043 488 22 44,
www.scala-bubikon.ch

Der Blick aufs monatliche Programm lohnt sich. Hier werden nicht nur Kleinkunst und Konzerte für Erwachsene geboten, sondern auch regelmässig Veranstaltungen, welche die ganze Familie erfreuen. So zum Beispiel in der letzten Saison die Klassiker: «Pu der Bär» und «Der kleine Prinz». Feinschmecker gucken nach der Vorstellung im Restaurant Ochsen vorbei, welches sieben Tage in der Woche geöffnet ist (So ab 18 Uhr). In Begleitung von Kindern tafelt man im «Ochsen» sonst vorzugsweise mittags. Das nette Personal ist übrigens auch bereit, auf Sonderwünsche einzugehen und «Nudeln nature» zu servieren.

Wie? Vom Bahnhof Wetzikon mit den VZO-Buslinien 1, 850, 851, 856 (Wetzikon–Bäretswil–Bauma).
Wann? Siehe Programm.
Wieviel? Siehe Programm.
Alter? Ab 5 Jahren.

Ein bunter Strauss für Mama!

Sobald man Zürich verlässt und über Land fährt, begegnet man bunten Blumenfeldern, die – zum Schutz von Nachbars Garten – mit dem Schild «Blumen zum selber schneiden» gekennzeichnet sind. Hier kann man sich für wenig Geld die schönsten Sträusse zusammenstellen. Ein sicherer Tipp für Frühlings- und Sommerblumen ist die Strasse zwischen Pfaffhausen, Binz und Benglen.

9 T. Rex und Co.

Sauriermuseum, Zürichstrasse 202,
8607 Aathal-Seegräben, 044 932 14 18,
www.sauriermuseum.ch

Ein Dinokino und ein Kinderlehrpfad. Ein Flugsaurier und ein Brachiosaurus. Fast jedes Kind durchlebt die Saurierphase. Der Besuch im Museum tilgt nicht nur den ersten Wissensdurst anschaulich. Denn neben den verblüffend lebensechten plastischen Nachbildungen der Urtiere sind hier zum grössten Teil Originalskelette ausgestellt, ergänzt durch rekonstruierte Knochen. Wer also einmal dem Tyrannosaurus zwischen die Zähne gucken will, ist hier an der richtigen Adresse! Regelmässig finden Sonderausstellungen und Workshops statt. Übrigens: Im Bistro «Dinoland» können auch Kindergeburtstage gefeiert werden.

Wie? S14 bis Aathal, ca. 500 Meter zu Fuss Richtung Uster.
Wann? Sauriermuseum Di-Sa 10–17, So bis 18 Uhr (Workshops, Führungen usw. auf Anfrage).
Wieviel? Sauriermuseum Erwachsene Fr. 16.–, Kinder 11.–, Familienkarte 45–.
Alter? Ab Kindergartenalter.

10 Rund um den Pfäffikersee

Wandern im Naturschutzgebiet

Einfach schön: Drei Stunden durch Schilf und Wiesen; zwischendurch Holzstege, auf denen man an der Sonne liegen und in den blauen Himmel träumen kann... und in der Ferne glänzt silberweiss die Alpenkette. Der Pfäffikersee ist eine geschützte und von baulichen Eingriffen verschonte Naturlandschaft und in jeder Jahreszeit reizvoll. Offenbar gefiel es hier einst auch den Römern: Das restaurierte spätrömische Kastell in Pfäffikon-Irgenhausen ist ein imposantes Bauwerk auf einer kleinen Anhöhe, mit Überresten von Türmen und Innenräumen, öffentlich zugänglich und als Picknickplatz beliebt. Sommerliches Ausflugsziel ist das familiäre Schwimmbad Auslikon mit Campingplatz. Der Campingplatz ist von April bis Ende Oktober geöffnet.

Wie? S 2 und 3 bis Pfäffikon.
Was? Bootsvermietung in Pfäffikon; Strandbad Auslikon mit Café und Kiosk, 044 950 13 29, geöffnet Mitte Mai bis Ende Sept. 9–18.50 Uhr. Kiosk während des ganzen Jahres geöffnet. In Seegräben Restaurant «Linde» mit grosser Gartenwirtschaft, 044 932 13 20, Montag und Dienstag geschlossen.
Alter? Alle Altersstufen.

lassen sich Rüstungen und reich geschmückte Waffen begutachten. Das waren noch Zeiten! Die bekannte Zürcher Comic-Künstlerin Frida Bünzli zeichnet den einstigen Alltag im Ritterhaus in witzigen Bildfolgen nach.

Wie? S 5 bis Bubikon, 10 Min. zu Fuss ab Bahnhof.
Wann? 1. April–31. Oktober Di–Fr 13–17, Sa/So 10–17 Uhr (ausgenommen Karfreitag, Ostersonntag, Pfingstsonntag und Bettag).
Wieviel? Erwachsene Fr. 8.–, Kinder 6–16 Jahre 5.–, Familienbillett 16.–.
Was? Kleine Cafeteria. Führungen auf Anfrage, 055 243 39 90. Achtung: An schönen Sommersonntagen steht neben dem Haus manchmal eine Draisine, mit der man bis zum Egelsee fahren kann!
Alter? Ab 6 Jahren.

11 Kreuzritterhaus, gründlich entstaubt

Johannitermuseum Ritterhaus Bubikon, 8608 Bubikon, 055 243 12 60, www.ritterhaus.ch

Auf ins heilige Land: Was die Kreuzzüge tatsächlich waren, erfährt man in Bild- und Tondokumenten im gänzlich neu gestalteten Johannitermuseum. Das Ritterhaus Bubikon ist die einzige vollständig erhaltene Johanniterkommende in der Schweiz. Es ist eine imposante mittelalterliche Anlage samt Kapelle mit Wandmalereien aus dem 13. Jahrhundert. Die Baugeschichte darf mit Hilfe von Holzklötzen nachgebaut werden.

Man kann sich auch lebhaft vorstellen, wie die Johanniter im Festsaal opulent getafelt haben. Im Waffensaal

12 Im Reich der Langohren

Hasenmuseum, Dorfstr. 20, 8608 Bubikon, 055 243 29 00, www.hasenmuseum.ch

Ein Treffen mit Hansi Langohr… oder wenn das Sammeln zur Passion wird! Teils hinter Glasvitrinen und teils im ganzen Museum verstreut, wohnen hier unzählige Langohren aus aller Welt, die in Bubikon ein letztes Zuhause gefunden haben. Da gibt es Riesenhasen, Minihasen, Plüschhasen, Hasen auf Rädern, Schaukelhasen… kurz: Hasen in jeder möglichen Form und Gestalt. Mit Ausnahme von ausgestopften Hasen. Und eben auch Hansi, der es als Fotomodell vor ein paar Jahren auf den Titelseiten mehrerer Zeitschriften zu Berühmtheit gebracht hatte und jetzt auf einer eigenen Säule prangt. Die der

Öffentlichkeit zugänglich gemachte Privatsammlung der Museumsbetreiber ist beeindruckend. Und weil Hasen sich bekanntlich schnell vermehren, wird die Sammlung laufend aufgestockt. Falls derart viele Hasen bei den Kindern Besitzersehnsüchte erwecken, kann man im Museumsshop selbstverständlich auch Hasen als Souvenirs erstehen.

Wie? S5, 3 Minuten ab Bahnhof.
Wann? Jeweils letzten So im Monat und Ostermontag 13–18, jeden letzten Mi 14–17 Uhr (Führungen auf Anfrage).
Wieviel? Erwachsene Fr. 5.–, Kinder 6–16 Jahre 3.50.
Alter? Ab 2 Jahren.

13 Erlebnispark Natur
Naturzentrum Sihlwald, 8135 Sihlwald, www.gsz.stzh.ch

Ein zwei Kilometer langer Walderlebnispfad, ein Themengarten «Kreislauf Naturwald», eine Ausstellungshalle, ein Informations- und Spielpavillon und vieles mehr. Das Naturzentrum Sihlwald ist der Ausgangspunkt zum Sihlwald und bietet seinen naturinteressierten Besuchern viel Information über den Wald und seine Bewohner. Zudem kann man im flächenmässig grössten naturbelassenen Laubwald der Schweiz der Spazierlust frönen und nach etwelchen bepelzten Einheimischen Ausschau halten. Apropos Pelztiere: Im Sommer 2004 sollte die neue Biber- und Fischotteranlage fertiggestellt sein, die zusammen mit dem Tierpark Langenberg realisiert wird. Im Naturzentrum finden auch laufend Veranstaltungen für Kinder statt, ausserdem gibt's einen Shop und eine kleine Cafeteria.

Wie? SZU bis Haltestelle Sihlwald oder zu Fuss ab Langnau a. A. (40 Min.).
Wann? Walderlebnispfad, Hochwachtturm, und Aussenausstellungen immer zugänglich. Naturzentrum: Ca. Mitte März bis Ende Oktober.
Wieviel? Eintritt frei. Ausstellungen: Erwachsene Fr. 6.–, Kinder 3.–, Familien 14.–.
Was? Veranstaltungsprogramme: www.sihlwald.ch.
Alter? Alle Altersstufen.

14 Von Bär bis Wolf
Wildpark Langenberg,
8135 Langnau a. A., 044 713 22 80, Restaurant 044 713 31 83

Der Tierpark Langenberg ist die «einheimische» Alternative zum Zoobesuch. Dank der grosszügigen Anlage in einem Waldstück können Füchse, Luchse, Steinböcke, Hirsche, aber auch Wölfe und Bären in ihrem natürlichen Umfeld beobachtet werden. Vorausgesetzt, dass die Tiere Lust haben, sich zu zeigen! Aber etwas zu sehen gibt es immer. Fünfzehn europäische Tierarten leben hier. Falls man nicht alle persönlich begrüssen kann, ist diese kleine Enttäuschung auf dem Kinderspielplatz schnell vergessen. Eine übergrosse Hängematte lädt dort zum Schaukeln, ein rasanter Seilzug für eine Fahrt im Sausewind ein. Besonders an heissen Tagen sehr attraktiv: das Wasserspiel. Von August bis Oktober sind zudem jeweils am Mittwoch- und Sonntagnachmittag «Wildtierboten» unterwegs, die Wissenswertes zu Luchs, Bär, Wildschwein und Wolf erzählen.

Das Restaurant zum Händewaschen und Stärken der Kondition befindet sich in unmittelbarer Nähe des Spielplatzes. Ausserdem kann man im Wildpark-Shop unter anderem an Mittwoch-, Samstag- und Sonntagnachmittagen ein weiteres Plüschtier fürs Kinderzimmerregal erstehen.

Wie? S4 bis Wildpark-Höfli, 5 Min. zum Eingang Wildpark, 30 Min. bis zum Rest. Wildpark. Oder mit dem Auto über Adliswil, Langnau a. A. oder Albispass zum Parkplatz beim Haupteingang.
Wann? Der Ostteil ist täglich geöffnet, der Westteil im Mai–September 8–19 und Oktober–April 8–16 Uhr.
Wieviel? Eintritt frei.
Alter? Alle Altersstufen.

15 Mit der Stollenbahn
Besucherbergwerk, Bergwerkstr. 29/31, 8810 Horgen-Käpfnach, 044 725 82 49, www.horgen.net/bergwerk/

«Glückauf» steht über dem Eingang zum Stollen, ziemlich versteckt oberhalb der Bahnlinie. Der Bergmannsgruss gilt heute den Besucherinnen und Besuchern, die mit gelben Helmen auf den Köpfen die Stollenbahn besteigen, die von einer kleinen Elektrolok gezogen wird. Über 400 Meter in den Berg hinein geht die rasante Fahrt. Vor ein paar Jahren wurde ein weiterer Stollen wieder freigelegt; inzwischen sind es bereits 1,5 Kilometer begehbare Stollen. Käpfnach war einst das grösste Kohlebergwerk der Schweiz, sein Ursprung reicht 400 Jahre zurück. Noch während des Zweiten Weltkriegs wurden Rekordmengen an Kohle gefördert, doch gleich nach dem Krieg wurde der Betrieb stillgelegt. Im ehemaligen Kohlemagazin ist ein Bergwerksmuseum eingerichtet worden, dazu wird ein eindrucksvoller, 1943 gedrehter Film über die Arbeit im Berg gezeigt. Da ein Rundgang aus einem Museums- und Stollenteil besteht, nimmt der Besuch insgesamt zwei Stunden in Anspruch, falls Sie nicht zu spät eintreffen.

Wie? S2 und S8 nach Horgen, zu Fuss ca. 20. Min.
Wann? Anfang April–November jeden Sa 13–16.30 Uhr. Ein Rundgang dauert ca. 2 Stunden, Treffpunkt um 13 Uhr Bergwerkstrasse 27.
Wieviel? Museum Erwachsene Fr. 15.–, Kinder 8.–.
Was? Gruppenführungen auf Anfrage, 044 725 39 35 (Sekretariat).
Alter? Ab 6 Jahren.

Schoggi-Fondue am Lagerfeuer
Schoggi-Fondue am Lagerfeuer schmeckt noch besser als zu Hause. Alles, was es braucht, ist eine grosse Pfanne, Holzspiesse, jede Menge Schokolade und Fruchtstücke. Erst wird das Fruchtstück auf den Spiess gesteckt und danach in der geschmolzenen Schokolade gebadet. Schoggi-Fondue unter freiem Himmel ist auch für kältere Tage oder Kindergeburtstagsfeste im Winter geeignet.

16 Ab in die Höh!
Zürichs einzige Luftseilbahn,
8134 Adliswil, 044 710 73 30

Statt auf den Gewässern rumzucruisen kann man zur Abwechslung auch mal in die Höhe schweifen. Von Adliswil aus fährt eine Luftseilbahn im Viertelstundentakt auf die Felsenegg. Links von der Bergstation befindet sich ein prima Aussichtsrestaurant mit einem tollen Kinderspielplatz. Von hier oben lassen sich aber auch etliche Wanderungen durch Wald und Wiesen unternehmen. Wer in Richtung des Zürcher Hausberges Üetliberg marschiert, kann dem Planetenweg in umgekehrter Richtung folgen. Nämlich von den äusseren Planeten in Richtung Sonne.

Wo? Talstation in der Nähe des Bahnhofs Adliswil (S4).
Wann? Immer um 5, 20, 35 oder 50 Minuten nach der vollen Stunde.
Wieviel? Normales SBB-Zonennetz. Einfach Erwachsene Fr. 3.60, Kinder 2.60.

17 Woher kommt der Honig?
Imkerei-Museum, Müli,
8627 Grüningen, 044 940 76 37

In der Mülischeune ist eine Ausstellung mit vorwiegend alten, aber auch neuen Gerätschaften zur Bienenhaltung eingerichtet. Für Kinder besonders interessant sind die Schaukästen, in denen sich die Bienenvölker bei ihrer Arbeit beobachten lassen, ohne dass man riskiert, gestochen zu werden. Auf Schautafeln wird die Imkerei nochmals kurz und bündig und kindgerecht erklärt, so dass alle des Lesens kundigen Kids künftig ihr Honigbrot mit Sachverstand geniessen können. Wer im kleinen historischen Städtchen weilt, sollte auf keinen Fall verpassen, dem botanischen Garten einen Besuch abzustatten.

Wie? Mit dem VZO-Bus ab Bahnhof Uster und Wetzikon. Während der Öffnungszeiten des Museums ist der Weg ausgeschildert.
Wann? April bis Oktober jeweils am 1. und 3. Sonntag (ausgenommen Feiertage) von 14–17 Uhr. Für Gruppen auf Anmeldung.
Wieviel? Eintritt frei (Unkostenbeitrag erwünscht).
Alter? Ab Kindergartenalter.

18 Potz Holzöpfel und Zipfelchappe
Park im Grüene, Langhaldenstr. 77,
8803 Rüschlikon, 044 724 43 76

Ein Nachmittag im Park im Grüene ist ein Erlebnis, das wohl allen in Erinnerung bleibt, die einmal hier waren. Vor allem, wenn der Parkbesuch mit einer Kasperlitheater-Aufführung verbunden war oder ist. Denn der freche Bengel mit der Zipfelmütze ist noch immer der unbestrittene Held aller Vorschulkinder! Ein kleines Züglein, ein schattiger Spielplatz mit grossem Sandhaufen, das Kinderplanschbecken und Eselreiten komplettieren das Angebot. Ausserdem gibt es jeweils Spezialattraktionen wie Blasio-Hüpfen und im Sommer Kinder-Openairs.

Wie? Bus 165 ab Bürkliplatz bis Haltestelle Belvoir, Rüschlikon.
Wann? Täglich April–Oktober 7–19 Uhr geöffnet; Kasperlitheater Mi und So 15 Uhr.
Wieviel? Eintritt frei (auch Kasperlitheater).
Alter? Alle Altersstufen.

19 Schaustücke auf Rädern

Spielzeugmuseum Pegasus Small World, Habersaatweg 3, beim Türlersee, 8914 Aeugstertal, 044 776 22 77, www.spielzeug-museum.ch

Kleine Wunderwerke auf Rädern sammelt der Dekorationsgestalter Ewald Schuler seit über 30 Jahren. Jetzt macht er sie öffentlich zugänglich: Spielzeugeisenbahnen aus der Zeit von 1900 bis 1950, darunter ein paar echte Raritäten, etwa der Schienen-Zeppelin, eine Alu-Konstruktion mit Flugzeugmotor. Daneben sind im Säuliämter Spielzeugmuseum «Pegasus Small World» auch Spielsachen aus dem Erzgebirge, Puppen, Plüschtiere der Firma Steiff und mehr zu sehen. Kuriositäten sind die Nachbildung eines Silberbergwerks mit 60 Figürchen, die auf Knopfdruck zum Leben erwachen, und eine Drechslerwerkstatt en miniature. Der Museumsbesuch lässt sich übrigens bestens mit einem Türlersee-Rundgang kombinieren, so dass auch für genügend Auslauf gesorgt ist.

Wie? Postauto ab Bahnhof Zürich Triemli via Stallikon, Aeugstertal, nach Habersaat (Haltestelle Landhus) an der Kantonsstrasse Zürich–Zug.
Wann? Di–So 11–18 Uhr.
Wieviel? Erwachsene Fr. 7.–, Kinder und AHV 4.–.
Was? Führungen auf Anfrage. Cafeteria, Museumsshop.
Alter? Ab 6 Jahren.

── Kids willkommen! ──

Wo essen?

Blüemlisalp, 8704 Wetzwil, ob Herrliberg, 044 915 34 90. Di und Mi geschlossen. Alpwirtschaft inmitten von Weiden und Obstbäumen.

Mehr als nur ein Restaurant: «Hans im Glück», Graswinkelstrasse 54, 8302 Kloten, 044 800 15 15, bietet behinderten Menschen geschützte Arbeitsplätze und ist dabei ein äusserst kinderfreundliches Gasthaus mit Kinderkarte, Kinderspielecke im Gasthaus, Spielplatz und Streichelzoo.

Neuhof, 8164 Bachs, 044 858 11 80. Geöffnet: Mo/Di 9–17, Mi–So 9–24 Uhr. Selbstverwalteter Betrieb im Bachsertal, Gaststube mit Kinderspielecke, Gartenrestaurant mit Spielplatz. Übernachtungsmöglichkeiten.

Gasthof Rosinli, 8345 Bäretswil-Adetswil, 044 939 11 45; Mo/Di geschlossen. Auf 820 Metern ü. M., mit Alpenblick, Rutschbahn und Spielplatz.

Alte Post, 8914 Aeugstertal, 044 761 61 38. Täglich geöffnet.

Rest. Pfannenstiel, Herrenweg, 8706 Meilen, 044 923 55 44. Täglich geöffnet. Spielplatz (Schaukeln, Rutschbahn).

Bleichibeiz, 8636 Wald, 055 256 70 20, www.bleiche.ch. Täglich geöffnet, mit Hotel und Bad.

Wo schlafen?

Landgasthof Halbinsel Au, 044 782 01 01, Direkt über dem Zürichsee auf der Halbinsel gelegen. Grosser Garten, Spielplatz, auf dem Bauernhof nebenan viele Tiere. Doppelzimmer Fr. 180.–, Zusatzbett für Kleinkinder gratis, für Kinder ab sechs Jahren Fr. 40.–.

Schlafen im Stroh. Familie Ziegler, 8825 Hütten, 044 788 15 15. Wander- und Velofahrertreff mit «Bäsebeiz» in der Hängerten. Schlafplätze im Stall inklusive Morgenessen Erwachsene Fr. 25.–, Kinder bis 12 Jahre 12.–.

Hotel und Gasthof zum Hirschen,
Seestr. 856, 8706 Obermeilen,
044 925 05 00. Doppelzimmer ab
Fr. 190.–, Einerzimmer 125.–, Zusatzbett für Kinder von 3–12 Jahren
Fr. 50.–. Direkt am See, mit grosser
Restaurantterrasse. Nähe zu Ausflugsmöglichkeiten und Strandbad.

Jugendherberge Richterswil,
Hornstrasse 5, 8805 Richterswil,
richterswil@youthhostel.ch,
044 786 21 88. Rezeption 7–10,
17–22 Uhr. Villa mit Seeblick: Baden
kann man direkt vor dem Haus; eine
grosse Liegewiese und ein Spielplatz
sind vorhanden. Geschlossen jeweils
Dezember–Ende Februar. Oft Spezialangebote. Kinder von 2–6 Jahren
zahlen die Hälfte, unter 2 Jahren
gratis (Mitgliedkarte notwendig).

Farm Camping Waldhof, 8335 Hittnau,
044 950 38 06, www.campingwaldhof.ch.
Grosse Anlage im Zürcher Oberland,
ganzjährig offen. Mit Spielplatz,
Ponys, Ziegen, Hasen. Ponyreiten.
Erw. pro Nacht je nach Saison Fr. 4.–
bis 5.–, Kinder 2.– bis 3.–; kleines
Zelt 4.– bis 8.–, Wohnwagen 6.–,
Wohnmobil 8.–.

Dauerbrenner

Reit- und Pensionsstall Rossweid,
Maisenrein 10, 8044 Gockhausen.
044 821 49 60. Reitkurse auf Mini-Shetlandponys für Kinder zwischen
4 und 7 Jahren. Natürlich kann
man auch «nur» zum Anschauen
der Pferde nach Gockhausen fahren.
Die Kombination mit einem
«Rossweid»-Cremeschnitten-Zvieri
ist jedoch ein Muss.

Naturschutzzentrum Neeracherried,
Postfach, 8173 Neerach, 044 858 13 00,
www.birdlife.ch/neeracherried. Das
Flachmoorgebiet neben den Pisten
des Flughafens bietet Lebensraum
für unzählige Pflanzen- und Tierarten.

Kindertheater Merlin: Verein Kindertheater Merlin, Kleinjoggstrasse 4,
8615 Wermatswil, Auskunft:
076 432 86 15. Theaterkurse für
Kids von 3–15 Jahren.

Bergwerk «Im Chrästel», 8107 Buchs
ZH, Krästelstr. 29, 044 844 17 50.
Stillgelegtes Quarzsand-Bergwerk mit
verzweigtem Stollensystem und unterirdischen Seen. In der Freizeit haben
Grubenarbeiter zahlreiche lebensgrosse Figuren in die Stollenwände
gehauen. Restaurant Bergwerk mit
schöner Gartenwirtschaft und selbstgemachten Wähen. Mi ab 18 Uhr
und Do geschlossen. Achtung! Nur
mit Führungen und nach Voranmeldung! Ab ca. 10 Jahren (für
kleinere Kinder ungeeignet).

Fahrten mit der «Greif», dem ältesten
und wohl einzigen noch mit Kohle
betriebenen Dampfschiff der Schweiz;
April–September auf dem Greifensee, jeweils So, nur bei gutem Wetter.
Auskünfte und Reservation über
den Einsatz des DS «Greif» erhält
man jeweils am Sonntag ab 9 Uhr:
044 980 01 69.

Kletterzentrum Gaswerk AG, Kohlestr.
12b, 8952 Schlieren, 044 755 44 33,
365 Tage offen. Mo–Fr 12–22.15,
Sa 10–21, So 10–20 Uhr. Kletterwelt
auf dem Areal des bald hundertjährigen
Gaswerks, auch für Kinder ab 6 Jahren.
Kurse für Erwachsene und Kinder,
Vermietung von Kletterausrüstungen.

«Chocoladeforum» Lindt & Sprüngli,
Seestr. 204, 8802 Kilchberg,
044 716 22 33; Mi–Fr 10–12 und 13–
16 Uhr, Eintritt frei. Sehr viel Informatives zum Thema Schokolade.

Indian Land, Grütstr. 28, 8625 Gossau
ZH, 044 935 26 74 (auch Fax);
www.indianland-museum.ch, Mi
13.30–17, Sa/So 13–17 Uhr. Einzeleintritt Erwachsene Fr. 7.–, Kinder 4.–,
Kinder unter 6 Jahren gratis. Privates
Indianermuseum. Cafeteria und gut
bestückter Museumsshop. Öffentliche
Führung: 11 Uhr, letzter So im Monat.

Zürich:
Unterwegs in
der Region

Zürich: Winterthur und Umgebung

1. Winterthur-Sightseeing mit Velos und Scootern
2. Turm zur schönen Aussicht Bar-Bistro «Roter Turm»
3. Dauerbrenner für Wissensdurstige Technorama
4. Das einzige weit und breit Kerala's Chindermuseum
5. Sport im Trend – Trend im Sport Tempo-Drom und Block
6. Wie die Profis BMX-Bahn, Dättnau
7. Es rattert die Mühle... Pro Haumüli, Embrach
8. Mit kleinen Schritten Windelwanderweg, Winterthur
9. Wildschweine und Przewalskipferde – Wildpark Bruderhaus
10. Ein Stern mit Namen Winterthur Sternwarte Eschenberg
11. Alles was Kind sich wünscht Chinderlade & spielArt
12. Rund um den Winterthurer Schützenweiher
13. Zum Thema Wasser Tösstaler Wasserlehrpfad
14. Sonntagsspaziergang Durchs Fahrenbachtobel, Elgg
15. Ausflug ins Mittelalter Mörsburg, Winterthur-Reutlingen
16. Bastelbogen live Museum Schloss Kyburg
17. Hotel Natur Zelten an der Thur
18. Aussichtsreiche Spitze Hörnli, Steg im Tösstal

Zürich ostwärts

Winterthur hat den Charme einer Kleinstadt, jedoch die Vergnügungsmöglichkeiten einer Grossstadt. Und das ist gewiss nicht zuviel versprochen. Für Familien mit Kindern bietet Winterthur jedenfalls einiges. Zum Beispiel, nah am Puls der Zeit, ein Sportzenthrum für Trendsportarten, eine nigelnagelneue Eishalle, in der man seine Pirouetten drehen kann, Museen, Theater, Spielplätze, viel Grünflächen und sogar einen Wanderweg für Kleinkinder. Möchte man die Stadt für einen Ausflug aufs Land verlassen, kommt die Qual der Wahl. Kein Wunder also, trennen sich die Winterthurer nur ungern von ihrem kleinen Paradies. Denn der Unterschied zu Zürich liegt nicht einzig und allein darin, dass die einen «nid» und die anderen «nöd» sagen. Sicher geht es in Winterthur kleinstädtisch gemütlicher zu und her als in Zürich. Aber träge ist man an den Ufern der Töss deswegen noch lange nicht.

Katja Alves
Mit Dank an Pascal Nufer für seine redaktionelle Mitarbeit

Zürich:
Winterthur und
Umgebung

1 Winterthur auf zwei Rädern

Velos und Scooter zum Mieten, Infos und Prospekt bei Winterthur Tourismus im HB, 052 267 67 00, www.stadt-winterthur.ch

Winterthur war schon immer eine Velostadt, rühmen sich die Winterthurer stolz. Zu Recht! Wer die Stadt hoch zu Stahlross erkunden möchte, braucht sich nicht über die fehlenden Radwege zu beklagen. Anders als etwa in Zürich gibt es kaum Steigungen zu bewältigen. Die Innenstadt ist verkehrsfrei, so dass auch wenig geübte Velofahrer bei einer gemächlichen Einkaufsfahrt nicht gleich Kopf und Kragen riskieren. Im Bahnhof SBB stehen Mietvelos zur Verfügung, und neu kann man die Stadt auch per Scooter erkunden. Zu entdecken gibt's eine ganze Menge: die abseits der Shopping-Achse beschauliche Altstadt, wunderschöne und weitläufige Parks, den Grünen Ring mit imposanten öffentlichen Bauten und Museen – und für geübtere Radlerinnen und Radler den Industrie-Veloweg durch alte Industrieareale, zu Wasserrädern und Sägereien. Ein kleiner Streckenplan liegt gratis beim Tourist Service auf.

Wie? Rent a Bike, Bahnhof SBB, 051 223 02 91 (Reservieren empfiehlt sich); Scooter-Vermietung: Infos bei Winterthur Tourismus, 052 267 67 00.
Wieviel? Velomiete halber Tag: Fr. 18.– (mit SBB-Halbtax-Abo), 23.– (ohne Halbtax-Abo), ganzer Tag: 25.–/30.–; Scooter pro Halbtag Fr. 10.–, ganzer Tag 15.–, weitere Tage 10.– (für Gruppen reservieren!).
Alter? Ab 8 Jahren.

2 Turm zur schönen Aussicht

Bar-Bistro «Roter Turm», Theaterstrasse 17, 8400 Winterthur, 052 202 30 60

Winterthur aus der Vogelperspektive. Von oben betrachtet, bewegen sich die Fussgänger emsig wie kleine Ameisen. Die Eisenbahnwaggons sehen aus wie klitzekleine Spielzeugwagen. Hoch über der Stadt, im 23. Stockwerk, beherbergt das Swisscom-Hochhaus ein kleines Restaurant mit Bar.

Es ist ziemlich chic, auf der Speisekarte gibt's jedoch eine Auswahl von Gerichten, die auch Kindern bestens schmecken. Und die grossen Glasfenster eignen sich ideal zum Beobachten des Treibens in der Stadt. Wer gerne Sherlock Holmes spielt und aus der Ferne den Leuten in die Einkaufstaschen guckt, schnappt sich einen der Feldstecher, die zu Beobachtungszwecken bereitliegen.

Wie? Zu Fuss ab Bahnhof 10 Minuten.
Wann? So geschlossen, Mo–Sa ab 17 Uhr.
Alter? Ab 6 Jahren.

3 Dauerbrenner für Wissensdurstige

Technorama, Technoramastr. 1, 8404 Winterthur, 052 244 08 44, www.technorama.ch

Warum ist der Himmel blau? Können wir unseren Ohren trauen? Wie wandern Dünen? Was ist Chaostheorie? Im Technorama kommen hunderterlei Fragen zu (überraschenden) Antworten. Sinneswahrnehmungen und -täuschungen, Naturphänomene, Wasser, Licht, Farben, Schwerkraft,

Schwingungen, Energie – auf drei Geschossen wartet viel Spannendes, Kniffliges, Spassiges auf grosse und kleine Neugierige. Technorama-typisch: Man darf alles anfassen, ausprobieren, besteigen. Denn Interaktivität ist gross geschrieben im modernen Science Center und im Jugendlabor im gleichen Haus. Nicht verpassen: die Seifenblasenmaschinen, den Stroboskopbrunnen, das Regentropfenschlagzeug und den Van-de-Graaff-Bandgenerator, der einem die Haare zu Berg stehen lässt. Neu gibt es im Technorama auch ein Küchenlabor: Dort wird Fragen nachgegangen, die viele sich vielleicht noch gar nie gestellt hat: Wieso eigentlich Kümmel nach Kümmel riecht oder die Karotte orange ist. (Nein, der Grund ist nicht, weil man sie sonst in der Znünitasche gerne übersieht.) Im Technorama erfährt man zwar einiges, aber nie genug, um es bei einem einzigen Besuch bewenden zu lassen. Was einem an regnerischen «Was-sollen-wir-heute-machen-Tagen» enorm entgegenkommt.

Wie? Bus 5 ab HB Winterhur.
Wann? Di–So 10–17 Uhr, Mo geschlossen (an allgemeinen Feiertagen auch Mo geöffnet). Jugendlabor Di–Sa 14–17, So 12–17 Uhr.

> ### Eiszeit
> Der Nussbaumersee im Zürcher Weinland ist einer von drei zusammenhängenden Moorseen, die heute noch an die letzte Eiszeit erinnern. In sehr kalten Wintern kann man auf dem Nussbaumersee Schlittschuh laufen. Im Sommer lädt er mit frei zugänglichen Badeplätzen zum Baden ein. Glace gibt es dann allerdings nur im Strandbad des benachbarten Hüttwilersees. Erreichbar sind die Seen per Fussmarsch oder Velo ab Bahnhof Stammheim.

Wieviel? Erwachsene Fr. 19.–, Kinder 6–15 Jahre 10.– (Preise inkl. Jugendlabor); reduzierte Tarife für Gruppen, Lehrlinge und Studierende, Personen mit AHV/IV-Ausweis.
Was? Technorama, Jugendlabor und Sammlung Dr. Bommer (Spielzeugeisenbahnen). Mit attraktivem Museumsshop und Restaurant. Picknickplätze gibt's sowohl im Haus als auch im Freien.
Alter? Ab 5 Jahren.

4 Das einzige Kindermuseum weit und breit

Kerala's Chindermuseum, Naturwissenschaftliche Sammlungen, Museumstrasse 52, 8400 Winterthur, 052 267 51 66

Das Museum in den Naturwissenschaftlichen Sammlungen richtet sich an junge Museumsbesucher. Hier soll und darf deshalb auch für einmal mit den Fingern geguckt werden. Wie weich ist ein Mäusefell? Und wie fühlt sich eine schuppige Schlangenhaut an? In die Dachshöhle kriecht man einfach rein und trifft auf Familie Dachs. Überall stehen farbige Rollmobile mit Spielen, Riesenlupen, Vogelstimmenpfeifen und anderem mehr. Kerala selber ist sozusagen der Gastgeber, eine Handpuppe mit Strubbelhaar, die mit Tieren und Steinen reden kann und Kindergarten- und Schulklassen durchs Museum führt.

Wie? 10 Minuten zu Fuss ab Bahnhof.
Wann? Di–So 10–17 Uhr. Einmal im Monat Sa ab 14 Uhr offener Spiel- und Erlebnisnachmittag (s. Tagespresse).
Wieviel? Eintritt frei.
Alter? Ab 3 Jahren.

5 Sport im Trend – Trend im Sport

Tempo-Drom und Block,
Lagerplatz 17, 8400 Winterthur,
052 204 07 00, www.block.ch

Klettern, Skaten, Beach-Volleyball und Go-Kart-Rennen: In den Räumlichkeiten einer ehemaligen Sulzer-Speditionshalle auf dem Lagerplatzareal befindet sich ein 6500 Quadratmeter grosses Trendsportparadies. Unter einem Dach kann man rollern, skateboarden, inlineskaten oder Beachvolleyball spielen. Eine echte Herausforderung für Schwindelfreie bietet die 14 Meter hohe Kletterwand. Die «Bowl», eine riesige Schüssel aus Holz, wird vom Block als Weltneuheit gepriesen und lässt den Adrenalinspiegel der Skater garantiert höherschnellen. Auf der Kartbahn kann man sich in Elektro-Go-Karts wie «Schumi» fühlen oder auch weniger waghalsigen Sportarten wie Tischtennis oder «Töggelen» frönen.

Wo? 400 m hinter dem Hauptbahnhof.
Wann? Geöffnet täglich 10–24, So bis 22 Uhr.
Wieviel? Block: Eintritt Kinder Fr. 7.–, Jugendliche 12.–, Erwachsene 16.–. Kartbahn: Kinder 18.–, Erwachsene 23.–. Eintrittspreise für Mitglieder reduziert; Abos, Gruppentarife und Kurse auf Anfrage.
Alter? Ab 6 Jahren.

6 Wie die Profis

BMX-Bahn Dättnau, Dättnauerstr. 13,
8406 Winterthur, 052 222 53 21,
www.bmxwinterthur.ch

Auf der BMX-Bahn Dättnau haben sich schon Europameister gemessen. Die Strecke gilt als anspruchsvoll, ist jedoch für versierte Fahrer durchaus machbar. Wer kein eigenes BMX hat, darf die Strecke auch mit dem Mountainbike befahren. Empfohlen werden lange Hosen, langärmlige Oberbekleidung, Helm, Handschuhe und Schoner. An Gruppen werden auch BMX-Velos vermietet.

Wie? Bus 13 bis Haltestelle Freizeitanlage.
Wann? Immer geöffnet, mit Ausnahme der Trainingszeiten (Di/Do ab 18 Uhr).
Wieviel? Eintritt mit eigenem Velo gratis.
Alter? Ab Primarschulalter bzw. ab ausreichender Fahrtüchtigkeit.

7 Es rattert die Mühle, es fliegen die Späne

Vereinigung Pro Haumüli,
8424 Embrach, 044 865 51 67,
www.haumuehle.ch

Auf dem Haumüli-Areal am Wildbach in Embrach, einem Naturschutzgebiet, wurden einst eine Getreidemühle und eine Sägerei betrieben. Anfang der 1930er Jahre stellte man den Betrieb ein. In der Folge zerfielen Gebäude und Anlagen. In mühseliger Kleinarbeit hat die Vereinigung «Pro Haumüli» das Sägewerk wieder aufgebaut. Und auch das Wasserrad für den Antrieb ist nachgebaut worden. Die Antriebstechnologie ist beeindruckend. Das Rad aus Lärchenholz hat einen Durchmesser von 4,6 Metern, und jede der 32 Schaufeln fasst 60 Liter Wasser. Das ergibt bei 7 Umdrehungen pro Minute eine Leistung von 5 bis 7 PS. Ob sich die Winterthurer Rechenaufgaben-Erfinder jeweils an der Haumüli inspirieren? Jedenfalls ist die wenig bekannte Haumüli einen Ausflug wert, und das nicht nur für Technikinteressierte. Zu Demonstrationszwecken werden immer noch Baumstämme zersägt und Korn gemahlen. Und ein Naturlehrpfad soll zum Denken anregen.

Wie? Ab Winterthur mit der S41 nach Embrach.
Wo? Die «Haumüli» liegt unweit des Bahnhofs (10 Minuten zu Fuss).
Wann? Mai–Oktober 1. Samstag im Monat, 13.30 Uhr–16 Uhr. Weitere Besichtigungen auf Anmeldung.
Wieviel? Gratis.
Alter? Alle Altersstufen.

8   Mit kleinen Schritten
Windelwanderweg beim Wildpark «Bruderhaus», 8401 Winterthur

Ein Sandplatz, Holzhäuschen, Steine, Holzbohlen zum Herumturnen, ein Irrgarten und ein winzig kleiner Parcours mit Brücklein, Treppchen und kleinen Wegen: Der Windelwanderweg auf dem Areal des Wildparks Bruderhaus ist rund einen Kilometer lang und für Knirpse gedacht, die noch unsicher auf den Beinen sind. Der kinderwagengängige Rundweg durch den Wald wurde mit viel Freiwilligenarbeit angelegt; für die ganze Familie stehen Bänke, Picknickplätze und Grillstellen bereit.

Wie? Bus 4 ab Bahnhof bis Haltestelle Breite, 30 Minuten zu Fuss, markierter Wanderweg zum Wildpark.
Wann? Täglich.
Alter? Ab 1 Jahr.

9   Wildschweine und Przewalskipferde
Wildpark Bruderhaus, Bruderhausstrasse 1, 8401 Winterthur, 052 232 75 13 (Restaurant)

Der Wildpark Eschenberg ist eines der beliebtesten Ausflugsziele der Winterthurer Familien: Wo sich um 1250 eine Einsiedelei der Franziskanermönche befand, ist heute – vor allem an Sommerwochenenden – nicht mehr viel von Einsamkeit zu spüren. Kinder und Eltern spazieren durch den Tierpark, bestaunen Wisente, Wildschweine und Przewalskipferde, halten nach den beiden Luchsen Ausschau, die gut getarnt in ihrem 3200 Quadratmeter grossen Gehege herumziehen, oder gucken sich den Wald- oder Findlingslehrpfad an. In der Nähe des Wildparks, an der Schneisenstrasse, gibt's zudem den 30 Meter hohen Eschenbergturm mit prächtigem Rundblick über die Wipfel.

Wie? Bus 4 bis Breite, 30 Min. zu Fuss.
Wo? Tierpark, Waldlehr- und Findlingspfad; Restaurant mit Spielplatz und Rastplatz «Luchs».
Wann? Mi ab 18 Uhr und Do geschlossen.
Wieviel? Tierpark Eintritt frei.
Alter? Alle Altersstufen.

10   Ein Stern mit Namen Winterthur
Sternwarte Eschenberg, 8401 Winterthur, home.sunrise.ch/griess/Sternwarte

Seit Ende September 2002 gibt es am Himmel einen Stern mit dem Namen Winterthur. Der 5 Kilometer kleine Himmelskörper wurde von einem Winterthurer Sterngucker aus der Sternwarte Eschenberg entdeckt. Für alle, die es ihm gleichtun möchten, heisst es deshalb: auf nach Eschenberg. Die Sternwarte liegt in einer Waldlichtung. Rundum ist es dunkel. Aus diesem Grund sieht man in klaren Nächten die Himmelskörper besser als anderswo. Ausserdem verfügt die Sternwarte über ein 40-cm-Hochleistungsteleskop, mit dem auch schwächere Kleinplaneten erfasst werden können.

Wie? Bus 4 bis Breite, 30 Minuten zu Fuss.
Wann? Öffnungszeiten bei guter Witterung Mi 20.30–22.30 Uhr (Sommer), 19.30–21.30 Uhr (Winter). Gruppen auf Voranmeldung: 052 337 28 48 oder E-Mail: griesser@spectraweb.ch.
Alter? Ab 10 Jahren.

11 Alles was Kind sich wünscht
Chinderlade & spielArt, Metzgergasse 19, 8400 Winterthur, 052 213 00 13

Ein bunter Drachen für sonnige Herbsttage? Eine süsse Mütze für kalte Ohren oder lieber den gelb-schwarzen Janosch-Schirm? Ein Stofftier für ins Bett oder eine witzige Zahnbürsten-Sanduhr-Kombination fürs Badezimmer? Eine Spieldose mit Lochstreifen, die sogar eigene Kompositionen abspielt? Holzkühe für den Bauernhof und einen ganzen Gemüsekorb für den Verkäuferliladen, Fingerpüppchen oder ein Taschenspiel im Blechdöschen? Gibt's alles im Chinderlade in der Altstadt, der erst vor kurzem in ein grösseres Lokal umgezogen ist. Zwei Geschosse mit kleinen und grossen, schönen und phantasievollen Geschenken, dazu ein ausgewähltes Sortiment an Kinderbüchern, Musikkassetten und CDs.

Wie? 10 Minuten zu Fuss ab Bahnhof.
Wann? Mo ab 13.30, Di–Fr 9–12.30 und 13.30–18.30, Do bis 21, Sa durchgehend bis 16 Uhr.
Alter? Alle Altersstufen.

12 Minigolf und Schlittschuhlaufen
Rund um den Winterthurer Schützenweiher, 8400 Winterthur, 052 212 15 46 (Minigolf)

Der Schützenweiher wurde zwar künstlich angelegt, ist aber im Laufe der Jahre zu einem beliebten Nistplatz für diverse Vogelarten geworden. Rund um den Weiher kann man, ganz der persönlichen Tagesform entsprechend, verschieden lange Routen entlang traben, marschieren oder gemütlich spazieren. Von Mai bis September, je nach Wetterlage, wird in der Parkanlage der Minigolfschläger geschwungen. Im Winter, falls der Weiher zugefroren ist, kann man Schlittschuh laufen. Während der

---

Parkstadt – Spielplatzstadt
Zwar fehlt der Stadt ein grösseres Gewässer, aber dafür ist Winterthur die Stadt der Parkanlagen. In fast jedem Park gibt es ausserdem Spielgeräte für Kinder. Insgesamt zählt man auf Stadtgebiet über 120 öffentliche Spielplätze. Die grössten befinden sich im Stadtgarten, im Rychenbergpark in der Nähe der Musikschule und im Büel, Heiligberg.

warmen Jahreszeiten wird das Gewässer jedoch vollumfänglich von den Modellbootbauern in Beschlag genommen, die hier mit Begeisterung per Funk ihre Gefährte durch die sanften Wogen steuern. Im nahegelegenen Wald kann man Würste braten. Wer lieber andere für sich braten lässt, weicht ins Restaurant Schützenhaus aus.

Wie? Bus 3 ab Hauptbahnhof Richtung Rosenberg. Haltestelle Schaffhauserstrasse.
Wann? Minigolf von Mai bis September, Schlittschuhlaufen in kalten Wintern.
Wieviel? Weiher: gratis Minigolf: Erwachsene Fr. 6.–, Kinder 4.–.
Alter? Alle Altersstufen.

13 Zum Thema Wasser
Tösstaler Wasserlehrpfad,
8492 Wila, www.wila.ch

Das Thema Wasser wird uns alle in der nahen und fernen Zukunft beschäftigen. Der Tösstaler Wasserlehrpfad vermittelt allgemein Wissenswertes dazu. Viel Aufschlussreiches erfährt man auch zum Thema Kanal- und Kraftwerkbau, die im Tösstal von jeher und vor allem in der Blütezeit der Textilindustrie eine wichtige Rolle gespielt haben. Gestartet wird in Kollbrunn beim SBB-Bahnhof oder beim Friedhof. Zuerst marschiert man entlang der Nussbergstrasse und dann dem Wasserlauf nach bis ins Bäntal zur «Tüfels Chile». Ein geheimnisvoller Ort, an dem chemische Vorgänge Quellwasser in Tuffstein verwandeln. Der Wanderweg führt dann nach Ober-Langenhard und weiter über den steilen, aber gut gesicherten Gedenkweg für den Musiker Paul Burkhard direkt ins malerische Dorf Zell. Eine gute Verpflegungsmöglichkeit gibt's unterwegs im Restaurant Linde in Ober-Langenhard oder im Restaurant Zellerstübli in Zell. Für den Rückweg nimmt man die Bahn ab Station Rämismühle-Zell nach Kollbrunn. Oder man marschiert zu Fuss dem linksseitigen Tössufer entlang. Dieser Weg eignet sich auch bestens zum Inlineskaten.

Wie? S26 ab Winterthur bis Kollbrunn.
Dauer? Wanderung je nach Aufteilung 3-4 Stunden.
Alter? Ab Primarschulalter.

Zürich: Winterthur und Umgebung

14 Sonntagsspaziergang
Durchs Fahrenbachtobel
zur Guhwiler Mühle, 8353 Elgg,
052 364 21 63 (Restaurant)

Das romantische Fahrenbachtobel oberhalb von Elgg ist ein Sonntagsnachmittagsausflug, der Kinder und Eltern gleichermassen erfreut. Beim Restaurant Guhwiler können die Kinder auf dem Spielplatz herumtollen oder den nahen Wald erkunden. Bei schönem Wetter wird jeweils am Sonntagabend ein Schwein an einem Spiess gegrillt, der durch ein Wasserrad angetrieben wird. Eine ziemlich beeindruckende Sache! Die Wanderung ist ab Bahnhof Elgg gut ausgeschildert (Wegweiser Schauber, Fahrenbachtobel, Guhwiler Mühle).

Wie? S35 ab Winterthur.
Dauer? Zu Fuss ab Elgg
etwas 1½ Stunden.
Wo? Fahrenbachtobel und
Guhwiler Mühle.
Alter? Der Weg ist kinderwagentauglich.

Nägel mit Köpfen
Kleine Nägel, grosse Nägel, dünne Nägel, dicke Nägel! In der «Nagli» werden alle Sorten von Nägeln hergestellt. Die einzige Nagelfabrik in der Schweiz weiht seit kurzem auch Kinder in die Geheimnisse der Nagelfabrikation ein. Ob auf dem blitzschnellen modernen Automaten oder mit Hilfe der wieder instandgesetzten hundertjährigen Nagelmaschine: In der «Nagli» macht man Nägel mit Köpfen!

Von Mai bis November gibt es jeden 1. Samstag im Monat oder nach Vereinbarung eine Führung. Adresse: St. Gallerstrasse 138, 052 202 77 39.

15 Ausflug ins Mittelalter
Die mittelalterliche Mörsburg,
Mörsburgstrasse 30, 8404 Winterthur,
052 337 13 96

Die Mörsburg liegt am äussersten Zipfel der Stadt Winterthur und ist bequem per Velo zu erreichen. Die vier Meter dicken Mauern wurden einst gebaut, um den Wohnturm vor Feinden zu schützen. Heute ist hier die Sammlung des Historisch-Antiquarischen Vereins Winterthur untergebracht. Sie besteht aus Ritterrüstungen, Schwertern, Hellebarden, Schmuck und anderen «Zeugnissen» wie Feuerwehrspritzen, Weinfässern und Grabsteinen. Ist alles besichtigt, kann man im Burgpark den mitgebrachten Znüni an der Feuerstelle grillieren oder sich in der Gartenwirtschaft des Restaurants Schlosshalde stärken.

Wie? S12 bis Reutlingen, dann
25 Minuten zu Fuss.
Wann? Das Museum ist von März
bis Oktober täglich, von November
bis Februar nur So 10–12
und 13.30–17 Uhr geöffnet.
Mo geschlossen.
Wieviel? Eintritt frei.
Alter? Der Weg ist kinderwagentauglich. Museum ab 6 Jahren.

16 Bastelbogen live
Museum Schloss Kyburg,
8314 Kyburg, 052 232 46 64

Das etwas verstaubte Schulreiseziel hat ein Facelifting gekriegt und setzt nun auf moderne Museumspädagogik, die den Besuchern die achthundertjährige Geschichte der imposanten Burg näherbringen möchte. Und zwar hautnah! Im Museum zum Anfassen darf ein mittelalterliches Schlupfgewand an- und ein Kastenbett ausprobiert werden. Und wer an einer Führung teilnimmt, kann beim Wasserschöpfen aus dem 15 Meter tiefen Sodbrunnen kräftig seine Muskeln anspannen. Auch die Gefängniszellen wurden neu hergerichtet, und die Eiserne Jungfrau – fest im kollektiven Gedächtnis ganzer Ausflüglergenerationen verankert – hat man leider auf den Estrich verbannt. Unter den Linden vor dem Schloss stehen Bänke zum Rasten bereit, und unterhalb des Schlosses an der Töss gibt es Feuerstellen zum Bräteln.

Wie? Bus 655 ab Bahnhof Effretikon; zu Fuss 35 Minuten ab Sennhof.
Wann? Feb.–April und Nov. Di–So 10.30–16.30, Mai–Okt. Di–So 10.30–17.30 Uhr; Dez. und Jan. geschlossen.
Wieviel? Erwachsene Fr. 8.–, mit Ermässigung 6.–, Kinder 6–16 Jahre 3.–. Den Kyburg-Bastelbogen gibt's am Kiosk.
Alter? Ab 6 Jahren.

17 Hotel Natur
Zelten an der Thur, Zeltplatz «Äuli», 8474 Gütighausen, 052 233 27 07 (Platzwart Herr Luterbach)

Der idyllische Zeltplatz liegt direkt an der Thur. Für einen Wochenend-Aufenthalt mit kleinen Kindern eignet er sich bestens. Zwar gibt es keinen Strom und auch kein warmes Wasser, aber das Wichtigste ist vorhanden: WC, kleiner Spielplatz, Planschbecken und das seichte Wasser der Thur, wo nach Lust und Laune und ohne grosse Gefahren gebadet werden kann. Lohnenswert, aber nur für versierte Schwimmer und SchwimmerInnen, ist eine Schlauchboot- oder Luftmatratzenfahrt thurabwärts in Richtung Ossinger Eisenbahnbrücke. Eine lohnende Sehenswürdigkeit: Diese Brücke wurde nämlich vor mehr als 100 Jahren von Gustave Eiffel erbaut!

Wie? Bahn/Bus: S33 bis Andelfingen, Bus nach Gütighausen. Velo/Auto: Andelfingen–Ossingen–Gütighausen.
Wann? Frühling bis Herbst.
Wieviel? Zeltplatz: Erwachsene Fr. 5.– Kinder 2.50, Zelt 5.–, Auto und Motorräder 2.–. Mofas und Velos gratis.
Alter? Alle Altersstufen.

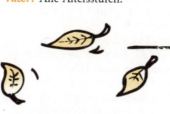

18 Gipfelstürmer
Aussichtsreiche Spitze, Hörnli, 8496 Steg im Tösstal, www.berggasthaus-hoernli.ch

Der höchste Zürcher Berg ist's zwar nicht, aber für Gipfelstürmereien alleweil gut: Mit seinen 1133 m ü. M. liegt das Hörnli oft über der Nebelgrenze, und an klaren Herbst- und Wintertagen geht die Sicht bis weit ins Allgäu, zum Jura und zu den Berner Alpen. Die Wanderroute von Bauma über Tüfenbach ist in zweieinviertel Stunden zu bewältigen, sie führt – mal steil, mal flacher – über Wiesen und durch den Wald, bis sich eine sonnige Terrasse vor einem auftut. Gleich unterhalb des Hörnli-Gipfels mit dem markanten Triangulationspunkt empfängt ein gemütliches Berggasthaus Wandermüde.

Wie? S26 ab Winterthur; ab Bauma 2¼ Stunden.
Was? Gasthaus Hörnli, 055 245 12 02, täglich offen (für Übernachtungen Reservation notwendig!).
Alter? Ab 6 Jahren.

Zürich: Winterthur und Umgebung

Kids willkommen!

Wo essen?

Restaurant Tibits, Oberer Graben 48, täglich geöffnet, keine Reservationen, 052 202 73 33. Auch Winterthur hat seinen Hiltl-Ableger. Das vegetarische Restaurant ist bestens geeignet für ein gesundes Tête-à-tête gestresster Eltern. Es ist zentral gelegen und kinderfreundlichst mit Spielsachen ausgestattet. Was, bitteschön, will man mehr?

Restaurant Rheinfels, Stadthausstr. 8b, 052 212 64 82. Hier gibt's währschaft Schweizerisches, aber auch Internationales zu vernünftigen Preisen. Direkt am Stadtpark gelegen, 3 Minuten vom nächsten Spielplatz.

Kafisatz, Spitalgasse 1, So geschlossen, keine Reservationen, 052 202 46 00. Im «Kafisatz» an verkehrsfreier und schöner Lage gibt's neben Kaffee, Kuchen, Tee und Säften auch viel zu lesen – an die 50 Zeitungen, Zeitschriften für jung und alt. Und für die ganz Kleinen gibt es Spielsachen. Im Sommer wird rausgestuhlt.

Crêperie Chez Tonton, Steinberggasse 24, 8400 Winterthur, 052 212 89 40, So geschlossen. Im Sommer Terrassenrestaurant auf der ruhigen, verkehrsfreien Altstadtgasse. Bretonische Spezialitäten: Crêpes in salzigen und süssen Salaten, Glace, Frappés.

Paninoteca Copi, Museumsstr. 74, 8400 Winterthur, 052 202 24 88, bis 19 Uhr geöffnet, So geschlossen. Wer vom Museumsbesuch Hunger gekriegt hat, findet hier an die 20 Sorten kalte und warme Pannini, auch als Variante für Kids. Ausserdem gibt's für die Kleinen Pasta «nature» oder mit Tomatensauce, adäquate Sitze und Malbüchlein.

Restaurant Sporrer, Im Sporrer 1, 8408 Winterthur, 052 222 27 08, Mo/Di geschlossen. Ausflugsrestaurant im Grünen, mit grossem Spielplatz, Kletterturm, Seilrutsche, Rutschbahn, Sand und Kindermenüs.

Bistro Alte Kaserne, Technikumstr. 8, 8400 Winterthur, 052 267 57 80, Mo–Fr 9–24 Uhr, Sa ab 15–24 Uhr, So geschlossen. Schön und luftig eingerichtetes Restaurant mit langer Bar hinter riesigen Bambuspflanzen. Mit Kindersitzli, Bilderbüchern und Bewegungsfreiheit. Mittags vegetarische Menüs um Fr. 17.–, sonst Sandwiche, Salate, Tapas. Oft finden hier Ausstellungen von Comic- und Cartoon-ZeichnerInnen statt.

Wo schlafen?

Gasthof Sternen, 8499 Sternenberg, 052 386 14 02, spätestens seit dem Film «Sternenberg» mit Matthias Gnädinger bekannt. Mo abends und Di geschlossen. Gemütliches altes Haus mit einfachen, behaglich eingerichteten Zimmern. Erwachsene pro Nacht Fr. 45.–, Kinder nach Absprache. In einem schneereichen Winter ist die höchstgelegene Gemeinde im Kanton Zürich (870 m ü. M.) ein Mini-Skiparadies, sogar mit Skilift; im Sommer kann man von hier aus schöne Wanderungen machen.

Zürich: Winterthur und Umgebung

Jugendunterkunft Löwengarten, Wildbachstr. 18, 8400 Winterthur, 052 267 48 48; Einzel-/Zweierzimmer Fr. 38.–, Dreier/Viererzimmer 30.– pro Person; Frühstück: 10.–.

Taverne zum Kreuz, Stadthausstr. 10b, 8400 Winterthur, 052 269 07 20, www.taverne.ch. Mitten in der Stadt und gleich beim Stadtgarten (grosser Spielplatz): renoviertes Riegelhaus mit Restaurant und grosser Gartenterrasse. Neun Zimmer, auf Wunsch mit Zusatzbett, DZ Fr. 180.–, Suite 240.–.

Hotel Gyrenbad, 8488 Turbenthal, 052 385 15 66, www.gyrenbad.ch. Altes Kurhaus, sorgfältig renoviert und heimatschutzpreisgekrönt. Di geschlossen. Zwei Kilometer oberhalb Turbenthal, mitten im Wandergebiet. Schmucke Gaststube mit Ofenbänkli; kleiner Kurpark und Terrasse. 12 Betten. DZ Fr. 140.–, EZ 80.–, Zusatzbett 20.–.

Hotel Loge, Graben 6, 8400 Winterthur, 052 268 12 00, www.hotelloge.ch. Modernes Stadthotel in einer ruhigen Quergasse in der Altstadt, Restaurant im Erdgeschoss. DZ Fr. 200.–, Juniorsuite 25.–.

━━ Dauerbrenner ━━

Jonglierladen Jugglux, Metzggasse 8, 8400 Winterthur, 052 212 29 74, Mo geschlossen. Alles von der Jonglierkeule bis zum Einrad, dazu Spiele, Theaterschminke, Mitbringsel und schönen Krimskrams – zum Beispiel Jojos in allen Variationen.

Hallenbad Geiselweid, Pflanzschulstrasse 61, 052 234 37 37. Sommer- und Winterbad, zentral gelegen und kinderfreundlich. Spielobjekte und Wasser-Rutschbahn. Öffnungszeiten: Infoband: 052 234 37 36. Eintritt: Hallenbad/Freibad: Erwachsene Fr. 7.–/5.–, Kinder 3.50/2.50.

Eishalle Deutweg, Grüzfeldstrasse 30, 052 267 39 20 (Infoband 052 267 39 21). Schlittschuhlaufen im Sportpark Deutweg! Imposanter neuer Holzbau, eingebettet ins grösste Sportareal der Stadt Winterthur. Erwachsene Fr. 7.– Kinder 3.50, Mietschlittschuhe 7.–.

Internationales Baumarchiv, Villa Rosenberg, Schaffhauserstr. 52, 8402 Winterthur, 052 212 61 00, Fr 10–12, 15–18, Sa 11–17 Uhr. Eine permanente Ausstellung (Fotos, Objekte) zur Kultur- und Ideengeschichte von Bäumen und Wald; Lehrpfad durch den Park. Führungen nach Absprache.

Münzkabinett und Antikensammlung. Villa Bühler, Lindstrasse 8, 052 267 51 46. Reiche Sammlung antiker und schweizerischer Münzen und Medaillen. Werke der griechisch-römischen Kleinkunst. Wechselausstellungen. Museumspädagogisches Angebot. Puppenbühne und Gastspieltheater für Kleine und Grosse. Eintrittskarten bei Winterthur Tourismus im HB, 052 267 67 00.

Museumsspinnerei Neuthal oberhalb Bauma: An alten Maschinen den Spinnereiprozess vom Baumwollballen bis zum Garn live erleben. Geöffnet Mai–Okt. jeden 1. und 3. So im Monat und am darauffolgenden Dienstag, 10–16 Uhr. Führungen für Gruppen und Auskünfte: Museumsspinnerei Neuthal, Postfach, 8344 Neuthal, 052 386 31 03.

Seilerei Kislig, Breitensteinstr. 18, 052 232 71 39. Preis pro Stunde: Fr. 120.–. Hier werden Springseile angefertigt, die man im Laden auch kaufen kann. Wer wissen möchte, wie's gemacht wird, nimmt an einer Führung teil und hat in diesem Rahmen sogar noch Gelegenheit, ein eigenes Seil herzustellen. Führungen in Gruppen nur auf telefonische Voranmeldung.

Zürich: Winterthur und Umgebung

Grenzgang I: Liechtenstein und Vorarlberg

1	Erlebnis und Spass ErlebniSpass Liechtenstein		12	Reinschauen! – Museum Rhein-Schauen, Lustenau
2	Action für Kids Familienhit Malbun		13	Das Kindermuseum Knürstle-Museum, Götzis
3	Action für Teens Takus Aktivprogramm, Malbun		14	Wo sich Familien wohlfühlen Skiferien im Brandnertal
4	Planschen à discrétion Gänglesee, Steg		15	Noble Karossen Rolls-Royce-Museum, Dornbirn
5	In die Lüfte Falknerei Galina, Malbun		16	Erlebnis Natur Inatura, Dornbirn
6	Wildwest am Rhein Erlebniswelt Neuguthof/Vaduz		17	Kinderwagen-Wandern Bregenzerwald, Egg
7	Hüttenzauber Zur Gafadurahütte, Planken		18	Woher die Milch kommt Landwirtschaftsweg Brand
8	Kleinkunst Briefmarkenmuseum, Vaduz		19	Schluchtentouren Vorarlberg Rappenschlucht bei Dornbirn
9	Vorarlberger Kinderzauber Kinderprogramm, Bregenz		20	Glück auf! Hist. Bergwerk Bartholomäberg
10	Abenteuer Pfänder Pfänderbahn, Bregenz		21	Multiaktion Aktivpark Montafon, Schruns
11	Radeln am Rhein Velotour Rheindelta		22	Traumbad der Alpen Mountain Beach, Gaschurn

Bahn Hotel Kunsth. Museum Natur Restaur. Schiff Sehensw. Shopping Spielen Sport Theater Tiere Wandern

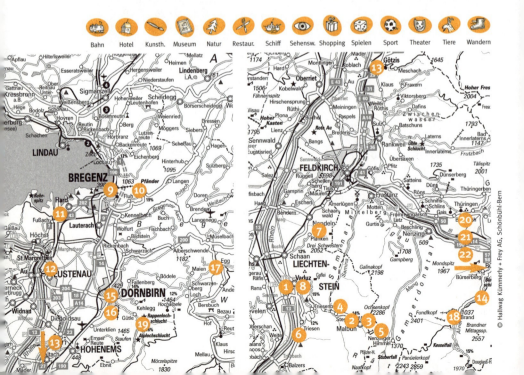

Klein, aber fein

Liechtenstein und Vorarlberg haben viele Gemeinsamkeiten: Liechtenstein ist einer der kleinsten Staaten Europas, Vorarlberg ist das kleinste Bundesland Österreichs. Die Landschaften ähneln sich – Täler, Alpen, Bergwälder, Bergmassive –, und die Sprachen diesseits und jenseits des Grates der «Drei Schwestern» klingen ähnlich vertraut. Sowohl in Liechtenstein wie in Vorarlberg schwingt das Alemannische mit, und viele Ortsnamen im Vorarlberg erinnern an die gemeinsamen Vorfahren, seien es nun Walser oder Rätoromanen. Noch eine weitere Gemeinsamkeit ist auszumachen: Kinder sind in beiden Regionen willkommene Gäste. Familienfreundliche Skiorte, Ferien auf dem Bauernhof, viel Raum und eine grosse Portion Verständnis für die lebhafte junge Kundschaft zeichnen sowohl Liechtensteiner wie Vorarlberger Ausflugsziele aus.

Ruth Michel Richter

1 Erlebnis und Spass

ErlebniSpass Liechtenstein,
Liechtenstein Tourismus,
Postfach 139, FL-9490 Vaduz,
00423/239 63 00, www.tourismus.li

Während einer Woche das ganze grosse, vielfältige Angebot geniessen, welches das kleine Ländle zu bieten hat – das ist möglich mit dem ErlebniSpass Liechtenstein, und da steckt für alle Familienmitglieder etwas drin. Der Spezialpass gewährt nicht nur während zwei oder sechs Tagen freie Fahrt auf allen Bussen in Liechtenstein und allen Bergbahnen in Malbun, sondern auch Gratiseintritte ins Kunstmuseum, ins Maislabyrinth, in Skimuseum, in die Hallen- und Freibäder und noch viel mehr. 21 Attraktionen aus den unterschiedlichsten Freizeitbereichen werden in der Begleitbroschüre vorgestellt, und den Familien bleibt eigentlich nur noch die Qual der Wahl.

Wie? ErlebniSpass und Broschüre bei Liechtenstein Tourismus, lokalen Verkehrsbüros, Hotels, Poststellen, Ausflugsziele.
Wann? Mitte Mai bis Mitte Oktober.
Wieviel? Zwei-Tages-Pass für Erwachsene Fr. 24.–, Sechs-Tages-Pass für Erwachsene 42.–, Kinder bis 6 Jahre gratis, bis 15 die Hälfte.
Alter? Alle Altersstufen.

2 Action für Kids

Familienhit Malbun,
Liechtenstein Tourismus,
Postfach 139, FL-9490 Vaduz,
00423/239 63 00, www.tourismus.li

Die Geister, die einst auf dem Maiensäss Malbun ihr Unwesen trieben, haben sich längst verzogen und den Touristen das Feld überlassen. Und die fühlen sich im bescheiden gebliebenen Ferienort auf 1600 m ü. M. am Ende des Malbunertals sehr wohl. Der weite Talkessel bietet viel Bewegungsraum für Kinder, und die Alpen und Berge laden ein zu spannenden Entdeckungstouren in die Natur, sei es zu Fuss oder mit dem Mountainbike. Das Ferienprogramm «Malbuner Rasselbande» weitet das Angebot aus: Malen, Zirkus, Basteln, Reiten, Schatzsuche, Besuch beim Senner. Langweilig wird es nie, und man darf sich fürstlich verwöhnen lassen – gratis!

Wie? Autobahn A13, Ausfahrt Vaduz, dann via Triesenberg und Steg nach Malbun. Postautos verkehren regelmässig ab Vaduz, mit Anschlussverbindungen von den Bahnhöfen Buchs und Sargans.
Wann? «Malbuner Rasselbande» Anfang Juli bis Mitte August.
Wieviel? Die Teilnahme am Malbuner Kids-Programm ist kostenlos. Preislich sehr günstig sind die Familienpauschalen in Malbun.
Alter? Ab 4 Jahren.

Vom Nachtvolk

Wie überall in den Alpen kennt man auch im Vorarlbergischen den Föhn. Und wenn es nachts stürmte und brauste, so war laut Sage das Nachtvolk unterwegs. Dieses unheimliche Volk machte ab und zu auf einer Alp eine Pause und gönnte sich eine Kuh als kleine Zwischenmahlzeit. Die Kinder der Älpler durften mitessen, mussten aber aufpassen, ja jeden Knochen und Knorpel aufzuheben. Denn am folgenden Tag, o Wunder, hüpfte die Kuh wieder ganz lebendig über die Alp. Fehlte aber auch nur ein Knochen, musste das arme Vieh hinken, dafür gab es mehr Milch als vorher.

3 Action für Teens und Teens plus

Tukas Aktivprogramm, Tourist Office Malbun, FL-9497 Triesenberg-Malbun, 00423/263 65 77, www.malbun.li

Nicht nur die Kleinen, auch die Mittleren und die Grossen wollen Spass und Action: Bogenschiessen, coole Mountainbike-Touren, Trekking auf Schmugglerpfaden, bei Vollmond durch die dunkle Bergen wandern oder im Morgengrauen Wild beobachten. Und wer es gern ein bisschen gemächlicher hat, kann sich auf dem Tennisplatz, beim Badmintonmatch oder in der Gymnastikrunde austoben.

Tuka und der Animateur David machen aus einer gewöhnlichen Malbuner Woche eine echte Abenteuerwoche, wobei jede und jeder nach Lust, Laune und Können aus dem Angebot auswählen kann.

Wie? Autobahn A13, Ausfahrt Vaduz, dann via Triesenberg und Steg nach Malbun. Postautos verkehren regelmässig ab Vaduz, mit Anschlussverbindungen von den Bahnhöfen Buchs und Sargans.
Wann? Juli und August.
Wieviel? Preise auf Anfrage, mit «ErlebniSpass Liechtenstein» 20% Reduktion auf Bikemiete und Bogenschiessen.
Alter? Ab 12 Jahren.

4 Planschen à discrétion

Am Gänglesee in Steg, Liechtenstein Tourismus, 9497 Malbun, 00423/263 65 77, www.tourismus.li

Planschen, Spielen, Staumauern bauen – die Liechtensteiner Kinder haben den idyllischen kleinen, tiefblauen Gänglesee bei Steg (1300 m ü. M.) längst entdeckt. Ein wahres Kinderparadies: An schönen Wochenenden schaukeln hier die Boote, im seichten Wasser toben sich die Kinder aus, von den Feuerstellen auf dem «Festland» ziehen feine Düfte über die Weiden. Besondere Anziehungskraft übt der Saminabach aus, der den Gänglesee mit einem etwas grösseren (und tiefen!) Stausee verbindet. Er ist so seicht, dass das zwar eiskalte, aber höchst verlockende Wasser gefahrlos mit umherliegenden Steinen und Schwemmholz gestaut werden kann. Wenige Schritte weiter werden schliesslich auf dem grossen Kinderspielplatz beim Restaurant Seeblick Holztürme erklettert und Rutschbahnen erstürmt.

Wie? Ab Vaduz mit dem Bus Richtung Malbun bis Steg. Die Seen liegen jenseits eines Brückleins (zu Fuss 10 Min. von der Postauto-Haltestelle).
Wann? An warmen Sommertagen.
Alter? Alle Altersstufen.

5 In die Lüfte

Falknerei Galina, Susanne und Norman Vögeli, 9497 Malbun-Triesenberg, 00423/263 34 24, www.galina.li

Mit 300 Stundenkilometern düst der Wanderfalke «Move» über die Alp, und lautlos dreht «Kashmir» seine Runden. Gebannt folgen Kinder und Erwachsene dem Flug der wendigen Greifvögel. Uhu, Adler, Falken und Bussarde zeigen in einer atemberaubenden Flugshow, was seit über 4000 Jahren Tradition ist: Beizjagd. Falkner Norman Vögeli hat seine geflügelten Mitarbeiter in langem

Training ausgebildet, ihr Vertrauen gewonnen und sie zu flugtechnischen Hochleistungen motiviert. Was im Mittelalter Privileg des Adels war, vermag heute noch zu faszinieren! Und nicht nur die Flugkünste begeistern, sondern auch die Möglichkeit, Steinadler, Harris-Habicht oder Wüstenbussard aus nächster Nähe zu bestaunen.

Wie? Mit dem Auto von der A13 abbiegen Richtung Vaduz und über Triesen, Triesenberg nach Malbun.
Wann? Frühjahr bis Herbst Di–So 15 Uhr; Greifvogelschau 40 Minuten.
Wieviel? Gratis.
Was noch? Die Falknerei Galina gehört zum Restaurant-Hotel-Garni Galina, das auch Familienzimmer anbietet.
Alter? Ab 4 Jahren.

6 Wildwest am Rhein
Erlebniswelt Neuguthof,
Herta und Manfred Thöny,
Neugutweg 30, FL-9490 Vaduz,
00423/392 23 93, www.erlebniswelt.li

Die Kinder rennen kreischend durch das Maislabyrinth und suchen im 30 000 Quadratmeter grossen Feld ihren Weg. Haben sie sich ausgetobt, sind ein paar ruhige Minuten im Streichelzoo willkommen, bevor der Spielplatz lockt. Da die Kinder so intensiv beschäftigt sind, können sich die Eltern im Saloon der Westernstadt «Ridamm City» einen Drink genehmigen oder in der Goldwaschanlage ihr Glück versuchen. Verpflegen kann man sich am Kiosk, wo es auch Würste und Steaks zu kaufen gibt, denn mehrere Feuerstellen bieten Platz für viele Familien. An den Wochenenden sorgt ein vielfältiges Veranstaltungsprogramm für zusätzliche Attraktionen.

Wie? Autobahnausfahrt A13 Vaduz/Sevelen Richtung Vaduz. Beim Au-Kreisel Richtung Triesen, dann der Beschilderung folgen.
Wann? Mitte Juni–Anfang Juli und Mitte August–Ende September: Mi 13–18, Sa/So 10–20 Uhr, Ferienzeit (Anfang Juli–Mitte August Mo-Fr 10–20, Sa/So 10–22 Uhr.
Was noch? Es besteht die Möglichkeit, im «Neuguthof» Geburtstagsfeste zu feiern und in einem Tipi zu übernachten. Reservation über 00423/392 23 93.
Alter? Ab 4 Jahren.

7 Hüttenzauber
Wanderung zur Gafadurahütte,
Planken, 0041/79 260 14 58

Kinder lieben Alpenclubhütten: Matratzenlager, knarrende Böden, die ungewohnt schwarze Nacht vor der Tür. Ideal sind natürlich Hütten, die auch für kurze Beine leicht erreichbar sind. Der bequemste Weg führt über den Fahrweg (Fahrverbot) von Planken in zwei bequemen Stunden meistens durch schattigen Wald hinauf zur Gafaduraalp, wo auf 1428 Metern die gemütliche Alpenvereinshütte, einst fürstliche Jagdhütte, liegt. Vollends grandios wird das Erlebnis, wenn die Eltern den Kindern vor dem Einschlafen noch die Sage der «Drei Schwestern» erzählen, wie die Gebirgswand, an deren Fuss die Hütte liegt, genannt wird: Drei Schwestern pflückten am Sonntag Heidelbeeren, statt in die Kirche zu gehen. Auf dem Rückweg erschien ihnen die Jungfrau Maria, die um ein Körbchen Beeren für ein krankes Kind bat. Doch die bösen Schwestern verspotteten sie nur – und wurden prompt in Stein verwandelt.

Wo? Mit dem Auto auf der A13 bis Buchs, Ausfahrt Schaan, dann weiter nach Planken (Parkmöglichkeiten im Dorf), von hier Fussweg ausgeschildert. Oder mit dem Zug bis Schaan, dann Bus bis Planken, Halt Hotel Saroja.
Wann? Die Hütte ist von Pfingsten bis Mitte Oktober geöffnet.
Was noch? Gratis gibt es auf der Hüttenterrasse jeweils einen grossartigen Sonnenuntergang über dem Alpstein.
Alter? Ab 5 Jahren, die Umgebung der Hütte ist gefahrlos für Kinder.

8 Kleinkunst mit gezackten Rändern

Briefmarkenmuseum, Städtle 37, 9490 Vaduz, 00423/236 61 09, www.tourismus.li

Was für die Schweiz die Schokolade, ist für das Fürstentum die Briefmarke: ein weltbekanntes Qualitätsprodukt. Das Format passt zum Kleinstaat: Was Europa hat und ist, vereinigt sich auf kunstvoll gestalteten Briefmarken, die viermal im Jahr in insgesamt 25 verschiedenen Sujets erscheinen. 1912 wurden erstmals liechtensteinische Briefmarken verkauft, 1930 wurde in Vaduz das Postmuseum gegründet, um den grossen Bestand an eigenen Ausgaben und eingetauschten Exemplaren zu sichern. Die Ausstellung ist auf eine repräsentative Auswahl beschränkt. Gezeigt werden auch Geräte und Einrichtungen zur Postgeschichte.

Wie? Das Postmuseum befindet sich im Zentrum von Vaduz neben der Hauptpost im Engländerbau.
Wann? April–Oktober täglich 10–12 und 13.30–17.30 Uhr, November–März täglich 10–12 und 13.30–17 Uhr.
Wieviel? Eintritt frei.
Alter? Ab 6 Jahren.

9 Vorarlberger Kinderzauber

Vorarlberg Tourismus, Postfach 302, A-6901 Bregenz, 0043/5574/425 250, www.vorarlberg-tourism.at

In Vorarlberg soll sich im Sommer kein Kind langweilen! Dieses Motto wird mit dem «Vorarlberger Kinderzauber» perfekt in die Tat umgesetzt. Während der Sommermonate finden, verteilt auf alle Ferienorte, rund 200 Veranstaltungen statt. Sport- und Spielfeste, Kinder-Animationen, Theaterfestivals, Erlebniswanderungen usw. stehen zur Auswahl, bieten Kurzweil und Spass. Der absolute Höhepunkt des «Vorarlberger Kinderzaubers» ist das grosse internationale Milka-Schokolade-Fest Anfang Juli in Bludenz. An alle Schoggi-Fans: Dieses Datum dick im Mamas oder Papas Agenda eintragen! Und gleich noch das letzte Wochenende im Juli, da beherrschen drei Tage lang Gaukler die Strassen von Feldkirch.

Wo? Aktivitäten in ganz Vorarlberg.
Wann? Anlässe und genaue Daten unter www.vorarlberg-tourism.at.
Alter? Alle Altersstufen.

Grenzgang I: Liechtenstein und Vorarlberg

10 Abenteuer Pfänder
Bodensee-Alpenrhein Tourismus,
Postfach 16, A-6901 Bregenz,
0043/5574/43443,
www.bodensee-alpenrhein.at

Eine wahre Wundertüte ist der Hausberg von Bregenz, auf dessen Gipfel eine Gondelbahn führt. Von hier, auf stolzen 1064 m ü. M., überblickt man vier Länder, ein Meer (fast…) und geniesst die Weitsicht in die Alpen. Was die Kinder aber sicher mehr anspricht als das Panorama, sind der grosszügig angelegte Wildpark direkt bei der Bergstation der Pfänderbahn sowie natürlich die Vorführungen der Adlerwarte, wo die tollkühnen Jäger der Lüfte zweimal täglich zeigen, was Sturzflug wirklich heisst. Während die Eltern also auf der Sonnenterrasse des Berghauses Pfänder von der Ferne träumen, freuen sich die Kinder über Hängebauchschweine, kapitale Böcke und Zwergziegen oder bewundern Uhus, Adler, Geier und andere Greifvögel bei ihrem Einsatz.

Wie? Nach Bregenz mit Zug oder Auto. Der Weg zur Talstation der Pfänderbahn ist ausgeschildert.
Wann? Die Pfänderbahn fährt täglich 9–19 Uhr zu jeder vollen und halben Stunde. Übrige Zeit bei Bedarf. 2. und 3. Novemberwoche Betriebsferien. Greifvogelschau Anfang Mai–Anfang Oktober täglich 11 und 14.30 Uhr.
Wieviel? Pfänderbahn retour € 9.80 (Erwachsene), € 4.90 (Kinder 6–15 Jahre), gratis (Kinder bis 6 Jahre). Greifvogelschau Erwachsene € 3.90, Kinder € 2.–.
Alter? Alle Altersstufen.

11 Radeln am Rhein
Velotour ins Rheindelta,
Bodensee-Alpenrhein Tourismus,
Postfach 16, A-6901 Bregenz,
0043/5574/43443,
www.bodensee-alpenrhein.at

Im Jahre 1900 war ein wichtiger Abschnitt der grossen Rheinkorrektur beendet, der Rhein in einem Kanal gezähmt, der alte Rhein als kleines Nebengewässer belassen. Zwischen Kanal und natürlichem Flusslauf entstand in 100 Jahren eine einzigartige Landschaft, das grösste Süsswasserdelta Europas. Ein Radweg führt durch das Delta, vorbei an Sandbänken, Schilfröhricht, durch Auenwald und Streuwiesen, über Brücken und Stege. Die spannende

---

Walser
Kleines Walsertal, grosses Walsertal – die Namen deuten darauf hin: Weite Teile Vorarlbergs wurden von den Walsern besiedelt, die im 12. Jahrhundert aus dem Wallis aufbrachen, quer durch die Alpen nach Osten zogen und im 14. Jahrhundert hier ankamen.

Triesenberg in Liechtenstein, das Vorderrheintal, die Täler des Rätikons und eben Vorarlberg zeigen noch heute deutliche Spuren dieser «kleinen Völkerwanderung». Der Baustil der Häuser, die Alplandwirtschaft, die Ansiedlung in kaum genutzten Gebirgstälern und Hochlagen, die Sprache und Ortsnamen weisen auf die gemeinsamen Wurzeln hin. Und die Vergangenheit wird stolz gepflegt, die gemeinsame Sprache wenigstens in Ansätzen erhalten. Darum kann es in Galtür oder in Brand schon mal fast wie im Goms klingen.

Tour beginnt in Bregenz, führt am Seeufer entlang zum Kanal und dann quer durch Ried und Feld bis Gaissau am Alten Rhein. Ihm fährt man entlang bis zum Kanal und dann via Fussach zurück nach Bregenz. Unbedingt mitnehmen: Ferngläser, um die Vögel zu beobachten, es gastieren hier über 330 Arten. Die Wege dürfen nicht verlassen werden.

Wie? Ausgangspunkt ist der Bahnhof Bregenz. Der Weg ist ausgeschildert mit Bodensee-Radweg und Rhein-Radweg.
Wann? Am besten eignen sich Frühling und Herbst.
Dauer? Tagestour; Länge 44 Kilometer, alles eben.
Alter? Ab 8 Jahren.

12 Reinschauen bei Rhein-Schauen

Museum Rhein-Schauen, Höchster Strasse 4, A-6893 Lustenau, 0043/5577/823 958, www.rheinschauen-at

Die Rheinkorrektur ist ein Jahrhundertwerk, 1892 beschlossen, bis heute noch nicht abgeschlossen und Ergebnis perfekter österreichisch-schweizerischer Zusammenarbeit. Denn beide Anrainer waren daran interessiert, den sich immer wieder in wilden Überschwemmungen austobenden Alpenrhein in Schranken, sprich Dämme und Kanäle, zu weisen. Dies ist weitgehend gelungen, und wie dieses Werk angegangen und ausgeführt wurde, zeigt das Museum Rhein-Schauen. Nun, das mag für manche Kinder nicht so spannend sein, voll dabei aber sind sie, wenn es mit der alten Dampflok am Kanal entlang durch das Naturschutzgebiet bis zur Rheinmündung geht. Das ist echtes Abenteuer.

Wie? Mit dem Auto bei Au SG Grenze überqueren und Strasse Richtung Fussach/Bregenz folgen. Das Museum liegt direkt am Kanal im Bauhof der internationalen Rheinregulierung.
Wann? Mai–Mitte Oktober Mi, Fr–So, Feiertage 13–17 Uhr. Bahnfahrten Fr–So 14 Uhr linksrheinisch, 15 Uhr rechtsrheinisch.
Wieviel? Museum und Bahnfahrt: Erwachsene € 8.–, Kinder € 4.–, Dampfzuschlag € 1.– bzw. € 0.50. Nur Museum: Erwachsene € 3.–.
Alter? Ab 8 Jahren.

13 Das Kindermuseum

Knürstle-Kindermuseum, Zielstrasse 19, A-6840 Götzis, 0043/5523/69321, www.knuerstle.at

Das spezielle Museum für Kinder bietet Geheimnisvolles, Abenteuer, Gruseliges, Vergnügen – einfach alles, was Kinder fasziniert. Hören, Fühlen, Tasten und Erfahren sind angesagt. Die Räume werden ständig zu neuen Themen eingerichtet: Handwerk, Archäologie, bekannte Kinderbuchfiguren – der Phantasie der Ausstellungsmacher scheinen keine Grenzen gesetzt zu werden. Zusätzlich gibt es Spielnachmittage und Workshops, bei denen die Kreativität der Kinder im Vordergrund steht.

Wie? Mit dem Auto über Feldkirch oder Dornbirn und Hohenems nach Götzis.
Mit dem Bus von Heerbrugg (St. Galler Rheintal) über die Landesgrenze nach Hohenems, hier umsteigen nach Götzis; (Fahrzeit Heerbrugg–Götzis ca. 25 Min).
Wann? Mi–So 14–17.30 Uhr.
Wieviel? Museumseintritt gratis.
Alter? Ab ca. 4 Jahren.

Grenzgang I: Liechtenstein und Vorarlberg

14 Wo sich Familien wohl fühlen

Skiferien im Brandnertal,
Alpenregion Bludenz, Rathausgasse 12,
A-6700 Bludenz, 0043/5552/30227,
www.alpenregion.at

Das Brandnertal ist eine qualifizierte, familienfreundliche Ferienregion. Acht Ferienorte verfügen in Vorarlberg über das entsprechende Gütesiegel. Das Skigebiet umfasst 13 Anlagen, 8 Sessellifte und 5 Schlepplifte, 55 km Skipiste, und es gibt Familienvergünstigungen: Pro Familie zahlt maximal 1 Kind. Gemütlichkeit ist auch im Kinderhotel Beck in Brand angesagt: Es bietet spezielle Arrangements für Familien mit Kindern. Der Lift ins Skigebiet ist nur drei Gehminuten entfernt, die Langlaufloipe führt am Hotel vorbei.

Wie? Das Brandnertal ist ein Seitental auf dem Weg zum Arlberg, über das St. Galler Rheintal via Feldkirch und die Autobahnausfahrt Bludenz-West/Brandnertal zu erreichen.
Wann? Skisaison Mitte Dezember bis Mitte April.
Alter? Alle Altersstufen.

15 Noble Karossen

Rolls-Royce-Museum, Franz Vonier,
A-6850 Dornbirn, 0043/5572/52652,
www.rolls-royce-museum.at

Hier glänzen nicht nur Stossstangen, Kühlergrills und Windschutzscheiben, sondern auch Kinder- (und Väter-)augen: 50 Edelkarossen hat die Rolls-Royce-verrückte Familie Vonier gesammelt und restauriert. Jetzt präsentiert sie sie dem staunenden Publikum auf 3000 Quadratmetern Ausstellungsfläche. Die ehemalige Spinnerei Gütle am Eingang der Rappenlochschlucht bildet den passenden Rahmen, es geht hier «very British» zu und her, so auch im stilecht eingerichteten Tea Room. Für ältere Kinder spannend sind die Nachbildung der Cooke Street, der ersten Produktionsstätte von Rolls Royce, und die Schau-Restaurierung. Eltern zieht es vielleicht eher in die «Hall of Fame»: Hier prunken die RRs von Persönlichkeiten wie der Queen Mum oder John Lennon. Und für kleine Kinder gibt es eine liebevoll eingerichtete Kinderecke.

Wie? Von der A13-Ausfahrt Richtung Dornbirn, dann am Stadtkrankenhaus vorbei via Lustenaustrasse der Beschilderung «Gütle» folgen. Vom Bahnhof Dornbirn Stadtbus Linie 5, Bushaltestelle Gütle.
Wann? Ganzjährig Di–So 10–17 Uhr.
Wieviel? Erwachsene € 8.–, Kinder € 4.–, Familien € 14.–.
Alter? Ab 4 Jahren.

16 Erlebnis Natur

Inatura – Erlebnis-Naturschau,
Jahngasse 9, A-6850 Dornbirn,
0043/5572/23235, www.inatura.at

Erleben, Spielen, Experimentieren, Betasten, Staunen und durch Greifen Be-greifen – das war das Motto der Ausstellungsmacher, die das Erlebnismuseum inatura in Dornbirn einrichteten. Der Besuch gleicht einer Reise durch 100 Millionen Jahre Erdgeschichte und durch fremde Welten. Gleichzeitig bringt er das Naheliegende ganz gross heraus, nämlich die Natur Vorarlbergs. Hinter jeder Tür warten neue Abenteuer: Unterwasserkino, Erdbebensimulator, Schmetterlingswiese, 3-D-Zeitreise. Tiere (lebendige und ausgestopfte) dürfen gestreichelt werden, überall gibt es etwas zu tun, und Naturforscher geben Auskunft über ihre Arbeit. Nach dem Wissens- kann man auch den anderen Durst löschen (s. Wo essen?).

Wie? Grenzübertritt bei Au/Lustenau, dann Dornbirn-Süd Richtung Stadtzentrum. Beim Krankenhaus links abbiegen, nach der Brücke über die Dornbirner Ache wiederum links und der Beschilderung «inatura» folgen. Mit der Bahn: vom Bahnhof Stadtbus Linie 7 (Richtung Hatler Kirche) nehmen, hält direkt vor der inatura.
Wann? Täglich 10–18, Do 10–21 Uhr.
Wieviel? Erwachsene € 8.–, Kinder 6–15 € 4.–, Familienkarte 2 Erwachsene + Kinder € 16.–.
Alter? Ab 4 Jahren.

17 Kinderwagen-Wandern
Bregenzerwald Tourismus, Impulszentrum 1135, A-68863 Egg, 0043/5512/2365, www.bregenzerwald.at

Berge, Wandern – Kinderwagen. Im allgemeinen schliesst sich das aus. Ausser man kennt Strecken, die tauglich sind für Buggy & Co. Bregenzerwald Tourismus hat solche Tipps zusammengestellt. Es sind Wanderungen zwischen 45 Minuten und zwei Stunden, und bei jedem Tipp finden sich neben der Routenbeschreibung Angaben zum Höhenunterschied (merkt man beim Schieben!) sowie zu Einkehrmöglichkeiten. Auch Eltern brauchen eine Schoppenpause. Eine ganz tolle Tour ist die Entdeckungswanderung zum Naturerlebnispark Holdamoos in Au. Unterwegs gibt es einen Kleintierzoo, eine Hängebrücke, einen kleinen See, einen Grillplatz und einen Gasthof. Und am Anfang, der auch das Ende ist, einen Kinderspielplatz.

Wie? Bei St. Margrethen die Grenze überqueren, Ausfahrt Dornbirn-Nord, dann über die Bregenzerwald-Bundesstrasse via Andelsbuch, Egg und Platten nach Au.
Wann? Frühling bis Herbst.
Was noch? In der Broschüre «Sport und Spass» von Bregenzerwald Tourismus sind neben den Kinderwagen-Wanderungen u.a. auch Tipps zu Erlebniswanderungen mit Kindern, Kinderveranstaltungen und Kinderbetreuung zu finden.
Alter? Alle Altersstufen.

Quellenfüttern
Im Kleinwalsertal gab es früher einen eigenartigen Brauch. Die Leute glaubten, dass tief in der Erde, dort, wo eine Quelle entspringt, ein Tier lebe, das, wenn es jeweils mit Futter an die Erdoberfläche gelockt werde, mit seinem Körper den Quellgang erweitere. Deshalb wurden bei Quellen Brot- und Käsestückchen in die Erde gesteckt – eben: die Quelle gefüttert. Und falls es kein Quelltier gab, Mäuse, Füchse und Vögel freuten sich bestimmt über die Leckerbissen.

18 Woher die Milch kommt

Landwirtschafts-Erlebnisweg
mit Streichelzoo, A-6708 Brand,
0043/5559/555-0, www.brand.at

Brand ist eines dieser Feriendörfer, in denen sich Familien sofort heimisch fühlen. Die alte Walsersiedlung auf 1037 m ü. M. am Fuss der Schesaplana hat trotz Tourismus ihren Dorfcharakter bewahrt, und der kindliche Erlebnisdrang steht bei touristischen Angeboten im Vordergrund. Besonders attraktiv ist der Landwirtschafts-Erlebnis- und Abenteuerweg. Entlang der 2 Kilometer langen Strecke dürfen Tiere beobachtet, gestreichelt und gefüttert werden. Spiel- und Picknickstationen kommen dem kindlichen Bedürfnis entgegen, immer wieder etwas anders zu tun. Da macht Wandern (für Kleine sind 2 Kilometer schon eine Tour!) echt Spass.

Wie? Bei Diepoldsau Grenzübertritt nach Österreich und Zufahrt zur A14 Richtung Süden, bis Ausfahrt Brandnertal (bei Bludenz).
Mit der Bahn: Via Feldkirch nach Bludenz, von dort Bus.
Wann? 1. Mai bis 31. Oktober.
Alter? Alle Altersstufen.

19 In die Schlucht!

Dornbirn Tourismus, A-6850 Dornbirn,
0043/5572/22188, www.dornbirn.at

In Vorarlberg gibt es unzählige Schluchten und Bergseen. Die Rappenlochschlucht bei Dornbirn gilt als eine der schönsten und grössten Schluchten der Ostalpen. 80 Meter tief hat sich das Wasser der Dornbirner Ache in die Felsflanken gefressen. Feucht und dunkel hängt der Fels über den kunstvoll angelegten Stegen und Wegen. Imposant und erdgeschichtlich aufschlussreich sind auch die Bürser Schlucht zwischen Bürs und Bürserberg, die Übleschlucht bei Rankweil/Laterns und die Schneckenlochhöhle bei Bizau im Bregenzerwald (letztere nur mit Führung zu besichtigen).

Wie? Die Rappenlochschlucht liegt südöstlich von Dornbirn (mit dem Auto bis Gütle).
Wann? Sie ist, wie die meisten Schluchten, nur im Sommer begehbar.
Alter? Ab 8 Jahren.

20 Glück auf!

Historisches Bergwerk Bartholomäberg,
Bartholomäberg Tourismus,
A-6780 Bartholomäberg,
0043/5556/73101,
www.bartholomaeberg.at

Das Bergdorf Bartholomäberg ist die älteste Siedlung im Montafon und eines der ältesten Bergbaugebiete im Alpenraum. Dokumente belegen, dass bereits im 9. Jh. an den Hängen des Itonskopfs Eisen und Edelmetalle abgebaut wurden. Im 17. Jh. wurde der Bergbau aufgegeben; geblieben sind Anlagen und Stollen, die heute als faszinierendes Museum zu Expeditionen einladen. Besucher werden über den alten Bergknappenweg ins ehemalige Bergbaurevier «Knappagruabe» und rund 200 Meter tief in den historisch genau restaurierten St.-Anna-Stollen geführt. Eine spannende Ergänzung ist der Besuch im Montafoner Bergbaumuseum in Silbertal.

Wie? Via Feldkirch über die A14 bis Ausfahrt Bludenz-Ost, Abzweigung Montafon, in Tschagguns abbiegen nach Bartholomäberg.
Wann? Mi, Fr, So 13–17 Uhr. Anmeldung bei Bartholomäberg

Tourismus. Bergbaumuseum Silbertal: Mi, Fr 16–18 Uhr.
Dauer? Wanderung plus Stollenführung 1½ Stunden.
Was noch? Feste Schuhe, warme und unempfindliche Kleidung (Temperatur im Stollen ca. +7,5°). Schutzhelm wird zur Verfügung gestellt.
Alter? Ab 10 Jahren.

21 Multiaktion im Montafon
Aktivpark Montafon,
Schruns/Tschagguns Tourismus,
Silvrettastrasse 6, A-6780 Schruns,
0043/5556/75191,
www.aktivpark-montafon.at

Eine gewaltige Freizeitanlage haben die Montafoner eingerichtet: Freibad mit Rutschen, Strömungskanal, Mutter-Kind-Bereich, Beachvolleyball-Felder, im Erlebniswald unzählige Spielgeräte, Hängeseilbahn, ein Indianerdorf. Es fehlen weder die Skateranlage noch Tennisplatz oder Fussballfeld. Im Erlebnisreich unter einer riesigen Zeltkuppel (Schlechtwetter!) warten Kletterburg, Trampolin und Minicar-Jumicar-Anlage. Und für Kinder gibt es während der Ferienzeit ein spannendes Animationsprogramm, für Jugendliche und Erwachsene eine Aktivitätsprogramm. Kurz: ein Paradies für alle, die spielen und Spass haben wollen.

Wie? Von der A13 via Feldkirch auf die A14, bei Bludenz-Ost/Montafon ins Montafon abzweigen.
Wann? Der Aktivpark Montafon ist von Mitte Mai–September geöffnet. Animationsprogramm Mai–Ende Juni an Wochenenden, Juni–September täglich.
Wieviel? Der Eintritt in den Aktivpark ist frei, die Benutzung einzelner Anlagen hingegen kostenpflichtig, ebenso die Kinderanimation.
Alter? Alle Altersstufen.

22 Traumbad der Alpen
Mountain Beach, A-6793 Gaschurn,
0043/5558/82010,
www.gaschurn-partenen.at.

Ganz Natur, so das Gefühl, wenn man sich im tiefblauen Wasser treiben lässt, die Wellen an die Ufersteine plätschern und der Bergwind leise im Schilf säuselt. Dieser Eindruck soll im Natur-Erlebnispark «Mountain Beach» in Gaschurn auch entstehen. Das Wasser der zwei künstlichen Bergseen, die jeweils in einen Schwimmbereich und einen Regenerationsbereich aufgeteilt sind, wird durch 13 000 Pflanzen gereinigt nach dem Motto Seerosen statt Chlor, was beim Publikum sehr gut ankommt. Ein Hit für Kids ist die Luftmatratzen-Raftingstrecke zwischen den beiden Seen: Zu jeder vollen Stunde verwandelt sich das Bächlein von Badeteich 1 zu Badeteich 2 in ein Wildwasser. Beliebt sind auch der Sprungturm, die Holzhängebrücke, der Beachvolleyball-Platz, die Kletterwand und das romantische alte Karussell. Und wunderschön ist die ganze, sehr naturnah angelegte Anlage mit viel Holz, Stein und Pflanzen.

Wie? Bei Feldkirch auf die A14 Richtung Arlberg, bis Ausfahrt Bludenz-Ost/Montafon, dann via Bundesstrasse 188 bis Gaschurn.
Wann? Mountain Beach Anfang Juni bis Mitte September (je nach Witterung) täglich geöffnet 9–19 Uhr.
Wieviel? Erwachsene € 6.–, Jugendliche € 3.–, Kinder € 2.40.
Alter? Alle Altersstufen.

Grenzgang I: Liechtenstein und Vorarlberg

Kids willkommen!

Wo essen?

Restaurant Zur Alten Eiche, Sägastrasse 29, FL-9495 Triesen, 00423/392 26 86. Unter Liechtensteinern ein Geheimtipp. Übersichtlicher Spielplatz, Wiese, Donnerstag geschlossen

Bergrestaurant Sücka, FL-9497 Triesenberg, 00423/263 25 79. Berggasthaus auf 1400 m ü. M. auf einer Alp, die von Triesenberger Bauern bewirtschaftet wird. Während der Sommermonate wird in der Sennerei täglich gekäst. Unkomplizierter Betrieb, viel grüne Wiese, im Winter Rodelbahn hinunter nach Steg. Mo Ruhetag ausser Feiertag. Geschlossen Ende Oktober bis 6/7. Dezember und nach Ostern bis Anfang Mai.

Gasthof Traube, Familie Lorünser, Klostertalerstrasse 12, A-6751 Bludenz, 0043/5552/8103. Flori-Familienrestaurant mit grossem Spielplatz und Planschbecken, Kinderbetreuung (tagsüber gratis), spezielle Familienwochen und eigener Hotelbereich für Familien.

Hotel Jägeralpe, Oskar Jäger, A-6767 Warth, 0043/5583/4250. Abseits der Strasse gelegen, Spielplatz, Hallenbad mit Kinderbecken, Jugendraum mit Billard und Tischtennis.

Restaurant-Café inatura, Jahngasse 9, A-6850 Dornbirn, 0043/5572/25055, www.inaturarestaurant.at. Mo/Di 10–19, Mi–So 10–24 Uhr. Kinderfreundlich, biologische Küche, günstige Preise.

Berggasthof Schuttannen (Schnitzelalp), Schuttannenstrasse 20, A-6845 Hohenems, 0043/6649/52876. Geöffnet Mi–Mo 10–24 Uhr. Berggasthaus auf 1160 m ü. M., idealer Ausgangspunkt für Familienwanderungen.

Wo schlafen?

Jugendherberge Schaan-Vaduz, Untere Rüttigasse 6, FL-9494 Schaan, www.jugendherberge.ch/schaan, 00423/232 50 22. Geschlossen 1.1.–15.3. und 2.11.–31.12.

Familienhotel Mardusa, Familie Grass, A-6793 Gaschurn, 0043/5558/82240. Skigebiet Silvretta Nova, geräumige Familienzimmer, Kinderbetten, usw.

Hotel Gorfion-Malbun, 00423/264 18 83, FL-9497 Malbun. www.schwaerzler-hotels.com. 3-Sterne-Kinderhotel, Kinderbetreuung So–Fr 9.30–20.30 Uhr.

Kreativ-Urlaub am Bauernhof, Urlaub am Bauernhof in Vorarlberg, Montfortstrasse 9-11, A-6900 Bregenz, 0043/5574/400 100, www.tiscover.at/bauernhof-vorarlberg

Camping Mexico am Bodensee, Hechtweg 4, A-6900 Bregenz, 0043/5574/73260, www.camping-mexico.at. Geöffnet 1. Mai–30. September.

Dauerbrenner

Citytrain Vaduz, FL-9490 Vaduz, 00423/777 34 90, www.citytrain.li. Der originelle Citytrain führt in einer 35minütigen Rundfahrt durch die Stadt, die fürstlichen Weinberge und das Rheinparkstadion. Ab Ostern bis Mitte Oktober täglich 16.30 Uhr (bei schlechtem Wetter gibt Infotelefon Auskunft). Preis Fr. 9.–

Vogelparadies Birka, Exotische und einheimische Vögel. Ornithologischer Verein, FL-9493 Mauren, 00423/373 37 04. Durchgehend geöffnet. Eintritt frei.

Schlitteln by Night. Sücka-Rodelbahn Steg, Verkehrsbüro, 9497 Triesenberg, 00423/2621926. Von Sücka nach Steg. 1000 Meter lange Strecke. Nachts immer beleuchtet. Auskunft Schnee- und Pistenbericht: 00423/263 80 80.

Liechtensteinisches Kunstmuseum, Städtle 32, 9490 Vaduz, 00423/235 03 00. Wechselausstellungen auf zwei Etagen. Das ganze Jahr geöffnet. Di–So 10–17, Do 10–20 Uhr. Erwachsene Fr. 8.–, Kinder 6–16 Jahre 5.–.

Bäuerliches Wohnmuseum, FL-9488 Schellenberg, 00423/373 44 34, www.tourimsus.li. Interessant gestaltete Ausstellung zum bäuerlichen Wohnen im Biedermann-Haus, dem ältesten erhaltenen Wohnhaus in Liechtenstein. April–Oktober erster und letzter Sonntag im Monat 14–16 Uhr oder nach Vereinbarung.

Walser-Heimatmuseum, FL-9497 Triesenberg, 00423/262 19 26. Heimatkundliche Sammlung u. a. Di–Fr 13.30–17.30, Sa 13.30–17 Uhr, So und Mo geschlossen.

Ski-Museum, Fabrikstrasse 5, FL-9490 Vaduz, 00423/232 15 02. Einzigartige Ski- und Wintersportsammlung, die die Entwicklung des Skisports dokumentiert. Ein Hit für zukünftige Abfahrtsasse! Mo–Fr 14–18 Uhr, Sa/So nach Vereinbarung.

Krippenmuseum Dornbirn, Gütle, A-6850 Dornbirn, 0043/5572/200 632, www.dornbirn.at. Auf 400 Quadratmetern Ausstellung von Krippen aus Vorarlberg und der ganzen Welt. Geöffnet Di–So 10–17 Uhr. Ab 6 Jahren.

Käse-Wanderweg am Pfänder, Bregenz-Tourismus, Bahnhofstrasse 14, A-6900 Bregenz, 0043/5574/49590, www.bodensee-alpenrhein.at. www.pfaenderbahn.at. Der 8 Kilometer lange Weg beginnt bei der Bergstation der Pfänderbahn, auf 4 Kilometern erklären 12 Tafeln anschaulich die Erzeugung von Vorarlberger Käse. Eine Broschüre ist bei Bregenz-Tourismus erhältlich.

Sommerrodeln im Bregenzerwald. Tourismusverein, A-6874 Bizau, 0043/5514/2129. Eine der längsten Sommerrodelbahnen der Welt. Ende Juni bis Ende Oktober täglich 9–17 Uhr (bei Regen geschlossen).

Sommerrodelbahn Laterns, Tourismusamt Laterns, A-6830 Laterns, 0043/5526/252. Geöffnet Anfang Juni bis Ende Oktober täglich 10–18 Uhr.

Skaterhalle, Messehalle 8A, A-6850 Dornbirn, 0043/5572/306-4500, www.dornbirn.at. Skaten auch im Winter! Geöffnet Oktober–Mitte Februar Mi, Fr, Sa, 15–21, So 13–19 Uhr. Tageskarte € 2.50.

Val Blu Alpen-Erlebnisbad, Haldenweg 2a, A-6700 Bludenz, 0043/5552/63106, www.valblu.at. Alpen-Erlebnisbad mit 2000 Quadratmetern Wasserfläche outdoor und 1800 Quadratmetern indoor, 85 Meter langer Rutschröhre «Blue Hole», Wassergrotten, Geysiren, Babybeach mit Mutter-Kind-Bereich, Saunalandschaft, Wintergarten. Kurz: Badespass zu jeder Jahreszeit. Öffnungszeiten Wasserwelt: Mo 11–21, Di 13–21, Mi–So 9–21 Uhr.

Museumsbahn im Bregenzerwald. Wälderbähnle, Unterstein 39, A-6941 Langenegg, 0043/5513/6192 oder 5514/3174, www.waelderbaehnle.at. Fahrten Juni bis Mitte Oktober an Wochenenden. Dampfbetrieb (Hin- und Rückfahrt): € 7.– (Erwachsene), € 3.– (Kinder). Dieselbetrieb (Hin- und Rückfahrt): € 3.50 (Erwachsene), € 2.50 (Kinder). Kombikarte, gültig für Museumsbahn.

Grenzgang II: Südschwarzwald

1. Tickst du richtig? Deutsches Uhrmuseum Furtwangen
2. Mit Flechtel unterwegs Naturerlebnispfad Hinterzarten
3. Zwischen Gemsen rodeln Steinwasen-Park, Oberried
4. Wie die Bienchen Bienenkundemuseum Münstertal
5. Im Teufelsgrund Silberbergwerk Münstertal
6. Leben wie vor 100 Jahren Schwarzwaldhaus, Münstertal
7. Im Zauberwald Kinderwanderweg Todtnau
8. Urwaldexpedition Entdeckungspfad Belchenland
9. Glas blasen Glaskunst Altglashütten, Feldberg
10. Grüne Wunder Haus der Natur, Feldberg
11. Bei den Schnitzern – Heimatmuseum Resenhof, Bernau
12. Wo die Vögel zwitschern Vogelpark Steinen
13. Bei den Zwergen im Berg Erdmannshöhle Hasel
14. Wie die Bergmänner Schaubergwerk Todtmoos
15. Bauernleben einst Klausenhof, Herrischried
16. Hochseilakt in Höchenschwand Natursportzentrum
17. Ferienspass Höchenschwand/Häusern
18. Der Familienkoffer Grafenhausen
19. Bauernhofferien Schiesselhof, Grafenhausen
20. Durch die Wutachschlucht Bonndorf
21. Schwarzwald-Park Löffingen

Bahn | Hotel | Kunsth. | Museum | Natur | Restaur. | Schiff | Sehensw. | Shopping | Spielen | Sport | Theater | Tiere | Wandern

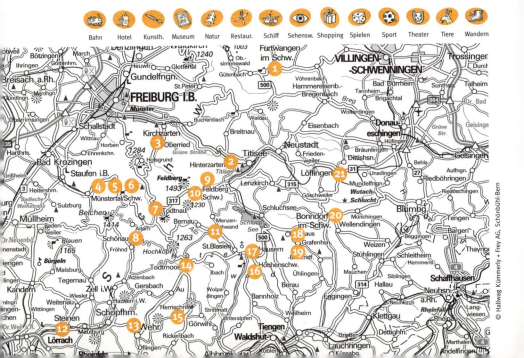

Südschwarzwald: Entdeckungsreisen in ein nahes Land

Ferien und Ausflüge im eigenen Land oder ins grenznahe Ausland sind in den letzten Jahren im Kurs gestiegen. Verunsicherung wegen internationalem Terrorismus und bescheidenere Ferienbudgets lassen Ziele in kurzer Reisedistanz wieder ganz attraktiv erscheinen. Und entwickelt sich die schöne Jahreszeit weiterhin so wie der legendäre Sommer 2003, kann man sich am Titisee bald ebenso grillen lassen wie an der Costa Brava. Doch das ist ja nicht eigentlich das Ziel eines Ausflugs in den Schwarzwald, sondern höchstens eine nette Nebenerscheinung. Vielmehr gibt es hier sehr viel Natur zu entdecken, spannende Heimatmuseen, Familienattraktionen und vor allem viele neue Einrichtungen, Wege und Spielmöglichkeiten für Kinder: Zauberwege, Wichtelhöhlen, Schaubergwerke, Führungen mit einem Feldberg-Ranger, Abenteuer im Hochseilgarten. Und wo Kinder Spass haben, gefällt es auch den Eltern. Auch denen wird so ganz nebenbei im Schwarzwald einiges geboten!

Grenzgang II: Südschwarzwald

Ruth Michel Richter

1 Tickst du richtig?

Deutsches Uhrenmuseum,
Robert-Gerwig-Platz 1,
D-78120 Furtwangen,
0049/7723/920 117,
www.deutsches-uhrenmuseum.de

In Furtwangen gab es die erste deutsche Uhrmacherschule. Aus ihr ist ein modernes Uhrenmuseum hervorgegangen. Die unterschiedlichsten Zeitmessgeräte aus der Frühzeit der Räderuhr bis zu modernsten Präzisionsuhren sind ausgestellt. Thematisiert werden die Zeit an sich und die Geschichte der Zeitmessung. Ein absolutes Prunkstück ist die überdimensionale Kunstuhr von August Noll, ein eigentliches Gesamtkunstwerk. Kinder freuen sich besonders über die verschiedenen Musikuhren und mechanischen Musikinstrumente. Spannend wird es vor allem, wenn die Kinder (erlaubterweise) an den beweglichen Modellen zur Mechanik der Uhr und zur Elektrizität experimentieren dürfen! Ebenfalls beeindruckend: Ein grosses Schaudiagramm zeigt, aus wie vielen Teilen sich ein ganz einfacher Kinderwecker zusammensetzt.

Wie? 105 km von Basel, 125 km von Zürich, über die B 500 von Waldshut her.

Wann? Täglich 1. April–31. Oktober 9–18, 1. November–31. März 10–17 Uhr (nur 24.–26. Dezember geschlossen).
Wieviel? Erwachsene € 3.–, Schüler € 2.–.
Alter? Ab 6 Jahren. Für Kinder gibt es ein spannendes Suchspiel (an der Kasse fragen).

2 Mit Flechtel unterwegs

Naturerlebnispfad Hinterzarten,
Hinterzarten/Breitnau Tourismus,
Freiburger Strasse 1,
D-79856 Hinterzarten,
0049/7652/12060,
www.hinterzarten-breitnau.de

Ein Wanderweg auch für die Kleinsten: Teil 1 des Naturerlebnispfades, die ersten anderthalb Kilometer, sind kinderwagengängig. Der Erlebnispfad beginnt mitten in Hinterzarten bei einem grossen Kinderspielplatz und führt über mehrere Stationen, an denen Kinder spielerisch Wald und Natur erleben können, zurück ins Dorf. Teil 2, zwei Kilometer lang und nicht mehr kinderwagengängig, führt an der legendären Adlerschanze vorbei – wo sind die zukünftigen Simon Ammanns? Vom Fliegen träumen ist erlaubt. Im Zauber-

Erdmännlein

Überall, wo es Höhlen und unzugängliche Schluchten gibt, leben Erdmännlein, sei es nun in der Schweiz oder im Schwarzwald. Berühmt sind die kleinen Wichte von Hasel, die – wie so üblich unter Ihresgleichen – den Guten halfen und die Bösen bestraften. Der böse Ritter Ruprecht von Bärenfels wollte seine Schwester zur Ehe mit dem ebenfalls bösen Ritter Bruno von Steinegg zwingen. Das gute Mädchen floh, verfolgt von den beiden Bösen. Da kamen ihr die Erdmännlein zu Hilfe, versteckten sie in einer geheimen Höhle und schleuderten Felsbrocken auf die Verfolger, die natürlich umkamen, wie es sich für Bösewichte gehört. Die geheime Höhle ist die Erdmannshöhle in Hasel, die heute noch besichtigt werden kann (Tipp 13). Was aus dem Ritterfräulein wurde, ist nicht überliefert.

wald tauchen die Kinder ins Reich der Feen und Wichtel, lernen, was uns die Natur alles lehrt, blicken in die Waldapotheke, folgen den Spuren der Eiszeit und können sich zum Schluss mit Evernius Flechtel in einem Wald-Quiz messen. Und z. B. die Frage beantworten: Welches Tier trägt immer einen Spiegel mit sich, die Eule, der Auerhahn oder das Reh? Wer weiss es?

Wie? Via B 500 von Waldshut-Tiengen bis Titisee, dann via B 317 nach Hinterzarten.
Wann? Frühling bis Herbst.
Dauer? Gesamtweg 3,5 km, davon 1,5 km für Kinderwagen geeignet.
Alter? Alle Altersstufen.

3 Zwischen Gemsen rodeln
Steinwasen-Park, D-79254 Oberried, 0049/7602/944 680,
www.steinwasen-park.de

Eine Schwarzwaldlandschaft wie aus dem Bilderbuch: Tannenwald, Kletterfelsen, ein idyllischer See: So präsentiert sich der Bergwildpark Steinwasen. Dam- und Rothirsche, Gemsen, Steinböcke, Mufflons, Rentiere und Wildschweine, Luchse, Waschbären und Murmeltiere leben hier in grossen Gehegen. Eine Gondelbahn führt hinauf zur 800 Meter langen Sommerrodelbahn, die das Parkgelände durchquert. Weitere Hits sind Fahrten auf dem «Spacerunner» und dem «Gletscherblitz», es locken das coole «Skandinavische Haus» mit seiner Eis- und Gletscherwelt, ein Kino mit einem Film über die Entstehung der Erde und die Ausstellung «Schwarzwaldimpressionen», zu der auch die gemütliche Schwarzwaldbahn gehört. Und wer mutig ist, wagt sich selbstverständlich über die 218 Meter lange Seilhängebrücke: Plötzliches Auftreten von Seekrankheit ist nicht auszuschliessen!

Wie? An der L 126 zwischen Kirchzarten und Todtnau.
Wann? Ende März–Ende April und Anfang September bis Anfang November täglich 10–17, Mai–September täglich 9–18 Uhr.
Wieviel? Nur Eintritt Erwachsene € 8.–, Kinder € 7.–, Gesamtkarte mit unbegrenzter Bahnbenützung Erwachsene € 18.–, Kinder 4–14 Jahre € 17.–.
Alter? Alle Altersstufen.

4 Wie die Bienchen
Bienenkundemuseum, Ortsteil Spielweg, Münstertal im Schwarzwald, Tourist-Information, D-79244 Münstertal, 0049/7636/70730, www.muenstertal.de

Zwischen Belchen (1414 m) und Schauinsland (1284 m) liegt das Münstertal, eine attraktive Wander-, Ausflugs- und Familienferienregion im Dreiländereck. Hier fühlen sich nicht nur Menschen wohl, sondern auch Bienen, die fleissig den feinen Schwarzwaldhonig produzieren. Ihnen ist ein Museum mit elf Räumen gewidmet. Man erfährt alles über das Leben der Bienen, ihre Funktion in der Natur, die Geschichte der Imkerei. Und neben den Hunderten von Ausstellungsstücken fehlen selbstverständlich auch lebende Bienen nicht!

Wie? Von Bad Säckingen auf der B 317 über Schopfheim und Schönau bis Münstertal.
Wann? Ganzjährig Mi, Sa, So und Feiertage 14–17 Uhr.
Wieviel? Erwachsene € 2.–, Kinder € 1.–.
Alter? Alle Altersstufen.

Grenzgang II: Südschwarzwald

5 Im Teufelsgrund

Historisches Silberbergwerk,
D-79244 Münstertal, 0049/7636/1450,
oder Tourist-Information Münstertal,
0049/7636/70730,
www.muenstertal.de

Bereits im 8. Jahrhundert wurde im Münstertal Silber aus dem Berg geholt. Das bergmännische Gewerbe blühte bis in die Neuzeit hinein und brachte dem Tal Reichtum. Das Silber aus dem Münstertal half mit, das Freiburger Münster zu bauen. Im 17. Jahrhundert schlief der Abbau ein, erst im 19. Jahrhundert wurde die Mine reaktiviert. Jetzt grub man nicht nur nach Silber, sondern auch nach Blei und später nach Flussspat. 1958 wurde die Grube stillgelegt, 1968 von der Gemeinde Münstertal übernommen und 1970 dem Publikum zugänglich gemacht. In einem Seitenstollen befindet sich eine Asthma-Therapiestation – die pollenfreie Luft im Stollen tut Asthmatikern gut. Besuche in alten Bergwerksstollen sind immer faszinierend – die Arbeit unter Tag ist eine für uns ganz fremde Welt.

Wie? Von Bad Säckingen auf der B 317 über Schopfheim und Schönau bis Münstertal.
Wann? In der Hauptsaison Di–So 14–17 Uhr.
Wieviel? Erwachsene € 3.–, Kinder 6–16 Jahre € 1.50.
Alter? Ab 6 Jahren.

Grenzgang II: Südschwarzwald

6 Leben wie vor 100 Jahren

Schwarzwaldhaus 1902, Marta und Peter Bert, D-79244 Münstertal, 0049/7636/77626,
www.schwarzwaldhaus-muenstertal.de

Hand aufs Herz, würden Sie mit Ihrer Familie zehn Wochen in einem alten Bauernhaus ohne Strom, ohne Warmwasser, dafür mit Plumpsklo und Holzherd leben wollen? Die Familie Boro aus Berlin hat das Experiment gewagt, scharf beobachtet vom Fernsehsender SWR. Ort dieses Experiments war der 250jährige Kaltwasserhof im Münstertal. Das ärmliche Taglöhnerhaus wurde in den Zustand von 1902 zurückversetzt, mit karger Inneneinrichtung und ohne jeden Komfort – so, wie es damals war. Jetzt ist das Wohn-TV-Experiment beendet und der Kaltwasserhof zur Besichtigung offen. Marta und Peter Bert, die Hausbesitzer, ergänzen die Führungen durch spannende Erzählungen über das harte Leben der Tagelöhner, über Kinderarbeit und Alltagsprobleme. Altes Handwerk wird demonstriert, ab und zu zeigt sich Hauskatze Minka, die ihren festen Platz auf dem Kachelofen hat, draussen auf dem kleinen Hof gackern die Hühner. Romantisch? Beim zweiten Blick sicher nicht mehr unbedingt. Aber beeindruckend!

Wie? Von Bad Säckingen auf der B 317 über Schopfheim und Schönau bis Münstertal. Parkplatz beim Besucherbergwerk Teufelsgrund. Ca. 12 Minuten Fussweg, steiler Abstieg hinunter zum Hof.
Wann? Führungen Di, Fr, Sa und So 14–17 Uhr, im Winter letzte Führung 15 Uhr. Bitte telefonisch voranmelden.
Wieviel? Erwachsene € 4.–, Kinder € 1.50.
Alter? Ab 6 Jahren.

7 Im Zauberwald

Kinderwanderweg Todtnau, Tourismus GmbH Todtnauer Ferienland, Kurhausstrasse 18, D-79674 Todtnau, 0049/7671/969 695, www.todtnauer-ferienland.de

Bei diesem Ausflug werden die Kinder wohl kaum über das öde Wandern jammern, sondern fragen, wann sie diese tolle Tour wieder machen dürfen. Zehn Spielstationen am Weg vom Hasenhorn-Gipfel hinunter nach Todtnau bieten denn auch viel Spass und Unterhaltung. In der Wichtelhütte, wo Ilex und Farfara wohnen, die Hüter des Zaubersteins, darf nach Lust und Laune gespielt werden. Und unterwegs laden viele lustige Waldbewohner wie der freche Rabe Ratzfatz, Hasenkönig Rubus Henry, Fritzi Piep und Grieswurz, die griesgrämige Buche, zum Schauen, Klettern, Spielen, Tasten, Staunen ein. Die Kinder sollen ihnen bei der Suche nach dem Zauberstein helfen, der den Wichteln abhanden gekommen ist, was die ganze Sache natürlich noch viel spannender macht.

Wie? Von Basel über die B 317 direkt nach Todtnau oder von Waldshut über die B 500 bis Bärental, dann auf die B 317 und via Feldberg nach Todtnau. Der Ausflug beginnt bei der Talstation des Sessellifts aufs Hasenhorn.
Wann? Sessellift Anfang April–Ende Oktober täglich 9.30–17.30 Uhr; der Weg ist jedoch nur bei guter Witterung begehbar. Info Sessellift: 0049/7671/96980.
Dauer? Ca. 1½ Stunden.
Was noch? Spannend ist auch der 3 km lange Walderlebnispfad, konzipiert für Kinder im Schulalter. Eine Begleitbroschüre mit Infos, Rätseln, Illustrationen und einem Wettbewerb ist bei Todtnau Tourismus erhältlich.
Alter? Ab ca. 4 Jahren. Der Weg ist für Kinderwagen nicht geeignet. Gutes Schuhwerk!

8 Urwaldexpedition

Entdeckungspfad Belchenland, Tourist-Information, Gentnerstrasse 2, D-79677, Schönau, 0049/7673/918 130, www.belchenland.com

Am Südhang des Belchen und mitten im Naturpark Südschwarzwald finden sich einzelne Urwaldinseln. Alleine wagt man sich nicht so gern in das Dickicht von Fallholz, Gebüsch und uralten Baumriesen. Doch ausgerüstet mit der Broschüre «Zurück zum Urwald», die neben der Wegskizze leicht verständliche Informationen enthält, wird die Wanderung zur spannenden Naturexpedition. Der Bannwald Flüh oberhalb des Belchendorfes Schönau wird seit über 30 Jahren sich selbst überlassen. Was das bedeutet, erfährt man auf der Wanderung, Nummerntafeln am Weg weisen auf die Broschüre hin. Themen sind z. B. Niederwald, Leben auf Steinschutthalden, Vegetation in der Schlucht, Waldweide, Sturm Lothar und Köhlerei. Das ist Schwarzwald pur.

Wie? Von Basel über die B 317 bis Schönau. Parkplatz in Schönau, von hier ausgeschilderter Fussweg bis Flüh, Anfangspunkt der Rundwanderung.
Wann? Frühling bis Herbst, nur bei trockener Witterung. Achtung, nicht bei starkem Wind, Gefahr von herabfallenden Ästen und umstürzenden Bäumen.

Grenzgang II: Südschwarzwald

Dauer? Von Schönau aus 5,5 km, 170 m Aufstieg und Abstieg.
Wieviel? Broschüre € 1.50, erhältlich bei der Tourist-Information.
Was noch? Weitere Entdeckungspfade gibt es u.a. zu den Themen Erdaltertum, Bergbau, Gletscherspuren und über Otto, den letzten Dorfhirten im Wiesental.
Alter? Ab 10 Jahren.

9 Glas blasen
Glaskunst Altglashütten,
Peter Eckhardt, Bergweg 4,
D-79868 Feldberg, 0049/7655/494,
www.schwarzwaldglas.de

Immer wieder ist es faszinierend zu beobachten, wie sich aus einem glühendroten, noch flüssigen Glastropfen durch geschicktes Drehen, Wenden und Blasen allmählich ein filigranes Trinkglas, eine Schale, eine Flasche entwickelt. Die Glasproduktion ist im Schwarzwald seit Jahrhunderten heimisch, und in vielen Werkstätten wird noch nach alter Tradition Glas geblasen. Peter Eckhardt knüpft an dieses Erbe an, er hat sich aber auf die Anfertigung von Einzelstücken, Glaskunstwerken und Sonderobjekten spezialisiert. Virtuos handhabt der Glaskünstler seinen Werkstoff, und es ist spannend für Eltern und Kinder, ihm dabei zuzuschauen. Wenn es die Zeit erlaubt, darf jeder mal versuchen, aus einem Glastropfen eine schöne Glaskugel zu blasen. Ob die Puste reicht?

Wie? An der B 500 zwischen Schluchsee und Bärental in Altglashütten.
Wann? Mo–Fr 9–12 und 14–18, Sa 9–12 Uhr. Für Gruppen nach Vereinbarung.
Alter? Ab 8 Jahren.

10 Grüne Wunder
Haus der Natur, Dr.-Pilet-Spur 4,
D-79868 Feldberg, 07676/9336-30,
www.naturschutzzentren-bw.de
(Feldberg)

Mit dem Auto durch den Schwarzwald fahren oder zu Fuss durch seine dunklen Wälder streifen ist eins, den Schwarzwald wirklich verstehen, etwas ganz anderes. Im Haus der Natur in Feldberg werden die Region und vor allem das Naturschutzgebiet Feldberg spannend und abwechslungsreich vorgestellt, überall gibt es etwas zu tun und zu entdecken. Die Besucher finden Hintergrundinformationen zur Entstehung und Geschichte des südlichen Schwarzwaldes, erfahren alles über seine Tiere und Pflanzen und können spielerisch ihr Wissen testen. Besonders attraktiv sind die vom Haus der Natur organisierten Führungen mit dem Feldberg-Ranger, dem Feldberg-Förster oder anderen geschulten Mitarbeitern des Hauses der

---

Die Uhrenstrasse
Schwarzwald und Kuckucksuhren sind praktisch Synonyme. Der Spur der alten Uhrenindustrie durch den gesamten Schwarzwald folgt die Deutsche Uhrenstrasse, die von Rottweil über Föhringen, Titisee, Waldkirch und Furtwangen bis Schramberg und St. Georgen führt. Ein Herzstück der Strasse liegt im Südschwarzwald: In Neustadt am Titisee erfand der Tüftler Franz Joseph Sorg 1830 die kleinste Penduluhr, das sogenannte «Sorg-Ührle». Berühmt war auch die «Jockele-Uhr» aus Hinterzarten. Der Uhrmacher Jakob Herbstrieth verstand es, kleinste Uhren mit sehr schön bemalten Porzellanschildern herzustellen.

Natur. Kinder zwischen 8 und 12 haben zudem die Möglichkeit, im Rahmen einer speziellen Führung das «Junior-Ranger-Abzeichen» zu erwerben.

Wie? Von Waldshut über die B 500 oder von Basel über die B 317 bis Feldberg Ort. Das Haus der Natur ist in Feldberg gut ausgeschildert. Keine Parkplätze.
Wann? Di–So 10–17 Uhr, in den Sommer- und Herbstferien auch Mo. Junior-Ranger-Abzeichen jeden Dienstag von Anfang Juli bis Anfang September, Start 10.30 Uhr. Parallel dazu Führung für Eltern und Jugendliche. Dauer 3½ Stunden. Schulklassen und Gruppen können Termine buchen.
Wieviel? Erwachsene € 2.–, Kinder € 1.–, Familien € 5.–, Junior-Ranger-Abzeichen € 2.50.
Alter? Ausstellung ab 5 Jahren, Junior-Ranger ab 8 Jahren.

11 Bei den Schnitzern
Resenhof, Holzschnefler- und Heimatmuseum, D-79872 Bernau-Oberlehen, 0049/7675/1600-30,
www.bernau-im-schwarzwald.de

Die Bauern im Hochtal von Bernau mussten sich, der Not gehorchend, einen Zusatzverdienst mit Holzverarbeitung schaffen: Löffel, Schachteln, Bürsten, Schindeln und andere Gebrauchsgegenstände wurden in Heimarbeit hergestellt und im benachbarten In- und Ausland verkauft. «Schneflen» heisst Schnitzen im Bernauer Dialekt. Im Resenhof führt man in Werkstätten und Stuben dieses alte Handwerk vor und zeigt die dabei entstandenen Gegenstände. Kammern und Küche sind so eingerichtet, wie es zu Beginn des 20. Jahrhunderts im Schwarzwald typisch war.

Wie? B 500, St. Blasien–Bernau.
Wann? 1. Mai–30. Juni Di–So 14–17 Uhr; 1. Juli–31. August Di–Sa 10–12 und 14–17, So 14–17 Uhr; 1. Sept.–31. Okt. Di–So 14–17, bis 15. Nov. Mi und So 14–16 Uhr.
16. Nov.–30. April geschlossen.
Alter? Ab 6 Jahren.

12 Wo die Vögel zwitschern
Vogelpark Steinen,
D-79585 Steinen-Hofen,
0049/7627/7420,
www.vogelpark-steinen.de

Der Vogelpark Steinen ist ein absolutes Highlight unter den Erlebnisparks im Schwarzwald: Hier stehen wirklich die Tiere im Vordergrund. In 300 Volieren, an Teichen und im Freigelände leben rund tausend Vögel, neben einheimischen Arten wie Enten, Störchen oder Eulen auch Exoten wie Emus, Kakadus und Flamingos. Besondere Attraktionen sind das Tropenhaus mit freifliegenden Vögeln aus dem

Grenzgang II: Südschwarzwald

Tropengürtel sowie das Vogelkunde- und Schaubruthaus, in dem man das Ausschlüpfen von Küken beobachten kann. Täglich finden um 11 und 15 Uhr in der Falknerei Greifvogel-Flugvorführungen statt. Kleinen und grossen Parkbesuchern stehen abgetrennt vom Vogelbereich Grillplätze, Picknickstellen, eine Gartenwirtschaft und ein vielseitiger Spielplatz zur Verfügung. Begehrter Anziehungspunkt ist auch das Streichelgehege mit den afrikanischen Zwergziegen: Für einmal wird gemeckert, nicht gezwitschert!

Wie? Von Lörrach auf der B 317 bis Steinen, dann auf der L 852 bis Schlächtenhaus, von dort ausgeschildert. Sehr schön ist die Fusswanderung vom Bahnhof Steinen bis zum Vogelpark (Routenplan bei der Parkverwaltung erhältlich).
Wieviel? Erwachsene € 12.–, Kinder 4–14 Jahre € 5.–; ermässigte Familienkarten für den zweimaligen Besuch in der Saison.
Wann? Ab Mitte März/April/Okt. täglich 10–18, Mai–Ende Sept. täglich 9–18, Nov./Feb. So 11–17 Uhr (bei schönem Wetter).
Alter? Alle Altersstufen.

13 Bei den Zwergen im Berg
Erdmannshöhle Hasel,
Gemeindeverwaltung, D-79686 Hasel,
0049/7762/809 901,
www.gemeinde-hasel.de

Im Lauf der Jahrtausende hat eindringendes Wasser den Kalkstein «angenagt», ausgewaschen und ein riesiges Höhlensystem geschaffen. Das Alter der grössten Tropfsteine in dieser bizarren unterirdischen Welt wird auf über 1 Million Jahre geschätzt. 1755 war die Höhle entdeckt worden, Forscher berichteten von einer «Erdmanns Grub». Heute ist die Erdmannshöhle dem Publikum zugänglich. Auf Führungen besucht man Höhlenpartien mit Phantasienamen wie «Märchenreich», «Bachhöhle», «Fürstengruft» oder «Rittersaal». Beim Höhleneingang, sehr hübsch an einem kleinen Bach gelegen, gibt es zwei Grillstellen, Tische und Bänke, einen Kinderspielplatz und einen Kiosk. Hier beginnt auch ein Natur- und Erlebnispfad, der dem Haselbach bis ins nahe Wehr folgt.

Wie? Von Bad Säckingen nach Wehr, in Wehr Strasse Richtung Schopfheim. Wenige Kilometer nach Wehr sind Hasel und die Erdmannshöhle ausgeschildert.
Wann? April und Oktober Mo–Fr 13–18, Sa, So, Feiertage 10–18 Uhr; Mai–September täglich 10–18 Uhr.
Wieviel? Kinder 4 bis 14 Jahre € 2.–, bis 18 Jahre € 2.50, Erwachsene € 3.50.
Alter? Ab 6 Jahren.

14 Wie die Bergmänner
Schaubergwerk Todtmoos,
D-79682 Todtmoos-Mättle,
0049/7674/9060-0, www.todtmoos.de

Im 18. Jahrhundert begann in der Grube Todtmoos-Mättle der Abbau von Magnetkieserz, später wurde Nickelerz geschürft. Aber 1937 waren die Erzvorkommen endgültig erschöpft, und die Grube wurde stillgelegt – bis ins Jahr 2000. Denn seither erfüllt neues Leben die alten Stollen. Besucher werden in

die geheimnisvolle Welt unter Tag geführt und dürfen, ausgerüstet mit Grubenhelm und Lampe, sogar selbst ein bisschen am Fels kratzen. Für kleine Kumpel ist dies ein grosses Abenteuer, ganz besonders, wenn sie an einer der speziellen Kinderführungen teilnehmen.

Wie? Von Waldshut-Tiengen via B 500 bis Häusern, dann über die L 149 bis St. Blasien, von dort über die L 150 bis Todtmoos, der Ortsteil Mättle ist ausgeschildert.
Wann? Mai–Okt. Mi, Sa, So 14–17 Uhr; Nov.–April: je nach Schneelage Di, Sa, Feiertage 14–17 Uhr.
Wieviel? Erwachsene € 2.50, Kinder 6–16 Jahre € 1.–.
Alter? Ab 5 Jahren.

15 Bauernleben einst

Freilichtmuseum Klausenhof,
am Gerhard-Jung-Platz,
D-79737 Herrischried,
0049/7764/6162,
www.hotzenwald.de/herrischried

Wie eine sauber gestutzte Beatlesfrisur umrahmt das dicke Strohdach das langgezogene Eindach-Bauernhaus aus dem 15. Jahrhundert, eines der ältesten im Schwarzwald. Das grosse Dach, unter dem Menschen und Tiere in engster Gemeinschaft lebten, verspricht Geborgenheit, Schutz vor Kälte im Winter, vor Hitze im Sommer. Und das Innere zeigt lebendige Geschichte. Denn spannend ist es, von Raum zu Raum zu gehen, von denen jeder so eingerichtet ist, als seien die letzten Bewohner eben erst ausgezogen, und sich vorzustellen, wie es damals war. Neben dem Wohnhaus ergänzen Säge, Schmiede, Backhaus und Bauerngarten das Freilichtmuseum.

Wie? Von Laufenburg/Murg via L 151 nach Norden bis Herrischried.
Wann? Jan.–Mai Di, So, Feiertage 14–17, Juni–Sept. Di, Mi, Sa, So und Feiertage 14–17, Nov./Dez. Di 14–17 Uhr.
Wieviel? Erwachsene € 2.–, Kinder 0.50.
Was noch? Eine spannende Ergänzung ist der Besuch des Gugelturms, ca. 30 Minuten Fussweg vom Klausenhof entfernt. Der 30 m hohe Turm hat auf 16 m Höhe eine Besucherplattform mit herrlicher Aussicht über den Schwarzwald und bis in die Alpen.
Alter? Ab 5 Jahren.

16 Hochseilakt

Teamwelt Olaf Jung,
Natursportzentrum 20,
D-79862 Höchenschwand,
0049/7672/922 552,
www.teamwelt.de

Für alle, die sich in luftigen Höhen wohl fühlen und schwindelfrei sind, ist das Natursportzentrum Höchenschwand ein Traumziel. Der Hochseilgarten bietet Kletterspass in 10 m Höhe; auf der Riesenschaukel geht's hoch in die Lüfte; der 42 m hohe Rothaus-Zäpfle-Kletterturm lässt kaum noch Wünsche offen bezüglich Kletterrouten. Und wie wär's mit einer Rutschtour über die 110 m lange und 10 m hohe Seilrutsche «Flying Fox»? Auf dem gleichen Gelän-

Grenzgang II: Südschwarzwald

de, idyllisch im Wald gelegen, befinden sich auch ein Bogenschiessstand, ein kleiner Teich, Grillplätze und ein Blockhaus mit verschiedenen Indoor-Anlagen.

Wie? An der B 500 Waldshut–Höchenschwand gelegen. Parkplätze.
Wann? Aktivitäten für Familien organisiert die «Teamwelt» an den Wochenenden, z. B. Hochseilgarten-Aktivitäten, Flying Fox und Riesenschaukel am Samstag, «Kletterwand-Brunch» oder Bogenschiessen am Sonntag. Teilnahme nur nach telefonischer Voranmeldung.
Wieviel? Preise auf Anfrage.
Alter? Ab 8 Jahren, je nach Gerät. Gefragt vor allem bei Kids ab ca. 12 Jahren.

17 Ferienspass im Schwarzwald

Höchenschwand, Kurverwaltung,
D-79860 Höchenschwand,
0049/7672/48180,
www.hoechenschwand.de,
Ferienort Häusern, Kurverwaltung,
D-79837 Häusern,
0049/7672/931 415,
www.haeusern.de

Nur 20 Kilometer nördlich der Schweizer Grenze liegen auf 1000 m ü. M. die Ferienorte Höchenschwand und Häusern. Neben den für schweizerische Verhältnisse bescheidenen Preisen für Unterkunft und Verpflegung bieten die beiden Dörfer viel für Familienferien: schöne Wanderwege, ein spannendes Waldquiz, ein beheiztes, idyllisch gelegenes Waldfreibad, ein modernes Tenniscenter, Kinderspielplätze, viel Grünfläche und Wald zum Herumtoben. Im Sommer werden Kindernachmittage organisiert. Im Winter sind

die Loipen interessant, die Skilifte bieten ideale Übungshänge für die jüngsten Skifans. Wer mit kleinen Kindern eine Alternative zum alpinen Skibetrieb sucht, fühlt sich hier wohl.

Wie? Infos über Hotels, Pensionen, Ferienwohnungen und Kinderprogramme über obige Adressen.

18 Der Grafenhausener Familienkoffer

Kurverwaltung,
D-79863 Grafenhausen,
0049/7748/52041,
www.grafenhausen.de

Bereits mehrmals hat Grafenhausen den Bundespreis im Wettbewerb «Familienferien Deutschland» abholen können und ist Mitglied bei den «Familienfreundlichen Siebzehn» (alles Orte in Baden-Württemberg). Das Dorf liegt auf einer sonnigen Schwarzwaldhochebene (800–1100 m ü. M.) inmitten ausgedehnter Wälder, der Blick reicht bis in die Alpen. Seen, Bäche, Wiesen, Wälder, viel Flora und Fauna bieten den idealen Untergrund für Familienferien. Ergänzt wird der Abenteuerpark Natur durch ein abwechslungsreiches Familienprogramm: Bauernhofbesichtigung, Kutschenfahrten, Mitmachtheater usw. Und möchte sich die Jungmannschaft absetzen – direkt neben dem Dorf liegt ein Jugendzeltplatz.

Wie? Ca. 35 km nördlich von Waldshut, über die B 500 via Schluchsee und Rothaus.

19 Bauernhofferien

Schiesselhof, Familie Eller,
Rippoldsried 1,
D-79865 Grafenhausen,
0049/7748/92040

Ferien auf dem Bauernhof, wo man wirklich überall reinschauen, Fragen stellen, neugierig sein darf: Bei Familie Eller sind Gäste sehr gut aufgehoben und werden, falls gewünscht, freundlichst in den Hofalltag integriert. Der dreihundertfünfzigjährige Hof wird nach ökologischen Grundsätzen bewirtschaftet, man melkt sogar noch von Hand. Was im Hofrestaurant auf den Tisch kommt oder die Gäste bei Ellers einkaufen, stammt aus eigenem Anbau, aus dem eigenen Stall, wird selbst gebacken und geräuchert. Zu der in den letzten Jahren neu gebauten Ferienanlage mit sieben komplett und komfortabel eingerichteten Wohnungen (Cheminee, Geschirrspüler) gehören ein Restaurant und eine grosse Wiese mit Grillplatz und Spielplatz. Kinder sind hier ohnehin voll ausgelastet: Da sind einmal Kühe, Kälbchen und Schweine, das Traktorfahren (Kinder können sogar einen Traktorführerschein machen!), der Morgen im Stall, Zaunstecken auf der Weide oder einfach das fröhliche Spiel mit Hofhund Wendelin und den Katzen Gretel und Lakritze. Aber auch Ziege Helga will gekrault werden!

Wie? Von Grafenhausen aus signalisiert (Rippoldsried).
Wann? Ganzes Jahr, aber immer reservieren! Restaurant nur Fr, Sa, So geöffnet, Lebensmittel können auf dem Hof gekauft werden (Holzofenbrot, Milch, Wurst aus Eigenproduktion usw.). Sehr gutes Preis-Leistungs-Verhältnis, auch im Restaurant!
Alter? Alle Altersstufen.

20 Durch die Wutachschlucht

Bad Boll/Bonndorf.
Tourist-Information, Schlossstrasse 1,
D-79848 Bonndorf, 0049/7703/7607,
www.bonndorf.de

Canyonartig hat sich die Wutach in den Schwarzwaldkalk gefressen. Diese romantische Schlucht hat schon im letzten Jahrhundert Touristen angezogen: Vor mehr als 100 Jahren bauten Mitglieder des «London Fishing Club» einen Weg durch die Schlucht mit über zwanzig Stegen. Heute steht die Schlucht unter Naturschutz. Hier sind unzählige Orchideen und etwa 570 Schmetterlingsarten heimisch. Es gibt viele Möglichkeiten, in die Schlucht einzusteigen. Eine davon ist die Wutachmühle mit Wanderparkplatz und Infotafeln. Weitere Ausgangsorte sind Bad Boll direkt nördlich von Bonndorf oder das Gasthaus Schattenmühle an der Strasse Bonndorf–Löffingen. Oberhalb der Schattenmühle trifft man auf das «Räuberschlössle», eine romantische Burgruine. Wichtig: Gute Wanderschuhe!

Wie? Über die B 315 nach Bonndorf, Wanderparkplatz bei der Schattenmühle. Informationen über die Schlucht und die Spezialkarte «Naturschutzgebiet Wutachschlucht» gibt es bei der Tourist-Information Bonndorf.
Wann? Frühjahr bis Herbst, bei trockener Witterung.
Alter? Ab 8 Jahren.

Grenzgang II: Südschwarzwald

21 Schwarzwald-Park

D-79843 Löffingen, 0049/7654/606,
www.schwarzwaldpark-loeffingen.de

Mit dem Motto «viel Natur, viel Wild, viel Abenteuer» wirbt dieser Wild- und Freizeitpark im Grünen. Was auch zutrifft. Neben einem riesigen Kinderspielplatz mit originellen Spielgeräten gibt es eine Sommerrodelbahn, eine Bobkartbahn, Flugboote, Bumperboote, die prähistorische Flossfahrt (Dinos gesichtet!), eine Oldtimerbahn und einen kleinen Sessellift. In den grosszügigen Gehegen zu sehen sind: Rotwild, Wapitis, Schwarzwild, Bisons, Yaks, Emus, Känguruhs, Bären, Luchse und drollige Berberaffen. Auch spannend: die Greifvogelstation. Im 10 000 Quadratmeter grossen Park finden sich genügend Kioske, Picknick- und Grillmöglichkeiten sowie Imbissstände, um Hunger und Durst zu stillen. Ein vergnüglicher Familienausflug ist Ihnen sicher – ausser vielleicht an Sonntagen. Da ist im Wildpark der Bär los.

Wie? Löffingen liegt an der B 31 zwischen Titisee-Neustadt und Donaueschingen.
Wann? Ostern–Anfang November 9–18 Uhr.
Wieviel? Erwachsene € 6.–, Kinder 4–15 Jahre € 3.–.
Alter? Alle Altersstufen.

Gasthaus Rebstock, Familie Burger, Eichberg, D-79802 Dettighofen, 0049/7742/7211. Mo geschlossen, Di–So ab 9.30 Uhr geöffnet. Kleinzoo, Spielplatz, Aussichtterrasse Kinderkarte.

Wo schlafen?

Hotel Schwarzwaldgasthof Adler, Familie Walter Wimmer, D-79868 Feldberg-Bärental, 0049/7655/1242, www.adler-feldberg.de. Sehr schöner alter Schwarzwald-Gasthof, Kinderspielzimmer, Terrasse. Lustige Kinderspeisekarte mit z. B. «Krümelmonster» zu € 0.–: «Bestellt sich einen Teller und isst bei Papi und Mammi mit.» Speziell günstige Familienmenüs.

Bauernhofpension Unterhöfenhof, Christian und Claudia Hauser, Jostalstrasse 66, D-79822 Titisee-Neustadt, 0049/7651/1486, www.unterhoefenhof.de. Schön gelegene Pension. Spielplatz, Spielraum, Hoftiere (Landwirtschaft), 2 Ponys.

Schwarzwaldgasthof Zur Traube, Familie Winterhalder, Sommerbergweg, D-79822 Titisee-Neustadt, Ortsteil Waldau, www.traube-waldau.de, 0049/7669/2290. Kinderspielraum, Spielplatz, Tiere, grosse Wiese. Speziell günstige Familienpauschalen bei längerem Aufenthalt.

Jugendherberge Menzenschwand, Vorderdorfstrasse 10, D-79837 Menzenschwand, 0049/7675/326. Jugendherberge in wunderschönem altem Schwarzwaldhaus.

Kids willkommen!

Wo essen?

Tannenmühle, D-79865 Grafenhausen, 0049/7748/215, Schwarzwald-Gasthaus/Hotel mit alter, nach wie vor funktionierender Mühle mit Mühlenmuseum, Laden, familienfreundlichem Hotel, Tiergehege, Kinderspielplatz.

Dauerbrenner

Museum Hüsli, D-79865 Grafenhausen-Rothaus, www.landkreis-waldshut.de, 0049/7748/212, Geöffnet Di–Sa 9–12 und 13–17, So 13–17 Uhr. Üppig eingerichtetes Schwarzwaldhaus; hier wohnte Dr. Brinkmann in der TV-Serie «Schwarzwaldklinik».

Mountain-Bike-Fun-Park am Hasenhorn, D-79674 Todtnau, 0049/7671/508. Mit dem Sessellift aufs Hasenhorn, je eine Downhill- und Freeridestrecke, für Jugendliche, gute Fahrer. Geöffnet April–Oktober.

«Schloss-Narrenstuben», Schloss Bonndorf, D-79848 Bonndorf; 0049/7703/233: 400 Narrenfiguren in originalgetreuer Kostümierung und 250 Originalmasken sind im kinderfreundlichen Museums ausgestellt. Im Park japanischer Garten mit Spielgeräten und Teehaus. Mi–Sa 10–12, 14–17, So 14–17 Uhr.

Mühle Blumegg-Weiler, D-79780 Stühlingen-Blumegg, Infos 0049/7709/254, eine einzigartige Mühle mit 3 Rädern und 5 Mahlwerken aus dem 14. Jh., in den 1990er Jahren renoviert.

Müllmuseum, Hauptstrasse 124, D-79713 Bad Säckingen-Wallbach, 0049/7761/4325. Do 15–17 und So 14–17 Uhr oder nach Voranmeldung. Eintritt frei. Ein Museum, dessen Ausstellungsstücke alle aus dem Müll stammen, witzig und ein bisschen zum Nachdenken.

Schwarzwälder Skimuseum, Hugenhof/Erlbruckerstrasse, D-79856 Hinterzarten, 0049/7652/982 192, www.schwarzwaelder-skimuseum.de. Bilder, Dokumente und Sportgeräte aus den Anfängen des Wintersports. Geöffnet Di, Mi und Fr 15–18, Sa/So/Feiertage 14–17 Uhr.

Schnitzerstube Münstertal, Münsterhalden 7, D-79244 Münstertal, 0049/7636/1300, www.muenstertal.de. Ein altes Bauernhaus innen und aussen geschmückt mit Holzschnitzereien: Märchenfiguren, Waldtiere usw. Um das Haus Kleintiergehege mit Zwergziegen, Heidschnucken, Zwerghasen, Meerschweinchen und allerlei Federvolk. Geöffnet Mi–Fr 9–12 und 13–18.30, Sa/So 10–12 und 13–17 Uhr.

Spassbad «Aquafun», D-79857 Schluchsee, 0049/7656/7732, www.schluchsee.de. Geöffnet: Ende Mai bis Mitte September täglich 9–19 Uhr. Beheiztes Freibad mit Superrutschbahn, Strömungskanal, Whirlpools, Kinder-Erlebnisbereich, Abenteuerspielplatz, Beachvolleyball; direkter Zugang zum Restaurant.

Kinderwagenwandern. Belchenland-Tourist-Information, Genterstrasse 2, D-79677 Schönau, 0049/7673/918 130, www.belchenland.com. Die Pauschalangebote «Kinderwagen-Wanderwochen» (1 Woche mit 4 geführten Halbtagestouren) werden jeweils einmal im Mai und einmal im September durchgeführt (Daten rechtzeitig bei der Tourist-Information abfragen). Im Sommer findet wöchentlich eine geführte Familienwanderung statt.

Wildgehege, D-79746 Waldshut-Tiengen. Oberhalb der Stadt Waldshut liegt am Mühleberg mitten im Wald der 25 Hektar grosse, sehr familienfreundlich angelegte Tierpark mit einheimischen Wildtieren. Gut ausgestatteter Spielplatz im Zentrum, Wiesenflächen für Picknicks oder Ballspiele. Täglich geöffnet. Alle Altersstufen.

Schloss Donaueschingen, D-78166 Donaueschingen, und Fürstlich Fürstenbergische Sammlung, Karlsplatz 7, 0049/771/86563. www.fuerstenberg-kultur.de. Fürstenbergische Sammlungen, Schlosspark, zoologische Abteilung, Familiensaal mit Kutschen, Schlitten und frühen Fahrrädern, paläontologische Abteilung mit Saurierknochen. Sammlung geöffnet März–Nov. Di–Sa 10–13 und 14–17, So und Feiertage 10–17 Uhr. Erwachsene € 5.–, Kinder € 4.–. Schloss: Nur geführt zu besichtigen, 0049/771/857 221.

Grenzgang II: Südschwarzwald

Grenzgang III: Das Elsass

1		Im Park der wilden Wasser La Timonerie, Huningue
2		Ein Hauch von Wildnis Petite Camargue alsacienne
3		Ein Abstecher ins Kloster Die Abtei Lucelle
4		Ritter mit Weitblick Ruine Landskron
5		Wallfahrt in den Wald Die Kapelle St-Brice
6		Hinauf zur Zwerghöhle Rundwanderung in Ferrette
7		Go west, kleines Cowgirl Pony-Hof Blodelsheim
8		Reif für die Insel Velotour zur Rheininsel
9		Pedalos und Angelruten Plan d'eau de Courtavon
10		Die guten alten Zeiten Ecomusée d'Alsace
11		Tiger, Tulpe und Rutschbahn Der Zoo von Mulhouse
12		Die spinnen, die Schlümpfe Musée de l'Auto, Mulhouse
13		Haarsträubende Erlebnisse Musée Electropolis, Mulhouse
14		Eine einzige Festhütte La Ronde des Fêtes, Blotzheim
15		Mittelalter im Fünferpack Hohlandsburg bei Colmar
16		Im Gratisbus zu den Ballons La navette des crêtes
17		Klettern und Planschen Schwimmbad Guébwiller
18		Mit Volldampf zurück Dampfbahn im Dollertal

Bahn · Hotel · Kunsth. · Museum · Natur · Restaur. · Schiff · Sehensw. · Shopping · Spielen · Sport · Theater · Tiere · Wandern

© Hallwag Kümmerly + Frey AG, Schönbühl-Bern

Das Elsass: ein riesiger Park

Rebberge, mittelalterliche Städtchen und eine Tourismusindustrie, die jährlich Millionen von Gästen aus der ganzen Welt anzieht: Dieses Elsassbild trifft auf die Landstriche entlang der Schweizer Grenze nur bedingt zu. Im Sundgau und im benachbarten französischen Jura ist – abgesehen von einigen Top-Attraktionen wie dem Ecomusée – vom allsommerlichen Rummel auf der nördlicher gelegenen Weinstrasse wenig zu spüren. Für die Schweizer Nachbarn ist das Elsass in erster Linie ein beliebtes Naherholungsgebiet. Dank der relativ dünnen Besiedlung und der damit verbundenen Naturbelassenheit und Weite bietet diese Gegend viel Raum zum Durchatmen und lässt bald einmal das Gefühl aufkommen, ganz weit weg zu sein. Doch auch kulturell und kulinarisch gibt es auf Schritt und Tritt Entdeckungen zu machen. Der grosse Hardtwald in der Rheinebene, die sanften Jurahügel und die teils voralpin anmutenden Vogesenausläufer bieten zu Fuss, auf dem Stahl- und anderen Rössern oder auch mal im Auto Freiräume, die zu entdecken sich lohnt. Und zum Schluss ein praktischer Tipp: Ersetzen Sie beim Telefonieren im Elsass die Vorwahl 0033 einfach durch eine Null.

Alexandra Hänggi

1   Im Park der wilden Wasser

Parc des Eaux-vives, La Timonerie, Quai du Maroc 3, BP 350, F-68333 Huningue, 0033/389 89 70 20, www.ville-huningue.fr

Nur zwei Kilometer von der Basler Innenstadt entfernt liegt der Wildwasserpark von Hüningen. In der topmodernen Anlage finden Kajak- und Kanufans naturnah nachgebildete Wasserläufe verschiedener Schwierigkeitsstufen. Wer keine Ausrüstung hat, kann sie hier mieten (Schwimmweste, Helm und Neopren-Schuhe vorgeschrieben). Für Einsteiger jeden Alters finden regelmässig Einführungskurse durch qualifizierte Fachleute statt (Schnupperkurs für Kinder ab 9 Jahren für 14 €). Auch wer sich nicht gleich in den 350 Meter langen Kanal wagen will, kann im frei zugänglichen Parc des Eaux-vives einige interessante Stunden verbringen. Statt den Gleichgewichtskünstlerinnen bei ihrer Fahrt durch künstliche Stromschnellen und gestreifte Stangen zuzusehen, kann man auf dem Parkgelände auch eine Kletterwand und eine Skateboardpiste benutzen oder sich im Besucherzentrum La Timonerie verpflegen und vergnügen. Wer es lieber natürlicher hat, ist in wenigen Schritten an der Rheinuferpromenade von Hüningen, von wo man einen aussergewöhnlichen Blick rheinaufwärts Richtung Basel geniesst.

Wie? Von Basel ist man mit dem Bus 603 ab Schifflände (oder Hüningerstrasse) in wenigen Minuten in Huningue (Pass nicht vergessen!).
Wann? Februar–Mitte Dezember täglich 9 bis maximal 21 Uhr. November–März ausser am Wochenende nur am späten Nachmittag.
Wieviel? Zugang für 2 Stunden: Erwachsene € 4.80, Kinder € 3.60 (im Abo wesentlich billiger). Kayakmiete inkl. Kleidung € 8.20. Regelmässiges Kursangebot für Anfänger.
Alter? Wildwasserkanal ab 9 Jahren.

2   Ein Hauch von Wildnis

Petite Camargue alsacienne, Rue de la Pisciculture 1, F-68300 St-Louis, 0033/389 89 78 50,

Die Wildnis fängt gleich hinter der Grenze an, nämlich in der 1982 unter Schutz gestellten «Petite Camargue». Das rund um eine alte Fischzuchtanstalt aufgebaute Naturreservat zeigt auf beeindruckende Art, wie sich der Rhein vor seiner Bändigung in einer verzweigten Sumpflandschaft den Weg zum Meer bahnte. Im sogenannten «Grossen Ried», das zusammen mit dem «Kirchener Kopf» am heutigen Rheinlauf die

---

Ein sterbender Dialekt

Das Elsass ist die einzige Region, in der sich die deutsche und französische Kultur wirklich vermischt haben. Nach Jahrhunderten, in denen das Alemannische die Kultur und insbesondere die Sprache der Grenzregion prägte, gewinnt jedoch seit den 1960er Jahren das Französische unaufhaltsam die Oberhand. Innerhalb von 40 Jahren ist der Anteil derjenigen, die noch Wörter wie bol emol, Sürkrüüt oder Waggis im aktiven Wortschatz haben, von 80 auf 40 Prozent der Gesamtbevölkerung zurückgegangen. Da in der jungen Generation nicht einmal mehr zehn Prozent untereinander Dialekt sprechen, ist es nur noch eine Frage der Zeit, bis die Elsässer die Sprache berühmter Vorfahren wie Gottfried von Strassburg oder Sebastian Brandt nicht mehr verstehen.

«Petite Camargue» bildet, kann man auf drei kinderwagenfreundlichen Rundwegen den Artenreichtum entdecken, der die Landschaft am Oberrhein bis zu den grossen Rheinkorrekturen im 19. Jahrhundert auszeichnete. Das von der Schweiz aus auch gut mit dem Velo erreichbare 120 Hektar grosse Naherholungsgebiet ist ein wahres Paradies für Vögel und Amphibien. Und dank abenteuerlicher Pfade und eines kindgerecht mit Modellen und Videos arbeitenden Museums auch ein günstiges Ausflugsziel für Familien!

Wie? Mit dem Auto auf der N 66 bis zum Parkplatz in St-Louis-la-Chaussée (Buslinie 604 ab Schiffländ). Mit dem Velo ca. 30 Minuten vom Zollübergang Hüningen dem Canal de Huningue entlang.
Wann? Ganzjährig geöffnet, Ausstellung «Mémoire du Rhin» ausser im Hochsommer nur am Wochenende offen.
Wieviel? Jederzeit frei zugänglich, Picknick mitnehmen (kein Restaurant auf dem Gelände).
Dauer? Tagesausflug.
Alter? Für jedes Alter interessante Möglichkeiten.

3 Ein Abstecher ins Kloster
Centre Européen de Recontres, F-68480 Lucelle, 0033/389 08 13 13

Fährt man heute durchs verschlafene Lützeltal direkt auf der Grenze zwischen Schweizer und französischem Jura, so erinnert wenig an die Zeit, in der die Zisterzienserabtei Lucelle (von lat. «Lucis cella», die Kammer des Lichts) eines der wichtigsten religiösen Zentren des Elsass war. Im Lauf der Jahrhunderte wurde ein Grossteil der 1123 gegründeten Klosteranlage am kleinen Lac de Lucelle zerstört, doch gibt es in dem 14 Hektar grossen Park, der heute das «Europäische Begegnungszentrum» beherbergt, noch immer auf Schritt und Tritt Andenken an die glorreiche Vergangenheit zu entdecken. Auch wer nicht in der kostengünstigen Herberge eine oder mehrere Nächte Ferien macht, kann die Parkanlage mit ihrem etwas verwilderten Spielplatz und den Minigolfplatz benutzen. Oder sich nach einer lohnenden Rundwanderung in der Umgebung im «Relais de l'Abbaye» bei einem Münsterkäse oder gar frittiertem Karpfen stärken. Nicht weit vom See befindet sich auch ein einfach eingerichteter Bauernhof-Campingplatz.

Wie? Von der Schweiz her am besten via Lützeltal (von Basel über Laufen und Kleinlützel) oder von Delémont über Develier und Bourrignon nach Lucelle (mit öffentlichen Verkehrsmitteln nur schwer zu erreichen).
Wann? Die Maison familiale (Herberge des Zentrums) ist ebenso wie die Restaurants am Lac de Lucelle ganzjährig geöffnet.
Wieviel? Für Schweizer Verhältnisse ausgesprochen günstige Preise für Verpflegung und Übernachtung in Familien- und Gruppenräumen.
Alter? Jedes Alter (relativ anspruchsvolles Wandergebiet mit steilen Auf- und Abstiegen).

4 Ritter mit Weitblick

Ruine Landskron, Restaurant Hasler
Au Chasseur, Tannenwald 12,
F-68220 Leymen, 0033/389 68 50 38

Burgruinen gibt es im Dreiländereck bei Basel schier wie Sand am Meer, doch die Landskron oberhalb des Elsässer Dörfchens Leymen fällt gleich in mehrfacher Hinsicht aus dem Rahmen. Obwohl wie viele andere Burgen im Elsass bereits vom Grossen Erdbeben 1356 stark zerstört, ermöglicht die weitläufige Burganlage wie kaum eine zweite eine (kostenlose) Abenteuerreise zurück ins Mittelalter. In den letzten Jahren wurde die Anlage – die unter dem «letzten Ritter» Kaiser Maximilian I. um 1500 nochmals völlig umgestaltet worden war – von Burgenfreunden aufwendig restauriert. Ausser den Mauern, zwischen denen sich zahlreiche Picknickplätze befinden, ist jetzt auch der grosse Wohnturm wieder soweit hergerichtet, dass man über eine Treppe auf eine Plattform steigen kann, die bei schönem Wetter einen einmaligen Blick auf den Jura, die Vogesen und den Schwarzwald bietet.

Wie? Von Basel mit Tramlinie 10 bis Station Leymen. Von dort führen verschiedene Fusswege (und eine geteerte Strasse) in ca. 45 Minuten zur Burg hinauf. Für Wanderer bietet sich ein Rückweg über die grüne Grenze nach Mariastein oder Flüh an.
Wann? Ganzjährig ohne Beschränkungen offen.
Wieviel? Gratis, günstige Verpflegungsmöglichkeit im Restaurant Au Chasseur, ca. 300 Meter unterhalb der Burg.
Dauer? Rundwanderung mit Burgbesuch 3–4 Stunden.
Alter? Kinderwagentauglich, Vorsicht beim Klettern in der für kleinere Kinder gefährlichen Burganlage.

5 Wallfahrt in den Wald

Wanderung nach St-Brice,
Auberge de St-Brice,
F-68468 Oltingue, 0033/389 07 35 86

Die Britzgi-Kapelle, wie die 1285 erstmals erwähnte ehemalige Einsiedelei St-Brice zwischen Liebenswiler und Oltingen im Volksmund genannt wird, gehört seit je zu den beliebtesten Ausflugszielen in unmittelbarer Grenznähe. Bei Kindern ist es weniger das etwas verlotterte Kirchlein mit seinem barocken Altar als vielmehr der benachbarte Bauerngasthof, der die Wanderung an die in vorchristliche Zeiten zurückreichende Kultstätte besonders beliebt macht. Der Gasthof wartet das ganze Jahr mit typisch elsässischen Spezialitäten und einer Spielwiese mit Ponyställen mitten im Wald auf. Zu erreichen ist St-Brice per Auto oder gut auch zu Fuss auf einer Rundwanderung von den 10er-Tram-Haltestellen Rodersdorf und Leymen oder auch auf einer grenzüberschreitenden Velotour auf Waldwegen durch die sanfte Hügellandschaft des Sundgaus.

Wie? Ab Rodersdorf (Tram 10 ab Basel) ca. 3 Kilometer auf Waldwegen nach St-Brice. Ein verzweigtes Wanderwegnetz lädt zu Abstechern nach Oltingen (Feldkirche und Bauernhaus-Museum) oder zu einer Rundwanderung zurück zur Tramstation Leymen ein.
Wann? Der Bauerngasthof ist in den Wintermonaten nur an Wochenenden oder unter der Woche auf Voranmeldung offen.
Wieviel? Preisgünstige Verpflegung von der Tarte aux myrtilles (3 €) bis zur Sauerkrautplatte (12 €).
Dauer? Rundwanderung ca. 3 Stunden, fast immer im Wald.
Alter? Ab 6 Jahren.

6 Hinauf zur Zwergenhöhle

Rundwanderung in und um Ferrette,
Office du tourisme, Espace Mazarin,
Route de Lucelle, F-68480 Ferrette,
0033/389 08 23 88,
www.jura-alsacien.net

7 Go west, kleines Cowgirl

Poney Parc Blodelsheim,
Alain Correges, F-68740 Blodelsheim,
0033/389 81 28 58

Nicht nur Schlemmern, die wegen Maître-fromager Antony oder den Restaurants und dem üppigen Angebot in der Dorfkonditorei die gut halbstündige Fahrt von Basel unter die Räder nehmen, hat das pittoreske Städtchen Ferrette einiges zu bieten. Schon von weit her sieht man über dem beliebten Ausflugsziel die Burgruine der Herren von Pfirt (deutsch für Ferrette) thronen, die bis ins 14. Jahrhundert von hier aus praktisch das ganze Sundgau beherrschten. Die Ruine ist vom Office du tourisme, das übrigens direkt an einem idyllischen Fischweiher liegt, in einem gut zehnminütigen Spaziergang zu erreichen.

Bevor man die steile Hauptstrasse hinunter zur (sehenswerten) Kirche und einigen Souvenirshops unter die Füsse nimmt, empfiehlt sich ein Abstecher zu den Höhlen unter dem «Plateau des Nains», in denen einst Zwerge gehaust haben sollen.

Wie? Mit dem Auto von Basel via Allschwil, Hegenheim, Folgensbourg und Werentzhousen ca. 40 Kilometer auf gut ausgebauten Landstrassen. Parkplätze vor dem Tourismusbüro oder bei der Kirche.
Wann? Ganzjährig.
Wieviel? Keine Eintritte, relativ günstige Verpflegungs- und Übernachtungsmöglichkeiten (vgl. Wo schlafen?).
Dauer? Halbtagesausflug.
Alter? Burg- und Höhlenbesuch nur mit grösseren Kindern (steiles Gelände).

Mit seinen vielen Freiräumen und seiner Weite ist das Elsass auch ein ideales Terrain für Reiter und solche, die es werden wollen. Einer der vielen Reitställe, auf die man überall in den ländlichen Gegenden stösst, ist das ausgedehnte Anwesen der Familie Correges mitten im Hardtwald zwischen Blodelsheim und Roggenhouse. Neben dem grossen, frei zugänglichen Spielplatz ist vor allem die stilechte Ponyranch ein Anziehungspunkt für Möchtegern-Cowboys und -Cowgirls. Für ein paar Euro können auch kleine Kinder in Begleitung der Eltern ein Pony mieten und auf einem Rundgang erste Reitversuche machen. Der Ausflug in den Ponypark von Blodelsheim lässt sich auch gut mit einem Abstecher in die berühmte achteckige Kirche im wenige Kilometer entfernten Othmarsheim kombinieren.

Wie? Dem Rhein entlang auf der Landstrasse D 52 von Basel über Kembs, Othmarsheim Richtung Norden. Kurz vor Fessenheim durch Blodelsheim Richtung Ensisheim. Mitten im Wald nach ca. 3 Kilometern Abzweigung zum Poney Parc.
Wann? Ponyreiten April–Oktober an Wochenenden, Feiertagen und mittwochs, während der Sommerferien täglich 14–18 Uhr.
Wieviel? 30 Minuten € 7.–; Spielgeräte mit Jetons.
Alter? Bereits ab 2–3 Jahren.

8 Reif für die Insel

Velotour von Basel zur Rheininsel,
Office du tourisme du Pays
de St-Louis-Huningue,
F-68128 Village-Neuf,
0033/389 70 04 49

Topfeben und voller Naturschönheiten: Kaum ein Gebiet eignet sich für eine Velotour «en famille» so gut wie die von zahlreichen Wasserläufen durchzogene Ebene am linken Rheinufer oberhalb von Basel. In einer 20 Kilometer langen Rundtour, die sich auch von wenig geübten Velofahrern in zwei bis drei Stunden bewältigen lässt, ist von Basel aus leicht die Rheininsel bei Kembs erreichbar. Gut ausgebaute Velowege führen von Basel aus dem Canal de Huningue entlang ins Naturschutzgebiet Kirchener Kopf (vgl. Wo essen? «La Piste du Rhin») und dann zum Kraftwerk und zur riesigen Schleuse in Kembs, wo das man zum Vogelparadies auf der Rheininsel übersetzen kann. Nach einer Rast und eventuell einem Bad auf der Altrheinseite der Insel kann man dann entweder auf dem gleichen Weg zurück oder von der Südspitze der Insel über das Stauwehr nach Deutschland über Weil nach Basel radeln.

Wie? Vom Grenzübergang Hüninger Strasse führt ein Netz von Velowegen durch die Rheinebene Richtung Norden (Velokarte empfohlen).
Wann? Vor allem in der warmen Jahreszeit attraktiv wegen Badegelegenheit im Altrhein.
Wieviel? Gratis, für Schweizer Verhältnisse günstige Restaurants auf dem Weg zur Rheininsel.
Alter? Ab 6–8 Jahren (weitgehend separate Velowege, keine Steigungen).
Dauer? Mindestens einen halben Tag einplanen.

9 Pedalos und Angelruten

Der Weiher von Courtavon,
Camping du Plan d'eau de Courtavon,
an der D 473, F-68480 Courtavon,
0033/389 08 12 50

Das Sundgau, der südwestliche Zipfel des Elsass, ist eine wasserreiche Landschaft, doch ist praktisch keiner der vielen, in früheren Jahrhunderten für die Karpfenzucht angelegten Weiher und Tümpel öffentlich für Wassersport zugänglich. Eine der raren Ausnahmen ist der kleine See oder «Plan d'eau», den zehn Elsässer Gemeinden mit EU-Unterstützung in der Nähe von Courtavon für touristische Zwecke hergerichtet haben. Ausser für Fischer, die an warmen Wochenenden wie die Mücken an den See kommen, finden sich im vorderen Teil des Sees ein abgesperrtes Natur-Badebecken (samt Gratisduschen und Kiesstrand), ein Mini-Hafen mit Pedalos und Ruderbooten sowie ein Campingplatz mit Restaurant. Der Drei-Stern-Campingplatz ist allerdings nur im Sommer und das Restaurant nur an Wochenenden geöffnet. Doch auch ausserhalb dieser Öffnungszeiten ist die etwa 40 Minuten dauernde Rundwanderung um den naturnah angelegten «Plan d'Eau» einen Ausflug wert.

Wie? Von der Schweiz her per Auto über Laufen, Lucelle, Winkel über Oberlarg ins Dorf Courtavon (ab Winkel signalisiert).
Wann? Ganzjährig frei zugänglich, Camping und Restaurant nur von Mai bis Oktober offen.
Wieviel? Baden gratis, Pedalomiete 4 € pro halbe Stunde.
Alter? Alle Altersstufen.

10 Die guten alten Zeiten

Ecomusée d'Alsace, B.P. 71,
F-68190 Ungersheim,
0033/389 74 44 44 (Infoline),
www.ecomusee-alsace.com

Was der Ballenberg für die Schweiz, ist das Ecomusée fürs Elsass: eine lebendige Rekonstruktion des Lebens in einer bäuerlichen Welt, die vom Ablauf der Jahreszeiten und starken Traditionen geprägt war und ist. Aus bescheidenen Anfängen entstand in den letzten 30 Jahren auf dem Gebiet einer stillgelegten Kalimine ein weitläufiger Freizeitpark, in dem man auch an gut frequentierten Wochenenden dem Rummel entfliehen kann. In original rekonstruierten Häusern kann man Handwerkern bei der Arbeit zuschauen, Tiere in ihren Ställen besuchen oder sich auf einem alten Rummelplatz mit Schiffsschaukeln und einem Indoor-Karussell vergnügen. Auch kulinarisch lohnt sich ein Abstecher in das Vergnügungsparadies, das alljährlich etwa 400 000 Besucher empfängt.

Wie? Autobahn A 35 Richtung Strassburg, ab Ausfahrt Ensisheim gut beschildert, ca. 40 Minuten Fahrt ab Basel.
Wann? Täglich 10–17, im Sommer bis 19 Uhr (im Januar geschlossen).
Wieviel? Erwachsene € 14.50, Kinder ab 4 Jahren € 9.–, Jahres-Alsapass für Familien € 54.–.
Dauer? Ganztagesausflug mit dem Auto.
Alter? Alle Altersstufen.

Flammäkuächä

Ähnlich wie eine italienische Pizza, aber etwas dünner und statt mit Mozzarella und Tomaten mit Sauerrahm, Speck und viel Zwiebeln garniert: Diese Variante belegter Teigfladen gehört unter dem Namen «Flammäkuächä» zum festen Bestandteil der Elsässer Küche und hat sich auch darüber hinaus verbreitet. Die Herstellung eines «Flammäkuächä», der bei den Elsässer Bauern gern als Hauptmahlzeit zusammen mit einer Kartoffelsuppe und einem Glas Riesling genossen wurde und wird, ist relativ einfach. Ähnlich wie bei einer Pizza werden 250 Gramm Brotteig dünn und ohne Rand auf einem Backblech ausgewallt, mit ein bis zwei Zwiebeln und 20 g Speckwürfeln belegt. 2 dl Crème fraîche darübergeben, salzen und pfeffern. Im auf 220 Grad vorgeheizten Backofen sind die «Flammäkuächä» nach etwa 15 Minuten so weit gebacken, dass man sie in Stücke geschnitten auf einem Holzbrett servieren kann.

11 Tiger, Tulpe und Rutschbahn

Zoo und Botanischer Garten Mulhouse,
Parc zoologique et botanique,
Rue du Jardin zoologique 51,
F-68100 Mulhouse,
0033/389 31 85 10,
www.zoo-mulhouse.com

Eine Kombination von Botanischem Garten, Zoo und Kinderspielplatz mit Rutschbahnen und Streichelgehegen ist in den letzten 140 Jahren am Rand der Stadt Mülhausen herangewachsen. Verteilt in einem weitläufigen Park, der auch botanisch Interessierten einiges zu bieten hat, finden sich Gehege von insgesamt 190 verschiedenen Tierarten. Besonders attraktiv sind neben Robben und zahlreichen Affenarten die Raubtiergehege, in denen unter anderem Bären, Wölfe und Sibirische Tiger leben. Zu den täglichen Fütterungen gibt es Erläuterungen der Wärter – allerdings nur in Französisch. Wer kein Picknick mitbringt, kann sich direkt neben dem Park in einer riesigen Auberge Alsacienne stilgerecht verpflegen.

Wie? Autobahn A35, Ausfahrt Mulhouse-Centre, Richtung Riedisberg zum Zoo-Parkplatz oder Buslinie 12 bis Haltestelle Moenschberg.
Wann? Täglich mindestens 9–17 Uhr geöffnet.
Wieviel? Kinder bis 6 Jahre gratis, Jugendliche und Erwachsene ausserhalb der Hochsaison 4 €, im Sommer 8 €.
Alter? Alle Altersstufen.

12 Die spinnen, die Schlümpfe

Musée national de l'Automobile, Collection Schlumpf, Avenue de Colmar 192, F-68051 Mulhouse, 0033/389 33 23 23, www.collection-schlumpf.com

Der Mülhausener Textilunternehmer Fritz Schlumpf war zeitlebens ein richtiggehender Auto-Freak, der für seine Leidenschaft sein ganzes Vermögen aufs Spiel setzte. Die ehemalige Spinnerei der Gebrüder Schlumpf beherbergt heute das «Musée national de l'Automobile», dessen Grundstock die vierrädrigen Boliden bilden, die Schlumpf im Laufe der Jahrzehnte gekauft und restauriert hatte. Die Präsentation der 400 Automobile, unter denen sich neben Oldtimern auch aktuelle Rennwagen befinden, ist ausgesprochen populär. Auf dem Rundgang mit Gratis-Audioführern in sechs Sprachen trifft man immer wieder auf Attraktionen wie Fahrsimulatoren, Montageroboter oder eine kleine Autorennbahn für Kinder im Vorschulalter.

Wie? Autobahn A35, Ausfahrt Mulhouse-Centre, Hinweisschilder beachten, oder ab Bahnhof Mulhouse mit Buslinie 4 bis Haltestelle «Musée national de l'Automobile».
Wann? Frühling und Herbst täglich 9–18 Uhr; im Sommer bis 18.30, im Winter erst ab 10 Uhr.
Wieviel? Eintritt: Kinder bis 7 Jahre gratis, 7–17 Jahre € 5.–, Studenten, Arbeitslose € 7.50, Erwachsene € 10.–, Familientarif (2 Ew., 2 Kinder) € 27.50, weitere Kinder gratis.
Dauer? 2–3 Stunden (Restaurant im Museum).
Alter? Für Vierrad-Fans jeden Alters.

13 Haarsträubende Erlebnisse

Musée Electropolis, Rue du Paturage 55, F-68200 Mulhouse, 0033/389 32 48 50, www.electropolis.tm.fr

Wie der Name «Electropolis» andeutet, dreht sich in dem Museum, das rund um eine drei Stockwerke hohe Dampfmaschine in Mulhouse aufgebaut wurde, alles um den Strom. Die Informationen über Entdeckung, Geschichte

und Nutzungsmöglichkeiten der Elektrizität werden in dem 1992 eingeweihten Museum aber nicht bloss über Exponate, Schautafeln und Videos, sondern auch interaktiv vermittelt, und zwar so, dass Kleine und Grosse ihren Spass dran haben. Ein Renner ist dabei vor allem die lebendige Präsentation im elektrostatischen Saal, die einem im wahrsten Sinne des Wortes die Haare zu Berge stehen lässt. Empfehlenswert ist es, den Besuch in Mulhouse mit einem Abstecher ins unmittelbar benachbarte Eisenbahnmuseum zu kombinieren, der französischen Version des Verkehrshauses der Schweiz in Luzern. Quasi über die Strasse warten dort Modelleisenbahnen und Spielzeugzüge auf junge und junggebliebene Schienenfans.

Wie? Ab Autobahnausfahrt Mulhouse-Ouest mit Schildern «Muséee francais de Chemin de fer» signalisiert. Bus Linie 17 ab Bahnhof Mulhouse.
Wann? Ausser über Weihnachten jeweils Di–So 10–18 Uhr, Juli/August auch am Montag.
Wieviel? Kinder bis 6 Jahre gratis, 6–18 € 3.50, Erwachsene € 7.50.
Dauer? Beide Museen zusammen sind einen Tagesausflug wert, im Eisenbahnmuseum kann man sich in einer Cafeteria verpflegen.
Alter? Ab Kindergarten-Alter.

14 Eine einzige Festhütte

La Ronde des Fêtes,
Dachorganisation von 50 Dorffesten,
Sekretariat: Rue du Général-de-Lattre-de-Tassigny 20, F-68730 Blotzheim,
0033/389 68 80 80,
www.ronde-des-fetes.asso.fr

Eine der besten Möglichkeiten, einen Einblick in die lebendigen Traditionen des Elsass zu erhalten, bieten die zahlreichen Dorffeste, die zwischen April und Dezember praktisch an jedem Wochenende irgendwo im Dreieck Basel–Belfort–Colmar stattfinden. Seit einiger Zeit haben sich die Organisatoren des Durmenacher «Burämärts», des Häsinger «Sürkrüttfäschts», des Pfetterhuser «Schneeganzfaschts» und all der anderen geselligen Anlässe im Sundgau und in den weiter nördlich gelegenen Teilen des Elsass zur sogenannten «Ronde des Fêtes» zusammengeschlossen. Via Internet (siehe oben) kann man sich nicht nur über die Daten der über 50 Festivitäten, sondern auch über die (häufig auf Familien zugeschnittenen) Attraktionen und deren Charakter informieren.

Wie? Via Internet, wo auch ein Plan über die Lage der einzelnen Dörfer und deren Verkehrslage informiert.
Wann? Meist nur an Wochenenden, fast das ganze Jahr ausser in den Wintermonaten.
Wieviel? Zugang zu den Festen meist gratis, Preise für Konsumation und Schnäppchen deutlich unter Schweizer Niveau.
Alter? Alle Altersstufen.

15 Mittelalter im Fünferpack
Wanderung um die Hohlandsburg,
Château du Hohlandsburg,
F-68920 Wintzenheim,
0033/389 30 10 20

Wer sich einmal ein wenig weiter mit dem Auto ins Elsass vorwagen möchte, der findet an der «Route des cinq châteaux» kurz vor Colmar ein attraktives Ausflugsgebiet, das noch nicht ganz so überlaufen ist wie die berühmte Weinstrasse und die Winzerdörfer. Als Ausgangspunkt für eine etwas steile Rundwanderung bietet sich die teilweise renovierte Festung Hohlandsburg mit ihrem mittelalterlichen Garten und kleinen Restaurant an. Die Aussicht ins Rhein- und Münstertal ist grossartig. Von der Hohlandsburg gelangt man in rund einstündigen Wanderungen entweder nach Westen zum Schloss «Pflixbourg» oder nach Osten zu den anderen drei Burgen, die allesamt auch motorisiert zu erreichen sind. Letzteres ist vor allem für Familien mit kleineren Kindern zu empfehlen, für die rund um die Burgen kinderwagentaugliche Wege und attraktive Picknick- und Grillplätze bereitstehen.

Wie? Autobahn A35 bis kurz vor Colmar, dann Richtung Wintzenheim und den Schildern entlang zum Schlossparkplatz. Keine Busverbindungen.
Wann? Hohlandsburg von Ostern bis Mitte November an Wochenenden, im Sommer täglich bis 18 Uhr geöffnet.
Wieviel? Kinder bis 8 Jahre gratis, 8-16 Jahre € 1.50, Erwachsene € 4.–.
Dauer? Ganztägiger Ausflug mit Auto und zu Fuss auf gut unterhaltenen Waldwegen.
Alter? Familienausflug für Kinder, die eine mehrstündige Wanderung in steilerem Gelände mitmachen.

16 Gratisbus zu den Ballons
Naturpark Ballon des Vosges, Parkverwaltung. Cour de l'Abbaye 1, F-68140 Munster, 0033/389 77 90 34, www.parc-ballons-vosges.fr

Nicht nur für Autofahrer bietet sich die Vogesenlandschaft rund um den Grand Ballon als Familien-Ausflugsziel erster Güte an. Ausser einer Vielzahl von Wanderungen zu Berggipfeln, Seen und den typischen Fermes-auberges (Bauernhof-Wirtschaften), über die man sich gut in der Info-Stelle des Vogesenclubs auf dem Grand Ballon informieren kann, hält der riesige Naturpark im Winter wie im Sommer ein reichhaltiges Vergnügungsangebot für Jung und Alt bereit. Im Sommer fährt der Pendelbus «La navette des crêtes» an Sonn- und Feiertagen alle 30 Minuten auf der pittoresken Vogesenkammstrasse an den diversen Ballons vorbei hinauf zum Col Calvaire. Erwachsene können den Bus pauschal für einen Euro, Kinder sogar gratis benutzen. Die Wintersportstation Markstein ist auch im Sommer ein attraktives Ziel mit Riesentrampolinen und einer Sommerrodelbahn.

Wie? Mit der Bahn via Mulhouse nach Bitschwiler–Les-Thann und mit dem Bus hinauf zum Grand Ballon. Von dort mit dem Pendelbus, der an 15 Stationen hält, über die Vogesenkammstrasse nach Markstein oder weiter nach Norden.
Wann? Navette-Busse an Sonntagen von Mai bis Oktober, im Winter zahlreiche Wintersportmöglichkeiten
Wieviel? Tageskarte «La navette des crêtes» ein Euro, Kinder gratis. Vergnügungsparks, Skilifte und Restaurants deutlich günstiger als in der Schweiz
Dauer? Ganztages- oder Mehrtages-Ausflug mit zahlreichen Übernachtungsmöglichkeiten für jedes Portemonnaie.
Alter? Angebote für jedes Alter.

17 Klettern und Schwimmen
Centre nautique intercommunal,
Route d'Issenheim,
F-68500 Guébwiller, 0033/389 76 86 91

Das Vogesen-Städtchen Guébwiller hat ausser seinem berühmten Dominikanerkloster und den Naturschönheiten im Florival auch für Kinder einiges an Gelegenheiten zum Austoben zu bieten. Etwas ausserhalb, zwischen Buhl und Lautenbach, befindet sich beispielsweise ein über zwei Hektar grosser Kinderspielplatz mit Kletternetzen, Rutschbahnen und jeder Menge Picknickplätzen. Nach einem Spaziergang bietet sich im Sommer wie im Winter das Centre nautique intercommunal, ein regionales Badezentrum, für spritzige Aktivitäten aller Art an. Neben einem grossen Aussen- und kleineren Innen-Schwimmbecken verfügt das Centre auch über eine 100 Meter lange Rutschbahn und ein Selbstbedienungsrestaurant.

Wie? Von Mulhouse via D 430 zum Eingang des Florival nach Guébwiller. Ca. 90 Minuten Fahrt ab Basel.
Wann? Das Städtchen Guébwiller hat das ganze Jahr touristisch einiges zu bieten. Das Centre nautique ist im Winter als Hallenbad mit Sauna in Betrieb.
Wieviel? Spielplatz gratis, Centre nautique ca. 5 € pro Familie.
Dauer? Ganztagesausflug.
Alter? Alle Altersstufen.

18 Im Volldampf zurück
Die Dollertal-Bahn,
Chemin de fer touristique
de la vallée de la Doller,
Rue de la Gare 11, F-68780 Sentheim,
0033/389 82 88 48,
www.train-doller.org

Für Freunde von Dampflokomotiven und solche, die es werden wollen, ist ein Nostalgie-Trip auf der wiederbelebten Eisenbahnstrecke ins wildromantische Dollertal bei Cernay ein Erlebnis. Während der Sommermonate verkehren auf der 13,5 Kilometer langen Strecke zwischen Cernay und Sentheim – die zwischen 1869 und 1967 in Betrieb war und vor allem im Ersten Weltkrieg eine nicht unwichtige Rolle direkt an der Frontlinie spielte – täglich zwei bis vier Zugformationen fahrplanmässig. Die mit viel Liebe wieder zum Laufen gebrachten Dampfzüge können ausserdem für private Ausflüge gemietet werden.

Wie? Von Mulhouse nach Cernay.
Wann? Juni–September Mo–Sa nachmittags, So auch morgens 11 Uhr ab Cernay.
Wieviel? Preis- und Fahrzeitencheck: 0033/389 82 88 48.
Alter? Alle Altersstufen.

Grenzgang III:
Das Elsass

Kids willkommen!

Wo essen?

Restaurant Starck, F-68220 Neuwiller, 0033/389 68 51 58, www.restaurant-starck.com. Elsässer Spezialitätenrestaurant mit Gartenterrasse, Vogelvoliere und kleinem Spielplatz in unmittelbarer Grenznähe bei Allschwil. Reiche Auswahl von elsässischen Zvieritellern, «Flammekueche» (Pizza) Mi/Do geschlossen.

Restaurant Couronne d'Or, Rue principale 10, F-68220 Leymen, 0033/389 68 58 04, www.couronne-leymen.ch. Bei Baslern beliebtes Schlemmerlokal an der Tramlinie 10, sehr familienfreundlich. Geöffnet Mi–So 11-24 Uhr, Reservation empfohlen.

Restaurant La Piste du Rhin, Boulevard d'Alsace, F-68128 Village-Neuf, 0033/389 67 06 66. Ausflugsrestaurant mit Gartenwirtschaft direkt am Rhein. Geöffnet 10–24 Uhr; Mi (im Winter Mi/Di) geschlossen.

Wo schlafen?

Hôtel Studerhof, F-68480 Bettlach, 0033/389 40 71 49. Landgasthof mit Gartenrestaurant (Spezialität: Carpe frite) und Spielwiese. Zimmer mit Frühstück 30 bis 35 € pro Person. Mo und Mi geschlossen.

Hôtel Collin, Rue du Chateau 4, F-68480 Ferrette, 0033/389 40 40 72. Einfaches Zweisternhotel für Übernachtung auf Velotouren rund um Ferrette (s. Tipp 6). Zimmer mit Halbpension, Bad und Dusche 42 € pro Person. (Kinderbett 10 € Zuschlag).

Camp des Hêtres, C.C.C.A., F-68480 Bendorf, 0033/389 40 34 72. Sehr idyllischer Campingplatz mitten im Wald. Guter Ausgangspunkt für Ausflüge mit dem Velo zum Plan d'Eau von Courtavon (s. Tipp 9), nach Lucelle oder nach Ferrette (Tipp 6; eher im Auto). Pro Familie mit Zelt ca. 10 € pro Nacht.

Hôtel Loges de l'Ecomusée, B.P. 71, F-68190 Ungersheim, 0033/389 74 44 95. Stilechte Unterkunft mit allem Komfort. Familienzimmer mit Halbpension und Eintritt ins Museum je nach Saison 150 bis 200 €.

Dauerbrenner

Stadtbummel in Belfort. Maison du tourisme du territoire de Belfort, Rue Clemenceau 2bis, F-90000 Belfort, 0033/384 55 90 90, www.ot-belfort.fr. Noch gut in der Reichweite für einen Tagesausflug von der Schweiz aus ist das Städtchen Belfort. Bis heute beeindrucken die Festungsanlagen mit dem berühmten Löwen von Bartholdi. Fussgängerzone, Flohmarkt, lauschige Innenstadt.

Spielzeugmuseum La Nef des Jouets, Rue Jean-Jaurès 12, F-68360 Soultz, 0033/389 74 30 02. In der Alten Komturei des Malteser Ordens in Soultz hat das Ehepaar Hauesser seine Sammlung von altem Spielzeug attraktiv präsentiert. Mi–Mo jeweils 14–18 Uhr geöffnet, Di geschlossen.

Klein-Venedig am Rhein. Office du tourisme de Colmar, Rue des Unterlinden 4, F-68000 Colmar, 0033/389 20 68 92, info@ot-colmar.fr. Colmar, die heimliche Hauptstadt des Elsass, ist allemal einen Ausflug wert, insbesondere die Kneipen und Läden im Quartier «Petite Venise» sowie die vier Weihnachtsmärkte.

Go-Kart für Kinder. Sundgau-Karting, Voie romaine 1, F-68460 Steinsoultz, 0033/389 07 77 88, www.sundgaukart.com. Professionelle Go-Kart-Strecke mit 1400 m langem Rundkurs (ab 16 Jahren). Für Kinder ab 5 Jahren Cross-Parcours mit Mini-Go-Karts. Täglich ab 9 Uhr geöffnet.

BeatPopProtest
Die erste umfassende Dokumentation der Musik der Schweizer Sixties.

Jetzt bestellen: 055 418 89 79
oder www.editionsplus.ch

BeatPopProtest
Der Sound der Schweizer Sixties
Samuel Mumenthaler
Gebunden, 22,8 x 28,8 cm, 288 Seiten mit 300 raren Fotos, 50 Bandbiographien und einer CD mit dem Sound der Schweizer Sixties, Fr. 89.– (inkl. MWST).
ISBN 3-9521676-7-3

Die optimale Geschenkidee...

...für alle, die mit Kindern Aussergewöhnliches, Spannendes und Unvergessliches erleben möchten.

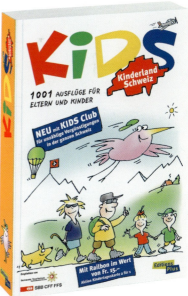

608 Seiten, broschiert. 6., komplett überarbeitete Ausgabe zum Preis von CHF 49.50 (+ Versandkostenanteil CHF 4.50)

KIDS Bestellservice, Postfach, 8840 Einsiedeln
Telefon 055 418 89 79, www.kids-schweiz.ch

Index

Nachstehend sind sämtliche Tipps nach Themen geordnet. Innerhalb der alphabetisch aufgeführten Themen, die den Icons der Circuit-Inhaltsverzeichnisse entsprechen, sind sie nach Kantonen und Abfolge im Buch aufgelistet.

 Bahn

Appenzell
Rosa macht Dampf
Dampfzug ab Rorschach 44

Basel
Per Tram nach Frankreich
Der Zehner nach Rodersdorf 78
Trottinetts und Hochlandrinder
Luftseilbahn Wasserfallen 91

Bern/Freiburg
Bähnchenromantik
Heimwehfluh, Interlaken 138
Oldtimer-Vergnügen
Schynige Platte, Wilderswil 139
Volldampf hinauf
Brienzer Rothorn, Brienz 142
Schwerelos
Gelmerbahn, Grimselstrasse 145
Hoch aufs Niederhorn
Beatenberg–Niederhorn 151
Der Pyramidenberg
Niesen, Mülenen 152
Leuchtende Augen
Stockhorn, Erlenbach 156
Es geht aufwärts
Ligerz–Tessenberg-Bahn, Ligerz 166

Graubünden
Spektakulär in die Höhe
Älplibahn Malans 190
Chur von oben
Luftseilbahn Chur–Brambrüesch 193
Im Cabrio nach Arosa
Bahnfahrt Chur–Arosa 197
Nachtessen mit Krokodil
Extrazug in die Rheinschlucht 203
Höllenritt unter Plastikplane
Rail-Riding auf der Albulastrecke 209

Luzern
Per Lift auf den Prominentenberg
Hammetschwand und Bürgenstock 238

Solothurn
Auf den Weissenstein
Seilbahn Weissenstein 311

Tessin
Steil den Bergen entgegen
Standseilbahn Piotta–Ritom 322
Gondel aus Glas
Seilbahn Cardada–Cimetta 327
Tessiner Wahrzeichen
Cassarate–Monte Brè 337
Dampf ohne Grenzen
Nostalgiezug Mendrisio–Valmorea 338
Auf den «grosszügigen» Berg
Capolago–Monte Generoso 340
Der Berg für Spiel und Sport
Gondelbahn Monte Tamaro 345

Unterwalden
Fun im Ice
Auf den Titlis 376
Im Seilbahn-Rausch
Auf die Bannalp 379
Fünfstern-Aussicht
Aufs Stanserhorn 380

Uri
Volldampf voraus
Furka-Dampfbahn 390

Wallis
Swiss Vapeur Parc
Dampfromantik in Le Bouveret 428

Westschweiz à la carte
Hoch über dem Léman
Auf den Mont-Pèlerin 437
Mit Dampf durchs Tal
Vapeur Val-de-Travers 471

Grenzgang I: FL/A
Erlebnis und Spass
ErlebniSpass Liechtenstein 546
Abenteuer Pfänder
Pfänderbahn, Bregenz 550

585

Grenzgang III: F

Mit Volldampf zurück
Dampfbahn im Dollertal 583

Hotel

Basel

Eine Nacht auf der Burg
Jugi Rotberg, Mariastein 95

Schaffhausen

Schlafen oder philosophieren?
Schlafen im Fass, Trasadingen 285

Tessin

Die Zeltstadt am Langensee
Campingplätze in Tenero 326

Zürich

Hotel Natur
Zelten an der Thur 541

Grenzgang II: D

Ferienspass
Höchenschwand/Häusern 568
Bauernhofferien
Schiesselhof, Grafenhausen 569

Grenzgang III: F

Ein Abstecher ins Kloster
Die Abtei Lucelle 575

Kunsthandwerk

Basel

Papierschöpfen und Drucken
Basler Papiermühle 51

Bern/Freiburg

(Alp-)Hörnlisalat
Alphorn-Werkstatt, Eggiwil 127
Dufte Lampen blasen
Glasbläserei Hagen, Büren a. A. 163

Keine kalten Füsse
Giesserei Brügger, Villars-s.-Glâne 168

Thurgau

Töpfern und vieles mehr
Töpferkurse in Bischofszell 365

Unterwalden

Märchen aus Glas
Glasi Hergiswil 382

Grenzgang II: D

Glas blasen
Glaskunst Altglashütten, Feldberg 564
Bei den Schnitzern – Heimat-
museum Resenhof, Bernau 565

Museum

Aargau

Spielen erwünscht
Schweizer Kindermuseum, Baden 8
Zeitreise
Historisches Museum, Baden 8
Maus-Geschichten
Mäusemuseum, Baden 9
Auf Römerspuren
Vindonissamuseum, Windisch 10
Fürstliche Gefühle
Schloss Wildegg 12
Strohkunst
Freiämter Strohmuseum, Wohlen 13
Saurier entdecken
Sauriermuseum, Frick 17
Burgfrauen und Rittersleut
Museum Schloss Lenzburg 22
Erlebnis Urgeschichte
Museum Burghalde, Lenzburg 22
Das Wasserschloss
Museum Schloss Hallwyl 23
Naturerlebnis Museum
naturama aargau, Aarau 25
Schlössli Aarau
Stadtmuseum 25
Kunst entdecken
Aargauer Kunsthaus, Aarau 26

Appenzell

Puppen global
Puppenmuseum Waldfee, Wald 41

Gegen Krieg und Not
Henry-Dunant-Museum, Heiden 42

Basel

Ferne Länder und Kulturen
Museum der Kulturen 52
Ein Museum für Sport und Spiel
Schweizer Sportmuseum 53
Geheimnisvolle Dinos
Naturhistorisches Museum 53
Wie man früher wohnte
Haus zum Kirschgarten 54
Einmalig und üppig
Puppenhaus-Museum 56
Musikinstrumente statt Häftlinge
Musikmuseum im Lohnhof 57
Anschauliche Kunstgeschichte
Kunstmuseum Basel 57
Nur für starke Nerven
Anatomisches Museum 58
Die Welt der Alchimisten
Pharmazie-Historisches Museum 58
Welt des spitzen Zeichenstifts
Karikaturen- & Cartoon-Sammlung 59
Spielzeug von gestern und heute
Spielzeugmuseum Riehen 64
Bunte, bewegliche, lärmige Welt
Tinguely-Museum, Solitude-Park 64
Stühle, Stühle, Stühle
Vitra Design Museum, Weil a. Rh. 66
Museum im Nonnenkloster
Kleines Klingental 67
Kunst im Grünen
Fondation Beyeler in Riehen 69
Wunderwelt des Stroms
Museum Münchenstein 78
Nichts als Frösche
Froschmuseum Münchenstein 79
Tempel und Wildschweine
Augusta Raurica 88
Holztierli und Räuchermännchen
Spielzeugmuseum Liestal 89
Klingende Wunder – Musikautomaten-Museum, Seewen 93

Bern/Freiburg

Klecksen erlaubt
Kunstmuseum Bern 104
«Verstopfte» Tiere
Naturhistorisches Museum 107
Hallo, hörst du mich?
Museum für Kommunikation 108
Zita bewacht Gaja
Gnomengarten, Schwarzenburg 118
Mach (k)einen Käse...
Schaukäserei, Affoltern i.E. 129

Von Rittern und vom Goldrausch
Schlossmuseum, Burgdorf 131
Kunst aus Eisen und Rost
Luginbühl-Park, Mötschwil 131
Mysteriös
Mystery-Park, Interlaken 138
Marionetten aus aller Welt
Marionettenmuseum, Freiburg 168
Von Aliens und alten Grafen
Museen in Gruyères 170

Glarus

Textil- und andere Geschichte(n)
Freulerpalast, Näfels 177

Graubünden

Sternwanderung mal anders
Planetenweg, Falera 204
La schmelzra, l'uors e ün giantar
Bergbau-Museum S-charl 214
Natur pur – Informationszentrum
Nationalpark, Zernez 215
Spitzweg und Hodler im Puschlav
Fond. Ernesto Conrad, Poschiavo 217
Bei der märchenhaften Mili Weber
Das Haus der Malerin, St. Moritz 218
Armer, armer Wolf
Talmuseum, Stampa 219
Paradiesisch grüne Hügel
Botanischer Garten, Chiavenna 220

Luzern

Nicht nur für Kinder
Verkehrshaus 226
Einmal rundum
Bourbaki-Panorama 228
Im Labyrinth
Gletschergarten 229
Kinder führen Kinder
Sammlung Rosengart 230
Wo Bienen summen
Naturmuseum 232
Museum für Landwirtschaft und
Agrartechnik, Alberswil-Willisau 243
Plüschbären satt
Teddybär-Museum, Sempach-Stadt 245

St. Gallen

Das Museum lebt!
Naturmuseum St. Gallen 253
Fliegermuseum und Markthalle
Altenrhein 256
Museen voller Nostalgie
in Lichtensteig 272

Schaffhausen

Kinder erfahren Kunst – Hallen
für neue Kunst, Schaffhausen 280
Museum zu Allerheiligen
Schaffhausen 282
Abenteuer im Bergstollen
Gipsmuseum Schleitheim 287
Besuch in der guten alten Stube
Museum Lindwurm, Stein a. Rhein 290

Schwyz

Forum der Schweizer
Geschichte, Schwyz 300

Solothurn

Bären streicheln
Naturmuseum Solothurn 308
Kinder und Kunst
Kunstmuseum Solothurn 309
Historisches Museum Blumenstein
Solothurn 309
Willkommen im Schloss
Museum Schloss Waldegg 310
Rittergefühle pur – Heimatmuseum
Schloss Alt-Falkenstein, Klus 313
Paul-Gugelmann-Museum
Schönenwerd 314
Ausgestellte Umwelt
Naturmuseum Olten 316
Reise in die Vergangenheit
Historisches Museum, Olten 316

Tessin

Kunst für die Kleinen
Museo in Erba, Bellinzona 324
Uri, Schwyz, Unterwalden
Die Burgen von Bellinzona 324
In die Seidenstadt
Museo Didattico della Seta, Como 339
Fische im Museum
Museo della Pesca, Caslano 343

Thurgau

Schiff und Fisch
Seemuseum Kreuzlingen 352
Puppe und Zeppelin
Museum Schlossgut Girsberg 353
Der Maler der bunten Bilder
Adolf-Dietrich-Haus, Berlingen ... 354
Als man auf Pfählen lebte
Pfahlbaumuseum Unteruhldingen 358
Natur und Kultur Tür an Tür
Museen in Frauenfeld 369

Vom Rauchzeichen zum Handy
Museum Telephonica, Islikon 369
Eine Oase der Ruhe
Kunstmuseum Kartause Ittingen 370

Uri

Der letzte Postillon
Im Gotthard-Museum 390
Schätze aus dem Berg
Mineralienmuseum, Seedorf 396

Wallis

Ecomuseum
Simplon-Dorf 403
Mühle und Bäckerei
Törbel 405
Bergbau- und Brauchtum-
museum Kippel, Wiler 411
Höhlenforschermuseum
Le Grugnay-Chamoson 424
Museum auf dem
Hospiz Grosser St. Bernhard 425
Kunst von Weltruf
Fondation Gianadda in Martigny 426
Grenzort mit Schiffsmuseum
Ausklang in St-Gingolph 429

Westschweiz à la carte

Sportwelt, Weltsport
Musée Olympique, Lausanne 434
Kunst im Urzustand
Collection de l'Art Brut, Lausanne 434
Nahrung ist nichts Trockenes
Alimentarium, Vevey 436
Ein Schloss zum Spielen – Musée
suisse du jeu, La Tour-de-Peilz ... 438
Imposantes Mittelalter
Schloss Grandson 441
Am Anfang war das Eisen
Musée du fer, Vallorbe 443
Ins älteste Haus Genfs
Maison Tavel, Genf 451
Einsteins Handschrift
Fondation M. Bodmer, Cologny 452
Montage der Entdeckungen
CERN, Musée Microcosm, Meyrin 454
Lasst hören aus alter Zeit...
Landesmuseum Schloss Prangins 456
Im Reich der Zinnsoldaten
Schloss Morges 459
Für Neuenburger Regentage
Musée d'histoire naturelle 466
Wanderung in die Urzeit
Archäologie-Museum Latenium ... 468
Im Herzen des Watch Valley
Uhrenmuseum La Chaux-de-Fonds 471

Zug

Spannendes aus der Urzeit
Museum für Urgeschichte, Zug 484
Museum in der Burg
Zug 485

Zürich

Geschichtsbummel
Musée Suisse, Landesmuseum 508
Puppen-Museum
Sasha Morgenthaler 508
Zu Besuch beim Riesenfaultier
Zoologisches Museum 509
Fossilien und ein Saurierquiz
Paläontologisches Museum 509
Vom Korn zum Pausenbrot
Mühlerama, Mühle Tiefenbrunnen 510
Tipi und Adlerfeder
Nordamerika Native Museum 510
Von fernen Welten
Museum Rietberg 511
Kulturama
Museum des Menschen 511
Bilder gucken, Bilder malen
Kunsthaus Zürich 515
Als die Pioniere in die Luft gingen
Fliegermuseum Dübendorf 523
Auf Heidis Spuren
Johanna-Spyri-Museum, Hirzel 523
T. Rex und Co.
Sauriermuseum Aathal 525
Kreuzritterhaus entstaubt
Johannitermuseum Bubikon 526
Im Reich der Langohren
Hasenmuseum Bubikon 526
Mit der Stollenbahn
Bergwerk Horgen-Käpfnach 528
Woher kommt der Honig
Imkereimuseum, Grüningen 529
Spielzeugmuseum
Pegasus Small World, Türlersee 530
Dauerbrenner für Wissensdurstige
Technorama, Winterthur 534
Das einzige weit und breit
Kerala's Chindermuseum, Winterthur ... 535
Es rattert die Mühle...
Pro Haumüli, Embrach 536
Ein Stern mit Namen Winterthur
Sternwarte Eschenberg 537
Ausflug ins Mittelalter
Mörsburg, Winterthur-Reutlingen 540
Bastelbogen live
Museum Schloss Kyburg 540

Grenzgang I: FL/A

Kleinkunst mit gezackten Rändern
Briefmarkenmuseum, Vaduz 549
Reinschauen! – Museum
Rhein-Schauen, Lustenau 551
Das Kindermuseum
Knürstle-Museum, Götzis 551
Noble Karossen
Rolls-Royce-Museum, Dornbirn 552
Erlebnis Natur
Inatura, Dornbirn 552
Glück auf!
Hist. Bergwerk Bartholomäberg 554

Grenzgang II: D

Tickst du richtig? Deutsches
Uhrenmuseum, Furtwangen 560
Wie die Bienchen
Bienenkundemuseum Münstertal 561
Im Teufelsgrund
Silberbergwerk Münstertal 562
Bauernleben einst
Klausenhof, Herrischried 567

Grenzgang III: F

Die guten alten Zeiten
Ecomusée d'Alsace, Ungersheim 579
Die spinnen, die Schlümpfe
Musée de l'Auto, Mulhouse 580
Haarsträubende Erlebnisse
Musée Electropolis, Mulhouse 580

Index

Natur

—— Aargau ——

Teuflisch spannend
Teufelskeller, Baden 9

Am Zaubersee
Egelsee, Heitersberg 10

Bäume fürs Leben
Lebensbaumpark, Muri 15

Freiämter Kinderweg
Erlebnis Freiamt, Muri 16

Vogel- und Trotti-Paradies
Klingnauer Stausee 16

—— Appenzell ——

Der Natur auf der Spur
Wanderung durchs Chlustobel 38

Bei den Wetterfröschen
Meteo-Wanderweg, Trogen 41

—— Basel ——

Tropische Welt im Victoria-Haus
Botanischer Garten 55

Paradies für kleine Höhlenforscher
Eremitage, Arlesheim 81

Ein Männlein steht im Walde
Pilzsuche im Rheinfelder Forst 97

—— Bern/Freiburg ——

Wo die Biene Maja wohnt
Rosengarten 102

Kokosnuss, Vanille, Pfeffer
Botanischer Garten 106

Und wo ist mein Aszendent?
Sternwarte Bern 106

Zwanzig Meter Nagelfluh
Aussichtspunkt Guggershörnli 117

Der Weg ist das Ziel
Nachhaltigkeitsweg, Arnisäge 126

Der Riesen-Sandkasten
Sandsteinlehrpfad, Krauchthal 131

Bach ab?
Bachblütengarten, Koppigen 132

Tüü, taa, too!
Grosse Scheidegg 141

Adlerhorst
Alpentower Mägisalp, Meiringen 144

Haltet den Grims!
Kristallweg am Grimselpass 145

Nichts als Stein
Gletscherpfad Steinalp 146

Venus, Pluto & Co. – Sternwarte
Planetarium, Schwanden BE 150

Goldrausch
Gold waschen, Sigriswil 150

Fische inbegriffen
Blausee 153

Kristallklar
Öschinensee, Kandersteg 154

Fast hinüber
Auf der Gemmi, Kandersteg 155

Donner und Wetter
Meteo-Pfad Wispile–Gstaad 158

—— Glarus ——

Für Frühaufsteher
Wildbeobachtung, Braunwald 180

Hoch ins Hochmoor
Moorpfad Garichti, Schwanden 182

—— Graubünden ——

Delta- und Paragleiter-Mekka
Aussichtspunkt Fanas 194

Dem Mineralwasser auf der Spur
Schluchtenwanderung Passugg 202

Pingu schläft im Iglu
Abenteuer im Schnee, Scuol 214

Das Brot der Armen
Kastanienlehrpfad Castasegna 220

In Rübezahls Badewanne
Wasserfall Cabbiolo 221

—— Luzern ——

Laufen statt rudern
Rund um den Rotsee 229

Zum Tribschenhorn
Spaziergang am linken Seeufer 231

Drachen im Wind
Auf den Sonnenberg 233

Wo die Bäume reden
Heiligkreuz 241

Zauber des Flachlandes
Wauwiler Ebene 244

Rund um den Baldeggersee
Seetal 246

—— St. Gallen ——

Natur wie einst
Naturschutzgebiet Riet 257

Alphütte wie anno dazumal
Stöcklihütte oberhalb Amden 269

Wo die Thur entspringt
Wasserfälle im Obertoggenburg 273

—— Schaffhausen ——

Kleine Stadtoase
Felsentäli, Schaffhausen 280

Vor lauter Bäumen...
Naturlehrpfad Hallau 285

Schwyz

Silbergrüner Bläuling – Naturschutz-
gebiet Roblosen, Einsiedeln 297
Ab auf die Insel
Schwanau, Lauerzersee 301

Solothurn

Hasenparade
Grenchner Witi 312
Gletscherspuren im Mittelland
Findlingsgarten, Grenchen 312

Tessin

300 Jahre alte Arven
Wanderung am Lukmanier 323
Ruhe und Spiel im Park
Parci Ciani e Tassino, Lugano 336
Saurier und bunte Wände
Am Monte San Giorgio 341
Welche Farbenpracht!
Botanischer Garten, Carona 342

Thurgau

Landleben pur
Feierlenhof in Altnau 352
Wasservögel und Gummistiefel
Im Wollmatinger Ried 355
Baden an lauschigen Plätzen
Gratis-Badeorte im Thurgau 366
Naturerlebnisse mit dem WWF
Weinfelden 367
Von Seelein zu Seelein
Im Seebachtal bei Nussbaumen 371

Unterwalden

Im Karst
Melchsee-Frutt 382
Im Hochmoor auf Langis
Stalden-Glaubenberg 384

Uri

Das versunkene Dorf
Auf der Göscheneralp 391
Nur Natur
Im Maderanertal 392
Die grösste Alp
Auf dem Urnerboden 393
Magisch wandern
Aesch im Schächental 395

Wallis

Wasser und Eis
Gletscherlehrpfad Trient 427

Westschweiz à la carte

Im Reich der Sümpfe
Centre Pro Natura, Champ-Pittet 440
Schatzkammer der Feen
Grotten der Orbequelle, Vallorbe 442
Von Baum zu Baum
Arboretum, Vallon de l'Aubonne 458
Torflager unter Naturschutz
Hochmoor Les Ponts-de-Martel 470
Moorsee wie in Finnland
Etang de la Gruère 474

Zug

Villa mit Park für alle
Cham 485
Erlebniseiche
Rotkreuz 490

Zürich

Ausflug für Städter – Geologie-
Lehrpfad im Adlisbergwald 522
Rund um den Pfäffikersee
Wandern im Naturschutzgebiet 525
Erlebnispark Natur
Naturzentrum Sihlwald 527

Grenzgang I: FL/A

Woher die Milch kommt
Landwirtschaftsweg Brand 554

Grenzgang II: D

Mit Flechtel unterwegs
Naturerlebnispfad Hinterzarten 560
Urwaldexpedition
Entdeckungspfad Belchenland 563
Grüne Wunder
Haus der Natur, Feldberg 564

Grenzgang III: F

Ein Hauch von Wildnis
Petite Camargue alsacienne 574

Index

 **Restaurants**

Aargau

Abheben
Flugplatz Birrfeld 11
Überblick
Schloss Habsburg 12
Auf zur Flugalp
Flugplatz Buttwil 15
Zu Besuch bei Käpten Jo
Restaurant Aarfähre, Biberstein 26
Mit Tieren spielen
Wirtshaus Rütihof, Gränichen 30

Basel

Verkehrsgarten unter Kirschblüten
Restaurant Schönmatt, Arlesheim 77
Grasende Bisons und Ritter
Farnsburg, Ormalingen 94

Luzern

Mampfen beim Dampfen
Mittagsschiff SGV 233
Kinderparadies Rossweid
Sörenberg 240

Schaffhausen

Paradiesisch schöner Rhein
Ausflugsrestaurant Paradies 284

Uri

Gar nicht streng
Auf die Strengmatt 393
Abschalten
Gitschenen im Isental 397

Grenzgang III: F

Wallfahrt in den Wald
Die Kapelle St-Brice 576

 Schiff

Basel

Verzell du das em Fährimaa
Basels Rheinfähren 67
Nimm mich mit, Kapitän…
Schleuse Birsfelden 74

Rund um den Stausee
Rheinfähre Kaiseraugst 88

Graubünden

Schifffahrt auf dem Silsersee
Sils-Maria 217

Luzern

Raus aus der Stadt
Vierwaldstättersee 233

Schaffhausen

Von Wasser umgeben
Rheinschifffahrt, Schaffhausen 283
Sein eigener Kapitän sein
Kanufahrt Rheinau–Eglisau 290

Solothurn

Aarefahrt
Schifffahrt Solothurn–Biel 311

Tessin

Schiff ohne Grenzen
Borromäische Inseln und Stresa 330

Thurgau

Rutschbahn auf hoher See
Boot und Pedalo in Arbon 351
Zum Zmorge aufs Schiff
Frühstücksschiff Bodensee 351
Kreuzfahrt
auf dem Untersee 353

Uri

Stilles Gelände am See
Aufs Rütli 397

Westschweiz à la carte

Spazierschippern auf dem
Neuenburgersee, Yverdon 441
Auf Besuch in Frankreich
Evian, Thonon, Sciez 443
Kreuzfahrt auf der Rhone
Zum Verbois-Staudamm, Genf 453

Zug

Zmörgele auf hoher See
Zugersee 484
Rund um den Ägerisee
Oberägeri 489

Sehenswürdigkeiten

 Index

Aargau

Ritterträume
Ruine Schenkenberg, Thalheim 11
Zu den Erdmannli
Erdmannlistein, Wohlen 14
Für Schleckmäulchen
Chocolat Frey, Buchs AG 28

Appenzell

Mutschli frisch von der Alp
Schau-Alpkäserei Schwägalp 36
So macht man Käse
Schaukäserei Stein 39

Basel

Nostalgische Entdeckungsreise
Stadtrundfahrt im Oldtimer-Tram 52
Plausch mit der «Dante Schuggi»
Extrafahrt im Oldtimer-Tram 52
Wasserspiele
Tinguelys Fasnachtsbrunnen 54
Morgestraich und Schnitzelbängg
Basler Fasnacht 55
Basel zu Fuss
Altstadtbummel 56
Das schönste Stadttor
In der Spalenvorstadt 58
Basel von oben
Münsterturm/Elisabethenkirche 59
Dreiländereck und
Verkehrsdrehscheibe Schweiz 66
Das höchste Haus
Messeturm am Messeplatz 68
Der höchste Turm
Sendeturm auf Chrischona 68
Die grösste Sportarena
Fussballstadion St.-Jakob-Park 69
Architektour durch Kleinbasel
Bauten von Meisterarchitekten 70
Ein Betonbau, der lebt
Goetheanum, Dornach 76
Vom Burgverlies zum Wasserfall
Schloss Wildenstein, Bubendorf 91
Das Wunder im Fels
Kloster Mariastein 97

Bern/Freiburg

Schöne Aussichten
Rund ums Münster 103
Schaut mir in die Augen
Laubengaffer 104

Caran-d'Ache-Schaufenster
im Hauptbahnhof 105
Freie Sicht auf die Alpen
Flugplatz Belpmoos 115
Von wegen schrottreif
Oldtimer-Galerie, Toffen 116
Wie die Kelten hausen
Keltenhaus, Guggisberg 117
Ausflug ins «älteste Bern»
Engehalbinsel 119
Höhlenforscher-Paradies
Rohrbachgrabenhöhlen, Rohrbach 129
Ohrenbetäubend
Trümmelbachfälle, Lauterbrunnen 140
Panorama zum Durchdrehen
Schilthorn, Lauterbrunnen 140
Zum Elefantenkopf
Gletscherschlucht Rosenlaui 142
Eingezwängt
Aareschlucht, Meiringen 143
Ein grauslicher Sturz
Reichenbachfälle, Meiringen 144
Wo der Drache haust
Beatushöhlen, Beatenbucht 152
Forscher mit Taschenlampe
Mont-Vully-Höhlen, Môtier 167
Eiszauber
Warme Sense, Zollhaus 171

Glarus

Kunst mit der Kettensäge
Niederurner Täli 178
Im Berg
Landesplattenberg Engi 184

Graubünden

Handeln erwünscht
Gänggali-Markt, Chur 192
Eiffelturm waagrecht
Weltmonument im Prättigau, Schiers ... 194
Zur Ruinaulta
Graubündens Grand Canyon, Ilanz 203
Schaurig schön
Beinhaus Vrin 205
Tal der Wässer
Baden in Vals 207
Kunst verquert – art public plaiv
Ein Kunstprojekt, La Punt–Zernez 215
Öko-Flusslandschaft
Jahrhundertbaustelle, Samedan 216
Staumauer und Staunmauer
Albigna-Mauer, Pranzaira 219
Kunst und Landschaft
Kunstpark in Trii, Roveredo 221

593

Index

Luzern

Gestochen scharf
IMAX-Kino, Verkehrshaus 226
Für Schwindelfreie
Hiflyer, Verkehrshaus 227
Wie in Italien
Quaibummel 227
Zum Sterben schön
Löwendenkmal 228
Doppelpack
Kapell- und Spreuerbrücke 229
Stolze Mauer
Auf Musegg 230
Aussichtsberg mit Hut
Pilatus 239
Zum Wahrzeichen des Seetals
Schloss Heidegg, Gelfingen 246

St. Gallen

Stadtweiher und Zwergziegen
In der Altstadt von Wil 252
Welch musikalisches Haus!
Spieldose in Altstätten 258
Kleine Stadt, grosses Schloss
Werdenberg im Rheintal 260
Bauernhof multifunktional
Maislabyrinth in Wangs 266
Garantiert autofrei
Ausflug nach Quinten 268
Minibahn megagross
Modelleisenbahn in Lichtensteig 271

Schaffhausen

Spuk zwischen alten Mauern
Burgruine Radegg, Wilchingen 286
Malerisches Städtchen
Stein am Rhein 289
Schutz hinter dicken Mauern
Burg Hohenklingen 289

Schwyz

Schwarze Madonna
Kloster Einsiedeln 296
So ein Käse
Schaukäserei Seewen-Schwyz 299
Höllisch gross
Im Hölloch, Muotatal 302
Röchel, röchel
Hohle Gasse, Küssnacht 304

Solothurn

Familienspass Solothurn
Urlaub in Solothurn 308
Abenteuer Solothurn
Stadtführer für Kinder 308

Auf Saurierfährte
Saurierspuren, Lommiswil 310
Rittergefühle pur
Schloss Alt-Falkenstein, Klus 313

Tessin

Uri, Schwyz, Unterwalden
Die Burgen von Bellinzona 324
Bauernhof und Walserdorf
Cimalmotto und Bosco Gurin 329
Ein Markt und viele Brücken
Domodossola und Centovalli 330
Phantasievoll und exotisch
Parco Scherrer, Morcote 342
Schönste Aussicht im Kanton
Auf dem Monte Lema 344

Thurgau

Bäbis, Echsen und Motoren
Erlebniswelt, Sipplingen 357
Schatz- und Folterkammer
Alte Burg in Meersburg 359
Für den grossen Überblick
Stählibuckturm bei Thundorf 368

Uri

Das Loch der Löcher
Neat-Baustelle in Amsteg 392

Wallis

Horu-Flug
Zermatt 407
Eispavillon
Saas Fee 408
Auf der Mauer
Saas Almagell 410
Besuch der Gletschergrotte
Schneeschuh-Tour bei Zinal 418
Sonnensuche im Val d'Anniviers
Observatorium Tignousa, St-Luc 418
Das ganze Jahr Weihnachten
Alte Krippe von St-Martin 420
Rekord-Monument aus Beton
Staumauer Grande-Dixence 422
Kunst von Weltruf
Fondation Gianadda in Martigny 426
Cool-kühle Schluchten
Gorges du Triège bei Le Trétien 427

Westschweiz à la carte

Der Turm des 21. Jahrhunderts
Parc de Sauvabelin, Lausanne 435
Dem See entlang
Schloss Chillon 439

Quais rechts und links des
Genfersees, Genf 450
Im Zentrum des Geschehens
Palais des Nations, Genf 450
Mit dem Schiff ins Labyrinth
der fünf Sinne, Schloss Yvoire 455
An der Quelle
Château de l'Isle 459
Auf Visite beim Adel
Schloss Neuenburg 467
Ausflug ins Weltall
Observatorium Neuenburg 467
Blick auf Seen und Berge
Panoramaturm Chaumont 468
Wo Karl der Kühne zu Gast war
Château de Vaumarcus 469
Mühlräder im Bergesinnern
Le Col-des-Roches 472
Saurier hautnah
Préhisto-Parc und Grotten Réclère ... 476

____ Zug ____

Märchenhafte Unterwelt
Höllgrotten, Baar 482
Freiluftmuseum
Industriepfad Lorze 483
Geisterbesuch
Wildenburg, Allenwinden 487

____ Zürich ____

Wie echte Touristen
Stadtführungen per Bus 496
Zürich von oben: einmal sportlich
Grossmünsterturm 496
Zürich von oben: einmal bequem
Polybahn 496
Bummel durchs alte Zürich
Lindenhofquartier 498
Wie der Kaiser von China
Chinagarten 499
Für Tropenträumer und Kräuterhexen –
Neuer Botanischer Garten 499
Paddelnde Schildkröten und
seltene Pflanzen, Stadtgärtnerei 500
Winterthur-Sightseeing
mit Velos und Scootern 534
Turm zur schönen Aussicht
Bar-Bistro «Roter Turm», Winterthur ... 534

____ Grenzgang II: D ____

Leben wie vor 100 Jahren
Schwarzwaldhaus, Münstertal 562
Bei den Zwergen im Berg
Erdmannshöhle Hasel 566
Wie die Bergmänner
Schaubergwerk Todtmoos 566

____ Grenzgang III: F ____

Ritter mit Weitblick
Ruine Landskron 576
Eine einzige Festhütte
La Ronde des Fêtes, Blotzheim 581
Mittelalter im Fünferpack
Hohlandsburg bei Colmar 582

Shopping

____ Aargau ____

Purzelbaum
Bücher und Spielwaren, Zofingen 29

____ Basel ____

Marktweiber & Selbstgebranntes
Bauernmarkt, Lörrach 82

____ Bern/Freiburg ____

Die Nase voll
Lush-Shop 104

____ Graubünden ____

Ferienlektüre leichtgemacht
Kinderbuchladen, Chur 191

____ Luzern ____

Grossmutters Muff
Luzerner Flohmarkt 232
Bei den Luzerner Ringli-Bäckern
Willisau 242

____ Schwyz ____

Süsse Schafböcke
Bäckerei Goldapfel, Einsiedeln 296

____ Wallis ____

Paradies der Bücherwürmer
Antiquare von St-Pierre-de-Clages 423

____ Zürich ____

Bastelfreuden
Pastorini 497
Zauberland
Kinderkaufladen Smaland 497
Wer ist die Schönste im ganzen Land? –
Kinderfrisör Sim Sala Bim 503
Alles was Kind sich wünscht
Chinderlade & spielArt, Winterthur .. 538

595

Spielen

___ Aargau ___

Ein Tag auf dem Lande
Murimoos 14
Seevergnügen
Strandbad Tennwil 24

___ Basel ___

Spass ohne Grenzen
Europapark in Rust 67
Stauen und picknicken
Spielplatz Mühlebach, Allschwil 76
Paradies für Wasserratten
Gartenbad Bottmingen 77
Tummelplatz für Stadtmüde
Park im Grünen, Münchenstein 79
Planschen an der Furt
Reinacher Heide, Reinach 80
Badeplausch in Binningen
Sonnenbad St. Margarethen 81
Abenteuerspielplatz Kieswerk
Grün 99, Weil am Rhein 82
Spielen in rätselhaften Mauern
Bergwirtschaft Sissacherfluh 90

___ Bern/Freiburg ___

Robinson und du
Spielplatz Längmuur 102
Lese-Oase
Kornhausbibliothek 103
Einlochen wie Tiger Woods
Minigolf Innere Enge 106
Berns beste Adressen
Mehr wissen 109
Spielberg
Gurten-Park im Grünen, Wabern 114
Mini-Golf, Maxi-Champions
Mini-/Multigolf, Frauenkappelen 119
Sinnvolle Sinne
Sensorium, Walkringen 126
Tischgolfen
Pit-Pat, Schüpbach 126
Irren ist menschlich – Maisfeld-
Labyrinth, Lützelflüh-Goldbach 128
Schlaue Füchse
Foxtrail, Thun 150
Moléson, der Freizeitberg
Freizeitpark, Moléson-Village 170

___ Glarus ___

Camps für kleine Wilde
Erlebnis Braunwald 180

Die Elmer Goldmine
Restaurant Schabell, Elm 185

___ Graubünden ___

Tagesindianer und Isländer
Tipi-Erlebnistag in Malans 190
Nasser Plausch
Hallenbad Zizers 191
Alles drin und Micky mit!
Arosa hat den Gratisspass 197
Ritt auf dem Benziner
Go-Kart-Halle, Bonaduz 202

___ Luzern ___

Endlich allein
Kinderstube Waldstätterhof 231

___ St. Gallen ___

Zum Baden an die Grenze
Strandbad Diepoldsau 257
2000 Meter, 2 Spielplätze
Spielplatz Maschgenkamm 267

___ Schaffhausen ___

Verspielte Stadt
Schaffhauser «FerienStadt» 281
Erlebniswelt Rüetistelmüli
Schleitheim 286

___ Tessin ___

«Planet der Spiele»
Freizeitanlage in Pregassona 337
Wasser à discretion
Parco Aquatico in Balerna 339
Minigolf & Co. am See
Minigolf-Park, Caslano 343

___ Thurgau ___

Spielen à discretion
Spieleland, Meckenbeuren 359

___ Wallis ___

An die GPS, los!
Grächen 405
Fun for Kids à gogo
Grächen 406
Kurzweil im Happyland
Freizeitpark bei Granges 419
Karibik am Genfersee
Aquaparc, Le Bouveret 429

Westschweiz à la carte

Wellness
Thermalbad Yverdon-les-Bains 441
Kunterbunter Platz
Plaine de Plainpalais, Genf 451
Spielpark mit Aussicht
Signal-de-Bougy, ob Rolle 458

Zug

Spielplatz Schäftboden
Zugerberg 488

Zürich

Erlebnisgarten und Ponyreiten
GZ Heuried 500
Daniel Düsentrieb und Co.
Tüftellabor 501
Bücher in über 20 Sprachen
Interkulturelle Bibliothek 512
Musik für Kids
Kindermusikladen 517
Bauen und Spielen – Abenteuerspielplatz Holzwurm, Uster 524
Mit kleinen Schritten
Windelwanderweg, Winterthur 537

Grenzgang I: FL/A

Action für Kids
Familienhit Malbun 546
Planschen à discrétion
Gänglesee, Steg 547
Wildwest am Rhein
Erlebniswelt Neuguthof/Vaduz 548
Vorarlberger Kinderzauber
Kinderprogramm, Bregenz 549

Grenzgang II: D

Der Familienkoffer
Grafenhausen 568

 ## Sport

Index

Aargau

Thermenplausch
Aquarena, Schinznach Bad 13
Roll on!
Skatebahn Aarau 27

Appenzell

Schussfahrt bergab
Schwägalp–Urnäsch 37
Sommer- und Winterrodeln
Rodelbahn am Kronberg 38
Rundtour mit Aussicht
Bike-Route ab Heiden 43
Wintersport à discrétion
Ski, Langlauf, Schlitteln 44

Basel

Skaten durch die Stadt
Ein besonderer Stadtplan 54
Badespass in künstlichen Wellen
Badeland Laguna, Weil a. Rhein 65
Mit dem Velo
Velostadtplan und Gratisvelos 70
Sich einfach treiben lassen
Rheinschwimmen, Schweizerhalle 75
Rutsch durchs Dunkle
Schwimmbad Gitterli, Liestal 89
Speedtest mit Solarbobs
Sommerrodelbahn, Langenbruck 92
Vorsicht Glatteis
Eissporthalle, Laufen 96
Mit dem Strom schwimmen
Strandbad, Rheinfelden 98

Bern/Freiburg

Bern rollt
Velomietstation 105
Me(e)hr erleben
Wellenbad/Kunsteisbahn 108
Mickey Mouse in der Badi
Badi Weiermatt, Köniz 114
Durch den Schnee stapfen
Schneeschuhwandern, Gurnigel 116
Velostau am Stausee
Rund um den Wohlensee 118
Keuchen wie eine Lok
Schienenvelofahren, Laupen 120
Die Fun-Box rollt – Inlineskaten/
Rollbrettfahren, Ittigen 120

597

Index

O sole mio
Solebad, Schönbühl 121
Abheben
Kletterhalle, Langnau 127
Herzroute
Velowanderung, Lützelflüh 128
Es lebe der Sport
Sportzentrum, Sumiswald 128
Der richtige Kick
Trotti-Wanderroute, Huttwil 130
Hoch hinaus
Kletterhalle K44, Interlaken 138
Mini-Effort mit Maxi-Erlebnis
Mit dem Velo durchs Kandertal 155
Schussfahrt in Grün
Trotti-Plausch Sparenmoos 156
Schussfahrt in Weiss
Schlitteln Sparenmoos 157
Salto rückwärts
Schönried–Rellerli 157
So ne Chabis!
Gemüselehrpfad ab Kerzers 162
Wassertreten in Erlach
Boots- und Pedalovermietung 165
Famos durchs Grosse Moos
Inline-Route Täuffelen–Ins–Erlach 165
Go-Kart à gogo
Expodrom in Muntelier 166
Three sixty?!
Skatepark, Bulle 169
Tarzan im Tannenwald
Abenteuer-Park, Charmey 169
Unterwegs wie Yeti – Schneeschuh-
wandern im Freiburgerland 171

Glarus

Huii!
Schlitteln am Kerenzerberg 176
Auf zwei Rollen ins Tal
Trotti-Plausch, Filzbach 176
Klettern für Unerschrockene
Klettersteige, Braunwald 178
Autofrei skifahren
Braunwald im Winter 181
Skifahren mit
Vreni Schneider, Elm 185
Elm hält mit
Winter in Elm 186

Graubünden

Länger rodeln als sonstwo
Rodelbahn Pradaschier 193
Höhenbaden
Freibad Pany 195
Geheizter Gletschersee
Baden in Klosters 195

Trottinett à la «Düsentrieb»
Per Tretrad rund um Klosters 195
Spass auf dem «Davoser»
Schlitteln in Arosa 198
Ein warmer Waldsee
Crestasee, Flims 203
Noch mehr Wasser
Badesee bei Laax 204
Zentraleuropas beste!
Snowboard-Fahrschule in Flims 205
Der Bergmolch-Pool
Badeseen in Brigels 206
Klösterliche Ruhe oder Sport
Freizeitangebot Disentis 206
Eisfeld in der Höh'
Natureisbahn Feldis 207
Ski- und Schlittelplausch
Sarn am Heinzenberg 208
Fast wie an der Adria
Heidsee, Lenzerheide-Valbella 209
Hoch zu Alu-Ross
Velofahrt durchs Albulatal 209
Schlitteln für Mutige
Muottas Muragl, Samedan 216
«Familien willkommen»
Maloja 218

Luzern

Sandstrand und Bergsicht
Strandbad Lido 227
Baden gestattet
Ufschütti 231
Rigi cool
Goldau, Vitznau, Weggis 238
Sommerrodeln am Drachenberg
Fräkmüntegg, Kriens 239
Alpentrotti und Sennezmorge
Marbachegg 240
Goldrausch am Napf
Willisau/Napf 242
Skaten, Biken, Rodeln, Mahlen
Schongiland, Schongau 247

St. Gallen

Per Pedal durch den Kanton
Radweg Wil–Bodensee 252
Gas geben, aber sicher!
Go-Kart-Bahn in Flawil 253
Fussantrieb auf dem Bodensee
Pedalovermietung in Rorschach 256
Schussfahrt auf Schnee
Schlittelweg Stoss–Altstätten 258
Freie Fahrt für Skater
Inline-Strecke Rheindamm 260
Wasser in Variationen
Sommerplausch am Walensee 268

Winter auf der Hochterrasse
Schneeschuhlaufen in Amden 270
Radweg par excellence
Walensee und Linthkanal 271
Baden im Bergsee
Strandbad in Wildhaus 273
Mit dem Trotti auf die Alp
Alp Gamplüt, Wildhaus 274

Schaffhausen

Ein Hauch von Urlaub
KSS-Sportanlage, Schaffhausen 282
Kletterzentrum Aranea
Schaffhausen 283
Mit dem Velo unterwegs
Velotour durch den Klettgau 288

Schwyz

Rasche Röhren
Alpamare, Pfäffikon 296
Sommerschlitteln auf Mostelberg
Sattel-Hochstuckli 297
Halfpipe and Big Stairs
Roller-Park, Sattel 298
Schwimmen im Wald
Baden auf dem Stoos 302

Solothurn

Wir sind mit dem Velo da
Aareradfahrt 313

Tessin

Ein vielseitiger Bauernhof
Azienda agrituristica, Cresciano 323
Minigolf unter Palmen
Freizeitzentrum, Quartino 325
Mit dem Velo zu den Bauern
Velolehrpfad Magadinoebene 325
Gewagte Sprünge
Skating- und Rollerpark, Ascona 328
Cooler Rutsch ins Wasser
Grande Lido, Ascona 328
Erkundungen per Bike
Rad-Rundkurse im Maggiatal 329
Durch die Graffiti sausen
Skatepark in Lugano 336
Per Bike bergab
Velo am Monte Generoso 341
Schlauchboot mitnehmen!
Strand von Casoro 343

Thurgau

Um den See pedalen
Bodensee-Radweg 350

Inlineskating am Bodensee
und Rhein 350
Apple-Trail in Mostindien
Skating-Route ab Romanshorn 364
In die Pedale!
Velotour an der Thur 366
Tour auf der Thur
Riverrafting ab Frauenfeld 370

Unterwalden

Für Tempofreaks
Schlitteln auf Gerschnialp 376
Zu neuen Ufern
Kajakfahren auf dem Trübsee 377
Vom Berg zum See
Velotour Nidwalden 378
Bis zu 60 km/h
Sommerbob Wirzweli 380
Familien-Biken
Auf der Klewenalp 381
Weiche Knie
Skaten am Sarnersee 382

Uri

Schussfahrt in Weiss
Schlitteln am Nätschen 390
Wie die Inuit
Schneeschuhlaufen, Biel 394
Im Delta
Baden Vierwaldstättersee 396
Urner Sonnenterrasse
Ein Seeli in Seelisberg 398

Wallis

Lang laufen...
Langlauf-Loipe Goms 402
Rodeln wie der Blitz
Saas Fee 408
Schlittelbahn Hannig–Saas Fee
Saas Fee 408
Hochgebirgsluft
Lötschental 412
Wie viele Schäflein...
Gemmi, Leukerbad 412
Velotour durchs Rhonetal
Chippis–Sitten–Chippis 419
Achtzehn Löcher im Park
Fun-Golf bei Sitten/Sion 422
Schlittel-«Open»
Les Mayens-de-Riddes 423
Heisse Quelle
Thermalbad Val-d'Illiez 428

Index

599

Index

Westschweiz à la carte

«Mai-Schnee» in den Voralpen
Les Pléiades 437
Vamos a la playa
Campingplatz VD 8, Yvonand 440
Im Gleitflug
Vom Salève nach Genf 453
Wie die Äffchen
Forestland, Divonne-les-Bains 454
Swin-Golf und andere Spiele
Châlet Basse-Ruche, Saint-Cergue 457
Schneeschuhtour
Passwanderung, Col de la Givrine 457
Zum Bas du Chénit mit dem
Mountainbike, Le Sentier 460
Mit Schläger und Stock
Minigolf in Neuenburg 466
Sanftes Wildwasser
Bootsfahrten auf dem Doubs 475
Sport, Spiel, Spass
Centre sportif Delémont 475
Bobbahn im Grünen
Toboroule ob Fontenais 477

Zug

Schwimmen und planschen
Lättich, Baar 483
Rolltrekking am See
Zug 486
Schlitteln am Zugerberg
Zug/Schönegg 487
Biken im Zugerland
Baar, Cham, Zug 488
Raten im Sommer
und Winter 489

Zürich

Pedalen über den See
Bootsvermietungen 498
Fun auf Brettern und Rollern
Skater- und Boarderpark 499
Vergnügen auf zwei Kufen
Kunsteisbahnen 501
Golf macht Spass
Dolder-Minigolf 502
Badesommer mit Extras
Freibad Allenmoos 502
Dampflok an der Küste
Am Katzensee 503
Sicher im Sattel
Velokurse für Kinder und Familien 503
Eine Badi für jede Saison
Schwimmbad/Hallenbad Fohrbach 522
Baden am Greifensee
Strandbad Maur 522

Golf und mehr
Migros-Freizeitzentrum, Greifensee 524
Sport im Trend – Tempo-Drom
und Block, Winterthur 536
Wie die Profis
BMX-Bahn, Dättnau 536
Minigolf und Schlittschuhlaufen
Winterthurer Schützenweiher 538

Grenzgang I: FL/A

Action für Teens
Takus Aktivprogramm, Malbun 547
Radeln am Rhein
Velotour Rheindelta 550
Wo sich Familien wohlfühlen
Skiferien im Brandnertal 552
Multiaktion
Aktivpark Montafon, Schruns 555
Traumbad der Alpen
Mountain Beach, Gaschurn 555

Grenzgang II: D

Hochseilakt in Höchenschwand
Natursportzentrum 567

Grenzgang III: F

Im Park der wilden Wasser
La Timonerie, Huningue 574
Reif für die Insel
Velotour zur Rheininsel 578
Pedalos und Angelruten
Plan d'eau de Courtavon 578
Klettern und Planschen
Schwimmbad Guébwiller 583

 # Theater

 # Tiere

Index

Basel

Theater für Kinder Theater Spielkischte	50
Rassers Märchenbühne Theater Fauteuil	51
Stars an tanzenden Fäden Marionettentheater Basel	51
Für Kids ab 14 Junges Theater Basel	68

Bern/Freiburg

Lass die Puppen tanzen Berner Puppentheater	102

Graubünden

Wo Bilder für Kinder laufen Studiokino «Rätia», Thusis	208

Zürich

Zirkus als Familienhobby Kinderzirkus Robinson	512
Grosses Theater Theater an der Sihl	513
Kinderkultur in der Fabrik Rote Fabrik	514
Geschichten an Fäden Zürcher Puppentheater	514
Theater mit Phantasie Theater Purpur	514
Theater hat immer Saison Kinder gehen ins Theater	515
Sofas und neue Filme Kino Xenix	516
Magisches Kino Kino Zauberlaterne	516
Kinderkino à la carte Kino Riff Raff	516
Musik und Geschichten Jecklin Forum	517
Kultur im Oberland Scala, Wetzikon	525
Potz Holzöpfel und Zipfelchappe Park im Grüene, Rüschlikon	529

Grenzgang I: FL/A

Faszinierende Theaterwelt Theater am Kirchplatz, Schaan (FL)	547
Wir gehen in den Cineplexx Kinozentrum Hohenems (A)	548

Aargau

Natur- und Spieloase Wildpark Roggenhausen	27
Bienchen summ herum Bienenlehrpfad Schafisheim	29
Rite rite Rössli Ponyhof, Gontenschwil	29

Appenzell

Pferdeschlittenfahrten auf der Schwägalp	36
Die Schönste im Land Vieh- und Ziegenschauen	45

Basel

Ein Paradies für Tierfreunde Gamgoas im Basler Zolli	50
Zwölf verschiedene Hirscharten Tierpark Lange Erlen	65

Bern/Freiburg

Von Alpenviper bis Zwergziege Tierpark Dählhölzli	107
Hoch zu Ross Ponyreiten, Köniz	114
¡Hola Lama! Lama-Trekking, Rumendingen	132
Alpenvogelpark Ischboden Grindelwald	141
Wilde Tiere Alpen-Tierpark, Kandergrund	153
Exkursion im Tropenwald Papiliorama/Nocturama in Kerzers	162
John und die vielen Tiere Zoo John's kleine Farm, Kallnach	163
Agri-Kult-Tour Jerisberghof, Gurbrü	164

Glarus

Ins Wolfenvalley Pferdetrekking Berglialp, Matt	183
Unterwegs mit Ramirez Lamatrekking Weissenberge	184

Graubünden

Vier Hektaren nicht nur für Tiere Tier-und Freizeitpark, Chur	191
Winnetou in Davos Indianerlager, Davos Wolfgang	196

601

Index

Luzern

Amsel, Drossel, Fink und Star
Vogelwarte Sempach 244
Tierli luege!
Toni's Zoo, Rothenburg 245

St. Gallen

Wilde zahme Tiere
Wildpark in St. Gallen 254
Mit Pferden in die Natur
Ponyhuus, Untereggen 255
Pony, Storch und Co.
Storchenhof Kriessern, Balgach 259
Flieg Geier flieg
Eulen- und Greifvogelpark, Buchs 259

Schwyz

Bären und Bartgeier
Tierpark Goldau 299

Solothurn

Arche Noah im Jura
Zoo Siky Ranch, Crémines 313
Wildpark Mühletäli
Starrkirch-Wil 315

Thurgau

Wild- und Freizeitpark
Allenspach 356
Aug in Aug mit dem Hai
Sea-Life-Center, Konstanz 357
Affen haben lange Finger
Affenberg Salem 358
Galopp und Trallala
Bauernhofferien in Freidorf 364
Mit dem Langohr unterwegs
Wandern mit Eseln, Märstetten 367
Tiger und Zwerggeissen
Plättli-Zoo in Frauenfeld 368

Unterwalden

Gemse oder Gämse?
Wildbeobachtung, Emmetten 381

Wallis

Tierpark mit Felsenbad
Zoo-Piscine Les Marécottes 427

Westschweiz à la carte

Tropische Verhältnisse
Tropiquarium, Servion 435

Murmeltierparadies und Alpenblumen, Rochers-de-Naye 439
Juraparc
Chalet du Mont-d'Orzeires 442
Juraweide statt Rossmetzger
Stiftung für das Pferd Le Roselet 473

Zug

Vogelkonzert
Volieren, Zug 484
Die Störche sind da!
Bützen, Hünenberg 486

Zürich

Noch mehr Ponyreiten
GZ Buchegg 501
Zoolino für die Kleinen
Zoo Zürich 513
Von Bär bis Wolf
Tierpark Langenberg 527
Wildschweine und Przewalskipferde
Wildpark Bruderhaus 537

Grenzgang I: FL/A

In die Lüfte
Falknerei Galina, Malbun 547

Grenzgang II: D

Zwischen Gemsen rodeln
Steinwasen-Park, Oberried 561
Wo die Vögel zwitschern
Vogelpark Steinen 565
Schwarzwald-Park
Löffingen 570

Grenzgang III: F

Go west, kleines Cowgirl
Pony-Hof Blodelsheim 577
Tiger, Tulpe und Rutschbahn
Der Zoo von Mulhouse 579

Wandern

Aargau

Gratwanderung Lägerngrat-Tour	10
Wasserspiele an der Reuss Bremgarten–Mellingen	16
Überblick gewinnen Zum Esterliturm, Lenzburg	23
Rund um den Hallwilersee Seewanderung	24
Fernsicht-Wanderung Lenzburg–Eichberg–Seengen	24
Passwanderung mit Tiefblick Benkerjoch–Staffelegg	26
An der schönen blauen Aare Aarewanderung	28

Appenzell

Der geologische Wanderweg auf dem Hohen Kasten	37
Barfuss zum Fussbad Gonten–Gontenbad	39
Auf zum «Waggeln» Erlebniswanderung in Wald	40
Heitere Gesichter Witzwanderweg ab Heiden	42
Bliibet gsond Gesundheitsweg ab Heiden	43

Basel

Hinauf zum Burgentrio Spaziergang auf den Wartenberg	74
Mit dem Rucksack aus der Stadt Wanderung nach Biel-Benken	83
Die Mineralwasserschlucht Kaltbrunnental, Grellingen	93
Durch die Schlucht zur Spielwiese Hofstetter Bergmatte	95
Ohne Schweiss keine Aussicht Gempenturm, Gempen	96
Den Turm vor Augen Wanderung auf den Ulmizberg	115
Spazieren, sehen, wissen… Längenberger Bauernpfad	116
Natur pur Naturlehrpfad, Zollikofen	120

Bern/Freiburg

Höhle und Wasserfall Mutzbachgraben, Riedtwil	132
Zu den Zipfelmützen Luftseilbahn Isenfluh–Sulwald	139
In der Todeswand Eiger-Trail, Grindelwald	141
Ganz ohne Action Axalp, Brienz	143
Zum Haslizwerg Muggestutz-Weg, Hasliberg	144
Von Suetonius zum Beatus Beatusweg, Beatenberg	151
Brodelnder Hexenkessel Wildwasserweg Kiental	153
Eisenbahngeschichte BLS-Nordrampe, Kandergrund	154
Ganz hinüber Über die Gemmi, Kandersteg	155
Höhlenbewohner in Seedorf? Sandsteinhöhlen, Seedorf	164
Zu Fuss zur Insel Von Erlach auf die St.-Peters-Insel	165
Graue Stadt, grünes Tal Gotteron-Schlucht, Freiburg	167

Glarus

Vom Bergtal in die Welt Glarner Industriepfad	177
Der Familienberg Niederurner Täli	178
Zwergen-Tour Zwerg Bartli, Braunwald	179
In die Linthschlucht Tierfehd–Pantenbrücke	181
Im Wildasyl Kärpfwanderung Mettmenalp–Elm	182
Über grüne Matten Weissenberge, Matt	183

Graubünden

Wasser, Fels, Viadukt Zügenschlucht, Davos Monstein	196
Sommerbad Zum Grüensee, Davos	196
Kunstfigur führt durch Natur Globi-Wanderweg, Lenzerheide	208
Firneis und Kastanien Unterwegs im Bergell	218

Luzern

Mit Kuhfladenduft Eigental	240
Flusswandern in Etappen Emmenuferweg	241
Geister und Hexen Luthertal	243

Index

Index

St. Gallen

Des Sittertobels viele Brücken
Brückenweg Haggen–Spisegg 254
Zu Fuss durchs All
Planetenweg ab St. Gallen 255
Zu Besuch beim Alpöhi
Heidipfad Alp Schwarzbüel 266
Bergtour mit Ländle-Blick
Garmil-Höhenweg, Pizol 267
Woher kommt der Walensee?
Geoweg Schänis–Weesen–Amden 270
Ein sagenhafter Wanderweg
Toggenburger Sagenweg 272
Keine Angst vor dem Ofenloch
Im hintersten Neckertal 274
Heiteres Berufewandern
Windrädliweg in Tufertschwil 275

Schaffhausen

Klettern, spielen oder essen
Siblinger Randenturm 287
Ein lohnenswerter Weg
Von Lohn nach Büttenhardt 288

Schwyz

Ganz einfach
Wandern im Hoch-Ybrig 297
Ein schönes Stück
Schwyzer Panoramaweg 298
Am Fuss der Mythen
Rundwandern ob Schwyz 300
Auf dem Grossen Mythen
Klettern mit der Familie 301
Trittsicher am Wannentritt
Stoos und Riemenstalden 302
Rigi locker
Auf Rigi Kulm 303
Rigi streng
Zum Urmiberg 303

Solothurn

Bibelfest
Bibelweg, Gerlafingen 314
Teuflisches Wasser
Teufelsschlucht, Hägendorf 315

Tessin

Hoch über der Tremola
Airolo–Gotthardpass 322
Kunst am grünen Fluss
Zu Fuss der Verzasca entlang 326
Von Sandstrand und Sternen
Planetenweg ab Locarno 327
Am Ufer des Luganersees
Castagnola–Gandria zu Fuss 338

Ein Museum erwandern
Im Valle di Muggio 340
Im «Kalifornien des Tessins»
Pfad der Wunder, Malcantone 344

Thurgau

Wanderung über dem Untersee
Tägerwilen–Steckborn 354
Idylle und Wehrbauten
Lehrpfad bei Diessenhofen 355
Industrie auf einladende Art
Industrielehrpfad Hauptwil 365
Eine Drei-Schlösser-Wanderung
Von Kradolf nach Hauptwil 366

Unterwalden

Fast wie in Tirol
Wanderung auf Brunni 377
Vier-Seen-Wanderung
Über den Jochpass 378
Ganz nach Wunsch
Auf dem Benediktusweg 378
Nur Fliegen ist schöner
Auf dem Haldigrat 379
Oberland einfach
Auf den Hasliberg 383
Oberland retour
Aufs Brienzer Rothorn 383
Mittagsspaziergang
Nach Kehrsiten 384

Uri

Blaue Zehen
Arnisee ob Gurtnellen 391
Noch mehr Natur
Auf Golzern 393
Ein ganzes Tal
Schächentaler Höhenweg 394
Sagenhaft wandern
Über die Surenen 395
Umweg zum Baden
Isenthal und Isleten 396

Wallis

Der Märchensee
Halsensee, Binn 402
Aletschwald und Blausee
Riederalp 403
Wasser verbindet
Massa-Suonen-Lehrpfad 404
Fast wie in Tibet
Mattertal 404
Duftende Matten
Zermatt 406

Bei den Zurbriggens
Saas Almagell 409
Auf dem Wolfspfad
Eischoll 410
Steinböcke und Felsblöcke
Gebirgsnatur der Grande-Dixence 420
Falschmünzer und Menschenfreund
Farinet-Pfad von Saillon 424

Westschweiz à la carte

Aussichtsreiche Rebberge
Wanderung im Lavaux, Lutry 436
Abwechslungsreicher Klippenweg
Der Rhone entlang, Genf 452
Keine süsse Sache
Tobleroneweg Nyon–Bassins 455
Kühle Juraschlucht
Gorges de l'Areuse 469
Durchs All zum Fall
Planetenweg bei Le Locle 472
Durch die Waldschlucht
Combe Tabeillon bei Glovelier 476

Zug

Wo die Forelle springt
Sihltal, Menzingen 482
Auf dem höchsten Zuger
Wildspitz 490

Zürich

Wander-, Spiel- und Aussichtsberg
Auf dem Üetliberg 502
Ab in die Höh!
Zürichs einzige Luftseilbahn 529
Zum Thema Wasser
Tösstaler Wasserlehrpfad 539
Sonntagsspaziergang
Durchs Fahrenbachtobel, Elgg 540
Aussichtsreiche Spitze
Hörnli, Steg im Tösstal 541

Grenzgang I: FL/A

Hüttenzauber
Zur Gafadurahütte, Planken 548
Kinderwagen-Wandern
Bregenzerwald, Egg 553
Schluchtentouren Vorarlberg
Rappenschlucht bei Dornbirn 554

Grenzgang II: D

Im Zauberwald
Kinderwanderweg Todtnau 563
Durch die Wutachschlucht
Bonndorf 569

Grenzgang III: F

Hinauf zur Zwergenhöhle
Rundwanderung in Ferrette 577
Im Gratisbus zu den Ballons
La navette des crêtes 582

Notizen

Notizen

Notizen

Kids.

MySwitzerland.com

Wieso eigentlich lange reisen, wo doch die schönsten Ferienorte gleich in Ihrer Nähe liegen? Ganz egal, wie und wo Sie Ihre Erholung finden, Ihre Kinder entdecken bestimmt überall, wie viel Spass die Schweizer Natur macht. Wie nahe liegend Ihre Sommerferien sind, erfahren Sie über MySwitzerland.com oder Gratistelefon 00800 100 200 34.

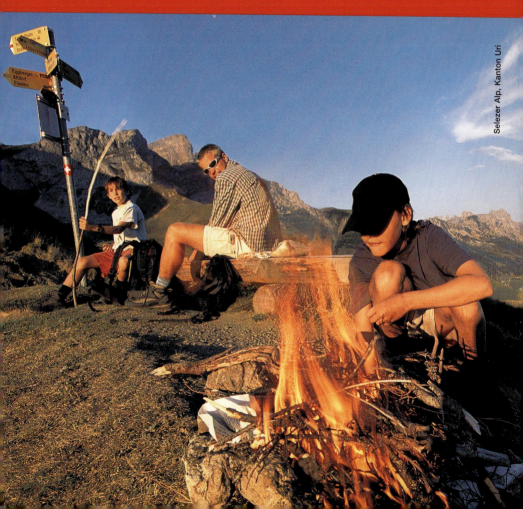

Selezer Alp, Kanton Uri

Die schönsten Ausflugsziele in den Schweizer Alpen

für Familien und Schulen

Die attraktivsten Ziele für Bergwanderer und Familien mit Kindern. Peter Donatsch vermittelt Stimmung und Charakter von Hütte und Landschaft, informiert über Geografie, Natur und Volkskunde. Im Infoteil die wichtigsten Angaben: Lage, Telefonnummern, Reservationsmöglichkeiten, Karten, Ausgangsorte, Routen, Wanderzeiten, Pässe und Angebote für Kinder.

Peter Donatsch
Die 100 schönsten Hüttenziele der Schweizer Alpen
224 Seiten,
über 200 Farbfotos
Fr. 69.90

Die Autoren führen uns zu bekannten Zielen, verraten aber auch viele Geheimtipps. Mit Texten und Farbfotos stellen sie jeden Gipfel auf einer Doppelseite vor. Alle notwendigen Informationen sind in einer Box zusammengefasst: Ausgangspunkte, Schwierigkeitsgrad, Eignung für Kinder, Wanderzeiten, Hütten am Weg, Verpflegungsmöglichkeiten, Führer und Karten.

Peter Donatsch/
David Coulin
Die schönsten Gipfelziele der Schweizer Alpen
Ostschweiz, Glarus, Schwyz, Graubünden, Tessin
120 Seiten,
150 Farbfotos
Fr. 46.–

In diesem neuen Ideenbuch präsentieren die Autoren die lohnendsten Gipfelziele westlich der Reuss, von der Innerschweiz bis ins Waadtland. Besonders wertvoll für die Tourenplanung sind die zuverlässigen Informationen und die Bewertung nach den Kategorien «Wandergipfel für Familien», «Wandergipfel für erfahrene Wanderer» und «Alpine Gipfel».

Peter Donatsch/
David Coulin
Die schönsten Gipfelziele der Schweizer Alpen West
Zentralschweiz, Berner Oberland, Freiburg, Wallis, Waadt
120 Seiten, über 160 Farbfotos und 100 Karten
Fr. 46.–

Der Autor führt durch alte Wälder, zu einsamen Bergseen, mächtigen Gletschern und auf Berge mit imposanter Rundsicht. Die Texte, die in enger Zusammenarbeit mit Pro Natura und andern Umweltschutzgruppen entstanden sind, gehen auf Natur, Ökologie, Tier- und Pflanzenwelt ein. Der Informationsteil enthält alle Angaben, um einen Ausflug in die beschriebenen Regionen zu planen.

Heinz Staffelbach
Urlandschaften der Schweiz
Die schönsten Wanderungen durch wilde Bergwelten
200 Seiten,
über 150 Farbfotos
Fr. 59.–

AT VERLA

Stadtturmstrasse 19, 5401 Bad
Tel. 058 200 44 11, Fax 058 200 44
at-versand@azag.ch, www.at-verlag
Auch im Buchhandel erhältli